해커스 텝스 LISTENING 300% 활용법

 무료 텝스 온라인 실전모의고사 이용하기

방법

해커스인강(HackersIngang.com) 접속 ▶
상단의 [텝스 → MP3/자료 → 온라인 모의고사] 클릭해 이용하기

 무료 받아쓰기&쉐도잉 워크북 및 프로그램 이용하기

방법

해커스인강(HackersIngang.com) 접속 ▶
상단의 [텝스 → MP3/자료 → 받아쓰기 & 쉐도잉 프로그램] 클릭해 다운받기

들으면서 외우는 무료 단어암기자료 이용하기

방법

해커스인강(HackersIngang.com) 접속 ▶
상단의 [텝스 → MP3/자료 → 무료 MP3/자료] 클릭해 다운받기

* QR코드로 [MP3] 바로가기 ▶

 무료 교재 MP3 이용하기

방법

해커스인강(HackersIngang.com) 접속 ▶
상단의 [텝스 → MP3/자료 → 문제풀이 MP3] 클릭해 다운받기

* QR코드로 [교재 MP3] 바로가기 ▶

해커스 텝스

LISTENING

David Cho

해커스 어학연구소

시험에 나올 문제를 미리 풀어보고 싶을 땐?

해커스텝스(HackersTEPS.com)에서
텝스 적중예상특강 보기!

대한민국 영어 교육의 중심, 해커스 어학연구소의 텝스(TEPS) 교재가 **베스트셀러** 자리를 지킬 수 있는 것은 여러분의 **텝스 점수 상승**, 나아가 **영어 실력 향상**을 위해 끊임없이 고민하고, 그 고민을 교재에 담아내기 때문입니다.

이러한 고민과 노력의 결실로, **최신 텝스 경향을 반영한** 「해커스 텝스 Listening」 개정 3판을 출간하게 되었습니다.

최신 텝스 경향 완벽 반영!

최신 텝스 경향을 철저히 분석하여 교재 내 모든 내용과 문제에 반영하였으며, 이에 맞는 효과적인 문제풀이 전략을 제시하였습니다. 실전보다 더 실전 같은 텝스 문제로 학습자들은 최신 시험에 대한 감각을 충분히 익히고, 보다 철저하게 실전에 대비할 수 있습니다.

기본부터 실전까지 체계적인 학습!

「해커스 텝스 Listening」은 청해 영역의 파트별 문제풀이 전략을 단계에 따라 체계적으로 학습할 수 있도록 정리하였으며, 방대한 양의 실전 문제 또한 수록하고 있습니다. 다시 말해, 기본서와 실전서 역할을 동시에 하는 교재로, 영어의 기본을 탄탄하게 다지려는 학습자부터 시험 전 실전 감각을 최대로 끌어올리려는 학습자까지 목적에 맞게 학습할 수 있습니다.

상세한 해설과 받아쓰기&쉐도잉 프로그램으로 고득점 달성!

각 코스에서 학습한 내용과 전략을 적용하는 방법을 익힐 수 있도록 모든 문제의 정확한 해석과 상세한 해설을 중요 어휘와 함께 수록하였습니다. 또한, **해커스인강**(HackersIngang.com)에서 무료로 제공하는 받아쓰기&쉐도잉 프로그램과 워크북으로 교재에서 익힌 표현을 반복해서 듣고, 받아쓰고, 따라 읽으며 학습하면 단기간에 텝스 고득점 달성이 가능합니다.

텝스 전문 커뮤니티 **해커스 텝스 사이트**(HackersTEPS.com)에서 교재 학습 중 궁금한 점을 다른 학습자들과 나누고, 다양한 무료 텝스 학습 자료를 함께 이용한다면, 학습 효과를 더욱 높일 수 있을 것입니다. 또한, 실시간으로 공유하는 텝스 시험 정보를 통해 보다 효과적으로 시험에 대비할 수 있을 것입니다.

「해커스 텝스 Listening」이 여러분의 텝스 목표 점수 달성에 확실한 해결책이 되고 영어 실력 향상은 물론, **여러분의 꿈을 향한 길에 믿음직한 동반자**가 되기를 소망합니다.

David Cho

CONTENTS

1부 | 문제 유형별 공략

Part 4 & 5

2부 I 대화 주제 및 담화 유형별 공략

대화 주제별 공략 (Part 1~3)

담화 유형별 공략 (Part 4~5)

「해커스 텝스 Listening」으로 점수 잡는 비법!

텝스 출제 유형을 철저히 파악한다!

텝스 리스닝 출제 유형 한 눈에 보기

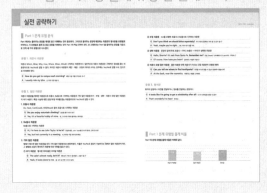

텝스 시험에 출제되는 문제 유형과 출제 포인트를 파트별로 철저하게 분석하여 알기 쉽도록 정리하였습니다. 각 파트별 문제 유형 및 문제풀이 전략, 문제 유형별 출제 비율을 제시하였습니다. 이를 통해 **텝스 시험의 최신 출제 유형**을 파악하는 것은 물론 전략적인 학습이 가능합니다.

파트별 특징 및 고득점 전략

각 파트별 특징과 고득점 전략을 제시하여 텝스 시험 전, 체계적인 학습 준비가 가능하도록 하였습니다. **파트별 출제 유형과 특징을 파악하고, 고득점을 위한 문제풀이 및 학습 전략**을 익힘으로써 실전에 보다 효과적으로 대비할 수 있습니다.

기본기와 실전 감각을 동시에 쌓는다!

기본기 다지기

각 파트별 기본기 다지기에서 문제풀이 전략과 이를 적용해 볼 수 있는 Quiz를 수록하였습니다. **핵심 전략을 파악하고, 다양한 유형의 연습문제에 이를 적용해 풀어봄**으로써 효과적인 학습이 가능합니다.

Course 학습

Course 학습에서는 각 **파트별 출제 유형과 전략을 예제와 함께 제시**하여 문제를 통해 이를 확인할 수 있도록 하였습니다. 또한 문제 유형, 대화 주제 및 담화 유형별 공략법을 각 파트의 빈출 표현과 함께 수록하여 전략적인 학습이 가능합니다.

Hackers Practice / Hackers Test / Part Test

각 단원에서 학습한 내용은 연습 문제인 Hackers Practice와 실전 문제인 Hackers Test를 통해 다시 점검할 수 있습니다. 또한 각 파트에 대한 학습이 끝난 후, Part Test를 통해 마무리할 수 있도록 하였습니다.

텝스 실전모의고사

시험 전, **실전과 동일한 구성과 난이도를 반영한** 텝스 모의고사를 풀어봄으로써 자신의 실력을 점검하고, 실전 감각을 키울 수 있도록 하였습니다.

「해커스 텝스 Listening」으로
점수 잡는 비법!

상세한 해설로 문제풀이 전략을 익힌다!

Part 1&2 해설

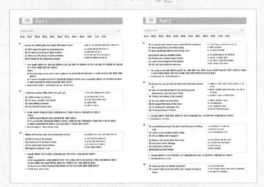

모든 문제에 대한 스크립트, 해석, 정답 및 오답까지 상세하게 분석한 해설과 필수 어휘를 수록하였습니다. 이를 통해 문제에 대한 이해는 물론, 문제풀이 방법과 전략까지 익힐 수 있도록 하였습니다.

Part 3&4&5 해설

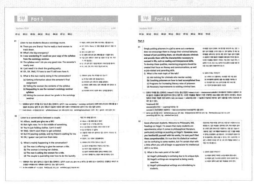

문제 유형을 확인한 후, 대화 및 담화에서 주의 깊게 들어야 할 내용과 정답을 선택하는 과정까지 상세하게 풀이하였습니다. 스크립트에는 정답의 단서가 되는 부분을 강조하여 학습자 스스로 정답을 선택하는 연습을 할 수 있도록 하였으며, Paraphrase된 표현, 필수 어휘를 별도로 정리하여 단기간에 효율적으로 텝스 리스닝 실력을 향상시킬 수 있도록 하였습니다.

해커스만의 노하우가 담긴 학습자료를 활용한다!

들으면서 외우는 단어암기자료

시험 전 반드시 알아두어야 할 **텝스 필수 어휘**를 교재의 부록으로 제공하며, 이를 효과적으로 학습할 수 있도록 **단어암기 MP3**를 해커스인강(HackersIngang.com)에서 **무료로 제공**하고 있습니다. 단어를 듣고, 따라 읽으며 쉽고 재미있는 어휘 학습이 가능합니다.

받아쓰기&쉐도잉 워크북 및 프로그램

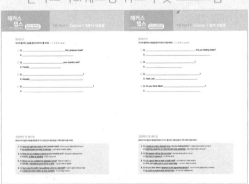

효과적인 텝스 청해 실력 향상을 위한 **받아쓰기&쉐도잉 워크북과 프로그램**을 해커스인강(HackersIngang.com)에서 **무료로 제공**하고 있습니다. 교재에서 익힌 표현과 문제를 워크북과 프로그램을 통해 복습함으로써, 보다 확실한 학습이 가능합니다.

텝스 소개

TEPS란?

TEPS란 Test of English Proficiency developed by Seoul National University의 약자로, 서울대학교 언어교육원에서 개발하고 TEPS 관리위원회에서 주관하는 국내 개발 영어 인증 시험이다. 실제 활용하는 영어 능력을 평가함으로써, 기업체 및 공사, 고시 및 대학 입시 등 각종 자격 요건 평가시험으로 활용된다.

텝스의 구성

영역	파트	내용	문항 수	시간	배점
청해	Part 1	질의 응답 (하나의 문장을 듣고 이어질 응답 고르기)	10		
	Part 2	짧은 대화 (3턴의 주고받는 대화를 듣고 이어질 응답 고르기)	10		
	Part 3	긴 대화 (6~8턴의 주고받는 대화를 듣고 질문에 알맞은 답 고르기)	10	40분	240점
	Part 4	담화문 (한 명의 화자가 말하는 긴 내용을 듣고 질문에 알맞은 답 고르기) (1지문 1문항)	6		
	Part 5	긴 담화문 (한 명의 화자가 말하는 긴 내용을 듣고 질문에 알맞은 답 고르기) (1지문 2문항)	4		
어휘	Part 1	구어체 (대화문의 빈칸에 가장 적절한 어휘 고르기)	10		60점
	Part 2	문어체 (단문의 빈칸에 가장 적절한 어휘 고르기)	20		
문법	Part 1	구어체 (대화문의 빈칸에 가장 적절한 답 고르기)	10	25분	60점
	Part 2	문어체 (단문의 빈칸에 가장 적절한 답 고르기)	15		
	Part 3	대화 및 문단 (어법상 틀리거나 어색한 부분 고르기)	5		
독해	Part 1	빈칸 채우기 (빈칸에 가장 적절한 답 고르기)	10		
	Part 2	흐름 찾기 (한 단락의 글에서 내용 흐름상 어색한 부분 고르기)	2	40분	240점
	Part 3	내용 이해 (지문을 읽고 질문에 가장 적절한 답 고르기) (1지문 1문항)	13		
	Part 4	내용 이해 (지문을 읽고 질문에 가장 적절한 답 고르기) (1지문 2문항)	10		
	14개 파트		135문항	105분	600점

* 각 문항의 난이도에 따른 반응 패턴을 근거로 평가하는 문항 반응 이론 적용

시험 응시 인내

1. 원서 접수
- 인터넷 접수: www.teps.or.kr로 접속한다. 사진 파일을 미리 준비해야 하고, 응시료는 신용카드 또는 계좌이체로 결제할 수 있다.
- 방문 접수: www.teps.or.kr의 시험 접수 → 접수처접수안내를 확인한 후 방문하여 접수, 3*4 사진 한 장과 응시료가 필요하다.

2. 응시
- 응시일: 매달 토요일과 일요일 중 1~3회
  정확한 날짜는 www.teps.or.kr로 접속 → 시험 접수 → 시험일정 안내를 통해 확인
- 준비물: 규정에 맞는 신분증(주민등록증, 운전면허증, 청소년증 등이 인정되며, 자세한 신분증 규정은 www.teps.or.kr에서 확인), 수험표, 컴퓨터용 사인펜(연필 불가), 수정테이프(수정액 사용 불가), 아날로그 손목시계
- 성적 확인: 휴대폰 문자 및 인터넷 확인 (성적 발표 일시는 시험 접수 시 확인 가능)

텝스 응시 관련 Tips

1. 고사장 가기 전
- 준비물을 잘 챙겼는지 확인한다.
- 시험 장소를 미리 확인해 두고, 규정된 입실 시간에 늦지 않도록 유의한다.

2. 고사장 입구에서
- 수험표에 적힌 수험 번호가 배정된 고사실을 확인한다.

3. 시험 보기 직전
- 모든 영역의 시험이 끝날 때까지 휴식 시간이 없으므로 화장실은 미리 다녀온다.

4. 시험 시
- 답안을 따로 마킹할 시간이 없으므로 풀면서 바로 마킹한다.
- 연필이나 볼펜으로 먼저 마킹한 후 사인펜으로 마킹하면 OMR 카드에 오류가 날 수 있으니 주의한다.
- 정해진 영역을 푸는 시간에 다른 영역의 문제를 풀면 부정 행위로 간주되므로 주의한다.
- 대부분의 영역이 앞에는 쉬운 문제가, 뒤에는 어려운 문제가 나오므로 앞부분을 빨리 풀어 시간을 확보한다.
- 청해 시험 시 놓친 문제나 어휘/문법/독해 시험 시 풀기 어려운 문제에서 오래 머무르지 않아 다른 문제 풀 시간에 영향이 가지 않도록 한다.
- 문항 난이도, 변별도 및 영역별 특정 가중치에 따라 문항 배점이 다르므로, 어려운 문제를 많이 맞히면 높은 점수를 받을 확률이 더 높다.
- 청해 시험 시 문제지의 빈 공간에 조금씩 필기하는 것은 괜찮다.

파트별 문제 유형

텝스 청해 영역의 Part 1~3는 각각 10문항, Part 4는 6문항, Part 5는 4문항을 풀도록 구성되어 있다. Part 1~4는 각 대화나 담화마다 한 문제가 출제되며, Part 5는 한 담화에 두 문제가 출제된다. 순수하게 들어서 이해한 것만을 평가하기 위해 문제와 보기 모두 시험지에 인쇄되어 있지 않다.

Part 1 　 하나의 문장을 듣고 이어질 응답 고르기

│ 1번~10번 (10문항)

│ Part 1은 화자의 말을 듣고 그 말에 가장 적절한 응답을 들려주는 4개의 보기 중에서 고르는 유형이다. 내용은 일상적인 생활 영어 표현으로 되어 있다. 짧지만 한 번만 들려주기 때문에 그만큼 상황 판단을 빨리하여 적절한 응답을 찾아내야 한다.

> W: Does this sweater come in other sizes?
> M: _____
>
> (a) Just put on the sweater.
> **(b) Yes, in large and extra-large.**
> (c) You can try it on.
> (d) Sure, you can return it anytime.

Part 2 　 3턴의 주고받는 대화를 듣고 이어질 응답 고르기

│ 11번~20번 (10문항)

│ Part 2는 짧은 대화를 듣고 마지막 화자의 말에 대한 알맞은 응답을 들려주는 4개의 보기 중에서 고르는 유형이다. Part 1과 마찬가지로 일상적인 대화 내용이며 대화와 보기는 한 번만 들려준다.

> M: Hey, Marcia. It's been a while since I saw you.
> W: Yeah, I was in Europe for a month.
> M: Really? How did you like it?
> W: _____
>
> (a) That's how I remember it.
> (b) It was exactly like that.
> **(c) It was fantastic.**
> (d) Actually, a friend recommended it.

Part 3   6~7턴의 주고받는 대화를 듣고 질문에 알맞은 답 고르기

| 21번~30번 (10문항)

| Part 3는 두 사람이 주고받는 긴 대화를 듣고 1개의 질문에 답하는 유형이다. 대화 상황 → 대화 → 질문 → 보기 순으로 들려주며, 모두 한 번만 들려주기 때문에 처음부터 끝까지 주의 깊게 들어야 한다.

Listen to a conversation between two friends.

W: Do you want to see a musical Sunday evening?

M: A musical? What is it called?

W: It's a Broadway musical called Cabaret.

M: What time does it start?

W: At 7:00. It's opening night.

M: Sure, why not? Where shall we meet?

W: I'll pick you up at your apartment around 6:30.

Q. What is mainly happening in the conversation?

(a) The man is going to a Broadway show.

(b) The man is discussing when to see a musical.

(c) The woman is describing a musical performance.

(d) The woman is inviting the man to a musical.

Part 4   한 명의 화자가 말하는 긴 내용을 듣고 질문에 알맞은 답 고르기 (1지문 1문항)

| 31번~36번 (6문항)

| Part 4는 한 명의 화자가 말하는 뉴스, 광고, 강의 등의 담화를 듣고 1개의 질문에 답하는 유형이다. 담화 → 질문 → 담화 → 질문 → 보기 순으로 들려주며, 담화를 두 번 들려주지만 어휘 수준이 높고 내용이 길다.

The next notable Latin American author we will investigate is Jorge Luis Borges. Borges, who is known for his literary acumen and for combining philosophical elements with his fiction and essays, has many admirers and few critics. Yet, for all the accolades he receives, the underlying meaning of his writings is often lost in his baroque prose and abstract verse. This has led some people to question the usefulness of including such sophisticated language.

Q. What can be inferred from the lecture?

(a) Borges' books are the most popular in Latin America.
(b) Borges has lost favor with critics in recent years.
(c) Borges wrote in an unnecessarily complex style.
(d) Borges' writing strongly influenced his contemporaries.

Part 5 한 명의 화자가 말하는 긴 내용을 듣고 질문에 알맞은 답 고르기 (1지문 2문항)

| 37번~40번 (4문항)

| Part 5는 한 명의 화자가 말하는 광고, 안내, 강의 등의 담화를 듣고 2개의 질문에 답하는 유형이다. Part 4와 동일한 순서로 담화, 질문, 보기를 들려주지만 내용이 더 길다. 담화와 질문을 두 번 들려주기 때문에 처음에는 무엇에 대한 담화인지 파악하며 듣고, 질문을 들은 후에는 두 질문의 정답의 단서가 될 부분을 집중해서 들어야 한다.

The Modern Art Museum invites you to attend its upcoming International Surrealism Exhibition. This exhibit is part of our annual program where we celebrate major art movements from the past centuries. The exhibition will feature a collection of paintings, sculptures, and films from some of the luminaries of Surrealism, such as Salvador Dalí and Max Ernst. Moreover, a selection of acclaimed contemporary artworks, influenced by the Surrealists, will be featured beside their well-known forerunners. This will provide visitors with a chance to see how the movement continues to inspire artists today. By doing so, we hope to reaffirm the importance of Surrealism for the 21st century. The exhibition will run from May 1 to June 21. For more information and to purchase tickets, visit www.modernartexhibits.com.

Q. What is the main purpose of the announcement?
   (a) To describe the characteristics of Surrealist art
   (b) To give details about a Surrealism exhibition
   (c) To announce the Surrealist artists participating in an exhibition
   (d) To explain Surrealism's contemporary significance

Q. How will the exhibition be arranged?
   (a) Works will be put in chronological order.
   (b) Various types of styles will be shown in different rooms.
   (c) Popular surrealist works will be the most prominently displayed.
   (d) Recent works will be placed next to renowned artworks.

수준별 학습방법

*23페이지의 진단고사를 본 후, 본인이 맞은 개수에 해당하는 레벨의 학습방법을 참고하시면 됩니다.

LEVEL 1 (진단고사 5점 이하)
초보탈출,
기본 청해 실력을 키워라!

영어만 들으면 울렁증이 있는 당신

영어에 대한 막연한 두려움이 있거나 텝스 듣기가 거대한 벽으로 느껴지는 학습자를 위한 듣기 기초 공사

LEVEL 2 (진단고사 6~11점)
중수도약,
유형과 전략을 익혀라!

듣기 점수의 급상승이 필요한 당신

목표 점수를 향해 체계적인 학습 윤곽을 잡고 싶은 초중급 학습자를 위한 점수 상승 학습법

LEVEL 3 (진단고사 12~16점)
고지 점령,
실전 감각을 익혀라!

어중간한 점수대로 고심하는 당신

오르지 않는 점수의 제자리 걸음으로 답답한 가슴을 뻥 뚫고 싶어 하는 학습자를 위한 실전 대비 학습법

LEVEL 4 (진단고사 17~20점)
정답률 100% 도전,
오답 패턴을 깨뜨려라!

부동의 고득점 또는 만점이 목표인 당신

철저한 분석을 통해 만점에 도전하고픈 고득점 학습자를 위한 만점 프로젝트

1부 기본기 다지기
학습 내용을 꼭꼭 소화시킨다는 마음가짐으로 반복 청취와 쉐도잉을 통해 내용을 확실하게 내 것으로 만들고 넘어간다.

1부 실전 공략하기
Part 1·2의 자주 나오는 질문과 응답 리스트를 외운다. 문제를 푼 후 꼼꼼히 복습하고, 의미를 새기며 반복해서 듣는다.

2부
대화 주제별 표현을 내 것이 될 때까지 여러 번 들으며 암기한다.

해설집
해석과 해설을 꼼꼼히 보고, Part 1의 대화는 외운다.

부록
매일 분량을 정해 단어·표현을 무료 단어암기 MP3로 반복해 들으며 외운다.

받아쓰기 프로그램·워크북
학습 진도에 따라 복습한다. Part 1·2는 받아쓰기, Part 3·4·5는 쉐도잉으로 복습한다.

1부 기본기 다지기
하나라도 틀리면 처음으로 돌아간다는 마음가짐으로 기본기 내용을 완벽하게 학습한다.

1부 실전 공략하기
Part 1·2의 자주 나오는 질문과 응답 리스트를 외운다. Part 3·4·5 문제는 반복해서 풀고, 받아쓰기로 정확히 듣는 연습을 한다.

2부
대화 주제별 표현을 암기하고 틀린 문제는 반복 학습한다. 담화 유형별 공략은 문제를 푼 후 내용이 이해될 때까지 여러 번 듣는다.

해설집
문제를 여러 번 풀며 해석·해설을 꼼꼼히 보고, Part 1·2는 외운다.

부록
매일 분량을 정해 단어·표현을 무료 단어암기 MP3로 반복해 들으며 외운다.

받아쓰기 프로그램·워크북
학습 진도에 따라 복습한다. Part 1·2·3는 받아쓰기와 쉐도잉, Part 4·5는 쉐도잉으로 복습한다.

1부 기본기 다지기
기본기라고 쉬운 것만은 아니므로 철저하게 학습하고 넘어간다.

1부 실전 공략하기
Part 1·2의 질문과 응답 리스트를 외운다. Part 3·4·5문제는 전략을 꼼꼼히 학습하고 틀린 문제는 집중해서 복습한다.

2부
대화 주제별 표현을 암기한다. 담화 유형별 공략은 한 문제 한 문제를 마스터한다는 생각으로 복습한다.

해설집
해석과 해설을 꼼꼼히 확인하되, Part 4·5의 담화를 집중 복습한다.

부록
매일 분량을 정해 무료 단어암기 MP3를 들으며 외운다. 처음부터 끝까지 빨리 한 번 외운 후 다시 외운다.

받아쓰기 프로그램·워크북
학습 진도에 따라 복습하되, 특히 Part 4·5 문제를 집중 학습한다.

1부 기본기 다지기
단기간 내에 그러나 꼼꼼하게 기본기 다지기를 학습한다.

1부 실전 공략하기
순서대로 빠르게 학습하되, 어렵다고 생각되는 부분을 중점적으로 학습한다. 틀린 문제는 오답 노트를 만들어 학습하면 효과적이다.

2부
대화 주제별 표현을 암기한다. 틀린 문제는 오답 노트로 복습한다.

해설집
틀린 문제를 모아 오답 노트를 만들어 수시로 읽는다.

부록
무료 단어암기 MP3를 통해 가장 취약한 어휘 분야를 집중 암기한다.

받아쓰기 프로그램·워크북
학습 진도에 따라 복습한다.

성향별 학습방법

혼자 공부할 때 더
집중이 잘되는 당신이라면!

개별 학습형

교재와 홈페이지 등을 적극적으로 활용하여 실력을 쌓자!
주의! 계획을 세워 공부하고, 한 번 세운 계획은 미루지 말 것.

여러 사람과 함께 토론하며 공부할 때
더 이해가 잘되는 당신이라면!

스터디 학습형

팀원끼리 스터디 원칙을 정해 놓고 문제 토론도 하고 시험도 치며
실전 감각을 쌓자!
주의! 너무 긴 잡담으로 인해 휴식 시간이 늘어지지 않도록 할 것.

선생님 강의를 들으며 확실하게
공부하는 것을 선호하는 당신이라면!

학원 학습형

학원 강의를 듣고, 반별 게시판을 적극 활용해 공부하며, 선생님과
상호 작용도 하면서 모르는 것을 바로 바로 해결하자!
주의! 학원 수업을 듣는다고 안심하지 말고 반드시 복습할 것.

원하는 시간, 원하는 장소에서
공부하길 원하는 당신이라면!

동영상 학습형

웹사이트 커뮤니티를 적극 활용하자!
주의! 인터넷 접속 시 절대 다른 사이트의 유혹에 빠지지 말 것.

교재
본문 내용과 암기할 부분을 날짜별로 계획하여 학습 → 받아쓰기&쉐도잉 프로그램과 워크북으로 복습

HackersTEPS.com
텝스문제 Q&A에서 궁금증 해결 → 매일 텝스풀기에서 연습

HackersIngang.com
무료 단어암기 MP3 파일을 다운로드 받아 암기

교재
스터디 계획대로 예습 → 팀원끼리 쪽지 시험 (단어 등) → 오답 관련 토론 → 받아쓰기&쉐도잉 프로그램과 워크북으로 복습

HackersTEPS.com
텝스문제 Q&A에서 궁금증 해결 → 매일 텝스풀기에서 연습

HackersIngang.com
무료 단어암기 MP3 파일을 다운로드 받아 암기

교재
수업에 빠짐없이 참여 → 의문점은 선생님께 질문하여 해결 → 받아쓰기&쉐도잉 프로그램과 워크북으로 복습

Hackers.ac
반별 게시판에서 선생님 및 학생들과 상호작용

HackersTEPS.com
텝스문제 Q&A에서 궁금증 해결 → 매일 텝스풀기에서 연습

HackersIngang.com
무료 단어암기 MP3 파일을 다운로드 받아 암기

교재
계획대로 학습 → 받아쓰기&쉐도잉 프로그램과 워크북으로 복습

HackersIngang.com
강의를 보며 몰랐던 부분 확실히 학습 → 핵심 내용 노트 정리 → 모르는 부분 게시판에서 질문하기 → 무료 단어암기 MP3 파일을 다운로드 받아 암기

HackersTEPS.com
텝스문제 Q&A에서 궁금증 해결 → 매일 텝스풀기에서 연습

학습플랜

■ 순서 학습형 1부 → 2부

	Day 1	Day 2	Day 3	Day 4	Day 5	Day 6	Day 7
1st Week	진단고사 1부 Part 1 기본기 (p.23-38) 부록 (p.314-315)	1부 Part 1 실전 Course 1 (p.40-60) 부록 (p.316-317)	1부 Part 1 실전 Course 2 (p.62-78) 부록 (p.318-319)	1부 Part 1 실전 Course 3 (p.80-96) 부록 (p.320-321)	1부 Part 1 Part Test · 1부 Part 2 기본기 (p.97-108) 부록 (p.322-323)	1부 Part 2 실전 Course 1 (p.110-130) 부록 (p.324-325)	1부 Part 2 실전 Course 2 (p.132-148) 부록 (p.326-327)
2nd Week	1부 Part 2 실전 Course 3 (p.150-164) 부록 (p.328-329)	1부 Part 2 Part Test (p.165) 부록 (p.330-331)	1부 Part 1 · 2 복습 부록 (p.332-333)	1부 Part 3 기본기 (p.168-176) 부록 (p.334-335)	1부 Part 3 실전 Course 1 (p.178-190) 부록 (p.336-337)	1부 Part 3 실전 Course 2 (p.192-200) 부록 (p.338-339)	1부 Part 3 실전 Course 3 (p.202-210) 부록 (p.340-341)
3rd Week	1부 Part 3 Part Test (p.211) 부록 (p.342-343)	1부 Part 4 & 5 기본기 (p.214-222) 부록 (p.344-345)	1부 Part 4 & 5 실전 Course 1 (p.224-236) 부록 (p.346-347)	1부 Part 4 & 5 실전 Course 2 (p.238-246) 부록 (p.348)	1부 Part 4 & 5 실전 Course 3 (p.248-255) 부록 (p.349)	1부 Part 4 & 5 Part Test (p.257) 부록 (p.350)	1부 Part 3 · 4 & 5 복습 부록 (p.351)
4th Week	2부 대화 Course 1 · 2 (p.262-271) 부록 (p.352)	2부 대화 Course 3 · 4 (p.272-279) 부록 (p.353)	2부 대화 Course 5 · 2부 담화 Course 1 (p.280-291) 부록 (p.354)	2부 담화 Course 2 · 3 (p.292-299) 부록 (p.355)	2부 담화 Course 4 · 5 (p.300-303) 부록 (p.356)	2부 복습 부록 (p.357)	실전모의고사 (p.305) 부록 (p.358-359)

학습 플랜 이용 Tip

- 8주에 학습을 완성하려면 위의 하루 분량을 이틀에 걸쳐 학습한다.
- 2주에 학습을 완성하려면 이틀 분량을 하루에 학습한다.
- 특정 부분에 집중하여 학습하려면 원하는 부분의 1일 학습 분량을 2일에 나누어 자세히 학습한다.

혼합 학습형

1부 Part 1~3→2부 대화 주제별 공략(Part 1~3)→1부 Part 4 & 5→2부 담화 유형별 공략(Part 4-5)

	Day 1	Day 2	Day 3	Day 4	Day 5	Day 6	Day 7
1st Week	진단고사 1부 Part 1 기본기 (p.23–38) 부록 (p.314–315)	1부 Part 1 실전 Course 1 (p.40–60) 부록 (p.316–317)	1부 Part 1 실전 Course 2 (p.62–78) 부록 (p.318–319)	1부 Part 1 실전 Course 3 (p.80–96) 부록 (p.320–321)	1부 Part 1 Part Test (p.97) 부록 (p.322–323)	1부 Part 2 기본기 (p.100–108) 부록 (p.324–325)	1부 Part 2 실전 Course 1 (p.110–130) 부록 (p.326–327)
2nd Week	1부 Part 2 실전 Course 2 (p.132–148) 부록 (p.328–329)	1부 Part 2 실전 Course 3 (p.150–164) 부록 (p.330–331)	1부 Part 2 Part Test (p.165) 부록 (p.332–333)	1부 Part 1·2 복습 부록 (p.334–335)	1부 Part 3 기본기 (p.168–176) 부록 (p.336–337)	1부 Part 3 실전 Course 1 (p.178–190) 부록 (p.338–339)	1부 Part 3 실전 Course 2 (p.192–200) 부록 (p.340–341)
3rd Week	1부 Part 3 실전 Course 3 (p.202–210) 부록 (p.342–343)	1부 Part 3 Part Test (p.211) 부록 (p.344–345)	2부 대화 Course 1·2·3 (p.262–275) 부록 (p.346–347)	2부 대화 Course 4·5 (p.276–283) 부록 (p.348)	1부 Part 3· 2부 대화 복습 부록 (p.349)	1부 Part 4 & 5 기본기 (p.214–222) 부록 (p.350)	1부 Part 4 & 5 실전 Course 1 (p.224–236) 부록 (p.351)
4th Week	1부 Part 4 & 5 실전 Course 2 (p.238–246) 부록 (p.352)	1부 Part 4 & 5 실전 Course 3 (p.248–256) 부록 (p.353)	1부 Part 4 & 5 Part Test (p.257) 부록 (p.354)	2부 담화 Course 1·2·3 (p.286–299) 부록 (p.355)	2부 담화 Course 4·5 (p.300–303) 부록 (p.356)	1부 Part 4 & 5 2부 담화 복습 부록 (p.357)	실전모의고사 (p.305) 부록 (p.358–359)

학습 플랜 이용 Tip

- 8주에 학습을 완성하려면 위의 하루 분량을 이틀에 걸쳐 학습한다.
- 2주에 학습을 완성하려면 이틀 분량을 하루에 학습한다.
- 특정 부분에 집중하여 학습하려면 원하는 부분의 1일 학습 분량을 2일에 나누어 자세히 학습한다.

시험에 나올 문제를 미리 풀어보고 싶을 땐?

해커스텝스(HackersTEPS.com)에서
텝스 적중예상특강 보기!

텝스 진단고사

* 텝스 Listening 시험과 유사한 텝스 진단고사를 통해 본인의 실력을 평가해 봅니다.
  그리고 본인에게 맞는 학습방법(p.16)을 확인한 후, 본 교재를 효율적으로 학습합니다.

Part I | Questions 1~5

You will now hear five statements or questions, and each will be followed by four responses. Choose the most appropriate response.

1. (a) (b) (c) (d)

2. (a) (b) (c) (d)

3. (a) (b) (c) (d)

4. (a) (b) (c) (d)

5. (a) (b) (c) (d)

Part II | Questions 6~10

You will now hear five conversation fragments, and each will be followed by four responses. Choose the most appropriate response.

6. (a) (b) (c) (d)

7. (a) (b) (c) (d)

8. (a) (b) (c) (d)

9. (a) (b) (c) (d)

10. (a) (b) (c) (d)

Part III | Questions 11~15

You will now hear five complete conversations. Before each conversation, you will hear a short description of the situation. Then you will hear the conversation and its corresponding question, both of which will be read only once. Next, you will hear four options, which will also be read only once. Choose the option that best answers the question.

11. (a)   (b)   (c)   (d)

12. (a)   (b)   (c)   (d)

13. (a)   (b)   (c)   (d)

14. (a)   (b)   (c)   (d)

15. (a)   (b)   (c)   (d)

Part IV | Questions 16~18

You will now hear three monologues. For each item, you will hear a monologue and its corresponding question, both of which will be read twice. Then you will hear four options which will be read only once. Choose the option that best answers the question.

16. (a)   (b)   (c)   (d)

17. (a)   (b)   (c)   (d)

18. (a)   (b)   (c)   (d)

Part V | Questions 19~20

You will now hear one longer monologue. For each item, you will hear a monologue and two corresponding questions, all of which will be read twice. Then you will hear four options for each question, which will be read only once. Choose the option that best answers each question.

19. (a)   (b)   (c)   (d)

20. (a)   (b)   (c)   (d)

정답 p.2

시험에 나올 문제를 미리 풀어보고 싶을 땐?

해커스텝스(HackersTEPS.com)에서

텝스 적중예상특강 보기!

1부 | 문제 유형별 공략

Part 1
Part 2
Part 3
Part 4 & 5

시험에 나올 문제를 미리 풀어보고 싶을 땐?

해커스텝스(HackersTEPS.com)에서

텝스 적중예상특강 보기!

Part 1

Part 1의 특징 및 고득점 전략

Part 1은 들려주는 문장에 가장 적절한 응답을 고르는 Part이다. 1번부터 10번까지 총 10문제가 출제되며, 각 질문마다 네 개의 보기를 들려준다. 이제부터 Part 1의 특징과 고득점 전략을 알아보자.

Part 1의 특징

1. 문장과 보기는 한 번만 들려준다.
제시되는 문장과 보기는 한 번만 들려주고 다시 들려주지 않으므로 반드시 집중해서 들어야 한다.

2. 문제와 문제 사이에 주어지는 간격이 짧아 답을 고를 수 있는 시간이 매우 짧다.
한 문제를 듣고 다음 문제로 넘어가기까지의 시간이 4초이므로, 영어 문장을 들은 즉시 이해하는 능력과 빨리 정답을 고르는 순발력이 필요하다.

3. 의문문과 평서문의 응답 방법이 각기 다르다.
의문사 의문문, 일반 의문문, 평서문의 응답 방법이 각기 다르므로, 들려주는 문장에 해당하는 응답 방법을 익혀두는 것이 유리하다.

4. 의문문에 간접적으로 답하는 간접 응답이 정답인 경우가 50% 이상이다.
의문문에서 묻는 것에 직접적인 답을 하지 않고 불명확하게 답하거나, 돌려서 답하는 간접 응답이 정답인 경우가 전체의 50% 이상을 차지한다.

5. 주요 동사와 관련된 숙어가 많이 출제된다.
get, take 등 주요 동사가 다른 단어와 결합하여 전혀 다른 뜻을 갖는 숙어가 들려주는 문장과 보기에 자주 나오므로, 이런 숙어를 많이 알아야 숙어가 나오더라도 당황하지 않고 정답을 찾을 수 있다.

6. 다양한 주제의 대화가 출제된다.
인사/전화/약속/계획, 교통/여행, 쇼핑/서비스, 그리고 직장/병원/학교 등과 관련된 다양한 주제의 대화가 나온다.

Part 1 고득점 전략

문제 풀이 전략

Step 1. 들려주는 문장을 들을 때 **들려주는 문장의 핵심을 반드시 기억한다.**

들려주는 문장의 핵심을 기억해야 이어서 나오는 보기를 듣고 정답을 고를 수 있다. 들려주는 문장의 핵심은 주로 의문사를 포함한 앞부분이므로 이 부분을 잘 듣고 기억해둔다.

Step 2. 보기를 들을 때 **소거법을 적용하면서 듣는다.**

보기가 문제지에 인쇄되어 있지 않아 어떤 보기가 정답인지 헷갈리거나 잊어버리기 쉬우므로, 보기를 들으면서 오답에는 ×, 애매한 것에는 △, 정답에는 ○를 표시하는 소거법을 적용하면서 듣고, '가장' 전형적이고 상황에 어울리는 응답을 정답으로 고른다.

학습 전략

1. 의문문의 핵심을 정확히 듣는 연습을 한다.

의문문은 그 핵심만 잘 들어도 정답을 맞힐 확률이 높아지므로 의문문의 핵심인 의문사나 시제를 포함한 앞부분을 정확히 듣는 연습을 하는 것이 중요하다.

2. 간접 응답의 의미와 예문을 정확히 익혀둔다.

간접 응답이 정답이 되는 경우가 많으므로 텝스에 자주 나오는 간접 응답의 의미와 예문을 정확하게 익히는 연습을 하는 것이 중요하다.

3. 주요 동사 관련 숙어를 익혀둔다.

주요 동사 관련 숙어가 포함되어 있어 이를 모르면 풀 수 없는 문제들이 많기 때문에 주요 동사 관련 숙어를 많이 익히는 것이 중요하다.

4. 오답 유형을 익혀둔다.

Part 1의 오답 유형을 익혀두면 Part 1에 자주 나오는 오답 함정에 속지 않을 수 있으므로 반드시 익혀둔다.

5. 자주 나오는 의문문·평서문과 그에 따른 가능한 응답도 짝으로 익혀둔다.

Part 1에는 자주 나오는 의문문과 평서문이 있고, 그에 답이 될 수 있는 전형적인 응답도 짝을 이루어 나오는 경향이 있으므로 이 둘을 묶어서 익혀두는 것이 좋다.

6. 빈출 주제와 주제별 빈출 표현을 익혀둔다.

대화를 듣고 바로 주제를 파악할 수 있으면 답을 더 정확히 고를 수 있으므로 텝스에 자주 나오는 주제와 그 주제에서 주로 쓰이는 표현을 익혀둘 필요가 있다.

기본기 다지기

1. 의문문의 핵심 바로 듣기

Part 1에서는 의문문을 빠른 속도로 들려주기 때문에 아무런 전략 없이 듣다가는 많은 문제를 놓치게 된다. 그러므로 의문문의 핵심을 놓치지 않고 정확히 듣는 연습을 하는 것이 필수적이다. 이는 정답을 찾는 데 결정적인 역할을 하므로 반드시 집중해서 연습하도록 하자.

■ Example 🎧 02_1부_P1_기본기1

How much was the bank transfer fee?

(a) It will go up next month.
(b) I didn't think it was that cheap.
(c) I hear there is a $5 late fee.
(d) It was only about $10.

은행 이체 수수료가 얼마였나요?

(a) 다음 달이면 오를 거예요.
(b) 그렇게 싸다고는 생각하지 않았어요.
(c) 5달러의 연체료가 있다고 들었어요.
(d) 10달러밖에 안 하던 걸요.

정답 | (d)

해설 | 위 의문문의 핵심은 의문사 How much(금액이 얼마)와 과거시제 was이다. 이 핵심을 잘 들어야 금액을 과거로 답한 (d)를 정답으로 고를 수 있다.

■ Key Points 🎧 02_1부_P1_기본기1

의문사가 있는 의문문 '의문사'를 포함한 앞부분이 핵심이다.

Q. When are you leaving for Jamaica? 자메이카로 언제 떠날 예정인가요?
A. I will leave **next Friday.** 다음 주 금요일에 떠날 겁니다.

의문사가 없는 의문문 '시제'를 포함한 앞부분이 핵심이다.

Q. Did our team win the soccer game? 우리 팀이 축구 경기에서 이겼나요?
A. We did. Four to Three. 우리가 이겼어요. 4대 3으로요.

다음 질문에 알맞은 응답을 고른 후, 빈칸에 들어갈 내용을 받아써보자. (받아쓰는 내용은 두 번 들려줍니다.)

01　(a)　(b)　_____ the alumni office _____?

02　(a)　(b)　_____ the fireworks last night?

03　(a)　(b)　_____ that new restaurant across the street?

04　(a)　(b)　_____ on this floor?

05　(a)　(b)　_____ to the banquet?

06　(a)　(b)　I'm sorry, _____ your name again?

07　(a)　(b)　Hi Julie, it's Bill. _____ publishing my story?

08　(a)　(b)　So, _____?

09　(a)　(b)　_____ this shirt fits me?

10　(a)　(b)　_____ on textbooks?

정답 p.10

2. 간접 응답 이해하기

Part 1에는 질문에 직접적으로 답하지 않는 간접 응답이 정답인 경우가 50% 이상이므로 질문을 듣고 직접 응답이 나오기만을 기다리고 있다가는 절반 이상의 문제를 틀리게 된다. 따라서 간접 응답의 종류와 자주 나오는 표현에 익숙해지는 것이 반드시 필요하다. 이제부터 간접 응답을 이해하는 연습을 하도록 하자.

■ Example 🎧 03_1부_P1_기본기2

Can you take the trash out before leaving?

(a) Sorry, I am in a hurry.
(b) Sure. I'll take it as soon as I eat.
(c) Let's take care of it first.
(d) OK, I'll hand it to you.

나가기 전에 쓰레기 좀 버려 주시겠어요?

(a) 미안해요. 제가 좀 바쁘네요.
(b) 당연하지요. 먹자마자 가지고 갈게요.
(c) 그거 먼저 처리합시다.
(d) 좋아요. 당신에게 전달해 드릴게요.

정답 | (a)

해설 | 위 질문에 대한 적절한 응답인 (a)는 부탁에 대해 No라고 직접 답하지는 않았지만, 우회적으로 돌려서 거절하고 있다. 이와 같은 간접 응답을 이해해야 (a)를 정답으로 고를 수 있다.

■ Key Points 🎧 03_1부_P1_기본기2

우회적 응답 '그렇다' 혹은 '아니다'라는 의도로 답하는 경우로 Yes, No를 써서 직접 답하지 않고 돌려서 표현한 경우이다.

그렇다	**Q.** Do you have any knowledge about Roman history? 로마 역사에 대한 지식이 좀 있으신가요? **A1.** Actually, that's what I majored in. 사실, 그게 제 전공입니다. **A2.** Well, I did grow up in Italy you know. 음, 당신도 아시다시피 전 이탈리아에서 자랐어요.
아니다	**Q.** Have you reserved tickets for next month's concert? 다음 달 콘서트 표 예매했나요? **A1.** They don't go on sale until Thursday. 목요일은 되어야 표를 팔기 시작할 거예요. **A2.** I was planning to do it next week. 다음 주에 하려고 계획하고 있었어요.

불명확한 응답 '모르겠다', '상관없다', '달라질 수 있다'는 의도로 답하는 경우로 대부분의 질문에 답이 될 수 있다.

모르겠다	01 I don't know. I'll tell you later. 잘 모르겠네요. 나중에 말씀 드릴게요. 02 I'm not sure. I'll let you know when I find out. 확실히 모르겠어요. 알게 되면 알려 드릴게요.
상관없다	03 Any time that's convenient for you. 당신이 편한 때 아무 때나요. 04 Anytime is fine with me. 아무 때나 괜찮아요.
달라질 수 있다	05 It depends on the situation. 상황에 따라 달라질 수 있어요. 06 There are still many things to consider. 여전히 고려해야 할 것이 많이 남아 있어요. 07 We have yet to make our final choice. 우리는 아직 최종 결정을 하지 않았어요.

대화를 듣고 응답하는 사람이 의미하는 바를 바르게 나타낸 것을 고른 후, 빈칸에 들어갈 내용을 받아써보자. (받아쓰는 내용은 두 번 들려줍니다.)

01 웹 사이트를 디자인할 줄 **(a) 안다.** **(b) 모른다.**

   Q. Do you know how to design Web sites?

   A. _____ .

02 자동차 수리비가 얼마나 들지 **(a) 안다.** **(b) 모른다.**

   Q. How much will it cost to get your car repaired?

   A. _____ .

03 더 넓은 아파트로 이사 가는 것에 **(a) 동의한다.** **(b) 반대한다.**

   Q. I think we should get a bigger apartment.

   A. _____ .

04 법률 서류를 제출하는 장소를 **(a) 안다.** **(b) 모른다.**

   Q. Where do we submit our legal documents?

   A. _____ .

05 아침 식사로 선택 가능한 다른 메뉴가 **(a) 있다.** **(b) 없다.**

   Q. Is bacon the only option for the breakfast set?

   A. _____ .

06 아침에 도착한 소포가 **(a) 있다.** **(b) 없다.**

   Q. Did a package arrive for me this morning?

   A. _____ .

07 새 건축 계획에 대해 논의할 수 **(a) 있다.** **(b) 없다.**

   Q. When would you like to discuss the new building plans?

   A. _____ .

08 **(a) 새 영화가 언제 개봉되는지 모른다.** **(b) 새 영화가 이미 개봉되었다.**

   Q. When does the new movie come out?

   A. _____ .

09 **(a) 어떤 것이 빠른지는 상황에 따라 다르다.** **(b) 어떤 것이든 마찬가지이다.**

   Q. Which is the fastest way to get downtown? By bus or by subway?

   A. _____ .

정답 p.11

3. 주요 동사 관련 숙어 익히기

Part 1에는 기본 동사가 다른 단어와 결합하여 전혀 다른 뜻으로 쓰이는 동사 관련 숙어가 나오는 경우가 많다. 이런 동사 관련 숙어는 동사의 의미만 알아서는 뜻을 알 수 없으므로 가능한 많이 외워두어야 한다. 여기서는 특히 중요한 동사 관련 숙어를 익히고, 나머지는 부록을 통해 외우도록 하자.

■ Example 🎧 04_1부_P1_기본기3

I'm not sure if I **got** my point **across to** the students.

(a) I think you explained everything perfectly.
(b) It's just a different point of view.
(c) That's not what I meant to say.
(d) I'm sure they'll do better next time.

학생들에게 제 말의 요점을 이해시켰는지 잘 모르겠네요.

(a) 모든 것을 완벽히 설명하셨다고 생각해요.
(b) 단지 견해가 다를 뿐이에요.
(c) 제가 하려던 말은 그게 아니에요.
(d) 학생들이 다음에는 분명 더 잘할 거예요.

정답 | (a)

해설 | 위 들려주는 문장에는 숙어 get ~ across to(~을 이해시키다)가 나온다. 이 숙어를 알아야 '모든 것을 완벽히 설명했다'는 내용의 (a)를 정답으로 고를 수 있다.

■ Key Points 🎧 04_1부_P1_기본기3

Get 관련 중요 숙어 (get: ~하게 하다, ~한 상태에 이르다)

get rid of ~을 없애다, 처리하다	01 They finally **got rid of** their old car. 그들은 마침내 그들의 오래된 자동차를 처리했어요.
get 사람 down ~를 실망하게 하다	02 Don't let it **get** you **down**. 그 일로 실망하지 마세요.
get along well 잘 지내다	03 I thought you two are **getting along well**. 두 분이 잘 지내는 줄 알았어요.
get over ~을 극복하다, 회복하다	04 You'd better stay home if you want to **get over** that cold. 감기에서 회복되고 싶다면 집에 있는 것이 좋을 거예요.
get off ~에서 내리다	05 I'm going to **get off** at the next bus stop. 저는 다음 버스 정류장에서 내릴 거예요.
get in trouble 문제가 생기다	06 I heard Sam **got in trouble** for being tardy again. Sam이 또 지각을 해서 문제가 생겼다는 이야기를 들었어요.

Take 관련 중요 숙어 (take: ~을 받다, ~을 가지다)

take out ~을 꺼내다, 내놓다	07 When are you ever going to **take out** the trash? 쓰레기는 언제 내다 버릴 거예요?
take off (점수·값 등을) 깎다	08 How many marks will the teacher **take off** for spelling errors on the test? 선생님께서 시험에서 맞춤법 실수에 대해 몇 점이나 깎으실까요?
take a job 취직하다, 일을 맡다	09 I decided to **take a job** at a research center. 연구 센터에 취직하기로 결정했어요
take a while 시간이 꽤 걸리다	10 It could **take a while** to repair. 수리하는 데 시간이 꽤 걸릴 수 있어요.
take care of ~을 처리하다	11 Let me **take care of** the problem immediately. 제가 즉시 이 문제를 처리해 드릴게요.

→ 추가 숙어: 부록 p.324

빈칸에 들어갈 동사 숙어를 받아쓴 후, 그것이 어떤 의미로 쓰였는지 골라보자. (받아쓰는 내용은 두 번 들려줍니다.)

01 Did your professor _____ points for grammar? (a) 매겼다   (b) 깎다

02 My mom wants to _____ this ugly rug. (a) 없애다   (b) 바꾸다

03 _____ the ladder, or you'll fall down. (a) 내리다   (b) 잡다

04 _____ your overseas travel arrangements. (a) 확인하다   (b) 처리하다

대화를 듣고 들려주는 문장과 응답의 연결이 자연스러우면 ○, 부자연스러우면 ×로 표시해보자. (대화는 한 번 들려줍니다.)

05 _____

06 _____

07 _____

08 _____

09 _____

10 _____

정답 p.11

Part 1 실전 맛보기

기본기 다지기에서 배운 내용을 적용해 실전 유형의 Part 1 문제를 풀어보자. 🎧 05_1부_P1_실전맛보기

01   (a)   (b)   (c)   (d)

02   (a)   (b)   (c)   (d)

03   (a)   (b)   (c)   (d)

04   (a)   (b)   (c)   (d)

05   (a)   (b)   (c)   (d)

06   (a)   (b)   (c)   (d)

07   (a)   (b)   (c)   (d)

08   (a)   (b)   (c)   (d)

09   (a)   (b)   (c)   (d)

10   (a)   (b)   (c)   (d)

정답 p.12

실전 공략하기

Part 1 문제 유형 분석

Part 1에서는 들려주는 문장을 제대로 듣고 이해하는 것이 중요하다. 그러므로 들려주는 문장에 해당하는 의문문과 평서문을 유형별로 파악하고, 각 유형별로 출제 및 응답 경향을 이해하는 것이 Part 1의 핵심 전략이 된다. 본 교재에서는 Part 1을 들려주는 문장을 기준으로 크게 세 가지 유형으로 나누었다.

유형 1. 의문사 의문문

의문사 Which, What, Why, How, Where, When, Who로 시작하는 의문문이다. 일반적으로 의문사 의문문은 구체적인 정보를 묻는 의문문이므로 Yes/No로 답할 수 없다. 하지만 의문사 의문문이 제안·제공·요청의 의미로 쓰이는 경우에는 Yes/No로 답할 수도 있으므로 주의해야 한다.

> Q **How do you get to campus each morning?** 매일 아침 어떻게 학교에 오니?
>
> A I usually ride my bike. 난 주로 자전거를 타.

유형 2. 일반 의문문

의문사 의문문을 제외한 의문문으로 조동사, Be동사로 시작하는 의문문과 기타 일반 의문문(부가·부정·생략·의문사 포함 일반 의문문)이 여기 속한다. 특정 사실에 대한 긍정/부정 여부를 묻는 의문문이므로 Yes/No로 답할 수 있다.

1. 조동사 의문문

Do, Have, Can(Could), Will(Would) 등의 조동사로 시작하는 의문문

> Q **Do you enjoy mountain climbing?** 등산을 즐겨 하시나요?
>
> A Yes, it's a favorite hobby of mine. 네, 그게 제가 특히 좋아하는 취미예요.

2. Be동사 의문문

Be동사로 시작하는 의문문

> Q Hi, I'm here to see John Taylor. **Is he in?** 안녕하세요, John Taylor를 만나러 왔어요. 안에 있나요?
>
> A Yes, but he's currently in a meeting. 네, 하지만 지금 회의 중이에요.

3. 기타 일반 의문문

형태가 특수한 일반 의문문을 모두 기타 일반 의문문으로 분류하였다. 이들은 Yes/No로 응답이 가능하다는 점에서 일반 의문문이지만, 그 형태와 쓰임이 특이하기 때문에 따로 익혀둘 필요가 있다.

① **부가 의문문** 평서문 뒤에 붙은 꼬리말 의문문

> Q The cake's almost ready, **isn't it?** 케이크가 거의 다 준비됐지, 그렇지 않니?
>
> A Yeah, it looks done to me. 응, 내가 보기엔 다 된 것 같아.

② **부정 의문문** not을 포함한 조동사나 Be동사로 시작하는 의문문

> Q **Don't you think we should drive separately?** 우리 따로 운전해서 가야 할 것 같지 않니?
>
> A Yeah, maybe you're right. 그래, 아마 네가 맞을 거야.

③ **생략 의문문** 문장의 일부(주로 조동사 + 주어, Be동사 + 주어)가 생략된 의문문

> Q Hello, Sherrie? It's Jack from Santa Fe. **Remember me?** 안녕, Sherrie? 산타페에서 온 Jack이야. 기억하니?
>
> A Of course. How have you been? 당연하지. 어떻게 지냈니?

④ **의문사 포함 일반 의문문** 일반 의문문 안에 의문사가 이끄는 간접 의문문이 포함된 형태

> Q **Can you tell me where to find toothpaste?** 치약을 어디서 찾을 수 있는지 알려주시겠습니까?
>
> A At the back, near the cosmetics. 뒤쪽이요, 화장품 근처예요.

유형 3. 평서문

화자의 감정이나 의견을 전달하거나, 정보를 전달하는 문장이다.

> Q **It looks like I'm going to get a scholarship after all!** 드디어 장학금을 받을 것 같아!
>
> A That's wonderful to hear! 멋지다!

Part 1 문제 유형별 출제 비율

Part 1의 문제 유형별 출제 비율은 아래와 같다.

35%	30%	35%
의문사 의문문	일반 의문문	평서문

실전 공략하기

Part 1 오답 유형 분석

Part 1의 오답 유형은 대부분 질문에 나온 단어나 표현을 사용한 것이다. 따라서 각각의 오답 유형에 익숙해지지 않으면 이런 오답에 속기 쉽다. 이제부터 Part 1에 자주 나오는 오답 유형을 익혀보자.

오답 유형 1. 같거나 비슷한 단어를 사용한 오답

질문에 나왔던 것과 같거나 비슷한 단어 또는 표현을 사용한 오답이 자주 나온다.

Why do we have to **dress up**?	왜 차려입어야만 하나요?
(a) Well, it's a formal occasion.	(a) 음, 격식을 차려야 하는 행사라서요.
(b) That's **why** I like to **dress up**.	(b) 그게 제가 차려입는 것을 좋아하는 이유예요.

정답 | (a)

오답분석 | (b)는 질문에 나왔던 Why와 dress up을 똑같이 반복해서 사용한 오답이다.

오답 유형 2. 같은 상황에서 쓰일 수 있는 어휘를 사용한 오답

질문의 상황과 같은 상황에서 나올 수 있는 어휘를 사용해서 혼동을 주는 오답이 자주 나온다.

Excuse me, but I didn't see my luggage at the baggage claim.	실례합니다만, 수하물 찾는 곳에 제 짐이 없었어요.
(a) You are only allowed 2 **carry-on items**.	(a) 기내 휴대 수하물은 2개만 허용됩니다.
(b) Fill out this form, and we'll try to track it down.	(b) 이 양식을 작성해 주시면, 찾아보겠습니다.

정답 | (b)

오답분석 | (a)는 질문의 공항에서 짐을 찾는 상황과 관련된 어휘인 carry-on items(기내 휴대 수하물)를 사용한 오답이다.

오답 유형 3. 시제를 혼동한 오답

질문에 대한 답변으로 적절하지 않은 시제로 답한 오답이 나온다.

How much **did** the flight to Dublin cost?	더블린으로 가는 비행기 값이 얼마였나요?
(a) **It's going to** be around $800 plus tax.	(a) 세금 별도 800달러 정도 될 것입니다.
(b) It was less than a thousand.	(b) 천 달러 미만이었어요.

정답 | (b)

오답분석 | (a)는 $800라는 가격을 언급하기는 했지만, 과거 사실에 대한 물음에 미래 시제인 It's going to(~할 것입니다)를 사용하여 시제를 혼동한 오답이다.

오답 유형 4. 대명사를 사용한 오답

질문에 나왔던 사람, 사물에 해당하는 대명사를 사용해서 혼동을 주는 오답이 나온다.

Did you know **Jackie Wilson** was in the hospital?

(a) Yeah, but they say she'll be fine.
(b) I'll let **her** know you're concerned.

Jackie Wilson이 병원에 입원했다는 걸 알고 있었나요?

(a) 네, 그런데 그녀는 괜찮을 거라고 하더군요.
(b) 당신이 걱정한다는 것을 그녀에게 알려 줄게요.

정답 | (a)

오답분석 | (b)는 질문의 Jackie Wilson에 해당하는 대명사인 her를 사용한 오답이다.

오답 유형 5. 다의어를 사용한 오답

질문에 쓰인 단어의 여러 가지 뜻을 사용하여 혼동을 주는 오답이 나온다.

Did you happen to catch the keynote **address**?

(a) Yes, it was very informative.
(b) Sure. I've got it in my **list of contacts**.

혹시 기조연설을 들을 수 있었나요?

(a) 네, 그건 정말 유익했어요.
(b) 당연하지요. 제 연락처 리스트에 있어요.

정답 | (a)

오답분석 | (b)는 다의어인 address(연설, 주소)를 사용한 오답이다. 질문의 address는 '연설'이라는 뜻인데, (b)에서는 address의 다른 뜻인 '주소'와 관련된 표현인 list of contacts(연락처 리스트)를 사용하고 있다.

COURSE **1** 의문사 의문문

1. Which · What 의문문

Which·What 의문문은 Which나 What으로 시작하는 의문문으로, Part 1에서 가끔 출제된다. 이제부터 Which·What 의문문을 익혀보자.

1 Which 의문문

■ 출제 경향과 전략

· Which 의문문에서는 정보를 요청하거나, 선택을 요구하는 문제가 많이 출제된다.

· Which 뒤에 '명사'가 나오면 그 명사를, 그렇지 않은 경우에는 Which 의문문 뒷부분의 'A or B'를 가장 주의해서 들어야 한다.

■ Example 🎧 06_1부_P1_Course1-1

Which restaurant will you have dinner at tonight?	오늘 밤 어느 식당에서 저녁을 먹을 거예요?
(a) The pasta and pizza.	(a) 파스타와 피자요.
(b) The one across the street.	(b) 길 건너에 있는 데서요.
(c) It'll be 50 dollars.	(c) 50달러일 거예요.
(d) I'll make a reservation for you.	(d) 제가 당신을 위해 예약을 해둘게요.

정답 | (b)

해설 | Which restaurant를 사용하여 어느 식당에서 저녁을 먹을 거냐고 묻는 말에 '길 건너에 있는 데서요'라고 장소를 말한 (b)가 정답이다.

Possible Answers

1. Probably the Italian place on the corner. 아마도 모퉁이에 있는 이탈리아 식당에서요.
2. I might try that new one downtown. 시내에 새로 생긴 곳에 한번 가보려고 해요.

■ Part 1에 자주 나오는 **Which** 의문문과 응답 🎧 06_1부_P1_Course1-1

아래 리스트를 반복해서 들어 구체적인 질문의 유형과 응답을 익히도록 하자.

정보 요청하기 (Which 명사)

적절한 정보를 제공해주는 말이 정답이 될 수 있으며, 정답에 the one이라는 말이 포함되는 경우가 많다.

Q	Excuse me, **which shop** carries women's cosmetics? 실례합니다. 어느 가게에서 여성 화장품을 파나요?
A1	The one across from the drugstore. 약국 건너편에 있는 가게요.
A2	Actually, several of them do. 사실, 여러 가게에서 팔아요.
A3	You should ask at the information desk. 안내 데스크에 물어보셔야 해요.

Q	**Which section** has the dictionaries? 어느 섹션에 사전이 있나요?
A1	The one next to the cookbooks. 요리책 옆에 있는 곳이에요.
A2	They're on the next aisle over. 저쪽 옆 통로에 있어요.
A3	I'll show you. Follow me. 제가 보여 드릴게요. 따라오세요.

Q	**Which way** is it to the symphony hall? 심포니 홀로 가는 길이 어느 길인가요?
A1	Take a right at the next intersection. 다음 교차로에서 우회전하세요.
A2	It's that round building over there. 저쪽 둥근 건물이에요.
A3	Sorry. I'm not from around here. 죄송합니다. 제가 여기 사람이 아니에요.

선택 요구하기 (Which of 명사 / Which ~ A or B)

'A or B' 중 하나를 선택한 말이 정답이 되는 경우가 많다. 그러나, 둘 중 아무 것도 선택하지 않거나, 둘 다 선택한 말이 정답이 되는 경우도 있다.

Q	**Which of the three movies** do you want to see? 이 세 영화 중 무엇을 보고 싶나요?
A1	Maybe the romantic comedy. 아마 로맨틱 코미디요.
A2	I've heard the one with Mel Gibson is good. 멜 깁슨이 나오는 영화가 좋다고 들었어요.
A3	Whichever one you like is fine. 당신이 좋아하는 거라면 뭐든 좋아요.

Q	**Which of the applicants** seems most qualified? 어떤 지원자가 가장 적합한 것 같나요?
A1	I'm leaning toward the law school graduate. 저는 로스쿨을 졸업한 사람 쪽으로 마음이 기우는데요.
A2	Well, George has the most experience. 글쎄요. George가 가장 경력이 많네요.
A3	It's really tough to decide on just one. 딱 한 사람을 고르기가 정말 어렵네요.

Q	**Which** do you use most often, **a pen or a pencil**? 펜과 연필 중 어떤 것을 가장 자주 쓰시나요?
A1	I usually write with pens. 저는 주로 펜으로 써요.
A2	It depends on the situation. 그건 상황에 따라 다르지요.
A3	I generally just type on the computer. 저는 대개 그냥 컴퓨터에 타이핑해요.

Q	**Which** do you prefer, **dramas or comedies**? 드라마와 코미디 중 무엇을 더 좋아하시나요?
A1	I like comedies better. 저는 코미디가 더 좋아요.
A2	Actually, I usually watch thrillers. 사실, 저는 주로 스릴러를 봐요.
A3	Both are equal in my book. 전 둘 다 똑같아요.

2 What 의문문

■ 출제 경향과 전략

· What 의문문에서는 정보를 요청하거나, 의견을 구하는 문제가 많이 출제된다.

· What 바로 뒤에 '명사'가 나오면 그 명사를, 그렇지 않은 경우에는 What 뒤의 시제와 주어, 동사를 가장 주의해서 들어야 한다.

■ Example 🎧 06_1부_P1_Course1-1

Robert, what have you done to prepare for the seminar?

(a) I'm telling you it wasn't my fault.
(b) Don't worry. I'll help you prepare.
(c) I'm sure you'll be able to pull it off.
(d) So far just the outline.

Robert, 세미나를 위해서 무엇을 준비했나요?

(a) 제 잘못이 아니었어요.
(b) 걱정 마세요. 제가 준비하는 것을 도와드릴게요.
(c) 잘 해낼 거라고 믿어요.
(d) 지금까지는 아웃라인뿐이에요.

정답 | (d)

해설 | What have you done을 사용하여 무엇을 준비했는지 물었으므로 아웃라인은 끝냈다고 말한 (d)가 정답이다.

Possible Answers

1. I'm in the final stages now. 지금 마무리 단계예요.
2. Don't worry. I'll be ready when the time comes. 걱정 마세요. 때가 되면 준비되어 있을 거예요.

■ Part 1에 자주 나오는 What 의문문과 응답 🎧 06_1부_P1_Course1-1

아래 리스트를 반복해서 들어 구체적인 질문의 유형과 응답을 익히도록 하자.

정보 요청하기 (What 명사 / What ~ 동사)
적절한 정보(시간, 방법, 가격 등)를 제공해주는 말이 정답이 되는 경우가 많다.

Q	**What time** does the performance start tonight? 공연이 오늘 밤 몇 시에 시작하나요?
A1	At 7:30 sharp. 정확히 7시 30분에요.
A2	I'll have to look at the program. 프로그램을 봐야 알 것 같아요.
A3	Let me check and see. 한번 확인해 볼게요.

Q	**What's** the best **way** to find a good job? 좋은 직장을 찾는 가장 좋은 방법은 무엇인가요?
A1	You could start by searching the Internet. 인터넷 검색부터 시작할 수 있을 거예요.
A2	Meeting people who do the types of things you like to do. 당신이 하고 싶은 종류의 일을 하는 사람을 만나는 거예요.
A3	That depends on what you're looking for. 어떤 직장을 찾고 있느냐에 따라 달라요.

Q	**What** do you **charge** for Web site design? 웹 사이트 디자인하는 데 얼마인가요?
A1	2,000 dollars plus maintenance. 2,000달러에 유지 보수비는 별도입니다.
A2	We will cater to your budget. 예산에 맞춰 드리겠습니다.
A3	It varies according to your needs. 귀하의 요구에 따라 다양합니다.

Q	**What** do you do for a living? 직업이 무엇인가요?
A1	I'm a corporate attorney. 저는 회사 변호사입니다.
A2	I work for a financial planning firm. 재무 설계 회사에서 일하고 있습니다.
A3	I'm between jobs right now. 지금은 예전 직장을 그만두고 다른 직장을 구하고 있는 중입니다.

Q	**What** have you been doing these days? 요새 어떻게 지내셨어요?
A1	I've been busy at work. 일하느라 바빴어요.
A2	I recently got back from a long business trip. 장기 출장을 갔다가 최근에 돌아왔어요.
A3	Nothing worth mentioning. 이렇다 할만한 건 없어요.

의견 구하기 (What do you think of)

적절한 의견을 제시한 말이 정답이 되는 경우가 많다. 또한, 정답에 말하는 사람의 느낌이나 감정을 나타내는 단어가 포함될 수 있다.

Q	**What** do you think of the recent interest rate hike? 근래 이자율의 급격한 상승에 대해 어떻게 생각하시나요?
A1	I'm surprised it happened so suddenly. 그렇게 갑작스럽게 일어난 것에 놀랐어요.
A2	It's still too early to tell. 뭐라고 말하기엔 여전히 너무 이르지요.
A3	I haven't given it much thought. 그것에 대해선 깊게 생각해본 적이 없어요.

Q	**What** do you think of political advertising? 선거 광고에 대해 어떻게 생각하시나요?
A1	It helps people get to know the candidates. 사람들이 후보자에 대해 더 잘 알도록 도와주지요.
A2	It's fine as long as it's done honestly. 정직하게만 된다면 좋은 것 같아요.
A3	Honestly, it seems like a waste of resources. 솔직히, 자원 낭비 같아요.

Hackers Practice

질문에 알맞은 응답을 고른 후, 빈칸에 들어갈 내용을 받아써보자. (받아쓰는 내용은 두 번 들려줍니다.) 🎧 06_1부_P1_Course1-1

01 (a)   (b)

_____ these days?
(a) _____ , really.
(b) It's _____ .

02 (a)   (b)

_____ in Chicago?
(a) I'm _____ Chicago _____ .
(b) I came _____ .

03 (a)   (b)

_____ are we _____ ?
(a) Yeah, _____ .
(b) I'm _____ .

04 (a)   (b)

_____ for that cake?
(a) Oh, _____ .
(b) I think _____ .

05 (a)   (b)

_____ to the luncheon?
(a) Don't worry. It _____ you.
(b) _____ .

06 (a)　　　　(b)

_____, Margaret? The soup or the salad?

(a) Actually, I _____ to have a _____ .

(b) The soup was _____ .

07 (a)　　　　(b)

_____ to reach you at home?

(a) You can just _____ .

(b) OK, I'll _____ then.

08 (a)　　　　(b)

_____ this soggy weather?

(a) I _____ the weather report.

(b) I'm hoping it will _____ .

들려주는 문장을 듣고, 가장 적절한 응답을 골라보자. 🎧 06_1부_P1_Course1-1

09 (a)　　　(b)　　　(c)　　　(d)

10 (a)　　　(b)　　　(c)　　　(d)

11 (a)　　　(b)　　　(c)　　　(d)

12 (a)　　　(b)　　　(c)　　　(d)

13 (a)　　　(b)　　　(c)　　　(d)

14 (a)　　　(b)　　　(c)　　　(d)

정답 p.15

2. Why · How 의문문

Why · How 의문문은 Why나 How로 시작하는 의문문으로, Part 1에서 자주 출제된다. 이제부터 Why · How 의문문을 익혀 보자.

1 Why 의문문

■ 출제 경향과 전략

· Why 의문문에서는 이유를 묻거나, 제안하는 문제가 출제된다.
· Why 뒷부분을 주의해서 듣고 이유를 묻는지, 제안을 하는지 확인한다. Why don't you[we]로 시작하면 제안하는 것이지만, Why didn't you[we] 혹은 Why doesn't she[he]로 시작하면 이유를 묻는 것이므로 주의한다.

■ Example 🎧 07_1부_P1_Course1-2

Why do you always go out to eat for lunch?	왜 항상 점심을 나가서 드시나요?
(a) I'll go as soon as we finish lunch.	(a) 점심 식사를 마치는 대로 바로 가겠어요.
(b) I'm thinking about ordering takeout.	(b) 테이크아웃 음식을 주문할까 생각하고 있어요.
(c) I'm too busy to prepare my own meals.	(c) 너무 바빠서 음식을 직접 준비할 수 없어요.
(d) I want to eat something different today.	(d) 오늘은 뭔가 다른 것을 먹고 싶네요.

정답 | (c)

해설 | Why를 사용하여 점심을 나가서 먹는 이유를 물었으므로 '너무 바쁘다'는 이유를 말한 (c)가 정답이다.

Possible Answers

1. Mainly because it's convenient. 가장 큰 이유는 편리하기 때문이지요.
2. I enjoy getting out of the office. 저는 사무실 밖에 나가는 것을 즐겨요.

■ Part 1에 자주 나오는 Why 의문문과 응답 🎧 07_1부_P1_Course1-2

아래 리스트를 반복해서 들어 구체적인 질문의 유형과 응답을 익히도록 하자.

이유 묻기 (Why)

정답이 Because나 For로 시작하는 경우는 거의 없으므로 내용을 잘 들어 적절한 이유를 제시한 정답을 찾아야 한다.

Q	**Why** has the renovation of your restaurant stalled? 왜 당신 식당의 보수 공사가 중지되었나요?
A1	We are having financial problems. 저희는 재정적인 어려움을 겪고 있어요.
A2	There was a problem with the building codes. 건축법 관련 문제가 있었어요.
A3	I'm afraid that's confidential. 그건 기밀 사항이에요.

Q	**Why** are you angry at your neighbors? 이웃 사람에게 **왜** 화가 났나요?
A1	They were playing loud music all night. 밤새도록 음악을 크게 틀어 놓았어요.
A2	Their dogs ruined my garden. 그쪽 개가 우리 집 정원을 망쳐놓았어요.
A3	Oh, it's nothing really. 오, 그거 별일 아니에요.

Q	**Why** do you have to work late every night? 왜 매일 밤 늦게까지 일해야만 하나요?
A1	I've got a deadline to meet. 맞춰야 할 마감일이 있어서요.
A2	My boss is out of town, so I'm pulling double duty. 상사가 출타 중이라서, 두 가지 역할을 하고 있어요.
A3	It's only until the end of the week. 주말까지만 그럴 거예요.

Q	**Why** didn't you go to Robert's retirement celebration? Robert의 은퇴 축하 자리에 **왜** 안 갔나요?
A1	I had a previous engagement. 선약이 있었어요.
A2	Sorry, I got the dates mixed up. 죄송합니다, 날짜를 헷갈렸어요.
A3	It's not because I didn't want to. 가기 싫어서 안 간 것은 아니에요.

제안하기 (Why don't you[we])
제안을 받아들이거나 거절하는 말이 정답이 되는 경우가 많다.

Q	**Why don't you** buy your mother a gift certificate? 어머니께 상품권을 사드리면 **어떻겠니**?
A1	OK, that's an idea. 그래, 좋은 생각이네.
A2	I don't think that's a good idea. 그게 좋은 생각인지 잘 모르겠어.
A3	That's certainly one option. 그것도 확실히 좋은 방법 중 하나네.

Q	**Why don't you** stay for a nightcap? 술 한잔 더 하지 **않겠어요**?
A1	No, thank you. Maybe next time. 감사하지만 괜찮아요. 다음에 하죠.
A2	Thanks, but I'd better be getting home. 감사합니다만, 저는 집에 가는 게 좋을 것 같아요.
A3	That's actually not a bad idea. 나쁜 생각은 아닌데요.

Q	**Why don't we** see a movie after dinner? 저녁 먹고 영화 보러 가면 **어떻겠니**?
A1	I'd like to, but I already have plans. 그러고 싶지만, 계획이 있어.
A2	I was just thinking the same thing. 나도 같은 생각을 하고 있었어.
A3	Let's eat first and then decide. 먼저 먹고 나서 결정하자.

2 How 의문문

■ 출제 경향과 전략

· How 의문문에는 이유나 방법, 의견·상태를 묻거나, 정보를 요청하거나, 제안하는 문제가 자주 나온다.

· How 바로 뒤에 나오는 말에 따라 무엇을 묻는지 알 수 있는 경우가 많으므로, How 바로 뒤를 가장 주의 깊게 듣는다.

· How의 여러 뜻을 이용한 오답에 주의한다. (예: How come으로 '이유'를 물었는데 '방법'으로 답한 오답)

■ Example 🎧 07_1부_P1_Course1-2

How come you gave all the puppies up for adoption?

(a) I found them all new homes.
(b) They were housebroken when I got them.
(c) Sorry, I didn't know you had so many.
(d) There were too many to take care of.

왜 강아지들을 다 입양 보냈니?

(a) 모두에게 새집을 찾아줬어.
(b) 내가 얻었을 때 길들여져 있었어.
(c) 미안해, 나는 네가 그렇게 많이 가지고 있었는지 몰랐어.
(d) 돌봐야 할 것이 너무 많았어.

정답 | (d)

해설 | How come을 사용하여 강아지들을 다 입양 보낸 이유를 물었으므로 '돌봐야 할 것이 너무 많았다'는 이유를 말한 (d)가 정답이다.

Possible Answers

1. They were too expensive to feed. 먹이는 데 돈이 너무 많이 들었어.
2. Trust me. They're better off where they are now. 나를 믿어. 지금 있는 곳에서 더 잘 살 거야.

■ Part 1에 자주 나오는 How 의문문과 응답 🎧 07_1부_P1_Course1-2

아래 리스트를 반복해서 들어 구체적인 질문의 유형과 응답을 익히도록 하자.

이유 묻기 (How come, How dare, How could)
놀람, 불만의 감정을 담아 이유를 묻는 경우가 대부분이므로 사과, 변명, 위로하는 말이 정답이 되는 경우가 많다.

Q	**How dare** Heather stand me up on our first date? 어떻게 감히 Heather가 나를 첫 번째 데이트에 바람맞힐 수 있지?
A1	Maybe she had a good excuse. 뭔가 이유가 있었겠지.
A2	That is unfortunate. 그것 참 안됐구나.
A3	It's nothing to get worked up over. 그렇게 화낼 일은 전혀 아니야.

방법 묻기 (How do, How can)

Q	**How do** you manage to stay so active during pregnancy? 어떻게 임신 중에도 그렇게 활동적인 상태를 유지할 수 있나요?
A1	I enjoy going for walks. 저는 산책하는 것을 즐겨요.
A2	Prenatal classes helped me a lot. 산모 교실이 많은 도움을 줬어요.
A3	It's not as difficult as you think. 당신이 생각하는 것처럼 그렇게 어렵지는 않아요.

의견 · 상태 묻기 (How)

Q	**How** is your apartment search going? 아파트 구하는 건 어떻게 되어가고 있어요?
A1	So far so good. I've got several leads. 아직까지는 좋아요. 가능성 있는 곳이 몇 군데 있어요.
A2	The housing market is tough these days. 요새 집 구하기가 어려워요.
A3	I'll know something by next week. 다음 주가 되면 뭔가 알게 될 것 같아요.

정보 요청하기 (가격(How much), 기간(How long), 거리(How far) 등)

적절한 정보(가격, 기간, 거리 등)를 제공해주는 말이 정답이 되는 경우가 많다.

Q	**How much** do you plan to borrow from the bank? 은행에서 얼마나 빌릴 계획이에요?
A1	I'll need at least a few grand. 적어도 수천 달러는 필요할 거예요.
A2	No more than half a year's salary. 반년치 봉급보다는 적게요.
A3	That depends on the terms of the loan. 대출 조건에 따라 다르지요.

Q	**How long** is the snow supposed to continue? 얼마나 오래 눈이 계속 올까요?
A1	Only through tomorrow. 내일까지만 온대요.
A2	Let's watch the news and see. 뉴스를 한번 봅시다.
A3	It looks like it might clear up. 날이 갤지도 모를 것 같아요.

제안하기 (How about)

제안을 받아들이거나 거절하는 말이 정답이 되는 경우가 많다.

Q	**How about** starting a weekly book club with our friends? 친구들과 매주 독서 모임을 시작해 보면 어떻겠니?
A1	Sure. That might be fun. 당연히 좋지. 재미있을 것 같네.
A2	I don't see why we shouldn't. 하지 말아야 할 이유는 없는 것 같아.
A3	I doubt there would be much interest. 그게 그렇게 재미있을지 잘 모르겠어.

Hackers Practice

질문에 알맞은 응답을 고른 후, 빈칸에 들어갈 내용을 받아써보자. (받아쓰는 내용은 두 번 들려줍니다.) 🎧 07_1부_P1_Course1 2

01 (a)   (b)

_____ in Seattle, Mr. Jackson?

(a) I _____ .

(b) It's _____ .

02 (a)   (b)

_____ for your parents on Saturday?

(a) I'll ask them _____ .

(b) _____ .

03 (a)   (b)

This pasta tastes too salty. _____ ?

(a) That's _____ .

(b) It's _____ .

04 (a)   (b)

_____ home in the evenings?

(a) _____ every night.

(b) _____ .

05 (a)   (b)

_____ I have to _____ so early?

(a) Just _____ early.

(b) You _____ .

06 (a)   (b)

_____ all over the floor?
(a) I was _____ .
(b) I _____ .

07 (a)   (b)

_____ do you think we'll need?
(a) Just _____ Andrew and _____ .
(b) I'm not _____ .

08 (a)   (b)

_____ your cool earlier?
(a) Well, I actually _____ .
(b) Steve _____ .

들려주는 문장을 듣고, 가장 적절한 응답을 골라보자. 🎧 07_1부_P1_Course1-2

09   (a)   (b)   (c)   (d)

10   (a)   (b)   (c)   (d)

11   (a)   (b)   (c)   (d)

12   (a)   (b)   (c)   (d)

13   (a)   (b)   (c)   (d)

14   (a)   (b)   (c)   (d)

정답 p.18

3. Where · When · Who 의문문

Where · When · Who 의문문은 각각 Where, When, Who로 시작하는 의문문으로, Part 1에서 가끔 출제되며 Where · When 의문문이 Who 의문문 보다 많이 나온다. 이제부터 Where · When · Who 의문문을 익혀보자.

■ 출제 경향과 전략

· Where로 장소, When으로 시간, Who로 누구인지 묻는 문제가 나온다.

· When 의문문에서는 주로 시간을 나타내는 표현이 정답이 되므로 아래의 주요 시간표현을 익혀둔다.

과거	already 이미	last night 어젯밤에	sometime ago 얼마 전에	couple of days ago 며칠 전에	a while ago 이전에
현재	now 지금	for now 지금은	usually 대개		
미래	soon 곧	sometime 언젠가	next week 다음 주 중에	in about an hour 한 시간쯤 후에	

■ Example 🎧 08_1부_P1_Course1-3

Excuse me. Where is the university admissions office?

(a) Well, I haven't applied yet.
(b) It's on the ground floor.
(c) I'm sure they will accept you.
(d) There's no charge for admission.

실례합니다. 어디가 대학 입학처인가요?

(a) 글쎄요, 저는 아직 지원하지 않았는데요.
(b) 1층에 있습니다.
(c) 당신을 당연히 합격시켜 줄 거라 확신합니다.
(d) 입장료는 무료입니다.

정답 | (b)

해설 | Where를 사용하여 대학 입학처가 어디 있는지 위치를 물었으므로 '1층'이라는 위치를 말한 (b)가 정답이다.

Possible Answers

1. Up the stairs and to the right. 계단을 올라가서 오른쪽입니다.
2. Across from the financial aid office. 학자금 대출과 사무실의 건너편입니다.

■ Part 1에 자주 나오는 Where · When · Who 의문문과 응답 🎧 08_1부_P1_Course1-3

아래 리스트를 반복해서 들어 구체적인 질문의 유형과 응답을 익히도록 하자.

장소 묻기 (Where)

Q	**Where** did you put the replacement batteries for the camera? 카메라 추가 배터리는 어디에 두었나요?
A1	In the drawer of the nightstand. 침대용 탁자 서랍에요.
A2	I thought you had them last. 마지막으로 당신이 가지고 있었는 줄 알았는데요.
A3	Let me think about it for a moment. 잠시 생각 좀 해볼게요.

Q	**Where** would you like to go for dinner? 저녁 먹으러 어디 가고 싶나요?
A1	Let's try that new Italian place. 새로운 이탈리아 음식점에 같이 가봐요.
A2	Whatever you decide is fine. 당신이 정하는 건 어떤 거라도 좋아요.
A3	Any place is okay with me. 저는 아무 데나 괜찮아요.

Q	Excuse me. **Where** is the bus station? 실례합니다. 버스 정류장이 어딘가요?
A1	A couple of blocks north of here. 여기서 북쪽으로 두 블록 정도 더 가서요.
A2	It's farther up this road. 이 길 더 위쪽이에요.
A3	There arc 2 within walking distance. 걸어갈 수 있는 거리에 2개가 있어요.

시간 묻기 (When)
다른 의문문에 비해 시제 혼동 오답이 자주 나오므로 시제를 정확히 듣는다.

Q	**When** do you think we could discuss the new development plan? 언제 새로운 개발 계획에 대해 의논할 수 있을 거라 생각하세요?
A1	As soon as I finish this report. 제가 이 보고서 쓰는 것을 마치고 바로요.
A2	Any time that's convenient for you. 당신이 편한 때 아무 때나요.
A3	I was about to ask you the same thing. 저도 같은 걸 여쭤보려던 참이었어요.

Q	**When** is the deadline for registration? 등록 마감일이 언제인가요?
A1	It's next Friday, the 24th. 다음 주 금요일, 24일입니다.
A2	It's not until Thursday of next week. 다음 주 목요일까지는 아니에요.
A3	We should check with the registrar's office. 학적과에 확인해 봐야 해요.

누구인지 묻기 (Who)
정답에 사람 이름이나 직책 등이 포함될 수 있다.

Q	**Who** is going to replace Cindy when she leaves? Cindy가 그만두면 누가 그 자리에 오나요?
A1	Probably her assistant. 아마도 그녀의 보좌관일 거예요.
A2	It's still up in the air. 아직 미지수예요.
A3	There's a chance she might stay. 그녀가 남아있을 가능성도 있어요.

Q	**Who** should we invite to the cookout? 야외 요리 파티에 누구를 초대해야 할까요?
A1	How about Bill and Charlotte? Bill과 Charlotte이 어떨까요?
A2	It's entirely up to you. 그건 전적으로 당신 뜻에 달렸어요.
A3	I'll have to give it some thought. 한번 생각해 봐야 겠네요.

Hackers Practice

질문에 알맞은 응답을 고른 후, 빈칸에 들어갈 내용을 받아써보자. (받아쓰는 내용은 두 번 들려줍니다.) 🎧 08_1부_P1_Course1-3

01 (a)   (b)

_____ would you like to meet?

(a) _____ ?

(b) I'm _____ .

02 (a)   (b)

Pardon me. _____ post office?

(a) I'll _____ .

(b) It's _____ .

03 (a)   (b)

_____ is your _____ ?

(a) I'll try to _____ .

(b) _____ .

04 (a)   (b)

_____ you and Tony _____ ?

(a) We _____ .

(b) It's _____ .

05 (a)   (b)

_____ I saw you with the other day?

(a) We _____ .

(b) Oh, _____ .

06 (a)　　　　(b)

> _____ do you _____ on weekdays?
>
> (a) I always _____ .
>
> (b) I'm usually _____ .

07 (a)　　　　(b)

> _____ can I _____ to see Mr. Jeffries?
>
> (a) I'll need to _____ .
>
> (b) Unfortunately, _____ .

08 (a)　　　　(b)

> _____ our boarding passes?
>
> (a) _____ .
>
> (b) You'll _____ .

들려주는 문장을 듣고, 가장 적절한 응답을 골라보자. 🎧 08_1부_P1_Course1-3

09	(a)	(b)	(c)	(d)
10	(a)	(b)	(c)	(d)
11	(a)	(b)	(c)	(d)
12	(a)	(b)	(c)	(d)
13	(a)	(b)	(c)	(d)
14	(a)	(b)	(c)	(d)

Hackers **TEST**

Choose the most appropriate response to the statement. 🎧 09_1부_P1_Course1_HT

01   (a)   (b)   (c)   (d)

02   (a)   (b)   (c)   (d)

03   (a)   (b)   (c)   (d)

04   (a)   (b)   (c)   (d)

05   (a)   (b)   (c)   (d)

06   (a)   (b)   (c)   (d)

07   (a)   (b)   (c)   (d)

08   (a)   (b)   (c)   (d)

09   (a)   (b)   (c)   (d)

10   (a)   (b)   (c)   (d)

11   (a)   (b)   (c)   (d)

12   (a)   (b)   (c)   (d)

정답 p.25
받아쓰기 프로그램으로 Hackers Practice와 Hackers Test를 꼭 복습하세요.

COURSE **2** 일반 의문문

1. 조동사 의문문

조동사 의문문은 Do, Have, Can(Could), Will(Would) 등의 조동사로 시작하는 의문문으로, Part 1에서 자주 출제된다. Don't 등으로 시작하는 부정 의문문은 3. 기타 일반 의문문에서 다루어진다. 이제부터 조동사 의문문을 익혀보자.

1 Do · Have 의문문

■ 출제 경향과 전략

· Do 의문문에서는 사실을 확인하거나 의견을 묻는 문제가, Have 의문문에서는 과거부터 현재까지의 경험에 대해 묻거나, 완료 여부 또는 계속되고 있는 상태에 대해 묻는 문제가 주로 출제된다.

· Yes나 No 등으로 시작하여 그럴듯하게 들리지만, 그 뒤에 이어지는 내용이 적절하지 않아 오답인 경우가 많으므로 주의한다.

■ Example 🎧 10_1부_P1_Course 2-1

Do you have more than one style of pizza?

(a) Yes, thin and thick crust.
(b) Then you should order something else.
(c) It's made with all natural ingredients.
(d) No, we don't offer those toppings.

피자 종류가 하나 이상 있나요?

(a) 네, 얇은 피자와 두꺼운 크러스트 피자요.
(b) 그렇다면 뭔가 다른 것을 주문하셔야 합니다.
(c) 전부 천연 재료로 만들어져 있어요.
(d) 아니요, 저희는 그런 토핑은 없습니다.

정답 | (a)

해설 | Do 의문문으로 피자 종류가 하나 이상 있는지 묻는 말에 '얇은 피자와 두꺼운 크러스트 피자'가 있다는 말로 피자 종류가 하나 이상이라는 의미를 전달한 (a)가 정답이다.

Possible Answers

1. Yes, we just added a new one to our menu. 네, 얼마 전 메뉴에 새로운 것을 추가했어요.
2. You can order red or white sauce varieties. 토마토 소스 또는 크림 소스 종류를 주문할 수 있어요.

■ Part 1에 자주 나오는 Do · Have 의문문과 응답 🎧 10_1부_P1_Course 2-1

아래 리스트를 반복해서 들어 구체적인 질문의 유형과 응답을 익히도록 하자.

사실 확인하기, 의견 묻기 (Do)
사실 확인하기

Q	**Do** you have anything that requires overnight delivery? 다음 날 배달되도록 해드려야 할 것이 있나요?
A1	No, regular mail will do. 아니요, 일반 우편이면 될 것 같네요.
A2	Yes, this letter is top priority. 네, 이 편지가 최우선순위예요.
A3	I didn't know you could do that here. 여기서 그렇게 할 수 있는지 몰랐어요.

Q	I'm out of staples. **Do** you have any? 스테이플러 심이 다 떨어졌어요. 좀 있나요?
A1	Yes, they're in my desk drawer. 네, 제 책상 서랍에 있어요.
A2	Wait. I'll get you some. 잠시만요. 제가 갖다 드릴게요.
A3	I may have used them all up. 저도 다 쓴 것 같은데요.

의견 묻기

Q	**Do you think** it's too late to find a good deal on airfare? 저렴한 항공 요금을 찾기엔 너무 늦었다고 생각하시나요?
A1	Not if you search online. 인터넷을 검색해보면 그렇지도 않을 거예요.
A2	Each carrier has its own deadlines. 항공사마다 마감일이 달라요.
A3	Maybe you should ask a travel agent. 여행사에 물어보셔야 할 것 같아요.

Q	**Do** these shoes look too casual for work? 이 신발이 직장에 신고 가기에는 너무 캐주얼해 보이나요?
A1	Maybe a little. 약간은 그럴 수도 있겠네요.
A2	That depends on the dress code. 드레스 코드에 따라 다르지요.
A3	Well, what do you think? 음, 당신 생각은 어떤데요?

경험이나 완료, 혹은 계속되고 있는 상태에 대해 묻기 (Have)

경험에 대해 묻기

Q	Gary, **have** you met Lisa's parents yet? Gary, Lisa의 부모님을 만나 뵌 적 있나요?
A1	No, but I plan to soon. 아니요, 하지만 곧 그러려고 계획하고 있어요.
A2	Of course. We've known each other for years. 물론이지요. 우리는 몇 년이나 서로를 알고 지낸걸요.
A3	It's still a little early for that. 그러기엔 약간 이른 것 같아요.

완료되었는지 묻기

Q	I need to deposit my paycheck. **Has** the bank already closed? 급료 지불 수표를 입금해야 해요. 은행이 벌써 문을 닫았나요?
A1	No, I believe it's open until 4:30. 아니요, 제가 알기론 4시 30분까지 열어요.
A2	Yes, they only stay open late on Fridays. 네, 금요일에만 늦게까지 열어요.
A3	You'll have to call and find out. 전화해서 알아보셔야 할 거예요.

계속되고 있는 상태에 대해 묻기

Q	**Have** you been in Argentina long? 아르헨티나엔 오래 계셨나요?
A1	Not exactly. A little over 6 weeks now. 그렇진 않아요. 지금 6주 조금 넘었어요.
A2	No, I'm just here on business. 아니요, 여기는 그냥 일 때문에 왔어요.
A3	Ever since I graduated college. 대학을 졸업한 이후로 쭉이요.

2 Can(Could) · Will(Would) 의문문

출제 경향과 전략

· Can(Could) 의문문에서는 요청하는 문제가, Will(Would) 의문문에서는 요청, 제안, 제공하는 문제가 자주 출제된다.

· 요청, 제안, 제공을 수락하거나 거절하는 의미를 전달하는 말이 주로 정답이 된다. 이때 수락하거나 거절할 때 쓰이는 전형적인 표현 (예: Sounds good, No thanks 등)이 정답이 되는 경우는 거의 없으므로 내용을 잘 듣고 정답을 선택해야 한다.

Example 🎧 10_1부_P1_Course 2-1

Could you take this package down to shipping and receiving by midmorning?

(a) I'll ship it out right away.
(b) Sure. I'll take it there this afternoon.
(c) It said it was delivered on time.
(d) I'll have my assistant take care of it.

이 소포를 운송 부서로 아침 나절에 가져다 줄 수 있나요?

(a) 당장 보내드릴게요.
(b) 당연하지요. 오후에 그곳으로 가져 갈게요.
(c) 제시간에 배달되었다고 하던데요.
(d) 제 조수에게 처리하라고 할게요.

정답 | (d)

해설 | Could you를 사용하여 소포를 운송 부서로 가져다 달라고 요청했으므로 '조수에게 처리하라고 하겠다'는 말로 요청을 수락한 (d)가 정답이다.

Possible Answers

1. OK, I'll go during my break. 좋아요. 쉬는 시간에 다녀올게요.
2. Sure. I'm on my way there now. 물론이지요. 지금 거기 가는 길이에요.

Part 1에 자주 나오는 Can(Could) · Will(Would) 의문문과 응답 🎧 10_1부_P1_Course 2-1

아래 리스트를 반복해서 들어 구체적인 질문의 유형과 응답을 익히도록 하자.

요청하기 (Can I, Can[Could] you)

전화를 걸어 사람을 바꿔달라고 요청하는 경우가 있는데, 이때는 주로 전형적인 전화 표현이 정답이 된다. 그외의 다른 것을 요청할 때는, '해주겠다'며 수락하거나, '미안하다'며 거절하는 말이 정답이 되는 경우가 많다.

Q	Hello, **can I** speak to Anthony? 여보세요, Anthony와 통화할 수 있을까요?
A1	This is he speaking. 전데요, 말씀하세요.
A2	Please stay on the line while I transfer you. 연결해 드리는 동안 끊지 말고 기다리세요.
A3	I think you have the wrong number. 전화를 잘못 거신 것 같은데요.

Q	**Can you** help me with my math homework? 제 수학 숙제 좀 도와주실 수 있나요?
A1	After I finish mine, I will. 내 것부터 하고 해줄게.
A2	Well, it's not my strongest subject. 글쎄, 내가 제일 잘하는 과목은 아니라서.
A3	Don't you want to try to do it yourself first? 먼저 스스로 해보고 싶지는 않니?

Q	Pardon me. **Could you** help me change my flight? 죄송합니다. 비행편을 변경하는 것을 도와주실 수 있습니까?
A1	Please let me have your name and flight number. 당신의 이름과 비행기 편명을 알려주세요.
A2	You'll have to go to the ticketing desk for that. 그러려면 표 끊는 곳에 가셔야 해요.
A3	It could result in a higher fare. 그러면 요금이 더 비싸질 수도 있어요.

Q	**Could you** pick up my clothes at the cleaner? 세탁소에서 제 옷 좀 찾아다 주실 수 있나요?
A1	Sorry, but I'm really busy today. 미안하지만, 제가 오늘은 너무 바빠요.
A2	Then I'll need to take your receipt with me. 그러면 당신 영수증을 제가 가져갈 필요가 있을 것 같아요.
A3	But I was just by there this morning. 하지만 저는 오늘 아침에 거기 갔었단 말이에요.

요청, 제안, 제공하기 (Will[Would] you, Would you like (to))

요청하기

Q	**Will you** come and see my performance after school? 방과 후에 내가 하는 공연을 보러 와 줄래?
A1	Of course. I wouldn't miss it. 당연하지. 놓치지 않을게.
A2	I'll talk to you about it later. 그것에 대해서는 나중에 얘기하자.
A3	It depends how early I finish. 내가 얼마나 일찍 마치느냐에 따라 달라.

제안하기

Q	**Would you like** a cup of coffee? 커피 한잔 하시겠어요?
A1	I'd rather not. I've already had too much. 안 마시는 게 좋겠어요. 이미 너무 많이 마셨어요.
A2	Maybe a little later. 아마 조금 이따가요.
A3	I had some just before I came. 오기 바로 전에 마셨어요.

제공하기

Q	**Would you like to** be picked up at the same spot? 같은 장소에서 차를 태워드리는 것이 좋으신가요?
A1	No, outside the rear entrance would be better. 아니요, 뒤쪽 입구 바깥이 좋을 것 같아요.
A2	Yes, that would be great. 네, 그게 좋겠네요.
A3	I'll call you when it's closer to that time. 그 시간이 가까워지면 전화드릴게요.

Hackers Practice

질문에 알맞은 응답을 고른 후, 빈칸에 들어갈 내용을 받아써보자. (받아쓰는 내용은 두 번 들려줍니다.) 🎧 10_1부_P1_Course 2-1

01 (a)   (b)

> Did you _____ ?
>
> (a) It _____ .
>
> (b) It was _____ .

02 (a)   (b)

> Hello. It's Jessica. _____ Sarah?
>
> (a) _____ .
>
> (b) I'll _____ .

03 (a)   (b)

> David, _____ ?
>
> (a) _____ this afternoon.
>
> (b) It's _____ .

04 (a)   (b)

> Cindy, _____ my girlfriend Lisa?
>
> (a) I _____ .
>
> (b) _____ some time.

05 (a)   (b)

> Do you think _____ ?
>
> (a) Don't _____ .
>
> (b) You should _____ .

06 (a)   (b)

_____ with these instructions?

(a) I'll _____.

(b) OK, I'll _____.

07 (a)   (b)

Excuse me. _____ fishing supplies?

(a) We _____.

(b) They're _____.

08 (a)   (b)

_____ my apartment this afternoon?

(a) Yes, _____.

(b) Sure. _____.

들려주는 문장을 듣고, 가장 적절한 응답을 골라보자. 🎧 10_1부_P1_Course 2-1

09	(a)	(b)	(c)	(d)
10	(a)	(b)	(c)	(d)
11	(a)	(b)	(c)	(d)
12	(a)	(b)	(c)	(d)
13	(a)	(b)	(c)	(d)
14	(a)	(b)	(c)	(d)

정답 p.28

2. Be동사 의문문

Be동사 의문문은 Be동사(is, are, was, were)로 시작하는 의문문으로, Part 1에서 자주 출제된다. Isn't it 등으로 시작하는 부정 의문문은 3. 기타 일반 의문문에서 다루어진다. 이제부터 Be동사 의문문을 익혀보자.

■ 출제 경향과 전략

· Be동사 의문문에서는 사람이나 사물이 있는지 확인하거나, 사실 또는 상태를 확인하는 문제가 출제된다.

· 질문은 주로 현재 시제로 나오지만, 정답은 과거 · 현재 · 미래 시제 모두 나올 수 있으므로 시제보다는 내용에 집중해서 듣는다.

■ Example 🎧 11_1부_P1_Course 2-2

Hello? This is Stephanie. Is Dana home?	안녕하세요? Stephanie예요. Dana 집에 있나요?
(a) She's been trying to get through.	(a) 그녀는 연락하려고 애쓰고 있는 중이에요.
(b) Sure. I'll have her call you.	(b) 당연하지요. 그녀에게 전화하라고 할게요.
(c) Sorry, but she just stepped out.	(c) 죄송하지만, 방금 나갔어요.
(d) I didn't expect Dana to phone so soon.	(d) Dana가 그렇게 빨리 전화할 줄은 몰랐어요.

정답 | (c)

해설 | Be동사 의문문으로 Dana가 집에 있는지 여부를 묻는 말에 '죄송하지만, 방금 나갔어요'라는 말로 집에 없다는 뜻을 전달한 (c)가 정답이다.

Possible Answers

1. Would you stay on the line? 끊지 말고 기다려 주시겠어요?
2. OK, hold just a moment. 네, 잠시만 기다리세요.

■ Part 1에 자주 나오는 Be동사 의문문과 응답 🎧 11_1부_P1_Course 2-2

아래 리스트를 반복해서 들어 구체적인 질문의 유형과 응답을 익히도록 하자.

사람 · 사물이 있는지 확인하기 (Is ~ in, Is ~ there, Is ~ here)
전화를 걸어 사람을 찾는 상황일 때가 많으므로 전화 표현을 익혀두는 것이 좋다.

Q	I'm calling to speak to Mr. Harrison. **Is he in?** Mr. Harrison과 통화하려고 전화했습니다. 계신가요?
A1	Yes, but he's on another line. 네, 하지만 통화 중이세요.
A2	One moment, I'll get him. 잠시만요, 바꿔드리겠습니다.
A3	I'm afraid there's no Mr. Harrison here. 여기 Mr. Harrison이라는 분은 안 계시는데요.

Q	Hi. It's Kelley calling. **Is Chuck there?** 안녕. 나 Kelley야. 거기 Chuck 있니?
A1	No, he went to pick up some groceries. 아니, 그는 식료품 좀 사러 갔어.
A2	He's not in at the moment. 지금 없는데.
A3	I'm afraid he can't come to the phone right now. 지금 당장은 전화 받으러 오기 힘들 것 같아.

Q	I have a special package for Ms. Evans. **Is she here?** Ms. Evans에게 특별 소포가 왔어요. 여기 계신가요?
A1	She's out, but I'll make sure she gets it. 지금 나가셨어요. 하지만 꼭 받으실 수 있도록 하겠습니다.
A2	Yes, but she's currently in a meeting. 네, 하지만 그녀는 지금 회의 중이에요.
A3	I'll notify her that you're here. 당신이 여기 왔다는 걸 알릴게요.

Q	Travis, **is there** a problem with the washing machine? Travis, 이 세탁기에 문제가 있나요?
A1	Yes, I already called the repairman. 네, 제가 이미 수리공에게 전화했어요.
A2	Why? Isn't it working? 왜요? 작동을 안 하나요?
A3	I haven't noticed anything. 저는 아무것도 알아치리지 못 했는데요.

사실 · 상태 확인하기 (Be동사 ~ 명사/형용사)

질문에서 언급된 내용이 맞는지 틀린지 확인해주는 말이 정답이 되는 경우가 많다.

Q	Hey Donald. **Are** we still set for Monday morning? 안녕 Donald. 여전히 월요일 아침에 만나는 거지?
A1	Yes, everything's going as planned. 그래, 모든 것이 계획한 대로야.
A2	Absolutely. If that's OK with you. 당연하지. 너만 괜찮다면 말이야.
A3	Let me get back to you on that. 그것에 대해선 조금 이따 다시 말해줄게.

Q	Samantha said you had an accident. **Are** you OK now? Samantha가 당신에게 사고가 났다고 말했어요. 지금은 괜찮나요?
A1	Yes, no need to worry. 네, 걱정하실 것 없어요.
A2	I was able to go back to work today. 오늘 직장에 다시 나갈 수 있었어요.
A3	Other than some lingering pain in my legs. 다리에 통증이 약간 남아 있는 거 말고는요.

Hackers Practice

질문에 알맞은 응답을 고른 후, 빈칸에 들어갈 내용을 받아써보자. (받아쓰는 내용은 두 번 들려줍니다.) 🎧 11_1부_P1_Course 2-2

01 (a)　　　　(b)

_____ Sherry, is she in?

(a) Of course. I'll _____ .

(b) No, _____ .

02 (a)　　　　(b)

Tim's wedding is this Saturday. _____ ?

(a) _____ .

(b) I'm _____ .

03 (a)　　　　(b)

Is vanilla _____ you sell?

(a) No, _____ vanilla.

(b) We _____ .

04 (a)　　　　(b)

Oh, wow! Carrie, _____ ?

(a) _____ .

(b) Yeah, _____ ?

05 (a)　　　　(b)

_____ a cheaper multivitamin_____ ?

(a) _____ .

(b) Only _____ .

06 (a)   (b)

Chad, are you _____ for Mr. Berry's course?

(a) Well, _____ do that.

(b) Sure. _____ .

07 (a)   (b)

_____ his painting? I've been dying to see it.

(a) Yeah, _____ , isn't it?

(b) He still _____ .

08 (a)   (b)

Doctor Charles, _____ for my back pain?

(a) I'm sure _____ .

(b) Well, _____ .

들려주는 문장을 듣고, 가장 적절한 응답을 골라보자. 🎧 11_1부_P1_Course 2-2

09	(a)	(b)	(c)	(d)
10	(a)	(b)	(c)	(d)
11	(a)	(b)	(c)	(d)
12	(a)	(b)	(c)	(d)
13	(a)	(b)	(c)	(d)
14	(a)	(b)	(c)	(d)

정답 p.32

3. 기타 일반 의문문

기타 일반 의문문은 부가 · 부정 · 생략 · 의문사 포함 일반 의문문으로, Part 1에서 가끔 출제된다. 이제부터 기타 일반 의문문을 익혀보자.

1 부가 · 부정 · 생략 의문문

■ 출제 경향과 전략

· 부가 의문문에서는 앞서 나온 평서문의 내용을 확인하는 문제가 출제되고, 부정 의문문과 생략 의문문에서는 사실이나 의견을 확인하는 문제가 출제된다.

■ Example 🎧 12_1부_P1_Course 2-3

That circus was really entertaining, wasn't it?

(a) I'll see if I can schedule it.
(b) Well, it was nothing special.
(c) Yeah, I can't wait to see it.
(d) I've been to a traveling circus once.

저 서커스 정말 재미있었어, 그렇지 않니?

(a) 그걸 계획에 넣을 수 있는지 알아볼게.
(b) 글쎄, 별로 특별한 것은 없었어.
(c) 응, 그거 너무 보고 싶어.
(d) 유랑 서커스 보러간 적이 한 번 있어.

정답 | (b)

해설 | wasn't it을 사용하여 서커스가 정말 재미있었다는 의견을 확인하는 말에 '특별한 것은 없었다'는 말로 반대 의견을 나타낸 (b)가 정답이다.

Possible Answers

1. Yeah, it was amazing. 응, 정말 놀라웠어.
2. It was much better than I'd imagined. 내가 상상했던 것보다 훨씬 좋았어.

■ Part 1에 자주 나오는 부가 · 부정 · 생략 의문문과 응답 🎧 12_1부_P1_Course 2-3

아래 리스트를 반복해서 들어 구체적인 질문의 유형과 응답을 익히도록 하자.

사실 · 의견 확인하기 (부가 의문문)

평서문을 주의해서 듣고, Yes로 답할지 No로 답할지 결정한다. 즉, 부가 의문문이 긍정이든 부정이든 앞서 나온 평서문의 내용에 동의하거나 수긍하면 Yes, 반대하거나 수긍하지 않으면 No로 답한다.

Q	The election is still wide open, **isn't it?** 선거 결과를 아직도 예측할 수 없지, 그렇지 않니?
A1	Yeah, it's too close to call. 그래, 정확히 예측하기에는 너무 막상막하야.
A2	I haven't really followed it much. 사실 그것에 대한 소식을 계속 듣지는 못했어.
A3	Well, the polls just opened an hour ago. 글쎄, 투표가 시작된 지 한 시간밖에 안 됐으니까.

Q	You applied for graduate school, **didn't you?** 당신은 대학원에 지원했지요, 그렇지 않나요?
A1	Actually, I decided to get a job instead. 사실, 대신 직장을 구하기로 결심했어요.
A2	I'm still waiting for my recommendations. 아직 추천서를 기다리고 있는 중이에요.
A3	The deadline isn't for 2 more months. 마감일까지는 두 달도 더 남았는걸요.

Q	The store is already closed, **isn't it?** 그 상점은 벌써 닫았지, 그렇지 않니?
A1	Yes, it's after hours now. 응, 지금은 영업 시간이 지났어.
A2	It's been closed since 4:30. 4시 30분부터 닫혔어.
A3	It stays open until 5. 5시까지는 열어.

사실 · 의견 확인하기 (부정 의문문)

긍정 의문문에 답할 때와 마찬가지로 응답이 긍정일 경우에는 Yes로, 부정일 경우에는 No로 답한다.

Q	**Wasn't** Ted's birthday last week? Ted의 생일이 지난주였지 **않나요?**
A1	Yes, it was his 20th. 네, 스무살 생일이었어요.
A2	Really? No one told me about it. 정말요? 아무도 그것에 대해 말해주지 않았어요.
A3	Oh no! I completely forgot about it. 오 안 돼! 완전히 잊고 있었어요.

Q	**Don't you think** it'd be better to rent a car? 차를 빌리는 것이 더 낫다고 생각되지 않나요?
A1	Yeah, I guess so. 네, 제 생각에도 그래요.
A2	But the bus would be cheaper. 하지만 버스가 더 쌀 거예요.
A3	Then we'd have to pay for gas too. 그러면 기름값도 내야 할 거예요.

사실 확인하기 (생략 의문문)

Q	Hi, Kristen. **Any messages for me today?** 안녕, Kristen. 오늘 나한테 온 메시지가 있니?
A1	Yes, your mom wants you to call her. 응, 어머니께서 전화해 달라고 하셨어.
A2	Just a notice from the electric company. 전기 회사에서 온 공지 사항만 있었어.
A3	I just got home myself. 나도 이제 막 집에 왔어.

Q	I need a vacation. **Remember that time we went to Monaco?** 나는 휴가가 필요해. 우리가 모나코에 갔던 때를 기억하니?
A1	Of course. That was a trip of a lifetime. 당연하지. 일생일대의 여행이었어.
A2	That was awesome. How could I forget? 정말 대단했지. 어떻게 잊어버릴 수가 있겠어?
A3	Yeah, what an incredible place. 응, 정말 굉장한 곳이지.

Q	I got some great news today. **Want to hear what it is?** 오늘 정말 좋은 소식이 있어. 그게 뭔지 듣고 싶니?
A1	Yes, I'd love to. 응, 정말 듣고 싶어.
A2	Go ahead. I'm listening. 말해. 나 듣고 있어.
A3	I'm all ears. 열심히 듣고 있어.

2 의문사 포함 일반 의문문

출제 경향과 전략

· 의문사 포함 일반 의문문에서는 정보를 요청하는 문제가 주로 출제된다.
· 의문사에 해당하는 정보가 주로 정답이 되므로, 중간에 나오는 의문사를 가장 주의해서 들어야 한다.
  (예: Could you tell me **where** ~ → '장소'를 나타내는 정보가 정답이다.)

■ Example 🎧 12_1부_P1_Course 2-3

Could you tell me where the children's books are?

(a) We can order more for you.
(b) They're on the 2nd floor.
(c) It was written just for kids.
(d) I think it's around 10 dollars.

어린이 책이 어디에 있는지 알려주시겠습니까?

(a) 저희가 더 주문해 드릴 수 있어요.
(b) 2층에 있어요.
(c) 그것은 어린이들만을 위해 쓰인 거예요.
(d) 제 생각에는 10달러 정도예요.

정답 | (b)

해설 | Could you로 시작한 일반 의문문이지만 의문사 where가 포함되어 어린이 책이 있는 장소를 물었으므로 '2층'이라는 장소를 말한 (b)가 정답이다.

Possible Answers

1. Right next to the cooking section. 요리책 섹션 바로 옆에 있어요.
2. I'm sorry. We only sell textbooks. 죄송합니다. 저희는 교재만 팔아요.

■ Part 1에 자주 나오는 의문사 포함 일반 의문문과 응답 🎧 12_1부_P1_Course 2-3

아래 리스트를 반복해서 들어 구체적인 질문의 유형과 응답을 익히도록 하자.

정보 요청하기 (Could you tell me)

Q	Could you tell me **when** Flight 102 from Chicago will arrive? 시카고에서 오는 102편 비행기가 언제 도착하는지 알려주실 수 있나요?
A1	It's scheduled to get in at 8:05. 8시 5분에 들어오기로 예정되어 있습니다.
A2	It looks like it's been delayed. 연착되는 것 같습니다.
A3	Let me check the timetable. 시간표를 확인해 보겠습니다.

Q	Can you tell me **where** to find the olive oil? 올리브 오일을 어디서 찾을 수 있는지 알려주시겠습니까?
A1	Over on aisle 5. 저쪽 5번 라인에 있어요.
A2	Follow me. I'll take you there. 따라오세요. 제가 그 곳에 데려다 드릴게요.
A3	For cooking or salads? 요리용이요, 아니면 샐러드용이요?

Q	Excuse me. Could you tell me **where** the camping equipment is located?
	실례합니다. 캠핑 도구가 **어디에** 위치해 있는지 알려주시겠습니까?
A1	Try the sporting goods department. 스포츠용품 매장에 한번 가보세요.
A2	Come with me. I'll show you. 따라오세요. 제가 보여 드릴게요.
A3	What kinds of things do you need? 어떤 종류의 물건이 필요하신데요?

정보 요청하기 (Do you know)

Q	Do you know **why** our product got recalled? 우리 제품이 **왜** 리콜되었는지 알고 있나요?
A1	Apparently, there were safety concerns. 보아하니, 안전 문제가 있었어요.
A2	We found out it had a defect. 결함이 있는 것을 발견했어요.
A3	That's news to me. 저는 처음 듣는 소식이에요.

Q	Do you know **who** ordered these office chairs? 이 사무실 의자들을 **누가** 주문했는지 알고 있나요?
A1	Valerie, most likely. 아마 Valerie일 거예요.
A2	Yes, it was the head supervisor. 네, 최고 관리자였어요.
A3	Beats me. 저도 잘 모르겠어요.

Q	Do you know **when** the next movie starts? 다음 영화가 **언제** 시작하는지 알고 있나요?
A1	About 20 minutes from now. 지금으로부터 20분쯤 뒤에요.
A2	There's one scheduled for 7. 7시에 상영 예정인 게 하나 있어요.
A3	Show times are listed at the box office. 매표소에 상영 시간이 적혀 있어요.

정보 요청하기 (기타)

Q	May I ask **how** you made that visual presentation? 그 프레젠테이션 영상 자료를 **어떻게** 만들었는지 물어봐도 될까요?
A1	I used a new computer program. 새로운 컴퓨터 프로그램을 사용했어요.
A2	Sure. I'd even be glad to show you. 당연하지요. 기꺼이 보여 드릴 수도 있어요.
A3	Actually, my secretary did it. 사실은, 제 비서가 했어요.

Q	Did you find out **why** the phone wasn't working? 전화기가 **왜** 작동이 안됐는지 알아냈나요?
A1	Yeah, it was off the hook. 네, 수화기가 제자리에 놓여 있지 않았어요.
A2	No, it's still a mystery to me. 아니요, 아직 잘 모르겠어요.
A3	I haven't had time to check on it yet. 알아볼 시간이 아직 없었어요.

Hackers Practice

질문에 알맞은 응답을 고른 후, 빈칸에 들어갈 내용을 받아써보자. (받아쓰는 내용은 두 번 들려줍니다.) 🎧 12_1부_P1_Course 2-3

01 (a)　　　　(b)

Excuse me. Could you tell me _____ ?

(a) You should _____ .

(b) There are _____ .

02 (a)　　　　(b)

There's still some spaghetti left. _____ ?

(a) By all means. _____ .

(b) _____ .

03 (a)　　　　(b)

Don't you think _____ ?

(a) Definitely. It wasn't _____ .

(b) Yeah, it didn't _____ .

04 (a)　　　　(b)

_____ this vending machine _____ ?

(a) I already _____ .

(b) Sure. _____ .

05 (a)　　　　(b)

Jill, I guess it's about that time. _____ and _____ ?

(a) Sorry, but _____ .

(b) Give me _____ .

06 (a)   (b)

_____ at the airport was _____ , wasn't it?

(a) It's just for _____ .

(b) No, I thought _____ .

07 (a)   (b)

Don't you want to _____ before we start the meeting?

(a) OK, I'll _____ then.

(b) It's best _____ and _____ .

08 (a)   (b)

The _____ , isn't it?

(a) Yes, it'll be _____ .

(b) I'm _____ .

들려주는 문장을 듣고, 가장 적절한 응답을 골라보자. 🎧 12_1부_P1_Course 2-3

09	(a)	(b)	(c)	(d)
10	(a)	(b)	(c)	(d)
11	(a)	(b)	(c)	(d)
12	(a)	(b)	(c)	(d)
13	(a)	(b)	(c)	(d)
14	(a)	(b)	(c)	(d)

정답 p.35

Hackers **TEST**

Choose the most appropriate response to the statement. 🎧 13_1부_P1_Course2_HT

01　　(a)　　　(b)　　　(c)　　　(d)

02　　(a)　　　(b)　　　(c)　　　(d)

03　　(a)　　　(b)　　　(c)　　　(d)

04　　(a)　　　(b)　　　(c)　　　(d)

05　　(a)　　　(b)　　　(c)　　　(d)

06　　(a)　　　(b)　　　(c)　　　(d)

07　　(a)　　　(b)　　　(c)　　　(d)

08　　(a)　　　(b)　　　(c)　　　(d)

09　　(a)　　　(b)　　　(c)　　　(d)

10　　(a)　　　(b)　　　(c)　　　(d)

11　　(a)　　　(b)　　　(c)　　　(d)

12　　(a)　　　(b)　　　(c)　　　(d)

정답 p.39
받아쓰기 프로그램으로 Hackers Practice와 Hackers Test를 꼭 복습하세요.

COURSE **3** 평서문

1. 감정 전달 평서문

감정 전달 평서문은 긍정과 부정의 감정을 표현하는 평서문으로, Part 1에서 가끔 출제된다. 이제부터 감정 전달 평서문을 익혀보자.

1 긍정적 감정 전달 평서문

■ 출제 경향과 전략

· 좋은 소식에 대한 기쁨, 만나서 기쁘다는 인사, 감사, 또는 미래의 일에 대한 기대감 등을 표현하는 평서문이 자주 출제된다.

■ Example 🎧 14_1부_P1_Course 3-1

Thanks for buying me such a wonderful anniversary gift.	이렇게 멋진 기념일 선물을 사줘서 고마워요.
(a) I'm glad you liked it.	(a) 당신이 좋아하니 기뻐요.
(b) There'll be other opportunities.	(b) 다른 기회가 있을 거예요.
(c) No problem. I can return it.	(c) 문제없어요. 반품할 수 있어요.
(d) That's exactly what I wanted.	(d) 그게 정확히 제가 원하던 거예요.

정답 | (a)

해설 | Thanks for ~라며 선물을 사줘서 고맙다는 말에 '당신이 좋아하니 기쁘다'라고 기쁜 마음을 전한 (a)가 정답이다.

Possible Answers

1. You're welcome. I hope you'll enjoy it. 별말씀을요. 당신이 잘 썼으면 좋겠어요.
2. I wanted you to have something nice. 뭔가 좋은 걸 드리고 싶었어요.

■ Part 1에 자주 나오는 긍정적 감정 전달 평서문과 응답 🎧 14_1부_P1_Course 3-1

아래 리스트를 반복해서 들어 구체적인 문장의 유형과 응답을 익히도록 하자.

좋은 소식에 대한 기쁨 표현하기
축하해주는 말 또는 '나도 역시 기쁘다' 등으로 함께 기뻐해주는 말이 정답이 되는 경우가 많다.

Q	**Guess what!** I was promoted to office manager. 있잖아! 나 관리자로 승진했어!
A1	Congratulations. That's wonderful! 축하해. 멋진데!
A2	I'm happy for you. 참 잘 됐네.
A3	Looks like all your hard work paid off! 열심히 일 한 것이 성과를 거둔 거 같은데!

Q	**Great news!** I've been accepted into graduate school! 좋은 소식이 있어! 나 대학원에 합격했어!
A1	We'll have to go out and celebrate. 우리 나가서 축하해야겠다.
A2	Good job. I knew you could do it. 잘했어. 네가 할 수 있을 줄 알았어.
A3	Wow! I'm so proud of you! 와! 네가 정말 자랑스럽구나!

만나서 기쁘다는 인사하기

'나도 반갑다' 등의 말이 정답이 되는 경우가 많다. 이 때, 전형적인 인사 표현이 정답으로 나오는 경우가 많으므로 관련 인사 표현을 익혀두는 것이 좋다.

Q	Hi, **it's a pleasure** to meet you. 안녕, 만나서 반가워.
A1	Nice to meet you too. 나도 만나서 반가워.
A2	And you, too. 나도 그래.
A3	The pleasure is all mine. 나도 무척 반가워.

Q	Jan, **I'm glad** to see you here. Jan, 너를 여기서 보니 기쁘다.
A1	Yeah, I decided to come after all. 그래, 결국은 오기로 결심했어.
A2	Yes, it's been a while. 그래, 오랜만이다.
A3	What a pleasant surprise. 뜻밖에 널 만나다니 참 기쁘다.

감사하기

'별거 아니에요'나 '별말씀을요' 등의 말이 정답이 되는 경우가 많다.

Q	**Thanks for** covering my shift yesterday. 어제 저 대신 일해줘서 고마워요.
A1	You're welcome. It was nothing. 천만에요. 별거 아니었어요.
A2	I'm glad I could help out. 제가 도움이 되었다니 기쁘네요.
A3	Oh, it was no trouble at all. 오, 별거 아니었는데요 뭘.

Q	**Thank you for** swinging by our housewarming party. 저희 집들이에 들러줘서 고마워요.
A1	Think nothing of it. 별말씀을요.
A2	Thank you for organizing it. 파티를 준비해 줘서 고마워요.
A3	Thanks for inviting me. 초대해 주셔서 감사해요.

미래의 일에 대한 기대감 표현하기

'나도 기대된다' 또는 '좋겠다' 등의 동감하는 말이 정답이 되는 경우가 많다.

Q	**I can't wait for** the movie tonight. 오늘 밤 영화 보러 가는 것이 **진짜** 기대돼.
A1	I'm really looking forward to it too. 나 역시 정말 기대하고 있어.
A2	That makes two of us. 나도 마찬가지야.
A3	Yeah, it's going to be amazing! 응, 굉장할 거야!

2 부정적 감정 전달 평서문

출제 경향과 전략

· 상대방에게 사과하거나 불평하는 평서문, 또는 어떤 일에 대한 걱정이나 실망을 표현하는 평서문이 자주 출제된다.

Example 🎧 14_1부_P1_Course3-1

I feel terrible that I lost your favorite pen.

(a) Don't worry. I'll let you borrow it.
(b) No worries. It's easily replaceable.
(c) I promise it won't happen again.
(d) I'll do my best to find it.

네가 좋아하는 펜을 잃어버려서 정말 미안해.

(a) 걱정 마. 네가 빌려가도 돼.
(b) 걱정 마. 다른 것으로 대신할 수 있어.
(c) 다시는 이런 일 없을 거라고 약속할게.
(d) 내가 최선을 다해서 찾아볼게.

정답 | (b)

해설 | I feel terrible ~이라며 상대방의 펜을 잃어버린 것에 대해 사과하는 말에 '걱정 마. 다른 것으로 대신할 수 있어'라며 사과를 받아준 (b)가 정답이다.

Possible Answers

1. You could have been more careful. 좀 더 조심할 수도 있었잖아.
2. You shouldn't. It could happen to anyone. 괜찮아. 그럴 수도 있지.

Part 1에 자주 나오는 부정적 감정 전달 평서문과 응답 🎧 14_1부_P1_Course3-1

아래 리스트를 반복해서 들어 구체적인 문장의 유형과 응답을 익히도록 하자.

사과하기

'괜찮다'며 사과를 받아주거나 '다음에는 그러지 마라' 등으로 충고하는 말이 정답이 되는 경우가 많다.

Q	**I'm sorry for** losing my temper earlier. 이전에 화내서 미안해요.
A1	That's OK. I understand. 괜찮아요. 이해할 수 있어요.
A2	Please don't let it happen again. 다시는 그러지 마세요.
A3	You really hurt my feelings. 진짜 기분 나빴어요.

불평하기

사과하거나 변명하는 말이 정답이 되는 경우가 많다.

Q	It seems I always end up paying the bill. 항상 내가 계산하게 되는 것 같다.
A1	I'm sorry, but I've been pressed for cash lately. 미안해. 하지만 요새 좀 현금에 쪼들렸어.
A2	That's not always the case. 항상 그런 것은 아니야.
A3	I'll get you back next time. 다음에는 내가 낼게.

Q	Excuse me, but this soup is not hot enough. 실례합니다만, 이 수프가 충분히 뜨겁지가 않아요.
A1	Sorry. I'll bring you another one. 죄송합니다. 다른 것을 가져다 드리겠습니다.
A2	OK, I'll warm it up for you. 좋아요, 제가 데워 드릴게요.
A3	We'll take care of it right away, ma'am. 저희가 당장 처리하겠습니다. 손님.

걱정 표현하기

'잘 될 거야', '긴장 풀어' 등으로 격려 또는 위로해주는 말이 정답이 되는 경우가 많다.

Q	**I'm so nervous** about my statistics exam. 통계학 시험 때문에 정말 긴장돼.
A1	You should pass it easily. 쉽게 통과할 수 있을 거야.
A2	Trust me. You'll do fine. 나를 믿어. 너는 잘 할거야.
A3	Just relax and take a deep breath. 긴장 풀고 숨을 깊이 들이쉬어 봐.

실망 표현하기

'어떻게 그런 일이 있을 수 있니' 등의 놀라는 말이나, 위로 또는 동감해주는 말이 정답이 되는 경우가 많다.

Q	**I didn't get the promotion** I was after. 내가 바라던 승진이 안 됐어.
A1	Really? There must be some mistake. 정말? 뭔가 착오가 있는 게 틀림없어.
A2	Well, don't let it get you down. 저런, 실망하지 마.
A3	Calm down. It's not the end of the world. 진정해. 세상이 끝난 것은 아니잖아.

Q	**Oh, no!** Our soccer team lost again. 이럴 수가! 우리 축구팀이 또 졌어.
A1	They sure leave a lot to be desired. 정말 아쉬운 점이 많네.
A2	These things happen. 그런 일이 일어나기도 하지.
A3	Well, there's always next time. 다음 기회가 또 있잖아.

Q	**I can't believe** we have to work this beautiful Sunday. 이런 화창한 일요일에 일해야 하다니 믿을 수가 없어.
A1	I know what you mean. 무슨 말인지 알아.
A2	We have no other choice. 어쩔 수 없잖아.
A3	Well, at least there's a holiday coming up. 음. 그래도 다른 공휴일이 다가오잖아.

Hackers Practice

질문에 알맞은 응답을 고른 후, 빈칸에 들어갈 내용을 받아써보자. (받아쓰는 내용은 두 번 들려줍니다.) 🎧 14_1부_P1_Course3-1

01 (a)　　　　(b)

> _____, Mr. Scott.
> (a) _____ to say so.
> (b) _____, too.

02 (a)　　　　(b)

> _____ at your apartment.
> (a) _____.
> (b) _____.

03 (a)　　　　(b)

> I'm terribly sorry that _____.
> (a) _____ a new pair.
> (b) _____.

04 (a)　　　　(b)

> I'm worried that _____ yesterday.
> (a) _____.
> (b) I'm sure _____.

05 (a)　　　　(b)

> I can't believe _____ this year.
> (a) _____. _____.
> (b) You'll _____.

06 (a)   (b)

_____ from Charlie since he moved.

(a) You should _____ .

(b) He's _____ .

07 (a)   (b)

_____ about tomorrow's exam.

(a) Try _____ .

(b) I'll _____ on the results.

08 (a)   (b)

I feel I really _____ like that.

(a) I _____ that way.

(b) It's _____ . You had _____ .

들려주는 문장을 듣고, 가장 적절한 응답을 골라보자. 🎧 14_1부_P1_Course3-1

09	(a)	(b)	(c)	(d)
10	(a)	(b)	(c)	(d)
11	(a)	(b)	(c)	(d)
12	(a)	(b)	(c)	(d)
13	(a)	(b)	(c)	(d)
14	(a)	(b)	(c)	(d)

정답 p.42

2. 의견 전달 평서문

의견 전달 평서문은 화자의 의견, 계획, 또는 요청 등 화자의 의견을 전달하는 평서문으로, Part 1에서 가장 자주 출제된다. 이제부터 의견 전달 평서문을 익혀보자.

1 칭찬 · 의견 · 계획 등

■ 출제 경향과 전략

· 상대방을 칭찬하거나, 자신의 의견 또는 앞으로의 소망이나 계획에 대해 말하는 평서문이 자주 출제된다.

■ Example 🎧 15_1부_P1_Course 3-2

Your newly updated kitchen looks awesome.

(a) I'd like to upgrade it sometime.
(b) I sure hope so, since it cost so much.
(c) I'll take that into consideration.
(d) It's not as old as it seems.

새롭게 바뀐 부엌이 정말 멋지네요.

(a) 언젠가는 더 좋게 개조하고 싶어요.
(b) 정말 그렇다면 좋겠어요. 정말 돈이 많이 들었거든요.
(c) 그것을 고려해 볼게요.
(d) 보이는 것처럼 오래되지는 않았어요.

정답 | (b)

해설 | looks awesome이라며 칭찬하는 말에 '돈이 많이 들었다'고 칭찬받은 부엌에 대해 설명한 (b)가 정답이다.

Possible Answers

1. Thanks. It's a big improvement. 고마워요. 몰라보게 좋아졌죠.
2. Yeah, it's quite a step up for us. 네, 엄청 좋아진 거지요.

■ Part 1에 자주 나오는 칭찬 · 의견 · 계획 평서문과 응답 🎧 15_1부_P1_Course 3-2

아래 리스트를 반복해서 들어 구체적인 문장의 유형과 응답을 익히도록 하자.

칭찬하기

'고맙다', '네가 좋아해주니 기쁘다' 등의 감사하는 말이나 '비싼 거야' 등으로 설명한 말이 정답이 되는 경우가 많다.

Q	I really like that scarf. 그 스카프 정말 마음에 들어요.
A1	Thanks. My mother knitted it for me. 고마워요. 엄마가 떠 주신 거예요.
A2	I'm glad you like it. 당신이 좋아해주니 기쁘네요.
A3	It's incredibly warm. 이거 엄청 따뜻해요.

Q	Wow, your new sculpture looks terrific. 당신의 새로운 조각품은 아주 멋지군요.
A1	Thanks. I am flattered. 고마워요. 과찬이세요.
A2	It took me weeks to get all the details right. 모든 세밀한 부분들을 바로 잡느라고 몇 주나 걸렸어요.
A3	I appreciate the compliment. 칭찬해 주셔서 감사드려요.

의견 말하기

동의하거나 동의하지 않는 말이 정답이 되는 경우가 많다.

Q	**I think** you're investing too much energy in this project. 네가 이 프로젝트에 지나치게 많은 에너지를 투자하고 있는 것 같아.
A1	You're right. I should ease off a little. 네 말이 맞아. 약간 느슨해져야 할 것 같아.
A2	You don't seem to understand how important it is. 이 일이 얼마나 중요한지 넌 이해하지 못하는 것 같아.
A3	It will all be over soon anyway. 어쨌든 전부 곧 끝날 거야.

Q	**I don't think** we can trust the salespeople at this dealership. 이 대리점의 판매 직원을 믿지 **못할 것 같아.**
A1	I've got a bad feeling about them, too. 나도 그 사람들에 대해 나쁜 느낌을 받았어.
A2	But the prices here are second to none. 하지만 여기 가격은 어디에도 뒤지지 않는걸.
A3	Well, there are plenty of others out there. 음, 여기 말고도 다른 가게가 많잖아.

소망에 대해 말하기

Q	**I'd like to** paint the living room. 거실에 페인트 칠을 했으면 **좋겠어요.**
A1	Yeah, a new color would brighten up the place. 네, 새로운 색이 거실을 환하게 해줄 거예요.
A2	It might be a nice change. 좋은 변화가 될 것 같아요.
A3	Again? I thought you just did that recently. 또요? 최근에 했던 걸로 알고 있는데요.

계획에 대해 말하기

'재미있겠다' 등의 맞장구 쳐주는 말이나 '나도 같이하자' 등의 제안하는 말이 정답이 되는 경우가 많다.

Q	**I'm planning** a couple's retreat for this weekend. 이번 주말에 커플로 휴가를 **갈 계획이야.**
A1	That sounds like fun. 재미있을 것 같네.
A2	Would you mind if Gina and I joined you? Gina하고 나도 끼면 안 될까?
A3	Good idea. I went to one of those last year. 좋은 생각이야. 나도 작년에 비슷한 걸 갔었어.

Q	**I'm going** down to the market for some juice. 주스 좀 사러 가게에 가려고 해.
A1	Wait up. I'll go with you. 기다려 봐. 나도 같이 갈게.
A2	OK, I'll see you when you get back. 좋아, 갔다 와서 보자.
A3	Don't be gone long. We have plans later. 오래 걸리면 안 돼. 이따가 계획이 있잖아.

2 요청 · 충고 · 제안 등

출제 경향과 전략

· 상대방에게 무언가를 요청, 명령, 충고, 제안하거나 도움 등을 제공하겠다고 말하는 평서문이 출제된다.

Example 🎧 15_1부_P1_Course 3-2

Yes, operator? I'd like the number for Tammy Jones in Los Angeles.

(a) OK, let me see if she's available.

(b) Tammy Jones no longer lives in L.A.

(c) Sure. I'll tell her you're trying to reach her.

(d) It'd help if you had a more specific location.

네, 교환원이시죠? 로스앤젤레스에 사는 Tammy Jones의 전화 번호 좀 부탁드립니다.

(a) 네, 그녀가 통화 가능한지 알아볼게요.

(b) Tammy Jones는 더 이상 LA에 살지 않습니다.

(c) 물론이죠. 전화하셨다고 말씀드릴게요.

(d) 더 구체적인 장소를 알려주시면 도움이 될 것 같아요.

정답 | (d)

해설 | I'd like ~라며 교환원에게 로스앤젤레스에 사는 Tammy Jones의 전화번호를 알려달라고 요청하는 말에 '더 구체적인 장소를 알려주시면 도움이 될 것 같다'고 말한 (d)가 정답이다.

Possible Answers

1. There are probably several listings under that name. 아마 그 이름의 전화번호가 여럿일 거예요.
2. I'll need to limit the search by neighborhood. 지역 명으로 검색을 한정해야 해요.

Part 1에 자주 나오는 요청 · 명령 · 충고 · 제안 · 제공 평서문과 응답 🎧 15_1부_P1_Course 3-2

아래 리스트를 반복해서 들어 구체적인 문장의 유형과 응답을 익히도록 하자.

요청하기 (전화)

전화해서 사람을 바꿔달라고 하는 경우가 많이 나온다. 이때 '바꿔주겠다', '찾는 사람이 지금 없다', '메시지를 전해 주겠다' 등의 말이 정답이 되는 경우가 많다.

Q	Hello. **I'm calling for** Professor Berman. 여보세요. Berman 교수님과 통화하려고 전화했는데요.
A1	Who's calling, please? 전화하신 분이 누구신가요?
A2	He's not in right now. 지금 안 계신데요.
A3	You just missed him, but I can take a message. 방금 나가셨지만, 제가 메시지를 받아 놓을 수 있어요.

요청하기

요청을 수락하거나 거절하는 말이 정답이 되는 경우가 많다.

Q	Sandy, **I'd like** you to pick up my cat from the vet. Sandy, 네가 수의사에게 가서 내 고양이 좀 데려왔으면 하는데.
A1	Sure. I can do that. 당연하죠. 그렇게 할 수 있어요.
A2	I'm a little short on time. 시간이 좀 부족한데요.
A3	I'm afraid that's out of the question. 그건 불가능할 것 같은데요.

명령하기

Q	**Don't** forget to lock your car door. 차 문 잠그는 것 잊지 **마세요**.
A1	Don't worry. I won't. 걱정 마세요. 잊지 않을게요.
A2	Oh, I almost forgot. 오, 하마터면 잊을 뻔 했어요.
A3	We're only going to be a minute. 금방 다녀올 건데요, 뭐.

Q	Keep a lookout for a rest area. 휴게소가 있는지 주의해서 봐주세요.
A1	OK, maybe there will be a sign. 좋아요, 아마 표지판이 있을 거예요.
A2	There's one at the next exit. 다음 출구에 하나 있어요.
A3	I'll keep my eyes peeled. 주의해서 볼게요.

충고하기

Q	**You'd better** see a doctor about that swelling. 병원에 가서 그 종기를 보이는 **게 좋겠어요**.
A1	I should probably heed your advice. 당신의 충고를 새겨 들어야겠어요.
A2	It doesn't look serious to me. 전 그리 심각해 보이지 않는데요.
A3	I'm going to give it a couple of days. 며칠 두고 보려고 해요.

Q	**I wouldn't** go to the opera if I were you. It was disappointing. 내가 너라면 그 오페라를 보러 안 갈 거야. 실망스러웠어.
A1	Good to know before I wasted my money. 돈 낭비하기 전에 알게 돼서 다행이야.
A2	I'm still going to give it a shot. 나는 그래도 한번 시도해 볼래.
A3	I heard it was excellent. 나는 그게 훌륭하다고 들었는데.

제안·제공하기

'좋은 생각이야', '고마워' 등의 말로 받아들이거나, 어떤 이유를 들어 거절하는 말이 정답이 되는 경우가 많다.

Q	**Let's** try that new restaurant over there. 저쪽에 있는 새로운 식당에 한번 **가보자**.
A1	Sounds fine to me. 괜찮을 것 같네.
A2	But look at the long line outside. We'd have to wait. 하지만 밖에 길게 선 줄을 봐. 기다려야 할거야.
A3	I'd rather get something to go. 나는 음식을 사와서 먹는 게 낫겠어.

Q	**I can help** you move your things this Saturday. 이번 주 토요일에 네가 이사하는 걸 **도와줄 수 있어**.
A1	Really? That'd be great. 정말? 그럼 좋지.
A2	Thanks. I could use some assistance. 고마워. 도움이 좀 필요하긴 해.
A3	We've postponed it until next weekend. 이사가 다음 주말로 미뤄졌어.

Hackers Practice

질문에 알맞은 응답을 고른 후, 빈칸에 들어갈 내용을 받아써보자. (받아쓰는 내용은 두 번 들려줍니다.) 🎧 15_1부_P1_Course 3-2

01 (a)   (b)

Hello, _____ Shelley.
(a) She's _____.
(b) _____ , Shelley.

02 (a)   (b)

Your new laptop _____.
(a) Thanks, but _____.
(b) Yeah, _____.

03 (a)   (b)

I hope you didn't _____ over here.
(a) No, _____.
(b) I _____.

04 (a)   (b)

I'm thinking about _____.
(a) It'll probably _____.
(b) _____. Maybe _____.

05 (a)   (b)

_____ you _____ your homework.
(a) No problem. _____.
(b) _____. _____.

06 (a)　　　　　(b)

> I really _____ .
> (a) Thanks. _____ .
> (b) Me too. And _____ .

07 (a)　　　　　(b)

> We should _____ for a gas station.
> (a) It's _____ .
> (b) Yeah, _____ .

08 (a)　　　　　(b)

> I think you may need to _____ .
> (a) I _____ .
> (b) _____ that's necessary.

들려주는 문장을 듣고, 가장 적절한 응답을 골라보자. 🎧 15_1부_P1_Course 3-2

09	(a)	(b)	(c)	(d)
10	(a)	(b)	(c)	(d)
11	(a)	(b)	(c)	(d)
12	(a)	(b)	(c)	(d)
13	(a)	(b)	(c)	(d)
14	(a)	(b)	(c)	(d)

정답 p.46

3. 정보 전달 평서문

정보 전달 평서문은 감정이나 의견이 들어가지 않은 정보를 전달하는 평서문으로, Part 1에서 자주 출제된다. 이제부터 정보 전달 평서문을 익혀보자.

■ 출제 경향과 전략

· 객관적인 사실, 몸의 통증이나 병, 문제점, 제3자에 대한 좋은 소식 또는 나쁜 소식 등을 말하는 평서문이 자주 출제된다.

■ Example 🎧 16_1부_P1_Course 3-3

The posting on the bulletin board says you've got job openings.	게시판에서 일자리 공고를 보았습니다.
(a) Sure, you can post them there.	(a) 물론이죠, 거기에 게시하시면 됩니다.
(b) We'll contact you with our decision.	(b) 결정이 나면 연락 드리겠습니다.
(c) Your application is being processed.	(c) 당신의 지원서가 처리되는 중입니다.
(d) Yes, several positions are available.	(d) 네, 몇 개의 자리가 비어 있습니다.

정답 | (d)

해설 | 게시판에서 일자리 공고를 보았다는 말에 '네, 몇 개의 자리가 비어 있습니다'라는 말로 그 정보가 사실임을 확인해 준 (d)가 정답이다.

Possible Answers

1. Unfortunately, they've all been filled. 안 됐지만, 사람을 다 구했습니다.
2. Right, the application forms are over here. 맞습니다, 지원 양식이 이쪽에 있습니다.

■ Part 1에 자주 나오는 정보 전달 평서문과 응답 🎧 16_1부_P1_Course 3-3

아래 리스트를 반복해서 들어 구체적인 문장의 유형과 응답을 익히도록 하자.

객관적인 사실 말하기

다양한 말이 정답이 될 수 있으므로, 전체적인 내용과 상황을 주의하여 파악해야 한다.

Q	Your new refrigerator arrived and is ready to be installed. 새 냉장고가 도착해서 설치될 준비가 되었습니다.
A1	OK, this afternoon would work for me. 네, 전 오늘 오후가 좋아요.
A2	That's a relief, it has taken a while. 다행이에요, 좀 오래 걸렸네요.
A3	Already? That was quick. 벌써요? 정말 빠르네요.

Q	I fixed your fax machine. It's working now. 팩스 다 고쳤어요. 이제는 작동합니다.
A1	Great. Thanks for your help. 훌륭해요. 도와주셔서 감사해요.
A2	I really appreciate it. 정말 감사합니다.
A3	I don't know what I'd do without you. 당신이 없었으면 어떻게 했을지 모르겠어요.

Q	I have a job interview tomorrow. 내일 취업 면접이 있어.
A1	I wish you all the best. 행운을 빌게.
A2	Good luck. I'll keep my fingers crossed. 행운이 있길 바라. 너에게 행운을 빌어줄게.
A3	Show them what you're made of. 네가 어떤 사람인지 보여줘.

몸의 통증이나 병에 대해 말하기

'병원에 가봐' 등의 말로 충고하거나, '참 안됐구나' 등으로 위로하는 말이 정답이 되는 경우가 많다.

Q	Oh, I have such a terrible toothache. 오, 내 치통은 정말 끔찍해.
A1	You might want to see a dentist about that. 치과에 가봐야 할 것 같다.
A2	You should take something for it. 약 같은 걸 먹어야겠다.
A3	Sorry to hear that. 그거 참 안됐구나.

문제점 말하기

해결책을 제시하는 말이 정답이 되는 경우가 많다.

Q	Honey, our toilet is leaking onto the floor. 여보, 변기 물이 바닥으로 새고 있어요.
A1	We'd better call maintenance. 관리실 사람을 부르는 편이 낫겠어요.
A2	I'll bring the mop. 대걸레를 가지고 올게요.
A3	OK, I'll shut off the main water valve. 알았어요, 메인 수도 밸브를 잠글게요.

제3자에 대한 좋은·나쁜 소식 말하기

좋은 소식에는 '정말 잘 됐다' 등으로 함께 기뻐하는 말이, 나쁜 소식에는 '그게 진짜야?', '믿을 수 없어!' 등으로 놀라는 말이 정답이 되는 경우가 많다.

Q	I heard Brandon proposed to Diane. Brandon이 Diane에게 프러포즈했다고 들었어.
A1	Really? I can't believe it. 정말? 믿을 수 없어.
A2	Wow! How exciting. 와우! 정말 멋지다.
A3	I'm surprised it took him this long. 진작에 하지 않은 게 놀라워.

Q	Shane was approved for a housing loan. Shane이 주택자금 대출을 승인받았대.
A1	That's great. We should congratulate him. 잘됐다. 축하해 줘야겠는걸.
A2	Finally! He must be relieved. 드디어! 한숨 돌렸겠다.
A3	He's always wanted his own place. 항상 자기 집을 갖고 싶어 했었잖아.

Hackers Practice

질문에 알맞은 응답을 고른 후, 빈칸에 들어갈 내용을 받아써보자. (받아쓰는 내용은 두 번 들려줍니다.) 🎧 16_1부_P1_Course 3-3

01 (a)   (b)

> Excuse me. _____ on the train somewhere.
>
> (a) I thought _____.
>
> (b) Well, _____.

02 (a)   (b)

> Your bridal gown is _____.
>
> (a) Please _____ as soon as possible.
>
> (b) Finally! _____.

03 (a)   (b)

> Lori _____ on Friday.
>
> (a) She'd _____.
>
> (b) I'm _____.

04 (a)   (b)

> I feel like _____.
>
> (a) Then you should _____.
>
> (b) Maybe it will _____.

05 (a)   (b)

> I _____. It's running fine now.
>
> (a) _____.
>
> (b) Thanks. _____.

94 텝스 무료 적중예상특강 HackersTEPS.com

06 (a)   (b)

> Oh no! I _____ and the guests will be _____ .
> (a) Make sure _____ .
> (b) I'll _____ and _____ from the bakery.

07 (a)   (b)

> It looks like _____ .
> (a) They _____ .
> (b) That's _____ .

08 (a)   (b)

> Hello, Mr. Chambers. I'm just _____ .
> (a) I'll _____ .
> (b) Perfect timing. _____ .

들려주는 문장을 듣고, 가장 적절한 응답을 골라보자. 🎧 16_1부_P1_Course 3-3

09	(a)	(b)	(c)	(d)
10	(a)	(b)	(c)	(d)
11	(a)	(b)	(c)	(d)
12	(a)	(b)	(c)	(d)
13	(a)	(b)	(c)	(d)
14	(a)	(b)	(c)	(d)

정답 p.49

Hackers **TEST**

Choose the most appropriate response to the statement. 🎧 17_1부_P1_Course3_HT

| 01 | (a) | (b) | (c) | (d) |

| 02 | (a) | (b) | (c) | (d) |

| 03 | (a) | (b) | (c) | (d) |

| 04 | (a) | (b) | (c) | (d) |

| 05 | (a) | (b) | (c) | (d) |

| 06 | (a) | (b) | (c) | (d) |

| 07 | (a) | (b) | (c) | (d) |

| 08 | (a) | (b) | (c) | (d) |

| 09 | (a) | (b) | (c) | (d) |

| 10 | (a) | (b) | (c) | (d) |

| 11 | (a) | (b) | (c) | (d) |

| 12 | (a) | (b) | (c) | (d) |

정답 p.52
받아쓰기 프로그램으로 Hackers Practice와 Hackers Test를 꼭 복습하세요.

Part **TEST**

Choose the most appropriate response to the statement. 🎧 18_1부_P1_Part_Test

01   (a)   (b)   (c)   (d).

02   (a)   (b)   (c)   (d)

03   (a)   (b)   (c)   (d)

04   (a)   (b)   (c)   (d)

05   (a)   (b)   (c)   (d)

06   (a)   (b)   (c)   (d)

07   (a)   (b)   (c)   (d)

08   (a)   (b)   (c)   (d)

09   (a)   (b)   (c)   (d)

10   (a)   (b)   (c)   (d)

정답 p.56
받아쓰기 프로그램으로 Part Test를 꼭 복습하세요.

시험에 나올 문제를 미리 풀어보고 싶을 땐?

해커스텝스(HackersTEPS.com)에서
텝스 적중예상특강 보기!

Part 2

Part 2의 특징 및 고득점 전략

Part 2는 남녀가 주고받는 A – B – A의 3턴으로 이루어진 대화에 가장 적절한 응답을 고르는 Part이다. 11번부터 20번까지 총 10문제가 출제되며, 각 질문마다 네 개의 보기를 들려준다. 이제부터 Part 2의 특징과 고득점 전략을 알아보자.

Part 2의 특징

1. 대화와 보기는 한 번만 들려준다.
제시되는 대화와 보기는 한 번만 들려주고 다시 들려주지 않으므로 반드시 집중해서 들어야 한다.

2. 문제와 문제 사이에 주어지는 간격이 짧아 답을 고를 시간이 매우 짧다.
한 문제를 듣고 다음 문제로 넘어가기까지의 시간이 4초이므로, 영어 문장을 들은 즉시 이해하는 능력과 빨리 정답을 고르는 순발력이 필요하다.

3. 의문문과 평서문의 응답 방법이 각기 다르다.
의문사 의문문, 일반 의문문, 평서문의 응답 방법이 각기 다르므로, 들려주는 문장에 해당하는 응답 방법을 익혀두는 것이 유리하다.

4. 의문문에 간접적으로 답하는 간접 응답이 정답인 경우가 많다.
Part 1만큼 비중이 높지는 않지만 여전히 의문문에 직접적인 답을 하지 않고 불명확하게 답하거나, 돌려서 답하는 간접 응답이 정답인 경우가 많다.

5. 문맥을 이해해야 정답을 고를 수 있는 문제가 대부분이다.
대화의 주제와 흐름, 즉 문맥을 이해해야 정답을 고를 수 있는 문제가 대부분이다. 그러므로, 마지막 문장뿐만 아니라 대화 전체의 문맥을 이해할 수 있어야 한다.

6. 조동사 관련 표현이 자주 나온다.
조동사 관용표현과 '조동사 + have p.p.' 표현이 자주 등장하기 때문에 이런 조동사 관련 표현을 익혀두어야 Part 2 문제를 잘 풀 수 있다.

7. 관용표현이 자주 나온다.
다양한 형태의 관용표현, 즉 숙어, 이디엄, 구어체 표현이 대화와 보기에 자주 나오기 때문에 이런 관용표현을 많이 알아두어야 관용표현이 나오더라도 당황하지 않고 정답을 찾을 수 있다.

8. 다양한 주제의 대화가 출제된다.
인사/전화/약속/계획, 교통/여행, 쇼핑/서비스, 그리고 직장/병원/학교 등과 관련된 다양한 주제의 대화가 나온다.

Part 2 고득점 전략

문제 풀이 전략

Step 1. 대화를 들을 때 **문맥을 파악하면서 듣되, 마지막 문장을 가장 주의해서 듣는다.**

첫 번째, 두 번째 문장을 통해 마지막 문장이 나오게 된 대화의 문맥을 파악한다. 그리고, 마지막 문장을 가장 집중해 들으면서 핵심 내용을 기억해둔다.

Step 2. 보기를 들을 때 **소거법을 적용하면서 듣는다.**

보기가 문제지에 인쇄되어 있지 않아 어떤 보기가 정답인지 헷갈리거나 잊어버리기 쉬우므로, 보기를 들으면서 오답에는 ×, 애매한 것에는 △, 정답에는 ○를 표시하는 소거법을 적용하고, 문맥에 '가장' 잘 어울리는 응답을 정답으로 고른다.

학습 전략

1. 문맥을 파악하는 연습을 한다.

마지막 문장이 나오게 된 문맥을 알아야 정답을 고를 수 있는 문제들이 많이 나오므로 대화의 주제와 흐름, 즉 문맥을 파악하며 듣는 연습을 하는 것이 중요하다.

2. 조동사 관련 표현을 익혀둔다.

조동사 관련 표현이 대화나 보기에 자주 나와 이를 모르면 문제를 푸는 데 어려움을 겪게 되므로 조동사 관련 표현을 익혀두어야 한다.

3. 빈출 관용표현을 익혀둔다.

Part 2는 특히 숙어, 이디엄, 구어체 등의 관용표현이 많이 나와 이를 모르면 풀 수 없는 문제들이 많기 때문에 빈출 관용표현을 많이 익히는 것이 중요하다.

4. 오답 유형을 익혀둔다.

Part 2의 오답 유형을 익혀두면 Part 2에 자주 나오는 오답 함정에 속지 않을 수 있으므로 반드시 익혀둔다.

5. 마지막 문장에 자주 나오는 의문문과 평서문을 익히고, 가능한 응답도 짝으로 익혀둔다.

Part 2에도 Part 1처럼 자주 나오는 의문문과 평서문이 있고, 그에 답이 될 수 있는 전형적인 응답이 짝을 이루어 나오는 경향이 있으므로 이 둘을 묶어서 익혀두는 것이 좋다.

6. 빈출 주제와 주제별 표현을 익혀둔다.

대화를 듣고 바로 주제를 파악할 수 있으면 답을 더 정확히 고를 수 있으므로 텝스에 자주 나오는 주제와 그 주제에서 주로 쓰이는 표현을 익혀둘 필요가 있다.

기본기 다지기

1. 문맥 파악하기

Part 2에서는 대화의 첫 번째, 두 번째 문장을 통해 대화의 문맥을 파악하지 못하면 마지막 문장을 정확히 듣더라도 정답을 골라낼 수 없는 문제가 많이 나온다. 그러므로 대화의 문맥을 파악하는 연습을 하는 것이 중요하다. 여기서는 대화의 문맥을 파악하는 법을 익히고 연습해보자.

■ Example 🎧 19_1부_P2_기본기1

M: How did the annual membership drive go?

W: It could have been better.

M: What do you mean?

(a) We didn't even approach our target.

(b) We'll need more member support.

(c) We've worked hard on it.

(d) We even exceeded our expectations.

M: 연례 회원 모금 운동은 어떻게 되었나요?

W: 더 잘 될 수도 있었어요.

M: 무슨 뜻이에요?

(a) 목표에 근접하지도 못했어요.

(b) 회원들의 지지가 더 많이 필요해요.

(c) 그것에 대해 열심히 노력해 왔어요.

(d) 우리의 기대치까지도 초과했어요.

정답 | (a)

해설 | 위 대화의 첫 번째, 두 번째 문장을 통해 모금 결과가 별로였음을 알 수 있다. 이 문맥을 파악하고 마지막 문장을 들어야, '더 잘 될 수도 있었다'는 것이 무슨 뜻인지 묻는 말에 '목표에 근접하지도 못했다'라며 모금 결과가 별로였음을 적절히 설명한 (a)를 정답으로 고를 수 있다. (d)의 기대치까지도 초과했다는 말은 모금 결과가 별로였다는 문맥에 맞지 않으므로 틀리다.

■ Key Points 🎧 19_1부_P2_기본기1

첫 번째 문장	대화의 주제(topic)가 나오는 경우가 많으므로 이를 파악한다.
두 번째 문장	대화의 흐름이 두 번째 문장에서 결정되는 경우가 많으며 대화가 긍정적 방향으로 전개되는지, 부정적 방향으로 전개되는지 파악한다.
마지막 문장	짧은 의문사만으로 이루어져 있거나 대명사가 포함되어 있어 마지막 문장의 의미를 정확히 알 수 없는 경우가 많다. 그러므로, 앞에서 파악한 대화의 주제와 흐름을 통해 마지막 문장이 정확히 무엇을 묻고 있는지 파악한다.

대화	W: How did you enjoy the play? ← 주제: play	W: 그 연극 어땠어?
	M: It was far from entertaining. ← 부정적 방향	M: 전혀 재미있지 않았어.
	W: Really? What made you think that?	W: 정말? 왜 그렇게 생각하는데?
A	M: I felt it was overdramatic.	M: 난 그게 지나치게 극적이라고 생각했어.

대화를 듣고 두 문제를 푼 후 빈칸에 들어갈 내용을 받아써보자. (대화는 세 번 들려줍니다.)

01 ① 대화의 문맥을 바르게 설명하고 있는 보기를 골라보자.

여자는 Nancy와 Peter가 **(a) 결혼할 것이라 생각한다.** **(b) 결혼하기 힘들 것이라 생각한다.**

② 대화의 마지막 문장에 가장 알맞은 응답을 골라보자.

(a) 요새 둘이 자주 싸운다고 하더라고. **(b) 둘이 요즘 항상 붙어 다니더라고.**

M: It looks as if Nancy and Peter are _____.

W: I _____.

M: Why is that?

02 ① 대화의 문맥을 바르게 설명하고 있는 보기를 골라보자.

여자의 부동산 투자 결과가 **(a) 기대에 못 미쳤다.** **(b) 상당히 나빴다.**

② 대화의 마지막 문장에 가장 알맞은 응답을 골라보자.

(a) 적어도 손해를 본 건 아니에요. **(b) 심지어 계약금도 돌려받지 못했어요.**

M: What ever happened with that _____ you made?

W: The whole thing _____.

M: So I take it you _____?

03 ① 대화의 문맥을 바르게 설명하고 있는 보기를 골라보자.

남자는 어제 본 공연에 **(a) 실망했다.** **(b) 긍정적인 평가를 내리고 있다.**

② 대화의 마지막 문장에 가장 알맞은 응답을 골라보자.

(a) 가수가 노래를 정말 잘했거든. **(b) 별로 색다른 게 없어서 지루했어.**

W: What did you think of _____?

M: I felt it was _____.

W: How come?

04 ① 대화의 문맥을 바르게 설명하고 있는 보기를 골라보자.

남자가 여자에게 **(a) 스낵을 가져오라고** **(b) 음료수를 가져오라고** 부탁하고 있다.

② 대화의 마지막 문장에 가장 알맞은 응답을 골라보자.

(a) 청량음료랑 와인 한 병이면 될 거야. **(b) 치즈랑 크래커면 될 거야.**

W: The big game starts at 8:00, doesn't it?

M: It sure does. Oh, would you be able to _____?

W: Sure, _____?

2. 자주 쓰이는 조동사 표현 익히기

Part 2의 대화와 보기에는 조동사 표현이 빈번히 등장하며, 조동사 표현이 핵심이 되는 문제도 출제된다. 그러므로 텝스에서 자주 쓰이는 조동사 표현을 정리해 익혀두는 것이 필요하다. 여기서는 Part 2에 자주 나오는 조동사 관용표현과 '조동사 + have p.p.' 표현을 익혀보자.

■ Example 🎧 20_1부_P2_기본기2

M: Darren suggested that we get together at the park later this afternoon.
W: OK, but they're calling for a chance of thunderstorms later.
M: Maybe we'**d be better off doing** something indoors then.

(a) I'd like to check the weather first.
(b) Yeah, that'd be more practical.
(c) Great. Tell him we'll see him at the park.
(d) We'd better get a move on.

M: Darren이 이따가 오늘 오후에 공원에서 모이자고 제안했어.
W: 좋아, 그런데 뇌우가 있을 수도 있대.
M: 그럼 우린 아마도 실내에서 뭔가를 하는 게 더 낫겠다.

(a) 먼저 날씨를 확인하고 싶어.
(b) 그래, 그게 더 현실적이겠다.
(c) 좋아. 그에게 공원에서 보자고 전해줘.
(d) 출발하는 게 좋겠다.

정답 | (b)

해설 | 위 대화에는 조동사 관용표현 would be better off ~ing(~하는 게 더 낫겠다)가 나온다. 이 숙어를 알아야 마지막 문장이 실내에서 뭔가를 하자는 제안임을 파악할 수 있어, 제안을 수락하는 Great(좋아)과 제안을 거절하는 '공원에서 보자'는 말이 서로 맞지 않는 (c)가 오답이라는 것을 알 수 있다.

■ Key Points 🎧 20_1부_P2_기본기2

조동사 관용표현

would like ~을 원하다	01 I'**d like** some advice on whether to study biology or not. 생물학을 공부할지 말지에 대한 조언을 원합니다.
would like to ~하고 싶다	02 I'**d like to** book a dental appointment. 치과 진료 예약을 하고 싶습니다.
would rather ~하는 편이 더 좋겠다	03 I'**d rather** go skiing. 스키타러 가는 편이 더 좋겠습니다.
would be better off ~ing ~하는 게 더 낫겠다	04 You'**d be better off trying** another type of game. 다른 종류의 게임을 하는 게 더 낫겠습니다.
could use ~이 필요하다, 간절하다	05 I **could use** a cold drink on a hot day like this. 이렇게 더운 날에는 차가운 음료수 한 잔이 간절합니다.

조동사 + have p.p. 표현

should have p.p. ~했어야만 했다 (과거에 하지 못한 일에 대한 후회)	06 I **should've listened** to your advice more carefully. 당신의 충고를 더 주의 깊게 들어야만 했습니다.
could have p.p. ~할 수도 있었다 (과거에 하지 않은 일에 대한 후회·불만)	07 You **could have let** me know that you were going to be late. 늦을 거라는 것을 내게 알려줄 수도 있었습니다.
would have p.p. ~을 했을 것이다 (과거의 일에 대한 가능성·추측)	08 You **would have done** the same to me. 당신도 저에게 똑같이 했을 것입니다.
must have p.p. ~했음에 틀림없다 (과거의 일에 대한 강한 추측)	09 That **must have cost** at least 2,000 dollars. 그건 적어도 2,000달러는 들었음에 틀림없습니다.

들려주는 문장을 듣고 보기 중 그 의미를 바르게 나타낸 것을 고른 후, 빈칸에 들어갈 내용을 받아써보자. (받아쓰는 내용은 두 번 들려줍니다.)

01 그 문제에 대해 **(a) 미리 말했음에 틀림없어.** **(b) 미리 말할 수도 있었잖아.**

You _____ about the problem earlier.

02 우리는 그 시험을 위해 좀 더 철저히 **(a) 준비해야만 해.** **(b) 준비했어야 했어.**

We _____ more thoroughly for the quiz.

03 Victor가 우리를 역에서 **(a) 만나는 것이 더 낫겠다고** **(b) 만나는 것도 가능하다고** 말했어.

Victor said _____ us at the station.

04 난 네가 전문가를 **(a) 고용했을 것 같아.** **(b) 고용하는 것이 더 나을 것 같아.**

I think _____ a professional.

대화를 듣고 질문과 응답의 연결이 자연스러우면 ○, 부자연스러우면 ×로 표시해보자. (대화는 한 번 들려줍니다.)

05 _____

06 _____

07 _____

08 _____

09 _____

10 _____

정답 p.59

3. 빈출 관용표현 익히기

Part 2의 대화와 보기에도 다양한 관용표현이 나와 정답을 찾는 데 결정적인 역할을 하는 경우가 많다. 관용표현이 나왔을 때 그 의미를 모르면 당황하여 문제를 놓칠 수 있으므로 빈출 관용표현을 꼭 익혀두어야 한다. 여기서는 중요한 숙어, 이디엄, 구어체 표현 중 일부를 익히고, 추후 부록을 통해 더 많은 관용표현을 외워보자.

■ Example 🎧 21_1부_P2_기본기3

M: It's a good thing I didn't buy Jeff's car. It had serious problems.	M: 내가 Jeff의 차를 사지 않아서 다행이야. 그 차에는 심각한 문제들이 있었어.
W: **Take your time** choosing, or you regret it later.	W: 서두르지 말고 천천히 골라, 그러지 않으면 나중에 후회할 거야.
M: I really need to get one soon, though.	M: 그렇지만 진짜로 얼른 한 대 사야 하는데.
(a) OK, but **better safe than sorry**.	(a) 그래, 하지만 나중에 후회하는 것보다 조심하는 것이 나아.
(b) You can always get one tomorrow.	(b) 다음에 살 기회가 언제나 있어.
(c) I'm sure anything will do.	(c) 나는 뭐든지 괜찮을 거라고 확신해.
(d) You're not the only one in a hurry.	(d) 너만 급한 것이 아니야.

정답 | (a)

해설 | 위 대화와 보기에는 관용표현 take your time(천천히 하다)과 better safe than sorry(나중에 후회하는 것보다 조심하는 것이 낫다)가 나온다. 이 숙어를 알아야 자동차를 빨리 구입해야 한다며 초조해하는 말에 '나중에 후회하는 것보다 조심하는 것이 낫다'라는 말로 조언한 (a)를 정답으로 고를 수 있다.

■ Key Points 🎧 21_1부_P2_기본기3

숙어

be about to 이제 ~하려고 하다	01 The movie**'s about to** start. 영화가 이제 시작하려고 합니다.
be bound to 반드시 ~할 것이다	02 Tina **is bound to** find the solution. Tina는 반드시 해결책을 찾아낼 것입니다.
bring up 언급하다, (이야기를) 꺼내다	03 I won't **bring up** the subject again. 다시는 그 주제를 언급하지 않겠습니다.
come up 발생하다	04 Something **came up** that I have to take care of immediately. 당장 처리할 일이 발생했어요.
deal with 대처하다, 대하다	05 That must be difficult to **deal with**. 그거 참 대처하기 어렵겠네요.
sort out 정리하다	06 I'll **sort out** the mess I made. 제가 어지른 것은 제가 정리하겠습니다.

이디엄

make up one's mind 마음을 정하다	07 Have you **made up your mind** about which birthday present to buy for Tom? Tom에게 어떤 생일 선물을 사줄지 마음을 정했나요?
slip one's mind 깜빡 잊다	08 His birthday completely **slipped my mind**. 그의 생일을 완전히 깜빡 잊어버렸어요.
pay off (계획 · 행동이) 성공하다, 성과를 올리다	09 If you study hard, it's sure to **pay off** in the long run. 만약 당신이 열심히 공부한다면, 결국에는 반드시 성과가 있을 거예요.

구어체 표현

You bet. 물론이죠.	Q. Could you get that report on my desk by 3? 3시까지 내게 보고서를 제출할 수 있겠어요? A. **You bet!** 물론이죠!
I don't see why not. 안 될 이유는 없죠.	Q. Can we go see a movie this afternoon? 오늘 오후에 영화 보러갈 수 있어요? A. **I don't see why not.** 안 될 이유는 없죠.

→ 추가 관용표현: 부록 p.324

들려주는 문장을 듣고 보기 중 그 의미를 바르게 나타낸 것을 고른 후, 빈칸에 들어갈 내용을 받아써보자. (받아쓰는 내용은 두 번 들려줍니다.)

01 사무실에서 어떻게 (a) 까다로운 고객들을 대하십니까? (b) 까다로운 고객들과 거래를 하십니까?

How do you ＿＿＿＿＿＿＿＿＿＿＿＿＿＿＿＿＿＿＿＿＿＿＿ at the office?

02 나는 처음으로 투표하기 위해서 (a) 방금 전에 등록을 했다. (b) 등록을 하려고 하던 참이었다.

＿＿＿＿＿＿＿＿＿＿＿＿＿＿＿＿＿＿＿ to vote for the first time.

03 내가 너한테 아까 전화하려 했었지만, (a) 예상치 못했던 일을 해결해야 했어. (b) 예상치 못한 일이 발생했어.

I meant to call you earlier, but ＿＿＿＿＿＿＿＿＿＿＿＿＿＿＿＿＿＿＿.

04 우리는 이 모든 추가 문서 업무를 (a) 담당할 수 있는 (b) 정리할 수 있는 누군가가 필요해.

We need someone ＿＿＿＿＿＿＿＿＿＿＿＿＿＿＿＿＿ all this extra paperwork.

대화를 듣고 질문과 응답의 연결이 자연스러우면 ○, 부자연스러우면 ×로 표시해보자. (대화는 한 번 들려줍니다.)

05 ＿＿＿＿＿＿

06 ＿＿＿＿＿＿

07 ＿＿＿＿＿＿

08 ＿＿＿＿＿＿

09 ＿＿＿＿＿＿

10 ＿＿＿＿＿＿

정답 p.60

Part 2 실전 맛보기

기본기 다지기에서 배운 내용을 적용해 실전 유형의 Part 2 문제를 풀어보자. 🎧 22_1부_P2_실전맛보기

01 (a) (b) (c) (d)

02 (a) (b) (c) (d)

03 (a) (b) (c) (d)

04 (a) (b) (c) (d)

05 (a) (b) (c) (d)

06 (a) (b) (c) (d)

07 (a) (b) (c) (d)

08 (a) (b) (c) (d)

09 (a) (b) (c) (d)

10 (a) (b) (c) (d)

정답 p.60

실전 공략하기

Part 2 문제 유형 분석

Part 2에서는 대화의 마지막 문장을 정확히 이해하는 것이 특히 중요하다. 그러므로 대화의 마지막 문장의 유형을 파악하고, 각 유형별로 출제 및 응답 경향을 이해하는 것이 Part 2의 핵심 전략이 된다. 본 교재에서는 Part 2를 대화의 마지막 문장을 기준으로 크게 세 가지 유형으로 나누었다.

유형 1. 의문사 의문문

의문사 Which, What, Why, How, Where, When, Who로 시작하는 의문문이다. 의문사 의문문은 구체적인 정보를 묻는 의문문이므로 Yes/No로 답할 수 없지만, 제안·제공·요청의 의미를 전달하는 경우에는 Yes/No로 답할 수 있으므로 주의해야 한다.

Q	M: Do you have plans for the weekend? 주말에 계획 있어?
	W: I'm going to a cookout. 야외 파티에 가.
	M: That sounds fun. **Where is it?** 재미있겠다. 어디서 하는데?
A	W: A friend of mine's house. 친구네 집에서.

유형 2. 일반 의문문

의문사 의문문을 제외한 의문문으로 조동사, Be동사로 시작하는 의문문과 기타 일반 의문문(부가·부정·생략·평서문 어순 의문문)이 여기 속한다. 특정 사실에 대한 긍정/부정 여부를 묻는 의문문이므로 Yes/No로 답할 수 있다.

1. 조동사 의문문

Do, Have, Can(Could), Will(Would) 등의 조동사로 시작하는 의문문

Q	W: I heard it's supposed to rain today. 오늘 비가 올 거라고 들었어.
	M: Yeah, and I left my umbrella at home. 그래. 그리고 나는 집에 우산을 두고 왔어.
	W: Well, I have an extra one. **Would you like to borrow it?** 음, 나 남는 것 하나 있어. 빌려 갈래?
A	M: Sure. That's really nice of you. 물론이지. 너 정말 친절하구나.

2. Be동사 의문문

Be동사로 시작하는 의문문

Q	M: What's going on? Someone said Kelly's been in an accident. 어떻게 된 거야? Kelly가 사고 났다고 하던데.
	W: Apparently she wrecked her father's car. 그녀가 아버지의 차를 망가뜨린 모양이야.
	M: That's not good. **Is she OK?** 그거 안 좋은데. 그녀는 괜찮아?
A	W: I'm still trying to find out. 아직 알아보고 있는 중이야.

3. 기타 일반 의문문

형태가 특수한 일반 의문문을 모두 기타 일반 의문문으로 분류하였다. 이들은 Yes/No로 응답이 가능하다는 점에서 일반 의문문이지만, 그 형태와 쓰임이 특이하기 때문에 따로 익혀둘 필요가 있다.

① **부가 의문문** 평서문 뒤에 붙은 꼬리말 의문문

Q	W: Henry, are you going to the dance next weekend? Henry, 다음 주말에 댄스파티 갈 거야?
	M: Of course. It's going to be lots of fun. 물론이지. 엄청 재미있을 거야.
	W: There's going to be a live band, **isn't there?** 라이브 밴드 공연도 있지, 그렇지 않니?
A	M: Yes, I think they start around 8 p.m. 응, 오후 8시쯤 시작할 거 같아.

② **부정 의문문** 'not'을 포함한 조동사나 Be동사로 시작하는 의문문

Q M: Jim said you used his bike without permission. Jim이 네가 허락 없이 그의 자전거를 썼다고 하더라.

　 W: I rode it to the store and back. 가게에 타고 갔다 왔어.

　 M: **Didn't you ask to see if it was OK first?** 그래도 괜찮은지 먼저 물어보지 않았어?

A W: I assumed it would be fine. 괜찮을 거라고 생각했지.

③ **생략 의문문** 문장의 일부(주로 '조동사 + 주어', 'Be동사 + 주어')가 생략된 의문문

Q W: I think I'm going to buy a new pet. 새 반려동물을 살 생각이야.

　 M: Really? What kind are you going to get? 정말? 어떤 종류를 사려고?

　 W: I'm still undecided. **Any suggestions?** 아직 결정 못 했어. 무슨 제안이라도 있니?

A M: It might be fun to have a parrot. 앵무새가 있으면 재미있을지도 몰라.

④ **평서문 어순 의문문** 어순은 평서문인데 끝을 올려 읽은 의문문

Q M: Won't you reconsider your decision to leave, Rebecca? 떠나려는 결정을 다시 생각해 보지 않으실 건가요, Rebecca?

　 W: No, being a salesperson just isn't my cup of tea. 아니요, 판매원 일은 저에게 맞는 일이 아니에요.

　 M: **Then you're definitely moving on?** 그럼 확실히 옮기시는 건가요?

A W: Yes, I need to try something new. 네, 새로운 무언가를 시도할 필요가 있어요.

유형 3. 평서문

화자의 감정이나 의견, 또는 정보를 전달하는 문장이다.

Q W: That watch is really nice. 그 시계 정말 멋지다.

　 M: Thanks. It used to be my grandfather's. 고마워. 우리 할아버지의 시계였어.

　 W: **You're lucky to have something so special.** 그렇게 특별한 걸 가지고 있다니 운이 좋구나.

A M: I hope to pass it along to my grandson someday. 언젠가 내 손자에게 물려줄 수 있길 바라.

▌Part 2 문제 유형별 출제 비율

Part 2의 문제 유형별 출제 비율은 아래와 같다.

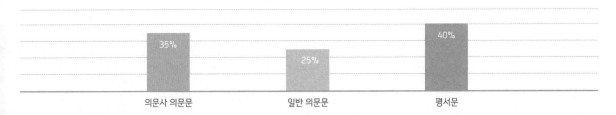

의문사 의문문	일반 의문문	평서문
35%	25%	40%

실전 공략하기

▌ Part 2 오답 유형 분석

Part 2의 오답 유형은 대부분 대화에 나온 표현이나 상황, 또는 대화의 문맥을 사용한 것이다. 또한 하나의 오답 보기에 이러한 오답 유형이 섞여 나오는 경우도 자주 있다. 따라서 각각의 오답 유형에 익숙해지지 않으면 이런 오답에 속기 쉽다. 이제부터 Part 2에 자주 나오는 오답 유형을 익혀보자.

오답 유형 1. 같거나 비슷한 단어를 사용한 오답

Part 1과 마찬가지로 대화에 나왔던 것과 같거나 비슷한 단어 또는 표현을 사용한 오답이 자주 나온다.

W: I appreciate you coming on such short notice, Paul. M: My pleasure. It's essential that we get going on this new **design** as soon as possible. W: Could you give me an overview of the **elements** you want to incorporate? (a) Of course. I'll start with the color scheme. (b) It's an important **element** of the **design**.	W: 급히 알렸는데도 와주셔서 감사해요, Paul. M: 천만에요. 이 새로운 디자인에 가능한 빨리 착수하는 게 중요하니까요. W: 넣고 싶으신 요소에 대한 개요를 알려주시겠어요? (a) 당연하지요. 색채 배합에서부터 시작하겠습니다. (b) 그것은 디자인의 중요한 요소입니다.

정답 | (a)

오답분석 | (b)는 대화의 design과 같은 design, 그리고 elements와 비슷한 element를 사용한 오답이다.

오답 유형 2. 같은 상황에서 나올 수 있는 어휘를 사용한 오답

Part 1과 마찬가지로 대화의 상황과 같은 상황에서 나올 수 있는 어휘를 사용해서 혼동을 주는 오답이 자주 나온다.

W: What happened with your brother's **rental property**? M: He ended up getting rid of it. W: Couldn't he find anyone to **rent** it? (a) He was willing to waive the **deposit**. (b) No one who was seriously interested.	W: 너희 오빠가 갖고 있던 임대 자산은 어떻게 됐니? M: 결국 팔아야만 했어. W: 그걸 임대하려고 하는 사람을 찾을 수 없었던 거야? (a) 오빠는 기꺼이 보증금을 포기하려고 했었어. (b) 진지하게 관심을 갖는 사람이 아무도 없었어.

정답 | (b)

오답분석 | (a)는 대화의 임대와 관련된 상황에서 나올 수 있는 어휘인 deposit(보증금)을 사용한 오답이다.

오답 유형 3. 그럴듯한 응답으로 시작한 오답

그럴듯한 말로 시작해, 앞부분만 들으면 정답 같지만 그 뒤 내용이 대화 내용과 다른 오답이 나온다.

M: Did you notice that smell coming from the drain?

W: Yeah, it's becoming unbearable. We need to have it looked at.

M: How about if I arrange for the plumber to come by tomorrow afternoon?

(a) The morning would be better.

(b) **That's fine**, but I'd prefer the afternoon.

M: 하수구에서 올라오는 냄새를 알아챘나요?

W: 네, 점점 참기 힘들어지고 있어요. 한번 살펴봐야 겠어요.

M: 제가 내일 오후에 배관공을 오라고 약속을 잡아보면 어떨 까요?

(a) 아침이 더 나을 것 같아요.

(b) 좋아요, 하지만 오후가 더 좋을 것 같아요.

정답 | (a)

오답분석 | (b)는 How about(~하면 어떨까요)이라는 제안에 그럴듯한 응답이 되는 That's fine(좋아요)으로 시작했지만 오후에 오라고 하면 어떻겠냐는 제안에 오 후가 더 좋겠다고 답했으므로 틀린 오답이다.

오답 유형 4. 대화의 마지막 문장을 말한 화자가 이어서 할 만한 말을 사용한 오답

대화의 마지막 문장에 대한 응답이 아니라, 대화의 마지막 문장을 말한 사람이 계속 이어서 할 만한 말을 사용해서 혼동을 주는 오답이 나 온다.

M: Let's go to see that superhero movie this evening.

W: OK. Are you going to need a ride?

M: If you don't mind.

(a) I'd be especially grateful.

(b) I'll just swing by after work then.

M: 오늘 저녁에 슈퍼히어로 영화를 보러 가자.

W: 좋아. 태우러 갈까?

M: 너만 괜찮다면.

(a) 그러면 정말 고맙겠어.

(b) 그러면 퇴근 후에 들를게.

정답 | (b)

오답분석 | (a)는 대화의 마지막 문장에서 '너만 괜찮다면(태우러 와주면 좋겠다)'이라고 말한 사람이 이어서 할 만한 말을 사용한 오답이다.

오답 유형 5. 대화 문맥에 맞지 않는 내용의 오답

대화에서 언급된 내용과 반대되거나 대치되는 내용을 담고 있어, 대화의 문맥에 맞지 않는 오답이 나온다.

W: How's your brother's broken leg?

M: It's worse. They say it's because it got infected.

W: So the medication didn't work?

(a) Not nearly as well as they predicted.

(b) It actually did its job perfectly.

W: 동생의 부러진 다리는 좀 어때?

M: 더 나빠졌어. 감염이 되었기 때문이래.

W: 그럼 약이 듣지 않았던 거야?

(a) 예상했던 것보다는 잘 듣지 않았어.

(b) 사실 약이 완벽하게 잘 들었어.

정답 | (a)

오답분석 | (b)의 '약이 완벽하게 잘 들었다'는 내용은 동생의 부러진 다리 상태가 '감염되어 더 나빠졌다'는 대화의 문맥에 맞지 않는 오답이다.

COURSE **1** 의문사 의문문

1. Which · What 의문문

대화의 마지막 문장이 Which · What 의문문인 문제는 Part 2에서 가끔 출제된다. 이제부터 Which · What 의문문을 익혀 보자.

1 Which 의문문

■ 출제 경향과 전략

· Part 1과 마찬가지로 정보를 요청하거나, 선택을 요구하는 문제가 많이 출제된다.

· Part 1과 달리 'Which one'을 사용하여 정보를 요청하거나 선택을 요구하는 문제가 출제되는데, 이때는 one에 해당하는 것이 무엇인지를 파악하는 것이 가장 중요하다.

■ Example 🎧 23_1부_P2_Course1-1

W: Is that the textbook for Biology 101?	W: 그것이 생물학 101 수업 교재입니까?
M: No, this one is for Microbiology.	M: 아니요, 이것은 미생물학 교재예요.
W: Which one do I need then?	W: 그러면 어떤 것이 제게 필요한 건가요?
(a) Don't be in a rush to decide.	(a) 너무 서둘러서 결정하지 마세요.
(b) I'd choose the easiest class.	(b) 제일 쉬운 수업을 고르려고요.
(c) Yours is down on the bottom shelf.	(c) 맨 아래 선반에 있는 거예요.
(d) I meant the other one.	(d) 저는 다른 것을 말한 건데요.

정답 | (c)

해설 | Which one을 사용하여 자신에게 필요한 교재에 대한 정보를 요청하는 말에, '맨 아래 선반에 있는 것'이라고 알려준 (c)가 정답이다.

Possible Answers

1. It's the one with the blue cover. 파란색 표지로 되어 있는 거예요.
2. Let me see your syllabus. 강의 계획서를 보여 주세요.

■ Part 2에 자주 나오는 Which 의문문과 응답 🎧 23_1부_P2_Course1-1

아래 리스트를 반복해서 들어 구체적인 질문의 유형과 응답을 익히도록 하자.

정보 요청하기 (Which one, Which + 명사)

Which one으로 정보를 요청할 경우 one은 대부분 대화의 중심 소재를 가리킨다.

Q	W: Is this train bound for Frankfurt? 이 기차가 프랑크푸르트 행인가요?
	M: Sorry, this one is headed for Paris. 죄송합니다. 이 기차는 파리로 갑니다.
	W: **Which one** goes to Frankfurt? 어떤 것이 프랑크푸르트로 가나요?
A1	You want to board at Platform C. 플랫폼 C에서 타셔야 합니다.
A2	You'll have to ask at the ticket counter. 승차권 판매소에 문의하셔야 할 겁니다.
A3	It hasn't arrived yet. 아직 도착하지 않았습니다.

Q	M: How was your trip to India? 인도 여행은 어땠어?
	W: Just fine. It was truly a memorable experience. 정말 좋았어. 정말 기억에 남는 경험이었어.
	M: **Which place** did you find most interesting? 어느 장소가 가장 흥미있었니?
A1	Definitely Mumbai. 물론 뭄바이지.
A2	It'd be hard to choose a favorite. 제일 좋았던 곳을 고르기는 어려울 것 같아.
A3	I would have to say the northeast region. 북동쪽 지방이라고 해야 할 것 같아.

Q	W: I thought there was an internet café in this building. 이 건물에 인터넷 까페가 있는 줄 알았어요.
	M: No, it shut down. But there's one in Park Tower. 없어요. 폐업했어요. 그렇지만 Park Tower에 하나 있어요.
	W: **Which building** is that? 그게 어떤 건물인가요?
A1	It's that new one over on Broadway. 저기 Broadway에 있는 새 건물이에요.
A2	The tall one just north of here. You can't miss it. 여기서 바로 북쪽에 있는 높은 건물이에요. 금방 찾으실 수 있을 거예요.
A3	Here, I'll draw you a map. 자, 제가 지도를 그려 드릴게요.

선택하기 (Which one)

대화의 첫 번째나 두 번째 문장에 'A or B'가 언급되면 one은 대부분 A나 B를 가리킨다. 따라서 그 둘 중 하나를 선택한 말이 정답이 되는 경우가 많다. 하지만, Part 1과 마찬가지로 둘 중 아무것도 선택하지 않거나, 둘 다 선택한 말도 정답이 될 수 있다.

Q	M: Pardon me, could you recommend a good espresso machine?
	실례지만, 좋은 에스프레소 기계를 하나 추천해 주실 수 있나요?
	W: Well, you can choose between our manual or semi-automatic model. 음, 수동이나 반자동 중에 고르실 수 있습니다.
	M: **Which one** is cheaper? 어느 것이 더 싼가요?
A1	The semi-automatic for sure. 확실히 반자동이 더 쌉니다.
A2	They're priced similarly. 가격은 비슷합니다.
A3	I'll have to check the exact prices. 정확한 가격은 확인해 봐야 겠는데요.

Q	M: Excuse me, how do I get to the courthouse? 실례지만, 법원에는 어떻게 가요?
	W: You can go either by bus or subway. 버스나 지하철로 갈 수 있어요.
	M: **Which one** is most convenient? 어떤 것이 가장 편리합니까?
A1	Probably the subway. 아마 지하철일 거예요.
A2	The bus, except during rush hour. 버스요. 출퇴근 혼잡 시간만 빼고요.
A3	Both are similar in my opinion. 제 생각에는 둘 다 비슷해요.

2 What 의문문

■ **출제 경향과 전략**

· Part 1과 마찬가지로 정보를 요청하는 문제가 나온다.
· Part 1과 달리 'What if ~'로 제안·가정하거나, 'What about ~'으로 사실·안부를 묻거나, "What do you mean?"으로 상대방 말의 의도를
  확인하는 문제가 출제된다. 이때는 질문의 의미가 문맥에 따라 달라지므로 대화의 문맥을 정확히 파악해야 정답을 찾을 수 있다.

■ **Example** 🎧 23_1부_P2_Course1-1

W: I'm a little nervous about your friends coming over for dinner.	W: 당신 친구들이 저녁 먹으러 온다니 좀 긴장돼요.
M: There's no reason to be.	M: 그럴 이유는 전혀 없어요.
W: What do you mean?	W: 무슨 뜻이에요?
(a) You're invited to come, too.	(a) 당신도 초대받았어요.
(b) You're a fabulous cook.	(b) 당신은 훌륭한 요리사예요.
(c) You don't have to eat it.	(c) 당신은 그걸 먹을 필요가 없어요.
(d) You can see them anytime.	(d) 당신은 언제든 그들을 볼 수 있어요.

정답 | (b)

해설 | What do you mean을 사용하여 친구들이 저녁을 먹으러 오는 것에 대해 긴장할 필요가 없다는 남자의 말이 무슨 의미인지 물었다. 이에 대해 '당신은 훌
륭한 요리사다'라는 말로 그 말의 의도를 밝힌 (b)가 정답이다.

Possible Answers

1. Trust me. They'll love you. 내 말을 믿어요. 그들은 당신을 정말 좋아할 거예요.
2. They're very easygoing. 정말 편안한 사람들이에요.

■ **Part 2에 자주 나오는 What 의문문과 응답** 🎧 23_1부_P2_Course1-1

아래 리스트를 반복해서 들어 구체적인 질문의 유형과 응답을 익히도록 하자.

정보 요청하기 (What ~ 동사)

Q	W: Do you think that store can break a hundred? 가게에서 백 달러짜리를 잔돈으로 바꿔 줄까?
	M: They usually prefer not to do that. 그렇게 하지 않으려고들 하지.
	W: **What** should I do then? 그럼 어떻게 해야 할까?
A1	I can change it for you. 내가 바꿔 줄게.
A2	Maybe there's a bank nearby. 아마 근처에 은행이 있을 거야.
A3	Use your credit card instead. 대신 신용 카드를 써.

제안 · 가정하기 (What if)

What if ~ 는 문맥에 따라 '~하면 어떨까'라는 제안이나, '만일 ~하면 어떻게 하니'라고 가정하는 말이 될 수 있다.

Q	M: Let's go to see that musical at the symphony hall tonight. 오늘 밤에 심포니 홀에서 하는 뮤지컬을 보러 가자.
	W: I'd like to, but I'm totally broke. 나도 그러고 싶지만, 돈이 하나도 없어.
	M: **What if** I lend you enough to cover it? 그거 낼 만큼 내가 빌려 주면 어떨까?
A1	OK, but I can't pay you back until Friday. 좋아, 하지만 금요일까지는 그 돈을 갚을 수 없어.
A2	Then I wouldn't have a reason to say no. 그럼 싫다고 할 이유가 없지.
A3	Oh, you don't have to do that. 오, 그럴 필요는 없는데.

Q	W: I want to see other places, but I'm afraid of air travel. 나는 다른 곳도 보고 싶은데, 비행기 타는 게 무서워.
	M: Well, planes are among the safest means of transportation. 글쎄, 비행기는 가장 안전한 교통수단에 속해.
	W: But **what if** the unthinkable happens? 하지만 만일 생각지도 못한 일이 생기면 어떻게 하니?
A1	There's very little chance of that. 그럴 가능성은 거의 없어.
A2	Sometimes it's best not to think about it. 가끔은 그런 건 생각하지 않는 게 제일 좋아.
A3	That's one of the risks all passengers take. 그건 모든 승객이 감수하는 위험 중 하나잖아.

사실 확인하기, 안부 묻기 (What about)

What about ~은 문맥에 따라 '~은 어떤가요?'라며 사실을 확인하거나 안부를 묻는 말이 될 수 있다.

Q	W: Is it OK to remove the carpet and replace it with tile? 카펫을 없애고 타일로 바꿔도 괜찮을까요?
	M: Only with the landlord's consent. 집주인이 허락하는 경우에 한해서요.
	W: **What about** painting the walls? 벽에 페인트 칠하는 것은 어떤가요?
A1	That would probably be acceptable. 그건 아마 허용될 거예요.
A2	You have to get permission for any alterations made. 어떤 변화를 주든 간에 허락을 받아야만 해요.
A3	It depends on the terms of your lease. 당신의 임대 계약 조건에 따라 달라요.

Q	M: Jenna, I'm so happy to see you here. Jenna, 여기서 너를 만나다니 너무 기쁘다.
	W: Hi there, Marvin. How have you been? 안녕, Marvin. 어떻게 지냈니?
	M: Not bad. **What about** you? 그럭저럭 지냈어. 너는 어때?
A1	Well, I've recently changed jobs. 음, 난 최근에 직업을 바꿨어.
A2	Things have been better than ever. 그 어느 때보다 잘 지냈어.
A3	It's basically the same with me. 나야 똑같지 뭐.

상대방 말의 의도 확인하기

Q	M: Did you hear that the merger finally went through? 합병이 결국 통과되었다는 걸 들었어요?
	W: Yeah, it's unfortunate for the support staff though. 네, 어쨌든 보조 직원들에게는 안된 일이에요.
	M: **What do you mean?** 무슨 뜻이에요?
A1	They'll face immediate wage cuts. 그들은 즉각적인 임금 삭감에 직면하게 될 거예요.
A2	Some jobs are being eliminated. 어떤 일자리는 사라질 거예요.
A3	There are going to be some cutbacks. 인원 감축이 있을 거예요.

Hackers Practice

질문에 알맞은 응답을 고른 후, 빈칸에 들어갈 내용을 받아써보자. (받아쓰는 내용은 두 번 들려줍니다.) 🎧 23_1부_P2_Course1-1

01 (a)   (b)

> M: I'm supposed to _____ to the barbecue, right?
>
> W: Yeah, just _____ from the convenience store.
>
> M: OK. _____ ?
>
> (a) _____ suits me.
>
> (b) Maybe some _____ .

02 (a)   (b)

> M: Could you _____ of the capitol building?
>
> W: Sure. It's over on 4th Street.
>
> M: _____ ?
>
> (a) You're _____ .
>
> (b) It's _____ .

03 (a)   (b)

> M: Wesley's going to be upset _____ .
>
> W: No, _____ .
>
> M: _____ ?
>
> (a) I told him we were _____ .
>
> (b) We have _____ .

04 (a)　　　　　(b)

> W: William, is it OK _____ on this floor?
>
> M: No, it might _____ the wood.
>
> W: _____ ?
>
> (a) _____ .
>
> (b) _____ .

대화를 듣고, 가장 적절한 응답을 골라보자. 🎧 23_1부_P2_Course1-1

05	(a)	(b)	(c)	(d)
06	(a)	(b)	(c)	(d)
07	(a)	(b)	(c)	(d)
08	(a)	(b)	(c)	(d)
09	(a)	(b)	(c)	(d)
10	(a)	(b)	(c)	(d)

정답 p.64

2. Why · How 의문문

대화의 마지막 문장이 Why · How 의문문인 문제는 Part 2에서 자주 출제된다. 이제부터 Why · How 의문문을 익혀보자.

1 Why 의문문

■ 출제 경향과 전략

· Part 1과 마찬가지로 이유를 묻거나, 제안하는 문제가 가장 많이 출제된다.

· Part 1과 달리 "Why (is that)?"이나 "Why not?"처럼 의문사만으로 이유를 묻는 문제가 출제된다. 이때는 앞의 두 문장을 통해 무엇에 대한 이유를 묻는지 파악해야 한다.

■ Example   🎧 24_1부_P2_Course1-2

M: Do you still plan to buy that property you mentioned?

W: No, I don't think so.

M: Why not? I thought you had your heart set on it.

(a) No, I've decided to hold onto it.

(b) I've been having second thoughts.

(c) I think I'm going to sell it instead.

(d) It looks as if the deal might go through.

M: 예전에 언급했던 부동산을 여전히 살 계획이 있는 건가요?

W: 아니요, 안 살 것 같아요.

M: 왜 안 사려고 해요? 거의 사는 쪽으로 마음을 굳혔다고 생각했는데요.

(a) 아니에요, 그것을 팔지 않기로 결심했어요.

(b) 다시 생각해보고 있는 중이에요.

(c) 대신에 그것을 팔 것 같아요.

(d) 거래가 성사될 것 같아 보여요.

정답 | (b)

해설 | Why not을 사용하여 부동산을 안 사려고 하는 이유를 묻는 말에 '다시 생각해보고 있는 중'이라고 말한 (b)가 정답이다.

Possible Answers

1. I had to rethink my decision. 제 결정에 대해 다시 생각해봐야 했어요.
2. It wasn't what I really wanted. 제가 진짜 원하던 것이 아니었어요.

■ Part 2에 자주 나오는 Why 의문문과 응답   🎧 24_1부_P2_Course1-2

아래 리스트를 반복해서 들어 구체적인 질문의 유형과 응답을 익히도록 하자.

이유 묻기 (Why (is that)? / Why not?)

Part 1과 마찬가지로 정답이 Because나 For로 시작하는 경우는 거의 없으므로 내용을 잘 들어 적절한 이유를 제시한 정답을 찾아야 한다.

Q	W: When you go to Paris, are you going to visit the Eiffel Tower? 파리에 가면 에펠탑에 가볼 생각인가요? M: Most likely not. 아마 그렇지 않을 거예요. W: Why is that? 왜요?
A1	I've already seen it several times. 이미 몇 번이나 봤거든요.
A2	My schedule's tight as it is. 지금 일정도 빡빡해서요.
A3	I'll be too occupied with work. 일하기에도 너무 바쁠 것 같아서요.

Q M: Are you going to volunteer for the food drive again? 식료품 기부 행사에서 또 자원봉사를 할 생각인가요?

W: It doesn't look like it. 아마 그렇지 않을 것 같아요.

M: **Why not?** You've done it every year. 왜 안 하려고 해요? 매년 해왔던 일이잖아요.

A1 I've got a lot on my plate right now. 지금 당장 해야 할 일이 너무 많아서요.

A2 Well, I feel like I need a break from it. 음, 그것을 잠시 쉬어야 할 필요가 있는 것 같아서요.

A3 There's something else I have to do. 제가 해야 할 다른 일이 있어요.

과거의 이유 묻기 (Why didn't you)

'왜 ~을 하지 않았나요'라며 질책하는 상황일 때가 많으므로, 하지 않은 이유를 설명하며 변명하는 말이 정답이 되는 경우가 많다.

Q W: Joey, you still haven't cleaned your room. Joey, 아직 방을 치우지 않았구나.

M: I'm going to take care of it now. 지금 하려고 하고 있어요.

W: **Why didn't you** do it before the guests started arriving? 왜 손님이 오기 시작하기 전에 하지 않았니?

A1 I didn't realize it was so late. 시간이 이렇게 늦었는지 몰랐어요.

A2 I guess I misjudged the time. 시간을 잘못 본 것 같아요.

A3 Sorry, I had to finish my homework. 죄송해요. 숙제를 끝내야 했어요.

제안하기 (Why don't you[we])

마지막 문장만 잘 들어도 정답을 찾을 수 있는 경우가 많은데, 제안을 받아들이거나 거절하는 말, 또는 대화 내의 제안과는 다른 제안을 하는 말이 정답이 되는 경우가 많다.

Q W: I thought you were going to ask Jessica out on a date? 네가 Jessica에게 데이트 신청을 하려고 했던 걸로 알고 있었는데?

M: I want to, but I'm afraid she might say no. 그러고 싶지만, 그녀가 거절할까 봐 두려워.

W: **Why don't you** at least try it and see what happens? 적어도 시도는 해보고 어떻게 되는지 보지 그래?

A1 Maybe you're right. 아마 네 말이 맞을 거야.

A2 I'm not sure if I can muster up the courage. 내가 그런 용기를 낼 수 있을지 잘 모르겠어.

A3 Yeah, there's only one way to find out. 그래. 그걸 알아낼 방법은 오직 하나뿐이지.

Q W: Do you have time to look over my report this afternoon? 오늘 오후에 제 보고서를 훑어 보실 시간이 좀 있으신가요?

M: Sure. I have some things to discuss with you as well. 물론이죠. 당신과 논의할 것도 있어요.

W: **Why don't we** meet right after lunch then? 그럼 우리 점심 먹고 바로 만나는 게 어때요?

A1 OK, I'll set aside an hour just for that. 좋아요, 그 일을 위해 한 시간 비워 놓을게요.

A2 Later would work better for me. 저는 더 늦은 시간이 좋을 것 같은데요.

A3 Well, let's make it sometime after 2. 음, 2시 이후로 합시다.

2 How 의문문

출제 경향과 전략

· Part 1과 마찬가지로 이유나 의견 · 상태를 묻거나, 정보를 요청하는 문제가 자주 나온다.
· Part 1과 달리 'How about ⋯'으로 제안하거나 의견을 묻는 문제와, "How have you been?" 등과 같은 관용표현으로 안부를 묻는 문제가 나온다.

Example 🎧 24_1부_P2_Course1-2

M: Darren says you're getting better at chess. W: Well, I've put in a lot of practice. M: So, how about challenging me to a match? (a) I've had tougher challenges. (b) I always play by the rules. (c) I recently got my own set. (d) I'd look forward to the opportunity.	M: Darren이 네 체스 실력이 나날이 늘고 있다고 하더라. W: 음, 연습을 많이 해왔어. M: 그러면 나에게 한번 도전해보는 게 어때? (a) 나는 더 어려운 도전도 해봤어. (b) 나는 항상 규칙에 따라 게임을 해. (c) 나는 최근에 나만의 세트를 마련했어. (d) 그럴 기회가 있기를 기대할게.

정답 | (d)

해설 | how about을 사용하여 자신에게 체스로 도전해보라는 제안에 '그럴 기회가 있기를 기대하겠다'는 말로 제안을 받아들인 (d)가 정답이다.

Possible Answers

1. If you're sure you're up to it. 네가 정말 그럴 생각이라면.
2. I'm not sure if I'm quite that good. 내가 그렇게까지 잘 하는지는 모르겠는데.

Part 2에 자주 나오는 How 의문문과 응답 🎧 24_1부_P2_Course1-2

아래 리스트를 반복해서 들어 구체적인 질문의 유형과 응답을 익히도록 하자.

이유 묻기 (How come, How dare, How could)
Part 1과 마찬가지로 놀람, 불만의 감정을 담아 이유를 묻는 경우가 많으므로, 이유를 적절히 설명하거나 사과, 또는 변명하는 말이 정답이 되는 경우가 많다.

Q	M: Amanda, did you finish the outline for your story? Amanda, 글의 개요는 다 짰니? W: Yeah, but I had to completely redo it last night. 응, 하지만 어젯밤에 전부 다시 해야 했어. M: **How come** you had to start over? 왜 다시 시작해야 했던 거야?
A1	Somehow I lost the original file. 어떻게 하다가 원본을 잃어버렸어.
A2	I wasn't happy with how the first draft turned out. 초안 나온 게 마음에 들지 않았어.
A3	I didn't format it properly the first time. 처음부터 구성을 적절하게 하지 않았어.

의견·상태 묻기 (How would you like to)

Q	M: Good afternoon. Were you able to find everything you need? 안녕하세요. 필요하신 것을 모두 찾으셨나요?
	W: Yes, thanks. I'm ready to check out now. 네, 감사합니다. 이제 계산하려고 해요.
	M: **How would you like to** pay for these? 물건 계산은 어떻게 하시겠습니까?

A1	Credit card, please. 신용 카드로 할게요.
A2	Let's wait and see the total first. 먼저 전부 얼마인지 보고요.
A3	I think I've got enough cash to cover it. 물건 값 낼 만큼 현금이 있는 것 같아요.

정보 요청하기 (거리·정도(How far), 가격(How much), 기간(How long) 등)

Q	M: How's the suit going? 그 소송은 어떻게 되어가고 있나요?
	W: Everyone's been cooperative up to this point. 지금까진 모든 사람들이 협조적이에요.
	M: **How far** are they from reaching a settlement? 합의에 이르려면 얼마나 남았나요?

A1	At this rate, not too long. 지금 속도로 보면, 그리 멀지 않았어요.
A2	That's still a ways off. 아직 갈 길이 멀어요.
A3	Only time will tell. 오직 시간만이 말해 줄 거예요.

제안하기, 의견 묻기 (How about)

How about ~은 문맥에 따라 '~은 어떤가요?'라고 제안하는 말이나, 의견을 확인하는 말이 될 수 있다. 의견을 확인하는 경우에는 How about 뒤에 사람 이름이나 사람을 받는 대명사가 오는 경우가 많다.

Q	W: Would you be interested in taking a stroll along the river later? 나중에 강가에 산책 가는 거 어떻게 생각하세요?
	M: I'd love to. Where exactly do you have in mind? 좋아요. 생각하고 계신 곳이 정확히 어디인데요?
	W: **How about** meeting beneath the Shelby Street Bridge? Shelby 가의 다리 아래에서 만나는 게 어때요?

A1	OK, that's a good starting point. 좋아요, 좋은 출발점이에요.
A2	Sure, there's a nice sidewalk there. 당연히 좋지요, 거기에 좋은 인도가 있잖아요.
A3	I'd prefer to stay on this side of town. 전 도시 이쪽 편에 머무는 게 더 좋을 것 같아요.

Q	W: How would you like your eggs? 달걀을 어떻게 요리해 드릴까요?
	M: I'd like mine over easy, please. 전 달걀 프라이를 뒤집어서 노른자를 살짝 익혀 주세요.
	W: **How about** your daughter? 따님은 어떠신가요?

A1	She'll have the same. 제 딸도 같은 걸로 할 거예요.
A2	She prefers hers scrambled. 제 딸은 스크램블을 더 좋아해요.
A3	Sunny side up, please. 달걀 프라이를 한쪽만 익혀 주세요.

안부 묻기

두 사람이 오랜만에 만난 상황일 때 자주 나오며, '좋아요', '괜찮아요' 등의 관용표현이 정답이 되는 경우가 많다. 따라서, 안부를 묻고 답하는 데 쓰이는 관용표현을 알아두면 마지막 문장만 듣더라도 정답을 고를 수 있는 경우가 많다.

Q	M: Leslie, is that you? Leslie, 너 맞니?
	W: Patrick! What a surprise to see you here. Patrick! 여기서 만나다니 정말 놀랍다.
	M: Likewise. **How have you been?** 나도 마찬가지야. 어떻게 지냈니?

A1	I've been keeping well. 잘 지냈어.
A2	Never been better. 정말 잘 지냈지.
A3	Not much to complain about here. 그럭저럭 괜찮게 지냈어.

Hackers Practice

먼저 질문에 알맞은 응답을 고른 후, 빈칸에 들어갈 내용을 받아써보자. (받아쓰는 내용은 두 번 들려줍니다.) 🎧 24_1부_P2_Course1-2

01 (a)   (b)

> M: Hey, Marcia. _____ since I saw you.
>
> W: Yeah, _____ for a month.
>
> M: Really? _____ ?
>
> (a) It was _____ .
>
> (b) It was _____ .

02 (a)   (b)

> M: Do you like _____ , Mary?
>
> W: For me, _____ .
>
> M: _____ your husband?
>
> (a) I think _____ .
>
> (b) He _____ .

03 (a)   (b)

> M: _____ that you didn't come to my soccer game last night.
>
> W: Sorry, but _____ .
>
> M: _____ ?
>
> (a) _____ very much.
>
> (b) _____ tonight's game _____ .

04 (a)   (b)

> W: Hello. Acme Car Rental. May I help you?
>
> M: Yes. _____? I'm going to Miami.
>
> W: _____?
>
> (a) _____ , please.
>
> (b) _____ .

대화를 듣고, 가장 적절한 응답을 골라보자. 🎧 24_1부_P2_Course1-2

05   (a)   (b)   (c)   (d)

06   (a)   (b)   (c)   (d)

07   (a)   (b)   (c)   (d)

08   (a)   (b)   (c)   (d)

09   (a)   (b)   (c)   (d)

10   (a)   (b)   (c)   (d)

정답 p.66

3. Where · When · Who 의문문

대화의 마지막 문장이 Where · When · Who 의문문인 문제는 Part 2에서 가끔 출제된다. 이제부터 Where · When · Who 의문문을 익혀보자.

■ 출제 경향과 전략

· Part 1과 마찬가지로 Where로 장소, When으로 시간, Who로 누구인지 묻는 문제가 나온다.

· Part 1과 달리 "Where (to)?", "When?", "Who?"처럼 의문사만으로 이루어진 문장이 나오기도 한다. 이때는 앞의 두 문장을 통해 그런 질문이 나오게 된 문맥을 파악해야 정답을 고를 수 있다.

■ Example 🎧 25_1부_P2_Course1-3

M: Got any big plans for the weekend, Kelly?	M: 주말에 무슨 좋은 계획이라도 있니, Kelly?
W: I'm going to take a short road trip.	W: 짧게 여행을 다녀오려고 해.
M: Where to?	M: 어디로?
(a) Possibly Niagara Falls.	(a) 아마도 나이아가라 폭포로.
(b) It's only for a short time.	(b) 그냥 잠깐일 뿐이야.
(c) I may have to rent a car.	(c) 차를 빌려야 할지도 몰라.
(d) I'm touring Canada this fall.	(d) 이번 가을에 캐나다 여행을 하려고.

정답 | (a)

해설 | Where to를 사용하여 주말에 어디로 여행을 가는지 장소를 물었으므로 '나이아가라 폭포'라는 장소를 말한 (a)가 정답이다.

Possible Answers

1. That state park just east of here. 동쪽에 있는 주립 공원으로.
2. I'm still undecided. 아직 결정을 못 했어.

■ Part 2에 자주 나오는 Where · When · Who 의문문과 응답 🎧 25_1부_P2_Course1-3

아래 리스트를 반복해서 들어 구체적인 질문의 유형과 응답을 익히도록 하자.

장소 묻기 (Where (to))

Q	M: Do you hear water running, Sue? 물이 새는 소리가 들리지 않니, Sue?
	W: Oh, yeah. I didn't notice it before. 응, 그래. 방금 전까지는 몰랐는데.
	M: **Where** is it coming from? 어디서 나는 소리지?
A1	The valve on the toilet might be stuck. 변기 밸브가 걸렸나 봐.
A2	You may not have shut the faucet off all the way. 네가 수도꼭지를 완전히 잠그지 않았나 봐.
A3	I bet I left the garden sprinkler on. 내가 정원 스프링클러를 틀어 놓은 것이 분명해.

Q	W: Are you staying in tonight, Rob? 오늘 밤 집에 있을 거야, Rob?
	M: No, I'm going out with my classmates again. 아니, 반 친구하고 또 나갈 건데.
	W: **Where** are you all off to this time? 이번에는 어디로 갈 거니?
A1	Most likely to see a movie. 아마 영화 보러 갈 것 같아.
A2	Club Metro down at the plaza. 광장 쪽에 있는 Metro 클럽에 갈 거야.
A3	We're just going to play it by ear. 별 계획 없이 되는대로 할 거야.

시간 묻기 (When)

Q	W: Good afternoon. What can I do for you today? 안녕하세요. 무엇을 도와드릴까요?
	M: We just moved here and need to enroll our son in school. 저희는 이제 막 이사 와서 아들을 학교에 등록시켜야 합니다.
	W: OK, **when** is your child's anticipated start date? 좋습니다. 예상하고 계신 등교 시작일이 언제입니까?
A1	As soon as possible. 가능한 빨리요.
A2	No earlier than the 1st of the month. 다음 달 1일 이후로요.
A3	Sometime next week. 다음 주쯤이요.

Q	M: As you know, our deadline is fast approaching. 아시다시피, 마감일이 빠르게 다가오고 있어요.
	W: Yes, I'll get you the statistics soon. 네, 곧 통계를 드릴게요.
	M: You keep saying that, but **when**? 계속 그렇게 말만 하시는데, 언제요?
A1	Today if all goes as planned. 모든 게 계획대로만 된다면 오늘이요.
A2	You'll have them by midday tomorrow. 내일 정오에 받으실 수 있을 거예요.
A3	It's contingent upon how soon I get the figures from marketing. 제가 마케팅 부서에서 수치를 얼마나 빨리 받느냐에 달려 있어요.

누구인지 묻기 (Who)

Q	W: Hi there, Calvin. Anybody stop by while I was out? 안녕하세요, Calvin. 제가 나가 있는 동안 누가 들렀나요?
	M: Not that I know of, Mrs. Steele. But there is one voice message. 제가 알기로는 없었어요, Mrs. Steele. 하지만 음성 메시지는 하나 있어요.
	W: Oh, really? **Who** is it from? 오, 정말이요? 누구에게서 온 것인가요?
A1	Walter from the head office. 본사의 Walter에게서요.
A2	Someone from the treasury department. 재무부의 누군가에게서요.
A3	He didn't identify himself. 누군지 밝히지는 않았어요.

Q	M: Excuse me. Someone sideswiped my car while I was in your store. 실례합니다. 제가 당신 가게에 있는 동안 누군가 제 차 옆을 받았어요.
	W: Well, we're not accountable for unattended vehicles. 글쎄요, 저희는 운전자 없이 서 있던 차에 대한 책임은 없습니다.
	M: **Who** is responsible then? 그럼 누구에게 책임이 있는 건가요?
A1	You'll have to take it up with your insurance provider. 보험 회사와 그 일을 이야기해보셔야 할 것 같은데요.
A2	There's nothing we can do for you, sir. 저희가 해드릴 수 있는 일은 없네요, 손님.
A3	I'm sorry, but parking is at your own risk. 죄송합니다만, 주차해 놓은 차에 대해서는 직접 책임지셔야 합니다.

Hackers Practice

질문에 알맞은 응답을 고른 후, 빈칸에 들어갈 내용을 받아써보자. (받아쓰는 내용은 두 번 들려줍니다.) 🎧 25_1부_P2_Course1-3

01 (a)   (b)

M: _____ for New Year's Eve?

W: _____ a private party.

M: _____ is it?

(a) _____ New York.

(b) _____ .

---

02 (a)   (b)

M: Sandy told me _____ .

W: Well, I was just wondering _____ sometime.

M: Sounds fine with me, but _____ ?

(a) I'm _____ .

(b) I _____ .

---

03 (a)   (b)

W: Hi Stan. _____ this early?

M: I'm _____ with someone from the marketing team.

W: Really? _____ ?

(a) _____ .

(b) Gary, _____ .

---

04 (a)　　　　　(b)

W: Where's Kelley? I thought she was _____.

M: Something came up, so she _____ until later.

W: Really? _____ ?

(a) We _____ .

(b) _____ .

대화를 듣고, 가장 적절한 응답을 골라보자. 🎧 25_1부_P2_Course1-3

05	(a)	(b)	(c)	(d)
06	(a)	(b)	(c)	(d)
07	(a)	(b)	(c)	(d)
08	(a)	(b)	(c)	(d)
09	(a)	(b)	(c)	(d)
10	(a)	(b)	(c)	(d)

정답 p.69

Hackers **TEST**

Choose the most appropriate response to complete the conversation. 🎧 26_1부_P2_Course1_HT

01   (a)   (b)   (c)   (d)

02   (a)   (b)   (c)   (d)

03   (a)   (b)   (c)   (d)

04   (a)   (b)   (c)   (d)

05   (a)   (b)   (c)   (d)

06   (a)   (b)   (c)   (d)

07   (a)   (b)   (c)   (d)

08   (a)   (b)   (c)   (d)

09   (a)   (b)   (c)   (d)

10   (a)   (b)   (c)   (d)

11   (a)   (b)   (c)   (d)

12   (a)   (b)   (c)   (d)

정답 p.71
받아쓰기 프로그램으로 Hackers Practice와 Hackers Test를 꼭 복습하세요.

COURSE **2** 일반 의문문

1. 조동사 의문문

대화의 마지막 문장이 조동사 의문문인 문제는 Part 2에서 가끔 출제된다. 이제부터 조동사 의문문을 익혀보자.

1 Do · Have 의문문

■ 출제 경향과 전략

· Part 1과 마찬가지로 Do 의문문에서는 사실을 확인하거나 의견을 묻는 문제가 주로 출제된다.

· Part 1과 달리 'Does that mean ~'으로 상대방 말의 의도를 확인하는 문제가 나오고, 'Had ~'로 시작해서 과거보다 더 이전의 일에 대해 묻는 문제가 출제되기도 한다.

■ Example 🎧 27_1부_P2_Course 2-1

M: Is Jerry going to attend tomorrow's reception?
W: Actually, he said he wouldn't if Wendy was going to be there.
M: Do you think he'll reconsider?

(a) Alternatively, we could go together.
(b) Sure. He's dying to meet her.
(c) I don't know, but I'll ask him again.
(d) Yes, I'd really enjoy that.

M: Jerry가 내일 있는 환영회에 참석하나요?
W: 사실, 그는 Wendy가 거기에 오면 안 갈 거라고 했어요.
M: 그가 다시 한번 생각해볼 거라고 생각하세요?

(a) 대신, 우리가 같이 갈 수도 있어요.
(b) 당연하지요. 그는 그녀를 몹시 만나고 싶어해요.
(c) 잘 모르겠지만, 그에게 다시 물어볼게요.
(d) 네, 저는 그것을 정말 좋아할 것 같아요.

정답 | (c)

해설 | Do you think를 사용하여 Jerry가 환영회에 참석하는 것에 대해 다시 생각해볼 거라고 생각하는지 의견을 묻는 말에 '잘 모르겠지만, 그에게 다시 물어보겠다'고 말한 (c)가 정답이다.

Possible Answers

1. If anyone can change his mind, it's you. 그의 마음을 바꿀 수 있는 사람이 있다면, 그건 당신이에요.
2. Not without twisting his arm. 그에게 강요하지 않고는 안 될 거예요.

Part 2에 자주 나오는 Do · Have 의문문과 응답 🎧 27_1부_P2_Course 2-1

아래 리스트를 반복해서 들어 구체적인 질문의 유형과 응답을 익히도록 하자.

사실 확인하기, 의견 묻기 (Do, Do you think)

사실 확인하기

Q	W: What are your plans for the upcoming holidays? 다가오는 연휴에 무엇을 할 계획인가요?
	M: I'll probably trek around the coast for a few days. 아마도 며칠 동안 해안 지방을 여행할 것 같아요.
	W: **Do** you have any particular place in mind? 어디 특별히 정해둔 곳이라도 있나요?
A1	No, I'm going to keep my options open. 아니요, 좀 더 생각해보고 선택하려고요.
A2	Somewhere convenient to access. 어딘가 가기 쉬운 곳이요.
A3	Any nice quiet beach will do. 멋지고 조용한 해변이라면 어디든 괜찮아요.

의견 묻기

Q	M: I was shocked that my lowest score came on the writing section. 쓰기 영역 점수가 제일 낮아서 충격받았어.
	W: Yeah, that's typically been your strong point. 그러게, 그건 으레 네가 잘하는 영역이었잖아.
	M: So, **do you think** I should appeal it? 그래서, 내가 정정 신청을 해야 한다고 **생각하니**?
A1	It's certainly worth a try. 분명 시도해볼 만한 일이야.
A2	Sure. There could have been a mistake. 당연하지. 실수가 있었을지도 모르잖아.
A3	I'd just try to put it behind me. 나 같으면 그냥 잊어버릴 거야.

상대방 말의 의도 확인하기 (Does that mean)

Q	W: Why didn't the court accept our documentation? We already signed it. 왜 법원에서 우리의 서류를 받아주지 않았을까요? 우리는 이미 서명했잖아요.
	M: They said it has to be notarized. 그게 꼭 공증을 받아야만 한대요.
	W: **Does that mean** the contract is invalid? 그럼 계약이 무효라는 **의미인 건가요**?
A1	It's only a minor technicality. 계약은 사소한 절차에 불과해요.
A2	Not unless the deadline has passed. 마감이 지나지만 않았으면 아니에요.
A3	No, we'll just have to submit it again. 아뇨, 그냥 다시 제출하기만 하면 돼요.

과거보다 더 이전의 일에 대해 묻기 (Had)

Q	M: I didn't know your son placed first in the speech contest. 당신의 아들이 웅변 대회에서 우승한 줄 몰랐어요.
	W: Yes, we were all delighted that he won. 네, 그 애가 우승해서 우리 모두 기뻤어요.
	M: **Had** he been going to a tutor? 개인 교사에게 배웠던 건가요?
A1	He'd been attending a private academy. 사립 학원에 다녔어요.
A2	He mainly just practiced on his own. 주로 그냥 혼자서 연습했어요.
A3	He's had some coaching from family members. 가족들에게 지도를 좀 받았어요.

1부

Part 1
Part 2 실전
Part 3
Part 4 & 5

해커스 텝스 Listening

Course 2 일반 의문문 133

출제 경향과 전략

· Part 1과 마찬가지로 Can(Could) 의문문에서는 요청하는 문제가, Will(Would) 의문문에서는 제안하거나, 도움 등을 제공해줄지 묻는 문제가 자주 출제된다.

· Part 1과 달리 'Will[Would] it be ~'로 사실을 확인하는 문제와 'Should ~'로 의견을 묻는 문제가 나온다.

Example 🎧 27_1부_P2_Course 2-1

W: Is there anything to snack on around here? I'm starving.

M: There's some leftover turkey from the other day.

W: Would it still be safe to eat?

(a) No, I decided to throw it out.

(b) Sure. I wouldn't risk it.

(c) No, there's only enough for one sandwich.

(d) Most likely. It's been in the fridge the whole time.

W: 여기 간단히 먹을 만한 거 뭐 있니? 배가 너무 고파.

M: 지난번에 먹다 남은 칠면조가 좀 있는데.

W: 그거 먹어도 아직 안전할까?

(a) 아니, 그거 버리기로 결심했어.

(b) 당연하지. 나라면 위험을 무릅쓰지 않겠어.

(c) 아니, 그건 샌드위치 하나 만들기 충분할 정도밖에 안 돼.

(d) 아마 그럴 거야. 계속 냉장고에 있었거든.

정답 | (d)

해설 | Would it ~ be를 사용하여 먹다 남은 칠면조가 먹기에 안전할지 묻는 말에 '아마 그럴 거다. 계속 냉장고에 있었다'는 말로 먹어도 괜찮을 것이라는 의미를 전달한 (d)가 정답이다.

Possible Answers

1. My guess is it's perfectly fine. 내 짐작에는 아주 괜찮을 것 같은데.

2. It's probably still good for another day or two. 하루 이틀 정도는 더 있어도 괜찮을 것 같아.

Part 2에 자주 나오는 Can(Could) · Will(Would) · Should 의문문과 응답 🎧 27_1부_P2_Course 2-1

아래 리스트를 반복해서 들어 구체적인 질문의 유형과 응답을 익히도록 하자.

요청하기 (Can I / Can[Could] you)

마지막 문장만 들어도 정답을 찾을 수 있는 경우가 많으며, Part 1과 마찬가지로 '문제없다', '하겠다' 등으로 수락하거나, '미안하다' 등으로 거절하는 말이 정답이 되는 경우가 많다.

Q	M: I thought I might find you in here, Sandy. 여기에서 너를 찾을 수 있을 것 같았어. Sandy.
	W: Oh, hi Richard. What's up? 오, 안녕 Richard. 무슨 일이니?
	M: **Can I** borrow your phone to call home? My battery's dead. 집에 전화하게 네 전화 좀 빌릴 수 있을까? 내 건 배터리가 없어.
A1	No problem. Here you go. 문제없어. 여기 있어.
A2	OK, just give it back when you're done. 그래, 다 쓰고 돌려만 줘.
A3	Sorry, I don't have it on me. 미안해, 나도 지금은 안 가지고 있어.

Q	W: Thank you for teaching us about folk dancing. 포크 댄스에 대해 가르쳐주셔서 감사해요.
	M: The pleasure's all mine. It's a delight to participate in cultural exchange. 나도 너무 즐거웠어. 문화 교류에 참여하는 것은 기쁜 일이야.
	W: **Could you** review the steps we learned earlier for those who were late? 늦게 온 사람들에게 이전에 배운 스텝을 복습시켜주실 수 있나요?
A1	Of course, I'll demonstrate. 당연하지, 내가 시범을 보여줄게.
A2	I most certainly can. 당연히 해줄 수 있지.
A3	Well, let's see a show of hands of those interested. 음, 관심 있는 사람들에게 손을 들어보게 하자.

제안 · 제공하기 (Would you like to)

Q	M: Do you have any plans for this evening? 오늘 저녁에 무슨 계획있니?
	W: Not particularly. How about you? 특별히 없어. 너는 어때?
	M: I'm going to a costume party. **Would you like to** tag along? 나는 가장 무도회에 가려고 해. 너도 따라올래?
A1	No thanks. Maybe next time. 고맙지만 안 갈래. 다음에 갈게.
A2	I think I'll pass, but thanks anyway. 나는 사양할래, 하지만 어쨌든 고마워.
A3	I'd need to come up with something to wear. 뭘 입고 갈지 생각해 봐야겠는데.

사실 확인하기 (Will[Would] it be)

Q	W: It's been raining cats and dogs for days now. 며칠 동안 비가 심하게 오고 있어요.
	M: Yeah, it's related to that typhoon that passed through. 맞아요, 그건 지나간 태풍과 관련이 있어요.
	W: **Will it be** like this on the weekend? 주말에도 이럴까요?
A1	It should clear up by then. 그때까지는 갤 거예요.
A2	It would certainly appear that way. 분명히 그럴 것 같네요.
A3	I still haven't heard the forecast. 아직 일기 예보를 듣지 못했어요.

Q	M: That band you recommended is incredible. 네가 추천해 준 밴드 대단하더라.
	W: And they have a brand new album coming out next month. 그리고 그 밴드의 새 앨범이 다음 달에 나와.
	M: **Would it be** possible to reserve a copy in advance? 앨범 한 장을 미리 예약해둘 수 있을까?
A1	I don't see why not. 안 될 이유가 없어 보이는데.
A2	Of course. I already did it online. 당연하지. 나는 벌써 인터넷에서 했어.
A3	Most likely. You could try one of the local record shops. 아마 그럴 거야. 동네 음반 가게에 한번 가봐.

의견 묻기 (Should)

Q	W: Did you know Adam's brother passed away this afternoon? Adam의 형이 오늘 오후에 돌아가신 거 알고 계셨나요?
	M: Yeah, I talked with his family earlier. 네, 아까 그의 가족과 이야기했어요.
	W: **Should** we send them a sympathy bouquet? 그들에게 위로의 꽃을 보내야 할까요?
A1	By all means. It's the least we can do. 그럼요. 그게 우리가 할 수 있는 최소한의 일이에요.
A2	Not tonight. It's already getting late. 오늘 밤은 말고요. 이미 시간이 늦었어요.
A3	I'd rather take it over in person. 저는 직접 가서 주고 싶어요.

Hackers Practice

질문에 알맞은 응답을 고른 후, 빈칸에 들어갈 내용을 받아써보자. (받아쓰는 내용은 두 번 들려줍니다.) 🎧 27_1부_P2_Course2_1

01 (a)   (b)

> M: Hi Jane. It's nice to see _____ .
>
> W: Yeah, _____ than I thought.
>
> M: _____ or something?
>
> (a) No, I think _____ on my own.
>
> (b) No. It's just that _____ .

02 (a)   (b)

> M: I hear you like _____ .
>
> W: Yeah, I _____ sometimes.
>
> M: Me too. _____ to see a game sometime?
>
> (a) But, _____ are already _____ .
>
> (b) Sure. _____ .

03 (a)   (b)

> W: I don't think the car is _____ .
>
> M: Well, it appears to be _____ .
>
> W: Really? _____ we should _____ ?
>
> (a) It seems like _____ to me.
>
> (b) Let's see _____ it's in.

04 (a)   (b)

M: _____ your new diet plan _____ ?
W: _____ .
M: _____ , then?

(a) I usually _____ .
(b) Definitely. _____ .

대화를 듣고, 가장 적절한 응답을 골라보자. 🎧 27_1부_P2_Course2-1

05   (a)   (b)   (c)   (d)

06   (a)   (b)   (c)   (d)

07   (a)   (b)   (c)   (d)

08   (a)   (b)   (c)   (d)

09   (a)   (b)   (c)   (d)

10   (a)   (b)   (c)   (d)

정답 p.75

2. Be동사 의문문

대화의 마지막 문장이 Be동사 의문문인 문제는 Part 2에서 가끔 출제된다. 이제부터 Be동사 의문문을 익혀보자.

■ 출제 경향과 전략

· Part 1과 마찬가지로 사람·사물이 있는지 확인하거나, 사실·상태를 확인하는 문제가 출제된다.

· Part 1과 달리 "Is it interesting?", "Are you sure?" 등과 같은 말로 의견을 묻는 문제와 'be going to ~'로 앞으로의 계획에 대해 묻는 문제가 출제되기도 한다.

■ Example 🎧 28_1부_P2_Course 2-2

W: Good morning. I'm here to see Professor McAllister.

M: I'm afraid he's out of the office until next week.

W: Is there anyone else who can advise me on my course schedule?

(a) Professor McAllister is on vacation with his family.

(b) Well, Professor Fitzgerald will be in later today.

(c) You should probably consult a professor.

(d) You're better off waiting in his office.

W: 안녕하세요. McAllister 교수님을 뵈러 왔는데요.

M: 다음 주까지는 연구실에 안 계실 거예요.

W: 그럼 제 강의 시간표에 대해 조언해주실 다른 분이 계신가요?

(a) McAllister 교수님은 가족과 휴가를 가셨습니다.

(b) 글쎄요, Fitzgerald 교수님께서 오늘 오후에 오실 거예요.

(c) 교수님과 상담해보셔야만 할 것 같은데요.

(d) 그의 사무실에서 기다리시는 것이 더 나으실 거예요.

정답 | (b)

해설 | Be동사 의문문으로 McAllister 교수님 대신 자신의 강의 시간표에 대해 조언해줄 다른 교수님이 계신지 묻는 말에, 'Fitzgerald 교수님'이라는 다른 교수님을 말한 (b)가 정답이다.

Possible Answers

1. I can certainly find out. 제가 분명히 알아볼 수 있어요.

2. Please have a seat and I'll check. 앉으세요. 제가 확인해볼게요.

■ Part 2에 자주 나오는 Be동사 의문문과 응답 🎧 28_1부_P2_Course 2-2

아래 리스트를 반복해서 들어 구체적인 질문의 유형과 응답을 익히도록 하자.

사람·사물이 있는지 확인하기 (Is there, Are there)

Q	M: Hi. I need to speak with Mr. Sinclair right away. 안녕하세요. Mr. Sinclair와 지금 통화해야 하는데요.
	W: I'm sorry, but he's in a meeting until 2 p.m. 죄송합니다만, 그는 오후 2시까지 회의가 있어요.
	M: Well, **is there** any other supervisor available then? 음, 그럼 통화가 가능한 다른 관리자가 계신가요?
A1	I believe Ms. Rogers is in her office. Ms. Rogers가 사무실에 계시는 것 같은데요.
A2	Most of them are still out to lunch. 대부분은 아직 점심 먹으러 나가 있어요.
A3	I'll see if I can find someone. 누가 계신지 알아볼게요.

Q	W: What a nice spread. Everything looks absolutely delicious. 음식이 너무 잘 차려져 있네요. 모든 게 엄청 맛있어 보여요.
	M: Well, go ahead and have a seat. 네, 가서 앉으시지요.
	W: **Is there** somewhere I can wash up first? 먼저 씻을 만한 장소가 있나요?
A1	Of course. The bathroom's through there. 당연하지요. 화장실은 저쪽을 지나 있어요.
A2	Sure. The first door on the right. 당연하지요. 오른쪽 첫 번째 문이에요.
A3	By all means. Right this way. 그럼요. 이쪽으로 오세요.

사실 · 상태 확인하기

Q	W: Hey Russ. Why the long face? 안녕 Russ. 왜 그렇게 시무룩한 얼굴이니?
	M: Haven't you heard? Erica's been in a car accident. 못 들었어? Erica가 교통 사고가 났대.
	W: That's terrible! **Is** she OK? 끔찍한 일이구나! 그녀는 괜찮니?
A1	Other than a few bumps and bruises, she'll be fine. 혹이 좀 나고 멍이 든 거 말고는 괜찮을 거야.
A2	I'm still trying to get all the details. 아직 자세한 것을 알아보려고 하는 중이야.
A3	I haven't heard anything definitive yet. 아직 확실한 것은 듣지 못했어.

의견 묻기

Q	M: Is that a new book you've got there? 네가 갖고 있는 그거 새 책이니?
	W: Yeah, the author's been on all the talk shows lately. 응, 작가가 최근에 모든 토크 쇼에 나왔어.
	M: So **is** it deserving of all the publicity? 그렇게 알려질 만한 가치가 있니?
A1	Yes, I've been pleasantly surprised. 응, 의외로 괜찮아서 놀랐어.
A2	I'm enjoying it so far. 지금까지는 재미있게 보고 있어.
A3	Let's just say it's no page-turner. 굉장히 재미있는 책은 아니라고 말해두지.

Q	W: This cinnamon roll is delicious. Want some? 이 시나몬 롤 맛있다. 좀 먹을래?
	M: I don't think so. I'm trying to cut back on sweets. 안 될 것 같아. 단 것을 좀 줄이려고 노력 중이거든.
	W: **Are you sure?** You're missing out. 정말? 넌 좋은 것을 놓치는 거야.
A1	I'd really better not. 난 진짜로 안 먹는 게 낫겠어.
A2	Don't entice me. You know I can't resist. 나를 유혹하지 마. 내가 잘 못 참는 거 알잖아.
A3	Oh, I've got more self-control than that. 오, 내 자제력은 그 이상이야.

앞으로의 계획에 대해 묻기 (be going to)

Q	M: Why did Cynthia ask to speak to you in private? Cynthia가 왜 너랑 개인적으로 이야기하자고 한 거니?
	W: She said that my recent behavior has been unacceptable. 그녀가 내 최근 행동이 받아들이기 어려웠다고 말했어.
	M: **Is** she **going to** seek disciplinary action? 처벌을 하려고 하는 거야?
A1	No, she let it slide this time. 아니야, 이번에는 그냥 넘어갔어.
A2	Thankfully, I managed to avoid that. 감사하게도, 그건 겨우 피할 수 있었어.
A3	It wasn't quite that serious. 그렇게 심각한 것은 아니었어.

Hackers Practice

질문에 알맞은 응답을 고른 후, 빈칸에 들어갈 내용을 받아써보자. (받아쓰는 내용은 두 번 들려줍니다.) 🎧 28_1부_P2_Course 2-2

01 (a)　　　　(b)

> M: ＿＿＿＿＿＿＿ are you ＿＿＿＿＿＿＿?
>
> W: ＿＿＿＿＿＿＿ about a Scottish king.
>
> M: Is ＿＿＿＿＿＿＿＿＿ watching?
>
> (a) It's ＿＿＿＿＿＿＿＿＿＿＿＿＿.
>
> (b) I'm not sure ＿＿＿＿＿＿＿＿＿.

02 (a)　　　　(b)

> W: So what's the ＿＿＿＿＿＿＿＿＿? I came as soon as I got your call.
>
> M: It's my mom. There were ＿＿＿＿＿＿＿＿＿＿＿＿.
>
> W: Oh no! ＿＿＿＿＿＿＿?
>
> (a) She would ＿＿＿＿＿＿＿＿＿＿＿.
>
> (b) ＿＿＿＿＿＿＿＿＿＿＿.

03 (a)　　　　(b)

> M: Excuse me. Do you know if any supermarkets are ＿＿＿＿＿＿＿?
>
> W: Yes, I ＿＿＿＿＿＿＿ that stays open fairly late.
>
> M: Really? ＿＿＿＿＿＿＿ from here?
>
> (a) Not at all. It's just ＿＿＿＿＿＿＿＿＿＿＿.
>
> (b) Sure. You should ＿＿＿＿＿＿＿＿＿＿＿.

M: Jessica, did you _____?

W: _____. Why?

M: I just found this purple one. _____?

(a) I _____ yesterday.

(b) Oh, right! I _____ it.

대화를 듣고, 가장 적절한 응답을 골라보자. 🎧 28_1부_P2_Course 2-2

05	(a)	(b)	(c)	(d)
06	(a)	(b)	(c)	(d)
07	(a)	(b)	(c)	(d)
08	(a)	(b)	(c)	(d)
09	(a)	(b)	(c)	(d)
10	(a)	(b)	(c)	(d)

정답 p.77

3. 기타 일반 의문문

대화의 마지막 문장이 기타 일반 의문문인 문제는 Part 2에서 가끔 출제된다. Part 2의 기타 일반 의문문에는 부가 · 부정 · 생략 의문문과 평서문 어순 의문문이 있다. 이제부터 기타 일반 의문문을 익혀보자.

1 부가 · 부정 · 생략 의문문

■ 출제 경향과 전략

· Part 1과 마찬가지로 부가 · 부정 · 생략 의문문에서는 사실 · 의견을 확인하는 문제가 출제된다.
· Part 1과 달리 "And you?" 등과 같은 말로 상대방에게 되묻는 생략 의문문 문제가 출제된다.

■ Example 🎧 29_1부_P2_Course 2-3

W: I'm tired of sitting around the house. Want to get some fresh air?
M: Sure, but what should we do?
W: You said you wanted to visit the new zoo, didn't you?

(a) But we go there all the time.
(b) Yes, but the zoo might be nice.
(c) Yes, it has been on my to-do list.
(d) It'll do us good to get some fresh air.

W: 집안에만 앉아 있는 건 질렸어. 신선한 공기 좀 쐴까?
M: 당연하지, 그런데 뭘 해야 할까?
W: 새로 생긴 동물원에 가보고 싶다고 했잖아, 그렇지 않니?

(a) 그렇지만 거기엔 항상 가잖아.
(b) 응, 하지만 동물원은 좋을 것 같아.
(c) 응, 그건 내가 하고 싶은 일 중 하나였어.
(d) 신선한 공기를 쐬는 것이 우리에게 좋을 거야.

정답 | (c)

해설 | didn't you를 사용하여 새로 생긴 동물원에 가보고 싶다고 하지 않았는지 사실을 확인하는 말에, '응, 그건 내가 하고 싶은 일 중 하나였어'라는 말로 가보고 싶어 했다는 의미를 전달한 (c)가 정답이다.

Possible Answers

1. Sure. That would be fine with me. 물론이지. 난 좋아.
2. I'd definitely be up for that. 그거 정말 좋겠다.

■ Part 2에 자주 나오는 부가 · 부정 · 생략 의문문과 응답 🎧 29_1부_P2_Course 2-3

아래 리스트를 반복해서 들어 구체적인 질문의 유형과 응답을 익히도록 하자.

사실 · 의견 확인하기 (부가 의문문)

Q	M: Thanks for remembering my birthday, Michelle. 내 생일을 기억해 줘서 고마워, Michelle. W: What do you mean? 무슨 말이야? M: You sent me a gift, **didn't you**? 나한테 선물을 보냈잖아, 그렇지 않니?
A1	Oh, that. It's just a little something I made. 오, 그거. 그건 그냥 내가 만든 작은 거야.
A2	No, the one I got you is still on my kitchen table. 아니야, 내가 네게 주려고 한 건 아직 내 부엌 식탁 위에 있어.
A3	Wow, I'm surprised it arrived so quickly. 와, 그렇게 빨리 도착했다니 놀라운걸.

사실·의견 확인하기 (부정 의문문)

사실 확인하기

Q	M: Jane, I expected your feedback on my article by now. Jane, 지금쯤이면 제 글에 대한 피드백을 받을 수 있을 것이라 예상했는데요. W: What article are you referring to? 어떤 글을 말씀하시는 건가요? M: **Didn't** you receive my e-mail? 제 이메일을 못 받으셨어요?
A1	No, my account's been acting up. 못 받았어요. 요새 제 메일 계정 상태가 좀 이상해요.
A2	I didn't notice one in my inbox. 받은 편지함에 있는 걸 못 봤는데요.
A3	I haven't checked my e-mail today. 오늘 이메일 확인을 아직 못 했어요.

의견 확인하기

Q	W: Scott, I'm considering transferring to another school. Scott, 나 다른 학교로 전학 가는 것을 고려하고 있어. M: You're pulling my leg, right? 농담하는 거지, 그렇지? W: **Don't you think** I should be somewhere more challenging? 내 능력을 더 시험할 수 있는 곳에 있어야 한다고 생각하지 않니?
A1	But all your friends are here. 하지만 네 친구들이 다 여기 있잖아.
A2	Well, I'd really hate to see you go. 글쎄, 나는 네가 가는 걸 정말 보고 싶지 않아.
A3	It sounds like a rash decision to me. 나한테는 성급한 결정처럼 들리는데.

사실 확인하기, 되묻기 (생략 의문문)

사실 확인하기

Q	M: You've taken Dr. O'Neal's math exams before, right? 예전에 Dr. O'Neal의 수학 시험을 쳐봤지, 그렇지? W: Yeah, more often than I'd like. 응, 내가 원했던 것보다 훨씬 자주였지. M: **Got any last-minute words of advice?** 마지막 순간에 해줄 만한 조언이 있니?
A1	I always answered the hardest problems first. 나는 항상 제일 어려운 문제를 먼저 풀었어.
A2	Watch out for the trick questions. 함정이 있는 문제를 조심해.
A3	None that will help you at this point. 지금 이 시점에 도움이 될 만한 것은 없어.

되묻기

Q	W: This place has the best desserts in town, hands down. 여기에는 시내에서 제일 맛있는 디저트가 있어, 의심할 여지가 없지. M: Agreed. What are you going to have? 동의해. 뭐 먹을 생각이야? W: I usually go for the chocolate mousse. **And you?** 난 보통 초콜릿 무스를 먹어. 너는?
A1	I think I'll go with that too. 나도 같은 것으로 할 생각이야.
A2	I'm a big fan of their apple pie. 나는 여기 애플파이를 엄청 좋아해.
A3	The usual, a brownie hot from the oven. 늘 먹는 걸로, 오븐에서 방금 나온 따뜻한 브라우니.

2 평서문 어순 의문문

■ 출제 경향과 전략

· Part 1에는 잘 나오지 않는 의문문으로, 평서문의 끝을 올려 읽거나 'I wonder if(~인지 궁금합니다)'로 시작해 사실을 확인하는 문제가 출제된다.

■ Example 🎧 29_1부_P2_Course 2-3

W: Did you know they're building a new movie theater?

M: Yeah, just south of downtown.

W: So, it's not far from your place then?

(a) I didn't realize it was open for business.

(b) True, the facilities are supposed to be amazing.

(c) Right, it's a stone's throw from my place.

(d) I think the construction begins next week.

W: 새 극장을 짓고 있는 거 알고 있었어?

M: 응, 도심 남쪽에.

W: 그러면, 네가 사는 곳에서 별로 멀지 않네?

(a) 영업 중인지는 몰랐어.

(b) 맞아, 시설이 굉장히 좋을 거래.

(c) 맞아, 우리 집에서 아주 가까워.

(d) 공사가 다음 주에 시작하는 것 같아.

정답 | (c)

해설 | 평서문 어순이지만 끝을 올려 읽은 의문문으로 새 극장이 남자의 집에서 별로 멀지 않다는 사실을 확인하는 말에, '우리 집에서 아주 가깝다'는 말로 멀지 않다는 의미를 전달한 (c)가 정답이다.

Possible Answers

1. No more than a 5 minute drive. 운전해서 5분도 안 걸려.
2. Exactly. I'll probably become a regular customer. 그렇지. 난 아마 단골 고객이 될 거야.

■ Part 2에 자주 나오는 평서문 어순 의문문과 응답 🎧 29_1부_P2_Course 2-3

아래 리스트를 반복해서 들어 구체적인 질문의 유형과 응답을 익히도록 하자.

사실 확인하기 (평서문)

Q M: I hear you're going to be heading up the office in Madrid. 듣기로는 당신이 마드리드의 사무실로 가게 된다면서요.

W: You say that as if it's a good thing. 그게 좋은 일인 것처럼 말씀하시네요.

M: **You don't want to go?** But it's the opportunity of a lifetime. 가고 싶지 않으세요? 하지만 그건 일생의 기회라구요.

A1 Yeah, but I'd prefer not to leave. 네, 그렇지만 전 떠나지 않았으면 좋겠어요.

A2 Honestly, I'd rather stay here. 솔직히, 전 오히려 여기에 머물고 싶어요.

A3 But all my friends and relatives live here. 그렇지만 제 친구와 친척들이 모두 여기 살잖아요.

Q W: I thought you were going to write an article on the school closure. 난 당신이 휴교에 대한 기사를 쓸 거라 생각했어요.

M: Well, the newspaper put me on another story. 음, 신문사가 다른 글을 쓰게 했어요.

W: **So it's been canceled?** 그래서 취소된 거예요?

A1 It would seem so, at least for now. 그런 것 같아요, 최소한 지금으로서는.

A2 That's what I've been told. 제가 들은 바로는 그래요.

A3 Yes, I guess it's already yesterday's news. 네, 이미 지나간 일이 된 것 같아요.

Q M: How did the volleyball tryouts turn out? 배구팀 입단 테스트는 어떻게 됐나요?

W: They were disappointing. Only a few people showed up. 실망스러웠어요. 사람이 별로 오지 않았어요.

M: **So you had trouble filling the slots?** 그래서 빈자리를 채우기 힘들었나요?

A1 Yes, we'll need at least 3 more players. 네, 우리는 최소한 3명의 선수가 더 필요할 거예요.

A2 Yeah, I'm worried we won't be able to make a team. 네, 한 팀을 구성할 수 없을까봐 걱정이에요.

A3 That would be an understatement. 그건 말할 것도 없지요.

사실 확인하기 (I wonder if)

Q M: Hello, this is Jack Keller. I was informed that you've rejected my screenplay.
안녕하세요, Jack Keller입니다. 제 영화 각본을 거절하셨다고 들었습니다.

W: I see. What can I help you with then, Mr. Keller? 알겠습니다. 그러면 무엇을 도와드릴까요, Mr. Keller?

M: **I wonder if** you could explain why it wasn't accepted. 그 원고가 거절된 이유에 대해 설명을 좀 들을 수 있는지 궁금합니다.

A1 Frankly, it wasn't what we were looking for. 솔직히, 저희가 찾던 작품이 아니었습니다.

A2 I'm sorry, but it's against our policy to give out that information. 죄송하지만, 그런 정보를 알려드리는 건 저희 규정에 어긋납니다.

A3 Please understand that we had numerous quality submissions. 저희에게 우수한 작품들이 많이 제출되었다는 것을 이해해주세요.

Hackers Practice

질문에 알맞은 응답을 고른 후, 빈칸에 들어갈 내용을 받아써보자. (받아쓰는 내용은 두 번 들려줍니다.) 🎧 29_1부_P2_Course2-3

01 (a)   (b)

M: Carrie, you're looking better. Do you feel like _____?

W: No, I'm still feeling _____.

M: Well, I'm headed to the bookstore. _____ while I'm out?

(a) I'm not _____ anything.

(b) No thanks. _____.

02 (a)   (b)

M: This milk _____.

W: Already? But I _____.

M: _____ the expiration date?

(a) _____.

(b) That's why it _____.

03 (a)   (b)

M: I decided to _____.

W: Oh, really? _____ are you _____?

M: I'm not sure. _____?

(a) _____. I plan to _____.

(b) You could _____.

146 텝스 무료 적중예상특강 **HackersTEPS.com**

04 (a)   (b)

1부

Part 1

Part 2 실전

Part 3

Part 4 & 5

해커스 텝스 Listening

> W: Jeff, _____ the blues festival this weekend?
>
> M: Definitely. I _____ for the world.
>
> W: _____ still _____ for Saturday, _____?
>
> (a) I'll find out and let you know _____.
>
> (b) Yes, but _____ to 1:30.

대화를 듣고, 가장 적절한 응답을 골라보자. 🎧 29_1부_P2_Course2-3

05	(a)	(b)	(c)	(d)
06	(a)	(b)	(c)	(d)
07	(a)	(b)	(c)	(d)
08	(a)	(b)	(c)	(d)
09	(a)	(b)	(c)	(d)
10	(a)	(b)	(c)	(d)

정답 p.80

Hackers **TEST**

Choose the most appropriate response to complete the conversation. 🎧 30_1부_P2_Course2_HT

01 (a) (b) (c) (d)

02 (a) (b) (c) (d)

03 (a) (b) (c) (d)

04 (a) (b) (c) (d)

05 (a) (b) (c) (d)

06 (a) (b) (c) (d)

07 (a) (b) (c) (d)

08 (a) (b) (c) (d)

09 (a) (b) (c) (d)

10 (a) (b) (c) (d)

11 (a) (b) (c) (d)

12 (a) (b) (c) (d)

정답 p.82
받아쓰기 프로그램으로 Hackers Practice와 Hackers Test를 꼭 복습하세요.

COURSE **3** 평서문

---

1. 감정 전달 평서문

대화의 마지막 문장이 감정 전달 평서문인 문제는 Part 2에서 가끔 출제되며, Part 1에 비해 출제 비율이 낮은 편이다. 이제부터 감정 전달 평서문을 익혀보자.

■ 출제 경향과 전략

· Part 1과 마찬가지로 불평, 불만 또는 걱정을 표현하거나, 좋은 소식에 대한 기쁨을 표현하는 평서문이 자주 출제된다.

· Part 1과 달리 자신이 한 일에 대한 후회를 표현하는 평서문도 나온다.

■ Example 🎧 31_1부_P2_Course 3-1

W: Can we go to the mountains this weekend, just the two of us?
M: I need to stay in town in case I'm needed at the hospital.
W: But you promised we'd do something romantic.

(a) It wasn't as bad as you make it sound.
(b) I should have made reservations beforehand.
(c) It wasn't my intention to stay late.
(d) I didn't know until yesterday that I'd be on call.

W: 이번 주말에 우리 단둘이 산에 가지 않을래?
M: 병원에서 나를 필요로 할 때를 대비해서 시내에 있어야 해.
W: 하지만 뭔가 낭만적인 것을 하기로 약속했잖아.

(a) 네가 말하는 것처럼 나쁘지 않았어.
(b) 내가 미리 예약을 했어야 했는데.
(c) 늦게까지 머무르려고 했던 건 아니야.
(d) 어제까지만 해도 내가 호출 대기자인 줄 몰랐어.

정답 | (d)

해설 | 주말에 일 때문에 시내에 있어야 해서 산에 못 간다는 남자에게 불평하는 여자의 말에 '어제까지만 해도 호출 대기자인 줄 몰랐다'며 변명한 (d)가 정답이다.

Possible Answers

1. Please understand me. It's the busiest time for me. 제발 나를 이해해줘. 지금이 내가 가장 바쁜 시기잖아.
2. We could still have a candlelight dinner together. 그래도 함께 촛불을 켜 놓고 저녁 식사를 할 수는 있잖아.

■ Part 2에 자주 나오는 감정 전달 평서문과 응답 🎧 31_1부_P2_Course 3-1

아래 리스트를 반복해서 들어 구체적인 문장의 유형과 응답을 익히도록 하자.

불평 · 불만 표현하기

힘들다는 불평에는 격려나 위로가, 상대방의 행동에 대한 불만에는 사과, 변명, 또는 '다시는 안 그러겠다' 등과 같은 약속이 정답이 되는 경우가 많다.

Q	W: Harold, I told you to turn off the TV when you're out. Harold, 집에 없을 때는 TV를 끄라고 말했잖니.
	M: I'm really sorry. I was in a rush. 정말 죄송해요. 너무 바빴어요.
	W: **You've got every excuse in the book.** 넌 온갖 변명을 다 하는구나.
A1	It won't happen again, I promise. 다시는 이런 일 없을 거예요. 약속해요.
A2	It's not like I left it on intentionally. 일부러 켜 놓았던 것은 아니잖아요.
A3	Well, you know I can be absentminded at times. 음, 제가 가끔 얼빠져 있을 때가 있는 거 아시잖아요.

Q	W: Professor Hill, would you be willing to write me a recommendation letter?
	Hill 교수님, 제 추천서를 써주실 의향이 있으신가요?
	M: Of course. How's the graduate school search going, by the way?
	물론이지. 그런데 대학원 진학 준비는 어떻게 되어가고 있니?
	W: **It's a little overwhelming. I had no idea it was so complicated.** 조금 힘들어요. 이렇게 복잡할 줄은 몰랐어요.
A1	I'm sure things will work themselves out. 다 알아서 잘 될 거야.
A2	Try to take it one step at a time. 한 번에 하나씩 하려고 해보렴.
A3	It sometimes helps to make a priority list. 때로는 우선 순위 목록을 만드는 것이 도움이 된단다.

걱정 표현하기

다른 사람에 대해 걱정하는 경우가 많으며, '그러면 안 될 텐데'라며 같이 걱정해주는 말이 정답이 되는 경우가 많다.

Q	W: I saw my younger brother skateboarding on the road again. 내 남동생이 또 도로 위에서 스케이트보드를 타는 걸 봤어.
	M: Again? You need to tell him that it's not only illegal but also dangerous.
	또? 동생에게 그건 불법일 뿐만 아니라 위험한 일이라고 말해야겠다.
	W: **I did, but he wouldn't listen.** 말했어. 그런데 듣지를 않아.
A1	He's bound to get in trouble. 분명 문제가 생기고 말 거야.
A2	He'd better or he'll face the consequences. 그는 말을 새겨듣는 게 좋을 거야. 그렇지 않으면 그에 따른 결과에 직면하게 될 거야.
A3	He really needs to shape up. 그는 정말 말을 들을 필요가 있어.

좋은 소식에 대한 기쁨 표현하기

Part 1과 마찬가지로 '축하해', '나도 역시 기뻐' 또는 '부럽다' 등의 말이 정답이 되는 경우가 많다.

Q	M: Looks like I've had a sudden stroke of luck. 나 운수 대통한 것 같아.
	W: Really? What happened? 정말? 무슨 일인데?
	M: **I turned a huge profit on an investment I made.** 내가 했던 투자에서 엄청난 이익이 났어.
A1	Well, now you've got me green with envy. 음, 네가 정말 부럽다.
A2	I wish I could say the same about mine. 내가 한 투자도 그랬으면 좋겠다.
A3	Your risk certainly paid off then. 네가 한 모험이 성과를 거두었구나.

자신이 한 일에 대한 후회 표현하기

위로나 충고 혹은 공감해주는 말이 정답이 되는 경우가 많다.

Q	W: Stephen wouldn't look me in the eye during gym class today.
	Stephen이 오늘 체육 시간에 내 눈을 쳐다보지 않으려고 하더라.
	M: I'm not surprised. You totally ignored him the other day. 놀랄 일은 아니지. 네가 지난번에 그를 완전히 무시했잖아.
	W: Maybe **I shouldn't have** treated him that way. 아마 그를 그렇게 대하지 말았어야 했나봐.
A1	Come on, there's no use in dwelling on it. 괜찮아, 그런 건 깊이 생각해도 소용없어.
A2	It's not too late to offer him an apology. 그에게 사과하기에 너무 늦은 것은 아니야.
A3	Well, nobody's perfect all of the time. 글쎄, 누구도 항상 완벽할 수는 없잖아.

Hackers Practice

질문에 알맞은 응답을 고른 후, 빈칸에 들어갈 내용을 받아써보자. (받아쓰는 내용은 두 번 들려줍니다.) 🎧 31_1부_P2_Course 3_1

01 (a)   (b)

> M: I'm _____ today.
>
> W: _____ ? Did _____ happen?
>
> M: I just found out that my book's been _____.
>
> (a) _____.
>
> (b) You'll definitely _____ someday.

02 (a)   (b)

> M: I'm concerned about _____ in class.
>
> W: Did you _____ about it?
>
> M: Several times, but _____.
>
> (a) You _____ with him.
>
> (b) If he _____, tell the principal.

03 (a)   (b)

> W: Ken, _____ with this bookcase?
>
> M: Can't it wait? _____.
>
> W: You can do that later! I _____.
>
> (a) Well, I can _____.
>
> (b) OK, _____.

152 받아쓰기&쉐도잉 프로그램 **HackersIngang.com**

04 (a)   (b)

W: Can you believe Tony _____ ?
M: Well, you know he's _____ .
W: I guess I _____ otherwise.

(a) You _____ him more.
(b) Yeah, _____ .

대화를 듣고, 가장 적절한 응답을 골라보자. 🎧 31_1부_P2_Course 3-1

05   (a)   (b)   (c)   (d)

06   (a)   (b)   (c)   (d)

07   (a)   (b)   (c)   (d)

08   (a)   (b)   (c)   (d)

09   (a)   (b)   (c)   (d)

10   (a)   (b)   (c)   (d)

정답 p.86

2. 의견 전달 평서문

대화의 마지막 문장이 의견 전달 평서문인 문제는 Part 2에서 가장 자주 출제된다. 이제부터 의견 전달 평서문을 익혀보자.

1 의견 · 격려 · 추측 등

■ 출제 경향과 전략

· Part 1과 마찬가지로 자신의 의견을 말하거나, 칭찬하는 평서문이 자주 출제된다.

· Part 1과 달리 걱정하는 상대방을 격려하거나, 어떤 일에 대해 추측하는 평서문이 나온다.

■ Example 🎧 32_1부_P2_Course 3-2

W: Have you heard the mayor's plan to lower taxes?	W: 세금을 내리려는 시장의 계획에 대해 들어본 적 있나요?
M: Of course. But I'll believe it when I see it.	M: 당연하지요. 하지만 확실히 봐야 믿을 수 있을 것 같아요.
W: You don't seem very optimistic.	W: 당신은 별로 긍정적인 것 같지 않아 보이네요.
(a) I think I would've heard about that.	(a) 그것에 대해 들어봤을 거라고 생각해요.
(b) I serve to gain from it most.	(b) 그것으로부터 최대한 얻어내기 위해 일하고 있습니다.
(c) I'm not. They'd just get it from us some other way.	(c) 맞아요. 그들은 다른 방법으로 그만큼 저희에게서 가져갈 거예요.
(d) Good point. I haven't viewed it from that angle.	(d) 좋은 지적이에요. 저는 그것을 그런 관점에서 본 적은 없어요.

정답 | (c)

해설 | 세금을 내리려는 시장의 계획에 대해 남자가 긍정적인 것 같지 않다고 추측한 여자의 말에, '맞아요. 그들은 다른 방법으로 그만큼 가져갈 거예요'라는 말로 여자의 추측이 옳다는 의미를 전달한 (c)가 정답이다.

Possible Answers

1. Yeah, I doubt that it will happen. 네, 세금을 내리는 일이 있을 것 같지 않아요.
2. I don't see much reason to be. 긍정적일 이유가 없는 것 같아요.

■ Part 2에 자주 나오는 의견 · 격려 · 추측 평서문과 응답 🎧 32_1부_P2_Course 3-2

아래 리스트를 반복해서 들어 구체적인 문장의 유형과 응답을 익히도록 하자.

의견 말하기

Q	W: I've been thinking of getting the front lawn landscaped. 앞뜰을 조경할까 생각하고 있었어.
	M: Why? Isn't it fine how it is? 왜? 지금도 괜찮지 않아?
	W: **I want it to look more like a garden.** 더 정원답게 보였으면 좋겠어.
A1	I guess a little color would be nice. 약간의 색이 있으면 좋을 것 같아.
A2	That doesn't come cheap, you know. 그런 건 싸지 않다는 거, 너도 알잖아.
A3	But then you'd have upkeep to worry about. 그렇지만 그러면 계속 신경 써서 유지해야 하잖아.

칭찬하기

상대방이나 상대방의 물건에 대한 칭찬에 대해서는 감사하거나 이유를 설명하는 말이, 제3자에 대한 칭찬에 대해서는 '정말 그래', '그 사람이 들으면 좋아할 거야' 등의 동감하는 말이 정답이 되는 경우가 많다.

Q	M: That's a beautiful table, Cheryl. Is it walnut? 그거 예쁜 식탁이구나, Cheryl. 호두 나무로 만든 거니?
	W: Yeah, it was passed down to me from my grandmother. 응, 이거 할머니로부터 물려 받은 거야.
	M: **It appears to be in perfect condition.** 상태가 완벽해 보인다.
A1	Well, I've put a lot of work into restoring it. 음, 이거 복구하는 데 공을 엄청 들였거든.
A2	I try to keep it looking good. 좋아 보이게 유지하려고 노력하고 있어.
A3	I'm careful never to scratch or nick it. 긁히거나 흠이 절대 나지 않게 조심하고 있어.

Q	W: Danny received an A on his latest research paper. Danny가 최근 연구 보고서에서 A를 받았대.
	M: I know. It's great to see the improvement. 나도 알아. 실력이 느는 걸 보니 좋다.
	W: **He's becoming quite an accomplished writer.** 그의 글 실력이 상당히 훌륭해지고 있어.
A1	That's for sure. 물론이야.
A2	I couldn't agree more. 정말 동의해.
A3	I'm sure he'll appreciate hearing that. 그도 그 이야기를 들으면 고마워할 거라고 확신해.

걱정하는 상대방을 격려하기

'그래도 걱정돼', '그 말이 맞았으면 좋겠어' 등의 말이 정답이 되는 경우가 많다.

Q	M: Are we all set to go to your uncle's cabin? 당신 삼촌의 오두막 집에 갈 준비가 다 됐어요?
	W: Yes, but I'm still a little worried about leaving the kids for so long. 네, 그렇지만 아이들을 오랫동안 두고 가는 게 조금 걱정돼요.
	M: **Don't be. Everything will be fine.** 걱정 말아요. 다 괜찮을 거예요.
A1	I'm afraid something might go wrong though. 그렇지만 뭔가 잘못될까 겁나요.
A2	We'll be gone 3 days, so I just hope you're right. 우린 3일 동안 가 있을 거니까, 당신 말이 맞길 바라요.
A3	Yeah, I guess they'll probably be OK without us. 네, 아이들은 우리가 없어도 아마 괜찮을 거예요.

어떤 일에 대해 추측하기

'그 말이 맞다' 등의 말로 동의하거나, 추측이 틀린 이유를 대면서 동의하지 않는 말이 정답이 되는 경우가 많다.

Q	W: Bill, I've been hearing rumors. Did Cynthia really move out on you? Bill, 나 소문 들었어. Cynthia가 정말 널 떠났니?
	M: Yeah, she picked up the last of her things yesterday. 그래, 어제 마지막 물건을 가져갔어.
	W: That **must have** come as quite a shock. 충격 받았겠구나.
A1	Yeah, I never saw it coming. 그래, 그런 일이 생길지 몰랐어.
A2	I'd been expecting it for a while. 얼마 전부터 예상하고 있었어.
A3	Since I knew she was unhappy, it wasn't surprising. 그녀가 못마땅해하는 걸 알고 있었기 때문에 놀랍지는 않았어.

출제 경향과 전략

· Part 1과 마찬가지로 상대방에게 무언가를 요청, 명령, 충고, 제안하거나, 도움 등을 제공하겠다고 말하는 평서문이 출제된다.

Example 🎧 32_1부_P2_Course 3-2

W: Hello. I'm calling to speak to Mr. Gates.

M: He's currently with a client. May I take a message?

W: Please have him call his accountant as soon as possible.

(a) Sorry, he's still with his client.

(b) His meeting with his accountant could take a while.

(c) Sure thing. I'll relay the message.

(d) I'm glad I could be of help.

W: 여보세요. Mr. Gates와 통화하고 싶습니다.

M: 그는 지금 고객과 함께 계십니다. 메시지를 전해드릴까요?

W: 가능한 한 빨리 그의 회계사에게 전화하라고 해주세요.

(a) 죄송합니다. 아직 고객과 계십니다.

(b) 회계사와의 회의가 시간이 조금 걸릴 수도 있습니다.

(c) 물론이죠. 메시지를 전해드릴게요.

(d) 도와드릴 수 있어서 기쁩니다.

정답 | (c)

해설 | 가능한 한 빨리 전화하라는 메시지를 전해달라고 요청하는 말에, '물론이죠. 메시지를 전해드릴게요'라며 요청을 수락한 (c)가 정답이다.

Possible Answers

1. I'll certainly let him know you called. 전화하셨다고 꼭 알려드리겠습니다.
2. Of course. He'll get back to you within the hour. 물론이죠. 한 시간 이내로 당신께 전화하실 겁니다.

Part 2에 자주 나오는 요청 · 충고 · 제안 평서문과 응답 🎧 32_1부_P2_Course 3-2

아래 리스트를 반복해서 들어 구체적인 문장의 유형과 응답을 익히도록 하자.

요청하기 (전화)

'전화 왔었다고 전해달라', '~ 좀 바꿔달라' 등의 요청을 하는 경우가 많으며, 이를 수락하거나 거절하는 전형적인 전화표현이 정답이 되는 경우가 많다.

Q	W: Hello? I was wondering if you received my application. 여보세요? 제 지원서를 받으셨는지 궁금해서요.
	M: I'm sorry, but this is the marketing department. 죄송하지만, 여기는 마케팅 부서입니다.
	W: **Oh, then please put me through to human resources.** 오, 그러면 인사과로 연결 좀 해주세요.
A1	Sure, I can do that. 물론이죠, 연결해드릴게요.
A2	OK. One moment please. 네, 잠시만요.
A3	Let me give you their direct number. 직통 번호를 알려드릴게요.

요청하기

조언이나 도움 등을 요청하는 경우가 많으며, 이를 수락하거나 거절하는 말이 정답이 되는 경우가 많다.

Q M: Good morning. Thanks for agreeing to see me. 좋은 아침입니다. 저를 만나는 데 동의해주셔서 감사합니다.

W: Please have a seat. What can I do for you today? 앉으세요. 오늘 무엇을 도와드릴까요?

M: **I'd like to** know exactly what I have to do to get a building permit.
건축 허가를 받으려면 정확히 무엇을 해야 하는지 알고 **싶습니다**.

A1 Perhaps you could tell me your exact plans first. 우선 제게 정확한 계획을 말씀해주세요.

A2 Well, you'll need to submit an application. 음, 신청서를 제출하셔야 합니다.

A3 Your first step is to have the site inspected. 첫 번째는 부지를 조사받는 것입니다.

명령 · 충고하기

Q W: Edward, you look a little run-down today. Edward, 너 오늘 좀 힘들어 보여.

M: Yeah, I took on a second job recently. 응, 최근에 부업을 하고 있거든.

W: Well, **don't** overextend yourself so much that you get burned out.
음, 일을 너무 과도하게 해서 녹초가 되지 **않도록 해**.

A1 It's just for the summer. 여름 동안만이야.

A2 Don't worry. I won't. 걱정하지 마. 그러지 않을게.

A3 I'll do my best not to. 그러지 않도록 최선을 다할게.

제안 · 제공하기

Part 1과 마찬가지로 '고마워', '그럼 해보자' 등의 말로 수락하거나, 어떤 이유를 들어 거절하는 말이 정답이 되는 경우가 많다.

Q W: Wow, we finally made it. What a beautiful lake! 와, 마침내 왔구나. 호수가 정말 아름답다!

M: Should we go for a swim or set up our camp first? 수영하러 갈까 아니면 먼저 텐트를 칠까?

W: **Well, we should probably get our tents set up before sunset.** 음, 해가 지기 전에 텐트를 쳐야 할 것 같아.

A1 Then let's go ahead and get it behind us. 그럼 시작해서 끝마쳐 버리자.

A2 OK, I'll go get our things from the trunk. 좋아, 내가 트렁크에서 우리 물건들을 가져올게.

A3 But it would be nice to cool off first. 그렇지만 먼저 땀 좀 식히면 좋을 것 같은데.

Q M: Looks like you could use a hand with that chair, Karen. 그 의자를 옮기는 데 도움을 좀 받을 수 있을 것 같은데, Karen.

W: It's not quite as heavy as it looks. 보이는 것처럼 무겁진 않아.

M: Well, **let me help** you get it up the stairs. 음, 계단 위로 가져가는 거 **도와줄게**.

A1 Thanks. I really appreciate it. 고마워. 정말 고마워.

A2 Thanks. I owe you one. 고마워. 너한테 하나 빚졌네.

A3 That's OK. I think I can manage. 괜찮아. 내가 할 수 있을 것 같아.

Hackers Practice

질문에 알맞은 응답을 고른 후, 빈칸에 들어갈 내용을 받아써보자. (받아쓰는 내용은 두 번 들려줍니다.) 🎧 32_1부_P2_Course3-2

---

01 (a)   (b)

W: Those pants _____ you.

M: Thanks. They were a gift from my girlfriend.

W: It seems _____ in clothes.

(a) It's exactly _____ .

(b) I think _____ .

---

02 (a)   (b)

W: _____ for your honeymoon?

M: We _____ in Paris.

W: I think _____ for newlyweds.

(a) Yeah, it doesn't _____ .

(b) Yeah, the city's _____ .

---

03 (a)   (b)

M: Hello. Jane Williams, please.

W: She _____ momentarily. Would you like to _____ ?

M: Yes. Tell her _____ as soon as possible.

(a) No problem. You can _____ .

(b) OK. I'll _____ , Mr. Williams.

04 (a)　　　　　(b)

1부

W: _____ since we last spoke, Kevin?

M: Great. I recently _____.

W: You _____.

(a) Yes, it _____ a great opportunity.

(b) Yeah, it's nice to _____.

Part 1

Part 2 실전

대화를 듣고, 가장 적절한 응답을 골라보자. 🎧 32_1부_P2_Course 3-2

Part 3

Part 4 & 5

05	(a)	(b)	(c)	(d)
06	(a)	(b)	(c)	(d)
07	(a)	(b)	(c)	(d)
08	(a)	(b)	(c)	(d)
09	(a)	(b)	(c)	(d)
10	(a)	(b)	(c)	(d)

해커스 탑스 Listening

정답 p.89

3. 정보 전달 평서문

대화의 마지막 문장이 정보 전달 평서문인 문제는 Part 2에서 자주 출제된다. 이제부터 정보 전달 평서문을 익혀보자.

■ 출제 경향과 전략

· Part 1과 마찬가지로 문제점에 대해 말하거나, 감정이나 의견이 들어가지 않은 객관적인 사실을 말하는 평서문이 주로 출제된다.

· 객관적 사실을 말하는 평서문의 출제 빈도가 Part 1보다 더 높다.

■ Example 🎧 33_1부_P2_Course3-3

W: Hey Nate, do you still drive that blue truck?

M: Yes, why do you ask?

W: Well, I just noticed one like it with its lights on in the employee lot.

(a) I don't own a truck like that.

(b) I have an employee parking pass.

(c) Thanks, I'll go check it out.

(d) But I had new headlights put in last week.

W: 이봐 Nate, 너 아직도 그 파란 트럭 운전하니?

M: 응, 왜 물어보는 건데?

W: 음, 방금 직원 주차장에서 그런 차에 라이트가 켜져 있는 걸 봤거든.

(a) 난 그런 트럭 없어.

(b) 난 직원 주차증이 있어.

(c) 고마워, 가서 확인해볼게.

(d) 그렇지만 지난주에 헤드라이트를 새로 꼈는데.

정답 | (c)

해설 | 남자의 차에 라이트가 켜져 있는 것 같다는 문제점을 전하는 말에 '고마워, 가서 확인해볼게'라고 말한 (c)가 정답이다.

Possible Answers

1. Oh, I must have forgotten to turn them off. 오, 끄는 걸 깜박한 것이 틀림없어.

2. I appreciate you giving me a heads-up. 알려줘서 고마워.

■ Part 2에 자주 나오는 정보 전달 평서문과 응답 🎧 33_1부_P2_Course3-3

아래 리스트를 반복해서 들어 구체적인 문장의 유형과 응답을 익히도록 하자.

문제점 말하기

문제점에 대한 해결책을 제시하거나, 적절한 충고를 하는 말이 정답이 되는 경우가 많다.

Q	W: I'm never going to eat at that sushi bar again. 그 초밥 집에 다시는 안 갈 거야.
	M: But it's your favorite place. What happened? 그렇지만 네가 제일 좋아하는 집이잖아. 무슨 일 있었어?
	W: I ordered $50 worth of food and had to wait 30 minutes to get it.
	음식을 50달러어치 주문했는데 나오는 데 30분이나 기다려야 했어.
A1	You should complain to the manager. 매니저에게 불만을 말해 봐.
A2	Maybe they were just extra busy. 정말 많이 바빴나봐.
A3	Well, don't let one bad experience spoil a good thing. 음, 한 번 나쁜 일을 겪었다고 해서 다 나쁘다고 결론짓지는 마.

Q	M: Going to work is a real drag these days. 요즘은 일하러 가는 게 정말 귀찮아.
	W: Why? You've always loved your job. 왜? 넌 항상 네 일을 좋아했잖아.
	M: **My coworkers and I have been bumping heads recently.** 요즘 동료들하고 충돌이 좀 있었거든.
A1	I'd make it a point to communicate your feelings. 나라면 네 감정을 이야기할 것 같아.
A2	You may have to take it up with your supervisor. 네 상사와 그것을 이야기해봐야겠다.
A3	That's certainly not unheard of in the business world. 그건 비즈니스 세계에서 드문 일이 아니잖니.

객관적인 사실 말하기

Part 1과 마찬가지로 다양한 말이 정답이 될 수 있으므로, 전체적 내용과 상황을 주의하여 파악해야 한다.

Q	W: Can you pick up our movie tickets in the morning? 아침에 네가 우리 영화 표를 사올 수 있을까?
	M: No, I have a yoga class at 8. 안 돼. 나 8시에 요가 수업이 있거든.
	W: **The box office doesn't open until 10 anyway.** 어차피 매표소가 10시 넘어서 열어.
A1	OK, I'll plan to be there around then. 좋아. 그쯤 가도록 할게.
A2	In that case, it shouldn't be a problem. 그렇다면, 문제될 게 없겠다.
A3	Sorry, but the rest of my morning's booked too. 미안하지만, 아침 내내 바빠.

Q	M: What a long week! I'm so glad it's Friday. 한 주가 정말 길다! 금요일이라니 정말 기뻐.
	W: Me too. Why don't we grab a drink after work? 나도, 일 끝나고 한잔하는 게 어때?
	M: **Today's not good for me. I'm meeting Rhonda.** 오늘은 안 돼. 나 Rhonda 만나거든.
A1	OK, maybe some other time then. 그래, 그럼 다음에 하자.
A2	I see. Then tell her I said hello. 알았어. 그럼 그녀에게 내 안부를 전해줘.
A3	Well, have her come along too. 음, 그녀도 같이 가자고 하자.

Q	W: I've decided not to go to that tropical island I told you about. 너에게 말했던 열대 섬에 가지 않기로 결정했어.
	M: Why? You've been looking forward to it all month. 왜? 한 달 내내 계속 기대하고 있었잖아.
	W: **Well, a typhoon hit the area a few days ago.** 음, 며칠 전에 그 지역에 태풍이 있었거든.
A1	That could cause travel problems. 그건 여행하는 데 문제가 되겠다.
A2	It could be OK now though. 그렇지만 지금은 괜찮을 수도 있어.
A3	Wow, the timing couldn't be worse. 와, 타이밍이 이보다 나쁠 수가 없구나.

Hackers Practice

질문에 알맞은 응답을 고른 후, 빈칸에 들어갈 내용을 받아써보자. (받아쓰는 내용은 두 번 들려줍니다.) 🎧 33_1부_P2_Course3-3

01 (a)   (b)

> W: So _____, Ted?
>
> M: Great. _____?
>
> W: Well, I _____ some long overdue rest.
>
> (a) I'm _____ the time off.
>
> (b) Sounds like _____.

02 (a)   (b)

> M: That salad you made looks really good.
>
> W: It's a Caesar salad. Do you _____?
>
> M: No thanks. I just _____ with Andrew.
>
> (a) OK. But you're _____.
>
> (b) Really? I thought _____.

03 (a)   (b)

> W: Could you tell me _____?
>
> M: _____ is your _____?
>
> W: Tacoma, Washington.
>
> (a) You can _____ if you hurry.
>
> (b) _____ in Washington.

04 (a)   (b)

> W: I never should have _____.
>
> M: Did you have _____ ?
>
> W: I _____ for a video camera that doesn't work.
>
> (a) There must be a way to _____.
>
> (b) You should _____.

대화를 듣고, 가장 적절한 응답을 골라보자. 🎧 33_1부_P2_Course3-3

05	(a)	(b)	(c)	(d)
06	(a)	(b)	(c)	(d)
07	(a)	(b)	(c)	(d)
08	(a)	(b)	(c)	(d)
09	(a)	(b)	(c)	(d)
10	(a)	(b)	(c)	(d)

Hackers **TEST**

Choose the most appropriate response to complete the conversation. 🎧 34_1부_P2_Course3_HT

01 (a) (b) (c) (d)

02 (a) (b) (c) (d)

03 (a) (b) (c) (d)

04 (a) (b) (c) (d)

05 (a) (b) (c) (d)

06 (a) (b) (c) (d)

07 (a) (b) (c) (d)

08 (a) (b) (c) (d)

09 (a) (b) (c) (d)

10 (a) (b) (c) (d)

11 (a) (b) (c) (d)

12 (a) (b) (c) (d)

정답 p.94
받아쓰기 프로그램으로 Hackers Practice와 Hackers Test를 꼭 복습하세요.

Part **TEST**

Choose the most appropriate response to complete the conversation. 🎧 35_1부_P2_Part_Test

01   (a)   (b)   (c)   (d)

02   (a)   (b)   (c)   (d)

03   (a)   (b)   (c)   (d)

04   (a)   (b)   (c)   (d)

05   (a)   (b)   (c)   (d)

06   (a)   (b)   (c)   (d)

07   (a)   (b)   (c)   (d)

08   (a)   (b)   (c)   (d)

09   (a)   (b)   (c)   (d)

10   (a)   (b)   (c)   (d)

정답 p.97
받아쓰기 프로그램으로 Part Test를 꼭 복습하세요.

시험에 나올 문제를 미리 풀어보고 싶을 땐?

Part 3

Part 3의 특징 및 고득점 전략

Part 3는 간략한 대화 상황과 남녀가 주고 받는 6~7턴으로 이루어진 대화를 듣고 질문에 가장 적절한 답이 되는 보기를 고르는 Part이다. 21번부터 30번까지 총 10문제가 출제되며, 각 질문마다 네 개의 보기를 들려준다. 이제부터 Part 3의 특징과 고득점 전략을 알아보자.

Part 3의 특징

1. 대화 상황, 대화, 질문 및 보기는 모두 한 번만 들려준다.
대화를 듣기 전에 대화 상황이 간략하게 제시되며, 대화와 질문 및 보기는 모두 한 번만 들려주고 다시 들려주지 않으므로 반드시 집중해서 들어야 한다.

2. 대화 한 개당 한 문제가 출제된다.
한 개의 대화를 듣고 풀어야 하는 문제가 단 한 문제이므로, 해당 문제 유형 전략에 맞춰 대화를 들어야 한다.

3. 문제 유형의 배열이 정해져 있는 편이다.
중심 내용 → 세부 정보 → 추론 문제 순서로 배열되며, 대체로 중심 내용 문제는 21~23번, 세부 정보 문제는 24~28번, 추론 문제는 29~30번에 출제된다. 그러므로 대화를 들을 때부터 이를 염두에 두고 문제 유형별 전략을 적용하며 듣는 것이 유리하다.

4. 대화에 길고 복잡한 문장이 나온다.
대화에 구나 절이 포함된 길고 복잡한 문장이 나오는데, 이러한 길고 복잡한 문장을 잘 들어야 Part 3의 대화를 정확히 이해하여 정답을 잘 선택할 수 있다.

5. 정답에는 대화에 나온 말이 Paraphrase되어 나오는 경우가 많다.
정답에는 대화 내용에 쓰였던 표현이나 문장이 그대로 사용되지 않고 다르게 표현되어 나오는 경우, 즉 paraphrase되어 나오는 경우가 많다.

6. 다양한 주제의 대화가 출제된다.
인사/전화/약속/계획, 교통/여행, 쇼핑/서비스, 그리고 직장/병원/학교 등과 관련된 다양한 주제의 대화가 나온다.

Part 3 고득점 전략

문제 풀이 전략

Step 1. 대화 상황을 들을 때 **어떤 상황인지 파악하며 듣는다.**

대화 상황을 들으면서 화자들의 관계, 대화의 소재, 또는 대화가 이루어지는 장소를 파악한다.

Step 2. 대화를 들을 때 **정답의 단서가 될 수 있는 부분을 집중해서 듣는다.**

문제 유형에 따라 정답의 단서가 될 수 있는 부분이 다르므로, 문제 유형의 배열 순서를 고려하여 문제 유형별로 필요한 핵심 정보를 집중해서 듣는다.

Step 3. 질문을 들을 때 **무엇을 묻고 있는지 파악하며 듣는다.**

질문을 듣고 어떤 문제 유형인지 파악한다. 또, 남자와 여자 중 한 명에 대해서만 묻는 경우도 있으므로 남자, 여자 중 누구에 대해 묻는지도 잘 듣고 기억해둔다.

Step 4. 보기를 들을 때 **정답 여부를 가리며 듣는다.**

보기가 문제지에 인쇄되어 있지 않아 어떤 보기가 정답인지 헷갈리거나 잊어버리기 쉬우므로 보기를 들으며 답이 아닌 것에는 ×, 애매한 것에는 △, 정답에는 ○를 표시하는 소거법을 적용하면서 듣는다. 또, 문제 유형별로 자주 나오는 오답 유형에도 주의한다.

학습 전략

1. 문제 유형별로 알맞은 듣기 전략을 익힌다.

정답을 잘 고르기 위해 적용해야 하는 듣기 전략이 문제 유형에 따라 다르므로, 각 문제 유형별로 알맞은 듣기 전략을 익혀두어야 한다.

2. Step별로 필요한 전략을 익힌다.

Part 3 문제는 '대화 상황 → 대화 → 질문 → 보기' 순서로 들려주므로, 이 순서에 따른 Step별 전략을 익히고 적용하는 연습을 하는 것이 필요하다.

3. 구와 절을 귀에 익힌다.

Part 3에는 구와 절이 포함된 길고 복잡한 문장이 자주 나오므로 이 구와 절을 귀에 익혀둘 필요가 있다. 특히 Part 3에서 자주 나오는 동명사구, to부정사구, 명사절, 형용사절을 귀에 익혀, 듣고 바로 의미를 파악할 수 있도록 연습하는 것이 중요하다.

4. Paraphrase된 문장에 익숙해진다.

Part 3에서는 대화에 나왔던 표현이나 문장이 정답에 그대로 나오지 않고 바꾸어 표현되어, 즉 paraphrase되어 나오는 경우가 많다. 따라서 paraphrase된 문장에 익숙해지는 것이 필수적이다.

5. 빈출 주제와 주제별 표현을 익혀둔다.

대화를 듣고 바로 주제를 파악할 수 있으면 답을 더 정확히 고를 수 있으므로 텝스에 자주 나오는 주제와 그 주제에서 주로 쓰이는 표현을 익혀둘 필요가 있다.

기본기 다지기

1. 동명사구 · to부정사구 귀에 익히기

Part 3에는 동명사구나 to부정사구를 포함한 긴 문장이 빈번히 나온다. 그러므로 Part 3에 나오는 긴 문장을 듣고 바로 이해하기 위해 동명사구와 to부정사구를 귀에 익히는 연습을 해보자.

▋ Example 🎧 36_1부_P3_기본기1

Listen to a conversation between two students.	두 학생 간의 대화를 들으시오.
W: Steve, you look exhausted.	W: Steve, 너 지쳐 보인다.
M: Yeah, I had to pull an all-nighter for today's class.	M: 응, 오늘 수업 때문에 밤을 새야 했거든.
W: Are you sure that's wise? You need your rest.	W: 그게 현명한 거라고 확신하니? 좀 쉬기도 해야지.
M: I had no choice. It was an important assignment.	M: 어쩔 수 없었어. 중요한 과제물이였거든.
W: Well, planning ahead can help you **to avoid these situations**.	W: 음, 미리 계획을 세우는 것이 이런 상황을 막는 데 도움을 줄 거야.
M: I'll keep that in mind.	M: 명심할게.
W: You should. That way you won't end up **stressing yourself out**.	W: 그래야지. 그래야 완전히 지쳐 떨어지는 일이 없을 거야.
Q. Which is correct according to the conversation?	Q. 대화에 따르면 맞는 것은 무엇인가?
(a) The woman's not listening to the man's advice.	(a) 여자는 남자의 충고를 듣지 않는다.
(b) The woman helped the man with his assignment.	(b) 여자는 남자의 과제물을 도와주었다.
(c) The man endured a sleepless night.	(c) 남자는 하룻밤을 꼬박 새는 것을 견디었다.
(d) The man got some much-needed rest.	(d) 남자는 절실히 필요했던 휴식을 취했다.

정답 | (c)

해설 | 위 대화에서 'to avoid ~ situations'는 to부정사구로 help의 목적격 보어 자리에 와서 명사로 쓰였으며, 'stressing yourself out'은 동명사구로 end up의 목적어로 쓰였다.

▋ Key Points 🎧 36_1부_P3_기본기1

동명사구 '동사 + ~ing' 형태로, 명사처럼 문장 내에서 주어, 목적어, 보어로 쓰인다.

주어로 쓰일 때	01 **Taking time out occasionally** can help you study better. 때때로 쉬는 것이 공부를 더 잘하는 데 도움이 될 수 있어요.
목적어로 쓰일 때	02 I'm sure she hates **being dependent on people**. 그녀는 사람들에게 의존하는 것을 싫어할 거라고 확신해요.
	03 Let's focus on **moving everything downstairs first**. 먼저 아래로 모든 것을 옮기는 것에 집중합시다.
보어로 쓰일 때	04 My hobby is **making model airplanes**. 내 취미는 비행기 모형을 만드는 거예요.

to부정사구 'to + 동사원형' 형태로, 문장 내에서 명사, 형용사, 부사로 쓰인다.

명사로 쓰일 때	05 I hope **to see my high school sweetheart**. 저는 제 고등학교 때 애인을 만나기를 바라고 있어요.
형용사로 쓰일 때	06 What is the best hotel **to stay in Dubai**? 두바이에서 묵기에 가장 좋은 호텔은 어디입니까?
부사로 쓰일 때	07 I'm calling **to check on the status of an inbound flight**. 들어오는 항공편 예약 상황을 확인하려고 전화했습니다.

순서대로 끊어 해석한 것을 참고하여, 빈칸에 들어갈 내용을 받아써보자. (받아쓰는 내용은 두 번 들려줍니다.)

01 The greatest experience of my life was / _____ .
　　　내 인생에 있어서 최고의 경험은 ~이다　　　　　아버지가 된 것

02 What is the easiest way / _____ ?
　　　가장 쉬운 방법은 무엇입니까　　　　온라인으로 호텔을 예약하는

03 My parents believe in / _____ .
　　　나의 부모님께서는 ~을 신뢰하신다　　　　내가 스스로 결정을 내릴 수 있도록 하는 것

04 Jessica told me that she hopes / _____ .
　　　Jessica는 그녀가 ~을 바란다고 내게 말했다　　　　내년에 의대에 들어가는 것

05 _____ / will make your presentation more effective.
　　　시각 자료를 사용하는 것이　　　　당신의 발표를 더 효과적으로 만들어줄 것이다

06 I nearly forgot / _____ .
　　　나는 ~을 잊을 뻔했다　　　나의 비행 스케줄을 변경하는 것

07 _____ / can improve your health.
　　　규칙적으로 운동하는 것은　　　　당신의 건강을 향상시킬 수 있다

08 We should give some thought to / _____ .
　　　우리는 ~을 생각해봐야 한다　　　　우리의 광고 캠페인을 확장하는 것

09 I'm trying to come up with a method / _____ .
　　　나는 방법을 생각해내기 위해 노력 중이다　　　　부가적인 수입을 벌기 위한

10 I'll bet she gets tired of / _____ .
　　　나는 그녀가 ~을 지겨워 할 거라고 장담한다　　　　날마다 너를 기다리는 것

정답 p.100

1부

Part 1

Part 2

Part 3 기본

Part 4&5

해커스 텝스 Listening

2. 명사절 · 형용사절 귀에 익히기

Part 3에는 명사절이나 형용사절이 포함된 길고 복잡한 문장이 나오는 경우가 많다. 그러므로 명사절과 형용사절을 귀에 익혀 Part 3에 나오는 길고 복잡한 문장을 정확히 듣는 연습을 해보자.

■ Example 🎧 37_1부_P3_기본기2

Listen to two acquaintances discuss investments.

W: I don't know **if my government retirement program is right for me**.

M: What seems to be the problem?

W: The funds aren't growing rapidly enough.

M: Then you could consider using a private investment company.

W: But I've heard **their advice isn't always reliable**.

M: Well, no investment plan is a sure thing.

Q. Which is correct according to the conversation?

(a) The man believes the government is more reliable than the private sector.

(b) The woman is skeptical about taking advice from private companies.

(c) The government's retirement program uses some private investment companies.

(d) Government retirement programs generate higher interest.

두 지인이 투자에 관해 이야기하는 것을 들으시오.

W: 정부 퇴직 제도가 나한테 잘 맞는 건지 잘 모르겠어.

M: 뭐가 문제인 것 같은데?

W: 자금이 충분히 빨리 늘지 않는 것 같아.

M: 그러면 개인 투자 회사를 이용하는 걸 고려해봐야 겠다.

W: 하지만 그들의 조언이 항상 믿을 만한 건 아니라고 들었어.

M: 음, 어떤 투자 계획도 확실하지 않기는 해.

Q. 대화에 따르면 맞는 것은 무엇인가?

(a) 남자는 정부가 민간 부문보다 더 믿을 만하다고 생각한다.

(b) 여자는 개인 회사에서 조언을 듣는 것에 대해 미심쩍어한다.

(c) 정부 퇴직 제도는 일부 개인 투자 회사들을 이용한다.

(d) 정부 퇴직 제도가 더 높은 이율을 제공한다.

정답 | (b)

해설 | 위 대화에서 'if my government ~ for me'는 명사절로 know의 목적어로 쓰였으며, 'their advice ~ reliable'은 명사절로 heard의 목적어로 쓰였다.

■ Key Points 🎧 37_1부_P3_기본기2

명사절 명사 역할을 하는 절로 문장 내에서 주어, 목적어, 보어로 쓰인다.

주어로 쓰일 때	01 **What happened there** is really shocking. 거기서 일어난 일은 정말 충격적이에요.
목적어로 쓰일 때	02 I'm not sure **(that) starting my own business was a good move**. 내 사업을 시작한 것이 잘한 일인지를 잘 모르겠어.
보어로 쓰일 때	03 That's not **what I'm talking about**. 제가 말하고 있는 것은 그게 아니에요.

형용사절 형용사 역할을 하는 절로 다른 문장에 포함되어 형용사처럼 바로 앞의 명사를 꾸며 준다.

'that'을 쓸 때	04 You could search online for something **(that) you like**. 당신이 좋아하는 것을 찾기 위해 온라인 검색을 할 수 있을 거예요.
'who'를 쓸 때	05 Have you heard the rumor about the actor **who played the king** in the movie *Stardust*? 영화 'Stardust'에서 왕을 연기했던 배우에 대한 루머를 들은 적 있나요?

순서대로 끊어 해석한 것을 참고하여, 빈칸에 들어갈 내용을 받아써보자. (받아쓰는 내용은 두 번 들려줍니다.)

01 That's not / _____.

그것은 ~이 아니다 　　　　　　内가 언급했던 것

02 Maybe you could exchange it for something / _____.

아마도 당신은 이것을 무언가와 교환할 수 있을 거예요　　　당신이 더 좋아하는

03 Right. She's the one / _____.

맞아. 그녀가 그 사람이야　　　　　　나를 그 클럽에 참여하도록 설득한

04 I think / _____.

나는 ~라고 생각한다　　　　　요즘에는 외국어를 배우는 것이 필수

05 It will require a compromise / _____.

이것은 절충안을 필요로 할 것입니다　　　　모두에게 효과적인

06 _____ / is a hard pill to swallow.

　　　당신이 부탁한 것은　　　　　　　정말 하기 힘든 일입니다

07 I meant the girl / _____.

나는 그 여자를 뜻한 거였어　　　　어젯밤 그 세미나에서 연설을 했던

08 _____ / gave me an upset stomach.

　　　내가 아침 식사로 먹은 것이　　　　　　나를 배탈나게 했다

09 You might want to consider renting an apartment / _____.

당신은 아마도 아파트를 임대하는 것을 고려하길 원할 것입니다　　　당신이 임대료를 지불할 수 있는

10 I'm sure that / _____.

저는 ~을 확신합니다　　　　　새로운 지점을 여는 것은 많은 자본을 필요로 한다는 것

정답 p.100

3. Paraphrase된 문장 이해하기

Part 3에서는 대화에 나왔던 말이 다른 말로 바뀌어, 즉 paraphrase되어 보기에 나오는 경우가 많다. 그러므로 정답을 정확히 선택하기 위해 paraphrase된 문장을 이해하는 연습을 해보자.

■ Example 🎧 38_1부_P3_기본기3

Listen to a conversation between two friends.

M: Jane, what took you so long?

W: Sorry, I got held up at the luncheon.

M: But I expected you half an hour ago.

W: Well, **I ran into an old friend who used to play with me as a child there**.

M: I see. Well, you could have called to give me a heads-up.

W: I know. Like I said, I'm really sorry.

Q. Which is correct about the woman according to the conversation?

(a) She was mistaken about what time to meet the man.

(b) She forgot to carry her phone to the luncheon.

(c) She saw a childhood playmate at the luncheon.

(d) She tried to notify the man about being held up.

두 친구 간의 대화를 들으시오.

M: Jane, 왜 그렇게 오래 걸렸어?

W: 미안해, 오찬 모임에 잡혀 있었어.

M: 그래도 난 네가 30분 전에 올 거라고 생각했는데.

W: 음, 어릴 때 같이 놀던 친구를 거기서 우연히 만났거든.

M: 알았어. 그럼, 나한테 미리 알려주기 위해 전화할 수도 있었잖아.

W: 알아. 말했던 것처럼 정말 미안해.

Q. 대화에 따르면 여자에 대해 맞는 것은 무엇인가?

(a) 그녀는 그 남자를 만나는 시간을 잘못 알았다.

(b) 그녀는 오찬 모임에 전화기를 가져가는 것을 잊었다.

(c) 그녀는 오찬 모임에서 어릴 때 같이 놀던 친구를 만났다.

(d) 그녀는 붙잡혀 있게 되는 것에 대해 남자에게 알리려고 노력했다.

정답 | (c)

해설 | 위 대화의 'I ran into'가 보기에서 'saw'로, 대화의 'an old friend who used ~ as a child'가 보기에서 'childhood playmate'로, 대화의 'there'가 보기에서 'at the luncheon'으로 paraphrase되었다.

■ Key Points 🎧 38_1부_P3_기본기3

단어·구 paraphrase 한 문장 안에 있는 단어나 구를 다른 비슷한 말로 바꾸어 표현한 경우

W: Thanks for fixing that faucet. 수도꼭지를 고쳐주셔서 감사해요.

M: Don't mention it. It'll not leak anymore. 천만에요. 더 이상 새지 않을 거예요.

paraphrase된 문장

The woman is appreciating the man for repairing her faucet. 여자는 남자가 수도꼭지를 고쳐준 것에 감사하고 있다.

▶▶ 대화의 Thanks를 appreciate로, for fixing을 for repairing으로 바꿔 표현하고 있다.

요약 paraphrase 여러 문장의 내용을 하나의 문장으로 요약한 경우

M: Have you read the two books you bought last month? 너 지난달에 산 책 두 권 다 읽었니?

W: I've just finished one of them. 그 중 한 권은 이제 막 다 읽었어.

M: Which one? The science fiction? 어떤 거? 그 공상 과학 소설?

W: No, the other one. The historical one. 아니, 다른 거. 역사 소설.

paraphrase된 문장

The woman's just read a historical fiction. 여자는 역사 소설을 이제 막 다 읽었다.

▶▶ 대화의 전체 내용을 The woman's ~ fiction(여자는 역사 소설을 이제 막 다 읽었다)이라는 한 문장으로 간단히 요약했다.

대화를 들으며 빈칸에 들어갈 내용을 받아쓴 후, 대화 뒤에 들려주는 문장이 대화의 내용을 바르게 paraphrase하고 있으면 ○에, 아니면 ×에 표시해보자. (받아쓰는 내용은 두 번 들려줍니다.)

01

W: _____ .

M: Wow! Looks like you're on the fast track to success.

W: Well, it could be an interesting challenge.

○   ×

02

W: Why is there _____ ?

M: It looks like _____ .

W: I hope it won't take too long to clear.

○   ×

03

M: Can you believe _____ ?

W: Yeah, it's becoming a real problem.

M: Hopefully the _____ .

○   ×

04

M: Can I _____ ?

W: _____ . I can _____ .

M: But, isn't it hard to manage on your own?

○   ×

05

M: Oh no! It's _____ .

W: Do you have something you have to do?

M: _____ Hannah for coffee at 6:15.

W: Then you should let her know _____ .

○   ×

06

M: Professor Kim, _____

_____ ?

W: Why weren't you able to finish it?

M: I _____ .

W: In that case, _____ .

○   ×

정답 p.101

Part 3 실전 맛보기

기본기 다지기에서 배운 내용을 적용해 실전 유형의 Part 3 문제를 풀어보자. 🎧 30_1부_P3_실전맛보기

01   (a)   (b)   (c)   (d)

02   (a)   (b)   (c)   (d)

03   (a)   (b)   (c)   (d)

04   (a)   (b)   (c)   (d)

05   (a)   (b)   (c)   (d)

06   (a)   (b)   (c)   (d)

07   (a)   (b)   (c)   (d)

08   (a)   (b)   (c)   (d)

09   (a)   (b)   (c)   (d)

10   (a)   (b)   (c)   (d)

정답 p.102

실전 공략하기

Part 3 문제 유형 분석

Part 3에서는 각 문제 유형에 맞는 전략을 적용하며 대화를 듣는 것이 중요하다. Part 3의 문제 유형은 대화 다음에 들려주는 질문에 따라 결정되므로, 질문의 형태를 유형별로 구분해 익혀두는 것이 매우 중요하다. 본 교재에서는 Part 3를 질문 형태를 기준으로 크게 세가지 유형으로 나누었다.

유형 1. 중심 내용 문제

대화에서 중심이 되는 내용이나 행위가 무엇인지를 묻는 문제로 다음의 두 유형으로 나누어진다.

1. 주제 문제

대화의 중심 내용이 무엇인지 묻는 문제

What is the **main topic** of the conversation? 대화의 주제는 무엇인가?

What is the conversation **mainly about**? 주로 무엇에 관한 대화인가?

What are the man and woman **mainly discussing** (in the conversation)?
(대화에서) 남자와 여자는 주로 무엇을 논의하고 있는가?

What are the man and woman **mainly talking about**? 남자와 여자는 주로 무엇에 대해 이야기하고 있는가?

2. 주요 행위 문제

대화 중인 화자의 주요 행위가 무엇인지를 묻는 문제

What are the man and woman **mainly doing** in the conversation? 대화에서 남자와 여자는 주로 무엇을 하고 있는가?

What is **mainly happening** in the conversation? 대화에서 주로 무엇이 일어나고 있는가?

What is the man[woman] **mainly trying to do**? 남자[여자]는 주로 무엇을 하려고 하는가?

유형 2. 세부 정보 문제

대화에 나오는 세부 정보가 무엇인지를 묻는 문제로 다음의 두 유형으로 나누어진다.

1. Correct 문제

대화와 일치하는 내용을 담은 보기가 무엇인지 묻는 문제

Which is **correct** according to the conversation? 대화에 따르면 맞는 것은 무엇인가?

Which is **correct about the man[woman]** according to the conversation?
대화에 따르면 남자[여자]에 대해 맞는 것은 무엇인가?

2. 육하원칙 문제

대화에 언급된 내용 중 '무엇/무슨(What), 왜(Why), 언제(When), 어디서(Where), 누가(Who), 어떻게(How), 어느 것/어느(Which)'에 해당하는 사항을 묻는 문제

What was the man[woman] unable to do? 남자[여자]는 무엇을 할 수 없었는가?

What did the man[woman] forget to do? 남자[여자]는 무엇을 하는 것을 잊어버렸는가?

Why didn't the man[woman] attend the meeting? 남자[여자]는 왜 회의에 참석하지 않았는가?

유형 3. 추론 문제

대화의 중심 내용이나 세부 정보를 근거로 추론해야 하는 문제로 다음의 두 유형으로 나누어진다.

1. Infer 문제

대화에 직접적으로 언급되지 않은 사실을 대화의 내용을 근거로 바르게 추론한 보기가 무엇인지 묻는 문제

What can be **inferred** from the conversation? 대화로부터 추론할 수 있는 것은 무엇인가?

What can be **inferred about** ○○○ from the conversation? 대화로부터 ○○○에 대해 추론할 수 있는 것은 무엇인가?

2. Do-next · Opinion 문제

화자가 다음에 할 일(Do-next)이나 의견(Opinion)을 대화의 내용을 근거로 추론하는 문제

What will the man[woman] **probably do next?** 남자[여자]는 다음에 무엇을 할 것 같은가?

What will **probably happen to** ○○○? ○○○은 어떻게 될 것 같은가?

What is the man[woman]'s **opinion of** ○○○? ○○○에 대한 남자[여자]의 의견은 무엇인가?

▌Part 3 문제 유형별 출제 비율

Part 3의 문제 유형별 출제 비율은 아래와 같다.

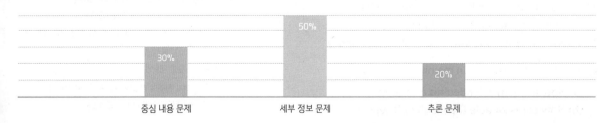

중심 내용 문제	세부 정보 문제	추론 문제
30%	50%	20%

실전 공략하기

Part 3 오답 유형 분석

Part 3의 오답 유형은 대화 내의 표현, 대화의 주제와 문맥을 사용하여 혼동을 주는 유형이 대부분이다. 또한 하나의 보기에 여러 오답 유형을 함께 사용해 혼동을 주는 경우도 자주 있다. 따라서 각각의 오답 유형에 익숙해지지 않으면 이런 오답에 속기 쉽다. 이제부터 Part 3에 자주 나오는 오답 유형을 익혀보자.

오답 유형 1. 같거나 비슷한 단어나 표현을 쓴 오답

대화에 나온 단어나 표현을 똑같이 또는 비슷하게 바꿔 쓴 오답이 자주 나온다. 이는 다른 오답 유형과 함께 사용되는 경우가 많다.

Listen to two colleagues discuss a computer problem.

M: I'm having trouble logging onto this computer.

W: Did you make a **user ID** and password?

M: I tried but now there's an error message.

W: Your ID must be **6 letters** or more, and the password must contain letters and numbers.

M: Oh, I didn't use any numbers.

W: Then try it again. I bet it will work this time.

Q. Which is correct about the man according to the conversation?

(a) His **user ID** contained fewer than **6 letters**.

(b) He created his password incorrectly.

두 동료가 컴퓨터 문제에 관해 이야기하는 것을 들으시오.

M: 이 컴퓨터에 로그인하는 데 문제가 좀 있습니다.

W: 사용자 ID와 비밀번호를 만드셨나요?

M: 만들려고 했지만 오류 메시지가 나오네요.

W: ID는 여섯 글자 이상이어야 하고 비밀번호는 글자와 숫자를 포함해야만 합니다.

M: 아, 저는 숫자를 하나도 사용하지 않았어요.

W: 그러면 다시 해보세요. 이번에는 잘 될 거예요.

Q. 대화에 따르면 남자에 대해 맞는 것은 무엇인가?

(a) 그의 ID는 여섯 글자 미만이었다.

(b) 그는 비밀번호를 잘못 생성했다.

정답 | (b)

오답분석 | (a)는 대화에 언급된 user ID(사용자 아이디)와 6 letters(여섯 글자)를 반복해서 사용한 오답이다. 남자가 비밀번호에 숫자를 사용하지 않아서 오류 메시지가 나온 것이므로, '남자의 ID가 여섯 글자 미만이었다'는 (a)는 틀리다.

오답 유형 2. 그럴듯하지만 대화에서는 언급된 적이 없는 오답

대화의 주제, 문맥과 비슷한 내용을 담고 있어 그럴듯하게 들리지만, 실제로 대화에서 언급된 적이 없어 틀린 오답이 많이 나온다.

Listen to a conversation between two friends.

W: Jamie, what's wrong? You look like you've seen a ghost.

M: I think I really blew it with my girlfriend this time.

W: Why? What happened?

M: I made a crude joke that really insulted her.

W: Oh, I'm sure she'll get over it in no time.

M: I doubt it. **When she gets angry, she stays angry.**

Q. What is the conversation mainly about?

(a) How the man offended his girlfriend

(b) How unreasonable the man's girlfriend is

두 친구 간의 대화를 들으시오.

W: Jamie, 뭐가 잘못됐니? 귀신이라도 본 사람 같아.

M: 이번에는 여자 친구에게 진짜 실수한 것 같아.

W: 왜? 무슨 일인데?

M: 그녀를 진짜 모욕하는 노골적인 농담을 해버렸어.

W: 오, 그녀는 분명 곧 극복해낼 거라고 확신해.

M: 나는 그렇게 생각하지 않아. 그녀는 한 번 화가 나면 계속 화가 나 있거든.

Q. 주로 무엇에 관한 대화인가?

(a) 남자가 여자 친구의 감정을 어떻게 상하게 했는지

(b) 그의 여자 친구가 얼마나 비이성적인지

정답 | (a)

오답분석 | (b)는 여자 친구가 '한 번 화가 나면 계속 화가 나 있다'는 내용에 비추어 보면 그럴듯하게 들리는 오답이다. 여자 친구가 비이성적이라는 말은 대화에서 언급된 적이 없으므로 (b)는 틀리다.

오답 유형 3. 일부만 대화 내용과 일치하는 오답

보기 내용 중 일부는 대화 내용과 일치하지만 다른 일부가 틀린 오답이 나오는 경우가 있다. 대화 내용과 일치하지 않는 부분이 단어 하나나 짧은 구인 경우가 많기 때문에 대화와 보기 모두를 정확히 들어야 이 오답을 가려낼 수 있다.

Listen to a conversation between two co-workers.

M: Mary, have you pitched in any cash **for John's going away party**?

W: Not yet. I was waiting to see how much you would need.

M: It's completely voluntary. Anything would be fine.

W: Would you mind if I got it to you after lunch? I need to stop by the bank.

M: Of course. We just need to get everything together by the weekend.

W: OK, I'll have it to you by this afternoon.

Q. What is the man mainly talking to the woman about?

   (a) **His plans to throw** her **a going away party**
   (b) Her contribution toward a friend's party

두 동료 간의 대화를 들으시오.

M: Mary, John의 환송회를 위한 돈을 좀 기부했니?

W: 아직은 안 했어. 얼마나 필요한지 보려고 기다리고 있었어.

M: 이건 완전히 자율적인 거야. 얼마라도 괜찮아.

W: 점심 시간 이후에 줘도 괜찮을까? 은행에 들러야 해.

M: 당연하지. 주말까지는 전부 모으면 되거든.

W: 좋아, 오후까지 너에게 주도록 할게.

Q. 남자는 여자에게 주로 무엇에 대해 이야기하고 있는가?

   (a) 그녀에게 환송회를 해줄 계획
   (b) 친구의 파티를 위해 낼 그녀의 기부금

정답 | (b)

오답분석 | (a)는 her만 대화 내용과 일치하지 않는 오답이다. 남자가 환송회를 해줄 계획을 세우고 있는 것은 맞지만 환송회는 her(그 여자)를 위해서가 아니라 John을 위한 것이므로 (a)는 틀리다.

오답 유형 4. 남자와 여자를 바꿔 쓴 오답

다른 내용은 모두 대화 내용과 일치하는데 남자, 여자만 바뀐 경우가 대부분으로, 남자의 말과 여자의 말을 구별해 듣지 않으면 혼동하기 쉽다.

Listen to a conversation between a couple.

M: I thought we agreed to put off cleaning until tomorrow.

W: **I'm just straightening up the living room a little bit.**

M: Can't it wait? Our favorite show's about to start.

W: But my sister's coming over later. I don't want it to be a total mess.

M: Oh, that's right. It completely slipped my mind.

Q. Which is correct according to the conversation?

   (a) The man decided to clean the living room.
   (b) The woman's sister plans to make a visit.

커플 간의 대화를 들으시오.

M: 청소는 내일로 미루기로 동의한 줄 알았는데.

W: 나는 그냥 거실을 조금 정리하고 있는 중이야.

M: 좀 기다릴 수는 없어? 우리가 좋아하는 쇼가 시작되려고 한단 말이야.

W: 하지만 여동생이 좀 있으면 온단 말이야. 엉망진창인 채로 놔두기 싫어.

M: 아, 맞다. 그건 완전히 잊고 있었어.

Q. 대화에 따르면 맞는 것은 무엇인가?

   (a) 남자는 거실을 치우기로 결심했다.
   (b) 여자의 여동생이 방문할 예정이다.

정답 | (b)

오답분석 | (a)는 주어인 The man(남자)과 The woman(여자)을 바꿔 쓴 오답이다. 거실을 치우기로 결심한 사람은 여자인데 남자가 결심했다고 했으므로 (a)는 틀리다.

COURSE **1** 중심 내용 문제

1. 주제 문제

주제 문제는 화자들이 말하고 있는 '중심 소재'가 무엇인지 묻는 문제로, Part 3의 앞부분인 21~23번 사이에 주로 출제된다. 이제부터 주제 문제를 익혀보자.

■ 질문 형태

주제 문제는 주로 What is the main topic, What is ~ mainly about 등의 형태로 출제된다.

What is the **main topic** of the conversation? 대화의 주제는 무엇인가?

What is the conversation **mainly about**? 주로 무엇에 관한 대화인가?

What are the man and woman **mainly discussing** (in the conversation)? (대화에서) 남자와 여자는 주로 무엇을 논의하고 있는가?

What are the man and woman **mainly talking about**? 남자와 여자는 주로 무엇에 대해 이야기하고 있는가?

■ Step별 문제풀이 전략

| Step 1 대화 상황을 들을 때 **어떤 상황인지 파악하기**
· 대화 상황을 들으면서 화자들의 관계, 대화의 소재, 또는 대화가 이루어지는 장소를 파악한다.

| Step 2 대화를 들을 때 **정답의 단서가 될 수 있는 부분을 집중해 듣기**
· 대화 앞부분에 주제가 나오는 경우가 많으므로 대화 앞부분을 놓치지 말고 잘 듣는다.
· 주제가 대화 전체에 명백히 드러나지 않고 숨어 있는 경우도 자주 있는데, 이때는 대화에서 중점적으로 이야기되고 있는 일, 사건, 인물 등에 대한 내용을 주의해서 듣고 이를 종합하여 주제를 파악한다.

| Step 3 질문을 들을 때 **무엇을 묻고 있는지 파악하기**
· main topic, mainly about 등을 듣고 주제 문제임을 파악한다.

| Step 4 보기를 들을 때 **정답 여부 가리며 듣기**
· 답이 아닌 것에는 ×, 애매한 것에는 △, 정답에는 ○를 표시하는 소거법을 적용하면서 보기를 듣는다.
· 대화에서 언급되긴 했지만, 대화 전체가 아닌 일부 내용만 다루고 있어 주제가 될 수 없는 오답을 주의한다.

Step 1 대화 상황을 들을 때 **어떤 상황인지 파악하기**

> **Listen to a conversation between two neighbors.**

▶ 대화 상황을 통해 '두 이웃' 간의 대화 상황임을 파악

Step 2 대화를 들을 때 **정답의 단서가 될 수 있는 부분을 집중해 듣기**

> M: **I heard a rumor that the neighborhood recreation center is shutting down.**
> W: Yeah, it's hard to believe, but maybe it's for the best.
> M: But the recreation center's been there since before I was born.
> W: Apparently the city council has other plans for the property.
> M: Why on earth would they do it now?
> W: I guess they feel it's no longer needed in the community.

▶ 대화 앞부분을 듣고 '동네 레크리에이션 센터가 문을 닫는 것'이 주제임을 파악

Step 3 질문을 들을 때 **무엇을 묻고 있는지 파악하기**

> Q. What is the **main topic** of the conversation?

▶ main topic을 듣고 주제 문제임을 파악

Step 4 보기를 들을 때 **정답 여부 가리며 듣기**

> (a) The closing of the local recreation center
> (b) The city council's plans for the property
> (c) Details of the city council's new proposal
> (d) The inadequacy of the recreation center

▶
(a) ○ 주제를 바르게 표현한 정답
(b) △ 일부 내용만 담은 오답
(c) × 언급된 적 없는 오답
(d) × recreation center를 반복한 오답

해석 p.106

Hackers Practice

다음을 듣고 앞서 배운 전략을 적용하여 문제를 풀어보자. 🎧 40_1부_P3_Course1-1

01

Step 1 대화 상황을 들을 때 **어떤 상황인지 파악하기**
Listen to a conversation between _____.

Step 2 대화를 들을 때 **정답의 단서가 될 수 있는 부분을 집중해 듣기**
대화를 들으며 빈칸에 들어갈 내용을 받아써보자. (받아쓰는 내용은 두 번 들려줍니다.)

> W: Jim, come here for a minute.
> M: Why? What do you need?
> W: _____.
> M: What seems to be the problem?
> W: I _____.
> M: _____. I'll put a new one in.
> W: I wonder if that will fix it.
> M: _____.

Step 3 질문을 들을 때 **무엇을 묻고 있는지 파악하기**
What are the _____?

Step 4 보기를 들을 때 **정답 여부 가리며 듣기**
소거법을 사용하여 정답을 골라보자.
(a)   (b)   (c)   (d)

02

Step 1 대화 상황을 들을 때 **어떤 상황인지 파악하기**
Listen to _____.

Step 2 대화를 들을 때 **정답의 단서가 될 수 있는 부분을 집중해 듣기**
대화를 들으며 빈칸에 들어갈 내용을 받아써보자. (받아쓰는 내용은 두 번 들려줍니다.)

> W: _____ about the rise of the British Empire?
> M: Yeah, it was an assignment for history class.
> W: _____, didn't you?
> M: _____.
> W: But much of the content was intriguing.
> M: _____. I think history is tedious.

Step 3 질문을 들을 때 **무엇을 묻고 있는지 파악하기**
What is the _____ of the conversation?

Step 4 보기를 들을 때 **정답 여부 가리며 듣기**
소거법을 사용하여 정답을 골라보자.
(a)   (b)   (c)   (d)

03

Step 1   대화 상황을 들을 때   **어떤 상황인지 파악하기**
Listen to a conversation between _____.

Step 2   대화를 들을 때   **정답의 단서가 될 수 있는 부분을 집중해 듣기**
대화를 들으며 빈칸에 들어갈 내용을 받아써보자. (받아쓰는 내용은 두 번 들려줍니다.)

> M: So, I heard _____.
> W: Yes, I'm going with a friend.
> M: _____?
> W: No, _____, especially at night.
> M: You should always stay together so you don't get lost.
> W: Don't worry. _____.

Step 3   질문을 들을 때   **무엇을 묻고 있는지 파악하기**
What is the conversation _____?

Step 4   보기를 들을 때   **정답 여부 가리며 듣기**
소거법을 사용하여 정답을 골라보자.
(a)   (b)   (c)   (d)

04

Step 1   대화 상황을 들을 때   **어떤 상황인지 파악하기**
Listen to _____.

Step 2   대화를 들을 때   **정답의 단서가 될 수 있는 부분을 집중해 듣기**
대화를 들으며 빈칸에 들어갈 내용을 받아써보자. (받아쓰는 내용은 두 번 들려줍니다.)

> W: I really like _____.
> M: Yes, it gives it more of a contemporary style.
> W: _____. _____.
> M: It's _____, it seems.
> W: Let's go to the information desk and get a brochure.
> M: Yeah, _____.

Step 3   질문을 들을 때   **무엇을 묻고 있는지 파악하기**
What is the _____ of the conversation?

Step 4   보기를 들을 때   **정답 여부 가리며 듣기**
소거법을 사용하여 정답을 골라보자.
(a)   (b)   (c)   (d)

다음을 듣고 질문에 알맞은 응답을 골라보자.   🎧 40_1부_P3_Course1-1

| 05 | (a) | (b) | (c) | (d) | | 07 | (a) | (b) | (c) | (d) |

| 06 | (a) | (b) | (c) | (d) | | 08 | (a) | (b) | (c) | (d) |

정답 p.107

2. 주요 행위 문제

주요 행위 문제는 대화의 화자가 중점적으로 하고 있는 행위가 무엇인지를 묻는 문제로, Part 3의 앞부분인 21~23번 사이에 주로 출제된다. 이제부터 주요 행위 문제를 익혀보자.

■ 질문 형태

주요 행위 문제는 주로 전체를 파악하며 문제를 푸는 What is mainly happening 등의 형태와, 남자나 여자 중 한 명에만 초점을 맞추어 문제를 푸는 What is the man[woman] mainly doing 등의 형태로 출제된다.

전체에 대해 묻는 경우

What are the man and woman **mainly doing** in the conversation? 대화에서 남자와 여자는 주로 무엇을 하고 있는가?

What is **mainly happening** in the conversation? 대화에서 주로 무엇이 일어나고 있는가?

남자 · 여자 중 한 명에 대해 묻는 경우

What is **the man[woman] mainly doing** (in the conversation)? (대화에서) 남자[여자]는 주로 무엇을 하고 있는가?

What is **the man[woman] mainly trying to do**? 남자[여자]는 주로 무엇을 하려고 하는가?

What is **mainly being discussed** about **the man[woman]**? 남자[여자]에 대해 주로 무엇이 논의되고 있는가?

What is **the man[woman] mainly suggesting** the woman[man] do? 남자[여자]는 여자[남자]에게 주로 무엇을 제안하고 있는가?

What is **the man[woman] mainly advising** the woman[man] to do? 남자[여자]는 여자[남자]에게 주로 무엇을 조언하고 있는가?

■ Step별 문제풀이 전략

| Step 1 | 대화 상황을 들을 때 **어떤 상황인지 파악하기**
· 대화 상황을 들으면서 화자들의 관계, 대화의 소재, 또는 대화가 이루어지는 장소를 파악한다.

| Step 2 | 대화를 들을 때 **정답의 단서가 될 수 있는 부분을 집중해 듣기**
· 화자의 주요 행위도 대화 앞부분에서 파악할 수 있는 경우가 많으므로 대화 앞부분을 가장 주의 깊게 듣는다.
· 남자와 관련된 행위인지 여자와 관련된 행위인지를 구별하며 듣는다.

| Step 3 | 질문을 들을 때 **무엇을 묻고 있는지 파악하기**
· mainly doing, mainly happening 등을 듣고 주요 행위 문제임을 파악한다.
· 질문에 man이나 woman이 나오면 그 부분을 잘 듣고 남자, 여자 중 누구에 대해 묻는지 기억해둔다.

| Step 4 | 보기를 들을 때 **정답 여부 가리며 듣기**
· 답이 아닌 것에는 ×, 애매한 것에는 △, 정답에는 ○를 표시하는 소거법을 적용하면서 보기를 듣는다.
· 주제 문제와 마찬가지로 대화에서 언급되기는 했지만 일부 내용만 담고 있는 오답에 주의한다.
· 남자와 여자를 바꿔 써서 헷갈리게 하는 오답도 있으므로 주의한다.
   (예: '남자'가 초대하는 상황인데, '여자가 초대하고 있다'라고 되어 있는 오답)

Step 1 대화 상황을 들을 때 **어떤 상황인지 파악하기**

> **Listen to a conversation about a job opening.**

▶ 대화 상황을 통해 '일자리'에 관한 대화 상황임을 파악

Step 2 대화를 들을 때 **정답의 단서가 될 수 있는 부분을 집중해 듣기**

> M: **Are you still interested in working in the technology field?**
> W: Of course. Do you know about something?
> M: **There's an opening in our research department.**
> W: That would be great. Do you think I'd be an attractive candidate?
> M: All I need to do is put a word in for you, and it's yours.
> W: I don't know how to thank you.

▶ 대화 앞부분을 듣고 '남자가 여자에게 일자리를 제공해주는 행위'임을 파악

Step 3 질문을 들을 때 **무엇을 묻고 있는지 파악하기**

> Q. What is **mainly happening** in the conversation?

▶ mainly happening을 듣고 주요 행위 문제임을 파악

Step 4 보기를 들을 때 **정답 여부 가리며 듣기**

> (a) The man is accepting a technology-related research job.
> (b) The man is offering the woman a position at his firm.
> (c) The woman is expressing her interest in the field of technology research.
> (d) The woman is passing along information about a job opening.

▶ (a) △ technology, research를 반복한 오답
(b) ○ 주제를 바르게 표현한 정답
(c) △ 일부 내용만 담은 오답
(d) △ 남자와 여자를 바꿔 쓴 오답

해석 p.110

Hackers Practice

다음을 듣고 앞서 배운 전략을 적용하여 문제를 풀어보자. 🎧 41_1부_P3_Course1 2

01

Step 1 대화 상황을 들을 때 **어떤 상황인지 파악하기**
Listen to a conversation between _____.

Step 2 대화를 들을 때 **정답의 단서가 될 수 있는 부분을 집중해 듣기**
대화를 들으며 빈칸에 들어갈 내용을 받아써보자. (받아쓰는 내용은 두 번 들려줍니다.)

> W: Shawn, _____?
> M: It's a still life of a basket of fruit.
> W: You're really talented. _____?
> M: _____.
> W: Well, it looks like _____ to me.
> M: Thanks, but I'm really just a _____.

Step 3 질문을 들을 때 **무엇을 묻고 있는지 파악하기**
What are the _____ in the conversation?

Step 4 보기를 들을 때 **정답 여부 가리며 듣기**
소거법을 사용하여 정답을 골라보자.
(a)   (b)   (c)   (d)

02

Step 1 대화 상황을 들을 때 **어떤 상황인지 파악하기**
Listen to _____.

Step 2 대화를 들을 때 **정답의 단서가 될 수 있는 부분을 집중해 듣기**
대화를 들으며 빈칸에 들어갈 내용을 받아써보자. (받아쓰는 내용은 두 번 들려줍니다.)

> M: Do you have _____ this weekend?
> W: Is the _____ already starting?
> M: Yeah, and Saturday's program features two Baroque composers.
> W: _____!
> M: _____ downtown outside the main entrance.
> W: OK. See you there.

Step 3 질문을 들을 때 **무엇을 묻고 있는지 파악하기**
What is _____ in the conversation?

Step 4 보기를 들을 때 **정답 여부 가리며 듣기**
소거법을 사용하여 정답을 골라보자.
(a)   (b)   (c)   (d)

03

Step 1   대화 상황을 들을 때   **어떤 상황인지 파악하기**

Listen to a conversation between _____.

Step 2   대화를 들을 때   **정답의 단서가 될 수 있는 부분을 집중해 듣기**

대화를 들으며 빈칸에 들어갈 내용을 받아써보자. (받아쓰는 내용은 두 번 들려줍니다.)

> M: Are you still _____ in the play?
>
> W: Yes, I worked so hard for it. I _____ more than anything.
>
> M: Well, _____, you know.
>
> W: But what if that was my only chance?
>
> M: No way. You're _____.
>
> W: I hope you're right.

Step 3   질문을 들을 때   **무엇을 묻고 있는지 파악하기**

What is the _____ in the conversation?

Step 4   보기를 들을 때   **정답 여부 가리며 듣기**

소거법을 사용하여 정답을 골라보자.

(a)   (b)   (c)   (d)

04

Step 1   대화 상황을 들을 때   **어떤 상황인지 파악하기**

Listen to a conversation between _____.

Step 2   대화를 들을 때   **정답의 단서가 될 수 있는 부분을 집중해 듣기**

대화를 들으며 빈칸에 들어갈 내용을 받아써보자. (받아쓰는 내용은 두 번 들려줍니다.)

> M: Hello. Star Plumbing. May I help you?
>
> W: Yes, I'm _____.
>
>   The water _____.
>
> M: Sounds like it may _____.
>
> W: Could you _____?
>
> M: Sure. I just need your name and address.
>
> W: I'm Karen Smith at 36 Willow Avenue.
>
> M: OK, Ms. Smith, _____.

Step 3   질문을 들을 때   **무엇을 묻고 있는지 파악하기**

What is the _____ in the conversation?

Step 4   보기를 들을 때   **정답 여부 가리며 듣기**

소거법을 사용하여 정답을 골라보자.

(a)   (b)   (c)   (d)

다음을 듣고 질문에 알맞은 응답을 골라보자.   🎧 41_1부_P3_Course1-2

05   (a)   (b)   (c)   (d)   **07**   (a)   (b)   (c)   (d)

06   (a)   (b)   (c)   (d)   **08**   (a)   (b)   (c)   (d)   정답 p.111

Hackers **TEST**

Choose the option that best answers the question. 🎧 42_1부_P3_Course1_HT

01	(a)	(b)	(c)	(d)

02	(a)	(b)	(c)	(d)

03	(a)	(b)	(c)	(d)

04	(a)	(b)	(c)	(d)

05	(a)	(b)	(c)	(d)

06	(a)	(b)	(c)	(d)

07	(a)	(b)	(c)	(d)

08	(a)	(b)	(c)	(d)

정답 p.114
받아쓰기 프로그램으로 Hackers Practice와 Hackers Test를 꼭 복습하세요.

COURSE **2** 세부 정보 문제

1. Correct 문제

Correct 문제는 대화와 일치하는 내용을 담은 보기를 찾아내는 문제로, Part 3의 중간인 24~28번 사이에 주로 출제된다. 이제부터 Correct 문제를 익혀보자.

■ 질문 형태

Correct 문제는 주로 대화 전체를 파악하여 문제를 푸는 Which is correct 형태와, 대화 속 남자나 여자, 또는 특정 대상에 초점을 맞추어 문제를 푸는 Which is correct about ~ 형태로 출제된다.

전체에 대해 묻는 경우
_____

What is **correct** according to the conversation? 대화에 따르면 맞는 것은 무엇인가?

남자 · 여자, 또는 특정 대상에 대해 묻는 경우
_____

What is **correct about the man[woman]** according to the conversation? 대화에 따르면 남자[여자]에 대해 맞는 것은 무엇인가?
What is **correct about the man[woman]**? 남자[여자]에 대해 맞는 것은 무엇인가?
Which is **correct about** ○○○ according to the conversation? 대화에 따르면 ○○○에 대해 맞는 것은 무엇인가?

■ Step별 문제풀이 전략

| Step 1 | 대화 상황을 들을 때 **어떤 상황인지 파악하기**
· 대화 상황을 들으면서 화자들의 관계, 대화의 소재, 또는 대화가 이루어지는 장소를 파악한다.

| Step 2 | 대화를 들을 때 **정답의 단서가 될 수 있는 부분을 집중해 듣기**
· 대화에서 언급되는 모든 것이 정답의 단서가 될 수 있으므로 자세한 내용까지 기억하며 듣는다.
· 남자, 여자, 또는 특정 대상에 대한 정보인지 구분하면서 세부 내용을 자세히 듣는다.

Tip: 간혹 추론 문제처럼 대화의 세부 정보를 종합하여 추론해야 답이 나오는 경우도 있으므로, 세부 정보간의 관계도 주의해서 파악해 둔다.

| Step 3 | 질문을 들을 때 **무엇을 묻고 있는지 파악하기**
· correct를 듣고 대화 내용과 일치하는 것이 무엇인지 묻는 correct 문제임을 파악한다.
· correct about이 나오면 about뒤를 잘 듣고 남자, 여자 중 누구에 대해 묻는지 기억해둔다.

| Step 4 | 보기를 들을 때 **정답 여부 가리며 듣기**
· 답이 아닌 것에는 ×, 애매한 것에는 △, 정답에는 ○를 표시하는 소거법을 적용하면서 보기를 듣는다.
· 거의 정답 같이 들리지만 한 두 단어가 대화 내용과 달라 오답인 경우가 많으므로 주의한다.

(예: not만 붙이거나 빼면 정답이 될 수 있는 오답. 단어나 숫자 하나만 대화 내용과 다른 오답. 남자와 여자를 바꿔 쓴 오답)

Step 1 대화 상황을 들을 때 **어떤 상황인지 파악하기**

> **Listen to a conversation about losing weight.**

▶ 대화 상황을 통해 '체중 감량'에 관한 대화 상황임을 파악

Step 2 대화를 들을 때 **정답의 단서가 될 수 있는 부분을 집중해 듣기**

> W: You've been cutting out those health magazine articles all morning. What are they for?
> M: ① **I'm trying to find a weight loss program that will actually work.**
> W: Have you ever tried just cutting back on your caloric intake?
> M: ② **Many times, but it didn't work.** I'm not well versed in nutrition.
> W: ③ **I've had some luck.** I could fill you in on my secrets.
> M: That'd be great. I need to know what foods to avoid.

▶ 세부 정보
① 남자: 효과가 있는 체중 감량 프로그램을 찾고 있음
② 남자: 칼로리 섭취를 줄이는 방법을 시도해봤으나 실패
③ 여자: 살빼는 것을 어느 정도 성공했음

Step 3 질문을 들을 때 **무엇을 묻고 있는지 파악하기**

> Q. Which is **correct** according to the conversation?

▶ correct를 듣고 Correct 문제임을 파악

Step 4 보기를 들을 때 **정답 여부 가리며 듣기**

> (a) The man informed the woman of foods to avoid.
> (b) The woman has tried cutting calories many times.
> (c) The man tried cutting calories but without results.
> (d) The woman does not know much about weight loss.

▶ (a) ✕ 대화 내용과 다른 오답
(b) △ 남자와 여자를 바꿔 쓴 오답
(c) ○ 세부 정보 ②를 바르게 표현한 정답
(d) △ not을 빼면 정답이 되는 오답

Hackers Practice

다음을 듣고 앞서 배운 전략을 적용하여 문제를 풀어보자. 🎧 43_1부_P.3_Course 2-1

01

Step 1 대화 상황을 들을 때 **어떤 상황인지 파악하기**
Listen to a conversation between _____.

Step 2 대화를 들을 때 **정답의 단서가 될 수 있는 부분을 집중해 듣기**
대화를 들으며 빈칸에 들어갈 내용을 받아써보자. (받아쓰는 내용은 두 번 들려줍니다.)

> W: Russ, they say _____ overnight.
> M: That's OK. I'm _____ tomorrow.
> W: You might get too cold without a heater.
> M: My sleeping bag is very warm. _____ .
> W: You _____ .
> M: Not really. It's _____ .

Step 3 질문을 들을 때 **무엇을 묻고 있는지 파악하기**
Which is _____ about the _____ according to the conversation?

Step 4 보기를 들을 때 **정답 여부 가리며 듣기**
소거법을 사용하여 정답을 골라보자.
(a)　(b)　(c)　(d)

02

Step 1 대화 상황을 들을 때 **어떤 상황인지 파악하기**
Listen to a conversation between _____.

Step 2 대화를 들을 때 **정답의 단서가 될 수 있는 부분을 집중해 듣기**
대화를 들으며 빈칸에 들어갈 내용을 받아써보자. (받아쓰는 내용은 두 번 들려줍니다.)

> M: Jane. It's time to go.
> W: Already? I really _____ watching this DVD.
> M: Still, you know _____ .
> W: Yeah, but I'm _____ right now.
> M: Can't you just _____ ?
> W: Well, I guess I could.

Step 3 질문을 들을 때 **무엇을 묻고 있는지 파악하기**
Which is _____ about the _____ according to the conversation?

Step 4 보기를 들을 때 **정답 여부 가리며 듣기**
소거법을 사용하여 정답을 골라보자.
(a)　(b)　(c)　(d)

03

Step 1   대화 상황을 들을 때   **어떤 상황인지 파악하기**
Listen to a conversation _____.

Step 2   대화를 들을 때   **정답의 단서가 될 수 있는 부분을 집중해 듣기**
대화를 들으며 빈칸에 들어갈 내용을 받아써보자. (받아쓰는 내용은 두 번 들려줍니다.)

> M: I'm trying to _____ Langham Airport from here.
> W: _____. When do you have to be there?
> M: I only have about 45 minutes.
> W: I see. If you take _____, you can get there _____.
> M: _____. Isn't there _____?
> W: The buses only _____ around here.

Step 3   질문을 들을 때   **무엇을 묻고 있는지 파악하기**
Which is _____ according to the conversation?

Step 4   보기를 들을 때   **정답 여부 가리며 듣기**
소거법을 사용하여 정답을 골라보자.
(a)   (b)   (c)   (d)

04

Step 1   대화 상황을 들을 때   **어떤 상황인지 파악하기**
Listen to a conversation _____.

Step 2   대화를 들을 때   **정답의 단서가 될 수 있는 부분을 집중해 듣기**
대화를 들으며 빈칸에 들어갈 내용을 받아써보자. (받아쓰는 내용은 두 번 들려줍니다.)

> W: Excuse me, sir. The kitchen is already closed.
> M: Oh really? Why so early?
> W: This is the usual time _____.
> M: But last Saturday I arrived after 10 o'clock.
> W: _____, _____, _____.
> M: So, _____ now?
> W: Yes, I'm afraid so. But _____.

Step 3   질문을 들을 때   **무엇을 묻고 있는지 파악하기**
Which is _____ according to the conversation?

Step 4   보기를 들을 때   **정답 여부 가리며 듣기**
소거법을 사용하여 정답을 골라보자.
(a)   (b)   (c)   (d)

다음을 듣고 질문에 알맞은 응답을 골라보자. 🎧 43_1부_P3_Course2-1

05   (a)   (b)   (c)   (d)   07   (a)   (b)   (c)   (d)

06   (a)   (b)   (c)   (d)   08   (a)   (b)   (c)   (d)

정답 p.118

2. 육하원칙 문제

육하원칙 문제는 의문사 'What(무엇/무슨), Why(왜), When(언제), Where(어디서), Who(누가), How(어떻게), Which(어느 것/어느)'를 이용하여 대화에서 언급된 내용에 대해 묻는 문제로, Part 3의 중간인 24~28번 사이에 주로 출제된다. 이제부터 육하원칙 문제를 익혀보자.

■ 질문 형태

육하원칙 문제는 What, Why, Which, When 형태로 주로 출제되며, Who, How도 가끔 출제된다.

What	**What** did the man[woman] do for the woman[man]? 남자[여자]는 여자[남자]를 위해 무엇을 했는가?
	What problem do the man and woman have? 남자와 여자는 무슨 문제를 갖고 있는가?
	What did the man[woman] forget to do? 남자[여자]는 무엇을 하는 것을 잊어버렸는가?
	What do the man and woman decide to do? 남자와 여자는 무엇을 하기로 결정했는가?
	What time is the man[woman] going to leave? 남자[여자]는 몇 시에 떠날 것인가?
Why	**Why** is the man[woman] being asked to leave the building? 남자[여자]는 왜 건물을 떠나야 하는가?
	Why didn't the man[woman] attend the meeting? 남자[여자]는 왜 회의에 참석하지 않았는가?
	Why couldn't Shane go to the party? Shane은 왜 파티에 갈 수 없었는가?
	Why does the man need help on the work? 남자는 왜 일하는데 도움이 필요한가?
Which	**Which** program is the man[woman] going to watch? 남자[여자]는 어느 프로그램을 시청할 것인가?
When	**When** is the man[woman] getting a treatment this weekend? 남자[여자]는 이번 주말에 언제 치료를 받을 것인가?

■ Step별 문제풀이 전략

| Step 1 | 대화 상황을 들을 때 **어떤 상황인지 파악하기**
· 대화 상황을 들으면서 화자들의 관계, 대화의 소재, 또는 대화가 이루어지는 장소를 파악한다.

| Step 2 | 대화를 들을 때 **정답의 단서가 될 수 있는 부분을 집중해 듣기**
· 대화에서 언급되는 모든 것이 정답의 단서가 될 수 있으므로 자세한 내용까지 기억하며 듣는다.
· 세부 정보를 정확히 기억하면서 듣고, 특히 구체적인 숫자(금액, 시간 등)가 나오면 숫자를 메모하고 문맥을 기억해 둔다.

| Step 3 | 질문을 들을 때 **무엇을 묻고 있는지 파악하기**
· 의문사를 듣고 대화에 언급된 내용에 대해 묻는 육하원칙 문제임을 파악한다.
· 특히, 의문사와 핵심어를 잘 듣고 무엇을 묻고 있는지 확인한다.
  (예: What did the man forget to do? → 의문사: What, 핵심어: the man, forget)

| Step 4 | 보기를 들을 때 **정답 여부 가리며 듣기**
· 답이 아닌 것에는 ×, 애매한 것에는 △, 정답에는 ○를 표시하는 소거법을 적용하면서 보기를 듣는다.
· 대화에서 언급된 단어나 숫자 등을 포함하고 있지만 내용은 대화의 내용과 다른 오답이 자주 나오므로 주의한다.
· 대화의 문맥을 고려하면 그럴 듯 하지만, 대화에 언급되지 않은 내용이어서 오답인 경우도 많으므로 주의한다.

Step 1 대화 상황을 들을 때 어떤 상황인지 파악하기

> **Listen to a conversation between two friends.**

▶ 대화 상황을 통해 '두 친구' 간의 대화 상황임을 파악

Step 2 대화를 들을 때 정답의 단서가 될 수 있는 부분을 집중해 듣기

> W. Do you have any ideas for tonight, Greg?
> M: ① **How about rollerblading?** It feels great outside.
> W: I'd love to, but ② **I left my rollerblades at the office.**
> M: Can't you go back and get them?
> W: Unfortunately not. ③ **The building's already locked.**
> M: We'll have to think of something else then.

▶ 세부 정보
① 남자: 롤러블레이드 타러 가자고 제안함
② 여자: 롤러블레이드를 사무실에 놓고옴
③ 여자: 건물이 잠겨서 롤러블레이드를 가지고 나올 수 없음

Step 3 질문을 들을 때 무엇을 묻고 있는지 파악하기

> Q. What is **stopping the woman** from going rollerblading?

▶ What ~ stopping the woman을 듣고 '여자가 못하는 이유'를 묻는 육하원칙 문제임을 파악

Step 4 보기를 들을 때 정답 여부 가리며 듣기

> (a) She would rather not be outside.
> (b) She left her rollerblades at work.
> (c) She has to go back to the office.
> (d) She does not own any rollerblades.

▶ (a) △ 대화에 언급되지 않은 오답
(b) ○ 세부 정보 ②를 바르게 표현한 정답
(c) △ go back to the office를 반복한 오답
(d) × 대화 내용과 다른 오답

해석 p.122

Hackers Practice

다음을 듣고 앞서 배운 전략을 적용하여 문제를 풀어보자. 🎧 44_1부_P3_Course2-2

01

Step 1 대화 상황을 들을 때 **어떤 상황인지 파악하기**

Listen to a conversation between _____.

Step 2 대화를 들을 때 **정답의 단서가 될 수 있는 부분을 집중해 듣기**

대화를 들으며 빈칸에 들어갈 내용을 받아써보자. (받아쓰는 내용은 두 번 들려줍니다.)

> M: Would you like _____ ?
> W: What are my options?
> M: There's Earl Grey, green tea, and ginseng tea.
> W: Do you happen to _____ ?
> M: _____. Would you like some?
> W: Yes, thanks. _____.

Step 3 질문을 들을 때 **무엇을 묻고 있는지 파악하기**

_____ kind of _____ will the _____ ?

Step 4 보기를 들을 때 **정답 여부 가리며 듣기**

소거법을 사용하여 정답을 골라보자.

(a)   (b)   (c)   (d)

02

Step 1 대화 상황을 들을 때 **어떤 상황인지 파악하기**

Listen to a conversation between _____.

Step 2 대화를 들을 때 **정답의 단서가 될 수 있는 부분을 집중해 듣기**

대화를 들으며 빈칸에 들어갈 내용을 받아써보자. (받아쓰는 내용은 두 번 들려줍니다.)

> M: Oh. Look at the time. I'm going to be late for dinner.
> W: Um...are you sure _____ ?
> M: Well, I have my briefcase, my keys... _____.
> W: But you _____.
> M: Oh, right. _____ on my way home.

Step 3 질문을 들을 때 **무엇을 묻고 있는지 파악하기**

_____ did the _____ ?

Step 4 보기를 들을 때 **정답 여부 가리며 듣기**

소거법을 사용하여 정답을 골라보자.

(a)   (b)   (c)   (d)

03

Step 1　대화 상황을 들을 때　**어떤 상황인지 파악하기**

Listen to a conversation between _____.

Step 2　대화를 들을 때　**정답의 단서가 될 수 있는 부분을 집중해 듣기**

대화를 들으며 빈칸에 들어갈 내용을 받아써보자. (받아쓰는 내용은 두 번 들려줍니다.)

> W: _____ last weekend
>
> M: _____, but I _____.
>
> W: Oh no! Is she all right?
>
> M: She's fine now. They said _____.
>
> W: Well, I'm certainly glad to hear that.
>
> M: Yeah, I can't find the words to describe how relieved I felt.

Step 3　질문을 들을 때　**무엇을 묻고 있는지 파악하기**

_____ didn't the _____ ?

Step 4　보기를 들을 때　**정답 여부 가리며 듣기**

소거법을 사용하여 정답을 골라보자.

(a)　　(b)　　(c)　　(d)

04

Step 1　대화 상황을 들을 때　**어떤 상황인지 파악하기**

Listen to a conversation between _____.

Step 2　대화를 들을 때　**정답의 단서가 될 수 있는 부분을 집중해 듣기**

대화를 들으며 빈칸에 들어갈 내용을 받아써보자. (받아쓰는 내용은 두 번 들려줍니다.)

> W: I really _____ on such short notice.
>
> M: _____. It's the least I could do.
>
> W: Yeah, but it's really _____.
>
> M: Well, _____ anyway.
>
> W: What would I do without you?
>
> M: Let's just say that _____.

Step 3　질문을 들을 때　**무엇을 묻고 있는지 파악하기**

_____ did the _____ ?

Step 4　보기를 들을 때　**정답 여부 가리며 듣기**

소거법을 사용하여 정답을 골라보자.

(a)　　(b)　　(c)　　(d)

다음을 듣고 질문에 알맞은 응답을 골라보자.　🎧 44_1부_P3_Course2-2

05	(a)	(b)	(c)	(d)		07	(a)	(b)	(c)	(d)
06	(a)	(b)	(c)	(d)		08	(a)	(b)	(c)	(d)

Hackers **TEST**

Choose the option that best answers the question. 🎧 45_1부_P3_Course2_HT

01	(a)	(b)	(c)	(d)
02	(a)	(b)	(c)	(d)
03	(a)	(b)	(c)	(d)
04	(a)	(b)	(c)	(d)
05	(a)	(b)	(c)	(d)
06	(a)	(b)	(c)	(d)
07	(a)	(b)	(c)	(d)
08	(a)	(b)	(c)	(d)

정답 p.125
받아쓰기 프로그램으로 Hackers Practice와 Hackers Test를 꼭 복습하세요.

COURSE **3** 추론 문제

1. Infer 문제

Infer 문제는 대화의 내용을 근거로 대화에서 직접적으로 언급되지 않은 것을 추론하는 문제로, Part 3의 마지막 부분인 29~30번 사이에 주로 출제된다. 이제부터 Infer 문제를 익혀보자.

■ 질문 형태

Infer 문제는 주로 대화 전체의 상황을 파악하여 문제를 푸는 What can be inferred 형태와, 특정 대상에 초점을 맞추어 문제를 푸는 What can be inferred about ~ 형태로 출제된다.

What can be **inferred** from the conversation? 대화로부터 추론할 수 있는 것은 무엇인가?

What can be **inferred about the man and woman** from the conversation?
대화로부터 남자와 여자에 대해 추론할 수 있는 것은 무엇인가?

What can be **inferred about the man[woman]** from the conversation?
대화로부터 남자[여자]에 대해 추론할 수 있는 것은 무엇인가?

What can be **inferred about** ○○○ from the conversation? 대화로부터 ○○○에 대해 추론할 수 있는 것은 무엇인가?

■ Step별 문제풀이 전략

| Step 1   대화 상황을 들을 때 **어떤 상황인지 파악하기**
- 대화 상황을 들으면서 화자들의 관계, 대화의 소재, 또는 대화가 이루어지는 장소를 파악한다.

| Step 2   대화를 들을 때 **정답의 단서가 될 수 있는 부분을 집중해 듣기**
- 추론은 반드시 대화 내용에 근거해야 하므로, 세부 정보를 기억하면서 듣고 구체적인 숫자가 나오면 메모해둔다.
- 대화의 주제와 관련된 내용이 정답의 근거가 되는 경우가 많으므로, 주제를 확실히 파악한다.

  Tip: 세부 정보 문제처럼 대화의 구체적인 정보를 paraphrase한 말이 정답이 되는 경우도 있으므로, 구체적인 정보를 자세히 들어둔다.

| Step 3   질문을 들을 때 **무엇을 묻고 있는지 파악하기**
- inferred를 듣고 보기 중 바르게 추론한 것이 무엇인지 묻는 Infer 문제임을 파악한다.
- inferred about이 나오면 about 뒤를 잘 듣고 어떤 대상에 대해 묻는지 확인해둔다.

| Step 4   보기를 들을 때 **정답 여부 가리며 듣기**
- 답이 아닌 것에는 ×, 애매한 것에는 △, 정답에는 ○를 표시하는 소거법을 적용하면서 보기를 듣는다.
- 대화에서 추론의 근거를 찾을 수 없는 오답에 주의한다.
- 대화의 내용과 반대로 추론한 오답에 주의한다.

Step 1 대화 상황을 들을 때 **어떤 상황인지 파악하기**

> **Listen to a conversation about renovating a house.**

▶ 대화 상황을 통해 '집 수리'에 관한 대화 상황임을 파악

Step 2 대화를 들을 때 **정답의 단서가 될 수 있는 부분을 집중해 듣기**

> W: Pardon me. Do you have any idea when the renovations will be done?
> M: There's been ① **another setback, but I'm working as fast as I can.**
> W: Could you give me a rough estimate? ② **I'm having company on the 27th.**
> M: That would be pushing it, but ③ **if you want, I could work nights too.**
> W: ③ **Whatever it takes.**
> M: Then ④ **I'll adjust my schedule accordingly.**

▶ 세부 정보
① 남자: 문제가 있어 집 수리 공사가 늦어지고 있음
② 여자: 27일에 손님이 오기로 되어있음
③ 여자: 밤에도 일할 수 있다는 남자의 말에 그렇게 해달라고 함
④ 남자: 스케줄을 조정하겠다고 함

Step 3 질문을 들을 때 **무엇을 묻고 있는지 파악하기**

> Q. What can be **inferred** from the conversation?

▶ inferred를 듣고 Infer 문제임을 파악

Step 4 보기를 들을 때 **정답 여부 가리며 듣기**

> (a) The woman is unhappy with the quality of the work.
> (b) The woman is upset the renovations have been delayed.
> (c) The man is unwilling to work nights.
> (d) The man will finish the project by the 27th.

▶ (a) ✕ 언급된 적 없는 오답
(b) △ 대화에서 추론의 근거를 찾을 수 없는 오답
(c) △ 반대로 추론한 오답
(d) ○ 바르게 추론한 정답

해석 p.129

Hackers Practice

다음을 듣고 앞서 배운 전략을 적용하여 문제를 풀어보자. 🎧 46_1부_P3_Course 3-1

01

Step 1   대화 상황을 들을 때 **어떤 상황인지 파악하기**

Listen to a conversation between _____.

Step 2   대화를 들을 때 **정답의 단서가 될 수 있는 부분을 집중해 듣기**

대화를 들으며 빈칸에 들어갈 내용을 받아써보자. (받아쓰는 내용은 두 번 들려줍니다.)

> M: Suzy, _____.
> W: But we haven't had dessert.
> M: Well, I'm _____ Jerry at the airport in an hour.
> W: _____, then? You don't have much time.
> M: Good idea. _____.
> W: Especially on the roads _____.

Step 3   질문을 들을 때 **무엇을 묻고 있는지 파악하기**

What can be _____ from the conversation?

Step 4   보기를 들을 때 **정답 여부 가리며 듣기**

소거법을 사용하여 정답을 골라보자.

(a)   (b)   (c)   (d)

02

Step 1   대화 상황을 들을 때 **어떤 상황인지 파악하기**

Listen to a conversation between _____.

Step 2   대화를 들을 때 **정답의 단서가 될 수 있는 부분을 집중해 듣기**

대화를 들으며 빈칸에 들어갈 내용을 받아써보자. (받아쓰는 내용은 두 번 들려줍니다.)

> M: _____?
> W: The what?
> M: The parsley...on the table over there.
> W: You mean this stuff with the thin leaves?
> M: No, that's rosemary. I'll use the rosemary for the bread.
> W: Well, _____? _____.
> M: The parsley has the bright green leaves... next to the onions.
> W: Oh, that one. _____.

Step 3   질문을 들을 때 **무엇을 묻고 있는지 파악하기**

What can be _____ from the conversation?

Step 4   보기를 들을 때 **정답 여부 가리며 듣기**

소거법을 사용하여 정답을 골라보자.

(a)   (b)   (c)   (d)

204   받아쓰기&쉐도잉 프로그램   HackersIngang.com

03

Step 1   대화 상황을 들을 때   **어떤 상황인지 파악하기**

Listen to a conversation about _____.

Step 2   대화를 들을 때   **정답의 단서가 될 수 있는 부분을 집중해 듣기**

대화를 들으며 빈칸에 들어갈 내용을 받아써보자. (받아쓰는 내용은 두 번 들려줍니다.)

M: _____. _____?

W: It was on the clearance rack at Gentry's.

M: Were there still others left when you were there?

W: Yeah, there were quite a few. _____?

M: _____

_____.

W: Well, you better hurry. The sale ends on Saturday.

Step 3   질문을 들을 때   **무엇을 묻고 있는지 파악하기**

What can be _____ from the conversation?

Step 4   보기를 들을 때   **정답 여부 가리며 듣기**

소거법을 사용하여 정답을 골라보자.

(a)   (b)   (c)   (d)

04

Step 1   대화 상황을 들을 때   **어떤 상황인지 파악하기**

Listen to a conversation between _____.

Step 2   대화를 들을 때   **정답의 단서가 될 수 있는 부분을 집중해 듣기**

대화를 들으며 빈칸에 들어갈 내용을 받아써보자. (받아쓰는 내용은 두 번 들려줍니다.)

W: Hello, Mr. Brown. _____.

M: Oh, yes. Sorry I missed your call earlier.

W: _____.

M: Well, I'm booked solid today, but I'm free tomorrow afternoon.

W: Great. _____ then?

M: _____.

W: OK. I'm sure we can arrange that.

M: Thanks. I'll keep an eye out around that time.

Step 3   질문을 들을 때   **무엇을 묻고 있는지 파악하기**

What can be _____ from the conversation?

Step 4   보기를 들을 때   **정답 여부 가리며 듣기**

소거법을 사용하여 정답을 골라보자.

(a)   (b)   (c)   (d)

다음을 듣고 질문에 알맞은 응답을 골라보자. 🎧 46_1부_P3_Course3-1

05	(a)	(b)	(c)	(d)		07	(a)	(b)	(c)	(d)
06	(a)	(b)	(c)	(d)		08	(a)	(b)	(c)	(d)

정답 p.129

2. Do-next · Opinion 문제

Do-next · Opinion 문제는 화자들의 다음에 할 일(Do-next)이나 의견(Opinion)을 대화의 내용을 근거로 추론하는 문제로, Part 3의 마지막 부분인 29~30번 사이에 가끔 출제된다. 이제부터 Do-Next · Opinion 문제를 익혀보자.

■ 질문 형태

Do-next 문제는 주로 화자가 다음에 할 일(Do-next)을 묻는 What will ~ do next 형태로, Opinion 문제는 화자의 의견(Opinion)을 묻는 What is ~ opinion 형태로 출제된다.

Do-next	What will **the man[woman]** probably **do next**? 남자[여자]는 다음에 무엇을 할 것 같은가? What will **the man[woman]** probably **do tonight**? 남자[여자]는 오늘 밤에 무엇을 할 것 같은가? What will probably **happen to** ○○○? ○○○은 어떻게 될 것 같은가? What will the speakers **most likely do for** ○○○? 화자들은 ○○○를 위해 무엇을 할 것 같은가?
Opinion	What is **the man[woman]'s opinion** of ○○○? ○○○에 대한 남자[여자]의 의견은 무엇인가?

■ Step별 문제풀이 전략

| Step 1 | 대화 상황을 들을 때 **어떤 상황인지 파악하기**
· 대화 상황을 들으면서 화자들의 관계, 대화의 소재, 또는 대화가 이루어지는 장소를 파악한다.

| Step 2 | 대화를 들을 때 **정답의 단서가 될 수 있는 부분을 집중해 듣기**
· 추론은 반드시 대화 내용에 근거해야 하므로, 세부 정보를 기억하면서 들어야 한다.
· 남자, 여자, 또는 특정 대상에 대한 정보인지 구분하면서 세부 내용을 자세히 듣는다.

| Step 3 | 질문을 들을 때 **무엇을 묻고 있는지 파악하기**
· do next, opinion 등을 듣고 화자들이 다음에 할 일이나 가장 동의할 만한 의견이 무엇인지 묻는 Do-next · Opinion 문제임을 파악한다.
· 질문에 the man이나 the woman이 나오면 그 부분을 잘 듣고 남자와 여자 중 누구에 대해 묻는지 확인한다.

| Step 4 | 보기를 들을 때 **정답 여부 가리며 듣기**
· 답이 아닌 것에는 ×, 애매한 것에는 △, 정답에는 ○를 표시하는 소거법을 적용하면서 보기를 듣는다.
· 대화 내용과 반대로 추론한 오답에 주의한다.
· 남자와 여자를 바꿔 써서 헷갈리게 하는 오답도 간혹 나오므로 주의한다.

Step 1 대화 상황을 들을 때 어떤 상황인지 파악하기

> **Listen to two friends discuss a man's brother.**

▶ 대화 상황을 통해 '남자의 동생'에 관한 대화 상황임을 파악

Step 2 대화를 들을 때 정답의 단서가 될 수 있는 부분을 집중해 듣기

> W: Stanley, it's Lisa. I was calling to check on your brother.
> M: That's nice of you. ① **He's still in recovery, but the doctor said he'll be fine.**
> W: Well, ② **I was planning to pay him a visit later today.**
> M: I'm sure he'd appreciate that very much.
> W: ③ **I'm going to pick up a bite to eat. Can I bring you something?**
> M: ④ **If you don't mind.** I'm sick and tired of the hospital cafeteria.

▶ 세부 정보
① 남자: 동생이 아직 회복 중이라 함
② 여자: 병문안을 가려 했다고 함
③ 여자: 갈 때 남자가 먹을 만한 것을 사가겠다고 제안함
④ 남자: 제안을 수락함

Step 3 질문을 들을 때 무엇을 묻고 있는지 파악하기

> Q. What will **the woman** probably **do next**?

▶ the woman do next를 듣고 Do-next 문제이고 여자에 대해 묻고 있음을 파악

Step 4 보기를 들을 때 정답 여부 가리며 듣기

> (a) Take the man some food
> (b) Wait for the food to arrive
> (c) Meet the man at the cafeteria
> (d) Visit the man's brother

▶ (a) ○ 여자가 다음에 할 행동을 바르게 추론한 정답

(b) △ 남자와 여자를 바꿔 쓴 오답

(c) × 언급된 적 없는 오답

(d) △ 대화에서 추론의 근거를 찾을 수 없는 오답

해석 p.133

Hackers Practice

다음을 듣고 앞서 배운 전략을 적용하여 문제를 풀어보자. 🎧 4/_1부_P3_Course 3-2

01

Step 1 대화 상황을 들을 때 **어떤 상황인지 파악하기**
Listen to a conversation about _____.

Step 2 대화를 들을 때 **정답의 단서가 될 수 있는 부분을 집중해 듣기**
대화를 들으며 빈칸에 들어갈 내용을 받아써보자. (받아쓰는 내용은 두 번 들려줍니다.)

> M: Are you _____ ?
> W: We are _____ and _____ .
> M: Couldn't _____ ?
> W: It could, but it is too cold for her to stay outside.
> M: Well, do you think _____ ?
> W: _____ .

Step 3 질문을 들을 때 **무엇을 묻고 있는지 파악하기**
What will probably _____ to the _____ ?

Step 4 보기를 들을 때 **정답 여부 가리며 듣기**
소거법을 사용하여 정답을 골라보자.
(a)   (b)   (c)   (d)

02

Step 1 대화 상황을 들을 때 **어떤 상황인지 파악하기**
Listen to a conversation between _____.

Step 2 대화를 들을 때 **정답의 단서가 될 수 있는 부분을 집중해 듣기**
대화를 들으며 빈칸에 들어갈 내용을 받아써보자. (받아쓰는 내용은 두 번 들려줍니다.)

> W: Did you hear _____ ?
> M: Yeah, _____ .
> W: You'll have to take some warm clothes with you.
> M: I can't believe _____ .
> W: But at least you'll be able to relax and get some rest.
> M: Still, _____ .

Step 3 질문을 들을 때 **무엇을 묻고 있는지 파악하기**
What is the _____ of the _____ ?

Step 4 보기를 들을 때 **정답 여부 가리며 듣기**
소거법을 사용하여 정답을 골라보자.
(a)   (b)   (c)   (d)

03

Step 1   대화 상황을 들을 때   **어떤 상황인지 파악하기**
Listen to a conversation between _____.

Step 2   대화를 들을 때   **정답의 단서가 될 수 있는 부분을 집중해 듣기**
대화를 들으며 빈칸에 들어갈 내용을 받아써보자. (받아쓰는 내용은 두 번 들려줍니다.)

> M: Hey Gina, do you have a minute?
> W: Of course. What's up?
> M: My anniversary's coming up, and _____.
> W: _____ that overlooks the harbor.
> M: That sounds cozy, but my wife is a vegetarian.
> W: Actually, _____. _____.
> M: Really? Excellent. _____.

Step 3   질문을 들을 때   **무엇을 묻고 있는지 파악하기**
What will the _____ probably _____?

Step 4   보기를 들을 때   **정답 여부 가리며 듣기**
소거법을 사용하여 정답을 골라보자.
(a)   (b)   (c)   (d)

04

Step 1   대화 상황을 들을 때   **어떤 상황인지 파악하기**
Listen to a conversation between _____.

Step 2   대화를 들을 때   **정답의 단서가 될 수 있는 부분을 집중해 듣기**
대화를 들으며 빈칸에 들어갈 내용을 받아써보자. (받아쓰는 내용은 두 번 들려줍니다.)

> W: Hi, Frank. What are you up to?
> M: Just doing _____. How about you?
> W: Well, I'm _____ and _____
> _____.
> M: Thanks, but I have to _____ before noon.
> W: Well, then _____?
> M: Sure. _____.

Step 3   질문을 들을 때   **무엇을 묻고 있는지 파악하기**
What will the _____ probably _____?

Step 4   보기를 들을 때   **정답 여부 가리며 듣기**
소거법을 사용하여 정답을 골라보자.
(a)   (b)   (c)   (d)

다음을 듣고 질문에 알맞은 응답을 골라보자. 🎧 47_1부_P3_Course 3-2

05   (a)   (b)   (c)   (d)   07   (a)   (b)   (c)   (d)

06   (a)   (b)   (c)   (d)   08   (a)   (b)   (c)   (d)

정답 p.134

Hackers **TEST**

Choose the option that best answers the question. 🎧 48_1부_P3_Course3_HT

01	(a)	(b)	(c)	(d)
02	(a)	(b)	(c)	(d)
03	(a)	(b)	(c)	(d)
04	(a)	(b)	(c)	(d)
05	(a)	(b)	(c)	(d)
06	(a)	(b)	(c)	(d)
07	(a)	(b)	(c)	(d)
08	(a)	(b)	(c)	(d)

정답 p.137
받아쓰기 프로그램으로 Hackers Practice와 Hackers Test를 꼭 복습하세요.

Part **TEST**

Choose the option that best answers the question. 🎧 49_1부_P3_Part_Test

01 (a)   (b)   (c)   (d)

02 (a)   (b)   (c)   (d)

03 (a)   (b)   (c)   (d)

04 (a)   (b)   (c)   (d)

05 (a)   (b)   (c)   (d)

06 (a)   (b)   (c)   (d)

07 (a)   (b)   (c)   (d)

08 (a)   (b)   (c)   (d)

09 (a)   (b)   (c)   (d)

10 (a)   (b)   (c)   (d)

정답 p.141
받아쓰기 프로그램으로 Part Test를 꼭 복습하세요.

Part 4 & 5

Part 4 & 5의 특징 및 고득점 전략

Part 4&5에서는 한 사람이 말하는 긴 담화를 듣고 들려주는 질문에 가장 적절한 답이 되는 보기를 고르는 문제가 출제된다. 담화의 길이는 Part 4의 경우 5문장 내외, Part 5의 경우 10문장 내외이다. Part 4는 31번부터 36번까지 총 6문제, Part 5는 37번부터 40번까지 총 4문제가 출제되며, 각 질문마다 네 개의 보기를 들려준다. 이제부터 Part 4&5의 특징과 고득점 전략을 알아보자.

Part 4 & 5의 특징

1. 담화와 질문은 두 번씩, 보기는 한 번만 들려준다.

담화와 질문을 들려준 후 다시 한 번 담화와 질문을 들려주고, 마지막으로 보기를 한 번 들려준다. 특히 보기는 한 번만 들려주므로 반드시 집중해서 들어야 한다.

2. Part 4에서는 담화 한 개당 한 문제가 출제된다.

한 개의 담화를 듣고 풀어야 하는 문제가 한 문제이므로, 해당 문제 유형 전략에 맞춰 담화를 들어야 한다. 주로 중심 내용 → 세부 정보 → 추론 문제 순서로 문제 유형의 배열이 정해져 있는 편이므로, 담화를 첫 번째 들을 때부터 이를 염두에 두고 유형별 전략을 적용하며 듣는 것이 유리하다.

3. Part 5에서는 담화 한 개당 두 문제가 출제된다.

한 개의 담화를 듣고 풀어야 하는 문제가 두 문제이다. 중심 내용, 세부 정보, 추론 문제 유형이 모두 출제되며, 중심 내용 문제가 나올 경우 한 담화에 속한 두 문제 중 첫 번째 문제로, 추론 문제는 두 번째 문제로 주로 출제된다. 두 문제가 모두 세부 정보 문제로 출제되는 경우도 있다. 따라서 담화를 첫 번째 들을 때부터 이를 염두에 두고 유형별 전략을 적용하며 듣는 것이 유리하다.

4. 담화에 길고 복잡한 문장이 나온다.

Part 4&5에는 길고 복잡한 문장이 Part 3보다 더 많이 나오므로, 이러한 길고 복잡한 문장을 잘 들어야 Part 4&5의 담화를 정확히 이해하여 정답을 선택할 수 있다.

5. 정답에는 담화에 나온 말이 Paraphrase되어 나오는 경우가 많다.

정답에는 담화 내용에 쓰였던 표현이나 문장이 그대로 사용되지 않고 다르게 표현되어 나오는 경우, 즉 paraphrase되어 나오는 경우가 많다.

6. 다양한 유형의 담화문이 출제된다.

방송, 안내/메시지, 주장/비판/연구 결과, 인문·사회과학 강의, 자연과학 강의 등 다양한 유형의 담화문이 출제된다.

Part 4 & 5 고득점 전략

문제 풀이 전략

Step 1. 담화를 첫 번째 들을 때 **무엇에 대한 담화인지 파악하며 듣는다.**

담화를 전체적으로 들으면서 핵심 정보를 담고 있는 키워드를 통해 무엇에 대한 담화인지 파악한다.

Step 2. 질문을 들을 때 **무엇을 묻고 있는지 파악하며 듣는다.**

질문을 듣고 어떤 문제 유형인지 파악한다. 또, 특정 대상을 지정해 묻는 경우도 있으므로 그때는 그 대상이 무엇인지도 잘 듣고 기억해둔다.

Step 3. 담화를 두 번째 들을 때 **정답의 단서가 될 부분을 집중해서 듣는다.**

문제 유형에 따라 정답의 단서가 될 부분이 다르므로 필요한 부분을 집중해서 듣는다.

Step 4. 질문과 보기를 들을 때 **정답 여부를 가리며 듣는다.**

보기가 문제지에 인쇄되어 있지 않아 어떤 보기가 정답인지 헷갈리거나 잊어버리기 쉬우므로 보기를 들으며 답이 아닌 것에는 ×, 애매한 것에는 △, 정답에는 ○를 표시하는 소거법을 적용하면서 듣는다. 또한, 문제 유형별로 자주 나오는 오답 유형에 주의한다.

학습 전략

1. 문제 유형별로 알맞은 듣기 전략을 익힌다.

정답을 잘 고르기 위해 적용해야 하는 듣기 전략이 문제 유형에 따라 다르므로, 각 문제 유형별로 알맞은 듣기 전략을 익혀두어야 한다.

2. Step별로 필요한 전략을 익힌다.

Part 4 문제는 '담화 → 질문 → 담화 → 질문과 보기' 순서로 들려주며, Part 5 문제는 '담화 → 첫 번째 질문 → 두 번째 질문 → 담화 → 첫 번째 질문과 보기 → 두 번째 질문과 보기' 순서로 들려준다. 이 순서를 활용하면 문제를 더 효과적으로 풀 수 있으므로, 이러한 순서에 따른 Step별 전략을 익히고 적용하는 연습을 하는 것이 필요하다.

3. 긴 문장을 잘 듣는 방법을 익힌다.

Part 4&5에서는 구와 절이 포함된 긴 문장을 잘 듣는 방법을 익혀둘 필요가 있다. 특히 문장을 길게 만드는 요소인 분사구, 부사절을 귀에 익히고, 긴 문장을 끊어 듣는 연습을 해두는 것이 중요하다.

4. Paraphrase된 문장에 익숙해진다.

Part 4&5에서는 담화에 쓰였던 표현이나 문장이 정답에 그대로 나오지 않고 바꾸어 표현되어, 즉 paraphrase되어 나오는 경우가 많다. 따라서 paraphrase된 문장에 익숙해지는 것이 필수적이다.

5. 빈출 담화 유형과 Flow를 익혀둔다.

Part 4&5에 자주 나오는 안내/메시지, 강의 등의 담화 유형과 각 담화 유형별 flow를 익혀두면, 다음에 어떤 내용이 올 것인지와 어느 부분에 정답의 단서가 될 만한 내용이 나올지를 어느 정도 예측할 수 있으므로 이를 잘 익혀두어야 한다.

기본기 다지기

1. 분사구 · 부사절 귀에 익히기

Part 4&5에는 분사구나 부사절이 포함된 길이가 길고 복잡한 문장이 자주 나온다. 그러므로 Part 4&5에 나오는 긴 문장을 듣고 바로 이해하기 위해 분사구와 부사절을 하나의 단위로 묶어 귀에 익히는 연습을 해보자.

■ Example 🎧 50_1부_P4&5_기본기1

Composed in the postwar period, Copeland's orchestral ballad delicately blended elements of modern music with traditional folk sounds. The composition was immediately well-received by the public and was influential in bringing chamber music to a more popular audience.

전후에 작곡된 Copeland의 오케스트라 발라드는 현대 음악의 요소와 전통 민속 음악을 섬세하게 조화시켰다. 그 작품은 대중들에게 즉시 호평을 받았고 실내악을 더 많은 대중적 청중들에게 가져오는 데 영향을 주었다.

해설 | 위 담화에서 'Composed in the postwar period'는 뒤의 명사인 'Copeland's orchestral ballad'를 부연 설명하는 분사구이다.

■ Key Points 🎧 50_1부_P4&5_기본기1

분사구 분사구는 시간, 연속 동작 등의 의미를 갖는 부사절 역할을 하기도 하고, 앞이나 뒤의 명사를 부연 설명하는 형용사 역할을 하기도 한다.

시간	01 **Having undergone a revision,** the law more clearly defines what conditions constitute drunk driving. 개정을 거친 후, 그 법은 어떤 상황이 음주 운전으로 규정되는지 보다 명확히 밝히고 있다.
연속 동작	02 Citizens of New Delhi have complained about attacks by wild monkeys, **claiming to have endured property damage.** 뉴델리의 시민들은 재산 피해를 참아 왔다고 주장하며, 야생 원숭이의 공격에 대해 불평했다.
부연 설명	03 The professor argues that organic foods **grown and sold in America** need to meet a strict standard of quality. 그 교수는 미국에서 재배되고 판매되는 유기농 식품이 엄격한 품질 기준을 충족시킬 필요가 있다고 주장한다.

부사절 부사절은 부사절을 이끄는 접속사에 따라 시간, 이유, 목적, 양보 · 조건 등의 의미를 갖는다.

시간	before ~전에 after ~후에 when ~할 때 since ~이래로 as soon as ~하자마자	04 **Before you begin your diet program,** I need to emphasize how harmful the effects of alcohol can be to you during this time. 다이어트 프로그램을 시작하기 전에, 이 기간 동안에 술의 영향이 얼마나 해로울 수 있는지를 강조할 필요가 있습니다.
이유	now that, as, because, since ~하므로, ~하기 때문에	05 **Now that we've seen the Wright Brothers aviation display,** let's move on to the aircraft that were developed after their initial success. 라이트 형제의 비행 전시를 보았으므로, 그들의 첫 성공 이후에 개발된 비행기로 넘어갑시다.
목적	so that, in order that ~하기 위해, ~하도록	06 It is essential to work constantly to improve your public speaking skills **so that you will always be prepared for any type of situation.** 모든 상황에 항상 대비하기 위해서 당신의 연설 기술을 향상시키기 위한 노력을 끊임없이 하는 것이 중요하다.
양보 · 조건	if 만일 ~라면 unless ~이 아니라면 although, though, even if 비록 ~지만	07 **If you plan to take advantage of our special two-for-one sale,** please come down to the bakery this weekend. 만일 저희의 하나 가격에 두 개를 드리는 특별 세일을 이용할 계획이시라면, 이번 주말에 제과점으로 와 주시기 바랍니다.

순서대로 끊어 해석한 것을 참고하여, 빈칸에 들어갈 내용을 받아써보자. (받아쓰는 내용은 두 번 들려줍니다.)

01 _____ , /

키프로스 해안에서 12마일 떨어진 곳의 300미터 아래에서 발견된

the ship remains the most well-preserved example of an early Roman trading vessel.

그 배는 여전히 가장 잘 보존된 초기 로마 무역 함대의 예로 남아 있다.

02 The extent of the disaster became immediately apparent / _____

재난 범위가 즉각 분명해졌다   조사자들이 주요 지진 발생 장소를 방문했을 때

_____ .

03 I've called you all here today / _____ .

제가 여러분 모두를 오늘 이곳으로 소집하였습니다   여러분의 팀장님께서 긴급하게 요청하셨기 때문에

04 Our management team has been instructed to reject the proposed changes / _____

우리 관리팀은 제안된 변경 사항들을 받아들이지 말라는 지시를 받았습니다

_____ .

안전 수칙이 보다 자세하게 설명되지 않는다면

05 _____ , /

이제 여러분이 식민지 개척자들의 삶에 대해 조금 알게 되었으므로,

let's move on to the exhibit featuring the tools and textiles they used.

그들이 사용했던 도구와 직물이 있는 전시관으로 이동합시다

06 We should closely examine the many difficulties overcome by astronauts / _____

우리는 천문학자들이 극복한 많은 어려움을 자세히 살펴보아야 합니다

_____ .

학생들이 우주 탐험이 어떻게 전개되어 왔는지 이해할 수 있도록

07 _____ , /

비록 우리 회사가 내년에 생산을 두 배로 늘린다 해도

we still won't make a profit.

우린 여전히 이익을 남기지 못할 것입니다.

08 A recent study found that / over half the volunteers / _____ /

최근 한 연구 결과는 밝혔다   절반 이상의 지원자들이   임상 실험에서 위약을 투여받은

reported increased energy and a decrease in pain.

힘이 나고 고통이 감소했음을 보고했다고

정답 p.147

2. 긴 문장 끊어 듣기

Part 4&5의 담화에 나오는 문장은 대부분 길이가 매우 길다. 그러므로 Part 4&5의 담화를 잘 듣고 이해하기 위해 문장을 의미 단위로 적절히 끊어 앞에서부터 차례로 이해해 가는 끊어 듣기 연습을 해보자.

■ Example 🎧 51_1부_P4&5_기본기2

In 1863, an American immigrant / named Nikola Tesla / performed an electrical experiment. He amazed the audience by unveiling a system / where electrical current could be transmitted to a receiver / with no interconnecting wires. He later used a similar method / to demonstrate / how a boat could be controlled remotely with radio waves.	1863년에, 한 미국 이민자가 / Nikola Tesla라는 이름의 / 전기 실험을 했다. 그는 시스템을 보여줌으로써 청중들을 놀라게 했다 / 전류가 수신기로 전송될 수 있는 / 연결선 없이도. 그는 나중에 비슷한 방법을 사용했다 / 보여주기 위해서 / 어떻게 보트가 전파로 멀리서 조종될 수 있는지를.

해설 | 위 담화는 문장을 의미 단위로 끊어 들은 것으로, 끊어 들은 기준은 구나 절이다.

■ Key Points 🎧 51_1부_P4&5_기본기2

의미 단위로 끊어 듣기 문장을 끊어 주는 의미 단위는 주로 구와 절인데, 그 중에서도 명사구, 형용사구, 분사구와 명사절, 형용사절, 부사절이 대표적인 의미 단위이다. 다음 문장을 끊어지는 부분에 주의해서 듣고, 앞에서부터 차례대로 의미를 이해해보자.

01 Many schools have decided / to hire English speakers / from non-native English-speaking countries.
　　많은 학교가 결정했다　　　　　영어 원어민을 고용하기로　　　　　영어가 모국어가 아닌 국가에서 온

02 Developing photographs / in one hour / is the specialty / of our photo store.
　　사진을 현상하는 것은　　　한 시간 내로　　전문이다　　우리 사진관의

03 With the use of M-Chip technology, / inappropriate content on TV / can be blocked / from the eyes of children.
　　M-Chip 기술의 사용으로　　　　텔레비전의 부적절한 내용은　　차단될 수 있다　　아이들의 눈으로부터

04 Aristotle, / the Greek philosopher who studied under Plato, / disagreed with his teacher / on a number of topics.
　아리스토텔레스는　　　플라톤 밑에서 공부했던 그리스 철학자인　　　자신의 스승과 의견을 달리했다　　많은 주제에 대해서

05 Please observe / that smoking is not allowed / on the premises.
　인지해 주시기 바랍니다　　흡연이 허용되지 않는 것을　　구내에서

06 It needs to be emphasized / that this term paper counts for a third of your final grade.
　　강조될 필요가 있습니다　　　　이 기말 리포트가 최종 성적의 3분의 1을 차지한다는 것을

07 If you intend to look after a dog properly, / you must make sure / that you exercise it daily.
　　개를 잘 돌보시려면　　　　반드시 ~하셔야 합니다　　매일 운동시키는 것을

08 If you have concerns about getting a job after graduation, / please stop by the career center / to talk to an advisor.
　　졸업 후 직장을 구하는 것에 대해 염려하고 계시다면　　　커리어 센터에 들러 주시기 바랍니다　　상담가와 이야기하기 위해

09 The committee believes / that it is better to have the anniversary celebration on a weekend / that will have
　　그 위원회는 생각한다　　　　기념식을 주말에 하는 것이 더 좋다고　　　　날씨가 더 따뜻할
warmer weather.

순서대로 끊어 해석한 것을 참고하여, 빈칸에 들어갈 내용을 받아써보자. (받아쓰는 내용은 두 번 들려줍니다.)

01 Developing countries are scrambling / _____ / _____.
개발도상국들은 애쓰고 있다   해결책을 찾기 위해   빠른 물가 상승에 대한

02 _____ / _____ / don't hesitate / to contact the director.
만약 어떠한 의견이라도 있으시다면   학교 개혁에 대해   주저 말고   관리자에게 연락주세요

03 _____ , / crime declined / by more than half last year.
추가된 경찰관들의 동원으로 인해   범죄가 감소했다   작년보다 절반 이상

04 Please be aware / _____ / _____.
숙지하고 계십시오   지원서가 접수되어야 한다는 점을   이달 말까지

05 It is increasingly apparent / _____ /
점점 명백해지고 있다   선택할 수 있는 방안이 거의 없다는 것이

_____.
현재의 교통 관련 소음을 줄이는 방법에 있어서

06 _____ / _____ , / you should make sure that /
만약 당신이 작가라면   재정 지원을 찾고 있는   반드시 확실하게 해야 합니다

you research each potential donor carefully.
각 잠재 후원자에 대해 신중히 조사하는 것을

07 Descartes, / _____ / _____ , /
데카르트는   프랑스 철학자인   17세기에 살았던

is one of the central figures / in the history of modern science.
중심 인물 중 한 사람이다   근대 과학 역사의

08 _____ / was a fundamental disparity /
그 논쟁을 부추긴 것은   근본적인 격차였다

_____.
남녀 간의 수입에 있어서의

09 Newtonian physics defines friction / as the force opposite to motion /
뉴턴의 물리학은 마찰력을 정의한다   운동에 반대로 작용하는 힘이라고

_____.
움직이는 물체를 멈추게 하는

정답 p.147

3. Paraphrase된 문장 이해하기

Part 4&5에서도 담화에 나왔던 말이 다른 말로 바뀌어, 즉 paraphrase되어 보기에 나오는 경우가 많다. 그러므로, Part 4&5 에서 정답을 잘 선택하기 위해 paraphrase된 문장을 이해하는 연습을 해보자.

■ Example 🎧 52_1부_P4&5_기본기3

Welcome to Journalism 101. **This course is designed to provide an introductory overview of the basic elements of news writing.** In it, you will learn how to compose interesting stories on a number of engaging topics common in the field of journalism today. In order to do so, it will be important for you to master a variety of styles and citation methods. We will also investigate how to effectively gather information and conduct interviews.

Q. What is the journalism course mainly about?

(a) An analysis of methods used for journalistic writing
(b) Traditional and new approaches to journalistic writing
(c) A summary of interesting topics for news writing
(d) An introduction to the fundamentals of news writing

저널리즘 101에 오신 걸 환영합니다. 이 수업은 기사 작성의 기초적 사항들에 대한 입문 개요를 위한 수업입니다. 이 수업에서, 여러분은 오늘날 저널리즘 분야에 흔한 많은 매력적인 주제에 대해 재미있는 이야기를 쓰는 방법을 배울 것입니다. 그렇게 하기 위해서, 다양한 문체와 인용 방법을 습득하는 것이 중요합니다. 우리는 또한 효과적으로 정보를 수집하고 인터뷰를 하는 방법도 연구할 것입니다.

Q. 저널리즘 수업은 주로 무엇에 대한 것인가?

(a) 저널리즘 글쓰기에서 사용되는 방법 분석
(b) 저널리즘 글쓰기의 전통적인 접근법과 새로운 접근법
(c) 기사 작성을 위한 흥미로운 주제 요약
(d) 기사 작성의 기본 소개

정답 | (d)

해설 | 위 담화의 'introductory overview'가 보기에서 'introduction'으로, 담화의 'basic elements'가 보기에서 'fundamentals'로 paraphrase되었다.

■ Key Points 🎧 52_1부_P4&5_기본기3

단어·구 paraphrase   한 문장 안에 있는 단어나 구를 다른 비슷한 말로 바꾸어 표현한 경우

Berlin, on the verge of the Second World War, was controlled by the Nazi Party.
베를린은 제2차 세계 대전 직전에 나치당에 의해 조종되었다.

paraphrase된 문장

Nazism was dominant in prewar Berlin.   전쟁 전의 베를린에는 나치주의가 지배적이었다.

▶▶ on the verge of the Second World War를 prewar로, was controlled by the Nazi Party를 Nazism was dominant로 바꿔 표현했다.

요약 paraphrase   여러 문장의 내용을 하나의 문장으로 요약한 경우

Students must weigh several factors when deciding which college is best. One of the most central is the strength of a college's degree programs. Students should keep in mind that some universities have stronger reputations than others and may offer more value for the money.
학생들은 어떤 대학이 가장 좋은지 결정할 때 몇몇 요소를 고려해야만 한다. 가장 중요한 것 중 하나는 대학의 학위 프로그램의 장점이다. 학생들은 어떤 대학들은 다른 대학보다 더 높은 명성을 가지고 있고 같은 돈에 더 많은 가치를 제공한다는 것을 기억해야만 한다.

paraphrase된 문장

Academic prestige should be considered when evaluating colleges.   대학을 평가할 때 학문적 명성이 고려되어야만 한다.

▶▶ 담화 속 세 문장의 내용을 Academic ~ colleges(대학을 평가할 때 학문적 명성이 고려되어야만 한다)라는 한 문장으로 요약했다.

담화를 들으며 빈칸에 들어갈 내용을 받아쓴 후, 담화 뒤에 들려주는 문장이 담화 내용을 바르게 paraphrase하고 있으면 ○에, 아니면 ×에 표시해보자. (받아쓰는 내용은 두 번 들려줍니다.)

01

Local schools were closed on Friday after a series of _____.
Temperatures dropped to -15°C overnight, and nearly _____
on roads made travel impossible. _____
_____, so people are advised to stay in their homes.

○   ×

02

I'm referring to the way in which, as professors, _____
_____ in other academic departments. Rather than viewing them as competitors,
_____ that is designed to _____
_____.

○   ×

03

_____.
Since the nation relies solely on imported fuel, _____
_____. Complicating the issue further are truck drivers
who have organized protests over rising fuel costs.

○   ×

04

The last thing to cover in this stockholder's meeting is _____
_____. Galen Industries is committed to _____
_____ to cut costs and boost profits. Inevitably, this will involve
significant _____ and _____.

○   ×

05

Now that we've covered the basics of ancient astrology, I'd like to turn to the equally
prevalent _____. Various cultures throughout history have
claimed that _____.
In China, for instance, the number 4 is believed to be _____ because
_____.
In contrast, the combination of 8, 1, and 4 is believed to indicate a life of _____
_____.

○   ×

정답 p.148

Part 4 & 5 실전 맛보기

기본기 다지기에서 배운 내용을 적용해 실전 유형의 Part 4&5 문제를 풀어보자. 🎧 53_1부_P4&5_실전맛보기

Part 4

01   (a)   (b)   (c)   (d)

02   (a)   (b)   (c)   (d)

03   (a)   (b)   (c)   (d)

04   (a)   (b)   (c)   (d)

05   (a)   (b)   (c)   (d)

06   (a)   (b)   (c)   (d)

Part 5

07   (a)   (b)   (c)   (d)

08   (a)   (b)   (c)   (d)

09   (a)   (b)   (c)   (d)

10   (a)   (b)   (c)   (d)

정답 p.149

실전 공략하기

Part 4 & 5 문제 유형 분석

Part 4&5에서는 담화를 들을 때 문제 유형에 맞는 전략을 적용하며 듣는 것이 중요하다. Part 4&5의 문제 유형은 담화 다음에 들려주는 질문에 따라 결정되므로, 질문의 형태를 유형별로 구분해 익혀두는 것이 매우 중요하다. 본 교재에서는 Part 4&5를 질문 형태를 기준으로 크게 세 가지 유형으로 나누었다.

유형 1. 중심 내용 문제

화자가 담화를 통해 전달하고자 하는 '중심 소재'나 '중심 생각'이 무엇인지를 묻는 문제로 다음의 두 유형으로 나누어진다.

1. 주제 문제

담화의 중심 소재나 중심 생각이 무엇인지 묻는 문제 (보기는 주로 '구'나 '의문사절' 형태로 나온다.)

What is the talk **mainly about**? 주로 무엇에 대한 담화인가?
What is the **main topic** of the talk? 담화의 주제는 무엇인가?
What is the speaker **mainly saying**? 화자가 주로 말하고 있는 것은 무엇인가?
What is the **main purpose** of the talk? 담화의 주된 목적은 무엇인가?

2. 요지 문제

담화의 중심 생각이 무엇인지 묻는 문제 (보기는 '문장' 형태로 나온다.)

What is the speaker's **main point**? 화자의 요점은 무엇인가?
What is the **main idea** of the talk? 담화의 요지는 무엇인가?
What is the **main point** of the talk? 담화의 요점은 무엇인가?
What is the speaker's **main advice**? 화자의 주된 충고는 무엇인가?

유형 2. 세부 정보 문제

담화에 나오는 세부 정보를 묻는 문제로 다음의 두 유형으로 나누어진다.

1. Correct 문제

담화와 일치하는 내용을 담은 보기가 무엇인지 묻는 문제

Which is **correct** according to the talk? 담화에 따르면 맞는 것은 무엇인가?
Which is **correct about** ○○○ (according to the lecture)? (강의에 따르면) ○○○에 대해 맞는 것은 무엇인가?

2. 육하원칙 문제

담화에 언급된 내용 중 '무엇/무슨(What), 왜(Why), 언제(When), 어디서(Where), 누가(Who), 어떻게(How), 어느 것/어느(Which)'에 해당하는 사항을 묻는 문제

What should a person do to cancel an airline reservation? 비행편 예약을 취소하려는 사람은 무엇을 해야 하는가?
Which bridge is currently closed for repairs? 현재 어느 다리가 수리를 위해 닫혀 있는가?
When will the new environmental policy come into effect? 새 환경 정책이 언제 시행될 것인가?
Who would benefit from the product in the advertisement? 광고에 나온 제품으로부터 혜택을 받을 사람은 누구인가?

유형 3. 추론 문제

담화의 중심 내용이나 세부 정보를 근거로 추론해야 하는 문제로 다음의 두 유형으로 나누어진다.

1. Infer 문제

담화에 직접적으로 언급되지 않은 사실을 담화의 내용을 근거로 바르게 추론한 보기가 무엇인지 묻는 문제

What can be inferred from the talk? 담화로부터 추론할 수 있는 것은 무엇인가?

What can be inferred about ○○○ **from the talk?** 담화로부터 ○○○에 대해 추론할 수 있는 것은 무엇인가?

2. Do-next · Opinion 문제

화자가 다음에 할 일(Do-next)이나 화자의 의견(Opinion)을 담화의 내용을 근거로 추론하는 문제

What will the speaker most likely do next? 화자가 다음에 무엇을 할 것 같은가?

What will the lecturer agree with most? 강의하는 사람은 무엇에 가장 동의할 것 같은가?

Which opinion would the speaker most likely share? 화자는 어느 의견에 가장 동의할 것 같은가?

Part 4 & 5 문제 유형별 출제 비율

Part 4&5의 문제 유형별 출제 비율은 아래와 같다.

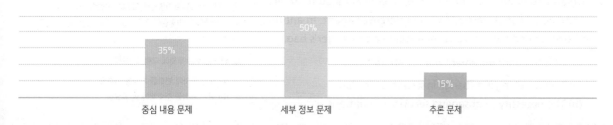

중심 내용 문제	세부 정보 문제	추론 문제
35%	50%	15%

실전 공략하기

Part 4 & 5 오답 유형 분석

Part 4&5의 오답 유형은 대부분 담화 내의 표현, 내용 그리고 논리를 이용한다. Part 4&5에서는 문장도 길고 내용도 어려운 담화를 듣고 문제를 풀어야 하므로, 이런 오답 유형을 더 철저히 연습할 필요가 있다. 이제부터 Part 4&5에 자주 나오는 오답 유형을 익혀보자.

오답 유형 1. 담화에 나온 단어나 표현을 이용한 오답

Part 4&5에도 다른 파트들과 마찬가지로 담화에 나온 단어나 표현을 똑같이 반복해서 쓰거나, 비슷하게 바꿔 쓴 오답이 자주 나온다. 이 오답 유형은 다른 오답 유형과 함께 사용되는 경우가 많다.

Thank you all for your patience. We would now like to resume boarding on flight 762 to Minneapolis for preferred and business class passengers. In a few moments we will begin boarding economy class passengers seated in **rows 11 through 24**. Please have your boarding pass and photo ID ready as you approach the gate. Again, we are sorry for the delay. Thank you.

Q. Which is correct according to the announcement?

(a) Business class passengers may board immediately.

(b) **Rows 11 through 24** are business class seats.

기다려 주신 모든 분들께 감사드립니다. 이제 미니애폴리스로 가는 762 항공편의 우선 탑승 승객과 비즈니스석 승객의 탑승을 다시 시작하겠습니다. 곧 11열에서 24열까지의 이코노미석 승객의 탑승도 시작할 것입니다. 탑승구에 오실 때 탑승권과 사진이 있는 신분증을 준비해 주시기 바랍니다. 다시 한 번 비행이 지연되어 죄송합니다. 감사합니다.

Q. 안내에 따르면 맞는 것은 무엇인가?

(a) 비즈니스석 승객들은 즉시 탑승해도 된다.

(b) 11열에서 24열은 비즈니스석이다.

정답 | (a)

오답분석 | (b)는 담화에 언급된 rows 11 through 24를 반복해서 사용한 오답이다. '11열에서 24열'은 비즈니스석이 아니라 이코노미석이므로 (b)는 틀리다.

오답 유형 2. 그럴듯하지만 담화에서는 언급된 적이 없는 오답

담화의 주제와 관련 있거나 담화의 내용과 비슷한 내용을 담고 있어 그럴듯하게 들리지만, 담화에서 언급된 적이 없어 틀린 오답이 많이 나온다.

In the last meeting, we looked at the new airport security policies. Today, I'd like to talk about the reasons we instituted those policies. Recently, a couple of potentially disastrous mistakes were made that could have threatened the safety of travelers and employees. In one case, screeners failed to detect a concealed weapon carried by an undercover agent. In another, they overlooked a dangerous chemical in a passenger's bag.

Q. What is the announcement mainly about?

(a) Errors resulting in a change in security procedures

(b) The necessity of observing security regulations

지난 회의에서는, 새로운 공항 보안 정책에 대해 살펴보았습니다. 오늘은, 그러한 정책을 제정한 이유에 대해 이야기하고 싶습니다. 최근에, 잠재적으로 피해가 엄청날 수도 있었던 몇 가지 실수들이 있었고, 그것은 여행객들과 직원들의 안전을 위협할 수도 있었습니다. 한 번은, 검색대 직원이 비밀 요원에 의해 운반되던 숨겨진 무기를 탐지해 내지 못했습니다. 또 다른 경우에는, 승객의 가방에 들어 있던 위험한 화학 물질을 못 보고 지나쳤습니다.

Q. 안내는 주로 무엇에 대한 것인가?

(a) 보안 절차에 변화를 가져온 실수들

(b) 보안 규정을 준수해야 할 필요성

정답 | (a)

오답분석 | (b)는 담화의 주제인 공항 보안 정책과 관련 있는 내용을 담고 있어 그럴듯하게 들리는 오답이다. 하지만, 담화에서 보안 규정을 준수해야 할 필요성에 대해 언급된 적이 없으므로 (b)는 틀리다.

오답 유형 3. 일부만 담화 내용과 일치하는 오답

보기 내용 중 일부는 담화 내용과 일치하지만 다른 일부가 틀린 오답이 나오는 경우가 있다. 담화 내용과 일치하지 않는 부분이 단어 하나나 숫자 하나 또는 짧은 구인 경우가 많기 때문에, 담화와 보기 모두를 정확히 들어야 이 오답을 가려낼 수 있다.

On last week's episode, we toured the vineyards of France to taste regional wines. Tonight we'll disclose the results of our taste tests. Our survey of more than a hundred wineries found Tuscan Gold, a relatively unknown brand, the best of those tested, and we gave it our highest rating of 5 stars. The well-known **wines of Mont Flora and Bravo Cellars** paled in comparison, **receiving 3 and 4 stars respectively**. This just confirms what we already suspected: that the most famous labels are not necessarily the best.

Q. Which is correct according to the talk?

(a) A less familiar brand of wine won the taste test.
(b) **Mont Flora wines received a rating of** 4 stars.

지난주에는, 지역의 와인을 맛보기 위해 프랑스의 포도밭을 여행했습니다. 오늘 밤에는 저희의 시음 결과를 발표할 것입니다. 백 개 이상의 와인 양조장을 답사하면서 저희는 상대적으로 덜 알려진 상표인 Tuscan Gold가 시음한 것들 중 최고라는 것을 알아냈으며, 그것에 가장 높은 점수인 별 5개를 주었습니다. Mont Flora와 Bravo Cellars의 잘 알려진 와인들은 비교적 맛이 옅어서, 각각 3개와 4개의 별을 받았습니다. 이는 저희가 이미 짐작했듯이 가장 유명한 상표가 반드시 가장 좋은 것은 아니라는 것을 뒷받침합니다.

Q. 담화에 따르면 맞는 것은 무엇인가?

(a) 덜 친숙한 상표의 와인이 시음에서 우승했다.
(b) Mont Flora 와인이 별 4개의 점수를 받았다.

정답 | (a)

오답분석 | 4 stars만 담화 내용과 일치하지 않는 오답이다. Mont Flora 와인이 받은 평점은 4 stars(별 4개)가 아니라 3 stars(별 3개)이므로 (b)는 틀리다.

오답 유형 4. 담화의 내용과 반대되는 오답

담화의 일부나 전체 내용과 반대되는 내용을 담고 있는 오답도 자주 출제된다.

The Bureau of Justice released statistics yesterday revealing the United States as having the highest crime rate in the world. An official speaking on behalf of the agency said that roughly 1 out of 35 adults are in prison or have spent time there, and the figures are even more startling for minorities, who have a one-in-four chance of going to jail during their lifetimes. **Over 2.5 million people were being held in federal and state prisons at year-end, a figure up 3 percent from last year.**

Q. Which is correct according to the talk?

(a) The crime rate in United States exceeds that of all other countries.
(b) The number of people in U.S. prisons has declined this year.

법무부는 어제 미국이 세계에서 범죄율이 가장 높다는 것을 드러내는 통계 자료를 발표했습니다. 부서를 대변하는 한 관리는 대략 35명의 성인 중 1명은 투옥되어 있거나 감옥에 있었던 적이 있고, 소수 민족의 경우에는 4명 중 1명 꼴로 그들의 일생 중에 감옥에 갈 가능성이 있어 그 수치가 더욱 놀랍습니다. 250만 명이 넘는 사람들이 연말에 연방 시설 또는 주 시설에 구속되어 있었으며, 이 수치는 작년보다 3퍼센트 증가한 것입니다.

Q. 담화에 따르면 맞는 것은 무엇인가?

(a) 미국의 범죄율이 다른 모든 나라의 범죄율보다 높다.
(b) 올해 미국 감옥에 있는 사람들의 수가 감소했다.

정답 | (a)

오답분석 | (b)는 마지막 문장의 내용과 반대되는 내용을 담고 있는 오답이다. 현재 구속되어 있는 미국인의 숫자가 작년에 비해 3퍼센트 증가했다고 했으므로 (b)는 틀리다.

COURSE 1 중심 내용 문제

1. 주제 문제

주제 문제는 화자가 담화를 통해 전달하고자 하는 '중심 소재'나 '중심 생각'이 무엇인지를 묻는 문제로, 보기가 주로 '구(phrase)'나 '의문사절' 형태로 나온다. Part 4와 Part 5의 총 10문제 중 평균 2~4문제 정도 출제된다. 이제부터 주제 문제를 익혀보자.

■ 질문 형태

주제 문제는 주로 What is the main topic 등의 형태로 담화의 '중심 소재'가 무엇인지 묻는 문제와, What is the speaker mainly doing 등의 형태로 '화자가 하고 있는 일'을 묻는 문제가 출제된다. 그리고 담화의 '목적'을 묻는 문제가 종종 출제된다.

중심 소재	**What is the main topic of the talk?** 담화의 주제는 무엇인가?
	What is the announcement mainly about? 안내는 주로 무엇에 대한 것인가?
	What does the lecture mainly focus on? 강의가 주로 초점을 맞추고 있는 것은 무엇인가?
	What is mainly being discussed about ○○○**?** ○○○에 대해 주로 논의되고 있는 것은 무엇인가?
화자가 하고 있는 일	**What is the speaker mainly doing?** 화자가 주로 하고 있는 일은 무엇인가?
	What is the speaker mainly talking about? 화자가 주로 이야기하고 있는 것은 무엇인가?
목적	**What is the main purpose of the program?** 프로그램의 주된 목적은 무엇인가?

■ Step별 문제풀이 전략

| Step 1 담화를 첫 번째 들을 때 **무엇에 대한 담화인지 파악하기**
- 담화를 전체적으로 들으면서 핵심 정보를 담고 있는 키워드를 통해 무엇에 대한 내용인지 파악한다.

| Step 2 질문을 들을 때 **무엇을 묻고 있는지 파악하기**
- main topic, mainly doing, main purpose 등을 듣고 주제 문제임을 파악한다.

| Step 3 담화를 두 번째 들을 때 **정답의 단서가 될 부분을 집중해 듣기**
- 중심 내용을 담은 주제 문장(topic sentence)이 담화 앞부분에 나오는 경우가 많으므로 첫 번째, 두 번째 문장을 집중해 듣는다.
- 중심 내용을 이끄는 표시어가 나오면 그 다음을 특히 집중해 듣는다. 중심 내용을 이끄는 빈출 표시어에는 but(그러나), however(그러나), so(그래서), therefore(그러므로), consequently(결과적으로), it is important that(~이 중요하다) 등이 있다.
- 담화 마지막에서 중심 내용을 다시 정리해 주는 경우가 많으므로, 마지막 문장도 주의 깊게 듣는다.

| Step 4 질문과 보기를 들을 때 **정답 여부 가리며 듣기**
- 답이 아닌 것에는 ×, 애매한 것에는 △, 정답에는 ○를 표시하는 소거법을 적용하면서 보기를 듣는다.
- 담화에 언급되기는 했지만 담화의 일부 내용만 담고 있어 주제가 될 수 없는 오답에 주의한다.

Step 1 담화를 첫 번째 들을 때 **무엇에 대한 담화인지 파악하기**

> As we touched upon in our last psychology class, **mental disorders** are serious conditions that require medical treatment. **Bipolar disorder**, for example, is when a person suffers from lasting periods of depression and mania. In everyday situations, people sometimes casually use the term bipolar when friends or acquaintances temporarily act silly or strange. But to a **psychologist**, these short-term mood swings are not true **bipolar disorders** because they do not require professional help.

▶ 키워드를 통해 '심리학에서의 정신 질환'에 대한 담화임을 파악

Step 2 질문을 들을 때 **무엇을 묻고 있는지 파악하기**

> Q. What is the **main topic** of the lecture?

▶ main topic을 듣고 주제 문제임을 파악

Step 3 담화를 두 번째 들을 때 **정답의 단서가 될 부분을 집중해 듣기**

> As we touched upon in our last psychology class, **mental disorders are serious conditions that require medical treatment**. Bipolar disorder, for example, is when a person suffers from lasting periods of depression and mania. In everyday situations, people sometimes casually use the term bipolar when friends or acquaintances temporarily act silly or strange. **But to a psychologist, these short-term mood swings are not true bipolar disorders because they do not require professional help.**

▶ 주제 문장과 담화 마지막을 듣고 '심리학에서의 정신 질환의 정의: 치료가 필요한 심각한 상태'가 주제임을 파악

Step 4 질문과 보기를 들을 때 **정답 여부 가리며 듣기**

> Q. What is the main topic of the lecture?
>
> (a) What treatment methods psychologists use
> (b) How mental disorders affect people's behavior
> (c) What a mental disorder signifies to psychologists
> (d) What the symptoms of bipolar disorder are

▶
(a) × 언급된 적 없는 오답
(b) × 언급된 적 없는 오답
(c) ○ 주제를 바르게 표현한 정답
(d) △ 일부 내용만 담은 오답

해석 p.155

Hackers Practice

다음을 듣고 앞서 배운 전략을 적용하여 문제를 풀어보자. 🎧 54_1부_P4&5_Course1-1

Part 4

01

Step 1   담화를 첫 번째 들을 때   **무엇에 대한 담화인지 파악하기**
       (a) 고화질의 TV 광고   (b) 고화질 TV에 쓰이는 리모콘 광고

Step 2   질문을 들을 때   **무엇을 묻고 있는지 파악하기**
       What is _____?

Step 3   담화를 두 번째 들을 때   **정답의 단서가 될 부분을 집중해 듣기**
       담화를 들으며 빈칸에 들어갈 내용을 받아써보자. (받아쓰는 내용은 두 번 들려줍니다.)

> Are you ready for _____? Then, look no further. The Vector XZ is _____. _____ _____ for all of your favorite movies. You won't miss any of the action. The Vector XZ also _____ and a two-year factory warranty. Call 1-800-VECTORXZ for more information.

Step 4   질문과 보기를 들을 때   **정답 여부 가리며 듣기**
       소거법을 사용하여 정답을 골라보자.
       (a)   (b)   (c)   (d)

02

Step 1   담화를 첫 번째 들을 때   **무엇에 대한 담화인지 파악하기**
       (a) 르네상스 건축 양식 강의   (b) 르네상스 양식의 저택 소개

Step 2   질문을 들을 때   **무엇을 묻고 있는지 파악하기**
       What is the speaker _____ in the announcement?

Step 3   담화를 두 번째 들을 때   **정답의 단서가 될 부분을 집중해 듣기**
       담화를 들으며 빈칸에 들어갈 내용을 받아써보자. (받아쓰는 내용은 두 번 들려줍니다.)

> _____ the Biltmore House. The Biltmore is _____ _____ by George Vanderbilt during the 1890s. The house is _____ among American homes and remains as one of _____ of the 19th century. We _____, so please use this time to look around the lobby and take care of any last-minute preparations.

Step 4   질문과 보기를 들을 때   **정답 여부 가리며 듣기**
       소거법을 사용하여 정답을 골라보자.
       (a)   (b)   (c)   (d)

Part 5

03
~
04

Step 1 담화를 첫 번째 들을 때 **무엇에 대한 담화인지 파악하기**
(a) 전신기의 종류   (b) 전신기의 발달

Step 2 질문을 들을 때 **무엇을 묻고 있는지 파악하기**
03. What is the lecture _____?
04. _____ did Morse _____ his telegraph system?

Step 3 담화를 두 번째 들을 때 **정답의 단서가 될 부분을 집중해 듣기**
담화를 들으며 빈칸에 들어갈 내용을 받아써보자. (받아쓰는 내용은 두 번 들려줍니다.)

Today we're going to talk about the growth of _____.
One of the _____ in the development of these systems was the
_____. The term telegraph initially referred to a system of colored
flags used to send signals. However, American inventor Samuel Morse came up with the
idea of _____. Morse _____
to the American government in _____ and _____ to set
up a telegraph line between Washington, D.C. and Baltimore in _____. The first message
was sent using the new line in _____, and by 1866, _____ across the
Atlantic, connecting America and Europe. The telegraph network soon spread around the
world, _____ with its rapid dissemination of the
latest news. Although it was eventually superseded by other technologies, the telegraph
was the _____
that dominate our lives today.

Step 4 질문과 보기를 들을 때 **정답 여부 가리며 듣기**
소거법을 사용하여 정답을 골라보자.

03. (a)   (b)   (c)   (d)
04. (a)   (b)   (c)   (d)

다음을 듣고 질문에 알맞은 응답을 골라보자. 🎧 54_1부_P4&5_Course1-1

Part 4

05   (a)   (b)   (c)   (d)

06   (a)   (b)   (c)   (d)

07   (a)   (b)   (c)   (d)

Part 5

08   (a)   (b)   (c)   (d)

09   (a)   (b)   (c)   (d)

정답 p.155

2. 요지 문제

요지 문제는 화자가 담화를 통해 전달하고자 하는 '중심 생각'이 무엇인지를 묻는 문제로, 보기가 주로 '문장(sentence)' 형태로 나온다. Part 4와 Part 5의 총 10문제 중 평균 1문제 정도 출제된다. 이제부터 요지 문제를 익혀보자.

■ 질문 형태

요지 문제는 주로 What is the main idea[point] 등의 형태로 '요지 / 요점'을 묻는 문제가 출제된다.

What is the speaker's **main point**? 화자의 요점은 무엇인가?
What is the **main point** of the talk? 담화의 요점은 무엇인가?
What is the **main idea** of the lecture? 강의의 요지는 무엇인가?
What is the **main idea about** ○○○ in the news report? 뉴스의 ○○○에 대한 요지는 무엇인가?

■ Step별 문제풀이 전략

| Step 1 | 담화를 첫 번째 들을 때 **무엇에 대한 담화인지 파악하기**
· 담화를 전체적으로 들으면서 핵심 정보를 담고 있는 키워드를 통해 무엇에 대한 내용인지 파악한다.

| Step 2 | 질문을 들을 때 **무엇을 묻고 있는지 파악하기**
· main idea, main point 등을 듣고 요지 문제임을 파악한다.

| Step 3 | 담화를 두 번째 들을 때 **정답의 단서가 될 부분을 집중해 듣기**
· 중심 내용을 담은 주제 문장(topic sentence)이 담화 앞부분에 나오는 경우가 많으므로 첫 번째, 두 번째 문장을 집중해 듣는다.
· 중심 내용을 이끄는 표시어가 나오면 그 다음을 특히 집중해 듣는다. 중심 내용을 이끄는 빈출 표시어에는 but(그러나), however(그러나), so(그래서), therefore(그러므로), consequently(결과적으로), it is important that(~이 중요하다) 등이 있다.
· 담화 마지막에서 중심 내용을 다시 정리해 주는 경우가 많으므로, 마지막 문장도 주의 깊게 듣는다.

| Step 4 | 질문과 보기를 들을 때 **정답 여부 가리며 듣기**
· 답이 아닌 것에는 ×, 애매한 것에는 △, 정답에는 ○를 표시하는 소거법을 적용하면서 보기를 듣는다.
· 담화의 주제와 관련된 단어, 구를 사용해 그럴듯하지만, 담화 내용과 일치하지 않는 오답에 주의한다.

Step 1 담화를 첫 번째 들을 때 **무엇에 대한 담화인지 파악하기**

> Many of you are probably aware that **calcium** is an essential nutrient for a healthy body. However, scientists are now aware that **excess calcium** can increase the chances of **kidney stone** formation. Participants in a recent study who regularly consumed large amounts of cheese, milk, and leafy vegetables demonstrated a 20 percent higher rate of kidney stones than those with **low-calcium diets**. When calcium amounts exceed levels that the body can absorb, the calcium begins to form hard crystals, building blocks of **kidney stones**.

▶ 키워드를 통해 '칼슘과 신장 결석'에 대한 담화임을 파악

Step 2 질문을 들을 때 **무엇을 묻고 있는지 파악하기**

> Q. What is the **main point** of the talk?

▶ main point를 듣고 요지 문제임을 파악

Step 3 담화를 두 번째 들을 때 **정답의 단서가 될 부분을 집중해 듣기**

> Many of you are probably aware that calcium is an essential nutrient for a healthy body. **However, scientists are now aware that excess calcium can increase the chances of kidney stone formation.** Participants in a recent study who regularly consumed large amounts of cheese, milk, and leafy vegetables demonstrated a 20 percent higher rate of kidney stones than those with low-calcium diets. **When calcium amounts exceed levels that the body can absorb, the calcium begins to form hard crystals, building blocks of kidney stones.**

▶ 표시어 However로 시작하는 주제 문장과 담화 마지막을 듣고 '과도한 칼슘 섭취가 신장 결석을 만들 수 있다'는 것이 요지임을 파악

Step 4 질문과 보기를 들을 때 **정답 여부 가리며 듣기**

> Q. What is the main point of the talk?
>
> (a) Excess calcium can increase the occurrence of kidney stones.
> (b) Nutritional benefits of calcium are now under dispute.
> (c) People need balanced nutrition for healthy kidneys.
> (d) Kidney stones are absent in people with low-calcium diets.

▶ (a) ○ 중심 내용을 잘 표현한 정답
(b) × 언급된 적 없는 오답
(c) × 언급된 적 없는 오답
(d) △ 주제와 관련된 단어(kidney stones, low-calcium diet)를 사용한 오답

해석 p.160

Hackers Practice

다음을 듣고 앞서 배운 전략을 적용하여 문제를 풀어보자. 🎧 55_1부_P4&5_Course1-2

Part 4

01

Step 1 담화를 첫 번째 들을 때 **무엇에 대한 담화인지 파악하기**
(a) 대학원 지원 시 필요한 것   (b) 대학원 지원 시 어려운 점

Step 2 질문을 들을 때 **무엇을 묻고 있는지 파악하기**
What is the speaker's _____ about applying to graduate school?

Step 3 담화를 두 번째 들을 때 **정답의 단서가 될 부분을 집중해 듣기**
담화를 들으며 빈칸에 들어갈 내용을 받아써보자. (받아쓰는 내용은 두 번 들려줍니다.)

> One thing each of you should keep in mind is that _____
> _____. _____ filling
> out paperwork and requesting recommendations, tasks that most of you will conduct
> numerous times throughout your lives. In addition, _____
> preparation to successfully meet deadlines. So it is advantageous to _____
> _____.

Step 4 질문과 보기를 들을 때 **정답 여부 가리며 듣기**
소거법을 사용하여 정답을 골라보자.
(a)   (b)   (c)   (d)

02

Step 1 담화를 첫 번째 들을 때 **무엇에 대한 담화인지 파악하기**
(a) 사물에 대한 인식의 차이   (b) 사물을 묘사하는 여러 방법

Step 2 질문을 들을 때 **무엇을 묻고 있는지 파악하기**
What is the _____ of the lecture?

Step 3 담화를 두 번째 들을 때 **정답의 단서가 될 부분을 집중해 듣기**
담화를 들으며 빈칸에 들어갈 내용을 받아써보자. (받아쓰는 내용은 두 번 들려줍니다.)

> Envision an empty room with a chair in the center. You stand _____
> _____, and a friend stands _____. Will you both be able to
> _____? You may be able to agree on general features,
> such as size, shape, or color; but you are _____. Even though you are
> _____, you are _____.
> Therefore, you will each _____.

Step 4 질문과 보기를 들을 때 **정답 여부 가리며 듣기**
소거법을 사용하여 정답을 골라보자.
(a)   (b)   (c)   (d)

Part 5

03
~
04

Step 1　담화를 첫 번째 들을 때 **무엇에 대한 담화인지 파악하기**
　　　　(a) 재개발 계획의 구체적인 내용　　　(b) 재개발 계획에 대한 의견

Step 2　질문을 들을 때 **무엇을 묻고 있는지 파악하기**
　　　　03. What is the speaker's _____?
　　　　04. Which is _____ according to the talk?

Step 3　담화를 두 번째 들을 때 **정답의 단서가 될 부분을 집중해 듣기**
　　　　담화를 들으며 빈칸에 들어갈 내용을 받아써보자. (받아쓰는 내용은 두 번 들려줍니다.)

I'd like to discuss the _____ of the Grand Harbor
area. This project to _____ with a cluster of
high-end luxury blocks has _____ amongst some, although
it has also _____ by many. Business owners have stated
that _____, and they expect it to
_____. Many affluent residents have also expressed
approval, believing that _____.
However, what these groups _____ is that 60 percent of the people in
Grand Harbor _____, and _____
_____ that would be demolished under this plan. What the city should
be offering is _____, as well as _____
_____ so that all residents can use them. This plan is
further proof that _____
_____, as was evident from the reconstruction of Sussex Hills several years ago.

Step 4　질문과 보기를 들을 때 **정답 여부 가리며 듣기**
　　　　소거법을 사용하여 정답을 골라보자.
　　　　03. (a)　　(b)　　(c)　　(d)
　　　　04. (a)　　(b)　　(c)　　(d)

다음을 듣고 질문에 알맞은 응답을 골라보자. 🎧 55_1부_P4&5_Course1-2

Part 4

05　(a)　　(b)　　(c)　　(d)

06　(a)　　(b)　　(c)　　(d)

07　(a)　　(b)　　(c)　　(d)

Part 5

08　(a)　　(b)　　(c)　　(d)

09　(a)　　(b)　　(c)　　(d)

정답 p.160

Hackers **TEST**

Part 4

Choose the option that best answers the question. 🎧 56_1부_P4&5_Course1_HT

01	(a)	(b)	(c)	(d)
02	(a)	(b)	(c)	(d)
03	(a)	(b)	(c)	(d)
04	(a)	(b)	(c)	(d)
05	(a)	(b)	(c)	(d)
06	(a)	(b)	(c)	(d)

Part 5

Choose the option that best answers the question. 🎧 56_1부_P4&5_Course1_HT

07	(a)	(b)	(c)	(d)
08	(a)	(b)	(c)	(d)
09	(a)	(b)	(c)	(d)
10	(a)	(b)	(c)	(d)

정답 p.165
받아쓰기 프로그램으로 Hackers Practice와 Hackers Test를 꼭 복습하세요.

COURSE **2** 세부 정보 문제

1. Correct 문제

Correct 문제는 담화와 일치하는 내용을 담은 보기를 찾아내는 문제이다. Part 4와 Part 5의 총 10문제 중 평균 2~3문제 정도 출제된다. 이제부터 Correct 문제를 익혀보자.

■ 질문 형태

Correct 문제는 주로 담화 전체의 상황을 파악하여 문제를 푸는 Which is correct 형태와, 특정 대상에 초점을 맞추어 문제를 푸는 Which is correct about ○○○ 형태로 출제된다.

Which is correct according to the talk? 담화에 따르면 맞는 것은 무엇인가?

Which is correct about ○○○ **(according to the lecture)?** (강의에 따르면) ○○○에 대해 맞는 것은 무엇인가?

■ Step별 문제풀이 전략

| Step 1   담화를 첫 번째 들을 때   **무엇에 대한 담화인지 파악하기**

· 담화를 전체적으로 들으면서 핵심 정보를 담고 있는 키워드를 통해 무엇에 대한 내용인지 파악한다.

Tip: 33번부터는 세부 정보 문제가 나올 수 있다는 것을 감안하여, 첫 번째 들을 때부터 세부 정보를 들어두는 것이 좋다.

| Step 2   질문을 들을 때   **무엇을 묻고 있는지 파악하기**

· correct를 듣고 담화 내용과 일치하는 것이 무엇인지 묻는 Correct 문제임을 파악한다.

· correct about ○○○이 나오면 about 뒤의 ○○○을 잘 듣고 어떤 대상에 대해 묻는지 기억해둔다.

| Step 3   담화를 두 번째 들을 때   **정답의 단서가 될 부분을 집중해 듣기**

· 주제와 상관없이 담화의 모든 세부 정보가 정답의 단서가 될 수 있으므로 자세히 듣는다.

· 특히 장소나 날짜, 구체적인 수치 등은 메모하고 문맥을 기억해둔다.

· 담화에서 여러 대상에 대한 정보를 제시할 수 있으므로, correct about ○○○ 문제에서 묻는 대상에 대한 정보가 무엇인지 확인하며 듣는다.

Tip: 간혹 담화에서 두 개 이상의 세부 정보를 종합하거나 추론해야 답이 나오는 경우도 있으므로, 세부 정보 간의 관계도 주의해서 파악해둔다.

| Step 4   질문과 보기를 들을 때   **정답 여부 가리며 듣기**

· 답이 아닌 것에는 ×, 애매한 것에는 △, 정답에는 ○를 표시하는 소거법을 적용하면서 보기를 듣는다.

· 인과 관계가 올바르지 않은 보기 등 담화 내용이 일부 변형된 오답이 많으므로 주의한다.

· 단어나 숫자 하나만 담화 내용과 달라 오답이거나, 담화에 등장한 여러 표현을 조합하여 만든 오답도 있으므로 주의한다.

Step 1 담화를 첫 번째 들을 때 **무엇에 대한 담화인지 파악하기**

> Today I'll focus my lecture on the **dispute over the Falkland Islands** between **Britain** and **Argentina**. **The conflict** was initiated by the **Argentine invasion** of the islands in the early 1980s. Since the islands are only a few hundred kilometers off the Argentine coast, Argentina claims sovereignty over them based on geographical proximity. However, **Argentina's alleged rights to govern** are **disputed by** the majority of the islands' inhabitants, many of whom are descended from **British immigrants**.

▶ 키워드를 통해 '영국과 아르헨티나 간의 Falkland 섬 통치권 논쟁'에 대한 담화임을 파악

Step 2 질문을 들을 때 **무엇을 묻고 있는지 파악하기**

> Q. Which is **correct** according to the lecture?

▶ correct를 듣고 Correct 문제임을 파악

Step 3 담화를 두 번째 들을 때 **정답의 단서가 될 부분을 집중해 듣기**

> Today I'll focus my lecture on the dispute over the Falkland Islands between Britain and Argentina. ① **The conflict was initiated by the Argentine invasion of the islands in the early 1980s.** Since the ② **islands are only a few hundred kilometers off the Argentine coast,** Argentina claims sovereignty over them based on geographical proximity. However, ③ **Argentina's alleged rights to govern are disputed by the majority of the islands' inhabitants, many of whom are descended from British immigrants.**

▶ 세부 정보
① 1980년대 초반에 아르헨티나가 Falkland 섬에 침입하면서 갈등이 시작됨
② 그 섬은 아르헨티나의 해안에서 몇백 킬로미터밖에 떨어져 있지 않음
③ 대부분 영국 이민자들의 후손인 섬 주민들이 아르헨티나가 주장한 통치권에 이의를 제기함

Step 4 질문과 보기를 들을 때 **정답 여부 가리며 듣기**

> Q. Which is correct according to the lecture?
>
> (a) The Falkland Islands are off the Argentinean coast.
> (b) Argentina gave up its territorial rights to the islands.
> (c) Argentine troops entered the Falklands in the late 1980s.
> (d) British immigrants helped defend against the Argentine invasion.

▶ (a) ○ 세부 정보 ②를 바르게 표현한 정답
(b) × 언급된 적 없는 오답
(c) △ 일부 내용(late)만 틀린 오답
(d) △ 여러 표현(British immigrants, Argentine invasion)을 조합한 오답

해석 p.170

Hackers Practice

다음을 듣고 앞서 배운 전략을 적용하여 문제를 풀어보자. 🎧 57_1부_P4&5_Course2-1

Part 4

01

Step 1 담화를 첫 번째 들을 때 **무엇에 대한 담화인지 파악하기**
(a) omega-3의 치료 효과   (b) omega-3의 학습 장애 개선 효과

Step 2 질문을 들을 때 **무엇을 묻고 있는지 파악하기**
Which is _____ about _____ according to the talk?

Step 3 담화를 두 번째 들을 때 **정답의 단서가 될 부분을 집중해 듣기**
담화를 들으며 빈칸에 들어갈 내용을 받아써보자. (받아쓰는 내용은 두 번 들려줍니다.)

> New research indicates that omega-3 fatty acids, fish oil derivatives known to help
> prevent heart disease, may also _____.
> A study over 100 children, all of whom _____, found that
> _____ after 20 weeks of omega-3 supplementation.
> However, it is _____, and
> _____.

Step 4 질문과 보기를 들을 때 **정답 여부 가리며 듣기**
소거법을 사용하여 정답을 골라보자.
(a)   (b)   (c)   (d)

02

Step 1 담화를 첫 번째 들을 때 **무엇에 대한 담화인지 파악하기**
(a) 부와 권력의 유혹에 빠진 주인공   (b) 법률계의 위선을 밝히고자 하는 주인공

Step 2 질문을 들을 때 **무엇을 묻고 있는지 파악하기**
Which is _____ about _____?

Step 3 담화를 두 번째 들을 때 **정답의 단서가 될 부분을 집중해 듣기**
담화를 들으며 빈칸에 들어갈 내용을 받아써보자. (받아쓰는 내용은 두 번 들려줍니다.)

> I'm going to talk today about _____, John Grisham. Grisham
> is the only author to produce best-selling novels in 7 consecutive years. His first widely-
> acclaimed work was *The Film*, a thriller which _____
> _____. The book's main character, a young upstart attorney named Mitchell
> McDeere, _____. As the story progresses,
> McDeere _____, _____.

Step 4 질문과 보기를 들을 때 **정답 여부 가리며 듣기**
소거법을 사용하여 정답을 골라보자.
(a)   (b)   (c)   (d)

240 받아쓰기&쉐도잉 프로그램 HackersIngang.com

Part 5

03
~
04

Step 1 담화를 첫 번째 들을 때 **무엇에 대한 담화인지 파악하기**
(a) 스튜에 들어간 재료   (b) 스튜를 만든 목적

Step 2 질문을 들을 때 **무엇을 묻고 있는지 파악하기**
03. What is _____?
04. Which is _____ according to the news report?

Step 3 담화를 두 번째 들을 때 **정답의 단서가 될 부분을 집중해 듣기**
담화를 들으며 빈칸에 들어갈 내용을 받아써보자. (받아쓰는 내용은 두 번 들려줍니다.)

Government workers in Bolivia have made what they claim is _____
_____. The finished product was 19,000 liters, _____,
according to local officials. The stew required more than 6,000 kilograms of beef, chicken,
and vegetables. It was nearly _____ the previous world record and
was later _____. According to the organizers, the stew
was _____ rather than to _____.
Bolivia's minister for social services Hugo Bolani explained that the government wanted
to use the stew _____ in Bolivia's cities.
_____ around the country before the remaining stew
was _____. Starting with this one, the social services
department is planning more events that will _____.

Step 4 질문과 보기를 들을 때 **정답 여부 가리며 듣기**
소거법을 사용하여 정답을 골라보자.
03. (a)   (b)   (c)   (d)
04. (a)   (b)   (c)   (d)

다음을 듣고 질문에 알맞은 응답을 골라보자. 🎧 57_1부_P4&5_Course 2-1

Part 4

05   (a)   (b)   (c)   (d)

06   (a)   (b)   (c)   (d)

07   (a)   (b)   (c)   (d)

Part 5

08   (a)   (b)   (c)   (d)

09   (a)   (b)   (c)   (d)

정답 p.171

2. 육하원칙 문제

육하원칙 문제는 의문사 'What(무엇/무슨), Why(왜), When(언제), Where(어디서), Who(누가), How(어떻게), Which (어느 것/어느)'를 이용하여 담화에 언급된 내용에 대해 묻는 문제이다. Part 4와 Part 5의 총 10문제 중 평균 2문제 정도 출제된다. 이제부터 육하원칙 문제를 익혀보자.

■ 질문 형태

육하원칙 문제는 주로 What, Which 의문사로 시작하는 형태로 출제되며, When, Who 의문사로 시작하는 형태도 가끔 출제된다.

What	**What** should a person do to cancel an airline reservation? 비행편 예약을 취소하려는 사람은 무엇을 해야 하는가?
	What is typically expressed in Picasso's paintings? 피카소의 그림에서는 주로 무엇이 표현되는가?
	What is Carla's reason for visiting Jay? Carla는 무슨 이유로 Jay를 방문하는가?
Which	**Which** bridge is currently closed for repairs? 현재 어느 다리가 수리를 위해 닫혀 있는가?
	Which city was the first to introduce a smoking ban? 어느 도시가 처음 금연법을 도입했는가?
When	**When** will the new environmental policy come into effect? 새 환경 정책이 언제 시행될 것인가?
	When is the art gallery closed? 미술관은 언제 문을 닫는가?
Who	**Who** would benefit from the product in the advertisement? 광고에 나온 제품으로부터 혜택을 받을 사람은 누구인가?
	Who is eligible for membership according to the announcement? 안내에 따르면 누가 회원 자격이 있는가?

■ Step별 문제풀이 전략

| Step 1 | 담화를 첫 번째 들을 때 **무엇에 대한 담화인지 파악하기**
· 담화를 전체적으로 들으면서 핵심 정보를 담고 있는 키워드를 통해 무엇에 대한 내용인지 파악한다.
Tip: 33번부터는 세부 정보 문제가 나올 수 있다는 것을 감안하여, 첫 번째 들을 때부터 세부 정보도 들어두는 것이 좋다.

| Step 2 | 질문을 들을 때 **무엇을 묻고 있는지 파악하기**
· 의문사를 잘 듣고 담화에 언급된 내용에 대해 묻는 육하원칙 문제임을 파악한다.
· 의문사와 핵심어를 잘 듣고 무엇을 묻고 있는지 파악한다.
(예: What is Carla's reason for visiting Jay? → 의문사: What, 핵심어: reason for visiting)

| Step 3 | 담화를 두 번째 들을 때 **정답의 단서가 될 부분을 집중해 듣기**
· 질문의 핵심어나 핵심어가 paraphrase된 표현이 담화에 나오면 그 부분이 정답의 단서가 될 가능성이 높으므로 주의 깊게 듣는다.
· 정답에는 정답의 단서에서 단어나 구가 그대로 나오거나, paraphrase되어서 나오는 경우가 대부분이므로 단서라고 생각되는 부분의 내용을 정확히 기억해둔다.

| Step 4 | 질문과 보기를 들을 때 **정답 여부 가리며 듣기**
· 답이 아닌 것에는 ×, 애매한 것에는 △, 정답에는 ○를 표시하는 소거법을 적용하면서 보기를 듣는다.
· 단어나 숫자 하나만 담화 내용과 달라 오답인 경우도 있으므로 주의한다.
· 담화에 나온 단어나 구를 그대로 사용한 오답에 주의한다.

Step 1　담화를 첫 번째 들을 때　**무엇에 대한 담화인지 파악하기**

> And now for national news. According to the **Census Bureau**, the nation's northeast coastal region is expected to see its **population expand** by 5 percent between 2005 and 2010. During the same period, the nation's southeast coastal region is expected to see **the highest per capita growth** of any region at 8 percent. **Projected rates** are only slightly lower for the Gulf and Pacific regions, at 7 and 6 percent respectively.

▶ 키워드를 통해 '인구 성장률'에 대한 담화 임을 파악

Step 2　질문을 들을 때　**무엇을 묻고 있는지 파악하기**

> Q. **Which** coastal region will have **the greatest percentage growth?**

▶ Which ~ the greatest percentage growth 를 듣고 육하원칙 문제임과 '가장 높은 인 구 성장률'을 갖고 있는 곳이 어딘지 묻고 있음을 파악

Step 3　담화를 두 번째 들을 때　**정답의 단서가 될 부분을 집중해 듣기**

> And now for national news. According to the Census Bureau, the nation's northeast coastal region is expected to see its population expand by 5 percent between 2005 and 2010. During the same period, the nation's **southeast coastal region is expected to see the highest per capita growth of any region at 8 percent.** Projected rates are only slightly lower for the Gulf and Pacific regions, at 7 and 6 percent respectively.

▶ 질문의 the greatest percentage growth가 paraphrase된 표현을 듣고 남동쪽 해안 지 역이 가장 높은 증가율이 8퍼센트 인구 성장 률이 예상됨을 파악

Step 4　질문과 보기를 들을 때　**정답 여부 가리며 듣기**

> Q. Which costal region will have the greatest percentage growth?
>
> (a) The northeast coastal region
> (b) The Pacific Coast region
> (c) The southeast coastal region
> (d) The Gulf Coast region

▶
(a) △ 담화에 나온 구를 그대로 쓴 오답
(b) △ 담화에 나온 구를 그대로 쓴 오답
(c) ○ 바르게 표현한 정답
(d) △ 담화에 나온 구를 그대로 쓴 오답

해석 p.175

Hackers Practice

다음을 듣고 앞서 배운 전략을 적용하여 문제를 풀어보자. 🎧 58_1부_P4&5_Course 2-2

Part 4

01

Step 1	담화를 첫 번째 들을 때 **무엇에 대한 담화인지 파악하기**	

(a) 은행 정보 관련 자동 음성   (b) 신용카드 신청 관련 자동 음성

Step 2   질문을 들을 때 **무엇을 묻고 있는지 파악하기**

_____ should a caller do if requesting _____ ?

Step 3   담화를 두 번째 들을 때 **정답의 단서가 될 부분을 집중해 듣기**
담화를 들으며 빈칸에 들어갈 내용을 받아써보자. (받아쓰는 내용은 두 번 들려줍니다.)

> This is Regent Bank's _____. If you are calling about _____
> _____. If you are calling
> _____, _____ 555-9656. For
> _____, _____ and
> a customer service representative will be with you shortly. Thank you for using Regent
> Bank.

Step 4   질문과 보기를 들을 때 **정답 여부 가리며 듣기**
소거법을 사용하여 정답을 골라보자.
(a)   (b)   (c)   (d)

02

Step 1   담화를 첫 번째 들을 때 **무엇에 대한 담화인지 파악하기**
(a) 박람회 행사 진행 순서   (b) 박람회 전시관 설치

Step 2   질문을 들을 때 **무엇을 묻고 있는지 파악하기**
_____ may _____ their displays _____ the _____ ?

Step 3   담화를 두 번째 들을 때 **정답의 단서가 될 부분을 집중해 듣기**
담화를 들으며 빈칸에 들어갈 내용을 받아써보자. (받아쓰는 내용은 두 번 들려줍니다.)

> To all vendors participating in this evening's trade fair: we are now opening the floor for
> those _____. Vendors _____,
> _____, or _____ may begin _____.
> _____, the sections for those _____ will be
> opened to vendors. _____, vendors _____ will be
> allowed to bring their materials into the showroom.

Step 4   질문과 보기를 들을 때 **정답 여부 가리며 듣기**
소거법을 사용하여 정답을 골라보자.
(a)   (b)   (c)   (d)

244 받아쓰기&쉐도잉 프로그램 **HackersIngang.com**

Part 5

**03
~
04**

Step 1   담화를 첫 번째 들을 때   **무엇에 대한 담화인지 파악하기**
(a) 자선 센터 행사에 대한 정보   (b) 음식 축제에 대한 정보

Step 2   질문을 들을 때   **무엇을 묻고 있는지 파악하기**
03. _____ will be making _____?
04. _____ can people _____ for the Bennett Charty Center?

Step 3   담화를 두 번째 들을 때   **정답의 단서가 될 부분을 집중해 듣기**
담화를 들으며 빈칸에 들어갈 내용을 받아써보자. (받아쓰는 내용은 두 번 들려줍니다.)

Come to Duluth University's _____, which will be held in the university auditorium from September 3 to September 5. _____
_____ from around the world, with _____.
The _____ Department will be providing some _____ dishes, the _____
Department will offer _____ cuisine, and the _____ Department will bring
some _____ delicacies. Meanwhile, the _____ Department will be cooking
a special _____ barbecue. The profits from the festival will be donated
to the Bennett Charity Center. For those who _____ but would like
todonate,_____
to the _____ by September 7. Unfortunately, _____
_____ in the mail. If you have further questions or need more information on
making donations, visit www.duluth.edu!

Step 4   질문과 보기를 들을 때   **정답 여부 가리며 듣기**
소거법을 사용하여 정답을 골라보자.

03. (a)   (b)   (c)   (d)
04. (a)   (b)   (c)   (d)

다음을 듣고 질문에 알맞은 응답을 골라보자. 🎧 58_1부_P4&5_Course2-2

Part 4

05   (a)   (b)   (c)   (d)

06   (a)   (b)   (c)   (d)

07   (a)   (b)   (c)   (d)

Part 5

08   (a)   (b)   (c)   (d)

09   (a)   (b)   (c)   (d)

정답 p.176

Hackers **TEST**

Part 4

Choose the option that best answers the question. 🎧 59_1부_P4&5_Course2_HT

01   (a)   (b)   (c)   (d)

02   (a)   (b)   (c)   (d)

03   (a)   (b)   (c)   (d)

04   (a)   (b)   (c)   (d)

05   (a)   (b)   (c)   (d)

06   (a)   (b)   (c)   (d)

Part 5

Choose the option that best answers the question. 🎧 59_1부_P4&5_Course2_HT

07   (a)   (b)   (c)   (d)

08   (a)   (b)   (c)   (d)

09   (a)   (b)   (c)   (d)

10   (a)   (b)   (c)   (d)

정답 p.180
받아쓰기 프로그램으로 Hackers Practice와 Hackers Test를 꼭 복습하세요.

www.HackersTEPS.com

텝스 무료 적중예상특강

COURSE 3 추론 문제

1. Infer 문제

Infer 문제는 담화의 내용을 근거로 담화에서 직접적으로 언급되지 않은 것을 추론하는 문제이다. Part 4와 Part 5의 총 10문제 중 평균 1~2문제 정도 출제된다. 이제부터 Infer 문제를 익혀보자.

■ 질문 형태

Infer 문제는 주로 담화 전체의 상황을 파악하여 문제를 푸는 What can be inferred 형태와, 특정 대상에 초점을 맞추어 문제를 푸는 What can be inferred about ○○○ 형태로 출제된다.

What can be **inferred** from the talk? 담화로부터 추론할 수 있는 것은 무엇인가?
What can be **inferred about** ○○○ (from the news report)? (뉴스로부터) ○○○에 대해 추론할 수 있는 것은 무엇인가?

■ Step별 문제풀이 전략

| Step 1   담화를 첫 번째 들을 때   **무엇에 대한 담화인지 파악하기**
· 담화를 전체적으로 들으면서 핵심 정보를 담고 있는 키워드를 통해 무엇에 대한 내용인지 파악한다.

| Step 2   질문을 들을 때   **무엇을 묻고 있는지 파악하기**
· inferred를 듣고 보기 중 바르게 추론한 것이 무엇인지 묻는 Infer 문제임을 파악한다.
· inferred about ○○○이 나오면 about 뒤의 ○○○를 잘 듣고 무엇에 대해 묻는지 기억해둔다.

| Step 3   담화를 두 번째 들을 때   **정답의 단서가 될 부분을 집중해 듣기**
· 반드시 주어진 정보를 근거로 추론해야 하므로, 세부 정보까지 꼼꼼히 집중해 듣고 기억해둔다.
· 담화의 요점이나 결론이 정답의 단서가 되는 경우가 많으므로, 담화의 요점이나 결론을 확실히 파악한다.
· 담화에서 여러 대상에 대한 정보를 제시할 수 있으므로, inferred about ○○○ 문제에서 묻는 대상에 대한 정보가 무엇인지 확인하며 듣는다.
    Tip: 세부 정보 문제처럼 세부 정보를 paraphrase한 보기가 정답이 되는 경우도 있으므로, 세부 정보를 자세히 들어둔다.

| Step 4   질문과 보기를 들을 때   **정답 여부 가리며 듣기**
· 답이 아닌 것에는 ×, 애매한 것에는 △, 정답에는 ○를 표시하는 소거법을 적용하면서 보기를 듣는다.
· 담화에서 추론의 근거를 찾을 수 없는 오답에 주의한다.
· 담화의 내용과 반대로 추론한 오답에 주의한다.

Step 1 　담화를 첫 번째 들을 때 　무엇에 대한 담화인지 파악하기

> The **insurance company** was **charged with fraud** 2 months ago, but it has made no effort to publicly defend itself. Its silence has only served to raise further questions concerning its reputation. So far, it has refused to reveal any **insurance claims** filed by its customers. It is both unreasonable and irresponsible for **the company** to believe that ignoring the issue will make the **allegations** disappear.

▶ 키워드를 통해 '보험 회사의 사기 혐의'에 대한 담화임을 파악

Step 2 　질문을 들을 때 　무엇을 묻고 있는지 파악하기

> Q. What can be **inferred about the insurance company** from the talk?

▶ inferred about the insurance company를 듣고 Infer 문제임과 보험 회사에 대해 묻고 있음을 파악

Step 3 　담화를 두 번째 들을 때 　정답의 단서가 될 부분을 집중해 듣기

> ① **The insurance company was charged with fraud 2 months ago,** but ② **it has made no effort to publicly defend itself.** Its silence has only served to raise further questions concerning its reputation. So far, it has refused to reveal any insurance claims filed by its customers. **It is both unreasonable and irresponsible for the company to believe that ignoring the issue will make the allegations disappear.**

▶ 세부 정보
① 보험 회사가 두 달 전 사기 혐의로 고발됨
② 공식적으로 자신들을 변호하지 않고 있음
요점
문제를 무시함으로써 해결하려고 하는 것은 잘못된 것임

Step 4 　질문과 보기를 들을 때 　정답 여부 가리며 듣기

> Q. What can be inferred about the insurance company from the talk?
>
> (a) It has been accused of fraud on several occasions.
> (b) It will try to alleviate its customer's concerns.
> (c) Its customers will consider cancelling their contracts.
> (d) Its neglectful approach will not solve the problem.

▶ (a) △ 담화에서 추론의 근거를 찾을 수 없는 오답
(b) △ 반대로 추론한 오답
(c) ✕ 언급된 적 없는 오답
(d) ○ 바르게 추론한 정답

해석 p.185

Hackers Practice

다음을 듣고 앞서 배운 전략을 적용하여 문제를 풀어보자. 🎧 60_1부_P4&5_Course3-1

Part 4

01

Step 1 담화를 첫 번째 들을 때 **무엇에 대한 담화인지 파악하기**
(a) 갈라파고스 군도에 관한 방송 프로그램   (b) 갈라파고스 군도 여행 정보

Step 2 질문을 들을 때 **무엇을 묻고 있는지 파악하기**
What can be _____ from the broadcast?

Step 3 담화를 두 번째 들을 때 **정답의 단서가 될 부분을 집중해 듣기**
담화를 들으며 빈칸에 들어갈 내용을 받아써보자. (받아쓰는 내용은 두 번 들려줍니다.)

> _____,
> one of the most unique spots in the western hemisphere. For more information on this
> fascinating place, _____. If you
> prefer not to purchase a DVD at this time, _____
> _____. Let me express thanks on behalf of the entire crew who worked to bring you this
> program over the past several weeks. Thanks for joining us on *Wild Adventures*.

Step 4 질문과 보기를 들을 때 **정답 여부 가리며 듣기**
소거법을 사용하여 정답을 골라보자.
(a)   (b)   (c)   (d)

02

Step 1 담화를 첫 번째 들을 때 **무엇에 대한 담화인지 파악하기**
(a) 플라톤의 정치 철학   (b) 플라톤이 물리학에 끼친 영향

Step 2 질문을 들을 때 **무엇을 묻고 있는지 파악하기**
What can be _____ from the lecture?

Step 3 담화를 두 번째 들을 때 **정답의 단서가 될 부분을 집중해 듣기**
담화를 들으며 빈칸에 들어갈 내용을 받아써보자. (받아쓰는 내용은 두 번 들려줍니다.)

> Most of you are aware of _____,
> particularly his dialogues involving Socrates. _____
> _____. His main contribution was his theory
> of the structure of microscopic bits of matter, which he regarded as having distinctive
> shapes and configurations. In particular, he believed that _____
> _____. This is a view that is _____
> _____.

Step 4 질문과 보기를 들을 때 **정답 여부 가리며 듣기**
소거법을 사용하여 정답을 골라보자.
(a)   (b)   (c)   (d)

Part 5

03 ~ 04

Step 1 담화를 첫 번째 들을 때 **무엇에 대한 담화인지 파악하기**

(a) 기후 변화의 심각성   (b) 기후 변화에 대한 비효율적인 대처

Step 2 질문을 들을 때 **무엇을 묻고 있는지 파악하기**

03. What is _____ about climate change?

04. What can be _____ about _____ from the talk?

Step 3 담화를 두 번째 들을 때 **정답의 단서가 될 부분을 집중해 듣기**

담화를 들으며 빈칸에 들어갈 내용을 받아써보자. (받아쓰는 내용은 두 번 들려줍니다.)

According to current projections, _____ 2 to 3 degrees Celsius in the next few decades, which will have a _____ _____ around the world. With this environmental crisis fast approaching, _____. However, most governments have merely feigned support for _____ _____. _____ is the main reason for the rising temperatures, but none of the policies that have been enacted so far _____. Switching from _____ to clean coal and attempting to induce companies to _____ through _____ have been ineffective. Instead of such _____, governments should force companies that _____ to pay steep _____. In addition, the number of thermal power plants should be reduced. In their place, _____ _____. These concrete measures will produce real results, _____ _____ up to this point.

Step 4 질문과 보기를 들을 때 **정답 여부 가리며 듣기**

소거법을 사용하여 정답을 골라보자.

03. (a)   (b)   (c)   (d)

04. (a)   (b)   (c)   (d)

다음을 듣고 질문에 알맞은 응답을 골라보자.   🎧 60_1부_P4&5_Course 3-1

Part 4

05   (a)   (b)   (c)   (d)

06   (a)   (b)   (c)   (d)

07   (a)   (b)   (c)   (d)

Part 5

08   (a)   (b)   (c)   (d)

09   (a)   (b)   (c)   (d)

정답 p.185

2. Do-next · Opinion 문제

Do-next · Opinion 문제는 화자가 다음에 할 일(Do-next)이나 의견(Opinion)을 담화의 내용을 근거로 추론하는 문제이다. Part 4와 Part 5에서 자주 출제되지는 않지만 가끔 1문제 정도 출제되기도 한다. 그럼 이제부터 Do-next, Opinion 문제를 익혀보자.

■ 질문 형태

Do-next · Opinion 문제는 주로 화자가 다음에 할 일이나 할 말(Do-next)을 묻는 What will ~ do next 등의 형태와, 화자가 가장 동의할 것 같은 의견(Opinion)을 묻는 Which statement ~ agree with 등의 형태로 출제된다.

Do-next	**What will the speaker most likely do next?** 화자가 다음에 무엇을 할 것 같은가?
	What is the speaker most likely to talk about next? 화자는 다음에 무엇에 대해 말할 것 같은가?
Opinion	**Which statement would the speaker most likely agree with?** 화자는 어느 진술에 가장 동의할 것 같은가?
	Which statement about ○○○ would the speaker most likely agree with? 화자는 ○○○에 대한 어느 진술에 가장 동의할 것 같은가?

■ Step별 문제풀이 전략

| Step 1   담화를 첫 번째 들을 때   **무엇에 대한 담화인지 파악하기**
· 담화를 전체적으로 들으면서 핵심 정보를 담고 있는 키워드를 통해 무엇에 대한 내용인지 파악한다.

| Step 2   질문을 들을 때   **무엇을 묻고 있는지 파악하기**
· do next, talk about next, agree with 등을 듣고 화자의 다음 할 일이나 말, 또는 가장 동의할 만한 의견이 무엇인지를 묻고 있음을 파악한다.

| Step 3   담화를 두 번째 들을 때   **정답의 단서가 될 부분을 집중해 듣기**
· 다음에 할 일이나 할 말(Do-next)을 묻는 경우에는, 담화 마지막 부분을 가장 주의 깊게 듣고 이를 근거로 화자가 다음에 이어서 할 만한 일이나 말이 무엇인지 추론해 본다.
· 가장 동의할 것 같은 의견(Opinion)을 묻는 경우에는, 요점이나 결론을 파악하는 데 중점을 두고 담화를 듣고 화자의 의견을 추론한다.

| Step 4   질문과 보기를 들을 때   **정답 여부 가리며 듣기**
· 답이 아닌 것에는 ×, 애매한 것에는 △, 정답에는 ○를 표시하는 소거법을 적용하면서 보기를 듣는다.
· 담화에서 추론의 근거를 찾을 수 없는 오답에 주의한다.
· Opinion 문제에서는 반대로 추론한 오답에 주의한다.

Step 1 담화를 첫 번째 들을 때 **무엇에 대한 담화인지 파악하기**

> In our last meeting, we mentioned some recent **communication issues**. As each of you know, there are professional standards to consider when **conveying your ideas to peers and superiors within the company**. Yet in several cases, people have reported **hearing offensive and threatening remarks** while on duty. Today I'd like to go over some of the policies we've come up with to fix **this problem**.

▶ 키워드를 통해 '직장 내 의사소통 문제'에 대한 담화임을 파악

Step 2 질문을 들을 때 **무엇을 묻고 있는지 파악하기**

> Q. What will the speaker most likely **do next**?

▶ do next를 듣고 Do-next 문제임을 파악

Step 3 담화를 두 번째 들을 때 **정답의 단서가 될 부분을 집중해 듣기**

> In our last meeting, we mentioned some recent communication issues. As each of you know, there are professional standards to consider when conveying your ideas to peers and superiors within the company. Yet in several cases, **people have reported hearing offensive and threatening remarks while on duty. Today I'd like to go over some of the policies we've come up with to fix this problem.**

▶ 담화 마지막 부분을 듣고 직장에서 폭언을 듣는 문제의 해결을 위한 정책에 대해 이야기할 것임을 파악

Step 4 질문과 보기를 들을 때 **정답 여부 가리며 듣기**

> Q. What will the speaker most likely do next?
>
> (a) Introduce procedures for reporting misconduct
> (b) Discuss measures to correct verbal abuse
> (c) Identify people who behaved unprofessionally
> (d) Offer suggestions for efficient communication

▶
(a) △ 추론의 근거를 찾을 수 없는 오답
(b) ○ 여자가 다음에 할 행동을 바르게 추론한 정답
(c) × 언급된 적 없는 오답
(d) × 언급된 적 없는 오답

해석 p.190

Hackers Practice

다음을 듣고 앞서 배운 전략을 적용하여 문제를 풀어보자. 🎧 61_1부_P4&5_Course 3-2

Part 4

01

Step 1　담화를 첫 번째 들을 때　**무엇에 대한 담화인지 파악하기**
(a) 고객에게 접근하는 올바른 방법　　　(b) 고객의 태도에 따른 판매 방법

Step 2　질문을 들을 때　**무엇을 묻고 있는지 파악하기**
What will the speaker most likely _____?

Step 3　담화를 두 번째 들을 때　**정답의 단서가 될 부분을 집중해 듣기**
담화를 들으며 빈칸에 들어갈 내용을 받아써보자. (받아쓰는 내용은 두 번 들려줍니다.)

> In a previous session, we talked about _____.
> You may recall that _____, _____;
> yet many corporations persist with a conventional sales pitch, _____
> _____. Last time we looked at the drawbacks
> of such an approach. Now I'd like to pick up where we left off. _____
> _____.

Step 4　질문과 보기를 들을 때　**정답 여부 가리며 듣기**
소거법을 사용하여 정답을 골라보자.
(a)　　(b)　　(c)　　(d)

02

Step 1　담화를 첫 번째 들을 때　**무엇에 대한 담화인지 파악하기**
(a) 유전자 조작 식품에 대한 연구 결과　　　(b) 유전자 조작 식품의 위험성

Step 2　질문을 들을 때　**무엇을 묻고 있는지 파악하기**
Which is most likely to be _____?

Step 3　담화를 두 번째 들을 때　**정답의 단서가 될 부분을 집중해 듣기**
담화를 들으며 빈칸에 들어갈 내용을 받아써보자. (받아쓰는 내용은 두 번 들려줍니다.)

> Joining us today is Professor Robert Drummond, one of Europe's leading experts on
> genetically engineered foods. Professor Drummond believes that _____
> _____ that _____
> _____. He claims that _____
> _____ as well as _____.
> He also cautions people on blindly accepting media reports, which sometimes skew data
> at the request of interest groups.

Step 4　질문과 보기를 들을 때　**정답 여부 가리며 듣기**
소거법을 사용하여 정답을 골라보자.
(a)　　(b)　　(c)　　(d)

254 텝스 무료 적중예상특강 **HackersTEPS.com**

Part 5

03 ~ 04

Step 1 담화를 첫 번째 들을 때 **무엇에 대한 담화인지 파악하기**
(a) 파충류와 새의 진화 과정   (b) 파충류와 새의 생물학적 밀접성

Step 2 질문을 들을 때 **무엇을 묻고 있는지 파악하기**
03. _____ did some scientists _____ the _____ of _____?
04. Which statement would the speaker most likely _____?

Step 3 담화를 두 번째 들을 때 **정답의 단서가 될 부분을 집중해 듣기**
담화를 들으며 빈칸에 들어갈 내용을 받아써보자. (받아쓰는 내용은 두 번 들려줍니다.)

As for the bird-reptile debate, it's time to dispel the notion that _____
_____. During the first half of the 20th
century, scientists examining the skeletal remains of theropods emphasized that the meat-
eating dinosaurs _____. According to them, the two
species had _____. Therefore, they rejected the
theory that _____. However, a vast amount of recent fossil
evidence _____. The crucial piece of evidence came from a
massive excavation in northwest China, where fossils of _____
were discovered for the first time. These fossils were from dinosaurs that lived around 145
million years ago and _____. Paleontologists were particularly
interested in one species as it appeared to have _____
_____. Experts believe that this specimen may represent _____
_____.

Step 4 질문과 보기를 들을 때 **정답 여부 가리며 듣기**
소거법을 사용하여 정답을 골라보자.
03. (a)   (b)   (c)   (d)
04. (a)   (b)   (c)   (d)

다음을 듣고 질문에 알맞은 응답을 골라보자. 🎧 61_1부_P4&5_Course3-2

Part 4

05   (a)   (b)   (c)   (d)

06   (a)   (b)   (c)   (d)

07   (a)   (b)   (c)   (d)

Part 5

08   (a)   (b)   (c)   (d)

09   (a)   (b)   (c)   (d)

정답 p.191

Hackers **TEST**

Part 4

Choose the option that best answers the question. 🎧 62_1부_P4&5_Course3_HT

01	(a)	(b)	(c)	(d)
02	(a)	(b)	(c)	(d)
03	(a)	(b)	(c)	(d)
04	(a)	(b)	(c)	(d)
05	(a)	(b)	(c)	(d)
06	(a)	(b)	(c)	(d)

Part 5

Choose the option that best answers the question. 🎧 62_1부_P4&5_Course3_HT

07	(a)	(b)	(c)	(d)
08	(a)	(b)	(c)	(d)
09	(a)	(b)	(c)	(d)
10	(a)	(b)	(c)	(d)

정답 p.196
받아쓰기 프로그램으로 Hackers Practice와 Hackers Test를 꼭 복습하세요.

Part **TEST**

Part 4

Choose the option that best answers the question. 🎧 63_1부_P4&5_Part_Test

01   (a)   (b)   (c)   (d)

02   (a)   (b)   (c)   (d)

03   (a)   (b)   (c)   (d)

04   (a)   (b)   (c)   (d)

05   (a)   (b)   (c)   (d)

06   (a)   (b)   (c)   (d)

Part 5

Choose the option that best answers the question. 🎧 63_1부_P4&5_Part_Test

07   (a)   (b)   (c)   (d)

08   (a)   (b)   (c)   (d)

09   (a)   (b)   (c)   (d)

10   (a)   (b)   (c)   (d)

정답 p.201
받아쓰기 프로그램으로 Part Test를 꼭 복습하세요.

시험에 나올 문제를 미리 풀어보고 싶을 땐?

해커스텝스(HackersTEPS.com)에서
텝스 적중예상특강 보기!

2부 | 대화 주제 및 담화 유형별 공략

대화 주제별 공략 (Part 1~3)

담화 유형별 공략 (Part 4~5)

시험에 나올 문제를 미리 풀어보고 싶을 땐?

해커스텝스(HackersTEPS.com)에서
텝스 적중예상특강 보기!

대화 주제별 공략 (Part 1~3)

대화 주제별 공략 (Part 1~3)

텝스의 대화는 구어적인 표현으로 이루어져 있기 때문에, 영어를 사용하는 환경에 오래 있지 않았던 학습자에게는 싱당히 어렵게 느껴질 수 있다. 이에 대비하기 위해 2부 대화 주제별 공략은 텝스 대화에 자주 나오는 표현들을 주제별로 묶어 가장 효율적인 방법으로 익힐 수 있도록 하였다.

대화 주제와 출제 비율

1. 대화 주제

본 교재에서는 Part 1, 2, 3에 가장 자주 나오는 주제들을 뽑아 다음과 같이 분류했다.

인사 / 전화 / 약속 및 계획	1. 인사 관련 주제
	2. 전화 관련 주제
	3. 약속 및 계획 관련 주제
교통 / 여행	1. 교통 관련 주제
	2. 교통수단 관련 주제
	3. 여행 관련 주제
쇼핑 / 서비스	1. 쇼핑 관련 주제
	2. 식당 · 호텔 관련 주제
	3. 수리 · 배달 관련 주제
직장	1. 구직 · 이직 관련 주제
	2. 면접 관련 주제
	3. 직장 업무 관련 주제
병원 / 학교	1. 병에 관한 증상 및 부상 관련 주제
	2. 진단 · 치료 · 수술 관련 주제
	3. 학교 관련 주제

2. 대화 주제별 출제 비율

대화 주제별 출제 비율은 다음과 같다.

인사 / 전화 / 약속 및 계획 35% · 교통 / 여행 10% · 쇼핑 / 서비스 25% · 직장 15% · 병원 / 학교 10% · 기타 5%

대화 주제별 공략의 구성

1. 관련 대화의 예
2~3개의 턴으로 이루어진 관련 대화의 예를 통해 주제별 표현들이 실제 대화에서 어떻게 쓰이는지 알 수 있도록 했다.

2. 대화 주제별 표현
각 주제에 해당하는 표현들을 단어나 구 단위가 아닌 문장 단위로 제시하여, 이 표현들이 실제 텝스 대화에 어떤 식으로 나오는지 알 수 있도록 했다.

3. Hackers Test
주제별 관련 표현을 모두 익힌 후, 파트별로 자주 나오는 주제의 비율이 반영되어 실제 텝스의 출제 유형과 가장 유사한 문제로 구성된 Hackers Test를 풀어봄으로써 학습을 마무리할 수 있도록 했다.

대화 주제별 공략의 학습 전략

1. 자주 나오는 대화 주제를 익혀둔다.
마구잡이식 암기보다는 텝스 Part 1, 2, 3 대화의 빈출 주제는 어떤 것이 있으며 어떤 표현과 함께 나오는지 분류된 항목별로 익힘으로써 보다 체계적으로 암기해보자. 생소한 표현이라도 쉽게 주제를 파악할 수 있고, 표현만으로도 대화 주제가 파악되어 실제 시험에서 보다 쉽고 빠르게 대처할 수 있을 것이다.

2. 표현이 들어 있는 하나의 문장을 하나의 의미 단위로 생각하여 통째로 암기한다.
대화의 주제를 가장 효과적으로 보여줄 수 있는 문장 단위로 암기하여 보다 효율적으로 주제를 파악해보자. 표현이 문장 속 어디에 들어가 어떤 의미로 쓰이는지 그 용례도 함께 익힐 수 있어 더욱 효과적이다.

3. 관련 표현들을 눈으로만 익히지 말고 귀로 듣고 입으로 따라 말하며 익힌다.
주제별 표현들을 눈으로만 읽어 내려가지 말고, MP3 파일을 반복 청취하며 익히자. 이때 표현이 나오는 상황을 떠올리며 귀로 듣고 입으로 따라 하며 익힌다면 훨씬 기억에 오래 남을 것이다.

4. 문제를 풀어봄으로써 암기한 표현들을 확실하게 내 것으로 만든다.
텝스 유형의 문제를 주제별로 묶어 제공하는 Hackers'Test를 풀어봄으로써 그동안 익힌 주제 및 표현이 문제에 어떻게 나오는지 철저하게 대비한다.

COURSE **1** 인사 / 전화 / 약속 및 계획

인사 / 전화 / 약속 및 계획 관련 주제는 Part 1~3에서 가장 자주 출제되는 주제 중 하나로, 총 30문제 중 평균 10~11문제 정도 출제된다. 크게 인사, 전화, 약속 및 계획 관련 주제로 나눌 수 있다. 각 대화 주제별 표현을 구체적인 주제별로 묶어 익혀보자.

1 인사 관련 주제

인사 관련 주제에서는 안부를 주고받거나 인사하는 대화가 나온다.

■ 관련 대화의 예 🎧 64_2부_대화_Course1

W: Bruce, **how's it going**?
M: Good. **What have you been up to** lately?
W: I went to a Halloween party.

W: Bruce, 어떻게 지내니?
M: 좋아. 넌 요즘 어떻게 지냈어?
W: 난 할로윈 파티에 갔었어.

■ 대화 주제별 표현 🎧 64_2부_대화_Course1

안부 묻기

01 **How's it going?** 어떻게 지내십니까?
02 **How are you making out?** 어떻게 지내십니까?
03 **What have you been doing lately?** 요즘 어떻게 지내셨나요?
04 **What have you been up to?** 어떻게 지내셨나요?

안부를 묻는 말에 대답하기

05 **Couldn't be better.** 더할 나위 없이 잘 지냅니다.
06 I've been **keeping well.** 잘 지내고 있습니다.
07 **Getting by.** 그럭저럭 지냅니다.
08 **Can't complain.** 그럭저럭 잘 지냅니다.
09 I've **seen better days**. 별로입니다.

안부를 전해달라고 부탁하기

10 Please **give my best regards to** her. 그녀에게 안부를 전해주세요.
11 **Please say hello to** her. 그녀에게 안부를 전해주세요.

처음 만나 인사하기

12 I'm pleased to **make your acquaintance**. 만나게 되어 기쁩니다.
13 I'm glad we **had the chance to meet**. 만나게 되어 기쁩니다.

우연히 만나 인사하기

14 **What a pleasant surprise** to see you here. 여기서 당신을 만나다니 기뻐요.
15 **Fancy meeting** you here. 여기서 당신을 만나다니 반가워요.
16 I'm so glad to **run into** you like this. 이렇게 당신을 마주치게 되어 아주 기뻐요.
17 **What brought you** here? 여기엔 무슨 일로 오셨어요?

전화 관련 주제

전화 관련 주제에서는 부재중, 통화 중임을 알리거나 전화를 연결해주는 대화가 나온다.

■ 관련 대화의 예 🎧 64_2부_대화_Course1

M: Hello? I'm calling to speak to Mrs. Cohen.
W: You just **missed** her. May I **take a message**?

M: 여보세요? Mrs. Cohen과 통화하고 싶습니다.
W: 방금 나가셨습니다. 메시지를 전해드릴까요?

■ 대화 주제별 표현 🎧 64_2부_대화_Course1

부재중 · 통화 중일 때

01 Sorry, but he just **stepped out**. 죄송하지만 그는 방금 나갔습니다.
02 You just **missed** him, but I can **take a message**. 그가 방금 나갔지만 메시지를 전해드릴게요.
03 I'll **have** him **call back**. 그에게 다시 전화하라고 할게요.
04 **His line is busy.** 그는 통화 중입니다.

전화 연결하기

05 Let me **put you through to** that department. 그 부서로 연결해드릴게요.
06 Let me **connect** you **with** him. 그를 연결해드릴게요.
07 I'll **get** him **for** you. 그를 바꿔줄게요.
08 I'll **switch** you **over to** him. 그를 바꿔줄게요.
09 I'll **transfer** you **to** him. 그를 바꿔줄게요.

통화 대기 요청하기

10 **Please hold on.** 끊지 말고 기다리세요.
11 **Please stay on the line.** 끊지 말고 기다리세요.
12 Would you **hang on** for a second? 잠시 기다리시겠어요?
13 Sorry, I have to **put you on hold**. 죄송하지만, 기다리셔야 해요.

전화를 해달라고 요청하기

14 Just **give me a call**. Or should I **call you up**? 저한테 전화해주세요. 아니면 제가 전화할까요?
15 **Give me a ring**. 저한테 전화해주세요.
16 You can **reach me at** extension 201. 구내 201번으로 저와 연락할 수 있습니다.
17 **Call me on the cell phone.** 저에게 휴대전화로 전화해주세요.
18 You should **return his call**. 그가 전화했으니 전화해주세요.

전화 연결 상태 문제 해결하기

19 Would you **speak up a bit**, please? 좀더 크게 말씀해주시겠어요?
20 I **can hardly hear** you on this phone. 이 전화로는 거의 들리지 않아요.
21 We must **have a bad connection**. 연결 상태가 안 좋은 게 틀림없어요.
22 **The line is crossed.** 전화가 혼선되었습니다.

3 약속 및 계획 관련 주제

약속 및 계획 관련 주제에서는 약속을 잡거나 초대하거나, 계획에 관해 말하는 대화가 나온다.

■ 관련 대화의 예　🎧 64_2부_대화_Course1

W: Could we meet later to discuss the new staff training?
M: Sure. But do you mind doing it in my office?
W: No problem. I'll **drop by** after lunch.

W: 신입 사원 교육에 대해 논의하고 싶은데 이따 만날 수 있을까요?
M: 물론이죠. 그런데 제 사무실에서 논의해도 될까요?
W: 좋습니다. 점심 식사 후 들를게요.

■ 대화 주제별 표현　🎧 64_2부_대화_Course1

약속 잡기

01 Do you mind if I **drop by** later? 제가 이따가 들러도 될까요?
02 Tell me **what day is good for you**. 언제가 좋은지 제게 말씀해주세요.
03 **When would it be convenient for you?** 언제가 편하세요?
04 **When should we get together?** 언제 만날까요?

초대하기

05 Would you like to **come over to** my house? 저희 집에 오실래요?
06 **Care to join us for** lunch? 우리와 점심 먹으러 갈래요?
07 Let me **treat you to lunch**. 제가 점심을 대접할게요.

초대 거절하기

08 I have **a previous engagement[appointment]**. 선약이 있습니다.
09 I have **a prior commitment**. 선약이 있습니다.
10 I think I'll have to **decline your invitation**. 당신의 초대를 거절해야 할 것 같아요.
11 I'm afraid I **can't make it**. 안 될 것 같네요.
12 I'll **take a rain check**. 다음 기회에 할게요.

계획에 관해 말하기

13 I'm **throwing a party** at my place. 우리 집에서 파티를 할 거예요.
14 It's just a small **casual gathering**. 그냥 작고 가벼운 모임이에요.
15 She **is supposed to come for** dinner. 그녀가 저녁 먹으러 오기로 했습니다.
16 The plan was left **up in the air**. 그 계획은 결정되지 않은 상태예요.

계획 연기 · 취소하기

17 I guess we'll have to **postpone** our picnic. 우리 소풍을 미뤄야 할 것 같아요.
18 Could you **put off** going to the movies? 영화 보러 가는 것을 미룰 수 있을까요?
19 **Something came up** that I have to take care of. 처리해야 할 일이 생겼습니다.
20 If it rains, the field trip will be **called off**. 비가 오면, 현장 학습은 취소될 것입니다.
21 Let's **make it another time** then. 그럼 다음에 하도록 하죠.

Hackers **TEST**

Part I   Choose the most appropriate response to the statement. 🎧 64_2부_대화_Course1

01   (a)   (b)   (c)   (d)

02   (a)   (b)   (c)   (d)

03   (a)   (b)   (c)   (d)

04   (a)   (b)   (c)   (d)

05   (a)   (b)   (c)   (d)

Part II   Choose the most appropriate response to complete the conversation. 🎧 64_2부_대화_Course1

06   (a)   (b)   (c)   (d)

07   (a)   (b)   (c)   (d)

08   (a)   (b)   (c)   (d)

Part III   Choose the option that best answers the question. 🎧 64_2부_대화_Course1

09   (a)   (b)   (c)   (d)

10   (a)   (b)   (c)   (d)

정답 p.206
받아쓰기 프로그램으로 표현과 Hackers Test를 꼭 복습하세요.

COURSE **2** 교통 / 여행

교통 / 여행 관련 주제는 Part 1~3에서 자주 출제되는 주제로, 총 30문제 중 평균 2~4문제 정도 출제된다. 크게 교통, 교통수단, 여행 관련 주제로 나눌 수 있다. 각 대화 주제별 표현을 구체적인 주제별로 묶어 익혀보자.

1 교통 관련 주제

교통 관련 주제에서는 교통 체증이나 사고 상황을 말하거나 교통 위반에 관해 말하는 대화가 나온다.

■ 관련 대화의 예 🎧 65_2부_대화_Course 2

M: What took you so long?
W: Sorry. I **got held up in traffic**.

M: 왜 이렇게 오래 걸렸어요?
W: 죄송해요. 교통 체증으로 꼼짝 못했어요.

■ 대화 주제별 표현 🎧 65_2부_대화_Course 2

교통 체증

01 Traffic **was backed up** for an hour on the highway. 고속도로에서 차가 한 시간 동안 밀렸어요.
02 The road is unusually **packed**. 길이 평소와 달리 꽉 막혀 있습니다.
03 I **was stuck in traffic**. 저는 교통 체증으로 꼼짝 못했어요.
04 The traffic **was bumper to bumper**. 차가 꼬리에 꼬리를 물고 서 있었어요.

교통 위반

05 He **ran a red light**. 그는 정지 신호를 무시하고 달렸어요.
06 You were **going** 20 miles **over the limit**. 제한 속도를 20마일 초과하셨습니다.
07 You have to **pull over**. 차를 길가에 대야 합니다.
08 I **got a ticket for speeding** on my way home. 집에 오는 길에 속도위반 딱지를 떼였습니다.
09 She **does not have a parking permit**. 그녀는 주차 허가증을 갖고 있지 않습니다.

교통 위반 경고하기

10 You **shouldn't drink and drive**. 음주 운전을 하면 안됩니다.
11 I'll **let you off with a warning** this time. 이번에는 경고만 주고 보내줄게요.
12 Your car might be **towed**. 당신의 차는 견인될 수도 있어요.

교통사고 알리기

13 I **was in a crash** on the way to work. 저는 출근 길에 충돌 사고를 당했습니다.
14 She **backed into my car**. 그녀가 후진해서 제 차를 들이받았습니다.

자동차 고장 · 점검

15 My car **won't start**. 제 차의 시동이 걸리지 않아요.
16 My car is **a wreck**. 제 차는 완전히 부서졌어요.
17 My car is **at the repair shop** now. 제 차는 지금 정비소에 있습니다.
18 Go **open the hood** and I'll take a look. 가서 보닛을 여시면 제가 한번 볼게요.

2 교통수단 관련 주제

교통수단 관련 주제에서는 대중교통이나 항공편 이용에 관해 말하는 대화가 나온다.

■ 관련 대화의 예 🎧 65_2부_대화_Course2

W: Actually, my car broke down and I **need a lift**.
M: I would **give** you **a ride**, but I'm in a hurry.

W: 사실은 내 차가 고장 나서 누가 날 **태워줘야 해**.
M: 태워주고 싶지만, 나는 바빠.

■ 대화 주제별 표현 🎧 65_2부_대화_Course2

자동차 태워주기

01 Do you **need a lift**? 태워드릴까요?
02 Can I **give** you **a ride** home? 제가 집으로 태워다드릴까요?
03 Would you like to be **dropped off** here? 여기 내려드릴까요?

자동차 운전하기

04 **Make a left** at the crossroad. 교차로에서 좌회전하세요.
05 I think we **took a wrong turn**. 우리가 길을 잘못 들어선 것 같아요.
06 I've never **parallel parked**. 저는 평행주차를 해본 적이 없습니다.

대중교통 이용하기

07 I take a nap because it's **a long commute**. 통근 거리가 멀어서 저는 잠깐 잡니다.
08 You're better off **taking a cab**. 당신은 택시를 타는 것이 낫습니다.
09 Let's **hail a cab**. 택시를 부릅시다.

비행기 환승하기

10 I **missed my connecting flight**. 저는 환승 항공편을 놓쳤어요.
11 Can you **put** me **on another flight**? 다른 항공편에 태워 주실 수 있습니까?

비행기 착륙

12 I'm glad our flight **made it on time**. 우리 비행기가 제시간에 도착해서 기뻐요.
13 The plane has **made an emergency landing**. 그 비행기는 불시착했습니다.

공항 수하물에 관해 대화하기

14 Is this the correct **baggage claim area**? 이곳이 올바른 수하물 찾는 장소인가요?
15 I just **have a carry-on**. 기내용 휴대 수하물만 있어요.

공항 서류 작성하기

16 Could you help me **fill out** this **customs form**? 이 세관 심사 서류 작성하는 것을 도와주실 수 있나요?
17 Please **write** the flight number **on your arrival card**. 입국 신고서에 항공편 번호를 적어주세요.

공항 세관 통과하기

18 Do I have to **declare** these items **to customs**? 이 물건들을 세관에 신고해야 하나요?
19 I had trouble **getting through customs**. 세관을 통과하기 힘들었습니다.

3 여행 관련 주제

여행 관련 주제에서는 여행을 가기 전 티켓을 구매하거나 여행을 가기 위해 준비하는 대화가 나온다.

■ 관련 대화의 예 🎧 65_2부_대화_Course 2

M: Hi, I'd like to **book a ticket** to New York.
W: OK, sir. How many days will you be there?
M: Just for 3 days.

M: 안녕하세요, 뉴욕행 티켓을 예약하고 싶습니다.
W: 예, 고객님. 그곳에 며칠간 계실 건가요?
M: 3일 동안만요.

■ 대화 주제별 표현 🎧 65_2부_대화_Course 2

여행 티켓 · 여행 상품 예약하기

01 Can I **book a ticket** to Canada? 캐나다행 티켓을 예약할 수 있나요?
02 I'll **take an all-inclusive package**. 모든 비용이 포함된 패키지로 할게요.
03 How can I **make travel arrangements** to Miami Beach? 마이애미 비치로 가는 여행 준비를 어떻게 할 수 있을까요?

여행 티켓 구매 시 항공편 정보 제공하기

04 Would you like **one way** or **round trip**? 편도를 원하십니까, 왕복을 원하십니까?
05 Would you like an **open-ended return date**? 돌아오는 날짜는 조정 가능하게 하시겠습니까?
06 The flight **has a brief stopover** in Dallas. 그 비행기는 달라스에서 잠시 체류합니다.
07 Both planes **have layovers** in Amsterdam. 두 비행기 모두 암스테르담에서 잠시 체류합니다.

여행 티켓 구매 시 할인 정보 제공하기

08 We can **give discounts for large groups**. 단체 할인을 해드릴 수 있습니다.
09 We **offer discounts** of 10% for groups of 10 or more. 10명 이상의 단체에게는 10% 할인해드립니다.
10 All our tickets are **30% off** this week. 모든 티켓은 이번 주에 30% 할인됩니다.

여행 티켓 구매 시 마일리지 이용하기

11 How many **frequent flyer miles** do I currently have? 현재 제가 마일리지를 얼마나 갖고 있나요?
12 Could I **get a free ticket with that mileage**? 그 마일리지로 무료 티켓을 받을 수 있나요?
13 You're **in our frequent flyer program**. 고객님은 저희 마일리지 프로그램을 이용하고 계십니다.
14 You could **go one-way free**, but you must **pay for the return flight**.
편도 한 번은 무료로 가실 수 있습니다만, 돌아오는 비행 요금은 지불하셔야 합니다.

여행 준비하기

15 I'll have to **pack warm clothes**. 따뜻한 옷을 싸야겠어요.
16 Everything **fit** nicely **into** the small bag. 모두 이 작은 가방에 제대로 꼭 들어갔어요.
17 **The itinerary** hasn't been finalized yet. 여행 일정이 아직 마무리되지 않았습니다.
18 Are we **all set** to go camping? 우리는 캠핑 갈 준비가 다 되었나요?
19 I'm **counting the days** until I leave. 저는 떠날 날을 손꼽아 기다리고 있어요.

Hackers **TEST**

Part I Choose the most appropriate response to the statement. 🎧 65_2부_대화_Course2

01   (a)   (b)   (c)   (d)

02   (a)   (b)   (c)   (d)

03   (a)   (b)   (c)   (d)

04   (a)   (b)   (c)   (d)

05   (a)   (b)   (c)   (d)

Part II Choose the most appropriate response to complete the conversation. 🎧 65_2부_대화_Course2

06   (a)   (b)   (c)   (d)

07   (a)   (b)   (c)   (d)

08   (a)   (b)   (c)   (d)

Part III Choose the option that best answers the question. 🎧 65_2부_대화_Course2

09   (a)   (b)   (c)   (d)

10   (a)   (b)   (c)   (d)

정답 p.209
받아쓰기 프로그램으로 표현과 Hackers Test를 꼭 복습하세요.

COURSE 3 쇼핑 / 서비스

쇼핑 / 서비스 관련 주제는 Part 1~3에서 가장 자주 출제되는 주제 중 하나로, 총 30문제 중 평균 7~8문제 정도 출제된다. 크게 쇼핑, 식당 · 호텔, 수리 · 배달 관련 주제로 나눌 수 있다. 각 대화 주제별 표현을 구체적인 주제별로 묶어 익혀보자.

1 쇼핑 관련 주제

쇼핑 관련 주제는 제품을 판매·구매하거나 제품에 대한 의견을 말하는 대화가 나온다.

■ 관련 대화의 예 🎧 66_2부_대화_Course 3

M: Do you have this shoe in a size 15?	M: 이 구두 사이즈 15로 있나요?
W: Sorry, but we don't **carry** sizes that large.	W: 죄송하지만, 그렇게 큰 사이즈는 **판매하지** 않습니다.

■ 대화 주제별 표현 🎧 66_2부_대화_Course 3

제품 판매하기

01 We **carry** different brands.   저희는 여러 브랜드를 판매합니다.
02 I'll **check our inventory**.   저희 재고를 확인해보겠습니다.
03 That style is temporarily **out of stock**.   그 스타일은 일시 품절입니다.

가격 흥정하기

04 It's **too steep**.   이것은 너무 비싸네요.
05 That's way **out of my price range**.   그것은 제가 생각한 가격대를 훨씬 넘습니다.
06 Can you **come down** a little?   조금 할인해주실 수 있습니까?

지불 방법에 대해 말하기

07 Can I **put** this purchase **on a six-month payment plan**?   이 물건을 6개월 할부로 살 수 있을까요?
08 **Charge it to** my credit card.   신용 카드로 계산할게요.

제품에 대한 의견 말하기

09 It **looks great on** you.   그것은 당신에게 정말 잘 어울리네요.
10 That doesn't **go with** your shirt.   그건 당신의 셔츠와 어울리지 않아요.

제품의 가격에 대해 말하기

11 At this price, it's **a steal[bargain]**.   이 가격이면 정말 싸게 산 것이에요.
12 I was **ripped off**.   전 바가지 썼어요.
13 It **cost me a fortune**.   큰돈이 들었어요.

제품의 환불 요청하기

14 Can I **get a refund**?   환불받을 수 있나요?
15 I hope to **return** this bag.   이 가방을 반품하고 싶습니다.

식당 · 호텔 관련 주제

식당 · 호텔 관련 주제는 식당에서 음식을 주문하거나 식당 · 호텔을 예약하는 대화가 나온다.

■ 관련 대화의 예 🎧 66_2부_대화_Course3

W: I can **take your order** now.

M: I'll have the breakfast set please.

W: 지금 **주문을 받겠습니다.**

M: 아침 세트 메뉴로 할게요.

■ 대화 주제별 표현 🎧 66_2부_대화_Course3

음식 주문 받기

01 Can I **take your order**? 주문을 받아도 될까요?

02 Are you **ready to order**? 주문하실 준비가 되셨나요?

03 I would **highly recommend** our broiled salmon. 저희 연어구이를 적극 추천해드릴게요.

음식 주문하기

04 Do you **have any recommendations**? 추천해주시겠어요?

05 I'd **go for** a steak. 스테이크로 시킬게요.

06 **Hold** the onions. 양파는 빼주세요.

음식값을 누가 지불할지 말하기

07 Let me **get the bill**. 제가 낼게요.

08 **It's on me.** 제가 낼게요.

09 I'd like this dinner to be **my treat**. 이번 저녁 식사는 제가 낼게요.

10 Let me **pick up the tab** since you bought last time. 지난번엔 당신이 내셨으니 제가 계산할게요.

11 How about **going Dutch**? 각자 내는 게 어때요?

12 Let's **split the bill**. 각자 냅시다.

남은 음식 포장을 요청하기

13 Can I **have a doggy bag**? 남은 음식을 싸갈 수 있을까요?

14 I'll **wrap up the leftovers**. 남은 음식을 싸갈게요.

식당 예약하기

15 Can I **make a reservation** for 2? 2명 예약할 수 있을까요?

16 Do you **take reservations** for the weekend? 주말 예약을 받습니까?

호텔 예약하기

17 We wanted to **book a room**. 방을 예약하고 싶습니다.

18 Do you **have a room available** for 2? 2명이 묵을 방이 있습니까?

19 Do you **have any vacancies**? 빈 방이 있나요?

20 What are **the room rates**? 숙박비가 얼마인가요?

호텔 서비스 요청하기

21 I'd like **a wake-up call**. 모닝콜을 해주세요.

22 Can you **send someone up**? 사람 좀 올려 보내주시겠어요?

3 수리 · 배달 관련 주제

수리 · 배달 관련 주제에서는 기기나 기물 고장에 관해 말하거나 배달 안내, 택배 관리를 부탁하는 대화가 나온다.

관련 대화의 예 🎧 66_2부_대화_Course 3

W: This vacuum isn't **working properly**.
M: What seems to be the problem?
W: It's not picking up any dust off the floor.

W: 진공 청소기가 제대로 **작동하지** 않아요.
M: 문제가 무엇인 것 같아요?
W: 바닥의 먼지를 빨아들이지 못하고 있어요.

대화 주제별 표현 🎧 66_2부_대화_Course 3

전기 · 전자 제품 고장

01 My smartphone isn't **working properly**. 제 스마트폰이 제대로 작동하지 않아요.
02 The washing machine is **on the blink**. 세탁기가 고장 났어요.
03 The power suddenly **went out**. 전기가 갑자기 나갔어요.

컴퓨터 · 인터넷 고장

04 My computer is **acting up** again. 제 컴퓨터가 또 이상해요.
05 My computer **crashed**. 제 컴퓨터가 고장 났어요.
06 The monitor just **went out**. 모니터가 그냥 나가버렸어요.
07 I can't **get any Internet access**. 인터넷에 접속할 수 없어요.
08 His computer was **attacked by a virus**. 그의 컴퓨터는 바이러스에 감염됐어요.

기타 기물 고장

09 The faucet is **dripping**. 수도꼭지가 샙니다.
10 Our faucet is **leaking** badly. 수도꼭지가 심하게 샙니다.
11 The toilet is **clogged up**. 변기가 막혔어요.
12 The broken bike is **beyond repair**. 망가진 자전거의 상태가 수리할 수 없을 정도입니다.

수리를 요청하자고 말하기

13 We'd better **call maintenance**. 관리실에 전화하는 것이 낫겠어요.
14 Let's **call a plumber**. 배관공에게 전화합시다.

배달 안내하기

15 We **deliver for free** if you live within 4 miles. 4마일 이내에 사시면 무료로 배달해드립니다.
16 We can **deliver overnight**. 익일 배송이 가능합니다.
17 We **guarantee delivery** by 10 a.m. 오전 10시까지 반드시 배달해드립니다.

부재 시 택배 관리를 부탁하기

18 Could you **sign for my package** while I'm out? 제가 없는 동안 소포가 오면 서명해주시겠어요?
19 Can you **leave it with** my apartment manager? 아파트 관리인에게 맡겨주실 수 있나요?
20 The manager will **keep the package**. 관리인이 그 소포를 맡아줄 거예요.

Hackers **TEST**

Part I   Choose the most appropriate response to the statement. 🎧 66_2부_대화_Course3

01   (a)   (b)   (c)   (d)

02   (a)   (b)   (c)   (d)

03   (a)   (b)   (c)   (d)

04   (a)   (b)   (c)   (d)

Part II   Choose the most appropriate response to complete the conversation. 🎧 66_2부_대화_Course3

05   (a)   (b)   (c)   (d)

06   (a)   (b)   (c)   (d)

07   (a)   (b)   (c)   (d)

Part III   Choose the option that best answers the question. 🎧 66_2부_대화_Course3

08   (a)   (b)   (c)   (d)

09   (a)   (b)   (c)   (d)

10   (a)   (b)   (c)   (d)

정답 p.212
받아쓰기 프로그램으로 표현과 Hackers Test를 꼭 복습하세요.

COURSE **4** 직장

직장 관련 주제는 Part 1~3에서 자주 출제되는 주제로, 총 30문제 중 평균 4~5문제 정도 출제된다. 크게 구직·이직, 면접, 직장 업무 관련 주제로 나눌 수 있다. 각 대화 주제별 표현을 구체직인 주제별로 묶어 익혀보사.

1 구직 · 이직 관련 주제

구직 · 이직 관련 주제에서는 취업에 관해 조언을 주고받거나 채용 조건을 문의하는 대화가 나온다.

■ 관련 대화의 예 🎧 67_2부_대화_Course 4

M: I'm really hoping I can **land** that new **job**.
W: Well, you're certainly qualified for it.

M: 그 새로운 **일자리를** 정말 **얻고** 싶어요.
W: 음, 당신은 확실히 그 일에 적격이에요.

■ 대화 주제별 표현 🎧 67_2부_대화_Course 4

구직 · 이직에 관해 조언을 구하기

01 I want to **land a new job.** 새 일자리를 얻고 싶어요.
02 I'm **considering a job relocation.** 이직을 생각 중이에요.
03 I **got a good job offer,** but I'm not sure if I should take it. 좋은 일자리를 제의받았는데, 받아들여야 할지 확신이 안 서요.
04 The company **offered** me **a higher salary.** 회사가 저에게 더 많은 봉급을 제안했어요.

구직 · 이직에 관해 조언하기

05 Have you **tried a recruiting agency?** 직업 소개소에 문의해보았나요?
06 Don't **rush into** anything. 서두르지 마세요.
07 You should **bide your time** until something else comes up. 다른 것이 나타날 때까지 기다려야 해요.
08 You need to **put** more **effort into** your job search. 당신은 구직활동에 더 많은 노력을 기울여야 해요.
09 **Don't miss the boat.** 기회를 놓치지 마세요.
10 Good jobs are hard to **come by.** 좋은 일자리는 얻기 힘들어요.

근무 조건 문의하기

11 What are **the benefits?** 복리 후생은 어떤가요?
12 Do you offer **paid vacations?** 유급 휴가가 있습니까?
13 **Is overtime paid?** 초과 근무 수당이 있습니까?

채용 관련 문의 · 응답하기

14 Do you **have any openings for** a manager? 매니저 직에 자리가 있습니까?
15 I want to **get a full-time position.** 저는 정규직을 얻길 원합니다.
16 The position is still **open.** 그 자리는 아직도 비어 있습니다.
17 The position **has been filled.** 자리는 채워졌습니다.

2 면접 관련 주제

면접 관련 주제에서는 면접에 대해 말하거나 면접 결과를 문의하는 대화가 나온다.

■ 관련 대화의 예 🎧 67_2부_대화_Course4

M: I'm so **nervous about** the interview.
W: Just **take a deep breath** and relax.
M: That's easier said than done.

M: 면접이 너무 긴장돼요.
W: 그냥 심호흡을 하고 긴장을 푸세요.
M: 그게 말처럼 쉽지 않네요.

■ 대화 주제별 표현 🎧 67_2부_대화_Course4

면접 전 걱정 · 조언하기

01 I'm so **nervous about** my interview this morning. 오늘 아침 면접이 너무 긴장돼요.
02 I've got **pre-interview jitters**. 면접 공포증이 있어요.
03 Don't be so **uptight**. 너무 초조해하지 마세요.
04 **Take a deep breath** and **loosen up**. 심호흡을 하고 마음을 편히 가지세요.

면접 후 걱정 · 위로하기

05 I **messed up** at a job interview. 취업 면접을 망쳤어요.
06 I **blew[bombed]** my interview. 면접을 망쳤어요.
07 **Lighten up.** 심각하게 생각하지 마세요.
08 **Don't let it get you down.** 그런 일로 기죽지 마세요.
09 Maybe you **made a better impression** than you think. 당신이 생각하는 것보다 더 좋은 인상을 주었을 거예요.

면접 결과에 대해 문의하기

10 How can I **find out the result**? 결과는 어떻게 알 수 있나요?
11 I'm calling to **follow up on my interview**. 제 면접 결과가 어떻게 됐나 알아보려고 전화했습니다.

면접 관련 문의에 답하기

12 The interview schedule is **posted online**. 면접 스케줄은 인터넷에 게시되어 있습니다.
13 I'm sorry, but we've **concluded interviews**. 죄송하지만, 면접은 끝났습니다.
14 We have yet to **make our final choice**. 우리는 아직 최종 선택을 하지 않았습니다.

면접 본 사람을 평가하기

15 He **carried himself well** during the interview. 그는 면접을 보는 동안 잘 처신했습니다.
16 He **has a strong résumé**. 그는 훌륭한 이력을 갖고 있습니다.
17 She is perfectly **qualified for** the position. 그녀는 그 직책에 더할 나위 없이 적격입니다.
18 He seems **cut out for** this kind of work. 그는 이런 종류의 일에 적격인 것 같습니다.

3 직장 업무 관련 주제

직장 업무 관련 주제에서는 근무를 대신해 달라고 부탁하거나 업무에 대한 불만을 나타내는 대화가 나온다.

■ 관련 대화의 예 🎧 67_2부_대화_Course 4

M: Do you think you can **cover** my **shift** this Saturday?
W: Sure. I can handle that.

M: 이번 토요일에 대신 일해주실 수 있나요?
W: 물론이죠. 제가 해드릴 수 있어요.

■ 대화 주제별 표현 🎧 67_2부_대화_Course 4

근무를 대신해달라고 부탁하기

01 Can you **stand in for** me? 저 대신 일해주실 수 있나요?
02 Could you **fill in for** me? 저 대신 일해주실 수 있나요?
03 Please **cover** my **shift** tomorrow. 내일 저 대신 일해주세요.

과중한 업무량에 불만 표시하기

04 I **am swamped with** things to do. 할 일이 밀려들어서 정신이 없어요.
05 I **was held up at** work. 일 때문에 꼼짝 못했어요.
06 I **got stuck with** the night shift. 야근 때문에 꼼짝 못하게 되었어요.
07 I've had to **work overtime** all year there. 거기서는 일년 내내 초과 근무를 해야 했어요.

기타 업무 관련 불만 표시하기

08 I **was fed up with** stuff like making copies and answering calls. 복사하고 전화 받는 일 따위에 질렸어요.
09 He **feels stressed out** because of his work. 그는 일 때문에 스트레스를 받습니다.

승진 · 봉급 인상에 관해 말하기

10 I **got the promotion** I was after. 저는 원하던 승진을 했어요.
11 I **got a big raise** today. 저는 오늘 상당한 급여 인상을 받았어요.

업무 마감 · 퇴근하기

12 What do you say to **calling it a day**? 오늘은 이쯤에서 끝내는 게 어떨까요?
13 She **has gone for the day**. 그녀는 퇴근했습니다.
14 What time do you **leave the office**? 몇 시에 퇴근하세요?

휴가 · 병가에 대해 말하기

15 He is **taking a day off**. 그는 하루 쉬는 중이에요.
16 She is **on leave**. 그녀는 휴가 중입니다.
17 She **called in sick**. 그녀는 아프다고 전화했어요.
18 He is **out sick**. 그는 아파서 결근했어요.

해고 · 사직에 대해 말하기

19 He **got laid off** last week. 그는 지난주에 해고당했습니다.
20 He **handed in** his **resignation**. 그는 사직서를 제출했습니다.

Hackers **TEST**

Part I Choose the most appropriate response to the statement. 🎧 67_2부_대화_Course4

01	(a)	(h)	(c)	(d)

02	(a)	(b)	(c)	(d)

03	(a)	(b)	(c)	(d)

04	(a)	(b)	(c)	(d)

05	(a)	(b)	(c)	(d)

Part II Choose the most appropriate response to complete the conversation. 🎧 67_2부_대화_Course4

06	(a)	(b)	(c)	(d)

07	(a)	(b)	(c)	(d)

08	(a)	(b)	(c)	(d)

Part III Choose the option that best answers the question. 🎧 67_2부_대화_Course4

09	(a)	(b)	(c)	(d)

10	(a)	(b)	(c)	(d)

정답 p.216
받아쓰기 프로그램으로 표현과 Hackers Test를 꼭 복습하세요.

COURSE 5 병원 / 학교

병원 / 학교 관련 주제는 Part 1~3에서 자주 출제되는 주제로, 총 30문제 중 평균 2~4문제 정도 출제된다. 크게 병에 관한 증상 및 부상, 진단 · 치료 · 수술, 학교 관련 주제로 나눌 수 있다. 각 내화 수제별 표현을 구체적인 주제별로 묶어 익혀보자.

1 병에 관한 증상 및 부상 관련 주제

병에 관한 증상 및 부상 관련 주제에서는 질병으로 인한 증상이나 부상에 관해 말하는 대화가 나온다.

■ 관련 대화의 예 🎧 68_2부_대화_Course 5

M: Are you OK? You don't look well.
W: I'm **feeling** a little **feverish**.

M: 괜찮아요? 좋아 보이지 않네요.
W: 열이 좀 납니다.

■ 대화 주제별 표현 🎧 68_2부_대화_Course 5

일반 증상에 대해 말하기

> 01 I'm **coming down with a fever**. 열이 납니다.
> 02 I **have a fever**. 열이 납니다.
> 03 I **ache all over**. 온 몸이 쑤셔요.

코 · 목 관련 증상에 대해 말하기

> 04 I **have a runny nose**. 콧물이 납니다.
> 05 I **have a stuffy nose**. 코가 막혔어요.
> 06 I **have a sore throat**. 목이 아픕니다.

치아 상태에 대해 말하기

> 07 You seem to **have a gum infection**. 잇몸에 염증이 있는 것 같군요.
> 08 There is **a cavity**. 충치가 있습니다.

질병 이름 말하기

> 09 I'm **allergic to** pollen. 저는 꽃가루 알레르기가 있어요.
> 10 I **have asthma**. 저는 천식이 있어요.

부상에 대해 말하기

> 11 My knee was **scratched up**. 무릎이 까졌어요.
> 12 He **sprained his ankle**. 그는 발목을 삐었습니다.

몸이 좋지 않다고 말하기

> 13 I'm **feeling under the weather**. 몸이 좋지 않아요.
> 14 I'm **not feeling myself** today. 오늘 몸이 좋지 않아요.

2 진단 · 치료 · 수술 관련 주제

진단 · 치료 · 수술 관련 주제에서는 의사가 진단을 내리거나 수술 후 경과에 관해 말하는 대화가 나온다.

■ 관련 대화의 예 🎧 68_2부_대화_Course5

W: I went to the doctor about my rash, but it still hasn't gone away.

M: You should ask to **try another medication**, then.

W: 발진 때문에 병원에 갔었는데도 여전히 사라지지 않네요.
M: 그럼, 다른 약을 시도하자고 요청해보세요.

■ 대화 주제별 표현 🎧 68_2부_대화_Course5

치료 방법 제시하기

01 You should **try another medication**. 다른 약을 시도해봐야 겠군요.
02 **Apply ointment.** 연고를 바르세요.
03 I recommend you **have an X-ray**. 엑스레이를 찍는 걸 권해드리고 싶군요.
04 **Get physiotherapy.** 물리 치료를 받으세요.
05 You need to **get your cholesterol checked out**. 콜레스테롤 수치를 검사해보셔야 해요.

어떤 치료를 받았는지 말하기

06 I **got some stitches**. 상처를 몇 바늘 꿰맸어요.
07 He **has a cast on** his arm. 그는 팔에 깁스를 했습니다.
08 He is **walking on crutches**. 그는 목발을 짚고 걸어요.
09 She **went through radiation**. 그녀는 방사선 치료를 받았습니다.

어떤 수술을 받았는지 말하기

10 He **had surgery on** his eyes again. 그는 눈 수술을 다시 받았어요.
11 She **underwent heart surgery**. 그녀는 심장 수술을 받았어요.

수술 후 경과 · 결과에 대해 말하기

12 We'll have to **monitor his progress**. 그의 경과를 지켜봐야 합니다.
13 It all depends on **how the operation goes**. 수술이 어떻게 되느냐에 따라 다릅니다.
14 He only just **recovered from** knee surgery. 그는 무릎 수술을 받고 막 회복했어요.
15 I'm **back to normal**. 저는 정상으로 돌아왔어요.
16 There was a slight **complication with** his new kidney. 그의 새로운 신장에 약간의 합병증이 있었어요.

입원 · 퇴원한 것에 대해 말하기

17 He will be **hospitalized for treatment** right away. 그는 당장 치료를 받으러 입원할 것입니다.
18 He has **been in the hospital** for a week. 그는 일주일 동안 입원해 있었습니다.
19 She was **released from the hospital**. 그녀는 퇴원했습니다.

검진 받고 싶다고 말하기

20 I'd like to **run some tests**. 몇 가지 검사를 받고 싶습니다.
21 Let me **get a routine checkup**. 정기 검진을 받으려 합니다.

3 학교 관련 주제

학교 관련 주제에서는 수강 신청을 하거나 취소하는 대화, 학업에 관해 말하는 대화가 나온다.

■ 관련 대화의 예 🎧 68_2부_대화_Course 5

M: How come you haven't **signed up for** the tennis class yet?
W: I don't know if I'm ready for the next level.

M: 왜 아직도 테니스 반 **신청**을 안 했어요?
W: 다음 단계로 넘어갈 준비가 되었는지 몰라서요.

■ 대화 주제별 표현 🎧 68_2부_대화_Course 5

수강 신청 · 취소하기

01 I've **signed up for** all my classes. 저는 수강 신청을 다 했습니다.
02 I'd like to **register for** Italian 201 at 7:30. 7시 30분의 이탈리아어 201을 신청하고 싶어요.
03 Is there **a prerequisite** for this course? 이 과목에 대한 선수 과목이 있습니까?
04 She wants to **cancel her registration**. 그녀는 수강 등록을 취소하길 원합니다.
05 I think I should **drop** this art class. 전 이 미술 과목 수강을 그만둬야 할 것 같아요.

앞으로 치를 시험에 대해 말하기

06 I've got a **midterm** tomorrow, so I **crammed** all night **for** it. 나는 내일 중간고사가 있어서 밤새 벼락치기로 공부했어.
07 You have to **take a make-up test**. 너는 보충 시험을 치러야 해.

시험 결과 · 성적에 관해 말하기

08 I **did well on the final**. 나는 기말고사를 잘 치렀어.
09 You **got straight A's**. 너 전부 A를 받았구나.
10 I **blew** my final. 나는 기말고사를 망쳤어.
11 I **flunked** my physics test. 나는 물리학 시험에 낙제했어.
12 My grade in math is just **below the average**. 내 수학 성적은 평균 이하야.

과제 제출에 관해 말하기

13 Why didn't you **hand in** your homework today? 오늘 왜 숙제를 제출하지 않았니?
14 Mr. Lee **takes marks off for late homework**. 이 선생님은 숙제를 늦게 내면 점수를 깎으셔.
15 When's **the paper due**? 보고서 마감이 언제야?

학업에 대해 충고하기

16 Don't **skip classes**. 수업을 빼먹지 말아라.
17 **Hit the books** if you don't want to fail. 낙제하고 싶지 않으면 공부해라.
18 When learning a new language, **brush up on** it everyday. 새로운 언어를 배울 때는, 매일 복습해라.
19 Don't **pull all-nighters**. 밤 새우지 말아라.

휴학 · 퇴학에 관해 말하기

20 I'd like to **take a year off**. 1년 휴학하고 싶어요.
21 He **dropped out of school**. 그는 학교를 중퇴했습니다.
22 He **got kicked out of school**. 그는 퇴학당했습니다.

Hackers **TEST**

Part I Choose the most appropriate response to the statement. 🎧 68_2부_대화_Course5

01   (a)   (b)   (c)   (d)

02   (a)   (b)   (c)   (d)

03   (a)   (b)   (c)   (d)

04   (a)   (b)   (c)   (d)

Part II Choose the most appropriate response to complete the conversation. 🎧 68_2부_대화_Course5

05   (a)   (b)   (c)   (d)

06   (a)   (b)   (c)   (d)

07   (a)   (b)   (c)   (d)

08   (a)   (b)   (c)   (d)

Part III Choose the option that best answers the question. 🎧 68_2부_대화_Course5

09   (a)   (b)   (c)   (d)

10   (a)   (b)   (c)   (d)

정답 p.219
받아쓰기 프로그램으로 표현과 Hackers Test를 꼭 복습하세요.

시험에 나올 문제를 미리 풀어보고 싶을 땐?

해커스텝스(HackersTEPS.com)에서
텝스 적중예상특강 보기!

담화 유형별 공략 (Part 4~5)

담화 유형별 공략 (Part 4~5)

텝스의 담화는 굉범위한 주제를 다루며 내화에 비해 길이도 길기 때문에 학습자들에게 가장 어려운 유형이라 할 수 있다. 이에 대비하기 위하여 2부 담화 유형별 공략은 자주 나오는 담화 유형들을 골라 각각의 출제 토픽과 독특한 담화의 흐름을 중심으로 맞춤 공략법을 익힐 수 있도록 하였다.

담화 유형과 출제 비율

1. 담화 유형

본 교재에서는 Part 4와 Part 5에 가장 자주 나오는 담화 유형들을 다음과 같이 분류했다.

방송	1. 광고
	2. 뉴스
	3. 프로그램
안내 / 메시지	1. 안내 및 공지
	2. 자동 음성 메시지
	3. 전화한 사람이 남긴 메시지
주장 / 비판 / 연구 결과	1. 주장
	2. 비판
	3. 연구 결과
인문 · 사회과학 강의	역사학 강의, 인류학 강의, 문학 강의, 심리학 강의, 언어학 강의
자연과학 강의	생물학 강의, 의학 강의, 화학 강의, 물리학 강의, 지구과학 강의

2. 담화 유형별 출제 비율

담화 유형별 출제 비율은 다음과 같다.

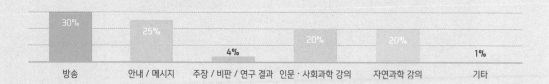

방송	안내 / 메시지	주장 / 비판 / 연구 결과	인문 · 사회과학 강의	자연과학 강의	기타
30%	25%	4%	20%	20%	1%

담화 유형별 공략의 구성

1. 출제 토픽

담화 유형별로 출제되는 토픽들을 묶어 어떤 것들이 있는지 알 수 있도록 정리했다.

2. 빈출 질문별 공략

담화 유형별로 자주 나오는 질문과 그에 대처하는 구체적인 공략법을 제시하여 해당 담화 유형의 문제를 보다 전략적으로 풀 수 있도록 했다.

3. 예제 및 담화 flow

각 담화 유형의 독특한 flow에 따라 어떤 질문이 주어졌을 때 어디를 중점적으로 들어야 하는지 쉽게 알 수 있도록 표시했다.

4. Hackers Test

담화 유형별 토픽과 흐름, 공략법 등을 꼼꼼히 학습한 후, 텝스의 Part 4와 Part 5 유형과 가장 유사한 문제로 구성된 Hackers Test를 풀어봄으로써 학습을 마무리할 수 있도록 했다.

담화 유형별 공략의 학습 전략

1. 담화 유형별 출제 토픽을 알아둔다.

출제 토픽은 텝스의 담화 유형이나 시험 경향 등을 알 수 있는 중요한 기반이 되므로 각 유형별로 어떤 토픽이 출제되는지 알아두도록 한다.

2. 담화 유형별 빈출 질문과 공략법을 숙지해둔다.

담화 유형별로 빈출 질문과 공략법을 익혀두자. 어려운 어휘나 문맥을 놓친 경우라도, 중점적으로 들어야 할 부분을 재빨리 파악하여 들음으로써 이를 만회할 수 있다.

3. 담화 유형별 독특한 flow를 파악해둔다.

담화는 특정 주제에 관하여 이야기하는 것이므로 대체로 일정한 흐름, 즉 flow를 가지기 마련이다. 텝스 담화 유형의 독특한 흐름을 파악하여 길고 어려운 내용의 담화에 완벽하게 대비해보자.

4. 문제를 풀어봄으로써 담화 유형별 공략법을 확실히 익힌다.

텝스와 매우 유사한 담화 문제를 유형별로 묶어 제공하는 Hackers Test를 풀어봄으로써 그동안 익힌 유형별 특징과 공략법을 확인 학습한다.

COURSE **1** 방송

방송 관련 담화 유형은 Part 4와 Part 5의 총 8 담화 중 평균 2~3 담화 정도 출제되며, 크게 광고, 뉴스, 프로그램으로 나눌 수 있다. 이 중 뉴스의 출제 비율이 가장 높다. 이제부터 방송 관련 담화 유형을 익혀보자.

1 광고

광고는 상품이나 서비스 등의 장점을 알려 소비자의 이용을 촉진하는 방송을 말한다.

■ 출제 토픽

상품 및 서비스 광고(음료수, 컴퓨터, 자동차, 다이어트 약, 헬스클럽의 수업 프로그램, 새로운 요리 프로그램), 시설 광고(음식점), 기업 및 단체 광고(항공사, 컨설팅 회사, 유기묘 보호 단체), 교육 기관 광고(학원, 대학원), 관광지 광고 등

■ 빈출 질문별 공략

중심 내용 문제	What is **mainly being advertised**? 주로 광고되고 있는 것은 무엇인가? What is **mainly being advertised** about ○○○? ○○○에 대해 주로 광고되고 있는 것은 무엇인가? → 중심 내용 문제는 중간의 광고 대상 및 장점과 광고 내용이 구체화되는 부분을 잘 듣는다.
세부 정보 문제	Which is **correct** about ○○○ according to the advertisement? 광고에 따르면 ○○○에 대해 맞는 것은 무엇인가? → 세부 정보 문제는 중간의 광고 내용이 구체화되는 부분을 꼼꼼히 기억해둔다.

■ 예제 및 담화 flow 🎧 69_2부_담화_Course1

Wondering where to spend the holidays without breaking the bank?	소비자의 주의 환기
At Palm Islands, **we provide exciting family getaways that are affordable**.	광고 대상 및 장점 언급 → 중심 내용 문제
Our motto is to keep you coming back by offering fun entertainment for all ages, and comfortable lodging designed for budget travelers.	광고 내용 구체화 → 중심 내용 문제, 세부 정보 문제
For more information about our travel packages, call 1-888-Islands today!	연락처 / 이용방법

Q. What is mainly being advertised about Palm Islands?
A. Its enjoyable, reasonably priced vacations

해석 p.223

해설 | 광고되고 있는 것을 묻는 중심 내용 문제로, 중간에 나오는 광고 대상 및 장점이 언급되는 부분의 we provide exciting family getaways that are affordable 에서 적당한 가격의 신나는 가족 휴양지를 제공한다고 했으므로 '즐겁고 합리적인 가격의 휴가'가 광고되고 있음을 알 수 있다.

2 뉴스

뉴스는 사건이나 사고 등에 대한 새로운 소식을 전달하는 방송을 말한다.

■ 출제 토픽

사고 뉴스(폭풍, 화재), 인물 뉴스(실종, 재판, 사임, 부고), 사회 뉴스(법안 통과, 국제 정세, 이혼율, 자원봉사 제도, 직업 분포 변화), 경제 뉴스(사기업 동향, 산업 불황, 건축 붐), 스포츠 뉴스(경기 결과) 등

■ 빈출 질문별 공략

중심 내용 문제
What is the news report **mainly about?** 뉴스는 주로 무엇에 대한 것인가?
What is the **main idea** about ○○○ in the news report? 뉴스의 ○○○에 대한 요지는 무엇인가?
→ 중심 내용 문제는 앞부분의 뉴스 소개를 중점적으로 듣는다.

세부 정보 문제
Which is **correct** according to the news story[report]? 뉴스에 따르면 맞는 것은 무엇인가?
→ 세부 정보 문제는 중간의 뉴스 내용이 구체화되는 부분부터 뉴스 마지막까지 잘 기억해둔다. 뉴스에서는 세부 정보 문제가 가장 많이 출제된다.

추론 문제
What can be **inferred** about ○○○ from the news story[report]?
뉴스로부터 ○○○에 대해 추론할 수 있는 것은 무엇인가?
→ 추론 문제는 세부 정보와 마찬가지로 중간의 뉴스 내용이 구체화되는 부분부터 뉴스 마지막까지 꼼꼼히 기억해둔다.

■ 예제 및 담화 flow 🎧 69_2부_담화_Course1

Authorities intercepted a package at customs containing 200 rare turtles from Vietnam.

뉴스 소개
→ 중심 내용 문제

The turtles have an estimated value of half a million US dollars on the black market. Animal protection officials were notified after postal workers discovered that **the package had originated from a phony address.**

뉴스 내용 구체화
→ 세부 정보 문제, 추론 문제

None of the turtles were harmed, and all have been returned to the wild.

현황 / 전망 / 당부
→ 세부 정보 문제, 추론 문제

Q. Which is correct according to the report?
A. The package was sent from a false address.

해석 p.223

해설 | 뉴스와 일치하는 것을 묻는 세부 정보 문제로, 중간의 뉴스 내용이 구체화되는 부분의 the package had originated from a phony address에서 '소포가 가짜 주소로부터 발송되었다'는 것을 알 수 있다.

3 프로그램

프로그램은 특정 주제에 관하여 논의하는 방송을 말한다.

■ 출제 토픽

정보 프로그램(선크림의 종류, 단열 공사 시기, 환경친화 자동차), 교육 프로그램(청소년 자녀를 가진 부모 교육), 문화 프로그램(전쟁을 배경으로 한 소설 소개) 등

■ 빈출 질문별 공략

중심 내용 문제

What is the speaker **mainly talking about**? 화자가 주로 이야기하고 있는 것은 무엇인가?
What is the **main idea** of the talk? 담화의 요지는 무엇인가?
What is the **main purpose** of the program? 프로그램의 주된 목적은 무엇인가?

→ 중심 내용 문제는 앞부분과, 중간의 논의 주제 소개와 논의가 구체화되는 부분을 중점적으로 듣는다.

추론 문제

What can be **inferred** about ○○○? ○○○에 대해 추론할 수 있는 것은 무엇인가?

→ Infer 문제는 중간의 논의가 구체화되는 부분을 잘 기억해둔다.

What is the speaker most likely to **talk about next**? 화자는 다음에 무엇에 대해 말할 것 같은가?

→ Do-next 문제는 앞 부분의 논의 주제 소개와 마지막의 다음 내용 소개를 잘 듣는다.

■ 예제 및 담화 flow 🎧 69_2부_담화_Course1

On today's show we'll be sharing some tips about **ways to keep your youthful appearance**.	논의 주제 소개 → 중심 내용 문제
Keeping the face firm is of utmost importance, but how? One way is through a combination of facial exercises and massages, which help tone and loosen muscles. Another is to apply moisturizers, chemical agents designed to keep skin more pliant. Staying hydrated also helps to forestall the onset of wrinkles.	논의 구체화 → 중심 내용 문제, 추론 문제
Now let's discuss a few other preventative measures you can take.	다음 내용 소개 → 추론 문제

Q. What is the speaker most likely to talk about next?
A. Additional ways to combat the effects of aging

해석 p.223

해설 | 프로그램에서 다음에 이야기할 내용을 묻는 추론 문제로, 앞부분에서 젊은 외모를 유지하는 방법이라는 주제를 소개했고 마지막 부분의 Now let's discuss a few other preventative measures you can take에서 취할 수 있는 다른 예방책에 대해 이야기해보자고 했다. 이를 통해 '노화를 방지하는 또 다른 방법들'에 대한 내용이 이어질 것임을 알 수 있다.

Hackers **TEST**

Part IV Choose the option that best answers the question. 🎧 69_2부_담화_Course1

01   (a)   (b)   (c)   (d)

02   (a)   (b)   (c)   (d)

03   (a)   (b)   (c)   (d)

04   (a)   (b)   (c)   (d)

Part V Choose the option that best answers the question. 🎧 69_2부_담화_Course1

05   (a)   (b)   (c)   (d)

06   (a)   (b)   (c)   (d)

07   (a)   (b)   (c)   (d)

08   (a)   (b)   (c)   (d)

정답 p.224
받아쓰기 프로그램으로 표현과 Hackers Test를 꼭 복습하세요.

COURSE 2 안내 / 메시지

안내 / 메시지 담화 유형은 Part 4와 Part 5의 총 8 담화 중 평균 2 담화 정도 출제된다. 크게 안내 및 공지와 자동 음성 메시지, 전화한 사람이 남긴 메시지로 나눌 수 있으며, 이 중 안내 및 공지의 출제 비율이 가장 높다. 이제부터 안내 / 메시지 관련 담화 유형을 익혀보자.

1 안내 및 공지

안내 및 공지는 상품이나 행사 등에 관한 구체적인 내용을 알려주는 것을 말한다.

■ 출제 토픽

여행 안내(크루즈 · 버스 투어), 상품 및 서비스 안내(회보 정기 구독, PC 우편 서비스 이용, 회사의 새로운 영업점 개점), 행사 안내(화재 대피 훈련, 회의, 차고 세일), 제도 안내(시의회 예산 규정 변경, 정규 직원 등록금 상환 제도), 건강 관련 안내(백신 접종) 등

■ 빈출 질문별 공략

중심 내용 문제	What is the **main topic** of the announcement[talk, notice]? 안내[담화, 공지]의 주제는 무엇인가? What is the **main purpose** of the announcement? 안내의 주된 목적은 무엇인가? → 중심 내용 문제는 앞부분의 안내 · 공지의 대상 및 목적을 중점적으로 듣되, 마지막 부분에서 중심 내용이 다시 언급되는 경우도 있으니 끝 부분도 잘 듣는다.
세부 정보 문제	Which is **correct** about ○○○ according to the announcement? 안내에 따르면 ○○○에 대해 맞는 것은 무엇인가? → 세부 정보 문제는 중간의 안내 · 공지의 세부 내용이 나오는 부분을 꼼꼼히 기억해둔다.
추론 문제	What can be **inferred** from the announcement? 안내로부터 추론할 수 있는 것은 무엇인가? → 추론 문제는 세부 정보와 마찬가지로 중간의 안내 · 공지의 세부 내용이 나오는 부분을 잘 기억해둔다.

■ 예제 및 담화 flow 🎧 70_2부_담화_Course 2

Every Tuesday, **the community center gymnasium will sponsor a bingo night for senior citizens in the area.**
→ 안내 · 공지의 대상 및 목적 언급 → 중심 내용 문제

We expect a large turnout, so plan to arrive early to ensure you get a seat. The cost for entry is $2, which will go toward prizes and refreshments.
→ 안내 · 공지의 세부 내용 → 세부 정보 문제, 추론 문제

Whether you're an experienced player or a complete novice, **come enjoy the excitement of bingo and meet other senior citizens in the community.**
→ 끝인사 / 권유 → 중심 내용 문제

Q. What is the main purpose of the announcement?
A. To invite elderly members of the community to bingo night

해석 p.228

해설 | 안내의 목적을 묻는 중심 내용 문제로, 안내 대상 및 목적이 언급되는 앞부분의 the community center gymnasium ~ in the area와 마지막 부분의 come enjoy ~ in the community를 통해 '그 지역의 어르신들을 빙고의 밤에 초대하기 위한' 목적임을 알 수 있다.

2 자동 음성 메시지

자동 음성 메시지는 특정 정보가 필요한 사람이 관련 업체나 개인에게 전화를 걸었을 때 자동으로 나오는 정보 메시지를 말한다.

■ 출제 토픽

업체 자동 음성 메시지(항공 정보, 쇼핑몰 정보), 개인 자동 음성 메시지(집 임대, 물건 매매, 부재 중 연락 방법) 등

■ 빈출 질문별 공략

세부 정보 문제
Which is correct about ○○○ according to the announcement?
안내에 따르면 ○○○에 대해 맞는 것은 무엇인가?
→ Correct 문제는 중간의 안내의 세부 내용이 나오는 부분을 잘 기억해둔다.

What should a caller do to apply for a business loan?
기업 대출을 신청하려면 전화 건 사람은 무엇을 해야 하는가?
→ 육하원칙 문제는 질문에서 묻는 부분을 기억해두었다가 중간의 안내 세부 정보가 나오는 부분을 듣고 답을 찾는다.

추론 문제
What can be **inferred** about ○○○ from the phone message?
전화 메시지로부터 ○○○에 대해 추론할 수 있는 것은 무엇인가?
→ 추론 문제는 세부 정보 문제와 마찬가지로 중간의 안내의 세부 내용이 나오는 부분을 잘 기억해둔다.

■ 예제 및 담화 flow 🎧 70_2부_담화_Course 2

> Thank you for using Top Bank's automated banking system.　　　□ 업체명 또는 개인 전화번호
>
> To check your account balance, please press 1. For questions
> concerning check and credit cards, please press 2. **To apply for**　안내 세부 정보
> **a home or business loan, please press 3.** For all other services,　→ 세부 정보 문제, 추론 문제
> please remain on the line and our first available customer service
> representative will take your call.
>
> Thank you for calling Top Bank.　　　　　　　　　　　　　　□ 감사 표현

Q. What should a caller do to apply for a business loan?
A. Press 3.

해석 p.228

해설 | 자동 음성 메시지의 특정 정보를 묻는 세부 정보 문제로, 중간에 나오는 안내 세부 정보 부분의 To apply for a home or business loan, please press 3에서 '기업 대출을 신청하려면 3번을 눌러야 한다'는 것을 알 수 있다.

3 전화한 사람이 남긴 메시지

전화한 사람이 남긴 메시지는 상대가 전화를 받지 못하여 전화한 사람이 자동 응답기에 남긴 용건을 말한다.

■ 출제 토픽

도움 요청 전화 메시지(교체 선수 요청), 연락을 기다리는 사람의 전화 메시지 등

■ 빈출 질문별 공략

중심 내용 문제	What is ○○○'s **purpose** for calling ○○○? ○○○에게 전화한 ○○○의 목적은 무엇인가?
	→ 중심 내용 문제는 중간의 전화한 목적이 나오는 부분을 중점적으로 듣는다.
세부 정보 문제	Which is **correct** according to the telephone message? 전화 메시지에 따르면 맞는 것은 무엇인가?
	→ 세부 정보 문제는 중심 내용 문제와 마찬가지로 중간의 전화한 목적이 나오는 부분을 꼼꼼히 기억해둔다.

■ 예제 및 담화 flow 🎧 70_2부_담화_Course 2

Hi Mrs. Brown. This is Sally's homeroom teacher.　　　　　　　　　　　신원 · 이름 밝힘

I'm calling to remind you of tomorrow's parent-teacher conference.
We hope to have a high attendance as we will be going over
some new policies. You're slotted for 5:30, but **we'll be serving**　　전화한 목적
refreshments at 5 o'clock and you're welcome to arrive early. I'll be　→ 중심 내용 문제, 세부 정보 문제
here at school today until 3:45, but if you need to reach me after
that you can try me at home.

Hope to hear from you soon.　　　　　　　　　　　　　　　　　　　끝인사 / 당부

Q. Which is correct according to the telephone message?
A. Snacks will be provided at 5 o'clock.　　　　　　　　　해석 p.228

해설 | 전화 메시지와 일치하는 내용을 묻는 세부 정보 문제로, 중간의 전화한 목적이 나오는 부분의 we'll be serving refreshments at 5 o'clock에서 '5시에 간식이 제공될 것임'을 알 수 있다.

Hackers **TEST**

Part IV Choose the option that best answers the question. 🎧 70_2부_담화_Course2

01	(a)	(b)	(c)	(d)

02	(a)	(b)	(c)	(d)

03	(a)	(b)	(c)	(d)

04	(a)	(b)	(c)	(d)

Part V Choose the option that best answers the question. 🎧 70_2부_담화_Course2

05	(a)	(b)	(c)	(d)

06	(a)	(b)	(c)	(d)

07	(a)	(b)	(c)	(d)

08	(a)	(b)	(c)	(d)

정답 p.229
받아쓰기 프로그램으로 표현과 Hackers Test를 꼭 복습하세요.

COURSE **3** 주장 / 비판 / 연구 결과

주장 / 비판 / 연구 결과 관련 담화 유형은 Part 4와 Part 5의 총 8 담화 중 평균 1 담화 정도 출제된다. 크게 주장, 비판, 연구 결과로 나눌 수 있으며, 이 중 비판의 출세 비율이 가장 높다. 이제부터 주장 / 비판 / 연구 결과 관련 담화 유형을 익혀보자.

1 주장

주장은 상대방을 설득시키기 위해 자신의 의견을 표현한 것을 말한다.

■ 출제 토픽

대학 동아리 가입시 동아리 활동에 할애하는 시간을 고려해야 한다는 주장, 금연 정책 주장, 책 가격의 적절성 주장, 조직 개혁에 구성원의 참여를 도모해야 한다는 주장 등

■ 빈출 질문별 공략

중심 내용 문제	What is the **main idea** of the talk? 담화의 요지는 무엇인가? What is the speaker's **main point** about ○○○? ○○○에 대한 화자의 요점은 무엇인가? → 중심 내용 문제는 앞부분의 주장이 제시되는 부분을 중점적으로 듣되, 끝에 다시 한번 주장을 강조하는 경우도 있으니 마지막 부분도 잘 듣도록 한다.
세부 정보 문제	Which is **correct** according to the speech[talk]? 연설[담화]에 따르면 맞는 것은 무엇인가? → 세부 정보 문제는 중간의 주장에 대한 근거가 나오는 부분을 잘 기억해둔다.
추론 문제	What can be **inferred** about ○○○ from the speech? 연설로부터 ○○○에 대해 추론할 수 있는 것은 무엇인가? → 추론 문제는 담화 내용 전반을 잘 기억해둔다.

■ 예제 및 담화 flow 🎧 71_2부_담화_Course 3

When choosing which career path to pursue, there are several things that you should consider other than salary. **Of primary importance is enjoyment.**	주장 제시 → 중심 내용 문제, 추론 문제
Consider whether the daily routines of the job would suit you. For example, an accounting position entails crunching numbers at a desk for long hours. Unless you really enjoy accounting, it would be very difficult to stay with the job, even with a high salary.	주장에 대한 근거 → 세부 정보 문제, 추론 문제
While financial concerns are significant, be sure to think about which profession would give you the most pleasure.	주장 강조 → 중심 내용 문제, 추론 문제

Q. What is the speaker's main point?
A. Monetary goals should not overshadow professional happiness.

해석 p.233

해설 | 주장의 요점을 묻는 중심 내용 문제로, 앞 부분에서 진로 결정에 있어서 가장 중요한 것은 기쁨이라는 주장을 제시한 후, 마지막 부분의 While financial concerns ~ the most pleasure에서 재정적인 문제도 중요하지만 가장 기쁨을 줄 만한 직업에 대해 생각해 보라고 주장을 강조했다. 따라서 화자의 요점이 '금전적인 목표가 일에서 얻는 행복을 막아서는 안 된다'는 것임을 알 수 있다.

2 비판

비판은 특정한 문제에 대해 잘못된 점을 지적한 것을 말한다.

■ 출제 토픽

정책 비판(유류세율 상승, 시의회의 예산 집행, 유행성 질병에 대한 정부의 대처, 건축 법규, 소방지국 건설, 마약 상습 복용자에 대한 처우, 소규모 농업에 대한 지원, 본사 이전 장소), 제도 비판(사형 제도, 공교육 제도), 서평(소설) 등

■ 빈출 질문별 공략

중심 내용 문제   **What is the speaker's main point?** 화자의 요점은 무엇인가?

→ 중심 내용 문제는 마지막 부분의 문제점이 강조되거나 제안이 나오는 부분을 중점적으로 듣는다.

세부 정보 문제   **Which is correct according to the talk?** 담화에 따르면 맞는 것은 무엇인가?

→ 세부 정보 문제는 중간의 문제점이 구체화되는 부분을 꼼꼼히 기억해둔다.

추론 문제   **What can be inferred from the talk?** 담화로부터 추론할 수 있는 것은 무엇인가?
              Which statement would the speaker most likely agree with? 화자는 어느 진술에 가장 동의할 것 같은가?

→ 추론 문제는 담화 내용 전반을 잘 기억해둔다.

■ 예제 및 담화 flow 🎧 71_2부_담화_Course3

> I've come here today not to blast the shipping industry, but to voice concerns over the pollution it generates.
>
> How can we continue to only focus on automobiles when a huge percentage of acid rain and global warming results from international shipping? It seems that nations are keen to overlook pollution by barges and other seabound vessels in the interest of economic progress.
>
> **If the emissions of ships continue to go unchecked, we will be facing a huge environmental crisis.**

문제점 제기

문제점 구체화
→ 세부 정보 문제, 추론 문제

문제점 강조 / 제안
→ 중심 내용 문제, 추론 문제

Q. What can be inferred from the talk?
A. The speaker thinks the emissions of ships should be regulated.

해석 p.233

해설 | 비판에서 추론할 수 있는 내용을 묻는 문제로, 마지막 부분의 If the emissions ~ environmental crisis에서 배에서 나오는 배출물을 저지하지 않으면 엄청난 환경 위기를 맞게 될 것이라고 문제점을 강조했다. 이를 통해 화자는 '배의 배출물이 규제를 받아야 한다고 생각한다'는 것을 알 수 있다.

3 연구 결과

연구 결과는 의학이나 생태, 환경, 사회 등 다양한 분야에서 이루어진 연구에 대한 결과 보고를 말한다.

■ 출제 토픽

의학 연구 결과(피부암, 보톡스), 생태 연구 결과(멸종위기의 고릴라, 새로운 조류의 발견, 살충제가 동물에 미치는 영향, 32000년 전의 식물 복원), 환경 연구 결과(수돗물 오염, 인공 산호초), 사회 연구 결괴(방송인 님녀 비율) 등

■ 빈출 질문별 공략

중심 내용 문제   What is the **main idea** of the talk? 담화의 요지는 무엇인가?

→ 중심 내용 문제는 앞부분의 연구 결과가 제시되는 부분을 중점적으로 듣는다.

세부 정보 문제   Which is **correct** according to the report[talk]? 보고[담화]에 따르면 맞는 것은 무엇인가?

→ 세부 정보 문제는 연구 결과의 세부 내용이 나오는 부분을 기억하되, 이 부분에는 수치(수, 비율, 분수 등)가 자주 나와 정답의 단서나 오답 함정으로 쓰이므로 적으면서 듣는다.

■ 예제 및 담화 **flow** 🎧 71_2부_담화_Course3

Recent findings released by the American Medical Association, or AMA, suggest that nearly 1 out of 3 adults living in urban areas has high blood pressure, leaving them at risk for coronary failure or stroke.

〉 연구 결과
→ 중심 내용 문제

Polls conducted at medical facilities revealed that two-thirds of those with high blood pressure have levels of 140/90 or higher, while one-third have levels over 160/100, far beyond **the recommended level of 120/80**. The AMA also reported that high blood pressure is rising among the nation's youth.

〉 연구 결과의 세부 내용
→ 세부 정보 문제

Q. Which is correct according to the report?
A. A safe blood pressure level is 120/80.

해석 p.233

해설 | 연구 결과와 일치하는 것을 묻는 세부 정보 문제로, 연구 결과의 세부 내용인 the recommended level of 120/80에서 권장되는 혈압 수치가 120/80이라고 했으므로 '안전한 혈압 수치는 120/80이라는 것'을 알 수 있다.

Hackers **TEST**

Part IV Choose the option that best answers the question. 🎧 71_2부_담화_Course3

01   (a)   (b)   (c)   (d)

02   (a)   (b)   (c)   (d)

03   (a)   (b)   (c)   (d)

04   (a)   (b)   (c)   (d)

Part V Choose the option that best answers the question. 🎧 71_2부_담화_Course3

05   (a)   (b)   (c)   (d)

06   (a)   (b)   (c)   (d)

07   (a)   (b)   (c)   (d)

08   (a)   (b)   (c)   (d)

정답 p.234
받아쓰기 프로그램으로 표현과 Hackers Test를 꼭 복습하세요.

COURSE **4** 인문 · 사회과학 강의

인문 · 사회과학 강의 담화 유형은 Part 4와 Part 5의 총 8 담화 중 평균 1~2 담화 정도 출제되며, 역사학, 인류학 분야의 강의가 자주 출제된다. 이제부터 인문 · 사회과학 강의 관련 담화 유형을 익혀보자.

■ 출제 토픽

역사학 강의	19세기 호주의 진주 사업, 아메리카 인디언이 경작하던 작물, 백색 테러 등
인류학 강의	대만의 명절 풍습, 반 노예 운동 등
문학 강의	하퍼 리의 소설, 패트리샤 하이스미스의 범죄 소설, 로버트 브라우닝의 시, 새뮤얼 존슨의 에세이, 셰익스피어 연극의 주인공, 벤자민 프랭클린의 유머, 버지니아 울프의 소설 기법, 서사적 비유 등
심리학 강의	인터넷 욕설, 섭식 장애, 행복의 원인, 알코올 중독 치료에 대한 흄의 영향, 감정 다루기 등
언어학 강의	청자에 따라 다른 화자의 화법, 인디언 언어, 리히텐슈타인의 언어관, 영어 어휘 변화 등

■ 빈출 질문별 공략

중심 내용 문제
What is the lecture[talk] **mainly about?** 강의[담화]는 주로 무엇에 대한 것인가?
What is the **main point[idea]** of the lecture? 강의의 요점[요지]은 무엇인가?
What is **mainly being discussed** about ○○○? ○○○에 대해 주로 논의되고 있는 것은 무엇인가?
→ 중심 내용 문제는 앞부분의 강의 주제가 제시되는 부분을 잘 듣는다.

세부 정보 문제
Which is **correct** (about ○○○) according to the lecture? 강의에 따르면 (○○○에 대해) 맞는 것은 무엇인가?
→ 세부 정보 문제는 중간 이후의 구체적인 설명이 나오는 부분을 잘 기억해둔다.

추론 문제
What can be **inferred** (about ○○○) from the lecture? 강의로부터 (○○○에 대해) 추론할 수 있는 것은 무엇인가?
What will the lecturer **agree with most?** 강의하는 사람은 무엇에 가장 동의할 것 같은가?
→ 추론 문제는 강의 내용 전반을 잘 기억해둔다.

■ 예제 및 담화 **flow** 🎧 72_2부_담화_Course4

> We'll now turn to **Efraim Karsh's historiographical study of the Arab-Israeli conflict**, entitled *Fabricating Israeli History*.
>
> Although Karsh breathes new life into the scholarly debate surrounding the Middle East, the critical methods used in the book leave much to be desired. The author's insight and rhetorical skills are admirable; however, Karsh worsens the issue rather than improving it by **distorting historical facts for his own political agenda.**

강의 주제 제시
→ 중심 내용 문제, 추론 문제

구체적인 설명
→ 세부 정보 문제, 추론 문제

Q. What can be inferred from the lecture?
A. Karsh interpreted the Arab-Israeli conflict with a biased perspective.

해석 p.238

해설 | 강의를 통해 추론할 수 있는 것을 묻는 추론 문제로, 앞부분에서 강의 주제가 아랍과 이스라엘의 대립에 대한 Karsh의 연구라는 것을 알 수 있고, distorting ~ agenda에서 작가가 자신의 정치적 계획을 위해 역사적 사실을 왜곡한다고 했다. 이를 통해 '작가가 대립을 편향된 관점으로 분석했다'는 것을 알 수 있다.

Hackers **TEST**

Part IV Choose the option that best answers the question. 🎧 72_2부_담화_Course4

01   (a)   (b)   (c)   (d)

02   (a)   (b)   (c)   (d)

03   (a)   (b)   (c)   (d)

04   (a)   (b)   (c)   (d)

Part V Choose the option that best answers the question. 🎧 72_2부_담화_Course4

05   (a)   (b)   (c)   (d)

06   (a)   (b)   (c)   (d)

07   (a)   (b)   (c)   (d)

08   (a)   (b)   (c)   (d)

정답 p.238

받아쓰기 프로그램으로 표현과 Hackers Test를 꼭 복습하세요.

COURSE **5** 자연과학 강의

자연과학 강의 담화 유형은 Part 4와 Part 5의 총 8 담화 중 평균 1~2 담화 정도 출제되며, 생물학, 의학 분야의 강의가 자주 출제된다. 이제부터 자연과학 강의 관련 담화 유형을 익혀보자.

■ 출제 토픽

생물학 강의	개구리의 번식, 매머드의 종류, 헬리코박터균, 나비 이동의 특이점, 바다의 산소 부족이 플랑크톤에 미치는 영향 등
의학 강의	항우울제, 뇌세포, 하품, 관절염, 난독증, 당뇨병, 치주 질환, 신경 손실 등
화학 강의	원자와 분자, 중성 미자 등
물리학 강의	물리학과 고대 수학의 관련성, 아인슈타인의 상대성 이론 등
지구과학 강의	베링 해협과 기후의 관계, 코페르니쿠스의 지동설 등

■ 빈출 질문별 공략

중심 내용 문제
What is the **main topic** of the lecture? 강의의 주제는 무엇인가?
What is the **main point[idea]** of the lecture? 강의의 요점[요지]은 무엇인가?
What is the speaker's **main point** (about ○○○)? (○○○에 대한) 화자의 요점은 무엇인가?
What is **mainly being discussed** about ○○○? ○○○에 대해 주로 논의되고 있는 것은 무엇인가?
→ 중심 내용 문제는 앞부분의 강의 주제가 나오는 부분을 잘 듣는다.

세부 정보 문제
Which is **correct** (about ○○○) according to the lecture? 강의에 따르면 (○○○에 대해) 맞는 것은 무엇인가?
→ 세부 정보 문제는 강의 주제가 제시된 후 구체적인 설명이나 근거가 나오는 부분을 잘 기억해둔다.

추론 문제
What can be **inferred** from the lecture? 강의로부터 추론할 수 있는 것은 무엇인가?
→ 추론 문제는 강의 내용 전반을 잘 기억해둔다.

■ 예제 및 담화 flow 🎧 73_2부_담화_Course 5

Though scientists have known that glaciers were melting at increasing rates, they were shocked to discover just how rapidly thawing has occurred during the past decade.

> 강의 주제 제시
> → 중심 내용 문제, 추론 문제

Due to recent global climate patterns, glaciers are diminishing faster than ever before. New Zealand's largest glacier, for instance, is expected to disappear completely within 50 years at current temperature levels. If the problem is not reversed soon, glacial regions across the planet could be permanently affected.

> 구체적 설명 / 근거
> → 세부 정보 문제, 추론 문제

Q. Which is correct according to the lecture?
A. Global temperatures are reducing glaciers at unprecedented rates.

해석 p.243

해설 | 강의와 일치하는 내용을 묻는 세부 정보 문제로, 강의 주제에 대한 구체적 설명이 나오는 부분의 Due to recent ~ than ever before에서 최근 지구의 기후 양상 때문에 빙하가 그 어느 때보다도 빠르게 줄어들고 있다고 했으므로, '지구의 기온 때문에 빙하가 전례 없는 속도로 줄어들고 있다'는 것을 알 수 있다.

Hackers **TEST**

Part IV Choose the option that best answers the question. 🎧 73_2부_담화_Course5

01   (a)   (b)   (c)   (d)

02   (a)   (b)   (c)   (d)

03   (a)   (b)   (c)   (d)

04   (a)   (b)   (c)   (d)

Part V Choose the option that best answers the question. 🎧 73_2부_담화_Course5

05   (a)   (b)   (c)   (d)

06   (a)   (b)   (c)   (d)

07   (a)   (b)   (c)   (d)

08   (a)   (b)   (c)   (d)

정답 p.243
받아쓰기 프로그램으로 표현과 Hackers Test를 꼭 복습하세요.

시험에 나올 문제를 미리 풀어보고 싶을 땐?

해커스텝스(**HackersTEPS.com**)에서
텝스 적중예상특강 보기!

텝스 실전모의고사

* Answer Sheet는 p.311에 수록되어 있습니다.

DIRECTIONS

In the Listening Comprehension Section, the content will be presented in oral rather than written form. There are five parts in this section, and you will receive separate instructions for each. Listen to the instructions carefully, and choose the best answer for each question from the available options. More specific directions will be given at the beginning of each part of this section.

Part I   Questions 1~10

You will now hear ten statements or questions, and each will be followed by four responses. Choose the most appropriate response.

Part II   Questions 11~20

You will now hear ten conversation fragments, and each will be followed by four responses. Choose the most appropriate response.

Part III   **Questions 21~30**

You will now hear ten complete conversations. Before each conversation, you will hear a short description of the situation. Then you will hear the conversation and its corresponding question, both of which will be read only once. Next, you will hear four options, which will also be read only once. Choose the option that best answers the question.

Part IV **Questions 31~36**

You will now hear six monologues. For each item, you will hear a monologue and its corresponding question, both of which will be read twice. Then you will hear four options which will be read only once. Choose the option that best answers the question.

Part V   Questions 37~40

You will now hear two longer monologues. For each item, you will hear a monologue and two corresponding questions, all of which will be read twice. Then you will hear four options for each question, which will be read only once. Choose the option that best answers each question.

정답 p.248

TEPS

Test of English Proficiency
developed by
Seoul National University

감독관확인란

문제지 번호
Test Booklet No.

고사실란
Room No.

좌석번호
Seat No.

주민등록번호
National ID No.

비밀번호
Password

수험번호
Registration No.

청해
Listening Comprehension

어휘 & 문법

어휘
Vocabulary

문법
Grammar

독해
Reading Comprehension

본인은 필기구 및 기재오류와 답안지 훼손으로 인한 책임을 지고, 부정행위 처리규정을 준수할 것을 서약합니다.

서약

답안 작성시 의 유의사항

1. 답안 작성은 반드시 **컴퓨터용 싸인펜**을 사용해야 합니다.
2. 답안을 정정할 경우 수정테이프(수정액 불가)를 사용해야 합니다.
3. 본 답안지는 컴퓨터로 처리되므로 훼손해서는 안되며, 답안지 밑단의 타이밍마크(▌▌)를 찢거나, 낙서 등으로 인한 훼손시 불이익이 발생할 수 있습니다.

4. 답안은 문항당 정답을 1개만 골라 ●와 같이 정확히 기재해야 하며, 필기구 오류나 정확나 부주의로 잘못 표기한 경우에는 당 관리위원회의 판독결과에 따르므로, 그 결과는 본인이 책임집니다.

   Good ● / Bad ◐◑○⊘

5. 감독관의 확인이 없는 답안지는 무효처리됩니다.

시험에 나올 문제를 미리 풀어보고 싶을 땐?

해커스텝스(HackersTEPS.com)에서

텝스 적중예상특강 보기!

부록

* MP3는 www.HackersIngang.com에서 무료로 다운로드 받으세요. MP3를 들으면서 효과적으로 암기해보세요.

* MP3는 www.HackersIngang.com에서 무료로 다운로드 받으세요.

A

absolutely [ǽbsəlùːtli]	ad. 절대적으로, 완전히	annoying [ənɔ́iiŋ]	a. 짜증나게 하는, 성가신
accept [əksépt]	v. 받아들이다, 수락하다	annual [ǽnjuəl]	a. 1년간의, 해마다의
accidentally [æ̀ksidéntəli]	ad. 우연히	antipathy [æntípəθi]	n. 반감, 혐오
accommodate [əkámədèit]	v. (시설 등이) 수용하다, 적응하다	apologize [əpálədʒàiz]	v. 사과하다
accommodation [əkàmədéiʃən]	n. 숙박 시설, 적응	apology [əpálədʒi]	n. 사과, 변명
accompany [əkʌ́mpəni]	v. 동반하다	apparently [əpǽrəntli]	ad. 명백히, 겉보기에는
accordingly [əkɔ́ːrdiŋli]	ad. 따라서	appeal [əpíːl]	n. 간청, 소송 v. 간청하다
account [əkáunt]	n. 계좌, 설명	appetite [ǽpətàit]	n. 식욕, 욕구
accountant [əkáuntənt]	n. 회계사, 회계원	applaud [əplɔ́ːd]	v. 박수 갈채를 보내다
accounting [əkáuntiŋ]	n. 회계학, 회계 보고	appliance [əpláiəns]	n. 장치, 설비, 전기 제품
acquaintance [əkwéintəns]	n. 아는 사이	applicant [ǽpləkənt]	n. 지원자
acrobatic [æ̀krəbǽtik]	a. 줄타기의, 곡예사 같은	application [æ̀pləkéiʃən]	n. 지원(서), 응용
adjunct professor	phr. 외래 교수, 부교수	apply [əplái]	v. 신청하다, 적용하다, 바르다
adjust [ədʒʌ́st]	v. 적응하다, 조정하다	appointment [əpɔ́intmənt]	n. 약속, 임명
adjustable [ədʒʌ́stəbl]	a. 적응할 수 있는, 조정할 수 있는	apportion [əpɔ́ːrʃən]	v. 배분하다, 할당하다
advanced [ədvǽnst]	a. 진보된, 상급의	appreciate [əpríːʃièit]	v. 감사하다, 감상하다, 평가하다
adverse [ædvə́ːrs]	a. 적대적인, 불리한, 해로운	approval [əprúːvəl]	n. 승인, 동의
adversity [ædvə́ːrsəti]	n. 역경, 재난, 불운	approximately [əprɑ́ksəmətli]	ad. 대략
affect [əfékt]	v. 영향을 미치다	argue [áːrgjuː]	v. 논쟁하다, 주장하다
afford [əfɔ́ːrd]	v. ~할 여유가 있다	argument [áːrgjumənt]	n. 논의, 주장
arrival [əráivəl]	n. 도착, 출현	argumentative [àːrgjuméntətiv]	a. 논란을 일으키는, 따지기를 좋아하는
aftermath [ǽftərmæ̀θ]	n. 결과, 여파	assign [əsáin]	v. 할당하다, 배정하다
afterward [ǽftərwərd]	ad. 그 후에	assignment [əsáinmənt]	n. 과제, 할당된 임무
agency [éidʒənsi]	n. 대리점, 대행 회사	assistant professor	phr. 조교수
agreement [əgríːmənt]	n. 협정, 일치	assume [əsúːm]	v. 가정하다
air mail	phr. 항공 우편	attempt [ətémpt]	n. 시도, 노력 v. 시도하다
aisle seat	phr. 통로 쪽 좌석	attend [əténd]	v. 참석하다
alleged [əlédʒd]	a. 의심스러운, 혐의를 받은	attitude [ǽtitjùːd]	n. 태도, 자세
allergic [ələ́ːrdʒik]	a. 알레르기가 있는	attorney [ətə́ːrni]	n. 변호사, 대리인
all-inclusive	a. 모든 것이 포함된, 포괄적인	attract [ətrǽkt]	v. (주의·흥미 등을) 끌다
all-nighter	n. 철야 작업, 밤샘	auction [ɔ́ːkʃən]	n. 경매
alter [ɔ́ːltər]	v. 바꾸다, 고치다	audience [ɔ́ːdiəns]	n. 청중
alumni [əlʌ́mnai]	n. 동창회	audit [ɔ́ːdit]	n. 결산, 회계 보고서 v. (회계를) 감사하다
ambivalent [æmbívələnt]	a. 상반[모순]된 감정을 가진, 양면적인	available [əvéiləbl]	a. 이용할 수 있는, 바쁘지 않은
amenities [əménətiz]	n. 편의 시설	award [əwɔ́ːrd]	n. 상 v. 상을 주다
anniversary [æ̀nəvə́ːrsəri]	n. 기념일	awesome [ɔ́ːsəm]	a. 아주 인상적인, 경외심을 일으키게 하는
announce [ənáuns]	v. 발표하다, 공지하다	awful [ɔ́ːfəl]	a. 끔찍한
annoyed [ənɔ́id]	a. 짜증난	awkward [ɔ́ːkwərd]	a. 어색한, 미숙한

B

baby shower	phr. 베이비 샤워(임신 축하 파티)	bachelor party	phr. 총각 파티(결혼 전 마지막 날 파티)
bachelor's degree	phr. 학사 학위	back-burner	n. 덜 중요한 것, 2차적인 것

backup [bǽkʌp]	n. 후원, 후원자 a. 예비의 v. 후원하다
balance [bǽləns]	n. 균형, 조화, 잔액
barely [bɛ́ərli]	ad. 거의 ~하지 않다, 간신히
bargain [bá:rgin]	n. 값싸고 좋은 물건 v. 흥정하다
beforehand [bifɔ́:rhæ̀nd]	ad. 미리, 사전에
beneficiary [bènəfíʃièri]	n. 수혜자, 수령인
beverage [bévəridʒ]	n. 음료수
billboard [bílbɔ̀:rd]	n. 게시판, 광고판
biography [baiágrəfi]	n. 전기, 일대기
blame [bleim]	n. 비난, 책임 v. 비난하다, ~의 탓으로 돌리다
blueprint [blú:prìnt]	n. 계획, 청사진, 설계도
board [bɔ:rd]	n. 이사회, 판자 v. 탑승하다
book [buk]	v. 예약하다
boom [bu:m]	n. 굉음, 호황, 폭등
boost [bu:st]	n. 후원, 상승 v. 증대시키다
bother [báðər]	v. 괴롭히다, 성가시게 하다 n. 성가신 것
branch [bræntʃ]	n. 지점, 지사, 나뭇가지
brochure [brouʃúər]	n. 소책자, 광고 전단
broken [bróukən]	a. 고장 난, 깨진
broker [bróukər]	n. 중개인
browse [brauz]	v. 여기저기 훑어보다, 둘러보다
budget [bʌ́dʒit]	n. 예산
burden [bə:rdn]	n. 짐, 책임, 부담 v. 짐을 지우다
bureau [bjúərou]	n. 사무소, 지국
burned out	phr. 녹초가 된, 타버린, 못 쓰게 된
business card	phr. 명함

C

cafeteria [kæ̀fitíəriə]	n. 구내식당
cancel [kǽnsəl]	v. 취소하다
candidate [kǽndidèit]	n. 후보자, 지원자
career [kəríər]	n. 경력, 직업
carry [kǽri]	v. 운반하다, (상점에서) 팔다
carry-on	n. 기내 휴대 수하물
cash register	phr. 금전 등록기
cast [kæst]	n. 주형, 깁스, 배역 v. 내던지다, 배역을 정하다
cause [kɔ:z]	n. 원인 v. 야기하다
ceremony [sérəmòuni]	n. 예식, 의식
challenge [tʃǽlindʒ]	n. 도전, 과제 v. 도전하다
charge [tʃá:rdʒ]	n. 고발, 혐의 v. 청구하다, 고발하다
charity [tʃǽrəti]	n. 자선, 자선 단체
chat [tʃæt]	n. 잡담 v. 잡담하다
check-in	n. 숙박 수속, 탑승 수속
checking account	phr. 당좌 예금 계좌, 수표 계좌
checkup [tʃékʌp]	n. 검사, 건강 검진
chief [tʃi:f]	n. 지휘자, 장 a. 최고 권위의, 가장 중요한
chilly [tʃíli]	a. 추운
chore [tʃɔ:r]	n. 허드렛일, 집안일
chronic [kránik]	a. 만성의
classified ad	phr. 신문의 광고, 구인[구직]광고
clearance sale	phr. 재고품 염가 판매
close call	phr. 구사일생, 위기일발, 승패가 아슬아슬한 경기
coast [koust]	n. 해안, 연안
cockpit [kákpit]	n. 조종실, 운전석
coincidence [kouínsidəns]	n. 우연의 일치, 동시 발생
colleague [káli:g]	n. 직장 동료
collide [kəláid]	v. 충돌하다, 의견이 상충하다
comfortable [kʌ́mfərtəbl]	a. 편안한
commencement [kəménsmənt]	n. 시작
commercial [kəmə́:rʃəl]	n. 광고 방송 a. 상업의, 영리적인
committee [kəmíti]	n. 위원회
common [kámən]	a. 흔한, 보통의, 공통의
commute [kəmjú:t]	n. 통근 v. 통근하다
companionship [kəmpǽnjənʃìp]	n. 친구 사이, 우의
compare [kəmpɛ́ər]	n. 비교 v. 비교하다, 대조하다
comparison [kəmpǽrisn]	n. 비교
competent [kámpitənt]	a. 능력이 있는
competitive [kəmpétətiv]	a. (제품·가격이) 경쟁력이 있는, 경쟁의
complain [kəmpléin]	v. 불평하다
complaint [kəmpléint]	n. 불평
completely [kəmplí:tli]	ad. 완전히
complicated [kámpləkèitid]	a. 복잡한
complication [kàmpləkéiʃən]	n. 복잡한 문제, 합병증
compliment [kámpləmənt]	n. 칭찬 v. 칭찬하다
compose [kəmpóuz]	v. 구성하다, 작곡하다
concede [kənsí:d]	v. (마지못해) 인정하다, 허용하다
concentrate [kánsəntrèit]	v. 집중하다
concern [kənsə́:rn]	n. 염려, 관심 v. 염려하다
concerned [kənsə́:rnd]	a. 염려하는, 관계가 있는
concierge [kànsiɛ́ərʒ]	n. 수위, 관리인, (호텔의) 안내 직원
conclude [kənklú:d]	v. 끝내다, 결말짓다
conduct [kándʌkt]	n. 행위 v. 행동하다
conference [kánfərəns]	n. 회의
confirm [kənfə́:rm]	v. 승인하다, 확인하다
conflict [kənflíkt]	n. 충돌, 상충 v. 충돌하다
connect [kənékt]	v. 연결하다, 연락하다
connection [kənékʃən]	n. 연결, 관계
considerate [kənsídərit]	a. 사려 깊은, 신중한
consolation [kànsəléiʃən]	n. 위로
constantly [kánstəntli]	ad. 끊임없이
contact [kántækt]	n. 연락, 접촉 v. 연락하다, 접촉하다
contract [kántrækt]	n. 계약, 협정 v. 계약하다, 수축하다
convenience store	phr. 편의점
convenient [kənví:njənt]	a. 편리한

convertible [kənvə́:rtəbl]	n. 오픈카 a. 변환할 수 있는	critical [krítikəl]	a. 비평의, 비판적인, 중대한
convince [kənvíns]	v. 납득시키다	crossroad [krɔ́:sròud]	n. 교차 도로
cooperation [kouàpəréiʃən]	n. 협동	crosswalk [krɔ́:swɔ̀:k]	n. 횡단보도
coordination [kouɔ̀:rdənéiʃən]	n. 조화, 조정	crucial [krú:ʃəl]	a. 아주 중대한
corporation [kɔ̀:rpəréiʃən]	n. 회사	cruise ship	phr. 순항선, 관광선
corridor [kɔ́:ridər]	n. 복도	crutch [krʌtʃ]	n. 목발
cosign [kòusáin]	n. 연대 보증인 v. 보증인으로 서명하디	currency [kə́:rənsi]	n. 통화, 화폐, 유통
costume [kástju:m]	n. 복장, 의상	current [kə́:rənt]	n. 전류 a. 현재의, 유통되고 있는
counter [káuntər]	n. 계산대 a. 반대 방향의 v. 반박하다	curtail [kərtéil]	v. 줄이다, 삭감하다
cram [kræm]	v. 억지로 밀어 넣다, 벼락치기 공부를 하다	custom [kástəm]	n. 관습, 세관
crash [kræʃ]	n. 충돌 v. 부수다, 충돌하다	customizer [kástəmàizər]	n. 특별 주문자
credit [krédit]	n. 신용 v. 신뢰하다	cutback [kátbæ̀k]	n. 축소, 삭감
creepy [krí:pi]	a. 오싹한, 기분 나쁜	cynical [sínikəl]	a. 냉소적인

D

dairy [déəri]	n. 유제품 a. 유제품의	dingy [díndʒi]	a. 우중충한, 음산한
dare [dɛər]	v. 감히 ~하다, ~할 용기가 나다	dining room	phr. 식당
day off	phr. 휴일	direct flight	phr. 직항 비행기
deadline [dédlàin]	n. 마감 시간, 기한	direction [dirékʃən]	n. 방향, 사용법
dealership [dí:lərʃìp]	n. 중개업, 상품 판매 자격권	disability [dìsəbíləti]	n. 장애, 무능
dean [di:n]	n. 학장	disadvantage [dìsədvǽntidʒ]	n. 불이익, 단점
dean's list	phr. 우등생 명단	discharge [distʃá:rdʒ]	n. 제대, 퇴원 v. 해방하다, 내보내다
debt [det]	n. 빚, 부채	discipline [dísəplin]	n. 규율, 훈련 v. 훈련하다
declare [diklέər]	v. 선언하다, 세관 신고하다	discreet [diskrí:t]	a. 분별 있는, 신중한
decor [deikɔ́:r]	n. 장식, 장식물	discuss [diskás]	v. 토론하다
dedication [dèdikéiʃən]	n. 헌신, 전념	disembark [dìsembá:rk]	v. (배 · 자동차 등에서) 내리다
defeat [difí:t]	n. 패배 v. 패배시키다, 좌절시키다	dislike [disláik]	v. 싫어하다
definite [défənit]	a. 명확한, 한정된	disorganized [disɔ́:rgənaizd]	a. 체계적이지 못한
definitely [défənitli]	ad. 분명히	display [displéi]	n. 전시 v. 보여주다, 진열하다
delay [diléi]	n. 지연 v. 지연시키다	dissatisfaction [dissæ̀tisfǽkʃən]	n. 불만족
delicate [délikət]	a. 섬세한, 민감한	dissertation [dìsərtéiʃən]	n. 학위 논문, 논술
delivery [dilívəri]	n. 배달, 출산	doggy bag	phr. 식당에서 먹다 남은 음식을 싸주는 것
demand [dimǽnd]	n. 요구 v. 요구하다	donate [dóuneit]	v. 기증하다, 기부하다
demanding [dimǽndiŋ]	a. 힘든, 요구가 많은	donor [dóunər]	n. 기증자
depart [dipá:rt]	n. 출발 v. 출발하다	dormitory [dɔ́:rmitɔ̀:ri]	n. 기숙사
departure [dipá:rtʃər]	n. 출발	double shift	phr. 2교대제
dependent [dipéndənt]	a. 의지하는	doubt [daut]	n. 의심 v. 의심하다
deposit [dipázit]	n. 예금, 보증금 v. 맡기다, 예금하다	down payment	phr. (할부의) 첫 납입금, 계약금
deserve [dizə́:rv]	v. ~할 만한 자격이 있다, ~을 받을 만하다	downsize [dàunsáiz]	v. 줄이다, 감량하다
desperate [déspərət]	a. 절박한	downturn [dáuntə̀:rn]	n. 경기 침체, 하락
destiny [déstəni]	n. 운명	drafty [drǽfti]	a. 통풍이 되는
detail [ditéil]	n. 세부 사항	drastic [drǽstik]	a. 과감한, 극단적인
detailed [ditéild]	a. 상세한	drawer [drɔ:r]	n. 서랍
determine [ditə́:rmin]	v. 결정하다	driver's license	phr. 운전 면허증
detour [dí:tuər]	n. 우회로 v. 우회하다	due [dju:]	a. 만기의
diet [dáiət]	n. 식이 요법, 음식물	dust [dʌst]	n. 먼지

eager [íːgər]	a. 열심인	equally [íːkwəli]	ad. 똑같이
easygoing [ìːzigóuiŋ]	a. 느긋한	equipment [ikwípmənt]	n. 장치, 설비
eccentric [ikséntrik]	a. 괴상한, 별난	establish [istǽbliʃ]	v. 설립하다
elective course	phr. 선택 과목	estimate [éstəmèit]	n. 평가, 견적(서) v. 평가하다
embarrassed [imbǽrəst]	a. 당황한	eventually [ivéntʃuəli]	ad. 결국
embassy [émbəsi]	n. 대사관	exactly [igzǽktli]	ad. 정확히
emergency [imə́ːrdʒənsi]	n. 비상사태	examine [igzǽmin]	v. 조사하다, 검사하다
emphasize [émfəsàiz]	v. 강조하다	excursion [ikskə́ːrʒən]	n. 야유회
employee [implɔiíː]	n. 피고용인, 직원	excuse [ikskjúːz]	n. 변명, 핑계 v. 용서하다
employer [implɔ́iər]	n. 고용주	exhibition [èksəbíʃən]	n. 전시회
encouragement [inkə́ːridʒmənt]	n. 격려	exit [égzit]	n. 출구
endorse [indɔ́ːrs]	v. 승인하다	expense [ikspéns]	n. 비용, 지출
engage [ingéidʒ]	v. 약속하다, 종사하다	expire [ikspáiər]	v. 만료되다
engaged [ingéidʒd]	a. 약혼한	explicitly [iksplísitli]	ad. 명백하게
engagement [ingéidʒmənt]	n. 약혼, 약속	expressway [ikspréswèi]	n. 고속도로
enroll [inróul]	v. 등록하다	extension [iksténʃən]	n. (시간의) 연장, 확대
enthusiastic [inθùːziǽstik]	a. 열성적인	extra [ékstrə]	n. 여분 a. 여분의
entitle [intáitl]	v. 권리를 부여하다	extreme [ikstríːm]	n. 극단 a. 극심한
entrance fee	phr. 입장료	eyesight [áisàit]	n. 시력

fabric [fǽbrik]	n. 직물, 천	fine [fain]	n. 벌금
fabulous [fǽbjuləs]	a. 아주 멋진	flame [fleim]	n. 불꽃
face-to-face	ad. 마주 보고, 직면하여	flat rate	phr. 균일 요금
faculty [fǽkəlti]	n. 교수진	flat tire	phr. 바람 빠진 타이어
fair [fɛər]	n. 박람회 a. 공평한	flatter [flǽtər]	v. 아첨하다, 추켜세우다
fare [fɛər]	n. 요금	flattered [flǽtərd]	a. 우쭐해 하는
farewell [fɛ̀ərwél]	n. 작별 인사	flavor [fléivər]	n. 맛, 풍미
farther [fáːrðər]	ad. 더 멀리	flexible [fléksəbl]	a. 유연한, 융통성 있는
fasten [fǽsn]	v. 고정시키다, 붙들어 매다	fluent [flúənt]	a. 유창한
fatal [feitl]	a. 치명적인	flunk [flʌŋk]	v. (시험에) 실패하다
faucet [fɔ́ːsit]	n. 수도꼭지	flyer [fláiər]	n. 광고 전단지
fault [fɔːlt]	n. 잘못, 결함	forgive [fərgív]	v. 용서하다
favor [féivər]	n. 호의 v. 호의를 베풀다	format [fɔ́ːrmæt]	n. 형태, 형식
favorite [féivərit]	n. 좋아하는 것 a. 좋아하는	frame [freim]	n. 골조, 틀
feasibility [fìːzəbíləti]	n. 실현 가능성	freebie [fríːbiː]	n. 경품
feed [fiːd]	v. 먹이를 주다, 기르다	freeway [fríːwèi]	n. 고속도로, 무료 간선 도로
fender bender	phr. 가벼운 접촉 사고	frequently [fríːkwəntli]	ad. 자주
fertilizer [fə́ːrtəlàizər]	n. 비료	frighten [fraitn]	v. 깜짝 놀라게 하다
fever [fíːvər]	n. 열, 열병	function [fʌ́ŋkʃən]	n. 기능, 목적, 행사
fickleness [fíklnis]	n. 변덕스러움	fundraiser [fʌ́ndrèizər]	n. 모금 행사 파티
figure [fígjər]	n. 숫자, (사람의) 모습	further [fə́ːrðər]	ad. 더 멀리
finalize [fáinəlàiz]	v. 마무리 짓다	fury [fjúəri]	n. 격분
financial [fainǽnʃəl]	a. 재정상의, 회계상의	fusion [fjúːʒən]	n. 융합

G

genetically [dʒənétikəli]	ad. 유전적으로	grab [græb]	v. 움켜잡다
germ [dʒəːrm]	n. 병균	graduate school	phr. 대학원
gorgeous [gɔ́ːrdʒəs]	a. 매우 멋진	grilled [grild]	a. 구운

H

half-hour	n. 30분(간)	heart attack	phr. 심장마비
hallway [hɔ́ːlwèi]	n. 복도	hectic [héktik]	a. 몹시 바쁜
handicapped [hǽndikæ̀pt]	a. 장애가 있는	heed [hiːd]	n. 주의 v. 주의하다
handle [hǽndl]	n. 손잡이 v. 다루다	homecoming [hóumkʌ̀miŋ]	n. 귀향, 귀국
hassle [hǽsl]	n. 골치 아픈 상황	homesick [hóumsìk]	n. 향수병 a. 향수병에 걸린
head-on collision	phr. 정면 충돌	horoscope [hɔ́ːrəskòup]	n. 점성술
headache [hédèik]	n. 두통	hospitalization [hàspitəlizéiʃən]	n. 입원
heal [hiːl]	v. 치유하다	hostility [hɑstíləti]	n. 적개심

I

identify [aidéntəfài]	v. 신원을 확인하다	inquire [inkwáiər]	v. 묻다, 문의하다
immediately [imíːdiətli]	ad. 즉시	insist [insíst]	v. 주장하다
impression [impréʃən]	n. 감명, 인상	installment [instɔ́ːlmənt]	n. 할부금 a. 할부의
improve [imprúːv]	v. 향상시키다	instead [instéd]	ad. 대신
income [ínkʌm]	n. 수입, 소득	instinct [ínstiŋkt]	n. 본능
incoming call	phr. 걸려온 전화	instrument [ínstrəmənt]	n. 기구, 도구
incomplete [ìnkəmplíːt]	a. 불충분한, 미완성의	insurance [inʃúərəns]	n. 보험
inconsiderate [ìnkənsídərit]	a. 경솔한	insure [inʃúər]	v. 보험을 들다
inconvenience [ìnkənvíːnjəns]	n. 불편	interest rate	phr. 이자율, 금리
increase [inkríːs]	n. 증가 v. 증가시키다	interrupt [ìntərʌ́pt]	v. 방해하다
incredible [inkrédəbl]	a. 신용할 수 없는, 놀라운	intersection [ìntərsékʃən]	n. 교차로
indeed [indíːd]	ad. 정말로	intrigue [intríːg]	v. ~의 흥미를 돋우다
independence [ìndipéndəns]	n. 독립, 자립	introductory class	phr. 입문 과목
indifferent [indífərənt]	a. 무관심한	invest [invést]	v. 투자하다
indoor [índɔ̀ːr]	a. 실내의	invigorate [invígərèit]	v. 기운 나게 하다, 고무하다
inexpensive [ìnikspénsiv]	a. 값싼	involved [invɑ́lvd]	a. 관련된
initial payment	phr. (할부금의) 초기 납부금	irregularly [irégjulərli]	ad. 불규칙적으로
injured [índʒərd]	a. 상처 입은, 손해 입은	irritate [íritèit]	v. 짜증나게 하다
injury [índʒəri]	n. 부상, 피해	issue [íʃuː]	n. 발행, 논제 v. 발행하다
inn [in]	n. 여인숙	itinerary [aitínərèri]	n. 여행 일정

J

jam [dʒæm]	n. 교통 정체 v. 쑤셔 넣다	job interview	phr. 취업 면접
jaywalk [dʒéiwɔ̀ːk]	v. 무단 횡단하다	journalist [dʒə́ːrnəlist]	n. 언론인, 신문 기자
jet lag	phr. 시차로 인한 피로	junior high	phr. 중학교
jitter [dʒítər]	n. 안절부절 못하는 기분	justify [dʒʌ́stəfài]	v. 정당화하다

K

keen [kiːn]	a. 날카로운, 예리한	kiosk [kiːásk]	n. 가판대
kettle [ketl]	n. 주전자	knob [nɑb]	n. 손잡이

L

labeled [leibld]	a. 상표가 붙어 있는	license plate	phr. 자동차 번호판
landing [lǽndiŋ]	n. 착륙	loan [loun]	n. 대부(금) v. 빌려주다, 대출하다
landlord [lǽndlɔːrd]	n. 집주인	lodging [lɑ́dʒiŋ]	n. 숙박, 하숙
lately [léitli]	ad. 최근	long-faced	a. 침울해 보이는
latest [léitist]	a. 최신의	long-term	a. (계약 기간 등이) 장기의
lavatory [lǽvətɔːri]	n. 화장실	loose ends	phr. 미결 사항
layover [léiòuvər]	n. (비행편의) 중도 하차	loss [lɔːs]	n. 손실
leak [liːk]	n. 새는 곳, 누출 v. 새다	luggage [lʌ́gidʒ]	n. 수하물, 여행 가방
leave [liːv]	n. 휴가 v. 떠나다, 남기다	lurk [ləːrk]	v. 숨다, 잠복하다
lengthy [léŋkθi]	a. 긴, 장황한	luxurious [lʌgʒúəriəs]	a. 사치스러운

M

mainstream [méinstriːm]	n. 주류, 대세	medication [mèdəkéiʃən]	n. 약, 약물
maintenance [méintənəns]	n. (건물 등의) 유지, 관리	medicine [médəsin]	n. 의학, 약
major [méidʒər]	n. 전공 a. 중요한 v. 전공하다	merit [mérit]	n. 장점
make-up	n. 구성, 재시험	mess [mes]	n. 엉망, 혼란
manage [mǽnidʒ]	v. 다루다	messy [mési]	a. 뒤죽박죽인
management [mǽnidʒmənt]	n. 경영, 경영진	method [méθəd]	n. 방법
manual labor	phr. 육체 노동	midterm [mídtəːrm]	n. 중간고사, 학기 중간
manufacture [mæ̀njufǽktʃər]	n. 제조 v. 제조하다	mocking [mákiŋ]	a. 조롱하는
master's degree	phr. 석사 학위	modify [mádəfài]	v. 수정하다
match [mætʃ]	n. 경기 v. 필적하다, 어울리다	mold [mould]	n. 곰팡이
material [mətíəriəl]	n. 물질	mole [moul]	n. 사마귀, (피부의) 검은 점
maternity leave	phr. 출산 휴가	monitor [mánətər]	n. 모니터 v. 감독하다
mean [miːn]	a. 심술궂은 v. 의미하다	must-see	n. 꼭 봐야 하는 것 a. 꼭 봐야 하는
mechanic [məkǽnik]	n. 수리공	mutual fund	phr. 뮤추얼 펀드(개방형 투자 신탁)

N

neatly [níːtli]	ad. 깔끔하게, 단정하게	newcomer [njúːkʌ̀mər]	n. 신참
needy [níːdi]	a. 빈곤한	newly [njúːli]	ad. 새로이
neglect [niglékt]	n. 무시, 태만 v. 무시하다	notice [nóutis]	n. 주목, 주의 v. 주의하다, 알아차리다
negotiable [nigóuʃiəbl]	a. (가격 · 임금 등이) 협의할 수 있는	novelty [návəlti]	n. 참신함

O

obtain[əbtéin]	v. 얻다	outrageous[autréidʒəs]	a. 난폭한, 부당한
occasion[əkéiʒən]	n. 경우, 행사	outside[àutsáid]	n. 외부 a. 외부의
occasionally[əkéiʒənəli]	ad. 때때로	outstanding[àutstǽndiŋ]	a. 탁월한
odd[ɑd]	a. 묘한, 이상한, 홀수의	overall[òuvərɔ́:l]	a. 총체적인
offhand[ɔ̀:fhǽnd]	ad. 준비 없이, 즉석에서	overbook[òuvərbúk]	v. 예약을 너무 많이 받다
offend[əfénd]	v. ~의 감정을 상하게 하다	overcast[óuvərkæ̀st]	a. (날씨가) 흐린
offer[ɔ́:fər]	n. 제공, 제의 v. 제공하다, 제시하다	overdo[òuvərdú:]	v. 지나치게 하다
one-way	a. 일방 통행의, 편도의	overload[òuvərlóud]	v. (짐·사람을) 너무 많이 싣다
opening night	phr. (연극·영화의) 첫 공연날 밤	overlook[òuvərlúk]	v. 간과하다
operate[ápərèit]	v. 작동하다, 수술하다	overnight[òuvərnáit]	ad. 하룻밤 동안
operation[àpəréiʃən]	n. 조작, 수술	overprice[òuvərpráis]	v. 너무 비싸게 값을 매기다
organize[ɔ́:rgənàiz]	v. 조직하다	overreact[òuvəriǽkt]	v. 과민반응하다
original[ərídʒənl]	a. 원래의	overseas[òuvərsí:z]	ad. 해외로
originality[ərìdʒənǽləti]	n. 독창성	overtime[óuvərtàim]	n. 초과 근무
outlet[áutlet]	n. 출구	owner[óunər]	n. 소유자

P

pale[peil]	a. 창백한	physical therapy	phr. 물리 치료
paper[péipər]	n. 논문	picky[píki]	a. 까다로운
paper jam	phr. (복사기에) 종이 걸림	pill[pil]	n. 알약
parallel parking	phr. 평행 주차	plaster[plǽstər]	n. 깁스
parcel[pɑ́:rsl]	n. 소포	ploy[plɔi]	n. 책략, 계략
parking lot	phr. 주차장	plumber[plʌ́mər]	n. 배관공
participation[pɑ:rtìsəpéiʃən]	n. 참가, 참여	polish[páliʃ]	n. 광택제 v. 윤을 내다
particular[pərtíkjulər]	a. 특별한	porch[pɔ:rtʃ]	n. 현관
passenger[pǽsəndʒər]	n. 승객	post[poust]	v. 게시하다
passing[pǽsiŋ]	a. 일시적인	postpone[poustpóun]	v. 연기하다, 미루다
passion[pǽʃən]	n. 열정	potential[pəténʃəl]	n. 잠재력 a. 잠재의
pathetic[pəθétik]	a. 한심한	potluck[pátlʌ̀k]	n. 참석자들이 음식을 가져오는 모임
patience[péiʃəns]	n. 인내	praise[preiz]	n. 칭찬 v. 칭찬하다
pay phone	phr. 공중전화	prearrange[prì:əréindʒ]	v. 미리 준비하다
payment[péimənt]	n. 지불, 지불 금액	predict[pridíkt]	v. 예측하다
pedestrian[pədéstriən]	n. 보행자	predictable[pridíktəbl]	a. 예측할 수 있는
peel[pi:l]	n. 껍질 v. 껍질을 벗기다	prefer[prifə́:r]	v. 선호하다
pepper[pépər]	n. 후추	prepare[pripéər]	v. 준비하다
perform[pərfɔ́:rm]	v. 공연하다, 수행하다	prerequisite[prì:rékwəzit]	n. 선행 조건, 필수 조건, 필수 과목
performance[pərfɔ́:rməns]	n. 공연, 수행, 성과	prescription[priskrípʃən]	n. 처방전
periodical[pìəriádikəl]	n. 정기 간행물	presently[prézntli]	ad. 곧
permanent[pə́:rmənənt]	a. 영구적인, 불변의	previous[prí:viəs]	a. 이전의
permission[pərmíʃən]	n. 허락, 허가	price range	phr. 가격대
personality[pə̀:rsənǽləti]	n. 개성, 인격	price tag	phr. 가격표
personally[pə́:rsənəli]	ad. 개인적으로는	pricey[práisi]	a. 값비싼
personnel department	phr. 인사과	principal[prínsəpəl]	n. 교장 a. 주요한
pharmacy[fá:rməsi]	n. 약국	priority[praiɔ́:rəti]	n. 우선순위
photocopy[fóutoukàpi]	n. (사진) 복사 v. 복사하다	privacy[práivəsi]	n. 사생활, 사적 자유
photographic[fòutəgrǽfik]	a. 사진의	professional[prəféʃənl]	n. 전문가, 지적 직업인 a. 전문직의

promising[prάmisiŋ]	a. 유망한	proposal[prəpóuzəl]	n. 제안, 청혼
promotion[prəmóuʃən]	n. 승진	pros and cons	phr. 이해 득실, 장단점, 찬반양론
proofread[prú:frì:d]	v. 교정하다	public transportation	phr. 대중교통 수단
proper[prάpər]	a. 적절한	punctual[pʌ́ŋktʃuəl]	a. 시간을 지키는
properly[prάpərli]	ad. 적절히	purchase[pə́:rtʃəs]	v. 구입하다

Q

qualify[kwάləfài]	v. 지격 · 권한을 부여하다	quirky[kwə́:rki]	a. 기이한
quarrel[kwɔ́(:)rəl]	n. 말다툼	quit[kwit]	v. 그만두다, 중단하다

R

raise[reiz]	n. 봉급 인상 v. 올리다, 기르다	release[rilí:s]	v. (영화 등을) 개봉하다, (책 등을) 발매하다
rally[rǽli]	n. 대집회 v. (사람들을) 불러 모으다	reliable[riláiəbl]	a. 믿을 만한
rash[ræʃ]	n. (홍역 등의) 발진 a. 성급한, 경솔한	reluctant[rilʌ́ktənt]	a. 내키지 않는, 꺼려하는
reach[ri:tʃ]	v. 도달하다, 연락하다	remain[riméin]	v. 여전히 ~이다
reacquaint[rì:əkwéint]	v. 다시 알게 하다	remind[rimáind]	v. 상기시키다
react[riǽkt]	v. 반응하다	renew[rinjú:]	v. 갱신하다
real estate	phr. 부동산	renovate[rénəvèit]	v. 쇄신하다, 수리하다
rear-end	v. (차가) 추돌하다	renovation[rènəvéiʃən]	n. 개혁, 수리
reasonable[rí:zənəbl]	a. 합리적인	rent[rent]	n. 임대료 v. 임대하다
reassuring[rì:əʃúəriŋ]	a. 안심시키는	repair[ripɛ́ər]	n. 수리 v. 수리하다
receipt[risí:t]	n. 영수증	report card	phr. 성적표
recently[rí:sntli]	ad. 최근	reputable[répjutəbl]	a. 평판이 좋은
reception[risépʃən]	n. 환영회	request[rikwést]	n. 요청 v. 요청하다
recipe[résəpì:]	n. 조리법	required course	phr. 필수 과목
recital[risáitl]	n. 독주회	resemble[rizémbl]	v. ~를 닮다
recognize[rékəgnàiz]	v. 인식하다, 인정하다	residence[rézidəns]	n. 거주지
recommend[rèkəménd]	v. 추천하다	responsible[rispάnsəbl]	a. 책임이 따르는, 신뢰할 수 있는
record[rikɔ́:rd]	n. 기록 v. 기록하다, 녹화하다	resume[rizú:m]	v. 다시 시작하다
recover[ri:kʌ́vər]	v. 회복하다	retire[ritáiər]	v. 은퇴하다
recovery[rikʌ́vəri]	n. (병에서의) 회복	retreat[ritrí:t]	n. 은퇴 v. 은퇴하다
recreational[rèkriéiʃənl]	a. 오락의	reunion[rì:jú:njən]	n. 동창회
recruit[rikrú:t]	v. (신입 회원 등을) 모집하다	reversed[rivə́:rst]	a. 뒤바뀐
reference[réfərəns]	n. 참고 문헌	ride[raid]	n. 탈것 v. 타다
refund[rifʌ́nd]	n. 환불 v. 환불하다	ridiculous[ridíkjuləs]	a. 우스꽝스러운
regardless[rigά:rdlis]	a. 무관심한, 부주의한	rip-off	n. 사기, 폭리
register[rédʒistər]	n. 등록부 v. 등록하다	roomy[rú:(:)mi]	a. (공간이) 넓은
regularly[régjulərli]	ad. 정기적으로	rotten[rɑtn]	a. 썩은
regulation[règjuléiʃən]	n. 규정	round trip	phr. 왕복 여행
reject[ridʒékt]	v. 거절하다	routine[ru:tí:n]	n. 일상, 관례
relative[rélətiv]	n. 친척	runway[rʌ́nwèi]	n. 활주로
relaxing[rilǽksiŋ]	a. 느긋한	rush[rʌʃ]	v. 돌진하다, 서두르다

sacrifice [sǽkrəfàis]	n. 희생 v. 희생하다		spare [spɛər]	v. 아끼다, 할애하다
sadden [sædn]	v. 슬프게 하다		specialty [spéʃəlti]	n. 전공, (상점 등의) 특제품
safety rule	phr. 안전 법규		specify [spésəfài]	v. 명시하다, 일일이 열거하다
salary [sǽləri]	n. 봉급		spectacular [spektǽkjulər]	a. (풍경 등이) 굉장한
sarcastic [sɑːrkǽstik]	a. 비꼬는		speech [spiːtʃ]	n. 연설
satisfactory [sæ̀tisfǽktəri]	a. 만족스러운		speed limit	phr. 제한 속도
savings [séiviŋz]	n. 예금		speeding ticket	phr. 속도 위반 딱지
scary [skɛ́əri]	a. 무서운		spice [spais]	n. 양념, 향신료
scenic [síːnik]	a. 경치가 좋은		spicy [spáisi]	a. 양념을 한, 매운
scholarship [skálərʃìp]	n. 장학금		spoil [spɔil]	v. 망치다
scold [skould]	v. 꾸짖다		spontaneous [spantéiniəs]	a. 자발적인, 자연 발생적인
scramble [skrǽmbl]	v. 달걀 스크램블을 만들다		staff turnover	phr. 직원 이직률
second-guess	v. (마음을) 짐작하다		stain [stein]	n. 얼룩, 오점 v. 더럽히다
secondhand [sékəndhæ̀nd]	a. 중고의, 간접적인		stale [steil]	a. (식품이) 신선하지 않은, (맥주 등에) 김이 빠진
security guard	phr. 보안 요원		stall [stɔːl]	n. 상품 진열대
seldom [séldəm]	ad. 좀처럼 ~하지 않는		standard rate	phr. 기준 비율
selfish [sélfiʃ]	a. 이기적인		starting [stáːrtiŋ]	n. 출발, 개시
semester [siméstər]	n. 학기		starve [stáːrv]	v. 굶주리다
semifinal [sèmifáinl]	n. 준결승 a. 준결승의		state-of-the-art	a. 최신식의, 최첨단의
sense of humor	phr. 유머 감각		steep [stiːp]	a. 가파른, (가격이) 비싼
sensible [sénsəbl]	a. 분별 있는, 현명한		stock [stak]	n. 재고(품), 주식
sensitive [sénsitiv]	a. 민감한, 감수성 있는		stockbroker [stákbròukər]	n. 주식 중개인
series [síəriːz]	n. 연속, 일련		stock market	phr. 주식 시장
seriously [síəriəsli]	ad. 진지하게, 심각하게		stockholder [stákhòuldər]	n. 주주
setback [sétbæ̀k]	n. 걸림돌, 퇴보		stockroom [stákrùːm]	n. (상품 등을 보관하는) 창고
shackle [ʃǽkl]	n. 족쇄 v. 구속하다		stopover [stápòuvər]	n. 잠시 체류, 도중 하차
share [ʃɛər]	n. 주식 v. 공유하다		straightforward [strèitfɔ́ːrwərd]	a. 직접의, 솔직한
shift [ʃift]	n. 변화, 근무 시간		strict [strikt]	a. 엄격한
shipping [ʃípiŋ]	n. 선적		stroke [strouk]	n. 뇌졸중
shortcut [ʃɔ́ːrtkʌ̀t]	n. 지름길, 손쉬운 방법		stuff [stʌf]	n. 물건 v. 채워 넣다
shortly [ʃɔ́ːrtli]	ad. 곧		suburb [sʌ́bəːrb]	n. 교외
short-tempered	a. 성급한		suburban [səbə́ːrbən]	a. 교외의
short-term	a. 단기간의		suddenly [sʌ́dnli]	ad. 갑자기
sightseeing [sáitsìːiŋ]	n. 관광		suggest [səgdʒést]	v. 제안하다
sign up	phr. 등록하다		suit [suːt]	n. 정장 v. 적합하다
site [sait]	n. 부지, 장소		suitcase [súːtkèis]	n. 여행 가방
skeptical [sképtikəl]	a. 회의적인		suite [swiːt]	n. 스위트룸(거실과 침실이 이어진 호텔 방)
skip [skip]	v. 건너뛰다, 생략하다		sunny-side up	phr. 달걀을 한 면만 프라이한
slacks [slæks]	n. 헐거운 바지, 슬랙스(스포티한 바지)		supervisor [súːpərvàizər]	n. 관리자
slam [slæm]	v. 문을 쾅 닫다		supplement [sʌ́pləmənt]	n. 보충, 부록 v. 보충하다
sleeve [sliːv]	n. 소매		surface mail	phr. 육상 우편
smoked [smóukt]	a. 훈제된		surgery [sə́ːrdʒəri]	n. 수술
snapshot [snǽpʃàt]	n. 스냅 사진(순간 촬영 사진)		suspend [səspénd]	v. (일시) 중지하다
snobbish [snábiʃ]	a. 속물의		suspicious [səspíʃəs]	a. 의심스러운
somewhat [sʌ́mhwʌ̀t]	ad. 다소		swallow [swálou]	v. 삼키다
sour [sauər]	a. 시큼한		swamped [swámpt]	a. 눈코 뜰 새 없이 바쁜
souvenir [sùːvəníər]	n. 기념품		symptom [símptəm]	n. 증상

T

talented [tǽləntid]	a. 재능 있는		time-off	n. (직장·학교로부터) 쉼, 일시적 중단
tardy [tá:rdi]	a. 늦은, 지각한		toll [toul]	n. 도로 통행료
tax return	phr. (납세를 위한) 소득 신고서		tone-deaf	a. 음치의
tempt [tempt]	v. 꾀다, 유혹하다		towaway [tóuəwèi]	n. 강제 견인 a. 강제 견인의
tenant [ténənt]	n. 임차인		trace [treis]	n. 흔적 v. 추적하다
term paper	phr. 학기말 리포트		traffic congestion	phr. 교통 혼잡
terrible [térəbl]	a. 끔찍한		transcript [trǽnskript]	n. 사본, 성적 증명서
terrific [tərífik]	a. 굉장한		transfer [trænsfə́:r]	v. 전학가다, 전근가다, 갈아타다
therapist [θérəpist]	n. 치료사		treacherous [trétʃərəs]	a. (날씨·기억 등이) 믿을 수 없는
thesis [θí:sis]	n. 논문		trouser [tráuzər]	n. 바지
thrift [θrift]	n. 절약		tuition fee	phr. 수업료
throughout [θru:áut]	prep. ~ 도처에, ~동안 내내		tune-up	n. (오케스트라의) 예행 연습, (엔진의) 조정
tidy [táidi]	a. 단정한		turn [tə:rn]	n. 방향 전환 v. 방향을 바꾸다
tightly [táitli]	ad. 단단히		tutor [tjú:tər]	n. 가정 교사

U

unaware [ʌnəwέər]	a. 알지 못하는		unnecessary [ʌnnésisèri]	a. 불필요한
unconcerned [ʌnkənsə́:rnd]	a. 무관심한		unsure [ʌnʃúər]	a. 확신이 없는
undergo [ʌndərgóu]	v. 겪다		upcoming [ʌ́pkʌ̀miŋ]	a. 다가오는
understandable [ʌndərstǽndəbl]	a. 이해할 수 있는		upset [ʌpsét]	a. 당황한
unexpected [ʌnikspéktid]	a. 뜻밖의		urgent [ə́:rdʒənt]	a. 긴급한
unfortunately [ʌnfɔ́:rtʃənətli]	ad. 불행하게도		utility fee	phr. 공공시설 요금

V

vacancy [véikənsi]	n. 공석, 결원, 빈방		venture [véntʃər]	n. 모험, 벤처 사업
valet parking	phr. 대리 주차		villain [vílən]	n. 악당, 악역
valid [vǽlid]	a. 유효한, 타당한		violent [váiələnt]	a. 격렬한
valuables [vǽljuəblz]	n. 귀중품		vivid [vívid]	a. 생생한
various [vέəriəs]	a. 다양한		vote [vout]	n. 투표 v. 투표하다
vegetarian [vèdʒitέəriən]	n. 채식주의자		voucher [váutʃər]	n. 상품권

W

wage [weidʒ]	n. 임금		well-paid	a. 보수가 좋은
wait and see	phr. 관망하다, 서두르지 않고 지켜보다		whereabouts [hwέərəbàuts]	n. 행방, 소재
weather forecast	phr. 일기 예보		wiped-out	a. 녹초가 된, 파괴된
weird [wiərd]	a. 기묘한, 이상한		withdraw [wiðdrɔ́:]	v. (예금 등을) 인출하다
well-known	a. 유명한		workload [wə́:rklòud]	n. 업무량

* MP3는 www.HackersIngang.com에서 무료로 다운로드 받으세요.

add up to 결국 ~이 되다, 합계가 ~이 되다

Daily physical activities can **add up to** weight loss.

매일 운동을 하면 결국 체중이 감소하게 됩니다.

adhere to ~을 준수하다

All employees must **adhere to** the new policies.

모든 직원은 반드시 새 정책을 준수해야 합니다.

all around 도처에

There were flowers **all around** the path on our hike.

우리가 하이킹하던 길 도처에 꽃이 있었어요.

all ears 열심히 듣는

When I told Jack about you, he was **all ears**.

Jack에게 너에 대해 말할 때, 그가 열심히 듣더라.

all for ~에 대찬성인

I'm **all for** going out tonight.

난 오늘 밤에 외출하는 것에 대찬성이야.

all set 만반의 준비가 되어

Looks like we're **all set** for our weekend trip.

주말 여행을 위한 만반의 준비가 된 것 같아.

around the corner 코앞에 와 있는, 아주 가까운

My mother's birthday is just **around the corner**.

우리 어머니의 생신이 코앞이야.

(as) a matter of fact 사실은

As a matter of fact, the store closed an hour ago.

사실은, 그 가게가 한 시간 전에 문을 닫았어요.

as far as ~하는 한

As far as I can tell, no deal has been reached.

제가 아는 한, 어떤 거래도 성사되지 않았습니다.

as long as ~하기만 하면

I'll lend you my textbook **as long as** you promise to return it.

네가 돌려준다고 약속하기만 하면, 내 교과서를 빌려줄게.

as soon as possible(=ASAP) 가능한 한 빨리

Wash the dishes **as soon as possible**.

가능한 한 빨리 설거지를 해.

as usual 늘 그렇듯이

Tom, you're late today, **as usual**.

Tom, 늘 그렇듯이 넌 오늘도 지각이구나.

ask for ~을 요청하다

He **asked for** a bike for Christmas.

그는 크리스마스 선물로 자전거를 요청했어.

at least 적어도

At least we'll get some time off next month.

적어도 우린 다음 달에 휴가를 얻게 될 거야.

at work 직장에서

It seems you've been hard **at work** these days.

너 요즘 직장에서 열심히 일하는 것 같아.

back up ~를 지원하다, ~를 뒷받침하다

Thanks for **backing** me **up** at the meeting.

회의에서 저를 지원해 주셔서 감사해요.

be about to do 막 ~하려 하다

I **was** just **about to** call you.

너한테 막 전화 걸려고 하던 참이었어.

be allergic to ~에 알레르기가 있다

Some people **are allergic to** dairy products.

어떤 사람들은 유제품에 알레르기가 있습니다.

be anxious about ~을 걱정하다

Try not to **be anxious about** the surgery.

수술에 대해 걱정하지 말도록 해.

be based on ~에 근거하여

Her new book **is based on** her childhood.

그녀의 새 책은 그녀의 유년 시절에 근거하고 있어요.

be bound to do 반드시 ~하다

She**'s bound to** find a job soon.

그녀는 반드시 곧 일자리를 찾을 거야.

be concerned with ~에 관여하다

You shouldn't **be concerned with** other people's problems.

너는 다른 사람들의 문제에 관여해서는 안 돼.

be cut out for ~에 자질이 있다, ~에 적임이다

I'm not sure I**'m cut out for** broadcasting.

난 내가 방송 일에 적임인지 확신이 없어.

be done with ~을 마치다, 끝내다

Clear your plate when you**'re done with** your dinner.

저녁을 다 먹으면 접시를 치워라.

be expecting 임신 중이다

Did you hear that Judy **is expecting**?

너 Judy가 임신 중이라는 거 들었니?

be fed up with ~에 질리다, ~에 싫증나다

I'm **fed up with** all the homework we've been getting lately.

난 최근 우리가 받고 있는 모든 과제에 질려 버렸어.

be fond of ~을 좋아하다

Eddie told me that you're **fond of** rock climbing.

네가 암벽 등반을 좋아한다고 Eddie가 말해줬어.

be into ~에 빠져 있다, ~에 열중하다

I'm really **into** swing dancing lately.

난 최근에 스윙 댄스에 정말 빠져 있어.

be likely to do ~할 것 같다

Do you think housing prices **are likely to** go up again?

넌 집값이 다시 오를 것 같다고 생각해?

be on speaking terms 말을 주고받다

It was years before we **were on speaking terms** again.

몇 년이 지난 후에야 우리는 다시 말을 주고받았습니다.

be over (질병 등에서) 회복되다

It's great to hear your mom's finally **over** her illness.

너희 어머니가 마침내 병에서 회복되셔서 정말 다행이야.

be related to ~와 친척 관계이다, ~와 관계가 있다

I heard that you're **related to** a famous celebrity.

유명 연예인이 너와 친척 관계라고 들었어.

be subject to ~의 대상이 되다

Drivers who exceed the speed limit **are subject to** fines.

제한 속도를 초과한 운전자들은 벌금의 대상이 됩니다.

be supposed to do ~하기로 되어 있다

Weren't you **supposed to** return the DVDs before today?

넌 오늘 전에 그 DVD를 돌려주기로 되어 있지 않았니?

beat A to B A보다 B를 먼저 하다

Sam always **beats** Mary **to** work in the mornings.

Sam은 항상 아침에 Mary보다 먼저 일을 해요.

beat around the bush 돌려서 말하다

Sorry, but I don't have time to **beat around the bush**.

미안하지만, 나는 돌려서 말할 시간이 없어.

behind schedule 예정보다 늦는

We need to hurry to avoid falling **behind schedule**.

우리는 예정보다 늦는 걸 피하려면 서둘러야 해.

below par 기대 이하의

The food at that new restaurant was definitely **below par**.

새로운 식당의 음식은 완전히 기대 이하였어.

bounce back (병·타격 등에서) 곧 회복하다

Felix **bounced back** from the flu within a week.

Felix는 일주일 만에 독감에서 회복했어요.

break down 고장 나다

What if our car **breaks down** on the way back?

만약 돌아오는 길에 우리 차가 고장 나면 어떡하지?

break through ~을 극복하다

My goal is to **break through** the corporate gender barrier.

제 목표는 회사의 성 차별로 인한 장벽을 극복하는 것입니다.

break up with ~와 헤어지다

Do you think I should **break up with** Rose?

내가 Rose와 헤어져야 한다고 생각해?

bring about ~을 불러일으키다, ~을 가져오다

I think the new manager will **bring about** positive change.

저는 새 관리자가 긍정적인 변화를 불러일으킬 거라고 생각해요.

bring up (문제 등을) 언급하다, 제기하다

Why did you **bring up** that issue during dinner?

넌 왜 저녁 식사 시간에 그 문제에 대해 언급했니?

call it a day[night] (그날 하루 일을) 끝내다

Let's **call it a day**.

오늘 일을 이만 끝내자.

call off ~을 취소하다

Janet said this afternoon's session has been **called off**.

Janet이 오늘 오후 수업이 취소되었다고 했어.

catch up with ~를 뒤따라가다, ~를 따라잡다

Oh, my keys! I'll **catch up with** you later.

오, 내 열쇠! 내가 좀 이따 널 뒤따라갈게.

come by 들르다

I'd appreciate it if you could **come by** after work.

퇴근 후에 제게 들러 주실 수 있으면 고맙겠습니다.

come down with (병 등에) 걸리다

It sounds like you might be **coming down with** a cold.

너 목소리를 들으니 감기에 걸린 것 같은데.

come up with ~을 제안하다

Who **came up with** the design for the invitation?

누가 초대장 디자인을 제안했나요?

come with ~이 딸려 있다

Every purchase over $50 **comes with** a free T-shirt.

50달러 이상의 모든 구매에는 무료 티셔츠가 딸려 있습니다.

confide in ~에게 (비밀을) 털어놓다

My friend **confided in** me that she's been seeing a psychiatrist.

친구가 정신과 의사에게 진찰을 받고 있다고 내게 털어놓았어.

cope with ~에 대처하다

How do you **cope with** the stress from your job?

넌 직장에서 받는 스트레스에 어떻게 대처하니?

cost an arm and a leg 돈이 많이 들다

It **costs an arm and a leg** to eat at that restaurant.

그 레스토랑에서 식사를 하는 건 돈이 많이 들어.

count on[upon] ~에 기대다, ~에 의지하다

You can **count on** my support in this election.

넌 이번 선거에서 내 지지에 기대도 돼.

cut back (비용을) 줄이다

I've had to **cut back** on my spending since I bought a house.

집을 산 이후로 지출을 줄여야 했어.

cut in 끼어들다

A car **cut in** just as I was about to turn.

내가 회전을 하려고 하는 찰나에 차가 끼어들었어.

cut out ~을 없애다, ~을 잘라내다

I've been trying to **cut out** sweets from my diet.

난 내 식단에서 단 음식을 없애려고 노력 중이야.

deal with ~을 다루다, ~을 처리하다

I have no trouble **dealing with** demanding clients.

난 까다로운 고객들을 다루는 데 문제가 없어.

depend on ~에 달려 있다

Treatment **depends on** your symptoms.

치료법은 당신의 증상에 달려 있어요.

doze off 졸다

I **dozed off** during the exam.

나 시험 시간에 졸았어.

drop a line 편지하다

I'll **drop** you **a line** sometime.

조만간 당신에게 편지할게요.

drop by 잠깐 들르다

I'll **drop by** on my way to the party.

파티 가는 길에 잠깐 들를게.

drop off ~를 내려주다

Could you **drop** me **off** at the airport?

저를 공항에 내려 주시겠어요?

drop out of ~에서 중도 하차하다

Up to 20% of first-year students **drop out of** university.

1학년 학생의 최대 20퍼센트가 대학에서 중도 하차합니다.

due to ~때문에

The unexpected delays are **due to** the labor strike.

예상치 못한 지체는 노조 파업 때문이에요.

eat[dine] out 외식하다

How often do you **eat out** during the week?

당신은 주중에 얼마나 자주 외식을 하세요?

end up -ing 결국 –하게 되다

Actually, I **ended up** staying inside all day.

사실, 난 결국 하루 종일 집안에서 지냈어.

feel free to do 마음대로 ~해도 좋다

Please **feel free to** walk around the facilities.

마음대로 시설을 둘러보셔도 좋습니다.

feel like -ing ~하고 싶다

Do you **feel like** going swimming this afternoon?

너 오늘 오후에 수영하러 가고 싶니?

figure out ~을 알아내다

Did you **figure out** what's wrong with the air conditioner?

에어컨에 무슨 문제가 있는지 알아내셨나요?

fill in ~을 적어 넣다

Don't forget to **fill in** your contact information too.

당신의 연락처 정보를 적어 넣는 것도 잊지 마세요.

fill in for ~를 대신하여 일하다

Sandy asked me to **fill in for** Jack this afternoon.

Sandy가 내게 오늘 오후에 Jack을 대신해서 일해달라고 부탁했어.

fill out ~을 작성하다, ~에 기입하다

Just **fill out** the form and sign it at the bottom.

이 양식을 작성하시고 아래에 서명만 하시면 됩니다.

fill up ~을 채우다

We should stop to **fill up** the car with gas.

우리 차를 멈추고 기름을 채워야 할 것 같아.

first thing in the morning 아침에 제일 먼저, 모든 일에 앞서서

I'll call you **first thing in the morning**.

아침에 제일 먼저 너한테 전화할게.

fit in 어울리다

Grant joined our team, but has had trouble **fitting in**.

Grant가 우리 팀에 합류했는데, 어울리는 데 어려움을 겪고 있어.

for a while 한동안

The conference room will not be available **for a while**.

이 회의실은 한동안 이용할 수 없습니다.

get a move on 서두르다

We should **get a move on** if the show starts at 8.

쇼가 8시에 시작한다면 우린 서둘러야 해.

get ahead 출세하다

I can't seem to **get ahead**, no matter how hard I work.

난 아무리 열심히 일해도, 출세하지 못할 것 같아.

get along 지내다, 살아가다

How are you **getting along** these days?

요즘 어떻게 지내세요?

get along with ~와 잘 지내다

Why don't you try harder to **get along with** Maureen?

Maureen과 잘 지내기 위해 좀 더 노력해 보지 그러니?

get back to work 다시 일을 하다

The lunch break is over, so we should **get back to work**.

점심 시간이 끝났으니까, 다시 일을 해야겠어.

get better 회복하다

Taking vitamin C will help you **get better** faster.

비타민 C를 섭취하는 것은 네가 더 빨리 회복하도록 도울 거야.

get carried away 흥분하다

Sorry for **getting carried away** and singing so loudly.

흥분해서 큰 소리로 노래 불러서 미안해.

get down to ~에 착수하다

Now we can **get down to** business.

우린 이제 일에 착수할 수 있어요.

get going 출발하다, 시작하다

It's getting late, so we should **get going**.

늦었네, 우리 그만 출발해야 해.

get in 합격하다, 입학하다

I applied to medical school but didn't **get in**.

난 의대에 지원했는데, 합격하지 못했어.

get in touch with ~와 연락하다

I've been trying to **get in touch with** you all morning.

난 아침 내내 너와 연락하려고 했어.

get in trouble 곤경에 처하다

We should leave soon or we'll **get in trouble**.

곧 출발하지 않으면 우린 곤경에 처할 거야.

get laid off 해고당하다

I'm so sorry to hear you **got laid off**, Darren.

Darren, 네가 해고당했다니 유감이구나.

get off the ground (순조롭게) 시작하다

Performing in free concerts helped the singer's career **get off the ground**.

무료 콘서트에서 공연한 것은 그 가수의 경력이 순조롭게 시작되도록 도왔습니다.

get (on) one's nerves ~의 신경을 거슬리다, ~를 짜증나게 하다

My little brother has been **getting on my nerves** lately.

요즘 남동생이 내 신경을 거슬리게 해.

get over ~을 극복하다

I still can't **get over** my fear of flying.

난 여전히 비행 공포증을 극복하지 못하겠어.

get[answer] the door 문을 열어주다

Could you please **get the door**?

문 좀 열어주시겠어요?

get the picture 이해하다

Thanks for explaining it. Now I **get the picture**.

설명해주셔서 감사해요. 이제 이해가 되네요.

get through ~와 통화하다, ~에게 연락하다

I wasn't able to **get through** to Janet.

나 Janet과 통화할 수 없었어.

get to ~에 도착하다

What time did you **get to** the station?

역에 몇 시에 도착했어요?

get to know ~를 알게 되다

I'm glad we had a chance to **get to know** one another.

우리가 서로를 알게 되는 기회를 가져서 기뻐요.

get to the bottom of ~을 철저히 조사하다

The board has asked me to **get to the bottom of** our sales.

이사회는 제게 우리의 판매 실적을 철저히 조사하라고 요청했어요.

get used to ~에 익숙해지다

It must be hard to **get used to** living alone.

혼자 사는 것에 익숙해지는 건 분명 힘들 거야.

give ~ a big hand ~에게 박수갈채를 보내다

The audience **gave** Jim **a big hand** after his speech.

연설을 끝낸 뒤 관객들이 Jim에게 박수갈채를 보냈어.

give[lend] ~ a hand ~를 돕다

Can you **give** me **a hand** with these boxes?

이 상자를 옮기는 것 좀 도와줄래?

give ~ a hard time ~를 힘들게 하다

You shouldn't **give** Raymond such **a hard time**.

넌 Raymond를 그렇게 힘들게 하면 안 돼.

give a presentation 발표하다

All students must **give a presentation** to the class.

모든 학생은 학급 학생들에게 발표해야 합니다.

give ~ a ride ~를 태워주다

Would you be able to **give** me **a ride** to school on Friday?

금요일에 학교까지 태워주실 수 있어요?

give birth to (아이를) 낳다

Did you hear that Karen **gave birth to** twins?

넌 Karen이 쌍둥이 낳았다는 소식을 들었니?

give it a try[go] 한번 해보다

I usually don't hike, but I'll **give it a try** this time.

난 보통은 하이킹을 하지 않지만, 이번엔 한번 해보고 싶네요.

give one's best regard to ~에게 ~의 안부를 전하다

Please **give my best regards to** your family.

당신 가족에게 제 안부를 전해 주세요.

give one's best shot 최선의 노력을 다하다

The soccer team **gave** it **their best shot** but lost anyway.

그 축구 팀은 최선의 노력을 다했으나 결국 지고 말았어.

go on ~을 계속하다

Is it safe to **go on** a cruise while pregnant?

임신 중에 유람선 여행을 계속하는 건 안전할까요?

go out 나가다, 외출하다

Dana suggests we **go out** to a Chinese restaurant tonight.

Dana가 오늘 밤에 중국 음식을 먹으러 나가자고 제안했어.

go out with ~와 데이트하다

Would you ever consider **going out with** an older woman?

연상의 여인과 데이트하는 것에 대해 생각해 본 적 있어?

go over ~을 검토하다

Our legal advisor wants to **go over** the new contract with us.

법률 조언가가 우리와 함께 새 계약을 검토하기를 원해요.

go through (고생 등을) 겪다, 경험하다

You've **gone through** a lot since your mom died.

너희 어머니께서 돌아가신 이후로 넌 참 많은 걸 겪었구나.

go well with ~과 잘 어울리다

Your new shoes **go well with** that suit.

네 새 신발이 그 정장과 잘 어울린다.

grab a bite 간단히 먹다

I'd love to **grab a bite** to eat.

간단히 뭘 좀 먹고 싶어.

green with envy 몹시 부러운, 질투가 나는

I'm **green with envy** over your pay raise!

네 봉급 인상이 정말 부러운 걸!

hang around with ~와 시간을 보내다

Did you **hang around with** Joey yesterday?

너 어제 Joey와 시간을 보냈니?

hang on 전화를 끊지 않고 기다리다

Hang on while I go get her.

제가 가서 그녀를 불러올 동안 전화를 끊지 말고 기다리세요.

hang out 머물다

I'd prefer to **hang out** at home today.

난 오늘은 집에 머물고 싶어.

hang up 전화를 끊다

Why did you **hang up** while I was talking?

너 왜 내가 말하고 있는 도중에 전화를 끊었니?

have a baby 아기를 낳다

Three more months until Wendy **has her baby**.

Wendy가 아기를 낳기까지 세 달이 더 남았다.

have a big mouth 입이 가볍다

Sherry can **have a big mouth** sometimes.
Sherry는 가끔 입이 가벼운 경우가 있어.

have a runny nose 콧물이 나다

I've **had a runny nose** since last night.
나 어젯밤부터 콧물이 나네.

have a sweet tooth 단것을 좋아하다

Uncle Leo always did **have a sweet tooth**.
Leo 삼촌께서는 늘 단것을 좋아하셨어.

have a word with ~와 잠깐 이야기하다

May I **have a word with** you for a minute?
내가 잠깐 너와 이야기 할 수 있을까?

have ~ in common ~에서 공통점이 있다

The couple broke up because they didn't **have** much **in common**.
그 커플은 별로 공통점이 없었기 때문에 헤어졌어요.

have nothing to do with ~과 전혀 관계가 없다

The council **had nothing to do with** the layoffs.
위원회는 정리해고와는 전혀 관계가 없어요.

have trouble (in) -ing –하는 데 어려움을 겪다

I **had trouble** getting to sleep last night.
난 어젯밤에 잠이 안 와서 고생했어.

have yet to 아직 ~ 하지 않았다

The rain **has yet to** stop.
비가 아직 그치지 않았어.

head out 출발하다

Let's **head out** after lunch.
점심을 먹고 출발하자.

hit the ceiling 매우 화내다

My mother almost **hit the ceiling** when she saw the bill.
어머니께서 그 청구서를 보셨을 때 매우 화를 내셨어.

hit the road 출발하다

I guess I'd better **hit the road**.
내 생각엔 출발하는 게 나을 것 같아.

hold on 전화를 끊지 않고 기다리다

Hold on and I'll transfer you.
전화를 끊지 않고 기다리시면 제가 바꿔 드릴게요.

in a row 연속으로

Our baseball team has won three games **in a row**.
우리 야구팀이 세 경기를 연속으로 이겼어.

in any case 어차피, 어쨌든

In any case, no one answered the letter.
어차피, 아무도 그 편지에 회답하지 않았어.

in charge of ~을 담당하는

Sarah was **in charge of** collecting membership dues.
Sarah가 회비 모으는 걸 담당했어요.

in favor of ~에 찬성하여

Everyone voted **in favor of** the proposal.
모든 사람들이 그 제안에 찬성하는 투표를 했어요.

in good shape 몸이 좋은

Doing yoga regularly keeps you **in good shape**.
정기적으로 요가를 하는 것은 네 몸을 좋아지게 해.

in reference to ~에 관하여

I was speaking **in reference to** the latest report.
최근 보고서에 대해 이야기를 하던 중이었어.

in stock 재고로, 비축되어

I'm sorry, but we currently have no batteries **in stock**.
최송하지만, 현재 배터리의 재고가 없네요.

in terms of ~의 측면에서 보면

The movie was considered a success **in terms of** ticket sales.
티켓 판매량의 측면에서 보면 그 영화는 성공이라고 볼 수 있어.

in the first place 처음에, 처음부터

How did you get lost **in the first place**?
너 처음에 어떻게 길을 잃게 된 건데?

in the long run 결국엔, 궁극적으로는

It will be better **in the long run** if we start investing now.
우리가 지금 투자를 시작한다면, 결국엔 더 나을 거예요.

in time 제시간에, 늦지 않고

I hope we arrive **in time** to see the opening ceremony.
난 우리가 개막식을 볼 수 있도록 제시간에 도착하길 바라.

in vain 헛되이

I feel all our efforts have been **in vain**.
난 우리의 모든 노력이 헛되었던 것처럼 느껴져.

jump to a conclusion 성급하게 결론 내리다

There's no need to **jump to conclusions**.
성급하게 결론 내릴 필요 없어.

keep an eye on ~을 (주의하여) 보다

Would you **keep an eye on** my bag while I go to the restroom?

제가 화장실에 다녀오는 동안 제 가방 좀 봐 주시겠어요?

keep from ~을 하지 않다

I tried to **keep from** falling asleep during the lecture.

난 강의 도중에 잠들지 않기 위해 노력했어.

keep on ~을 계속하다

The value of my stocks **keeps on** falling.

내 주식의 가치가 계속해서 떨어지고 있어.

keep one's fingers crossed 행운을 빌다

Please **keep your fingers crossed** that I get the award.

내가 상을 받을 수 있도록 행운을 빌어줘.

keep up ~을 계속하다

Keep up the good work.

계속해서 수고하세요.

keep up with ~에 뒤쳐지지 않다

How do you **keep up with** all the orders?

어떻게 이 모든 주문량에 뒤쳐지지 않으실 수 있으세요?

lay off 해고하다

Brett was **laid off** from his job last week.

Brett이 지난주에 직장에서 해고당했어.

let down ~를 실망시키다

I didn't mean to **let** you **down**.

널 실망시키려고 한 건 아니었어.

let ~ go ~를 해고하다

The manager had to **let** three employees **go**.

관리자는 세 명의 직원을 해고해야 했습니다.

let up (비 따위가) 그치다

It appears as if the rain might **let up**.

아무래도 비가 그칠 것 같아.

live up to (기대 따위에) 미치다

The concert didn't **live up to** my expectations.

그 콘서트는 내 기대에 미치지 못했어.

look back on ~을 뒤돌아보다

Now that I **look back on** it, I suppose you're right.

이제 와서 뒤돌아보니, 내 생각엔 네가 맞는 것 같아.

look down on ~를 무시하다

You shouldn't **look down on** people just because they have different opinions.

넌 사람들이 단지 다른 견해를 가졌다는 이유로 그들을 무시해서는 안 돼.

look into ~을 자세히 조사하다

Investigators will **look into** the cause of the building's collapse.

수사관들이 빌딩이 무너진 이유를 자세히 조사할 거예요.

look over ~을 검토하다

Could you **look over** this paperwork to see if everything's in order?

모든 것이 순서대로 되어 있는지 확인하기 위해 이 문서 좀 검토해 주시겠어요?

look through ~을 통해 보다

You can only see Neptune if you **look through** a telescope.

망원경을 통해서 봐야만 해왕성을 볼 수 있어.

look up ~을 찾아보다

Librarians can assist patrons who wish to **look up** specific information.

사서들은 특정한 정보를 찾아보고 싶어하는 방문객들을 도울 수 있습니다.

make a fuss 법석을 피우다

Promise me you won't **make a fuss** over the menu.

너 메뉴 가지고 법석을 피우지 않겠다고 내게 약속해.

make fun of ~를 놀려대다

William **made fun of** my outfit this morning.

William이 오늘 아침에 내 복장을 가지고 놀려댔어.

make it 제시간에 도착하다

At this rate, we'll never **make it** on time.

이런 속도라면, 우린 절대 제시간에 도착하지 못할 거야.

make out ~을 이해하다

I couldn't quite **make out** what the speaker was saying.

난 연설자가 한 말을 거의 이해하지 못했어.

make up for ~을 만회하다

She has to work overtime to **make up for** her absences.

그녀는 결근한 걸 만회하기 위해 초과 근무를 해야 해요.

make up with ~와 화해하다

Did you finally **make up with** your cousin?

너 결국 네 사촌과 화해했니?

more or less 어느 정도

We've **more or less** completed the renovations.

우리는 어느 정도 수리를 마쳤어요.

move in 이사 오다

When do you **move in** with Graham's parents?

너 언제 Graham의 부모님 댁으로 이사오니?

now and then 때때로

I miss my college days **now and then**.

난 때때로 대학 시절이 그리워.

now that 이제 ~이므로

What are your plans **now that** you've graduated?

이제 졸업도 했는데 너의 계획은 뭐니?

off the top of one's head 바로

I can't think of a nearby pharmacy **off the top of my head**.

근처에 있는 약국이 바로 생각나질 않네.

on behalf of ~를 대신하여

I accepted the honor **on behalf of** my teammates.

전 저의 팀 동료들을 대신하여 상을 받았어요.

on one's way to ~로 가는 길에

I'll grab a newspaper **on my way to** the conference room.

제가 회의실로 가는 길에 신문을 가져갈게요.

on sale 할인 판매 중인

You can save money by buying clothes that are **on sale**.

할인 판매 중인 옷을 사서 돈을 절약할 수 있어.

on the house 무료로

The waitress said drinks are **on the house** tonight.

여종업원이 오늘 밤엔 음료가 무료라고 했어.

on the verge of ~의 직전인

I'm afraid my business is **on the verge of** bankruptcy.

난 내 사업이 파산 직전인 것 같아서 걱정돼.

on time 정각에

Please be **on time** from now on.

앞으로는 정각에 오세요.

only if ~할 경우에 한해

I'll agree to go **only if** you make all the arrangements.

네가 모든 준비를 다 할 경우에 한해 가는 데 동의할 거야.

out of stock 품절된

I'm sorry, but that model is currently **out of stock**.

죄송하지만, 그 모델은 현재 품절이에요.

out of the question 불가능한

Quitting the project at this point is **out of the question**.

그 프로젝트를 이 시점에서 그만 두는 건 불가능해.

pass away 죽다

I was sad to hear that your mom **passed away**.

나는 너의 어머니께서 돌아가셨다는 것을 듣고 슬펐어.

pass by ~를 그냥 지나치다

Don't let a good opportunity **pass** you **by**.

좋은 기회가 그냥 지나치게 놔두지 마.

pass down ~을 대대로 전하다

The house has been **passed down** in my family for generations.

그 집은 우리 가문 대대로 전해내려 오는 거야.

pass on ~을 전달하다

Could you **pass** this message **on** to your supervisor?

이 메시지를 당신의 감독관에게 전달해주시겠어요?

pass through ~을 통과하다

I **passed through** Colombia on my way to Chile.

난 칠레로 가는 길에 콜롬비아를 통과했어.

pass up ~을 놓치다

Why did you **pass up** a chance to study abroad?

너 왜 유학 갈 수 있는 기회를 놓쳤니?

pay attention to ~에 주의를 기울이다

There is no use in **paying attention to** gossip.

소문에 주의를 기울이는 것은 아무 소용이 없어.

pay off (빚 따위를) 갚다

Have you **paid off** your student loans?

너 학자금 대출은 갚았니?

phase out ~을 점차 철수하다

We've decided to **phase out** that product line.

우린 그 생산 라인을 점차 철수하기로 결정했어요.

pick up ~을 배우다

How long did it take you to **pick up** French?

프랑스어를 배우는 데 얼마나 걸렸나요?

pick up the tab 계산하다

My company will **pick up the tab** for tonight's dinner.

오늘 저녁 식사는 회사가 계산할 거예요.

prior to ~전에

I sprained my ankle **prior to** the game.

나 경기 전에 발목을 삐었어.

pull an all-nighter 밤을 새우다

James was exhausted after **pulling an all-nighter** studying for his exam.

James는 시험을 준비하느라 밤을 새운 후 매우 지쳤어요.

pull over 차를 길가에 세우다

Why don't we **pull over** and ask for directions?

우리 길가에 차를 세우고 길을 물어보는 건 어때?

put aside ~을 제쳐두다

Can you **put aside** your work and help me for a moment?

하던 일을 제쳐두고 잠깐 나 좀 도와줄래?

put off ~을 미루다

I decided to **put off** the audition until next month.

난 오디션을 다음 달까지 미루기로 결심했어.

put on ~을 입다

You should **put on** your gloves before going outside.

넌 밖에 나가기 전에 꼭 장갑을 껴야 해.

put[set] one's foot down 단호히 거절하다

My mother finally **put her foot down** about my moving out.

어머니께서 내가 이사 나가는 것에 대해 마침내 단호히 거절하셨어.

put up with ~을 참다

How do you **put up with** your dog's constant barking?

넌 어떻게 너의 개가 계속해서 짖는 걸 참을 수 있니?

refer to ~을 언급하다

We're so close that she **refers to** me as her sister.

그녀가 나를 그녀의 동생이라고 언급할 정도로 우린 친해요.

relevant to ~과 관련된

That's not directly **relevant to** our discussion.

그건 우리의 논의와 직접적으로 관련이 있는 건 아니에요.

rely on ~를 믿다

Can I **rely on** you to submit the forms on time?

당신이 이 서류를 정시에 제출할 거라고 믿어도 될까요?

result from ~의 결과로 발생하다

These infections **resulted from** contact with certain bacteria.

이 전염병들은 특정 박테리아와 접촉의 결과로 발생했어요.

result in ~이라는 결과를 가져오다

Their research **resulted in** a new kind of energy source.

그들의 연구는 새로운 형태의 에너지 자원이라는 결과를 가져왔어요.

ring a bell 생각나게 하다

Sorry, that name just doesn't **ring a bell**.

미안하지만, 그 이름은 생각나게 하지 않는걸.

root for ~을 응원하다

Which team do you plan to **root for**?

너는 어느 팀을 응원할 거야?

run a fever 열이 나다

My son is still **running a fever**.

제 아들이 아직도 열이 나네요.

run across ~를 우연히 만나다

I **ran across** Chuck at the fair last weekend.

지난 주말 박람회에서 우연히 Chuck을 만났어.

run behind schedule 예정보다 늦다

I called to let you know that I'm **running behind schedule**.

예정보다 늦어지고 있다는 걸 알려 드리기 위해 전화했어요.

run into ~를 우연히 만나다

You'll never guess who I **ran into** at the mall.

넌 내가 쇼핑몰에서 우연히 누굴 만났는지 아마 상상도 못할 거야.

run out of ~이 떨어지다

I think the printer is going to **run out of** ink soon.

내 생각엔 프린터의 잉크가 곧 떨어질 것 같아.

run over (자동차로) ~을 치다

I **ran over** a tree and got a flat tire last night.

어젯밤에 차로 나무를 치어서 타이어가 펑크났어.

save[keep] one's breath 잠자코 있다

You might as well **save your breath**, because dad will never let you see that concert.

아버지께서는 네가 그 콘서트를 보는 걸 절대 허락하시지 않을테니, 넌 잠자코 있는 편이 나을 거야.

see a doctor 진료를 받다

See a doctor if the pain worsens.

통증이 심해지면 진료를 받아.

see ~ through ~을 성취하다

We have to **see** this deal **through** to the end.

우린 이 거래를 끝까지 성사시켜야만 해요.

set aside ~을 따로 떼어 놓다

Make sure to **set aside** enough cash for the return fare.

돌아올 때의 운임에 대비하여 충분한 돈을 따로 떼어 놓도록 해.

set off 출발하다

I heard you're about to **set off** on a world tour.
난 네가 세계 일주를 위해 곧 출발할 거라고 들었어.

set to ~할 준비가 되다

Are you **set to** go to the picnic?
너 소풍 갈 준비 다 되었니?

sleep on ~에 대해 신중하게 검토를 거듭하다

You should **sleep on** it before making your final decision.
넌 최종 결정을 내리기 전에 신중히 검토를 거듭해야 해.

slip one's mind 잊어버리다

Last night's conference completely **slipped my mind**.
난 어젯밤 회의에 대해 완전히 잊어버렸어.

so far 아직까지

I haven't had any potential buyers for my house **so far**.
우리 집을 살 가능성이 있는 구매자를 아직까지 못 만났어요.

so-called 소위

Those **so-called** charities are quite profitable.
소위 자선 사업이라고 불리는 것들은 꽤 수익이 좋은 편이에요.

sort out ~을 해결하다

Did you **sort out** the audio problems with the microphone?
마이크의 음향 문제를 해결하셨나요?

speak up for ~을 강력하게 변호하다

Someone has to **speak up for** minority rights.
누군가는 소수의 권리를 강력하게 변호해야 해.

spell out ~을 상세히 설명하다

The new company manual **spells out** our official policies.
회사의 새 매뉴얼은 우리의 공식적인 정책들을 상세히 설명하고 있어요.

split the bill 각자 계산하다

I prefer to **split the bill**, if that's OK.
괜찮다면, 난 각자 계산하는 편이 더 좋아.

spruce up 멋지게 차려입다

You really **spruced up** for the party tonight.
너 오늘 밤 파티를 위해서 정말 멋지게 차려입었구나.

stab ~ in the back ~를 배신하다

How could your best friend **stab** you **in the back**?
어떻게 너의 절친한 친구가 너를 배신할 수가 있니?

stand for ~을 상징하다

What do the initials on your shirt **stand for**?
네 셔츠에 쓰인 이니셜들은 무엇을 상징하니?

stand in for ~의 대역을 하다

I had to **stand in for** the play's lead actor.
난 그 연극 주인공의 대역을 해야 했어.

stand up ~를 바람맞히다

Tom's date **stood** him **up** last night.
어젯밤에 Tom의 데이트 상대가 그를 바람맞혔어.

stay away from ~을 멀리하다

The doctor told me to **stay away from** dairy products for a while.
의사 선생님이 한동안 유제품을 멀리하라고 했어요.

stay on the line 전화를 끊지 않고 기다리다

Please **stay on the line** while I connect your call.
제가 전화를 연결해 드리는 동안 끊지 말고 기다리세요.

stay up 밤을 새다

I **stayed up** all night waiting for her call.
난 그녀의 전화를 기다리느라 밤을 샜어.

step into (역할 따위를) 인수하다

Mark will **step into** the technical services position.
Mark가 기술 서비스직을 인수할 겁니다.

step out 자리를 비우다

I'm sorry, but she just **stepped out** for lunch.
죄송하지만, 그녀는 점심 시간이라서 자리를 비웠어요.

stick around (가지 않고) 머무르다

Students can **stick around** after class to ask the professor questions.
학생들은 교수님께 질문을 하기 위해 수업이 끝난 후 머물러도 됩니다.

stick with ~을 고수하다

I might just **stick with** my old television set.
난 그냥 내 낡은 TV 세트를 고수해야 할 것 같아.

stop by ~에 들르다

Can you **stop by** my office before you leave?
떠나기 전에 제 사무실에 들러주시겠어요?

stop over (여행 중에) 잠시 들르다

We **stopped over** at Miami on our way to Brazil.
우린 브라질로 가는 길에 잠시 마이애미에 들렀어.

swamped with (일이) 많아서 정신을 못 차리는

I'd love to go, but I'm **swamped with** work right now.

난 가고 싶지만, 당장 할 일이 너무 많아서 정신이 없어.

tag along 따라가다

Are you sure you don't mind if I **tag along**?

너 내가 따라가도 괜찮은 거 확실하니?

take a look 한번 보다

Come **take a look** at this news article.

이리 와서 이 뉴스 기사 좀 봐.

take[have] a rain check 다음으로 미루다

I'll have to **take a rain check** on our dinner date.

난 우리의 저녁 데이트를 다음으로 미뤄야 할 것 같아.

take a toll on ~에 해를 끼치다

The Sun's UV rays can **take a toll on** your skin.

태양의 자외선은 피부에 해를 끼칠 수 있어요.

take action 조치를 취하다

Our community needs to **take action** regarding the pollution problem.

우리 지역 사회는 오염 문제에 대한 조치를 취할 필요가 있어요.

take on (일을) 맡다, (책임을) 지다

Don't **take on** more work than you can handle.

네가 처리할 수 있는 것 이상의 일을 맡지 마.

take out ~을 내놓다, 꺼내다

The clothes need to be **taken out** of the washing machine.

옷들을 세탁기에서 꺼내야 해.

take over (일 따위를) 대신하다

Could you **take over** watching the baby for a while?

잠깐 나 대신 아기 좀 봐 줄래요?

take time off to do ~하기 위해 시간을 내다

Do you still plan to **take time off to** finish writing your novel?

너 여전히 소설 쓰는 걸 끝내기 위해 시간을 낼 계획이니?

take turns 교대로 하다

We can **take turns** driving so you don't get sleepy.

네가 졸리지 않게 우린 교대로 운전할 수 있어.

take (up) responsibility for ~에 책임을 지다

The company must **take up responsibility for** the oil spill.

회사는 기름 유출에 대한 책임을 반드시 져야만 해요.

talk back to ~에게 말대답하다

My sister got in trouble for **talking back to** her teacher.

내 여동생은 선생님께 말대답한 것 때문에 어려움을 겪고 있어.

talk down ~를 얕보다

You can't **talk down** to Sam like that.

너 그런 식으로 Sam을 얕봐선 안 돼.

thanks to ~덕분에

I got a raise **thanks to** your advice.

난 너의 조언 덕분에 승진했어.

there is a good chance of ~일 가능성이 높다

There is a good chance of us winning the competition.

우리가 시합에서 이길 가능성이 높아.

throw a party 파티를 열다

Let's **throw a party** for our wedding anniversary.

우리 결혼 기념일을 위한 파티를 열도록 해요.

throw up 토하다

My stomach was upset, but I managed not to **throw up**.

속이 너무 안 좋았지만, 가까스로 토는 하지 않았어.

tuck in ~를 재우다

I should **tuck** Carrie **in** before it gets too late.

너무 늦기 전에 내가 Carrie를 재워야 할 것 같아.

turn a deaf ear to ~을 무시하다

The boss **turned a deaf ear to** our vacation request.

사장님께서는 우리의 휴가 신청을 무시하셨어요.

turn around (경제 따위가) 호전되다

Experts say the economy will **turn around**.

전문가들이 경제가 다시 호전될 거라고 해요.

turn down ~을 거절하다

Did Professor Smith really **turn down** Simon's thesis topic?

Smith 교수님이 정말 Simon의 논문 주제를 거절하셨어?

turn in ~을 제출하다

Why didn't you **turn in** the last assignment?

너는 왜 마지막 과제물을 제출하지 않았니?

turn into ~으로 변하다

Len didn't know that a tadpole eventually **turns into** a frog.

Len은 올챙이가 결국에는 개구리로 변한다는 걸 몰랐어.

turn out 밝혀지다

She **turned out** to be the mother of my friend.

그녀는 내 친구의 어머니인 걸로 밝혀졌어요.

turn to ～에 의지하다

The president will have to **turn to** Congress for support.

대통령은 지지를 얻기 위해선 의회에 의지해야 할 거예요.

twist one's arm 강요하다

You'll have to **twist his arm** to get him to cooperate.

그를 협조하게 하려면 강요해야만 할거야.

under the weather 몸 상태가 좋지 않은

I've been **under the weather** this week.

이번 주 내내 계속 몸 상태가 좋지 않아.

up in the air 미정인

The Goodman Industries deal is still **up in the air**.

The Goodman 산업 거래 건은 아직 미정이에요.

up to ～에 달하는

I can lend you **up to** five hundred dollars.

500달러에 달하는 돈을 당신께 빌려 드릴 수 있어요.

used to do ～하곤 했다

Tom and I **used to** jog to the lighthouse every morning.

Tom과 난 매일 아침 등대까지 조깅을 하곤 했어.

wear off 차츰 없어지다

The nurse said the effects of the drugs would **wear off** in a few hours.

간호사가 몇 시간 후에 약효가 차츰 없어질 거라고 그랬어요.

What do you say to ～ ? ～하는 것이 어때?

What do you say to eating pizza for dinner?

저녁으로 피자를 먹는 것이 어때?

What if ～한다면 어떨까?

What if we offered consulting services free of charge?

만약 우리가 무료로 상담 서비스를 제공한다면 어떨까?

when it comes to ～에 관해서라면

I'm not very good **when it comes to** mathematics.

난 수학에 관해서라면 별로 잘은 못해.

with regard to ～에 관해서는

Our position is firm **with regard to** the compensation.

보상금에 관해서는 우리의 입장이 확고해요.

wrap up ～을 마무리 짓다

We need to **wrap** this meeting **up** within ten minutes.

우린 10분 내로 회의를 마무리 지어야 해요.

* MP3는 www.HackersIngang.com에서 무료로 다운로드 받으세요.

Accept my condolences. 삼가 조의를 표합니다.

A: Elizabeth, please **accept my condolences** on the loss of your grandmother.
B: I appreciate your concern.

A: Elizabeth, 할머니가 돌아가신 것에 대해 삼가 조의를 표해요.
B: 걱정해 주셔서 감사해요.

Be my guest. 좋을 대로 하세요.

A: Would you mind if I use your scissors?
B: **Be my guest.**

A: 네 가위를 써도 되겠니?
B: 좋을 대로 해.

Better late than never. 늦더라도 하지 않는 것보다 나아.

A: I'm sorry, I know this file was due last week.
B: It's OK. **Better late than never.**

A: 미안해. 이 파일 지난 주까지 하기로 되어 있었던 거 알아.
B: 괜찮아. 늦더라도 하지 않는 것보단 나아.

Better safe than sorry. 나중에 후회하는 것보다 조심하는 것이 낫잖아.

A: Do I really need a sweater? It's so warm out.
B: Take one just in case. **Better safe than sorry.**

A: 정말 스웨터가 필요할까? 바깥이 아주 따뜻한데.
B: 만약을 위해서 하나 챙겨. 나중에 후회하는 것보다 조심하는 것이 낫잖아.

By all means. 그럼요.

A: Can I borrow your car to go to the store?
B: **By all means.**

A: 가게에 가려는데 당신의 차를 좀 빌릴 수 있을까요?
B: 그럼요.

Count me in. 나도 끼워 줘.

A: Are you really coming with us to the concert?
B: Sure. **Count me in.**

A: 너 정말 우리랑 같이 콘서트에 갈 거야?
B: 물론이지. 나도 끼워 줘.

Count on it. 기대해도 좋아.

A: Will you be there for my performance on Saturday?
B: **Count on it.**

A: 너 토요일에 내 공연에 올 거지?
B: 기대해도 좋아.

Cut it out. 그만해.

A: Could you stop making so much noise? I'm trying to study.
B: Come on. I'm just having a little fun.
A: I'm serious. **Cut it out.**

A: 조용히 좀 해줄래? 난 공부하려고 하잖아.
B: 그러지 마. 난 그냥 재미있자고 한 건데.
A: 진심이야. 그만해.

Don't be long. 너무 늦지 마.

A: So are you coming home soon?
B: I need to stop by the store first.
A: OK, but **don't be long**.

A: 집에 곧 올 거니?
B: 가게에 먼저 들러야 해.
A: 알았어, 하지만 너무 늦지 마.

Don't count your chickens before they hatch.
(떡 줄 사람은 생각지도 않는데) 김칫국부터 마시지 마.

A: I'm certain I'll be the one to get this year's award.
B: Well, **don't count your chickens before they hatch**.

A: 난 내가 올해의 상을 받을 거라는 걸 확신해.
B: 글쎄, 떡 줄 사람은 생각지도 않는데 김칫국부터 마시지 마.

Don't mention it. 천만에요.

A: Thanks for inviting me to your party, Sandy.
B: **Don't mention it.**

A: 파티에 초대해 주셔서 감사해요, Sandy.
B: 천만에요.

Don't put all your eggs in one basket.
한번에 모든 것을 걸지 마.

A: I've decided to put most of my savings into a real estate project.
B: Well, **don't put all your eggs in one basket**.
A: Don't worry. I've got other investments too.

A: 난 내 저축의 대부분을 부동산 프로젝트에 투자하기로 결심했어.
B: 음, 한번에 모든 것을 걸지 마.
A: 염려 마. 다른 데 투자한 것들도 있으니까.

Every cloud has a silver lining.
괴로운 일이 있으면 즐거운 일도 있어.

A: I can't believe my company fired me after all these years.
B: **Every cloud has a silver lining.** Maybe you'll find something better.

A: 이렇게 여러 해 동안 일했는데 회사가 날 해고하다니 믿을 수 없어.
B: 괴로운 일이 있으면 즐거운 일도 있다잖아. 더 좋은 것을 발견할거야.

Every dog has his day. 쥐구멍에도 볕들 날이 있잖아.

A: I found out they promoted James instead of me.
B: Don't be so disappointed. **Every dog has his day.**

A: 난 그들이 나 대신에 James를 승진시켰다는 걸 알아냈어.
B: 너무 실망하지 마. 쥐구멍에도 볕들 날이 있으니까.

First come, first served. 선착순입니다.

A: Can't we just make a reservation?

B: No, the restaurant is **first come, first served**.

A: Then we should try to get there early.

A: 우리 그냥 예약하면 안 될까?

B: 안 돼, 그 레스토랑은 선착순이거든.

A: 그럼 일찍 도착하도록 노력해야겠다.

For here or to go? 여기서 드시겠어요 아니면 가지고 가시겠어요?

A: Hello. I'd like one large iced coffee and one small cappuccino.

B: OK, will that be **for here or to go**?

A: To go please.

A: 안녕하세요. 아이스 커피 큰 사이즈 한 잔과 카푸치노 작은 사이즈 한 잔 주세요.

B: 네, 여기서 드시겠어요, 아니면 가지고 가시겠어요?

A: 가져갈 거예요.

Give me a break. 믿을 수 없어.

A: Wow! I've got the winning lottery ticket!

B: **Give me a break**! Really?

A: Here, see for yourself.

A: 왜! 나 복권에 당첨되었어!

B: 믿을 수 없어! 진짜야?

A: 자, 직접 확인해 봐.

Hang in there. 조금만 참아.

A: I don't know how I'm going to make it through this semester.

B: Well, just **hang in there**.

A: 나 이번 학기를 어떻게 견뎌내야 할지 모르겠어.

B: 음, 그냥 조금만 참아.

Help yourself. 마음껏 드세요.

A: Can I have some of that bread?

B: Sure, **help yourself**.

A: 나 그 빵 좀 먹어도 될까?

B: 물론이지, 마음껏 먹어.

Here you go[are]. 여기 있어요.

A: You don't happen to have an extra pen, do you?

B: Actually, I do. **Here you go**.

A: Thanks a lot.

A: 너 혹시 펜 남는 거 없지, 그렇지?

B: 사실, 있어. 여기 있어.

A: 고마워.

How are you getting along? 어떻게 지내니?

A: Hi Brandon. **How are you getting along** these days?

B: I'm great. How about you?

A: Same with me.

A: 안녕 Brandon. 요즘 어떻게 지내니?

B: 난 잘 지내. 넌 어때?

A: 나도 그래.

How come? 어째서죠?

A: I heard you're not attending Larry's party. **How come**?

B: I have to work that night.

A: 당신이 Larry의 파티에 참석하지 않는다고 들었어요. 어째서죠?

B: 그날 밤에 일을 해야 하거든요.

How is it going? 잘 돼 가니?

A: Jane, I heard you opened a restaurant. **How's it going?**

B: Not **as** well as I had expected.

A: Jane, 네가 식당을 개업했다고 들었어. 잘 돼 가니?

B: 내가 기대했던 것만큼은 아니야.

I bet. 장담해, 틀림없어.

A: I'm a little nervous about my presentation tomorrow.

B: You'll do fine, **I bet**.

A: I certainly hope you're right.

A: 나 내일 발표 때문에 좀 긴장돼.

B: 넌 잘 할 거야, 장담해.

A: 네 말이 맞으면 좋겠다.

I could eat a horse. 배가 몹시 고파.

A: Shall we take a break and have lunch?

B: Yeah, **I could eat a horse**!

A: 우리 잠깐 쉬면서 점심 먹을까?

B: 응, 나 배가 몹시 고파!

I couldn't agree more. 전적으로 동감이야.

A: I thought Sarah did a great job on the decorations.

B: **I couldn't agree more**.

A: 난 Sarah가 장식을 정말 잘 했다고 생각했어.

B: 전적으로 동감이야.

I couldn't help it. 어쩔 수 없었어.

A: You promised you wouldn't be late.

B: **I couldn't help it**. There was an accident on the highway.

A: 넌 늦지 않겠다고 약속했잖아.

B: 어쩔 수 없었어. 고속도로에서 사고가 났어.

I don't see why not. 안 될 이유가 없지.

A: Can we go to the beach this weekend?

B: **I don't see why not**.

A: 우리 이번 주말에 해변에 갈까?

B: 안 될 이유가 없지.

I feel like myself. 컨디션이 좋아.

A: Bob, I hear you're able to walk without crutches now.

B: Yeah, I finally **feel like myself** again.

A: Bob, 이제 목발 없이도 걸을 수 있다고 들었어.

B: 응, 이제야 다시 컨디션이 좋아졌어.

I mean it. 진심으로 하는 말이야.

A: Your seminar was very impressive, Donald.
B: You're just trying to flatter me.
A: No, **I mean it.** It was excellent.

A: Donald, 네 세미나는 매우 인상적이었어.
B: 너 그냥 내게 아부하려는 거구나.
A: 아니, 진심으로 하는 말이야. 훌륭했어.

if I were in your shoes 내가 네 입장이라면

A: I'm not sure whether to apply to graduate school or get a job.
B: **If I were in your shoes**, I'd consider taking a year off.
A: But then I might regret it later.

A: 난 대학원을 지원해야 할지 아니면 일자리를 구해야 할지 모르겠어.
B: 내가 네 입장이라면, 일 년간 쉬는 걸 고려해 보겠어.
A: 하지만 그러면 난 나중에 후회할지도 몰라.

if memory serves me right 내 기억이 맞는다면

A: What do you think of my costume?
B: Well, **if memory serves me right**, you wore that same one last year.
A: Really? I didn't know you had seen it.

A: 내 의상에 대해 어떻게 생각해?
B: 음, 내 기억이 맞는다면, 너 작년에도 그거 입었었어.
A: 정말? 네가 봤는지 몰랐어.

I'm just browsing. 그냥 둘러보는 중이에요.

A: Good afternoon. Can I help you find something?
B: No, thanks. **I'm just browsing.**

A: 어서 오세요. 뭐 찾으시는 거라도 있으세요?
B: 아뇨, 괜찮아요. 그냥 둘러보는 중이에요.

I'm not myself. 정신이 없어.

A: William, you've only finished two reports in four hours.
B: Well, **I'm not myself** today.
A: But you still have to meet your daily quota.

A: William, 넌 4시간 동안 보고서를 두 개밖에 못 끝냈구나.
B: 음, 내가 오늘 정신이 좀 없네.
A: 하지만 그래도 하루의 할당량은 맞춰야지.

I'm speechless. 뭐라고 말해야 할지 모르겠네.

A: Here's your birthday present, Jackie. I hope you like it.
B: **I'm speechless.** It's absolutely gorgeous.

A: Jackie, 여기 네 생일 선물이야. 네가 좋아하면 좋겠다.
B: 뭐라고 말해야 할지 모르겠네. 이거 진짜 멋지다.

It couldn't be better. 아주 좋아요.

A: Kelly, how's your yoga class going?
B: **It couldn't be better.**
A: That's good to hear.

A: Kelly, 네 요가 수업 어떻게 되어가니?

B: 아주 좋아.
A: 잘 됐구나.

It depends. 상황에 따라 달라요.

A: Are you coming to the movie with us tonight?
B: **It depends.** I might have to work late.

A: 너 오늘 밤에 우리랑 영화 보러 갈 거니?
D: 상황에 따라 달라. 난 어쩌면 늦게까지 일해야 할지도 몰라.

It runs in the family. 집안 내력이에요.

A: I had no idea you were such a good singer, Travis.
B: Well, my mom used to sing opera, so I guess **it runs in the family**.

A: Travis, 네가 그렇게 노래를 잘 하는지 전혀 몰랐어.
B: 음, 어머니께서 오페라를 부르셨었거든. 아마도 집안 내력인가 봐.

It serves you right. 자업자득이야.

A: I got in serious trouble for using my notes during the exam.
B: **It serves you right** for trying to cheat.

A: 나 시험 도중에 노트를 봐서 곤란한 상황에 처했어.
B: 커닝하려고 했으니까 자업자득이야.

It's a breeze. 식은 죽 먹기야.

A: Traveling by bus isn't as inconvenient as I'd thought.
B: Of course. **It's a breeze.**

A: 버스로 여행하는 게 내가 생각했던 것만큼 불편하진 않은데.
B: 물론이지. 식은 죽 먹기야.

It's a date. 그럼 그때 보자.

A: Would you like to go shopping with me on Friday?
B: OK. But I'm only free in the evening. Does that work for you?
A: Yep! **It's a date.**

A: 금요일에 나랑 같이 쇼핑하러 갈래?
B: 그래. 하지만 저녁에만 시간이 있어. 너 그때 괜찮니?
A: 응! 그럼 그때 보자.

It's a steal. 공짜나 마찬가지예요.

A: I'm not sure I should buy this lamp.
B: Why not? **It's a steal.**
A: But I already have one that's similar.

A: 이 램프를 사야 할지 모르겠어.
B: 왜? 이건 거의 공짜나 마찬가진걸.
A: 하지만 난 이미 비슷한 걸 하나 갖고 있거든.

It's about time. 그럴 때도 됐지.

A: I'm making an appointment to see the dentist.
B: **It's about time!** That tooth has been bothering you for weeks.
A: Yeah, I just couldn't take the pain anymore.

A: 나 치과 진료 예약을 하려고.
B: 그럴 때도 됐지! 너 몇 주 동안 충치로 고생했잖아.
A: 응, 이제 더 이상은 아픈 걸 못 견디겠어.

It's no big deal. 별일 아니야.

A: I'm so sorry for breaking your coffee mug.
B: **It's no big deal.** I can get another one.

A: 네 커피잔을 깨뜨려서 정말 미안해.
B: 별일 아니야. 또 하나 사면 돼.

It's none of your business. 네가 상관할 바 아니야.

A: Did Carrie really break up with you?
B: Actually, **it's none of your business.**
A: Sorry. I didn't mean to offend you.

A: 정말 Carrie가 너랑 헤어졌어?
B: 사실, 이건 네가 상관할 바 아니야.
A: 미안해. 기분 상하게 하려는 건 아니었어.

It's not the end of the world. 세상이 끝난 것도 아니잖아.

A: I can't believe that John stood me up like that!
B: Well, **it's not the end of the world.**

A: John이 날 바람맞혔다는 것을 믿을 수 없어!
B: 음, 세상이 끝난 것도 아니잖아.

It's nothing major. 별거 아니야.

A: Kathy, are you OK? That was quite a fall.
B: **It's nothing major**... just a scratch.

A: Kathy, 너 괜찮니? 심하게 넘어지던데.
B: 별거 아니야… 그냥 좀 긁혔어.

It's on the tip of my tongue. 생각이 날 듯 말 듯 해.

A: What was the name of the actor in that movie we saw?
B: Wait, **it's on the tip of my tongue**... David Leigh!
A: Yeah, that was it.

A: 우리가 본 영화에 나온 그 배우 이름이 뭐지?
B: 잠깐, 생각이 날듯 말듯 하네… David Leigh!
A: 맞아, 바로 그거야.

It's pouring down. 비가 억수로 내리네.

A: Wow, **it's pouring down.**
B: Yeah, I guess our baseball game will probably be canceled.
A: Definitely, unless it stops soon.

A: 와, 비가 억수로 내리네.
B: 그러게, 내 생각엔 우리 야구 경기가 아마도 취소될 것 같아.
A: 당연하지, 비가 곧 그치지 않는다면.

It's raining cats and dogs. 비가 억수로 내리고 있어.

A: Let's go fishing at the river.
B: Are you kidding? **It's raining cats and dogs.**
A: Oh, come on. It'll be fun!

A: 우리 강가에 낚시하러 가자.
B: 농담이지? 비가 억수로 내리고 있어.
A: 에이, 무슨 소리야. 재미있을 거야!

Keep in touch. 연락하자.

A: It was great seeing you again, Margaret.
B: Likewise. Try to **keep in touch**, OK?
A: I will.

A: Margaret, 다시 만나서 너무 반가웠어.
B: 나도, 연락하도록 하자, 알았지?
A: 그럴게.

Keep (that) in mind. 명심할게.

A: Rachel, you can get to my office more easily by taking the bus.
B: OK, I'll **keep that in mind** next time.

A: Rachel, 버스를 타면 내 사무실에 더 쉽게 올 수 있어.
B: 좋아, 다음 번엔 명심할게.

Keep the change. 거스름돈은 안 주셔도 돼요.

A: The total fare comes to $15.90.
B: Here you go. **Keep the change.**
A: Thank you. Have a nice day.

A: 총 요금이 15.90달러입니다.
B: 여기요, 거스름돈은 안 주셔도 돼요.
A: 감사합니다. 좋은 하루 보내세요.

Keep up the good work. 수고하세요.

A: Is everything going well with the Stahlman account?
B: So far so good.
A: Excellent. **Keep up the good work.**

A: Stahlman 사와의 거래는 다 잘 되어가고 있나요?
B: 지금까지는 좋아요.
A: 훌륭하군요. 수고하세요.

Keep your spirits up. 기운 내.

A: I didn't get the role I auditioned for.
B: That's disappointing news, but **keep your spirits up.**

A: 내가 오디션 본 배역을 못 얻었어.
B: 실망스러운 소식이지만, 그래도 기운 내.

Let bygones be bygones. 지나간 일은 모두 잊자.

A: Aaron, are you still mad about our fight last week?
B: No, I'm willing to **let bygones be bygones.**

A: Aaron, 너 지난주에 나랑 싸운 것 때문에 아직도 화났니?
B: 아니, 난 지나간 일은 모두 잊어버리고 싶어.

Look on the bright side. 긍정적으로 생각해 봐.

A: My desk is piled up with work to do.
B: Well, **look on the bright side.** Tomorrow's a holiday.

A: 내 책상엔 할 일이 산더미처럼 쌓였어.
B: 음, 긍정적으로 생각해 봐. 내일은 휴일이잖아.

Look who's here! 이게 누구야!

A: **Look who's here!** How are you, Fred?
B: Not bad. It's nice to see you again.

A: 이게 누구야! Fred, 잘 지냈어?

B: 나쁘지 않아. 다시 만나서 반가워.

Many hands make light work. 백지장도 맞들면 낫지.

A: I hate group projects.

B: Why? **Many hands make light work**.

A: 나는 조별 과제가 정말 싫어.

B: 왜? 백지장도 맞들면 낫잖아.

No need to worry. 걱정할 필요 없어.

A: I'd better get the laundry started before it gets too late.

B: **No need to worry**. I took care of it for you.

A: 너무 늦기 전에 빨래를 시작하는 게 좋겠어.

B: 걱정할 필요 없어. 내가 널 위해 이미 해놨거든.

No offense. 기분 상하게 하려는 건 아니야.

A: So what did you think of my essay?

B: **No offense**, but it seemed unpolished.

A: Hmm... That's not the response I was hoping for.

A: 그래서 넌 내 에세이에 대해 어떻게 생각해?

B: 기분 상하게 하려는 건 아니지만, 다듬어지지 않은 것 같아.

A: 흠… 내가 바라던 반응은 아니네.

No one knows for sure. 아무도 확실히 몰라.

A: How long has that puppy been here?

B: **No one knows for sure**. We can't find the owner.

A: Well, maybe someone will claim it soon.

A: 강아지가 여기에 있은 지 얼마나 됐지?

B: 아무도 확실히 몰라. 주인을 찾을 수가 없어.

A: 음, 아마 누군가 곧 데려가겠지.

Not that I know of. 내가 알기론 아니야.

A: Did anyone call while I was out?

B: **Not that I know of**.

A: 내가 나간 사이에 전화 온 거 있니?

B: 내가 알기론 없어.

Same here. 나도 그래.

A: I had a great time tonight, Stephanie.

B: **Same here**. Maybe we could meet again tomorrow.

A: I'd like that very much.

A: Stephanie, 오늘 저녁은 무척 즐거웠어.

B: 나도 그래. 내일 다시 만나도 좋을 것 같아.

A: 그러면 정말 좋겠다.

Sorry for the inconvenience. 불편을 끼쳐 드려 죄송합니다.

A: Excuse me. I ordered my sandwich without mayonnaise.

B: Oh, we'll make you a new one right away. **Sorry for the inconvenience**.

A: 실례합니다. 전 샌드위치에 마요네즈를 빼고 달라고 주문했는데요.

B: 오, 바로 새 걸로 다시 만들어 드릴게요. 불편을 끼쳐 드려 죄송합니다.

Sort of. 어느 정도는요.

A: Did you know that the company was planning to hire a new employee?

B: **Sort of**. The boss mentioned something about it to me last week.

A: 회사가 새로운 직원을 고용하려고 계획 중이었다는 것을 알고 있었어요?

B: 어느 정도는요. 사장님이 지난주에 제게 그 일에 내해서 좀 언급했어요.

Speak of the devil. 호랑이도 제 말 하면 온다더니.

A: Did you hear that rumor about Sheldon?

B: Careful. He's coming this way.

A: **Speak of the devil**.

A: 너 Sheldon에 관한 그 소문 들었니?

B: 조심해. 그가 이리로 오고 있어.

A: 호랑이도 제 말 하면 온다더니.

Suit yourself. 마음대로 해.

A: Would you like half of my sandwich?

B: No thanks. I just had a snack.

A: OK, **suit yourself**.

A: 내 샌드위치 반 먹을래?

B: 아니 괜찮아. 나 방금 간식 먹었어.

A: 좋아, 마음대로 해.

Sure thing. 물론이지.

A: Could you pass the salt, please?

B: **Sure thing**.

A: 소금 좀 건네주시겠어요?

B: 물론이죠.

Take a chance. 한번 해봐.

A: Let's enter our names in the drawing. We could win a gift certificate.

B: You know the chances of winning are very slim.

A: Well, I'd like to **take a chance**.

A: 추첨에 우리 이름을 써내자. 상품권을 탈 수도 있어.

B: 당첨될 확률이 매우 낮은 거 알잖아.

A: 음, 난 그냥 한번 해보고 싶은 거야.

Take it easy. 진정해. 무리하지 마.

A: I'm completely stressed out over tomorrow's exam.

B: Gail, **take it easy**. You'll do great.

A: 나 내일 있을 시험 때문에 정말 스트레스 받아.

B: Gail, 진정해. 넌 잘 할거야.

Take it or leave it. 싫으면 그만둬.

A: I'll sell you my bike for $500.

B: Are you sure you won't take $450?

A: That's as low as I can go. **Take it or leave it**.

A: 제 자전거를 500달러에 팔게요.

B: 450달러에는 안 파는 거 확실해요?

A: 그게 제 최저가예요. 싫으면 그만두세요.

Take your time. 천천히 해.

A: Let me quickly send this email and then we can go out.

B: There's no rush. Just **take your time**.

A: 빨리 이 이메일을 보낼게. 그 후에 같이 나가자.

B: 서두를 필요 없어. 천천히 해.

Tell me about it. 그러게 말이야.

A: It's been incredibly hot and humid lately.

B: **Tell me about it.**

A: 요즘 정말 덥고 습하네.

B: 그러게 말이야.

That makes sense. 일리가 있는 말이네.

A: Why did you cancel your Internet service?

B: I hardly ever used it anyway.

A: **That makes sense.**

A: 너 왜 인터넷 서비스를 취소했니?

B: 난 어차피 거의 안 쓰거든.

A: 일리가 있는 말이네.

That makes two of us. 나도 그래.

A: I'm so thrilled about the performance tonight.

B: **That makes two of us.**

A: 난 오늘 밤 공연이 너무 기대돼.

B: 나도 그래.

That will do. 그거면 돼요, 그만하면 됐어요.

A: Do you have any Dijon mustard?

B: No, only the standard yellow mustard.

A: OK, **that will do.**

A: 디종산 겨자 있으신가요?

B: 아니요, 일반 노란 겨자만 있어요.

A: 네, 그거면 됩니다.

That's the way it goes. 어쩔 수 없는 일이야.

A: It's not fair that Jody didn't make the team.

B: **That's the way it goes** sometimes.

A: Jody가 팀에 못 들어간 건 불공평해.

B: 때로는 어쩔 수 없는 일이야.

The line is busy. 통화 중이야.

A: Haven't you called the front desk yet?

B: I did, but **the line was busy**.

A: 너 아직 프런트에 전화 안 해봤니?

B: 해봤는데, 통화 중이었어.

There is no use crying over spilt milk.
엎지른 물은 도로 담을 수 없어.

A: I should have accepted that job offer.

B: Right. But **there's no use crying over spilt milk**.

A: 그 일자리 제안을 받아들였어야 했는데.

B: 맞아. 하지만 엎지른 물은 도로 담을 수 없어.

Things are much the same. 별 차이 없어.

A: How have you been? I haven't seen you for a while.

B: I've been fine. I'm just working and going to school.

A: **Things are much the same** with me.

A: 어떻게 지냈니? 널 본지 꽤 오래 됐구나.

B: 난 잘 지냈어. 그냥 일하고 학교 다니고 있어.

A: 나도 별 차이 없어.

Two thumbs up. 최고야!

A: How's your steak?

B: It's delicious, **Two thumbs up!**

A: 네 스테이크 어때?

B: 맛있어. 최고야!

What a coincidence! 우연의 일치네!

A: Who's your teacher for American History?

B: It's Professor Sherman.

A: I have him too. **What a coincidence!**

A: 네 미국 역사 선생님 누구야?

B: Sherman 교수님이야.

A: 나도 그분인데. 우연의 일치네!

What a shame! 그거 안됐구나.

A: I lost the election for class president.

B: After all your hard work? **What a shame!**

A: I know. I really thought I was going to win.

A: 나 반장 선거에서 떨어졌어.

B: 그 온갖 수고를 다 하고서? 그거 안됐구나!

A: 알아. 난 진짜 될 거라고 생각했었는데.

What a small world. 세상 참 좁구나.

A: I ran into David on my trip to Italy. Can you believe it?

B: Really? **What a small world.**

A: 나 이탈리아 여행 중에 David를 우연히 만났어. 믿겨지니?

B: 정말? 세상 참 좁구나.

What are friends for? 친구 좋다는 게 뭐니?

A: I really appreciate you letting me stay at your place.

B: **What are friends for?**

A: 네 집에서 지낼 수 있게 해줘서 정말 고마워.

B: 친구 좋다는 게 뭐니?

What are you up to these days? 요즘 어떻게 지내?

A: **What are you up to these days?**

B: Not much. How about you?

A: The usual.

A: 요즘 어떻게 지내니?

B: 별거 없어. 넌 어때?

A: 늘 그렇지 뭐.

What brings you here? 여긴 무슨 일로 왔니?

A: Hi Beverly. **What brings you here?**
B: Actually, I have a favor to ask you.

A: 안녕 Beverly. 여긴 무슨 일로 왔니?
B: 사실, 나 너에게 부탁할 게 있어.

What's the matter? 무슨 일이니?

A: Hey Joe. **What's the matter?**
B: My dog passed away this morning.
A: Oh, I'm sorry to hear that.

A: 이봐 Joe. 무슨 일이니?
B: 내 강아지가 오늘 아침에 죽었어.
A: 오, 안됐구나.

What's the occasion? 무슨 날이야?

A: You sure are dressed up. **What's the occasion?**
B: I have to give a speech at the banquet tonight.

A: 너 정말 멋지게 차려입었구나. 무슨 날이야?
B: 내가 오늘 밤 연회에서 연설을 해야 하거든.

What's the rush? 뭐가 그리 급해?

A: We need to hurry if we're going to buy you a new suit.
B: **What's the rush?**
A: The mall closes at 9.

A: 우리 새로운 정장을 사려면 서둘러야 해.
B: 뭐가 그리 급하니?
A: 쇼핑몰이 9시에 문을 닫거든.

Why bother? 뭐 하러 그래?

A: Have you considered upgrading to a new computer?
B: **Why bother?** The one I have works fine.

A: 새 컴퓨터로 업그레이드 하는 거 생각해봤어?
B: 뭐 하러 그래? 내가 가지고 있는 것도 잘 작동해.

Why the long face? 왜 울상을 하고 있어?

A: Josh, **why the long face?**
B: My girlfriend's not speaking to me.
A: Hmm... I wonder what you've done this time.

A: Josh, 왜 울상을 하고 있니?
B: 내 여자친구가 나랑 얘기를 안 해.
A: 흠… 이번엔 네가 뭘 잘못한 건지 궁금하구나.

Would you care for seconds? 더 드시겠어요?

A: Jenny, that salad was delicious.
B: There's more. **Would you care for seconds?**
A: Sure, thanks.

A: Jenny, 그 샐러드 진짜 맛있었어.
B: 더 있는데. 더 먹을래?
A: 물론이지, 고마워.

You asked for it. 네가 자초한 일이야.

A: I can't believe I ran out of money.
B: After gambling all night, **you asked for it**.

A: 돈이 다 떨어졌다니 믿을 수가 없어.
B: 밤새 도박을 하다니, 네가 자초한 일이야.

You bet. 물론이지.

A: Can I bring you something from the coffee shop?
B: **You bet!** I'd love an iced latte.

A: 카페에서 뭘 좀 사다 줄까?
B: 물론이지! 아이스 라떼가 좋겠어.

You can say that again. 동감이야.

A: I'm so glad exams are finally over.
B: **You can say that again.**

A: 마침내 시험이 다 끝나서 너무 기뻐.
B: 동감이야.

You got me. 모르겠어.

A: How much would it cost to spend a week in Paris?
B: **You got me.** I've never been there before.

A: 파리에서 일주일 지내는 데 비용이 얼마나 들까?
B: 모르겠어. 거기 한 번도 가본 적이 없거든.

You name it. 무엇이든지 말해 봐.

A: Could I ask you a favor?
B: **You name it.**
A: I need you to pick me up from the airport tomorrow.

A: 나 부탁 하나만 해도 될까?
B: 무엇이든지 말해 봐.
A: 내일 공항으로 날 데리러 와줘야겠어.

You tell me. 난 모르겠어.

A: Why won't Robert call me back?
B: **You tell me.**

A: 왜 Robert가 나한테 다시 전화하지 않는 거지?
B: 난 모르겠는데.

You've got a point there. 일리가 있는 말이네.

A: Your dog keeps trying to lick my hands.
B: Well, you've been eating chips and your hands are salty.
A: **You've got a point there.**

A: 네 개가 계속 내 손을 핥으려고 해.
B: 음, 네가 계속 감자칩을 먹어서 손에 소금기가 있어서 그래.
A: 일리가 있는 말이네.

A

abandon[əbǽndən]	v. (계획을) 포기하다, 버리다	amount[əmáunt]	n. 양, 액수 v. (양 · 액수가) ~이 되다
abate[əbéit]	v. 줄이다, 약하게 하다	analysis[ənǽləsis]	n. 분석
abbreviate[əbríːvièit]	v. 생략하다, 간략하게 쓰다	anchor[ǽŋkər]	n. 닻 v. 닻을 내려 정박하다
ability[əbíləti]	n. 능력	announce[ənáuns]	v. 발표하다, 알리다
abound[əbáund]	v. 풍부하다	annually[ǽnjuəli]	ad. 매년
absent[ǽbsənt]	a. 부재중인, 결여된	antecedent[æntəsíːdnt]	n. 전례, 조상 a. 앞서 일어난
absolute[ǽbsəlùːt]	n. 절대적인 것 a. 완전한, 절대적인	antiquated[ǽntəkwèitid]	a. 낡은, 구식의
abundance[əbʌ́ndəns]	n. 풍부	apparent[əpǽrənt]	a. 명백한, 표면상의
abundant[əbʌ́ndənt]	a. 풍부한	appeal[əpíːl]	n. 간청, 소송 v. 간청하다, 항소하다
accelerate[əksélərèit]	v. 촉진하다, 가속하다	apply[əplái]	v. 신청하다, 적용하다
access[ǽkses]	n. 접근 v. 접근하다	apprenticeship[əpréntisʃip]	n. 견습생, 수습 기간
accessible[əksésəbl]	a. 접근하기 쉬운, 이용할 수 있는	approach[əpróutʃ]	n. 접근(법) v. 접근하다
accomplishment[əkʌ́mpliʃmənt]	n. 성취, 업적	approval[əprúːvəl]	n. 승인, 찬성
accuracy[ǽkjurəsi]	n. 정확, 정밀도	approximately[əprɑ́ksəmətli]	ad. 대략
achieve[ətʃíːv]	v. 성취하다	array[əréi]	n. 배치 v. 배치하다
achievement[ətʃíːvmənt]	n. 성취, 업적	aspect[ǽspekt]	n. 관점, 양상
adapt[ədǽpt]	v. 적응시키다, 각색하다	aspire[əspáiər]	v. 열망하다
adequately[ǽdikwitli]	ad. 적당히	aspiring[əspáiəriŋ]	a. 포부 있는
adherence[ædhíərəns]	n. 집착, 고수	assertion[əsə́ːrʃən]	n. 단언, 주장
adolescent[ædəlésnt]	n. 청소년 a. 청소년기의	assess[əsés]	v. 평가하다
adopt[ədápt]	v. 채택하다, 입양하다	assistance[əsístəns]	n. 원조, 보조
affect[əfékt]	v. 영향을 미치다	associate[əsóuʃièit]	n. 동료, 제휴자 v. 교제하다, 제휴하다
afflict[əflíkt]	v. 괴롭히다	association[əsòusiéiʃən]	n. 협회
aggravate[ǽgrəvèit]	v. 악화시키다	assume[əsúːm]	v. 가정하다
aggressive[əgrésiv]	a. 공격적인, 의욕적인	astounding[əstáundiŋ]	a. 몹시 놀라운
alleviate[əlíːvièit]	v. 완화시키다	atheist[éiθiist]	n. 무신론자(신의 존재를 믿지 않는 사람)
allocate[ǽləkèit]	v. 배치하다, 배분하다	attire[ətáiər]	n. 의상, 복장
alternative[ɔːltə́ːrnətiv]	n. 대안 a. 대안의, 대신의	authentic[ɔːθéntik]	a. 믿을 만한, 진품의
amid[əmíd]	prep. ~의 사이에	avenue[ǽvənjùː]	n. 큰 길

B

backing[bǽkiŋ]	n. 후원, 지지	blissfully[blísfəli]	ad. 더 없이 행복하게
backlash[bǽklæʃ]	n. 반발, 저항	blow[blou]	n. 타격, 강타 v. (바람이) 불다, 흩날리다
barrel[bǽrəl]	n. (가운데가 불룩한) 통, 1배럴(의 양)	boost[buːst]	n. 상승, 격려 v. (값 등을) 올리다
barter[báːrtər]	n. 물물교환 v. 물물교환 하다	border[bɔ́ːrdər]	n. 국경 v. (지리적으로) 접해 있다
belief[bilíːf]	n. 믿음, 신념	brainpower[bréinpàuər]	n. 지력, 두뇌 집단
belongings[bilɔ́(ː)ŋiŋz]	n. 소지품	broaden[brɔ́ːdn]	v. 넓히다
below[bilóu]	ad. 아래에 prep. ~ 아래로	building code	phr. 건축 법규
bitter[bítər]	a. 쓴, 괴로운	bulk[bʌlk]	n. 크기, 부피, 대부분
bizarre[bizáːr]	a. 별난, 기이한	bundle[bʌ́ndl]	n. 다발, 꾸러미
blatant[bléitənt]	a. 뻔뻔스러운, 명백한	by-product	n. 부산물, 부작용

capacity [kəpǽsəti]	n. 수용 능력
carpool [káːrpùːl]	n. 카풀(합승) v. 자동차를 합승하다
carve [kɑːrv]	v. 조각하다, 새기다
catchy [kǽtʃi]	a. (곡조 등이) 재미있어 외우기 쉬운
cause and effect	phr. 원인과 결과
certification [sə̀ːrtəfikéiʃən]	n. 증명, 자격증
characteristic [kæ̀riktərístik]	n. 특징 a. 독특한
chauffeur [ʃóufər]	n. 고용 운전사
chisel [tʃízəl]	n. 끌 v. 끌로 파다
choleric [kálərik]	a. 화를 잘 내는
Christianity [kristʃiǽnəti]	n. 기독교
circumstance [sə́ːrkəmstæns]	n. 상황
cite [sait]	v. 인용하다, 언급하다
clamor [klǽmər]	n. 항의, 요구, 민중의 외침
classified [klǽsəfàid]	a. 분류된, 기밀 취급의
coherent [kouhíərənt]	a. (이야기 등이) 조리 있는, 일관된
collaborate [kəlǽbərèit]	v. 협력하다, 제휴하다
collapse [kəlǽps]	n. 붕괴 v. 무너지다, 실패하다
combat [kəmbǽt]	n. 전투 v. 싸우다, 투쟁하다
combination [kàmbənéiʃən]	n. 결합, 조합
combine [kəmbáin]	v. 결합하다
commemorate [kəmémərèit]	v. 기념하다, 축하하다
commercial [kəmə́ːrʃəl]	n. 광고 방송 a. 상업의
commission [kəmíʃən]	n. 위원회, 대리 수수료
commit [kəmít]	v. (죄를) 범하다, 전념하다
compile [kəmpáil]	v. 모으다, 편찬하다
complete [kəmplíːt]	a. 완전한
complex [kámpleks]	a. 복잡한, 복합의
compliment [kámpləmənt]	n. 칭찬 v. 칭찬하다
component [kəmpóunənt]	n. 구성 요소, 성분
comprise [kəmpráiz]	v. 이루어지다, 구성되다
compromise [kámprəmàiz]	n. 타협, 절충(안)
conceive [kənsíːv]	v. ~이라고 생각하다
conception [kənsépʃən]	n. 개념, 생각
conclude [kənklúːd]	v. 결론짓다
concrete [kánkriːt]	a. 구체적인, 명확한
conduct [kándʌkt]	n. 행위, 행동 v. 행동하다

confidential [kànfədénʃəl]	a. 은밀한, 기밀의
confirm [kənfə́ːrm]	v. 확인하다, 승인하다
conjecture [kəndʒéktʃər]	n. 추측 v. 추측하다
conscience [kánʃəns]	n. 양심
consequence [kánsəkwèns]	n. 결과
consolidate [kənsálədèit]	v. 통합하다, 합병하다
constant [kánstənt]	a. 일정한, 끊임없는
constructive [kənstrʌ́ktiv]	a. (의견 등이) 건설적인
consult [kənsʌ́lt]	v. 상담하다, 고려하다
consumption [kənsʌ́mpʃən]	n. 소비
contain [kəntéin]	v. 포함하다
contemplate [kántəmplèit]	v. 심사숙고하다
contemporary [kəntémpərèri]	a. 동시대의, 현대의
contend [kənténd]	v. 싸우다, 경쟁하다, 주장하다
contradict [kàntrədíkt]	v. 반박하다, 모순되다
contradiction [kàntrədíkʃən]	n. 반박, 모순
contribution [kàntrəbjúːʃən]	n. 기부, 공헌
controversial [kàntrəvə́ːrʃəl]	a. 논란의 여지가 있는
controversy [kántrəvə̀ːrsi]	n. 논란, 논쟁
convenient [kənvíːnjənt]	a. 편리한
converse [kənvə́ːrs]	n. 반대 a. 반대의 v. 대화하다
convey [kənvéi]	v. 나르다, 전하다
convince [kənvíns]	v. 납득시키다, 설득하다
cooperation [kouàpəréiʃən]	n. 협동
cooperative [kouápərèitiv]	a. 협조적인
correlation [kɔ̀ːrəléiʃən]	n. 상관관계, 상호 관련
correspondence [kɔ̀ːrəspándəns]	n. 일치, 편지 왕래
costly [kɔ́ːstli]	a. 값비싼
count [kaunt]	v. 세다
counteract [kàuntərǽkt]	v. 약화하다, 중화하다
counterfeiter [káuntərfitər]	n. 위선자, 위조자
courteous [kə́ːrtiəs]	a. 예의 바른, 정중한
craft [kræft]	n. 솜씨, 기술
credibility [krèdəbíləti]	n. 신뢰성
cue [kjuː]	n. 신호, 단서
current [kə́ːrənt]	a. 현재의
curriculum [kəríkjuləm]	n. 교과 과정

dampen [dǽmpən]	v. 축축하게 하다, 낙담시키다
debatable [dibéitəbl]	a. 논란의 여지가 있는
debate [dibéit]	n. 토론 v. 토론하다
debris [dəbríː]	n. 파편, 부스러기
debunk [diːbʌ́ŋk]	v. 정체를 폭로하다
deceased [disíːst]	a. 죽은
decline [dikláin]	n. 감소, 쇠퇴 v. 감소하다, 거절하다

dedicate [dédikèit]	v. 바치다, 전념하다
dedication [dèdikéiʃən]	n. 헌신, 전념
deduce [didjúːs]	v. 연역하다, 추론하다
deem [diːm]	v. 여기다, 간주하다
defective [diféktiv]	a. 결함이 있는
defer [difə́ːr]	v. 연기하다, 미루다
define [difáin]	v. 정의하다

defy [difái]	v. 반항하다, 맞서다	disguise [disgáiz]	n. 변장 v. 변장하다
deliberate [dilíbərət]	a. 사려 깊은, 계획적인	disobey [dìsəbéi]	v. 불순종하다
deliver [dilívər]	v. 배달하다, 전하다	disperse [dispə́ːrs]	v. 퍼뜨리다
delve [delv]	v. 철저히 조사하다	disposition [dìspəzíʃən]	n. 기질, 배치, 처분
demonstrate [démənstrèit]	v. 증명하다	dispute [dispjúːt]	n. 논쟁, 토론 v. 논쟁하다
depict [dipíkt]	v. 묘사하다	disregard [dìsrigáːrd]	n. 무시, 무관심 v. 무시하다
deposit [dipázit]	n. 예금, 침전물 v. 예금하다, 침전하다	disrespectful [dìsrispéktfəl]	a. 무례한
deprived [dipráivd]	a. 빈곤한	disseminate [disémənèit]	v. (주장을) 퍼뜨리다
descended [diséndid]	a. ~의 자손인, ~ 계통의	dissent [disént]	n. 반대 v. 반대하다
describe [diskráib]	v. 묘사하다	distinct [distíŋkt]	a. 다른, 별개의
desolate [désəlat]	a. 황량한	distinctive [distíŋktiv]	a. 독특한
destruction [distrʌ́kʃən]	n. 파괴	distort [distɔ́ːrt]	v. 왜곡하다
detection [ditékʃən]	n. 발견, 탐지	distract [distrǽkt]	v. 주의를 흩트리다
deter [ditə́ːr]	v. 단념하게 하다, 방해하다	disturbance [distə́ːrbəns]	n. 소동, 방해
detrimental [dètrəméntl]	a. 해로운	disturbing [distə́ːrbiŋ]	a. 불안한
device [diváis]	n. (기계적) 장치	diverse [divə́ːrs]	a. 다양한
devise [diváiz]	v. 고안해내다, 계획하다	divine [diváin]	a. 신성한
devotion [divóuʃən]	n. 헌신, 전념	domestic [dəméstik]	a. 가정의, 국내의
dictate [díkteit]	v. 명령하다, 지시하다	dominate [dámənèit]	v. 지배하다
dim [dim]	a. 어둑한	donation [dounéiʃən]	n. 기부, 기부금
diminish [dimíniʃ]	v. 줄이다, 축소하다	draft [dræft]	n. 초안
disability [dìsəbíləti]	n. 장애, 무능	drench [drentʃ]	v. 흠뻑 적시다, 물에 담그다
discipline [dísəplin]	n. 규율, 훈련 v. 훈련하다	dual [djúːəl]	a. 둘의, 이중의
discredit [diskrédit]	n. 불신, 불명예 v. 신용을 떨어뜨리다	dubious [djúːbiəs]	a. 의심스러운
discrimination [diskrìmənéiʃən]	n. 구별, 차별	duplex [djúːpleks]	a. 두 겹의, 두 배의

E

effect [ifékt]	n. 효과, 영향 v. 초래하다	estimate [éstəmèit]	n. 추정, 평가 v. 추정하다, 평가하다
efficiency [ifíʃənsi]	n. 효율	evacuate [ivǽkjuèit]	v. 비우다, 철수시키다
elaborate [ilǽbərit]	a. 정교한 v. 상세히 말하다	evaluation [ivæljuéiʃən]	n. 평가
eloquence [éləkwəns]	n. 웅변, 말재주, 수사법	evidence [évədəns]	n. 증거
embark [imbáːrk]	v. 시작하다, 승선하다	examine [igzǽmin]	v. 조사하다, 시험하다
embody [imbádi]	v. 구현하다, 구체화하다	exasperating [igzǽspərèitiŋ]	a. 화나는
embrace [imbréis]	v. 포옹하다, 받아들이다	exception [iksépʃən]	n. 예외
emerge [imə́ːrdʒ]	v. 나타나다, 드러나다	excessive [iksésiv]	a. 과다한, 극단적인
eminent [émənənt]	a. 저명한, 뛰어난	exclude [iksklúːd]	v. 제외하다
encounter [inkáuntər]	v. 우연히 만나다, 직면하다	execute [éksəkjùːt]	v. 처형하다, 실행하다
endeavor [endévər]	n. 노력 v. 노력하다	executive [igzékjutiv]	n. 경영자, 이사
enhance [inhǽns]	v. (정도를) 높이다	exemplary [igzémpləri]	a. 모범적인, 훌륭한
enthusiasm [inθúːziæzm]	n. 열의	exhibit [igzíbit]	n. 전시회 v. 전시하다
enthusiast [inθúːziæst]	n. 열중하는 사람, 팬	existence [igzístəns]	n. 생존, 존재
entitle [intáitl]	v. 자격을 부여하다	exotic [igzátik]	a. 이국적인, 외래의
entry [éntri]	n. 참가, 입학	expanded [ikspǽndid]	a. 확대된, 넓어진
equip [ikwíp]	v. 설비하다, 갖추다	expansion [ikspǽnʃən]	n. 확장, 발전
equivalent [ikwívələnt]	n. 동등한 것 a. 동등한, 상응하는	expert [ékspəːrt]	n. 전문가 a. 전문적인
eradicate [irǽdəkèit]	v. 근절하다	exploit [iksplɔ́it]	n. 업적 v. 개발하다, 착취하다
essential [isénʃəl]	a. 필수의	exploitation [èksplɔitéiʃən]	n. 개발, 착취
establish [istǽbliʃ]	v. 설립하다	exponent [ikspóunənt]	n. 대표자, 주창자

exposure [ikspóuʒər]	n. 노출, 폭로	extensive [iksténsiv]	a. 광범위한, 포괄적인
extended [iksténdid]	a. 장기간에 걸친	extreme [ikstríːm]	n. 극단 a. 극도의

F

face-to-face	ad. 직면하여, 마주보고	flow [flou]	n. 흐름 v. 흐르다
facility [fəsíləti]	n. 편의 시설	foil [fɔil]	n. 포일 v. 좌절시키다
factual [fǽktʃuəl]	a. 사실에 입각한	footage [fútidʒ]	n. (TV 등의) 특정 장면
faculty [fǽkəlti]	n. 교수진	formation [fɔːrméiʃən]	n. 형성, 구조
fanatic [fənǽtik]	n. 광신자, 매니아	formula [fɔ́ːrmjulə]	n. 방식
feasible [fíːzəbl]	a. 실현 가능한, 있을 법한	forum [fɔ́ːrəm]	n. 토론회
feature [fíːtʃər]	n. 특징	foster [fɔ́ːstər]	v. (아이를) 기르다, (발달을) 촉진하다
Filipino [filəpíːnou]	n. 필리핀 사람	fuel [fjúːəl]	n. 연료 v. 연료를 공급하다
fine [fain]	n. 벌금 a. 미세한	function [fʌ́ŋkʃən]	n. 기능 v. 기능을 하다
flaw [flɔː]	n. 결점, 흠	fundamental [fʌndəméntl]	a. 기본적인, 근본적인
fleet [fliːt]	n. 함대 a. 빠른	fuss [fʌs]	n. 법석, 쓸데없는 걱정 v. 법석을 떨다

G

gathering [gǽðəriŋ]	n. 모임, 집회	grievance [gríːvəns]	n. 불만, 고충
genocide [dʒénəsàid]	n. 대량 학살	groundbreaking [gráundbrèikiŋ]	a. 혁신적인
genuine [dʒénjuin]	a. 진짜의	guarantee [gæ̀rəntíː]	n. 보증 v. 보증하다

H

harbor [háːrbər]	n. 항구, 피난처	honorable [ánərəbl]	a. 존경할 만한
harsh [hɑːrʃ]	a. 가혹한	housing [háuziŋ]	n. 주택, 주택 공급
hefty [héfti]	a. 육중한	humdrum [hʌ́mdrʌ̀m]	n. 평범, 지루함 a. 평범한, 지루한
hinder [híndər]	v. 방해하다	hurdle [həːrdl]	n. 장애물, 곤란한 문제
hone [houn]	v. 갈고 닦다, 연마하다	hypocrisy [hipákrəsi]	n. 위선

I

identify [aidéntəfài]	v. 신원을 확인하다, 동일시하다	impression [impréʃən]	n. 인상, 감명
illiteracy [ilítərəsi]	n. 문맹	improve [imprúːv]	v. 향상시키다
illuminate [ilúːmənèit]	v. 밝게 비추다, 설명하다	impulsive [impʌ́lsiv]	a. 충동적인, 추진력이 있는
imbalance [imbǽləns]	n. 불균형	inability [inəbíləti]	n. 무력, 무능
immense [iméns]	a. 거대한, 막대한	inadequate [inǽdikwət]	a. 부적당한
impact [ímpækt]	n. 충격, 영향 v. 영향을 주다	inanimate [inǽnəmət]	a. 활기 없는
imperfect [impə́ːrfikt]	a. 불완전한	inclined [inkláind]	a. 경사진, ~의 경향이 있는
implement [ímpləmənt]	v. 이행하다, 수행하다	incompatible [inkəmpǽtəbl]	a. 모순된, 양립할 수 없는
implementation [ìmpləməntéiʃən]	n. 이행, 수행	incompetent [inkámpətənt]	a. 무능한
implicate [ímpləkèit]	v. (의미를) 내포하다	incorporate [inkɔ́ːrpərèit]	v. 통합시키다
implicitly [implísitli]	ad. 함축적으로	increasingly [inkríːsiŋli]	ad. 점점 더
imply [implái]	v. 암시하다	incredibly [inkrédəbli]	ad. 믿을 수 없을 만큼, 매우
impose [impóuz]	v. (세금 등을) 부과하다	index [índeks]	n. 색인, 지표

indicate [índikèit]	v. 나타내다	instinct [ínstiŋkt]	n. 본능, 직감
indistinguishable [ìndistíŋgwiʃəbl]	a. 구별할 수 없는	insulting [insʌ́ltiŋ]	a. 무례한
individualism [ìndəvídʒuəlìzm]	n. 개인주의	integral [íntəgrəl]	a. 필수의
individuality [ìndəvìdʒuǽləti]	n. 개성	integration [ìntəgréiʃən]	n. 통합, 인종 차별의 폐지
induce [indjúːs]	v. 유도하다	integrity [intégrəti]	n. 성실, 온전함
inequality [ìnikwáləti]	n. 불평등	intelligence [intélədʒəns]	n. 지능, 총명함
inescapable [ìneskéipəbl]	a. 불가피한	intended [inténdid]	a. 고의의
influence [ínfluəns]	n. 영향	intensify [inténsəfài]	v. 강화하다
inheritance [inhérətəns]	n. 유산, 유물	intensive [inténsiv]	a. 집중적인
inhibit [inhíbit]	v. 금지하다	interaction [ìntərǽkʃən]	n. 상호 작용
initially [iníʃəli]	ad. 처음에	interface [íntərfèis]	n. 접촉면, 공동 영역
initiate [iníʃièit]	v. 시작하다, 착수하다	interference [ìntərfíərəns]	n. 간섭, 방해
initiative [iníʃiətiv]	n. 솔선수범, 주도권 a. 처음의	interrupt [ìntərʌ́pt]	v. 방해하다
innate [inéit]	a. 타고난, 선천적인	interweave [ìntərwíːv]	v. 엮다, 혼합하다
input [ínpùt]	n. 입력 v. (데이터를) 입력하다	inventor [invéntər]	n. 발명가, 창안자
insight [ínsàit]	n. 통찰력	investigation [invèstəgéiʃən]	n. 조사, 연구
insist [insíst]	v. 주장하다	invisible [invízəbl]	a. 보이지 않는
inspect [inspékt]	v. 검사하다	involve [inválv]	v. 포함하다
inspiration [ìnspəréiʃən]	n. 영감	ironic [airánik]	a. 역설적인
instantaneously [ìnstəntéiniəsli]	ad. 즉각적으로	irrational [irǽʃənl]	a. 불합리한, 무분별한

J

jeopardize [dʒépərdàiz]	v. 위험에 빠뜨리다	judicious [dʒuːdíʃəs]	a. 현명한, 사려 분별이 있는
job security	phr. 고용 안정	juvenile [dʒúːvənàil]	n. 청소년 a. 청소년의

L

lack [læk]	n. 부족, 결핍 v. 부족하다	likable [láikəbl]	a. 호감이 가는
lament [ləmént]	n. 애도 v. 애도하다	likelihood [láiklihùd]	n. 가능성, 있음직함
largely [láːrdʒli]	ad. 주로	literally [lítərəli]	ad. 문자 그대로, 정말로
launch [lɔːntʃ]	n. 개시 v. 시작하다	loathe [louð]	v. 혐오하다
lessen [lesn]	v. 감소시키다, 완화시키다	logical [ládʒikəl]	a. 논리적인
liable [láiəbl]	a. 책임이 있는, ~하기 쉬운	lucrative [lúːkrətiv]	a. 이익이 있는, 유리한

M

magnitude [mǽgnətjùːd]	n. 크기, 중대함	middle-aged	a. 중년의
majority [mədʒɔ́(ː)rəti]	n. 대부분	milieu [miljúː]	n. (사회·문화적) 환경
malleable [mǽliəbl]	a. 유순한	minimize [mínəmàiz]	v. 최소화하다
mandatory [mǽndətɔ̀ːri]	a. 의무적인	minority [mainɔ́ːrəti]	n. 소수
marital [mǽrətl]	a. 결혼의, 부부 간의	misery [mízəri]	n. 비참함, 불행
marvelous [máːrvələs]	a. 놀라운	misperception [mispərsépʃən]	n. 오해
meanwhile [míːnhwàil]	ad. 한편	mistrust [mistrʌ́st]	n. 불신 v. 불신하다
measure [méʒər]	n. 계량 기구 v. 측정하다	moral [mɔ́ːrəl]	a. 도덕상의
mechanical [məkǽnikəl]	a. 기계의	morality [mərǽləti]	n. 도덕
melancholy [mélənkàli]	n. 우울	motive [móutiv]	n. 동기, 자극

N

naive [na:í:v]	a. 순진한, 소박한	neglect [niglékt]	n. 무시, 태만 v. 무시하다, 방치하다
nationalist [nǽʃənəlist]	n. 민족주의자	noble [noubl]	a. 숭고한
nationwide [néiʃənwàid]	a. 전국적인	noteworthy [nóutwə̀:rði]	a. 주목할 만한
native [néitiv]	n. 토착민 a. 토박이의, 선천적인	notify [nóutəfài]	v. 통지하다, 알리다
navigate [nǽvəgèit]	v. 항해하다, 조종하다	numerous [njú:mərəs]	a. 무수한

O

object [ábdʒikt]	n. 물체, 대상, 목적 v. 반대하다	outcome [áutkλm]	n. 결과
objective [əbdʒéktiv]	n. 목적 a. 객관적인	outlook [áutlùk]	n. 전망
obligation [àbləgéiʃən]	n. 의무	outnumber [àutnʌ́mbər]	v. ~보다 수가 많다
obscenity [əbsénəti]	n. 외설, 음담패설	outrun [àutrʌ́n]	v. ~을 앞지르다
obsolete [àbsəlí:t]	a. 못쓰게 된, 구식의	outsource [àutsɔ́:rs]	v. 외주 제작하다, 외부 자원을 활용하다
occur [əkə́:r]	v. (사건 등이) 일어나다	outweigh [àutwéi]	v. ~보다 더 중요하다
oncoming [ánkλmiŋ]	a. 다가오는	overabundance [ðuvərəbándəns]	n. 과잉
ongoing [ángòuiŋ]	a. 진행 중의	overcome [ðuvərkʌ́m]	v. 이겨내다, 극복하다
onset [ánsèt]	n. 시작, 개시	overemphasize [ðuvərémfəsaiz]	v. 지나치게 강조하다
opponent [əpóunənt]	n. 적수, 반대자 a. 반대의	overlook [ðuvərlúk]	v. 간과하다, 눈감아주다
optimal [áptəməl]	a. 최적의	oversee [ðuvərsí:]	v. 감독하다
optional [ápʃənl]	a. 선택의, 선택 자유의	overuse [ðuvərjú:z]	n. 남용 v. 남용하다
orientation [ɔ̀:rientéiʃən]	n. 오리엔테이션, 적응 지도	overzealous [ðuvərzéləs]	a. 지나치게 열심인
outbreak [áutbrèik]	n. (폭동 등의) 발발	ownership [óunərʃip]	n. 소유권, 소유주

P

paralyze [pǽrəlàiz]	v. 마비시키다, 무력하게 하다	prejudice [prédʒədis]	n. 편견, 선입견
participant [pɑ:rtísəpənt]	n. 참가자	preliminary [prilímənèri]	a. 예비의, 준비의
particularly [pərtíkjulərli]	ad. 특히	premise [prémis]	n. 전제, 가정
patent [pǽtnt]	n. 특허, 특허품 a. 특허를 얻은	prepare [pripɛ́ər]	v. 준비하다
perceive [pərsí:v]	v. 인식하다	prerogative [prirágətiv]	n. 특권, 우선권 a. 특권의
periodical [pìəriádikəl]	n. 정기 간행물	presence [prezns]	n. 존재, 출석
perpetuate [pərpétʃuèit]	v. 영속시키다	preserve [prizə́:rv]	v. 보존하다
pertinent [pə́:rtənənt]	a. 적절한, 관계 있는	preset [prì:sét]	a. 미리 맞춰진 v. 미리 맞추다
phenomenon [finámənàn]	n. 현상	prestige [prestí:ʒ]	n. 명성 a. 명성 있는
philosophical [fìləsáfikəl]	a. 철학의, 철학적인	pretense [priténs]	n. 거짓, 핑계
phlegmatic [flegmǽtik]	a. 무기력한, 냉정한	preventable [privéntəbl]	a. 방지할 수 있는
physical [fízikəl]	a. 육체의, 물질의	previous [prí:viəs]	a. 이전의
plight [plait]	n. 맹세, 서약 v. 맹세하다	primarily [praimérəli]	ad. 주로
positive [pázətiv]	a. 긍정적인, 양성의	prime [praim]	a. 중요한, 최상급의
possession [pəzéʃən]	n. 소유(물), 재산	primitive [prímətiv]	a. 원시의, 미개한
pragmatic [prægmǽtik]	a. 실용적인	priority [praiɔ́:rəti]	n. 우선(권)
preadolescent [prìædəlésnt]	a. 사춘기 이전의	pristine [prísti:n]	a. 초기의
precaution [prikɔ́:ʃən]	n. 예방책	private [práivət]	a. 사적인, 사립의
predict [pridíkt]	v. 예측하다	probability [pràbəbíləti]	n. 있음직함, 가능성
predominate [pridámənèit]	v. 능가하다, 지배하다	procedure [prəsí:dʒər]	n. 절차
preferable [préfərəbl]	a. 더 좋은	processed [prásest]	a. 가공 처리한

procrastinate [proukrǽstənèit]	v. 지체하다	pronounce [prənáuns]	v. 단언하다, 선고하다
profession [prəféʃən]	n. (전문) 직업, 전문직	proof [pru:f]	n. 증거
prolong [prəlɔ́:ŋ]	v. 연장하다	propaganda [prɑ̀pəgǽndə]	n. (정치적인) 선전, 허위 보도
prominent [prɑ́mənənt]	a. 저명한	propel [prəpél]	v. 추진하다
promising [prɑ́misiŋ]	a. 장래성이 있는, 전도 유망한	proper [prɑ́pər]	a. 적절한
promotion [prəmóuʃən]	n. 승진, 촉진	prospect [prɑ́spekt]	n. 전망

Q

quadruple [kwɑdrú:pl]	a. 4배의	quarantine [kwɔ́:rəntì:n]	n. (방역을 위한) 격리, 검역
quality [kwɑ́ləti]	n. 품질	quote [kwout]	v. 인용하다

R

radical [rǽdikəl]	a. (개혁 등이) 철저한, 과격한	renounce [rináuns]	v. 포기하다, 부인하다
raid [reid]	n. 급습, 불법 침입 v. 급습하다	renowned [rináund]	a. 유명한
rare [rɛər]	a. 드문	reprisal [ripráizəl]	n. 보복
rational [rǽʃənl]	a. 이성적인, 합리적인	repudiate [ripjú:dièit]	v. 거부하다, 부인하다
realm [relm]	n. 부문, 영역	reputation [rèpjutéiʃən]	n. 평판, 명성
reasonable [rí:zənəbl]	a. 합리적인	require [rikwáiər]	v. 필요로 하다
recede [risí:d]	v. 물러나다	requirement [rikwáiərmənt]	n. 필요 조건, 자격
rechargeable [ri:tʃɑ́:rdʒəbl]	a. 재충전할 수 있는	resident [rézədənt]	n. 거주자
recipient [risípiənt]	n. 수취인	resign [rizáin]	v. 사임하다
reconvene [rì:kənví:n]	v. 재소집하다	resilience [rizíljəns]	n. 탄성, 회복력
record-breaking	a. 기록을 깨는, 전례 없는	resort [rizɔ́:rt]	v. 의지하다
rectify [réktəfài]	v. 수정하다, 조정하다	responsibility [rispɑ̀nsəbíləti]	n. 책임, 의무
redouble [ri:dʌ́bl]	v. 배로 늘리다, 강화하다	restriction [ristríkʃən]	n. 제한
reduce [ridjú:s]	v. 줄이다	resumption [rizʌ́mpʃən]	n. 재개, 회수
reference [réfərəns]	n. 참조, 참고 문헌	retain [ritéin]	v. 보유하다, 유지하다
reform [ri:fɔ́:rm]	n. 개혁 v. 개혁하다	retention [riténʃən]	n. 보유, 유지
refuse [rifjú:s]	v. 거절하다	retract [ritrǽkt]	v. 취소하다, 철회하다
regain [rigéin]	v. 되찾다, 회복하다	reveal [riví:l]	v. 드러내다, 폭로하다
regiment [rédʒəmənt]	n. 군사 연대	revenge [rivéndʒ]	n. 복수 v. 복수하다
register [rédʒistər]	n. 등록부, 명부 v. 등록하다	reverence [révərəns]	n. 존경
reinforce [rì:infɔ́:rs]	v. 강화하다	reverse [rivə́:rs]	n. 반대 a. 반대의 v. 반대로 하다
reinstate [rì:instéit]	v. (질서 등을) 회복하다, 복직시키다	revoke [rivóuk]	v. 취소하다, 철회하다
relation [riléiʃən]	n. 관계, 관련	revolt [rivóult]	n. 반란 v. 반란을 일으키다
relatively [rélətivli]	ad. 상대적으로, 비교적	reward [riwɔ́:rd]	n. 보상 v. 보상하다, 보답하다
reliability [rilàiəbíləti]	n. 신뢰성	rigid [rídʒid]	a. 엄격한, 단호한
reliable [riláiəbl]	a. 신뢰할 수 있는	riot [ráiət]	n. 폭동, 소란
religion [rilídʒən]	n. 종교	risk [risk]	n. 위험, 모험 v. 위험을 무릅쓰다
remarkable [rimɑ́:rkəbl]	a. 주목할 만한, 두드러진	ritual [rítʃuəl]	n. 의식, 관례 a. 의식의
remind [rimáind]	v. 상기시키다	routine [ru:tí:n]	n. 일상, 일상적인 틀
reminisce [rèmənís]	v. 추억하다	ruin [rú:in]	n. 폐허, 유적 v. 파괴하다
render [réndər]	v. 주다	running costs	phr. 유지비

sanguine [sǽŋgwin]	a. 쾌활한, 낙천적인	spatial [spéiʃəl]	a. 공간의, 장소의
scarification [skæ̀rəfikéiʃən]	n. 혹평	specific [spisífik]	a. 구체적인, 특수한
scenic [síːnik]	a. 경치가 좋은	speculate [spékjulèit]	v. 숙고하다, 추측하다
scheme [skiːm]	n. 계획, 음모	spiral [spáiərəl]	n. 나선 a. 나선형의
scope [skoup]	n. 범위, 영역	sponsor [spánsər]	n. 스폰서, 후원자
secure [sikjúər]	a. 안전한 v. 지키다, 보증하다	spur [spəːr]	n. 자극 v. 고무하다
segment [ségmənt]	n. 부분	squander [skwándər]	v. 낭비하다
semblance [sémbləns]	n. 외관	squeeze [skwiːz]	v. 짜내다
sensation [senséiʃən]	n. 감각, 센세이션, 대사건	stable [steibl]	a. 안정된, 튼튼한
sensitive [sénsətiv]	a. 민감한	stall [stɔːl]	n. 상품 진열대 v. 지연시키다
separate [sépərèit]	a. 떨어진 v. 분리하다	state [steit]	n. 주(州), 상태 v. 진술하다
sequence [síːkwəns]	n. 순서, 결과	static [stǽtik]	a. 정적인
serve [səːrv]	v. (손님을) 응대하다, (임기를) 채우다	steadily [stédili]	ad. 꾸준히
severe [sivíər]	a. 신랄한, 심한	steering [stíəriŋ]	n. 조종
sewer [súːər]	n. 하수구	stirring [stə́ːriŋ]	a. 감동적인, 고무하는
shortage [ʃɔ́ːrtidʒ]	n. 부족, 결점	strategy [strǽtidʒi]	n. 전략
shortcut [ʃɔ́ːrtkʌ̀t]	n. 지름길, 손쉬운 방법	strive [straiv]	v. 노력하다, 분투하다
shortfall [ʃɔ́ːrtfɔ̀ːl]	n. 부족(액)	subdue [səbdjúː]	v. 정복하다, 진압하다
siege [siːdʒ]	n. 포위 공격	subject [sʌ́bdʒikt]	n. 주제, 과목, 피실험자
sightseeing [sáitsìːiŋ]	n. 관광	subjective [səbdʒéktiv]	a. 주관적인
significant [signífikənt]	a. 중요한	subsequent [sʌ́bsikwənt]	a. (시간적으로) 그 이후의
simultaneously [sàiməltéiniəsli]	ad. 동시에	substantial [səbstǽnʃəl]	a. 상당한
sluggish [slʌ́giʃ]	a. 게으른, 느린	substitute [sʌ́bstətjùːt]	n. 대리인, 대용품 v. 대신하다
sobriety [səbráiəti]	n. 취하지 않은 상태	supersede [sùːpərsíːd]	v. 대체하다, (사람을) 바꾸다
solely [sóulli]	ad. 오직, 단독으로	superstition [sjùːpərstíʃən]	n. 미신
solicit [səlísit]	v. 간청하다, 부추기다	supposedly [səpóuzidli]	ad. 아마도
solitude [sálətjùːd]	n. 고독	suppress [səprés]	v. 억압하다, 금지하다
soothing [súːðiŋ]	a. 진정시키는	surefire [ʃúərfàiər]	a. 확실한
sophisticated [səfístəkèitid]	a. 세련된, 정교한	surface [sə́ːrfis]	n. 표면
souvenir [sùːvəníər]	n. 기념품	surpass [sərpǽs]	v. 능가하다
sparingly [spéəriŋli]	ad. 절약하여	survey [sərvéi]	n. 조사 v. 조사하다
spate [speit]	n. 많음, (집중) 호우	sympathetic [sìmpəθétik]	a. 공감하는

T

tainted [téintid]	a. 더러워진, 부패한	thrive [θraiv]	v. 번영하다
tangible [tǽndʒəbl]	a. 만질 수 있는, 유형의	timid [tímid]	a. 소심한
taper [téipər]	v. 점점 가늘어지다	toddler [tádlər]	n. 유아기, 아장아장 걷는 시기의 아기
temperament [témpərəmənt]	n. 기질, 성질	trait [treit]	n. 특성
temporarily [tèmpərérəli]	ad. 일시적으로	translate [trænsléit]	v. 번역하다
tendency [téndənsi]	n. 경향, 성향	transmit [trænzmít]	v. 발송하다, 전하다
tenet [ténit]	n. 신조, 교의	transparency [trænspéərənsi]	n. 투명성
term [təːrm]	n. 용어, 기간, 조건	tremendous [triméndəs]	a. 엄청나게 큰, 무서운
terminology [tə̀ːrmənálədʒi]	n. 전문 용어	trepidation [trèpədéiʃən]	n. 전율, (마음의) 동요
texture [tékstʃər]	n. 직물, 천	trespass [tréspəs]	n. (사생활 등의) 침해 v. 침입하다
theorize [θíːəràiz]	v. 이론화하다	tribute [tríbjuːt]	n. 찬사
threaten [θretn]	v. 위협하다	trigger [trígər]	n. 방아쇠 v. 일으키다

troublesome [trʌ́blsəm]	a. 성가신	tune [tju:n]	n. 선율, 곡조

U

ubiquitous [juːbíkwətəs]	a. 도처에 존재하는	unfairly [ʌnfέərli]	ad. 불공평하게
unanimously [juːnǽnəməsli]	ad. 만장일치로	unprecedented [ʌnprésədèntid]	a. 전례가 없는
unbearable [ʌnbέərəbl]	a. 참을 수 없는	unreal [ʌnríːəl]	a. 비현실적인, 허위의
undergo [ʌndərgóu]	v. 겪다, 견디다	unrest [ʌnrést]	n. 불안
underpin [ʌndərpín]	v. 기초를 부각하다 근거를 주다	upcoming [ʌ́pkʌ̀miŋ]	a. 다가오는
undertake [ʌndərtéik]	v. 떠맡다, 착수하다	uphold [ʌphóuld]	v. 떠반치다, 지지하다
undervalue [ʌndərvǽljuː]	v. 과소평가하다	urgent [ə́ːrdʒənt]	a. 긴박한
underway [ʌndərwéi]	a. 진행 중인	utility [juːtíləti]	n. 유용성, (가스·수도 등의) 공익 사업
undue [ʌndjúː]	a. 불필요한, 부당한	utilize [júːtəlàiz]	v. 이용하다

V

valid [vǽlid]	a. 유효한, 타당한	veteran [vétərən]	n. 퇴역 군인, 노련한 사람
validate [vǽlədèit]	v. ~이 옳다는 것을 증명하다	veterinarian [vètərənέəriən]	n. 수의사
variable [vέəriəbl]	a. 변하기 쉬운	viable [váiəbl]	a. (계획 등이) 실행 가능한
variety [vəráiəti]	n. 다양성	visible [vízəbl]	a. 명백한
vastly [vǽstli]	ad. 막대하게	vital [váitl]	a. 없어서는 안 될
ventilation [vèntəléiʃən]	n. 환기, 통풍	vocation [voukéiʃən]	n. 직업, 천직

W

waive [weiv]	v. (권리 등을) 포기하다	withdraw [wiðdrɔ́ː]	v. 철회하다, 돈을 인출하다
warrant [wɔ́ːrənt]	n. 보증, 근거, 위임장 v. 보증하다	withhold [wiðhóuld]	v. 보류하다
willfully [wílfəli]	ad. 고의로	worldwide [wə́ːrldwàid]	a. 세계적인
wired [wáiərd]	a. 유선의	wreath [ri:θ]	n. 화환

Y

yawn [jɔːn]	n. 하품 v. 하품하다	year-round	a. 1년 내내 계속되는 ad. 1년 내내
yearn [jəːrn]	v. 열망하다	yield [ji:ld]	v. 산출하다, 양보하다, 낳다

* MP3는 www.HackersIngang.com에서 무료로 다운로드 받으세요.

날씨 · 기상 관련 단어

avalanche [ǽvəlæ̀ntʃ]	n. 눈사태	muggy [mʌ́gi]	a. 무더운
bleak [bliːk]	a. (바람이) 차가운, 황량한	overcast [óuvərkæ̀st]	a. 흐린, 구름으로 덮인
blizzard [blízərd]	n. 눈보라	precipitation [prisìpitéiʃən]	n. 강수량, 강설량
breeze [briːz]	n. 산들바람, 미풍	rainfall [réinfɔ̀ːl]	n. 강우량
centigrade [séntəgrèid]	a. 섭씨의	scattered shower	phr. 간간이 내리는 소나기
downpour [dáunpɔ̀ːr]	n. 호우	scorching [skɔ́ːrtʃiŋ]	n. 타는 듯한, 몹시 더운
drizzle [drizl]	n. 이슬비 v. 이슬비가 내리다	shower [ʃáuər]	n. 소나기
Fahrenheit [fǽrənhàit]	a. 화씨의	sizzling [sízliŋ]	a. 몹시 더운
flurry [flə́ːri]	n. 소나기, 눈보라	sleet [sliːt]	n. 진눈깨비
gale [geil]	n. 강풍	sprinkle [spriŋkl]	n. 가는 비
gust [gʌst]	n. 돌풍	squall [skwɔːl]	n. 질풍, 돌풍
hail [heil]	n. 우박	sultry [sʌ́ltri]	a. 무더운, 찌는 듯이 더운
hazy [héizi]	a. 흐릿한, 안개가 낀	thermometer [θərmámitər]	n. 온도계
humid [hjúːmid]	a. 습한	thunder [θʌ́ndər]	n. 천둥
landslide [lǽndslàid]	n. 산사태	thunderstorm [θʌ́ndərstɔ̀ːrm]	n. 뇌우
meteorological administration	phr. 기상청	tornado [tɔːrnéidou]	n. 토네이도(회오리 바람)
meteorologist [mìːtiərálədʒist]	n. 기상학자, 기상 전문가	tsunami [tsunáːmi]	n. 해일
midwinter [mídwìntər]	n. 한겨울	turbulence [tə́ːrbjuləns]	n. 폭풍우
misty [místi]	a. 안개가 낀	weather forecast	phr. 기상 예보
moisture [mɔ́istʃər]	n. 습기, 수증기	whiteout [hwáitàut]	n. 화이트 아웃

역사 관련 단어

aboriginal [æ̀bərídʒənl]	a. 원시의, 토착의	duke [djuːk]	n. 공작
agriculture [ǽgrəkʌ̀ltʃər]	n. 농업, 농사	era [íərə]	n. 시대
ancestor [ǽnsestər]	n. 조상, 선조	generation [dʒènəréiʃən]	n. 세대
ancestry [ǽnsèstri]	n. 조상, 가계	gunpowder [gʌ́npàudər]	n. 화약
ancient [éinʃənt]	n. 고대인 a. 고대의, 먼 옛날의	independence [indipéndəns]	n. 독립
archaeologist [àːrkiálədʒist]	n. 고고학자	migrate [máigreit]	v. 이주하다
archeology [àːrkiálədʒi]	n. 고고학	movement [múːvmənt]	n. (정치 · 사회적) 운동
aristocracy [æ̀ristákrəsi]	n. 귀족, 귀족 사회	mummify [mʌ́məfài]	v. 미라로 만들다
aristocrat [ərístəkræt]	n. 귀족, 상류 계급	Neolithic [nìːəlíθik]	a. 신석기 시대의, 태고의
artifact [áːrtəfækt]	n. 유물, 공예품	pagan [péigən]	n. 이교도
astrology [əstrálədʒi]	n. 점성술	peasant [peznt]	n. 농부, 소작인
battle [bætl]	n. 전쟁	persecution [pə̀ːrsəkjúːʃən]	n. (종교상의) 박해
cavalry [kǽvəlri]	n. 기병대	pictographic [pìktəgrǽfik]	a. 상형 문자의
civilization [sìvəlizéiʃən]	n. 문명	pioneer [pàiəníər]	n. 개척자
colonialism [kəlóuniəlìzm]	n. 식민주의, 식민 정책	primitive [prímitiv]	a. 원시 시대의, 태고의
colony [káləni]	n. 식민지	rebel [rébəl]	n. 반역자
conquer [káŋkər]	v. 정복하다	rebellion [ribéljən]	n. 반란, 폭동
crusade [kruːséid]	n. 십자군	relic [rélik]	n. 유물, 유적
descendant [diséndənt]	n. 자손, 후손	remains [riméinz]	n. 유물, 화석
duchess [dʌ́tʃis]	n. 공작 부인	ruins [rúːinz]	n. 유적, 폐허

settler[sétlər]	n. 이주자, 식민지 정착자
temple[templ]	n. 신전
tyrant[táiərənt]	n. 폭군

upper class	phr. 상류 사회, 상류 계급
warfare[wɔ́:rfɛ̀ər]	n. 전쟁, 전투
warrior[wɔ́(:)riər]	n. 군인, 용사

기초 과학 관련 단어

algae[ǽldʒi:]	n. 해조류
algebra[ǽldʒəbrə]	n. 대수학
amphibian[æmfíbiən]	n. 양서류
arithmetic[əríθmətik]	n. 산수, 산술학 a. 산술의
atom[ǽtəm]	n. 원자
avian[éiviən]	n. 조류 a. 조류의
biology[baiálədʒi]	n. 생물학
budding[bʌ́diŋ]	n. 싹틈, 발아 a. 싹트기 시작한
calculus[kǽlkjuləs]	n. 미적분학
carbohydrate[kà:rbəháidreit]	n. 탄수화물
carbon[ká:rbən]	n. 탄소
carbon dioxide	phr. 이산화탄소
cell[sel]	n. 세포
charge[tʃɑ:rdʒ]	n. 〈물리〉 전하
chemical[kémikəl]	n. 화학 약품 a. 화학의
chemistry[kémistri]	n. 화학
component[kəmpóunənt]	n. 구성 요소, 성분
compound[kámpaund]	n. 화합물
conduction[kəndʌ́kʃən]	n. (열·전기 등의) 전도, 전도율
dissolve[dizálv]	v. 용해하다, 녹이다
diversity[divə́:rsəti]	n. 차이점, 다양성
electrical[iléktrikəl]	a. 전기의
element[éləmənt]	n. 구성 요소, 성분
emit[imít]	v. (빛·열 등을) 발하다, 내뿜다
enzyme[énzaim]	n. 효소
evolution[èvəlú:ʃən]	n. 진화
evolve[iválv]	v. 진화하다
external[ikstə́:rnl]	n. 바깥쪽 a. 외부의
extinct[ikstíŋkt]	a. 멸종된
flux[flʌks]	n. 흐름, (기체·액체의) 유동, 밀물
friction[fríkʃən]	n. 마찰(력)
gastropod[gǽstrəpàd]	n. (소라 등의) 복족류 a. 복족류의
gene[dʒi:n]	n. 유전자
genome[dʒí:noum]	n. 게놈(유전자군을 가진 염색체 한 세트)
glucose[glú:kous]	n. 포도당
habitat[hǽbitæt]	n. 서식지
hemisphere[hémisfìər]	n. (지구·천체의) 반구
heredity[hərédəti]	n. 유전, 유전 형질
hydrate[háidreit]	n. 수화(水化)물 v. 수화시키다
hydrogen[háidrədʒən]	n. 수소
linear[líniər]	a. 선의, 직선의
lizard[lízərd]	n. 도마뱀
magnetic[mægnétik]	n. 자석 a. 자기성의

mantle[mæntl]	n. 맨틀(지각과 중심핵의 중간부)
Mars[mɑ:rz]	n. 화성
material[mətíəriəl]	n. 구성 물질, 재료
mathematics[mæ̀θəmǽtiks]	n. 수학
medium[mí:diəm]	n. 매개물
meteorite[mí:tiəràit]	n. 운석
microbiology[màikroubaiálədʒi]	n. 미생물학
microorganism[màikrouɔ́:rgənìzəm]	n. 미생물
mixture[míkstʃər]	n. 혼합물
molecule[máləkjù:l]	n. 분자
momentum[mouméntəm]	n. 힘, 타성, 추진력
movement[mú:vmənt]	n. 움직임, 운동
multiply[mʌ́ltəplài]	v. 곱하다, 번식시키다
mutate[mjú:teit]	v. 변화시키다, 돌연변이를 일으키다
neutrino[nju:trí:nou]	n. 중성 미자
nuclear[njú:kliər]	n. 핵에너지 a. 핵의
nuclear fusion	phr. 핵융합
numerical[nju:mérikəl]	a. 수의, 숫자상의
oxygen[áksidʒən]	n. 산소
particle[pá:rtikl]	n. 입자, 극소량
physics[fíziks]	n. 물리학
planet[plǽnit]	n. 행성
population[pàpjuléiʃən]	n. 〈생물〉 개체군
pressure[préʃər]	n. 압력, 혈압
reduction[ridʌ́kʃən]	n. (염색체의) 감수 분열, 감소
reflect[riflékt]	v. 반사하다
refraction[rifrǽkʃən]	n. 굴절
Relativity[rèlətívəti]	n. 상대성 이론
reptile[réptail]	n. 파충류
resistance[rizístəns]	n. 저항(력)
resolve[rizálv]	v. 분해시키다, 용해시키다
rust[rʌst]	n. 녹 v. 녹이 슬다
saturate[sǽtʃərèit]	v. 포화시키다
scale[skeil]	n. 눈금, (동물의) 비늘
shell[ʃel]	n. (동·식물의) 딱딱한 외피, 등딱지
slug[slʌg]	n. 민달팽이
snail[sneil]	n. 달팽이
soil[sɔil]	n. 흙, 토양
solution[səljú:ʃən]	n. 용액, 용해 상태
spawn[spɔ:n]	n. (물고기·개구리의) 알 v. (알을) 낳다
species[spí:ʃi:z]	n. (생물의) 종
spiral[spáiərəl]	a. 나선 a. 나선형의
statistics[stətístiks]	n. 통계 (자료), 통계학

strain [strein]	n. 혈통, 유전적 성질
subatomic [sʌbətámik]	a. 원자 내부의, 소립자의
substance [sʌ́bstəns]	n. 물질
surface [sə́ːrfis]	n. 표면
three-dimensional	a. 3차원의, 입체의

ultrasonic [ʌ̀ltrəsánik]	n. 초음파 a. 초음파의
ultraviolet ray	phr. 자외선
vapor [véipər]	n. 증기, 기체
vibration [vaibréiʃən]	n. 진동
wishbone [wíʃbòun]	n. (새 가슴의) 차골

건강 · 의학 · 심리학 관련 단어

abdomen [ǽbdəmən]	n. 복부
abortion [əbɔ́ːrʃən]	n. 낙태
acne [ǽkni]	n. 여드름
acute [əkjúːt]	a. (병이) 급성의, (통증이) 심한
aging [éidʒiŋ]	n. 노화 (현상)
ailment [éilmənt]	n. 병, 질환
alleviate [əlíːvièit]	v. 완화시키다, 경감하다
alternative medicine	phr. 대체 의학
amnesia [æmníːʒə]	n. 건망증, 기억 상실증
anesthesia [æ̀nisθíːʒə]	n. 마취, 마취법
antibiotic [æ̀ntaibaiátik]	n. 항생 물질 a. 항생 작용이 있는
antibody [ǽntibàdi]	n. 항체
antidote [ǽntidòut]	n. 해독제
artery [áːrtəri]	n. 동맥
arthritis [ɑːrθráitis]	n. 관절염
asthma [ǽzmə]	n. 천식
bandage [bǽndidʒ]	n. 붕대, 안대
bile [bail]	n. 담즙
bladder [blǽdər]	n. 방광
bleed [bliːd]	v. 피를 흘리다
blister [blístər]	n. 물집, 수포
Botox [bóutaks]	n. 보톡스
bruise [bruːz]	n. 멍, 타박상
burp [bəːrp]	n. 트림 v. 트림하다
caffeine [kæfíːn]	n. 카페인
calf [kæf]	n. 종아리
cancerous [kǽnsərəs]	a. 암의, 암에 걸린
capillary vessel	phr. 모세 혈관
cardiovascular [kàːrdiouvǽskjulər]	a. 심장 혈관의
chicken pox	phr. 수두
chill [tʃil]	n. 한기, 오한
choke [tʃouk]	v. 질식하다
cholesterol [kəléstərɔ̀(ː)l]	n. 콜레스테롤
chronic [kránik]	a. 만성의
chubby [tʃʌ́bi]	a. 통통한
complication [kàmpləkéiʃən]	n. 합병증
confusion [kənfjúːʒən]	n. 정신 착란
conscious [kánʃəs]	a. 의식이 있는
constipation [kànstəpéiʃən]	n. 변비
contagious [kəntéidʒəs]	a. 전염성의

cornea [kɔ́ːrniə]	n. 각막
coronary [kɔ́(ː)rənèri]	a. 관상 동맥의, 심장의
cortical [kɔ́ːrtikəl]	a. 외피의, 피질의
CPR	n. 심폐 소생술
cramp [kræmp]	n. 경련, 쥐
cure [kjuər]	n. 치료, 치료법
deliver [dilívər]	v. 분만하다
dendrite [déndrait]	n. 신경 세포의 돌기
depression [dipréʃən]	n. 우울증
diabetes [dàiəbíːtiːz]	n. 당뇨병
diagnose [dáiəgnòus]	v. 진단하다
diarrhea [dàiərí(ː)ə]	n. 설사
disease [dizíːz]	n. 질병
dislocate [dísloukèit]	v. 탈구시키다, 뒤틀리게 하다
disorder [disɔ́ːrdər]	n. 기능 장애, (가벼운) 질환
dose [dous]	n. (1회분) 복용량
dyslexia [disléksiə]	n. 난독증
eating disorder	phr. (거식증 · 과식증 등의) 섭식 장애
endoscope [éndəskòup]	n. 내시경
epidemic [èpidémik]	n. 전염병 a. 전염성의
esophagus [isáfəgəs]	n. 식도
euthanasia [jùːθənéiʒiə]	n. 안락사
exhale [ekshéil]	v. 숨을 내쉬다
fatal [feitl]	a. 치명적인
first-aid kit	phr. 구급 상자
fit [fit]	n. 발작, 쥐, 경련
fixation [fikséiʃən]	n. 집착, 강박 관념
food poisoning	phr. 식중독
fracture [frǽktʃər]	n. 골절
gall stone	phr. 담석
geriatrics [dʒèriǽtriks]	n. 노인병학 a. 노인병 전문의
gum [gʌm]	n. 잇몸
hiccups [híkʌps]	n. 딸꾹질
high blood pressure	phr. 고혈압
hypnosis [hipnóusis]	n. 최면 상태, 최면술
hypnotism [hípnətìzm]	n. 최면학, 최면술
immune [imjúːn]	a. 면역성의
index finger	phr. 검지
indigestion [ìndaidʒéstʃən]	n. 소화 불량
infection [infékʃən]	n. 감염, 전염병

injection [indʒékʃən]	n. 주사		paralysis [pərǽlisis]	n. 마비, 중풍
injury [índʒəri]	n. 부상		paramedic [pǽrəmèdik]	n. 응급 구조원
inoculate [inάkjulèit]	v. 예방 접종하다		pediatrician [pìːdiətríʃən]	n. 소아과 의사
insomnia [insάmniə]	n. 불면증		pharmacist [fάːrməsist]	n. 약제사, 약국
insulin [ínsəlin]	n. 인슐린		physician [fizíʃən]	n. 의사, 내과 의사
iris [άiəris]	n. (안구의) 홍채		pimple [pímpl]	n. 뾰루지, 여드름
isolation [àisəléiʃən]	n. 격리		plaque [plǽk]	n. 치태
itchy [ítʃi]	a. 가려운		pneumonia [njumóunjə]	n. 폐렴
joint [dʒɔint]	n. 관절		prescription [priskrípʃən]	n. 처방전
kidney [kídni]	n. 신상		procedure [prəsíːdʒər]	n. (의학적인) 처치
kidney stone	phr. 신장 결석		psych [saik]	n. 심리학사
knuckle [nʌkl]	n. 손가락 관절		psychology [saikάlədʒi]	n. 심리학
large intestine	phr. 대장		psychotherapy [sàikouθérəpi]	n. 정신 심리 요법
larynx [lǽriŋks]	n. 후두		pupil [pjúːpəl]	n. 눈동자, 동공
lesion [líːʒən]	n. 외상, 상해		rabies [réibìːz]	n. 광견병, 공수병
leukemia [ljuːkíːmiə]	n. 백혈병		rash [ræʃ]	n. 발진
ligament [lígəmənt]	n. 인대		recovery [rikʌ́vəri]	n. 회복, 쾌유
liver [lívər]	n. 간		regimen [rédʒəmən]	n. 식이 요법
lung [lʌŋ]	n. 폐		SARS [sɑːrs]	n. 사스(중증 급성 호흡기 증후군)
malignant [məlígnənt]	a. 악성의		sensory [sénsəri]	n. 감각 기관 a. 감각의
malnutrition [mælnjuːtríʃən]	n. 영양 부족, 영양실조		shin [ʃin]	n. 정강이
measles [míːzlz]	n. 홍역		side effect	phr. 부작용
meditation [mèditéiʃən]	n. 명상		skeleton [skélitn]	n. 골격, 해골
mental health	phr. 정신 건강		sneeze [sniːz]	n. 재채기 v. 재채기하다
migraine [máigrein]	n. 편두통		sprain [sprein]	n. 염좌 v. 발목이나 손목을 삐다
molar [móulər]	n. 어금니		steroid [stíərɔid]	n. 스테로이드
mortal [mɔ́ːrtl]	a. 죽음의		stillborn [stílbɔ̀ːrn]	a. 유산의, 사산의
muscle [mʌsl]	n. 근육		stimulus [stímjuləs]	n. 자극(제), 흥분(제)
mutation [mjuːtéiʃən]	n. 돌연변이		stroke [strouk]	n. 뇌졸중
nasal [néizəl]	a. 코의		stuffy [stʌ́fi]	a. 코가 막힌
nauseous [nɔ́ːʃəs]	a. 구역질 나는, 메스꺼운		surgeon [sə́ːrdʒən]	n. 외과 의사
nerve [nəːrv]	n. 신경		surgery [sə́ːrdʒəri]	n. 수술
neuron [njúərɑn]	n. 뉴런, 신경 단위		swollen [swóulən]	a. 부어오른
obesity [oubíːsəti]	n. 비만		symptom [símptəm]	n. 증상
obsession [əbséʃən]	n. 강박 관념		terminal [tə́ːrmənl]	a. 말기의
ointment [ɔ́intmənt]	n. 연고		therapeutic [θèrəpjúːtik]	a. 치료의
operation [àpəréiʃən]	n. 수술		thigh [θai]	n. 넓적다리
organ [ɔ́ːrgən]	n. 기관		transfusion [trænsfjúːʒən]	n. 수혈, 주입
orthopedist [ɔ̀ːrθəpíːdist]	n. 정형외과 의사		transmissible [trænsmísəbl]	a. 유전되는, 전염성의
osteoarthritis [àstiouɑːrθráitis]	n. 관절염		trauma [trɔ́ːmə]	n. 외상, 정신적 충격
osteoporosis [àstioupəróusis]	n. 골다공증		treatment [tríːtmənt]	n. 치료
overweight [óuvərwèit]	n. 비만 a. 과체중의		ulcer [ʌ́lsər]	n. 궤양
oxytocin [àksitóusn]	n. 옥시토신(진통촉진제)		unconscious [ʌnkάnʃəs]	a. 의식불명의, 무의식중의
palm [pɑːm]	n. 손바닥		vein [vein]	n. 정맥, 혈관
panacea [pænəsí(ː)ə]	n. 만병통치약		vomit [vάmit]	n. 구토 v. 구토하다
pandemic [pændémik]	n. 전염 a. 병이 전국적·세계적으로 퍼지는		wrinkle [ríŋkl]	n. 주름

부록 | 해커스 텝스 Listening

abduction [æbdʌ́kʃən]	n. 유괴	investigation [invèstəgéiʃən]	n. 조사, 수사
abolish [əbáliʃ]	v. (법률 · 제도를) 폐지하다, 무효로 하다	judgment [dʒʌ́dʒmənt]	n. 재판, 판결
abuse [əbjúːz]	n. 남용, 악용 v. (지위 · 권위를) 남용하다	jury [dʒúəri]	n. 배심원
accuse [əkjúːz]	v. 고소하다	juvenile delinquency	phr. 청소년 범죄, 청소년 비행
adjourn [ədʒə́ːrn]	v. (재판 등을) 휴정하다	kidnapping [kidnǽpiŋ]	n. 유괴
adjudicate [ədʒúːdəkèit]	v. 판결하다, 선고하다	law firm	phr. 법률 회사
alcoholism [ǽlkəhɔːlìzm]	n. 알코올 중독	legitimacy [lidʒítəməsi]	n. 적법성, 합법성
arrest [ərést]	n. 체포 v. 체포하다	malfeasance [mælfíːzns]	n. 불법 행위, 부정 행위
arsonist [áːrsnist]	n. 방화범	misdemeanor [mìsdimíːnər]	n. 경범죄
attorney [ətə́ːrni]	n. 변호사	narcotics [nɑːrkátiks]	n. 마취제, 마약
bail [beil]	n. 보석금	offender [əféndər]	n. 위반자, 범죄자
breach [briːtʃ]	n. (법률 · 계약의) 위반	outlaw [áutlɔ̀ː]	n. 상습범 v. 불법화하다
capital punishment	phr. 사형	penalty [pénəlti]	n. 처벌, 벌금
contraband [kántrəbæ̀nd]	n. 밀수(품)	pending [péndiŋ]	a. 미결정의, 임박한
conviction [kənvíkʃən]	n. 유죄 판결	petition [pitíʃən]	n. 청원, 탄원 v. 청원하다, 탄원하다
court [kɔːrt]	n. 법정, 재판(소)	pickpocket [píkpàkit]	n. 소매치기 v. 소매치기하다
court order	phr. 법원 명령	plaintiff [pléintif]	n. 원고, 고소인
criminal [krímənl]	a. 범죄의	probation [proubéiʃən]	n. 집행 유예
criminology [krìmənálədʒi]	n. 범죄학, 형사학	prosecute [prásikjùːt]	v. 기소하다, 고소하다
cruelty [krú(ː)əlti]	n. 학대, 잔인성	prosecution [pràsikjúːʃən]	n. 고소
damning [dǽmiŋ]	a. (증거가) 불리한, 유죄를 입증하는	prosecutor [prásikjùːtər]	n. 기소자
defendant [diféndənt]	n. 피고인	regulator [régjulèitər]	n. 규정자, 단속자
detective [ditéktiv]	n. 형사, 탐정	ruling [rúːliŋ]	n. 판결, 판정
enact [inǽkt]	v. (법을) 제정하다	shoplift [ʃáplìft]	v. 물건을 훔치다
exonerate [igzánərèit]	v. 혐의를 풀어주다, 무죄를 입증하다	smuggle [smʌ́gl]	v. 밀수하다
felony [féləni]	n. 중죄	sue [suː]	v. 고소하다
fingerprint [fíŋgərprìnt]	n. 지문	surety [ʃúərti]	n. 보증, 보증인, 저당(물)
fraud [frɔːd]	n. 사기, 사기꾼	suspect [səspékt]	n. 용의자 v. 혐의를 품다
fugitive [fjúːdʒitiv]	n. 도망자, 탈주자	testimony [téstəmòuni]	n. 증언
guilty [gílti]	a. 유죄의	theft [θeft]	n. 도둑질, 절도죄
hostage [hástidʒ]	n. 인질	trial [tráiəl]	n. 재판
impeach [impíːtʃ]	v. 고소하다, 이의를 제기하다	verdict [və́ːrdikt]	n. (배심원의) 평결
impose [impóuz]	v. (세금 · 형벌을) 지우다, 부과하다	victim [víktim]	n. 희생자
indemnity [indémnəti]	n. 손해 배상, 보상금	violate [váiəlèit]	v. 위반하다
innocent [ínəsənt]	a. 결백한	witness [wítnis]	n. 증인, 목격자

사회 · 정치 관련 단어

administrative [ədmínistrèitiv]	a. 관리상의, 행정상의	congressional [kəŋgréʃənl]	a. 국회의, 의회의
agenda [ədʒéndə]	n. 안건, 의제	constable [kánstəbl]	n. 경찰관, 치안관
alliance [əláiəns]	n. 동맹, 협정	constitution [kànstitjúːʃən]	n. 헌법
ally [əlái]	n. 동맹 v. 동맹을 맺다, 연합하다	consular [kánsjulər]	a. 영사의, 영사관의
authority [əθɔ́ːrəti]	n. 당국	corruption [kərʌ́pʃən]	n. 부패
baby boomer	phr. 출생률 급상승기에 태어난 사람	council [káunsəl]	n. 위원회
charter [tʃáːrtər]	n. 헌장, 강령	county [káunti]	n. 군(주(州) 밑의 행정 자치 단체)
community [kəmjúːnəti]	n. 공동사회, 지역사회	crisis [kráisis]	n. 중대 시국, 위기

declaration [dèkləréiʃən]	n. 선언	overpopulation [òuvərpàpjuléiʃən]	n. 인구 과잉
democracy [dimάkrəsi]	n. 민주주의, 민주정치	parliament [pά:rləmənt]	n. 의회, 국회
democrat [déməkræt]	n. 민주주의자, 민주당원	peacekeeping [pí:skì:piŋ]	n. 평화 유지
deployment [diplɔ́imənt]	n. (군사 병력의) 배치	pledge [pledʒ]	n. 서약, 공약
diplomat [dípləmæt]	n. 외교관	politics [pάlitiks]	n. 정치, 정치학
divorce [divɔ́:rs]	n. 이혼	postal service	phr. 우편 업무
electoral [iléktərəl]	a. 선거의, 유권자의	practice [pr准ktis]	n. 관례, 소송 절차
emissary [émisèri]	n. 사절, 특사	presidential [prèzidénʃəl]	a. 대통령의
ethics [éθiks]	n. 윤리	province [prάvins]	n. 지방
federal [fédərəl]	a. 연방의, 연방 정부의	public servant	phr. 공무원
headquarters [hédkwɔ̀:rtərz]	n. 본부, (군대의) 사령부	ratify [rǽtəfài]	v. 승인하다
household [hάushòuld]	n. 가족, 가사	reconnaissance [rikάnisəns]	n. 답사, 정찰
immigrant [ímigrənt]	n. 이민자	rehabilitation [rì:həbìlətéiʃən]	n. 사회 복귀, (범죄자 등의) 갱생
inauguration [inɔ̀:gjuréiʃən]	n. 취임(식), 개통식	representative [rèprizéntətiv]	n. 국회의원, 하원의원
infrastructure [ínfrəstrʌ̀ktʃər]	n. 사회 기반 시설	security [sikjúərəti]	n. 안전, 치안
international [ìntərnǽʃnl]	a. 국제적인, 국제 관계의	sociology [sòusiάlədʒi]	n. 사회학
ministry [mínistri]	n. 내각	spokesperson [spóukspə̀:rsn]	n. 대변인
municipal [mjuːnísəpəl]	a. 시의, 지방 자치의	tactic [tǽktik]	n. 전술, 책략
norm [nɔːrm]	n. 규범	trade [treid]	n. 거래, 무역 v. 교역하다
nuclear family	phr. 핵가족	treaty [trí:ti]	n. 조약, 협정
oath [ouθ]	n. 선서, 서약	urban planning	phr. 도시 계획
official [əfíʃəl]	n. 공무원, 고위 관리	welfare [wélfɛ̀ər]	n. 복지

경제 관련 단어

affordable [əfɔ́:rdəbl]	a. (가격이) 알맞은, 감당할 수 있는	finance [fáinæns]	n. 재무, 금융 거래 v. 자본을 조달하다
audit [ɔ́:dit]	n. 회계 감사	financial [fainǽnʃəl]	a. 재정상의, 금융상의
bankrupt [bǽŋkrʌpt]	n. 파산 a. 파산한	free trade	phr. 자유 무역 (제도)
bargain [bά:rgin]	n. 싸게 산 물건	fund [fʌnd]	n. 자금, 기금
benefit [bénəfit]	n. 혜택, 수당	high stakes	phr. 큰 이권
bidding [bídiŋ]	n. 경매, 입찰	IMF	n. 국제 통화 기금
booming [bú:miŋ]	a. 벼락 경기의, (경기가) 호황인	incentive [inséntiv]	n. 격려, 자극, 장려금
competition [kὰmpətíʃən]	n. 경쟁	incorporate [inkɔ́:rpərèit]	v. 합병시키다, 통합시키다
consumer [kənsú:mər]	n. 소비자	incorporation [inkɔ̀:rpəréiʃən]	n. 회사, 합병
cost-effective	a. 비용 효율이 높은	inflation [infléiʃən]	n. 인플레이션(물가 상승)
currency [kə́:rənsi]	n. 통화, 화폐	interest rate	phr. 이자율, 금리
customization [kʌ̀stəmaizéiʃən]	n. 주문에 따라 만듦	intervention [ìntərvénʃən]	n. 개입, 중재
customize [kʌ́stəmàiz]	v. (고객의) 주문에 따라 만들다	inventory [ínvəntɔ̀:ri]	n. 재고 목록
demand [dimǽnd]	n. 수요	lucrative [lú:krətiv]	a. 돈벌이가 되는, 수지맞는
downsizing [dáunsaiziŋ]	n. 기구 축소, 인력 축소	market share	phr. 시장 점유율
downward [dáunwərd]	a. 경기 하락의	merchandise [mə́:rtʃəndàiz]	n. 제품, 재고품
economic boom	phr. 경제 호황	merger [mə́:rdʒər]	n. (회사의) 합병
economical [ì:kənάmikəl]	a. 경제적인	monetary [mάnitèri]	a. 화폐의, 금융의, 재정적인
economics [ì:kənάmiks]	n. 경제학, 경제 상태	national debt	phr. 국채, 국가 부채
exchange rate	phr. 환율	overprice [òuvərpráis]	v. 너무 비싼 값을 매기다
expenditure [ikspéndicchər]	n. 경비, 지출	profit [prάfit]	n. 이익, 이윤
expense [ikspéns]	n. 비용	property right	phr. 재산권, 소유권
export [ékspɔːrt]	n. 수출 v. 수출하다	protectionist [prətékʃənist]	n. 보호무역주의자

raw material	phr. 원자재	slowdown [slóudàun]	n. 경기 후퇴
reimburse [rì:imbə́:rs]	v. 변상하다, 빚을 갚다	stock-broker	n. 주식 중개인
revenue [révənjù:]	n. 수익, (세금에 의한 국가·도시의) 세입	supply [səplái]	n. 공급 v. 공급하다
sector [séktər]	n. 부문	wage [weidʒ]	n. 임금, 급여
skyrocket [skáirɑ̀kit]	v. (물가가) 치솟다	warehouse [wɛ́ərhàus]	n. 창고

환경 · 지리 관련 단어

archipelago [à:rkəpéləgòu]	n. 군도, 열도, 다도해	glacier [gléiʃər]	n. 빙하
artificial [à:rtəfíʃəl]	n. 인공물 a. 인위적인	global warming	phr. 지구 온난화
atmosphere [ǽtməsfìər]	n. 대기, 공기	groundwater [gràundwɔ́:tər]	n. 지하수
biotoxin [bàioutɑ́ksin]	n. 생물 독소	lava [lɑ́:və]	n. 용암
congestion [kəndʒéstʃən]	n. 인구 밀집, 정체	lead [led]	n. 납
conservancy [kənsə́:rvənsi]	n. 보존, 관리 단체	offshore [ɔ̀:fʃɔ́:r]	a. 앞바다의
contaminate [kəntǽmənèit]	v. 오염시키다	peninsula [pənínsjulə]	n. 반도
contamination [kəntæ̀mənéiʃən]	n. 오염	pollutant [pəlú:tnt]	n. 오염 물질
continent [kɑ́ntənənt]	n. 대륙	pollution [pəlú:ʃən]	n. 오염, 공해
deepwater [dí:pwɔ̀:tər]	a. 심해의	rain forest	phr. 열대 우림
dormant [dɔ́:rmənt]	a. (화산이) 활동하지 않고 있는	sea level	phr. 해수면
ecological [èkəlɑ́dʒikəl]	a. 생태상의, 환경의	sewer [sú:ər]	n. 하수도, 하수구
ecology [ikɑ́lədʒi]	n. 생태학	slope [sloup]	n. 비탈, 경사
emission [imíʃən]	n. 배기 가스	stratification [stræ̀təfikéiʃən]	n. 성층, 지층
endangered [indéindʒərd]	a. 멸종 위기에 처한	surrounding [səráundiŋ]	n. 주위 환경
environment [inváiərənmənt]	n. 환경	sustainability [səstèinəbíləti]	n. 지속 가능성
environmentally friendly	phr. 환경 친화적인	sustainable [səstéinəbl]	a. 환경을 파괴하지 않고 지속 가능한
eruption [irʌ́pʃən]	n. (화산의) 분출	tap water	phr. 수돗물
extinct [ikstíŋkt]	a. 멸종된	tropical [trɑ́pikəl]	a. 열대 지방의
geographical [dʒì:əgrǽfikəl]	a. 지리상의	valley [vǽli]	n. 골짜기, 계곡
geology [dʒiɑ́lədʒi]	n. 지질학	volcano [vɑlkéinou]	n. 화산, 분화구

문학 · 저널리즘 · 영화 · 예술 관련 단어

abstract [ǽbstrækt]	a. 추상적인, 추상(파)의	content [kɑ́ntent]	n. (문서 등의) 내용
advertise [ǽdvərtàiz]	v. 광고하다	contributor [kəntríbjutər]	n. (신문·잡지의) 기고가, 투고가
animation [æ̀nəméiʃən]	n. 만화	critic [krítik]	n. 비평가, 평론가
anonymously [ənɑ́nəməsli]	ad. 익명으로, 저자 미상으로	criticism [krítəsìzm]	n. 비평, 비판
antihero [ǽntihì:rou]	n. 반영웅, 주인공답지 않은 주인공	critique [krití:k]	n. 비평, 평론
appreciation [əprì:ʃiéiʃən]	n. 감상(력), 식별(력)	discourse [dískɔ:rs]	n. 강연, 논설, 화법
article [á:rtikl]	n. 기사, 논설	dramatic monologue	phr. 극적 독백
artwork [á:rtwə̀:rk]	n. 삽화, 예술품	feature [fí:tʃər]	n. 특징, 특집 기사 v. 대서특필하다
biblical [bíblikəl]	a. 성경의	feminism [fémənìzm]	n. 페미니즘
biographical [bàiəgrǽfikəl]	a. 전기(傳記)의	futuristic [fjù:tʃərístik]	a. 미래(파)의, 초현대적인
biography [baiɑ́grəfi]	n. 전기	genre [ʒɑ́:nrə]	n. 장르, 양식
broadcasting [brɔ́:dkæ̀stiŋ]	n. 방송	headline [hédlàin]	n. (신문 1면의) 큰 표제, 주요 뉴스
classic [klǽsik]	n. 고전, 명작 a. 고전적인	impressionist [impréʃənist]	n. 인상주의자
commentary [kɑ́məntèri]	n. 논평, 시사 평론	interpretation [intə̀:rpritéiʃən]	n. 해석, 해설
commentator [kɑ́məntèitər]	n. (라디오·TV의) 해설가	journalism [dʒə́:rnəlìzm]	n. 저널리즘, 언론계
commercial [kəmə́:rʃəl]	n. (상업) 광고 방송	journalist [dʒə́:rnəlist]	n. 신문기사, 언론인

lead[liːd]	n. (TV 등의) 톱 뉴스, 전례, 선례
literature[lítərətʃùər]	n. 문학 (작품)
masterpiece[mǽstərpìːs]	n. 걸작, 대작
modernist[mádərnist]	n. 근대[현대]주의자
monologue[mánəlɔ̀(ː)g]	n. 독백
narrative[nǽrətiv]	n. 이야기, 담화
negative[négətiv]	n. (사진의) 원판, 음화 a. 부정적인
neoclassical[nìːouklǽsikəl]	a. 신고전주의의
personalize[pə́rsənəlàiz]	v. 의인화하다
perspective[pərspéktiv]	n. 원근 화법, 관점

pigment[pígmənt]	n. 그림 물감, 염료
plot[plɑt]	n. 줄거리
portrait[pɔ́ːrtrit]	n. 초상화
portray[pɔːrtréi]	v. 그리다, 묘사하다
protagonist[proutǽgənist]	n. 주인공
Romanticism[roumǽntəsìzm]	n. 낭만주의
sarcastic[sɑːrkǽstik]	a. 풍자적인
sculpture[skʌ́lptʃər]	n. 조각, 조각품
stream of consciousness	phr. 의식의 흐름
trilogy[trílədʒi]	n. (극·소설의) 3부작

공학·기술 관련 단어

automate[ɔ́ːtəmèit]	v. 자동화하다
device[diváis]	n. 장치
dynamo[dáinəmòu]	n. 발전기
filter[fíltər]	n. 여과기 v. 여과하다
flexibility[flèksəbíləti]	n. 구부리기 쉬움, 유연성
fuse[fjuːz]	n. (전기의) 퓨즈, 도화선 v. 녹이다
generate[dʒénərèit]	v. (전기를) 발생시키다
grease[griːs]	n. 윤활유

insulate[ínsjulèit]	v. 절연하다, 단열하다
juxtaposition[dʒʌ̀kstəpəzíʃən]	n. 병렬 배치
laminated[lǽmənèitid]	a. 판을 씌운
lever[lévər]	n. 지레, 지렛대
mechanism[mékənìzm]	n. 구조, 기계작용
quench[kwentʃ]	v. (빛 등을) 끄다, (열을) 물로 식히다
remote control	phr. 원격 조정 장치
semiconductor[sèmikəndʌ́ktər]	n. 반도체

텝스 청해의 기본서

해커스
텝스
LISTENING

개정 3판 15쇄 발행 2024년 11월 4일
개정 3판 1쇄 발행 2018년 5월 3일

지은이	David Cho │ 언어학 박사, 前 UCLA 교수
펴낸곳	(주)해커스 어학연구소
펴낸이	해커스 어학연구소 출판팀

주소	서울특별시 서초구 강남대로61길 23 (주)해커스 어학연구소
고객센터	02-537-5000
교재 관련 문의	publishing@hackers.com
동영상강의	HackersIngang.com

ISBN	978-89-6542-252-5 (13740)
Serial Number	03-15-01

텝스 전문 포털,
해커스텝스(HackersTEPS.com)

해커스텝스

외국어인강 1위,
해커스인강(HackersIngang.com)

해커스인강

• 매달 업데이트 되는 스타강사의 **텝스 무료 적중예상특강**
• 문법, 독해, 어휘, 청해 문제를 꾸준히 풀어보는 **매일 실전 텝스 문제**
• **텝스 보카 암기 TEST** 및 **텝스 단어시험지 자동생성기** 등 무료 학습 콘텐츠

• 정기 시험과 동일한 성우 음성의 **교재 MP3 무료 다운로드**
• 텝스를 분석 반영한 **온라인 실전모의고사**
• **받아쓰기&쉐도잉 워크북/프로그램** 및 **단어암기 MP3**
• 해커스 스타강사의 **본 교재 인강**

1위 해커스의 노하우가 담긴
해커스텝스 무료 학습 자료

1 매일 업데이트되는 텝스 실전문제로 시험 대비
매일 텝스 풀기

2 14년 연속 베스트셀러 1위 해커스텝스의 비법 수록
텝스 리딩 무료강의

3 1위 해커스 스타 강사진의
텝스 적중예상특강으로 고득점 달성
텝스 적중예상특강

청해 **강로사**　　문법 **설미연**　　독해 **손승미**

4 텝스 필수 기출 어휘 학습
매일 텝스 어휘

5 텝스 최신 기출 어휘를 꼼꼼하게 복습
해커스 텝스 기출 보카 TEST

더 많은 텝스 무료자료는 　**해커스텝스**　**검색**　에서 확인하세요.　　　해커스텝스 바로가기 ▶

해커스 텝스
LISTENING

해설집

정답·해석·해설

해커스 텝스 LISTENING

해설집

정답·해석·해설

해커스 어학연구소

텝스 진단고사

p.24

01 (d)　02 (b)　03 (c)　04 (d)　05 (c)　06 (c)　07 (d)　08 (b)　09 (a)　10 (d)　11 (d)　12 (d)　13 (b)　14 (c)
15 (b)　16 (d)　17 (c)　18 (c)　19 (d)　20 (d)

01

How long will you be staying in Buenos Aires, Mr. Sanders?

(a) It's been almost a month.
(b) Just to visit friends and family.
(c) Within the next two weeks.
(d) I'm here until the end of the week.

Mr. Sanders, 부에노스아이레스에는 얼마나 오래 머무실 겁니까?

(a) 거의 한 달이 지났네요.
(b) 그냥 친구들과 가족을 방문하기 위해서예요.
(c) 다음 2주 내로요.
(d) 이번 주까지는 계속 여기에 있을 겁니다.

해설 | How long을 사용하여 부에노스아이레스에 얼마나 오래 머무를 것인지 기간을 물었으므로 '이번 주까지'라는 기간을 말한 (d)가 정답이다.
　　오답분석
　　(a) a month(한 달)라는 기간을 말했지만, 얼마나 오래 머물 것인지 미래에 대해 물었는데 한 달이 지났다고 과거로 답했으므로 틀리다.
　　(b) Why are you heading to Florida?(왜 플로리다로 가고 있나요?)와 같은 질문에 적절한 응답이다.
　　(c) two weeks(2주)가 정답처럼 들려 혼동을 준 오답으로, 기간을 물었는데 2주 내라는 기한을 말했으므로 틀리다.

02

Hello, this is Mrs. Miller calling for Mr. Franklin. **Is he there?**

(a) Yes, he'll get back to you on that.
(b) Let me give you his direct number.
(c) I'll be sure to give him the message.
(d) I'm sorry you couldn't reach him.

여보세요. 전 Mrs. Miller이고 Mr. Franklin과 통화하고 싶은데요. 지금 계신가요?

(a) 네, 그 건에 관해 연락을 다시 드리실 겁니다.
(b) 직통 번호를 가르쳐 드리겠습니다.
(c) 메시지를 꼭 전달하도록 하겠습니다.
(d) 그와 연락이 닿지 않았다니 유감이네요.

해설 | Is ~ there를 사용하여 통화하려는 사람이 있는지 묻는 말에, '직통 번호를 알려주겠다'는 말로 직통 번호로 전화하면 통화할 수 있다는 의미를 전달한 (b)가 정답이다.
　　오답분석
　　(a) 질문의 전화하는 상황과 관련된 어휘인 get back to(연락을 다시 주다)를 사용한 오답이다.
　　(c) 질문의 전화하는 상황과 관련된 어휘인 message(메시지)를 사용한 오답이다.
　　(d) I tried to contact him, but he was in a meeting(그에게 연락을 하려고 했지만, 그는 회의 중이었어요)과 같은 말에 적절한 응답이다.
어휘 | **get back to** (~에게) 연락을 다시 주다　**direct number** 직통 번호

03

Do you know when the Vietnamese grocery is supposed to open?

(a) I think it's open until 6.
(b) Sure. I'd love to tag along.
(c) The sign on the door said Tuesday.
(d) Good. I'd like to visit it.

베트남 식품점이 언제 여는지 아니?

(a) 6시까지 여는 것 같아.
(b) 물론이지. 나도 따라가고 싶어.
(c) 문에 있는 안내 공지엔 화요일이라고 써있었어.
(d) 좋아. 나도 가보고 싶어.

해설 | Do 의문문으로 베트남 식품점이 언제 여는지 아냐고 묻는 말에 '안내 공지엔 화요일이라고 써있다'는 말로 화요일에 연다는 의미를 전달한 (c)가 정답이다.
　　오답분석
　　(a) 질문의 open을 반복해서 사용한 오답이다.
　　(b) How about going to the Vietnamese grocery with us?(우리랑 같이 베트남 식품점에 가는 게 어때?)와 같은 질문에 적절한 응답이다.
　　(d) The Museum of Vietnamese History is open to the public this afternoon(베트남 역사 박물관이 오늘 오후에 일반인에게 공개된대)과 같은 말에 적절한 응답이다.

04

I'm sorry for getting angry at you earlier. I didn't mean to.

(a) Don't worry. It'll be over soon.
(b) Sure. That's what I mean.
(c) I'm expecting an apology.
(d) I've already put it behind me.

이전에 너한테 화내서 미안해. 그럴 생각은 아니었어.

(a) 걱정 마. 금방 끝날 거야.
(b) 물론. 그게 내가 의미하는 거야.
(c) 난 사과를 받았으면 해.
(d) 난 이미 잊어버렸는걸.

해설 | I'm sorry for ~라며 화냈던 것에 대해 사과하는 말에 '난 이미 잊어버렸다'며 사과를 받아준 (d)가 정답이다.

오답분석
(a) Don't worry(걱정 마)가 징답처럼 들려 혼동을 줄 오답으로, 금방 끝날 것이라는 말은 화내서 미안하다는 말과 맞지 않으므로 틀리다.
(b) 질문의 mean을 반복해서 사용한 오답이다.
(c) 질문의 사과하는 상황과 관련된 어휘인 apology(사과)를 사용한 오답이다.

어휘 | put ~ behind ~을 잊어버리다, ~에 신경 쓰지 않다

05

My medical tests indicate that I have diabetes.

(a) Then you should have it looked at.
(b) It was because of my eating habits.
(c) That must come as a big shock.
(d) You'll be up and around in no time.

나는 건강 검진에서 당뇨병이 있다고 나왔어.

(a) 그럼 너 그거 검사 받아봐야겠다.
(b) 그건 내 식습관 때문이었어.
(c) 그거 큰 충격이었겠다.
(d) 넌 금방 나아서 활동할 수 있을 거야.

해설 | 당뇨병이 있다는 나쁜 소식을 전하는 말에 '그거 큰 충격이었겠다'며 위로한 (c)가 정답이다.

오답분석
(a) 질문의 medical tests(건강 검진)와 관련된 have it looked at(검사 받다)을 사용한 오답이다.
(b) How did you develop diabetes?(어쩌다가 당뇨병에 걸리게 된 거야?)와 같은 질문에 적절한 응답이다.
(d) 위로의 말처럼 들려 혼동을 준 오답으로, 당뇨병 때문에 활동을 할 수 없는 것은 아니므로 틀리다.

어휘 | medical test 건강 검진 diabetes [dàiəbí:ti:z] 당뇨병 look at 검사하다, 한번 보다 be up and around (병 등이) 나아서 활동하다

06

M: Hi Nancy. It's really nice to see you.
W: You too. How's everything going?
M: Things couldn't be better. What about you?

(a) It's nice of you to say so.
(b) Actually, they could be better.
(c) I can't complain, though today's been hectic.
(d) It would be better if I saw you.

M: 안녕, Nancy. 보게 돼서 참 좋구나.
W: 나도야. 어떻게 지내?
M: 더할 나위가 없지. 넌 어때?

(a) 그렇게 말해주다니 참 다정하구나.
(b) 사실, 더 나을 수도 있어.
(c) 불평할 정도는 아니야, 오늘은 정신없이 바쁘긴 했지만.
(d) 널 봤다면 더 좋았을 텐데.

해설 | What about ~을 사용하여 상대방의 안부를 묻는 말에 '바쁘긴 했지만 불평할 정도는 아니다'라며 자신의 안부를 전한 (c)가 정답이다.

어휘 | couldn't be better 더할 나위가 없다, 더 좋을 수 없다 hectic [héktik] 정신없이 바쁜

07

M: Hey Karen, did you get that new DSLR camera?
W: I couldn't resist. Why do you ask?
M: Can you show me how it works?

(a) I want to buy that DSLR camera too.
(b) It works well enough.
(c) That's what I was wondering.
(d) OK, but it's a little complicated.

M: 저기 Karen, 너 그 새 DSLR 카메라 산 거니?
W: 참을 수가 없었어. 왜 물어보는 거야?
M: 어떻게 작동하는지 보여줄 수 있어?

(a) 나도 그 DSLR 카메라를 사고 싶어.
(b) 충분히 잘 작동하거든.
(c) 그게 내가 의아하게 생각하던 점이야.
(d) 좋아, 그런데 좀 복잡해.

해설 | Can you를 사용하여 DSLR 카메라의 작동법을 보여달라는 요청에 '좋아, 그런데 좀 복잡하다'며 요청을 수락한 (d)가 정답이다.

08

M: Wow! Your pie is really delicious.
W: Thanks. I came up with the recipe myself.
M: Really? It seems you really have a talent for baking.

(a) Baking wasn't my main hobby.
(b) I just go with my instincts.
(c) They say it's easy as pie.
(d) I can't recall the exact ingredients.

| |
M: 우와! 네 파이 정말 맛있다.
W: 고마워. 내가 직접 생각해 낸 조리법이야.
M: 정말? 넌 정말 제빵에 재능이 있는 거 같아.

(a) 제빵이 내 주된 취미는 아니었어.
(b) 그냥 느낌에 따라 하는 거야.
(c) 그게 식은 죽 먹기라고 하더라고.
(d) 정확한 재료가 기억나질 않아.

해설 | 제빵에 재능이 있는 것 같다며 칭찬하는 말에 '그냥 느낌에 따라서 하는 것'이라고 말한 (b)가 정답이다.
어휘 | recipe[résəpì:] 조리법, 요리법   go with instinct 느낌에 따라 하다, 본능이 시키는 대로 하다   easy as pie 식은 죽 먹기, 아주 쉬운 일
ingredient[ingrí:diənt] (요리의) 재료

09

M: Did the committee really reject the new pension plan?
W: They turned it down without blinking an eye.
M: Even with proposed revisions?

(a) They wouldn't change their minds.
(b) They insisted on reviewing it.
(c) Actually, they're all for it.
(d) They demanded a number of changes.

M: 정말 위원회가 새 연금 제도를 기각했어?
W: 눈 하나 깜짝 안하고 기각하더라고.
M: 제출한 수정안으로도?

(a) 그들은 마음을 바꾸려 하지 않았어.
(b) 그들이 그걸 검토하겠다고 고집을 부리더라.
(c) 사실, 그들은 전적으로 찬성해.
(d) 그들은 많은 수정을 요구했어.

해설 | 문장 앞에 Did they reject it이 생략된 형태로 수정안을 냈는데도 위원회가 거절했는지 묻는 말에 '그들은 마음을 바꾸려 하지 않았다'는 말로 거절했다는 의미를 전달한 (a)가 정답이다.
어휘 | turn down 기각하다, 거절하다   without blinking an eye 눈 하나 깜짝 안하고   revision[rivíʒən] 수정안   be all for 전적으로 찬성하다

10

M: I still haven't heard back about my job application.
W: Maybe they're just considering all their options.
M: **I'm worried** they found a better candidate.

(a) Oh, I'm sorry to hear that.
(b) Don't get your hopes up too high.
(c) Try to make a lasting impression next time.
(d) I wouldn't jump to any conclusions.

M: 아직도 내 입사 지원에 대해 아무 소식도 못 들었어.
W: 아마 그들은 모든 선택 사항을 고려하고 있는 중일 거야.
M: 그들이 더 나은 지원자를 찾았을까 봐 걱정이야.

(a) 오, 그런 이야기를 듣게 돼서 유감이야.
(b) 너무 큰 기대는 하지 마.
(c) 다음 번엔 오래 남는 인상을 주도록 해봐.
(d) 나라면 성급하게 결론짓지 않겠어.

해설 | I'm worried ~라며 입사를 지원한 회사에서 자신보다 더 나은 지원자를 찾았을까 봐 걱정하는 말에 '나라면 성급하게 결론짓지 않겠다'며 조언한 (d)가 정답이다. (b)의 너무 큰 기대는 하지 말라는 말은 입사 지원에서 떨어졌을까 봐 걱정하는 남자를 위로하는 말로 적절하지 않으므로 틀리다.
어휘 | job application 입사 지원   candidate[kǽndidèit] 지원자   get one's hopes up 기대하다   lasting[lǽstiŋ] 오래 남는, 지속되는
jump to a conclusion 성급하게 결론짓다

11

Listen to a conversation between a couple.

W: **I can't decide when to invite Harry and June to the house.**
M: We could try for Saturday night.
W: Well, Harry has a previous engagement that night.
M: I see. Then how about Sunday afternoon?
W: Well, that'd be better. I don't think they're busy then.
M: Maybe I'll give them a ring just to check.

Q. What is the conversation mainly about?

커플 간의 대화를 들으시오.

W: 언제 Harry와 June을 집으로 초대해야 할지 결정을 못 하겠어.
M: 토요일 밤으로 해볼 수 있겠는데.
W: 음, Harry는 그날 밤에 선약이 있대.
M: 그렇구나. 그럼 일요일 오후는 어때?
W: 음, 그게 더 낫겠다. 그들도 그땐 바쁘지 않을 것 같아.
M: 내가 그들에게 전화를 걸어서 확인해볼게.

Q. 주로 무엇에 관한 대화인가?

(a) Changing the date of a planned event	(a) 계획된 행사의 날짜 변경하기
(b) Deciding who to invite to a party	(b) 파티에 초대할 사람 결정하기
(c) Sending friends a dinner invitation	(c) 친구들에게 저녁 식사 초대장 보내기
(d) Determining which day to have friends over	(d) 친구들을 초대할 날짜 결정하기

해설 | 대화의 주제를 묻는 문제이다. 여자가 I can't decide ~ to the house(언제 Harry와 June을 집으로 초대해야 할지 결정을 못하겠어)라고 말한 후, 그들을 언제 초대하는 것이 좋을지에 대한 대화가 이어졌다. 따라서 대화의 주제로 적절한 것은 (d)이다. (b)는 Deciding ~ to invite to a party(파티에 초대할 ~을 결정)가 정답처럼 들려 혼동을 준 오답으로, 초대할 사람이 아니라 초대할 날짜를 결정하는 것이므로 틀리다.

어휘 | give ~ a ring ~에게 전화를 걸다 have ~ over ~를 초대하다

12

Listen to a conversation between two friends.

M: Did Carolyn really turn down a full scholarship at Harvard?
W: Yes, can you believe it?
M: No way. I'd give anything for an opportunity like that.
W: Tell me about it. I'd be happy just to get into that school.
M: Do you know why she didn't accept it?
W: **It's because she wanted to stay closer to where she grew up.**

Q. Which is correct according to the conversation?

(a) The woman applied to the same college as Carolyn.
(b) The woman is uncertain why Carolyn refused Harvard's offer.
(c) Carolyn was denied financial assistance for college.
(d) Carolyn prefers to attend college near her hometown.

두 친구 간의 대화를 들으시오.

M: Carolyn이 정말 하버드 대학이 주는 전액 장학금을 거절했어?
W: 응, 믿어져?
M: 말도 안 돼. 나라면 그런 기회를 위해서 뭐라도 할 텐데.
W: 그러니까 말이야. 난 그 학교에 들어가는 것만으로도 행복할 거야.
M: 넌 그녀가 왜 응하지 않았는지 아니?
W: 그녀가 자란 곳에서 좀 더 가까운 곳에 머물고 싶어했기 때문이야.

Q. 대화에 따르면 맞는 것은 무엇인가?

(a) 여자는 Carolyn과 같은 대학에 지원했다.
(b) 여자는 Carolyn이 하버드 대학의 제안을 거절한 이유를 확실히 모른다.
(c) Carolyn은 대학의 학비 보조금 지급을 거절당했다.
(d) Carolyn은 고향 가까이에 있는 대학에 다니는 것을 더 좋아한다.

해설 | 대화의 내용과 일치하는 것을 묻는 문제이다. Carolyn이 하버드 대학이 주는 전액 장학금을 거절한 것에 대해 여자가 It's because she wanted ~ she grew up(그녀가 자란 곳에서 좀 더 가까운 곳에 머물고 싶어했기 때문이야)이라고 했으므로 (d)가 정답이다. (c)는 Carolyn이 학비 보조금 지급을 거절당한 것이 아니라 거절한 것이므로, 대화와 반대되는 내용의 오답이다.

어휘 | turn down ~을 거절하다 full scholarship 전액 장학금 Tell me about it. 그러니까 말이야.

13

Listen to a conversation between two classmates.

M: **What happened yesterday? You never showed up for class.**
W: Actually, I never even left the house.
M: **But in class, we reviewed the notes for next week's psychology exam.**
W: I know. I wanted to attend, but I woke up feeling nauseous.
M: Oh, I know what that can be like. Are you better now?
W: Much better. I just needed time to recover.

Q. Which is correct about the woman according to the conversation?

(a) She didn't show up for her psychology exam.
(b) She missed the review session for the test.
(c) Her symptoms have not improved.
(d) Her nausea kept her from sleeping well.

두 반 친구 간의 대화를 들으시오.

M: 어제 무슨 일 있었어? 수업에 안 나왔잖아.
W: 사실, 집에서 나오지도 않았어.
M: 하지만 수업 시간에 다음 주에 있을 심리학 시험에 관한 노트를 복습했는걸.
W: 알아. 나도 가고 싶었는데, 일어났을 때부터 속이 메스꺼웠어.
M: 아, 나도 그게 어떤지 알아. 지금은 좀 나아졌어?
W: 많이 나아졌어. 회복할 시간이 좀 필요했을 뿐이야.

Q. 대화에 따르면 여자에 대해 맞는 것은 무엇인가?

(a) 그녀는 심리학 시험에 나타나지 않았다.
(b) 그녀는 시험을 위한 복습 시간을 놓쳤다.
(c) 그녀의 증상은 나아지지 않았다.
(d) 그녀는 구역질 때문에 잠을 잘 잘 수 없었다.

14

Listen to two friends discuss their friend's plan to move.

W: Have you heard that Carrie is moving to London?
M: Really? I can't believe it! I thought she loved it here.
W: Well, a job opportunity came along that she can't refuse.
M: But her family is here. That's more important.
W: Not to everyone. Sometimes you just have to move on.
M: **I just wish she would give it a second thought.**

Q. Which is correct according to the conversation?

(a) The woman thinks family is more important than work.
(b) The man was aware of Carrie's opportunity.
(c) The man wants Carrie to rethink her decision.
(d) The woman thinks Carrie should refuse the job offer.

두 친구가 그들의 친구의 이사 계획에 관해 이야기하는 것을 들으시오.

W: 너 Carrie가 런던으로 이사 갈 거란 얘기 들었니?
M: 정말? 믿을 수 없어! 난 그녀가 이곳을 좋아한다고 생각했는데.
W: 음, 그녀가 거부할 수 없는 일자리 기회가 찾아왔대.
M: 하지만 그녀의 가족들이 여기 있잖아. 그게 더 중요하지.
W: 모두에게 그런 건 아니지. 가끔은 그냥 앞으로 나아가야 해.
M: 난 그냥 그녀가 다시 한 번 생각해봤으면 좋겠어.

Q. 대화에 따르면 맞는 것은 무엇인가?

(a) 여자는 일보다 가족이 더 중요하다고 생각한다.
(b) 남자는 Carrie의 기회에 대해 알고 있었다.
(c) 남자는 Carrie가 그녀의 결정을 재고해보기를 바란다.
(d) 여자는 Carrie가 그 일자리 제의를 거절해야 한다고 생각한다.

15

Listen to a conversation about a film.

M: How did you like *Crossing Borders II*?
W: It was OK, but not nearly as good as the original.
M: Yeah, I heard they used a new director this time. I found it less entertaining.
W: Exactly. **I expected more action and less drama.** It was also too short.
M: That's probably why their revenues were so low this time.
W: Yeah, let's hope they make improvements for the next one.

Q. What can be inferred about *Crossing Borders II* from the conversation?

(a) Its earnings surpassed all expectations.
(b) It sacrificed action for dramatic content.
(c) Its director was new to the entertainment industry.
(d) It played at theaters for only a short time.

영화에 관한 대화를 들으시오.

M: 'Crossing Borders II'는 어땠어?
W: 괜찮았어, 그런데 1편만큼 그렇게 좋지는 않더라.
M: 응, 이번에 새로운 감독을 썼다고 들었어. 영화가 덜 재미있더라.
W: 바로 그거야. 난 좀 더 액션이 많고 극적인 사건은 적은 걸 기대했어. 게다가 영화가 너무 짧았지.
M: 아마 그래서 이번에 상영 수입이 그렇게 낮았던 걸 거야.
W: 응, 다음 편에서는 나아지기를 기대하자.

Q. 대화로부터 'Crossing Borders II'에 대해 추론할 수 있는 것은 무엇인가?

(a) 수익이 예상을 능가했다.
(b) 극적인 내용을 위해 액션을 포기했다.
(c) 감독이 연예 산업에 처음 발을 들여놨다.
(d) 오직 잠깐 동안만 극장에서 상영되었다.

16

Today I'd like to discuss Buckminster Fuller's emphasis on structural efficiency in engineering. Perhaps the most famous example is his geodesic dome, a spherical structure composed entirely of triangular pyramid shapes. Fuller liked how simple and lightweight the structure was, and particularly how little material was required to construct it. He lectured extensively during his lifetime, popularizing his efficiency principle through the saying "Less is more."

Q. What is the main topic of the talk?

(a) Fuller's use of simple construction materials
(b) Fuller's views on structural durability
(c) Fuller's contribution to scientific theory
(d) Fuller's concern with economical design

오늘 저는 버크민스터 풀러가 공학 기술 분야에서 구조상의 효율성을 강조한 것에 대해 논의하고 싶습니다. 아마도 이것의 가장 유명한 예는 완전히 삼각뿔로만 만들어진 구형의 구조물인 그의 측지선 돔일 것입니다. 풀러는 이 구조물의 단순함과 가벼움, 그리고 특히 건설하는 데 재료가 아주 적게 들었다는 사실을 좋아했습니다. 그는 '적을수록 낫다'라는 말로 효율성 원리를 대중화시키며 일생 동안 널리 강의를 했습니다.

Q. 담화의 주제는 무엇인가?

(a) 풀러의 간단한 건설 자재의 사용
(b) 구조물의 내구력에 대한 풀러의 생각
(c) 과학적 이론에 대한 풀러의 공헌
(d) 경제적인 설계에 관한 풀러의 관심

해설 | 담화의 주제를 묻는 문제이다. Today I'd like to ~ in engineering에서 풀러가 구조상의 효율성을 강조한 것에 대해 논의하고 싶다며 담화의 주제를 밝힌 후, 그에 대한 예가 이어졌다. 따라서 담화의 주제로 적절한 것은 (d)이다.

Paraphrase된 문장
structural efficiency(구조상의 효율성) → economical design(경제적인 설계)

어휘 | **geodesic**[dʒ̀ì:ədésik] 측지선의 **spherical**[sférikəl] 구형의 **triangular**[traiǽŋgjulər] 삼각뿔의 **lightweight**[láitwèit] 가벼운, 경량의
extensively[iksténsivli] 널리 **durability**[djùərəbíləti] 내구력 **economical**[èkənámikəl] 경제적인

17

I've come today to speak to you about hepatitis. Hepatitis is a condition that affects the liver, and is most often the result of exposure to toxins or certain viruses. Healthy livers filter and regulate the composition of the blood. But hepatitis can adversely affect these liver functions and lead to a toxic buildup in the bloodstream. **It can also create immune system dysfunction, which can harm other organs** and lead to an increased risk of mortality.

Q. Which is correct according to the talk?

(a) Hepatitis inhibits the flow of blood in the body.
(b) Hepatitis results from the presence of toxins in the bloodstream.
(c) Immune system malfunction causes damage to internal organs.
(d) Liver problems can expose the body to life-threatening viruses.

저는 오늘 간염에 대해 알려드리려고 이곳에 왔습니다. 간염은 간에 영향을 미치는 질환이며, 가장 흔하게는 독소나 특정한 바이러스에 노출된 결과입니다. 건강한 간은 혈액 성분을 걸러내고 조절할 수 있습니다. 하지만 간염은 이러한 간의 기능에 나쁜 영향을 끼치고 혈류에 독소를 축적시킬 수 있습니다. 이것은 또한 면역 체계에 기능 장애를 일으켜 다른 장기에 손상을 입히고 사망률을 증가시킵니다.

Q. 담화에 따르면 맞는 것은 무엇인가?

(a) 간염은 몸의 혈액 순환을 방해한다.
(b) 간염은 혈류에 존재하는 독소에 의한 결과이다.
(c) 면역 체계의 기능 장애는 장기에 손상을 입힌다.
(d) 간의 문제는 생명을 위협하는 바이러스에 신체를 노출시킬 수 있다.

해설 | 담화의 내용과 일치하는 것을 묻는 문제이다. It can also create ~ other organs에서 간염이 면역 체계에 기능 장애를 일으켜 다른 장기에 손상을 입힌다고 했으므로 (c)가 정답이다.

Paraphrase된 문장
dysfunction(기능 장애) → malfunction(기능 장애)
harm other organs(다른 장기에 손상을 입힌다) → causes damage to internal organs(장기에 손상을 입힌다)

어휘 | **hepatitis**[hèpətáitis] 간염 **condition**[kəndíʃən] 질환, 병 **exposure**[ikspóuʒər] 노출 **adversely**[ædvə́:rsli] 나쁘게, 역으로
buildup[bíldʌp] 축적 **dysfunction**[disfʌ́ŋkʃən] 기능 장애 **organ**[ɔ́:rgən] 장기 **mortality**[mɔ:rtǽləti] 사망률
malfunction[mælfʌ́ŋkʃən] 기능 장애 **life-threatening** 생명을 위협하는

18

Our next discussion will focus on Peter Updike's latest novel, *The Forsaken*. Up to now, Updike's detective stories have always engaged the reader from start to finish with their frenetic pace and tension-filled moments. In his new novel, however, Updike replaces his trademark dynamic characters with an ordinary cast, seemingly abandoning the central elements that made his previous works famous. **I began the book hoping for another thrill ride, but it simply did not live up to my expectations.**

Q. What can be inferred from the review?

(a) Updike will no longer make use of dynamic characters.
(b) *The Forsaken* did not appeal to the public despite its artistic appeal.
(c) Readers who enjoy action will likely find the novel far from compelling.
(d) *The Forsaken* will sell fewer copies than other detective novels.

우리의 다음 논의는 Peter Updike의 신작 소설, 「The Forsaken」에 초점을 맞출 것입니다. 지금까지, Updike의 추리 소설은 항상 처음부터 끝까지 광란의 속도와 긴장감으로 채워진 순간들로 독자들을 사로잡았습니다. 그러나, 보아하니 새로운 소설에서 Updike는 그의 트레이드마크인 역동적인 인물을 평범한 인물로 대체하여, 그의 이전 작품들을 유명하게 만들었던 핵심 요소를 버린 듯합니다. **저는 또 한 번의 흥미진진한 경험을 기대하며 책을 읽기 시작했지만, 제 기대에 부응하지는 못했습니다.**

Q. 평론으로부터 추론할 수 있는 것은 무엇인가?

(a) Updike는 더 이상 역동적인 인물을 사용하지 않을 것이다.
(b) 「The Forsaken」은 예술적인 매력에도 불구하고 대중의 관심을 끌지 못했다.
(c) 액션을 좋아하는 독자들은 이 소설이 흥미진진하다고 생각하지 않을 것이다.
(d) 「The Forsaken」은 다른 추리 소설보다 적게 팔릴 것이다.

해설 | 평론을 통해 추론할 수 있는 내용을 묻는 문제이다. Updike의 소설은 항상 빠른 속도와 긴장감이 넘쳤지만 새로운 소설은 그렇지 않다고 한 후, I began ~ my expectations에서 또 한 번의 흥미진진한 경험을 기대하며 책을 읽기 시작했지만, 기대에 부응하지 못했다고 했으므로, 이 소설이 흥미진진한 내용이 아니라는 것을 알 수 있다. 따라서 이를 통해 추론할 수 있는 것은 (c)이다.

어휘 | **frenetic**[frənétik] 광란의, 열광적인   **thrill ride** (책 또는 영화 등을 통한) 흥미진진한 경험   **live up to** ~에 부응하다
compelling[kəmpéliŋ] 흥미진진한.

---

19 ~ 20

This is a public service announcement. The National Weather Service has issued a tornado warning for Hamilton County that will remain in effect until 9 p.m. It is expected to be a category F-3 tornado, severe enough to tear roofs from buildings. If you are at home, please sit against an inner wall and stay away from windows and doors. Do not remain in your car if you are driving as vehicles are at risk of being blown off the road. [19]**If you are outside, lie facedown in a ditch or other low area**, but avoid seeking cover under bridges, where wind speeds can be much stronger. Remember to cover your head at all times to protect it from falling debris. Also, keep away from downed power lines and avoid using matches or lighters as gas leakages resulting from infrastructure damage are possible. Finally, remain calm and listen to the radio or TV for instructions and updates. [20]**Once the storm is finished, an official announcement concerning the clearing away of wreckage will be made.** Your safety is important to us.

19. Q. What should people do if they are outside during the tornado?

(a) Position themselves away from entrances
(b) Stay inside their cars to wait out the tornado
(c) Take shelter from the wreckage under a bridge
(d) Find a low-lying area and lie down in it

공공 안내 방송입니다. 국립 기상국은 Hamilton County에 오후 9시까지 유효한 토네이도 주의보를 발령했습니다. 건물에서 지붕을 뜯어낼 정도로 심각한 카테고리 F-3의 토네이도일 것으로 예상됩니다. 집에 계실 경우에는, 내벽에 기대 앉고 창문과 문에서 떨어져 계시기 바랍니다. 자동차가 도로에서 날아갈 위험이 있으므로 운전을 하고 계시다면 차 안에 머무르지 마십시오. [19]**야외에 계실 경우, 도랑이나 다른 저지대에 엎드리시되**, 풍속이 훨씬 더 강할 수 있는 다리 밑에서 숨을 곳을 찾지 않도록 하십시오. 떨어지는 파편으로부터 보호하기 위해 항상 머리를 가리는 것을 유념하십시오. 또한, 쓰러진 송전선으로부터 떨어져 있으시고 공공 기반 시설의 파손으로 인한 가스 누출의 가능성이 있으니 성냥이나 라이터의 사용을 삼가십시오. 마지막으로, 침착함을 유지하시고 안내와 최신 정보를 위해 라디오나 TV에 귀를 기울이십시오. [20]**폭풍이 끝나면 잔해 정리 작업에 관한 공식 안내 방송이 있을 것입니다.** 저희에게는 여러분의 안전이 중요합니다.

19. Q. 토네이도가 발생하는 동안 야외에 있다면 사람들은 무엇을 해야 하는가?

(a) 출입구에서 멀리 떨어져 있는다.
(b) 토네이도가 끝나기를 기다리기 위해 차 안에 머무른다.
(c) 다리 아래에서 잔해를 피한다.
(d) 저지대를 찾아 안에 눕는다.

20. Q. What can be inferred from the announcement?

(a) The scale of the tornado was predicted using a new system.

(b) Automobiles offer little protection from falling debris.

(c) Fallen power lines can start fires in residential areas.

(d) Authorities will provide information about a cleanup.

20. Q. 안내로부터 추론할 수 있는 것은 무엇인가?

(a) 토네이도의 규모는 새로운 시스템을 이용하여 예측되었다.

(b) 자동차는 떨어지는 파편으로부터 거의 보호해주지 않는다.

(c) 쓰러진 송전선은 주택가에 화재를 일으킬 수 있다.

(d) 당국은 정리 작업에 대한 정보를 제공할 것이다.

해설 | 19. 토네이도가 발생하는 동안 야외에 있는 사람들은 무엇을 해야 하는지 묻는 문제이다. If you are outside ~ low area에서 야외에 있을 경우 도랑이나 저지대에 엎드리라고 했으므로 (d)가 정답이다.

Paraphrase된 문장

a ditch or other low area(도랑이나 다른 저지대) → a low-lying area(저지대)

20. 안내를 통해 추론할 수 있는 내용을 묻는 문제이다. Once the storm ~ be made에서 폭풍이 끝나면 잔해 정리 작업에 관한 공식 안내 방송이 있을 것이라고 했으므로, 당국이 정리 작업에 대한 정보를 제공할 것임을 알 수 있다. 따라서 담화를 통해 추론할 수 있는 것은 (d)이다.

어휘 | tornado[tɔːrnéidou] 토네이도(회오리 바람)　severe[sivíər] 심각하다　stay away from ~에서 떨어져 있다　ditch[dítʃ] 도랑, 배수로　debris[dəbríː] 파편　infrastructure[ínfrəstrʌ́ktʃər] 공공 기반 시설　wreckage[rékidʒ] 잔해　wait out 끝나기를 기다리다　take shelter from ~을 피하다　low-lying area 저지대

기본기 다지기

1. 의문문의 핵심 바로듣기
p.33

01 (b) 02 (b) 03 (a) 04 (b) 05 (a) 06 (b) 07 (a) 08 (b) 09 (b) 10 (a)

---

01 Where is the alumni office located?
(a) Tell me when you locate it.
(b) It's upstairs in Room 201.

동문회 사무실이 어디에 있나요?
(a) 찾으면 말씀해주세요.
(b) 위층의 201호실입니다.

02 Did you see the fireworks last night?
(a) Yeah, I'm really looking forward to it.
(b) No, they were finished when I arrived.

어젯밤에 불꽃놀이 봤어?
(a) 응, 정말 기대하고 있어.
(b) 아니, 내가 도착했을 땐 끝났었어.

03 Have you tried that new restaurant across the street?
(a) No, but I've heard it's great.
(b) Sure. I'd love to try it.

길 건너 새로 생긴 식당에 가봤어?
(a) 아니, 그렇지만 좋다고 들었어.
(b) 물론이지. 정말 가보고 싶어.

04 Is there an information desk on this floor?
(a) I didn't see it there.
(b) It's at the end of the hallway.

이 층에 안내 데스크가 있나요?
(a) 거기 있는 건 못 봤어요.
(b) 복도 끝에 있어요.

05 Why didn't you come to the banquet?
(a) I had to work late.
(b) It started at 7 p.m.

연회에 왜 안 왔어요?
(a) 늦게까지 일해야 했어요.
(b) 저녁 7시에 시작했어요.

06 I'm sorry, could you tell me your name again?
(a) Yes. It hasn't changed.
(b) Sure. It's Summer Roberts.

죄송해요. 성함을 한 번 더 말씀해주시겠어요?
(a) 네. 바뀌지 않았어요.
(b) 그럼요. Summer Roberts입니다.

07 Hi Julie, it's Bill. Are you still interested in publishing my story?
(a) Absolutely. Is it finished?
(b) No, I haven't written it yet.

안녕하세요 Julie, 빌입니다. 제 이야기를 출판하는 것에 여전히 관심 있으신가요?
(a) 물론이죠. 끝내셨나요?
(b) 아니요, 아직 쓰지 않았습니다.

08 So, what kind of work do you do?
(a) The work isn't due yet.
(b) I'm a sales assistant.

무슨 일을 하십니까?
(a) 일이 아직 기한이 되지 않았어요.
(b) 판매 보조원입니다.

09 Do you think this shirt fits me?
(a) You should wear it.
(b) It looks a little big.

이 셔츠가 나에게 잘 맞는 것 같아?
(a) 넌 그걸 입어야 해.
(b) 약간 큰 것 같아.

10 How much did you spend on textbooks?
(a) Almost half a week's salary.
(b) It'll be about 50 dollars per book.

교과서에 돈을 얼마나 썼어?
(a) 거의 주급의 절반을 썼어.
(b) 한 권에 50달러 정도 할 거야.

2. 간접 응답 이해하기

01 Q. Do you know how to design Web sites?
   A. <u>Actually, I just published one recently.</u>

Q. 웹 사이트 디자인할 줄 아니?
A. 사실, 최근에 막 하나 만들었어.

02 Q. How much will it cost to get your car repaired?
   A. <u>Hopefully not an arm and a leg.</u>

Q. 네 자동차를 수리하는 데 얼마가 들까?
A. 돈이 너무 들지 않길 바라.

03 Q. I think we should get a bigger apartment.
   A. <u>But then we'd have to pay more.</u>

Q. 난 우리가 더 넓은 아파트를 얻어야 할 것 같아.
A. 그렇지만 그럼 돈을 더 써야 하잖아.

04 Q. Where do we submit our legal documents?
   A. <u>I'll let you know when I find out.</u>

Q. 우리의 법률 서류를 어디에 제출하면 되나요?
A. 제가 알게 되면 알려드릴게요.

05 Q. Is bacon the only option for the breakfast set?
   A. <u>You can also order sausage.</u>

Q. 아침 식사로 베이컨만 선택이 가능한가요?
A. 소시지도 주문하실 수 있습니다.

06 Q. Did a package arrive for me this morning?
   A. <u>Not that I know of.</u>

Q. 오늘 아침 저에게 소포가 도착했나요?
A. 제가 알기로는 없어요.

07 Q. When would you like to discuss the new building plans?
   A. <u>Anytime is fine with me.</u>

Q. 새 건축 계획에 대해 언제 논의하고 싶으신가요?
A. 전 언제든 괜찮습니다.

08 Q. When does the new movie come out?
   A. <u>They haven't announced it yet.</u>

Q. 새 영화가 언제 개봉되는 거야?
A. 그들이 아직 발표하지 않았어.

09 Q. Which is the fastest way to get downtown?
   By bus or by subway?
   A. <u>It depends on the traffic.</u>

Q. 시내로 가는 가장 빠른 방법이 무엇인가요?
   버스 아니면 지하철?
A. 교통 상황에 따라 다르지요.

3. 주요 동사 관련 숙어 익히기

01 Did your professor <u>take off</u> points for grammar?

교수님께서 문법에서 점수를 깎으셨니?

02 My mom wants to <u>get rid of</u> this ugly rug.

우리 엄마는 이 흉한 깔개를 없애버리고 싶어 해.

03 <u>Get off</u> the ladder, or you'll fall down.

사다리에서 내려와, 그러지 않으면 너는 떨어질 거야.

04 I can <u>take care of</u> your overseas travel arrangements.

제가 당신의 해외 여행 준비를 처리할 수 있습니다.

05 Q. Did Julie get in trouble for skipping school?
   A. No, she's lucky no one found out.

Q. Julie가 학교를 빼먹은 것 때문에 문제가 생겼니?
A. 아니, 아무도 발견하지 못 했다니 그녀는 운이 좋아.

06 Q. I'm going to take out two molars.
   A. That's really going to hurt.

Q. 어금니 두 개를 빼려고 해.
A. 그건 정말 아플 거야.

07 Q. I can't believe Jake was so insensitive yesterday.
   A. Try not to let it get you down.

Q. Jake가 어제 그렇게 무신경했다는 걸 믿을 수 없어.
A. 그것 때문에 실망하지는 마.

08 Q. I've been looking for months and haven't found
   any work.
   A. You might have to take a part-time job.

Q. 몇 달 동안 찾아봤지만 어떤 일자리도 구하지 못했어.

A. 너는 아르바이트라도 해야 할지 몰라.

09 Q. I'm worried about Joe. He got laid off at work last week.
A. He's just going to have to get over it and pick himself up.

Q. 나는 Joe가 걱정돼. 그는 지난주에 회사에서 해고당했어.
A. 그는 그것을 극복하고 다시 일어서야 할 거야.

10 Q. It might take a while to get the test results back.
A. OK, I'll expect them right away then.

Q. 시험 결과를 돌려받는 데 시간이 꽤 걸릴 거예요.
A. 좋아요, 그럼 결과가 바로 나올 것으로 예상하고 있을게요.

Part 1 실전 맛보기 p.38

01 (c) **02** (d) **03** (d) **04** (c) **05** (d) **06** (d) **07** (d) **08** (b) **09** (c) **10** (c)

01

How much do you plan to study?

(a) The books over there are cheaper.
(b) I'm not sure if the library is open today.
(c) Just a little today and an hour on Tuesday.
(d) The exam is the day after tomorrow.

얼마나 공부할 계획이야?

(a) 저쪽에 있는 책들이 더 저렴해.
(b) 도서관이 오늘 여는지 잘 모르겠어.
(c) 오늘 조금하고 화요일에 한 시간 하려고.
(d) 시험이 내일 모레야.

해설 | How much를 사용하여 얼마나 공부할 계획인지 물었으므로 '오늘 조금하고 화요일에 한 시간'이라는 공부하려고 계획한 시간을 말한 (c)가 정답이다.

오답분석
(a) 질문의 How much를 '(가격이) 얼마'라는 뜻으로 생각했을 때 혼동할 만한 어휘인 cheaper(더 저렴한)를 사용한 오답이다.
(b) How about studying at the library?(도서관에서 공부하는 것이 어때?)와 같은 질문에 적절한 응답이다.
(d) 얼마나 공부할지를 물었는데 시험이 언제인지 답했으므로 틀리다.

02

I think we should take turns babysitting.

(a) Maybe we can find a replacement.
(b) I thought it was your turn this week.
(c) We took her there last time.
(d) OK, I'll go ahead and do it this time.

난 우리가 교대로 아이를 봐야 한다고 생각해.

(a) 아마 우린 대신할 사람을 찾을 수 있을 거야.
(b) 난 이번 주는 네 차례인 줄 알았는데.
(c) 우린 지난번에 그녀를 거기에 데려갔잖아.
(d) 좋아, 이번엔 내가 할게.

해설 | I think ~라며 아이 보는 것을 교대로 해야 한다는 의견을 전하는 말에 '이번엔 내가 하겠다'며 의견에 찬성한 (d)가 정답이다.

오답분석
(a) Our babysitter said she can't work anymore(보모가 더 이상 일을 할 수 없다)와 같은 말에 적절한 응답이다.
(b) 질문의 turn을 반복해서 사용한 오답이다.
(c) How about taking Jane to the zoo for her birthday?(Jane 생일에 동물원에 데려가는 건 어때?)와 같은 질문에 적절한 응답이다.

어휘 | take turns ~을 교대로 하다 replacement[ripléismənt] 대신할 사람, 후계자

03

Do you think we should visit Jenny at the hospital?

(a) Great, I'll make sure she gets the flowers.
(b) Sure, the hospital staff wanted it that way.
(c) I don't think anyone visited her.
(d) Actually, she really needs to get some rest.

우리가 Jenny의 병문안을 가야 한다고 생각해?

(a) 좋아, 반드시 그녀가 꽃을 받도록 할게.
(b) 물론이지, 병원 직원이 그렇게 하길 원했어.
(c) 아무도 그녀를 방문했던 것 같지 않아.
(d) 사실, 그녀는 정말 휴식을 취할 필요가 있어.

해설 | Do you think를 사용하여 Jenny의 병문안을 가야 한다고 생각하는지 의견을 묻는 말에 '그녀는 정말 휴식을 취할 필요가 있다'는 말로 병문안을 가지 않는 것이 좋겠다는 의미를 전달한 (d)가 정답이다.

오답분석
(a) 질문의 visit ~ at the hospital(병문안 가다)과 관련된 flowers(꽃)를 사용한 오답이다.
(b) 질문의 hospital을 반복해서 사용한 오답이다.
(c) 질문의 visit(방문하다)과 비슷한 visited(방문했다)를 사용한 오답이다.

04

Are you able to get time off from work next month?

(a) It's nice to have some time off.
(b) Yes, I'll tell them you need a vacation.
(c) I don't think it will be a problem.
(d) You're right. I should get to work.

다음 달에 휴가를 받을 수 있어?

(a) 약간의 휴식을 갖는 것은 좋아.
(b) 응, 네가 휴가가 필요하다고 그들에게 말할게.
(c) 문제 될 것 같지 않아.
(d) 맞아. 난 일을 시작해야 해.

해설 | Be동사 의문문으로 다음 달에 휴가를 받을 수 있는지 묻는 말에 '문제 될 것 같지 않다'는 말로 휴가를 받을 수 있을 것 같다는 의미를 전달한 (c)가 정답이다.

오답분석
(a) 질문의 time off를 반복해서 사용한 오답이다.
(b) 질문의 time off(휴가)와 비슷한 vacation(휴가)을 사용한 오답이다.
(d) It's time to get back to the office, isn't it?(사무실로 돌아갈 시간이지, 그렇지 않니?)과 같은 질문에 적절한 응답이다.

어휘 | time off 휴가, 휴식

05

Hello. **I'd like to** make an appointment to have my eyes checked.

(a) Your appointment isn't until 3.
(b) Your next checkup is in 6 months.
(c) I'm afraid you're going to need glasses.
(d) OK, hold one moment please.

안녕하세요. 시력 검사를 예약하고 싶습니다.

(a) 예약하신 시간은 3시 이후입니다.
(b) 다음 검사는 6개월 이내에 있습니다.
(c) 안경이 필요하실 것 같습니다.
(d) 네, 잠시만 기다려 주세요.

해설 | I'd like to ~라며 시력 검사를 예약하고 싶다는 요청에 '잠시만 기다려 달라'며 요청을 수락한 (d)가 정답이다.

오답분석
(a) 질문의 appointment를 반복해서 사용한 오답이다.
(b) 질문의 checked(검사받다)와 비슷한 checkup(검사)을 사용한 오답이다.
(c) 질문의 eyes(눈)와 관련된 glasses(안경)를 사용한 오답이다.

어휘 | checkup [tʃékʌ̀p] 검사

06

Would you ever consider working overseas?

(a) I could probably work something out.
(b) I really think you ought to consider it.
(c) Yeah, I would never leave my family.
(d) That depends on the situation.

해외에서 근무하는 것을 고려해 보시겠어요?

(a) 제가 아마 뭔가를 해결할 수 있을 거예요.
(b) 전 정말 당신이 그것을 고려해야 한다고 생각해요.
(c) 네, 전 저의 가족을 절대 떠나지 않을 거예요.
(d) 상황에 따라 다르지요.

해설 | Would you를 사용하여 해외에서 근무하는 것에 대해 고려해 볼 의향이 있는지 묻는 말에 '상황에 따라 다르다'고 말한 (d)가 정답이다.

오답분석
(a) 질문의 working(근무하는 것)과 비슷한 work out(해결하다)을 사용한 오답이다.
(b) 질문의 consider를 반복해서 사용한 오답이다.
(c) Yeah가 정답처럼 들려 혼동을 준 오답으로, 가족을 절대 떠나지 않겠다는 말은 Yeah라는 대답과 맞지 않으므로 틀리다.

어휘 | work out ~을 해결하다

07

Jenna turned down Mike's marriage proposal.

(a) Oh, no! She shouldn't have proposed it.
(b) I'm amazed he didn't accept.
(c) He should go ahead and ask her.
(d) He must be beside himself.

Jenna가 Mike의 청혼을 거절했대.

(a) 오, 안 돼! 그녀는 그것을 제안하지 말았어야 했어.
(b) 그가 받아들이지 않았다니 놀랍다.
(c) 그는 가서 그녀에게 청혼해야 해.
(d) 그는 이성을 잃었겠구나.

해설 | Jenna가 Mike의 청혼을 거절했다는 나쁜 소식을 전하는 말에 '그는 이성을 잃었을 거다'라며 유감을 표현한 (d)가 정답이다.

(a) 질문의 proposal(청혼)과 비슷한 proposed(제안했다)를 사용한 오답이다.

(b) he가 아닌 she가 되어야 응답으로 적절하다.

(c) 이미 청혼을 한 상황인데 청혼을 해야 한다고 했으므로 틀리다.

어휘 | turn down ~을 거절하다   marriage proposal 청혼   be beside oneself (격정·흥분으로) 이성을 잃다

08

Why is the entrance to the break room roped off?

(a) I have no idea why it's broken.

(b) They just finished waxing the floor.

(c) You can't use that entrance.

(d) It'll be break time in about 10 minutes.

휴게실 입구가 왜 차단되어 있는 건가요?

(a) 왜 부서졌는지 모르겠어요.

(b) 방금 바닥 왁스 칠을 끝냈거든요.

(c) 그 입구는 사용할 수 없어요.

(d) 약 10분 내로 휴식 시간이 있을 거예요.

해설 | Why를 사용하여 휴게실 입구가 차단된 이유를 물었으므로 '방금 바닥 왁스 칠을 끝냈다'는 이유를 말한 (b)가 정답이다.

오답분석

(a) I have no idea(잘 모르겠다)가 정답처럼 들려 혼동을 준 오답으로, 부서졌다는 것은 입구가 차단된 것과 무관하므로 틀리다.

(c) 질문의 entrance를 반복해서 사용한 오답이다.

(d) 질문의 break room(휴게실)과 비슷한 break time(휴식 시간)을 사용한 오답이다.

어휘 | rope off ~을 차단하다

09

Dave's been giving me a hard time lately because I owe him money.

(a) Well, he'll pay you back eventually.

(b) Maybe you should just borrow some more.

(c) I guess you'd better settle up with him.

(d) I'm already aware of how much he owes.

내가 Dave에게 돈을 빚져서 그가 요즘 나를 힘들게 해.

(a) 음, 그가 결국에는 돈을 갚을 거야.

(b) 아마 넌 좀 더 빌려야 할 거야.

(c) 그에게 빚을 갚는 것이 좋을 것 같아.

(d) 난 이미 그가 얼마나 빚지고 있는지 알고 있어.

해설 | Dave에게 돈을 빚진 것 때문에 힘들다는 말에 '빚을 갚는 것이 좋을 것 같다'며 충고한 (c)가 정답이다.

오답분석

(a) 화자가 Dave에게 돈을 갚아야 하는 상황인데 Dave가 돈을 갚을 것이라고 했으므로 틀리다.

(b) 질문의 owe(빚지다)와 비슷한 borrow(빌리다)를 사용한 오답이다.

(d) 질문의 owe를 반복해서 사용한 오답이다.

어휘 | owe [ou] 빚지다   pay ~ back ~에게 갚다   settle up with ~에게 빚을 갚다

10

You and Matt seem to be getting along well for a change.

(a) That's not what he told me.

(b) Yeah, he's been getting on my nerves.

(c) We've been able to smooth things over.

(d) He'll be happy to hear from you.

너랑 Matt가 여느 때와 달리 잘 지내는 것 같아 보인다.

(a) 그가 나에게 말한 것과 다른데.

(b) 응, 그는 날 짜증나게 하고 있어.

(c) 불화를 가라앉힐 수 있었거든.

(d) 그는 너의 소식을 들으면 기뻐할 거야.

해설 | 너랑 Matt가 여느 때와 달리 잘 지내는 것 같아 보인다는 의견에 '불화를 가라앉힐 수 있었다'며 Matt와 자신이 잘 지내게 된 이유를 설명한 (c)가 정답이다.

오답분석

(a) Matt said that he and his girlfriend are getting along well(Matt가 여자 친구와 잘 지낸다고 했어)과 같은 말에 적절한 응답이다.

(b) Yeah가 정답처럼 들려 혼동을 준 오답으로, 그가 날 짜증나게 하고 있다는 말은 Yeah라는 대답과 맞지 않으므로 틀리다.

(d) I'm going to write Matt a letter(Matt에게 편지를 쓸 거야)와 같은 말에 적절한 응답이다.

어휘 | get along well 잘 지내다   for a change 여느 때와 달리   get on one's nerves ~를 짜증나게 하다   smooth ~ over (불화를) 가라앉히다

Course 1 의문사 의문문

1. Which · What 의문문 p.48

01 (a) 02 (b) 03 (b) 04 (a) 05 (b) 06 (a) 07 (a) 08 (b) 09 (d) 10 (d) 11 (c) 12 (b) 13 (b) 14 (a)

01

What have you been up to these days?	요즘 어떻게 지냈니?
(a) Nothing special, really.	(a) 특별한 일은 없었어, 정말.
(b) It's nothing to worry about.	(b) 걱정할 일은 아니야.

해설 | What을 사용하여 어떻게 지냈는지 안부를 물었으므로 '특별한 일은 없다'는 자신의 안부를 말한 (a)가 정답이다.

　　오답분석

　　(b) I heard that something happened to you(너에게 무슨 일이 생겼다고 들었어)와 같은 말에 적절한 응답이다.

02

What are you **doing** here in Chicago?	너 여기 시카고엔 무슨 일로 온 거야?
(a) I'm leaving Chicago tomorrow.	(a) 난 내일 시카고를 떠나.
(b) I came to attend a conference.	(b) 회의에 참석하러 왔어.

해설 | What ~ doing을 사용하여 시카고에 온 목적을 물었으므로 '회의 참석'이라는 목적을 말한 (b)가 정답이다.

　　오답분석

　　(a) 질문의 Chicago를 반복한 오답이다.

03

Which exit are we supposed to take?	어느 출구로 나가야 해?
(a) Yeah, that's the one.	(a) 그래, 그거야.
(b) I'm not exactly sure.	(b) 나도 정확히 모르겠어.

해설 | Which exit을 사용하여 어느 출구로 나가야 하는지 묻는 말에 '어느 출구인지 정확히 모르겠다'고 말한 (b)가 정답이다.

　　오답분석

　　(a) exit을 받는 대명사 the one을 사용한 오답으로, 정보를 묻는 말에 Yeah라고 답할 수 없으므로 틀리다.

어휘 | be supposed to ~을 하기로 되어 있다

04

What's the recipe for that cake?	그 케이크 조리법이 뭐니?
(a) Oh, it's from the store.	(a) 아, 그거 가게에서 산 거야.
(b) I think something's missing.	(b) 뭔가가 빠진 것 같아.

해설 | What ~ recipe를 사용하여 케이크를 만드는 방법을 묻는 말에 '가게에서 산 것'이라는 말로 직접 만들지 않았다는 의미를 전달한 (a)가 정답이다.

　　오답분석

　　(b) recipe(조리법)와 관련된 missing(빠진)을 사용한 오답이다.

어휘 | recipe[résəpì] 조리법　missing[mísiŋ] 빠진, 없어진

05

Which tie should I <u>wear</u> to the luncheon?

(a) Don't worry. It <u>looks fine on</u> you.
(b) I would say the striped one.

오찬 모임에 갈 때 어떤 넥타이를 맬까?

(a) 걱정 마. 너한테 잘 어울려.
(b) 줄무늬가 있는 것이 좋을 것 같아.

해설 | Which tie를 사용하여 어떤 넥타이를 맬지 묻는 말에 '줄무늬가 있는 넥타이'를 추천한 (b)가 정답이다.

오답분석
(a) Do you think this shirt is too ugly?(이 셔츠 너무 이상한 것 같아?)와 같은 질문에 적절한 응답이다.

어휘 | luncheon[lʌ́ntʃən] 오찬 모임

06

What do you plan to **order**, Margaret? The soup or the salad?

(a) Actually, I was planning to have a sandwich.
(b) The soup was <u>to die for</u>.

뭘 주문할 건가요, Margaret? 수프 아니면 샐러드?

(a) 사실, 샌드위치를 먹을 생각이었어요.
(b) 그 수프는 최고였어요.

해설 | What ~ order를 사용하여 수프와 샐러드 중 무엇을 주문할지 묻는 말에 둘 중 하나가 아닌 '샌드위치'를 선택한 (a)가 정답이다.

오답분석
(b) 질문의 the soup을 반복해서 사용한 오답으로, 무엇을 먹을 것인지 물었는데 과거에 먹은 수프에 대해 말했으므로 틀리다.

어휘 | to die for 최고의

07

What's the best way to reach you at home?

(a) You can just send me an e-mail.
(b) OK, I'll <u>call you at home</u> then.

집에 계실 때 어떻게 연락을 드리는 게 가장 좋으신가요?

(a) 그냥 이메일을 보내주시면 돼요.
(b) 좋아요, 그럼 제가 집으로 전화드릴게요.

해설 | What ~ way를 사용하여 어떻게 연락하는 것이 가장 좋은지 방법을 물었으므로 '이메일'이라는 방법을 말한 (a)가 정답이다.

오답분석
(b) 질문의 at home을 반복해서 사용한 오답이다.

어휘 | reach[riːtʃ] (전화 등으로) 연락하다

08

What do you think of this soggy weather?

(a) I <u>haven't heard</u> the weather report.
(b) I'm hoping it will let up soon.

이렇게 습한 날씨에 대해서 어떻게 생각해?

(a) 난 일기 예보를 들은 적이 없어.
(b) 곧 나아지길 바라.

해설 | What do you think of를 사용하여 습한 날씨에 대한 의견을 물었으므로 '곧 나아지길 바란다'는 의견을 말한 (b)가 정답이다.

오답분석
(a) What do you think the weather will be like today?(오늘 날씨가 어떨 것 같아?)와 같은 질문에 적절한 응답이다.

어휘 | soggy[sɑ́gi] 습한, 젖은　let up 나아지다, 약해지다

09

Which do you want, **toast or a bagel**?

(a) Lightly toasted, please.
(b) I prefer mine with jam.
(c) I eat them every morning.
(d) I'll go with the bagel this time.

토스트와 베이글 중에 어떤 걸 원하시나요?

(a) 살짝 구워주세요.
(b) 제 건 잼과 함께 주세요.
(c) 전 그것들을 매일 아침 먹어요.
(d) 이번엔 베이글을 선택할게요.

해설 | Which ~ toast or a bagel을 사용하여 토스트와 베이글 중 하나를 선택하도록 했으므로 둘 중 하나인 '베이글'을 선택한 (d)가 정답이다.

오답분석
(a) 질문의 toast(토스트)와 비슷한 toasted(구워진)를 사용한 오답이다.
(b) 질문의 toast(토스트), bagel(베이글)과 관련된 jam(잼)을 사용한 오답이다.

(c) toast와 bagel을 받는 대명사 them을 사용한 오답으로, 지금 무엇을 먹고 싶은지 물었는데 평소에 먹는 음식을 말했으므로 틀리다.

어휘 | lightly[láitli] 살짝 go with ~을 선택하다

10

What happened to your computer keyboard?

(a) Sorry. I didn't know it was yours.
(b) Yeah, it's the latest model.
(c) You can borrow it anytime.
(d) I accidentally spilled coffee on it.

네 컴퓨터 키보드 왜 이래?

(a) 미안해. 네 것인 줄 몰랐어.
(b) 응, 가장 최신 모델이야.
(c) 언제든 빌려가도 돼.
(d) 실수로 커피를 쏟았어.

해설 | What happened를 사용하여 컴퓨터 키보드가 왜 이런지 묻는 말에 '실수로 커피를 쏟았다'고 말한 (d)가 정답이다.

오답분석
(a) 질문의 your(너의)와 비슷한 yours(네 것)를 사용한 오답이다.
(b) Did you just buy that keyboard?(그 키보드 방금 새로 산 거야?)와 같은 질문에 적절한 응답이다.
(c) Can I use your computer keyboard?(네 컴퓨터 키보드 좀 써도 될까?)와 같은 질문에 적절한 응답이다.

어휘 | latest[léitist] 최신의 accidentally[æ̀ksidéntəli] 실수로, 뜻하지 않게

11

Excuse me, **which copier** makes color prints?

(a) I'm not sure what's wrong with it.
(b) I already have a copier.
(c) Sorry, but it's out of order.
(d) You can put them over there.

실례합니다. 어떤 복사기가 칼라 인쇄가 되나요?

(a) 뭐가 잘못된 건지 모르겠어요.
(b) 난 이미 복사기가 있어요.
(c) 미안하지만, 그거 고장 났어요.
(d) 저쪽에 두시면 됩니다.

해설 | which copier를 사용하여 어떤 복사기가 칼라 인쇄가 되는지 묻는 말에 칼라 복사기가 있지만 '고장 나서' 쓸 수 없다는 의미를 전달한 (c)가 정답이다.

오답분석
(a) Do you know why the copier is broken?(복사기가 왜 고장 났는지 알아요?)과 같은 질문에 적절한 응답이다.
(b) 질문의 copier를 반복한 오답이다.
(d) Where can I leave these color prints?(이 칼라 인쇄물을 어디에 두면 되나요?)와 같은 질문에 적절한 응답이다.

어휘 | out of order 고장 난

12

What do you **charge** for international wire transfers?

(a) It should be in your account by tomorrow.
(b) It's 3 percent of the total amount.
(c) It's cheaper than sending it internationally.
(d) We can wire it any day of the week.

국제 전신 송금 수수료는 얼마인가요?

(a) 내일이면 계좌에 들어올 거예요.
(b) 전체 금액의 3퍼센트입니다.
(c) 그게 해외로 보내는 것보다 더 싸요.
(d) 어느 요일이든 전송해드릴 수 있습니다.

해설 | What ~ charge를 사용하여 요금을 물었으므로 '전체 금액의 3퍼센트'라는 가격을 말한 (b)가 정답이다.

오답분석
(a) 질문의 charge(청구하다)와 관련된 account(계좌)를 사용한 오답이다.
(c) 질문의 international(국제의)과 비슷한 internationally(국제적으로)를 사용한 오답이다.
(d) 질문의 wire를 반복해서 사용한 오답이다.

어휘 | **charge for** ~에 대한 요금을 청구하다 **wire transfer** 전신 송금 **account**[əkáunt] 계좌 **wire**[waiər] 전송하다

13

What time will Professor Sanders be back from lunch?

(a) She left about an hour ago.
(b) She usually returns around 12:30.
(c) She was in her office this morning.
(d) She likes to order takeout.

Sanders 교수님께서 점심 드시고 **몇 시**에 돌아오실까요?

(a) 한 시간 전쯤 떠나셨습니다.
(b) 보통 12시 30분쯤에 돌아오십니다.
(c) 오늘 오전에 사무실에 계셨습니다.
(d) 테이크아웃 주문을 좋아하십니다.

해설 | What time을 사용하여 교수님이 돌아오는 시간을 물었으므로 '12시 30분쯤'이라는 시간을 말한 (b)가 정답이다.

오답분석
(a) an hour ago(한 시간 전)라는 시간을 말했지만, 미래 사실에 대해 물었는데 과거 시제로 답했으므로 틀리다.
(c) 교수님이 돌아오는 시간에 대해 물었는데 office(사무실)라는 장소로 답했으므로 틀리다.
(d) lunch(점심)와 관련된 takeout(테이크아웃)을 사용한 오답이다.

14

What do you think about having mandatory physical exams for employees?

(a) I consider it an invasion of privacy.
(b) I had my yearly physical last week.
(c) Insurance rates for employees have increased.
(d) I never liked going to the doctor anyway.

직원들에게 의무적인 건강 검진을 받게 하는 것에 대해 어떻게 생각하세요?

(a) 사생활 침해라고 생각해요.
(b) 지난주에 연간 건강 검진을 받았어요.
(c) 직원 보험료가 인상되었어요.
(d) 어쨌든 전 의사에게 가는 걸 좋아하지 않아요.

해설 | What do you think about을 사용하여 직원들의 의무 건강 검진에 대한 의견을 물었으므로 '사생활 침해라고 생각한다'는 의견을 말한 (a)가 정답이다.

오답분석
(b) 직원들에게 요구되는 의무적인 건강 점진에 대한 의견을 물었는데 자신의 건강 검진에 대해 말했으므로 틀리다.
(c) 질문의 physical exam(건강 검진)과 관련된 insurance rates(보험료)를 사용한 오답이다.
(d) 질문의 physical exam(건강 검진)과 관련된 doctor(의사)를 사용한 오답이다.

어휘 | **mandatory** [mǽndətɔ̀:ri] 의무적인 **physical exam** 건강 검진 **invasion of privacy** 사생활 침해 **yearly** [jíərli] 연간의 **insurance rate** 보험료

---

2. Why · How 의문문
p.54

01 (a) **02** (b) **03** (b) **04** (b) **05** (b) **06** (a) **07** (a) **08** (b) **09** (b) **10** (c) **11** (b) **12** (d) **13** (b) **14** (d)

01

How long have you been in Seattle, Mr. Jackson?

(a) I arrived on Monday.
(b) It's been a while since I was there.

Mr. Jackson, 시애틀에는 얼마 동안 계신 건가요?

(a) 월요일에 도착했어요.
(b) 거기 갔다 온지 꽤 되었어요.

해설 | How long을 사용하여 시애틀에 얼마나 머물렀는지 기간을 묻는 말에 '월요일에 도착했다'는 말로 월요일부터 지금까지 시애틀에 있었다는 의미를 전달한 (a)가 정답이다.

오답분석
(b) It's been a while(꽤 되었다)이 정답처럼 들려 혼동을 준 오답으로, 얼마 동안 있었는지를 물었는데 갔다 온지 꽤 됐다고 답했으므로 틀리다.

02

Why don't we cook dinner for your parents on Saturday?

(a) I'll ask them if we can come.
(b) That's a great idea.

토요일에 너희 부모님을 위해 우리가 저녁을 준비하는 건 어때?

(a) 그분들께 우리가 가도 되는지 물어볼게.
(b) 좋은 생각이야.

해설 | Why don't we를 사용하여 부모님께 저녁을 해드리자는 제안에 '좋은 생각'이라며 제안을 받아들인 (b)가 정답이다.

오답분석
(a) 주어를 바꿔 써서 혼동을 준 오답으로, 질문에 부모님을 초대하자는 의미가 포함되어 있으므로 if we can come(우리가 갈 수 있는지)이 아니라 if they can come(그분들이 오실 수 있는지)이 되어야 옳다.

03

This pasta tastes too salty. **How's your pizza?**

이 파스타 너무 짜다. 네 피자는 어때?

(a) That's the way I like it.
(b) It's not bad at all.

(a) 난 그런 거 좋아해.
(b) 전혀 나쁘지 않아.

해설 | How를 사용하여 피자의 맛을 물었으므로 '전혀 나쁘지 않다'는 음식의 맛을 말한 (b)가 정답이다.

오답분석
(a) The pasta is too salty, isn't it?(그 파스타 너무 짜지, 그렇지 않니?)과 같은 질문에 적절한 응답이다.

04

How do you go home in the evenings?

(a) I'm home by 9 every night.
(b) Usually by bus.

밤에 집에 어떻게 가니?

(a) 난 매일 밤 9시까지 집에 가.
(b) 보통 버스로 가.

해설 | How를 사용하여 집에 가는 방법을 물었으므로 '버스로'라는 방법을 말한 (b)가 정답이다.

오답분석
(a) 집에 가는 방법을 물었는데 by 9(9시까지)이라는 시간을 답했으므로 틀리다.

05

How come I have to get up so early?

(a) Just try to get there early.
(b) You promised to cook breakfast.

내가 왜 이렇게 일찍 일어나야 하는 건데?

(a) 일단 거기에 일찍 가려고 해 봐.
(b) 네가 아침 만들기로 약속했잖아.

해설 | How come을 사용하여 일찍 일어나야 하는 이유를 물었으므로 '네가 아침을 만들기로 했다'는 이유를 말한 (b)가 정답이다.

오답분석
(a) What time should I go there tomorrow morning?(내일 아침 거기에 몇 시까지 가야 해?)과 같은 질문에 적절한 응답이다.

06

Why are there clothes all over the floor?

(a) I was about to do laundry.
(b) I put them in the closet.

왜 온 바닥에 옷이 있는 거야?

(a) 막 빨래하려고 하고 있었어.
(b) 그것들을 옷장에 넣었어.

해설 | Why를 사용하여 온 바닥에 옷이 있는 이유를 물었으므로 '막 빨래하려고 했다'는 이유를 말한 (a)가 정답이다.

오답분석
(b) clothes를 받는 대명사 them을 사용한 오답으로, 옷을 옷장에 넣었다는 말은 바닥에 옷이 있다는 말과 맞지 않으므로 틀리다.

07

How many tickets do you think we'll need?

(a) Just 1 for Andrew and 2 more for us.
(b) I'm not certain that will be enough.

표가 몇 장이나 필요할 것 같아?

(a) Andrew 것 1장하고 우리 것 2장이 더 필요할 거야.
(b) 그게 충분할지 모르겠어.

해설 | How many를 사용하여 필요한 표의 수량을 물었으므로 'Andrew 것 1장하고 우리 것 2장 더'라는 수량을 말한 (a)가 정답이다.

오답분석
(b) I'm not certain(확실하지 않아)이 정답처럼 들려 혼동을 준 오답으로, 질문에서 특정한 수량을 제시한 것이 아니므로 대명사 that을 사용할 수 없다.

08

Why did you lose your cool earlier?

(a) Well, I actually found it later.
(b) Steve pushed my buttons.

아까 왜 흥분한 거야?

(a) 음, 난 사실 그걸 나중에 찾았어.
(b) Steve가 날 화나게 했기 때문이야.

해설 | Why를 사용하여 왜 흥분했었는지 이유를 물었으므로 'Steve가 날 화나게 했기 때문'이라는 이유를 말한 (b)가 정답이다.

오답분석
(a) 질문의 lose(잃다)와 관련된 found(찾았다)를 사용한 오답이다.

어휘 | lose one's cool 흥분하다   push one's buttons ~를 화나게 하다

09

How about going to see a soccer game together?

(a) No thanks. I don't play soccer.

(b) Name the time and place.

(c) Thanks for coming along with me.

(d) I'd prefer to watch it live.

나랑 같이 축구 경기 보러 가는 게 어때?

(a) 고맙지만 괜찮아. 난 축구 안 해.

(b) 시간이랑 장소를 말해줘.

(c) 나랑 함께 가줘서 고마워.

(d) 나는 실제로 보는 게 더 좋아.

해설 | How about을 사용하여 함께 축구 경기를 보러 가자는 제안에 '시간과 장소를 말해달라'며 제안을 받아들인 (b)가 정답이다.

오답분석

(a) 축구 경기를 보러 가자는 것이지 축구를 하자는 것이 아니므로 틀리다.

(c) Thanks for asking me to join(같이 가자고 물어봐줘서 고마워)이 되면 응답으로 적절하다.

(d) 질문의 soccer game(축구 경기)과 관련된 watch(보다)를 사용한 오답이다.

어휘 | name[neim] 말하다   come along with ~와 함께 가다

10

Why didn't you meet us for lunch?

(a) It was more than I could eat.

(b) No, I can't meet you for lunch.

(c) Sorry, but I had a change of schedule.

(d) It's better to save it for later.

너는 점심 때 왜 우리를 만나지 않았어?

(a) 그건 내가 먹을 수 있는 것보다 많았어.

(b) 아니, 점심 때는 만날 수 없어.

(c) 미안해, 그렇지만 일정이 변경되었어.

(d) 나중으로 남겨두는 게 좋을 것 같아.

해설 | Why를 사용하여 점심 때 자신들을 만나지 않은 이유를 물었으므로 '일정이 변경되었다'는 이유를 말한 (c)가 정답이다.

오답분석

(a) 질문의 lunch(점심)와 관련된 eat(먹다)을 사용한 오답이다.

(b) 질문의 meet과 for lunch를 반복해서 사용한 오답이다.

(d) Is this a good time to talk about the plan?(지금 계획에 대해서 이야기해도 괜찮을까요?)과 같은 질문에 적절한 응답이다.

어휘 | save[seiv] 남겨두다

11

How could you leave your little sister all alone like that?

(a) You should try to be more careful.

(b) She can take care of herself.

(c) I can't believe she would do that.

(d) I'll leave her with my parents.

어떻게 어린 여동생을 그렇게 혼자 둘 수 있니?

(a) 너는 좀 더 조심해야 해.

(b) 걔는 혼자서도 잘 있어.

(c) 그녀가 그렇게 했다는 걸 믿을 수 없어.

(d) 부모님께 맡길게요.

해설 | How could를 사용하여 어떻게 어린 동생을 혼자 둘 수 있는지 이유를 물었으므로 '혼자서도 잘 있다'는 이유를 말한 (b)가 정답이다.

오답분석

(a) 질문한 사람이 이어서 할 만한 말을 보기로 제시하여 혼동을 준 오답이다.

(c) She came out and left her little sister all alone!(그녀가 어린 여동생을 혼자 두고 나왔대!)과 같은 말에 적절한 응답이다.

(d) 질문의 leave를 반복해서 사용한 오답이다.

어휘 | take care of oneself 혼자서도 잘 있다, 제 일은 제가 하다

12

How much was the ferry to the island?

(a) I don't have any cash on me.

(b) It'll be no more than 5 dollars.

(c) It costs a little more than that.

(d) Around 10 bucks.

섬으로 가는 페리 요금이 얼마였나요?

(a) 지금 전 현금이 없어요.

(b) 5달러 이상은 아닐 거예요.

(c) 그것보다는 조금 더 비싸요.

(d) 10달러 정도였어요.

해설 | How much를 사용하여 페리의 요금을 물었으므로 '10달러 정도'라는 가격을 말한 (d)가 정답이다.

오답분석

(a) 질문의 How much(얼마)와 관련된 cash(현금)를 사용한 오답이다.

(b) 5 dollars(5달러)라는 가격을 제시했지만 요금이 얼마였는지 과거 사실을 물었는데 미래 시제로 답했으므로 틀리다.

(c) 질문에서 특정한 가격을 제시한 것이 아니므로 대명사 that을 사용할 수 없다.

어휘 | buck [bʌk] 달러

13

Why should I be the one to pay?	왜 내가 계산해야 하는 건데?
(a) Well, go ahead if you insist.	(a) 음, 네가 정 그렇다면 마음대로 해.
(b) I picked up the tab last time.	(b) 지난번에 내가 계산했잖아.
(c) Oh, give it to the cashier.	(c) 아, 계산원에게 줘.
(d) I think you can pay now.	(d) 지금 계산해도 될 것 같아.

해설 | Why를 사용하여 자신이 계산해야 하는 이유를 물었으므로 '지난번에 내가 계산했다'는 이유를 말한 (b)가 정답이다.

오답분석
(a) I'd like to pay for dinner(내가 저녁을 사고 싶어)와 같은 말에 적절한 응답이다.
(c) 질문의 pay(계산하다)와 관련된 cashier(계산원)를 사용한 오답이다.
(d) 질문의 pay를 반복해서 사용한 오답이다.

어휘 | go ahead 마음대로 해, 어서 해   if you insist 정 그렇다면   pick up the tab 계산하다

14

How dare Sam talk behind my back?	어떻게 감히 Sam이 내 험담을 할 수가 있지?
(a) Well, maybe he'll accept your apology.	(a) 음, 아마 그가 너의 사과를 받아줄 거야.
(b) I'm certain he would have told me.	(b) 난 그가 나에게 말했을 거라고 확신해.
(c) Right. You should try to be more honest.	(c) 그래. 넌 좀 더 솔직해져야 해.
(d) There's no need to make a big deal.	(d) 그렇게 과장해서 생각할 필요는 없잖아.

해설 | How dare를 사용하여 어떻게 감히 Sam이 자신의 험담을 할 수 있는지 불평하는 말에 '그렇게 과장해서 생각할 필요는 없다'며 상대방을 위로한 (d)가 정답이다.

오답분석
(a) Sam을 받는 대명사 he를 사용한 오답으로, 여자가 Sam에게 화가 난 상황인데 Sam이 여자의 사과를 받아줄 것이라고 했으므로 틀리다.
(b) 질문의 talk(말하다)와 비슷한 told(말했다)를 사용한 오답이다.
(c) Sam이 여자의 험담을 한 상황인데 여자에게 좀 더 솔직해지라고 충고를 했으므로 틀리다.

어휘 | talk behind one's back ~의 험담을 하다   make a big deal 과장해서 생각하다

---

3. Where · When · Who 의문문
p.58

01 (a) **02** (b) **03** (b) **04** (a) **05** (b) **06** (b) **07** (a) **08** (a) **09** (d) **10** (c) **11** (b) **12** (c) **13** (d) **14** (c)

01

When would you like to meet?	언제 만날까?
(a) Would 8 be too late?	(a) 8시는 너무 늦을까?
(b) I'm going out with him later.	(b) 난 나중에 걔랑 나가 놀 거야.

해설 | When을 사용하여 만날 시간을 물었으므로 '8시'라는 시간을 말한 (a)가 정답이다.

오답분석
(b) later라는 시점을 언급하기는 했지만, 언제 만날지를 물었는데 그와 나가 놀 것이라고 했으므로 틀리다.

02

Pardon me. **Where** is the nearest post office?	실례합니다. 가장 가까운 우체국이 어디죠?
(a) I'll take it there later.	(a) 나중에 거기로 가져갈게요.
(b) It's beyond the next intersection.	(b) 다음 교차로 너머에 있어요.

해설 | Where를 사용하여 가장 가까운 우체국이 어디 있는지 위치를 물었으므로 '다음 교차로 너머'라는 위치를 말한 (b)가 정답이다.

오답분석

(a) post office를 받는 대명사 there를 사용한 오답으로, 우체국이 어딘지 물었는데 거기로 가져간다고 했으므로 틀리다.

어휘 | intersection [ìntərsékʃən] 교차로

03

When is your book report due?	독후감 마감이 언제야?
(a) I'll try to find it for you.	(a) 내가 찾아줄게.
(b) Not until next week.	(b) 다음 주나 돼서야.

해설 | When을 사용하여 독후감의 마감 기한을 물었으므로 '다음 주나 돼서다'라고 기한을 말한 (b)가 정답이다.

오답분석

(a) I think I misplaced my book report(내 독후감을 잃어버린 것 같아)와 같은 말에 적절한 응답이다.

어휘 | book report 독후감

04

Where are you and Tony going to eat?	너랑 Tony는 어디에서 먹을 거야?
(a) We haven't decided yet.	(a) 아직 결정 못 했어.
(b) It's not far from here.	(b) 여기서 그리 멀지 않아.

해설 | Where를 사용하여 어디에서 먹을 것인지 장소를 묻는 말에 '아직 결정하지 않았다'는 말로 잘 모르겠다는 의미를 전달한 (a)가 정답이다.

오답분석

(b) 질문의 Where(어디)와 관련된 far(멀다)를 사용한 오답이다.

05

Who was that guy I saw you with the other day?	며칠 전 내가 봤을 때 너랑 함께 있던 그 남자 누구야?
(a) We were walking together.	(a) 우린 같이 걷고 있었어.
(b) Oh, you must mean Greg.	(b) 오, Greg을 말하는 거구나.

해설 | Who를 사용하여 함께 있던 남자가 누구인지 물었으므로 'Greg'이라는 함께 있던 사람의 이름을 말한 (b)가 정답이다.

오답분석

(a) What were you doing with him when I saw you?(내가 널 봤을 때 그 사람이랑 뭐하고 있었니?)와 같은 질문에 적절한 응답이다.

어휘 | the other day 며칠 전에

06

When do you wake up on weekdays?	주중에는 언제 일어나니?
(a) I always sleep in on weekends.	(a) 나는 항상 주말엔 늦잠 자.
(b) I'm usually out of bed by 6 o'clock.	(b) 보통 6시에 일어나.

해설 | When을 사용하여 주중에 일어나는 시간을 물었으므로 '6시'라는 시간을 말한 (b)가 정답이다.

오답분석

(a) 질문의 wake up(일어나다)과 관련된 sleep(자다)을 사용한 오답으로, 주중에 대해 물었는데 주말에 대해 말했으므로 틀리다.

어휘 | sleep in 늦잠 자다

07

When can I make an appointment to see Mr. Jeffries?	Mr. Jeffries를 뵐 약속을 언제로 할 수 있을까요?
(a) I'll need to consult with him first.	(a) 그분과 먼저 상의해야 해요.
(b) Unfortunately, he'll be late for the appointment.	(b) 안됐지만, 그는 약속에 늦을 거예요.

해설 | When을 사용하여 Mr. Jeffries를 언제 만날 수 있는지 시간을 묻는 말에 '먼저 그분과 상의해야 한다'는 말로 Mr. Jeffries와 이야기한 후에야 알 수 있다는 의미를 전달한 (a)가 정답이다.

오답분석

(b) 질문의 appointment를 반복해서 사용한 오답이다.

08

Where do we get our boarding passes?	탑승권을 어디서 받나요?
(a) Over at the check-in desk.	(a) 탑승 수속 창구에서요.
(b) You'll need it to board the plane.	(b) 비행기를 타시려면 그게 필요해요.

해설 | Where를 사용하여 탑승권을 받는 장소를 물었으므로 '탑승 수속 창구'라는 장소를 말한 (a)가 정답이다.

오답분석
(b) 질문의 boarding pass(탑승권)와 관련된 board the plane(비행기를 타다)을 사용한 오답이다.

어휘 | boarding pass 탑승권   check-in 탑승 수속

09

When can we discuss our weekend getaway?	언제 우리의 주말 휴가에 대해 이야기할 수 있니?
(a) OK, but I'd rather go somewhere else.	(a) 그래, 그렇지만 나는 다른 곳으로 갈래.
(b) That's too late for traveling.	(b) 그건 여행하기엔 너무 늦어.
(c) I was hoping to get away sooner.	(c) 더 빨리 출발하길 바랐어.
(d) Let me check my schedule and get back to you.	(d) 내 일정을 확인해보고 너한테 다시 연락할게.

해설 | When을 사용하여 언제 주말 휴가에 대해 이야기할 수 있는지 시간을 묻는 말에 '일정을 확인해보고 다시 연락하겠다'는 말로 지금은 잘 모르겠다는 의미를 전달한 (d)가 정답이다.

오답분석
(a) 주말 휴가에 대해 이야기할 수 있는 시간을 물었는데 장소에 대해 말했으므로 틀리다.
(b) 질문에서 특정한 시간을 제시한 것이 아니므로 대명사 that으로 받을 수 없다.
(c) 질문의 getaway(휴가)와 비슷한 get away(출발하다)를 사용한 오답이다.

어휘 | getaway[gétəwèi] 휴가   get away 출발하다   get back to ~에게 다시 연락하다

10

Excuse me, **where** is the section for art supplies?	실례합니다. 미술용품 구역이 어디인가요?
(a) We don't carry that brand.	(a) 저희는 그 상표는 없습니다.
(b) You're in the toy section.	(b) 손님은 장난감 구역에 있으십니다.
(c) It's over by the office products.	(c) 사무용품 쪽 건너에 있습니다.
(d) I have oil paints in my bag.	(d) 제 가방에 유성 그림 물감이 있습니다.

해설 | where를 사용하여 미술용품 구역이 어디인지 위치를 물었으므로 '사무용품 쪽 건너'라는 위치를 말한 (c)가 정답이다.

오답분석
(a) 질문에서 특정한 상표를 제시한 것이 아니므로 대명사 that으로 받을 수 없다.
(b) toy section(장난감 구역)이라는 장소를 말했지만 현재 여자가 있는 장소를 말했으므로 틀리다.
(d) 질문의 art supplies(미술용품)와 관련된 oil paints(유성 그림 물감)를 사용한 오답이다.

어휘 | section[sékʃən] 구역   art supplies 미술용품   oil paint 유성 그림 물감

11

When will you be available for an interview?	언제 면접이 가능하신가요?
(a) In my opinion, it's a little early.	(a) 제 생각에, 그건 조금 빠른 것 같습니다.
(b) Any time is OK with me.	(b) 저는 언제든 좋습니다.
(c) In that case, I'll come back later.	(c) 그렇다면, 나중에 다시 오겠습니다.
(d) That will work, if it's fine with you.	(d) 괜찮으시다면, 그게 좋을 것 같습니다.

해설 | When을 사용하여 언제 면접이 가능한지 시간을 묻는 말에 '언제든 좋다'고 말한 (b)가 정답이다.

오답분석
(a) 질문에서 특정한 시간을 제시한 것이 아니므로 대명사 it으로 받을 수 없다.
(c) I'm sorry, but I'm not available to meet right now(죄송하지만, 전 지금 만날 수가 없습니다)와 같은 말에 적절한 응답이다.
(d) 질문에서 특정한 시간을 제시한 것이 아니므로 대명사 that으로 받을 수 없다.

12

Where should I submit my job application?	지원서를 어디에 제출해야 하나요?
(a) You can hand it in anytime.	(a) 언제든 제출하실 수 있습니다.
(b) We still have several vacant positions.	(b) 아직 빈 자리가 몇 개 있습니다.
(c) The employment office is on the 4th floor.	(c) 인사과는 4층에 있습니다.
(d) We'll contact you once a decision has been made.	(d) 결정되면 연락드리겠습니다.

해설 | Where를 사용하여 지원서를 제출해야 하는 장소를 물었으므로 '인사과는 4층'이라는 장소를 말한 (c)가 정답이다.

오답분석
(a) 지원서를 제출해야 하는 장소를 물었는데 anytime(언제든)이라는 시간으로 답했으므로 틀리다.
(b) 질문의 job application(지원서)과 관련된 vacant positions(빈 자리)를 사용한 오답이다.
(d) When will I find out if I got the job?(제가 취업이 되었는지를 언제 알 수 있나요?)과 같은 질문에 적절한 응답이다.

어휘 | submit[səbmít] 제출하다   application[æpləkéiʃən] 지원서   hand in ~을 제출하다   vacant[véikənt] 빈

13

Who should we set Julie up with, Mike or Jacob?	Julie에게 누구를 소개시켜 줄까, Mike 아니면 Jacob?
(a) I'd suggest Mike or Jacob.	(a) 나라면 Mike나 Jacob을 추천할 거야.
(b) Sounds like we're all set.	(b) 만반의 준비가 되어 있는 것 같구나.
(c) We could ask them to come too.	(c) 그들도 오라고 할 수 있잖아.
(d) Actually, I had someone else in mind.	(d) 사실, 나는 다른 사람을 염두에 두고 있었어.

해설 | Who를 사용하여 Julie에게 소개해 줄 사람으로 Mike와 Jacob 중 누가 좋을지 묻는 말에 둘 중 한 사람을 선택하지 않고 '다른 사람을 염두에 두고 있었다'고 말한 (d)가 정답이다.

오답분석
(a) 질문의 Mike or Jacob을 반복해서 사용한 오답이다.
(b) 질문의 set up(소개해 주다)과 비슷한 set(준비된)을 사용한 오답이다.
(c) 둘 중 누구를 소개시켜 줄지 물었는데 그들도 오라고 할 수 있다고 답했으므로 틀리다.

어휘 | set up ~를 소개해 주다   all set 만반의 준비가 되어 있는

14

Where should we meet tonight, Danny? Outside the building or in the lobby?	우리 오늘 밤 어디에서 만날까, Danny? 건물 밖에서 아니면 로비에서?
(a) I was hanging out in the lobby.	(a) 나는 로비에서 시간을 보내고 있었어.
(b) Great. I'll meet you there.	(b) 좋아. 거기서 만나자.
(c) Let's say outside around 7:00.	(c) 밖에서 7시쯤 만나자.
(d) Yeah, I think I can make it.	(d) 그래, 제시간에 도착할 수 있을 것 같아.

해설 | Where를 사용하여 건물 밖과 로비 중 어디에서 만날지 장소를 물었으므로 둘 중 하나인 '건물 밖'이라는 장소를 선택한 (c)가 정답이다.

오답분석
(a) 질문의 lobby를 반복해서 사용한 오답이다.
(b) 장소를 나타내는 대명사 there를 사용한 오답으로, 둘 중 어디가 좋은지 묻는 말에 there로 답할 수 없으므로 틀리다.
(d) Can you come to the office before 6:00?(6시 전에 사무실로 올 수 있니?)과 같은 질문에 적절한 응답이다.

어휘 | hang out 시간을 보내다   make it 제시간에 도착하다, 참석하다

01

Excuse me, **which gate** does flight 469 depart from?

(a) We'll open the gate for boarding soon.
(b) I'll need to know your flight number.
(c) There are still plenty of seats available.
(d) It's listed on the departures board.

실례합니다. 어느 탑승구에서 469편 비행기가 출발하나요?

(a) 곧 탑승을 위해 탑승구를 열 것입니다.
(b) 편명을 알려주셔야 합니다.
(c) 아직 이용 가능한 자리가 많이 있습니다.
(d) 출발 안내 전광판에 나와 있습니다.

해설 | which gate를 사용하여 어느 탑승구에서 출발하는지 묻는 말에 '출발 안내 전광판에 나와 있다'는 말로 출발 안내 전광판을 보면 탑승구를 알 수 있다는 의미를 전달한 (d)가 정답이다.

오답분석
(a) How much longer do we need to wait for getting on the plane?(비행기에 타려면 얼마나 더 기다려야 하나요?)과 같은 질문에 적절한 응답이다.
(b) I'll need to know(알려주셔야 합니다)가 정답처럼 들려 혼동을 준 오답으로, flight number(편명)는 질문에서 이미 제시되었으므로 틀리다.
(c) 질문의 flight(비행기)와 관련된 seats(좌석)를 사용한 오답이다.

어휘 | depart[dipáːrt] 출발하다   boarding[bɔ́ːrdiŋ] 탑승   plenty of 많은 ~

02

I called you earlier. **Why** didn't you pick up?

(a) I didn't mean to call you.
(b) I'm sorry I couldn't call earlier.
(c) I was taking a shower.
(d) You should try back later.

나 아까 너한테 전화했었는데. 왜 안 받았니?

(a) 네게 전화하려 했던 건 아니야.
(b) 더 일찍 전화하지 못해서 미안해.
(c) 샤워하고 있었어.
(d) 나중에 다시 걸어 봐.

해설 | Why를 사용하여 전화를 받지 않았던 이유를 물었으므로 '샤워하고 있었다'는 이유를 말한 (c)가 정답이다.

오답분석
(a) 질문의 called(전화했다)와 비슷한 call(전화하다)을 사용한 오답이다.
(b) I'm sorry(미안해)가 정답처럼 들려 혼동을 준 오답으로, 전화를 받지 않은 이유를 물었는데 전화를 못했다고 했으므로 틀리다.
(d) 질문의 called(전화했다)와 관련된 try back later(나중에 다시 걸다)를 사용한 오답이다.

어휘 | pick up (전화를) 받다   take a shower 샤워하다

03

When will the last train from Amsterdam arrive?

(a) We'll arrive in 30 minutes.
(b) It looks as if it arrived on time.
(c) I've never been there before.
(d) It gets in around 1 a.m.

암스테르담에서 오는 마지막 기차가 언제 도착하나요?

(a) 우리는 30분 내로 도착할 겁니다.
(b) 정시에 도착한 것처럼 보입니다.
(c) 전 거기에 한 번도 안 가봤어요.
(d) 새벽 1시쯤에 도착합니다.

해설 | When을 사용하여 기차가 도착하는 시간을 물었으므로 '새벽 1시'라는 시간을 말한 (d)가 정답이다.

오답분석
(a) 30 minutes(30분)라는 시간을 언급했지만 마지막 기차가 도착할 시간이 아니라 We(우리)가 도착할 시간을 말했으므로 틀리다.
(b) 언제 도착할지 미래 사실에 대해 묻는 질문에 이미 도착했다는 과거 시제로 답했으므로 틀리다.
(c) Have you ever visited Amsterdam?(암스테르담에 가본 적이 있니?)과 같은 질문에 적절한 응답이다.

어휘 | on time 정시에   get in 도착하다

04

Where should we meet for the fireworks show tonight?

(a) I watched them from the bridge.

오늘 밤 불꽃놀이 쇼를 보러 어디서 만날까?

(a) 나는 다리에서 봤어.

(b) Didn't you hear? It's been canceled.
(c) I'll meet you before the show.
(d) It promises to be a fabulous evening.

(b) 못 들었어? 그거 취소됐어.
(c) 쇼 시작 전에 만나자.
(d) 분명 아주 멋진 저녁이 될 거야.

해설 | Where를 사용하여 불꽃놀이를 보기 위해 만날 장소를 묻는 말에 '취소되어서' 보러 갈 수 없다는 의미를 전달한 (b)가 정답이다.

오답분석
(a) the bridge(다리)라는 장소를 언급했지만 미래의 일을 묻는 질문에 과거 시제로 답했으므로 틀리다.
(c) 만날 장소를 물었는데 before the show(쇼 시작 전)라는 시간으로 답했으므로 틀리다.
(d) 질문의 fireworks show(불꽃놀이 쇼)와 관련된 fabulous(아주 멋진)를 사용한 오답이다.

어휘 | firework [fáiərwə̀ːrk] 불꽃놀이 fabulous [fǽbjuləs] 아주 멋진

05

How can I get from here to the Landover Hotel?

(a) You might want to get off at the next stop.
(b) I tried, but I wasn't able to help you.
(c) Its shuttle buses run every 10 minutes.
(d) That's possible, but a taxi would be faster.

여기서 Landover 호텔로 어떻게 가면 되나요?

(a) 다음 정거장에서 내리시면 돼요.
(b) 시도해봤는데, 전 당신을 도와줄 수가 없었어요.
(c) 호텔의 셔틀버스가 10분마다 운행해요.
(d) 그것도 가능하지만 택시가 더 빠를 거예요.

해설 | How를 사용하여 호텔로 가는 방법을 물었으므로 '호텔 셔틀버스'라는 방법을 말한 (c)가 정답이다.

오답분석
(a) Where should I get off for the Landover Hotel?(Landover 호텔에 가려면 어디서 내리면 되나요?)과 같은 질문에 적절한 응답이다.
(b) 질문의 How can I(어떻게 하나요)와 관련된 help(도와주다)를 사용한 오답이다.
(d) a taxi(택시)라는 방법을 말했지만, 질문에서 특정한 방법을 제시한 것이 아니므로 대명사 that으로 받을 수 없다.

어휘 | get off 내리다

06

What are you looking to spend on your monthly rent?

(a) Frankly, as little as possible.
(b) It seems like a fair amount to me.
(c) I would definitely consider that price.
(d) That's a little more than I can afford.

매달 임대료로 얼마를 쓸 생각이야?

(a) 솔직히, 가능한 한 적게 쓰려고 해.
(b) 내가 볼 땐 적당한 양인 것 같아.
(c) 그 가격을 꼭 고려해 볼게.
(d) 그건 내가 낼 수 있는 금액보다 좀 더 비싸네.

해설 | What ~ spend를 사용하여 매달 임대료로 얼마나 쓸 계획인지 묻는 말에 '가능한 한 적게 쓰려고 한다'라고 말한 (a)가 정답이다.

오답분석
(b) 질문에서 특정한 가격을 제시한 것이 아니므로 대명사 it으로 받을 수 없다.
(c) 질문에서 특정한 가격을 제시한 것이 아니므로 that price로 받을 수 없다.
(d) 질문의 spend(쓰다)와 관련된 afford(낼 수 있다)를 사용한 오답이다.

어휘 | look to ~할 생각이다, ~을 기대하다 monthly [mʌ́nθli] 매달 rent [rent] 임대료 fair [fɛər] 적당한

07

When do you find time to sleep with your busy schedule?

(a) It seems that I'm always tired on Mondays.
(b) I'll try to use my time more efficiently.
(c) Well, sometimes it's not easy.
(d) Still, I might have to adjust the schedule.

그렇게 일정이 바빠서 잠은 언제 자요?

(a) 월요일엔 항상 피곤한 것 같아요.
(b) 시간을 더 효율적으로 쓰도록 노력할게요.
(c) 음, 가끔은 쉽지 않아요.
(d) 그래도, 일정을 조정해야만 할 것 같아요.

해설 | When을 사용하여 그렇게 일정이 바빠서 잠은 언제 자는지 묻는 말에 '가끔은 쉽지 않다'는 말로 바빠서 잠잘 시간이 별로 없다는 의미를 전달한 (c)가 정답이다.

오답분석
(a) 질문의 busy schedule(바쁜 일정)과 관련된 tired(피곤한)를 사용한 오답이다.
(b) 질문의 time을 반복해서 사용한 오답이다.
(d) 질문의 schedule을 반복해서 사용한 오답이다.

어휘 | efficiently [ifíʃəntli] 효율적으로 adjust [ədʒʌ́st] 조정하다

08

What do you think of the falling exchange rate?	환율 하락에 대해 어떻게 생각해요?
(a) I was worried about the ratings.	(a) 평가에 대해서 걱정했어요.
(b) I'm hoping to get paid more.	(b) 더 많이 받길 바라요.
(c) I'm amazed it's happening so quickly.	(c) 그렇게 빨리 일어나고 있다는 게 놀라워요.
(d) I prefer to use foreign banks.	(d) 저는 외국계 은행을 선호해요.

해설 | What do you think of를 사용하여 환율 하락에 대한 의견을 물었으므로 '그렇게 빨리 일어나고 있다는 게 놀랍다'는 의견을 말한 (c)가 정답이다.

오답분석
(a) 질문의 rate(비율)와 비슷한 ratings(평가)를 사용한 오답이다.
(b) Do you think the salary they offered is sufficient?(받고 계신 연봉이 충분하다고 생각하세요?)와 같은 질문에 적절한 응답이다.
(d) 질문의 exchange rate(환율)와 관련된 foreign banks(외국계 은행)를 사용한 오답이다.

어휘 | exchange rate 환율 rating[réitiŋ] 평가, 등급

09

Where are you applying for graduate school?	대학원을 어디 지원할 거니?
(a) Actually, I decided to put it off for a while.	(a) 사실, 잠시 미뤄두기로 결정했어.
(b) Hopefully for a multinational company.	(b) 다국적 기업이면 좋겠어.
(c) I wasn't admitted to the graduate program.	(c) 대학원 프로그램에 입학 허가를 받지 못했어.
(d) I'm interested in studying medicine.	(d) 의학 공부에 관심이 있어.

해설 | Where를 사용하여 대학원을 어디로 지원할 건지 묻는 말에 '잠시 미뤄두기로 결정했다'는 말로 대학원을 지원하지 않을 거라는 의미를 전달한 (a)가 정답이다.

오답분석
(b) Where do you want to work when you graduate?(졸업하면 어디에서 일하고 싶니?)과 같은 질문에 적절한 응답이다.
(c) 질문의 graduate을 반복해서 사용한 오답이다.
(d) What are you planning to study once you graduate?(졸업하면 뭘 공부할 계획이니?)과 같은 질문에 적절한 응답이다.

어휘 | apply for ~에 지원하다 put off ~을 미루다 multinational[mÀltinǽʃənəl] 다국적의 medicine[médəsin] 의학

10

How much did you pay for that designer handbag?	그 디자이너 핸드백에 얼마를 줬어?
(a) It'll be around $300 with tax.	(a) 세금까지 300달러 정도 할 거야.
(b) It was on sale for $200.	(b) 200달러에 세일하고 있었어.
(c) I paid for it myself.	(c) 그거 내가 돈을 냈어.
(d) It was the only design available.	(d) 그 디자인밖에 없었어.

해설 | How much를 사용하여 디자이너 핸드백을 얼마에 샀는지 가격을 물었으므로 '200달러'라는 가격을 말한 (b)가 정답이다.

오답분석
(a) $300(300달러)라는 가격을 언급했지만, 과거에 얼마를 지불했는지 묻는 질문에 미래 시제로 답했으므로 틀리다.
(c) 질문의 How much(얼마)와 관련된 paid(돈을 냈다)를 사용한 오답이다.
(d) 질문의 designer(디자이너)와 비슷한 design(디자인)을 사용한 오답이다.

11

What have you done to settle the dispute with the labor union?	노동 조합과의 분쟁을 해결하기 위해 무엇을 하셨나요?
(a) It's simply a matter of time.	(a) 그건 단지 시간 문제예요.
(b) It's time to settle down.	(b) 정착할 때가 되었어요.
(c) I believe we should unionize.	(c) 나는 우리가 노동 조합을 조직해야 한다고 생각해요.
(d) I didn't have time to work it out yet.	(d) 아직 그 문제를 해결할 시간이 없었어요.

해설 | What ~ done을 사용하여 분쟁을 해결하기 위해 무엇을 했는지 묻는 말에 '아직 그 문제를 해결할 시간이 없었다'는 말로 아무것도 하지

못했다는 의미를 전달한 (d)가 정답이다.

오답분석
(a) Have you settled the dispute with the labor union?(노동 조합과의 분쟁을 해결하셨나요?)과 같은 질문에 적절한 응답이다.
(b) 질문의 settle with(해결하다)와 비슷한 settle down(정착하다)을 사용한 오답이다.
(c) 질문의 union(조합)과 비슷한 unionize(조합을 조직하다)를 사용한 오답이다.

어휘 | settle a dispute 분쟁을 해결하다　labor union 노동 조합　settle down 정착하다　unionize[júːnjənàiz] 노동 조합을 조직하다

12

How come the traffic has suddenly come to a standstill?	왜 갑자기 교통이 꽉 막혀버린 거예요?
(a) I generally take a different route to work.	(a) 저는 보통 일하러 갈 때 다른 길로 가요.
(b) The road was always in poor condition.	(b) 그 도로는 항상 상태가 안 좋았어요.
(c) It looks like there's been an auto accident.	(c) 차 사고가 있었던 것 같아요.
(d) I'll try to find out what's wrong with the car.	(d) 차에 무슨 문제가 있는지 살펴볼게요.

해설 | How come을 사용하여 교통이 꽉 막혀버린 이유를 물었으므로 '차 사고'라는 이유를 말한 (c)가 정답이다.

오답분석
(a) 질문의 traffic(교통)과 관련된 route(길)를 사용한 오답이다.
(b) in poor condition(상태가 좋지 않다)이 정답처럼 들려 혼동을 준 오답으로, 현재 상황에 대해 물었는데 평소의 상태를 말했으므로 틀리다.
(d) 교통 정체 상황에 대해 물었는데 차를 살펴보겠다고 했으므로 틀리다.

어휘 | standstill[stǽndstil] 꽉 막힌　route[ruːt] 길

Course 2 일반 의문문

1. 조동사 의문문

01 (b)	02 (a)	03 (b)	04 (a)	05 (b)	06 (a)	07 (b)	08 (a)	09 (b)	10 (c)	11 (d)	12 (a)	13 (b)	14 (b)

01

Did you have a nice trip?	여행은 즐거웠니?
(a) It should be a nice time.	(a) 좋은 시간이 될 거야.
(b) It was extremely satisfying.	(b) 대단히 만족스러웠어.

해설 | Do 의문문으로 여행이 즐거웠는지 묻는 말에 '대단히 만족스러웠다'는 말로 여행이 즐거웠다는 의미를 전달한 (b)가 정답이다.

오답분석
(a) 과거의 경험에 대해 묻는 말에 미래의 일에 대한 기대를 말했으므로 틀리다.

어휘 | extremely[ikstríːmli] 대단히

02

Hello. It's Jessica. **Can I speak to** Sarah?	안녕하세요, Jessica예요. Sarah와 통화할 수 있을까요?
(a) Let me see if she's here.	(a) 그녀가 여기에 있는지 알아볼게요.
(b) I'll let her know you called.	(b) 전화했었다고 전해줄게요.

해설 | Can I를 사용하여 전화를 바꿔달라는 요청에 '그녀가 여기에 있는지 알아보겠다'며 요청을 수락한 (a)가 정답이다.

오답분석
(b) Can you tell Sarah to get in touch with me?(Sarah에게 제게 연락하라고 전해주시겠어요?)와 같은 질문에 적절한 응답이다.

03

David, **do** you have the time?

(a) I'll be free this afternoon.
(b) It's half past 4.

David, 지금 몇 신지 알아?

(a) 오늘 오후에는 한가할 거야.
(b) 4시 반이야.

해설 | Do 의문문으로 현재 시간을 물었으므로 '4시 반'이라는 시간을 말한 (b)가 정답이다.

오답분석
(a) Do you have time for lunch today?(오늘 점심 식사 할 시간 있어요?)와 같은 질문에 적절한 응답이다.

04

Cindy, **have** you met my girlfriend Lisa?

(a) I don't believe I have.
(b) I'd love to meet her some time.

Cindy, 내 여자 친구 Lisa를 만난 적 있니?

(a) 없는 것 같아.
(b) 언젠가 그녀를 만나고 싶어.

해설 | Have를 사용하여 Lisa를 만난 경험이 있는지를 묻는 말에 '없는 것 같다'는 말로 만난 적이 없다는 의미를 전달한 (a)가 정답이다.

오답분석
(b) Lisa를 받는 대명사 her를 사용한 오답으로, 과거의 경험을 물었는데 미래의 바람에 대해 말했으므로 틀리다.

05

Do you think I should quit my job?

(a) Don't tell him you're quitting.
(b) You should think it over first.

내가 일을 그만둬야 한다고 생각하니?

(a) 그에게 네가 그만둔다고 말하지 마.
(b) 먼저 곰곰이 생각해 봐.

해설 | Do you think를 사용하여 자신이 일을 그만둬야 할지에 대한 의견을 묻는 말에 '먼저 곰곰이 생각해 보라'며 조언한 (b)가 정답이다.

오답분석
(a) 질문의 quit(그만두다)과 비슷한 quitting(그만두다)을 사용한 오답이다.

어휘 | quit a job 일을 그만두다   think over ~을 곰곰이 생각하다

06

Would you mind giving me a hand with these instructions?

(a) I'll be with you in just a minute.
(b) OK, I'll give it to him later.

이 설명서 보는 것 좀 도와주실래요?

(a) 곧 갈게요.
(b) 네, 제가 나중에 그에게 전해줄게요.

해설 | Would you를 사용하여 설명서 보는 것을 도와달라는 요청에 '곧 가겠다'며 요청을 수락한 (a)가 정답이다.

오답분석
(b) Can you give this instruction booklet to Mike when you see him?(Mike를 보시면 이 설명서를 그에게 전해주시겠어요?)과 같은 질문에 적절한 응답이다.

어휘 | give ~ a hand ~를 도와주다   instruction[instrʌ́kʃən] (사용) 설명서, 지시   in a minute 곧, 즉시

07

Excuse me. **Do you carry** fishing supplies?

(a) We supplied those last time.
(b) They're on the next aisle over.

실례합니다. 낚시용품도 판매하시나요?

(a) 그것들을 지난번에 공급했습니다.
(b) 다음 통로 너머에 있습니다.

해설 | Do 의문문으로 물건의 판매 여부를 묻는 말에 '다음 통로 너머에 있다'는 말로 물건을 판다는 의미를 전달한 (b)가 정답이다.

오답분석
(a) fishing supplies를 받는 대명사 those를 사용한 오답으로, 낚시용품 판매 여부를 물었는데 과거에 제품을 공급했다고 했으므로 틀리다.

어휘 | fishing supplies 낚시용품   aisle[ail] 통로, 복도

08

Can you come by my apartment this afternoon?

(a) Yes, but not until later.

오늘 오후에 우리 아파트에 들러주겠니?

(a) 그래, 그렇지만 좀 늦을 거야.

(b) Sure. Come over around 3 p.m.

(b) 물론이지. 오후 3시쯤에 와.

해설 | Can you를 사용하여 자신의 아파트에 들러 달라고 요청하는 말에 '그래, 그렇지만 좀 늦을 거야'라는 말로 늦은 오후에 들르겠다는 의미를 전달한 (a)가 정답이다.

오답분석

(b) Can I come by your apartment this afternoon?(오늘 오후에 너의 아파트에 들러도 될까?)과 같은 질문에 적절한 응답이다.

09

Do you want to share a taxi?	택시 같이 타실래요?
(a) You don't have to.	(a) 그러실 필요 없어요.
(b) No, thanks. I'd rather walk.	(b) 괜찮아요. 전 그냥 걸을래요.
(c) OK. I'll give you a ride.	(c) 좋아요. 태워다 드릴게요.
(d) Let's take a cab instead.	(d) 대신 택시 타고 가요.

해설 | Do 의문문으로 택시를 같이 타자는 제안에 '난 그냥 걷겠다'며 제안을 거절한 (b)가 정답이다.

오답분석

(a) Do you want me to grab a taxi for you?(택시를 잡아드릴까요?)와 같은 질문에 적절한 응답이다.

(c) OK가 정답처럼 들려 혼동을 준 오답으로, 택시를 같이 타자고 제안했는데 태워다 주겠다고 했으므로 틀리다.

(d) Let's ~ instead(대신 ~해요)가 정답처럼 들려 혼동을 준 오답으로, 택시를 타자는 제안에 대해 똑같은 제안을 했으므로 틀리다.

어휘 | **give a ride** 태워주다

10

Have you visited the new sporting goods store on Market Street?	Market 가에 새로 생긴 스포츠 용품점에 가본 적 있니?
(a) They didn't have my size.	(a) 내 사이즈가 없었어.
(b) Sure, I'll meet you there.	(b) 물론이지, 거기서 만나.
(c) Not yet. But I'd like to.	(c) 아직. 그렇지만 가보고 싶어.
(d) I've always liked sports.	(d) 난 항상 스포츠를 좋아했어.

해설 | Have를 사용하여 새로 생긴 상점에 가본 경험이 있는지를 묻는 말에 '아직'이라는 말로 가본 경험이 없다는 의미를 전달한 (c)가 정답이다.

오답분석

(a) 질문의 store(상점)와 관련된 어휘인 size(사이즈)를 사용한 오답이다.

(b) 과거의 경험에 대해 물었는데 미래에 대한 일을 말했으므로 틀리다.

(d) 질문의 sporting(스포츠)과 비슷한 sports(스포츠)를 사용한 오답이다.

어휘 | **sporting goods** 스포츠 용품

11

Eric, **did** you see the baseball game last night?	Eric, 어젯밤에 야구 경기 봤어?
(a) The series is tied 3 to 3.	(a) 그 연속 시합은 3대 3 동점이야.
(b) I wasn't able to play.	(b) 나는 경기를 할 수가 없었어.
(c) No, we couldn't find it.	(c) 아니, 우린 찾을 수가 없었어.
(d) Yeah, it was one for the ages.	(d) 응, 오랫동안 기억에 남을 경기였어.

해설 | Do 의문문으로 어젯밤에 야구 경기를 봤는지 묻는 말에 '응, 오랫동안 기억에 남을 경기였다'는 말로 야구 경기를 봤다는 의미를 전달한 (d)가 정답이다.

오답분석

(a) 과거의 경기에 대한 질문에 현재 시제로 답했으므로 틀리다.

(b) Did you have fun at the baseball game?(야구 경기에서 재미있었니?)과 같은 질문에 적절한 응답이다.

(c) No가 정답처럼 들려 혼동을 준 오답으로, 야구 경기를 봤는지 물었는데 '찾을 수 없었다'고 했으므로 틀리다.

어휘 | **series**[síəri:z] 연속 시합 **tie**[tai] (경기 따위에서) 동점이 되다 **for the ages** 오랫동안 기억에 남을 만한

12

Could you mail this letter on your way to work today?

(a) I would, but I'm running behind.
(b) I'll send it to you today.
(c) I'd rather not wait any longer.
(d) It's more urgent than before.

오늘 회사 가는 길에 이 편지 좀 부쳐줄래요?

(a) 그러고 싶지만, 늦었어요.
(b) 오늘 당신에게 보내줄게요.
(c) 저는 더 기다리지 않는 게 좋겠어요.
(d) 지난번보다 더 긴급해요.

해설 | Could you를 사용하여 편지를 부쳐달라는 요청에 '그러고 싶지만 늦었다'며 요청을 거절한 (a)가 정답이다.

오답분석
(b) to you가 아닌 for you가 되어야 응답으로 적절하다.
(c) Can you give me 10 more minutes?(10분만 더 기다려 줄 수 있어요?)와 같은 질문에 적절한 응답이다.
(d) 요청하는 사람이 계속 할 만한 말로 혼동을 준 오답이다.

어휘 | **run behind** 늦다, 뒤지다   **urgent**[ə́ːrdʒənt] 긴급한

13

Would you like to purchase floor tickets for tonight's show?

(a) OK, I'll reserve them then.
(b) Actually, the balcony would be better.
(c) I'm looking forward to it.
(d) I'll pay for the tickets.

오늘 밤 쇼의 플로어 티켓을 살 거니?

(a) 좋아, 그럼 내가 예약할게.
(b) 사실, 발코니 석이 더 좋을 것 같아.
(c) 기대된다.
(d) 내가 티켓 값을 낼게.

해설 | Would you like to를 사용하여 플로어 티켓의 구매 의향을 묻는 말에 '발코니 석이 더 좋을 것 같다'는 말로 플로어 티켓을 사지 않을 것이라는 의미를 전달한 (b)가 정답이다.

오답분석
(a) I'm busy today. Can you get the tickets for tonight's show?(내가 오늘 바빠. 네가 오늘 밤 쇼의 티켓을 살 수 있겠니?)와 같은 질문에 적절한 응답이다.
(c) 질문의 show(쇼)와 관련된 looking forward to(기대되는)를 사용한 오답이다.
(d) 질문의 tickets를 반복해서 사용한 오답이다.

어휘 | **floor ticket** 플로어 티켓(무대 바로 앞쪽 좌석 또는 공간에 앉거나 서서 공연을 볼 수 있는 표)

14

I've lost my passport. **Did** you see me put it in my bag this morning?

(a) Yeah, I guess my luggage is lost.
(b) I think you stuck it in your coat pocket.
(c) They already passed through customs.
(d) Right, you need your passport to board.

여권을 잃어버렸어. 내가 오늘 아침에 가방에 넣는 거 봤어?

(a) 응, 내 짐이 없어진 것 같아.
(b) 네가 코트 주머니에 넣었던 것 같은데.
(c) 그것들은 이미 세관을 통과했어.
(d) 맞아, 탑승하려면 여권이 필요해.

해설 | Do 의문문으로 자신이 여권을 가방에 넣는 것을 보았는지 묻는 말에 '코트 주머니에 넣었던 것 같다'는 말로 가방에 넣지 않았다는 의미를 전달한 (b)가 정답이다.

오답분석
(a) 질문의 lost를 반복해서 사용한 오답이다.
(c) 질문의 여행·공항 상황과 관련된 customs(세관)를 사용한 오답이다.
(d) 질문의 passport를 반복해서 사용한 오답이다.

어휘 | **luggage**[lʌ́gidʒ] 짐   **stick**[stik] 넣다   **pass through** ~을 통과하다   **customs**[kʌ́stəmz] 세관

01

I'm calling to speak to Sherry, **is she in?**

(a) Of course. I'll have her get back to you.
(b) No, she's not here right now.

Sherry와 통화하려고 하는데, 있나요?

(a) 물론이죠. 다시 연락하라고 말할게요.
(b) 아니요, 지금 여기 없어요.

해설 | is ~ in을 사용하여 통화하려는 사람이 있는지 묻는 말에 '지금 여기에 없다'고 말한 (b)가 정답이다.

오답분석
(a) Of course가 아닌 No가 되어야 응답으로 적절하다.

어휘 | get back to ~에게 다시 연락하다

02

Tim's wedding is this Saturday. **Are you going?**

(a) As far as I know.
(b) I'm calling it off.

Tim의 결혼식이 이번 주 토요일이야. 갈 거니?

(a) 아마도 그럴 것 같아.
(b) 취소하려고 해.

해설 | Be동사 의문문으로 Tim의 결혼식에 가는지 묻는 말에 '아마도 그럴 것 같다'는 말로 갈 것이라는 의미를 전달한 (a)가 정답이다.

오답분석
(b) Are you still meeting with him at 3:00?(너 아직도 3시에 그를 만날 거니?)와 같은 질문에 적절한 응답이다.

어휘 | as far as I know 아마도, 내가 알기에는　call off ~을 취소하다

03

Is vanilla the only ice cream flavor you sell?

(a) No, we're currently out of vanilla.
(b) We also have chocolate and strawberry.

바닐라 맛 아이스크림밖에 안 파시나요?

(a) 아니요, 지금 바닐라가 다 떨어졌어요.
(b) 초콜릿 맛과 딸기 맛도 있어요.

해설 | Be동사 의문문으로 바닐라 맛 외에 다른 맛도 파는지 묻는 말에 '초콜릿 맛과 딸기 맛도 있다'는 말로 다른 맛의 아이스크림도 있다는 의미를 전달한 (b)가 정답이다.

오답분석
(a) No가 정답처럼 들려 혼동을 준 오답으로, 바닐라 맛밖에 없는지 묻는 말에 바닐라가 다 떨어졌다고 했으므로 틀리다.

어휘 | flavor[fléivər] 맛　currently[kə́ːrəntli] 지금은, 현재는　be out of ~이 다 떨어지다, ~을 다 써버리다

04

Oh, wow! Carrie, **is that really you?**

(a) It's nice to meet you.
(b) Yeah, how long has it been?

오, 와! Carrie, 정말 너 맞니?

(a) 만나서 반가워.
(b) 그래, 정말 오랜만이지?

해설 | Be동사 의문문으로 정말 네가 맞냐고 반가움을 표시하는 말에 '정말 오랜만이다'라고 말한 (b)가 정답이다.

오답분석
(a) 처음 만난 사람들이 하는 인사이므로 틀리다.

05

Is there a cheaper multivitamin available?

(a) It's important for nutrition.
(b) Only a few generic brands.

더 저렴한 종합 비타민도 파시나요?

(a) 영양에 있어서 중요해요.
(b) 몇 개의 무상표 제품만 있어요.

해설 | Is there를 사용하여 더 저렴한 종합 비타민도 파는지 묻는 말에 '몇 개의 무상표 제품만 있다'는 말로 더 저렴한 종합 비타민도 판다는 의미를 전달한 (b)가 정답이다.

오답분석

(a) 질문의 multivitamin(종합 비타민)과 관련된 nutrition(영양)을 사용한 오답이다.

어휘 | **multivitamin** [mʌltivàitəmin] 종합 비타민 **nutrition** [njuːtríʃən] 영양 **generic brand** 무상표 제품(브랜드나 로고가 없는 제품)

06

Chad, **are** you still planning to register for Mr. Berry's course?

(a) Well, you should be reluctant to do that.
(b) Sure. He's the best teacher there is.

Chad, 너 여전히 Mr. Berry의 수업에 등록할 계획이니?

(a) 음, 그건 별로 안 내킬걸.
(b) 물론이지. 그분은 제일 좋은 선생님이잖아.

해설 | Be동사 의문문으로 여전히 Mr. Berry의 수업을 들을 계획인지 묻는 말에 '물론이지. 그분은 제일 좋은 선생님이다'는 말로 Mr. Berry의 수업을 들을 계획이라는 의미를 전달한 (b)가 정답이다.

오답분석

(a) Do you think registering for 5 classes is a good idea?(5개의 수업에 등록하는 것이 좋은 생각인 것 같니?)와 같은 질문에 적절한 응답이다.

어휘 | **register for** ~에 등록하다 **reluctant** [rilʌ́ktənt] (마음이) 내키지 않는

07

Is Harry done with his painting? I've been dying to see it.

(a) Yeah, it's really beautiful, isn't it?
(b) He still has to add a few finishing touches.

Harry가 그림을 다 그렸어? 너무 보고 싶어.

(a) 그래, 정말 아름답지, 안 그래?
(b) 그는 아직 마무리 작업을 약간 더 해야 해.

해설 | Be동사 의문문으로 Harry가 그림을 다 그렸는지 묻는 말에 '아직 마무리 작업을 약간 더 해야 한다'는 말로 아직 다 그리지 않았다는 의미를 전달한 (b)가 정답이다.

오답분석

(a) Is this the painting that Harry made?(이것이 Harry가 그린 그림이니?)와 같은 질문에 적절한 응답이다.

어휘 | **dying to** 몹시 ~하고 싶어 하는 **finishing touch** 마무리 작업

08

Doctor Charles, **is there** any remedy for my back pain?

(a) I'm sure the medicine will wear off soon.
(b) Well, a little rest would go a long way.

Charles 선생님, 요통을 위한 치료법 같은 게 있나요?

(a) 약효는 분명 곧 사라질 거예요.
(b) 음, 약간의 휴식이 큰 도움이 될 거예요.

해설 | is there를 사용하여 요통을 위한 치료법이 있는지 묻는 말에 '약간의 휴식이 큰 도움이 될 거다'라며 조언한 (b)가 정답이다.

오답분석

(a) 질문의 remedy(치료법)와 관련된 medicine(약)을 사용한 오답이다.

어휘 | **remedy** [rémidi] 치료법 **wear off** 차츰 사라지다 **go a long way** 많은 도움이 되다

09

Hello? **Is** Steve O'Neal **there**?

(a) Sure. He'll be back very soon.
(b) Speaking.
(c) I dialed the extension number.
(d) The line is busy right now.

여보세요? Steve O'Neal 씨 **계신가요**?

(a) 물론이죠. 그는 곧 돌아올 거예요.
(b) 말씀하세요.
(c) 전 내선 번호로 걸었는데요.
(d) 지금 통화 중입니다.

해설 | Is ~ there를 사용하여 Steve O'Neal이 자리에 있는지 묻는 말에 '말씀하세요'라는 말로 자신이 Steve O'Neal이라는 의미를 전달한 (b)가 정답이다.

오답분석

(a) No, but he'll be back very soon이 되어야 응답으로 적절하다.
(c) 질문의 전화 상황과 관련된 extension number(내선 번호)를 사용한 오답이다.
(d) 질문의 전화 상황과 관련된 The line is busy(통화 중이다)를 사용한 오답이다.

어휘 | **extension number** (전화의) 내선 번호

10

I didn't know you were sick. **Is** it serious?

(a) Yes, it's much better now.
(b) I'm serious this time.
(c) No, it's nothing major.
(d) I don't want to get sick.

난 네가 아픈 줄 몰랐어. 심각한 거야?

(a) 응, 이제 훨씬 나아졌어.
(b) 나 이번엔 진지해.
(c) 아니, 별거 아니야.
(d) 아프고 싶지 않아.

해설 | Be동사 의문문으로 아픈 상대가 심각한지 묻는 말에 '아니, 별거 아니다'라는 말로 심각하지 않다는 의미를 전달한 (c)가 정답이다.

오답분석
(a) Yes가 아닌 No가 되어야 응답으로 적절하다.
(b) 질문의 serious를 반복해서 사용한 오답이다.
(d) 질문의 sick을 반복해서 사용한 오답이다.

어휘 | **serious**[síːəriəs] 심각한, 진지한

11

So, **are** we still on for lunch tomorrow, Susan?

(a) Maybe. So long as we leave right now.
(b) Certainly. I'm looking forward to it.
(c) Great. I'll tell her to go ahead.
(d) OK, I'll reschedule for another day.

그래서, 우리 내일 점심 약속은 아직 유효한 거지, Susan?

(a) 아마도. 우리가 지금 당장 떠나기만 한다면 말이야.
(b) 그럼. 난 기대하고 있어.
(c) 좋아. 그녀에게 먼저 가라고 말할게.
(d) 그래, 다른 날로 다시 일정을 잡을게.

해설 | Be동사 의문문으로 아직 약속이 유효한지 묻는 말에 '그럼. 나는 기대하고 있다'라는 말로 약속이 유효하다는 의미를 전달한 (b)가 정답이다.

오답분석
(a) Maybe(아마도)가 정답처럼 들려 혼동을 준 오답으로, 내일의 약속에 대해 물었는데 지금 떠나야 약속이 유효하다고 했으므로 틀리다.
(c) 사실을 확인하는 말에 Great(좋아)이라고 답할 수 없으므로 틀리다.
(d) Do you mind if I cancel tomorrow's appointment?(내일 약속을 취소해도 될까?)와 같은 말에 적절한 응답이다.

어휘 | **be on for** (약속 등이) 유효하다   **so long as** ~하기만 한다면

12

I've used up all the wrapping paper. **Is there** any more?

(a) I'm ready to wrap it up.
(b) No, you can use it.
(c) It'd be better if you wrapped it.
(d) Let me check and see.

포장지를 다 써버렸네. 좀 더 있어?

(a) 난 포장할 준비가 됐어.
(b) 아니, 네가 써도 돼.
(c) 포장한다면 더 좋을 텐데.
(d) 확인해볼게.

해설 | Is there를 사용하여 포장지가 좀 더 있는지 묻는 말에 '확인해보겠다'는 말로 포장지가 더 있는지 알아보겠다는 의미를 전달한 (d)가 정답이다.

오답분석
(a) 질문의 wrapping(포장)과 비슷한 wrap up(~을 포장하다)을 사용한 오답이다.
(b) No가 아닌 Yes가 되어야 응답으로 적절하다.
(c) 질문의 wrapping(포장)과 비슷한 wrapped(포장했다)를 사용한 오답이다.

어휘 | **use up** ~을 다 써버리다   **wrapping paper** 포장지   **wrap up** ~을 포장하다, 마무리하다

13

Hello. **Is** this the office of Dr. Stevenson?

(a) Yes, the doctor can see you today.
(b) No, I'm sure he won't be gone long.
(c) Sorry, but you have the wrong number.
(d) You might want to leave a brief message.

여보세요. Dr. Stevenson의 사무실 맞나요?

(a) 네, 의사 선생님께서 오늘 당신을 봐주실 수 있습니다.
(b) 아니요, 그리 오래 나가 계시진 않을 거예요.
(c) 죄송하지만, 잘못 거셨습니다.
(d) 간략한 메시지를 남겨주세요.

해설 | Be동사 의문문으로 자신이 전화한 곳이 Dr. Stevenson의 사무실이 맞는지 확인하는 말에 '잘못 걸었다'는 말로 Dr. Stevenson의 사무실이 아니라는 의미를 전달한 (c)가 정답이다.

(a) Is it OK if I stop by Dr. Stevenson's office today?(제가 오늘 Dr. Stevenson의 사무실에 들러도 괜찮을까요?)와 같은 질문에 적절한 응답이다.

(b) No가 정답처럼 들려 혼동을 준 오답으로, 맞게 전화를 걸었는지 확인하는 말에 그가 곧 돌아올 것이라고 답했으므로 틀리다.

(d) 질문의 전화 상황과 관련된 leave a message(메시지를 남기다)를 사용한 오답이다.

어휘 | **have the wrong number** (전화를) 잘못 걸다   **brief**[bri:f] 간략한, 짧은

14

Are you interested in learning to play the guitar?	기타 치는 것을 배우는 데 관심 있니?
(a) Yeah, I plan to sell my guitar.	(a) 응, 내 기타를 팔 계획이야.
(b) No problem. I can help you pick out an instrument.	(b) 문제없어. 내가 악기 고르는 걸 도와줄게.
(c) Well, I'm surprised how easy it is.	(c) 음, 그게 정말 쉬워서 놀랐어.
(d) Absolutely. I used to dream of becoming a musician.	(d) 당연하지. 한때 음악가가 되는 게 꿈이었어.

해설 | Be동사 의문문으로 기타를 배우는 것에 관심이 있는지 묻는 말에 '한때 음악가가 되는 게 꿈이었다'는 말로 관심이 있다는 의미를 전달한 (d)가 정답이다.

오답분석

(a) 질문의 guitar를 반복해서 사용한 오답이다.

(b) 질문의 guitar(기타)와 관련된 instrument(악기)를 사용한 오답이다.

(c) 기타를 배우는 것에 관심이 있는지 물었는데, 기타를 배우는 게 쉽다고 말했으므로 틀리다.

어휘 | **pick out** ~을 고르다   **instrument**[ínstrəmənt] 악기, 기구

---

3. 기타 일반 의문문

p.76

01 (a)   **02** (b)   **03** (b)   **04** (b)   **05** (b)   **06** (a)   **07** (b)   **08** (a)   **09** (a)   **10** (c)   **11** (a)   **12** (d)   **13** (b)   **14** (c)

01

Excuse me. Could you tell me **where** I can exchange currency?	실례합니다. 어디에서 화폐를 환전할 수 있는지 알려주시겠어요?
(a) You should try on the 3rd floor.	(a) 3층으로 가보세요.
(b) There are many different rates.	(b) 많은 다른 환율들이 있어요.

해설 | Could you tell me로 시작한 일반 의문문이지만 where를 사용하여 환전할 수 있는 장소를 물었으므로 '3층'이라는 장소를 말한 (a)가 정답이다.

오답분석

(b) 질문의 exchange currency(화폐를 환전하다)와 관련된 rates(환율)를 사용한 오답이다.

어휘 | **exchange**[ikstʃéindʒ] 환전하다   **currency**[kə́:rənsi] 화폐

02

There's still some spaghetti left. Care for some more?	아직 스파게티가 좀 남아 있어. 좀 더 먹을래?
(a) By all means. Help yourself.	(a) 그럼. 마음껏 먹으렴.
(b) I'm stuffed, but thanks.	(b) 고맙지만 배불러.

해설 | 문장 앞에 Do you가 생략된 형태로, 스파게티를 좀 더 먹고 싶은지 묻는 말에 '배부르다'는 말로 먹고 싶지 않다는 의미를 전달한 (b)가 정답이다.

오답분석

(a) By all means(그럼)가 정답처럼 들려 혼동을 준 오답으로, Help yourself는 상대방에게 마음껏 먹으라고 하는 말이므로 틀리다.

어휘 | **Care for some more?** 좀 더 먹을래?   **By all means.** (승낙의 대답으로) 그럼.   **help oneself** (음식을) 마음껏 먹다   **stuffed**[stʌft] 배부른

03

Don't you think the ballet was overly dramatic?	그 발레 공연이 지나치게 극적이지 않았어?
(a) Definitely. It wasn't nearly dramatic enough.	(a) 맞아. 그다지 극적이지 않았어.

(b) Yeah, it didn't <u>live up to my expectations</u>. | (b) 그래, 내 기대에 못 미쳤어.

해설 | Don't you think를 사용하여 발레 공연이 지나치게 극적이지 않았는지 의견을 묻는 말에 '내 기대에 못 미쳤다'며 동의한 (b)가 정답이다.

오답분석
(a) Definitely가 아닌 No가 되어야 응답으로 적절하다.

어휘 | live up to ~에 미치다

04

<u>Do you know</u> **how** this vending machine <u>works</u>? | 이 자판기를 어떻게 작동하는지 알아?

(a) I already <u>inserted my coins</u>. | (a) 내가 이미 동전을 넣었는데.
(b) Sure. <u>Put your money in right here</u>. | (b) 물론이지. 바로 여기에 돈을 넣으면 돼.

해설 | Do you know로 시작한 일반 의문문이지만 how를 사용하여 자판기의 작동 방법을 물었으므로 '여기에 돈을 넣으면 된다'는 방법을 말한 (b)가 정답이다.

오답분석
(a) 질문의 vending machine(자판기)과 관련된 inserted my coins(동전을 넣었다)를 사용한 오답이다.

05

Jill, I guess it's about that time. <u>All packed</u> and <u>ready to go</u>? | Jill, 시간이 된 거 같아. 짐을 다 쌌고 갈 준비 됐어?

(a) Sorry, but I <u>forgot to pack it</u>. | (a) 미안해, 그걸 싸는 걸 깜박했어.
(b) Give me just <u>a couple of minutes</u>. | (b) 몇 분만 기다려 줘.

해설 | 문장 앞에 Are you가 생략된 형태로, 짐을 다 쌌고 갈 준비가 되었는지 묻는 말에 '몇 분만 기다려 달라'는 말로 아직 준비가 되지 않았다는 의미를 전달한 (b)가 정답이다.

오답분석
(a) 질문의 packed(싼)와 비슷한 pack(싸다)을 사용한 오답이다.

06

<u>The security</u> at the airport was <u>really tight</u>, **wasn't it**? | 공항의 보안이 정말 철저하더라, 안 그랬니?

(a) It's just for <u>everyone's safety</u>. | (a) 모든 사람의 안전을 위한 거잖니.
(b) No, I thought <u>it was very secure</u>. | (b) 아니, 난 정말 안전하다고 생각했는데.

해설 | wasn't it을 사용하여 공항의 보안이 철저하지 않냐고 사실을 확인하는 말에 '모든 사람의 안전을 위한 것'이라며 수긍하고 그 이유를 설명한 (a)가 정답이다.

오답분석
(b) No가 아닌 Yes가 되어야 응답으로 적절하다.

어휘 | security[sikjúːərəti] 보안   tight[tait] 철저한

07

Don't you want to <u>take a break</u> before we start the meeting? | 회의를 시작하기 전에 휴식을 갖고 싶지 **않나요**?

(a) OK, I'll <u>wait until the meeting's over</u> then. | (a) 좋아요, 그럼 회의가 끝날 때까지 기다릴게요.
(b) It's best <u>to go ahead</u> and <u>get it over with</u>. | (b) 회의를 바로 시작하고 끝내는 것이 제일 좋을 거예요.

해설 | Don't를 사용하여 회의 전에 쉬고 싶지 않은지 의향을 묻는 말에 '회의를 바로 시작하고 끝내는 것이 제일 좋다'는 말로 쉬고 싶지 않다는 의미를 전달한 (b)가 정답이다.

오답분석
(a) 질문의 meeting을 반복해서 사용한 오답이다.

어휘 | go ahead 시작하다, 진행하다   get over with ~을 끝내다

08

The <u>new vacation policy</u> is great, **isn't it**? | 새로운 휴가 정책이 정말 좋지, 안 그래?

(a) Yes, it'll be <u>nice to have more days off</u>.	(a) 그래, 더 많은 휴가가 있어서 좋을 거야.
(b) I'm <u>having a great time, personally</u>.	(b) 나는 개인적으로 아주 좋은 시간을 보내고 있어.

해설 | isn't it을 사용하여 새로운 휴가 정책이 정말 좋지 않냐고 의견을 묻는 말에 '더 많은 휴가가 있어서 좋을 거다'라며 의견에 동의한 (a)가 정답이다.

오답분석
(b) 질문의 great을 반복해서 사용한 오답이다.

09

Yesterday's company picnic was a blast, **wasn't it?**	어제 회사 야유회는 재미있는 행사였어, 안 그랬니?
(a) Actually, I wasn't able to make it.	(a) 사실, 나는 참석 못 했어.
(b) I thought you went to the picnic.	(b) 난 네가 야유회에 간 줄 알았어.
(c) Yeah, let's go there together.	(c) 그래, 같이 가자.
(d) I'll consider it, but I can't promise anything.	(d) 생각해 보겠지만, 아무것도 장담은 못 해.

해설 | wasn't it을 사용하여 회사 야유회가 재미있는 행사였지 않냐고 의견을 묻는 말에 '나는 참석하지 못 했다'는 말로 야유회에 참석하지 못해서 모른다는 의미를 전달한 (a)가 정답이다.

오답분석
(b) 질문의 picnic을 반복해서 사용한 오답이다.
(c) 과거의 일에 대해 묻는 말에 '같이 가자'며 미래 시제로 답했으므로 틀리다.
(d) Why don't we go on a picnic this weekend?(이번 주말에 소풍 가는 것 어때?)과 같은 질문에 적절한 응답이다.

어휘 | **blast**[blæst] 재미있는 행사·경험

10

Didn't the developers do a great job on the new bridge construction?	개발자들이 새로운 다리 건설을 정말 잘 해내지 **않았니?**
(a) No, I found it impressive.	(a) 아니, 난 인상적이라고 생각했어.
(b) There's still time to develop it.	(b) 아직 그것을 개발할 시간이 있어.
(c) Without a doubt. I've never seen anything like it.	(c) 물론이야. 난 그런 것을 본 적이 없어.
(d) Right. It's a sign of inferior construction.	(d) 맞아. 질 낮은 건설의 징조야.

해설 | Didn't를 사용하여 개발자들이 새로운 다리 건설을 정말 잘했다는 의견에 동의를 구하는 말에, '물론이다. 나는 그런 것을 본 적이 없다'며 동의한 (c)가 정답이다.

오답분석
(a) No가 아닌 Yes가 되어야 응답으로 적절하다.
(b) 질문의 developers(개발자들)와 비슷한 develop(개발하다)을 사용한 오답이다.
(d) Right이 아닌 No가 되어야 응답으로 적절하다.

어휘 | **developer**[divéləpər] 개발자 **Without a doubt.** 물론이야. **inferior**[infí:əriər] 질 낮은, 열등한

11

This is the way to the museum, **isn't it?**	이 길이 박물관으로 가는 길 맞지, 아니야?
(a) According to the directions.	(a) 길 안내 표시에 따르면 그래.
(b) No, I haven't been there before.	(b) 아니, 난 거기에 안 가봤어.
(c) Yes, I'll ask and find out.	(c) 그래, 내가 물어서 알아볼게.
(d) I think there's a new exhibit.	(d) 새로운 전시가 있는 것 같더라.

해설 | isn't it을 사용하여 이 길이 박물관으로 가는 길이 맞는지 사실을 확인하는 말에 '길 안내 표시에 따르면 그렇다'는 말로 맞는 것 같다는 의미를 전달한 (a)가 정답이다.

오답분석
(b) Have you ever been to the museum?(너 그 박물관에 가본 적 있니?)과 같은 질문에 적절한 응답이다.
(c) Yes라는 말을 하지 않거나 Yes가 아닌 No가 되어야 응답으로 적절하다.
(d) 질문의 museum(박물관)과 관련된 exhibit(전시)을 사용한 오답이다.

12

Do you know **when** the bakery opens today?	오늘 빵집이 언제 여는지 알아?
(a) It'll be open for a few more hours.	(a) 앞으로 몇 시간 정도는 더 열거야.
(b) It's across from the mall.	(b) 가게 맞은 편이야.
(c) I like their fresh breads.	(c) 난 그곳의 신선한 빵을 좋아해.
(d) Around 9, I think.	(d) 9시쯤일 거야.

해설 | Do you know로 시작한 일반 의문문이지만 when을 사용하여 가게의 개점 시간을 물었으므로 '9시'라는 시간을 말한 (d)가 정답이나.

오답분석
(a) 가게가 언제 여는지 묻는 말에 '몇 시간 정도 더 열거야'라며 언제 닫는지 말했으므로 틀리다.
(b) 시간을 물었는데 장소를 말했으므로 틀리다.
(c) 질문의 bakery(빵집)와 관련된 fresh breads(신선한 빵)를 사용한 오답이다.

13

Don't you think we should invest in the stock market?	우리 주식 시장에 투자해야 할 것 같지 않아?
(a) I wasn't expecting to do so well.	(a) 그렇게 잘 할 거라곤 기대 안 했어.
(b) Well, I've heard it can be risky.	(b) 음, 위험할 수 있다고 들었는데.
(c) I'm glad I took your advice.	(c) 너의 조언을 듣길 잘했어.
(d) I could sell them to you.	(d) 너에게 그것들을 팔 수 있어.

해설 | Don't you think를 사용하여 주식 시장에 투자해야 할 것 같지 않냐고 의견을 묻는 말에 '위험할 수 있다고 들었다'는 말로 의견에 반대하는 의미를 전달한 (b)가 정답이다.

오답분석
(a) I'm so impressed by your performance!(네 성과에 정말 놀랐어!)와 같은 말에 적절한 응답이다.
(c) 질문의 의견을 묻는 상황과 관련된 advice(조언)를 사용한 오답이다.
(d) 질문의 market(시장)과 관련된 sell(팔다)을 사용한 오답이다.

어휘 | invest[invést] 투자하다   stock market 주식 시장   risky[ríski] 위험한

14

I had to step out for a bit. Any messages while I was away?	잠깐 나갔다 와야 했었어요. 제가 없는 동안 온 메세지가 있나요?
(a) Sorry, but you were away from the office.	(a) 미안하지만, 당신이 사무실 밖에 있었어요.
(b) But I've been here the whole time.	(b) 그런데 전 여기에 계속 있었어요.
(c) Only one from a telemarketing agency.	(c) 텔레마케팅 대리점에서 하나가 왔어요.
(d) Yes, they told me you stopped by.	(d) 네, 당신이 들렀었다고 그들이 말해줬어요.

해설 | 문장 앞에 Were there가 생략된 형태로, 밖에 있던 동안에 남겨진 메시지가 있는지 묻는 말에 '하나가 왔다'는 말로 남겨진 메시지가 있다는 의미를 전달한 (c)가 정답이다.

오답분석
(a) 질문의 step out(나가다)과 관련된 away from the office(사무실 밖에)를 사용한 오답이다.
(b) Where were you? I've been looking for you the entire morning(어디 계셨어요? 아침 내내 찾았어요)과 같은 말에 적절한 응답이다.
(d) Yes가 정답처럼 들려 혼동을 준 오답으로, 남겨진 메시지가 있는지 묻는 말에 상대방이 들렀었다는 것을 그들이 말해줬다고 답했으므로 틀리다.

어휘 | step out 나가다   for a bit 잠깐 동안   agency[éidʒənsi] 대리점   stop by 들르다

01

Excuse me, do you know **where** the security desk is in this mall?

(a) You should check with security.
(b) Secure checkout is available.
(c) Try the area next to the food court.
(d) There are all kinds of stores here.

실례지만, 이 상가에 보안 창구가 어디 있는지 아시나요?

(a) 경비실에 문의하셔야 해요.
(b) 안전 점검이 가능합니다.
(c) 푸드 코트 옆쪽에 가 보세요.
(d) 여기엔 모든 종류의 가게가 있습니다.

해설 | do you know로 시작한 일반 의문문이지만 where를 사용하여 보안 창구가 있는 위치를 물었으므로 '푸드 코트 옆'이라는 위치를 말한 (c)가 정답이다.

오답분석
(a) 질문의 security를 반복해서 사용한 오답이다.
(b) 질문의 security(보안)와 비슷한 secure(안전한)를 사용한 오답이다.
(d) 질문의 mall(상가)과 관련된 stores(가게)를 사용한 오답이다.

어휘 | check with ~에게 문의하다　checkout[tʃékàut] 점검, 검사

02

Can I speak to Mrs. Carpenter? It's concerning her job application.

(a) She's not available now, but I'll ask her later.
(b) She's out for lunch, but she'll be back soon.
(c) I understand, but we'll need that in writing.
(d) You're welcome to give her a call.

Mrs. Carpenter와 통화할 수 있을까요? 그녀의 지원서에 관한 전화입니다.

(a) 지금 전화를 받을 수 없지만, 나중에 그녀에게 물어볼게요.
(b) 점심을 먹으러 나갔는데, 금방 올 거예요.
(c) 이해합니다만, 서면으로 해주셔야 합니다.
(d) 그녀에게 전화하셔도 좋습니다.

해설 | Can I를 사용하여 통화하려는 사람을 바꿔달라고 요청하는 말에 '점심을 먹으러 나갔다'는 말로 찾는 사람이 자리에 없다는 의미를 전달한 (b)가 정답이다.

오답분석
(a) She's not available now(그녀는 지금 전화를 받을 수 없어요)가 정답처럼 들려 혼동을 준 오답으로, 전화를 바꿔달라는 말에 나중에 물어보겠다는 응답은 적절하지 않다.
(c) job application을 받는 대명사 that을 사용한 오답으로, 서면으로 해야 하는지 물은 것이 아니므로 틀리다.
(d) 질문의 전화 상황과 관련된 give a call(전화하다)을 사용한 오답이다.

어휘 | concerning[kənsə́:rniŋ] ~에 관한　job application (회사) 지원서　in writing 서면으로, (글로) 써서

03

Jamie should be awake by now, **shouldn't she?**

(a) No, she's already in bed.
(b) You should give it a shot.
(c) It must be after that.
(d) Yeah, I'll see if I can rouse her.

Jamie가 지금쯤이면 일어나야 하지, 안 그래?

(a) 아니야. 그녀는 벌써 침대에 누워있어.
(b) 시도해 봐.
(c) 그 후일 거야.
(d) 그래, 내가 그녀를 깨워볼게.

해설 | shouldn't she를 사용하여 Jamie가 일어나야 하지 않냐고 사실을 확인하는 말에 '내가 그녀를 깨워보겠다'는 말로 Jamie가 일어나야 한다는 의미를 전달한 (d)가 정답이다.

오답분석
(a) 질문의 awake(깨어있는)와 관련된 in bed(침대에 누워있는)를 사용한 오답이다.
(b) 질문의 should를 반복해서 사용한 오답으로, Jamie가 늦잠을 자고 있는 상황인데 시도해 보라고 격려했으므로 틀리다.
(c) 질문에서 특정한 시간을 제시한 것이 아니므로 대명사 that으로 받을 수 없다.

어휘 | give it a shot 시도하다　rouse[rauz] 깨우다

04

Didn't you read the report I sent you?

(a) I didn't know you sent one.
(b) No, I haven't had time to send it.
(c) Sure. I'll look at it after lunch.
(d) In that case, you don't have to read it.

제가 보낸 보고서를 읽지 않으셨나요?

(a) 당신이 그것을 보낸 줄 몰랐어요.
(b) 아니요, 보낼 시간이 없었어요.
(c) 물론이지요. 점심 시간 후에 볼게요.
(d) 그렇다면, 당신은 읽을 필요가 없어요.

해설 | Didn't를 사용하여 보내준 보고서를 읽었는지 사실을 확인하는 말에 '보고서를 보낸 줄 몰랐나'는 말로 읽지 않았다는 의미를 진달한 (a)가 정답이다.

오답분석
(b) No, I haven't had time to(아니요, ~할 시간이 없었어요)가 정답처럼 들려 혼동을 준 오답으로, 보고서를 읽었는지 물었는데 보고서를 보낼 시간이 없었다고 답했으므로 틀리다.
(c) Sure가 아닌 Not yet이 되어야 응답으로 적절하다.
(d) 질문의 read를 반복해서 사용한 오답이다.

05

I heard you had a stomach virus. Are you feeling better?

(a) Yes, my condition has worsened.
(b) No, it's what the doctor told me.
(c) I couldn't get out of bed for 2 days.
(d) Anything would be an improvement over yesterday.

너 복통이 있었다고 들었어. 좀 나아졌니?

(a) 응, 내 상태가 더 악화됐어.
(b) 아니, 의사 선생님께서 나에게 그렇게 말씀하셨어.
(c) 이틀 동안 침대 밖으로도 못 나왔어.
(d) 무엇이 되었든 어제보단 나은 것 같아.

해설 | Be동사 의문문으로 아픈 것이 좀 나아졌는지 몸 상태를 묻는 말에 '무엇이 되었든 어제보단 나은 것 같다'는 말로 상태가 나아졌다는 의미를 전달한 (d)가 정답이다.

오답분석
(a) Yes가 아닌 No가 되어야 응답으로 적절하다.
(b) 질문의 stomach virus(복통)와 관련된 doctor(의사)를 사용한 오답이다.
(c) Was your illness serious?(병이 심각했니?)와 같은 질문에 적절한 응답이다.

06

Did anyone call me this morning?

(a) I'd already left when you called.
(b) I tried to take a message.
(c) I thought you were out of the office.
(d) Not that I'm aware of.

오늘 아침에 저를 찾는 전화가 있었나요?

(a) 당신이 전화했을 때 전 이미 떠났었어요.
(b) 메시지를 받아두려고 했어요.
(c) 사무실 밖에 계신 줄 알았어요.
(d) 제가 알기로는 없어요.

해설 | Do 의문문으로 자신을 찾는 전화가 있었는지 묻는 말에 '내가 알기로는 없다'는 말로 전화가 오지 않았다는 의미를 전달한 (d)가 정답이다.

오답분석
(a) 질문의 call을 반복해서 사용한 오답이다.
(b) 질문의 call(전화하다)과 관련된 take a message(메시지를 받아주다)를 사용한 오답이다.
(c) Why didn't you tell me I had a call?(왜 나에게 전화가 왔다고 말하지 않은 거예요?)과 같은 질문에 적절한 응답이다.

07

Is Stephanie back from school? I need to ask her about an assignment.

(a) Then you should just leave it with me.
(b) I'll check, but I think she already left for school.
(c) Not yet, but I'll have her call you.
(d) I'm sure she'll appreciate your help.

Stephanie가 학교에서 돌아왔어요? 숙제에 대해 물어볼 게 있거든요.

(a) 그럼 그냥 나에게 맡겨둬.
(b) 알아볼게. 그런데 그녀는 벌써 학교에 간 것 같은데.
(c) 아직 안 왔는데, 너한테 전화하라고 할게.
(d) 그녀는 분명 너의 도움을 고마워할 거야.

해설 | Be동사 의문문으로 Stephanie가 학교에서 돌아왔는지 묻는 말에 '아직 안 왔다'는 말로 학교에서 돌아오지 않았다는 의미를 전달한 (c)가 정답이다.

(a) an assignment를 받을 수 있는 대명사 it을 사용한 오답으로, Stephanie에게 숙제에 대해 물어볼 것이 있다고 했는데 나에게 맡겨두라고 했으므로 틀리다.

(b) I'll check(알아볼게)가 정답처럼 들려 혼동을 준 오답으로, 학교에서 돌아왔는지를 물었는데 학교에 간 것 같다고 말했으므로 틀리다.

(d) 질문의 부탁하는 상황과 관련된 appreciate(감사하다), help(도움)를 사용한 오답이다.

08

I bought a new coat this morning. Want to see it?

(a) Well, if you think we can afford it.
(b) Maybe later. I'm expecting an urgent phone call.
(c) I'm not sure it fits me well.
(d) I've been looking for it all day.

나 오늘 아침에 새 코트 샀어. 볼래?

(a) 음, 네가 만약 우리가 그걸 살 여유가 있다고 생각한다면.
(b) 나중에. 난 긴급한 전화를 기다리고 있거든.
(c) 나한테 잘 맞는 건지 모르겠어.
(d) 하루 종일 그걸 찾고 있었어.

해설 | 문장 앞에 Do you가 생략된 형태로, 새로 산 코트를 보고 싶은지 묻는 말에 '나중에'라는 말로 지금은 볼 수 없다는 의미를 전달한 (b)가 정답이다.

오답분석

(a) 질문의 bought(샀다)와 관련된 afford(여유가 있다)를 사용한 오답이다.

(c) 질문의 new coat(새 코트)와 관련된 fits me well(나에게 잘 맞는다)을 사용한 오답이다.

(d) I found your wallet under the seat(의자 밑에서 네 지갑을 찾았어)과 같은 말에 적절한 응답이다.

어휘 | **afford**[əfɔ́ːrd] ~을 할 (시간적·경제적) 여유가 있다 **fit**[fit] (의복 등이) 맞다

09

Is it a good idea to have a credit card?

(a) It depends on your credit report.
(b) You might want to consider charging it.
(c) Yeah, just make sure to use it responsibly.
(d) I'd ask if they accept them here.

신용 카드를 만드는 게 좋은 생각일까?

(a) 그건 너의 신용 정보에 따라 달라.
(b) 그걸 청구하는 걸 생각해보는 게 좋을 거야.
(c) 응, 단지 꼭 책임감 있게 써야 해.
(d) 그들이 그것들을 여기서 받는지 물어봐야겠다.

해설 | Be동사 의문문으로 신용 카드를 만드는 것이 좋은 생각인지 의견을 묻는 말에 '응, 단지 책임감 있게 써야 한다'는 말로 만들어도 좋다는 의견을 말한 (c)가 정답이다.

오답분석

(a) It depends(~에 따라 다르다)가 정답처럼 들려 혼동을 준 오답으로, 신용 카드를 만드는 것이 좋은 생각인지 물었는데, 신용 카드를 만들 수 있는 조건을 말했으므로 틀리다.

(b) 질문의 credit card(신용 카드)와 관련된 charging(청구하는 것)을 사용한 오답이다.

(d) 질문의 credit card(신용 카드)와 관련된 accept(받다)를 사용한 오답이다.

어휘 | **credit report** 신용 정보 **charge**[tʃɑːrdʒ] 청구하다 **make sure** 꼭 ~하다 **responsibly**[rispánsəbli] 책임감 있게

10

Brian, **have** you made preparations for our anniversary celebration?

(a) You already told me to prepare it.
(b) I don't know. It seems like it might be fun.
(c) Very nice. That'll be quite a celebration.
(d) I'm planning to do it later. After the weekend.

Brian, 우리 기념일 축하를 준비했어?

(a) 넌 이미 나한테 그거 준비하라고 말했어.
(b) 모르겠어. 재미있을 거 같아.
(c) 아주 좋아. 괜찮은 축하가 되겠는걸.
(d) 나중에 할 계획이야. 주말 지나고서.

해설 | have를 사용하여 기념일 축하 준비를 완료했는지 묻는 말에 '나중에 할 계획이다'라는 말로 아직 준비하지 않았다는 의미를 전달한 (d)가 정답이다.

오답분석

(a) 질문의 made preparations(준비했다)와 비슷한 prepare(준비하다)를 사용한 오답이다.

(b) Are you going to the party?(너 파티에 가니?)와 같은 질문에 적절한 응답이다.

(c) 질문의 celebration을 반복해서 사용한 오답이다.

어휘 | **preparation**[prèpəréiʃən] 준비 **anniversary**[æ̀nəvə́ːrsəri] 기념일 **celebration**[sèləbréiʃən] 축하

11

Is next semester's seminar really required, Dr. Phillips?

(a) Only for economics majors.
(b) Yes, you don't have to take it.
(c) Well, it's not too late to register.
(d) It covers international topics.

Dr. Phillips, 다음 학기 세미나가 정말 필수인가요?

(a) 경제학 전공자들에게만 필수란다.
(b) 그래, 네가 꼭 들어야 하는 건 아니란다.
(c) 글쎄, 등록하기에 너무 늦진 않았단다.
(d) 그건 국제적인 주제들을 다룬단다.

해설 | Be동사 의문문으로 다음 학기 세미나가 필수인지 묻는 말에 '경제학 전공자들에게만'이라는 말로 모든 학생에게 필수는 아니라는 의미를 전달한 (a)가 정답이다.

오답분석
(b) Yes가 아닌 No가 되어야 응답으로 적절하다.
(c) 질문의 seminar(세미나)와 관련된 register(등록하다)를 사용한 오답이다.
(d) What is the course about?(수업이 무엇에 관한 건가요?)과 같은 질문에 적절한 응답이다.

어휘 | **semester**[siméstər] 학기 **required**[rikwáiərd] 필수의 **economics**[ì:kənámiks] 경제학 **international**[ìntərnǽʃənl] 국제적인

12

Do you think Albert deserved to be appointed director?

(a) I felt he was dismissed prematurely.
(b) He said he'll seek the appointment.
(c) His popularity was never in question.
(d) As much as anyone else around here.

Albert가 지도자로 임명될 만하다고 생각하세요?

(a) 저는 그가 성급하게 해고당했다고 느꼈어요.
(b) 그는 임명되기 위해 애쓸 것이라고 말했어요.
(c) 그의 인기는 문제가 된 적이 없어요.
(d) 여기 있는 다른 사람들만큼이나요.

해설 | Do you think를 사용하여 Albert가 지도자로 임명될 만한지에 대한 의견을 묻는 말에 '여기 있는 다른 사람들만큼 그렇게 생각한다'는 말로 지도자로 임명될 만하다는 의미를 전달한 (d)가 정답이다.

오답분석
(a) I felt he was(저는 그가 ~라고 느꼈어요)가 정답처럼 들려 혼동을 준 오답으로, 해고당했다는 것은 질문의 지도자로 임명됐다는 말과 맞지 않으므로 틀리다.
(b) 질문의 appointed(임명되다)와 비슷한 appointment(임명)를 사용한 오답이다.
(c) 인기가 있다고 해서 지도자로 임명되는 것은 아니므로 틀리다.

어휘 | **appoint**[əpɔ́int] 임명하다 **dismiss**[dismís] 해고하다 **prematurely**[prì:mətʃúərli] 성급하게

Course 3 평서문

1. 감정 전달 평서문   p.84

01 (b) 02 (b) 03 (b) 04 (b) 05 (a) 06 (b) 07 (a) 08 (b) 09 (c) 10 (b) 11 (d) 12 (b) 13 (d) 14 (c)

01

It was nice meeting you, Mr. Scott.

(a) It's nice of you to say so.
(b) Great to meet you, too.

Mr. Scott, 만나 뵙게 되어서 반가웠습니다.

(a) 그렇게 말씀해 주시다니 친절하시네요.
(b) 저도 반가웠어요.

해설 | It was nice ~라며 반가웠다고 인사하는 말에 '나도 반가웠다'며 함께 인사한 (b)가 정답이다.

오답분석
(a) Your haircut looks nice, Mr. Scott(머리 모양이 멋지시네요, Mr. Scott)과 같은 말에 적절한 응답이다.

02

Thanks for letting me stay at your apartment.

(a) That's not a bad idea.
(b) Don't mention it.

너의 아파트에서 지내게 해줘서 **고마워.**

(a) 그거 괜찮은 생각인데.
(b) 천만에.

해설 | Thanks for ~라며 아파트에서 지내게 해준 것에 대해 감사하는 말에 '천만에'라고 말한 (b)가 정답이다.

오답분석
(a) Why don't you stay at my place?(우리 집에 머무는 건 어떻겠니?)와 같은 질문에 적절한 응답이다.

03

I'm terribly sorry that I broke your sunglasses.

(a) I'll buy you a new pair.
(b) It's no big deal.

너의 선글라스를 부러뜨린 것 정말 미안해.

(a) 새 것 사줄게.
(b) 별거 아냐.

해설 | I'm terribly sorry ~라며 선글라스를 부러뜨린 것에 대해 사과하는 말에 '별거 아니다'라며 사과를 받아준 (b)가 정답이다.

오답분석
(a) 선글라스를 부러뜨려서 미안하다는 말에 이어서 할 만한 말을 보기로 제시하여 혼동을 준 오답이다.

04

I'm worried that I failed the biology exam yesterday.

(a) You'll do great.
(b) I'm sure you did fine.

나 어제 생물학 시험을 망친 것 같아서 걱정돼.

(a) 넌 잘할 거야.
(b) 분명 잘했을 거야.

해설 | I'm worried ~라며 시험을 망친 것에 대해 걱정하는 말에 '분명 잘했을 것이다'라고 격려한 (b)가 정답이다.

오답분석
(a) 과거에 친 시험에 대해 걱정하는 말에 미래에 잘할 것이라고 말했으므로 틀리다.

어휘 | biology[baiɑ́lədʒi] 생물학

05

I can't believe I received such a huge bonus this year.

(a) Congratulations. You deserve it.
(b) You'll get it soon enough.

올해 이렇게 많은 보너스를 받은 걸 믿을 수가 없네요.

(a) 축하해요. 당신은 그것을 받을 만해요.
(b) 곧 받으실 거예요.

해설 | I can't believe ~라며 많은 보너스를 받은 것에 대해 기뻐하는 말에 '당신은 그것을 받을 만하다'고 축하한 (a)가 정답이다.

오답분석
(b) a huge bonus를 받는 대명사 it을 사용한 오답으로, 이미 보너스를 받은 상황인데 곧 보너스를 받을 것이라고 말했으므로 틀리다.

어휘 | huge[hjúːdʒ] 큰, 거대한   deserve[dizə́ːrv] ~할 만한 가치가 있다

06

I haven't heard from Charlie since he moved.

(a) You should ask him first.
(b) He's probably just busy.

Charlie가 이사한 후로 소식을 듣지 못했어.

(a) 그에게 먼저 물어봐야 해.
(b) 아마 그냥 바빠서 그럴 거야.

해설 | 소식을 듣지 못한 친구에 대해 걱정하는 말에 '아마 그냥 바빠서 그럴 거다'라며 위로한 (b)가 정답이다.

오답분석
(a) Do you think I can use Charlie's computer?(내가 Charlie의 컴퓨터를 써도 될 것 같니?)와 같은 질문에 적절한 응답이다.

07

I'm feeling extremely uneasy about tomorrow's exam.

(a) Try not to be so uptight.
(b) I'll keep you posted on the results.

내일 시험 때문에 대단히 불안해.

(a) 너무 초조해하지 마.
(b) 결과에 대한 정보를 너에게 알려줄게.

해설 | I'm feeling extremely uneasy ~라며 내일 있을 시험에 대해 걱정하는 말에 '너무 초조해하지 말라'고 격려한 (a)가 정답이다.

오답분석
(b) 질문의 exam(시험)과 관련된 results(결과)를 사용한 오답이다.

어휘 | uneasy[ʌníːzi] 불안한 uptight[ʌ́ptàit] 초조한 keep ~ posted ~에게 정보를 알리다

08

I feel **I really owe you an apology for** standing you up like that.

(a) I hadn't thought about it that way.
(b) It's understandable. You had a good excuse.

널 그렇게 바람맞힌 것에 대해 사과해야 할 것 같아.

(a) 난 그런 식으로는 생각해본 적 없는데.
(b) 이해할 수 있어. 그럴 만한 이유가 있었잖니.

해설 | I really owe you an apology for ~라며 바람맞힌 것에 대해 사과하는 말에 '이해할 수 있다'며 사과를 받아준 (b)가 정답이다.

오답분석
(a) 질문의 I feel(나는 ~라고 생각한다)과 비슷한 I thought(나는 ~라고 생각했다)을 사용한 오답이다.

어휘 | owe ~ an apology ~에게 사과할 일이 있다 stand ~ up ~를 바람맞히다 understandable[ʌ̀ndərstǽndəbl] 이해할 수 있는
excuse[ikskjúːz] 이유, 변명

09

Tim, **I'm delighted** to finally meet you.

(a) It's always nice to see you.
(b) I've enjoyed it very much.
(c) Pleased to meet you too.
(d) I look forward to it.

Tim, 마침내 너를 만나게 되어서 **기뻐**.

(a) 너를 만나는 건 항상 좋아.
(b) 정말 즐거웠어.
(c) 나도 만나서 **기뻐**.
(d) 기대하고 있어.

해설 | I'm delighted ~라며 상대방을 만난 것에 대해 기뻐하는 말에 '나도 만나서 기쁘다'며 동감한 (c)가 정답이다.

오답분석
(a) 마침내(finally) 만났다는 말에 상대방을 만나는 것이 항상(always) 좋다는 응답은 적절하지 않다.
(b) 질문의 delighted(기쁜)와 관련된 enjoyed(즐겼다)를 사용한 오답이다.
(d) 화자들이 이미 만난 상황인데 미래에 만날 것을 기대하고 있다고 했으므로 틀리다.

어휘 | delighted[diláitid] 기쁜 finally[fáinəli] 마침내 pleased[pliːzd] 기쁜

10

It was nice talking with you.

(a) Talk about it later.
(b) I had a good time, too.
(c) Some other time then.
(d) It could be better.

너와 이야기를 나눌 수 있어서 **좋았어**.

(a) 그것에 대해 나중에 이야기하자.
(b) 나 역시 좋은 시간이었어.
(c) 그렇다면 다음에.
(d) 별로야.

해설 | It was nice ~라며 이야기를 나눌 수 있어서 즐거웠다고 인사하는 말에 '나 역시 좋은 시간이었다'며 동감한 (b)가 정답이다.

오답분석
(a) 질문의 talking(이야기하는 것)과 비슷한 Talk(이야기하다)를 사용한 오답이다.
(c) Sorry, but I can't go shopping with you today(미안하지만, 오늘 너와 쇼핑을 갈 수 없어)와 같은 말에 적절한 응답이다.
(d) Do you like the soup?(그 수프 어때?)과 같은 질문에 적절한 응답이다.

11

Excuse me, but **I'm afraid** my steak is undercooked.

(a) Don't worry. It happens all the time.
(b) You can't change your order now.
(c) I hope it turns out all right.
(d) We'll prepare another one right away, ma'am.

실례지만, 제 스테이크가 덜 익은 것 같네요.

(a) 걱정 마세요. 항상 일어나는 일이에요.
(b) 지금 주문을 변경하실 수는 없습니다.
(c) 결과가 괜찮기를 바라요.
(d) 곧 다른 것을 준비해 드리겠습니다, 손님.

해설 | I'm afraid ~라며 스테이크가 덜 익은 것 같다고 음식에 대해 불평하는 말에 '곧 다른 것을 준비해 드리겠다'며 조치를 취한 (d)가 정답이다.

오답분석

(a) 음식에 대해 불평하는 말에 '걱정 마세요'라는 응답은 적절하지 않다.

(b) 질문의 steak(스테이크)와 관련된 order(주문)를 사용한 오답이다.

(c) I'm nervous because this is my first time to cook by myself(직접 요리하는 것이 처음이라서 긴장돼요)와 같은 말에 적절한 응답이다.

어휘 | undercooked[ʌ́ndərkukt] 덜 익은, 덜 조리된   turn out (결과가) ~이 되다

12

I'm so excited! I got a college scholarship!	나 정말 신나! 대학 장학금을 받았어!
(a) I'm happy you went to college.	(a) 네가 대학에 갔다니 기뻐.
(b) Wow! I'm so envious of you.	(b) 와! 네가 정말 부럽구나.
(c) I'll apply for it later.	(c) 나중에 지원할게.
(d) The job does sound exciting.	(d) 그 일 정말 재미있을 것 같아.

해설 | I'm so excited라며 장학금을 받은 것에 대해 기뻐하는 말에 '와! 네가 정말 부럽다'라고 말한 (b)가 정답이다.

오답분석

(a) I'm happy(기쁘다)가 정답처럼 들려 혼동을 준 오답으로, 대학에서 장학금을 받은 것에 대해 기뻐했는데 대학에 가서 기쁘다고 했으므로 틀리다.

(c) 질문의 college(대학)와 관련된 apply for(~에 지원하다)를 사용한 오답이다.

(d) 질문의 excited(신이 난)와 비슷한 exciting(재미있는)을 사용한 오답이다.

어휘 | scholarship[skάlərʃìp] 장학금   envious[énviəs] 부러운   apply for ~에 지원하다

13

I would've been here earlier, but I got lost on the way to your neighborhood.	더 일찍 올 수도 있었는데 너희 동네로 오는 도중에 길을 잃어버렸어.
(a) Yeah, I know the way here.	(a) 그래, 난 여기로 오는 길을 알아.
(b) I thought about moving closer to town.	(b) 시내에 가까운 곳으로 이사 가는 것을 생각해봤어.
(c) I'll bet the neighbors wouldn't mind.	(c) 이웃들은 신경 쓰지 않을 거라고 장담해.
(d) That's OK. At least you finally made it.	(d) 괜찮아. 어쨌든 결국 정시에 도착했잖니.

해설 | I would've been ~이라며 더 일찍 오지 못한 것에 대해 사과하는 말에 '괜찮다'며 사과를 받아준 (d)가 정답이다.

오답분석

(a) 질문의 got lost(길을 잃었다)와 관련된 know the way(길을 알다)를 사용한 오답이다.

(b) Your house seems far from town(너네 집은 시내에서 먼 것 같아)과 같은 말에 적절한 응답이다.

(c) 질문의 neighborhood(동네)와 비슷한 neighbors(이웃)를 사용한 오답이다.

어휘 | get lost 길을 잃다   on the way to ~로 오는 도중에   at least 어쨌든   make it 정시에 도착하다

14

It's a shame to throw out all of these leftovers.	여기 남은 음식을 다 버리려니 유감인데.
(a) Yeah. I'll be glad to leave some.	(a) 그래. 기꺼이 좀 남겨둘게.
(b) Let's throw in some spices too.	(b) 양념도 조금 넣자.
(c) I was just thinking the same thing.	(c) 나도 방금 같은 생각을 하고 있었어.
(d) It looks like there's plenty left over.	(d) 잔뜩 남아 있는 것 같아.

해설 | It's a shame ~이라며 남은 음식을 다 버리는 것에 대해 유감을 나타내는 말에 '나도 방금 같은 생각을 하고 있었다'며 동감한 (c)가 정답이다.

오답분석

(a) Please leave some for Mike(Mike를 위해서 좀 남겨줘)와 같은 말에 적절한 응답이다.

(b) 질문의 throw out(~을 버리다)과 비슷한 throw in(~을 넣다)를 사용한 오답이다.

(d) 질문의 leftovers(남은 음식)와 비슷한 left over(남아 있다)를 사용한 오답이다.

어휘 | it's a shame 유감이다   throw out ~을 버리다   leftover[léftòuvər] 남은 음식, 나머지   throw in ~을 넣다   spice[spais] 양념

01 (a)	02 (b)	03 (a)	04 (b)	05 (b)	06 (b)	07 (b)	08 (b)	09 (c)	10 (d)	11 (b)	12 (d)	13 (a)	14 (c)

01

Hello, **I'd like to speak** to Shelley.

(a) She's not in at the moment.
(b) Thanks for calling, Shelley.

여보세요, Shelley와 통화하고 싶습니다.

(a) 지금 안 계십니다.
(b) 전화주셔서 감사합니다. Shelley.

해설 | I'd like to speak to라며 Shelley를 바꿔달라는 요청에 '지금 안 계십니다'라는 말로 지금은 바꿔드릴 수 없다는 의미를 전달한 (a)가 정답이다.
오답분석
(b) Shelley를 바꿔달라고 했으므로 Shelley에게 '전화해줘서 감사하다'고 하는 것은 틀리다.

02

Your new laptop **looks really nice**.

(a) Thanks, but I **bought one last month.**
(b) Yeah, it's the latest design.

너의 새 노트북 정말 좋아 보인다.

(a) 고맙지만, 지난달에 하나 샀어.
(b) 응, 최신 디자인이야.

해설 | looks really nice라며 칭찬하는 말에 '최신 디자인'이라고 설명한 (b)가 정답이다.
오답분석
(a) Would you like my old bike?(내 오래된 자전거 가질래?)와 같은 질문에 적절한 응답이다.
어휘 | laptop[læptɑp] 노트북 latest[léitist] 최신의

03

I hope you didn't get lost on your way over here.

(a) No, your directions were perfect.
(b) I tried not to lose it.

여기 오는 길에 길을 잃지 않기를 바라.

(a) 길을 잃지 않았어, 네가 알려준 길이 정확했어.
(b) 그것을 잃어버리지 않도록 노력했어.

해설 | I hope ~라며 오는 길에 길을 잃지 않았기를 바란다는 말에 '네가 알려준 길이 정확했다'는 말로 길을 잃지 않았다는 의미를 전달한 (a)가 정답이다.
오답분석
(b) lose의 다양한 의미(길을 잃다, 물건을 잃어버리다)를 사용한 오답이다.

04

I'm thinking about going out to see the fall colors.

(a) It'll probably clear up tomorrow.
(b) Good idea. Maybe I'll join you.

가을의 빛깔을 보러 밖에 나가볼까 생각 중이야.

(a) 내일은 아마도 맑아질 거야.
(b) 좋은 생각이야. 나도 같이 갈게.

해설 | I'm thinking about ~이라며 밖에 나갈 생각이라는 계획을 전하는 말에 '좋은 생각이다'라며 같이 가겠다고 호응한 (b)가 정답이다.
오답분석
(a) I wanted to take a trip tomorrow, but I'm worried about the rain(내일 여행을 가고 싶었는데 비 때문에 걱정이야)과 같은 말에 적절한 응답이다.
어휘 | clear up (날씨가) 맑아지다

05

Make sure you finish your homework.

(a) No problem. I'll look over it.
(b) Don't worry. I will.

반드시 숙제를 끝내거라.

(a) 문제없어요. 제가 조사할게요.
(b) 걱정 마세요. 그렇게 할게요.

해설 | Make sure ~라며 숙제를 끝내라고 당부하는 말에 '그렇게 할 것'이라며 당부를 받아들인 (b)가 정답이다.

오답분석

(a) No problem(문제없어요)이 정답처럼 들려 혼동을 준 오답으로, 조사한다는 것은 숙제를 끝내는 것과 관계가 없으므로 틀리다.

어휘 | look over ~을 조사하다

06

I really like your new furniture.	너의 새 가구 정말 맘에 든다.
(a) Thanks. I've had the table for years.	(a) 고마워. 몇 년간 가지고 있던 식탁이야.
(b) Me too. And I got it all for half price.	(b) 나도. 게다가 전부 절반 가격에 샀어.

해설 | I really like ~라며 칭찬하는 말에 '전부 절반 가격에 샀다'고 설명한 (b)가 정답이다.

오답분석

(a) Thanks(고마워)가 칭찬처럼 들려 혼동을 준 오답으로, 새로 산 가구에 대해 칭찬했는데 몇 년간 가지고 있었다고 했으므로 틀리다.

07

We should keep an eye out for a gas station.	우린 주유소가 있나 주의해서 봐야 해.
(a) It's the one on the corner.	(a) 모퉁이에 있는 그거야.
(b) Yeah, we'll have to fill up soon.	(b) 그래, 곧 기름을 채워야겠다.

해설 | 주유소가 있는지 주의해서 봐야 한다는 제안에 '곧 기름을 채워야겠다'며 동의한 (b)가 정답이다.

오답분석

(a) Which gas station did we go last time?(우리 지난번에 어느 주유소에 갔었지?)과 같은 질문에 적절한 응답이다.

어휘 | keep an eye out for (사람·사물 등이 나타나는지) 주의해서 보다   fill up (연료 등을) 채우다

08

I think you may need to have your eyes examined.	넌 시력 검사를 받을 필요가 있는 것 같아.
(a) I haven't done it yet.	(a) 그건 아직 안 했어.
(b) I'm not sure that's necessary.	(b) 난 그게 필요한지 모르겠어.

해설 | I think ~라며 시력 검사를 받으라고 충고하는 말에 '그게 필요한지 모르겠다'며 충고를 받아들이지 않은 (b)가 정답이다.

오답분석

(a) Did you take your eye test?(시력 검사 받았어?)와 같은 질문에 적절한 응답이다.

어휘 | examine [igzǽmin] 검사하다

09

Excuse me. I need to open a savings account.	실례합니다. 예금 계좌를 개설하려고 합니다.
(a) Sorry, but your account is overdrawn.	(a) 죄송하지만, 계좌 잔고 이상으로 인출하셨습니다.
(b) You'll need to sign it first.	(b) 먼저 서명하셔야 합니다.
(c) Someone will be right with you.	(c) 직원이 곧 도와드릴 것입니다.
(d) That's the best rate we can offer.	(d) 그게 저희가 제시할 수 있는 가장 높은 이자율입니다.

해설 | I need to ~라며 예금 계좌를 개설하겠다는 요청에 '직원이 곧 도와드릴 것입니다'라며 요청을 받아들인 (c)가 정답이다.

오답분석

(a) 질문의 account를 반복해서 사용한 오답이다.

(b) Is the document ready to be processed?(그 서류 처리될 준비가 되었나요?)와 같은 질문에 적절한 응답이다.

(d) 질문의 a savings account(예금 계좌)와 관련된 rate(이자율)를 사용한 오답이다.

어휘 | savings account 예금 계좌   overdraw [ðuvərdrɔ́:] 은행 잔고 이상으로 인출하다

10

I'd like to invite you to Daniel's graduation next week.	다음 주에 있을 Daniel의 졸업식에 널 초대하고 싶어.
(a) He'll be excited to see you.	(a) 그가 널 보면 기뻐할 거야.
(b) You said he could make it.	(b) 그가 참석할 수 있다고 네가 말했잖아.
(c) I knew he would succeed.	(c) 그가 성공할 줄 알았어.
(d) I'll be sure to attend.	(d) 꼭 참석하도록 할게.

해설 | I'd like to ∼라며 졸업식에 초대하고 싶다는 제안에 '꼭 참석하겠다'며 제안을 수락한 (d)가 정답이다.

오답분석
(a) 졸업식에 초대하고 싶다는 말에 이어서 할 만한 말을 보기로 제시하여 혼동을 준 오답이다.
(b) 질문의 초대하는 상황과 관련된 make it(참석하다)을 사용한 오답이다.
(c) graduation(졸업)을 succeed(성공하다)로 보기 어려우므로 틀리다.

어휘 | graduation [græ̀dʒuéiʃən] 졸업식, 졸업

11

Your new house is **incredible**!	너의 새집은 정말 놀랍구나!
(a) I'm so happy for you.	(a) 네가 잘 되어서 정말 기뻐.
(b) I thought you would like it.	(b) 네가 좋아할 줄 알았어.
(c) You made a great decision.	(c) 광장한 결정을 했구나.
(d) Don't miss out on it.	(d) 그걸 놓치지 마.

해설 | incredible이라며 칭찬하는 말에 '네가 좋아할 줄 알았다'며 만족을 표시한 (b)가 정답이다.

오답분석
(a) I'm so happy(정말 기뻐)가 정답처럼 들려 혼동을 준 오답으로, 집에 대해 칭찬했는데 상대방이 잘 되어서 기쁘다고 답했으므로 틀리다.
(c) I finally decided to buy my own house(결국 내 집을 사기로 결정했어)와 같은 말에 적절한 응답이다.
(d) I heard there's a sale at the department store(백화점에서 세일을 한다고 들었어)와 같은 말에 적절한 응답이다.

어휘 | incredible [inkrédəbl] 놀라운, 믿을 수 없는   miss out on ∼을 놓치다

12

Please don't smoke here. It's a non-smoking section.	여기서 담배를 피우지 마. 금연 구역이잖니.
(a) It's the wrong section.	(a) 그 구역이 아니야.
(b) I really tried to quit.	(b) 끊으려고 노력했어.
(c) I didn't know you smoked.	(c) 네가 담배를 피웠는지 몰랐었어.
(d) Sorry. I didn't know.	(d) 미안해. 몰랐어.

해설 | Please don't ∼이라며 이곳에서 담배를 피우지 말라고 명령하는 말에 '금연 구역인지 몰랐다'며 명령을 받아들인 (d)가 정답이다.

오답분석
(a) 질문의 section을 반복해서 사용한 오답이다.
(b) 질문의 smoking(흡연)과 관련된 quit(끊다)을 사용한 오답이다.
(c) 질문의 smoking(흡연)과 비슷한 smoked(담배를 피웠다)를 사용한 오답이다.

13

I think something's wrong with the DVD player.	DVD 플레이어가 뭔가 잘못된 것 같아.
(a) I thought we just had it fixed.	(a) 고친지 얼마 안 됐다고 생각했는데.
(b) I can't tell which brand is best.	(b) 어떤 상표가 제일 좋은지 모르겠어.
(c) We can watch it together.	(c) 우리는 그걸 같이 볼 수 있어.
(d) But I prefer a different kind.	(d) 그렇지만 나는 다른 종류가 더 좋아.

해설 | I think ∼라며 DVD 플레이어가 잘못된 것 같다는 의견을 전하는 말에 '고친지 얼마 안 됐다고 생각했다'는 의견을 말한 (a)가 정답이다.

오답분석
(b) DVD 플레이어에 이상이 있다고 말하는 상황인데 어떤 상표가 좋은지 모르겠다고 말했으므로 틀리다.
(c) 질문의 DVD player(DVD 플레이어)와 관련된 watch(보다)를 사용한 오답이다.
(d) I would recommend this brand(난 이 상표를 추천하겠어)와 같은 말에 적절한 응답이다.

14

I'm going to plan a celebration for Kim's retirement.	Kim의 퇴직 축하 파티를 계획하려고 해요.
(a) I'll see her again soon.	(a) 저는 곧 그녀를 다시 볼 거예요.
(b) I'll have another go at it.	(b) 저는 다시 한번 시도해볼 거예요.
(c) She'll really appreciate that.	(c) 그녀가 정말 고마워할 거예요.

(d) She's at work right now.

(d) 그녀는 지금 근무 중이에요.

해설 | I'm going to ~라며 Kim의 퇴직 축하 파티를 계획할 것이라는 말에 '그녀가 정말 고마워할 것이다'라며 좋은 계획이라는 의미를 전달한 (c)가 정답이다.

오답분석

(a) Kim을 받는 대명사 her를 사용한 오답으로, 곧 다시 본다는 말은 퇴직 축하 계획과 관련이 없으므로 틀리다.

(b) Would you like to try the game again?(그 게임을 다시 해 볼래요?)과 같은 질문에 적절한 응답이다.

(d) 질문의 retirement(퇴직)와 관련된 work(직장)를 사용한 오답이다.

어휘 | retirement[ritáiərmənt] 퇴직   have a go at ~을 시도해 보다

3. 정보 전달 평서문

p.94

| 01 (b) | 02 (b) | 03 (b) | 04 (a) | 05 (a) | 06 (b) | 07 (b) | 08 (b) | 09 (b) | 10 (c) | 11 (a) | 12 (c) | 13 (b) | 14 (d) |

01

Excuse me. I lost my wallet on the train somewhere.

(a) I thought your ticket was in your wallet.
(b) Well, I'll do my best to help you locate it.

실례합니다. 기차 어딘가에서 지갑을 잃어버렸어요.

(a) 전 당신의 표가 당신의 지갑 안에 있는 줄 알았어요.
(b) 음, 그것을 찾으실 수 있도록 최선을 다하겠습니다.

해설 | 기차에서 지갑을 잃어버렸다는 문제점에 대해 '그것을 찾을 수 있도록 최선을 다하겠다'라며 도와주겠다는 의향을 전한 (b)가 정답이다.

오답분석

(a) 질문의 wallet을 반복해서 사용한 오답이다.

어휘 | do one's best 최선을 다하다   locate[lóukeit] 찾아내다

02

Your bridal gown is ready to be picked up.

(a) Please pick it up as soon as possible.
(b) Finally! I was starting to worry.

신부 의상이 가져가실 수 있도록 준비되었습니다.

(a) 가능한 한 빨리 가져가세요.
(b) 드디어 됐군요! 걱정되기 시작하고 있었어요.

해설 | 신부 의상이 준비되었다는 사실을 전하는 말에 '드디어 됐다!'며 기쁨을 표현한 (b)가 정답이다.

오답분석

(a) 질문의 pick up을 반복해서 사용한 오답이다.

03

Lori has a big date on Friday.

(a) She'd better hurry up.
(b) I'm happy to hear that.

Lori가 금요일에 중요한 데이트가 있대.

(a) 그녀는 서두르는 게 좋을 거야.
(b) 그 소식을 들으니 기쁜데.

해설 | Lori가 금요일에 중요한 데이트가 있다는 좋은 소식을 전하는 말에 '그 소식을 들으니 기쁘다'며 함께 기뻐한 (b)가 정답이다.

오답분석

(a) Lori has an important meeting with the boss in 10 minutes(Lori는 10분 후에 사장님과 중요한 회의가 있어)와 같은 말에 적절한 응답이다.

04

I feel like I'm coming down with a cold.

(a) Then you should get some rest.
(b) Maybe it will warm up soon.

나 감기 걸린 것 같아.

(a) 그럼 너 좀 쉬어야겠다.
(b) 아마 곧 따뜻해질 거야.

해설 | 감기 걸린 것 같다는 말에 '좀 쉬어야 한다'며 충고한 (a)가 정답이다.

오답분석

(b) 질문의 cold(감기, 차가운)와 관련된 warm up(따뜻해지다)을 사용한 오답이다.

어휘 | come down with (병에) 걸리다

05

I got your car started. It's running fine now.
(a) **You're a lifesaver.**
(b) Thanks. I'm glad someone noticed.

내가 네 차의 시동이 걸리도록 해놨어. 이제 잘 가네.
(a) 넌 구세주야.
(b) 고마워. 누군가가 발견해서 다행이야.

해설 | 자동차 시동이 걸리도록 해놓았고 이제 잘 간다는 사실을 전하는 말에 '넌 구세주야'라며 감사한 (a)가 정답이다.

오답분석
(b) Thanks(고마워)가 정답처럼 들려 혼동을 준 오답으로, 차의 문제가 해결된 상황인데 문제점을 누군가 발견해서 다행이라고 헸으므로 틀리다.

어휘 | lifesaver [láifsèivər] 구세주, 생명의 은인

06

Oh no! I burned the cake and the guests will be arriving soon.
(a) Make sure there's enough cake for everyone.
(b) **I'll run out and get one from the bakery.**

안 돼! 케이크가 다 타버렸는데 곧 손님들이 도착할 거야.
(a) 모든 사람이 먹을 만큼 케이크가 충분한지 확인해 봐.
(b) 내가 달려가서 빵집에서 사올게.

해설 | 곧 손님이 도착하는데 케이크가 다 타버렸다는 문제점에 대해 '내가 달려가서 빵집에서 사오겠다'며 해결책을 제시한 (b)가 정답이다.

오답분석
(a) 질문의 cake를 반복해서 사용한 오답이다.

07

It looks like our train is right on schedule.
(a) They haven't arrived yet.
(b) **That's good to know.**

우리 기차가 일정에 맞게 가는 것 같아.
(a) 아직 도착하지 않았어.
(b) 잘 됐다.

해설 | 기차가 일정에 맞게 가는 것 같다는 사실을 전하는 말에 '잘 됐다'며 만족한 (b)가 정답이다.

오답분석
(a) Are the guests all here?(손님들은 모두 오셨니?)와 같은 질문에 적절한 응답이다.

08

Hello, Mr. Chambers. I'm just following up on my job application.
(a) I'll inform you at the interview.
(b) **Perfect timing. I was just about to call you.**

안녕하세요, Mr. Chambers. 제가 입사 지원한 것이 어떻게 되었는지 알아보려고 합니다.
(a) 면접에서 알려 드릴게요.
(b) 완벽한 타이밍인데요. 막 전화 드리려던 참이었어요.

해설 | 입사 지원 결과를 확인하고 싶다는 말에, '막 전화 드리려던 참이었다'며 입사 지원과 관련해서 막 연락하려고 했다는 의미를 전달한 (b)가 정답이다.

오답분석
(a) 질문의 job application(입사 지원서)과 관련된 interview(면접)를 사용한 오답이다.

어휘 | follow up on ~이 어떻게 되었는지 알아보다

09

Guess what? Frank and Emily are going to be parents!
(a) They've raised their kids well.
(b) **Really? I'm so excited for them.**
(c) Please send them my condolences.
(d) It'll happen for them eventually.

있잖아, Frank와 Emily가 부모가 될 거래!
(a) 그들은 그들의 아이들을 잘 키웠어.
(b) 진짜? 정말 흥분된다.
(c) 그들에게 나의 애도의 말을 전해줘.
(d) 결국 그렇게 될 거야.

해설 | Frank와 Emily가 부모가 된다는 좋은 소식을 전하는 말에 '정말 흥분된다'며 함께 기뻐한 (b)가 정답이다.

오답분석
(a) 질문의 parents(부모)와 관련된 raised ~ kids(아이들을 키웠다)를 사용한 오답이다.
(c) Frank and Emily를 받는 대명사 them을 사용한 오답으로, 좋은 소식에 애도의 말을 전해달라는 말은 적절하지 않으므로 틀리다.

(d) Frank and Emily are so eager to become parents(Frank와 Emily는 정말 부모가 되고 싶어해)와 같은 말에 적절한 응답이다.

어휘 | **Guess what?** (대화를 시작할 때) 있잖아   **condolence**[kəndóuləns] 애도의 말, 조의

10

I heard that Suzy lost her job.	Suzy가 직장을 잃었다고 들었어.
(a) I haven't received her decision.	(a) 나는 아직 그녀의 결정에 대해 듣지 못했어.
(b) I believe she'll like her job.	(b) 나는 그녀가 그녀의 직업을 좋아할 거라고 믿어.
(c) Oh, no. That's horrible news.	(c) 오, 안 돼. 정말 안 좋은 소식이다.
(d) Don't worry about finding it.	(d) 그걸 찾는 것에 대해 걱정하지 마.

해설 | Suzy가 직장을 잃었다는 나쁜 소식을 전하는 말에 '정말 안 좋은 소식이다'라며 유감을 표현한 (c)가 정답이다.

오답분석
(a) Has Suzy accepted your company's offer?(Suzy가 너네 회사의 제안을 받아들였니?)와 같은 질문에 적절한 응답이다.
(b) I believe she'll ~(나는 그녀가 ~할 거라고 믿어)이 정답처럼 들려 혼동을 준 오답으로, 직장을 잃은 상황인데 직업을 좋아할 것이라고 했으므로 틀리다.
(d) 질문의 lose(잃다)와 반대되는 find(찾다)를 사용한 오답이다.

11

Derek and I got in another heated argument last night.	Derek이랑 나 어젯밤에 또 심한 말다툼을 했어.
(a) You're always at each other's throats.	(a) 너희는 항상 심하게 다투더라.
(b) That's nothing to argue about.	(b) 그건 말다툼할 만한 게 아니야.
(c) I thought he had gotten over that.	(c) 난 그가 그걸 극복한 줄 알았어.
(d) I didn't mean to throw a fit.	(d) 발끈할 생각은 없었어.

해설 | Derek과 또 말다툼을 했다는 말에 '너희는 항상 심하게 다툰다'며 나무라는 (a)가 정답이다.

오답분석
(b) 질문의 argument(말다툼)와 비슷한 argue(말다툼하다)를 사용한 오답이다.
(c) Derek still seems angry about the argument(Derek이 아직도 그 말다툼에 대해 화가 나 있는 것 같아)와 같은 말에 적절한 응답이다.
(d) 질문의 argument(말다툼)와 관련된 throw a fit(발끈하다)를 사용한 오답이다.

어휘 | **argument**[ɑ́ːrgjumənt] 말다툼   **be at each other's throats** 심하게 다투다   **get over** ~을 극복하다, 끝마치다   **throw a fit** 발끈하다

12

The ad in the paper says that you're hiring.	신문 광고에서 채용 중이시라고 하던데요.
(a) We look forward to your visit.	(a) 당신의 방문을 기대하고 있습니다.
(b) It's listed in the advertisement.	(b) 그건 광고에 나와 있습니다.
(c) Yes, we have 2 positions open.	(c) 네, 두 자리가 비어 있습니다.
(d) Sure. I'll take care of it for you.	(d) 물론이죠. 제가 그 일을 처리하도록 하겠습니다.

해설 | 신문 광고에서 채용 중이라는 걸 보았다는 사실을 전하며 그에 대한 정보를 요청하는 말에 '두 자리가 비어 있다'는 정보를 알려준 (c)가 정답이다.

오답분석
(a) I plan to stop by your store tomorrow(내일 당신의 가게에 들를 계획입니다)와 같은 말에 적절한 응답이다.
(b) 질문의 ad(광고)와 같은 advertisement(광고)를 사용한 오답이다.
(d) Would you please do this for me?(저를 위해 이걸 좀 해주시겠어요?)와 같은 질문에 적절한 응답이다.

어휘 | **ad**[æd] 광고   **paper**[péipər] 신문   **hire**[haiər] 채용하다

13

The car tire has a hole in it.	차 바퀴에 구멍이 있어.
(a) We didn't need a new tire.	(a) 우리는 새 타이어가 필요 없었어.
(b) We need to patch it, then.	(b) 그럼 수선할 필요가 있겠다.
(c) Try the other side first.	(c) 다른 쪽을 먼저 시도해 봐.
(d) There's not enough air pressure.	(d) 기압이 충분하지 않아.

해설 | 차 바퀴에 구멍이 있다는 문제점을 전하는 말에 '수선할 필요가 있겠다'며 해결 방안을 제시한 (b)가 정답이다.

오답분석
(a) 질문의 tire를 반복해서 사용한 오답이다.
(c) 해결 방안을 제시하는 것처럼 들리지만 차 바퀴에 구멍이 있는 것과 다른 쪽을 시도하는 것은 관련이 없으므로 틀리다.
(d) 질문의 car tire(차 바퀴)와 관련된 air pressure(기압)를 사용한 오답이다.

어휘 | patch [pætʃ] 수선하다   air pressure 기압

14

The mayor said we could move forward on the new park's design.	시장님이 새로운 공원의 디자인을 추진해도 된다고 하셨어요.
(a) But it's already behind schedule.	(a) 그렇지만 그건 이미 일정에 뒤쳐지고 있어요.
(b) Better luck next time, I guess.	(b) 다음 번엔 운이 더 좋을 거예요.
(c) I know we should've come up with a design.	(c) 우리는 디자인을 생각해냈어야 했어요.
(d) Then we should start brainstorming.	(d) 그러면 브레인스토밍을 시작해야겠네요.

해설 | 시장님이 새로운 공원의 디자인 추진을 허가했다는 사실을 전하는 말에 '그러면 브레인스토밍을 시작해야겠다'는 말로 일을 추진하자는 의미를 전달한 (d)가 정답이다.

오답분석
(a) We need to extend the deadline by another week(마감을 일주일 더 연장해야 돼요)와 같은 말에 적절한 응답이다.
(b) He didn't accept my proposal(그는 제 제안을 수락하지 않았어요)과 같은 말에 적절한 응답이다.
(c) 질문의 design을 반복해서 사용한 오답이다.

어휘 | mayor [méiər] 시장   move forward 추진하다   behind schedule 일정에 뒤쳐진   come up with ~을 생각해내다
brainstorm [bréinstɔ̀ːrm] 브레인스토밍하다(아이디어와 제안을 내는 회의를 하다)

Hackers TEST   p.96

01 (d)	02 (b)	03 (c)	04 (b)	05 (a)	06 (c)	07 (d)	08 (c)	09 (b)	10 (c)	11 (d)	12 (b)

01

Thanks for inviting us to the picnic.	소풍에 우릴 초대해줘서 고마워.
(a) I should've come earlier.	(a) 내가 더 일찍 왔었어야 했어.
(b) I can provide the drinks.	(b) 내가 마실 것을 제공할 수 있어.
(c) I'll take care of the refreshments.	(c) 내가 다과를 맡을게.
(d) Glad you could make it.	(d) 와줘서 기뻐.

해설 | Thanks for ~라며 소풍에 초대해준 것을 감사하는 말에 '와줘서 기쁘다'고 말한 (d)가 정답이다.

오답분석
(a) The party is almost over(파티는 거의 끝났어)와 같은 말에 적절한 응답이다.
(b) Can you help me out with the party?(파티 좀 도와줄 수 있어?)와 같은 질문에 적절한 응답이다.
(c) 질문의 picnic(소풍)과 관련된 refreshments(다과)를 사용한 오답이다.

어휘 | refreshments [rifréʃmənts] 다과, 가벼운 음식물

02

Oh no. I didn't get into graduate school.	오 이런. 나 대학원에 떨어졌어.
(a) I wouldn't get my hopes up.	(a) 나라면 크게 기대하진 않을 거야.
(b) Well, try to keep your spirits up.	(b) 음, 사기를 잃지 않도록 해.
(c) I'm going to apply to college.	(c) 나는 대학에 지원할 거야.
(d) Then maybe they will accept you.	(d) 그러면 아마 그들이 너를 받아줄 거야.

해설 | Oh no라며 대학원에 떨어진 것에 대해 실망하는 말에 '사기를 잃지 않도록 해라'라며 위로한 (b)가 정답이다.

Part 3

오답분석

(a) 질문의 get을 반복해서 사용한 오답이다.

(c) 질문의 graduate school(대학원)과 관련된 apply(지원하다)를 사용한 오답이다.

(d) 대학원에 못 들어가는 것이 이미 결정되었으므로 너를 받아줄 것이라는 응답은 적절하지 않다.

어휘 | **get one's hopes up** 크게 기대하다   **keep one's spirits up** 사기를 잃지 않다

03

Hello. **I'm calling for** Judy Rogers.

(a) No problem. She'll be glad to hear from you.

(b) Yeah, she said to call you tomorrow.

(c) She's away from her desk right now.

(d) You won't have to hold much longer.

여보세요. Judy Rogers와 통화하고 싶습니다.

(a) 문제없어요. 당신 소식을 들으면 기뻐하실 거예요.

(b) 네, 그녀는 내일 당신에게 전화한다고 말했어요.

(c) 그녀는 지금 자리에 안 계세요.

(d) 아주 오래는 기다리지 않으셔도 돼요.

해설 | I'm calling for ~라며 Rogers를 바꿔달라고 요청하는 말에 '지금 자리에 없다'는 말로 바꿔줄 수 없다는 의미를 전달한 (c)가 정답이다.

오답분석

(a) No problem 다음에 I'll put her on(바꿔드리겠습니다)과 같이 바꿔주겠다는 내용의 말이 와야 응답으로 적절하다.

(b) 질문의 calling(전화하다)과 비슷한 call(전화하다)을 사용한 오답이다.

(d) How much longer will I have to wait to speak with Judy?(Judy와 통화하려면 얼마나 더 기다려야 하나요?)와 같은 질문에 적절한 응답이다.

04

I thought there would be more traffic delays due to the snow.

(a) Icy roads often cause traffic problems.

(b) The roads aren't as hazardous as expected.

(c) The weather forecast isn't always right.

(d) Yeah, it's the calm before the storm.

눈 때문에 교통 정체가 더 심할 거라고 생각했어.

(a) 얼어있는 길은 자주 교통 문제를 일으켜.

(b) 길이 예상했던 것만큼 위험하지 않아.

(c) 일기 예보가 항상 맞지는 않아.

(d) 맞아, 폭풍 전의 고요구나.

해설 | I thought ~이라며 교통 정체가 더 심할 거라고 생각했다는 의견을 전하는 말에 '길이 예상했던 것만큼 위험하지 않다'며 교통 정체가 생각보다 심하지 않은 이유를 설명한 (b)가 정답이다.

오답분석

(a) 질문의 traffic을 반복해서 사용한 오답이다.

(c) I heard it will be sunny tomorrow(내일 날씨가 맑을 거래)와 같은 말에 적절한 응답이다.

(d) 날씨를 말하는 상황과 관련된 어휘인 storm(폭풍)을 사용한 오답이다.

어휘 | **traffic delay** 교통 정체   **hazardous**[hǽzərdəs] 위험한

05

I'm really looking forward to the brunch on Sunday.

(a) You're not the only one.

(b) It's before lunch.

(c) Let me know when it starts.

(d) That won't be necessary.

일요일의 브런치가 정말 기대돼.

(a) 너만 그런 게 아니야.

(b) 점심 시간 전이야.

(c) 언제 시작하는지 알려줘.

(d) 그럴 필요 없어.

해설 | I'm really looking forward to ~라며 브런치에 대한 기대를 표현하는 말에 '너만 그런 게 아니다'라며 동감한 (a)가 정답이다.

오답분석

(b) 질문의 brunch(브런치)와 비슷한 lunch(점심 시간)를 사용한 오답이다.

(c) I'd appreciate it if you could attend my performance(네가 내 공연에 와준다면 고마울 거야)와 같은 말에 적절한 응답이다.

(d) Do you want me to lend you a hand?(내가 도와줄까?)와 같은 질문에 적절한 응답이다.

어휘 | **brunch**[brʌntʃ] 브런치(점심을 겸한 늦은 아침 식사)

06

You must be excited that your stereo is working again.   ○

스테레오가 다시 작동되어서 정말 기쁘겠구나.

(a) I have no clue what the problem is.
(b) It's the speakers that aren't working.
(c) No kidding. I really missed my music.
(d) OK. I'll turn down the volume a little.

(a) 뭐가 문젠지 전혀 모르겠어.
(b) 작동이 안 되는 건 스피커야.
(c) 말도 마. 음악이 정말 그리웠어.
(d) 그래. 소리를 조금 줄일게.

해설 | You must be ~라며 스테레오가 다시 작동되어서 정말 기쁘겠다는 말에 '음악이 정말 그리웠다'라며 동감한 (c)가 정답이다.

오답분석
(a) What happened to your stereo?(네 스테레오에 무슨 일이 생긴거니?)와 같은 질문에 적절한 응답이다.
(b) 질문의 working을 반복해서 사용한 오답이다.
(d) 질문의 stereo(스테레오)와 관련된 volume(소리)을 사용한 오답이다.

어휘 | stereo [stériòu] 스테레오(입체 음향 재생 장치) turn down ~을 줄이다

07

I wouldn't recommend the exhibit unless you're a fan of abstract art.

(a) I didn't expect it to be so popular.
(b) You're welcome to go with me.
(c) I'm a big fan of that artist, too.
(d) Thanks for the tip, but I still want to go.

네가 추상 미술 팬이 아니라면 그 전시회는 추천하지 않겠어.

(a) 그게 그렇게 인기 있을 줄 몰랐어.
(b) 나랑 함께 가도 좋아.
(c) 나도 그 예술가의 엄청난 팬이야.
(d) 조언은 고맙지만, 난 여전히 가고 싶어.

해설 | I wouldn't ~라며 그 전시회는 추천하지 않겠다고 충고하는 말에 '조언은 고맙지만, 여전히 가고 싶다'며 충고를 받아들이지 않은 (d)가 정답이다.

오답분석
(a) All of the concert tickets are sold out!(콘서트 표가 매진이래!)과 같은 말에 적절한 응답이다.
(b) I want to see the exhibit, too(나도 그 전시회를 보고 싶어)와 같은 말에 적절한 응답이다.
(c) 질문의 art(예술)와 비슷한 artist(예술가)를 사용한 오답이다.

어휘 | abstract art 추상 미술 tip [tip] 조언

08

I'm not sure if we have enough supplies to fill all of today's orders.

(a) But we still have to order them just in case.
(b) That's true. Maybe we should have bought less.
(c) Yeah, we've been swamped with customers.
(d) Stocking the shelves is a tiring job.

오늘 주문량을 다 채울 만큼 충분한 물품이 있는지 모르겠어요.

(a) 그렇지만 만약을 위해서 여전히 그것들을 주문해야 해요.
(b) 맞아요. 아마 우리는 더 적게 샀어야 했나 봐요.
(c) 그러게요. 손님들이 몰려들었으니까요.
(d) 선반에 물건을 채우는 일은 힘든 일이에요.

해설 | I'm not sure ~라며 주문량을 채울 만큼 충분한 물품이 있는지 모르겠다는 말에 '손님들이 몰려들었다'는 말로 물품이 충분하지 않을 수도 있다는 의미를 전달한 (c)가 정답이다.

오답분석
(a) We probably won't end up needing so many supplies(그렇게 많은 물품이 필요할 것 같지 않아요)와 같은 말에 적절한 응답이다.
(b) less가 아닌 more가 되어야 응답으로 적절하다.
(d) 질문의 supplies(물품)와 관련된 Stocking the shelves(선반에 물건을 채우다)를 사용한 오답이다.

어휘 | supply [səplái] (음식, 장비 등의) 물품 just in case 만약을 위해서 be swamped with ~이 몰려들다 stock [stɑk] (물건 등을) 채우다

09

I should have been more assertive in our training session.

(a) I'll reschedule the training session.
(b) You can make up for it next time.
(c) Not to worry. You'll do fine.
(d) That's the best way to be assertive.

난 오늘 교육 시간에 좀 더 확고한 태도를 보였어야 했어요.

(a) 교육 시간 일정을 다시 잡을게요.
(b) 다음 번에 만회할 수 있어요.
(c) 걱정 마세요. 당신은 잘할 거예요.
(d) 그것이 확고한 태도를 가지는 가장 좋은 방법이에요.

해설 | I should have been ~이라며 교육 시간에 좀 더 확고한 태도를 보였어야 했다고 후회하는 말에 '다음 번에 만회할 수 있다'고 격려한 (b)

가 정답이다.

오답분석

(a) 질문의 training session을 반복해서 사용한 오답이다.

(c) 과거의 일에 대해 후회하는 말에 '잘할 거야'라며 미래 시제로 답했으므로 틀리다.

(d) 질문의 assertive를 반복해서 사용한 오답이다.

어휘 | **assertive** [əsə́ːrtiv] 확고한, 자신감 있는   **make up for** ~을 만회하다

10

I Sally's beside herself over losing her job.

(a) I think she'll enjoy working there.
(b) We can work it out later.
(c) She'll find something else soon.
(d) But you were their best employee.

Sally가 직장을 잃고 어찌할 바를 모르고 있어.

(a) 난 그녀가 거기서 일하는 걸 좋아할 거라고 믿어.
(b) 우린 나중에 해결할 수 있어.
(c) 그녀는 곧 다른 일을 찾을 거야.
(d) 그렇지만 넌 그들의 가장 좋은 직원이었잖아.

해설 | Sally가 직장을 잃고 어찌할 바를 모르고 있다는 나쁜 소식을 전하는 말에 '곧 다른 일을 찾을 거다'라는 말로 너무 걱정하지 않아도 된다는 의미를 전달한 (c)가 정답이다.

오답분석

(a) 직장을 잃었다는 과거의 사실에 대해 '거기서 일하는 걸 좋아할 것'이라며 미래 시제로 답했으므로 틀리다.

(b) 질문의 job(일)과 관련된 work(일하다)를 사용한 오답이다.

(d) you were가 아닌 she was가 되어야 응답으로 적절하다.

어휘 | **be beside oneself** 어찌할 바를 모르다   **work out** ~을 해결하다

11

I still need to tie up a few loose ends at the office.

(a) It's not as hard as it seems.
(b) I didn't mean to tie you up.
(c) There's no need to be so tense.
(d) We can meet a little later then.

난 사무실에서 아직 끝나지 않은 일을 마쳐야 해.

(a) 보이는 것처럼 어렵진 않아.
(b) 널 구속하려던 건 아니었어.
(c) 그렇게 초조해 할 필요는 없어.
(d) 그럼 조금 더 늦게 만나자.

해설 | 아직 끝나지 않은 일을 마쳐야 한다는 말에 '그럼 조금 더 늦게 만나자'고 말한 (d)가 정답이다.

오답분석

(a) Tying a necktie looks complicated(넥타이를 매는 것은 복잡해 보여)와 같은 말에 적절한 응답이다.

(b) tie up의 다양한 의미(일을 마치다, ~를 구속하다)를 사용한 오답이다.

(c) 질문의 need to를 반복해서 사용한 오답으로, 남은 업무를 마쳐야 한다는 말에 초조해 할 필요가 없다고 했으므로 틀리다.

어휘 | **tie up** 일을 마치다, ~를 구속하다   **loose end** 아직 끝나지 않은 일

12

My gas line is leaking again. It's becoming serious.

(a) I seriously considered it.
(b) That's something that requires immediate attention.
(c) It's OK to worry sometimes.
(d) You don't have to decide today.

연료관이 또 새고 있어. 심해지고 있는데.

(a) 나는 그것에 대해 심각하게 생각해 봤어.
(b) 그건 즉각적인 조치를 필요로 하는 일이야.
(c) 가끔씩 걱정하는 건 괜찮아.
(d) 오늘 결정할 필요는 없어.

해설 | 연료관이 새고 있다는 문제점을 전하는 말에 '그건 즉각적인 조치를 필요로 하는 일이다'라며 충고한 (b)가 정답이다.

오답분석

(a) 질문의 serious(심한)와 비슷한 seriously(심각하게)를 사용한 오답이다.

(c) 문제점을 전하는 상황과 관련된 어휘인 worry(걱정하다)를 사용한 오답이다.

(d) I don't know what to choose(뭘 선택해야 할지 모르겠어)와 같은 말에 적절한 응답이다.

어휘 | **leak** [liːk] 새다

01

Your essays have improved since last semester.

(a) I'll try harder next time.
(b) It's an interesting topic.
(c) That's why I wrote it.
(d) Really? That's great to hear.

너의 에세이가 지난 학기보다 나아졌구나.

(a) 다음 번엔 더 열심히 할게요.
(b) 그건 흥미로운 주제군요.
(c) 그래서 그것을 썼어요.
(d) 정말이요? 그런 말씀을 해주시니 기쁘네요.

해설 | 에세이가 지난 학기보다 나아졌다고 칭찬하는 말에 '그런 말씀을 해주시니 기쁘다'며 기뻐한 (d)가 정답이다.

오답분석
(a) Your grade was very low!(성적이 정말 낮구나!)와 같은 말에 적절한 응답이다.
(b) 질문의 essays(에세이)와 관련된 topic(주제)을 사용한 오답이다.
(c) 질문의 essays(에세이)와 관련된 wrote(썼다)를 사용한 오답이다.

02

I didn't mean to miss your birthday party.

(a) Sure. It could happen to anyone.
(b) OK. I'll make the arrangements.
(c) Don't worry about it. It's no big deal.
(d) It's too bad the party couldn't last.

네 생일 파티를 안 가려고 했던 건 아니야.

(a) 그럼. 누구에게나 일어날 수 있는 일이야.
(b) 그래. 내가 준비할게.
(c) 걱정하지 마. 별 거 아니야.
(d) 그 파티가 계속될 수 없어서 너무 아쉬워.

해설 | I didn't mean to ~라며 생일 파티를 안 가려고 했던 건 아니라고 사과하는 말에 '별 거 아니다'라며 사과를 받아준 (c)가 정답이다.

오답분석
(a) Please forgive me for forgetting your birthday(네 생일을 잊어버린 것 용서해줘)와 같은 말에 적절한 응답이다.
(b) Let's have a surprise birthday party for Mike this Friday!(이번 주 금요일에 Mike에게 깜짝 생일 파티를 해주자!)와 같은 말에 적절한 응답이다.
(d) 질문의 party를 반복해서 사용한 오답이다.

어휘 | miss[mis] (~하지) 못하다, 놓치다 make arrangements 준비하다 It's no big deal. 별 거 아니야.

03

I was thinking about ordering a pizza.

(a) I think we should call ahead to book a table.
(b) Then I'll order the ingredients.
(c) Yeah, it's the best I've tasted in a while.
(d) But we always do that. Let's try something different.

피자를 주문할까 생각하고 있었어.

(a) 미리 전화해서 테이블 예약을 해야할 것 같아.
(b) 그럼 내가 재료들을 주문할게.
(c) 그래, 한동안 먹었던 것 중에 그게 제일 맛있었어.
(d) 그렇지만 우린 늘 그랬잖아. 뭔가 다른 걸 먹어보자.

해설 | I was thinking ~이라며 피자를 주문할 생각이었다는 계획을 전하는 말에 '우린 항상 피자를 주문했으니 다른 걸 먹어보자'며 계획에 반대한 (d)가 정답이다.

오답분석
(a) Do you think the restaurant will be busy?(그 식당이 바쁠까?)와 같은 질문에 적절한 응답이다.
(b) 질문의 ordering(주문하는 것)과 비슷한 order(주문하다)를 사용한 오답이다.
(c) 질문에서 특정한 피자를 제시한 것이 아니므로 대명사 it으로 받을 수 없다.

어휘 | ingredient[ingríːdiənt] 재료 in a while 한동안, 오랫동안

04

Steve knows how to build bookshelves, **doesn't he?**

(a) No, he still hasn't finished.
(b) He said he'd help make them.

Steve는 책꽂이를 어떻게 만드는지 알지, 안 그래?

(a) 아니, 그는 아직 끝내지 않았어.
(b) 그가 그것들을 만드는 걸 도와주겠다고 했어.

(c) He'll give it a try then.

(d) Yeah, he's pretty handy with tools.

(c) 그러면 그가 시도해 볼 거야.

(d) 그래, 그는 연장을 꽤 잘 다뤄.

해설 | doesn't he를 사용하여 Steve가 책꽂이를 만들 줄 안다는 사실을 확인하는 말에 '그는 연장을 꽤 잘 다룬다'는 말로 그가 만들 줄 안다는 의미를 전달한 (d)가 정답이다.

오답분석

(a) I assumed Steve would be done building the bookshelves by now(지금쯤이면 Steve가 책꽂이를 다 만들었을 거라고 생각했는데)와 같은 말에 적절한 응답이다.

(b) 질문의 build(만들다)와 비슷한 make(만들다)를 사용한 오답이다.

(c) 그가 책꽂이를 만드는 방법을 아는지 묻는 말에 '그러면 그가 시도해 볼 거야'라고 답했으므로 틀리다.

어휘 | give it a try 시도하나 handy with ~을 잘 다루는

05

What's the deadline for next week's presentation?

(a) I think it was already late.

(b) You should hustle up and finish.

(c) It's time you pulled your own weight.

(d) The boss still hasn't announced it.

다음 주 발표 마감일이 언제죠?

(a) 이미 늦었었다고 생각해요.

(b) 서둘러서 끝내셔야 해요.

(c) 당신의 역할을 다해야 할 때예요.

(d) 사장님께서 아직 알려주지 않으셨어요.

해설 | What ~ deadline을 사용하여 발표 마감일이 언제인지 기한을 묻는 말에 '사장님께서 아직 알려주지 않으셨다'는 말로 잘 모르겠다는 의미를 전달한 (d)가 정답이다.

오답분석

(a) 질문의 deadline(마감일)과 관련된 late(늦은)를 사용한 오답이다.

(b) 질문의 deadline(마감일)과 관련된 hustle up and finish(서둘러서 끝내다)를 사용한 오답이다.

(c) I don't want to do any work(아무 일도 하고 싶지 않아요)와 같은 말에 적절한 응답이다.

어휘 | deadline[dédlain] 마감일 hustle up 서두르다 pull one's own weight 자신의 역할을 다하다

06

How much did you spend on the brochures?

(a) I handed out the brochures yesterday.

(b) OK, they'll be under $2 apiece.

(c) I think they were around $50.

(d) You said it would be more than that.

소책자에 돈을 얼마나 썼니?

(a) 나는 그 소책자들을 어제 나눠줬어.

(b) 그래, 그것들은 한 장에 2달러가 안 될 거야.

(c) 50달러 정도였던 것 같아.

(d) 넌 그것 이상일 거라고 했어.

해설 | How much를 사용하여 소책자에 돈을 얼마나 썼는지 가격을 물었으므로 '50달러'라는 가격을 말한 (c)가 정답이다.

오답분석

(a) 질문의 brochures를 반복해서 사용한 오답이다.

(b) $2 apiece(한 장에 2달러)라는 가격을 말했지만, 과거에 돈을 얼마나 썼는지 묻는 말에 2달러 미만일 것이라고 미래 시제로 답했으므로 틀리다.

(d) 질문에서 특정한 가격을 제시한 것이 아니므로 대명사 that으로 받을 수 없다.

어휘 | brochure[bróuʃuər] 소책자 hand out ~을 나눠주다 apiece[əpíːs] 하나에, 각각

07

Have you worked with heavy machinery before?

(a) Yes, I like that type of machine.

(b) No, I'm more than qualified.

(c) I worked on the equipment last week.

(d) I've operated a crane for years.

이전에 중장비를 다뤄보신 적이 있나요?

(a) 네, 저는 그런 종류의 기계를 좋아합니다.

(b) 아니요, 저는 충분히 자격이 있습니다.

(c) 지난주에 그 장비를 연구했습니다.

(d) 저는 수년간 크레인을 조작해 왔습니다.

해설 | Have를 사용하여 이전에 중장비를 다뤄본 경험이 있는지 묻는 말에 중장비인 '크레인을 수년간 조작해 왔다'는 말로 중장비를 다뤄본 적이 있다는 의미를 전달한 (d)가 정답이다.

오답분석

(a) 질문의 machinery(기계류)와 비슷한 machine(기계)을 사용한 오답이다.

어휘 | **machinery**[məʃíːnəri] 기계류 **work on** ~을 연구하다 **operate**[ápərèit] 조작하다 **crane**[krein] 크레인

08

Oh no! I bombed the geology exam.	맙소사! 나 지질학 시험을 망쳤어.
(a) Right. I didn't fail it either.	(a) 그래. 나도 낙제하지 않았어.
(b) You should take it on Friday.	(b) 넌 금요일에 시험을 봐야 해.
(c) Well, there's no use crying over spilt milk.	(c) 음, 엎지른 물은 도로 담을 수 없잖아.
(d) Just register for it earlier.	(d) 그냥 더 일찍 등록해.

해설 | Oh no ~라며 지질학 시험을 망친 것에 대해 실망하는 말에 '엎지른 물은 도로 담을 수 없다'며 위로한 (c)가 정답이다.

오답분석
(a) 질문의 bombed(망쳤다)와 비슷한 fail(낙제하다)을 사용한 오답이다.
(b) 이미 시험을 본 상황인데 앞으로 시험을 봐야 한다고 말했으므로 틀리다.
(d) 시험을 망친 것과 등록하는 것은 관련이 없으므로 틀리다.

어휘 | **bomb**[bɑm] 망치다 **geology**[dʒiálədʒi] 지질학 **There's no use crying over spilt milk.** 엎지른 물은 도로 담을 수 없다.

09

Cindy still thinks I'm the one who told on her.	Cindy는 아직도 내가 그녀를 고자질한 사람이라고 생각해.
(a) It's too late to tell her that now.	(a) 그녀에게 그걸 말하기는 이제 너무 늦었어.
(b) She told me to give you the message.	(b) 그녀가 나한테 너에게 그 말을 전해달라고 했어.
(c) You should probably talk to her about it.	(c) 그녀와 그것에 대해 얘기해 봐야 할 거야.
(d) She couldn't possibly have heard you.	(d) 그녀는 아마 너의 말을 못 들었을 거야.

해설 | Cindy가 아직도 자신이 그녀를 고자질한 사람이라고 생각한다는 문제점을 전하는 말에 '그녀와 그것에 대해 얘기해 봐야 할 거야'라며 해결 방안을 제시한 (c)가 정답이다.

오답분석
(a) I want to tell Cindy I'm sorry(Cindy에게 미안하다고 말하고 싶어)와 같은 말에 적절한 응답이다.
(b) 질문의 told on(고자질했다)과 비슷한 told(말했다)를 사용한 오답이다.
(d) I'm worried Cindy knows what I said(내가 말한 것을 Cindy가 알고 있을까 걱정돼)와 같은 말에 적절한 응답이다.

어휘 | **tell on** ~를 고자질 하다

10

Doris, **do you think** I could be in charge of our overseas accounts?	Doris, 제가 해외 계좌를 담당할 수 있을 거라고 생각하세요?
(a) It's too early to give up on the idea.	(a) 그것을 포기하기엔 너무 일러요.
(b) It remains to be seen if you have what it takes.	(b) 그것에 필요한 조건을 당신이 갖추고 있는지 보는 일만 남았어요.
(c) I'll recommend that you charge them for it.	(c) 그들에게 청구하기를 권할 거예요.
(d) Make detailed accounting notes daily.	(d) 매일 세부 회계 기록을 작성하세요.

해설 | do you think를 사용하여 자신이 해외 계좌를 담당할 수 있을지 의견을 물었으므로, '필요한 조건을 갖추고 있는지 보는 일만 남았다'는 말로 조건만 갖추고 있다면 해외 계좌를 담당할 수 있을 거라는 의미를 전달한 (b)가 정답이다.

오답분석
(a) I doubt I'll be able to visit New Your next year(내년에 뉴욕에 갈 수 있을 것 같지 않아요)와 같은 말에 적절한 응답이다.
(c) charge(담당하다, 청구하다)의 다양한 의미를 사용한 오답이다.
(d) 질문의 accounts(계좌)와 비슷한 accounting(회계)을 사용한 오답이다.

어휘 | **be in charge of** ~을 담당하다 **overseas**[òuvərsíːz] 해외의 **give up on** ~을 포기하다 **what it takes** (성공 등을 얻는 데 필요한) 조건

1. 문맥 파악하기
p.103

01 ① (b) ② (a)　**02** ① (b) ② (b)　**03** ① (a) ② (b)　**04** ① (a) ② (b)

01 M: It looks as if Nancy and Peter are finally going to tie the knot.
W: I wouldn't count on it.
M: Why is that?

M: Nancy와 Peter가 마침내 결혼할 것 같아.
W: 나라면 믿지 않겠어.
M: 왜?

02 M: What ever happened with that real estate investment you made?
W: The whole thing turned out to be a disaster.
M: So I take it you didn't turn a profit?

M: 당신이 한 부동산 투자에 무슨 일이 생기기라도 한 건가요?
W: 완전히 실패했어요.
M: 그건 이익을 내지 못했다는 말씀이신가요?

03 W: What did you think of the concert you saw last night?
M: I felt it was a major letdown.
W: How come?

W: 어젯밤에 본 콘서트 어땠어?
M: 정말 실망이었어.
W: 왜?

04 W: The big game starts at 8:00, doesn't it?
M: It sure does. Oh, would you be able to pick up some snacks on your way?
W: Sure, what kind do you want?

W: 큰 경기가 8시에 시작하지, 그렇지 않니?
M: 확실해. 오, 오는 길에 스낵 좀 가져올 수 있니?
W: 물론, 어떤 종류를 원해?

2. 자주 쓰는 조동사 표현 익히기
p.105

01 (b)　**02** (b)　**03** (a)　**04** (b)　**05** O　**06** O　**07** X　**08** O　**09** X　**10** O

01 You could have told me about the problem earlier.

그 문제에 대해 미리 말할 수도 있었잖아.

02 We should have prepared more thoroughly for the quiz.

우리는 그 시험을 위해 좀 더 철저히 준비했어야 했어.

03 Victor said he would rather meet us at the station.

Victor가 우리를 역에서 만나는 것이 더 낫겠다고 말했어.

04 I think you'd be better off hiring a professional.

난 네가 전문가를 고용하는 것이 더 나을 것 같아.

05 Q. Charlie, we'd like to invite you and your wife over for dinner.
A. Thanks, we'd be delighted.

Q. Charlie, 당신과 당신의 아내를 저녁 식사에 초대하고 싶어요.
A. 감사합니다. 즐거울 것 같아요.

06 Q. Honey, the door was unlocked when I got home.
A. Oh, I must have forgotten to lock it.

Q. 여보, 내가 집에 갔을 때 문이 열려 있었어요.
A. 오, 내가 잠그는 걸 깜박한 것이 틀림없어요.

07 Q. Sue has met a lot of people at university.
A. Right, she sure could use a friend.

Q. Sue는 대학에서 많은 사람들을 만났어.
A. 맞아, 그녀에게는 친구가 필요해.

08 Q. I should have gone to Cindy's concert last weekend.
A. Well, there will be other opportunities.

Q. 지난 주말에 Cindy의 콘서트에 갔어야 했는데.
A. 음, 또 기회가 있을 거야.

09 Q. It would have been nice to stay and watch the sunset.
A. Yeah, I really enjoyed it too.

Q. 계속 남아 일몰을 보았으면 좋았을 텐데.
A. 그래, 나도 정말 좋았어.

10 Q. I feel like we could have done better on the exam.
A. Yeah, if only we had studied more.

Q. 난 우리가 시험에서 더 잘했을 수도 있었던 것 같아.
A. 그래, 우리가 공부를 더 하기만 했다면 말이야.

3. 빈출 관용표현 익히기 p.107

01 (a)   **02** (b)   **03** (b)   **04** (b)   **05** O   **06** O   **07** O   **08** X   **09** X   **10** O

01 How do you <u>deal with difficult clients</u> at the office?

사무실에서 까다로운 고객들을 어떻게 대하십니까?

02 <u>I'm about to register</u> to vote for the first time.

나는 처음으로 투표하기 위해서 등록을 하려고 하던 참이었다.

03 I meant to call you earlier, but <u>something unexpected came up</u>.

내가 너한테 아까 전화하려 했었지만, 예상치 못한 일이 발생했어.

04 We need someone <u>who can sort out</u> all this extra paperwork.

우리는 이 모든 추가 문서 업무를 정리할 수 있는 누군가가 필요해.

05 Q. I hope you picked up the dry cleaning.
A. I'm so sorry! It slipped my mind!

Q. 드라이 클리닝한 옷을 찾아왔기 바라.
A. 정말 미안해! 깜빡 잊어버렸어!

06 Q. I heard you got a promotion. Congratulations!
A. Thanks. I guess all that hard work paid off.

Q. 네가 승진했다고 들었어. 축하해!
A. 고마워. 열심히 일한 결실을 보는 것 같아.

07 Q. Did you have fun at the fair?
A. You bet I did!

Q. 박람회에서 재미있었니?
A. 당연하지!

08 Q. Didn't I tell you not to bring up that issue in front of Bob?
A. I don't think he meant to disappoint you.

Q. 내가 Bob 앞에서 그 이야기는 언급하지 말라고 하지 않았어?
A. 난 그가 널 실망시키려 했다고 생각하지 않아.

09 Q. That suit looks great on you, Kyle.
A. I don't see why not.

Q. 그 정장 너에게 정말 잘 어울린다. Kyle.
A. 안 될 이유는 없지.

10 Q. It's just the flu. I don't need to see a doctor.
A. Better safe than sorry.

Q. 그냥 독감이야. 나 병원에 안 가도 돼.
A. 후회하는 것보다 조심하는 것이 좋아.

Part 2 실전 맛보기 p.108

01 (d)   **02** (a)   **03** (c)   **04** (c)   **05** (b)   **06** (c)   **07** (c)   **08** (d)   **09** (d)   **10** (a)

01

W: I thought the concert was fabulous.
M: That's for sure. Which part was your favorite?
W: Definitely the encore.

(a) I felt it was overdone too.
(b) I wish I could've attended.
(c) I can play it again for you.
(d) Yeah, they saved the best for the end.

W: 나는 그 콘서트가 굉장히 멋졌다고 생각해.
M: 맞아. 너는 어느 부분이 가장 좋았어?
W: 당연히 앙코르지.

(a) 난 그게 과장되었다고도 느꼈어.
(b) 내가 갈 수 있었다면 좋았을 텐데.
(c) 난 널 위해 그것을 또 연주할 수 있어.
(d) 응, 가장 좋은 것을 마지막을 위해 남겨두었더라.

해설 | 콘서트의 앙코르 부분이 가장 좋았다는 의견에 '가장 좋은 것을 마지막을 위해 남겨두었더라'며 동의한 (d)가 정답이다.

어휘 | encore [ɑ́ːŋkɔːr] 앙코르   overdone [ðuvərdʌ́n] 과장된

02

W: Hi Thomas. What's wrong?

M: Someone stole my wallet in the subway station.

W: **How come** you don't report it?

(a) **I'd say it's too little, too late.**

(b) It had a good deal of cash in it.

(c) It wasn't that easy to report.

(d) I've already searched everywhere.

W: 안녕 Thomas. 뭐가 잘못 됐니?

M: 누군가가 지하철 역에서 내 지갑을 훔쳐갔어.

W: 왜 신고하지 않는 거야?

(a) 그러기엔 너무 늦었거든.

(b) 그 안에 많은 돈이 들어 있었어.

(c) 신고하기가 그리 쉽지 않았어.

(d) 난 이미 모든 곳을 찾아봤어.

해설 | How come을 사용하여 누군가 지갑을 훔쳐갔는데도 신고하지 않는 이유를 물었으므로 '그러기엔 너무 늦었다'는 이유를 말한 (a)가 정답이다. (b)의 지갑에 많은 돈이 들어 있었다는 말은 신고하지 않는 이유로 적절하지 않으므로 틀리다.

03

M: The weather's supposed to be great this weekend.

W: Yeah, it looks like spring is here to stay.

M: It's a perfect time to travel somewhere together.

(a) It sounds like a good place to stay.

(b) Actually, I've already been there.

(c) **I'd rather stay in town and relax though.**

(d) That's true, but I'm worried about the weather.

M: 이번 주말에 날씨가 아주 좋을 거야.

W: 응, 봄이 온 것 같아.

M: 함께 어딘가로 여행가기 딱 좋은 시기야.

(a) 머무르기에 좋은 장소인 것 같아.

(b) 사실, 난 거기 이미 가봤어.

(c) 그렇지만 난 도시에 머무르면서 쉬는 것이 더 좋아.

(d) 그건 맞지만, 난 날씨가 걱정돼.

해설 | 봄이 와서 함께 여행가기 딱 좋은 시기라는 의견에 '그렇지만 난 도시에 머무르면서 쉬는 것이 더 좋다'는 말로 여행을 가고 싶지 않다는 의미를 전달한 (c)가 정답이다. (d)의 날씨가 걱정된다는 말은 날씨가 아주 좋을 것이라는 남자의 말과 맞지 않으므로 틀리다.

04

M: I can't make our lunch date today.

W: Why didn't you tell me earlier? I could have made other plans.

M: Well, I just found out that my friend is in the hospital.

(a) Then I'll just make the lunch myself.

(b) I would've told you, but I was busy.

(c) **In that case, I completely understand.**

(d) Yeah, we could have paid a visit earlier.

M: 나 오늘 점심 데이트를 못 할 것 같아.

W: 왜 더 일찍 말해 주지 않았어? 내가 다른 계획을 세울 수도 있었잖아.

M: 음, 내 친구가 입원 중이라는 것을 방금 알게 됐거든.

(a) 그럼 나 혼자 점심을 차릴게.

(b) 네게 말하려고 했지만, 바빴어.

(c) 그런 경우라면, 충분히 이해해.

(d) 응, 우리가 더 일찍 방문할 수도 있었는데.

해설 | 친구가 입원 중이라는 것을 방금 알게 됐다며 약속을 미리 취소하지 못한 이유를 전하는 말에, '그런 경우라면, 충분히 이해한다'며 남자의 상황을 이해해 준 (c)가 정답이다. (a)의 혼자 점심을 차린다는 말은 대화에서 점심을 집에서 먹는다는 내용이 없으므로 틀리다.

05

W: What was the name of that restaurant we ate at last week?

M: Wait a minute. It's on the tip of my tongue.

W: Oh, it was L.A. Café, **wasn't it?**

(a) Right. That was a different one.

(b) **I was just about to say that.**

(c) Yeah, that's what I said.

(d) I'd be up for going again.

W: 우리가 지난주에 식사한 식당의 이름이 뭐였지?

M: 잠깐만. 말이 혀 끝에서 맴돌 뿐 생각이 안 나.

W: 오, L.A. Café였지, 그렇지 않니?

(a) 맞아. 그것은 다른 집이었어.

(b) 그걸 말하려고 했어.

(c) 맞아. 그게 내가 말했던 거야.

(d) 난 또 가는 것에 찬성이야.

해설 | wasn't it을 사용하여 지난주에 갔던 식당의 이름이 L.A. Café가 맞는지 확인하는 말에, '그걸 말하려고 했다'는 말로 그 이름이 맞다는 의미를 전달한 (b)가 정답이다. (a)는 Right이 아닌 No가 되어야 응답으로 적절하다.

어휘 | on the tip of one's tongue 말이 혀 끝에서 맴돌 뿐 생각이 안 나는 be up for ~에 찬성하다

06

W: Good afternoon. What can I help you with today?
M: I was wondering if you have any liquid ginseng extract.
W: Unfortunately not, but we do carry ginseng capsules.

(a) Great. I'll get them for you.
(b) I used them up already.
(c) OK, that will do.
(d) I meant the health supplement.

W: 안녕하세요. 무엇을 도와드릴까요?
M: 액체로 된 인삼 추출물이 있는지 궁금합니다.
W: 안됐지만 없네요, 그렇지만 인삼 캡슐은 있습니다.

(a) 좋아요. 제가 당신을 위해 그것들을 가져다 드릴게요.
(b) 전 이미 그것들을 다 썼어요.
(c) 좋아요, 그거면 될 것 같아요.
(d) 진 건강 보조제를 말한 거예요.

해설 | 액체로 된 인삼 추출물은 없지만 인삼 캡슐은 있다는 점원의 말에 '그거면 될 것 같다'고 말한 (c)가 정답이다. (a)는 점원인 여자가 이어서 할 만한 말을 보기로 제시하여 혼동을 준 오답이다.

어휘 | ginseng[dʒínseŋ] 인삼 extract[ikstrǽkt] 추출물 use up ~을 다 써버리다 health supplement 건강 보조제

07

M: I'm fed up with arguing with my landlord.
W: Why? Weren't you able to sort things out with him?
M: No, he's still opposed to having pets in the building.

(a) You should tell him you're allergic to pets.
(b) I'm glad you were able to reach an agreement.
(c) Maybe it's time to find a new place.
(d) You'll have to take it up with the landlord.

M: 집주인이랑 말다툼하는 것이 지긋지긋해.
W: 왜? 그와 문제를 해결할 수 없었니?
M: 없었어. 그는 여전히 건물에서 애완동물을 키우는 것에 반대해.

(a) 그에게 네가 애완동물에 알레르기가 있다는 걸 말해야 해.
(b) 합의에 도달할 수 있었다니 잘됐구나.
(c) 아마도 새로운 곳을 찾을 때인가 봐.
(d) 집주인과 그 문제를 처리해야 할 거야.

해설 | 집주인이 건물 안에서 애완동물을 키우는 것에 반대한다는 문제점을 전하는 말에 '새로운 곳을 찾을 때인 것 같다'며 해결 방안을 말한 (c)가 정답이다.

어휘 | be fed up with ~이 지긋지긋하다 landlord[lǽndlɔːrd] 집주인 sort out ~을 해결하다 allergic[əlɔ́ːrdʒik] 알레르기가 있는 reach an agreement 합의에 도달하다 take up ~을 처리하다

08

W: I should have loaded that anti-virus software like you told me to.
M: Why? Is there a problem with your computer?
W: Yeah, it's been really slow.

(a) Looks like the software didn't work.
(b) It's the newest version available.
(c) I'll try to load it on mine, too.
(d) You might just need some more memory.

W: 네가 말한 것처럼 바이러스 백신 소프트웨어를 설치했어야 했는데.
M: 왜? 네 컴퓨터에 문제 있니?
W: 응, 요새 너무 느려.

(a) 소프트웨어가 작동하지 않았던 것 같아.
(b) 그것은 이용 가능한 최신 버전이야.
(c) 내 것에도 그것을 설치해볼게.
(d) 그저 더 큰 용량의 메모리가 필요한 걸 거야.

해설 | 컴퓨터가 너무 느리다는 문제점을 전하는 말에 '더 큰 용량의 메모리가 필요하다'며 해결 방안을 제시한 (d)가 정답이다. (a)의 소프트웨어가 작동하지 않았다는 말은 소프트웨어를 설치하지 않았다는 여자의 말과 맞지 않으므로 틀리다.

어휘 | load[loud] (프로그램 등을) 설치하다, 올리다

09

M: Are you going to apply for the team leader spot?
W: I considered it, but then I thought better of it.
M: **Why?** It's a good opportunity to move up in the organization.

(a) I'd rather have a leadership role.
(b) That's what I'm crazy about.
(c) It could apply to any situation.
(d) I doubt I'm cut out for it.

M: 당신은 팀장 직위에 지원하실 건가요?
W: 고려해봤지만, 다시 생각해보고는 하지 않기로 했어요.
M: 왜요? 조직에서 승진할 좋은 기회잖아요.

(a) 전 차라리 지도자 역할을 하겠어요.
(b) 그게 제가 열광하는 것이에요.
(c) 그건 어떤 상황에도 적용될 수 있어요.
(d) 제가 그 자리에 적임인지 의심스러워서요.

10

W: I'm still on the fence about whether just to switch my major to journalism or not.
M: Well, you're still young. It's worth taking a risk.
W: So you think I should go for it?

(a) By all means, if that's what interests you.
(b) I have no background in journalism.
(c) It seems a little late for that.
(d) You should heed my cautionary advice.

W: 제 전공을 언론학으로 바꿀지 말지에 대해 아직 확실한 선택을 하지 않고 있어요.
M: 음, 넌 아직 젊잖니. 모험을 할 만한 가치가 있어.
W: 그럼 제가 한번 해봐야 한다고 생각하세요?

(a) 그럼, 그것이 너의 흥미를 끄는 것이라면 말이야.
(b) 난 인론 쪽에 경험이 없어.
(c) 그건 조금 늦은 것 같구나.
(d) 넌 내 충고를 명심해야 해.

Course 1 의문사 의문문

1. Which · What 의문문   p.118

01 (b) **02** (b) **03** (a) **04** (a) **05** (c) **06** (d) **07** (b) **08** (d) **09** (b) **10** (a)

01

M: I'm supposed to <u>bring something</u> to the barbecue, right? W: Yeah, just <u>grab some snacks</u> from the convenience store. M: OK. **What kinds?** (a) <u>Beer or wine</u> suits me. **(b) Maybe some <u>chips and salsa</u>.**	M: 바비큐 파티에 내가 뭔가 가져가야 하는 거지, 그렇지? W: 응. 그냥 편의점에서 과자 몇 봉지 사와. M: 그래. 어떤 종류로? (a) 나한테는 맥주나 와인이 맞아. (b) 아마 칩이랑 살사.

해설 | What kinds를 사용하여 바비큐 파티에 어떤 종류의 과자를 사갈지 물었으므로 '칩과 살사'라는 과자의 종류를 말한 (b)가 정답이다. (a)는 과자의 종류를 물었는데 술의 종류를 말했으므로 틀리다.

어휘 | **grab**[græb] (잽싸게) 가져오다 **suit**[suːt] ~에 맞다 **salsa**[sɔ́ːlsə] 살사(매운 칠리 소스)

02

M: Could you <u>point me in the direction</u> of the capitol building? W: Sure. It's over on 4th Street. M: **Which way** is 4th Street? (a) You're <u>headed in the wrong direction</u>. **(b) It's 2 blocks east of here.**	M: 저에게 국회 의사당으로 가는 길을 가르쳐 주실 수 있으세요? W: 그럼요. 저쪽 4번가에 있어요. M: 어느 쪽이 4번가예요? (a) 잘못된 방향으로 향하고 계세요. (b) 여기에서 동쪽으로 2블록 지나서예요.

해설 | Which way를 사용하여 어느 쪽이 4번가인지 방향을 물었으므로 '여기에서 동쪽으로 2블록 지나서'라는 방향을 말한 (b)가 정답이다.

어휘 | **the capitol** 국회 의사당 **be headed** ~로 향하다

03

M: Wesley's going to be upset <u>if we don't show up on time</u>. W: No, he won't. M: **What do you mean?** **(a) I told him we were <u>running late</u>.** (b) We have <u>no excuse for being tardy</u>.	M: 우리가 제시간에 나타나지 않으면 Wesley가 화낼 거야. W: 아니야. 그는 안 그럴 거야. M: 무슨 뜻이야? (a) 우리가 늦는다고 내가 그에게 말해 두었어. (b) 우린 늦은 것에 대해 변명할 것이 없어.

해설 | What do you mean을 사용하여 제시간에 나타나지 않아도 Wesley가 화내지 않을 거라는 여자의 말이 무슨 의미인지 물었으므로, '늦는다고 말해 두었다'며 그가 화내지 않을 이유를 말한 (a)가 정답이다.

어휘 | **upset**[ʌ̀psét] 화난 **show up** 나타나다

04

W: William, is it OK <u>to use a cleanser</u> on this floor? M: No, it might <u>scratch</u> the wood. W: **What should I do** then? **(a) Try using a damp cloth.** (b) <u>Scrubbing it won't work</u>.	W: William, 이 바닥에 세정제를 사용해도 괜찮아? M: 아니, 나무가 긁힐지도 몰라. W: 그럼 어떻게 해야 하지? (a) 젖은 수건을 사용해봐. (b) 문지르는 건 효과가 없을 거야.

해설 | What ~ do를 사용하여 나무 바닥이 긁히지 않게 청소하려면 어떻게 해야 하는지 방법을 물었으므로, '젖은 수건을 사용해보라'고 방법을 말한 (a)가 정답이다. (b)도 '문지르는 것(Scrubbing)'이라는 방법을 언급하기는 했지만 그 방법이 효과가 없을 것이라는 말은 방법을 묻는 말에 대한 응답으로 적절하지 않다.

어휘 | cleanser[klénzər] 세정제 scratch[skrætʃ] 긁다 damp[dæmp] 젖은 scrub[skrʌb] 문지르다

05

M: Have you ever traveled to Europe?
W: Yes. I've been there several times.
M: **Which country** impressed you the most?

(a) I want to visit Egypt someday.
(b) I'm sure I'll travel there again.
(c) I really enjoyed Belgium.
(d) Well, Europe has many nations.

M: 유럽으로 여행 가본 적 있어?
W: 응, 몇 번 가봤어.
M: 어느 나라가 제일 인상 깊었어?

(a) 언젠가 이집트에 가보고 싶어.
(b) 꼭 거기에 다시 가볼 거야.
(c) 나는 벨기에가 정말 솧았어.
(d) 글쎄, 유럽엔 많은 나라들이 있어.

해설 | Which country를 사용하여 여행했던 유럽 국가 중 어느 나라가 가장 인상 깊었는지 물었으므로, '벨기에'라는 나라를 말한 (c)가 정답이다. (a)도 '이집트'라는 나라를 말하기는 했지만 이집트는 유럽에 있는 국가가 아니므로 틀리다.

06

W: Sandy's graduation is this Saturday, right?
M: Yeah, but I'm stumped about what kind of gift to bring.
W: **What about** using old photos to make a scrapbook?

(a) It's too late to take photos.
(b) I don't have one of those.
(c) I'd rather make something myself.
(d) That's a fabulous idea.

W: Sandy의 졸업식이 이번 주 토요일이지, 그렇지?
M: 응, 그렇지만 어떤 선물을 가져가야 할지 난감해.
W: 옛날 사진들을 이용해서 스크랩북을 만드는 건 어때?

(a) 사진 찍기엔 너무 늦었어.
(b) 난 그런 것 없어.
(c) 난 뭔가를 직접 만드는 편이 낫겠어.
(d) 그거 아주 멋진 생각이다.

해설 | What about을 사용하여 졸업 선물로 옛날 사진을 이용한 스크랩북을 만드는 것을 제안했으므로, '아주 멋진 생각'이라며 제안을 받아들인 (d)가 정답이다.

어휘 | stumped[stʌmpt] 난감해 하는, 쩔쩔매는

07

W: I'm concerned that my cat isn't getting any better.
M: Well, the veterinarian said the medication would take a few days to kick in.
W: Yeah, but **what if** it doesn't work?

(a) Then you'll need to try medicating it.
(b) Just give it a little more time.
(c) You should've resorted to a veterinarian.
(d) You could seek professional help.

W: 내 고양이가 조금도 낫지 않아서 걱정돼.
M: 음, 수의사가 약효가 나기 시작하려면 며칠 걸릴 거라고 했잖아.
W: 그래, 그렇지만 효과가 없으면 어쩌지?

(a) 그러면 약으로 치료할 필요가 있을 거야.
(b) 그냥 조금만 더 기다려봐.
(c) 넌 수의사에게 도움을 청해야만 했는데.
(d) 넌 전문가의 도움을 청할 수 있었잖아.

해설 | What if를 사용하여 아픈 고양이에게 먹인 약이 효과가 없을까봐 걱정하는 말에, '약효가 날 때까지 조금만 더 기다려보라'며 조언한 (b)가 정답이다. (a)는 '약으로 치료하라(try medicating it)'는 조언을 했지만, 여자는 이미 고양이에게 약을 먹였으므로 틀리다.

어휘 | concerned[kənsə́rnd] 걱정하는 veterinarian[vètərənέəriən] 수의사 kick in (약효가) 나기 시작하다
medicate[médəkèit] 약으로 치료하다 resort to ~에게 도움을 청하다

08

W: Did your sister get married?
M: No, the wedding was postponed.
W: Really? **What happened?**

(a) She'll decide what to do.
(b) We didn't attend the wedding.
(c) I'll find out at the reception.

W: 네 여동생 결혼했니?
M: 아니, 결혼식이 연기되었어.
W: 정말? 무슨 일 있었어?

(a) 그녀가 어떻게 할지 결정할 거야.
(b) 우리는 결혼식에 참석하지 않았어.
(c) 피로연에서 알아볼게.

(d) There was a death in the family.   (d) 가족 중에 돌아가신 분이 계셨어.

해설 | What happened를 사용하여 무슨 일이 생겨서 결혼식이 연기된 것인지 이유를 물었으므로, '가족 중에 돌아가신 분이 계셨다'는 말로 이유를 설명한 (d)가 정답이다.

어휘 | postpone[poustpóun] 연기하다   reception[risépʃən] 피로연

09

M: Are there any Asian restaurants in this neighborhood?   M: 이 동네에 아시아 음식점이 있니?
W: Well, there's Japanese and Korean.   W: 글쎄, 일식당과 한식당이 있어.
M: **Which one** has the best cuisine?   M: 어느 곳의 요리가 제일 좋아?

(a) I'm not sure either have that on the menu.   (a) 둘 중에 그게 메뉴에 있는 곳이 있을지 모르겠어.
(b) I'd suggest the Korean place.   (b) 난 한식당을 추천하겠어.
(c) It's the best in the neighborhood.   (c) 거기가 이 근처에선 제일이야.
(d) We'll probably need a reservation.   (d) 우리는 아마 예약해야 할 거야.

해설 | Which one을 사용하여 일식당과 한식당 중 어느 곳의 요리가 제일 좋은지 선택하도록 했으므로, 둘 중 하나인 '한식당'을 선택한 (b)가 정답이다. (a)는 I'm not sure(잘 모르겠어)가 정답처럼 들려 혼동을 준 오답으로, 대명사 that이 있으므로 마지막 문장에서 남자가 I'd like to have dumplings(나는 만두를 먹고 싶어)와 같이 특정 요리를 언급했을 경우 응답으로 적절하다.

어휘 | cuisine[kwizíːn] 요리

10

W: Aren't you worried about the local elections next week?   W: 다음 주의 지방 선거에 대해서 걱정 안 되니?
M: No. Actually, I haven't given it much thought.   M: 안 돼. 사실, 그것에 대해 별로 생각 안 해봤어.
W: **What do you think** the outcome will be?   W: 결과가 어떻게 될 거라고 **생각해**?

(a) We'll find out when they're over.   (a) 선거가 끝나면 알게 되겠지.
(b) The candidates know what to do.   (b) 후보자들이 무엇을 해야 할지 알고 있어.
(c) Most elections are held in autumn.   (c) 대부분의 선거가 가을에 치러져.
(d) It won't come out so early.   (d) 그것이 그렇게 빨리 나오지는 않을 거야.

해설 | What do you think를 사용하여 선거의 결과가 어떨 거라고 생각하는지 의견을 물었으므로, '선거가 끝나면 알게 될 것'이라는 의견을 전달한 (a)가 정답이다.

어휘 | local election 지방 선거   give thought ~을 생각해 보다   outcome[áutkʌm] 결과   candidate[kǽndidèit] 후보자
come out 나오다, 나타나다

---

2. Why · How 의문문   p.124

01 (a)   **02** (b)   **03** (b)   **04** (b)   **05** (d)   **06** (b)   **07** (b)   **08** (d)   **09** (c)   **10** (d)

01

M: Hey, Marcia. It's been a while since I saw you.   M: 안녕, Marcia. 우리 본지 오래되었구나.
W: Yeah, I was in Europe for a month.   W: 그래, 난 한 달 동안 유럽에 있었거든.
M: Really? **How** did you like it?   M: 정말? 어땠어?

(a) It was fantastic.   (a) 환상적이었어.
(b) It was an outstanding country.   (b) 광장한 나라였어.

해설 | How를 사용하여 유럽에서 지낸 것이 어땠는지 감상을 물었으므로 '환상적이었다'는 감상을 말한 (a)가 정답이다. (b)도 outstanding (광장한)이라는 감상을 말했지만 유럽은 '나라(country)'가 아니므로 틀리다.

어휘 | outstanding[àutstǽndiŋ] 광장한, 눈에 띄는

02

M: Do you like your steaks well-done, Mary?

W: For me, medium is fine.

M: **How about** your husband?

(a) I think that would be fine.

(b) **He likes them rare.**

M: 스테이크를 웰던으로 하실 건가요, Mary?

W: 전 미디움이 좋아요.

M: 남편 분은 어떠신지요?

(a) 그게 좋을 것 같아요.

(b) 그이는 레어로 하길 원해요.

해설 | How about을 사용하여 남편은 스테이크가 어떻게 요리되기를 원하는지 의견을 묻는 말에, '그는 레어로 하길 원한다'고 말한 (b)가 정답이다.

어휘 | **well-done** 웰던(고기를 충분히 익힌) **medium**[míːdiəm] 미디움(고기를 중간 정도로 익힌) **rare**[rɛər] 레어(고기를 약간만 익힌)

03

M: I am disappointed that you didn't come to my soccer game last night.

W: Sorry, but there's no need to be.

M: **Why** do you say that?

(a) I don't really like soccer very much.

(b) **I'll attend tonight's game instead.**

M: 이젯밤에 내 축구 경기에 네가 오지 않아서 실망했어.

W: 미안해, 하지만 실망할 필요 없어.

M: 왜 그런 건데?

(a) 나는 축구를 별로 좋아하지 않아.

(b) 대신에 오늘 밤의 경기에 갈 거니까.

해설 | Why를 사용하여 어젯밤에 경기를 보러 오지 않았던 것에 대해 실망할 필요가 없는 이유가 무엇인지 물었으므로, '대신에 오늘 밤 경기에 갈 것'이라는 이유를 말한 (b)가 정답이다.

어휘 | **disappointed**[dìsəpɔ́intid] 실망한

04

W: Hello. Acme Car Rental. May I help you?

M: Yes. How much is it to rent a car? I'm going to Miami.

W: **How long** will you need it?

(a) By Friday, please.

(b) **Just for 3 days.**

W: 여보세요. Acme 자동차 렌트 회사입니다. 무엇을 도와 드릴까요?

M: 네. 차 빌리는 것 얼마예요? 전 마이애미에 갑니다.

W: 얼마 동안 필요하신가요?

(a) 금요일까지 부탁합니다.

(b) 3일 동안만이요.

해설 | How long을 사용하여 자동차를 얼마 동안 빌릴 것인지 기간을 물었으므로 '3일 동안'이라는 기간을 말한 (b)가 정답이다. (a)에서 쓰인 전치사 by도 '~까지'라는 기간을 나타내는 말이지만, 완료되는 시점을 강조하기 때문에 When do I need to return it?(언제까지 반납해야 하나요?)과 같은 질문에 적절한 응답이다.

어휘 | **rental**[réntəl] 렌트 회사

05

M: Weren't you supposed to pick up a pizza after work?

W: I had planned to, but I didn't have time.

M: **Why don't we** order one instead?

(a) I thought I should order it.

(b) I picked up the pizza.

(c) Any pizza is fine with me.

(d) **I think that's a good idea.**

M: 퇴근 후에 네가 피자를 사오기로 하지 않았어?

W: 그럴 계획이었는데, 시간이 없었어.

M: 대신에 주문하는 게 어때?

(a) 내가 주문을 해야 한다고 생각했어.

(b) 내가 피자를 사왔어.

(c) 어떤 피자든 난 좋아.

(d) 좋은 생각인 것 같아.

해설 | Why don't we를 사용하여 피자를 주문하자는 제안에 '좋은 생각'이라며 제안을 받아들인 (d)가 정답이다.

06

W: Stephen, where's the lens cap for the telescope?

M: Who knows? I tried to find it last night before I went to bed.

W: **How**'d it get lost?

(a) We'll have to replace it.

W: Stephen, 망원경 렌즈 뚜껑 어디 있어?

M: 누가 알겠어? 어젯밤에 자기 전에 찾으려고 노력했었어.

W: 그게 어떻게 사라진 거지?

(a) 우린 그걸 교체해야만 할 거야.

(b) I guess I forgot to put it back on.
(c) It helps keep dust off the lens.
(d) Try not to be so forgetful.

(b) 내가 다시 덮어 두는 걸 잊어버린 것 같아.
(c) 그것은 렌즈에 먼지가 끼지 않게 해줘.
(d) 그렇게 잘 잊어버리지 않도록 해.

해설 | How를 사용하여 망원경 렌즈 뚜껑이 어떻게 사라졌는지 원인을 물었으므로 '내가 뚜껑을 다시 덮는 걸 잊어버려서' 사라진 것 같다는 원인을 말한 (b)가 정답이다.

07

W: Are you interested in attending the school ballet tonight?
M: Of course. I'd love to.
W: Then **how about** meeting for dinner beforehand, say 7 o'clock?

(a) OK, I'll see you at the ballet.
(b) Better make it 7:30. I have a few things to wrap up.
(c) Sure. But I wasn't expecting you yet.
(d) I can tell you how to get there.

W: 오늘 밤 학교에서 열리는 발레 공연을 보러가는 데 관심 있니?
M: 물론이지. 좋아.
W: 그러면 그 이전에 만나서 같이 저녁 먹는 건 어때? 한 7시쯤?

(a) 그래. 발레 공연에서 보자.
(b) 7시 30분이 나을 거 같아. 마무리해야 할 것이 좀 있거든.
(c) 좋아. 그렇지만 네가 벌써 올 거라고 예상하지는 않았었는데.
(d) 거기에 어떻게 가는지 말해줄 수 있어.

해설 | how about을 사용하여 7시에 만나자고 제안하는 말에 '7시 30분이 나을 것 같다'는 말로 약속 시간을 늦추자는 의미를 전달한 (b)가 정답이다. (a)는 OK, I'll see you at(그래 ~에서 보자)이 정답처럼 들려 혼동을 준 오답으로, 발레 공연에서 보자고 한 말은 발레 공연 전에 저녁을 먹자는 제안을 수락한 대화의 문맥에 맞지 않으므로 틀린다.

어휘 | beforehand [bifɔ́ːrhæ̀nd] 이전에 wrap up ~을 마무리하다

08

M: Is everything going well with the Wilson account?
W: So far things are looking good.
M: **How far** are we from sealing the deal?

(a) The deal already fell through.
(b) We're trying to negotiate a deal.
(c) We should bring it to a close.
(d) It's still too early to tell.

M: Wilson 사와의 거래는 잘 되어가고 있나요?
W: 지금까지는 좋아 보여요.
M: 계약을 체결하는 데까진 얼마나 남은 건가요?

(a) 그 거래는 이미 실패로 끝났어요.
(b) 우린 거래를 협상하려 하고 있어요.
(c) 우린 그걸 끝내야 해요.
(d) 말하기에는 아직 일러요.

해설 | How far를 사용하여 계약이 성사되기까지 얼마나 남은 건지 정도를 묻는 말에 '말하기에는 아직 이르다'는 말로 잘 모르겠다는 의미를 전달한 (d)가 정답이다. (a)의 이미 거래가 실패로 끝났다는 말은, 거래 상황이 좋아 보인다고 한 대화의 문맥에 맞지 않으므로 틀린다.

어휘 | account [əkáunt] 거래 seal the deal 계약을 체결하다 fall through 실패로 끝나다 bring ~ to a close ~을 끝내다

09

M: What did you think about the lecture?
W: I felt the speaker was obviously in a rush.
M: **Why is that?**

(a) Actually, there's no need to hurry.
(b) Yes, I definitely noticed it too.
(c) Well, he kept looking at his watch.
(d) I'll tell you what it was about.

M: 강의에 대해서 어떻게 생각했어?
W: 나는 연설자가 확실히 서두르고 있다고 느꼈어.
M: 왜?

(a) 사실, 서두를 필요 없어.
(b) 응, 나도 분명히 그걸 느꼈어.
(c) 음, 그가 계속 시계를 봤거든.
(d) 그게 무엇에 관한 것이었는지 말해줄게.

해설 | Why is that을 사용하여 연설자가 서두르는 것 같다고 느꼈던 이유를 물었으므로, '그가 계속해서 시계를 봤다'는 이유를 말한 (c)가 정답이다.

어휘 | obviously [ɑ́bviəsli] 확실히, 눈에 띄게 be in a rush 서두르다

10

W: Since you got this promotion, do you think they'll make you a manager one day?
M: I doubt that very much.

W: 너 이번에 승진했으니까, 언젠가 매니저가 될 수 있을 거라고 생각하니?
M: 별로 그럴 것 같진 않아.

W: **How come?**

(a) It wasn't the pay I was looking for.
(b) I don't want my own company.
(c) The manager told me to do it.
(d) I lack the necessary leadership skills.

W: 왜?

(a) 내가 기대했던 보수가 아니었어.
(b) 내 소유의 회사를 원하지 않아.
(c) 매니저가 나에게 그걸 하라고 시켰어.
(d) 나는 필수적인 리더십 기술이 부족해.

해설 | How come을 사용하여 언젠가 매니저가 될 수 있을 거라고 생각하지 않는 이유를 물었으므로, '리더십 기술이 부족하다'는 이유를 말한 (d)가 정답이다.

3. Where · When · Who 의문문   p.128

01 (b) 02 (a) 03 (b) 04 (b) 05 (c) 06 (d) 07 (b) 08 (c) 09 (d) 10 (b)

01

M: What are you doing for New Year's Eve?
W: I'm going to a private party.
M: **Where** is it?

(a) I plan to visit New York.
(b) A new restaurant downtown.

M: 12월 31일에 뭐 할 거야?
W: 비공개 파티에 갈 거야.
M: 어디에서?

(a) 난 뉴욕을 방문할 계획이야.
(b) 시내에 새로 생긴 식당.

해설 | Where를 사용하여 비공개 파티가 열리는 장소를 물었으므로 '시내에 새로 생긴 식당'이라는 장소를 말한 (b)가 정답이다. (a)도 뉴욕이라는 장소를 언급하기는 했지만 파티가 열릴 장소를 물었는데 방문할 계획이 있는 장소를 말했으므로 틀리다.

02

M: Sandy told me you had something to ask me.
W: Well, I was just wondering if we could meet for coffee sometime.
M: Sounds fine with me, but **when**?

(a) I'm free tomorrow evening.
(b) I wasn't available at that time.

M: Sandy가 그러는데 너 나한테 물어볼 거 있다며.
W: 음, 난 그냥 언제 커피 한잔 할 수 있을지 궁금했어.
M: 난 좋아, 근데 언제?

(a) 난 내일 저녁에 한가해.
(b) 난 그때는 시간이 안 됐어.

해설 | when을 사용하여 언제 함께 커피를 한잔 할 수 있는지 시간을 물었으므로 '내일 저녁'이라는 시간을 말한 (a)가 정답이다.

03

W: Hi Stan. What brings you here this early?
M: I'm having breakfast with someone from the marketing team.
W: Really? **Who** with?

(a) He works in marketing.
(b) Gary, the assistant director.

W: 안녕 Stan. 왜 이렇게 일찍 여기에 온 거야?
M: 마케팅 팀 사람과 아침을 먹으려고.
W: 정말? 누구랑?

(a) 그는 마케팅 팀에서 일해.
(b) Gary, 차장님.

해설 | Who를 사용하여 아침 식사를 함께 할 사람이 누구인지 물었으므로 'Gary'라는 함께 식사할 사람의 이름을 말한 (b)가 정답이다.

04

W: Where's Kelley? I thought she was coming with you.
M: Something came up, so she won't be able to make it until later.
W: Really? **When** did you talk to her?

(a) We talked for hours.

W: Kelley는 어디 있어? 난 너랑 같이 오는 줄 알았는데.
M: 무슨 일이 생겨서, 나중까지 올 수 없을 거야.
W: 정말? 그녀랑 언제 이야기했어?

(a) 우린 몇 시간 동안 이야기했어.

(b) Less than an hour ago.　　　　　　　　　　　　　(b) 한 시간도 안 지났어.

해설 | When을 사용하여 Kelly와 언제 이야기해서 그녀가 나중까지 올 수 없을 것이라는 사실을 알게 되었는지 시점을 물었으므로 '한 시간도 안 지났다'고 시점을 말한 (b)가 정답이다.

어휘 | come up ~이 생기다

05

W: What's going on? I've been trying to call you for hours.
M: It seems I've misplaced my cell phone.
W: That's not good. **Where** did you last have it?

(a) I found it under my car seat.
(b) Maybe, but I already looked there.
(c) At the restaurant this morning.
(d) Since early this afternoon.

W: 무슨 일이야? 몇 시간째 니힌테 전화하고 있었어.
M: 휴대 전화를 잃어버린 것 같아.
W: 안 좋은데. 마지막으로 **어디서** 갖고 있었어?

(a) 내 차 의자 밑에서 찾았어.
(b) 아마도, 그렇지만 거긴 이미 살펴봤어.
(c) 오늘 아침 식당에서.
(d) 오늘 이른 오후부터.

해설 | Where를 사용하여 휴대 전화를 어디에서 마지막으로 갖고 있었는지 장소를 물었으므로 '식당'이라는 장소를 말한 (c)가 정답이다. (a)는 under my car seat(내 차 의자 밑)이라는 장소를 언급하기는 했지만, 휴대 전화를 찾았다는 말은 휴대 전화를 잃어버린 대화의 문맥에 맞지 않으므로 틀리다.

어휘 | misplace[mispléis] 잃어버리다. 어디에 두었는지 잊어버리다

06

M: I've been thinking of seeing that Picasso exhibit.
W: Me too! Why don't we go to see it together?
M: OK, **when** would be best for you?

(a) Let's meet at the entrance.
(b) It'll be my treat.
(c) Great. I'll call and invite them.
(d) Well, I'm free tonight.

M: 피카소 전시회를 볼까 생각하고 있었어.
W: 나도! 우리 같이 가서 보는 게 어때?
M: 그래, 넌 **언제**가 제일 좋아?

(a) 입구에서 만나자.
(b) 내가 한턱 낼게.
(c) 좋아. 내가 그들에게 전화해서 초대할게.
(d) 음, 난 오늘 밤에 한가해.

해설 | when을 사용하여 전시회를 보러 가기에 언제가 제일 좋은지 시간을 물었으므로 '오늘 밤'이라는 시간을 말한 (d)가 정답이다. (a)는 Let's meet(만나자)이 정답처럼 들려 혼동을 준 오답으로, 시간을 물었는데 장소를 말했으므로 틀리다.

어휘 | treat[triːt] 한턱 내기

07

M: Excuse me. Does this building have a parking garage?
W: Yes, but it's only for employees.
M: Then **where** can I leave my car?

(a) You can't leave it there long.
(b) There's a paid lot across the street.
(c) It's 4 dollars for up to 2 hours.
(d) Your car won't fit in that space.

M: 실례합니다. 이 빌딩에 실내 주차장이 있나요?
W: 네, 그렇지만 직원 전용입니다.
M: 그러면 제가 **어디에** 차를 둘 수 있을까요?

(a) 거기에 오래 두실 수 없어요.
(b) 길 건너에 유료 주차장이 있어요.
(c) 2시간까지는 4달러입니다.
(d) 당신의 차는 그 공간에 들어맞지 않을 거예요.

해설 | where를 사용하여 어디에 주차를 할 수 있는지 장소를 물었으므로 '길 건너 유료 주차장'이라는 장소를 말한 (b)가 정답이다.

어휘 | parking garage (실내) 주차장　paid lot 유료 주차장　fit in ~에 들어맞다

08

M: What's that? A package?
W: Yes, it was outside the door this morning.
M: Oh yeah? **Who's** the sender?

(a) I'll ask them to send it back.
(b) I guess the postman left it.
(c) It's postmarked Hong Kong.

M: 그건 뭐야? 소포?
W: 응, 오늘 아침에 문 밖에 있었어.
M: 아 그래? 보낸 사람이 **누구야?**

(a) 되돌려 보내달라고 요청할게.
(b) 집배원이 놔둔 거 같아.
(c) 홍콩 소인이 찍혀 있어.

(d) I'll open it later.

: (d) 나중에 열어볼게.

해설 | Who를 사용하여 소포를 보낸 사람이 누구인지 묻는 말에 '홍콩 소인이 찍혀 있다'는 말로 누구인지는 모르겠지만 홍콩에서 온 것이라는 의미를 전달한 (c)가 정답이다. (b)는 I guess(내 생각에는)가 정답처럼 들려 혼동을 준 오답으로, 집배원은 소포를 보낸 사람이 될 수 없으므로 틀리다.

어휘 | postmark [póustmàːrk] 소인을 찍다

09

M: That's a beautiful scarf. I'd love to find one like that myself.

W: Well, I got this one really cheap at Montgomery's.

M. Oh, yeah? **Where's the closest Montgomery's?**

(a) I think the sale ends today.

(b) A very large department store.

(c) I've heard they are cheaper there.

(d) Over on Chestnut Street.

M: 스카프 예쁘구나. 나도 그런 거 갖고 싶다.

W: 음, Montgomery's에서 정말 싸게 샀어.

M: 아, 그래? 제일 가까운 Montgomery's가 어디지?

(a) 세일이 오늘 끝나는 것 같아.

(b) 엄청 큰 백화점이야.

(c) 거기가 더 싸다고 들었어.

(d) Chestnut 거리에 있어.

해설 | Where를 사용하여 Montgomery's의 여러 지점 중에서 가장 가까운 지점은 어디 있는지 위치를 물었으므로 'Chestnut 거리'라는 위치를 말한 (d)가 정답이다.

10

W: Barry, we need to go over a few details about the film festival.

M: Good idea. I've got a few new ideas myself.

W: **When** would be a good time for you?

(a) The film festival kicks off next Thursday.

(b) Well, this week's pretty booked up.

(c) A few hours would probably be enough.

(d) That works for me, too.

W: Barry, 우리 영화제의 몇 가지 세부 사항을 검토해야 할 필요가 있겠어.

M: 좋은 생각이야. 나 몇 가지 새로운 아이디어가 있어.

W: 넌 언제가 좋아?

(a) 영화제가 다음 주 목요일에 시작해.

(b) 글쎄, 이번 주 일정이 완전히 꽉 차서.

(c) 아마 몇 시간 정도면 충분할 거야.

(d) 나도 그때 괜찮아.

해설 | When을 사용하여 세부 사항을 검토하려면 언제가 좋은지 묻는 말에 '이번 주 일정이 완전히 꽉 찼다'는 말로 이번 주에는 시간을 내기 힘들다는 의미를 전달한 (b)가 정답이다. (c)는 언제가 좋은지 물은 사람이 이어서 할 만한 말을 보기로 제시하여 혼동을 준 오답이다.

어휘 | go over ~을 검토하다   kick off 시작하다   be booked up 일정이 꽉 차다

Hackers TEST

p.130

01 (a) **02** (b) **03** (d) **04** (b) **05** (b) **06** (d) **07** (a) **08** (c) **09** (d) **10** (d) **11** (b) **12** (c)

01

W: I'm going with James to see a waterfall this weekend.

M: That sounds like a nice little outing.

W: **How would you like to** come along, too?

(a) If you're sure he wouldn't mind.

(b) Thanks, but I haven't been invited.

(c) I wish I had thought of that before.

(d) OK, let's ask James to come too.

W: 난 이번 주말에 James랑 폭포 보러 갈 거야.

M: 괜찮은 소풍 같은데.

W: 너도 함께 가는 게 어때?

(a) 그가 싫어하지 않는다고 네가 확신한다면.

(b) 고맙지만, 난 초대받지 않았어.

(c) 내가 예전에 그 생각을 했으면 좋았을걸.

(d) 좋아, James도 오라고 해보자.

해설 | How would you like to를 사용하여 James와 가는 소풍에 함께 가자는 제안에 'James가 싫어하지 않는다면 가겠다'고 말한 (a)가 정답이다. (b)의 초대받지 않았다는 말은 여자가 남자를 초대한 대화의 문맥에 맞지 않으므로 틀리다.

어휘 | outing [áutiŋ] 소풍   come along 함께 가다

02

W: Excuse me, can you tell me where the swimwear section is?

M: Sure. It's actually located in the sporting goods department, near the men's shoes.

W: Thanks, but **where** is that exactly?

(a) You can check out over there.

(b) It's toward the back of the store.

(c) I'm looking for swimwear, too.

(d) I'll let you know if I find it.

W: 실례합니다. 수영복 섹션이 어디인지 알려주실 수 있으신가요?

M: 물론이죠. 운동용품 매장에 위치해 있어요. 남성 신발 매장 근처예요.

W: 감사합니다. 그런데 그게 정확히 **어디죠**?

(a) 저쪽에서 계산하실 수 있어요.

(b) 가게 뒤쪽에 있어요.

(c) 저도 수영복을 찾고 있어요.

(d) 만일 제가 찾으면 알려드릴게요.

해설 | where를 사용하여 수영복 섹션이 정확히 어디 있는지 위치를 물었으므로 '가게 뒤쪽'이라는 위치를 말한 (b)가 정답이다.

어휘 | **be located in** ~에 위치하다

03

W: Is something wrong? You don't look like you're feeling well.

M: I was in a car accident earlier today.

W: Oh no! **When** did it happen?

(a) About a 30 minute drive from here.

(b) Just some minor damage.

(c) It still hurts a little bit.

(d) During my lunch break.

W: 뭐 잘못되었니? 너 안 좋아 보여.

M: 오늘 아까 차 사고 났어.

W: 아, 안 돼! **언제** 일어난 거야?

(a) 여기서 운전해서 30분 정도 거리야.

(b) 그냥 약간의 작은 손상만 입었어.

(c) 아직도 조금 아파.

(d) 점심 시간 동안에.

해설 | When을 사용하여 차 사고가 언제 일어난 건지 시점을 물었으므로 '점심 시간 동안에'라는 시점을 말한 (d)가 정답이다.

어휘 | **damage**[dǽmidʒ] 손상, 손해

04

M: Have you seen my laptop computer?

W: I took it with me to the office, but I forgot to bring it home.

M: **Why** didn't you ask me first?

(a) It's because I lost it.

(b) I didn't think you'd mind.

(c) I just bought a new one.

(d) I used it to draw up a document.

M: 내 노트북 컴퓨터 봤어?

W: 내가 사무실에 가져갔는데. 집에 가져오는 걸 잊어버렸어.

M: 왜 나한테 먼저 안 물어봤어?

(a) 그건 내가 잃어버렸기 때문이야.

(b) 네가 싫어할 거라고 생각하지 않았거든.

(c) 막 새 걸 샀어.

(d) 서류를 작성하려고 썼어.

해설 | Why를 사용하여 먼저 물어 보지 않고 노트북 컴퓨터를 가져간 이유를 물었으므로 '네가 싫어할 거라고 생각하지 않았다'는 이유를 말한 (b)가 정답이다.

어휘 | **laptop computer** 노트북 컴퓨터   **draw up** ~을 작성하다

05

M: I can't wait to get some of those fresh bagels from the Old Town Bakery.

W: Yeah, they're so much better than the ones from the other bakeries.

M: **Where**'s the bakery? It used to be at this intersection.

(a) It's where the bakery used to be.

(b) Maybe they went out of business.

(c) Right. The quality's gone downhill.

(d) It has shorter hours on weekends.

M: Old Town Bakery의 갓 구운 베이글을 빨리 사고 싶다.

W: 그래. 다른 빵집에서 파는 것보다 그게 훨씬 나아.

M: 빵집이 어디 있지? 이 교차로에 있었는데.

(a) 거기가 빵집이 있던 곳이야.

(b) 아마도 폐업했나봐.

(c) 맞아. 질이 떨어졌더라.

(d) 주말에는 더 일찍 닫아.

해설 | Where를 사용하여 빵집의 위치를 물으며 예전에는 이 교차로에 있었다는 말에, '아마도 폐업했나보다'라며 더 이상 그 자리에 없는 이유를 추측한 (b)가 정답이다.

어휘 | can't wait to 빨리 ~하고 싶다 intersection[ìntərsékʃən] 교차로 go out of business 폐업하다 go downhill 떨어지다

06

W: Excuse me. Could you tell me how to get to the train station? M: Local train or intercity express? W: **Which one** is closer? (a) The express train is more expensive. (b) It's just around the corner. (c) It will be arriving shortly. **(d) They're both within walking distance.**	W: 실례합니다. 기차역으로 어떻게 가는지 알려주실 수 있으세요? M: 완행 열차요 아니면 도시 간 고속 열차요? W: 어느 곳이 더 가까운가요? (a) 고속 열차가 더 비싸요. (b) 모퉁이를 돌면 있어요. (c) 곧 도착할 거예요. (d) 둘 다 걸어갈 수 있는 거리에 있어요.

해설 | Which one을 사용하여 완행 열차역과 고속 열차역 중 어느 것이 더 가까운지 묻는 말에, 둘 중 하나를 선택하지 않고 '둘 다 걸어갈 수 있는 거리에 있다'고 말한 (d)가 정답이다. (a)는 The express train is more(고속 열차가 더)가 정답처럼 들려 혼동을 준 오답으로, 거리를 물었는데 가격이 더 비싸다고 말했으므로 틀리다.

어휘 | local train 완행 열차 intercity[ìntərsíti] 도시 간의 express[iksprés] 고속 열차 shortly[ʃɔ́ːrtli] 곧 walking distance 걸어서 갈 수 있는 거리

07

M: Did you finish your new novel? W: No, I've been experiencing writer's block lately. M: **How about** taking a break for a while? **(a) I wish that were an option.** (b) I'll get to it as soon as I can. (c) I'd rather rest for a spell. (d) It's blocking my concentration.	M: 너의 새로운 소설을 완성했니? W: 아니, 난 요즘 작가의 블록 현상을 겪고 있어. M: 잠깐 동안 휴식을 취하는 게 어때? (a) 그럴 수 있다면 좋겠다. (b) 할 수 있는 한 빨리 그걸 시작할게. (c) 난 잠시 쉬는 게 낫겠어. (d) 그것이 내 집중을 방해하고 있어.

해설 | How about을 사용하여 작가의 블록 현상을 겪고 있는 여자에게 휴식을 취하는 것이 어떤지 제안하는 말에, '그럴 수 있다면 좋겠다'는 말로 쉬고 싶지만 그럴 수 없다는 의미를 전달한 (a)가 정답이다.

어휘 | writer's block 작가의 블록 현상(창작 의욕을 상실한 채 글을 쓰지 못하고 고통에 빠지는 현상) get to ~을 시작하다 for a spell 잠시 block[blɑk] 방해하다 concentration[kɑ̀nsəntréiʃən] 집중

08

M: Excuse me. How do I get to Riverfront Park? W: Take bus 3324 and get off at 2nd Avenue. M: And **where** do I go from there? (a) The bus stop is over there. (b) Get off at Riverfront Park. **(c) North, toward the river.** (d) Show your ID to the driver.	M: 실례합니다. Riverfront 공원에 어떻게 가야 하나요? W: 3324 버스를 타셔서 2번가에서 내리세요. M: 그리곤 거기서부터는 어디로 가면 되나요? (a) 버스 정류장은 저쪽에 있어요. (b) Riverfront 공원에서 내리세요. (c) 북쪽이요, 강이 있는 쪽으로요. (d) 운전기사에게 당신의 신분증을 보여주세요.

해설 | where를 사용하여 버스에서 내려서 어디로 가면 될지 방향을 물었으므로 '북쪽, 강이 있는 쪽'이라는 방향을 말한 (c)가 정답이다. (a)도 over there(저쪽)라고 길을 가르쳐주기는 했지만, 버스에서 내려서 어디로 가야 하는지 묻는 말에 버스 정류장이 있는 곳을 말했으므로 틀리다.

09

W: Excuse me, are kids allowed to see this movie? M: Only if their parents accompany them. W: **What about** if they're with an older sister? (a) We already asked her. (b) I'm afraid it's already started. (c) There's no other movie available.	W: 실례합니다. 아이들도 이 영화를 볼 수 있나요? M: 부모와 동반했을 경우에만요. W: 누나와 함께 왔을 경우에는 어떤가요? (a) 우리는 이미 그녀에게 물어봤어요. (b) 벌써 시작한 것 같아요. (c) 볼 수 있는 다른 영화가 없어요.

(d) Sorry, but it's not permitted.

(d) 죄송하지만, 그건 안 됩니다.

해설 | What about을 사용하여 부모와 동반했을 경우에만 볼 수 있는 영화를 보러 누나와 함께 왔을 경우에는 어떤지 묻는 말에, '그건 안 된다'는 말로 볼 수 없다는 의미를 전달한 (d)가 정답이다.

10

W: Honey, haven't you replaced the kitchen sink yet?
M: No, I've been occupied with other things.
W: **What** could possibly be **more important?**

(a) It takes time to replace them.
(b) I finally got it installed in the afternoon.
(c) You'll be satisfied with the results.
(d) This sales report is due first thing tomorrow.

W: 여보, 부엌 싱크대 아직 교체 안 했어요?
M: 안 했어요, 다른 일 때문에 바빴어요.
W: 뭐가 더 중요할 수가 있는 건데요?

(a) 그것을 교체하는 건 시간이 걸려요.
(b) 나는 결국 오후에 그걸 설치했어요.
(c) 결과에 만족할 거예요.
(d) 이 판매 보고서가 내일까지 가장 먼저 끝내야 될 일이에요.

해설 | What ~ more important를 사용하여 싱크대를 교체하는 것보다 더 중요한 일이 무엇인지 물었으므로 '판매 보고서'라는 중요한 일을 말한 (d)가 정답이다. (b)의 설치했다는 말은 싱크대를 아직 교체하지 않은 대화의 문맥에 맞지 않으므로 틀리다.

어휘 | be occupied with ~때문에 바쁘다, ~에 빠지다

11

M: So I hear you're going to start a business.
W: Yeah, I want to open a restaurant with live music.
M: **How** in the world will you finance it?

(a) I paid for it with my savings.
(b) I'll have to take out a loan.
(c) I haven't quite turned a profit yet.
(d) My customers like the live music.

M: 네가 사업을 시작할 거라고 들었어.
W: 그래, 라이브 음악이 있는 식당을 열고 싶어.
M: 도대체 어떻게 그 자금을 마련할 거야?

(a) 내가 저축한 돈으로 다 냈어.
(b) 대출을 받아야 할 거야.
(c) 아직 별로 이익을 내진 못 했어.
(d) 손님들이 라이브 음악을 좋아해.

해설 | How를 사용하여 사업 자금을 어떻게 마련할 것인지 방법을 물었으므로 '대출을 받는다'는 방법을 말한 (b)가 정답이다. (a)는 미래에 어떻게 자금을 마련할 거냐는 질문에 과거 시제로 다 냈다고 답했으므로 틀리다.

어휘 | finance[fáinæns] 자금을 마련하다   saving[séivin] 저축한 돈   take out a loan 대출하다   turn a profit 이익을 내다

12

W: I still haven't heard back from the company I interviewed with.
M: They're probably just going through all the possible candidates.
W: Right. **What if** they find someone who's more qualified?

(a) That's what they considered doing.
(b) You should turn in your resignation.
(c) I'm sure they'll get in touch with you soon.
(d) You'll get an interview eventually.

W: 내가 면접 봤던 회사에서 아직도 소식이 없어.
M: 그들은 단지 가능한 모든 후보자들을 검토하고 있을 거야.
W: 응. 자격을 더 잘 갖춘 사람을 찾으면 어떻게 하지?

(a) 그것이 그들이 하려고 생각했던 거야.
(b) 네가 사표를 제출해야 해.
(c) 나는 그들이 곧 너에게 연락할 거라고 믿어.
(d) 너는 결국에 면접을 보게 될 거야.

해설 | What if를 사용하여 면접 봤던 회사에서 자격을 더 잘 갖춘 사람을 찾을까 봐 걱정하는 말에, '그들이 곧 너에게 연락할 것'이라며 위로한 (c)가 정답이다. (d)는 과거에 이미 면접을 본 상태인데 미래에 면접을 보게 될 것이라고 답했으므로 틀리다.

어휘 | go through ~을 검토하다   qualified[kwáləfàid] 자격을 갖춘   resignation[rèzignéiʃən] 사표   get in touch with ~와 연락하다

Course 2 일반 의문문

1. 조동사 의문문
p.136

01 (b)　**02** (b)　**03** (a)　**04** (b)　**05** (d)　**06** (a)　**07** (d)　**08** (c)　**09** (a)　**10** (c)

01

M: Hi Jane. It's nice to see you made it.
W: Yeah, it took a little longer than I thought.
M: **Did** you get lost or something?

(a) No, I think I can find it on my own.
(b) No. It's just that traffic was really bad.

M: 안녕 Jane. 네가 제시간에 와줘서 기뻐.
W: 응, 생각했던 것보다 조금 더 걸렸어.
M: 길이라도 잃어버렸던 거야?

(a) 아니, 내가 혼자서 찾을 수 있을 것 같아.
(b) 아냐. 그냥 교통 혼잡이 심했을 뿐이야.

해설 | Do 의문문으로 오는 데 생각했던 것보다 오래 걸린 이유가 길을 잃어버려서인지 묻는 말에, '교통 혼잡이 심했을 뿐이다'라는 말로 길을 잃었던 것은 아니라는 의미를 전달한 (b)가 정답이다.

어휘 | get lost 길을 잃다　on one's own 혼자서

02

M: I hear you like baseball.
W: Yeah, I like to watch it sometimes.
M: Me too. **Would you like to** go to see a game sometime?

(a) But, the tickets are already sold out.
(b) Sure. I'd really like that.

M: 네가 야구를 좋아한다고 들었어.
W: 응, 가끔씩 보는 걸 좋아해.
M: 나도. 언제 경기 보러 갈래?

(a) 그렇지만, 표가 이미 매진되었던데.
(b) 물론. 정말 좋지.

해설 | Would you like to를 사용하여 언제 야구 경기를 보러 가자는 제안에 '정말 좋다'며 제안을 받아들인 (b)가 정답이다. (a)는 경기를 보러 갈 날짜를 정하지 않았는데 표가 이미 매진되었다고 했으므로 틀리다.

어휘 | be sold out 매진되다

03

W: I don't think the car is worth the dealer's price.
M: Well, it appears to be in great condition.
W: Really? **Do you think** we should buy it?

(a) It seems like a good deal to me.
(b) Let's see what kind of condition it's in.

W: 난 그 차가 판매자가 내놓은 가격만큼의 가치가 있는 것 같지 않아.
M: 글쎄, 상태가 굉장히 좋은 것 같은데.
W: 정말? 우리가 그걸 사야 한다고 생각해?

(a) 내겐 괜찮은 거래 같아.
(b) 어떤 상태에 있는지 보자.

해설 | Do you think를 사용하여 판매자가 내놓은 가격에 차를 사야 할지 의견을 물었으므로, '내겐 괜찮은 거래 같다'는 말로 사도 좋을 것 같다는 의견을 말한 (a)가 정답이다. (b)의 어떤 상태에 있는지 보자는 말은 차가 좋은 상태라고 말한 대화의 문맥에 맞지 않으므로 틀리다.

04

M: How's your new diet plan working out?
W: So far so good.
M: **Do** you plan to stick with it, then?

(a) I usually stick to low fat options.
(b) Definitely. It's exactly what I need.

M: 너의 새로운 다이어트 계획이 어떻게 되어가고 있니?
W: 지금까지는 아주 좋아.
M: 그럼, 넌 그걸 계속할 계획이니?

(a) 나는 보통 저지방 종류를 고집해.
(b) 물론이야. 그게 바로 내게 필요한 거야.

해설 | Do 의문문으로 다이어트를 계속할 계획인지 묻는 말에 '그게 바로 내게 필요한 것'이라는 말로 다이어트를 계속할 계획이라는 의미를 전달한 (b)가 정답이다.

어휘 | so far 지금까지　stick with ~을 계속하다　stick to ~을 고집하다, ~을 고수하다

05

M: Aren't you tired, Tina? I think I'm going to call it a night.
W: OK, but I need to write one more paragraph first.
M: Well, **should** I wait for you?

(a) Yeah, I don't mind waiting.
(b) I'll help you finish it.
(c) I need to get some rest.
(d) No, you can go on ahead.

M: 안 피곤하니, Tina? 난 오늘 일은 이걸로 끝내려고 해.
W: 그래. 그렇지만 난 먼저 한 단락을 더 써야 해.
M: 음, 내가 너를 기다려야 할까?

(a) 그래. 난 기다려도 괜찮아.
(b) 너 끝내는 거 내가 도와줄게.
(c) 난 좀 쉬어야겠어.
(d) 아냐, 먼저 가도 돼.

해설 | should를 사용하여 상대방의 일이 끝날 때까지 기다려야 할지 묻는 말에 '먼저 가도 된다'는 말로 기다리지 않아도 된다는 의미를 전달한 (d)가 정답이다.

어휘 | call it a night (그날의 일을) 끝내다

06

M: Hello. What can I do for you today?
W: I need to book a flight to Dubai.
M: **Would you prefer** a morning or afternoon departure?

(a) Whichever is cheaper.
(b) I'd like an aisle seat please.
(c) I'll take the roundtrip ticket.
(d) I'm afraid the plane has been delayed.

M: 안녕하세요. 무엇을 도와드릴까요?
W: 두바이로 가는 비행편을 예약해야 합니다.
M: 아침과 오후 출발 중 어느 것이 더 좋으세요?

(a) 무엇이든 더 저렴한 걸로요.
(b) 통로 쪽 좌석으로 부탁드립니다.
(c) 왕복표를 살게요.
(d) 비행편이 지연되고 있는 것 같습니다.

해설 | Would you prefer를 사용하여 비행기 출발 시간으로 아침과 오후 중 어느 것이 더 좋은지 선택하도록 하는 말에, 둘 중 하나를 선택하지 않고 '무엇이든 더 저렴한 것이 좋다'고 말한 (a)가 정답이다. (b)는 I'd like ~(~이 좋아요)가 정답처럼 들려 혼동을 준 오답으로, 비행기 출발 시간이 아닌 좌석을 선택했으므로 틀리다.

어휘 | aisle seat 통로 쪽 좌석   roundtrip [ráundtrìp] 왕복

07

M: Where is your class going for its senior trip?
W: We're hoping to go someplace warm, maybe the beach.
M: **Do** you have any specific location in mind?

(a) I don't think anyone would mind.
(b) No, that's not what I meant.
(c) I've been to the ocean before.
(d) No, we're still looking at several options.

M: 너희 반은 졸업 여행을 어디로 가니?
W: 우리는 따뜻한 어딘가로, 아마 해변으로 가길 바라고 있어.
M: 생각해둔 구체적인 장소가 있니?

(a) 아무도 신경 안 쓸 것 같은데.
(b) 아니, 내 말은 그게 아니야.
(c) 전에 바다에 간 적이 있어.
(d) 아니, 아직 몇 군데 알아보고 있어.

해설 | Do 의문문으로 졸업 여행지로 생각해둔 구체적인 장소가 있는지 묻는 말에 '아직 몇 군데 알아보고 있다'는 말로 아직 구체적인 장소는 정하지 않았다는 의미를 전달한 (d)가 정답이다.

어휘 | senior trip 졸업 여행   look at ~을 알아보다. ~을 조사하다

08

W: I heard you went to one of the new fitness classes over the weekend.
M: Yeah, I checked out the kickboxing class.
W: That sounds hard. **Had** you ever done it before?

(a) Certainly. I also want to try it if it's offered.
(b) Well, you should give it a shot sometime.
(c) No, but I've always wanted to.
(d) It wasn't as hard as I had expected.

W: 네가 주말 동안 새로운 운동 수업 중 하나에 갔다고 들었어.
M: 응. 킥복싱 수업을 확인해봤어.
W: 힘들 것 같이 들린다. 그거 전에 해본 적 있었어?

(a) 물론이지. 나는 제공만 된다면 그것도 해보고 싶어.
(b) 글쎄. 언제 한번 시도해봐.
(c) 아니, 그렇지만 항상 해보고 싶었어.
(d) 예상했던 것만큼 어렵진 않았어.

해설 | Had를 사용하여 전에 킥복싱을 해본 적이 있었는지를 묻는 말에 '아니, 그렇지만 해보고 싶었다'는 말로 해본 적이 없었다는 의미를 전달한 (c)가 정답이다. (a)는 I also want to try it(나는 그것도 해보고 싶어)에서 it 대신에 킥복싱이 아닌 다른 운동이 들어가면 응답으로 적절하다.

어휘 | fitness[fítnis] 운동   check out ~을 확인하다   give ~ a shot ~을 시도해보다

09

M: Excuse me, nurse. When will my mother be able to receive visitors? W: Well, she has to remain in the intensive care unit until her condition improves. M: **Do you think** she will make a full recovery? **(a) So far the signs are encouraging.** (b) She's ready to be discharged. (c) We're moving her to the intensive care unit (d) She wants to thank you for your patience.	M: 실례합니다, 간호사님. 언제 저희 어머니께서 문병객을 받으실 수 있게 될까요? W: 글쎄요, 상태가 호전될 때까지 중환자실에 계셔야 합니다. M: 완전히 회복하실 수 있을 거라고 생각하세요? (a) 지금까지는 징후가 좋아요. (b) 어머님께서 퇴원하실 준비가 되셨습니다. (c) 어머님을 중환자실로 옮길 거예요. (d) 어머님께서 당신의 인내심에 감사를 전하고 싶어하십니다.

해설 | Do you think를 사용하여 어머니께서 완전히 회복하실 수 있을 거라고 생각하는지 의견을 묻는 말에, '지금까지는 징후가 좋다'는 말로 완전히 회복될 가능성이 있다는 의미를 전달한 (a)가 정답이다. (b)의 퇴원하실 준비가 되셨다는 말은 중환자실에 계셔야 한다는 대화의 문맥에 맞지 않으므로 틀리다.

어휘 | intensive care unit 중환자실   make a recovery 회복하다   discharge[distʃáːrdʒ] 퇴원시키다   patience[péiʃəns] 인내심

10

W: Thanks for preparing a slideshow of your research trip for us, Andy. M: My pleasure. I think you'll see how important it is to preserve our cultural heritage. W: **Could you** start with a few of the most unique artifacts you saw? (a) I'll try, but their exact value remains unknown. (b) Sure. It's important to preserve them for future generations. **(c) Of course. If someone would close the blinds, we'll be all set.** (d) The uniqueness of the artifacts is unparalleled.	W: 우리를 위해 당신의 연구 출장에 대한 슬라이드 쇼를 준비해줘서 고마워요, Andy. M: 천만에요. 우리의 문화유산을 보호하는 것이 얼마나 중요한지 아시게 될 거라고 생각해요. W: 당신이 보았던 가장 독특한 유물 중 몇 가지로 시작해주시겠어요? (a) 노력해볼게요. 그렇지만 그것들의 정확한 가치는 알려지지 않았습니다. (b) 물론이죠. 미래 세대를 위해 그것을 보존하는 것이 중요합니다. (c) 물론이죠. 누가 블라인드를 닫아 주신다면, 준비가 다 될 것입니다. (d) 그 유물들의 독특함은 비길 데가 없습니다.

해설 | Could you를 사용하여 독특한 유물에 대한 내용으로 슬라이드 쇼를 시작해달라는 요청에, '누가 블라인드를 닫아 준다면, 준비가 다 될 것이다'라는 말로 곧 시작하겠다는 의미를 전달한 (c)가 정답이다.

어휘 | preserve[prizáːrv] 보호하다   cultural heritage 문화유산   unique[juːníːk] 독특한   artifact[áːrtəfæ̀kt] 유물
unknown[ʌ̀nnóun] 알려지지 않은   all set 준비가 다 되어   uniqueness[juːníːknis] 독특함   unparalleled[ʌ̀npǽrəlèld] 비길 데 없는

---

2. Be동사 의문문

p.140

01 (a)   **02** (b)   **03** (a)   **04** (b)   **05** (c)   **06** (d)   **07** (c)   **08** (a)   **09** (b)   **10** (c)

01

M: What are you watching? W: A movie about a Scottish king. M: Is it worth watching? **(a) It's a little slow for my taste.** (b) I'm not sure I've seen it.	M: 뭐 보고 있어? W: 스코틀랜드 왕에 대한 영화야. M: 볼 만한 가치가 있니? (a) 내 취향엔 좀 지루해. (b) 내가 그걸 봤는지 모르겠어.

해설 | Be동사 의문문으로 보고 있는 영화가 볼 만한 가치가 있는지 감상을 물었으므로 '내 취향엔 좀 지루하다'는 감상을 말한 (a)가 정답이다.

02

W: So what's the big emergency? I came as soon as I got your call.

M: It's my mom. There were complications with her surgery.

W: Oh no! Is she OK?

(a) She would prefer something much simpler.
(b) It's difficult to say.

W: 그래서 중대한 긴급 상황이 뭐야? 네 전화를 받자마자 왔어.

M: 우리 어머니 일이야. 수술을 받으시면서 합병증이 생겼어.

W: 오 안 돼! 괜찮으셔?

(a) 그녀는 훨씬 더 간단한 것을 선호하실 거야.
(b) 뭐라 말하기 어려워.

해설 | Be동사 의문문으로 수술을 받고 나오신 어머니께서 괜찮으신지 상태를 묻는 말에 '뭐라 말하기 어렵다'는 말로 아직 잘 모르겠다는 의미를 전달한 (b)가 정답이다.

어휘 | complication[kɑ̀mpləkéiʃən] 합병증 surgery[sə́ːrdʒəri] 수술

03

M: Excuse me. Do you know if any supermarkets are still open?

W: Yes, I know of one that stays open fairly late.

M: Really? Is it far from here?

(a) Not at all. It's just around the corner.
(b) Sure. You should be able to find it.

M: 실례합니다. 아직까지 열려 있는 슈퍼마켓이 있는지 아시나요?

W: 네, 꽤 늦게까지 여는 곳을 하나 알아요.

M: 정말이요? 여기서 먼가요?

(a) 전혀 아니에요. 모퉁이 돌아 바로예요.
(b) 물론이죠. 찾으실 수 있으실 거예요.

해설 | Be동사 의문문으로 늦게까지 여는 슈퍼마켓이 있는 곳이 먼지 묻는 말에 '모퉁이 돌아 바로'라는 말로 멀지 않다는 의미를 전달한 (a)가 정답이다.

어휘 | fairly[féərli] 꽤, 상당히

04

M: Jessica, did you lose a pen?

W: I don't think so. Why?

M: I just found this purple one. Are you sure it's not yours?

(a) I bought a new one yesterday.
(b) Oh, right! I must have dropped it.

M: Jessica, 너 펜 잃어버렸니?

W: 아닌 것 같은데. 왜?

M: 방금 이 보라색 펜을 발견했거든. 네 것이 아닌게 확실해?

(a) 나 어제 새 것 샀어.
(b) 오, 맞아! 내가 떨어뜨렸나 봐.

해설 | Be동사 의문문으로 남자가 발견한 펜이 여자의 것인지 묻는 말에 '떨어뜨린 것 같다'는 말로 자신의 것이 맞다는 의미를 전달한 (b)가 정답이다.

어휘 | drop[drɑp] 떨어뜨리다, 떨어지다

05

M: Jenny. What have you been up to?

W: Not much. I've been under the weather a bit lately.

M: Are you feeling better now?

(a) That's OK. Things will work out.
(b) I heard the weather's supposed to clear up.
(c) I'm almost back to normal.
(d) You aren't as sick as I thought.

M: Jenny. 어떻게 지냈어?

W: 별일 없어. 최근에 몸이 좀 안 좋았어.

M: 지금은 좀 나아졌어?

(a) 괜찮아. 다 잘될 거야.
(b) 날씨가 갤 거라고 들었어.
(c) 거의 평상시로 돌아왔어.
(d) 넌 내가 생각했던 것만큼 아프지 않구나.

해설 | Be동사 의문문으로 최근에 몸이 안 좋았던 것이 지금은 나아졌는지 묻는 말에 '거의 평상시로 돌아왔다'는 말로 나아졌다는 의미를 전달한 (c)가 정답이다.

어휘 | under the weather 몸이 안 좋은

06

M: Excuse me. I'm trying to find the information desk.

W: It's upstairs on the 5th floor.

M: Thank you. Is there an elevator?

M: 실례합니다. 안내 데스크를 찾고 있는데요.

W: 위층인 5층에 있어요.

M: 감사합니다. 엘리베이터가 있나요?

(a) The stairs are currently closed.

(b) I'll get you that information later.

(c) The information desk is crowded.

(d) There is, but it's broken.

(a) 계단은 현재 폐쇄되어 있어요.

(b) 나중에 그 정보를 알려드릴게요.

(c) 안내 데스크가 혼잡해요.

(d) 있긴 한데, 고장 났어요.

해설 | Is there를 사용하여 엘리베이터가 있는지 묻는 말에 '있지만 고장 났다'는 말로 엘리베이터가 있지만 지금은 사용할 수 없다는 의미를 전달한 (d)가 정답이다.

어휘 | upstairs[ʌ̀pstέərz] 위층의   currently[kə́:rəntli] 현재

07
M: Have you been to the zoo since it reopened?

W: Yes, there's a brand new giant panda exhibit.

M: Wow! Is it open on weekdays?

(a) No, it's closed on weekends.

(b) I went there last week.

(c) Yes, but only until 5 p.m.

(d) Great. We can go together.

M: 동물원이 다시 개장한 후로 가 봤어?

W: 응, 새로운 자이언트 팬더 전시회가 있더라.

M: 왜! 평일에도 열어?

(a) 아니, 주말에는 닫아.

(b) 지난주에 거기 갔었어.

(c) 응, 그렇지만 5시까지만 열어.

(d) 좋아. 우리 같이 가자.

해설 | Be동사 의문문으로 동물원이 평일에도 여는지 묻는 말에 '5시까지만 연다'는 말로 평일에도 연다는 의미를 전달한 (c)가 정답이다. (a)는 No, it's closed(아니, 닫아)가 정답처럼 들려 혼동을 준 오답으로, 평일에도 여는지 물었는데 주말에는 닫는다고 말했으므로 틀리다.

어휘 | reopen[ri:óupən] 다시 개장하다   brand-new 새로운

08
M: How is your new business coming along?

W: OK, but starting it was harder than I expected.

M: So, is everything settling down now?

(a) I'm not quite over the hump yet.

(b) I'll get on it right away.

(c) I hope to finalize the deal.

(d) I'll settle down after I make more money.

M: 새로운 사업은 어떻게 돼 가고 있니?

W: 괜찮아. 그렇지만 사업을 시작하는 건 예상했던 것보다 어려웠어.

M: 그래서, 이제 다 자리 잡은 거야?

(a) 아직 어려운 고비를 완전히 지나진 않았어.

(b) 바로 시작할게.

(c) 그 거래를 마무리 짓길 바라.

(d) 돈을 더 번 후에 자리 잡을 거야.

해설 | Be동사 의문문으로 새로운 사업이 자리를 잡아가고 있는지 묻는 말에 '아직 어려운 고비를 완전히 지나진 않았다'는 말로 완전히 자리 잡지는 못했다는 의미를 전달한 (a)가 정답이다.

어휘 | settle down 자리를 잡다   over the hump 어려운 고비를 지나   get on it 시작하다   finalize[fáinəlàiz] 마무리 짓다

09
W: I can't wait to read that new article in People Magazine.

M: Oh, it's hilarious. I picked up a copy yesterday.

W: Is the August issue already out?

(a) Yes, but I already read it.

(b) It hit the shelves on Tuesday.

(c) It's set for publication next week.

(d) I wouldn't be the one to ask.

W: People지의 그 새로운 기사를 정말 읽고 싶어.

M: 오, 그거 아주 재미있어. 나 어제 한 권 샀거든.

W: 8월호가 벌써 나왔어?

(a) 응, 그렇지만 난 벌써 읽었어.

(b) 화요일에 서점에 나왔던데.

(c) 다음 주에 출간 예정이야.

(d) 내가 물어보고 싶진 않아.

해설 | Be동사 의문문으로 8월호 잡지가 벌써 나왔는지 묻는 말에 '화요일에 서점에 나왔다'는 말로 이미 나왔다는 의미를 전달한 (b)가 정답이다. (c)의 다음 주에 출간 예정이라는 말은 잡지를 이미 읽었다고 한 대화의 문맥에 맞지 않으므로 틀리다.

어휘 | article[á:rtikl] 기사   hilarious[hilέ:əriəs] 아주 재미있는   copy[kápi] (잡지·책 등의) 한 권   issue[íʃu:] (출판물의) ~호   hit the shelf (서점·가게 등에) 나오다   publication[pʌ̀bləkéiʃən] 출간, 출판

10

M: So, how are you enjoying your new cable service?
W: Well, the range of channels isn't that great.
M: **Are** you **going to** cancel your subscription?

(a) Yes, I'm having it installed today.
(b) It's really more than I need.
(c) **No, I plan to keep it for now.**
(d) I'd like to subscribe to cable TV.

M: 그래서, 새로운 케이블 서비스는 어때?
W: 글쎄, 채널의 종류가 그리 많진 않아.
M: 가입을 취소할 거야?

(a) 그래, 오늘 설치할 거야.
(b) 그건 정말 내가 필요한 것 이상이야.
(c) 아니, 당분간은 계속 이용할 계획이야.
(d) 케이블 텔레비전에 가입하고 싶어.

해설 | be ~ going to를 사용하여 케이블의 채널이 많지 않으니 가입을 취소할 계획인지 묻는 말에 '당분간은 계속 이용할 계획이다'라는 말로 취소하지 않을 거라는 의미를 전달한 (c)가 정답이다. (b)의 필요한 것 이상이라는 말은 채널의 종류가 많지 않다고 한 대화의 문맥에 맞지 않으므로 틀리다.

어휘 | range[reindʒ] 종류, 범위 subscription[səbskrípʃən] 가입

3. 기타 일반 의문문 p.146

01 (b) **02** (a) **03** (b) **04** (b) **05** (c) **06** (d) **07** (d) **08** (b) **09** (b) **10** (c)

01

M: Carrie, you're looking better. Do you feel like getting some fresh air?
W: No, I'm still feeling a little too weak.
M: Well, I'm headed to the bookstore. Need anything while I'm out?

(a) I'm not in the mood for reading anything.
(b) **No thanks. I'm fine for now.**

M: Carrie, 너 나아진 것처럼 보이는데. 신선한 공기 좀 마시고 올까?
W: 아니야, 아직도 좀 힘이 없어.
M: 음, 난 서점 갈 건데. 내가 나가는 김에 뭐 필요한 거라도 있니?

(a) 난 뭔가를 읽을 기분이 아니야.
(b) 아니야 됐어. 지금은 괜찮아.

해설 | 문장 앞에 Do you가 생략된 형태로 필요한 것이 있는지 묻는 말에 '지금은 괜찮다'는 말로 필요한 것이 없다는 의미를 전달한 (b)가 정답이다.

어휘 | be headed to ~로 가다, ~로 향하다

02

M: This milk smells sour.
W: Already? But I bought it yesterday.
M: **Didn't** you check the expiration date?

(a) **I didn't think I needed to.**
(b) That's why it went bad so quickly.

M: 이 우유에서 시큼한 냄새가 나.
W: 벌써? 그렇지만 어제 샀는데.
M: 유통 기한을 확인 안 했어?

(a) 그럴 필요가 있다고 생각하지 않았어.
(b) 그래서 그게 그렇게 빨리 상한 거야.

해설 | Didn't를 사용하여 우유에서 시큼한 냄새가 나는데 유통 기한을 확인하지 않았는지 확인하는 말에, '그럴 필요를 못 느꼈다'는 말로 확인하지 않았다는 의미를 전달한 (a)가 정답이다.

어휘 | sour[sauər] 시큼한 expiration date 유통 기한

03

M: I decided to go to a hair stylist.
W: Oh, really? What look are you going for?
M: I'm not sure. Any suggestions?

(a) Not really. I plan to style it myself.
(b) **You could let the hairdresser choose.**

M: 나 미용실에 가기로 결정했어.
W: 아, 정말? 어떤 스타일로 할 생각이야?
M: 잘 모르겠어. 무슨 제안이라도 있니?

(a) 별로. 내가 스타일을 정하려고.
(b) 미용사의 선택에 맡길 수 있어.

해설 | 문장 앞에 Do you have가 생략된 형태로, 어떤 머리 스타일이 좋을지에 대한 제안이 있는지 묻는 말에 '미용사의 선택에 맡겨라'라고 제안한 (b)가 정답이다.

04

W: Jeff, <u>are you going to</u> the blues festival this weekend?
M: Definitely. I <u>wouldn't miss it</u> for the world.
W: It's still <u>scheduled</u> for Saturday, **isn't it**?

(a) I'll find out and let you know <u>by next week</u>.
(b) Yes, but the time's been moved up to 1:30.

W: Jeff, 이번 주말에 블루스 축제에 갈 거야?
M: 물론. 절대 빠질 수 없지.
W: 여전히 토요일로 예정되어 있는 거지, 그렇지 않니?

(a) 알아보고 다음 주까지 알려줄게.
(b) 응, 그렇지만 시간이 1시 30분으로 앞당겨졌어.

해설 | isn't it을 사용하여 축제가 토요일로 예정되어 있는 것이 맞는지 확인하는 말에, '맞지만 시간이 1시 30분으로 앞당겨졌다'는 말로 토요일은 맞지만 시각이 변경되었다는 의미를 전달한 (b)가 정답이다. (a)는 I'll find out and let you know(알아보고 알려줄게)가 정답처럼 들려 혼동을 준 오답으로, 이번 주말의 축제 일정에 대해 물었는데 다음 주까지 알려준다고 했으므로 틀리다.

어휘 | blues [bluːz] 블루스(음악의 한 장르) for the world 절대로 move up (시간, 날짜를) 앞당기다

05

W: Could you tell me where the registration desk is?
M: Of course. It's inside the entrance, on the left.
W: There's still time to sign up, **isn't there**?

(a) No, you'll need that to register.
(b) I'll inform them about it at the desk.
(c) Yes, but today is the last day.
(d) I've decided to sign up later.

W: 등록 창구가 어디인지 알려주시겠어요?
M: 물론이죠. 입구 안, 왼쪽에 있어요.
W: 아직 등록할 시간이 있죠, 아닌가요?

(a) 아니요, 등록하시려면 그게 필요해요.
(b) 창구에서 그들에게 알려줄게요.
(c) 네, 그렇지만 오늘이 마지막 날이에요.
(d) 전 나중에 등록하기로 결정했어요.

해설 | isn't there를 사용하여 아직 등록할 시간이 있는지 확인하는 말에 '맞지만 오늘이 마지막 날이다'라는 말로 오늘까지만 등록할 수 있다는 의미를 전달한 (c)가 정답이다.

06

M: Hi, Sally. I heard the good news.
W: What do you mean?
M: You did get the promotion, **didn't you**?

(a) I'm certain you'll get the promotion.
(b) It's a high-paying position.
(c) That's right. They made him a supervisor.
(d) Well, it still hasn't been finalized.

M: 안녕, Sally. 좋은 소식 들었어.
W: 무슨 말이야?
M: 너 승진했잖아, 그렇지 않니?

(a) 난 네가 승진할 거라 확신해.
(b) 보수가 높은 직위야.
(c) 맞아. 그를 관리자로 뽑았어.
(d) 글쎄, 아직 확정된 건 아니야.

해설 | didn't you를 사용하여 여자가 승진했다는 소식이 맞는지 확인하는 말에 '아직 확정된 건 아니다'라는 말로 승진이 확실히 결정된 것은 아니라는 의미를 전달한 (d)가 정답이다.

07

M: Do you know how much the bus fare is to Newport Harbor?
W: No, I haven't been there myself.
M: Any idea **where** I can find out?

(a) Make sure you ask about the location.
(b) Get on the bus bound for the harbor.
(c) It's not far from here to Newport Harbor.
(d) Try asking someone in the ticket office.

M: Newport 항구까지 버스 요금이 얼마인지 아시나요?
W: 아니요, 저도 거긴 안 가 봤네요.
M: 어디서 알아볼 수 있을까요?

(a) 반드시 위치에 대해 물어보세요.
(b) 항구 행 버스를 타세요.
(c) 여기에서 Newport 항구까지 멀지 않아요.
(d) 매표소에 있는 사람에게 물어보세요.

해설 | 문장 앞에 Do you have가 생략된 형태로, where를 사용하여 항구까지 가는 버스 요금을 어디에서 알아볼 수 있는지 장소를 물었으므로 '매표소'라는 장소를 말한 (d)가 정답이다.

어휘 | fare [fɛər] 요금 harbor [háːrbər] 항구

08

W: Any chance you'll stay on another year here, Jim?
M: No, I've been with one company long enough.
W: Then you're definitely moving on?

(a) No, I still have a few things to pack.
(b) Yeah, I think it's time for a change of scenery.
(c) I can't leave after all these years.
(d) I'll definitely run it by you first.

W: 여기에 일 년 더 남아 있을 가능성이 있는 거니, Jim?
M: 아니, 한 회사에 충분히 오래 있었어.
W: 그러면 확실히 옮겨가는 거야?

(a) 아니, 아직 챙겨야 할 것이 좀 있어.
(b) 그래, 떠날 때가 된 것 같아.
(c) 이렇게 오랫동안 있었는데 떠날 순 없어.
(d) 꼭 너에게 제일 먼저 말해 줄게.

해설 | 평서문 어순이지만 끝을 올려 읽은 의문문으로 회사를 확실히 옮길 것인지 묻는 말에 '떠날 때가 된 것 같다'는 말로 회사를 옮길 것이라는 의미를 전달한 (b)가 정답이다. (c)의 오랫동안 있었는데 떠날 수 없다는 말은 현재 회사에 남아 있을 가능성이 없다는 남자의 말과 맞지 않으므로 틀리다.

어휘 | **stay on** 남아 있다 **a change of scenery** (한 곳에 오래 머물다가 다른 곳으로) 떠나는 것 **run A by B** A를 B에게 말하다

09

M: What should we get your mom for her birthday?
W: I was thinking about some type of jewelry.
M: But **didn't** we get her a necklace last year?

(a) Of course. She would love one of those.
(b) Good point. That didn't occur to me.
(c) Then how about some jewelry instead?
(d) I think the necklace is too expensive.

M: 당신 어머님 생신 때 우리가 뭘 드리면 좋을까요?
W: 난 보석 종류를 생각하고 있었어요.
M: 그렇지만 우리 작년에 목걸이를 드리지 않았어요?

(a) 물론이죠. 엄마는 그런 것을 좋아하실 거예요.
(b) 좋은 지적이에요. 그건 생각하지 못했어요.
(c) 그럼 대신에 보석은 어때요?
(d) 목걸이는 너무 비싼 것 같아요.

해설 | didn't를 사용하여 작년에도 어머니의 생신 선물로 목걸이를 드리지 않았는지 확인하는 말에, '좋은 지적이다. 그건 생각하지 못했다'는 말로 작년에도 목걸이를 드렸다는 의미를 전달한 (b)가 정답이다. (c)는 Then how about ~ instead?(그럼 대신에 ~은 어때요?)가 정답처럼 들려 혼동을 준 오답으로, 작년에 드린 목걸이도 보석이므로 틀리다.

어휘 | **occur**[əkə́ːr] 생각나다

10

W: How was your celebrity auction?
M: Not so great, because of the weather.
W: So not many guests showed up this time?

(a) Actually, the celebrity didn't show up.
(b) We raised more money than ever before.
(c) Not as many as we had expected.
(d) The guests were all very generous.

W: 유명 인사 물품 경매 어땠어?
M: 날씨 때문에 그리 좋진 않았어.
W: 그래서 이번엔 손님들이 많이 참석하지 않은 거야?

(a) 사실, 그 유명 인사가 참석하지 않았어.
(b) 우리는 그 어느 때보다 돈을 더 많이 모았어.
(c) 우리가 기대했던 만큼은 아니었어.
(d) 손님들이 모두 굉장히 손이 컸어.

해설 | 평서문 어순이지만 끝을 올려 읽은 의문문으로, 날씨 때문에 경매에 손님들이 많이 참석하지 않았는지 묻는 말에 '기대했던 만큼은 아니었다'고 말한 (c)가 정답이다. (b)의 예전보다 돈을 더 많이 모았다는 말은 행사 결과가 그리 좋지 않았다는 대화의 문맥에 맞지 않으므로 틀리다.

어휘 | **celebrity**[səlébrəti] 유명 인사 **auction**[ɔ́ːkʃən] 경매 **show up** 참석하다 **raise**[reiz] (돈을) 모으다 **generous**[dʒénərəs] 손이 큰, 후한

Hackers TEST   p.148

01 (c) 02 (d) 03 (d) 04 (d) 05 (d) 06 (c) 07 (a) 08 (d) 09 (b) 10 (d) 11 (d) 12 (d)

01

M: Would you and John be interested in 2 free tickets to the movies?
W: Sure. We love going to the cinema.

M: 공짜 영화 표가 2장 있는데 너하고 John 관심 있니?
W: 물론이지. 우리는 영화관 가는 걸 정말 좋아해.

M: **Do you think** you can go before Monday? The tickets expire then.

(a) No, we'll come back on Monday.
(b) Sure, we'll go ahead and buy them then.
(c) No problem. Our schedule is wide open this weekend.
(d) Actually, we haven't seen that one yet.

M: 월요일 이전에 갈 수 있을 거 **같아**? 그 후엔 만료되거든.

(a) 아니, 우리는 월요일에 다시 올게.
(b) 물론, 그럼 우리가 먼저 가서 살게.
(c) 문제없어. 이번 주말에 우리 일정이 아주 한가하거든.
(d) 사실, 우린 그거 아직 못 봤어.

해설 | Do you think를 사용하여 영화 표가 만료되는 월요일 이전에 영화를 보러 갈 수 있는지 묻는 말에 '이번 주말에 일정이 아주 한가하다'는 말로 그 전에 영화를 보러갈 수 있다는 의미를 전달한 (c)가 정답이다.

어휘 | expire[ikspáiər] 만료되다　go ahead 먼저 가다

02
W: We're really having lots of rain this summer.
M: Yeah, it's the wettest on record.
W: Wow. **Is** the rain supposed to continue?

(a) That's one way to look at it.
(b) I didn't realize that.
(c) It was raining when I left.
(d) As far as I know.

W: 올 여름에는 비가 정말 많이 오는구나.
M: 그러게, 기록상 가장 습하대.
W: 와, 비가 계속 올 거래?

(a) 그것도 한 방법이지.
(b) 그건 몰랐어.
(c) 내가 떠날 때 비가 오고 있었어.
(d) 내가 알기로는 그래.

해설 | Be동사 의문문으로 비가 계속 올 것인지 묻는 말에 '내가 알기로는 그렇다'는 말로 비가 계속 올 것 같다는 의미를 전달한 (d)가 정답이다.

어휘 | on record 기록상으로

03
M: Hello, this is Jerry Williams. I stayed in one of your family suites.
W: Hello again Mr. Williams. What can I do for you?
M: **I wonder if** your cleaning staff happened to turn in a cell phone.

(a) Sure. We'll send someone to clean it right away.
(b) Unfortunately, our suites are already booked.
(c) We hope your family will enjoy your stay.
(d) No one has mentioned finding one so far.

M: 여보세요, 전 Jerry Williams입니다. 가족용 스위트룸에 묵었었는데요.
W: 안녕하세요 Mr. Williams. 무엇을 도와드릴까요?
M: 혹시 청소하시는 분께서 휴대전화 넘겨주신 거 있나 해서요.

(a) 물론이죠. 즉시 청소할 사람을 보내도록 하겠습니다.
(b) 죄송하지만, 스위트룸이 이미 모두 예약되었습니다.
(c) 가족분들께서 즐거운 시간을 보내시길 바랍니다.
(d) 아직까진 아무도 찾았다는 사람이 없었습니다.

해설 | I wonder if를 사용하여 객실에서 분실된 휴대전화가 발견되었는지 묻는 말에 '아무도 찾았다는 사람이 없었다'는 말로 분실된 휴대전화가 발견되지 않았다는 의미를 전달한 (d)가 정답이다.

어휘 | suite[swiːt] 스위트룸(호텔의 침실, 거실, 욕실 등이 이어진 방)　turn in ~을 넘기다

04
W: I'm thinking of getting a tent like the one you bought at K-Sports.
M: Well, when I was there, they were already sold out.
W: Then **is there** a way to put one on back order?

(a) It's one of their best selling tents.
(b) It depends on how many are left in stock.
(c) Yeah, I bought mine at K-Sports.
(d) Sure. You just need to fill out a form.

W: 난 네가 K-Sports에서 산 것과 같은 텐트를 살까 생각 중이야.
M: 글쎄, 내가 갔을 때 이미 품절이었어.
W: 그럼 이월 주문할 방법이 있을까?

(a) 그게 거기서 가장 잘 팔리는 텐트 중 하나야.
(b) 그건 재고로 몇 개가 남아있는지에 달렸어.
(c) 그래, 내 것은 K-Sports에서 샀어.
(d) 물론이지. 그냥 양식만 작성하면 돼.

해설 | is there를 사용하여 품절된 텐트를 이월 주문할 방법이 있는지 묻는 말에 '양식만 작성하면 된다'는 말로 이월 주문을 할 수 있다는 의미를 전달한 (d)가 정답이다. (b)는 It depends on ~(그건 ~에 달렸어)이 정답처럼 들려 혼동을 준 오답으로, 재고로 남아있는 것이라는 말은 매진되었다는 대화의 문맥에 맞지 않으므로 틀리다.

어휘 | **back order** 이월 주문(재고가 없어 뒤로 미룬 주문)　**in stock** 재고로　**fill out** ~을 작성하다

05

M: What's wrong, Rachel? W: My father was laid off from his company today. M: That's too bad. **Had** he been informed earlier? (a) I didn't have the heart to tell him. (b) No, he laid it down a while back. (c) Yeah, but he's happy to be working again. **(d) He'd been aware of it for a few weeks.**	M: 무슨 일 있어, Rachel? W: 아버지께서 오늘 회사에서 해고되셨어. M: 정말 안 됐구나. 이전부터 알고 계셨던 거야? (a) 그에게 말할 용기가 없었어. (b) 아니, 얼마 진에 그만두셨어. (c) 그래, 그렇지만 다시 일하게 되신 걸 기뻐하셔. (d) 몇 주 동안 알고 계셨어.

해설 | Had를 사용하여 해고될 거란 사실을 아버지께서 이전부터 알고 계셨는지 묻는 말에, '몇 주 동안 알고 계셨다'고 말한 (d)가 정답이다.

어휘 | **lay off** ~를 해고하다　**have the heart to** ~할 용기가 있다　**lay down** ~을 그만두다　**be aware of** ~을 알다

06

M: I heard that your mother's in the hospital. W: Yeah, she was diagnosed with breast cancer. M: I'm sorry to hear that. **Is** it treatable? (a) No, the diagnosis was unexpected. (b) Actually, it was worse in the beginning. **(c) We expect to find out very soon.** (d) She checked in yesterday morning.	M: 너희 어머니께서 입원하셨다고 들었어. W: 응, 유방암 진단을 받으셨어. M: 유감이구나. 치료할 수 있는 거야? (a) 아니, 그 진단은 예기치 못한 것이었어. (b) 사실, 처음에는 더 안 좋았어. (c) 곧 알게 될 거라 생각하고 있어. (d) 어제 아침에 입원하셨어.

해설 | Be동사 의문문으로 어머니의 유방암이 치료될 수 있는 건지 묻는 말에, '곧 알게 될 거라 생각하고 있다'는 말로 아직 모른다는 의미를 전달한 (c)가 정답이다.

어휘 | **diagnose**[dáiəgnòus] 진단하다　**breast cancer** 유방암　**treatable**[tríːtəbl] 치료할 수 있는　**check in** 병원에 입원하다, 호텔에 숙박 수속을 하다

07

M: Your wedding is this weekend, isn't it? W: Yeah, I feel I'm running myself ragged with all the 　preparations. M: You're not getting burned out, **are you**? **(a) It's just that everything's chaotic right now.** (b) I don't expect it to burn out. (c) Well, the reception is scheduled for Saturday. (d) I hope to see you at the wedding.	M: 네 결혼식이 이번 주말이지, 그렇지 않니? W: 그래, 모든 준비를 하느라 나 스스로를 지칠 때까지 바쁘 　게 만들고 있는 것 같아. M: 너 기진맥진해지는 것은 아니지, 그렇지? (a) 그냥 지금은 모든 것이 혼란스러워서 그래. (b) 난 그것이 다 타 버릴 것이라고 기대 안 해. (c) 글쎄, 피로연은 토요일로 예정되어 있어. (d) 널 결혼식에서 볼 수 있길 바라.

해설 | are you를 사용하여 여자가 결혼식을 앞두고서 기진맥진해지는 것은 아닌지 확인하는 말에, '지금은 모든 것이 혼란스러워서 그렇다'며 설명한 (a)가 정답이다.

어휘 | **run ~ ragged** ~를 지칠 때까지 바쁘게 하다　**burned out** 기진맥진한　**chaotic**[keiátik] 혼란스러운　**burn out** 다 타버리다
　　reception[risépʃən] 피로연

08

W: I can't believe that eating carrots improves your vision. M: But vitamin A is important for healthy eyes. W: That doesn't mean it can improve eyesight. **Do you 　think** it does? (a) Carrots are a major source of vitamin A. (b) I think that vitamins are essential. (c) The body needs balanced nutrition. **(d) It certainly doesn't hurt.**	W: 당근 섭취가 시력을 향상시킨다는 걸 믿을 수가 없어. M: 그렇지만 비타민 A는 눈 건강에 중요해. W: 그렇다고 시력을 향상시킨다는 건 아니잖아. 넌 그럴 거 　라고 생각해? (a) 당근은 비타민 A의 주요 원천이야. (b) 난 비타민이 필수적이라고 생각해. (c) 몸은 균형 잡힌 영양을 필요로 해. (d) 분명 해가 되는 건 없잖아.

09

M: Well, today's your first ever playoff game. W: Yes, our team's worked hard to get to this point. M: So, got any pre-game butterflies? (a) It'd be great if we could win. **(b) I'm actually feeling fairly confident.** (c) I'll know more when the game is over. (d) It's being played on our home field.	M: 음, 오늘이 너의 첫 결승전이구나. W: 그래, 우리 팀은 여기까지 오려고 열심히 노력했어. M: 그래서, 게임 전이라 초조하니? (a) 우리가 이길 수 있다면 정말 좋을 텐데. (b) 사실 난 꽤 자신 있어. (c) 경기가 끝나면 더 많이 알게 될 거야. (d) 우리의 홈 경기장에서 시합이 있을 거야.

10

W: I appreciate your cooperation on this proposal, Mr. Smith. M: My pleasure. It's important that we're all on the same page before construction begins. W: **Will you** tell me if you think of anything we haven't covered? (a) The construction is falling behind schedule. (b) Yes, the architects all agree with our proposal. (c) Of course. The projected budget is $55 million. **(d) OK. I'll drop you a line after I've looked it over.**	W: 이 계획안에 협력해주셔서 감사드립니다, Mr. Smith. M: 천만에요. 건축 공사가 시작되기 전에 우리가 이해하고 있는 내용이 같아야 한다는 점은 중요합니다. W: 우리가 다루지 않은 것이 생각나시면 저에게 말씀해주시겠어요? (a) 건축 공사가 일정에 뒤쳐지고 있어요. (b) 네, 건축가들 모두 우리의 계획에 동의했어요. (c) 물론이죠. 예상되는 예산은 5천 5백만 달러입니다. (d) 좋아요. 훑어본 후에 연락드릴게요.

11

W: Where's the wrapping paper I told you to bring? M: When? We never talked about that. W: **Didn't** you get my voice mail? (a) No, it was on your answering machine. (b) I thought you had already wrapped things up. (c) Yes, I almost didn't recognize your voice. **(d) There wasn't one in my message log.**	W: 너에게 가져오라고 말했던 포장지는 어디 있어? M: 언제? 우리 그런 이야기한 적 없는데. W: 내 음성 메일 받지 **못했니?** (a) 못 받았어, 너의 전화 자동 응답기에 있었어. (b) 난 네가 일을 이미 마무리한 줄 알았어. (c) 받았어, 네 목소리인 줄 거의 못 알아차리겠더라. (d) 메시지 기록에 아무것도 없었어.

12

M: What did Scott need to consult with you about? W: It was related to some inconsistencies in the building's blueprints. M: **Is it going to** create a setback for our groundbreaking ceremony? (a) I consulted with him behind closed doors.	M: Scott이 당신과 무엇에 대해 상의할 필요가 있었나요? W: 건물 설계도의 몇 가지 모순점과 관련된 것이었어요. M: 그것이 우리의 기공식에 실패를 가져올까요? (a) 그와 비밀리에 상의했어요.

(b) Yes, we'll have to get in on the ground floor.

(c) We can see the light at the end of the tunnel.

(d) No, we were able to rectify the situation.

(b) 네, 우리는 처음부터 참가해서 유리한 지위를 차지해야 해요.

(c) 우린 오랜 고난 끝에 희망의 빛을 볼 수 있어요.

(d) 아니요, 우린 상황을 바로잡을 수 있었어요.

해설 | be going to를 사용하여 건물 설계도의 몇 가지 모순점이 기공식에 실패를 가져올지 묻는 말에 '아니다, 상황을 바로잡을 수 있었다'는 말로 실패하지 않을 것이라는 의미를 전달한 (d)가 정답이다.

어휘 | consult[kənsʌ́lt] 상의하다 inconsistency[ìnkənsístənsi] 모순점 blueprint[blú:prìnt] 설계도 setback[sétbæ̀k] 실패 groundbreaking[gráundbrèikiŋ] 기공 behind closed doors 비밀리에 get in on the ground floor 처음부터 참가하여 유리한 지위를 차지하다 see the light at the end of the tunnel 오랜 고난 끝에 희망의 빛을 보다 rectify[réktəfài] 바로잡다

Course 3 평서문

1. 감정 전달 평서문
p.152

01 (a) 02 (b) 03 (b) 04 (b) 05 (b) 06 (c) 07 (d) 08 (d) 09 (b) 10 (a)

01

M: I'm in such a great mood today.

W: Why? Did something good happen?

M: I just found out that my book's been accepted for publication.

(a) Wow! I'm so proud of you.

(b) You'll definitely publish one someday.

M: 나 오늘 정말 기분이 좋아.

W: 왜? 무슨 좋은 일 있어?

M: 방금 내 책의 출판이 수락되었다는 걸 알았거든.

(a) 와! 네가 정말 자랑스럽구나.

(b) 넌 분명 언젠가 출판을 하게 될 거야.

해설 | 자신의 책의 출판이 수락된 것에 대해 기뻐하는 말에 '네가 정말 자랑스럽다'며 함께 기뻐한 (a)가 정답이다. (b)의 언젠가 출판을 하게 될 것이라는 말은 출판이 수락되었다는 문맥에 맞지 않으므로 틀리다.

02

M: I'm concerned about Sam's behavior in class.

W: Did you talk to him about it?

M: Several times, but nothing's changed.

(a) You should have a talk with him.

(b) If he doesn't shape up, tell the principal.

M: 교실에서 Sam의 행동이 걱정돼요.

W: 그에게 그것에 대해 이야기했어요?

M: 몇 번 했어요, 그렇지만 아무것도 변한 게 없어요.

(a) 그와 이야기를 해봐요.

(b) 진전이 없다면, 교장 선생님께 말씀드려요.

해설 | Sam의 행동에 대해 그와 몇 번 이야기했지만 변화가 없다고 걱정하는 말에, '진전이 없다면, 교장 선생님께 말씀드려라'며 조언한 (b)가 정답이다. (a)의 그와 이야기를 해보라는 말은 이미 몇 번 이야기를 해봤다는 문맥에 맞지 않으므로 틀리다.

어휘 | shape up 진전되다

03

W: Ken, could you give me a hand with this bookcase?

M: Can't it wait? I'm checking my e-mail.

W: You can do that later! I can't lift it on my own.

(a) Well, I can give you a lift.

(b) OK, I'll be right there.

W: Ken, 이 책장 옮기는 것 좀 도와줄래?

M: 그 일 좀 미룰 수 없어? 나 이메일 확인하고 있거든.

W: 그건 나중에 할 수 있잖아! 혼자서 들 수가 없어서 그래.

(a) 음, 내가 태워다 줄 수 있어.

(b) 알았어, 바로 갈게.

해설 | 책장을 혼자 못 들겠다며 불평하는 말에 '바로 가겠다'는 말로 돕겠다는 의미를 전달한 (b)가 정답이다.

어휘 | give ~ a lift ~를 태워다 주다

04

W: Can you believe Tony <u>never paid back the money he owes me</u>?

M: Well, you know he's <u>not very dependable</u>.

W: I guess I **shouldn't have** expected otherwise.

(a) You should have trusted him more.

(b) Yeah, <u>some people never change</u>.

W: Tony가 나에게 빚진 돈을 전혀 갚지 않았다는 걸 믿을 수 있겠니?

M: 글쎄, 그는 그리 신뢰할 수 있는 사람은 아니잖아.

W: 내가 다른 기대를 하지 말았어야 했나 봐.

(a) 넌 그를 더 믿었어야 했어.

(b) 그래, 어떤 사람들은 절대 변하지 않더라.

해설 | I shouldn't have ~라며 빌린 돈을 갚지 않는 Tony에 대해 기대를 하지 말았어야 했다고 후회하는 말에, '어떤 사람들은 절대 변하지 않는다'며 공감한 (b)가 정답이다.

어휘 | pay back ~을 갚다   dependable[dipéndəbl] 신뢰할 수 있는

05

M: Can you make it on your own from here?

W: Yeah, thanks for escorting me.

M: Don't mention it. I had a wonderful time tonight.

(a) Me too. I'll walk you home.

(b) Likewise. Let's do it again soon.

(c) I'm glad I could return the favor.

(d) I'd invite you in if it wasn't so late.

M: 여기서부터 혼자 갈 수 있겠어?

W: 응, 바래다 줘서 고마워.

M: 천만에. 오늘 밤 정말 즐거웠어.

(a) 나도. 내가 집으로 바래다 줄게.

(b) 나도 그래. 곧 또 만나자.

(c) 보답할 수 있어서 기뻐.

(d) 너무 늦지 않았다면 널 집에 초대했을 거야.

해설 | 즐거웠다는 말에 '나도 그래. 곧 또 만나자'며 공감한 (b)가 정답이다. (a)는 Me too(나도)가 정답처럼 들려 혼동을 준 오답으로, 여자의 바래다 주겠다는 말은 남자가 이미 여자를 바래다 준 대화의 문맥에 맞지 않으므로 틀리다.

어휘 | escort[éskɔːrt] 바래다 주다

06

M: I don't think learning Russian is worth the effort.

W: But you've been studying it now for almost a year.

M: Still, I can't seem to make any headway.

(a) I knew you had a gift for learning languages.

(b) You could do some tutoring on the side.

(c) It'll get easier with time.

(d) Sorry, I can't read Russian.

M: 나는 러시아어를 배우는 게 그 노력만큼 가치 있다고 생각하지 않아.

W: 그렇지만 넌 거의 일 년 동안 공부해오고 있잖니.

M: 그래도, 진척되는 것 같지 않아.

(a) 난 네가 언어를 배우는 데 재능이 있다는 걸 알고 있었어.

(b) 아르바이트로 개인 교사 일을 할 수 있잖아.

(c) 시간이 지나면 점점 더 쉬워질 거야.

(d) 미안해, 난 러시아어를 읽을 줄 몰라.

해설 | 러시아어를 일 년 동안 공부했음에도 진척되는 것 같지 않다며 불평하는 말에 '시간이 지나면 점점 쉬워질 것'이라고 격려한 (c)가 정답이다.

어휘 | make headway 진척되다   on the side 아르바이트로

07

W: Do you have to work late again?

M: Yeah, there's something I'd like to get done tonight.

W: Oh. **I was hoping** we could have dinner together.

(a) No problem. I already finished it.

(b) I'll help you get it done quickly.

(c) I would rather cook at home.

(d) I guess I could take a break and finish it later.

W: 또 늦게까지 일해야 해?

M: 응, 오늘 밤에 끝내고 싶은 일이 있어.

W: 오, 같이 저녁 먹을 수 있길 바랐는데.

(a) 문제없어. 그거 이미 끝냈어.

(b) 내가 그거 빨리 끝내도록 도와줄게.

(c) 난 그냥 집에서 요리하는 게 낫겠어.

(d) 잠시 쉬고 나중에 끝내도 될 것 같아.

해설 | 늦게까지 일해야 한다는 남자에게 I was hoping ~이라며 같이 저녁을 먹을 수 있길 바랐다고 실망하는 말에, '잠시 쉬고 나중에 끝내도 될 것 같다'라는 말로 함께 저녁을 먹을 수 있다는 의미를 전달한 (d)가 정답이다.

08

M: Valerie's really upset over what I said to her at the charity sale.

W: And why not? You accused her of pressuring people to purchase things.

M: I guess **I shouldn't have** jumped to conclusions.

(a) I couldn't believe you jumped ahead of her.
(b) You really should have donated something.
(c) Well, maybe she will give some of it to charity.
(d) Yeah, make sure you know the facts next time.

M: Valerie는 자선 판매에서 내가 그녀에게 말한 것 때문에 정말 화났어.

W: 그럼 안 그러겠니? 넌 그녀가 사람들에게 강제로 물건을 구매하게 한다고 비난했잖아.

M: 성급히 결론짓지 말았어야 했나 봐.

(a) 네가 그녀보다 한발 앞섰다는 걸 믿을 수 없었어.
(b) 넌 정말 무언가를 기부해야 했어.
(c) 글쎄, 아마도 그녀는 그 중 일부를 자선 단체에 줄 거야.
(d) 그래, 다음엔 네가 알고 있는 것이 사실인지 확인하도록 해.

해설 | I shouldn't have ~라며 성급히 결론짓지 말았어야 했다고 후회하는 말에 '다음엔 네가 알고 있는 것이 사실인지 확인하도록 해'라며 충고한 (d)가 정답이다.

어휘 | charity[tʃǽrəti] 자선, 자선 단체   accuse A of B B에 대해 A를 비난하다   pressure[préʃər] 강제하다   jump to conclusion 성급하게 결론짓다   jump ahead of (상대방보다) 한발 앞서다

09

M: Is that the last question?

W: Yeah, I really appreciate you helping me with this biology project.

M: No need to thank me. I'm glad I could help you.

(a) I'm happy I could be of assistance.
(b) Well, I couldn't have done it without you.
(c) I'm sure you'll find the right answer.
(d) It's not as hard as the other question.

M: 그게 마지막 질문이니?

W: 응, 이 생물학 프로젝트를 도와줘서 정말 고마워.

M: 나에게 고마워하지 않아도 돼. 널 도울 수 있어서 기뻐.

(a) 내가 도움이 될 수 있어서 기뻐.
(b) 음, 네가 없었다면 난 그걸 끝낼 수 없었을 거야.
(c) 난 네가 정답을 찾을 거라고 확신해.
(d) 그건 다른 문제만큼 어렵지 않아.

해설 | 남자의 도울 수 있어서 기쁘다는 말에 '네가 없었다면 그걸 끝낼 수 없었을 거다'라며 다시 한 번 감사한 (b)가 정답이다.

어휘 | biology[baiálədʒi] 생물학   assistance[əsístəns] 도움

10

W: Oh. You were supposed to make a right at the intersection.

M: You should have said something. Now I'll have to turn around.

W: I could have sworn I told you to take the next right.

(a) If you had, we wouldn't be in this situation.
(b) I thought you knew where you were going.
(c) Yeah, I should have taken your advice.
(d) There's really no need to turn around.

W: 오, 교차로에서 우회전했어야 했는데.

M: 뭔가 말을 해줬어야지. 유턴해야 하잖아.

W: 맹세하는데, 난 너한테 다음에 우회전하라고 말했어.

(a) 네가 그랬다면, 우리가 지금 이런 상황에 있지 않겠지.
(b) 난 네가 어디로 가고 있는지 아는 줄 알았어.
(c) 그래, 네 충고를 들었어야 했어.
(d) 유턴할 필요 없어.

해설 | 우회전하라고 미리 말해줬어야 했다는 남자의 말에 여자가 '다음에 우회전하라고 말했다'고 불평했다. 이에 대해 '네가 말했다면 우리가 지금 이런 상황에 있지 않을 것'이라며 여자의 말에 대하여 반박한 (a)가 정답이다.

어휘 | make a right 우회전하다   turn around 유턴하다, 방향을 바꾸다

01 (b)	02 (b)	03 (b)	04 (b)	05 (b)	06 (d)	07 (c)	08 (d)	09 (a)	10 (c)

01

W: Those pants look nice on you.
M: Thanks. They were a gift from my girlfriend.
W: It seems she has excellent taste in clothes.

(a) It's exactly the style you wanted.
(b) I think you're probably right.

W: 그 바지 너한테 잘 어울린다.
M: 고마워. 여자 친구가 준 선물이야.
W: 옷 고르는 감각이 정말 뛰어난 것 같구나.

(a) 이게 바로 네가 원했던 스타일이잖아.
(b) 아마도 네가 맞는 것 같아.

해설 | 여자 친구의 옷 고르는 감각을 칭찬하는 말에 '아마도 네가 맞는 것 같다'며 칭찬에 동감한 (b)가 정답이다.

02

W: Where did you go for your honeymoon?
M: We spent the bulk of it in Paris.
W: I think that's the perfect destination for newlyweds.

(a) Yeah, it doesn't have to be expensive.
(b) Yeah, the city's atmosphere is amazing.

W: 신혼 여행 어디로 갔어?
M: 대부분을 파리에서 보냈어.
W: 거긴 신혼 부부들에게 완벽한 여행지인 것 같아.

(a) 그래, 그건 비쌀 필요가 없어.
(b) 그래, 그 도시의 분위기는 정말 놀라워.

해설 | 파리가 신혼 부부에게 완벽한 여행지인 것 같다는 의견에 '그 도시의 분위기는 정말 놀랍다'며 동의한 (b)가 정답이다.
어휘 | bulk[bʌlk] 대부분   destination[dèstənéiʃən] (여행 등의) 목적지   newlyweds[njú:liwèdz] 신혼 부부

03

M: Hello. Jane Williams, please.
W: She stepped out momentarily. Would you like to leave a message?
M: Yes. Tell her to call her husband as soon as possible.

(a) No problem. You can call her back later.
(b) OK. I'll tell her to call you, Mr. Williams.

M: 여보세요. Jane Williams 부탁드립니다.
W: 잠시 나가셨어요. 메시지를 남기시겠어요?
M: 네. 그녀에게 가능한 한 빨리 남편에게 전화하라고 전해주세요.

(a) 문제없어요. 나중에 그녀에게 다시 전화하실 수 있어요.
(b) 네. 전화하라고 말씀드릴게요, Mr. Williams.

해설 | Jane Williams에게 가능한 한 빨리 남편에게 전화하라고 전해달라는 요청에 '전화하라고 말씀드리겠다'며 요청을 수락한 (b)가 정답이다.
어휘 | momentarily[mòuməntɛ́:rəli] 잠시

04

W: How've you been since we last spoke, Kevin?
M: Great. I recently signed a music contract.
W: You must be elated.

(a) Yes, it must have been a great opportunity.
(b) Yeah, it's nice to get some recognition.

W: 우리 마지막으로 이야기한 후로 어떻게 지냈니, Kevin?
M: 잘 지냈어. 나 최근에 음반 계약을 맺었어.
W: 너 매우 기쁘겠구나.

(a) 응, 그건 분명 정말 좋은 기회였을 텐데.
(b) 응, 인정을 받는 것은 좋은 일이야.

해설 | You must be ~라며 음반 계약을 맺게 되어서 기쁘겠다고 추측하는 말에 '인정을 받는 것은 좋은 일이다'라며 동의한 (b)가 정답이다.
어휘 | elated[iléitid] 매우 기뻐하는   recognition[rèkəgníʃən] 인정

05

M: Did you notice how much David has improved his game lately?
W: Yeah, his soccer skills are getting better every day.
M: He's turning into quite a good player.

(a) It's not his best effort.
(b) I couldn't agree more.

M: 최근에 David가 경기에서 얼마나 향상됐는지 느꼈어?
W: 응, 그의 축구 실력이 매일 좋아지고 있어.
M: 그는 꽤 좋은 선수가 되어가고 있어.

(a) 그는 최선을 다한 게 아니야.
(b) 정말 동의해.

(c) Sounds like a plan.

(d) If only he'd take up soccer.

(c) 괜찮은 계획 같은데.

(d) 그가 축구를 시작하기만 한다면.

해설 | David가 꽤 좋은 선수가 되어가고 있다는 칭찬에 '정말 동의한다'며 동의한 (b)가 정답이다.

어휘 | **turn into** ~이 되다   **I couldn't agree more.** 정말 동의해.   **if only** ~하기만 하면   **take up** ~을 시작하다

06

W: Could you give me a lift?

M: Sorry, but I didn't drive today. I've been having car trouble.

W: Then maybe we could split a cab. It will be cheaper that way.

(a) In that case, driving would be cheaper.

(b) No, it's not your fault.

(c) I'll try to get it fixed tomorrow.

(d) OK. That's not a bad idea.

W: 나 좀 태워다 줄 수 있어?

M: 미안, 나 오늘 차 안 가지고 왔어. 차에 문제가 있거든.

W: 그러면 우리 택시를 같이 나눠 타도 될 것 같아. 그게 더 저렴할 거야.

(a) 그런 경우라면, 운전하는 게 더 저렴할 거야.

(b) 아니, 네 잘못이 아니야.

(c) 내일까지 수리되도록 해볼게.

(d) 그래. 나쁘지 않은 생각이네.

해설 | 택시를 같이 나눠 타자는 제안에 '나쁘지 않은 생각이다'라며 제안을 수락한 (d)가 정답이다.

어휘 | **split**[split] 나누다   **cab**[kæb] 택시   **fault**[fɔːlt] 잘못, 실수

07

M: Are you prepared for the driver's license examination?

W: Almost, but I didn't quite finish reading the driver's handbook.

M: That's OK. It's not that difficult.

(a) It was harder than I thought.

(b) The license examination was tough.

(c) But I've already failed it once.

(d) Still, I think you have to register first.

M: 운전 면허 시험은 준비되었니?

W: 거의. 그렇지만 운전자 안내서 읽는 걸 완전히 끝내진 못했어.

M: 괜찮아. 그렇게 어렵지 않아.

(a) 내가 생각했던 것보다 어려웠어.

(b) 운전 면허 시험이 힘들었어.

(c) 그렇지만 난 이미 한 번 떨어졌었는걸.

(d) 그렇지만, 넌 등록부터 해야 할 거야.

해설 | 운전 면허 시험이 그렇게 어렵지 않다고 격려하는 말에 '그렇지만 난 이미 한 번 떨어졌었다'는 말로 그래도 걱정된다는 의미를 전달한 (c) 가 정답이다.

어휘 | **license**[láisəns] 면허   **handbook**[hǽndbùk] 안내서

08

W: Hi Joe. What are you doing?

M: Oh, hi Susan. I'm using these rocks to make a wall for my garden.

W: Well, **be sure to** take breaks so you don't strain your back.

(a) Oh, I'm sure I didn't break anything.

(b) You should have told me you wanted to use them.

(c) Yeah, you should be more careful.

(d) Don't worry. I know what I'm doing.

W: 안녕 Joe. 뭐하고 있니?

M: 오, 안녕 Susan. 이 돌을 가지고 정원에 담을 만들고 있어.

W: 음, 등을 무리하게 쓰지 않게 꼭 쉬면서 하도록 해.

(a) 오, 난 아무것도 부러뜨리지 않았다고 확신해.

(b) 넌 그것을 사용하고 싶다고 내게 말했어야 했어.

(c) 그래, 넌 더 조심해야 해.

(d) 걱정 마. 이래봬도 난 전문가야.

해설 | be sure to ~라며 돌로 담을 만드는 남자에게 등을 무리하게 쓰지 않도록 쉬면서 하라는 충고에, '걱정 마. 이래봬도 난 전문가다'라고 말한 (d)가 정답이다.

어휘 | **strain**[strein] 무리하게 쓰다

09

W: Phil, I'm thinking about looking for a new apartment.

M: Really? You want to move again already?

W: Phil, 나 새로운 아파트를 찾아볼까 생각 중이야.

M: 정말? 벌써 또 이사하고 싶다고?

W: **I just think** it's a bit expensive for the size.

(a) **But, it's a great neighborhood.**
(b) That's what I concluded too.
(c) We can redecorate it later.
(d) I thought you moved already.

W: 크기에 비해서 좀 비싼 것 같아서 그래.

(a) 그렇지만, 좋은 동네잖아.
(b) 나도 그렇게 결론지었어.
(c) 나중에 다시 꾸밀 수 있어.
(d) 난 네가 벌써 이사간 줄 알았어.

해설 | I just think ~라며 현재 살고 있는 아파트가 크기에 비해서 비싸다는 의견에 '그렇지만, 좋은 동네에 있다'며 의견에 반박한 (a)가 정답이다.

10

M: I've been stressed out at work lately.
W: Do you know what's causing it?
M: **I guess** it's because I've had to do multiple tasks at once.

(a) You should try to do more tasks.
(b) It seems like the right solution.
(c) **That's not an easy thing to pull off.**
(d) I'm not sure why it stresses me out.

M: 나 요즘 직장에서 스트레스 받고 있어.
W: 무엇 때문에 그런 것 같니?
M: 한 번에 여러 가지 일을 해야 해서 그런 것 같아.

(a) 넌 더 많은 일을 하도록 노력해야 해.
(b) 괜찮은 해결책인 것 같아.
(c) 그건 해내기 쉬운 일이 아니지.
(d) 그게 왜 나에게 스트레스를 주는 건지 모르겠어.

해설 | I guess ~라며 직장에서 스트레스를 받는 이유가 한 번에 여러 가지 일을 해야 하기 때문인 것 같다고 추측하는 말에, '그건 해내기 쉬운 일이 아니다'라며 동의한 (c)가 정답이다.

어휘 | multiple[mʌ́ltəpl] 여러 가지의 at once 한 번에 pull off (어렵거나 예상 밖의 일을) 해내다

---

3. 정보 전달 평서문
p.162

01 (b) 02 (a) 03 (b) 04 (a) 05 (d) 06 (a) 07 (c) 08 (b) 09 (d) 10 (b)

01

W: So how was your holiday, Ted?
M: Great. How about yours?
W: Well, I caught up on some long overdue rest.

(a) I'm looking forward to the time off.
(b) **Sounds like just what you needed.**

W: 휴일은 어땠어, Ted?
M: 아주 좋았어. 너는?
W: 음. 오랫동안 밀렸던 휴식을 보충했어.

(a) 난 휴식을 기대하고 있어.
(b) 딱 너에게 필요했던 일 같구나.

해설 | 휴일에 오랫동안 밀렸던 휴식을 보충했다는 말에 '딱 너에게 필요했던 일 같다'라고 말한 (b)가 정답이다.

어휘 | catch up on (일·잠 등의 부족을) 보충하다 overdue[ðuvərdjúː] 밀린 time off 휴식

02

M: That salad you made looks really good.
W: It's a Caesar salad. Do you want to try it?
M: No thanks. I just had lunch with Andrew.

(a) **OK. But you're missing out.**
(b) Really? I thought you liked salads.

M: 네가 만든 샐러드 정말 맛있어 보인다.
W: 시저 샐러드야. 먹어 볼래?
M: 고맙지만 괜찮아. 방금 Andrew랑 점심을 먹었거든.

(a) 그래. 그렇지만 너 기회를 놓치는 거야.
(b) 정말? 난 네가 샐러드를 좋아하는 줄 알았어.

해설 | 방금 점심을 먹어서 여자가 만든 샐러드를 먹지 않겠다는 남자의 말에, '기회를 놓치는 것'이라며 먹지 않으면 후회할 것이라는 의미를 전달한 (a)가 정답이다.

어휘 | miss out 기회를 놓치다

03

W: Could you tell me **why** our bus hasn't arrived yet?
M: **What** is your destination?

W: 우리 버스가 왜 아직 도착하지 않았는지 알려주실 수 있으세요?
M: 목적지가 어디신가요?

W: Tacoma, Washington.

(a) You can make it if you hurry.
(b) Highways are backed up in Washington.

W: 워싱턴 주의 타코마 시예요.

(a) 서두르시면 제시간에 갈 수 있어요.
(b) 워싱턴의 고속도로가 막혀서요.

해설 | 대화의 시작에서 why를 사용하여 버스가 왜 아직 도착하지 않았는지 이유를 물었으므로, '고속도로가 막힌다'는 이유를 말한 (b)가 정답이다.

어휘 | be backed up (길이) 막히다

04

W: I never should have bid on an online auction.
M: Did you have a bad experience?
W: I dropped a bundle for a video camera that doesn't work.

(a) There must be a way to get your money back.
(b) You should take it back to the store.

W: 온라인 경매에 절대 입찰하지 말았어야 했어.
M: 나쁜 경험이라도 한 거야?
W: 작동하지 않는 비디오 카메라에 거금을 날렸거든.

(a) 돈을 돌려받을 방법이 틀림없이 있을 거야.
(b) 너 그거 가게에 반품해야 해.

해설 | 온라인 경매에 입찰했다가 작동하지 않는 비디오 카메라에 거금을 날렸다는 문제점을 전하는 말에, '돈을 돌려받을 방법이 틀림없이 있을 것'이라는 말로 해결책이 있을 거라는 의미를 전달한 (a)가 정답이다. (b)의 가게에 반품하라는 말은 경매로 물건을 잘못 산 문제의 해결책이 되지 못하므로 틀리다.

어휘 | bid[bid] 입찰하다 auction[ɔ́:kʃən] 경매 drop[drɑp] (돈을) 날리다 bundle[bʌ́ndl] 거금 get back ~을 돌려받다 take back ~을 반품하다

05

W: Where did you go this morning?
M: I was at work. Why do you ask?
W: I stopped by your office.

(a) I wasn't at work at that time.
(b) I'll get off work around 6:00.
(c) We can meet in my office.
(d) I was in a meeting until 11:00.

W: 너 오늘 아침에 어디 갔었어?
M: 회사에 있었어. 왜 물어보는데?
W: 네 사무실에 들렀었거든.

(a) 그때는 회사에 없었어.
(b) 6시쯤에 퇴근할 거야.
(c) 내 사무실에서 만날 수 있어.
(d) 11시까지 회의하고 있었어.

해설 | 여자가 남자의 사무실에 들렀을 때 남자가 어디 있었는지 묻는 말에 '회의하고 있었다'라고 말한 (d)가 정답이다. (a)의 그때는 회사에 없었다는 말은 회사에 있었다는 대화의 문맥에 맞지 않으므로 틀리다.

어휘 | get off 퇴근하다

06

M: Excuse me, could you give me a hand? My car battery is dead.
W: OK, no problem. Do you have jumper cables?
M: Yes, but they won't reach that far.

(a) Let me just move my car a little closer.
(b) You should have considered a used one.
(c) I'll give them back when we're done.
(d) Your car is in bad condition.

M: 실례합니다. 저 좀 도와주실 수 있으세요? 제 차의 배터리가 나갔어요.
W: 네, 문제없어요. 부스터 케이블 있으세요?
M: 네, 그렇지만 그렇게 멀리까지는 닿지 않을 거예요.

(a) 제 차를 좀 더 가깝게 옮길게요.
(b) 중고를 고려했었어야 했어요.
(c) 끝나면 돌려드릴게요.
(d) 당신의 차 상태가 나쁜군요.

해설 | 남자의 차 배터리가 나간 것을 해결해주려고 하는 여자에게 부스터 케이블이 그렇게 멀리까지는 닿지 않을 것이라고 문제점을 전했다. 이에 대해 '내 차를 좀 더 가까이 옮기겠다'며 해결책을 말한 (a)가 정답이다.

어휘 | jumper cables (자동차 배터리 충전용) 부스터 케이블

07

W: I won't be able to see you tonight, Larry.
M: How come? What do you have to do?
W: Attend an orientation at our corporate headquarters. ◯

W: 오늘 밤에 널 만날 수 없어, Larry.
M: 왜? 무엇을 해야 하는데?
W: 우리 회사 본사의 오리엔테이션에 참석해야 해.

(a) OK, I'll see you at the orientation.
(b) Of course I plan to attend.
(c) Well, we'll get together some other time.
(d) Right. It's at the corporate head office.

(a) 그래. 오리엔테이션에서 보자.
(b) 물론 참석할 계획이야.
(c) 음, 다음에 만나자.
(d) 맞아. 회사 본사에서 열려.

해설 | 회사 오리엔테이션에 참석해야 해서 만날 수 없게 됐다는 문제점을 전하는 말에, '다음에 만나자'며 약속을 미룬 (c)가 정답이다. (a)의 오리엔테이션에서 보자는 말은 오리엔테이션에 가야 해서 만날 수 없다는 대화의 문맥에 맞지 않으므로 틀리다.

어휘 | corporate[kɔ́ːrpərət] 회사의   headquarters[hédkwɔ̀ːrtərz] 본사   head office 본사

08

W: Is Peter finished with the building contract yet?
M: Yeah, he already submitted it to the project manager.
W: But he was supposed to send it through me first.

(a) He said he would finish it on time.
(b) Maybe he wasn't informed of that.
(c) He would have received it by now.
(d) I'll make sure the project manager gets it.

W: Peter가 건물 계약을 끝냈나요?
M: 네, 프로젝트 매니저에게 계약서를 이미 제출했어요.
W: 그렇지만 그는 저에게 먼저 보내기로 되어 있었는데요.

(a) 그가 제때 끝낼 거라고 말했어요.
(b) 아마도 그가 그걸 전해 듣지 못했나 봐요.
(c) 지금쯤이면 받았을 거예요.
(d) 프로젝트 매니저가 반드시 그걸 받도록 할게요.

해설 | Peter가 계약서를 프로젝트 매니저에게 제출했다는 남자의 말에, 여자가 계약서는 자신에게 먼저 보냈어야 했다는 문제점을 말했다. 이에 대해 '아마도 그가 그걸 전해 듣지 못한 것 같다'며 문제가 발생한 이유를 추측한 (b)가 정답이다.

09

M: Our phone bill is much higher than last month.
W: What? Why is it so much?
M: It's because we made so many long-distance calls.

(a) I always hang the phone up after I use it.
(b) There are many long-distance providers these days.
(c) I didn't know the lines were down last week.
(d) We should be more careful who we call this month.

M: 우리 전화 요금이 지난달보다 훨씬 많이 나왔네.
W: 뭐라고? 왜 그렇게 많이 나온 거야?
M: 우리가 장거리 전화를 너무 많이 걸었기 때문이야.

(a) 난 전화를 사용한 후에 항상 끊어.
(b) 요즘은 장거리 전화 제공업체가 많아.
(c) 지난주에 전화선이 고장 난 줄 몰랐어.
(d) 이번 달엔 어디에 전화하는지 좀 더 신경 써야겠어.

해설 | 전화 요금이 많이 나온 이유가 장거리 전화를 너무 많이 걸었기 때문이라는 문제점을 전하는 말에, '이번 달엔 어디에 전화하는지 좀 더 신경 쓰자'며 해결책을 제시한 (d)가 정답이다.

어휘 | phone bill 전화 요금   long-distance 장거리의

10

W: I should've heeded mom's advice about moving.
M: Your new apartment doesn't suit you?
W: Well, I've had nothing but trouble with the landlord.

(a) You know, landlords give good advice.
(b) You could always move back home.
(c) It seems the apartment's not suited to your tastes.
(d) I'll look for something else in the meantime.

W: 이사에 대한 엄마의 충고에 귀를 기울여야 했어.
M: 새 아파트가 너에게 잘 안 맞는 거니?
W: 음, 다른 게 아니라 집주인과의 문제 때문이야.

(a) 너도 알다시피, 집주인들은 좋은 조언을 해주잖니.
(b) 넌 언제든 집으로 다시 돌아갈 수 있잖아.
(c) 그 아파트가 네 취향에 맞지 않는 것 같구나.
(d) 내가 그 사이에 다른 무언가를 찾아볼게.

해설 | 새 아파트의 집주인과 문제가 있다는 문제점을 전하는 말에 '언제든 집으로 다시 돌아갈 수 있다'는 해결책을 제시한 (b)가 정답이다. (c)의 아파트가 취향에 맞지 않는 것 같다는 말은 집주인과의 문제가 아니므로 틀리다.

어휘 | heed one's advice ~의 충고에 귀를 기울이다   landlord[lǽndlɔ̀ːrd] 집주인   in the meantime 그 사이에

01

M: Guess what happened to me yesterday.	M: 어제 나한테 무슨 일이 일어났는지 맞춰 봐.
W: I don't know. What?	W: 모르겠는데. 무슨 일이야?
M: I won a free seven-day trip to Monterrey.	M: 몬테레이로 가는 7일 공짜 여행권을 받았어.
(a) I wouldn't risk it if I were you.	(a) 내가 너라면 그런 모험은 하지 않겠어.
(b) Oh, I didn't know you were leaving.	(b) 오, 난 네가 떠나는 줄 몰랐어.
(c) Wow, you're really fortunate.	**(c) 와, 너 정말 운이 좋구나.**
(d) I'm amazed you could afford it.	(d) 네가 그걸 살 여유가 있었다니 놀랍구나.

해설 | 공짜 여행권을 받았다며 기쁨을 표현하는 말에 '운이 좋다'고 부러워한 (c)가 정답이다.

02

M: Ally, I'm impressed! You actually hang your laundry out to dry?	M: Ally, 대단한데! 네가 정말 빨래를 말리려고 밖에다가 널어놓은 거야?
W: Yeah, It's fresher that way. But it looks like it's about to rain.	W: 응, 그게 더 상쾌하거든. 그런데 곧 비가 올 것 같아.
M: Then **let me help** you take it inside.	M: 그러면 내가 안으로 가져오는 걸 **도와줄게.**
(a) That's OK. I believe you can handle it.	(a) 괜찮아. 난 네가 처리할 수 있을 거라 믿어.
(b) Great. Then you can help me wash it.	(b) 좋아. 그럼 네가 세탁하는 걸 도와주면 되겠다.
(c) I would, but I'm in a hurry.	(c) 그러고 싶지만 내가 지금 바빠서.
(d) I'd be most appreciative.	**(d) 그렇게 해주면 정말 고맙지.**

해설 | let me help ~라며 빨래를 안으로 가져오는 걸 도와주겠다는 제안에 '그렇게 해주면 정말 고맙지'라고 감사하며 제안을 수락한 (d)가 정답이다. (b)는 Great. Then you can help me ~(좋아. 그렇다면 네가 ~을 도와주면 되겠다)가 정답처럼 들려 혼동을 준 오답으로, 세탁을 도와주면 되겠다는 말은 이미 세탁을 끝낸 대화의 문맥에 맞지 않으므로 틀리다.

어휘 | **appreciative** [əprí:ʃiətiv] 고마워하는

03

M: Our printer is broken. We won't be able to print out the presentation outline.	M: 프린터기가 고장 났어요. 발표 개요를 출력할 수 없을 거예요.
W: Then how will we get it done in time?	W: 그럼 우리가 어떻게 제시간에 끝낼 수 있을까요?
M: We could pay to have it done at a copy store.	M: 복사집에 돈을 내고 해달라고 할 수 있어요.
(a) It was fixed yesterday.	(a) 그것은 어제 수리되었어요.
(b) Yeah, it'd be cheaper that way.	(b) 네, 그게 더 저렴하겠네요.
(c) I'll see if it's ready yet.	(c) 이제 준비됐는지 알아볼게요.
(d) OK, that's probably the best alternative.	**(d) 그래요, 그게 아마 최선의 대안이겠네요.**

해설 | 프린터기가 고장 난 상황에서 복사집에 부탁하자는 제안에 '그게 아마 최선의 대안이겠다'며 제안에 찬성한 (d)가 정답이다.

어휘 | **alternative** [ɔːltə́ːrnətiv] 대안

04

M: How about going with me to see the Vincent Van Gogh exhibit on Sunday?	M: 일요일에 빈센트 반 고흐 전시회 보러 나랑 함께 가지 않을래?
W: Sounds great. Shall we meet up at the gallery entrance around noon?	W: 좋아. 정오 쯤에 갤러리 입구에서 만날까?
M: Well, the gallery is holding a champagne brunch at 11.	M: 음, 갤러리에서 11시에 샴페인 브런치가 있던데.
(a) OK, I'll pick you up around noon.	(a) 좋아, 내가 정오 쯤에 널 데리러 갈게.

(b) No problem. I'll bring the champagne.

(c) Then let's make it 10:45 instead.

(d) But I'd rather meet at the gallery.

(b) 문제없어. 내가 샴페인을 가져 갈게.

(c) 그럼 대신에 10시 45분에 만나자.

(d) 그렇지만 난 갤러리에서 만나는 게 나을 것 같아.

해설 | 11시에 갤러리에서 샴페인 브런치가 있다는 말에 '그럼 10시 45분에 만나자'는 말로 브런치를 먹자는 의미를 전달한 (c)가 정답이다. (a)는 OK가 정답처럼 들려 혼동을 준 오답으로, 브런치가 11시라고 했는데 정오에 데리러 간다고 했으므로 틀리다.

어휘 | brunch[brʌntʃ] 브런치(늦은 아침 식사, 아침 겸 점심)

05

W: Welcome to ADS Electronics. How may I help you?

M: I'm looking for the best video game system money can buy.

W: Well, our products are all state-of-the-art.

(a) It seems a bit steep to me.

(b) I'll order one for you right away.

(c) Looks like I've come to the right place.

(d) I have a video game at home.

W: ADS 전자에 오신 걸 환영합니다. 무엇을 도와드릴까요?

M: 살 수 있는 가장 좋은 비디오 게임 시스템을 찾고 있는 데요.

W: 음, 저희 제품은 모두 최신식입니다.

(a) 저에겐 좀 비싼 것 같네요.

(b) 손님을 위해 바로 주문해드리겠습니다.

(c) 제가 제대로 찾아온 것 같네요.

(d) 집에 비디오 게임이 있어요.

해설 | 가장 좋은 시스템을 찾는 손님에게 점원이 가게의 제품들이 모두 최신식이라고 설명했다. 이에 대해 '제대로 찾아온 것 같다'며 만족을 나타낸 (c)가 정답이다.

어휘 | state-of-the-art 최신의   steep[stiːp] 비싼

06

M: I still haven't received the monthly marketing report.

W: I know. I ran into a few snags.

M: But you promised to have it ready today.

(a) I put it on your desk this morning.

(b) I'm surprised you haven't received it yet.

(c) Sorry. It'll be done first thing in the morning.

(d) I didn't see it listed in the file.

M: 전 아직까지 월간 마케팅 보고서를 받지 못했어요.

W: 알아요. 제가 몇 가지 난관에 부딪혔어요.

M: 그렇지만 오늘까지 준비해준다고 하셨잖아요.

(a) 오늘 아침에 당신의 책상 위에 두었어요.

(b) 아직 못 받으셨다니 놀랍네요.

(c) 미안해요. 아침에 제일 먼저 해드릴게요.

(d) 전 그게 파일에 실려있는 걸 보지 못했어요.

해설 | 월간 마케팅 보고서가 오늘까지 준비되지 않았다고 불평하는 말에, 사과하며 '아침에 제일 먼저 해주겠다'고 말한 (c)가 정답이다.

어휘 | run into a snag 난관에 부딪히다

07

M: You did a great job at violin practice today.

W: You think so? I'm very worried about the recital next week.

M: I'm certain you'll knock their socks off.

(a) I wish you'd be a little more supportive.

(b) Yeah, hopefully all the hard work will pay off.

(c) Approach it as if it's just practice.

(d) That's true. There'll be other recitals.

M: 오늘 바이올린 연습 때 아주 잘하던데.

W: 그렇게 생각해? 난 다음 주의 연주회가 정말 걱정돼.

M: 난 네가 사람들을 놀라게 할 거라고 확신해.

(a) 난 네가 좀 더 격려해줬으면 좋겠어.

(b) 그래, 모든 노력의 성과가 있길 바라.

(c) 그게 그냥 연습인 것처럼 생각하고 해봐.

(d) 맞아. 또 다른 연주회들이 있을 거야.

해설 | 네가 사람들을 놀라게 할 거라고 확신한다며 연주회를 걱정하는 여자를 격려한 남자의 말에, '모든 노력의 성과가 있길 바란다'고 말한 (b)가 정답이다. (c)는 대화의 마지막에서 남자가 이어서 할 만한 말을 보기로 제시하여 혼동을 준 오답이다.

어휘 | recital[risáitl] 연주회   knock one's socks off ~를 놀라게 하다   supportive[səpɔ́ːrtiv] 격려하는   pay off 성과가 있다

08

M: I appreciate you taking your time to meet me, Dr. Pradesh.

W: It's no problem at all. What can I do for you?

M: 저를 만날 시간을 내주셔서 감사합니다, Dr. Pradesh.

W: 천만에요. 무엇을 도와드릴까요?

M: I've been sneezing a lot and wonder if I'm allergic to something.

(a) That kind of allergy isn't treatable.
(b) Fortunately, it isn't highly contagious.
(c) Sure. I can give you something for that.
(d) Well, first let's check you for the most common allergies.

M: 제가 재채기를 많이 하는데 무언가에 알레르기가 있는 건지 궁금해서요.

(a) 그런 종류의 알레르기는 치료가 가능하지 않아요.
(b) 운 좋게도, 그건 전염성이 강하지 않아요.
(c) 물론이죠. 그것을 위해 무언가를 드릴 수 있어요.
(d) 음, 먼저 가장 흔한 알레르기에 대한 검사를 해볼게요.

해설 | 재채기를 많이 하는 이유를 궁금해하는 환자에게 '먼저 가장 흔한 알레르기에 대한 검사를 해보겠다'라고 말한 (d)가 정답이다.
어휘 | sneeze[sni:z] 재채기하다   contagious[kəntéidʒəs] 전염성의

09

M: This is the warmest autumn I can remember.
W: Yeah, I think it's because of global warming.
M: I've heard about that. They say it's really causing some major problems.

(a) I haven't heard of global warming.
(b) Well, it doesn't seem very warm to me.
(c) Yeah, and it's supposed to get even worse.
(d) Maybe we should check the weather report.

M: 내 기억으로는 이번 가을이 제일 따뜻한 걸.
W: 그러게, 지구 온난화 때문인 것 같아.
M: 그것에 관해서 들은 적이 있어. 그게 정말로 큰 문제를 일으키고 있다고 하더라.

(a) 난 지구 온난화에 대해 들어본 적이 없어.
(b) 음, 난 그렇게 따뜻한 것 같지 않은데.
(c) 그래, 그리고 점점 더 심각해질 거래.
(d) 아마도 일기 예보를 확인해 봐야겠다.

해설 | 지구 온난화가 큰 문제를 일으키고 있다는 말에, '점점 더 심각해질 것이다'라며 문제의 심각성에 대해 공감한 (c)가 정답이다.

10

W: Thanks for meeting me on such short notice.
M: Anything for a friend. What's on your mind?
W: **I'd like to** go over the legal details of my father's estate.

(a) Sure. We can go over there together.
(b) OK. First, give me a brief overview of the situation.
(c) Well, let's discuss the legality of it first.
(d) We're going over the legal details of it.

W: 이렇게 곧바로 날 만나줘서 고마워.
M: 친구에게 뭘 못해주겠니. 무슨 일이야?
W: 우리 아버지의 재산에 대한 법적인 세부 사항을 검토하고 싶어.

(a) 물론이지. 함께 거기로 건너갈 수 있어.
(b) 좋아. 첫째로, 상황에 대한 간략한 개요를 말해줘.
(c) 글쎄, 먼저 그것의 적법성에 대해 논의해 보자.
(d) 우린 그것의 법적인 세부 사항을 검토 중이야.

해설 | I'd like to ~라며 아버지의 재산에 대한 법적인 세부 사항을 검토하고 싶다고 요청하는 말에, '상황에 대한 간략한 개요를 말해달라'며 요청을 수락한 (b)가 정답이다. (a)는 go over(검토하다, 건너가다)의 다양한 의미를 사용한 오답이다.
어휘 | on short notice 곧바로   go over ~을 검토하다, ~로 건너가다   legal[lí:gəl] 법적인   estate[istéit] 재산   legality[li:gǽləti] 적법성

11

M: I'd like to get one of those oil paintings Tim is selling.
W: He said he sold the last one a few days ago.
M: Oh no! Looks like **I should have** put in my request sooner.

(a) You should hurry then. There aren't many left.
(b) Actually, he said that he painted them himself.
(c) I told him it's probably too late to request one.
(d) Well, I'm guessing he'll have more available in the future.

M: 난 Tim이 팔고 있는 유화를 하나 갖고 싶어.
W: 며칠 전에 마지막 걸 팔았다고 하던데.
M: 오 안 돼! 주문을 더 빨리 했어야 하나 봐.

(a) 그러면 너 서둘러야겠다. 많이 남아있지 않더라.
(b) 사실, 그가 그것을 직접 그렸다고 말했어.
(c) 그에게 주문을 하기엔 너무 늦었을 거라고 말했어.
(d) 음, 다음에 살 수 있는 것이 더 있을 거야.

해설 | I should have ~라며 사고 싶은 유화가 다 팔리기 전에 주문했어야 했다고 후회하는 말에, '다음에 살 수 있는 것이 더 있을 거다'라며 위로한 (d)가 정답이다.

12

W: Mr. Sanchez, do you think you could look over my résumé?
M: Of course. So, how's the job search going?

W: Mr. Sanchez, 저의 이력서를 검토해주실 수 있으신가요?
M: 물론이지. 그래, 구직은 어떻게 되어가고 있니?

W: I have a few leads so far but nothing definitive yet.

(a) You need to stand by your decision.
(b) Your leadership abilities stand out.
(c) I'm sure something will turn up.
(d) I always knew you would succeed.

W: 지금까지 가능성 있는 곳이 몇 군데 있지만 아직 결정적인 건 없어요.

(a) 넌 너의 결정을 고수할 필요가 있어.
(b) 너의 리더십 능력은 뛰어나.
(c) 뭔가가 분명 나타날 거야.
(d) 난 항상 네가 성공할 줄 알고 있었어.

해설 | 구직 중인데 아직 결정적인 것이 없다는 말에 '뭔가가 분명 나타날 거다'라며 상대방을 격려한 (c)가 정답이다.

어휘 | lead [li:d] 가능성, 실마리 definitive [difínətiv] 결정적인 stand by ~을 고수하다 stand out 눈에 띄다, 빼어나다

Part TEST

p.165

01 (b) 02 (b) 03 (d) 04 (b) 05 (c) 06 (d) 07 (c) 08 (b) 09 (d) 10 (d)

01

M: Did something happen? You seem beside yourself.
W: I just received some unpleasant news about my parents.
M: **What about** them?

(a) They're going to renew their vows.
(b) They're getting divorced.
(c) We knew it wasn't their fault.
(d) I've decided it's time to move on.

M: 무슨 일 있었어? 너 이성을 잃은 것 같아.
W: 방금 부모님에 대한 안 좋은 소식을 들었거든.
M: **무슨** 일인데?

(a) 두 분의 결혼 서약을 새롭게 하실 거래.
(b) 두 분이 이혼을 하실 거래.
(c) 우리는 그것이 그들의 잘못이 아니었다는 걸 알았어.
(d) 난 계속 나아가야 할 때라고 결정했어.

해설 | What about을 사용하여 여자의 부모님에 대한 안 좋은 소식이 무엇인지 물었으므로, '두 분이 이혼을 하실 것'이라는 안 좋은 소식을 말한 (b)가 정답이다. (a)는 부모님에 대한 소식을 전하고 있기는 하지만, 두 분이 결혼 서약을 새롭게 한다는 소식은 안 좋은 소식이 아니므로 틀리다.

어휘 | beside oneself 이성을 잃고 renew one's vow 결혼 서약을 새롭게 하다

02

M: When do tickets go on sale for the Aerosmith concert?
W: The 15th of next month.
M: **Is** it supposed to sell out?

(a) Of course. There'll be plenty available.
(b) You never can tell with these things.
(c) Yeah, I think it's best to wait.
(d) There are only a few tickets remaining.

M: Aerosmith 콘서트 표는 언제부터 판매되는 거야?
W: 다음 달 15일.
M: 매진될까?

(a) 물론이지. 많이 남아 있을 거야.
(b) 그런 건 알 수 없지.
(c) 그래, 기다리는 게 제일인 것 같아.
(d) 표가 몇 장밖에 안 남았어.

해설 | Be동사 의문문으로 콘서트 표가 매진될지 묻는 말에 '그런 건 알 수 없다'는 말로 잘 모르겠다는 의미를 전달한 (b)가 정답이다. (a)는 Of course(물론이지)가 정답처럼 들려 혼동을 준 오답으로, 매진될지 물었는데 많이 남아 있을 거라고 답했으므로 틀리다.

03

W: What did you find out about your sprained ankle?
M: The nurse just wrapped it and told me to keep ice on it.
W: Do you know **when** you'll be able to walk on it?

(a) It's not as serious as it looks.
(b) Most likely the swelling will go down.
(c) Doctors are usually right about these injuries.
(d) It should be completely healed in a few days.

W: 발목 삔 거 어떻대?
M: 간호사가 그냥 붕대로 감아줬고 계속해서 얼음을 대고 있으래.
W: **언제** 걸을 수 있을지 알아?

(a) 보이는 것처럼 심각하지 않아.
(b) 아마 부은 게 가라앉을 거야.
(c) 이런 부상에 대해서는 보통 의사들이 맞아.
(d) 며칠 내로 완전히 나을 거야.

해설 | Do you로 시작한 일반 의문문이지만 when을 사용하여 발목이 삔 남자에게 언제부터 다시 걸을 수 있는지 시기를 물었으므로, '며칠 내로' 라는 시기를 말한 (d)가 정답이다.

어휘 | sprain[sprein] 삐다 swelling[swéliŋ] 부기 go down 가라앉다 injury[índʒəri] 부상

04

M: Congratulations. That was a great shot for a beginner.	M: 축하해. 초보자로서는 굉장한 샷이었어.
W: Honestly, I think it was just a lucky bounce.	W: 솔직히, 그건 그냥 운이 좋았을 뿐이었던 것 같아.
M: No, **I think** you've got some skill.	M: 아니야. 난 네가 기량이 뛰어나다고 생각해.
(a) You might even go pro one day.	(a) 넌 언젠가 프로가 될지도 몰라.
(b) Thanks for the encouragement.	(b) 격려해줘서 고마워.
(c) In that case, I won't hit it so hard.	(c) 그런 경우라면, 너무 세게 치지 않을게.
(d) It would be better if we played later.	(d) 나중에 치는 것이 더 나을 것 같아.

해설 | 기량이 뛰어나다고 칭찬하는 말에 '격려해줘서 고맙다'며 감사한 (b)가 정답이다. (a)는 대화의 마지막에서 남자가 이어서 할 만한 말을 보기로 제시하여 혼동을 준 오답이다.

05

W: Did you decide to go through with the internship application?	W: 너 인턴십 지원에 참가하기로 했니?
M: No, I backed out of it.	M: 아니, 손 떼기로 했어.
W: **How come?** It's a perfect opportunity for you.	W: 왜? 너에겐 완벽한 기회잖아.
(a) Yeah, I attended the interview.	(a) 그래. 난 인터뷰에 참석했어.
(b) They're looking for an intern.	(b) 그들은 인턴을 찾고 있어.
(c) I'm not so sure it'd be worthwhile.	(c) 그게 가치가 있는 건지 잘 모르겠어.
(d) I think you should go for it.	(d) 난 네가 그걸 시도해야 한다고 생각해.

해설 | How come을 사용하여 인턴십을 지원하지 않기로 한 이유를 물었으므로 '그게 가치가 있는 건지 잘 모르겠다'는 이유를 말한 (c)가 정답이다. (d)는 대화의 마지막에서 여자가 이어서 할 만한 말을 보기로 제시하여 혼동을 준 오답이다.

어휘 | go through 참가하다 back out of ~에서 손을 떼다

06

W: Does lasagna sound good for dinner?	W: 저녁으로 라자냐 괜찮아?
M: Lasagna? But I had lasagna for lunch.	M: 라자냐? 점심 때 라자냐 먹었는데.
W: Well, **you could have** told me that before I cooked it.	W: 음, 내가 요리하기 전에 말해줄 수 있었잖아.
(a) Yes, I like your cooking.	(a) 그래. 난 너의 요리가 좋아.
(b) Actually, I haven't eaten yet.	(b) 사실, 난 아직 안 먹었어.
(c) OK. I'll turn down the oven.	(c) 그래. 내가 오븐을 끌게.
(d) Sorry. I didn't know you were making it.	(d) 미안해. 네가 그걸 만들고 있는지 몰랐어.

해설 | you could have ~라며 점심 때 라자냐를 먹은 것을 라자냐를 요리하기 전에 말해주지 그랬냐고 불평하는 말에, '미안하다. 네가 그걸 만들고 있는지 몰랐다'며 사과한 (d)가 정답이다.

어휘 | lasagna[ləzάːnjə] 라자냐(파스타, 치즈, 고기, 토마토 소스 등으로 만든 이탈리아의 요리)

07

M: Have you made reservations for your trip yet?	M: 벌써 여행 예약 했어?
W: Yes, I decided to take a cruise in the Caribbean.	W: 응. Caribbean에서 크루즈 여행을 하기로 했어.
M: **I bet** that will cost you an arm and a leg.	M: 돈이 많이 들 거라고 장담해.
(a) Right. Booking the ticket was easy.	(a) 맞아. 표를 예약하는 건 쉬워.
(b) You're right. It's probably not the best day to travel.	(b) 맞아. 아마 여행하기 제일 좋은 날은 아닐 거야.
(c) Since it's the off-season, cruises are affordable.	(c) 비성수기라서 크루즈 여행 가격이 적당하더라고.
(d) No, I couldn't find a better deal.	(d) 아니. 더 좋은 가격을 찾을 수 없었어.

해설 | I bet ~이라며 크루즈 여행이 돈이 많이 들 것이라고 예상하는 말에 '비성수기라서 가격이 적당하다'라는 말로 남자의 예상과는 달리 그리 돈이 많이 들지는 않는다는 의미를 전달한 (c)가 정답이다.

어휘 | cost an arm and a leg 돈이 많이 들다   off-season 비성수기

08

W: I want a home security system.	W: 가정 보안 시스템을 갖고 싶어.
M: A security system? Why is that?	M: 보안 시스템? 왜?
W: I just want to feel like I'm protected from harm.	W: 그냥 보호받고 있다고 느끼고 싶어서.
(a) Our home is spacious enough as it is.	(a) 우리 집은 지금도 충분히 넓잖아.
(b) But good ones don't come cheap.	(b) 그렇지만 좋은 것들은 저렴하지 않잖아.
(c) I'll check and see if it's locked.	(c) 잠겼는지 내가 확인해볼게.
(d) Then let's turn on the alarm.	(d) 그러면 경보기를 켜지.

해설 | 보호받고 있다고 느끼고 싶어서 가정 보안 시스템을 갖고 싶다는 여자의 말에 '좋은 것들은 저렴하지 않다'라며 보안 시스템을 보유하려면 많은 비용이 들 것이라는 의견을 말한 (b)가 정답이다.

09

M: I can't believe how fast the housing market has crashed.	M: 이렇게 빨리 주택 시장이 폭락했다니 믿을 수 없어.
W: Yeah, they say the economy could be headed for a recession.	W: 그러게. 경제가 불경기로 갈 거라고 하더라.
M: **Do you think** the situation will improve anytime soon?	M: 너는 곧 상황이 나아질 거라고 **생각하니?**
(a) Financial considerations are key factors.	(a) 재정적 고려 사항이 핵심적인 요소야.
(b) I believe there are several reasons behind it.	(b) 나는 그 뒤에 몇 가지 이유가 있을 거라고 생각해.
(c) It's a great time to purchase real estate.	(c) 부동산을 사기에 좋은 시기야.
(d) Things are looking bleak at the moment.	(d) 현재는 상황이 암울한 것 같아.

해설 | Do you think를 사용하여 불경기로 가고 있는 경제가 곧 나아질 거라 생각하는지 의견을 물었으므로, '상황이 암울한 것 같다'라는 말로 곧 나아질 것 같지 않다는 의견을 전달한 (d)가 정답이다.

어휘 | crash [kræʃ] 폭락하다   be headed for ~으로 가다   recession [riséʃən] 불경기   consideration [kənsìdəréiʃən] 고려 사항
bleak [bliːk] (상황이) 암울한, 절망적인

10

W: What did the executive director want with you this morning?	W: 전무 이사님께서 오늘 아침에 당신을 왜 부르셨나요?
M: We met to discuss the potentially negative aspects of the proposed merger.	M: 우린 제안된 합병의 잠재적으로 부정적인 측면에 대해 논의하기 위해 만났어요.
W: She's not having a change of heart about its benefits, **is she**?	W: 그녀가 그것의 이익에 대해서 마음을 바꾸신 건 아니죠, **그렇죠?**
(a) Yes, she's ready to come on board with the merger.	(a) 네, 합병을 할 준비가 되셨습니다.
(b) She's already aware of the potential benefits.	(b) 이미 잠재적인 이익에 대해 알고 계세요.
(c) She wants to steer clear of that possibility.	(c) 그러한 가능성을 비켜가길 원하세요.
(d) No, she just wants to view it from all angles.	(d) 아니요, 그저 모든 관점에서 보길 원하시는 거예요.

해설 | is she를 사용하여 전무 이사가 합병에 대해 마음을 바꾼 것은 아닌지 확인하는 말에, '그저 모든 관점에서 보길 원하신다'는 말로 마음을 바꾼 것은 아니라는 의미를 전달한 (d)가 정답이다.

어휘 | executive director 전무 이사   potentially [pəténʃəli] 잠재적으로   merger [mə́ːrdʒər] 합병   have a change of heart 마음을 바꾸다
be ready to ~할 준비가 되다   steer clear of ~을 비켜 가다

기본기 다지기

1. 동명사구·to부정사구 귀에 익히기 p.171

01 The greatest experience of my life was <u>becoming a father</u>. 　내 인생에 있어서 최고의 경험은 아버지가 된 것이다.

02 What is the easiest way <u>to reserve a hotel room online</u>? 　온라인으로 호텔을 예약하는 가장 쉬운 방법은 무엇입니까?

03 My parents believe in <u>letting me make my own decisions</u>. 　부모님께서는 내가 스스로 결정을 내리도록 하는 것이 좋다고 여기신다.

04 Jessica told me that she hopes <u>to enter medical school next year</u>. 　Jessica는 내년에 의대에 들어가기를 바란다고 내게 말했다.

05 <u>Using visual aids</u> will make your presentation more effective. 　시각 자료를 사용하는 것이 당신의 발표를 더 효과적으로 만들 것이다.

06 I nearly forgot <u>to change my flight schedule</u>. 　나는 비행 스케줄을 변경하는 것을 잊을 뻔했다.

07 <u>Exercising regularly</u> can improve your health. 　규칙적으로 운동하는 것은 당신의 건강을 향상시킬 수 있다.

08 We should give some thought to <u>expanding our advertising campaign</u>. 　우리는 우리의 광고 캠페인을 확장하는 것을 생각해봐야 한다.

09 I'm trying to come up with a method <u>to earn some extra income</u>. 　나는 부가적인 수입을 벌기 위한 방법을 생각해내기 위해 노력 중이다.

10 I'll bet she gets tired of <u>waiting for you day after day</u>. 　나는 그녀가 날마다 너를 기다리는 것을 지겨워 할 거라고 장담한다.

2. 명사절·형용사절 귀에 익히기 p.173

01 That's not <u>what I was referring to</u>. 　그것은 내가 언급했던 것이 아니다.

02 Maybe you could exchange it for something <u>you like better</u>. 　아마도 당신은 이것을 당신이 더 좋아하는 무언가와 교환할 수 있을 거예요.

03 Right. She's the one <u>who convinced me to join the club</u>. 　맞아. 그녀가 나를 그 클럽에 참여하도록 설득한 그 사람이야.

04 I think <u>learning foreign languages is a necessity nowadays</u>. 　나는 요즘에는 외국어를 배우는 것이 필수라고 생각한다.

05 It will require a compromise <u>that works for everyone</u>. 　이것은 모두에게 효과적인 절충안을 필요로 할 것입니다.

06 <u>What you're asking</u> is a hard pill to swallow. 　당신이 부탁한 것은 정말 하기 힘든 일입니다.

07 I meant the girl <u>who delivered the speech at the seminar last night</u>. 　나는 어젯밤 세미나에서 연설을 했던 여자를 뜻한 거였어.

08 <u>What I ate for breakfast</u> gave me an upset stomach. 　아침 식사로 먹은 것이 나를 배탈나게 했다.

09 You might want to consider renting an apartment <u>you can afford</u>. 　당신은 아마도 당신이 임대료를 지불할 수 있는 아파트 임대를 고려하길 원할 것입니다.

10 I'm sure that <u>opening a new branch would require lots of capital</u>. 　저는 새로운 지점을 여는 것은 많은 자본을 필요로 한다는 것을 확신합니다.

01 O   **02** X   **03** O   **04** X   **05** X   **06** O

01

W: I've landed a new job at our main headquarters.
M: Wow! Looks like you're on the fast track to success.
W: Well, it could be an interesting challenge.

W: 본사에서 새로운 일에 착수하게 되었어요.
M: 와! 출세 가도를 달리고 계신 것 같군요.
W: 음, 흥미로운 도전이 될 것 같아요.

들려주는 문장
The woman has been awarded a new position.

여자는 새로운 직위를 지정받았다

02

W: Why is there so much traffic?
M: It looks like the road's blocked off up ahead.
W: I hope it won't take too long to clear.

W: 왜 이렇게 막히는 거야?
M: 앞쪽에서 도로가 차단된 것 같아.
W: 처리하는 데 너무 오래 걸리지 않길 바라.

들려주는 문장
The road is closed due to construction.

도로가 건설 공사 때문에 폐쇄되었다.

03

M: Can you believe how prices have skyrocketed?
W: Yeah, it's becoming a real problem.
M: Hopefully the government will find a solution.

M: 물가가 얼마나 급등했는지 믿을 수 있겠어?
W: 그러게. 진짜 문제가 되고 있어.
M: 정부가 해결책을 찾길 바라.

들려주는 문장
The man is concerned about inflation.

남자는 물가 폭등을 염려하고 있다.

04

M: Can I help you with your luggage?
W: No thanks. I can take care of it myself.
M: But, isn't it hard to manage on your own?

M: 짐 좀 들어 줄까?
W: 고맙지만 괜찮아. 나 혼자서 할 수 있어.
M: 그렇지만, 혼자서 들기 힘들지 않아?

들려주는 문장
The woman is requesting help from the man.

여자는 남자에게 도움을 청하고 있다.

05

M: Oh no! It's already past 6.
W: Do you have something you have to do?
M: I'm supposed to meet Hannah for coffee at 6:15.
W: Then you should let her know you won't be able to
make it on time.

M: 이런! 벌써 6시가 지났네.
W: 무슨 해야 할 일이라도 있는 거야?
M: 6시 15분에 Hannah와 만나서 커피 한잔하기로 했거든.
W: 그럼 그녀에게 네가 제시간에 도착할 수 없을 거란 걸 알려줘야만 해.

들려주는 문장
The man managed to make it to the appointment on time.

남자는 겨우 약속 시간에 맞게 도착했다.

06

M: Professor Kim, would it be OK if I turn in my assignment
tomorrow?
W: Why weren't you able to finish it?
M: I wasn't feeling well last night.
W: In that case, I'll accept it.

M: Kim 교수님, 숙제를 내일 제출해도 괜찮을까요?
W: 왜 끝내지 못한 거니?
M: 어젯밤에 몸이 안 좋았어요.
W: 그런 경우라면, 받아줄게.

들려주는 문장
The man is asking for permission to submit his homework late.   남자는 숙제를 늦게 제출하는 것에 대해 허락을 구하고 있다.

01

Listen to a conversation between two co-workers.

W: **Could you give me a hand with the printer? It's not working.**

M: What's wrong with it?

W: The printer is plugged in, but **I keep getting an error message**.

M: Oh, yeah. I've had this happen before myself.

W: How did you fix it?

M: I had to reinstall the driver.

Q. What is the main topic of the conversation?

   (a) A problem with the electrical plug

   (b) A recurring print error

   (c) A new printer driver

   (d) An outdated printer model

두 동료 간의 대화를 들으시오.

W: 이 프린터 좀 봐 줄래요? 작동이 안돼요.

M: 뭐가 잘못됐나요?

W: 프린터 플러그는 꽂혀 있는데, 계속 오류 메시지가 떠요.

M: 오, 그렇군요. 저도 예전에 이런 적이 있었어요.

W: 어떻게 고치셨어요?

M: 드라이버를 재설치해야만 했어요.

Q. 대화의 주제는 무엇인가?

   (a) 전기 플러그 문제

   (b) 반복되는 인쇄 오류

   (c) 새로운 프린터 드라이버

   (d) 구식 프린터 모델

해설 | 대화의 주제를 묻는 문제이다. 여자가 Could you ~ not working(이 프린터 좀 봐 줄래요? 작동이 안돼요), I keep ~ error message(계속 오류 메시지가 떠요)라고 말한 후 그에 대한 대화가 이어졌다. 따라서 대화의 주제로 적절한 것은 (b)이다.

어휘 | **plug in** ~의 플러그를 꽂다   **reinstall** [riːinstɔ́ːl] 재설치하다   **recurring** [rikə́ːriŋ] 반복되는, 되풀이해서 일어나는   **outdated** [àutdéitid] 구식의

02

Listen to a conversation between two acquaintances.

M: Excuse me. **Have we met?**

W: I'm not sure, but you do look sort of familiar.

M: Weren't you at Sophie's graduation last month?

W: Yes, I was. Do you know Sophie, too?

M: Yes, she's my niece. **My name's Steve Cohen.**

W: Oh, right. You're Uncle Steve. We met at the dinner.

Q. What is the man mainly doing in the conversation?

   (a) Talking to a former schoolmate

   (b) Attending a graduation ceremony

   (c) Meeting one of his relatives for dinner

   (d) Reintroducing himself to the woman

두 지인 간의 대화를 들으시오.

M: 실례합니다. 우리 만난 적 있나요?

W: 잘 모르겠지만, 좀 낯이 익긴 하네요.

M: 지난달 Sophie의 졸업식에 계시지 않았어요?

W: 네, 있었어요. 당신도 Sophie를 아시나요?

M: 네, 제 조카예요. 제 이름은 Steve Cohen입니다.

W: 오, 맞아요. Steve 삼촌이시죠. 저녁 식사에서 만났었네요.

Q. 대화에서 남자는 주로 무엇을 하고 있는가?

   (a) 옛날 학교 친구에게 말한다.

   (b) 졸업식에 참석한다.

   (c) 저녁 식사를 하기 위해 친척 중 한 사람을 만난다.

   (d) 여자에게 자신을 다시 소개한다.

해설 | 대화에서 남자가 무엇을 하고 있는지 묻는 문제이다. 조카의 졸업식에서 만났던 여자에게 남자가 Have we met?(우리 만난 적 있나요?)이라고 물으며 My name's Steve Cohen(제 이름은 Steve Cohen입니다)이라며 자신을 다시 소개했으므로 남자가 하고 있는 것은 (d)이다.

03

Listen to a conversation between two friends.

M: So, **how are things since you had twins?**

W: **It's even more difficult than I had imagined.**

M: I thought you said motherhood would be a piece of cake.

W: That's true, but I guess I was wrong.

M: It seems hard now, but I bet things will settle down soon.

W: Yeah, I sure hope you're right.

두 친구 간의 대화를 들으시오.

M: 그래. 쌍둥이를 낳은 이후로 어때요?

W: 제가 상상했던 것보다 훨씬 더 힘들어요.

M: 엄마가 되는 것은 식은 죽 먹기일 거라고 말했던 것 같은데요.

W: 맞아요, 그렇지만 제가 틀렸던 것 같아요.

M: 지금은 힘들어 보이지만, 곧 안정될 거라고 장담해요.

W: 그래요, 당신 말이 맞길 정말 바라요.

Q. What are the man and woman mainly discussing?

(a) The woman's belief that things will settle down

(b) What the woman thinks is hardest about raising twins

(c) How the woman has been doing since becoming a mother

(d) The woman's hopes about her children's future

Q. 남자와 여자는 주로 무엇에 대해 논의하고 있는가?

(a) 상황이 안정될 것이라는 여자의 믿음

(b) 쌍둥이를 기르는 것에 있어서 여자가 가장 힘들다고 생각하는 것

(c) 엄마가 된 후로 여자가 어떻게 지냈는지

(d) 자녀의 미래에 대한 여자의 소망

해설 | 대화의 주제를 묻는 문제이다. 남자가 여자에게 how are ~ had twins?(쌍둥이를 낳은 이후로 어때요?)라고 묻자 여자가 It's even more ~ had imagined(제가 상상했던 것보다 훨씬 더 힘들어요)라고 말한 후 엄마가 된 후의 삶에 대한 대화가 이어졌다. 따라서 대화의 주제로 적절한 것은 (c)이다.

어휘 | a piece of cake 식은 죽 먹기 settle down 안정되다

04

Listen to a conversation between two colleagues.

M: **I'd like to take my vacation early this year.**

W: We might be able to work something out.

M: I was hoping to take a trip to Greece in early summer.

W: Well, June is the beginning of our fiscal year, you know.

M: I know. I was planning to go later in the month.

W: OK, that should be all right.

Q. What is the conversation mainly about?

(a) When the man should schedule his trip

(b) Why the man needs to postpone his trip

(c) Where the man should go for vacation

(d) How long the man will stay in Greece

두 동료 간의 대화를 들으시오.

M: 올해에는 일찍 휴가를 쓰고 싶습니다.

W: 어떻게 해 볼 수도 있을 것 같아요.

M: 초여름에 그리스로 여행 가기를 바라고 있었거든요.

W: 음, 6월은 회계 연도의 시작인 거, 아시죠.

M: 알아요. 그달 말에 가려고 하고 있었어요.

W: 네, 그건 괜찮을 거예요.

Q. 주로 무엇에 관한 대화인가?

(a) 남자가 여행 일정을 언제로 해야 할지

(b) 남자가 왜 여행을 미뤄야 하는지

(c) 남자가 휴가 때 어디로 가야 할지

(d) 남자가 그리스에서 얼마나 머물지

해설 | 대화의 주제를 묻는 문제이다. 남자가 I'd like to ~ this year(올해에는 일찍 휴가를 쓰고 싶습니다)라고 말한 후, 남자가 여행을 가기 위해 휴가를 쓰면 좋을 시기에 대한 논의가 이어졌다. 따라서 대화의 주제로 적절한 것은 (a)이다. (c)는 I was ~ in early summer(초여름에 그리스로 여행 가기를 바라고 있었거든요)에서 언급되기는 했지만, 일부 내용만을 다루고 있으므로 주제가 될 수 없다.

어휘 | fiscal year 회계 연도 postpone [poustpóun] 미루다

05

Listen to a conversation about a gardening product.

M: Excuse me. I'm looking for a new garden hose.

W: What length would you like?

M: Well, it has to cover an expansive area, so the longer the better.

W: The longest we carry is 50 meters.

M: And you're sure about that?

W: Yes, **but we could special order one for you.**

M: How long would that take?

W: It will take anywhere from a week to 10 days.

Q. Which is correct according to the conversation?

(a) The store is temporarily out of garden hoses.

(b) The garden hoses at the store are too long.

(c) The man does not want to wait for a special order.

(d) The store currently lacks the kind of hose the man requires.

원예 제품에 관한 대화를 들으시오.

M: 실례합니다. 새 정원 호스를 찾고 있는데요.

W: 어떤 길이를 원하시나요?

M: 음, 넓은 지역을 커버할 수 있어야 해서, 길수록 더 좋아요.

W: 저희가 판매하는 가장 긴 것은 50미터입니다.

M: 정말 그런가요?

W: 네, 그렇지만 손님을 위해 특별 주문을 해드릴 수 있습니다.

M: 그럼 얼마나 걸릴까요?

W: 일주일에서 10일 정도 걸릴 거예요.

Q. 대화에 따르면 맞는 것은 무엇인가?

(a) 가게에 일시적으로 정원 호스가 다 떨어졌다.

(b) 가게의 정원 호스는 너무 길다.

(c) 남자는 특별 주문 상품을 기다리고 싶어하지 않는다.

(d) 가게에는 현재 남자가 필요로 하는 호스가 없다.

06

Listen to a conversation at the opera.

M: Hi Tracy. I didn't expect that you would come alone tonight.

W: Me neither. But unfortunately, Ted couldn't make it.

M: Is he sick or something? He never misses opening night at the opera.

W: It's not that. He's just really swamped at the office these days.

M: Oh. That explains it. I've thought he's appeared a little weary of late.

W: Yeah, **his boss made him put in extra hours again tonight.**

M: Well, maybe he'll be able to attend the next one.

Q. Why didn't Ted attend the opera?

   (a) He had a quarrel with his boss.
   (b) He was under the weather.
   (c) He made a prior commitment.
   (d) He had to work overtime.

오페라에서의 대화를 들으시오.

M: 안녕 Tracy. 오늘 밤에 네가 혼자 올 줄 몰랐어.

W: 나도 몰랐어. 그렇지만 운이 없게도, Ted는 올 수 없었어.

M: 아프기라도 한 거야? 그는 오페라의 첫날 밤 공연은 절대 놓치지 않잖아.

W: 그런 건 아니야. 그는 그냥 요즘 사무실에서 눈코 뜰 새 없이 바빠.

M: 오, 그래서 그랬구나. 최근에 좀 지쳐 보인다고 생각했어.

W: 그래. 사장이 오늘 밤에도 그에게 초과 근무를 시켰어.

M: 음, 아마도 다음번엔 참석할 수 있을 거야.

Q. Ted는 왜 오페라 공연에 참석하지 않았는가?

   (a) 사장과 말다툼을 했다.
   (b) 몸 상태가 좋지 않았다.
   (c) 선약이 있었다.
   (d) 초과 근무를 해야 했다.

07

Listen to a conversation between a couple.

W: I can't find the car keys. Have you seen them?

M: No, but **we had them this morning after we went to the market.**

W: Well, I thought I set them on the kitchen counter with the groceries.

M: Yeah, but then I had to go get something out of the trunk.

W: Right. Maybe you took them with you.

M: I'd better go check my coat pockets and see.

Q. Which is correct about the man and woman according to the conversation?

   (a) Their keys are still on the kitchen counter.
   (b) Their groceries are locked in the trunk of the car.
   (c) They went grocery shopping earlier in the day.
   (d) They lost their keys while grocery shopping.

커플 간의 대화를 들으시오.

W: 차 열쇠를 못 찾겠어요. 본 적 있어요?

M: 아니요. 그렇지만 오늘 아침에 우리가 장을 보고 온 후에는 있었잖아요.

W: 음. 내가 식료품과 함께 주방 조리대 위에 둔 것 같아요.

M: 그래요. 그렇지만 그 후에 내가 트렁크에서 뭔가를 꺼내러 가야 했었잖아요.

W: 맞아요. 아마도 당신이 가져갔나 봐요.

M: 내가 가서 코트 주머니를 확인해보는 것이 좋겠어요.

Q. 대화에 따르면 남자와 여자에 대해 맞는 것은 무엇인가?

   (a) 열쇠는 여전히 주방 조리대 위에 있다.
   (b) 식료품이 차의 트렁크에 있다.
   (c) 아침에 식료품을 사러 갔다.
   (d) 식료품 쇼핑을 하는 동안 열쇠를 잃어버렸다.

08

Listen to a conversation between two friends.

M: **Why are all the cars slowing down?**

두 친구 간의 대화를 들으시오.

M: 왜 차가 전부 속도를 늦추는 거지?

W: **I'm not sure.** Maybe there's been a car wreck or something.

M: I don't see anything, but the traffic is definitely backed up.

W: I see what you mean. Hopefully it will clear up soon.

M: Yeah, but I wouldn't count on it.

W: I guess you're right. Let's try to find a detour.

Q. Which is correct according to the conversation?

    (a) The man is confident that the traffic will clear up soon.

    (b) The man noticed a car wreck on the road.

    (c) The woman wants to continue along the same route.

    (d) The woman is uncertain why the traffic is stalled.

W: 잘 모르겠어. 아마도 차 사고 같은 게 있었나 봐.

M: 아무것도 안 보이지만, 교통이 분명 정체되고 있어.

W: 무슨 말인지 알아. 곧 해소되길 바라야지.

M: 그래, 그렇지만 난 그것만 기대하고 있을 순 없어.

W: 네가 맞는 것 같아. 우회로를 찾아보자.

Q. 대화에 따르면 맞는 것은 무엇인가?

    (a) 남자는 곧 교통 정체가 해소될 것이라고 확신한다.

    (b) 남자는 도로에서 차 사고를 보았다.

    (c) 여자는 같은 길로 계속 가길 원한다.

    (d) 여자는 왜 교통이 정체되었는지 잘 모른다.

해설 | 대화의 내용과 일치하는 것을 묻는 문제이다. 남자가 Why are ~ slowing down?(왜 차가 전부 속도를 늦추는 거지?)이라고 묻자 여자가 I'm not sure(잘 모르겠어)라고 했으므로 (d)가 정답이다. (c)는 대화에서 여자가 우회로를 찾아 보자고 했으므로, 대화와 반대되는 내용의 오답이다.

어휘 | car wreck 차 사고　be backed up (교통이) 정체되다　count on ~을 기대하다　detour[díːtuər] 우회로　stall[stɔːl] 정체시키다, 지연시키다

09

Listen to a conversation between a boss and an office worker.

M: Why were you late for the meeting today, Beverly?

W: Well, I missed the 8:45 bus. It must have left early.

M: You know the buses only run once every 15 minutes.

W: Yeah, but **I thought I made it in plenty of time**.

M: **That's exactly what you said last time.**

W: I promise it will be the last time, Mr. Cooper.

M: Let's hope so. I don't want to hear any more excuses.

Q. What can be inferred from the conversation?

    (a) Beverly is unfamiliar with the bus schedule.

    (b) Mr. Cooper will subtract the time from Beverly's pay.

    (c) Beverly has used the same explanation for being late before.

    (d) Mr. Cooper doubts Beverly's promise not to be late again.

상사와 직원 간의 대화를 들으시오.

M: 오늘 왜 회의에 늦었어요, Beverly?

W: 음, 8시 45분 버스를 놓쳤어요. 일찍 떠난 게 분명해요.

M: 버스가 15분에 한 대씩밖에 없다는 걸 아시잖아요.

W: 네, 그렇지만 제시간에 충분히 올 수 있을 줄 알았어요.

M: 지난번에 말씀하신 것과 똑같네요.

W: 이게 마지막이라고 약속드릴게요, Mr. Cooper.

M: 그러길 바라요. 더 이상의 변명은 듣고 싶지 않아요.

Q. 대화로부터 추론할 수 있는 것은 무엇인가?

    (a) Beverly는 버스 스케줄을 잘 모른다.

    (b) Mr. Cooper는 Beverly의 급료에서 늦은 시간만큼을 뺄 것이다.

    (c) Beverly는 이전에 지각한 것에 대해 같은 설명을 했었다.

    (d) Mr. Cooper는 다시는 늦지 않겠다는 Beverly의 약속을 의심한다.

해설 | 대화를 통해 추론할 수 있는 내용을 묻는 문제이다. 여자가 회의에 늦은 것에 대해 I thought ~ plenty of time(제시간에 충분히 올 수 있을 줄 알았어요)이라고 하자 남자가 That's exactly ~ last time(지난번에 말씀하신 것과 똑같네요)이라고 했으므로, 여자가 이전에도 같은 설명을 했다는 것을 알 수 있다. 따라서 이를 통해 추론할 수 있는 것은 (c)이다.

어휘 | subtract[səbtrǽkt] 빼다

10

Listen to a conversation between a waitress and a customer.

W: Welcome to Mama Mia's. I'm Shelley, and I'll be serving you tonight.

M: Great. What would you recommend?

W: Well, our authentic Italian lasagna is one of our most popular dishes.

M: Actually, I forgot to mention that **I'm allergic to dairy products**.

여종업원과 고객 간의 대화를 들으시오.

W: Mama Mia's에 오신 것을 환영합니다. 저는 Shelley이고, 오늘 밤 손님의 주문을 받을 것입니다.

M: 좋습니다. 무엇을 추천해 주시겠어요?

W: 음, 저희의 정통 이탈리안 라자냐가 가장 인기 있는 요리 중 하나입니다.

M: 사실, 제가 유제품에 알레르기가 있다는 것을 말씀드리는 걸 깜박했네요.

W: **Then, there's the spaghetti in marinara sauce or the linguine with olive oil.**

M: Both sound great. I think I'll try the linguini.

Q. What can be inferred from the conversation?

    (a) The man is not fond of spaghetti dishes.

    (b) The waitress prefers the spaghetti.

    (c) The linguine comes with a cream sauce.

    (d) The spaghetti and linguini are dairy-free.

W: 그럼, 마리나라 소스의 스파게티와 올리브 오일이 들어간 링귀니가 있습니다.

M: 둘 다 좋을 것 같네요. 링귀니로 할게요.

Q. 대화에서 추론할 수 있는 것은 무엇인가?

    (a) 남자는 스파게티 요리를 좋아하지 않는다.

    (b) 여종업원은 스파게티를 선호한다.

    (c) 링귀니는 크림 소스와 나온다.

    (d) 스파게티와 링귀니에는 유제품이 들어 있지 않다.

해설 | 대화를 통해 추론할 수 있는 내용을 묻는 문제이다. 남자가 I'm allergic to dairy products(유제품에 알레르기가 있다)라고 하자 종업원이 Then, there's ~ with olive oil(그럼, 마리나라 소스의 스파게티와 올리브 오일이 들어간 링귀니가 있습니다)이라고 했으므로, 스파게티와 링귀니에는 유제품이 들어있지 않다는 것을 알 수 있다. 따라서 이를 통해 추론할 수 있는 것은 (d)이다.

어휘 | authentic[ɔ:θéntik] 정통의　dairy products 유제품　marinara[mὰ:rənά:rə] 마리나라(토마토, 양파, 마늘, 향신료로 만든 이탈리아 소스)
linguine[liŋgwíːni] 링귀니(납작하게 뽑은 파스타)　be fond of ~을 좋아하다

실전 공략하기

Course 1 중심 내용 문제

1. 주제 문제

전략 적용   p.183

Listen to a conversation between two neighbors.

M: **I heard a rumor that the neighborhood recreation center is shutting down.**

W: Yeah, it's hard to believe, but maybe it's for the best.

M: But the recreation center's been there since before I was born.

W: Apparently the city council has other plans for the property.

M: Why on earth would they do it now?

W: I guess they feel it's no longer needed in the community.

Q. What is the main topic of the conversation?

    (a) The closing of the local recreation center

    (b) The city council's plans for the property

    (c) Details of the city council's new proposal

    (d) The inadequacy of the recreation center

두 이웃 간의 대화를 들으시오.

M: 동네 레크리에이션 센터가 문을 닫을 거라는 소문을 들었어.

W: 그래. 믿기 어렵지만, 아마도 그게 최선일 거야.

M: 그렇지만 그 레크리에이션 센터는 내가 태어났을 때부터 있었는걸.

W: 시의회에서 그 소유지에 대한 다른 계획이 있는 것 같아.

M: 도대체 왜 그걸 지금 하는 건데?

W: 이 지역 사회에 그것이 더 이상 필요 없다고 생각했나 봐.

Q. 대화의 주제는 무엇인가?

    (a) 지역 레크리에이션 센터의 폐쇄

    (b) 토지에 대한 시의회의 계획

    (c) 시의회의 새로운 제안의 세부 사항

    (d) 레크리에이션 센터의 부적당함

어휘 | property[prάpərti] 소유지, 토지　on earth 도대체　inadequacy[inǽdikwəsi] 부적당함

01

Listen to a conversation between a couple. W: Jim, come here for a minute. M: Why? What do you need? W: **The remote control for the new TV doesn't work.** M: What seems to be the problem? W: I can't change the channels. M: It might just need a new battery. I'll put a new one in. W: I wonder if that will fix it. M: I'm sure it's just the batteries. Q. What are the man and woman mainly discussing? (a) How to set up a brand new television (b) Some of their favorite TV channels (c) What battery the man should put in **(d) A problem with the television's remote**	커플 간의 대화를 들으시오. W: Jim, 잠깐만 이쪽으로 와 봐. M: 왜? 뭐 필요해? W: 새 텔레비전의 리모컨이 작동이 안 돼. M: 뭐가 문제인 것 같아? W: 채널을 바꿀 수가 없어. M: 아마도 단지 새 배터리가 필요한 걸 거야. 내가 새것을 끼울게. W: 그걸로 괜찮아질지 모르겠네. M: 분명 그냥 배터리 문제일 거야. Q. 남자와 여자는 주로 무엇에 대해 논의하고 있는가? (a) 새로운 텔레비전을 어떻게 설치하는지 (b) 그들이 가장 좋아하는 TV 채널 (c) 남자가 어떤 배터리를 넣어야 하는지 (d) 텔레비전 리모컨의 문제점

해설 | 대화의 주제를 묻는 문제이다. 여자가 The remote control ~ doesn't work(새 텔레비전의 리모컨이 작동이 안 돼)라고 말한 후 리모컨의 문제점과 그 원인에 대한 대화가 이어졌다. 따라서 대화의 주제로 적절한 것은 (d)이다.

어휘 | remote control 리모컨 set up ~을 설치하다

02

Listen to two students discuss a documentary. W: **Have you seen that documentary about the rise of the British Empire?** M: Yeah, it was an assignment for history class. W: I thought it really dragged on, didn't you? M: It could have been a little shorter. W: But much of the content was intriguing. M: Not really. I think history is tedious. Q. What is the main topic of the conversation? (a) The assignments the man receives in history class **(b) The speakers' opinions about a historical documentary** (c) The rise and fall of the British Empire (d) The speakers' interest in history	두 학생이 다큐멘터리에 관해 이야기하는 것을 들으시오. W: 대영제국의 번영에 대한 다큐멘터리를 봤니? M: 응, 역사 수업의 숙제였어. W: 난 그거 정말 지루하게 질질 끈다고 생각했어. 넌 안 그 랬니? M: 조금 더 짧을 수도 있었을 텐데. W: 그렇지만 대부분의 내용은 호기심을 자극하더라. M: 별로. 역사는 지루한 것 같아. Q. 대화의 주제는 무엇인가? (a) 남자가 역사 수업에서 받는 숙제 (b) 역사 다큐멘터리에 대한 화자들의 의견 (c) 대영제국의 흥망성쇠 (d) 역사에 대한 화자들의 흥미

해설 | 대화의 주제를 묻는 문제이다. 여자가 Have you ~ the British Empire?(대영제국의 번영에 대한 다큐멘터리를 봤니?)라고 물은 후 다큐멘터리에 대한 화자들의 의견이 이어졌다. 따라서 대화의 주제로 적절한 것은 (b)이다. (d)는 I think history is tedious(역사는 지루한 것 같아)에서 언급되기는 했지만, 일부 내용만을 다루고 있으므로 주제가 될 수 없다.

어휘 | drag on 지루하게 질질 끌다 intriguing[intríːgiŋ] 호기심을 자극하는 tedious[tíːdiəs] 지루한 rise and fall 흥망성쇠

03

Listen to a conversation between two friends. M: **So, I heard you're going hiking in Africa next month.** W: Yes, I'm going with a friend.	두 친구 간의 대화를 들으시오. M: 네가 다음 달에 아프리카로 하이킹을 간다고 들었어. W: 응, 친구 한 명하고 같이 가.

M: Isn't it dangerous to hike in unfamiliar places?

W: No, you just have to be careful, especially at night.

M: You should always stay together so you don't get lost.

W: Don't worry. We both have plenty of experience.

Q. What is the conversation mainly about?

    (a) Why hiking in Africa is dangerous

    (b) A previous hiking experience in Africa

    (c) How to avoid getting lost while hiking

    (d) A planned trip to Africa

M: 낯선 장소에서 하이킹하는 것은 위험하지 않니?

W: 아니야, 그냥 조심하면 돼. 특히 밤에는.

M: 길을 잃어버리지 않도록 너희 둘은 항상 함께 있어야 해.

W: 걱정 마. 우리 둘 다 경험이 많아.

Q. 주로 무엇에 관한 대화인가?

    (a) 왜 아프리카에서 하이킹하는 것이 위험한지

    (b) 전에 아프리카에서 하이킹한 경험

    (c) 하이킹하는 동안에 길을 잃지 않는 방법

    (d) 아프리카로 계획된 여행

해설 | 대화의 주제를 묻는 문제이다. 남자가 So, I heard ~ next month(네가 다음 달에 아프리카로 하이킹을 간다고 들었어)라고 말한 후 아프리카 여행 계획에 대한 대화가 이어졌다. 따라서 대화의 주제로 적절한 것은 (d)이다. (c)는 You should ~ don't get lost(길을 잃어버리지 않도록 너희 둘은 항상 함께 있어야 해)에서 언급되기는 했지만, 일부 내용만을 다루고 있으므로 주제가 될 수 없다.

어휘 | hiking[háikiŋ] 하이킹, 도보 여행　unfamiliar[ʌ̀nfəmíljər] 낯선

04

Listen to a couple discuss an art gallery.

W: I really like the design of the new art gallery.

M: Yes, it gives it more of a contemporary style.

W: **Check out the lobby. The floor is so amazing.**

M: It's made of colored glass, it seems.

W: Let's go to the information desk and get a brochure.

M: Yeah, I really want to know who designed the floor.

Q. What is the main topic of the conversation?

    (a) The works of contemporary art on display

    (b) The colorful paintings in the art gallery

    (c) The decorative design of the lobby floor

    (d) The identity of the floor's designer

커플이 미술관에 관해 이야기하는 것을 들으시오.

W: 난 새로운 미술관의 디자인이 정말 마음에 들어.

M: 그래, 더 현대적인 스타일이 되었네.

W: 로비를 봐. 바닥이 정말 굉장해.

M: 색유리로 만들어진 것처럼 보인다.

W: 안내 데스크에 가서 팸플릿을 받자.

M: 그래, 바닥을 누가 디자인했는지 정말 알고 싶어.

Q. 대화의 주제는 무엇인가?

    (a) 전시 중인 현대 예술 작품

    (b) 미술관의 색이 풍부한 그림

    (c) 로비 바닥의 장식적인 디자인

    (d) 바닥을 디자인한 사람의 신원

해설 | 대화의 주제를 묻는 문제이다. 여자가 Check out ~ so amazing(로비를 봐. 바닥이 정말 굉장해)이라고 말한 후 로비의 바닥 디자인에 관심을 나타내는 대화가 이어졌다. 따라서 대화의 주제로 적절한 것은 (c)이다. (d)는 I really want to ~ the floor(바닥을 누가 디자인했는지 정말 알고 싶어)에서 언급되기는 했지만, 일부 내용만을 다루고 있으므로 주제가 될 수 없다.

어휘 | contemporary[kəntémpəreri] 현대의, 동시대의　decorative[dékərətiv] 장식적인　identity[aidéntəti] 신원

05

Listen to a conversation between two friends.

W: Ryan, is something wrong? You seem upset.

M: I think I really let my teammates down.

W: Why do you say that?

M: Well, **I didn't play my best today,** and we lost the soccer game.

W: What do you mean? I thought you did great.

M: Hardly. I could have done much better.

Q. What is the conversation mainly about?

    (a) Why the team lost the soccer game

    (b) How the man played during a soccer game

    (c) Why the man didn't make the team

    (d) How the man can improve his playing skills

두 친구 간의 대화를 들으시오.

W: Ryan, 뭐가 잘못되었니? 너 기분이 안 좋아 보여.

M: 내가 우리 팀 동료들을 정말 실망시킨 것 같아.

W: 왜 그런 말을 하는 거야?

M: 음, 난 오늘 최선을 다하지 않았고, 우리 팀이 축구 시합에서 졌거든.

W: 무슨 말이야? 난 네가 정말 잘했다고 생각했는데.

M: 그렇지 않아. 난 훨씬 더 잘할 수 있었어.

Q. 주로 무엇에 관한 대화인가?

    (a) 왜 팀이 축구 시합에서 졌는지

    (b) 남자가 축구 시합 동안 어떻게 경기를 했는지

    (c) 왜 남자가 팀을 만들지 않았는지

    (d) 어떻게 남자가 경기 기술을 향상시킬 수 있는지

해설 | 대화의 주제를 묻는 문제이다. 남자가 I didn't play my best today(난 오늘 최선을 다하지 않았어)라고 말한 후 남자가 축구 시합 동안 어떻

게 했는지에 대한 내용의 대화가 이어졌다. 따라서 대화의 주제로 적절한 것은 (b)이다. (a)는 남자의 팀이 시합에서 졌다는 대화의 문맥을 고려하면 그럴 듯 하지만, 지게 된 이유는 대화에서 언급된 적이 없으므로 틀리다.

어휘 | let ~ down ~를 실망시키다

06

Listen to a conversation between two classmates.	두 반 친구 간의 대화를 들으시오.
W: Have you heard about Ron?	W: Ron에 대해서 들었어?
M: No, is anything wrong?	M: 아니, 뭐가 잘못됐니?
W: **He hurt his back and lost feeling in both of his legs.**	W: 등을 다쳐서 양쪽 다리에 감각을 잃었어.
M: Really? Is he able to move them?	M: 정말? 움직일 수는 있어?
W: No, he's immobile. But actually some of the feeling is coming back.	W: 아니, 움직일 수 없어. 그렇지만 사실 일부 감각이 돌아오고 있는 중이야.
M: So will he be OK?	M: 그럼 괜찮아지는 거야?
W: They think he'll be fine, and there's no permanent spine damage.	W: 괜찮을 거 같대. 그리고 영구적인 척추 손상도 없고.
M: That's good news. I'm glad it's not more serious.	M: 그건 좋은 소식이네. 더 심각하지 않아서 다행이야.
Q. What is the conversation mainly about?	Q. 주로 무엇에 관한 대화인가?
(a) A friend's inability to move his leg	(a) 친구가 다리를 움직일 수 없는 것
(b) A friend's recent back injury	(b) 친구가 최근에 등 부상을 입은 것
(c) The permanent effects of spine damage	(c) 척추 부상의 영구적인 영향
(d) Hospital treatments for paralysis	(d) 병원의 마비 치료

해설 | 대화의 주제를 묻는 문제이다. 여자가 Ron에 대한 소식을 들었는지 물으며 He hurt ~ his legs(등을 다쳐서 양쪽 다리에 감각을 잃었어)라고 말한 후 친구의 부상 상태에 대한 대화가 이어졌다. 따라서 대화의 주제로 적절한 것은 (b)이다.

어휘 | immobile[imóubi:l] 움직일 수 없는　permanent[pə́:rmənənt] 영구적인　paralysis[pərǽləsis] 마비

07

Listen to a conversation between two friends.	두 친구 간의 대화를 들으시오.
M: So, **how's your brother adjusting to life overseas?**	M: 그래, 너희 오빠는 외국 생활에 잘 적응하고 있니?
W: I think he's at his wit's end. **He's been having a hard time.**	W: 어찌할 바를 모르고 있는 것 같아. 힘들어 하고 있어.
M: Yeah, it must be strange to be in a totally different culture.	M: 그래. 완전히 다른 문화 속에서 사는 건 분명 낯설 거야.
W: Well, that's part of it. But it isn't the main reason he's struggling.	W: 음, 그것도 한 부분이야. 그렇지만 그가 힘들어하는 주된 이유는 그게 아니야.
M: Then what is it? Not understanding the language?	M: 그러면 뭔데? 언어를 이해하지 못 하는 것?
W: Sure, that's tough. But the hardest thing is being away from his friends and family.	W: 물론, 그것도 힘들지. 그렇지만 가장 힘든 것은 친구와 가족이랑 떨어져 있는 거야.
M: I can see how that would be difficult.	M: 그게 얼마나 힘들지 알 것 같아.
W: Yeah, he hasn't seen his wife and kids in 6 months.	W: 그래, 그는 아내와 아이들을 6개월간 보지 못 했거든.
Q. What are the man and woman mainly discussing?	Q. 남자와 여자는 주로 무엇에 대해 논의하고 있는가?
(a) Why the woman's brother had to move overseas	(a) 왜 여자의 오빠가 해외로 이사해야 했는지
(b) Issues the man has encountered in learning a new language	(b) 남자가 새로운 언어를 배우면서 마주친 문제
(c) How to cope with living away from friends and family	(c) 친구와 가족으로부터 떨어져 사는 것에 어떻게 대처할지
(d) Challenges the woman's brother has faced living abroad	(d) 여자의 오빠가 해외에서 살면서 직면한 어려움

해설 | 대화의 주제를 묻는 문제이다. 남자가 how's your ~ life overseas?(너희 오빠는 외국 생활에 잘 적응하고 있니?)라고 묻자 여자가 He's been having a hard time(힘들어 하고 있어)이라고 말한 후 오빠가 해외에서 살며 직면한 어려움에 대한 대화가 이어졌다. 따라서 대화의 주제로

적절한 것은 (d)이다.

어휘 | **adjust**[ədʒʌ́st] 적응하다   **at one's wit's end** 어찌할 바를 몰라   **cope with** ~에 대처하다

08

Listen to a conversation between two friends.

W: **Can you believe there's going to be a new fuel surcharge?**

M: Well, they say it will only be a few cents per liter.

W: But it's the third time they have raised petroleum taxes this year!

M: True, but it's just unavoidable these days.

W: What is the point of making it more expensive to drive?

M: I heard it's because urban pollution is so bad.

Q. What is the main topic of the conversation?

(a) Recent problems with urban pollution

(b) A new luxury tax on automobiles

(c) The rising demand for petroleum

(d) An increase in the cost of fuel

두 친구 간의 대화를 들으시오.

W: 새로운 연료 추가 요금이 있을 거라는 걸 믿을 수 있겠니?

M: 글쎄, 고작 리터당 몇 센트일 거라고 하던데.

W: 그렇지만 올해만 유류세를 3번이나 올린 거잖아!

M: 맞아, 그렇지만 그건 요즘엔 불가피한 일이잖아.

W: 운전하는 걸 더 비싸게 만드는 것의 요점이 뭔데?

M: 도시의 오염이 너무 심각하기 때문이라고 들었어.

Q. 대화의 주제는 무엇인가?

(a) 도시 오염에 대한 최근의 문제

(b) 자동차에 대한 새로운 특별 소비세

(c) 휘발유에 대한 증가하는 수요

(d) 연료비의 인상

해설 | 대화의 주제를 묻는 문제이다. 여자가 Can you believe ~ fuel surcharge?(새로운 연료 추가 요금이 있을 거라는 걸 믿을 수 있겠니?)라고 물은 후 연료비를 올리는 것에 대한 대화가 이어졌다. 따라서 대화의 주제로 적절한 것은 (d)이다. (a)는 urban pollution is so bad(도시의 오염이 너무 심각하다)에서 언급되긴 했지만, 일부 내용만 다루고 있으므로 주제가 될 수 없다.

어휘 | **surcharge**[sə́ːrtʃàːrdʒ] 추가 요금   **petroleum**[pətróuliəm] 휘발유, 석유   **unavoidable**[ʌ̀nəvɔ́idəbl] 불가피한   **luxury tax** 특별 소비세

---

2. 주요 행위 문제

전략 적용   p.187

Listen to a conversation about a job opening.

M: **Are you still interested in working in the technology field?**

W: Of course. Do you know about something?

M: **There's an opening in our research department.**

W: That would be great. Do you think I'd be an attractive candidate?

M: All I need to do is put a word in for you, and it's yours.

W: I don't know how to thank you.

Q. What is mainly happening in the conversation?

(a) The man is accepting a technology-related research job.

(b) The man is offering the woman a position at his firm.

(c) The woman is expressing her interest in the field of technology research.

(d) The woman is passing along information about a job opening.

일자리에 관한 대화를 들으시오.

M: 여전히 기술 분야에서 일하는 것에 관심이 있나요?

W: 물론이죠. 뭔가 알고 계신가요?

M: 우리 회사 연구팀에 자리가 하나 있어서요.

W: 그거 정말 좋겠네요. 제가 매력적인 후보일 거라고 생각하세요?

M: 제가 당신을 추천하기만 하면, 그 자리는 당신 거예요.

W: 어떻게 감사드려야 할지 모르겠어요.

Q. 대화에서 주로 무엇이 일어나고 있는가?

(a) 남자는 기술 관련 연구직을 수락하고 있다.

(b) 남자는 여자에게 그의 회사에서의 일자리를 주고 있다.

(c) 여자는 기술 연구 분야에 대한 자신의 관심에 대해 표현하고 있다.

(d) 여자는 일자리에 대한 정보를 널리 알리고 있다.

어휘 | **put a word in for** ~를 추천하다   **pass along** ~을 널리 알리다

---

01 Step 4 (d)　**02** Step 4 (c)　**03** Step 4 (b)　**04** Step 4 (d)　**05** (c)　**06** (d)　**07** (d)　**08** (c)

01

Listen to a conversation between <u>two friends</u>.

W: Shawn, **what's that you're painting?**

M: It's a still life of a basket of fruit.

W: You're really talented. <u>Have you been painting long</u>?

M: <u>Only a couple of years</u>.

W: Well, it looks like <u>the work of a professional</u> to me.

M: Thanks, but I'm really just a <u>novice</u>.

Q. What are the <u>man and woman mainly doing</u> in the conversation?

(a) Painting a still life

(b) Comparing professional artists

(c) Discussing painting techniques

(d) Talking about the man's painting

두 친구 간의 대화를 들으시오.

W: Shawn, 네가 그리고 있는 거 뭐야?

M: 과일 바구니 정물화야.

W: 넌 정말 재능이 있구나. 그림을 오랫동안 그려왔니?

M: 2년 정도뿐이야.

W: 음, 나에게는 전문가의 작품처럼 보인다.

M: 고마워. 그렇지만 난 정말 그저 초보자일 뿐이야.

Q. 대화에서 남자와 여자는 주로 무엇을 하고 있는가?

(a) 정물화를 그린다.

(b) 전문 화가들을 비교한다.

(c) 화법에 대해 논의한다.

(d) 남자의 그림에 대해 이야기한다.

해설 | 대화에서 화자들이 무엇을 하고 있는지 묻는 문제이다. 여자가 남자에게 what's that you're painting?(네가 그리고 있는 거 뭐야?)이라고 묻자 남자가 자신이 그린 그림에 대해 설명하고 그 그림에 대해 이야기를 나눴으므로 화자들이 하고 있는 일은 (d)이다.

어휘 | **still life** 정물화　**novice**[návis] 초보자

02

Listen to <u>two friends make plans for the weekend</u>.

M: **Do you have any interest in going to the symphony this weekend?**

W: Is the <u>new concert series</u> already starting?

M: Yeah, and Saturday's program features two Baroque composers.

W: <u>That sounds perfect</u>!

M: <u>Then let's meet</u> downtown outside the main entrance.

W: OK. See you there.

Q. What is <u>mainly happening</u> in the conversation?

(a) The woman is planning to buy tickets for the symphony.

(b) The man is describing his favorite Baroque composer.

(c) The man is inviting the woman to a music concert.

(d) The woman is asking the man to see a new concert.

두 친구가 주말을 위한 계획을 세우는 것을 들으시오.

M: 이번 주말에 교향악단 연주회에 가는 것에 관심 있니?

W: 새로운 음악회가 벌써 시작하니?

M: 응. 그리고 토요일 프로그램은 두 명의 바로크 작곡가의 곡을 연주한대.

W: 완벽하게 들리는데!

M: 그러면 시내의 입구 밖에서 만나자.

W: 좋아. 거기서 봐.

Q. 대화에서 주로 무엇이 일어나고 있는가?

(a) 여자가 교향악단 연주회의 표를 살 계획을 하고 있다.

(b) 남자가 자신이 좋아하는 바로크 작곡가를 묘사하고 있다.

(c) 남자가 여자를 음악회에 초대하고 있다.

(d) 여자가 남자에게 새로 시작한 음악회를 보러 가자고 제안하고 있다.

해설 | 대화에서 무슨 일이 일어나고 있는지 묻는 문제이다. 남자가 Do you ~ this weekend?(이번 주말에 교향악단 연주회에 가는 것에 관심 있니?)라고 묻자 여자가 연주회에 대한 정보를 묻고 함께 가기로 약속했으므로 대화에서 일어나고 있는 일은 (c)이다. (d)는 음악회를 보러 가자고 제안한 사람은 여자가 아니라 남자이므로, 남자와 여자를 바꿔 쓴 오답이다.

03

Listen to a conversation between <u>two friends</u>.

M: Are you still <u>upset about not getting the lead role in the</u> play?

W: Yes, I worked so hard for it. I <u>wanted that part</u> more than anything.

두 친구 간의 대화를 들으시오.

M: 너 아직도 연극에서 주연을 맡지 못한 것에 화가 나 있니?

W: 응, 그걸 위해 정말 열심히 연습했거든. 난 그 역할을 무엇보다도 더 원했어.

M: Well, **there will be other opportunities**, you know.

W: But what if that was my only chance?

M: No way. **You're a talented actor and have a bright future.**

W: I hope you're right.

Q. What is the man mainly trying to do in the conversation?

(a) Inform the woman about an upcoming play

(b) Console the woman after a failed audition

(c) Coach the woman on her acting techniques

(d) Help the woman learn her lines for the lead role

M: 음, 다른 기회들도 있을 거야, 너도 알잖아.

W: 그렇지만 그게 나의 유일한 기회였다면 어떻게 해?

M: 그럴 리 없어. 넌 재능 있는 배우고 밝은 장래가 있어.

W: 네 말이 맞길 바랄게.

Q. 대화에서 남자는 주로 무엇을 하려고 하는가?

(a) 곧 시작될 연극에 대해 알려준다.

(b) 오디션 탈락 후 여자를 위로한다.

(c) 여자의 연기를 지도한다.

(d) 여자가 주역을 위해 대사를 외우는 걸 도와준다.

해설 | 대화에서 남자가 무엇을 하려고 하는지 묻는 문제이다. 여자가 주연 배역을 맡는 데 실패한 것에 화가 나 있다고 하자 남자가 there will be other opportunities(다른 기회들도 있을 거야), You're ~ bright future(넌 재능 있는 배우고 밝은 장래가 있어)라는 말로 여자를 위로했으므로 남자가 하고 있는 일은 (b)이다.

어휘 | **lead role** 주연 **more than anything** 무엇보다 더 **upcoming** [ʌ́pkʌ̀miŋ] 곧 시작될 **console** [kənsóul] 위로하다

04

Listen to a conversation between a plumber and a customer.

M: Hello. Star Plumbing. May I help you?

W: Yes, **I'm having trouble with my bathtub drain**. The water keeps backing up.

M: Sounds like it may be clogged.

W: **Could you send someone out to check it?**

M: Sure. I just need your name and address.

W: I'm Karen Smith at 36 Willow Avenue.

M: OK, Ms. Smith, someone will be right over.

Q. What is the woman mainly doing in the conversation?

(a) Ordering a replacement bathtub

(b) Getting the customer's contact details

(c) Scheduling a bathroom remodeling appointment

(d) Requesting help with a plumbing problem

배관공과 고객의 대화를 들으시오.

M: 안녕하세요. Star 배관입니다. 무엇을 도와드릴까요?

W: 네, 욕조 배수관에 문제가 있어서요. 물이 계속 역류하네요.

M: 막힌 것 같네요.

W: 봐주실 사람을 보내주시겠어요?

M: 물론이죠. 성함과 주소만 알려주시면 됩니다.

W: Willow 가 36번지의 Karen Smith인데요.

M: 알겠습니다, Ms. Smith, 곧 사람을 보내드리겠습니다.

Q. 대화에서 여자는 주로 무엇을 하고 있는가?

(a) 욕조 교체를 주문한다.

(b) 고객의 연락처 정보를 받는다.

(c) 욕조 리모델링 일정을 잡는다.

(d) 배관 문제에 도움을 청한다.

해설 | 대화에서 여자가 무엇을 하고 있는지 묻는 문제이다. 여자가 남자에게 I'm having trouble with my bathtub drain(욕조 배수관에 문제가 있어서요), Could you ~ check it?(봐주실 사람을 보내주시겠어요?)이라고 물었으므로 여자가 하고 있는 일은 (d)이다.

어휘 | **plumbing** [plʌ́miŋ] 배관 **drain** [drein] 배수관 **back up** 역류하다 **clog** [klɑg] 막히게 하다 **replacement** [ripléismənt] 교체

05

Listen to a conversation between two students.

W: Travis, **could you give me a hand for a moment?**

M: No, I've got too much studying to do.

W: You can take a short break. The test isn't until Friday.

M: Yeah, but it's a difficult subject for me. It's physics.

W: Well, I won't be able to move this table all by myself.

M: OK, but afterwards I don't want to be distracted.

Q. What is mainly happening in the conversation?

(a) The woman is moving a table.

(b) The man is complaining about a physics exam.

(c) The woman is asking the man for assistance.

(d) The man is disagreeing about the table's placement.

두 학생 간의 대화를 들으시오.

W: Travis, 나 잠깐만 도와줄 수 있어?

M: 아니, 나 공부해야 할 게 너무 많아.

W: 잠깐 쉴 수 있잖아. 시험은 금요일이잖니.

M: 그래, 그렇지만 나한테 어려운 과목이란 말이야. 물리학이거든.

W: 음, 나 혼자서 이 탁자를 옮길 순 없어.

M: 알았어, 그렇지만 그 후엔 방해받고 싶지 않아.

Q. 대화에서 주로 무엇이 일어나고 있는가?

(a) 여자가 탁자를 옮기고 있다.

(b) 남자가 물리학 시험에 대해 불평하고 있다.

(c) 여자가 남자에게 도움을 청하고 있다.

(d) 남자가 탁자의 배치에 반대하고 있다.

해설 | 대화에서 무슨 일이 일어나고 있는지 묻는 문제이다. 여자는 could you ~ for a moment?(나 잠깐만 도와줄 수 있어?)라며 남자에게 도움을 청했고, 남자가 요청을 수락했다. 따라서 대화에서 일어나고 있는 일은 (c)이다.

어휘 | physics[fíziks] 물리학   placement[pléismənt] 배치

06

Part 3

Listen to a conversation between two colleagues.

M: Did you happen to design the invitations for the company banquet?

W: Actually, I did. Is something wrong?

M: It's not that. I just wanted to let you know **the boss really liked them**.

W: Oh, good. That's a relief.

M: Don't worry. **You're really doing a great job.**

W: Thanks. I look forward to doing even better in the future.

Q. What is mainly happening in the conversation?

(a) The woman is preparing for the company banquet.

(b) The man is worrying about the woman's performance.

(c) The woman is being instructed on how to design invitations.

(d) The man is complimenting the woman's work.

두 동료 간의 대화를 들으시오.

M: 혹시 회사 연회 초대장을 디자인하셨나요?

W: 네, 제가 했어요. 뭔가 잘못됐나요?

M: 아니에요. 사장님께서 정말 좋아하셨다는 말씀을 드리려고 했던 거예요.

W: 아, 좋네요. 다행이네요.

M: 걱정 마세요. 정말 잘하고 계세요.

W: 감사합니다. 다음엔 더 잘할 수 있길 바라요.

Q. 대화에서 주로 무엇이 일어나고 있는가?

(a) 여자가 회사 연회를 준비하고 있다.

(b) 남자가 여자의 성과에 대해 걱정하고 있다.

(c) 여자가 초대장을 어떻게 디자인하는지 배우고 있다.

(d) 남자는 여자가 한 일을 칭찬하고 있다.

해설 | 대화에서 무슨 일이 일어나고 있는지 묻는 문제이다. 남자가 여자가 만든 연회 초대장에 대해 the boss really liked them(사장님께서 정말 좋아하셨어요), You're really doing a great job(정말 잘하고 계세요)이라고 했고, 여자는 그에 대해 감사하다고 말했다. 따라서 대화에서 일어나고 있는 일은 (d)이다.

어휘 | banquet[bǽŋkwit] 연회   compliment[kámpləmənt] 칭찬하다

07

Listen to a conversation between a customer and a restaurant manager.

W: Excuse me. Are you the manager?

M: Yes. Is something the matter?

W: **I clearly asked for no onions on my cheeseburger, but it came with them anyway.**

M: Sorry about that. Would you like us to prepare you another one?

W: No, I'm in a rush. I just wanted to let you know.

M: I apologize for any inconvenience it might have caused.

Q. What is the woman mainly doing in the conversation?

(a) Asking for extra onions on her hamburger

(b) Complaining about the food quality

(c) Requesting another cheeseburger

(d) Explaining that her order was wrong

고객과 식당 매니저 간의 대화를 들으시오.

W: 실례합니다. 매니저이신가요?

M: 네. 무슨 문제라도 있으신가요?

W: 전 분명히 제 치즈 버거에 양파를 빼달라고 했는데, 들어 있네요.

M: 죄송합니다. 다른 것으로 준비해 드릴까요?

W: 아뇨, 제가 아주 바빠서요. 그냥 알려 드리고 싶었어요.

M: 불편을 끼쳐 드려서 죄송합니다.

Q. 대화에서 여자는 주로 무엇을 하고 있는가?

(a) 햄버거에 양파를 추가로 넣어 달라고 부탁한다.

(b) 음식의 질에 대해서 불평한다.

(c) 다른 치즈 버거를 요청한다.

(d) 주문이 잘못되었다고 설명한다.

해설 | 대화에서 여자가 무엇을 하고 있는지 묻는 문제이다. 여자가 I clearly asked ~ them anyway(전 분명히 제 치즈 버거에 양파를 빼달라고 했는데, 들어 있네요)라며 주문이 잘못되었다고 말했으므로 여자가 하고 있는 일은 (d)이다.

어휘 | in a rush 아주 바쁜   inconvenience[ìnkənví:njəns] 불편

08

Listen to a conversation about an airline ticket reservation.

M: Hello. May I help you?

W: **I'd like to alter an airline reservation I made last week.**

M: OK, did you purchase a refundable ticket?

W: No, but I just need to change the destination from Detroit to Chicago.

M: I see. We can reschedule your itinerary, but there will be an additional fee.

W: No problem. I expected that.

Q. What is the woman mainly doing in the conversation?

    (a) Upgrading the ticket on her flight

    (b) Inquiring about fees the airline charged her

    (c) Making a change to her flight reservation

    (d) Booking a one-way ticket from Detroit to Chicago

비행기 표 예약에 관한 대화를 들으시오.

M: 안녕하세요. 무엇을 도와 드릴까요?

W: 지난주에 한 항공편 예약을 변경하고 싶습니다.

M: 좋습니다. 환불 가능한 표를 구매하셨나요?

W: 아니요, 그렇지만 도착지를 디트로이트에서 시카고로 바꾸기만 하면 돼요.

M: 그렇군요. 여행 스케줄을 다시 잡아 드릴 순 있지만, 추가 요금이 있습니다.

W: 문제 없어요. 그건 예상했어요.

Q. 대화에서 여자는 주로 무엇을 하고 있는가?

    (a) 비행기표를 업그레이드한다.

    (b) 항공사가 부과한 요금에 대해 문의한다.

    (c) 항공편 예약을 변경한다.

    (d) 디트로이트에서 시카고로 가는 편도 표를 예약한다.

해설 | 대화에서 여자가 무엇을 하고 있는지 묻는 문제이다. 여자가 I'd like to ~ last week(지난주에 한 항공편 예약을 변경하고 싶습니다)라고 말한 후 구체적으로 항공편 예약 변경 사항에 대한 대화가 이어졌으므로 여자가 하고 있는 일은 (c)이다.

어휘 | alter[ɔ́ːltər] 변경하다　refundable[rifʌ́ndəbl] 환불 가능한　itinerary[aitínərèri] 여행 스케줄

Hackers TEST p.190

01 (c)　　**02** (c)　　**03** (b)　　**04** (b)　　**05** (c)　　**06** (d)　　**07** (c)　　**08** (c)

01

Listen to two students discuss a sociology course.

M: There you are Sherry! You're really a hard woman to track down.

W: What's the big emergency?

M: **I was wondering if I could see your copy of the syllabus from the sociology seminar.**

W: The syllabus won't do you any good now. The semester's nearly over.

M: I just need it to check the grading policy.

W: Oh, OK. Well, I'll have to see if I still even have it.

Q. What is the man mainly doing in the conversation?

    (a) Getting information about the semester's final assignment

    (b) Telling the woman the contents of the syllabus

    (c) Requesting to see the woman's sociology seminar syllabus

    (d) Asking the woman about her grade in the sociology seminar

두 학생이 사회학 강의에 관해 이야기하는 것을 들으시오.

M: 여기 있구나 Sherry! 넌 정말 행방을 알아내기 힘든 여자야.

W: 뭐가 그리 급한 거야?

M: 네 사회학 세미나의 강의 계획서를 볼 수 있을까 해서.

W: 지금 강의 계획서가 너에게 별 도움이 안 될 거야. 학기가 거의 끝났잖니.

M: 난 그저 성적 평가 기준을 확인하기 위해 필요할 뿐이야.

W: 아, 그래. 근데, 아직 가지고 있는지 봐야 해.

Q. 대화에서 남자는 주로 무엇을 하고 있는가?

    (a) 학기말 숙제에 대한 정보를 얻는다.

    (b) 여자에게 강의 계획서의 내용을 말해준다.

    (c) 여자의 사회학 세미나 강의 계획서를 보여 달라고 요구한다.

    (d) 여자에게 여자의 사회학 세미나 성적을 물어본다.

해설 | 대화에서 남자가 무엇을 하고 있는지 묻는 문제이다. 남자가 I was wondering ~ sociology seminar(네 사회학 세미나의 강의 계획서를 볼 수 있을까 해서)라고 말한 후 강의 계획서가 필요한 이유에 대한 대화가 이어졌으므로 남자가 하고 있는 일은 (c)이다.

어휘 | track down ~의 행방을 알아내다　syllabus[síləbəs] 강의 계획서(강의의 요강)　sociology[sòusiáːlədʒi] 사회학　do ~ good ~에게 도움이 되다

02

Listen to a conversation between a couple.

M: Allison, **could you give me a lift**?
W: Not right now. I'm in the middle of something.
M: You're just folding clothes. Can't it wait?
W: Well, I don't want them to get wrinkled.
M: But it's pouring outside, and my friend is waiting for me.
W: OK, I guess I can just iron them later.

Q. What is mainly happening in the conversation?

(a) The man is offering to give the woman a ride.
(b) The woman is ironing her clothes.
(c) The man is asking the woman for a ride.
(d) The couple is quarreling over how to do the laundry.

커플 간의 대화를 들으시오.

M: Allison, 나 좀 태워다 줄 수 있어?
W: 지금은 안 돼. 나 뭐 하는 중이거든.
M: 넌 그냥 옷을 개고 있잖아. 이따가 하면 안 돼?
W: 음, 옷 주름지는 것 싫은데.
M: 그렇지만 밖에 비가 쏟아지고 있고 친구가 기다리고 있단 말이야.
W: 알았어. 그냥 나중에 다림질해야겠다.

Q. 대화에서 주로 무엇이 일어나고 있는가?

(a) 남자가 여자를 태워다 주겠다고 하고 있다.
(b) 여자가 옷을 다림질하고 있다.
(c) 남자가 여자에게 태워다 달라고 부탁하고 있다.
(d) 부부가 빨래를 하는 방법에 대해 말다툼하고 있다.

해설 | 대화에서 무슨 일이 일어나고 있는지 묻는 문제이다. 남자가 could you give me a lift?(나 좀 태워다 줄 수 있어?)라고 요청하고 여자가 이 요청을 수락했으므로 대화에서 일어나고 있는 일은 (c)이다.

어휘 | in the middle of ~의 도중에 fold[fould] 개다, 접다 wrinkle[riŋkl] 주름지게 하다

03

Listen to a conversation between two classmates.

W: James, **what's that you're reading**?
M: It's a book about the Spanish Civil War.
W: I've heard about that. Isn't that the war Ernest Hemingway wrote about?
M: Yeah. You're thinking of *For Whom the Bell Tolls*.
W: So, is the one you're reading a novel, too?
M: No. It's a nonfiction work.

Q. What is the main topic of the conversation?

(a) Some literary works the woman has read
(b) A book the man is reading
(c) A novel by Ernest Hemingway
(d) The many different types of war stories

두 반 친구 간의 대화를 들으시오.

W: James, 네가 읽고 있는 게 뭐니?
M: 스페인 시민 전쟁에 관한 책이야.
W: 그것에 대해 들어본 적 있어. 어니스트 헤밍웨이가 소설로 썼던 전쟁 아니니?
M: 그래. 너 「누구를 위하여 종은 울리나」를 생각하고 있구나.
W: 그래서, 네가 읽고 있는 것도 소설이니?
M: 아니. 이건 논픽션 작품이야.

Q. 대화의 주제는 무엇인가?

(a) 여자가 읽은 문학 작품
(b) 남자가 읽고 있는 책
(c) 어니스트 헤밍웨이의 소설
(d) 많은 종류의 전쟁 이야기

해설 | 대화의 주제를 묻는 문제이다. 여자가 남자에게 what's that you're reading?(네가 읽고 있는 게 뭐니?)이라고 물은 후 남자가 읽고 있는 책에 대한 대화가 이어졌다. 따라서 대화의 주제로 적절한 것은 (b)이다. (c)는 어니스트 헤밍웨이의 소설이 언급되기는 했지만, 일부 내용만을 다루고 있으므로 주제가 될 수 없다.

04

Listen to a conversation between an insurance salesman and a customer.

M: Value Insurance, may I help you?
W: I'm calling to ask about the different policies you offer.
M: Could you be more specific? We do home, life, and auto insurance.
W: Yes, **I need an insurance policy for my car**.
M: I see. Is the car registered in your name?
W: Yes, I have both the title and vehicle registration.
M: The registration number will do for now.

Q. What is the woman mainly doing in the conversation?

보험 판매원과 고객 간의 대화를 들으시오.

M: Value 보험입니다. 무엇을 도와 드릴까요?
W: 귀사에서 제공하는 다양한 보험에 대해 문의하려고 전화했습니다.
M: 더 구체적으로 말씀해주시겠습니까? 저희는 주택, 생명, 자동차 보험이 있습니다.
W: 네, 저는 자동차 보험이 필요합니다.
M: 알겠습니다. 자동차가 고객님의 성함으로 등록되어 있나요?
W: 네, 저는 차량 소유권과 자동차 등록증이 모두 있습니다.
M: 지금은 등록 번호면 됩니다.

Q. 대화에서 여자는 주로 무엇을 하고 있는가?

(a) Registering a new vehicle

(b) Taking out auto insurance

(c) Paying her insurance bill

(d) Filing an insurance claim

(a) 새로운 차를 등록한다.

(b) 자동차 보험에 가입한다.

(c) 보험료를 지불한다.

(d) 보험 청구서를 제출한다.

해설 | 대화에서 여자가 무엇을 하고 있는지 묻는 문제이다. 여자가 I need an ~ for my car(저는 자동차 보험이 필요합니다)라고 말한 후 보험 가입에 필요한 정보에 대한 대화가 이어졌으므로 여자가 하고 있는 일은 (b)이다.

어휘 | **policy**[pάləsi] 보험 증권 **insurance**[inʃúərəns] 보험 **take out** (보험에) 가입하다 **file**[fail] (서류 등을) 제출하나

05

Listen to a conversation about a rewards system for online purchases.

M: **How many bonus bucks do I have so far?**

W: Let's see. You have 65,000 bonus bucks.

M: **How many do I have to get before I receive a discount?**

W: After 90,000, you'll begin receiving 20 percent off all your online purchases.

M: So, I only have 25,000 more to go?

W: Exactly.

Q. What is the man mainly doing in the conversation?

(a) Registering to receive bonus bucks rewards

(b) Using his bonus bucks to make an online purchase

(c) Asking when he will get the bonus bucks discount

(d) Presenting a coupon worth 20 percent off

온라인 구매의 보상 제도에 관한 대화를 들으시오.

M: 지금까지의 제 보너스 점수가 얼마나 되나요?

W: 어디 볼게요. 65,000점이 있어요.

M: 할인을 받으려면 얼마나 더 받아야 하나요?

W: 90,000점 이상이면, 모든 온라인 구매에 대해 20퍼센트 할인을 받게 되실 거예요.

M: 그럼, 25,000점만 더 있으면 되는 거네요?

W: 정확히 그렇습니다.

Q. 대화에서 남자는 주로 무엇을 하고 있는가?

(a) 보너스 점수로 받는 상품을 받기 위해 등록한다.

(b) 온라인 구매에 보너스 점수를 사용한다.

(c) 언제 보너스 점수로 할인을 받게 될지 물어본다.

(d) 20퍼센트 할인 쿠폰을 제시한다.

해설 | 대화에서 남자가 무엇을 하고 있는지 묻는 문제이다. 남자가 How many ~ so far?(지금까지의 제 보너스 점수가 얼마나 되나요?), How many ~ a discount?(할인을 받으려면 얼마나 더 받아야 하나요?)라고 물었으므로 남자가 하고 있는 일은 (c)이다.

어휘 | **bonus buck** 보너스 점수

06

Listen to a conversation between two friends.

M: Did you hear that they're putting in a new strip mall in Bellevue?

W: Yeah, and it's supposed to have some quality department stores.

M: But some say **it will put small shops out of business**.

W: It may, but **the upside will be a greater range of products**.

M: Right. And the truth is that **the effect will be greater revenues for the city**.

W: Yeah, and **the creation of new jobs** will help with the unemployment issue.

Q. What is mainly being discussed about the strip mall?

(a) How the site will harm local businesses

(b) What effects it will have on the city's job market

(c) Types of stores that it will contain

(d) Potential impacts of its development

두 친구 간의 대화를 들으시오.

M: Bellevue에 새로운 스트립몰이 생긴다는 것 들었니?

W: 응, 그리고 거기에 고급 백화점들도 있을 거래.

M: 그렇지만 어떤 사람들은 그것이 작은 가게를 폐업하게 만들 거라고 하더라.

W: 그럴 수도 있겠지만, 더 많은 종류의 상품이 있는 것은 좋은 면이야.

M: 맞아. 그리고 도시에 더 많은 수입이 생기는 효과가 있을 것도 사실이고.

W: 그래. 그리고 새로운 직업 창출은 실업 문제에 도움이 될 거야.

Q. 스트립몰에 대해 주로 무엇이 논의되고 있는가?

(a) 그 장소가 어떻게 지역 사업에 해가 될지

(b) 도시의 고용 시장에 어떤 영향을 미칠지

(c) 포함될 가게의 종류

(d) 개발의 잠재적인 영향

해설 | 대화의 주제를 묻는 문제이다. 스트립몰이 생기는 것에 대해 남자는 it will ~ out of business(작은 가게를 폐업하게 만들 것이다)라고 했고, 여자는 the upside ~ of products(더 많은 종류의 상품이 있는 것은 좋은 면이야)라고 했다. 또한, 도시 수입 증가와 직업 창출과 같은 스트립

몰 건설이 가져올 영향에 대해 언급했다. 따라서 대화의 주제로 적절한 것은 (d)이다.

어휘 | **strip mall** 스트립몰(한 줄로 가게가 즐비하여 그 앞에 1열 주차장이 있는 쇼핑센터) **out of business** 폐업하여 **upside**[ʌ́psàid] 좋은 면
revenue[révənjù:] 수입 **unemployment**[ʌ̀nimplɔ́imənt] 실업

07

Listen to a conversation between two siblings.

W: Tim, I just got news that **dad's being rushed to the emergency room**.

M: Oh no! Is it something critical?

W: Well, **he's had shortness of breath with intermittent chest pains**.

M: Have they given a diagnosis yet?

W: No, but those are the classic signs of cardiac arrest.

M: Let's hope it's just a false alarm.

Q. What is the conversation mainly about?

　(a) The father's history of chest pains

　(b) A doctor's diagnosis of the father's illness

　(c) The father's medical emergency and related symptoms

　(d) A misdiagnosis of the father's symptoms

두 남매 간의 대화를 들으시오.

W: Tim, 방금 아빠가 응급실에 실려 가셨다는 소식을 들었어.

M: 오, 안 돼! 위독하신 거야?

W: 음, 간헐적인 가슴 통증을 동반한 호흡 곤란을 겪어 오셨대.

M: 진단 결과는 나왔어?

W: 아니, 그렇지만 그런 것들은 심장 마비의 전형적인 퓨시 잖아.

M: 잘못된 경고이기만을 바라자.

Q. 주로 무엇에 관한 대화인가?

　(a) 아버지의 흉통 병력

　(b) 아버지의 병에 대한 의사의 진단

　(c) 아버지의 응급 상황과 관련된 증상

　(d) 아버지의 증상에 대한 오진

해설 | 대화의 주제를 묻는 문제이다. 여자가 dad's being ~ emergency room(아빠가 응급실로 실려 가셨어), he's had ~ chest pains (간헐적인 가슴 통증을 동반한 호흡 곤란을 겪어 오셨대)라고 했고, 남자는 아버지의 증상에 대해서 질문을 했다. 따라서 대화의 주제로 적절한 것은 (c)이다.

어휘 | **shortness of breath** 호흡 곤란 **intermittent**[ìntərmítənt] 간헐적인 **diagnosis**[dàiəgnóusis] 진단 **cardiac arrest** 심장 마비
false alarm 잘못된 경고 **symptom**[símptəm] 증상

08

Listen to a conversation at an office.

W: Can you believe **they've proposed more layoffs because of budget cuts**?

M: Really? Did the department head say when the changes will take effect?

W: I don't know. Trying to get information around here is like pulling teeth.

M: But I'm sure the administration won't be affected by the layoffs.

W: True. Maybe we should file a complaint with them.

M: You're joking, right? **All they'll do is turn a deaf ear to our problems.**

Q. What is the conversation mainly about?

　(a) Changes in the company's hiring procedures

　(b) Ways to increase the department's budget

　(c) Unconcerned administrators and staff layoffs

　(d) The best method for filing employee complaints

사무실에서의 대화를 들으시오.

W: 그들이 예산 감축 때문에 더 많은 해고를 제안했다는 걸 믿을 수 있겠어요?

M: 정말요? 부장님께서 그 변화가 언제 시행될 거라고 말씀하셨어요?

W: 모르겠어요. 여기에서 정보를 얻으려고 하는 것은 정말 어려운 일이에요.

M: 그렇지만 전 이사회는 해고에 영향 받지 않을 거라고 확신해요.

W: 맞아요. 우리가 그들에게 항의서를 제출해야 할까 봐요.

M: 농담하시는 거죠, 그렇죠? 그들은 우리의 문제에 귀 기울이지 않을 거예요.

Q. 주로 무엇에 관한 대화인가?

　(a) 회사 채용 과정에 있어서의 변화

　(b) 부서의 예산을 증가시키는 방법

　(c) 무관심한 관리자들과 직원 해고

　(d) 직원 항의서를 제출하는 최선의 방법

해설 | 대화의 주제를 묻는 문제이다. 여자의 they've proposed ~ budget cuts(그들이 예산 감축 때문에 더 많은 해고를 제안했다)라는 말과, 남자의 All they'll ~ our problems(그들은 우리의 문제에 귀 기울이지 않을 거예요)라는 말에서 they(그들)는 administration(이사회)이므로, 화자들은 직원 해고 문제와 그에 무관심한 이사회에 대해 이야기를 나누고 있음을 알 수 있다. 따라서 대화의 주제로 적절한 것은 (c)이다.

어휘 | **layoff**[léiɔ̀:f] 해고 **take effect** 시행되다 **pulling teeth** 정말 어려운 일 **administration**[ədmìnistréiʃən] 이사회
file a complaint 항의서를 제출하다 **turn a deaf ear to** ~에 귀 기울이지 않다 **unconcerned**[ʌ̀nkənsə́:rnd] 무관심한

Course 2 세부 정보 문제

1. Correct 문제

전략 적용   p.193

Listen to a conversation about losing weight.

W: You've been cutting out those health magazine articles all morning. What are they for?

M: I'm trying to find a weight loss program that will actually work.

W: **Have you ever tried just cutting back on your caloric intake?**

M: **Many times, but it didn't work.** I'm not well versed in nutrition.

W: I've had some luck. I could fill you in on my secrets.

M: That'd be great. I need to know what foods to avoid.

Q. Which is correct according to the conversation?

(a) The man informed the woman of foods to avoid.

(b) The woman has tried cutting calories many times.

(c) The man tried cutting calories but without results.

(d) The woman does not know much about weight loss.

체중 감량에 관한 대화를 들으시오.

W: 아침 내내 건강 잡지 기사를 자르고 있네요. 그걸로 뭐 하려고요?

M: 실제로 효과가 있는 체중 감량 프로그램을 찾고 있어요.

W: 그냥 칼로리 섭취를 줄이는 것을 시도해본 적이 있나요?

M: 여러 번 해 봤지만, 효과가 없었어요. 난 영양과 관련된 것을 잘 모르거든요.

W: 전 어느 정도 성공했어요. 제 비결을 설명해 드릴 수 있어요.

M: 그거 좋네요. 전 어떤 음식들을 피해야 하는지 알 필요가 있어요.

Q. 대화에 따르면 맞는 것은 무엇인가?

(a) 남자가 여자에게 피해야 할 음식을 알려주었다.

(b) 여자는 칼로리를 제한하려고 여러 번 시도해왔다.

(c) 남자는 칼로리를 줄이려고 했지만 성과가 없었다.

(d) 여자는 체중 감량에 대해 잘 알지 못 한다.

어휘 | **cut back on** ~을 줄이다   **intake**[ínteìk] 섭취   **be versed in** ~을 잘 알다, ~에 조예가 깊다   **fill in** ~에게 설명하다

Hackers Practice

p.194

01 Step 4 (d)   **02** Step 4 (b)   **03** Step 4 (d)   **04** Step 4 (a)   **05** (c)   **06** (d)   **07** (b)   **08** (b)

01

Listen to a conversation between <u>two friends</u>.

W: **Russ, they say the temperature is going to drop overnight.**

M: **That's OK. I'm still going camping tomorrow.**

W: You might get too cold without a heater.

M: My sleeping bag is very warm. <u>I don't think it will be a problem</u>.

W: You <u>don't seem worried about the temperature</u>.

M: Not really. It's <u>nothing to be concerned about</u>.

Q. Which is <u>correct</u> about the <u>man</u> according to the conversation?

(a) He thinks it will be too cold to go camping.

(b) He wants to postpone the camping trip.

(c) He is going to buy a new sleeping bag.

(d) He isn't bothered by the weather forecast.

두 친구 간의 대화를 들으시오.

W: Russ, 밤 사이에 온도가 떨어질 거래.

M: 괜찮아. 난 그래도 내일 야영 갈거야.

W: 난로가 없으면 너무 추울지도 몰라.

M: 내 침낭은 정말 따뜻해. 난 그런 건 문제가 될 것 같지 않아.

W: 넌 기온에 대해선 걱정하지 않는 것 같구나.

M: 별로, 신경 쓸 일이 아니야

Q. 대화에 따르면 남자에 대해 맞는 것은 무엇인가?

(a) 야영하기엔 너무 추울 것이라고 생각한다.

(b) 야영 여행을 연기하길 원한다.

(c) 새 침낭을 살 것이다.

(d) 일기 예보에 신경 쓰지 않는다.

해설 | 대화에서 남자에 대한 내용과 일치하는 것을 묻는 문제이다. 온도가 떨어질 거라는 여자의 말에 남자가 That's OK ~ tomorrow(괜찮아. 난 그래 도 내일 야영 갈거야), I don't ~ a problem(난 그런 건 문제가 될 것 같지 않아), It's nothing to be concerned about(신경 쓸 일이 아니 야)이라고 했으므로 (d)가 정답이다.

02

<table>
<tr><td>

Listen to a conversation between <u>two friends</u>.

M: Jane. It's time to go.

W: Already? I really <u>lost track of time</u> watching this DVD.

M: Still, you know <u>the performance starts at 5</u>.

W: Yeah, **but I'm really into this movie right now**.

M: **Can't you just pause it and finish it later?**

W: **Well, I guess I could.**

Q. Which is <u>correct</u> about the <u>woman</u> according to the conversation?

  (a) She is just finishing a DVD she had bought.

  (b) She is reluctant to stop watching the movie.

  (c) She will not attend the performance.

  (d) She forgot that the performance was at 5.

</td><td>

두 친구 간의 대화를 들으시오.

M: Jane. 갈 시간이야.

W: 벌써? 이 DVD를 보느라 시간 가는 줄 몰랐어.

M: 그렇지만, 5시에 공연이 시작하는 거 알잖아.

W: 그래. 그렇지만 난 지금 이 영화에 정말 열중하고 있단 말이야.

M: 그냥 잠시 멈춰두고 나중에 보면 안돼?

W: 음, 그렇게 할 수 있을 것 같아.

Q. 대화에 따르면 여자에 대해 맞는 것은 무엇인가?

  (a) 사두었던 DVD를 방금 다 봤다.

  (b) 마지못해 영화 감상을 멈춘다.

  (c) 공연에 가지 않을 것이다.

  (d) 공연이 5시라는 걸 잊어버렸다.

</td></tr>
</table>

해설 | 대화에서 여자에 대한 내용과 일치하는 것을 묻는 문제이다. 여자는 자신이 지금 영화에 정말 열중하고 있다고 했지만 남자의 Can't you ~ finish it later?(그냥 잠시 멈춰두고 나중에 보면 안돼?)라는 말에 Well, I guess I could(음, 그렇게 할 수 있을 것 같아)라고 말했으므로 (b) 가 정답이다.

어휘 | **lose track of time** 시간 가는 줄 모르다   **be into** ~에 열중하다   **reluctant**[rilʌ́ktənt] 마지못해 하는, 꺼리는

03

<table>
<tr><td>

Listen to a conversation <u>on a street</u>.

M: I'm trying to <u>find the best way to</u> Langham Airport from here.

W: <u>It's not far</u>. When do you have to be there?

M: I only have about 45 minutes.

W: I see. **If you take a taxi, you can get there in half an hour.**

M: **I don't know if I have that much cash.** Isn't there <u>a bus that goes there</u>?

W: The buses only <u>run once an hour</u> around here.

Q. Which is <u>correct</u> according to the conversation?

  (a) The man must get to the airport within half an hour.

  (b) The woman will lend the man money for a taxi.

  (c) The woman doesn't know the best way to Langham Airport.

  (d) The man is not sure he has enough money for a taxi.

</td><td>

길에서의 대화를 들으시오.

M: 여기에서 Langham 공항으로 가는 가장 좋은 방법을 찾고 있어요.

W: 그리 멀지 않아요. 언제까지 도착하셔야 해요?

M: 시간이 45분 정도 밖에 없어요.

W: 그렇군요. 택시를 타시면, 30분 내로 가실 수 있어요.

M: 저에게 그만큼의 현금이 있는지 모르겠네요. 그곳에 가는 버스는 없나요?

W: 버스는 여기에서 한 시간에 한 대 밖에 없어요.

Q. 대화에 따르면 맞는 것은 무엇인가?

  (a) 남자는 공항에 30분 내로 도착해야만 한다.

  (b) 여자는 남자에게 택시 탈 돈을 빌려줄 것이다

  (c) 여자는 Langham 공항으로 가는 가장 좋은 방법을 모른다.

  (d) 남자는 자신에게 택시를 탈 만큼 충분한 돈이 있는지 확신하지 못한다.

</td></tr>
</table>

해설 | 대화의 내용과 일치하는 것을 묻는 문제이다. 공항으로 가는 방법에 대해 여자가 If you ~ half an hour(택시를 타면, 30분 내로 가실 수 있어 요)라고 하자 남자가 I don't know ~ much cash(저에게 그만큼의 현금이 있는지 모르겠네요)라고 했으므로 (d)가 정답이다.

04

<table>
<tr><td>

Listen to a conversation <u>at a restaurant</u>.

W: Excuse me, sir. The kitchen is already closed.

M: Oh really? Why so early?

W: This is the usual time <u>the kitchen staff goes off duty</u>. ○

</td><td>

식당에서의 대화를 들으시오.

W: 실례합니다, 손님. 주방은 이미 닫았습니다.

M: 오 정말이요? 왜 이렇게 일찍 닫았나요?

W: 주방 직원들이 일을 마치는 시간이 보통 그렇습니다.

</td></tr>
</table>

M: But last Saturday I arrived after 10 o'clock.
W: <u>Sorry</u>, but **on weeknights, we shut the kitchen down at 9**.
M: So, <u>it's too late to order off the menu</u> now?
W: Yes, I'm afraid so. But <u>you can still order drinks</u>.

Q. Which is <u>correct</u> according to the conversation?

   (a) The restaurant stops serving food at 9 on weekdays.
   (b) The man plans to stick around and order drinks.
   (c) The woman goes off duty at 9 on weeknights.
   (d) The man prefers to eat after 10 on Saturdays.

M: 그렇지만 전 지난 토요일에는 10시 이후에 왔는데요.
W: 죄송하지만, 주중 저녁에는 주방을 9시에 닫습니다.
M: 그럼, 지금 식사를 주문하기엔 너무 늦은 건가요?
W: 네, 그렇습니다. 그렇지만 아직 마실 것은 주문하실 수 있습니다.

Q. 대화에 따르면 맞는 것은 무엇인가?

   (a) 식당은 주중에 9시부터 식사 주문을 받지 않는다.
   (b) 남자는 떠나지 않고 남아서 마실 것을 주문할 계획이다.
   (c) 여자는 주중에 9시에 일을 마친다.
   (d) 남자는 토요일엔 10시 이후에 먹는 것을 선호한다.

해설 | 대화의 내용과 일치하는 것을 묻는 문제이다. 식당의 주방 문을 닫는 시간에 대해 종업원이 on weeknights ~ at 9(주중 저녁에는 주방을 9시에 닫습니다)이라고 했으므로 (a)가 정답이다.

어휘 | shut down ~을 닫다 serve[səːrv] 주문을 받다 stick around 떠나지 않고 남아있다 off duty 일이 끝나서

05

Listen to a conversation between two friends.

W: Are you going anywhere during winter break?
M: Yes, I'm going to the Himalayas.
W: The Himalayas! How do you plan to get there?
M: I'll fly into Kathmandu and take a bus from there.
W: **Do you have accommodations yet?**
M: **Just reserved them last night.**

Q. Which is correct according to the conversation?

   (a) The woman has never been to the Himalayas.
   (b) The man will take a train from Kathmandu.
   (c) The man has found a place to stay.
   (d) The woman plans to travel during winter break.

두 친구 간의 대화를 들으시오.

W: 겨울 방학 동안에 어디 가니?
M: 응, 히말라야에 갈 거야.
W: 히말라야! 거길 어떻게 갈 계획이야?
M: 카트만두로 비행기를 타고 가서 거기에서 버스를 탈 거야.
W: 숙소도 벌써 정했니?
M: 어젯밤에 막 예약했어.

Q. 대화에 따르면 맞는 것은 무엇인가?

   (a) 여자는 히말라야에 가본 적이 없다.
   (b) 남자는 카트만두에서 기차를 탈 것이다.
   (c) 남자는 머물 장소를 찾았다.
   (d) 여자는 겨울 방학 동안 여행을 할 계획이다.

해설 | 대화의 내용과 일치하는 것을 묻는 문제이다. 여행 계획을 갖고 있는 남자에게 여자가 Do you have accommodations yet?(숙소도 벌써 정했니?)이라고 묻자 남자가 Just reserved them last night(어젯밤에 막 예약했어)이라고 했으므로 (c)가 정답이다. (d)는 겨울 방학 동안 여행할 계획을 갖고 있는 사람은 여자가 아니라 남자이므로, 남자와 여자를 바꿔 쓴 오답이다.

06

Listen to a conversation between a couple.

M: Which computer should we buy?
W: Well, I prefer a laptop to a desktop.
M: I think a desktop will be OK if it has a flat screen.
W: Actually, I was hoping to get a laptop so I could take it on trips.
M: **But the laptops here are expensive. I'm not sure if we can afford one.**
W: Yeah, **maybe we should wait until they go on sale.**

Q. Which is correct according to the conversation?

   (a) The couple plans to buy a desktop computer.
   (b) The laptops in the store are not the kind they are looking for.
   (c) The desktops with flat screens are more attractive to the woman.
   (d) The couple has decided not to buy a computer today.

커플 간의 대화를 들으시오.

M: 우리 어떤 컴퓨터를 살까?
W: 음, 난 데스크탑보다 노트북이 좋아.
M: 난 평면 모니터라면 데스크탑도 괜찮을 것 같아.
W: 사실, 난 노트북을 사서 여행에 가져갈 수 있길 바랐어.
M: 그렇지만 여기는 노트북이 비싸잖아. 난 우리가 그걸 살 만한 여유가 되는지 모르겠어.
W: 그래, 어쩌면 세일할 때까지 기다리는 게 좋을지도 모르겠다.

Q. 대화에 따르면 맞는 것은 무엇인가?

   (a) 두 사람은 데스크탑을 살 계획이다.
   (b) 가게의 노트북은 그들이 찾고 있는 종류가 아니다.
   (c) 여자는 평면 모니터의 데스크탑이 더 마음에 든다.
   (d) 두 사람은 오늘은 컴퓨터를 사지 않기로 했다.

해설 | 대화의 내용과 일치하는 것을 묻는 문제이다. 노트북을 구매하는 것에 대해 남자가 But the laptops ~ afford one(그렇지만 여기는 노트북이 비싸잖아. 난 우리가 그걸 살 만한 여유가 되는지 모르겠어)이라고 하자 여자가 maybe we ~ on sale(어쩌면 세일할 때까지 기다리는 게 좋을지도 모르겠다)이라고 했으므로 (d)가 정답이다.

07

Listen to a conversation between a patient and a doctor.

W: Hello, Dr. Keller.

M: Hi, Mrs. Brady. What brings you back to see us so soon?

W: I think my dermatitis is even worse than it was when we talked last week.

M: OK. Let's take a look. Are you concerned that there's been no remission?

W: Yes, it seems to have spread rather than reduced in size.

M: I see. Yes, we'd better change your prescription.

Q. Which is correct about the woman according to the conversation?

(a) She wants to get a second opinion.

(b) She has a type of skin rash.

(c) She gets medical checkups every week.

(d) She has lost her prescription.

환자와 의사 간의 대화를 들으시오.

W: 안녕하세요, Dr. Keller.

M: 안녕하세요, Mrs. Brady. 어떤 일로 이렇게 빨리 다시 찾아오셨나요?

W: 지난주보다 피부염이 더 심해진 것 같아요.

M: 알겠습니다. 좀 볼게요. 진정되지 않는 것 같아서 걱정하시는 건가요?

W: 네, 크기가 줄어들기보다는 늘어난 듯해요.

M: 그렇군요. 네. 처방을 바꾸어 드리는 것이 좋겠네요.

Q. 대화에 따르면 여자에 대해 맞는 것은 무엇인가?

(a) 다른 의사의 진단을 받고 싶어한다.

(b) 피부 발진이 있다.

(c) 매주 건강 검진을 받는다.

(d) 자신의 처방전을 잃어버렸다.

해설 | 대화에서 여자에 대한 내용과 일치하는 것을 묻는 문제이다. 여자가 의사에게 I think ~ last week(지난주보다 피부염이 더 심해진 것 같아요)이라고 했으므로 (b)가 정답이다.

어휘 | dermatitis[də̀ːrmətáitis] 피부염   remission[rimíʃən] 진정   prescription[priskrípʃən] 처방, 처방전   second opinion 다른 의사의 진단

08

Listen to a conversation about real estate.

W: I can't decide whether to rent or purchase a house.

M: You should always buy if you can.

W: But I heard there is a real estate bubble.

M: But renting is like throwing money away. Buying builds equity.

W: **What if the housing values decrease significantly?**

M: **The prices will rebound later.**

Q. Which is correct according to the conversation?

(a) The man cautions the woman on buying a home.

(b) Homes will retain their value over time.

(c) The woman would rather buy than rent.

(d) Renting is sometimes more cost-effective.

부동산에 관한 대화를 들으시오.

W: 집을 임대할지 살지 결정을 못 내리겠어.

M: 언제든지 가능하다면 사는 게 좋지.

W: 그렇지만 부동산 거품이 있다고 들었는걸.

M: 그렇지만 임대는 돈을 버리는 것과 같아. 사는 것은 소유권을 의미하잖아.

W: 집의 가치가 많이 떨어지면 어떻게 하지?

M: 가격은 나중에 다시 오를 거야.

Q. 대화에 따르면 맞는 것은 무엇인가?

(a) 남자는 여자에게 집을 사는 것에 대해 주의를 준다.

(b) 집은 시간이 지나도 가치를 보유한다.

(c) 여자는 임대하기보다는 살 것이다.

(d) 때로는 임대하는 것이 더 비용 효율이 높다.

해설 | 대화의 내용과 일치하는 것을 묻는 문제이다. 집을 사는 것에 대해 여자가 What if ~ significantly?(집의 가치가 많이 떨어지면 어떻게 하지?)라고 묻자 남자가 The prices ~ rebound later(가격은 나중에 다시 오를 거야)라고 했으므로 (b)가 정답이다. (c)는 임대하는 것보다는 사는 것이 낫다는 남자의 말을 고려하면 그럴듯 하지만, 여자가 집을 살 것이라는 내용은 대화에 언급된 적이 없으므로 틀리다.

어휘 | real estate bubble 부동산 거품   equity[ékwəti] 소유권   rebound[ribáund] (시세 등이 떨어지다가) 다시 오르다   retain[ritéin] 보유하다   cost-effective 비용 효율이 높은

전략 적용   p.197

Listen to a conversation between two friends.	두 친구 간의 대화를 들으시오.
W: Do you have any ideas for tonight, Greg?	W: 오늘 밤에 뭘 하면 좋을지 생각나는 거 있어, Greg?
M: How about rollerblading? It feels great outside.	M: 롤러블레이드 타는 것 어때? 바깥 날씨가 정말 좋은데.
W: I'd love to, but **I left my rollerblades at the office.**	W: 그러고 싶지만, 내 롤러블레이드를 사무실에 놓고 왔어.
M: Can't you go back and get them?	M: 다시 가서 가져오면 안돼?
W: Unfortunately not. The building's already locked.	W: 안타깝지만 그럴 수 없어. 건물이 이미 잠겼어.
M: We'll have to think of something else then.	M: 그럼 다른 무언가를 생각해 봐야겠다.
Q. What is stopping the woman from going rollerblading?	Q. 여자는 무엇 때문에 롤러블레이드를 타러 갈 수 없는가?
(a) She would rather not be outside.	(a) 밖에 있지 않는 편이 더 낫다.
(b) She left her rollerblades at work.	**(b) 직장에 롤러블레이드를 두고 왔다.**
(c) She has to go back to the office.	(c) 사무실로 돌아가야만 한다.
(d) She does not own any rollerblades.	(d) 롤러블레이드가 없다.

Hackers Practice   p.198

01 Step 4 (d) **02** Step 4 (c) **03** Step 4 (d) **04** Step 4 (c) **05** (d) **06** (d) **07** (c) **08** (c)

01

Listen to a conversation between a waiter and a customer.	종업원과 고객 간의 대화를 들으시오.
M: Would you like some tea while you wait for your meal?	M: 식사를 기다리시는 동안 차를 좀 드시겠습니까?
W: What are my options?	W: 어떤 차들이 있나요?
M: There's Earl Grey, green tea, and ginseng tea.	M: 얼 그레이, 녹차, 그리고 인삼차가 있습니다.
W: **Do you happen to have any decaf?**	W: 혹시 카페인이 없는 것도 있나요?
M: **Of course. Would you like some?**	M: 물론이죠. 드시겠습니까?
W: **Yes, thanks**. I have to turn in early tonight.	W: 네, 감사합니다. 오늘 밤에 일찍 잠자리에 들어야 하거든요.
Q. What kind of tea will the woman have?	Q. 여자는 어떤 종류의 차를 마실 것인가?
(a) Earl Grey tea	(a) 얼 그레이차
(b) Ginseng tea	(b) 인삼차
(c) Green tea	(c) 녹차
(d) Decaffeinated tea	(d) 카페인이 없는 차

해설 | 여자가 마실 차의 종류를 묻는 문제이다. 여자가 Do you ~ any decaf?(혹시 카페인이 없는 것도 있나요?)라고 묻자 종업원이 있다고 하며 마실건지 물었다. 이에 대해 여자가 Yes, thanks(네, 감사합니다)라며 마시겠다고 했으므로 (d)가 정답이다.

어휘 | turn in 잠자리에 들다   decaffeinated [di:kǽfənéitid] 카페인이 없는

02

Listen to a conversation between a couple.	커플 간의 대화를 들으시오
M: Oh. Look at the time. I'm going to be late for dinner.	M: 오, 시간 좀 봐요. 저녁식사에 늦겠어요.
W: Um...are you sure **you didn't forget something**?	W: 음… 뭔가 잊은 게 없는 것이 확실한가요?
M: Well, I have my briefcase, my keys...I don't think I'm missing anything.	M: 음, 서류 가방, 열쇠… 뭔가를 빠뜨린 것 같지 않은데요.

W: But **you haven't mailed my package yet**.

M: Oh, right. **I'll send it off** on my way home.

Q. What did the man overlook doing?

　(a) Sending the woman a letter

　(b) Picking up his briefcase

　(c) Posting the woman's parcel

　(d) Going home for dinner

W: 그렇지만 제 소포를 아직 보내지 않았잖아요.

M: 오, 맞다. 집에 가는 길에 보낼게요.

Q. 남자가 잊은 일은 무엇인가?

　(a) 여자에게 편지를 보내는 것

　(b) 자신의 서류 가방을 챙기는 것

　(c) 여자의 소포를 보내는 것

　(d) 저녁식사를 하러 집에 가는 것

해설 | 남자가 잊어버린 일이 무엇인지 묻는 문제이다. 여자가 남자에게 you didn't forget something?(뭔가 잊은 게 없나요?), you haven't ~ package yet(제 소포를 아직 보내시 않았잖아요)이라고 했으므로 (c)가 정답이다.

03

Listen to a conversation between two colleagues.

W: How come you didn't make it out to the ball game last weekend?

M: I planned to go, but **I had to take my little girl to the hospital**.

W: Oh no! Is she all right?

M: She's fine now. They said it was just a stomach virus.

W: Well, I'm certainly glad to hear that.

M: Yeah, I can't find the words to describe how relieved I felt.

Q. Why didn't the man attend the ball game?

　(a) His stomach was upset.

　(b) He didn't want to go without his daughter.

　(c) He was rushed to the emergency room.

　(d) His daughter came down with something.

두 동료 간의 대화를 들으시오.

W: 왜 지난 주말 야구 경기에 안 왔어요?

M: 갈 계획이었는데, 어린 딸을 병원에 데려가야 했어요.

W: 어머! 괜찮나요?

M: 이제 괜찮아요. 그냥 복통이었대요.

W: 음, 정말 다행이군요.

M: 네, 제가 얼마나 안도했는지 표현할 수가 없어요.

Q. 남자는 왜 야구 경기에 가지 않았는가?

　(a) 그의 속이 불편했다.

　(b) 그는 딸 없이 가고 싶지 않았다.

　(c) 그가 응급실로 이송되었다.

　(d) 그의 딸이 무언가로 아팠다.

해설 | 남자가 야구 경기에 가지 않은 이유를 묻는 문제이다. 왜 야구 경기에 참석하지 않았냐는 질문에 남자가 I had to ~ hospital(어린 딸을 병원에 데려가야 했어요)이라고 했으므로 (d)가 정답이다.

04

Listen to a conversation between two friends.

W: **I really appreciate you dropping by** on such short notice.

M: Don't mention it. It's the least I could do.

W: Yeah, but it's really out of your way.

M: Well, I was looking to get away for a while anyway.

W: What would I do without you?

M: Let's just say that you owe me one.

Q. What did the woman thank the man for?

　(a) He dropped her off at her place.

　(b) He offered her a ride home.

　(c) He came to visit her.

　(d) He agreed to go away with her.

두 친구 간의 대화를 들으시오.

W: 이렇게 갑작스런 연락에도 들러줘서 고마워.

M: 천만에. 별 거 아냐.

W: 그래, 그렇지만 진짜로 일부러 들러준 거잖아.

M: 음, 어차피 잠시 쉬려고 했어.

W: 너 없이 내가 할 수 있는 게 뭘까?

M: 그냥 나한테 한 번 신세 진 걸로 해.

Q. 여자는 남자에게 무엇에 대해 고마워했는가?

　(a) 여자를 집에 내려주었다.

　(b) 여자를 집에 태워다 주었다.

　(c) 여자를 찾아왔다.

　(d) 여자와 함께 떠나는 것에 동의했다.

해설 | 여자가 남자에게 무엇에 대해 고마워했는지 묻는 문제이다. 여자가 I really ~ short notice(이렇게 갑작스런 연락에도 들러줘서 고마워)라고 했으므로 (c)가 정답이다.

어휘 | out of one's way 일부러　get away 쉬다

05

Listen to a conversation at a hair salon.

W: Could you recommend a highlight color for my brown hair?
M: Well, how about this nice blonde?
W: I was thinking about something darker.
M: We also have these orange and auburn tones.
W: **I like the looks of that auburn one.**
M: Great. I think you'll really enjoy how it turns out.

Q. What color will the woman use to highlight her hair?

    (a) Brown
    (b) Blonde
    (c) Orange
    (d) Auburn

미용실에서의 대화를 들으시오.

W: 제 갈색 머리를 염색할 색 좀 추천해 주시겠어요?
M: 음, 이 멋진 금색은 어때요?
W: 전 좀 더 어두운 걸 생각하고 있었어요.
M: 이런 오렌지 색과 적갈색도 있어요.
W: **그 적갈색이 마음에 드네요.**
M: 좋습니다. 색깔 나오는 게 정말 마음에 드실 거예요.

Q. 여자는 어떤 색으로 자신의 머리를 염색할 것인가?

    (a) 갈색
    (b) 금색
    (c) 오렌지색
    (d) 적갈색

해설 | 여자의 머리를 염색할 색을 묻는 문제이다. 여자가 I like ~ auburn one(그 적갈색이 마음에 드네요)이라고 했으므로 (d)가 정답이다.
어휘 | highlight[háilàit] (머리카락의 일부를) 염색하다　auburn[ɔ́ːbərn] 적갈색의

06

Listen to a conversation between a student and a receptionist.

M: I'd like to sign up for taekwondo lessons next month.
W: OK, we have evening classes beginning at 7 on weekdays.
M: Hmm... I work until 6:30, so I'm not sure if I could make it.
W: We also have one that meets at 8:30, and there are the hourly weekend classes.
M: In that case, **Saturdays at noon would work out perfectly.**
W: Excellent. I'll go ahead and mark you down for that.

Q. When will the man take taekwondo classes next month?

    (a) On weekday evenings at 7
    (b) On weekends at 8:30
    (c) On Saturday afternoons
    (d) On Saturdays at 12 p.m.

학생과 접수원 간의 대화를 들으시오.

M: 다음 달 태권도 수업에 등록하고 싶어요.
W: 네, 주중엔 7시에 시작하는 저녁 수업이 있어요.
M: 음… 제가 6시 30분까지 일을 해서요, 시간에 맞출 수 있을지 모르겠네요.
W: 8시 30분에 시작하는 수업도 있고, 주말에는 매시간 수업이 있어요.
M: 그렇다면, 토요일 정오가 제일 좋겠네요.
W: 좋습니다. 제가 가서 그렇게 적어두도록 하겠습니다

Q. 남자는 다음 달에 언제 태권도 수업을 들을 것인가?

    (a) 주중 저녁 7시
    (b) 주말 8시 30분
    (c) 토요일 오후
    (d) 토요일 오후 12시

해설 | 남자가 다음 달에 태권도 수업을 언제 들을지 묻는 문제이다. 남자가 Saturdays at noon ~ perfectly(토요일 정오가 제일 좋겠네요)라고 했으므로 (d)가 정답이다.
어휘 | mark down ~을 적어 두다

07

Listen to a conversation about parking.

M: Excuse me. I'm sorry, but you'll need to move your car.
W: Why can't I park here?
M: **This spot is reserved for cars with disability permits.**
W: Sorry, but I didn't notice a sign indicating that this is a restricted space.
M: Well, I'm just giving you a heads-up that parking here will only get you a ticket.
W: OK. Thanks for letting me know.

Q. Why is the woman being asked to move her car?

(a) She is blocking the sign marking the restricted space.

주차에 관한 대화를 들으시오.

M: 실례합니다. 죄송하지만, 차를 옮기셔야 할 거예요.
W: 여기엔 왜 주차할 수 없나요?
M: 이 자리는 장애인 주차허가증이 있는 차를 위한 곳이에요.
W: 죄송해요, 제한 구역이라는 것을 알리는 표지판을 못 봤어요.
M: 음, 전 그저 여기에 주차하시면 교통위반 딱지만 받으실 거라는 경고를 드리는 뿐이에요.
W: 네, 알려주셔서 감사해요.

Q. 여자는 왜 차를 옮기라고 요청 받았는가?

(a) 제한 구역을 표시하는 표지판을 막고 있다.

(b) She has expired disability tags on her car.

(c) She does not have a disability permit.

(d) She did not pay her parking ticket.

(b) 차의 장애인 주차허가증이 만료되었다.

(c) 장애인 주차 허가증이 없다.

(d) 주차위반 딱지의 벌금을 지불하지 않았다.

해설 | 여자가 차를 옮기라고 요청받는 이유를 묻는 문제이다. 남자가 This spot ~ disability permits(이 자리는 장애인 주차 허가증이 있는 차를 위한 곳이에요)라고 했으므로 (c)가 정답이다.

어휘 | **disability permit** 장애인 주차허가증 **heads-up** 경고

08

Listen to a couple discuss their child.

W: I'm not sure if we should put Helena in private school.

M: Really? But I thought we had already agreed on it.

W: Well, I'm afraid she won't be exposed to enough diversity there.

M: Maybe you're right. But we need to let the school know something before September.

W: OK. **Let's just revisit the issue after summer break.**

Q. What do the speakers plan to do?

(a) Visit the school during summer break

(b) Transfer their daughter to a private school

(c) Discuss their child's schooling later

(d) Invest more in their child's education

커플이 아이에 관해 이야기하는 것을 들으시오.

W: Helena를 사립학교에 보내야 하는 건지 잘 모르겠어

M: 정말? 그렇지만 우린 이미 그것에 대해 동의한 줄 알았는데

W: 음, 그곳에서는 다양성에 충분히 노출되지 못할 것 같아서 걱정돼.

M: 아마 당신이 맞을지도 몰라. 그렇지만 우리는 9월 이전에 학교에 알려야 하잖아.

W: 좋아. **여름 방학 후에 이 문제에 대해서 다시 논의해보자.**

Q. 화자들은 무엇을 하기로 계획하고 있는가?

(a) 여름 방학 동안 학교를 방문하기

(b) 딸을 사립학교로 전학시키기

(c) 자녀의 학교에 대해서 나중에 논의하기

(d) 자녀의 교육에 더 많이 투자하기

해설 | 화자들이 무엇을 하기로 계획하고 있는지 묻는 문제이다. 자녀의 학교 문제에 대해 Let's just ~ summer break(여름 방학 후에 이 문제에 대해서 다시 논의해보자)라고 했으므로 (c)가 정답이다.

어휘 | **diversity**[divə́:rsəti] 다양성 **revisit**[ri:vízit] 다시 논의하다 **transfer**[trænsfə́:r] 전학시키다

Hackers TEST

p.200

01 (d) **02** (c) **03** (c) **04** (b) **05** (d) **06** (d) **07** (c) **08** (c)

01

Listen to a conversation between a couple.

W: Are you all prepared for our skiing trip?

M: Yeah, I don't think I'm forgetting anything.

W: What about your extra gloves?

M: Yes, I've got them.

W: Did you remember to buy a flashlight?

M: I stopped by the store, but I was out of money.

Q. What did the man fail to do?

(a) Find his extra gloves

(b) Locate his ski boots

(c) Pack the ski equipment

(d) Purchase a flashlight

커플 간의 대화를 들으시오.

W: 스키 여행 준비는 다 됐니?

M: 응, 아무 것도 빠뜨리지 않은 것 같아.

W: 여분의 장갑은 있어?

M: 응, 챙겼어.

W: 손전등 사는 것 기억했니?

M: 가게에 들렀었는데, 돈이 없었어.

Q. 남자는 무엇을 할 수 없었는가?

(a) 여분의 장갑을 찾는 것

(b) 스키 부츠를 찾는 것

(c) 스키 장비를 챙기는 것

(d) 손전등을 사는 것

해설 | 남자가 할 수 없었던 일을 묻는 문제이다. 여자가 Did you ~ a flashlight?(손전등 사는 것 기억했니?)라고 묻자 남자가 I stopped ~ out of money(가게에 들렀었는데, 돈이 없었어)라고 했으므로 (d)가 정답이다.

02

Listen to two friends discuss a restaurant.

M: What do you think about that new Thai restaurant?

W: **The atmosphere is charming.** It has an exotic feel to it.

M: Yeah, I noticed that too. It seems they used imported wood for the décor.

W: And **the food is authentic.** It reminded me of when I was in Thailand.

M: True. The flavors were well balanced and delicate.

W: What did you order when you went there?

M: Oh, I had my usual–the red curry.

Q. Which is correct according to the conversation?

    (a) The man questioned the authenticity of the food.

    (b) The woman recommended the red curry to the man.

    (c) The woman was pleased with her experience at the restaurant.

    (d) The man reminisced about his visit to Thailand.

두 친구가 식당에 관해 이야기하는 것을 들으시오.

M: 새로 생긴 태국 음식점이 어떤 것 같아?

W: 분위기가 매력적이야. 이국적인 느낌이 들어.

M: 그래. 나도 느꼈어. 실내 장식으로 수입 목재를 사용한 것 같더라.

W: 그리고 정통 태국 음식이야. 내가 태국에 있었던 때를 생각나게 하더라.

M: 맞아. 맛이 잘 균형 잡혀 있고 맛있더라.

W: 거기 갔을 때 뭐 주문했었어?

M: 오, 늘 먹던 것을 먹었어 – 레드 커리.

Q. 대화에 따르면 맞는 것은 무엇인가?

    (a) 남자는 음식이 정통 태국 음식인지 의심했다.

    (b) 여자는 남자에게 레드 커리를 추천했다.

    (c) 여자는 식당에서의 경험에 만족했다.

    (d) 남자는 태국으로의 방문을 추억했다.

해설 | 대화의 내용과 일치하는 것을 묻는 문제이다. 새로 생긴 태국 음식점에 대해 여자가 The atmosphere is charming(분위기가 매력적이야), the food is authentic(정통 태국 음식이야)이라고 했으므로 (c)가 정답이다. (d)는 태국에 갔던 때가 생각났다고 한 사람은 남자가 아니라 여자이므로, 남자와 여자를 바꿔 쓴 오답이다.

어휘 | **exotic**[igzátik] 이국적인   **décor**[deikɔ́ːr] 실내장식   **authentic**[ɔːθéntik] 정통의   **delicate**[déləkət] 맛있는   **reminisce**[rèmənís] 추억하다

03

Listen to a conversation between a technician and a customer.

M: Hi, Betty. It's Metro Electronic Service calling.

W: Oh, hi. Did you find out what's wrong with my TV?

M: Yes. It was just a blown fuse.

W: I figured it was something simple like that. Will it take long to fix?

M: **It's already done, so you can pick it up today.**

W: Thanks. I'll come by in an hour or so.

Q. Why did the man contact Betty?

    (a) To reschedule her appointment

    (b) To tell her to buy a new TV fuse

    (c) To inform her that her TV has been repaired

    (d) To ask her when she will pick up her TV

수리공과 고객 간의 대화를 들으시오.

M: 안녕하세요, Betty. Metro 전자 서비스입니다.

W: 오, 안녕하세요. 제 텔레비전이 뭐가 잘못된 건지 알아내셨나요?

M: 네. 퓨즈가 끊긴 것뿐이었어요.

W: 그런 단순한 문제일 줄 알았어요. 고치는 데 오래 걸릴까요?

M: 이미 고쳐졌으니, 오늘 가져 가실 수 있습니다.

W: 고마워요. 한 시간 쯤 후에 들를게요.

Q. 남자는 왜 Betty에게 연락했는가?

    (a) 그녀와 약속을 다시 잡기 위해

    (b) 그녀에게 새 텔레비전 퓨즈를 사라고 말하기 위해

    (c) 그녀의 텔레비전이 수리가 다 되었다는 것을 알려주기 위해

    (d) 그녀가 언제 텔레비전을 가져 갈지 물어보기 위해

해설 | 남자가 Betty에게 연락한 이유를 묻는 문제이다. 고장 난 텔레비전에 대해 남자가 It's already ~ today(이미 고쳐졌으니, 오늘 가져 가실 수 있습니다)라고 했으므로 (c)가 정답이다.

어휘 | **blown**[bloun] (퓨즈가) 끊긴

04

Listen to a conversation about remodeling a house.

W: How's the remodeling coming along, Jim?

M: Not so great. I've had a few setbacks.

W: You hired an interior designer, right?

M: Actually, I decided to do all the work myself.

W: **Maybe you bit off more than you can chew.**

M: Yeah, I should have let a professional handle it.

집 리모델링에 관한 대화를 들으시오.

W: 리모델링은 어떻게 되어가고 있니, Jim?

M: 그리 좋지 않아. 문제가 좀 있었거든.

W: 너 인테리어 디자이너 고용했지, 그렇지?

M: 사실, 모든 일을 혼자서 하기로 결정했어.

W: 아마도 네 분에 넘치는 일을 한 것 같구나.

M: 그래, 전문가에게 맡겨야 했어.

Q. Which is correct about Jim according to the conversation?

(a) He recently hired an interior designer.

(b) He underestimated the task of remodeling.

(c) He has extensive design experience.

(d) He has completed the remodeling project.

Q. 대화에 따르면 Jim에 대해 맞는 것은 무엇인가?

(a) 최근에 인테리어 디자이너를 고용했다.

(b) 리모델링 일을 과소평가했다.

(c) 풍부한 디자인 경험이 있다.

(d) 리모델링 프로젝트를 끝냈다.

해설 | Jim에 대한 내용과 일치하는 것을 묻는 문제이다. Jim이 리모델링을 직접하는 것에 대해 여자가 Maybe you ~ you can chew(아마도 네 분에 넘치는 일을 한 것 같구나)라고 하자, Jim이 Yeah, I should ~ handle it(그래, 전문가가 처리하도록 했어야 했어)이라며 동의했으므로 (b) 가 정답이다.

어휘 | setback[sétbæk] 문제, 걸림돌   bite off more than one can chew 분에 넘치는 일을 하다   underestimate[ʌ̀ndəréstəmeit] 과소평가하다

05

Listen to a conversation between a country club staff and a customer.

W: Welcome to Belle Meade Country Club.

M: Hi. Can we play golf here without a membership?

W: You can play on weekdays after 5 p.m.

M: What if I need to rent a set of golf clubs?

W: Then you have to pay extra. They're $35 for the day, and green fees are $50 for 18 holes.

M: That's not too bad. **I'll come back after the weekend.**

Q. Which is correct according to the conversation?

(a) The man will have to pay a deposit of $50 to rent the golf clubs.

(b) The fee for nonmembers is $35 for 18 holes of golf.

(c) Use of the golf course is confined to members on weekdays.

(d) The man will return to the country club on a weekday.

컨트리 클럽 직원과 고객 간의 대화를 들으시오.

W: Belle Meade 컨트리 클럽에 오신 것을 환영합니다.

M: 안녕하세요. 회원권 없이도 여기서 골프를 칠 수 있나요?

W: 평일 5시 이후에 사용하실 수 있습니다.

M: 골프채를 빌려야 되면 어떻게 하죠?

W: 그러면 추가 요금을 지불하셔야 합니다. 하루에 35달러이고, 골프장 사용료가 18홀에 50달러 입니다.

M: 그리 나쁘지 않군요. 주말 지나고 다시 오겠습니다.

Q. 대화에 따르면 맞는 것은 무엇인가?

(a) 남자는 골프채를 빌리기 위해 50달러의 예치금을 내야 한다.

(b) 비회원 요금은 18홀에 35달러이다.

(c) 평일 골프 코스 사용은 회원으로 제한되어 있다.

(d) 남자는 평일에 컨트리 클럽에 다시 올 것이다.

해설 | 대화의 내용과 일치하는 것을 묻는 문제이다. 회원권 없이도 평일 5시 이후에 골프를 칠 수 있다고 하자 남자가 I'll come back after the weekend(주말 지나고 다시 오겠습니다)라고 했으므로 (d)가 정답이다.

어휘 | green fee 골프장 사용료   deposit[dipázit] 예치금   confine A to B A를 B에 제한하다, A를 B에 국한하다

06

Listen to a conversation between a customer and a real estate agent.

W: Hello. I was hoping to find out more about your real estate listings.

M: Of course. What information are you looking for?

W: **Do you have any one-room studios in the inner city?**

M: Sure. We have a range to choose from - even some upscale units.

W: **I'm looking for something that's not too expensive.**

M: Actually, all the prices can be viewed on our website. Let me give you the address.

Q. What is the woman looking for information about?

(a) Upscale studio apartments for rent

고객과 부동산 중개업자 간의 대화를 들으시오.

W: 안녕하세요. 부동산 목록에 대해 더 알아보고 싶은데요.

M: 물론이죠. 어떤 정보를 찾고 계신가요?

W: 도심의 원룸 스튜디오도 있나요?

M: 그럼요. 선택하실 수 있는 범위가 다양합니다 — 훨씬 고급스러운 곳도 있고요.

W: 그리 비싸지 않은 곳을 찾고 있어요.

M: 사실, 저희 웹사이트에서 모든 가격을 보실 수 있으세요. 주소를 드릴게요.

Q. 여자가 찾는 정보는 무엇에 관한 것인가?

(a) 임대할 고급 스튜디오 아파트

(b) Listing her one-room studio for sale

(c) Locations of all available real estate in the urban district

(d) Moderately priced downtown studios

(b) 그녀의 원룸 스튜디오를 부동산에 내놓는 것

(c) 도시 구역 내에 있는 입주 가능한 모든 집의 위치

(d) 시내에 있는 적당한 가격의 스튜디오

해설 | 여자가 찾고 있는 정보를 묻는 문제이다. 부동산 목록에 대해서 여자가 Do you ~ inner city?(도심에 원룸 스튜디오도 있나요?), I'm looking ~ too expensive(그리 비싸지 않은 곳을 찾고 있어요)라고 했으므로 (d)가 정답이다. (a)는 여자가 그리 비싸지 않은 곳을 찾고 있다고 했으므로 upscale(고급의)이란 말은 틀리다.

어휘 | real estate 부동산, (매매 대상의) 집 upscale[ʌ́pskèi] 고급의 district[dístrikt] 구역 moderately[mádəritli] 적당히

07

Listen to a conversation between a customer and a sales clerk.

M: Good morning. I'm looking for an engagement ring.

W: I see. Do you have a particular style in mind?

M: Something with classic elegance. Also, **it has to be a platinum band**.

W: OK, and would you like it to have a single diamond or multiple stones?

M: I'd prefer a single, but I'd like to see both kinds.

W: And what is your price range?

M: No more than $4,000.

Q. Which is correct about the man according to the conversation?

(a) He prefers a ring with many diamonds.

(b) He is going to buy a wedding band.

(c) He wants to buy a platinum ring.

(d) He intends to spend a minimum of $4,000.

고객과 판매원 간의 대화를 들으시오.

M: 안녕하세요. 전 약혼 반지를 찾고 있어요.

W: 그렇군요. 특별히 원하시는 스타일이 있으신가요?

M: 고전적인 우아함이 있는 것이요. 그리고, **백금 반지여야 해요.**

W: 좋아요. 그리고 다이아몬드가 하나 있는 것 아니면 여러 개가 있는 것을 원하시나요?

M: 하나 있는 것이 더 좋긴 하지만 두 가지 종류를 다 보고 싶네요.

W: 그리고 가격은 어느 정도를 생각하시나요?

M: 4,000달러 이하로요.

Q. 대화에 따르면 남자에 대해 맞는 것은 무엇인가?

(a) 많은 다이아몬드가 있는 반지를 선호한다.

(b) 결혼 반지를 사려고 한다.

(c) 백금 반지를 사길 원한다.

(d) 최소한 4,000달러를 쓰려고 한다.

해설 | 대화에서 남자에 대한 내용과 일치하는 것을 묻는 문제이다. 남자가 it has to be a platinum band(백금 반지여야 해요)라고 했으므로 (c)가 정답이다.

어휘 | elegance[éləɡəns] 우아함 platinum[plǽtənəm] 백금

08

Listen to a conversation between a student and a professor.

M: Could you help me decide which Economics classes to register for?

W: Sure. To start off with, what courses did you have last year?

M: Micro and Macroeconomics.

W: Good. And **how many Economics courses do you have left to complete your major?**

M: 3. And 1 has to be International Economics.

W: Why don't you get that one out of the way and also take 1 Economics elective?

M: OK. **I think I'll take Environmental Economics, too.**

Q. Which is correct according to the conversation?

(a) The woman chose which elective the man should register for.

학생과 교수님 간의 대화를 들으시오.

M: 제가 어떤 경제학 수업에 등록하면 좋을지 좀 도와주실 수 있으신가요?

W: 물론이죠. 우선, 작년에 어떤 수업들을 들었나요?

M: 미시 경제학과 거시 경제학이요.

W: 좋아요. 그리고 전공을 이수하려면 경제학 과목은 몇 개나 남았나요?

M: 3개요. 그리고 1개는 국제 경제학을 들어야 해요.

W: 그것을 처리하고 경제학 선택 과목을 1개 듣는 건 어때요?

M: 좋아요. 환경 경제학도 들을까 봐요.

Q. 대화에 따르면 맞는 것은 무엇인가?

(a) 여자는 남자가 어떤 선택 과목에 등록해야 할지 선택했다.

(b) The man will not be taking International Economics.

(c) The man will take 2 of the 3 remaining Economics courses.

(d) The woman suggested putting off the International Economics course.

(b) 남자는 국제 경제학을 듣지 않을 것이다.

(c) 남자는 남아있는 3개의 경제학 과목 중에서 2개를 들을 것이다.

(d) 여자는 국제 경제학 수업을 연기할 것을 제안했다.

해설 | 대화의 내용과 일치하는 것을 묻는 문제이다. 여자가 남자에게 경제학 과목을 몇 개 더 들어야 하는지 묻자 남자가 3개라고 하며 And 1 has to be International Economics(그리고 1개는 국제 경제학을 들어야 해요)라고 했다. 따라서 남자가 더 들어야 하는 3개의 경제학 과목 중 국제 경제학과 환경 경제학 2개를 들을 것임을 알 수 있으므로 (c)가 정답이다.

어휘 | **out of the way** 처리되어, 끝내어 **elective** [iléktiv] 선택 과목 **put off** ~을 연기하다

Course 3 추론 문제

1. Infer 문제

전략 적용   p.203

Listen to a conversation about renovating a house.

W: Pardon me. Do you have any idea when the renovations will be done?

M: There's been another setback, but I'm working as fast as I can.

W: Could you give me a rough estimate? **I'm having company on the 27th.**

M: That would be pushing it, but **if you want I could work nights too**.

W: **Whatever it takes.**

M: Then **I'll adjust my schedule accordingly.**

Q. What can be inferred from the conversation?

(a) The woman is unhappy with the quality of the work.

(b) The woman is upset the renovations have been delayed.

(c) The man is unwilling to work nights.

(d) The man will finish the project by the 27th.

집 수리에 관한 대화를 들으시오.

W: 실례합니다. 집 수리 공사가 언제 끝날지 아시나요?

M: 또 다른 문제가 있었지만, 가능한 한 빨리 진행하고 있습니다.

W: 대략적인 예상이라도 알려주실 수 있으세요? 27일에 손님이 오시거든요.

M: 정말 촉박하네요, 하지만 원하신다면 밤에도 일할 수 있어요.

W: 끝낼 수 있다면 무엇이든 좋아요.

M: 그러면 그에 따라 스케줄을 조정할게요.

Q. 대화로부터 추론할 수 있는 것은 무엇인가?

(a) 여자는 집 수리 공사의 질에 대해 불만스러워 한다.

(b) 여자는 공사가 지연된 것에 대해 화가 났다.

(c) 남자는 밤에 일하고 싶어하지 않는다.

(d) 남자는 27일까지 일을 끝낼 것이다.

어휘 | **renovation** [rènəvéiʃən] 수리 공사 **rough** [rʌf] 대략의 **company** [kʌ́mpəni] 손님

Hackers Practice   p.204

01 Step 4 (b) **02** Step 4 (d) **03** Step 4 (c) **04** Step 4 (d) **05** (c) **06** (b) **07** (c) **08** (d)

01

Listen to a conversation between two friends.

M: Suzy, I'd better get going.

W: But we haven't had dessert.

M: Well, I'm supposed to meet Jerry at the airport in an hour.

W: Why don't you take the subway, then? You don't have much time.

M: Good idea. Rush hour can be a real mess.

W: Especially on the roads that lead to the airport.

Q. What can be inferred from the conversation?

    (a) The man plans to walk Suzy to the subway station.

    (b) The man would like to avoid the traffic congestion.

    (c) The woman usually travels with the man.

    (d) The woman and the man are dating.

두 친구 간의 대화를 들으시오.

M: Suzy, 난 가야 할 것 같아.

W: 그렇지만 우린 후식을 먹지 않았잖아.

M: 음, 한 시간내로 공항에서 Jerry와 만나기로 되어있어.

W: 그럼, 지하철을 타는 것은 어때? 시간이 별로 없잖아.

M: 좋은 생각이야. 출퇴근 시간이니 정말 혼잡할 수 있지.

W: 특히 공항으로 가는 길이 그래.

Q. 대화로부터 추론할 수 있는 것은 무엇인가?

    (a) 남자는 Suzy를 지하철역까지 걸어서 바래다줄 계획이다.

    (b) 남자는 교통 혼잡을 피하고 싶어한다.

    (c) 여자는 주로 남자와 함께 여행한다.

    (d) 여자와 남자는 데이트를 하고 있다.

해설 | 대화를 통해 추론할 수 있는 내용을 묻는 문제이다. 공항에 가려는 남자에게 여자가 Why don't you ~ then?(그럼 지하철을 타는 것은 어때?)이라고 제안하자 남자가 Good idea ~ real mess(좋은 생각이야. 출퇴근 시간이니 정말 혼잡할 수 있지)라고 했으므로, 남자는 교통 혼잡을 피해 지하철을 타려고 한다는 것을 알 수 있다. 따라서 대화를 통해 추론할 수 있는 것은 (b)이다.

어휘 | mess[mes] 혼잡 congestion[kəndʒéstʃən] 혼잡

02

Listen to a conversation between two friends.

M: Can you pass me the parsley?

W: The what?

M: The parsley...on the table over there.

W: You mean this stuff with the thin leaves?

M: No, that's rosemary. I'll use the rosemary for the bread.

W: Well, how was I supposed to know? I don't usually cook at home.

M: The parsley has the bright green leaves...next to the onions.

W: Oh, that one. I guess this cooking thing isn't my cup of tea.

Q. What can be inferred from the conversation?

    (a) The woman is learning to make her own herb bread.

    (b) The rosemary is also next to the onions.

    (c) The man is trying out a new recipe.

    (d) The woman is not familiar with herbs.

두 친구 간의 대화를 들으시오.

M: 파슬리 좀 건네 줄래?

W: 뭐?

M: 파슬리… 저쪽 식탁에 있는 거.

W: 이 얇은 잎이 있는 이것 말하는 거니?

M: 아니, 그건 로즈메리야. 로즈메리는 빵을 만들 때 쓸 거야.

W: 음, 내가 어떻게 알겠어? 난 보통 집에서 요리 안 한단 말이야.

M: 파슬리는 밝은 녹색 잎이야… 양파 옆에.

W: 아, 저것. 요리는 내 취향에 안 맞는 것 같아.

Q. 대화로부터 추론할 수 있는 것은 무엇인가?

    (a) 여자는 직접 허브빵을 만드는 것을 배우고 있다.

    (b) 로즈메리 또한 양파 옆에 있다.

    (c) 남자는 새로운 조리법을 시도하고 있다.

    (d) 여자는 허브에 대해 잘 모른다.

해설 | 대화를 통해 추론할 수 있는 내용을 묻는 문제이다. 남자가 Can you pass me the parsley?(파슬리 좀 건네 줄래?)라고 하자 여자가 how was I supposed to know?(내가 어떻게 알겠어?)라며 파슬리가 어떤 것인지 모른다고 했으므로, 여자는 파슬리나 로즈메리 같은 허브에 대해 잘 모른다는 것을 알 수 있다. 따라서 대화를 통해 추론할 수 있는 것은 (d)이다.

어휘 | cup of tea 취향에 맞는 것

03

Listen to a conversation about a scarf.

M: I really like your new scarf. Where did you find it?

W: It was on the clearance rack at Gentry's.

M: Were there still others left when you were there?

스카프에 관한 대화를 들으시오.

M: 네 새로운 스카프가 정말 마음에 든다. 어디서 산 거야?

W: Gentry's의 창고 정리 판매대에 있었어.

M: 네가 갔을 때 다른 것들도 아직 남아 있었어?

W: Yeah, there were quite a few. <u>Do you want to get one, too?</u>

M: **I've been seeing my girlfriend a year now, and I thought it might make a nice present.**

W: Well, you'd better hurry. The sale ends on Saturday.

Q. What can be <u>inferred</u> from the conversation?

  (a) The woman frequently shops at Gentry's.

  (b) The man has shopped at Gentry's before.

  (c) The man is looking for an anniversary gift.

  (d) The woman will go with the man to the clearance sale.

W: 응, 꽤 많이 있었어. 너도 하나 사려고?

M: 여자 친구와 이제 일 년째 사귀고 있는데, 좋은 선물이 될 것 같아서.

W: 음, 서두르는 게 좋을 거야. 세일이 토요일에 끝나.

Q. 대화로부터 추론할 수 있는 것은 무엇인가?

  (a) 여자는 Gentry's에서 자주 쇼핑한다.

  (b) 남자는 전에 Gentry's에서 쇼핑한 적이 있다.

  (c) 남자는 기념일 선물을 찾고 있다.

  (d) 여자는 창고 정리 세일에 남자와 함께 갈 것이다.

해설 | 대화를 통해 추론할 수 있는 내용을 묻는 문제이다. 남자는 여자가 산 스카프가 더 남아 있는지 물으며 I've been ~ a nice present(여자 친구와 이제 일 년째 사귀고 있는데, 좋은 선물이 될 것 같다)라고 했으므로, 남자는 여자 친구에게 일주년 기념으로 줄 선물을 사고 싶어함을 알 수 있다. 따라서 대화를 통해 추론할 수 있는 것은 (c)이다.

어휘 | clearance[klíərəns] 창고 정리 quite a few 꽤 많은

04

Listen to a conversation between <u>a gas company representative and a customer.</u>

W: Hello, Mr. Brown. It's the gas company calling.

M: Oh, yes. Sorry I missed your call earlier.

W: <u>We were hoping to schedule a time to inspect your gas lines.</u>

M: Well, I'm booked solid today, but I'm free tomorrow afternoon.

W: Great. <u>Would it be OK if we send someone out around 1:30 then?</u>

M: **I'm afraid it would have to be sometime after 3.**

W: OK. I'm sure we can arrange that.

M: Thanks. I'll keep an eye out around that time.

Q. What can be <u>inferred</u> from the conversation?

  (a) The gas company detected a problem with the gas lines.

  (b) The woman needs to cancel an appointment.

  (c) The gas company will call back some other time.

  (d) The man has plans in the early afternoon.

가스 회사 직원과 고객 간의 대화를 들으시오.

W: 안녕하세요, Mr. Brown. 가스 회사입니다.

M: 아, 네. 아까 전화를 받지 못해서 죄송합니다.

W: 고객님의 가스관을 조사할 시간을 정하고 싶었습니다.

M: 음, 오늘은 하루 종일 일정이 꽉 차 있지만, 내일 오후에는 한가합니다.

W: 좋습니다. 그럼 1시 30분쯤에 사람을 보내도 괜찮을까요?

M: 3시 이후가 되어야 할 것 같아요.

W: 알겠습니다. 그렇게 할 수 있습니다.

M: 고맙습니다. 그 시간쯤에 신경 쓰고 있을게요.

Q. 대화로부터 추론할 수 있는 것은 무엇인가?

  (a) 가스 회사가 가스관의 문제를 발견했다.

  (b) 여자는 약속을 취소할 필요가 있다.

  (c) 가스 회사는 나중에 다시 전화할 것이다.

  (d) 남자는 이른 오후에 할 일이 있다.

해설 | 대화를 통해 추론할 수 있는 내용을 묻는 문제이다. 가스관을 조사할 사람을 보내는 시간에 대해서 남자는 I'm afraid ~ after 3(3시 이후가 되어야 할 것 같아요)라고 했으므로, 남자가 3시 이전에는 다른 일을 해야 함을 알 수 있다. 따라서 대화를 통해 추론할 수 있는 것은 (d)이다.

어휘 | inspect[inspékt] 조사하다 be booked solid 일정이 꽉 차 있다, 예약이 전부 되어 있다 keep an eye out 신경 쓰다, 주의하여 보다
detect a problem 문제점을 발견하다

05

Listen to a conversation about a receptionist position.

M: Hello, HD Studios.

W: Yes. I'm calling about the vacant receptionist position.

M: OK. Do you have any questions?

W: **What are the hours for this job?**

M: **3 to 11,** Tuesday through Saturday.

접수원 자리에 관한 대화를 들으시오.

M: 안녕하세요, HD 스튜디오입니다.

W: 네, 비어있는 접수원 자리 때문에 전화드렸어요.

M: 네, 무슨 질문이라도 있으신가요?

W: 일하는 시간이 어떻게 되나요?

M: 3시에서 11시, 화요일에서 토요일까지입니다.

W: **11 at night? Is that the only shift available?**

M: Unfortunately, we're only hiring for the 2nd shift right now.

Q. What can be inferred from the conversation?

(a) The man is offering the woman a position.

(b) The woman has worked at a studio before.

(c) The woman does not want to take the evening shift position.

(d) The man will give the woman a flexible schedule.

W: 밤 11시요? 그 시간대밖에 자리가 없나요?

M: 안타깝지만, 현재는 2번째 교대조만 고용하고 있습니다.

Q. 대화로부터 추론할 수 있는 것은 무엇인가?

(a) 남자는 여자에게 일자리를 제공하고 있다.

(b) 여자는 전에 스튜디오에서 일했었다.

(c) 여자는 저녁 시간대에 근무하고 싶어하지 않는다.

(d) 남자는 여자에게 융통성 있는 스케줄을 줄 것이다.

해설 | 대화를 통해 추론할 수 있는 내용을 묻는 문제이다. 스튜디오에서 고용하고 있는 접수원 자리의 근무 시간이 3시부터 11시까지라는 말을 듣고 여자는 11 at ~ shift available?(밤 11시요? 그 시간대밖에 자리가 없나요?)이라고 했으므로, 늦은 저녁 시간대에 일하고 싶어하지 않음을 알 수 있다. 따라서 대화를 통해 추론할 수 있는 것은 (c)이다.

어휘 | shift[ʃift] 교대조, 근무 시간대

06

Listen to a conversation between two friends.

W: I heard that eating fish can prolong your life span.

M: Yeah, but that's not always the case.

W: What do you mean? It has highly beneficial nutrients and proteins.

M: But mercury pollution has made fish consumption very risky.

W: Don't you think those claims are exaggerated?

M: Even so, **all fish products should be tested before they are sold**.

W: I certainly wouldn't argue with that.

Q. What can be inferred from the conversation?

(a) The woman believes all fish are safe to eat.

(b) The man is wary of untested fish products.

(c) The woman thinks that pollution risks are understated.

(d) The man tends to exaggerate the health benefits of eating fish.

두 친구 간의 대화를 들으시오.

W: 생선을 먹는 것이 수명을 연장시킬 수 있다고 들었어.

M: 그래, 하지만 항상 그런 것은 아니야.

W: 무슨 말이야? 매우 건강에 좋은 영양소와 단백질이 들어 있잖아.

M: 그렇지만 수은 오염 때문에 생선 섭취가 매우 위험해졌어.

W: 그런 주장들이 과장된 것 같지 않아?

M: 그렇다고 해도, 모든 생선 제품은 판매되기 전에 검사를 받아야 해.

W: 그것에 대해서는 확실히 이견이 없어.

Q. 대화로부터 추론할 수 있는 것은 무엇인가?

(a) 여자는 모든 생선이 먹기에 안전하다고 믿는다.

(b) 남자는 검사 받지 않은 생선 제품을 경계한다.

(c) 여자는 오염 위험이 과소평가되었다고 생각한다.

(d) 남자는 생선을 먹는 것의 건강상 이점을 과장하는 경향이 있다.

해설 | 대화를 통해 추론할 수 있는 내용을 묻는 문제이다. 생선을 먹는 것에 대해 남자가 all fish ~ are sold(모든 생선 제품은 판매되기 전에 검사를 받아야 해)라고 했으므로, 남자는 검사 받지 않은 생선 제품은 위험하다고 생각한다는 것을 알 수 있다. 따라서 대화를 통해 추론할 수 있는 것은 (b)이다.

어휘 | prolong[prəlɔ́ːŋ] 연장하다 life span 수명 nutrient[njúːtriənt] 영양소 protein[próutiːn] 단백질 mercury[mə́ːrkjuri] 수은 wary[wɛ́ːəri] 경계하는 understate[ʌ̀ndərstéit] 과소평가하다

07

Listen to a man book a flight.

W: Welcome to Advantage Travel. How may I help you?

M: I'm going to Tokyo for a conference and need to book a flight.

W: Will that be one way or roundtrip? Also, do you want to sort by price or least transfers?

M: Roundtrip. And I'm in a hurry, so **nonstop would be best**.

남자가 항공권을 예약하는 것을 들으시오.

W: Advantage 여행사에 오신 걸 환영합니다. 무엇을 도와드릴까요?

M: 회의 때문에 도쿄에 가야 해서 항공편을 예약해야 합니다.

W: 편도인가요 아니면 왕복인가요? 그리고, 가격을 기준으로 알려드릴까요 아니면 최소 환승을 기준으로 알려드릴까요?

M: 왕복입니다. 그리고 저는 바쁘니까, 직항이 제일 좋겠네요.

W: Well, **there are 12:30, 2:45, and 6:00 departures**. Will any of those times work?

M: Let's go with the 12:30.

Q. What can be inferred from the conversation?

    (a) The prices of the available tickets are equivalent.

    (b) The last flight to Tokyo departs at 6:00.

    (c) The 3 flights are all nonstop.

    (d) The 12:30 flight has the fewest transfers.

W: 음, 12시 30분, 2시 45분, 그리고 6시 출발이 있습니다. 이 중 괜찮은 시간이 있으신가요?

M: 12시 30분으로 하겠습니다.

Q. 대화로부터 추론할 수 있는 것은 무엇인가?

    (a) 이용 가능한 표의 가격은 동일하다.

    (b) 도쿄로 가는 마지막 비행기는 6시에 출발한다.

    (c) 그 3개의 항공편이 모두 직항이다.

    (d) 12시 30분 비행편이 가장 적게 갈아탄다.

해설 | 대화를 통해 추론할 수 있는 내용을 묻는 문제이나. 비행기 예약에 대해 남자기 nonstop would be best(직항이 제일 좋겠네요)라고 하자 여자가 there are ~ departures(12시 30분, 2시 45분, 그리고 6시 출발이 있습니다)라고 했으므로, 여자가 말한 세 가지 시간대의 항공편이 모두 직항임을 알 수 있다. 따라서 대화를 통해 추론할 수 있는 것은 (c)이다. (b)는 도쿄로 가는 '마지막 비행기'가 6시에 출발하는 것이 아니라, 도쿄로 가는 '직항 비행기'가 6시에 출발하는 것이므로 틀리다.

어휘 | nonstop[nɔ́nstɑ́p] 직항 equivalent[ikwívələnt] 동일한

08

Listen to a conversation between two co-workers.

W: Adam, how did your meeting with the executive committee turn out?

M: We had to cancel it.

W: Really? But it had been planned for weeks.

M: Yeah, but I've been saddled with flu symptoms all week.

W: Oh. Do you think you'll be able to reschedule it anytime soon?

M: **Assuming the medicine the doctor gave me works.**

Q. What can be inferred about the man from the conversation?

    (a) He is a member of the executive committee.

    (b) He was able to work through his illness.

    (c) He typically has a very tight schedule.

    (d) He paid a visit to the doctor.

두 동료 간의 대화를 들으시오.

W: Adam, 경영 간부 위원회와의 회의가 어떻게 되었어요?

M: 우린 그걸 취소해야 했어요.

W: 정말이요? 그렇지만 그건 몇 주 전부터 계획되었던 거잖아요.

M: 네, 그렇지만 제가 일주일 내내 독감 증상으로 고생했거든요.

W: 오, 곧 회의 일정을 다시 잡을 수 있을 것 같아요?

M: 의사가 준 약이 효과가 있다면요.

Q. 대화로부터 남자에 대해 추론할 수 있는 것은 무엇인가?

    (a) 경영 간부 위원회의 일원이다.

    (b) 아프면서도 일을 끝마칠 수 있었다.

    (c) 대체로 일정이 매우 빡빡하다.

    (d) 의사를 찾아갔었다.

해설 | 대화를 통해 남자에 대해 추론할 수 있는 내용을 묻는 문제이다. 여자가 독감에 걸려 회의를 할 수 없었던 남자에게 회의 일정을 곧 다시 잡을 수 있을 것 같은지 묻자 남자가 Assuming the medicine ~ me works(의사가 준 약이 효과가 있다면요)라고 했으므로, 남자가 병원에 갔었음을 알 수 있다. 따라서 대화를 통해 추론할 수 있는 것은 (d)이다.

어휘 | executive[igzékjutiv] 경영 간부 committee[kəmíti] 위원회 saddle[sǽdl] 고생시키다. (부담 등을) 지우다 flu[flu:] 독감
symptom[símptəm] 증상 assuming[əsjú:miŋ] ~이라 하면. ~이라 가정하여

---

2. Do·next · Opinion 문제

전략 적용

p.207

Listen to two friends discuss a man's brother.

W: Stanley, it's Lisa. I was calling to check on your brother.

M: That's nice of you. He's still in recovery, but the doctor said he'll be fine.

W: Well, I was planning to pay him a visit later today.

두 친구가 남자의 동생에 관해 이야기하는 것을 들으시오.

W: Stanley, 나 Lisa야. 네 동생이 어떤지 물어보려고 전화했어.

M: 고마워. 아직 회복 중인데, 의사가 괜찮을 거래.

W: 음, 오늘 이따가 병문안 가려고 생각하고 있었어.

M: I'm sure he'd appreciate that very much.

W: **I'm going to pick up a bite to eat. Can I bring you something?**

M: **If you don't mind.** I'm sick and tired of the hospital cafeteria.

Q. What will the woman probably do next?

(a) Take the man some food
(b) Wait for the food to arrive
(c) Meet the man at the cafeteria
(d) Visit the man's brother

M: 그러면 동생이 정말 고마워할 거야.

W: 간단한 먹을 것을 사러 갈 건데. 너도 좀 갖다 줄까?

M: 너만 괜찮다면. 병원 식당의 음식은 질렸어.

Q. 여자는 다음에 무엇을 할 것 같은가?

(a) 남자에게 음식을 가져다 준다.
(b) 음식이 도착하길 기다린다.
(c) 식당에서 남자를 만난다.
(d) 남자의 동생을 방문한다.

어휘 | **a bite to eat** 간단한 먹을 것

Hackers Practice

p.208

01 Step 4 (c) **02** Step 4 (d) **03** Step 4 (b) **04** Step 4 (d) **05** (c) **06** (c) **07** (d) **08** (b)

01

Listen to a conversation about <u>a dog</u>.

M: Are you <u>giving your dog up for adoption</u>?

W: We are <u>moving to a new house and won't have enough room</u>.

M: Couldn't <u>the dog just stay outside</u>?

W: It could, but it is too cold for her to stay outside.

M: Well, **do you think it would like living at my place?**

W: **That would really help us out a lot.**

Q. What will probably <u>happen</u> to the <u>dog</u>?

(a) The man will give it to his friend.
(b) The woman will keep it in the house.
(c) The man will take it home.
(d) The woman will put it outside.

개에 관한 대화를 들으시오.

M: 너희 집 개를 입양 보내려고 하니?

W: 새 집으로 이사가는데 충분한 공간이 없을거야.

M: 개를 그냥 밖에 두면 안돼?

W: 그럴 수도 있지만, 그녀가 밖에서 지내기엔 너무 추워.

M: 음, 너희 개가 우리 집에서 지내는 것을 좋아할 것 같니?

W: 그렇다면 우리에게 정말 큰 도움이 될 거야.

Q. 개는 어떻게 될 것 같은가?

(a) 남자는 개를 그의 친구에게 줄 것이다.
(b) 여자는 개를 집 안에 둘 것이다.
(c) 남자는 개를 집으로 데려갈 것이다.
(d) 여자는 개를 밖에 둘 것이다.

해설 | 여자의 개가 어떻게 될 것인지 묻는 문제이다. 여자가 개를 입양 보내려 한다고 하자 남자가 do you ~ my place?(너희 개가 우리 집에서 지내는 것을 좋아할 것 같니?)라고 물었다. 이에 대해 여자가 That would ~ a lot(그렇다면 우리에게 정말 큰 도움이 될 거야)이라고 했으므로, 남자가 개를 자신의 집으로 데려갈 것임을 알 수 있다. 따라서 (c)가 정답이다.

02

Listen to a conversation between <u>two friends</u>.

W: Did you hear <u>the weather forecast</u>?

M: Yeah, <u>it's supposed to be windy and cold</u>.

W: You'll have to take some warm clothes with you.

M: **I can't believe the weather is going to be that way on my only day off.**

W: But at least you'll be able to relax and get some rest.

M: Still, **the timing couldn't be worse**.

Q. What is the <u>man's opinion</u> of the <u>expected weather</u>?

(a) It is too good to be true.
(b) It is unpredictable and hard to plan for.
(c) It is a good reason to take the day off and rest.
(d) It is likely to spoil his enjoyment of his day off.

두 친구 간의 대화를 들으시오.

W: 일기 예보를 들었니?

M: 응, 바람이 불고 추울 거래.

W: 넌 따뜻한 옷을 가져가야 할 거야.

M: 나의 하루뿐인 휴가에 날씨가 그럴 것이라니 믿을 수가 없다.

W: 그래도 최소한 긴장을 풀고 쉴 수는 있잖니.

M: 그래도, 타이밍이 이보다 나쁠 순 없어.

Q. 예상되는 날씨에 대한 남자의 의견은 무엇인가?

(a) 너무 좋아서 믿어지지 않는다.
(b) 예측할 수 없어서 계획을 세우기 어렵다.
(c) 하루 휴가를 내고 쉴 만한 타당한 이유이다.
(d) 휴가의 즐거움을 망칠 것 같다.

해설 | 예상되는 날씨에 대한 남자의 의견을 묻는 문제이다. 바람이 불고 추운 날씨가 될 거라는 일기 예보에 대해 남자가 I can't believe ~ day off(나의 하루뿐인 휴가에 날씨가 그럴 것이라니 믿을 수가 없다), the timing couldn't be worse(타이밍이 이보다 나쁠 순 없어)라고 했으므로, 남자는 일기 예보에 실망했음을 알 수 있다. 따라서 예상되는 날씨에 대한 남자의 의견은 (d)이다.

03

Listen to a conversation between two friends.

M: Hey Gina, do you have a minute?

W: Of course. What's up?

M: My anniversary's coming up, and I want to do something special for my wife.

W: I know of a very quaint steak restaurant that overlooks the harbor.

M: That sounds cozy, but my wife is a vegetarian.

W: Actually, that shouldn't be a problem. They have quite an eclectic menu.

M: Really? Excellent. **Then I'll stop by there tonight.**

Q. What will the man probably do tonight?

(a) Thank the woman for helping him

(b) Visit the restaurant firsthand

(c) Call his wife and give her the good news

(d) Buy an anniversary gift for his wife

두 친구 간의 대화를 들으시오.

M: 이봐 Gina, 잠깐 시간 있어?

W: 물론이지. 무슨 일이야?

M: 내 기념일이 다가오는데, 아내를 위해 뭔가 특별한 것을 해주고 싶어서.

W: 나 항구가 내려다 보이는 아주 독특한 스테이크 집을 알아.

M: 분위기는 아늑할 것 같지만, 내 아내는 채식주의자야.

W: 사실, 그건 문제가 되지 않아. 다양한 메뉴가 있거든.

M: 정말? 좋아. 그럼 오늘 밤에 거길 들러봐야겠다.

Q. 남자는 오늘 밤에 무엇을 할 것 같은가?

(a) 자신을 도와준 것에 대해 여자에게 감사한다.

(b) 식당을 직접 방문한다.

(c) 아내에게 전화해서 좋은 소식을 전해준다.

(d) 아내를 위해 기념일 선물을 사준다.

해설 | 남자가 오늘 밤에 할 일을 묻는 문제이다. 여자가 남자에게 아주 독특한 스테이크 집을 추천하자 남자가 Then I'll ~ tonight(그럼 오늘 밤에 거길 들러봐야겠다)이라고 했으므로, 남자가 오늘 밤에 할 일은 (b)이다. (d)는 아내와의 기념일에 특별한 것을 해주고 싶다는 남자의 말을 고려하면 그럴듯하지만, 선물을 사준다는 것은 대화에서 언급된 적이 없으므로 틀리다.

어휘 | quaint[kweint] 독특한   vegetarian[vèdʒitéəriən] 채식주의자   eclectic[ikléktik] 다양한, 취사 선택하는   firsthand[fə̀ːrsthǽnd] 직접

04

Listen to a conversation between two co-workers.

W: Hi, Frank. What are you up to?

M: Just doing this month's report. How about you?

W: Well, I'm going out to get some coffee and thought you might like to join me.

M: Thanks, but I have to finish this sales report before noon.

W: Well, then would you like me to bring you something back?

M: Sure. I could really use a cup of coffee.

Q. What will the woman probably do next?

(a) Complete the monthly report

(b) Make some coffee

(c) Finish her work

(d) Go to the coffee shop

두 동료 간의 대화를 들으시오.

W: 안녕하세요, Frank. 뭐하고 있어요?

M: 이번 달 보고서를 쓰고 있어요. 당신은요?

W: 음, 전 커피 사러 나갈 건데 당신도 아마 함께 가고 싶어 할 것 같다는 생각이 들어서요.

M: 고맙지만 정오 이전에 이 판매 보고서를 끝내야 해요.

W: 음, 그럼 뭔가 사다 줄까요?

M: 좋죠. 커피 한잔 마셨으면 정말 좋겠어요.

Q. 여자는 다음에 무엇을 할 것 같은가?

(a) 월간 보고서를 완성한다.

(b) 커피를 만든다.

(c) 일을 끝낸다.

(d) 커피숍에 간다.

해설 | 여자가 다음에 할 일을 묻는 문제이다. 여자가 커피를 사러 나갈 거라며 would you ~ something back?(뭔가 사다 줄까요?)이라고 묻자, 남자가 Sure. I could ~ of coffee(좋죠. 커피 한잔 마셨으면 정말 좋겠어요)라고 했으므로 여자가 다음에 할 일은 (d)이다. (b)는 여자에게 커피를 부탁하는 남자의 마지막 말을 고려하면 그럴듯하지만, 여자는 커피를 타는 것이 아니라 사러 나갈 것이므로 틀리다.

05

Listen to a couple make plans for Thanksgiving.

M: Thanksgiving's just around the corner. What should we do for the dinner?

커플이 추수감사절 계획을 세우는 것을 들으시오

M: 추수감사절이 얼마 남지 않았어. 그날 저녁 식사를 무엇으로 할까?

W: We could prepare a turkey feast at home.

M: Yeah, but we always do that. How about doing something different?

W: Then let's have it catered. That way we don't have to prepare much.

M: Great idea. **We can spend more time together as a family that way.**

W: **There's also Ron and Tina from church.**

M: Oh, right. I forgot that you'd invited them.

Q. What will the speakers most likely do for Thanksgiving?

    (a) Invite Ron and Tina to a Thanksgiving feast

    (b) Attend a catered party they were invited to

    (c) Share a meal with family and friends

    (d) Make a turkey dinner at home

W: 집에서 칠면조 파티를 준비해도 되겠다.

M: 응, 그렇지만 항상 그렇게 했잖아. 뭔가 다른 걸 하는 건 어때?

W: 그럼 출장 요리로 하자. 그렇게 하면 우린 별로 준비하지 않아도 되잖아.

M: 좋은 생각이야. 그렇게 하면 가족끼리 더 많은 시간을 보낼 수 있겠다.

W: 교회에서 Ron과 Tina도 올 거야.

M: 오, 맞다. 당신이 그들을 초대했다는 걸 잊고 있었어.

Q. 화자들은 추수감사절에 무엇을 할 것 같은가?

    (a) 추수감사절 파티에 Ron과 Tina를 초대한다.

    (b) 초대받은 출장 요리 파티에 참석한다.

    (c) 가족과 친구들과 함께 식사한다.

    (d) 집에서 저녁을 위해 칠면조 요리를 만든다.

해설 | 남자와 여자가 추수감사절에 할 일을 묻는 문제이다. 추수감사절 저녁에 출장 요리를 부르는 것에 대해 남자가 We can ~ that way(그렇게 하면 가족끼리 더 많은 시간을 보낼 수 있겠다)라며 찬성하자 여자가 There's ~ from church(교회에서 Ron과 Tina도 올 거야)라고 했으므로, 그들이 추수감사절 저녁에 가족과 친구들과 함께 식사를 할 것임을 알 수 있다. 따라서 남자와 여자가 추수감사절에 할 일은 (c)이다.

어휘 | cater[kéitər] 출장 요리를 하다

06

Listen to a conversation between two friends.

W: Hello? Hi Matthew, it's Julia.

M: I heard you were trying to reach me. What's up?

W: I was wondering if you still wanted the file cabinet I promised you.

M: I do, but I've got meetings lined up all afternoon and can't leave the office.

W: Well, I'm on my way out, so **I could bring it by** if you like.

M: If you're sure you don't mind, **that would be a big help.**

Q. What will the woman probably do next?

    (a) Call the man back after his meetings

    (b) Attend an important afternoon meeting at the office

    (c) Drop the file cabinet off at the man's office

    (d) Find someone to deliver the file cabinet to the man

두 친구 간의 대화를 들으시오.

W: 여보세요? 안녕 Matthew, 나 Julia야.

M: 나한테 전화했었다고 들었어. 무슨 일이니?

W: 너에게 주기로 약속했던 파일 수납장을 아직 원하는지 궁금해서.

M: 갖고 싶긴 한데, 오후 내내 회의가 있어서 사무실을 떠날 수가 없어.

W: 음, 내가 나가는 길이니까 네가 원한다면 가져다 줄게.

M: 너만 괜찮다면, 그게 큰 도움이 될 것 같아.

Q. 여자는 다음에 무엇을 할 것 같은가?

    (a) 남자의 회의 후에 그에게 다시 전화한다.

    (b) 사무실에서 중요한 오후 회의에 참석한다.

    (c) 남자의 사무실에 파일 수납장을 가져다 준다.

    (d) 남자에게 파일 수납장을 배달할 사람을 찾는다.

해설 | 여자가 다음에 할 일을 묻는 문제이다. 파일 수납장에 대해 여자가 I could bring it by(내가 가져다 줄게)라고 하자 남자가 that would be a big help(그게 큰 도움이 될 것 같아)라고 했으므로, 여자는 남자에게 파일 수납장을 가져다 줄 것임을 알 수 있다. 따라서 여자가 다음에 할 일은 (c)이다.

어휘 | on one's way out 나가는 길에   drop off ~을 가져다 주다, ~을 갖다 놓다

07

Listen to a conversation about a car.

M: Are you still looking to sell your SUV?

W: Yes. Do you think you might be interested?

M: Maybe. **Would you be willing to sell it for $15,000?**

W: **I couldn't give it up for that.**

M: Well, what is your bottom line?

W: I was thinking more like 20 grand.

차에 관한 대화를 들으시오.

M: 여전히 SUV를 파실 생각이신가요?

W: 네. 관심 있으신가요?

M: 아마도요. 15,000달러에 팔 수 있으세요?

W: 그렇게는 안 될 것 같아요.

M: 음, 최저가를 얼마로 생각하고 계신가요?

W: 20,000달러 정도를 생각하고 있었어요.

Q. What is the woman's opinion of the man's offer?

(a) It should be no higher than 15 grand.
(b) It is not worth negotiating over.
(c) It was not given enough thought by the man.
(d) It is lower than she can accept.

Q. 남자가 제안한 액수에 대한 여자의 의견은 무엇인가?

(a) 15,000달러 이하여야만 한다.
(b) 협상할 가치가 없다.
(c) 남자가 충분히 생각을 하지 않았다.
(d) 받아들일 수 있는 것보다 더 낮다.

해설 | 남자가 제안한 액수에 대한 여자의 의견을 묻는 문제이다. 남자가 Would you be willing to sell it for $15,000?(15,000달러에 팔 수 있으세요?)에서 SUV를 15,000달러에 팔 수 있는지 묻자, 여자가 I couldn't give it up for that(그렇게는 안 될 것 같아요)이라고 했으므로, 여자는 자신의 SUV에 남자가 제안한 액수가 너무 낮다고 생각한다는 것을 알 수 있다. 따라서 남자의 제안에 대한 여자의 의견은 (d)이다.

어휘 | bottom line 최저치   grand[grænd] 천 달러

08

Listen to two friends discuss an international fair.

W: Did you make it to the international fair last weekend?
M: Yes, there were lots of people there.
W: Didn't you feel overwhelmed by the crowd?
M: **I was too busy enjoying all the cultural displays to notice.**
W: But I heard there was an admission fee just to go in and look around.
M: And it was well worth it.

Q. What is the man's opinion of the international fair?

(a) Its vast range of cultural exhibitions was overwhelming.
(b) It offered plenty of entertainment value for guests.
(c) It was too crowded to enjoy.
(d) It was noticeably overpriced.

두 친구가 국제 박람회에 관해 이야기하는 것을 들으시오.

W: 너 지난 주말에 국제 박람회에 갔었니?
M: 응, 사람들이 정말 많았어.
W: 많은 사람들에 질려버리지 않았어?
M: 전시된 온갖 문화재를 다 즐기느라 바빠서 깨닫지 못했어.
W: 그렇지만 그냥 들어가서 보는 것에도 입장료가 있다고 들었어.
M: 그래도 그건 정말 그럴 만한 가치가 있었어.

Q. 국제 박람회에 대한 남자의 의견은 무엇인가?

(a) 다양한 범위의 문화 전시는 압도적이었다.
(b) 손님들을 위한 많은 볼거리를 제공했다.
(c) 너무 붐벼서 즐길 수가 없었다.
(d) 매우 비쌌다.

해설 | 국제 박람회에 대한 남자의 의견을 묻는 문제이다. 국제 박람회의 많은 사람들에 질려버리지 않았냐는 질문에 남자가 I was too ~ to notice(전시된 온갖 문화재를 다 즐기느라 바빠서 깨닫지 못했어)라고 했으므로, 남자는 국제 박람회에 볼거리가 많이 있었다고 생각한다는 것을 알 수 있다. 따라서 남자의 의견은 (b)이다.

어휘 | fair[fɛər] 박람회   overwhelm[òuvərʰwélm] 질리게 하다, 압도하다

Hackers TEST

p.210

01 (d) 02 (c) 03 (b) 04 (d) 05 (c) 06 (d) 07 (d) 08 (c)

01

Listen to a conversation between two friends.

W: What've you got there Jack?
M: It's a model train from my childhood. It's just cluttering up the basement.
W: It appears to be in decent condition. Is it still operable?
M: I think so, but I haven't tried it lately.
W: Well, **I know plenty of kids who could put it to good use.**
M: **Then I'll just pass it on to you.**

두 친구 간의 대화를 들으시오.

W: 그게 뭐니 Jack?
M: 내가 어렸을 적부터 있었던 모형 기차야. 지하에 어질러져 있더라고.
W: 상태가 쓸 만한 것처럼 보이는데. 아직 작동되니?
M: 그런 것 같은데, 최근에 작동시켜 본 적이 없어서.
W: 음, 난 그걸 잘 이용할 만한 아이들을 많이 알아.
M: 그럼 그냥 이걸 너에게 줄게.

Q. What will probably happen to the model train?

    (a) The woman will pass it on to her children.

    (b) The man will check to see if it's in good working order.

    (c) The man will have it restored to its original condition.

    (d) The woman will give it to some children.

Q. 모형 기차는 어떻게 될 것 같은가?

    (a) 여자는 그것을 자신의 아이에게 줄 것이다.

    (b) 남자는 그것이 잘 작동하는지 확인할 것이다.

    (c) 남자는 그것을 원래 상태로 복구되도록 할 것이다.

    (d) 여자가 아이들에게 그것을 줄 것이다.

해설 | 모형 기차가 어떻게 될 것인지 묻는 문제이다. 모형 기차에 대해 여자가 I know ~ to good use(그걸 잘 이용할 만한 아이들을 많이 알아)라고 하자 남자가 Then I'll ~ to you(그럼 그냥 이걸 너에게 줄게)라고 했으므로, 여자가 아이들에게 모형 기차를 줄 것임을 알 수 있다. 따라서 (d)가 정답이다.

어휘 | **clutter**[klʌ́tər] 어지르다　**decent**[díːsənt] 쓸만한　**operable**[ɑ́pərəbl] 작동되는, 사용 가능한　**put ~ to good use** ~을 잘 이용하다

02

Listen to two friends prepare for a trip.

M: Should I bring my scuba gear to Ningaloo Reef?

W: No, the brochure says to bring a mask and flippers.

M: I'm tickled pink about this trip.

W: Yeah. **I've always dreamed of swimming with whale sharks at Ningaloo Reef.**

M: **Tell me about it.** But why aren't we taking the scuba equipment?

W: According to the brochure, only snorkeling is allowed at Ningaloo Reef.

Q. What can be inferred about the man and woman from the conversation?

    (a) They will take their scuba gear on the trip.

    (b) They prefer scuba diving to snorkeling.

    (c) They are visiting Ningaloo Reef for the first time.

    (d) They will need tracking equipment to find whale sharks.

두 친구가 여행을 준비하는 것을 들으시오.

M: 스쿠버 장치를 Ningaloo Reef에 가져가야 할까?

W: 아니. 소책자에 마스크와 잠수용 오리발을 가져오라고 나와 있어.

M: 난 이 여행이 정말 기뻐.

W: 그래. 난 항상 Ningaloo Reef에서 고래 상어들과 함께 수영하는 걸 꿈꿔 왔어.

M: 나도. 그렇지만 스쿠버 장비들은 왜 안 가져가는 거야?

W: 소책자에 따르면, Ningaloo Reef에서는 스노클링만 할 수 있대.

Q. 대화로부터 남자와 여자에 대해 추론할 수 있는 것은 무엇인가?

    (a) 여행에 스쿠버 장치를 가져갈 것이다.

    (b) 스노클링보다 스쿠버 다이빙을 선호한다.

    (c) 처음으로 Ningaloo Reef를 방문한다.

    (d) 고래 상어를 찾기 위한 추적 장치가 필요하다.

해설 | 대화를 통해 추론할 수 있는 내용을 묻는 문제이다. 여자가 I've always ~ Ningaloo Reef(난 항상 Ningaloo Reef에서 고래 상어들과 함께 수영하는 걸 꿈꿔 왔어)라고 하고, 남자가 Tell me about it(나도)이라며 동조했으므로, 그들이 Ningaloo Reef에 가본 적이 없다는 것을 알 수 있다. 따라서 대화를 통해 추론할 수 있는 것은 (c)이다.

어휘 | **scuba**[skjúːbə] 스쿠버(잠수용 수중 호흡 장치)　**flipper**[flípər] 잠수용 오리발　**be tickled pink** 매우 기뻐하다
snorkel[snɔ́ːrkəl] 스노클링을 하다(잠수용 호흡기구를 쓰고 수면을 헤엄치다)

03

Listen to a conversation between a receptionist and a patient.

M: Hello, Ms. Francis? I'm calling from Dr. Stevens' office.

W: **Please say you found an opening.**

M: Actually, yes. We had a last minute cancellation today.

W: Excellent! **I don't think I can stand this pain much longer.**

M: Well, we can fit you in at 1:30 if that's OK with you.

W: That will work just fine. I really appreciate it.

M: Anytime. That's what we're here for.

Q. What can be inferred from the conversation?

    (a) The man pushed back another patient's appointment.

    (b) The woman had feared the doctor couldn't see her.

    (c) The woman is unable to come at the proposed time. ◯

접수원과 환자 간의 대화를 들으시오.

M: 여보세요, Ms. Francis? Dr. Stevens의 사무실입니다.

W: 진료 가능한 시간이 생겼다고 말씀해주세요.

M: 사실, 그렇습니다. 오늘 임박해서 취소된 예약이 있었거든요.

W: 좋아요! 더 이상은 이 고통을 참을 수 없을 것 같아요.

M: 음, 괜찮으시다면 1시 30분에 시간을 내 드릴게요.

W: 좋아요. 정말 감사합니다.

M: 천만에요. 그게 저희가 있는 이유인걸요.

Q. 대화로부터 추론할 수 있는 것은 무엇인가?

    (a) 남자는 다른 환자의 예약을 연기했다.

    (b) 여자는 의사가 자신을 봐줄 수 없을까 봐 걱정했다.

    (c) 여자는 제안받은 시간에 갈 수 없다.

(d) The man is appreciative that the woman could fit him in.

(d) 남자는 여자가 자신에게 시간을 내준 것에 감사한다.

해설 | 대화를 통해 추론할 수 있는 내용을 묻는 문제이다. 병원에서 걸려온 전화에 여자가 Please say you found an opening(진료 가능한 시간이 생겼다고 말씀해주세요), I don't think ~ much longer(더 이상은 이 고통을 참을 수 없을 것 같아요)라고 했으므로, 여자는 의사가 자신을 진료 할 시간이 없을까 봐 걱정했다는 것을 알 수 있다. 따라서 대화를 통해 추론할 수 있는 것은 (b)이다. (c)는 남자가 제안한 시간에 대해 여자 가 That will work just fine(좋아요)이라고 했으므로, 대화의 내용과 반대되는 오답이다.

어휘 | last minute 임박한 stand[stænd] 참다 fit in ~에게 시간을 내주다 push back ~을 연기하다

04

Listen to a conversation about renting a car.

M: Excuse me. Do you have any rental cars available?

W: Unfortunately, we just rented the last one.

M: Is there nothing you can do? **I'm supposed to be at a meeting in an hour.**

W: Well, one was recently returned, but **it will take a half hour to prepare it.**

M: **That'll work. The meeting's only about a 10 minute drive from here.**

W: OK. Then please fill out this paperwork while you wait.

Q. What can be inferred from the conversation?

(a) The man will have to leave in 10 minutes.

(b) The woman omitted the fact that a car was available.

(c) The woman has to repair the returned car.

(d) The man will make it to the meeting within an hour.

차 대여에 관한 대화를 들으시오.

M: 실례합니다. 이용 기능한 렌트카가 있나요?

W: 공교롭게도, 방금 마지막 차를 빌려주었어요.

M: 방법이 없을까요? 한 시간 내로 회의에 가야 해서요.

W: 음, 한 대가 방금 반납되긴 했는데, 준비하는 데 30분이 걸릴 거예요.

M: 괜찮아요. 회의 장소는 여기에서 운전해서 10분 거리에 있어요.

W: 좋아요. 그럼 기다리시는 동안 이 서류를 작성해주세요.

Q. 대화로부터 추론할 수 있는 것은 무엇인가?

(a) 남자는 10분 내로 떠나야 한다.

(b) 여자는 한 대의 차가 이용 가능하다는 사실을 빠뜨렸다.

(c) 여자는 반납된 차를 수리해야 한다.

(d) 남자는 한 시간 내로 회의에 참석할 것이다.

해설 | 대화를 통해 추론할 수 있는 내용을 묻는 문제이다. 한 시간 내로 회의에 참석하기 위해 렌트카를 요청하는 남자에게 여자가 it will take ~ prepare it(준비하는 데 30분이 걸릴 거예요)이라고 하자 남자가 That'll work ~ from here(괜찮아요. 회의 장소는 여기에서 운전해서 10분 거리 에 있어요)라고 했으므로, 남자가 한 시간 내로 회의에 참석할 것임을 알 수 있다. 따라서 대화를 통해 추론할 수 있는 것은 (d)이다.

어휘 | fill out ~을 작성하다 paperwork[péipərwə̀rk] 서류 omit[oumít] 빠뜨리다

05

Listen to a conversation between two friends.

W: Have you reserved your tickets for the benefit concert?

M: **Not yet. I called the ticket office yesterday, but they require a credit card for purchases over the phone.**

W: Well, you could always just go to the ticket office and buy them there.

M: Yeah, I guess you're right. Do you happen to know where it is?

W: It's down on Broadway, next to the courthouse.

M: Thanks. I guess I'd better get a move on before they're sold out.

Q. What can be inferred from the conversation?

(a) The woman usually reserves her tickets online.

(b) The man does not know how to find the courthouse.

(c) The man is unable to pay by credit card.

(d) The woman thinks that the benefit concert is sold out.

두 친구 간의 대화를 들으시오.

W: 자선 음악회 표를 예매했니?

M: 아직 안 했어. 매표소에 어제 전화했는데, 전화로 구매하려 면 신용 카드가 필요하대.

W: 음, 언제든 매표소에 가서 표를 살 수 있을 거야.

M: 그래, 네 말이 맞아. 너 혹시 그게 어디 있는지 아니?

W: Broadway 길에 있어, 법원 옆이야.

M: 고마워. 매진되기 전에 서둘러야겠다.

Q. 대화로부터 추론할 수 있는 것은 무엇인가?

(a) 여자는 그녀의 표를 주로 온라인으로 예약한다.

(b) 남자는 법원을 어떻게 찾는지 모른다.

(c) 남자는 신용 카드로 지불할 수 없다.

(d) 여자는 자선 음악회 표가 매진되었다고 생각한다.

해설 | 대화를 통해 추론할 수 있는 내용을 묻는 문제이다. 여자가 자선 음악회 표를 예매했는지 묻자 남자가 Not yet ~ over the phone(아직 안 했어. 매표소에 어제 전화했는데, 전화로 구매하려면 신용 카드가 필요하대)이라고 했으므로, 남자는 신용 카드로 표를 살 수 없다는 것을 알 수

있다. 따라서 대화를 통해 추론할 수 있는 것은 (c)이다.

어휘 | courthouse[kɔ́ːrthàus] 법원 get a move on 서두르다 be sold out 매진되다

06

Listen to two friends discuss a man's nephew.

M: You remember my nephew Timothy, right?

W: Yes, I've met him a couple of times. Why?

M: He just called and told me he got a scholarship to Harvard.

W: Oh, that's good news.

M: It sure is. **After helping put him through school all these years, it's a great reward.**

W: You must be very proud.

Q. What can be inferred about the man from the conversation?

　(a) He was also a Harvard scholar when he was younger.

　(b) He wants his nephew to enroll at Harvard University.

　(c) He currently has an estranged relationship with his nephew.

　(d) He provided financial support for his nephew's education.

두 친구가 남자의 조카에 관해 이야기하는 것을 들으시오.

M: 내 조카 Timothy 기억하지, 그렇지?

W: 응, 두어 번 만난 적이 있어. 왜?

M: 그가 방금 전화해서 하버드에서 장학금을 받았다고 말해줬어.

W: 오, 좋은 소식이네.

M: 정말로 그래. 그동안 학비를 내주면서 조카가 학교 공부를 하도록 도왔던지라 보람이 커.

W: 정말 자랑스럽겠구나.

Q. 대화로부터 남자에 대해 추론할 수 있는 것은 무엇인가?

　(a) 그 역시 어릴 적에 하버드 장학생이었다.

　(b) 그의 조카가 하버드 대학에 등록하기를 원한다.

　(c) 현재 그의 조카와 소원한 사이다.

　(d) 조카의 교육을 위해 재정적 지원을 제공했다.

해설 | 대화를 통해 남자에 대해 추론할 수 있는 내용을 묻는 문제이다. 남자가 After helping ～ great reward(그동안 학비를 내주면서 조카가 학교 공부를 하도록 도왔던지라 보람이 커)라고 했으므로, 남자는 조카의 교육을 위해 재정적 지원을 했다는 것을 알 수 있다. 따라서 대화를 통해 추론할 수 있는 것은 (d)이다.

어휘 | nephew[néfjuː] 조카 scholarship[skάlərʃìp] 장학금 put ～ through (학비를 내어) ～를 공부시키다 estranged[istréindʒd] 소원한

07

Listen to a conversation about a recent political debate.

W: What did you think of the debate last night?

M: The speeches were no more than a political show.

W: You have to expect that from these sorts of campaigns.

M: True, but most of the issues addressed were pointless.

W: **I thought the front-runner's comments on health care were relevant.**

M: **Yeah, his speech was the only bright spot.**

Q. What is the man's opinion of the debate?

　(a) He felt the speeches were genuine.

　(b) He considered the issues discussed to be poignant.

　(c) He believed it was enhanced by the candidates' personalities.

　(d) He felt the leading candidate made the best speech.

최근 정치 토론에 관한 대화를 들으시오.

W: 어젯밤의 토론에 대해 어떻게 생각했어?

M: 그 연설은 그저 정치적인 겉치레에 지나지 않았어.

W: 그런 류의 선거 유세에서 그 정도는 예상해야지.

M: 맞아, 그렇지만 연설 주제의 대부분은 요점이 없었어.

W: 난 건강 보험 문제에 대한 당선이 유력한 후보자의 의견은 적절하다고 생각했어.

M: 그래, 괜찮은 거라곤 그의 연설 밖에 없었어.

Q. 토론에 대한 남자의 의견은 무엇인가?

　(a) 연설이 진실하다고 느꼈다.

　(b) 논의된 주제가 신랄하다고 느꼈다.

　(c) 후보자들의 성품에 의해 토론이 향상되었다고 생각했다.

　(d) 당선이 유력한 후보자가 연설을 가장 잘 했다고 느꼈다.

해설 | 토론에 대한 남자의 의견을 묻는 문제이다. 여자가 I thought ～ were relevant(난 건강 보험 문제에 대한 당선이 유력한 후보자의 의견은 적절하다고 생각했어)라고 하자 남자가 Yeah, his speech ～ bright spot(그래, 괜찮은 거라곤 그의 연설 밖에 없었어)이라고 했으므로, 남자는 당선이 유력한 후보자가 연설을 가장 잘했다고 생각했다는 것을 알 수 있다. 따라서 토론에 대한 남자의 의견은 (d)이다. (b)는 남자가 most of ～ were pointless(연설 주제의 대부분은 요점이 없었어)라고 했으므로, 남자의 의견과 반대되는 내용의 오답이다.

어휘 | no more than ～에 지나지 않는 pointless[pɔ́intlis] 요점이 없는 front-runner 당선이 유력한 후보자, 선두 주자 genuine[dʒénjuin] 진실된 poignant[pɔ́injənt] 신랄한 enhance[inhǽns] 향상시키다

08

Listen two a conversation between two colleagues.

M: Diane, will we get to expand our budget for this quarter?

W: It's still up in the air. **The board still has to evaluate the needs of each department.**

M: When do you think we'll know something?

W: The board next meets in June.

M: So, budget proposals will definitely be considered then?

W: Without a doubt. **They're usually at the top of the agenda.**

Q. What can be inferred from the conversation?

(a) The woman has no doubts that the budget will be approved.

(b) The man will submit a budget proposal in June.

(c) The woman is aware of the process of allocating funds.

(d) The man is aware of the date of the board meeting.

두 동료 간의 대화를 들으시오.

M: Diane, 이번 분기에 예산을 늘리게 될까요?

W: 아직 미정이에요. **이사회가 각 부서의 수요를 평가해야 해요.**

M: 우리가 언제쯤 결과를 알게 될 거라 생각하세요?

W: 다음 이사회의 회의는 6월에 있어요.

M: 그래서, 예산 제안이 그때는 확실히 논의될까요?

W: 의심할 여지가 없어요. 주로 그것들이 최우선되는 안건이에요.

Q. 대화로부터 추론할 수 있는 것은 무엇인가?

(a) 여자는 예산이 승인될 것이라는 것을 의심하지 않는다.

(b) 남자는 6월에 예산 제안서를 제출할 것이다.

(c) 여자는 예산을 분배하는 과정을 알고 있다.

(d) 남자는 이사회의 회의 날짜를 알고 있다.

해설 | 대화를 통해 추론할 수 있는 내용을 묻는 문제이다. 이번 분기의 예산 조정과 결정 과정에 대한 남자의 질문에 여자가 The board ~ each department(이사회가 각 부서의 수요를 평가해야 해요), They're ~ the agenda(주로 그것들이 최우선되는 안건이에요)라며 답변했으므로, 여자가 예산을 분배하는 과정에 대해 알고 있다는 것을 알 수 있다. 따라서 대화를 통해 추론할 수 있는 것은 (c)이다.

어휘 | **up in the air** 미정의 **board**[bɔːrd] 이사회 **without a doubt** 의심할 여지 없이

Part TEST   p.211

01 (d) **02** (c) **03** (a) **04** (d) **05** (c) **06** (d) **07** (b) **08** (b) **09** (c) **10** (c)

01

Listen to a conversation between two friends.

W: **I really appreciate you booking my plane ticket.**

M: Any time. It was no trouble at all.

W: My travel agent said all the tickets were sold out for the weekend.

M: Yeah, my friend was able to pull some strings.

W: It's nice to have friends like that.

M: Let me know if there's anything else I can do.

W: **You've been more than kind enough already.**

Q. What is the woman mainly doing in the conversation?

(a) Talking with her travel agent

(b) Looking to purchase plane tickets

(c) Making arrangements to take a trip

(d) Showing her appreciation for the man's help

두 친구 간의 대화를 들으시오.

W: 내 비행기 표를 예약해줘서 정말 고마워.

M: 천만에. 전혀 힘든 일이 아니었어.

W: 여행사에서는 주말 표는 다 팔렸다고 말했거든.

M: 그래, 내 친구가 힘을 쓸 수 있었어.

W: 그런 친구가 있어서 좋구나.

M: 내가 할 수 있는 다른 뭔가가 있으면 알려줘.

W: 이미 충분히 도와주었는걸.

Q. 대화에서 여자는 주로 무엇을 하고 있는가?

(a) 여행사와 대화한다.

(b) 비행기표를 구매할 것을 예상한다.

(c) 여행 갈 준비를 한다.

(d) 남자의 도움에 감사를 표시한다.

해설 | 대화에서 여자가 무엇을 하고 있는지 묻는 문제이다. 여자가 I really ~ plane ticket(내 비행기 표를 예약해줘서 정말 고마워), You've ~ enough already(이미 충분히 도와주었는걸)라며 남자에게 감사했다. 따라서 여자가 하고 있는 일은 (d)이다.

어휘 | **pull strings** 힘 쓰다, 뒤에서 조종하다

02

Listen to a conversation between a citizen and a police officer.

M: Yes, police department? **I'd like to report a disturbance.**
W: OK, sir. What seems to be the problem?
M: My neighbors are out of town, but their security alarm is going off.
W: Have you contacted the security company?
M: No. I thought it might be serious, so I decided to call the police.
W: All right. Just sit tight for now, and we'll send someone out to check on it.

Q. What is mainly happening in the conversation?

   (a) The woman is trying to contact her neighbors.
   (b) The woman is arranging to send someone to investigate.
   (c) The man is reporting a possible crime.
   (d) The man is calling a security company.

시민과 경찰관 간의 대화를 들으시오.

M: 네, 경찰서죠? 침입을 신고하려고 합니다.
W: 네. 무엇이 문제인가요?
M: 제 이웃이 도시 밖에 있는데, 그 집의 보안 경보가 울리고 있습니다.
W: 보안 업체에 연락해 보셨나요?
M: 아니요. 심각한 것 같아서, 경찰서에 전화하기로 마음먹었어요.
W: 알겠습니다. 이제 침착하시고요, 확인할 사람을 보내도록 하겠습니다.

Q. 대화에서 주로 무엇이 일어나고 있는가?

   (a) 여자가 그녀의 이웃에게 연락하려 하고 있다.
   (b) 여자가 조사할 누군가를 보낼 준비를 하고 있다.
   (c) 남자가 일어났을 가능성이 있는 범죄를 신고하고 있다.
   (d) 남자가 보안 업체에 전화를 하고 있다.

해설 | 대화에서 무슨 일이 일어나고 있는지 묻는 문제이다. 남자가 I'd like to report a disturbance(침입을 신고하려고 합니다)라고 말한 후 여자에게 상황을 설명하는 내용의 대화가 이어졌다. 따라서 대화에서 일어나고 있는 일은 (c)이다.
어휘 | disturbance[distə́ːrbəns] 침입, 침해 go off (경보가) 울리다 sit tight 침착하다 investigate[invéstəgèit] 조사하다

03

Listen to a conversation between two friends.

W: **What's your take on the current trade deficit?**
M: **It's obviously hurting domestic employment.**
W: Yeah, but it means cheaper products for consumers.
M: But excessive importing means that jobs are being shipped overseas.
W: I think you're probably overreacting.
M: Still, I don't see how they can ignore its negative impacts.

Q. What is the conversation mainly about?

   (a) How the imbalance of trade affects domestic jobs
   (b) What employers think about the trade deficit
   (c) How to deal with the excessive importing
   (d) What can be done to prevent negative economic impacts

두 친구 간의 대화를 들으시오.

W: 현재의 무역 적자에 대해 어떻게 생각해?
M: 그건 분명히 국내 고용에 해를 입히고 있어.
W: 응, 그렇지만 그건 소비자들에겐 더 저렴한 제품을 의미하잖아.
M: 그렇지만 지나친 수입은 일자리가 해외로 나간다는 것을 의미해.
W: 난 네가 과민 반응하는 것 같아.
M: 그렇지만, 난 어떻게 이런 부정적인 영향을 무시할 수 있는지 이해가 가질 않아.

Q. 주로 무엇에 관한 대화인가?

   (a) 어떻게 무역 불균형이 국내의 일자리에 영향을 미치는지
   (b) 고용주들이 무역 적자에 대해 어떻게 생각하는지
   (c) 어떻게 지나친 수입에 대처해야 할지
   (d) 부정적인 경제적 영향을 막기 위해 무엇이 행해져야 하는지

해설 | 대화의 주제를 묻는 문제이다. 여자가 What's ~ trade deficit?(현재의 무역 적자에 대해 어떻게 생각해?)이라고 묻자 남자가 It's obviously hurting domestic employment(그건 분명히 국내 고용에 해를 입히고 있어)라고 대답한 후, 무역 적자가 국내 고용에 미치는 부정적인 영향에 대한 대화가 이어졌다. 따라서 대화의 주제로 적절한 것은 (a)이다.
어휘 | deficit[défisit] 적자 domestic[dəméstik] 국내의 imbalance[imbǽləns] 불균형

04

Listen to a conversation between a customer and a waiter.

M: Good evening. Could we have a bottle of one of your finest wines?

고객과 종업원 간의 대화를 들으시오.

M: 안녕하세요. 제일 좋은 와인으로 한 병 주시겠어요?

W: Well, would you prefer a white or a red?

M: **Anything is fine, as long as it's something unique.**

W: OK. In that case I'd recommend this vintage Chablis or this 1974 Cabernet.

M: What are the prices on those?

W: The Chablis is only 175 dollars, but the Cabernet is 50 dollars more.

Q. Which is correct according to the conversation?

(a) The Cabernet is 50 dollars per bottle.

(b) The man wants a particular kind of white wine.

(c) The Chablis is more expensive than the Cabernet.

(d) **The man is looking for a wine that is distinctive.**

W: 음, 화이트 와인과 레드 와인 중 어느 것이 더 좋으신가요?

M: 특별한 것이라면 무엇이든 좋아요.

W: 네, 그렇다면 이 고급 Chablis나 1974년산 Cabernet을 추천해 드리겠습니다.

M: 가격이 얼만가요?

W: Chablis는 175달러밖에 안 하지만, Cabernet은 50달러 더 비쌉니다.

Q. 대화에 따르면 맞는 것은 무엇인가?

(a) Cabernet은 한 병에 50달러이다.

(b) 남자는 특정 종류의 화이트 와인을 원한다.

(c) Chablis가 Cabernet보다 비싸다.

(d) 남자는 독특한 와인을 찾고 있다.

해설 | 대화의 내용과 일치하는 것을 묻는 문제이다. 어떤 종류의 와인을 선호하는지 묻는 말에 남자가 Anything is ~ something unique(특별한 것이라면 무엇이든 좋아요)라고 했으므로 (d)가 정답이다. (a)는 Cabernet이 50달러인 것이 아니라 Chablis보다 50달러 더 비싼 것이므로 틀리다.

어휘 | vintage[víntidʒ] 고급의   distinctive[distíŋktiv] 독특한

05

Listen to a conversation between a customer and a receptionist.

W: I need to schedule an afternoon here at the day spa for my husband.

M: Would you like to use your usual time slot on Tuesday at 2:30?

W: Our schedules are a little different. Later would be a better fit for him.

M: Let's see... We could probably fit him in between 3:30 and 6.

W: **How about we make it 5 to be on the safe side?**

M: **OK**, we'll look forward to seeing him then.

Q. When will the woman's husband visit the day spa on Tuesday?

(a) At 2:30

(b) Between 2:30 and 3

(c) **At 5**

(d) After 6

고객과 접수원 간의 대화를 들으시오.

W: 제 남편을 위해 오후에 일일 온천을 예약하려고 합니다.

M: 평소 고객님의 시간대인 화요일 2시 30분으로 해드릴까요?

W: 저희 스케줄이 약간 달라서요. 그에게는 더 늦은 시간이 좋을 거예요.

M: 잠시만요… 아마도 3시 30분에서 6시 사이에 예약해 드릴 수 있을 것 같습니다.

W: 만일의 경우에 대비해서 5시로 해두면 어떨까요?

M: 좋습니다. 그럼 그때 오시기를 기다리고 있겠습니다.

Q. 여자의 남편은 화요일에 언제 일일 온천에 갈 것인가?

(a) 2시 30분에

(b) 2시 30분과 3시 사이

(c) 5시에

(d) 6시 이후

해설 | 여자의 남편이 화요일에 온천에 갈 시간을 묻는 문제이다. 여자가 How about ~ safe side?(만일의 경우에 대비해서 5시로 해두면 어떨까요?)라고 하자 남자가 OK(좋습니다)라고 했으므로 (c)가 정답이다.

어휘 | time slot 시간대   be on the safe side 만일의 경우에 대비해서 신중을 기하다

06

Listen to a conversation at a hospital.

M: Hello, Dr. Kennedy. Here for my morning checkup?

W: Like clockwork. How are we feeling today, Clark?

M: Well, **the pain in my leg has abated somewhat.**

W: Part of that's just the pain killer kicking in. No acute soreness to report then?

병원에서의 대화를 들으시오.

M: 안녕하세요, Dr. Kennedy. 제 아침 진료를 위해 오신 건가요?

W: 정확한 시간에 왔죠. 오늘은 어떠신가요, Clark?

M: 음, 다리의 고통이 어느 정도 가라앉았어요.

W: 일부는 진통제의 효과일 거예요. 그럼 말씀해주실 심한 고통은 없는 거죠?

M: No, but I've noticed that the range of movement in my ankle has diminished.

W: I'll have a look. Yes, there is considerable swelling there.

Q. Which is correct about the man according to the conversation?

(a) His ankle has recently been operated on.
(b) He failed to notice the effect of the medicine.
(c) He is experiencing a lot of pain.
(d) His soreness has begun to subside.

M: 없어요. 그렇지만 발목이 움직이는 범위가 줄어든 것 같아요.

W: 어디 볼게요. 네, 그 쪽이 상당히 부어있네요.

Q. 대화에 따르면 남자에 대해 맞는 것은 무엇인가?

(a) 최근에 발목을 수술 받았다.
(b) 약의 효과를 알아차리지 못했다.
(c) 큰 고통을 겪고 있다.
(d) 아픔이 가라앉기 시작했다.

해설 | 대화에서 남자에 대한 내용과 일치하는 것을 묻는 문제이다. 상태를 묻는 의사의 말에 남자가 the pain ~ abated somewhat(다리의 고통이 어느 정도 가라앉았어요)이라고 했으므로 (d)가 정답이다.

어휘 | like clockwork (시계처럼) 정확하게 abate[əbéit] 가라앉다 kick in (약 등이) 효과가 나다 acute[əkjúːt] 심한 soreness[sɔ́ːrnis] 고통 subside[səbsáid] 가라앉다

07

Listen to a conversation between two co-workers.

W: Ross, I'm deeply sorry for arriving so late.

M: You were supposed to be here almost thirty minutes ago.

W: I know, but **I forgot the contract forms and had to go back for them.**

M: Well, that's of no use now. Our clients have already left.

W: Perhaps we could reschedule?

M: It's too late. They're meeting with a company that will give them an offer.

Q. Why did the woman arrive late for the meeting?

(a) She had to return home to take care of an emergency.
(b) She left the documents she needed for clients.
(c) She spent thirty minutes to return to the office.
(d) She forgot the forms about the rescheduled meeting.

두 동료 간의 대화를 들으시오.

W: Ross, 너무 늦게 도착해서 정말 미안해요.

M: 30분 정도 전에 도착하기로 했잖아요.

W: 맞아요. 하지만 계약서 양식을 가져오는 것을 잊어서 다시 가지러 돌아가야 했어요.

M: 음, 이제는 아무 소용없어요. 우리 고객들은 벌써 가셨어요.

W: 아마도 일정을 다시 잡을 수 있지 않을까요?

M: 너무 늦었어요. 그들은 지금 거래를 제안할 다른 회사를 만나고 있어요.

Q. 여자는 왜 회의에 늦게 도착했는가?

(a) 여자는 응급 상황을 처리하기 위해 집으로 돌아가야 했다.
(b) 여자가 고객을 위해 필요했던 서류를 놓고 왔다.
(c) 여자는 회사로 돌아오는데 30분을 보냈다.
(d) 여자는 재조정한 회의에 대한 양식을 잊었다.

해설 | 여자가 회의에 늦은 이유를 묻는 문제이다. 여자가 남자에게 I forgot ~ for them(계약서 양식을 가지고 오느라 늦었다)이라고 했으므로 (b)가 정답이다.

어휘 | be supposed to ~하기로 되어 있다 contract form 계약서 양식 of no use 소용 없는 take care of ~을 처리하다 emergency[imə́ːrdʒənsi] 응급 상황

08

Listen to a conversation between a customer and a ticket salesperson.

M: Hello. Do you still have tickets available for Saturday's concerts?

W: Yes, there are quite a few remaining.

M: **I'd like to reserve 3 floor seats for the 8 o'clock performance.**

W: **Unfortunately, we only have floor seats available for the 6 o'clock performance.**

M: Well, what are the best you have for 8 o'clock?

W: The mezzanine is nice, but I also have 3 front-row balcony seats.

고객과 티켓 판매원 간의 대화를 들으시오.

M: 안녕하세요. 토요일 콘서트 표가 아직 남아있나요?

W: 네, 꽤 많이 남아있습니다.

M: 8시 공연을 플로어석으로 3장 예약하고 싶어요.

W: 안됐지만, 플로어석은 6시 공연 것만 사실 수 있습니다.

M: 음, 8시는 제일 좋은 자리가 어디예요?

W: 2층 정면 좌석도 좋지만, 발코니석 첫째 줄도 3자리 있습니다.

M: That sounds good. I'll take those.

Q. Which is correct according to the conversation?

    (a) Only a few concert tickets remain.

    (b) Floor seats are sold out for the 8 o'clock performance.

    (c) There are no floor seats for the 6 o'clock performance.

    (d) All mezzanine seats are booked for the 8 o'clock concert.

M: 좋을 것 같네요. 그걸로 할게요.

Q. 대화에 따르면 맞는 것은 무엇인가?

    (a) 콘서트 표가 조금밖에 남아있지 않다.

    (b) 8시 공연의 플로어석은 매진되었다.

    (c) 6시 공연의 플로어석은 없다.

    (d) 8시 콘서트의 모든 2층 정면 좌석은 예약되어 있다.

해설 | 대화의 내용과 일치하는 것을 묻는 문제이다. 남자가 I'd like to ~ 8 o'clock performance(8시 공연을 플로어석으로 3장 예약하고 싶어요)라고 하자 여자가 Unfortunately ~ 6 o'clock performance(안됐지만, 플로어석은 6시 공연 것만 사실 수 있습니다)라고 했으므로, 8시 공연의 플로어석은 다 팔렸다는 것을 알 수 있다. 따라서 (b)가 정답이다. (a)는 대화에서 quite a few remaining(꽤 많이 남아있다)이라고 했으므로, 대화와 반대되는 내용의 오답이다.

어휘 | quite a few 꽤 많은 mezzanine[mézənìːn] 2층 정면 좌석

09

Listen to a conversation between two friends.

W: What did you think about the novel I recommended?

M: I thought the concluding chapter was a total letdown.

W: I'll give you that, but the plot was well constructed.

M: Yeah, the twists and turns always kept me guessing until the end.

W: And **the villain provided some comic relief**.

M: **That's true. There was never a dull moment with him.**

Q. What is the man's opinion of the novel?

    (a) He thought the main character was overly dramatic.

    (b) He did not feel the plot was well developed.

    (c) He found the villain particularly entertaining.

    (d) He thought the ending was too predictable.

두 친구 간의 대화를 들으시오.

W: 내가 추천한 소설 어땠어?

M: 마지막 장이 정말 실망스럽더라.

W: 그건 맞는 말이지만, 줄거리는 잘 짜여 있잖아.

M: 그래, 줄거리의 우여곡절이 계속해서 끝까지 궁금하게 만들더라.

W: 그리고 그 악당이 희극적인 장면을 제공했어.

M: 맞아. 그가 나오면 지루한 부분이 하나도 없었어.

Q. 소설에 대한 남자의 의견은 무엇인가?

    (a) 주인공이 지나치게 극적이었다고 생각했다.

    (b) 줄거리가 잘 전개되었다고 생각하지 않았다.

    (c) 악당이 특히 재미있었다고 느꼈다.

    (d) 결말이 너무 뻔했다고 생각했다.

해설 | 소설에 대한 남자의 의견을 묻는 문제이다. 여자가 the villain ~ comic relief(그 악당이 희극적인 장면을 제공했어)라고 하자 남자가 That's true ~ with him(맞아. 그가 나오면 지루한 부분이 하나도 없었어)이라고 했으므로, 남자가 악당이 나오는 부분이 재미있었다고 생각했음을 알 수 있다. 따라서 남자의 소설에 대한 의견은 (c)임을 추론할 수 있다.

어휘 | letdown[létdàun] 실망 twists and turns 우여곡절, 굴곡 villain[vílən] 악당 comic relief (비극적인 장면에 삽입하는) 희극적인 장면
predictable[pridíktəbl] 뻔한, 예측 가능한

10

Listen to a conversation between two friends.

W: It's great that genetically modified foods are becoming more available.

M: You're kidding, right? I hear more about their hazards every day.

W: Those reports are exaggerated by people with political motives.

M: But there may be unforeseen consequences of genetic modification.

W: We've probably both eaten modified foods without knowing it, and we're fine.

M: Even so, **I'd rather avoid them if given the choice**.

두 친구 간의 대화를 들으시오.

W: 유전자 조작 식품이 더 많아진다니 잘 됐다.

M: 농담이지, 그렇지? 난 매일 그것의 위험성에 대한 이야기를 듣는걸.

W: 그러한 보도는 정치적 동기를 가진 사람들에 의해서 과장된 거야.

M: 그렇지만 유전자 조작에 의외의 결과가 있을 수도 있잖아.

W: 아마 우리 둘 다 알지 못한 채로 유전자 조작 식품을 먹었을 텐데, 괜찮잖아.

M: 아무리 그렇다고 해도, 선택할 수 있다면 난 그것들을 피하겠어.

Q. What can be inferred from the conversation?

(a) The woman is aware of the political motives behind genetic modification.
(b) The woman is in favor of existing food regulations.
(c) The man is not convinced that modified foods are safe.
(d) The man is skeptical of reports criticizing genetic engineering.

Q. 대화로부터 추론할 수 있는 것은 무엇인가?

(a) 여자는 유전자 조작 뒤에 숨어 있는 정치적인 동기에 대해 알고 있다.
(b) 여자는 기존의 식량 통제에 찬성한다.
(c) 남자는 유전자 조작 식품이 안전하다는 것을 믿지 않는다.
(d) 남자는 유전자 조작을 비판하는 보도에 회의적이다.

해설 | 대화를 통해 추론할 수 있는 내용을 묻는 문제이다. 유전자 조작 식품에 대해 긍정적으로 생각하는 여자에게 남자가 유전자 조작 식품의 위험성을 언급하면서 I'd rather ~ the choice(선택할 수 있다면 난 그것들을 피하겠어)라는 말로 유전자 조작에 대한 불신을 드러냈으므로, 남자는 유전자 조작 식품이 안전하다고 생각하지 않음을 알 수 있다. 따라서 대화를 통해 추론할 수 있는 것은 (c)이다.

어휘 | **genetically modified food** 유전자 조작 식품   **hazard**[hǽzərd] 위험   **unforeseen**[ʌ̀nfɔːrsíːn] 의외의   **genetic engineering** 유전자 조작

기본기 다지기

1. 분사구·부사절 귀에 익히기   p.217

01 Discovered 12 miles off the coast of Cyprus and some 300 meters down, the ship remains the most well-preserved example of an early Roman trading vessel.

키프로스 해안에서 12마일 떨어진 곳의 300미터 아래에서 발견된 그 배는 여전히 가장 잘 보존된 초기 로마 무역 함대의 예로 남아 있다.

02 The extent of the disaster became immediately apparent when inspectors visited the main site of the earthquake.

조사자들이 주요 지진 발생 장소를 방문했을 때 재난 범위가 즉각 분명해졌다.

03 I've called you all here today because your supervisor made an urgent request.

여러분의 팀장님께서 긴급하게 요청하셨기 때문에 제가 여러분 모두를 오늘 이곳으로 소집하였습니다.

04 Our management team has been instructed to reject the proposed changes unless safety guidelines are spelled out in more detail.

우리 관리팀은 안전 수칙이 보다 자세하게 설명되지 않는다면 제안된 변경 사항들을 받아들이지 말라는 지시를 받았습니다.

05 Since you've gathered a little insight into the lives of the colonists, let's move on to the exhibit featuring the tools and textiles they used.

이제 여러분이 식민지 개척자들의 삶에 대해 조금 알게 되었으므로, 그들이 사용했던 도구와 직물이 있는 전시관으로 이동합시다.

06 We should closely examine the many difficulties overcome by astronauts in order that students can understand how space exploration has evolved.

학생들이 우주 탐험이 어떻게 전개되어 왔는지 이해할 수 있도록 우리는 천문학자들이 극복한 많은 어려움을 자세히 살펴보아야 합니다.

07 Even if our company doubles production in the coming year, we still won't make a profit.

비록 우리 회사가 내년에 생산을 두 배로 늘린다 해도, 우린 여전히 이익을 남기지 못할 것입니다.

08 A recent study found that over half the volunteers receiving placebos in the medical trial reported increased energy and a decrease in pain.

최근 한 연구 결과는 임상 실험에서 위약을 투여받은 절반 이상의 지원자들이 힘이 나고 고통이 감소했음을 보고했다고 밝혔다.

2. 긴 문장 끊어 듣기   p.219

01 Developing countries are scrambling to find solutions for rapid inflation.

개발 도상국들은 빠른 물가 상승에 대한 해결책을 찾기 위해 애쓰고 있다.

02 If you have any comments about the school reforms, don't hesitate to contact the director.

만약 학교 개혁에 대해 어떠한 의견이라도 있으시다면, 주저 말고 관리자에게 연락주세요.

03 With the mobilization of additional police officers, crime declined by more than half last year.

추가된 경찰관들의 동원으로 인해, 범죄가 작년보다 절반 이상 감소했다.

04 Please be aware <u>that applications must be received by the end of the month.</u>

지원서가 이달 말까지 접수되어야 한다는 점을 숙지하고 계십시오.

05 It is increasingly apparent <u>that few options are available for reducing traffic-related noise at this time.</u>

현재의 교통 관련 소음을 줄이는 방법에 있어서 선택할 수 있는 방안이 거의 없다는 것이 점점 명백해지고 있다.

06 If you are a grant writer <u>seeking funding,</u> you should make sure that you research each potential donor carefully.

만약 당신이 재정 지원을 찾고 있는 작가라면, 각 잠재 후원자에 대해 신중히 조사하는 것을 반드시 확실하게 해야 합 l 다.

07 Descartes, <u>a French philosopher who lived in the 17th century,</u> is one of the central figures in the history of modern science.

17세기에 살았던 프랑스 철학자인 데카르트는, 근대 과학 역사의 중심 인물 중 한 사람이다.

08 <u>Fueling the debate</u> was a fundamental disparity <u>in income between the sexes.</u>

그 논쟁을 부추긴 것은 남녀 간의 수입에 있어서의 근본적인 격차였다.

09 Newtonian physics defines friction as the force opposite to motion <u>that causes a moving object to stop.</u>

뉴턴의 물리학은 마찰력을 움직이는 물체를 멈추게 하는 운동에 반대로 작용하는 힘이라고 정의한다.

---

3. Paraphrase된 문장 이해하기
p.221

01 ○ **02** ○ **03** ○ **04** X **05** X

01
> Local schools were closed on Friday after a series of <u>winter weather events</u>. Temperatures dropped to -15°C overnight, and nearly <u>a meter of snow</u> on roads made travel impossible. <u>More frozen precipitation is in store for tonight</u>, so people are advised to stay in their homes.

연이은 겨울 날씨로 인한 사고로 지방의 학교들이 금요일에 휴교했습니다. 온도가 밤새 영하 15도까지 떨어졌고, 도로 위에 1미터 가까이 쌓인 눈 때문에 교통이 마비되었습니다. 오늘 밤 더 많은 눈이 예상되오니, 집에 계실 것을 권합니다.

들려주는 문장
Additional snow is forecast.

더 많은 눈이 예상된다.

02
> I'm referring to the way in which, as professors, <u>you visualize your interactions with your peers</u> in other academic departments. Rather than viewing them as competitors, <u>envision them as part of a broader team</u> that is designed to <u>operate seamlessly to accomplish collective goals</u>.

저는 여러분이 교수로서 다른 학과에 계신 동료 교수님들과의 상호 작용을 구체화하는 방법에 대해 이야기하고 있습니다. 그들을 경쟁자라고 생각하기 보다는, 공동의 목표를 성취하기 위해 함께 노력하려고 모인 더 큰 팀의 일부라고 생각하십시오.

들려주는 문장
Professors should cooperate to reach shared objectives.

교수들은 공동의 목표를 달성하기 위해 협동해야 한다.

03
> <u>Soaring energy prices have put government officials in a difficult position</u>. Since the nation relies solely on imported fuel, <u>leaders are powerless to change the current circumstances</u>. Complicating the issue further are truck

급등하는 에너지 가격으로 정부 관리자들이 곤경에 처했습니다. 국가는 오직 수입 연료에만 의존하고 있기 때문에, 지도자들은 현재 상황을 바꿀 힘이 없습니다. 상승하는 연료 가격에 대한 시위를 조직한 트럭 운전수들이 문제를 더욱 복잡

drivers who have organized protests over rising fuel costs.

하게 만들고 있습니다.

들려주는 문장
Leaders are incapable of curbing the rising energy costs.

지도자들은 증가하는 에너지 가격을 억제할 수 없다.

04

The last thing to cover in this stockholder's meeting is the company's plan for restructuring. Galen Industries is committed to streamlining its operations to cut costs and boost profits. Inevitably, this will involve significant staff reductions and a selloff of some underutilized assets.

이번 주주총회에서 다룰 마지막 문제는 회사의 구조 조정 계획입니다. Galen Industries는 비용을 절감하고 이윤을 증대시키도록 운영을 효율적으로 하려고 노력하고 있습니다. 불가피하게, 이것은 상당한 직원 감축과 충분히 활용되지 않는 일부 자산의 매각을 수반할 것입니다.

들려주는 문장
The company is announcing its plan to enter a new industrial sector.

회사는 새로운 산업 분야로의 진출 계획을 발표하고 있다.

05

Now that we've covered the basics of ancient astrology, I'd like to turn to the equally prevalent superstition of numerology. Various cultures throughout history have claimed that numerals held a mystic or symbolic spiritual significance. In China, for instance, the number 4 is believed to be inauspicious because its pronunciation is similar to that of the written character for death. In contrast, the combination of 8, 1, and 4 is believed to indicate a life of wealth and prosperity.

고대 점성술의 기초 지식에 대해 배웠으니, 그만큼 널리 퍼져 있는 숫자점의 미신으로 넘어가 봅시다. 역사에 걸쳐 다양한 문화들은 숫자가 신비하거나 상징적인 영적 중요성이 있다고 주장해 왔습니다. 예를 들어, 중국에서는, 숫자 4가 죽음을 의미하는 글자와 발음이 유사하기 때문에 불길하다고 여겨졌습니다. 대조적으로, 8과 1, 4의 조합은 부유하고 번영하는 삶을 가리킨다고 여겨졌습니다.

들려주는 문장
Ancient superstitions reflect an incomplete understanding of mathematics.

고대 미신은 수학에 대한 불완전한 이해를 보여준다.

Part 4 & 5 실전 맛보기
p.222

01 (d) 02 (b) 03 (c) 04 (d) 05 (d) 06 (a) 07 (d) 08 (b) 09 (c) 10 (a)

Part 4

01

Good evening everyone. Thank you all for coming. **I called this meeting to inform you that I will be stepping down as mayor effective tomorrow.** The council will appoint a replacement immediately following my official announcement. It has been my pleasure to represent you as mayor over the past 18 months, and I wish each and all of you the best. Following a brief word from Councilmember Graham, we will open the floor to questions.

안녕하세요 여러분. 와주셔서 감사합니다. **제가 내일부로 시장 직에서 은퇴한다는 것을 알려드리기 위해 이 회의를 소집했습니다.** 저의 공식 발표 후에 위원회가 즉시 후임을 임명할 것입니다. 지난 18개월 동안 시장으로서 여러분을 대표할 수 있어서 기뻤고, 여러분 모두의 성공을 빕니다. Graham 위원의 간략한 말씀 후에, 질문의 시간을 가질 것입니다.

Q. What is the main purpose of the meeting?

(a) To appoint a successor as mayor
(b) To encourage members to vote for a mayor
(c) To introduce a new councilmember
(d) To announce the city head's resignation

Q. 회의의 주된 목적은 무엇인가?

(a) 후임자를 시장으로 임명하기 위해
(b) 구성원들에게 시장 투표를 할 것을 권장하기 위해
(c) 새 위원을 소개하기 위해
(d) 시장의 은퇴를 발표하기 위해

02

Within decades, the world's coastal cities could be under water. The main reason for this is that the enormous ice sheets around the South Pole are melting. As these glaciers melt, sea levels rise accordingly. Since much of the world's population lives within a few miles of the coast, mass displacement is expected to occur this century. Cold glacial melt could also disrupt the warm currents of the Atlantic, making temperatures drastically lower in places like Europe.

Q. What is the main idea of the talk?

(a) City areas will suffer from natural disasters.
(b) Polar ice melt will lead to catastrophic events.
(c) Rising sea levels will cause mass population displacement.
(d) Glacial melt could alter the Atlantic currents.

몇십 년 내로, 세계의 해안가 도시들이 수면 아래로 가라앉을 수도 있습니다. 이것의 주된 원인은 남극 주변의 거대한 대륙 빙하가 녹고 있는 것입니다. 이 빙하가 녹으면서, 그에 따라 해수면이 상승하고 있습니다. 세계 대부분의 인구가 해안에서 몇 마일 이내에 살기 때문에, 대규모의 이동이 이번 세기에 일어날 것이라 예상됩니다. 차가운 빙하가 녹는 것은 대서양의 따뜻한 해류를 차단하여, 유럽과 같은 지역의 온도를 크게 낮아지게 만들 수 있습니다.

Q. 담화의 요지는 무엇인가?

(a) 도시 지역이 자연재해로 고통받게 될 것이다.
(b) 극 지방의 얼음이 녹는 것은 대이변을 일으킬 것이다.
(c) 해수면의 상승이 대규모의 인구 이동을 야기할 것이다.
(d) 빙하가 녹는 것이 대서양 해류를 바꿀 수 있다.

03

Today I'll briefly go over some of the features of the MANDEX database system, a software tool that helps you organize, store, and retrieve information. MANDEX uses a server and a Windows interface, which helps users to input data and quickly access the information they need. **It also includes a system that allows administrators to access information 24 hours a day, whether locally at the office or remotely at home or on business trips.** Now, let's take a look at how to personalize the administrative features.

Q. Which is correct about the MANDEX database system?

(a) It features a 24-hour data security system.
(b) It includes a system to access customer data.
(c) It allows users to have remote and local access.
(d) It helps users to simultaneously access a database.

오늘은 정보를 정리하고, 저장하고, 검색하는 것을 도와주는 소프트웨어 툴인 MANDEX 데이터베이스 시스템의 특징 중 몇 가지에 대해 간략하게 검토할 것입니다. MANDEX는 서버와 윈도우 인터페이스를 사용하여, 사용자들이 데이터를 입력하고 필요한 정보에 빠르게 접근할 수 있도록 도와줍니다. 관리자들이 사무실에 있어서 가까이에 있든, 집에 있거나 출장을 가서 멀리 있든 간에, 하루 24시간 정보에 접근할 수 있도록 하는 시스템도 포함하고 있습니다. 이제, 관리상의 특징들을 개인화하는 방법들에 대해 살펴보겠습니다.

Q. MANDEX 데이터베이스 시스템에 대해 맞는 것은 무엇인가?

(a) 24시간 데이터 보안 시스템을 특징으로 한다.
(b) 고객의 데이터에 접근하는 시스템을 포함한다.
(c) 사용자가 먼 곳과 가까운 곳에서 접근을 할 수 있게 해준다.
(d) 사용자들이 동시에 데이터베이스에 접근하도록 도와준다.

04

As I discussed in a previous lecture, honey bees have developed a navigation system that enables them to forage for food. Studies have shown that the bees use the sun as a compass. **By focusing on the sun's position, bees can adjust their flight paths to seek out new nectar sources** and return to the same places later. It is as if bees have an internal mapping system that helps them locate the sugar-rich liquid they feed upon before returning to their hives.

Q. Which is correct according to the lecture?

(a) They adjust their flight paths when returning home.
(b) They have an innate ability to locate food as a group.
(c) They carry nectar back to their hives before feeding on it.
(d) They utilize the sun when foraging for nectar.

지난 시간 강의에서 말했던 것처럼, 꿀벌들은 식량을 찾아 돌아다닐 수 있는 비행 체계를 발전시켜 왔습니다. 연구들은 그 벌들이 태양을 나침반으로 사용한다는 것을 보여주었습니다. 태양의 위치에 초점을 맞춤으로써, 벌들은 새로운 꿀의 원천을 찾아내고 나중에 같은 장소로 되돌아 오기 위해 그들의 비행경로를 조정할 수 있습니다. 그것은 마치 벌들이 벌집으로 돌아가기 전에 그들이 먹고 사는 설탕이 풍부한 액체를 찾아내도록 돕는 내장된 지도 제작 시스템이 있는 것 같습니다.

Q. 강의에 따르면 맞는 것은 무엇인가?

(a) 집으로 돌아갈 때 비행 경로를 조정한다.
(b) 무리를 지어 식량을 찾는 선천적인 능력이 있다.
(c) 꿀을 먹기 전에 그것을 벌집으로 나른다.
(d) 꽃의 꿀을 찾아 돌아다닐 때 태양을 이용한다.

해설 | 담화의 내용과 일치하는 것을 묻는 문제이다. By focusing on ~ nectar sources에서 벌들이 태양의 위치에 초점을 맞춤으로써 새로운 꿀의 원천을 찾아낼 수 있다고 했으므로 (d)가 정답이다. (a)는 새로운 꿀의 원천을 찾아내고 나중에 같은 장소로 되돌아 오기 위해 비행 경로를 조정할 수 있는 것이지 집으로 돌아갈 때 비행 경로를 조정하는 것은 아니므로 틀리다.

Paraphrase된 문장
focusing on the sun's position(태양의 위치에 초점을 맞추는 것) → utilize the sun(태양을 이용한다)

어휘 | **navigation**[nঽvəgéiʃən] 비행, 항해　**forage**[fɔ́ːridʒ] (식량을) 찾아 돌아다니다　**compass**[kʌ́mpəs] 나침반　**adjust**[ədʒʌ́st] 조정하다
nectar[néktər] (꽃의) 꿀　**internal**[intə́ːrnəl] 내장된, 체내의　**locate**[lóukeit] 찾아내다　**hive**[haiv] 벌집

05

Tired of working long hours for meager compensation? Then you've come to the right place. Here at Cadbury Employment Services, we help young professionals turn their dreams into realities. If you're interested in high-tech industries like graphic design, software development, or aerospace engineering, let Cadbury put its 20 years of experience to work and **help you start earning what you deserve**. Don't hesitate. For a free brochure, call 1-800-Cadbury.

Q. Who is the Cadbury advertisement mainly targeting?

(a) Experienced professionals in computer-aided design
(b) Employees who need training in their respective fields
(c) High-tech specialists who are currently unemployed
(d) Talented workers who want to increase their salaries

얼마 안 되는 월급을 위해 오랜 시간 일하는 것에 지치셨나요? 그렇다면 잘 찾아 오신 겁니다. 이 곳 Cadbury 고용서비스에서는, 젊은 전문가들이 꿈을 현실로 바꾸도록 도와줍니다. 그래픽 디자인, 소프트웨어 개발, 또는 항공 우주공학과 같은 첨단 기술 산업에 관심 있으시다면, Cadbury가 20년의 경험을 활용하여 당신이 마땅히 받아야 할 만큼의 돈을 벌 수 있도록 돕도록 하세요. 주저하지 마세요. 무료 책자를 받으시려면, 1-800-Cadbury로 전화주세요.

Q. Cadbury 광고가 주로 목표로 하고 있는 대상은 누구인가?

(a) 컴퓨터 이용 설계에 숙련된 전문가
(b) 각자의 분야에서 훈련이 필요한 직원
(c) 현재 고용되지 않은 첨단 기술 전문가
(d) 월급을 올리고 싶은 재능 있는 근로자

해설 | 광고의 대상을 묻는 문제이다. Tired of working ~ meager compensation?과 help you ~ what you deserve에서 자신의 월급에 만족하지 못하는 사람들이 마땅히 받아야 할 만큼의 돈을 벌 수 있도록 돕겠다고 했으므로 (d)가 정답이다.

Paraphrase된 문장
compensation(월급) → salaries(월급)

어휘 | **meager**[míːgər] 얼마 안 되는　**compensation**[kὰmpənséiʃən] 월급, 보상　**turn A into B** A를 B로 바꾸다　**high-tech industry** 첨단 기술 산업
aerospace engineering 항공 우주 공학　**computer-aided design** 컴퓨터 이용 설계

Our first quarter earnings were much better than anticipated. We also saw an increase in market share. Crucial to the shift were a surge in international sales and the related phenomena of greater overall demand in Asia. Evidence of this growth can be seen in climbing profit margins and a double-digit jump in our stock value. The increase in automobile output was a pleasant surprise, particularly considering how oil prices have crippled domestic demand. We are hopeful that the trend will continue and result in higher returns next quarter.

Q. What can be inferred from the speech?

(a) **The company's growth was stimulated by demand in Asia.**
(b) The speaker had expected an increase in domestic demand.
(c) The company will increase its automobile production next quarter.
(d) The speaker had anticipated growth in the Asian market.

우리의 1분기 수익이 기대했던 것보다 훨씬 좋았습니다. 또한 시장 점유율도 증가했습니다. 이 변화에 있어 결정적인 것은 해외 판매의 급증과 아시아에서의 전반적인 수요 증가와 관련된 현상이었습니다. 증가하는 이윤 폭과 주가의 두 자릿수 상승에서 이 성장의 증거를 볼 수 있습니다. 특히 석유값이 국내 수요에 어떻게 타격을 미쳤는지를 고려했을 때, 자동차 생산의 증가는 예상치 못했던 기분 좋은 소식이었습니다. 이 추세가 계속되어 다음 분기에 더 높은 수익을 낼 수 있길 바랍니다.

Q. 연설로부터 추론할 수 있는 것은 무엇인가?

(a) 아시아의 수요에 의해 회사의 성장이 고무되었다.
(b) 화자는 국내 수요의 증가를 기대했다.
(c) 이 회사는 다음 분기에 자동차 생산을 늘릴 것이다.
(d) 화자는 아시아 시장의 성장을 예상했었다.

해설 | 연설을 통해 추론할 수 있는 내용을 묻는 문제이다. Our first quarter ~ demand in Asia에서 회사의 수익이 좋고 시장 점유율이 증가했으며 이 성장이 해외 판매 급증과 아시아에서의 수요 증가와 관련이 있다고 했으므로, 아시아의 수요 덕분에 회사가 성장했음을 알 수 있다. 따라서 연설을 통해 추론할 수 있는 것은 (a)이다.

어휘 | **quarter**[kwɔ́ːrtər] 분기 **market share** 시장 점유율 **surge**[səːrdʒ] 급증 **profit margin** 이윤 폭 **double-digit** 두 자릿수의 **cripple**[krípl] 타격을 주다, ~을 무력하게 만들다 **return**[ritə́ːrn] 수익

Part 5

Good afternoon, everyone. 07**I would like to let you know about an exciting event that is happening on campus next week.** We are going to be visited by the distinguished scholar Simon Beatty, who will be giving a lecture next Thursday evening. 08**He has been acclaimed for his extensive research on the cultural identity of immigrants in the US.** I know that Dr. Beatty's texts are studied in various courses here, so quite a few of you are probably aware of his work. The main focus of his lecture will be on Asian-American identity. Specifically, he will be discussing the history of Asian immigration to the US from the 1900s onwards, and how Asian-American identity was formed in response to changing social and economic conditions in the US. The lecture is free to all students, so don't forget to bring your student ID.

07. Q. What is the main purpose of the announcement?

(a) To introduce a new module in a course
(b) To describe scholar Simon Beatty's new book
(c) To tell students about a new course
(d) **To provide information about an upcoming event** ○

안녕하세요, 여러분. 07다음 주에 교내에서 있을 흥미로운 행사에 대해 알려드리고 싶습니다. 저명한 학자인 Simon Beatty가 저희를 방문할 것이며, 그는 다음 주 목요일 저녁에 강의를 할 것입니다. 08그는 미국에 있는 이민자들의 문화적 정체성에 대한 광범위한 연구로 호평을 받아왔습니다. Dr. Beatty의 글들이 이곳 여러 수업에서 강의된다고 알고 있기에, 여러분 상당수가 그의 연구에 대해 아마 알고 있을 것입니다. 그의 강의의 주된 초점은 아시아계 미국인의 정체성일 것입니다. 구체적으로, 그는 1900년대부터 미국으로의 아시아인 이민의 역사와, 미국에서의 사회 및 경제적 상황의 변화에 따라 아시아계 미국인의 정체성이 어떻게 형성되었는지에 대해 논의할 것입니다. 강의는 모든 학생에게 무료이니, 학생증을 가져오는 것을 잊지 마시기 바랍니다.

07. Q. 안내의 주된 목적은 무엇인가?

(a) 강의의 새로운 교과목을 소개하기 위해
(b) 학자 Simon Beatty의 새로운 저서를 설명하기 위해
(c) 학생들에게 새로운 강의에 대해 알리기 위해
(d) 다가오는 행사에 대한 정보를 제공하기 위해

08. Q. What does Simon Beatty's work focus on?

(a) The cultural development of US society

(b) Immigrants' individual cultural character

(c) Asian migration to the US during the 19th century

(d) The formation of a unique Asian-American identity

08. Q. Simon Beatty의 연구는 무엇에 초점을 맞추는가?

(a) 미국 사회의 문화적 발전

(b) 이민자들의 개인의 문화적 특성

(c) 19세기 동안의 미국으로의 아시아인의 이주

(d) 고유한 아시아계 미국인 정체성의 형성

해설 | 07. 안내의 목적을 묻는 문제이다. I would like ~ next week에서 다음 주에 교내에서 있을 흥미로운 행사에 대해 알려주고 싶다고 밝힌 후, 저명한 학자가 방문하여 진행할 강의에 대한 내용이 이어졌다. 따라서 안내의 목적으로 적절한 것은 (d)이다.

08. Simon Beatty의 연구가 초점을 맞추고 있는 것은 무엇인지를 묻는 문제이다. He has been acclaimed for ~ in the US에서 그가 미국에 있는 이민자들의 문화적 정체성에 대한 광범위한 연구로 호평을 받아왔다고 했으므로 (b)가 정답이다.

Paraphrase된 문장

cultural identity(문화적 정체성) → individual cultural character(개인의 문화적 특성)

어휘 | **distinguished**[distíŋgwiʃt] 저명한, 유명한 **acclaim for** 호평을 받다, 찬사를 받다 **extensive**[iksténsiv] 광범위한 **identity**[aidéntəti] 정체성
module[mádʒuːl] 교과목

09
~
10

Over the past week, [09]**we've been looking at some of the fundamental ideas of modern astronomy. Much of what we've discussed can actually be traced back to one of the early Greek scientists, Aristarchus of Samos**. A mathematician and observer of celestial bodies, Aristarchus was the first to propound a heliocentric theory. By placing the sun at the center of the universe, Aristarchus was able to better explain the motion of planets than Aristotle, who placed the earth in the center five decades before. Ultimately, Aristarchus' calculations of the relative sizes of the earth, the sun, and the moon, along with the distances between them, laid the groundwork for modern astronomy. [10]**Even though most of his works have been lost, his theories were recorded and handed down by later chroniclers**. Aristarchus is now considered to be the most astute astronomer ancient Greece produced.

지난 주 동안, [09]우리는 현대 천문학의 몇 가지 중요한 개념들을 살펴보았습니다. 우리가 논의했던 것의 많은 부분은 사실 초기 그리스 과학자들 중 한 명인 사모스의 아리스타르코스로 거슬러 올라갈 수 있습니다. 수학자이자 천체 관측자였던 아리스타르코스는 처음으로 태양 중심설을 제기했습니다. 우주의 중심에 태양을 둠으로써, 아리스타르코스는 그보다 50년 전에 지구를 중심에 두었던 아리스토텔레스보다 행성들의 움직임에 대해 더 잘 설명할 수 있었습니다. 궁극적으로, 지구, 태양, 그리고 달 사이의 거리와 함께, 그들의 상대적 크기에 대한 아리스타르코스의 계산은 현대 천문학의 토대를 마련했습니다. [10]그의 저술 대부분이 소실되었음에도 불구하고, 그의 이론은 후대의 기록자들에 의해 기록되어 전해졌습니다. 아리스타르코스는 현재 고대 그리스가 낳은 가장 통찰력 있는 천문학자로 여겨지고 있습니다.

09. Q. What is the talk mainly about?

(a) Changes in astronomical views throughout history

(b) The acceptance of a heliocentric universe

(c) The influence of a Greek thinker on astronomical theory

(d) The Greek conception of planetary motion

09. Q. 담화는 주로 무엇에 대한 것인가?

(a) 시대에 따라 일어난 천문학적 관점의 변화

(b) 태양 중심의 우주에 대한 수용

(c) 그리스 사상가가 천문학 이론에 미친 영향

(d) 행성의 움직임에 대한 그리스 사람들의 관념

10. Q. What can be inferred from the talk?

(a) Aristarchus' ideas are mainly known from the works of others.

(b) Aristarchus quarreled with other Greek astronomers.

(c) Aristarchus' astronomical conception of the universe is no longer valid.

(d) Aristarchus used Aristotle's theories to make his calculations.

10. Q. 담화로부터 추론할 수 있는 것은 무엇인가?

(a) 아리스타르코스의 사상은 대부분 다른 사람들의 저술을 통해 알려졌다.

(b) 아리스타르코스는 다른 그리스 천문학자들과 언쟁을 벌였다.

(c) 아리스타르코스의 우주에 대한 천문학적 관념은 더 이상 타당하지 않다.

(d) 아리스타르코스는 계산을 하기 위해 아리스토텔레스의 이론을 이용했다.

해설 | 09. 담화의 주제를 묻는 문제이다. we've been looking at ~ Aristarchus of Samos에서 현대 천문학의 몇 가지 중요한 개념들의 많은 부분이 그리스의 과학자인 사모스의 아리스타르코스로 거슬러 올라갈 수 있다고 말한 후, 아리스타르코스가 현대 천문학의 토대를 마련한 예에 대한 내용이 이어졌다. 따라서 담화의 주제로 적절한 것은 (c)이다.

ideas of ~ astronomy(천문학의 개념들) → astronomical theory(천문학 이론)

10. 담화를 통해 추론할 수 있는 내용을 묻는 문제이다. Even though ~ by later chroniclers에서 아리스타르코스의 저술 대부분이 소실되었으나 그의 이론은 후대의 기록자들에 의해 기록되어 전해졌다고 했으므로, 그의 사상이 대부분 다른 사람들의 저술을 통해 알려졌다는 것을 알 수 있다. 따라서 담화를 통해 추론할 수 있는 것은 (a)이다.

어휘 | **astronomy**[əstránəmi] 천문학   **trace back to** ~로 거슬러 올라가다   **celestial body** 천체   **propound**[prəpáund] 제기하다
heliocentric[hìːliouséntrik] 태양 중심의   **groundwork**[gráundwə̀ːrk] 토대   **chronicler**[krániklər] 기록자, 연대기 작자
astute[əstjúːt] 통찰력 있는, 영리한

실전 공략하기

Course 1 중심 내용 문제

1. 주제 문제

전략 적용   p.229

As we touched upon in our last psychology class, **mental disorders are serious conditions that require medical treatment.** Bipolar disorder, for example, is when a person suffers from lasting periods of depression and mania. In everyday situations, people sometimes casually use the term bipolar when friends or acquaintances temporarily act silly or strange. **But to a psychologist, these short-term mood swings are not true bipolar disorders because they do not require professional help.**

Q. What is the main topic of the lecture?

(a) What treatment methods psychologists use
(b) How mental disorders affect people's behavior
(c) What a mental disorder signifies to psychologists
(d) What the symptoms of bipolar disorder are

지난 심리학 수업에서 간단히 언급했듯이, 정신 질환이란 치료가 필요한 심각한 상태입니다. 예를 들어, 조울증은 우울증과 조증이 지속되어 고통을 겪는 것입니다. 일상 생활에서 사람들은 때때로 친구나 아는 사람이 일시적으로 바보같거나 이상하게 행동할 때 조울증이라는 용어를 무심코 사용하기도 합니다. 그렇지만 심리학자에게는, 이러한 단기간의 두드러진 기분 변화는 전문가의 도움을 필요로 하지 않기 때문에 진정한 의미의 조울증이 아닙니다.

Q. 강의의 주제는 무엇인가?

(a) 심리학자들이 사용하는 치료법은 무엇인지
(b) 정신 질환이 사람의 행동에 어떤 영향을 미치는지
(c) 심리학자에게 정신 질환이 의미하는 것은 무엇인지
(d) 조울증의 증상은 무엇인지

어휘 | **touch upon** ~에 대해 간단히 언급하다 **bipolar disorder** 조울증 **depression**[dipréʃən] 우울증 **mania**[méiniə] 조증
casually[kǽʒjuəli] 무심코 **acquaintance**[əkwéintəns] 아는 사람 **mood swing** 두드러진 기분 변화

Hackers Practice   p.230

01 Step 1. (a)   **02** Step 1. (b)   **03~04** Step 1. (b)   **05** (c) **06** (d) **07** (d) **08** (b) **09** (b)
　　 Step 4. (b)   　　 Step 4. (c)   　　　 Step 4. 03. (b) 04. (b)

Part 4

01

Are you ready for the very best in high-definition? Then, look no further. **The Vector XZ is the number one television on the market.** Its 1080-pixel screen offers sharp resolution for all your favorite movies. You won't miss any of the action. The Vector XZ also comes with its own universal remote and a two-year factory warranty. Call 1-800-VECTORXZ for more information.

Q. What is mainly being advertised?

(a) A sharp resolution DVD player
(b) A high-definition television
(c) A universal remote

가장 뛰어난 고화질을 보실 준비가 되셨나요? 그렇다면 더 이상 찾지 마세요. Vector XZ은 시중에서 제일 좋은 텔레비전입니다. 1080 픽셀의 화면은 선명한 해상도로 당신이 좋아하는 모든 영화들을 보여줍니다. 어떤 움직임 하나라도 놓치지 않으실 겁니다. Vector XZ은 또한 만능 리모컨과 2년간의 공장 보증서가 함께 제공됩니다. 더 많은 정보를 알고 싶으시면 1-800-VECTORXZ로 전화 주세요.

Q. 주로 광고되고 있는 것은 무엇인가?

(a) 선명한 해상도의 DVD 플레이어
(b) 고화질 텔레비전
(c) 만능 리모콘

(d) A Vector XZ calculator

(d) Vector XZ 계산기

해설 | 광고되고 있는 대상을 묻는 문제이다. Are you ~ high-definition과 The Vector XZ ~ on the market에서 Vector XZ가 시중에서 가장 뛰어난 고화질을 가진 제일 좋은 텔레비전이라고 말한 후, Vector XZ의 구체적인 장점과 함께 제공되는 것들에 대한 내용이 이어졌다. 따라서 광고되고 있는 것은 (b)이다.

어휘 | high-definition 고화질 resolution[rèzəljúːʃən] 해상도 universal[jùːnəvə́ːrsəl] 만능의 warranty[wɔ́ːrənti] 보증서

02

Welcome to the Biltmore House. The Biltmore is <u>a chateau built in the French Renaissance style</u> by George Vanderbilt during the 1890s. The house is <u>unsurpassed in size</u> among American homes and remains as one of <u>the most opulently decorated **private structures**</u> of the 19th century. **We will be starting our tour soon**, so please use this time to look around the lobby and take care of any last-minute preparations.

Q. What is the speaker <u>mainly doing</u> in the announcement?

(a) Introducing a lecture on French architecture
(b) Providing directions to a Renaissance chateau
(c) Welcoming visitors on a tour of the estate
(d) Inviting people to a tour of French homes

Biltmore House에 오신 것을 환영합니다. Biltmore는 1890년대에 George Vanderbilt가 프랑스 르네상스 양식으로 지은 대저택입니다. 이 집은 미국 주택들 중에 규모로는 비길 데가 없으며 19세기에 가장 화려하게 꾸며진 **사유 건축물** 중 하나로 남아 있습니다. 곧 견학을 시작할 것이니, 지금은 로비를 둘러보시며 마지막 준비를 해주시기 바랍니다.

Q. 안내에서 화자가 주로 하고 있는 일은 무엇인가?

(a) 프랑스 건축에 대한 강의를 소개한다.
(b) 르네상스 시대의 대저택으로 가는 길을 알려준다.
(c) 사유지 견학에 온 방문객을 환영한다.
(d) 프랑스 주택 견학에 사람들을 초대한다.

해설 | 화자가 하고 있는 일을 묻는 문제이다. Welcome to the Biltmore House에서 화자가 사람들을 환영하고 있고, private structures라고 했으므로 Biltmore House가 사유 건축물임을 알 수 있다. 또한 We will be starting our tour soon에서 견학 온 방문객들에게 하는 안내임을 알 수 있다. 따라서 화자가 하고 있는 일은 (c)이다.

Paraphrase된 문장
private structure(사유 건축물) → the estate(사유지)

어휘 | chateau[ʃætóu] 대저택 unsurpassed[ʌ̀nsərpǽst] 비길 데 없는 opulently[ápjuləntli] 화려하게 architecture[á:rkitèktʃər] 건축
estate[istéit] 사유지

Part 5

03 ~ 04

Today we're going to talk about the growth of <u>global communication systems</u>. [03]**One of the <u>most important milestones</u> in the development of these systems was the invention of the telegraph.** The term telegraph initially referred to a system of colored flags used to send signals. However, American inventor Samuel Morse came up with the idea of <u>using electricity to send these signals</u>. Morse <u>presented his invention</u> to the American government in <u>1837</u> and [04]**he was granted the funds to set up a telegraph line between Washington, D.C. and Baltimore in 1843**. The first message was sent using the new line in <u>1844</u>, and by 1866, <u>a line had been laid</u> across the Atlantic, connecting America and Europe. The telegraph network soon spread around the world, <u>transforming culture and politics</u> with its rapid dissemination of the latest news. Although it was eventually superseded by other technologies, the telegraph was the <u>first step toward the global communication networks</u> that dominate our lives today.

오늘은 범세계 통신 체계의 발달에 대해 이야기할 것입니다. [03]이 체계의 발달에서 가장 중요한 이정표 중 하나는 전신기의 발명이었습니다. 전신이라는 용어는 처음에는 신호를 보내는 데 사용되는 색깔이 있는 신호기 체계를 일컬었습니다. 그러나, 미국인 발명가 새뮤얼 모스는 이러한 신호를 보내기 위해 전기를 이용하는 방법을 생각해냈습니다. 모스는 1837년에 미국 정부에 그의 발명품을 제시했고 [04]1843년에 워싱턴 DC와 볼티모어 사이에 전신선을 설치하기 위한 기금이 그에게 주어졌습니다. 첫 번째 전보가 1844년에 이 새로운 전신선을 사용하여 보내졌고, 1866년까지는 대서양을 가로지르는 선이 놓여져 미국과 유럽을 연결했습니다. 전신망은 곧 전 세계로 확산되었고, 그것의 최신 뉴스의 빠른 전파로 문화와 정치를 변화시켰습니다. 결국 다른 기술들로 대체되었지만, 전신기는 오늘날 우리의 삶에 큰 영향을 주는 범세계 통신망을 향한 첫걸음이었습니다.

03. Q. What is the lecture mainly about?

(a) The history of signaling systems

(b) The development of a significant communication system

(c) The use of the telegraph in modern society

(d) The first telegraph lines in America and Europe

04. Q. When did Morse receive funding to build his telegraph system?

(a) In 1837

(b) In 1843

(c) In 1844

(d) In 1866

03. Q. 강의는 주로 무엇에 대한 것인가?

(a) 신호 방식의 역사

(b) 중요한 통신 체계의 발달

(c) 현대 사회에서의 전신기 사용

(d) 미국과 유럽의 첫 전신선

04. Q. 모스는 그의 전신 체계를 구축하기 위한 기금을 언제 받았는가?

(a) 1837년에

(b) 1843년에

(c) 1844년에

(d) 1866년에

해설 | 03. 강의의 주제를 묻는 문제이다. One of the most ~ the telegraph에서 범세계 통신 체계의 발달에서 가장 중요한 이정표 중 하나가 전신기의 발명이라고 말한 후, 전신기의 발달에 대한 설명이 이어졌다. 따라서 강의의 주제로 적절한 것은 (b)이다.

Paraphrase된 문장

telegraph(전신기) → a significant communication system(중요한 통신 체계)

04. 모스가 그의 전신 체계를 구축하기 위한 기금을 언제 받았는지 묻는 문제이다. he was granted ~ in 1843에서 1843년에 워싱턴 DC와 볼티모어 사이에 전신선을 설치하기 위한 기금이 그에게 주어졌다고 했으므로 (b)가 정답이다.

Paraphrase된 문장

was granted the funds(기금이 주어졌다) → receive funding(기금을 받다)

어휘 | **milestone**[máilstòun] 이정표 **telegraph**[téligræf] 전신기, 전신 **come up with** ~을 생각해내다 **grant**[grænt] 주다, 부여하다 **rapid**[rǽpid] 빠른 **dissemination**[disèmənéiʃən] 전파, 보급 **supersede**[sùːpərsíːd] 대체하다 **dominate**[dámənèit] ~에 큰 영향을 주다, 지배하다 **significant**[signífikənt] 중요한

Part 4

05

Many people believe that success is primarily influenced by luck or skill. However, this view of success is misguided. **The truth is that perseverance is the ultimate factor that determines how successful a person will be in the end.** People who follow through on what they set out to do will inevitably be successful. On the other hand, those who give up at the first hint of adversity tend to fail regardless of their dreams and aspirations.

Q. What is the talk mainly about?

(a) How perseverance leads to luck

(b) Why people need to stick to their goals

(c) The fundamental determinant of success

(d) The things people must overcome to succeed

많은 사람들은 성공이 주로 운이나 능력에 의해 좌우된다고 생각합니다. 그렇지만, 성공에 대한 이러한 관점은 잘못된 것입니다. 사실은 끈기야말로 어떤 사람이 결국에 얼마나 성공하는지를 결정짓는 가장 중요한 요소입니다. 자신이 시작한 일을 끝까지 추구하는 사람들은 반드시 성공할 것입니다. 반면에, 역경의 조짐만 보여도 포기하는 사람들은 그들의 꿈이나 포부와 관계없이 실패하는 경향이 있습니다.

Q. 담화는 주로 무엇에 대한 것인가?

(a) 끈기가 어떻게 행운으로 이어지는지

(b) 사람들은 왜 자신의 목표를 고수해야 하는지

(c) 성공의 중요한 결정 요소

(d) 성공하기 위해 극복해야 하는 것들

해설 | 담화의 주제를 묻는 문제이다. The truth is ~ in the end에서 얼마나 성공했는지를 결정짓는 가장 중요한 요소는 끈기라고 말한 후, 끈기가 있는 사람들은 반드시 성공한다는 내용이 이어졌다. 따라서 담화의 주제로 적절한 것은 (c)이다.

Paraphrase된 문장

factor that determines how successful a person will be(어떤 사람이 얼마나 성공하는지를 결정짓는 요소) → determinant of success(성공의 결정 요소)

어휘 | **perseverance**[pə̀ːrsəvíːərəns] 끈기, 인내 **follow through on** ~을 끝까지 추구하다 **inevitably**[inévitəbli] 반드시 **adversity**[ædvə́ːrsəti] 역경 **regardless of** ~와 관계없이 **aspiration**[æ̀spəréiʃən] 포부 **determinant**[ditə́ːrmənənt] 결정 요소

06

Today we will examine the importance of family relationships in dealing with grief. Most people have lost a loved one whom they may have known for most of their lives. Naturally, when someone close to you dies it can be a very traumatic experience. And families play a key part in helping each other during these difficult periods. By supporting each other, families allow people to move on and put their grief behind them.

Q. What is the main purpose of the program?

(a) To instruct people on how to approach the topic of death
(b) To announce a new family support group
(c) To discuss the trauma of a loved one's passing
(d) To emphasize the role of relatives in coping with loss

오늘은 슬픔에 대처하는 데 있어서 가족의 중요성에 대해 알아볼 것입니다. 대부분의 사람들은 살아오면서 거의 평생을 알아왔던 사랑하는 사람들을 잃기도 합니다. 물론, 가까운 사람이 죽으면 그것은 정신적 충격이 큰 경험일 수 있습니다. 그리고 이 어려운 시기에 서로를 도와주는 데 있어서 가족이 핵심적인 역할을 합니다. 서로에게 의지가 되어줌으로써, 가족은 사람들이 슬픔을 잊고 나아가게 해줍니다.

Q. 프로그램의 주된 목적은 무엇인가?

(a) 죽음이라는 주제에 접근하는 법을 가르치기 위해
(b) 새로운 가족 지원 단체를 알리기 위해
(c) 사랑하는 사람의 죽음이 주는 정신적 충격에 대해 논의하기 위해
(d) 상실에 대처하는 데 있어서 가족의 역할을 강조하기 위해

해설 | 프로그램의 목적을 묻는 문제이다. Today we will someone ~ dealing with grief에서 슬픔에 대처하는 데 있어서 가족의 중요성에 대해 이야기할 것임을 밝힌 후 사랑하는 사람을 잃어 정신적으로 큰 충격을 받았을 때 가족이 핵심적인 역할을 한다는 내용이 이어졌다. 따라서 프로그램의 목적으로 적절한 것은 (d)이다. (c)는 when someone ~ traumatic experience(가까운 사람이 죽으면 그것은 정신적 충격이 큰 경험일 수 있습니다)에서 언급되긴 했지만, 일부 내용만을 다루고 있으므로 주된 목적이 될 수 없다.

Paraphrase된 문장
family relationships(가족) → relatives(가족)
dealing with grief(슬픔에 대처하는 것) → coping with loss(상실에 대처하는 것)

어휘 | **traumatic**[trɔːmǽtik] 정신적 충격이 큰   **play a part** 역할을 하다   **put ~ behind** ~을 잊어버리다   **trauma**[trɔ́ːmə] 정신적 충격
passing[pǽsiŋ] 죽음   **cope with** ~에 대처하다

07

Today I'd like to discuss the Colorado River Delta in Mexico, a perfect example of a vulnerable ecosystem. At a glance, the delta appears to harbor a good deal of wildlife in its sporadic wetlands. These oases play an important role in the health of the overall ecosystem. However, **man-made barriers built during the past century have restricted the flow of water, reducing the size of the delta. The construction of dams has dramatically changed the landscape.**

Q. What is the talk mainly about?

(a) The resilience of the Colorado River Delta
(b) The Colorado River Delta's role in the ecosystem
(c) A wetland's reduction in wildlife species
(d) A landscape's alteration due to human activity

오늘은 피해를 입기 쉬운 생태계의 완벽한 사례인 멕시코의 콜로라도 강 삼각주에 대해 이야기하고 싶습니다. 언뜻 보아도, 그 삼각주는 산재해 있는 습지의 많은 생물들에게 거처를 제공하고 있는 것 같습니다. 이러한 오아시스는 전체적인 생태계의 안정에 중요한 역할을 합니다. 그렇지만, 지난 세기에 세워진 인공 장벽이 물의 흐름을 막아서, 삼각주의 크기가 줄어들고 있습니다. 이 댐의 건설이 지형을 극적으로 바꾸고 있습니다.

Q. 담화는 주로 무엇에 대한 것인가?

(a) 콜로라도 강 삼각주의 복원력
(b) 콜로라도 강 삼각주의 생태계에서의 역할
(c) 습지의 생물 종류 감소
(d) 인간 활동으로 인한 지형 변화

해설 | 담화의 주제를 묻는 문제이다. Today I'd like to ~ vulnerable ecosystem에서 콜로라도 강 삼각주가 피해를 입기 쉬운 생태계의 완벽한 사례라고 말한 후, man-made barriers ~ the delta에서 인공 장벽에 의해 삼각주의 크기가 줄어들고 있다고 했다. 따라서 담화의 주제로 적절한 것은 (d)이다.

어휘 | **vulnerable**[vʌ́lnərəbl] 피해를 입기 쉬운   **ecosystem**[ékousìstəm] 생태계   **at a glance** 언뜻 보아   **harbor**[háːrbər] 거처를 제공하다
sporadic[spərǽdik] 산재해 있는, 산발적인   **wetland**[wétlænd] 습지

08
~
09

The term "hybrid" has become increasingly popular in everyday speech and is used to refer to anything from cars to animals. [08]**Most simply think the word means a fusion of two different things.** To a biologist, however, a true hybrid is an organism that is created as a result of two different species mating. According to this definition, hybridization can only result from the combination of two species that are reproductively isolated. Mules, for example, are hybrids of horses and donkeys. Pomskies, which are a combination of huskies and Pomeranians, are not hybrids but rather a mix of different breeds within the same species. [08]**In addition, many people believe that plants do not form hybrids.** However, [09]**plants are actually more likely than animals to develop hybrids, as it is genetically easier for unique plant species to reproduce.** Two examples are peppermint and grapefruit.

'잡종'이라는 용어는 일상어로 점점 보급되고 있으며 자동차부터 동물까지 무엇이든 가리키는 데 쓰이고 있습니다. [08]대부분은 단순히 이 단어가 두 개의 다른 것의 결합을 의미한다고 생각합니다. 그러나, 생물학자에게는 정확한 잡종이란 두 개의 다른 종이 교미한 결과로 만들어지는 생물입니다. 이 정의에 따르면, 잡종 교배는 생식적으로 분리된 두 종의 조합으로부터만 일어날 수 있습니다. 예를 들어, 노새는 말과 당나귀의 잡종입니다. 허스키와 포메라니안의 조합인 폼스키는 잡종이 아니라 정확히 말하자면 같은 종의 혼혈입니다. [08]또한, 많은 사람들이 식물은 잡종을 형성하지 않는다고 생각합니다. 그렇지만, [09]식물은 사실 동물보다 잡종을 만들어낼 가능성이 더 높은데, 이는 특이한 식물 종이 번식하기가 유전적으로 더 쉽기 때문입니다. 두 가지 예로는 페퍼민트와 자몽이 있습니다.

08. Q. What is the main topic of the talk?

(a) What happens when hybrid species mix
(b) An explanation of biological hybrids
(c) Research on hybrid organisms
(d) How hybrids are defined in ordinary speech

09. Q. Why are hybrid plants more widespread than hybrid animals?

(a) Hybrid Plants are regularly created in controlled settings.
(b) It is more likely for hybrid plants to be able to reproduce.
(c) Plant species are more widely distributed around the world.
(d) It is easier for different plant species to come into contact.

08. Q. 담화의 주제는 무엇인가?

(a) 잡종 종들이 이종 교배할 때 어떤 일이 생기는지
(b) 생물학적 잡종의 의미
(c) 잡종 생물에 관한 연구
(d) 일상 대화에서 잡종이 어떻게 정의되는지

09. Q. 잡종 식물은 왜 잡종 동물보다 더 일반적인가?

(a) 잡종 식물은 통제된 환경에서 정기적으로 만들어진다.
(b) 잡종 식물이 번식할 수 있는 가능성이 더 높다.
(c) 식물 종이 세계적으로 더 넓게 분포되어 있다.
(d) 다른 식물 종들이 접촉하는 것이 더 쉽다.

해설 | 08. 담화의 주제를 묻는 문제이다. Most simply think ~ two different things에서 대부분은 단순히 잡종이라는 단어가 두 개의 다른 것의 결합을 의미한다고 생각한다고 말한 후, 생물학자에게 정확한 잡종이란 무엇인지에 대한 설명이 이어졌다. 또한 In addition, ~ hybrids에서 많은 사람들이 식물은 잡종을 형성하지 않는다고 생각한다고 말한 후, 식물은 사실 동물보다 잡종을 만들어낼 가능성이 더 높다는 내용이 이어졌다. 따라서 담화의 주제로 적절한 것은 (b)이다.

09. 잡종 식물이 잡종 동물보다 더 일반적인 이유를 묻는 문제이다. plants are~ to reproduce에서 특이한 식물 종이 번식하기가 더 쉽기 때문에 식물이 동물보다 잡종을 만들어낼 가능성이 더 높다고 했으므로 (b)가 정답이다.

Paraphrase된 문장
easier ~ to reproduce(번식하기가 더 쉽다) → more likely ~ to be able to reproduce(번식할 수 있는 가능성이 더 높다)

어휘 | **hybrid**[háibrid] 잡종 **organism**[ɔ́:rgənìzm] 생물 **mate**[meit] 교미하다 **hybridization**[hàibridəzéiʃən] 잡종 교배 **reproductively**[rì:prədʌ́ktivli] 생식적으로 **isolated**[áisəlèitid] 분리된, 고립된 **mule**[mju:l] 노새

Part 1

Part 2

Part 3

Part 4 & 5

해커스 텝스 Listening

전략 적용   p.233

Many of you are probably aware that calcium is an essential nutrient for a healthy body. **However, scientists are now aware that excess calcium can increase the chances of kidney stone formation.** Participants in a recent study who regularly consumed large amounts of cheese, milk, and leafy vegetables demonstrated a 20 percent higher rate of kidney stones than those with low-calcium diets. **When calcium amounts exceed levels that the body can absorb, the calcium begins to form hard crystals, building blocks of kidney stones.**

Q. What is the main point of the talk?

(a) **Excess calcium can increase the occurrence of kidney stones.**
(b) Nutritional benefits of calcium are now under dispute.
(c) People need balanced nutrition for healthy kidneys.
(d) Kidney stones are absent in people with low-calcium diets.

많은 분들께서 건강한 몸을 위해서는 칼슘이 필수적인 영양소라는 걸 아마 알고 계실 겁니다. 그렇지만, 이제 과학자들은 과도한 칼슘 섭취가 신장 결석이 형성될 가능성을 증가시킨다는 것을 알아차렸습니다. 최근 한 연구에서 규칙적으로 치즈와 우유, 잎이 많은 채소를 다량 섭취하는 참가자들의 신장 결석 비율이 칼슘을 적게 먹는 사람들보다 20퍼센트 더 높았던 것으로 나타났습니다. 칼슘의 양이 몸이 흡수할 수 있는 수치를 초과했을 때, 칼슘은 딱딱한 결정체를 형성하기 시작하여 신장 결석을 만듭니다.

Q. 담화의 요점은 무엇인가?

(a) 과도한 칼슘이 신장 결석 발생을 증가시킬 수 있다.
(b) 칼슘의 영양상의 이점에 대해서는 현재 논쟁 중이다.
(c) 건강한 신장을 위해서 균형 잡힌 영양이 필요하다.
(d) 칼슘을 적게 먹는 사람들은 신장 결석이 없다.

어휘 | **kidney stone** 신장 결석 **formation** [fɔːrméiʃən] 형성 **consume** [kənsjúːm] 섭취하다, 소모하다 **leafy** [líːfi] 잎이 많은 **crystal** [krístəl] 결정체 **under dispute** 논쟁 중인 **absent** [æbsənt] 없는, 결여된

Hackers Practice   p.234

01 Step 1. (a)   **02** Step 1. (a)   **03~04** Step 1. (b)   **05** (b) **06** (b) **07** (a) **08** (a) **09** (c)
     Step 4. (c)   Step 4. (b)   Step 4. 03. (b) 04. (c)

Part 4

01

One thing each of you should keep in mind is that applying to graduate school is similar to applying for employment. Each process involves filling out paperwork and requesting recommendations, tasks that most of you will conduct numerous times throughout your lives. In addition, each undertaking requires preparation to successfully meet deadlines. **So it is advantageous to visualize the procedures for applying to graduate school as if you were applying for employment.**

Q. What is the speaker's main point about applying to graduate school?

(a) Applicants should seek advice when filling out the paperwork.
(b) Evaluators pay close attention to the candidate's sincerity.

여러분 모두 한 가지 명심해야 할 것은 대학원 지원은 구직과 비슷하다는 점입니다. 두 과정 모두 서류 작성과 추천서 요청을 필요로 하는데, 이것은 여러분이 살아가면서 여러 차례 하게 될 일들입니다. 게다가, 두 가지 일 모두 마감 기한을 성공적으로 맞추기 위한 준비가 필요합니다. 그래서 대학원에 지원하는 과정을 구직하는 것처럼 생각하는 것이 유익합니다.

Q. 대학원에 지원하는 것에 대한 화자의 요점은 무엇인가?

(a) 지원자들은 서류를 작성할 때 조언을 구해야 한다.
(b) 평가자들은 후보자의 정직성에 세심한 주의를 기울인다.

(c) It is helpful to approach it like the employment process.

(d) It is essential to complete all the requirements before the deadline.

(c) 대학원 지원을 취업 과정과 같이 접근하는 것은 도움이 된다.

(d) 마감 기한 전에 필요한 사항들을 전부 갖추는 것이 필수적이다.

해설 | 담화의 요점을 묻는 문제이다. 대학원 지원이 구직과 비슷하다고 한 후, 그에 대한 자세한 설명이 이어졌다. 그리고 So가 이끄는 마지막 문장인 So it is ~ for employment에서 대학원에 지원하는 과정을 구직하는 것처럼 생각하는 것이 유익하다고 중심 내용을 다시 정리해주었다. 따라서 대학원 지원에 대한 화자의 요지는 (c)이다. (d)는 each undertaking requires ~ meet deadlines(두 가지 일 모두 마감 기한을 성공적으로 맞추기 위한 준비가 필요합니다)에서 언급되긴 했지만, 일부 내용만을 다루고 있으므로 요점이 될 수 없다.

Paraphrase된 문장

advantageous(유익한) → helpful(도움이 되는)

applying for employment(구직하는 것) → employment process(취업 과정)

어휘 | recommendation[rèkəməndéiʃən] 추천서 undertaking[ʌ̀ndərtéikiŋ] 일, 과업 advantageous[æ̀dvəntéidʒəs] 유익한 visualize[vízuəlàiz] 생각하다 procedure[prəsí:dʒər] 과정 sincerity[sinsérəti] 정직성

02

Envision an empty room with a chair in the center. You stand in one corner of the room, and a friend stands in another corner. Will you both be able to describe the chair in the same manner? You may be able to agree on general features, such as size, shape, or color; but you are likely to disagree about small details. **Even though you are looking at the same chair, you are looking at it from different viewpoints. Therefore, you will each have a different perception of it.**

Q. What is the main point of the lecture?

(a) It is important to understand different viewpoints.

(b) The perspectives of viewers determine their perceptions.

(c) It is easier to describe shapes than detailed features.

(d) The general features of an object can appear different.

중앙에 의자가 있는 빈 방을 상상해 보세요. 당신은 그 방의 한쪽 구석에 서 있고, 한 친구는 다른 쪽 구석에 서 있습니다. 둘 다 의자를 동일하게 묘사할 수 있을까요? 크기나 모양, 색깔과 같은 일반적인 특징들에 대해서는 의견이 같을지도 모릅니다. 그러나 세부적인 사항들에 대한 의견은 일치하지 않을 것입니다. 비록 같은 의자를 보고 있다고 할지라도, 여러분은 그것을 다른 관점에서 보고 있습니다. 그러므로 여러분 각자가 그것에 대해 다른 인식을 가질 것입니다.

Q. 강의의 요점은 무엇인가?

(a) 다른 관점을 이해하는 것은 중요하다.

(b) 보는 사람의 관점이 인식을 결정한다.

(c) 세부적인 특징보다 모양을 묘사하는 것이 더 쉽다.

(d) 대상의 일반적인 특징들은 다르게 보일 수 있다.

해설 | 강의의 요점을 묻는 문제이다. 서로 다른 관점에서 의자를 본 두 사람은 이를 똑같이 묘사할 수 없는데 이는 다른 관점에서 보기 때문이라고 했다. 그리고 Therefore가 이끄는 마지막 문장인 Therefore, you will ~ perception of it에서 다른 관점 때문에 같은 사물에 대해서도 다른 인식을 가지게 된다고 설명했다. 따라서 강의의 요점으로 적절한 것은 (b)이다.

Paraphrase된 문장

viewpoints(관점) → perspectives of viewers(보는 사람의 관점)

어휘 | envision[invíʒən] 상상하다 in the same manner 동일하게, 마찬가지로 perception[pərsépʃən] 인식 perspective[pərspéktiv] 관점

Part 5

03~04

I'd like to discuss the city council's planned redevelopment of the Grand Harbor area. This project to replace the existing low-rise buildings with a cluster of high-end luxury blocks has stirred up a lot of excitement amongst some, although it has also come up against fierce resistance by many. Business owners have stated that it represents a much-needed local investment, and they expect it to contribute to economic growth. Many affluent residents have also expressed approval, believing that the project will lead to a better quality of life. ⁰³**However, what these**

시의회가 계획한 Grand 항구 지역의 재개발에 대해 이야기하고 싶습니다. 기존의 저층 건물들을 최고급 호화 건물 단지로 대체하려는 이 프로젝트는 일부에게는 많은 기대감을 불러일으켰지만, 다수에 의한 격심한 반대에 직면하기도 했습니다. 경영주들은 이것이 매우 필요한 지역 투자를 대변한다고 말했으며, 경제 성장에 기여할 것이라고 기대합니다. 여러 부유한 주민들도 이 프로젝트가 더 나은 삶의 질을 이끌 것이라 생각하며 동의를 표했습니다. ⁰³그러나, 이 집단들이 간과하고 있는 것은 Grand 항구에서 60퍼센트의 사람들이 저임금으로 근근이 살아가며, 이 계획하에 철거될 저렴한 주택 공급에 의존한다는 것입니다. 시에서 제공해야 하는 것은 모든 주민들

groups **fail to consider** is that 60 percent of the people in Grand Harbor **subsist on low wages, and they rely on the affordable housing that would be demolished under this plan.** What the city should be offering is <u>better quality housing that is affordable</u>, as well as <u>improvements to the area's public spaces</u> so that all residents can use them. ⁰⁴**This plan is further proof that the city council prioritizes the concerns of rich residents,** as was evident from the reconstruction of Sussex Hills several years ago.

03. Q. What is the speaker's <u>main point</u>?

    (a) The redevelopment of Grand Harbor will be a massive improvement.

    (b) The redevelopment does not fulfill the needs of those with limited incomes.

    (c) The city council needs to do more to foster economic growth in Grand Harbor.

    (d) The low-wage residents of Grand Harbor should move to more affordable areas.

04. Q. Which is <u>correct</u> according to the talk?

    (a) The redevelopment will focus on renovating the existing high-rise blocks.

    (b) Grand Harbor is well known for exceptional public facilities.

    (c) The city council has carried out another initiative benefitting only the wealthy before.

    (d) The reconstruction of Sussex Hills was never completed.

이 사용할 수 있도록 하는 지역의 공공 장소 개선뿐만 아니라 저렴한 가격의 양질의 주택입니다. ⁰⁴이 계획은 몇 년 전 Sussex Hills 재건축에서 분명히 알 수 있었듯이, 시의회가 부유한 주민들의 관심사를 우선시한다는 추가적인 증거에 해당합니다.

03. Q. 화자의 요점은 무엇인가?

    (a) Grand 항구의 재개발은 대규모의 개선일 것이다.

    (b) 재개발은 저소득 사람들의 필요를 충족시키지 않는다.

    (c) 시의회는 Grand 항구의 경제 성장을 증진하기 위해 더 많은 것을 해야 한다.

    (d) Grand 항구의 저임금 주민들은 더 저렴한 지역으로 이사가야 한다.

04. Q. 담화에 따르면 맞는 것은 무엇인가?

    (a) 재개발은 기존의 고층 건물들을 수리하는 데 초점을 맞출 것이다.

    (b) Grand 항구는 우수한 공공 시설들로 유명하다.

    (c) 시의회는 이전에 부자들에게만 이익이 되는 계획을 실행했다.

    (d) Sussex Hills의 재건축은 조금도 완성되지 못했다.

해설 | 03. 담화의 요점을 묻는 문제이다. Grand 항구 지역의 재개발에 대해 이야기하고 싶다고 말한 후, However가 이끄는 중심 문장인 However, what these groups ~ this plan에서 Grand 항구에는 60퍼센트의 사람들이 저임금으로 근근이 살아가며, 재개발 계획하에 철거될 저렴한 주택 공급에 의존한다고 했다. 그리고 이에 따라 시에서 제공해야 하는 것이 무엇인지에 대한 내용이 이어졌다. 따라서 담화의 요점으로 적절한 것은 (b)이다.

Paraphrase된 문장

low wages(저임금) → limited incomes(저소득)

    04. 담화의 내용과 일치하는 것을 묻는 문제이다. This plan is ~ several years ago에서 이 계획은 몇 년 전 Sussex Hills 재건축에서 분명히 알 수 있었듯이, 시의회가 부유한 주민들의 관심사를 우선시한다는 추가적인 증거에 해당한다고 했으므로 (c)가 정답이다.

Paraphrase된 문장

rich residents(부유한 주민들) → the wealthy(부자들)

어휘 | **redevelopment**[rìːdivéləpmənt] 재개발　**high-end** 최고급의　**stir up** ~을 불러일으키다　**come up against** ~에 직면하다
fierce[fiərs] 격심한, 강한　**resistance**[rizístəns] 반대, 저항　**affluent**[ǽfluənt] 부유한, 유복한　**subsist**[səbsíst] 근근이 살아가다
demolish[dimáliʃ] 철거하다　**prioritize**[praiɔ́ːrətàiz] 우선시하다　**initiative**[iníʃiətiv] 계획

Part 4

05

On this week's program we'll show you how to plant flower bulbs. **For most bulbs, the ideal time to plant is in fall.** The ground has not frozen by then, so it gives the bulbs plenty of time to establish roots before the onset of winter. This is important so that the bulbs don't rot during the soggy winter months. Also, since spring-flowering

이번 주 프로그램에서는 꽃 구근을 심는 방법을 알려 드리겠습니다. 대부분의 구근 식물을 심기에 이상적인 시기는 가을입니다. 그쯤에는 땅이 얼어 있지 않아서, 겨울이 시작되기 전에 구근 식물의 뿌리가 자리잡을 수 있는 충분한 시간이 있습니다. 그렇게 해야 축축한 겨울에 구근 식물이 썩지 않기 때문에 이것은 중요합니다. 또한, 봄에 꽃을 피우는 구근 식물은 개화

bulbs need to undergo several weeks of cold temperatures before blooming, **fall planting will ensure that they bloom at the right time**.

Q. What is the main idea of the talk?

    (a) Soggy soil can delay the blooming times of spring flowers.

    (b) Fall is the most opportune time for planting flower bulbs.

    (c) Most flower bulbs can endure cold temperatures.

    (d) Different seasons require different flower bulbs.

이전에 몇 주간의 낮은 기온을 겪어야 하기 때문에, 가을 파종은 구근 식물이 적시에 꽃을 피우게 해줍니다.

Q. 담화의 요지는 무엇인가?

    (a) 축축한 땅은 봄 꽃의 개화 시기를 지연시킬 수 있다.

    (b) 가을은 꽃 구근 식물을 심기에 가장 적절한 시기이다.

    (c) 대부분의 꽃 구근은 낮은 기온을 견딜 수 있다.

    (d) 계절에 따라 다른 꽃 구근이 적절하다.

해설 | 담화의 요지를 묻는 문제이다. For most bulbs ~ is in fall에서 대부분의 구근 식물을 심기에 이상적인 시기는 가을이라고 말한 후, 가을에 구근 식물을 심어야 하는 이유에 대한 설명이 이어졌다. 그리고 마지막 문장에서 구근 식물은 가을 파종이 적합하다는 내용을 반복해서 언급했다. 따라서 담화의 요지로 적절한 것은 (b)이다.

Paraphrase된 문장

ideal(이상적인) → the most opportune(가장 적절한)

어휘 | bulb[bʌlb] 구근   onset[ánsèt] 시작   soggy[sɑ́gi] 축축한   spring-flowering 봄에 꽃을 피우는   bloom[blu:m] 꽃을 피우다

    opportune time 적절한 시기

06

In light of recent trends in digital technology, it seems that film photography is going the way of the dinosaur. Contrary to digital photography, which allows the immediate and convenient transfer of images at any time, film photography requires a darkroom in which to transfer images to paper, making it time-consuming and expensive. **The by-product is that even experienced professional photographers are increasingly turning to digital cameras for their projects.**

Q. What is the main point of the lecture?

    (a) Photographers now use film only for special projects.

    (b) Photographers are less interested in film photography.

    (c) Film photography has become time-consuming and expensive.

    (d) Digital cameras are becoming more sophisticated.

디지털 기술의 최근 경향에 비추어 보면, 필름 사진은 사양길로 접어들고 있는 것 같습니다. 언제든 이미지를 즉각적이고 편리하게 변환할 수 있는 디지털 사진과는 달리, 필름 사진은 종이에 이미지를 옮기는 암실이 필요하며, 이 때문에 시간이 많이 들고 비쌉니다. 그 부차적인 결과로 경험이 많은 전문 사진가마저 자신의 프로젝트를 디지털 카메라에 더 의존하게 되었습니다.

Q. 강의의 요점은 무엇인가?

    (a) 사진가들은 이제 특별한 프로젝트에만 필름을 사용한다.

    (b) 필름 사진에 대한 사진가들의 관심이 줄어들었다.

    (c) 필름 사진은 시간이 많이 들고 비싸졌다.

    (d) 디지털 카메라는 더 복잡해지고 있다.

해설 | 강의의 요점을 묻는 문제이다. 필름 사진이 사양길에 접어들고 있는 것 같다고 말한 후 디지털 사진에 대비한 필름 사진의 단점에 대해 말했다. 그리고 마지막 문장인 The by-product ~ for their projects에서 전문 사진가마저 디지털 카메라에 더 의존한다고 했다. 따라서 강의의 요점으로 적절한 것은 (b)이다.

어휘 | the way of the dinosaur 사양길, 몰락의 길   darkroom[dɑ́:rkrù:m] 암실   time-consuming 시간이 많이 드는   by-product 부차적 결과

    turn to ~에 의존하다   sophisticated[səfístəkèitid] 복잡한

07

Today we will discuss *The Templar's Quest*, a novel that received high praise from those who support sensationalism in literature. I, on the other hand, do not see what all the hype is about. **Overemphasizing the attractive aspects of knighthood** does not help us sympathize with the knights' difficulties. **The story romanticizes the plight of the Knights Templar and overstates the importance of the Holy Grail** ⟳

오늘은 흥미 본위의 문학을 옹호하는 사람들로부터 많은 찬사를 받은 소설인 「The Templar's Quest」에 대해 논의할 것입니다. 하지만, 저는 그 모든 과대 선전이 무엇에 대한 것인지 모르겠습니다. 기사도의 매력적인 부분을 과장하는 것은 우리가 그 기사들의 시련을 공감하도록 하는 데 도움이 되지 않습니다. 이야기는 템플 기사단의 역경을 낭만화하고 성배 자체의 중요성을 과장해서 말합니다. 저는 그 작가가 독자를 사

itself. I'm sure most of you have noticed how the author simply took ordinary stories and added fancy elements in order to captivate his audience.

Q. What is the speaker's main point about the novel *The Templar's Quest*?

(a) It unduly sensationalizes its subject matter.
(b) Its more captivating elements are hard to recognize.
(c) It is an inaccurate version of the quest for the Holy Grail.
(d) It fosters readers' sympathy for the difficulties of knighthood.

로잡기 위해 어떤 식으로 평범한 이야기를 단순히 가져다가 화려한 요소들을 덧붙였는지를 여러분 대부분이 알아차렸으리라 확신합니다.

Q. 소설 「The Templar's Quest」에 대한 화자의 요점은 무엇인가?

(a) 지나치게 주제를 과장한다.
(b) 더 매력적인 요소들은 알아차리기 어렵다.
(c) 성배 원정에 대한 부정확한 각색이다.
(d) 기사도의 시련에 대해 독자들의 동정심을 조성한다.

해설 │ 담화의 요점을 묻는 문제이다. Overemphasizing ~ knighthood에서 소설이 기사도의 매력적인 부분을 과장하고 있다고 말한 후, The story ~ the Holy Grail itself에서 이야기가 템플 기사단의 역경을 낭만화하고 성배 자체의 중요성을 과장해서 말한다는 언급이 이어졌으므로, 담화의 요점으로 적절한 것은 (a)이다.

어휘 │ **sensationalism**[senséiʃənəlìzm] 흥미 본위, 감각주의 **hype**[haip] 과대 선전 **knighthood**[náithùd] 기사도 **sympathize**[símpəθàiz] 공감하다 **plight**[plait] 곤경 **overstate**[òuvərstéit] 과장해서 말하다 **unduly**[ʌndjú:li] 지나치게 **foster**[fɔ́:stər] 조성하다 **sympathy**[símpəθi] 동정심

Part 5

08
~
09

Now I'd like to talk about the bottled water debate. [08]**The benefits of drinking bottled water have been extolled for decades.** Many people suggest that bottled water contains essential micronutrients and lacks impurities. But is bottled water really healthier than tap water? In fact, all water contains both micronutrients and impurities. The difference is that governments monitor tap water while the testing of bottled water is left to the companies that sell it. [08]**So drinking more bottled water doesn't make much difference to your health.** There are even studies that show that bottled water can be dangerous, with certain types of bottled water carrying hidden health risks. [09]**The plastic used by a number of bottled water companies can contain toxins capable of seeping into water. The chances of this happening are especially high when bottles are exposed to heat.**

이제 생수 논쟁에 대해 이야기하고 싶습니다. [08]수십 년간 생수를 마시는 것의 이점이 극찬받아 왔습니다. 많은 사람들이 생수에는 필수 미량 영양소가 있고 불순물은 없다고 생각합니다. 그러나 정말로 생수가 수돗물보다 더 건강에 좋을까요? 사실, 모든 물에는 미량 영양소와 불순물이 모두 들어있습니다. 차이점은 정부가 수돗물을 조사하는 반면 생수 검사는 생수를 파는 회사에 맡겨져 있다는 것입니다. [08]따라서 생수를 더 마시는 것이 건강에 큰 차이를 내지 않습니다. 오히려 생수가 해를 끼칠 수 있다는 것을 보여주는 연구도 있는데, 특정 종류의 생수가 숨겨진 건강상의 위험 요소를 지닌다는 것입니다. [09]다수의 생수 회사가 사용하는 플라스틱이 물에 스며들 수 있는 독소를 포함할 수도 있습니다. 이런 일이 발생할 확률은 특히 생수 병이 열에 노출되었을 때 높습니다.

08. Q. What is the speaker's main point?

(a) The health benefits of bottled water have been exaggerated.
(b) Bottled water has been associated with health problems.
(c) Tap water is tested more strictly than bottled water.
(d) Tap water contains fewer micronutrients than bottled water does.

09. Q. According to the talk, how can bottled water get contaminated with toxins?

(a) Bottled water companies fail to institute hygienic practices.

08. Q. 화자의 요점은 무엇인가?

(a) 생수의 건강상의 이점은 과장되어 왔다.
(b) 생수는 건강 문제와 관련되어 왔다.
(c) 수돗물이 생수보다 더 엄격하게 검사를 받는다.
(d) 수돗물에는 생수보다 더 적은 미량 영양소가 들어있다.

09. Q. 담화에 따르면, 생수는 어떻게 독소로 오염되는가?

(a) 생수 회사는 위생 관련 관행을 실시하지 못한다.

(b) Obsolete packaging equipment is used to cut costs.

(c) Containers release harmful substances due to high temperatures.

(d) Certain impurities cannot be detected through standard tests.

(b) 구식의 포장 장비가 비용을 절감하기 위해 사용된다.

(c) 높은 온도 때문에 용기가 유해 물질을 배출한다.

(d) 특정 불순물은 표준 검사로 감지되지 않는다.

해설 | 08. 담화의 요점을 묻는 문제이다. The benefits ~ for decades에서 생수의 이점이 오랫동안 극찬받아 왔다고 언급한 후, So drinking ~ your health에서 생수를 더 마시는 것이 건강에 큰 차이를 내지 않음을 밝혔다. 따라서 담화의 요점으로 적절한 것은 (a)이다. (c)는 governments monitor tap water(정부가 수돗물을 조사한다)에서 언급되긴 했지만, 일부 내용만을 다루고 있으므로 요점이 될 수 없다.

09. 생수가 어떻게 독소로 오염되는지 묻는 문제이다. 특정 종류의 생수는 숨겨진 건강상의 위험 요소를 지닌다고 한 후, The plastic ~ are exposed to heat에서 다수의 생수 회사가 사용하는 플라스틱이 물에 스며들 수 있는 독소를 포함할 수도 있으며 이런 일이 발생할 확률은 생수 병이 열에 노출되었을 때 높다고 했으므로 (c)가 정답이다.

Paraphrase된 문장

toxins(독소) → harmful substances(유해 물질)

exposed to heat(열에 노출되다) → high temperatures(높은 온도)

어휘 | **bottled water** (병에 든) 생수 **extol** [ikstóul] 극찬하다 **micronutrient** [màikrounjúːtriənt] 미량 영양소 **impurity** [impjúərəti] 불순물 **tap water** 수돗물 **make a difference** ~에 차이가 생기다 **expose** [ikspóuz] 노출하다 **exaggerated** [igzǽdʒərèitid] 과장된

Hackers TEST p.236

| 01 (b) | 02 (d) | 03 (c) | 04 (d) | 05 (a) | 06 (c) | 07 (b) | 08 (a) | 09 (b) | 10 (d) |

Part 4

01

Simply putting prisoners in a jail to serve out a sentence does not encourage them to change their criminal behavior. **Instead of just punishing them, we should educate criminals and provide them with the characteristics necessary to succeed in life, such as reading and interpersonal skills.** To develop these qualities, mentoring programs should be created that focus on literacy and communications, as well as job-related and parenting skills.

Q. What is the main topic of the talk?

(a) Job training for criminals who reenter society

(b) Coaching prisoners on how to lead accomplished lives

(c) Programs for increasing literacy rates of prisoners

(d) Necessary improvements to existing criminal laws

죄수들을 단순히 감옥에 가둬 형기를 마치도록 하는 것은 그들의 범죄 행동을 고치지 못합니다. 단지 벌주는 것 대신 범죄자들을 교육시키고 읽기와 대인 관계 기술과 같이 인생에서 성공하기 위해 필요한 자질들에 대해 알려 주어야 합니다. 이러한 자질들을 계발하기 위해서, 직업 관련 기술과 육아 기술뿐만 아니라, 읽고 쓰는 능력과 의사소통에 초점을 맞춘 멘토링 프로그램이 만들어져야 합니다.

Q. 담화의 주제는 무엇인가?

(a) 사회에 다시 진출하려는 죄수들을 위한 직업 훈련

(b) 죄수들에게 성공적인 삶을 사는 방법을 가르치는 것

(c) 죄수들의 읽고 쓰는 능력 증대를 위한 프로그램

(d) 기존의 형사법에 필요한 개선점

해설 | 담화의 주제를 묻는 문제이다. Instead가 이끄는 중심 문장인 Instead of just ~ interpersonal skills에서 죄수들에게 인생에서 성공하기 위해 필요한 자질들에 대해 알려주어야 한다고 말한 후, 그러한 자질들을 계발하기 위한 구체적인 프로그램에 대한 제안이 이어졌다. 따라서 담화의 주제로 적절한 것은 (b)이다. (a)는 job-related ~ skills(직업 관련 ~ 기술)에서 언급되긴 했지만, 일부 내용만을 다루고 있으므로 주제가 될 수 없다.

Paraphrase된 문장

educate(교육시키다) → coaching(가르치는 것)

succeed in life(인생에서 성공하다) → lead accomplished lives(성공적인 삶을 살다)

어휘 | **serve out** (형기를) 마치다 **sentence** [séntəns] 징역, 형벌 **interpersonal skill** 대인 관계 기술 **literacy** [lítərəsi] 읽고 쓰는 능력 **parenting skill** 육아 기술 **criminal law** 형사법

02

Good afternoon students. Welcome to Philosophy 303, Readings on Hegel. I'm aware that many students are apprehensive when it comes to philosophical literature, particularly writings as puzzling as Hegel's. **However, once you familiarize yourself with his works, I'm sure you'll find them comprehensible.** It's true that his dialectical method can be confusing to some readers, but I'm certain that with a little effort you will all begin to appreciate his intellectual skill in no time.

Q. What is the main point of the talk?

(a) Hegel's philosophy is confusing due to its unique style.
(b) Hegel's writings are recognized as being overly assertive.
(c) Hegel's philosophical writings are intimidating to students.
(d) Hegel's works are not too complex for students to understand.

안녕하세요 학생 여러분. 철학 303, 헤겔 읽기 수업에 오신 걸 환영합니다. 많은 학생들이 철학적인 문학, 특히 헤겔의 글처럼 난해한 글에 관해서라면 걱정한다는 것을 알고 있습니다. 그렇지만, 일단 그의 작품에 익숙해지고 나면 그 글을 이해할 수 있다는 걸 분명히 느낄 것입니다. 그의 변증법적 방법이 몇몇 독자들에게는 혼란스러울 수 있다는 것이 사실이지만, 조금만 노력하면 여러분 모두 곧 그의 지적 역량을 이해하기 시작할 거라 확신합니다.

Q. 담화의 요점은 무엇인가?

(a) 헤겔의 철학은 독특한 스타일 때문에 혼란스럽다.
(b) 헤겔의 글은 지나치게 단정적인 것으로 알려져 있다.
(c) 헤겔의 철학적 글은 많은 학생들을 겁먹게 한다.
(d) 헤겔의 작품은 학생들이 이해하기에 그리 복잡하지 않다.

해설 | 담화의 요점을 묻는 문제이다. 앞에서 헤겔의 글이 난해하다는 것에 대해서 언급한 후, However가 이끄는 중심 문장인 However, once ~ find them comprehensible에서 헤겔의 작품에 익숙해지면 이해할 수 있게 된다고 말했다. 그리고 조금만 노력하면 모든 학생들이 곧 헤겔의 지적 역량을 이해할 수 있게 된다는 내용이 이어졌다. 따라서 담화의 요점으로 적절한 것은 (d)이다. (c)는 many students ~ as Hegel's (많은 학생들이 헤겔의 글처럼 난해한 글에 관해서라면 걱정한다)에서 언급되긴 했지만, 이어지는 내용에서 이를 반박하고 있으므로 요점이 될 수 없다.

Paraphrase된 문장
comprehensible(이해할 수 있는) → not too complex ~ to understand(이해하기에 그리 복잡하지 않은)

어휘 | apprehensive[æprihénsiv] 걱정하는 when it comes to ~에 관해서라면 puzzling[pʌzliŋ] 난해한 familiarize[fəmíljəràiz] 익숙하게 하다 comprehensible[kàmprihénsəbl] 이해할 수 있는 dialectical[dàiəléktikəl] 변증법적인 assertive[əsə́:rtiv] 단정적인, 자기 주장이 강한 intimidate[intímidèit] 겁주다

03

Welcome to Seaside Lagoon Resort's introduction to diver safety. Our experienced dive instructor will tell you everything you need to know to avoid mistakes on the reef today. Please give the instructor your attention, and feel free to ask about anything that you don't understand. First, we'll go over how to check that your diving gear is working properly. Then we'll discuss precautions you should take once you're in the water.

Q. What is the main purpose of the announcement?

(a) To clarify the rules of diver certification
(b) To instruct people on how to prepare their gear
(c) To introduce the underwater safety course
(d) To invite people to a scuba diving resort

Seaside Lagoon 리조트의 다이빙 안전 입문반에 오신 것을 환영합니다. 오늘은 숙련된 다이빙 강사께서 암초에서의 실수를 피하기 위해 알아야 할 모든 것들에 대해 말씀해 주실 것입니다. 강사분께 주의를 기울여 주시기 바라며, 이해되지 않는 것은 무엇이든 주저하지 마시고 물어보십시오. 첫째로, 다이빙 장비가 제대로 작동하고 있는지를 확인하는 방법에 대해 검토할 것입니다. 그 후에 물에 들어 간 후 조심해야 할 사항들에 대해 논의할 것입니다.

Q. 안내의 주된 목적은 무엇인가?

(a) 다이빙 자격증 규정을 명확히 하기 위해
(b) 사람들에게 장비를 준비하는 법을 알려주기 위해
(c) 수중 안전 수업을 소개하기 위해
(d) 사람들을 스쿠버 다이빙 리조트에 초대하기 위해

해설 | 안내의 목적을 묻는 문제이다. Welcome to ~ diver safety에서 다이빙 안전 입문반에 온 사람들을 환영한 후, 오늘의 수업에서 배울 내용에 대한 소개가 이어졌다. 따라서 안내의 목적으로 적절한 것은 (c)이다.

어휘 | reef[ri:f] 암초 go over ~을 검토하다 gear[giər] 장비 precaution[prikɔ́:ʃən] 조심 clarify[klǽrəfài] 명확히 하다 certification[sə̀:rtəfəkéiʃən] 자격증

04

I hope you new teachers will keep in mind that learning is not just about memorizing facts; it is also the ability to analyze and evaluate information through a critical lens. It involves coming up with creative solutions to complex problems and using factual knowledge in constructive ways. You might want to find ways to develop analytical skills in your classrooms as a complement to conventional teaching methods that rely solely on repetition. This will allow students to enter the world stage as agents of change rather than as passive players.

Q. What is the main idea of the lecture?

(a) Many teachers struggle to find inventive instructional methods.

(b) It is important to arm students with factual knowledge.

(c) Analytical skills are essential for success in the real world.

(d) Learning should not be viewed simply as memorization.

저는 새로 오신 선생님들께서 학습이 단순히 사실을 암기하는 것이 아니라는 걸 명심하셨으면 합니다. 학습은 비판적인 눈으로 정보를 분석하고 평가하는 능력이기도 합니다. 그것은 복잡한 문제에 창의적인 해결책을 생각해 내는 것과 사실적 지식을 건설적인 방식으로 활용하는 것을 포함합니다. 오직 반복에만 의존하는 기존의 교수법에 대한 보완으로 여러분의 교실에서 분석적인 기술을 개발하는 방법들을 찾아보시기 바랍니다. 이것은 학생들이 수동적인 참여자가 아닌 변화의 주역으로서 세계 무대에 나아갈 수 있도록 할 것입니다.

Q. 강의의 요지는 무엇인가?

(a) 많은 선생님들이 창의적인 교수 방법을 찾기 위해 애쓴다.

(b) 학생들이 사실적 지식으로 무장하는 것은 중요하다.

(c) 현실 세계에서 성공하기 위해서는 분석적인 기술이 매우 중요하다.

(d) 학습을 단순히 사실을 암기하는 것으로 생각해서는 안 된다.

해설 | 강의의 요지를 묻는 문제이다. I hope ~ a critical lens에서 학습은 단순 암기가 아니라 비판적으로 정보를 분석하고 평가하는 능력이라고 말한 후, 분석 기술을 개발하는 것이 필요한 이유에 대한 내용이 이어졌다. 따라서 강의의 요지로 적절한 것은 (d)이다. (c)는 Analytical skills are essential(분석적인 기술이 매우 중요하다)이 정답처럼 들려 혼동을 준 오답으로, 분석적인 기술과 현실 세계에서의 성공의 관계에 대한 내용은 담화에서 언급되지 않았으므로 틀리다.

어휘 | keep in mind ~을 명심하다   come up with ~을 생각해 내다   factual knowledge 사실적 지식(사실·현상을 기술하거나 설명하는 단편적 지식)   constructive[kənstrʌ́ktiv] 건설적인   analytical[æ̀nəlítikəl] 분석적인   complement[kámpləmənt] 보완   solely[sóulli] 오직   passive[pǽsiv] 수동적인   inventive[invéntiv] 창의적인

05

Officials across the nation have instituted policies hoping to curb the financial crisis, but few signs point to a recovery for small businesses. In the meantime, what we see are more bankruptcies among small firms and more job losses in large corporations, and economic indicators suggest the trend is likely to continue for the foreseeable future. Large corporations have enough capital to deal with the short-term economic shocks. Yet, smaller firms are facing real threats to their survival while officials continue to debate the effectiveness of existing policies.

Q. What is the speaker's main point?

(a) Policies have failed to protect small businesses.

(b) Large corporations should be held responsible for job losses.

(c) Financial crises direct capital away from small firms.

(d) Economic shocks are likely to persist for a while.

국가의 공무원들이 재정 위기를 억제해주기를 바라며 정책들을 제정했지만, 소규모 기업이 회복될 기미는 거의 보이지 않습니다. 그 사이에, 우리는 더 많은 소규모 기업들의 파산과 대기업에서의 더 많은 실업을 목격했고, 경제 지표는 이러한 경향이 가까운 장래까지 계속될 것을 시사합니다. 대기업들은 단기적인 경제적 충격을 견딜 만한 충분한 자본이 있습니다. 그러나 관리들이 기존 정책의 효과에 대해 계속 논쟁하는 동안 소규모의 기업들은 심각한 생존의 위협에 직면하고 있습니다.

Q. 화자의 요점은 무엇인가?

(a) 소규모 기업들을 보호하려는 정책들은 실패했다.

(b) 대기업들은 실업에 대한 책임을 져야 한다.

(c) 재정 위기가 소규모 기업들로부터 자본을 앗아가고 있다.

(d) 경제적 충격이 한동안 지속될 것 같다.

해설 | 담화의 요점을 묻는 문제이다. but을 포함한 중심 문장인 Officials across ~ small businesses에서 국가의 정책에도 불구하고 소규모 기업이 회복될 기미가 보이지 않는다고 했고, 관리들이 논쟁만 하는 동안 소규모 기업은 생존의 위협에 직면해 있다는 내용이 이어졌다. 따라서 담화의 요점으로 적절한 것은 (a)이다. (d)는 economic indicators ~ foreseeable future(경제 지표는 이러한 경향이 가까운 장래까지 계속될 것을 시사합니다)에서 언급되긴 했지만, 일부 내용만을 다루고 있으므로 요점이 될 수 없다.

어휘 | institute[ínstitjùːt] 제정하다   curb[kəːrb] 억제하다   in the meantime 그 사이에   bankruptcy[bǽŋkrəptsi] 파산

06

Today we will examine Arabic mathematics, which flourished throughout the Middle East and parts of northern Africa in the 8th century. **Arab mathematicians are usually credited with 2 major accomplishments:** transmitting the Arabic numerals we use today and preserving Greek mathematical writings. **However, it is less commonly known that the Arabs applied new concepts to the field of mathematics.** Their early work with algebra was an important breakthrough, and they were among the first to use a symbol for the number 0.

Q. What is the main topic of the lecture?

(a) The early development of mathematics
(b) The origins of Arabic mathematics
(c) The Arabic contribution to mathematics
(d) The use of Arabic numerals in the past and today

오늘은 8세기에 중동과 아프리카 북부 지역에서 꽃을 피운 아라비아 수학에 대해 알아볼 거예요. 아라비아 수학자들은 일반적으로 2가지 주요 업적을 세운 것으로 여겨집니다. 우리가 오늘날 사용하는 아라비아 숫자를 전파한 것과 그리스의 수학 기록을 보존한 것이죠. 그러나 아라비아 사람들이 수학 분야에 새로운 개념을 적용했다는 것은 보통 덜 알려져 있습니다. 대수학에서 그들의 초기 업적은 중요한 약진이었으며, 그들은 숫자 0을 나타내는 기호를 최초로 사용한 사람들이었습니다.

Q. 강의의 주제는 무엇인가?

(a) 수학의 초기 발전
(b) 아라비아 수학의 기원
(c) 아라비아 사람들의 수학에 대한 공헌
(d) 과거와 현재의 아라비아 숫자 사용

해설 | 강의의 주제를 묻는 문제이다. Arab mathematicians ~ major accomplishments에서 아라비아 수학자들이 2가지 주요한 업적을 세웠다고 말한 후, However, it is ~ of mathematics에서 아라비아 사람들이 수학 분야에 새로운 개념을 적용했다는 내용이 이어졌다. 따라서 강의의 주제로 적절한 것은 (c)이다.

Paraphrase된 문장

Arab mathematicians ~ accomplishments(아라비아 수학자들 ~ 업적) → The Arabic contribution to mathematics(아라비아 사람들의 수학에 대한 공헌)

어휘 | algebra[ǽldʒəbrə] 대수학   breakthrough[bréikθrù:] 약진, 큰 발전

Part 5

07 ~ 08

[07]**A new deal has been reached that will lead to tighter control of the nation's fishing industry, as fish populations have diminished steadily due to crews ignoring fishing quotas.** Beginning next year, the Coast Guard will begin regular patrols around the nation's prime fishing locations and conduct random checks of vessels. The number of fishing days allowed during the season will also be reduced by up to 19 percent, depending on the particular species of fish. Representatives from the fishing industry have said that the new restrictions are far too harsh and will put their already struggling industry in further jeopardy. [08]**They claim that if they are forced to reduce their activity to such an extent, fishing boats will be unable to catch enough to sustain a business.** However, government officials responded by stating that the decline of fish populations is already putting the industry at risk. They believe that the only way to save the fishing industry in the long-term is to ensure that fish populations can recover through controls on fishing.

07. Q. What is the news report mainly about?

(a) Patrols guarding the nation's fish populations

[07]어획 할당량을 무시하는 선원들로 인해 물고기의 수가 꾸준히 감소함에 따라, 보다 엄격한 국가의 어업 통제를 이끌 새로운 정책이 통과되었습니다. 내년부터, 해안 경비대는 국가의 주요 어획 구역의 정기 순찰을 시작하고 무작위로 선박 점검을 실시할 것입니다. 제철에 허용되는 어획 일수 역시 어종에 따라 19퍼센트까지 감소될 것입니다. 어업계 대표들은 이 새로운 규제가 너무 지나치게 가혹하며 이미 어려움을 겪고 있는 그들의 산업을 한층 더 위험에 빠뜨릴 것이라고 말했습니다. [08]그들은 만일 그 정도까지 그들의 활동을 줄이도록 강요받는다면, 어선들이 사업을 유지할 만큼 충분히 어획할 수 없을 것이라고 주장합니다. 그러나, 정부 관계자들은 물고기 수의 감소가 이미 이 산업을 위험에 처하게 하고 있다고 표명함으로써 대응했습니다. 그들은 어업을 장기적으로 보호하는 유일한 방법은 어획의 통제를 통해 물고기 수가 회복될 수 있게 하는 것이라고 생각합니다.

07. Q. 뉴스는 주로 무엇에 대한 것인가?

(a) 국가의 물고기 수를 지키는 순찰대

(b) **Resolutions to protect the nation's fish resources**

(c) Attempts by fishermen to neglect fishing quotas

(d) Regulations to protect a unique marine environment

08. Q. Why do members of the fishing industry oppose the new policies?

(a) **They believe the limitation of fishing puts their business in danger.**

(b) They think that fish populations need more time to recover.

(c) They believe that a reduction in fishing locations is hurting their industry.

(d) They think that the new regulations will not be effective.

(b) 국가의 어류 자원을 보호하기 위한 해결책

(c) 어획 할당량을 무시하려는 어부들의 시도

(d) 독특한 해양 환경을 보호하기 위한 규정

08. Q. 어업계 일원들은 왜 새로운 정책에 반대하는가?

(a) 어획의 제한이 그들의 사업을 위험에 빠뜨린다고 생각한다.

(b) 물고기 수가 회복되려면 더 많은 시간이 필요하다고 생각한다.

(c) 어획 구역의 감소가 업계에 피해를 준다고 생각한다.

(d) 새 규정이 효과가 없을 것이라고 생각한다.

해설 | 07. 뉴스의 주제를 묻는 문제이다. A new deal ~ fishing quotas에서 국가의 어업 통제를 이끌 새로운 정책이 시행될 것임을 보도한 후, 어류 자원을 보호하기 위해 실시될 구체적인 해결책에 대한 내용이 이어졌다. 따라서 뉴스의 주제로 적절한 것은 (b)이다. (c)는 crews ignoring fishing quotas(어획 할당량을 무시하는 선원들)에서 언급되긴 했지만, 일부 내용만을 다루고 있으므로 주제가 될 수 없다.

08. 어업계 일원들이 새로운 정책에 반대하는 이유를 묻는 문제이다. They claim ~ sustain a business에서 그들의 활동을 줄이도록 강요 받는다면 어선들이 사업을 유지할 만큼 충분히 어획할 수 없을 것이라고 주장했다고 했으므로 (a)가 정답이다.

Paraphrase된 문장

reduce their activity(그들의 활동을 줄이다) → limitation of fishing(어획의 제한)

unable to ~ sustain a business(사업을 유지할 수 없다) → puts ~ business in danger(사업을 위험에 빠뜨린다)

어휘 | **deal**[di:l] 정책 **steadily**[stédili] 꾸준히 **crew**[kru:] 선원 **quota**[kwóutə] 할당량 **patrol**[pətróul] 순찰, 순찰대 **vessel**[vésəl] 선박 **struggling**[stráɡliŋ] 어려움을 겪고 있는, 발버둥치는 **jeopardy**[dʒépərdi] 위험 **regulation**[règjuléiʃən] 규정

[09 ~ 10]

[09]**We'll now turn to Aristotle's aesthetic ideals and how they differ from the views of contemporary art critics, focusing on two main points.** First, Aristotle believed that art should imitate nature. He argued that, instead of attempting to make unique creations, artists should produce pieces that closely resemble natural objects or entities. Thus, he considered representations of fantastical or imaginative subjects to be inferior works. Second, [10]**Aristotle asserted that only perfectly structured art could achieve ideal beauty which he defined as having order and symmetry**. Therefore, he claimed that artists should design their sculptures and paintings with mathematical precision, bringing the various parts together to form a coherent whole. Both of these aspects of Aristotle's aesthetic philosophy stand in stark opposition to contemporary art. Nonetheless, while his ideas rarely apply to modern-day artwork, they can help us to better appreciate the masterpieces of the past.

[09]이제 아리스토텔레스의 미적 이상과 그것이 현대 예술 비평가들의 관점과 어떻게 다른지 두 가지 주요 사항에 초점을 맞춰 살펴보겠습니다. 첫째로, 아리스토텔레스는 예술이 자연을 모방해야 한다고 믿었습니다. 그는 독특한 창조물을 만들어내려는 시도 대신에, 예술가들이 자연 그대로의 물체나 실체와 밀접하게 닮은 작품을 만들어야 한다고 주장했습니다. 따라서, 그는 환상적이거나 창의적인 주제에 대한 표현을 하급 작품으로 여겼습니다. 둘째로, [10]아리스토텔레스는 완벽하게 구조화된 예술만이 그가 질서와 균형이 있는 것이라 정의한 이상적인 아름다움을 이룰 수 있다고 주장했습니다. 그러므로, 그는 예술가들이 수학적 정확성을 가지고 조각과 회화를 만들어, 여러 부분이 서로 혼연일체를 이루도록 해야 한다고 주장했습니다. 아리스토텔레스의 미적 철학의 이러한 두 양상 모두 현대 예술과 극명한 반대입니다. 그럼에도 불구하고, 그의 관념들이 현대의 예술 작품에 거의 적용되지는 않지만, 그것들은 우리가 과거의 걸작들을 더 잘 감상하는 데 도움이 됩니다.

09. Q. What is the main topic of the lecture?

(a) Aristotle's influence on contemporary art

(b) **Aristotle's criteria for ideal art**

(c) Aristotle's objections to abstract art

(d) Aristotle's understanding of nature

09. Q. 강의의 주제는 무엇인가?

(a) 아리스토텔레스의 현대 예술에 대한 영향

(b) 아리스토텔레스의 이상적인 예술에 대한 기준

(c) 아리스토텔레스의 추상 예술에 대한 반대

(d) 아리스토텔레스의 자연에 대한 이해

10. Q. Which is correct about Aristotle's notion of beauty?

(a) It expresses a lack of mathematical coherence.

(b) It is made up of a large number of parts.

(c) It does not apply to art that imitates nature.

(d) It always features orderliness and balance.

10. Q. 아리스토텔레스의 미의 관념에 대해 맞는 것은 무엇인가?

(a) 수학적 일관성의 부족을 나타낸다.

(b) 다수의 부분들로 구성된다.

(c) 자연을 모방하는 예술에는 적용되지 않는다.

(d) 항상 질서 정연함과 균형을 특징으로 한다.

해설 | 09. 강의의 주제를 묻는 문제이다. We'll now ~ two main points에서 이제 아리스토텔레스의 미적 이상과 그것이 현대 예술 비평가들의 관점과 어떻게 다른지 두 가지 주요 사항에 초점을 맞춰 살펴볼 것이라고 한 후, 아리스토텔레스가 생각한 이상적인 예술의 기준에 대한 설명이 이어졌다. 따라서 강의의 주제로 적절한 것은 (b)이다.

Paraphrase된 문장

aesthetic ideals(미적 이상) → criteria for ideal art(이상적인 예술에 대한 기준)

10. 강의의 내용과 일치하는 것을 묻는 문제이다. Aristotle asserted ~ order and symmetry에서 아리스토텔레스는 완벽하게 구조화된 예술만이 그가 질서와 균형이 있는 것이라 정의한 이상적인 아름다움을 이룰 수 있다고 주장했다고 했으므로 (d)가 정답이다.

Paraphrase된 문장

having order and symmetry(질서와 균형이 있는 것) → features orderliness and balance(질서 정연함과 균형을 특징으로 한다)

어휘 | **aesthetic**[esθétik] 미적인 **contemporary**[kəntémpərèri] 현대의 **critic**[krítik] 비평가 **entity**[éntəti] 실체, 존재 **inferior**[infíəriər] 하급의, 열등한 **assert**[əsə́ːrt] 주장하다, 단언하다 **mathematical precision** 수학적 정확성 **stand in opposition to** ~에 반대다 **stark**[staːrk] 극명한 **coherence**[kouhíərəns] 일관성 **orderliness**[ɔ́rdərlinəs] 질서 정연함

Course 2 세부 정보 문제

1. Correct 문제

전략 적용

p.239

Today I'll focus my lecture on the dispute over the Falkland Islands between Britain and Argentina. The conflict was initiated by the Argentine invasion of the islands in the early 1980s. Since **the islands are only a few hundred kilometers off the Argentine coast**, Argentina claims sovereignty over them based on geographical proximity. However, Argentina's alleged rights to govern are disputed by the majority of the islands' inhabitants, many of whom are descended from British immigrants.

Q. Which is correct according to the lecture?

(a) The Falkland Islands are off the Argentinean coast.

(b) Argentina gave up its territorial rights to the islands.

(c) Argentine troops entered the Falklands in the late 1980s.

(d) British immigrants helped defend against the Argentine invasion.

오늘 수업은 영국과 아르헨티나 간의 포클랜드 제도에 대한 논쟁에 초점을 맞출 것입니다. 이 갈등은 1980년대 초반에 아르헨티나가 그 섬에 침입하면서 시작되었습니다. 그 섬은 아르헨티나의 해안에서 몇백 킬로미터밖에 떨어져 있지 않았기 때문에, 아르헨티나는 지리적인 근접성을 근거로 그 섬에 대한 통치권을 주장했습니다. 그러나, 섬의 거주민 중 대다수가 아르헨티나가 주장한 통치권에 이의를 제기하였는데, 그들 중 많은 이들이 영국 이민자들의 후손이었습니다.

Q. 강의에 따르면 맞는 것은 무엇인가?

(a) 포클랜드 제도는 아르헨티나 연안에 있다.

(b) 아르헨티나는 섬에 대한 영토권을 포기했다.

(c) 1980년대 후반에 아르헨티나 군대가 포클랜드 제도에 들어왔다.

(d) 영국 이민자들은 아르헨티나의 침입을 막는 것을 도왔다.

어휘 | **dispute over** ~에 대한 논쟁 **initiate**[iníʃièit] 시작하다 **invasion**[invéiʒən] 침입 **sovereignty**[sávərənti] 통치권 **geographical**[dʒìːəgrǽfikəl] 지리적인 **proximity**[prɑksíməti] 근접성 **allege**[əlédʒ] 주장하다 **be descended from** ~의 후손이다 **territorial**[tèritɔ́ːriəl] 영토의 **troop**[truːp] 군대 **defend**[difénd] 막다

Part 4

01

New research indicates that omega-3 fatty acids, fish oil derivatives known to help prevent heart disease, may also improve the attention and behavior of children. A study of over 100 children, all of whom demonstrated difficulty in school, found that learning improved in 8 out of 10 rating categories after 20 weeks of omega-3 supplementation. **However, it is still unknown how omega-3 contributes to improved performance, and researchers say additional clinical studies are needed.**

Q. Which is correct about omega-3 according to the talk?

(a) It improved behavior in 8 out of 10 children studied.
(b) Its role in preventing heart disease is uncertain.
(c) Its positive effect on learning is not fully understood.
(d) It contributes to mental stability in children.

새로운 연구는 심장병 예방을 돕는다고 알려진 생선 기름 추출물인 오메가 3 지방산이 아이들의 집중력과 행동을 향상시킬 수도 있음을 나타냅니다. 학교생활을 어려워하는 100명 이상의 아이들을 대상으로 한 연구에서, 20주 동안 오메가 3 보충제를 먹은 후에 10개의 평가 항목 중 8개의 항목에서 학습이 향상되었다는 것을 발견했습니다. 그러나, 오메가 3가 향상된 수행 능력에 어떻게 기여하는지는 아직 알려지지 않았고, 연구자들은 추가적인 임상 연구가 필요하다고 말하고 있습니다.

Q. 담화에 따르면 오메가 3에 대해 맞는 것은 무엇인가?

(a) 연구 대상이었던 10명의 아이들 중 8명의 행동을 향상시켰다.
(b) 심장병을 예방하는 데 있어서의 역할은 불확실하다.
(c) 학습에 대한 긍정적 효과에 대해서 완전히 이해되지 않았다.
(d) 아이들의 심리 안정에 기여한다.

해설 | 담화의 내용과 일치하는 것을 묻는 문제이다. However, it is ~ are needed에서 오메가 3가 학생들의 향상된 수행 능력에 어떻게 기여하는지는 아직 알려지지 않았고 추가적인 임상 연구가 필요하다고 했으므로 (c)가 정답이다. (b)는 담화에서 오메가 3가 심장병 예방을 돕는다고 알려져 있다고 했으므로, 담화와 반대되는 내용의 오답이다.

Paraphrase된 문장
improved performance(향상된 수행 능력) → positive effect on learning(학습에 대한 긍정적인 효과)
unknown(알려지지 않은) → not fully understood(완전히 이해되지 않은)

어휘 | **fatty acid** 지방산   **derivative**[dirívətiv] 추출물, 파생물   **supplementation**[sÀpləməntéiʃən] 보충제   **clinical study** 임상 연구
uncertain[ʌnsə́:rtn] 불확실한   **stability**[stəbíləti] 안정

02

I'm going to talk today about the legendary legal drama novelist, John Grisham. Grisham is the only author to produce best-selling novels in 7 consecutive years. His first widely-acclaimed work was *The Firm*, a thriller which sought to highlight hypocrisy within the legal system. The book's main character, a young upstart attorney named Mitchell McDeere, is forced to choose between his career and the lure of wealth and power. **As the story progresses, McDeere engages in acts of infidelity and deceit, further complicating his difficulty.**

Q. Which is correct about Grisham's main character?

(a) His deceitful character led to his downfall.
(b) He sacrifices his career for wealth and power.
(c) His immoral behaviors make his dilemma worse.
(d) He exposes the hypocrisy in the legal system.

오늘은 전설적인 법정 드라마 전문 소설가인 John Grisham에 대해 이야기하려고 합니다. Grisham은 7년 연속으로 베스트셀러 소설을 쓴 유일한 작가입니다. 널리 호평 받은 그의 첫 작품은, 법률 제도의 위선을 강조하기 위한 스릴러물인 「The Firm」입니다. 이 책의 주인공은 Mitchell McDeere이라는 젊고 건방진 변호사로, 그는 자신의 경력과 부와 권력의 유혹 중 하나를 선택하도록 강요받습니다. 이야기가 전개됨에 따라 McDeere는 부정 행위와 사기에 가담하고, 이는 그의 곤경을 더 복잡하게 만듭니다.

Q. Grisham의 주인공에 대해 맞는 것은 무엇인가?

(a) 기만적인 성격은 파멸을 불러왔다.
(b) 부와 권력을 위해 자신의 경력을 희생한다.
(c) 부도덕한 행위가 그의 딜레마를 더 악화시킨다.
(d) 법률 제도의 위선을 폭로한다.

Paraphrase된 문장

acts of infidelity and deceit(부정 행위와 사기) → immoral behaviors(부도덕한 행위)

further complicating his difficulty(그의 곤경을 더 복잡하게 만든다) → make his dilemma worse(그의 딜레마를 더 악화시킨다)

어휘 | **legendary**[lédʒəndèri] 전설적인 **consecutive**[kənsékjutiv] 연속적인 **acclaimed**[əkléimd] 호평을 받는 **hypocrisy**[hipάkrəsi] 위선 **upstart**[ʌ́pstὰːrt] 건방진 **lure**[luər] 유혹 **infidelity**[ìnfidéləti] 부정 **deceit**[disíːt] 사기 **complicate**[kάmpləkèit] 복잡하게 만들다 **deceitful**[disíːtfəl] 기만적인 **downfall**[dάunfɔ̀ːl] 파멸, 몰락

Part 5

03
~
04

Government workers in Bolivia have made what they claim is the world's largest pot of stew. The finished product was 19,000 liters, enough to feed some 50,000 people, according to local officials. The stew required more than 6,000 kilograms of beef, chicken, and vegetables. ⁰⁴**It was nearly 3 times the size of** the previous world record and was later served to citizens free of charge. ⁰³**According to the organizers, the stew was intended to feed the homeless rather than to set a new record.** Bolivia's minister for social services Hugo Bolani explained that the government wanted to use the stew to draw attention to the homelessness problem in Bolivia's cities. It was distributed to homeless centers around the country before the remaining stew was handed out to the general public. Starting with this one, the social services department is planning more events that will benefit the impoverished.

볼리비아의 공무원들은 자칭 세계에서 가장 큰 스튜를 끓였습니다. 완성된 스튜는 19,000리터였고, 지역 관계자들에 따르면 5만 명의 사람들을 먹이기에 충분한 양이었습니다. 스튜에는 6천 킬로그램 이상의 소고기, 닭고기, 그리고 채소가 들어가야 했습니다. ⁰⁴이는 이전 세계 기록의 거의 3배에 이르는 규모였으며 나중에 시민들에게 무료로 제공되었습니다. ⁰³주최 측에 따르면, 스튜는 신기록을 세우기보다 노숙자들을 먹이기 위한 것이었다고 합니다. 볼리비아의 사회 복지부 장관인 Hugo Bolani는 정부가 볼리비아 도시들의 노숙자 문제에 대한 관심을 모으기 위해 스튜를 이용하기를 원했다고 설명했습니다. 남은 스튜가 일반 대중에게 나누어지기 전에 그것은 전국의 노숙자 센터로 배급되었습니다. 이것을 시작으로, 사회 복지부는 국내의 빈곤한 사람들에게 도움이 되는 더 많은 행사들을 계획하고 있습니다.

03. Q. What is mainly being reported?

(a) **A massive meal prepared for a charitable cause**
(b) A new law aimed at reducing Bolivia's homeless population
(c) The amount of ingredients that went into a pot of stew
(d) The problem of homelessness in Bolivia

03. Q. 주로 보도되고 있는 것은 무엇인가?

(a) 자선을 위한 목적으로 준비된 방대한 식사
(b) 볼리비아의 노숙 인구를 줄이기 위한 새 법안
(c) 스튜에 들어간 재료의 양
(d) 볼리비아의 노숙자 문제

04. Q. Which is correct according to the news report?

(a) 50,000 people showed up for an event in Bolivia.
(b) The stew was the last charity event.
(c) **The government distributed the stew without being compensated.**
(d) The previous record was also held by Bolivia.

04. Q. 뉴스에 따르면 맞는 것은 무엇인가?

(a) 볼리비아의 행사에 5만 명의 사람이 왔다.
(b) 스튜는 마지막 자선 행사였다.
(c) 정부는 보상 없이 스튜를 나누어 주었다.
(d) 이전 기록도 볼리비아가 보유하고 있었다.

해설 | 03. 뉴스의 주제를 묻는 문제이다. According to ~ new record에서 스튜가 신기록을 세우기보다 노숙자들을 먹이기 위한 것이었다고 말한 후, 정부가 노숙자 문제에 대한 관심을 모으기 위해 스튜를 이용하기를 원했다는 내용이 이어졌다. 따라서 담화의 주제로 적절한 것은 (a)이다.

04. 뉴스의 내용과 일치하는 것을 묻는 문제이다. was later served ~ free of charge에서 정부가 스튜를 나중에 시민들에게 무료로 나누어주었다고 했으므로 (c)가 정답이다. (d)는 The previous record was broken by Bolivia(이전 기록이 볼리비아에 의해서 깨졌다)가 되어야 옳다.

Paraphrase된 문장

was ~ served to citizens(시민들에게 제공되었다) → distributed(나누어 주었다)

free of charge(무료로) → without being compensated(보상 없이)

어휘 | **free of charge** 무료로 **distribute**[distríbju:t] 나누어 주다 **charitable**[tʃǽritəbl] 자선을 위한 **show up** 오다, 나타나다
compensate[kάmpənsèit] 보상하다, 지불하다 **hold a record** 기록을 보유하다

Part 4

05

Winds sweep across Antarctica's Cape Dennison constantly, flowing across the surface at 50 to 250 kilometers per hour, and creating wind chill factors of -100°C and lower. Average annual wind speeds are approximately 80 kilometers per hour, making it the windiest place on earth. **Cold air from the center of the continent moves continually toward the coast**, creating conditions that are inhospitable to all but the most adaptable creatures, such as Emperor and Adelie penguins.

Q. Which is correct about Cape Dennison?

   (a) It has temperatures as low as -250°C.
   (b) It has average wind speeds of 100 kilometers per hour.
   (c) Its climate is inhospitable to penguins.
   (d) Its wind originates in the continent's interior.

바람이 남극의 Dennison 곶을 계속해서 휩쓸고 지나가면서, 시속 50에서 250킬로미터로 불어 체감 온도를 섭씨 영하 100도 이하로 만들고 있습니다. 연평균 풍속은 대략 시속 80킬로미터로, 그곳은 지구상에서 가장 바람이 심한 장소입니다. 대륙의 중심부에서 나오는 찬 공기가 해안가로 지속적으로 이동하여, 황제 펭귄, Adelie 펭귄처럼 적응력이 가장 뛰어난 생명체를 제외하고 보는 생명체가 실기에 부적합인 환경을 만들고 있습니다.

Q. Dennison 곶에 대해 맞는 것은 무엇인가?

   (a) 온도가 섭씨 영하 250도까지 떨어진다.
   (b) 평균 풍속이 시속 100킬로미터이다.
   (c) 펭귄이 살기에 부적합한 기후이다.
   (d) 대륙 내부에서 바람이 발생한다.

해설 | 담화의 내용과 일치하는 것을 묻는 문제이다. Cold air ~ toward the coast에서 대륙 중심부에서 찬 공기가 나온다고 했으므로 (d)가 정답이다. (c)는 담화에서 황제 펭귄과 Adelie 펭귄을 제외한 모든 생명체가 살기 부적합하다고 했으므로, 담화와 반대되는 내용의 오답이다.

Paraphrase된 문장
air(공기) → wind(바람)
center(중심) → interior(내부)

어휘 | **sweep**[swi:p] 휩쓸다 **cape**[keip] 곶 **wind chill factor** 체감 온도 **inhospitable**[inháspitəbl] 살기에 부적합한 **all but** ~을 제외하고 모두 **adaptable**[ədǽptəbl] 적응하는

06

Sterling Resorts now offers you more than ever before. Sterling has teamed up with Continental Bank, one of the world's most trusted lenders, to offer an exclusive credit card. The card entitles members to discounts at all 750 Sterling locations throughout Europe. **As an added bonus, you'll receive a coupon for a complimentary one-night stay at any of our prestigious resorts.** You'll begin saving the moment you sign up. Sterling Resorts: giving you more for less.

Q. Which is correct about Sterling Resorts according to the advertisement?

   (a) Its members can now stay at more resorts than before.
   (b) It is offering a credit card with no fees.
   (c) It has 750 exclusive resorts throughout the world.
   (d) Its card provides members with a night's lodging for free.

Sterling 리조트가 이제 여러분께 그 어느 때보다 많은 것을 제공해 드립니다. Sterling은 전용 신용 카드를 제공하기 위해 세계에서 가장 믿을 만한 대출 기관 중 하나인 Continental 은행과 협력했습니다. 그 카드는 회원들이 유럽 전역에 있는 750개의 Sterling 지점에서 할인을 받을 수 있는 자격을 줍니다. 추가 보너스로, 저희의 고급 리조트 중 어느 곳에서든 무료로 하룻밤을 머무를 수 있는 쿠폰도 받으실 것입니다. 가입하시는 순간부터 절약하시게 될 것입니다. Sterling 리조트는 더 저렴하게 더 많은 것을 드립니다.

Q. 광고에 따르면 Sterling 리조트에 대해 맞는 것은 무엇인가?

   (a) 회원들은 이전보다 더 많은 리조트에 묵을 수 있다.
   (b) 회비 없이 신용 카드를 만들어 준다.
   (c) 세계 전역에 750개의 고급 리조트가 있다.
   (d) 카드는 회원들에게 하룻밤의 무료 숙박을 제공한다.

해설 | 광고의 내용과 일치하는 것을 묻는 문제이다. As an added ~ our prestigious resorts에서 Sterling 리조트가 카드 회원들에게 고급 리조트에서 무료로 하룻밤을 머물 수 있는 쿠폰도 준다고 했으므로 (d)가 정답이다.

Paraphrase된 문장
stay at(~에서 머무름) → lodging(숙박)
complimentary(무료의) → for free(무료로)

07

Today I'd like to begin my presentation on anorexia by drawing attention to some misconceptions, many of which are based in ignorance of medical facts. While it is commonly assumed that anorexics desire to remain thin, their condition is not simply because they are trying to be physically attractive or become the next supermodel. **Victims of anorexia often have complex emotional problems and a poor self-image, which can result in depression or intense mood swings.** Contrary to popular opinion, anorexia is not simply a dietary issue.

Q. Which is correct about anorexics according to the talk?

   (a) They are ignorant of the seriousness of their condition.
   (b) They desire to stay thin to avoid public attention.
   (c) They are prone to dramatic changes in mental state.
   (d) They restrict their diets hoping to get top modeling jobs.

오늘 저는 의학적인 사실을 모르기 때문에 생기는 몇 가지 오해에 주목하면서 거식증에 대한 발표를 시작하도록 하겠습니다. 흔히들 거식증 환자들이 날씬함을 유지하길 원한다고 생각하지만, 그들의 병은 단순히 육체적으로 매력적이거나 차기 슈퍼모델이 되려고 노력하기 때문이 아닙니다. 거식증의 희생양들은 복잡한 감정 문제와 부정적인 자아상을 가지고 있는 경우가 많으며, 이는 우울증이나 극심한 감정 변화를 일으킬 수 있습니다. 널리 알려져 있는 의견과는 다르게, 거식증은 단순히 음식 섭취의 문제가 아닙니다.

Q. 담화에 따르면 거식증 환자에 대해 맞는 것은 무엇인가?

   (a) 자신들의 병의 심각성에 대해 모른다.
   (b) 대중의 이목을 피하기 위해 날씬한 몸매를 유지하고 싶어한다.
   (c) 정신 상태가 극적으로 변하는 경향이 있다.
   (d) 일류 모델이 되기를 희망하면서 음식을 제한한다.

해설 | 담화의 내용과 일치하는 것을 묻는 문제이다. Victims of anorexia ∼ intense mood swings에서 거식증 환자들은 극심한 감정 변화를 일으킬 수 있다고 했으므로 (c)가 정답이다. (d)는 their condition ∼ the next supermodel에서 거식증은 단순히 차기 슈퍼모델이 되려고 노력하기 때문에 생기는 것이 아니라고 했으므로, 담화와 반대되는 내용의 오답이다.

Paraphrase된 문장
intense mood swings(극심한 감정 변화) → dramatic changes in mental state(정신 상태의 극적인 변화)

어휘 | **anorexia**[æ̀nəréksiə] 거식증(먹는 것을 거부하거나 두려워하는 병적인 증세)   **misconception**[mìskənsépʃən] 오해
ignorance[ígnərəns] (사실·사물을) 알지 못함, 무지   **self-image** 자아상   **mood swing** 감정 변화   **dietary**[dáiətèri] 음식 섭취의
anorexic[æ̀nəréksik] 거식증 환자   **be prone to** ∼하는 경향이 있다

Part 5

08
∼
09

The 10th International Diamond Conference will be held at Cape Town's Hildebrand Hotel from June 3 to June 9. [08]**The objective of the conference, which will feature twice as many events as last year, is to promote technical knowledge in the diamond industry.** [09]**While the conference will primarily comprise talks on the latest innovative ways to mine and process the rare gems,** it will also include seminars on the issues currently facing diamond mining companies. The keynote speech will be given by the famous diamond salesman Patrick Stephen, who will discuss his research into the current state of the business.
In addition, there will be plenty of events that appeal to diamond lovers who aren't in the industry. Finally, in the main conference hall, there will be a fascinating exhibition following a diamond's progress from a mine to a jewelry shop. [08]**Don't miss this opportunity to learn from international diamond experts and see some of the world's finest diamonds.**

제10회 국제 다이아몬드 컨퍼런스가 Cape Town의 Hildebrand 호텔에서 6월 3일부터 6월 9일까지 열릴 예정입니다. [08]작년보다 두 배 많은 행사를 포함할 이 컨퍼런스의 목적은 다이아몬드 산업의 기술적인 이해를 증진하는 것입니다. [09]컨퍼런스는 주로 희귀한 보석들을 채굴하고 가공하는 가장 최신의 혁신적인 방법들에 대한 연설로 구성될 것이며, 현재 다이아몬드 채굴 회사에 다가오고 있는 문제에 대한 세미나도 포함할 예정입니다. 기조 연설은 유명한 다이아몬드 판매원인 Patrick Stephen에 의해 주어질 것인데, 그는 산업의 현 상황에 대한 그의 연구에 대해 논의할 것입니다. 또한, 업계에 종사하지 않는 다이아몬드 애호가들의 관심을 끌 행사가 많이 있을 것입니다. 마지막으로, 주 회의장에서는 광산에서부터 보석상에 이르기까지의 다이아몬드의 과정에 따른 멋진 전시회가 있을 예정입니다. [08]국제 다이아몬드 전문가로부터 배우고 세계에서 가장 훌륭한 다이아몬드를 만날 기회를 놓치지 마십시오.

08. Q. What is mainly being announced?

    (a) Important issues in the diamond industry

    (b) The ways an event will differ from previous years

    (c) Activities occurring at a conference

    (d) Debates about diamond mining

09. Q. Which is correct according to the talk?

    (a) Twice as many diamonds as last year will be displayed.

    (b) Mr. Stephen will describe the process of refining a diamond.

    (c) Entry will be limited to attendees from diamond companies.

    (d) Recent mining and processing techniques will be discussed.

08. Q. 주로 안내되고 있는 것은 무엇인가?

    (a) 다이아몬드 산업에서의 중요한 사안

    (b) 행사가 예년과 달라질 점

    (c) 컨퍼런스에서 일어나는 행사

    (d) 다이아몬드 채굴에 대한 토론

09. Q. 담화에 따르면 맞는 것은 무엇인가?

    (a) 작년보다 두 배 많은 다이아몬드가 진열될 것이다.

    (b) Mr. Stephen은 다이아몬드를 정제하는 과정을 설명할 것이다.

    (c) 입장은 다이아몬드 회사에서 온 참석자로 제한될 것이다.

    (d) 최신 채굴 및 가공 기술이 논의될 것이다.

해설 | 08. 담화의 주제를 묻는 문제이다. The objective ~ diamond industry에서 작년보다 두 배 많은 행사를 포함할 컨퍼런스의 목적이 다이아몬드 산업의 기술적인 이해를 증진하는 것이라고 말한 후, 컨퍼런스에서 진행될 여러 행사들에 대한 소개가 이어졌다. 그리고 마지막 문장인 Don't miss ~ finest diamonds에서 다이아몬드 컨퍼런스에서 일어나는 행사를 다시 한 번 정리해 주었다. 따라서 담화의 주제로 적절한 것은 (c)이다.

    09. 담화의 내용과 일치하는 것을 묻는 문제이다. While the conference ~ the rare gems에서 컨퍼런스가 주로 보석들을 채굴하고 가공하는 가장 최신의 혁신적인 방법들에 대한 연설로 구성될 것이라고 했으므로 (d)가 정답이다.

    Paraphrase된 문장

    the latest ~ ways to mine and process(채굴하고 가공하는 가장 최신의 방법들) → Recent mining and processing techniques(최신 채굴 및 가공 기술)

어휘 | **promote**[prəmóut] 증진하다   **primarily**[praimérəli] 주로   **comprise**[kəmpráiz] 구성하다   **innovative**[ínəvèitiv] 혁신적인   **mine**[main] 채굴하다; 광산   **keynote speech** 기조 연설   **refine**[rifáin] 정제하다   **attendee**[ətèndí:] 참석자

2. 육하원칙 문제

전략 적용

p.243

And now for national news. According to the Census Bureau, the nation's northeast coastal region is expected to see its population expand by 5 percent between 2005 and 2010. During the same period, the nation's **southeast coastal region is expected to see the highest per capita growth of any region at 8 percent**. Projected rates are only slightly lower for the Gulf and Pacific regions, at 7 and 6 percent respectively.

Q. Which coastal region will have the greatest percertage growth?

    (a) The northeast coastal region

    (b) The Pacific Coast region

    (c) The southeast coastal region

    (d) The Gulf Coast region

이제 국내 뉴스를 전해 드리겠습니다. 인구 조사국에 따르면, 북동쪽 해안 지역의 인구가 2005년에서 2010년 사이에 5퍼센트 증가할 것으로 예상됩니다. 같은 기간 동안, 남동쪽 해안 지역은 1인당 가장 높은 증가율인 8퍼센트의 성장이 예상됩니다. 페르시아 만과 태평양 지역의 예상되는 비율은 각각 7퍼센트와 6퍼센트로 조금 더 낮습니다.

Q. 어느 해안 지역의 증가율이 가장 높은가?

    (a) 북동쪽 해안 지역

    (b) 태평양 연안 지역

    (c) 남동쪽 해안 지역

    (d) 페르시아 만 연안 지역

어휘 | **census**[sénsəs] 인구 조사   **bureau**[bjúːərou] 국, 사무소   **coastal region** 해안 지역   **per capita** 1인당   **projected**[prádʒektid] ~할 것으로 예상되는   **respectively**[rispéktivli] 각각

Part 4

01

This is Regent Bank's <u>automated voice system</u>. **If you are calling about <u>account information</u>, please enter your five-digit access code**. If you are calling to <u>report a lost or stolen credit card</u>, please dial 555-9656. For <u>all other inquiries</u>, <u>please stay on the line</u> and a customer service representative will be with you shortly. Thank you for using Regent Bank.

Q. <u>What should a caller do if requesting account information</u>?

(a) Stay on the line
(b) Try back later
(c) Dial a different number
(d) Enter an access code

Regent 은행의 자동 음성 시스템입니다. **계좌 정보에 관해 알고 싶으시면, 접속 코드 번호 다섯 자리를 눌러 주시기 바랍니다.** 신용카드 분실이나 도난 신고는, 555-9656으로 전화해 주시기 바랍니다. 그 밖의 모든 문의는, 끊지 말고 기다려 주시면 고객 상담 안내원이 곧 도와 드릴 것입니다. Regent 은행을 이용해 주셔서 감사합니다.

Q. 계좌 정보 문의를 하려는 사람은 무엇을 해야 하는가?

(a) 끊지 말고 기다린다.
(b) 나중에 다시 전화한다.
(c) 다른 번호로 전화한다.
(d) 접속 코드 번호를 누른다.

해설 | 계좌 정보 문의를 위해 전화한 사람이 해야 하는 일을 묻는 문제이다. If you are ~ access code에서 계좌 정보에 관해 알고 싶으면 접속 코드번호 다섯 자리를 눌러 달라고 했으므로 (d)가 정답이다.

어휘 | **automated**[ɔ́:təmèitid] 자동의 **account**[əkáunt] 계좌 **credit card** 신용카드 **inquiry**[inkwáiəri] 문의

02

To all vendors participating in this evening's trade fair: we are now opening the floor for those <u>setting up displays</u>. **Vendors <u>advertising interior decorating products</u>, <u>home electronics</u>, or <u>appliances</u> may begin <u>immediately</u>.** At 10:30, the sections for those <u>promoting outdoor equipment</u> will be opened to vendors. <u>After that</u>, vendors <u>from the food industry</u> will be allowed to bring their materials into the showroom.

Q. <u>Who</u> may <u>set up</u> their displays <u>right after</u> the announcement?

(a) Vendors representing the food industry
(b) Vendors of home appliances
(c) Vendors of outdoor equipment
(d) Vendors with more complicated displays

오늘 저녁 무역 박람회에 참여하시는 모든 판매업자 여러분께 알립니다. 저희는 지금 전시를 설치하시는 분들께 층을 개방하고 있습니다. **실내 장식 제품이나 가전제품을 광고하시는 판매업자께서는 바로 시작하셔도 됩니다.** 10시 30분에는, 실외 장비 홍보 구역이 판매업자 분들께 열릴 것입니다. 그 후에, 식품업계 판매업자 분들이 전시장으로 자재를 가지고 오실 수 있을 것입니다.

Q. 안내 직후에 누가 전시를 설치할 수 있는가?

(a) 식품업계를 대표하는 판매업자
(b) 가전제품 판매업자
(c) 실외 장비 판매업자
(d) 더 복잡한 전시를 하는 판매업자

해설 | 안내 직후에 전시를 설치할 수 있는 사람이 누구인지 묻는 문제이다. Vendors advertising ~ may begin immediately에서 실내 장식 제품이나 가전제품을 광고하는 판매업자는 바로 시작해도 된다고 했으므로 (b)가 정답이다.

어휘 | **vendor**[véndər] 판매업자 **trade fair** 무역 박람회 **home electronics** 가전제품 **home appliance** 가전제품 **showroom**[ʃóurù:m] 전시장 **complicated**[kámpləkèitid] 복잡한

03
~
04

Come to Duluth University's International Food Festival, which will be held in the university auditorium from September 3 to September 5. The festival will feature food from around the world, with each department cooking a different national cuisine. The English Department will be providing some Thai dishes, [03]the Medical Department will offer French cuisine, and the Design Department will bring some Chinese delicacies. Meanwhile, the Law Department will be cooking a special American-style barbecue. The profits from the festival will be donated to the Bennett Charity Center. [04]For those who cannot come to the festival but would like to donate, financial contributions can be transferred directly to the university's bank account by September 7. Unfortunately, we are unable to accept checks or cash in the mail. If you have further questions or need more information on making donations, visit www.duluth.edu!

9월 3일부터 9월 5일까지 대학교 강당에서 개최될 Duluth 대학교 국제 음식 축제로 오세요. 축제에는 전 세계의 음식이 나올 것이며, 각 학과는 각기 다른 나라의 요리를 할 것입니다. 영문과는 태국 요리를 준비할 것이고, [03]의학과는 프랑스 요리를 제공할 것이며, 디자인학과는 중국의 별미를 가져다 드릴 것입니다. 한편, 법학과는 특별 미국식 바비큐를 요리할 것입니다. 축제에서 얻은 수익은 Bennett 자선 센터로 기부될 것입니다. [04]축제에 참가할 수 없으나 기부를 원하시는 분들은, 재정적 기여를 대학교 은행 계좌로 9월 7일까지 직접 송금하실 수 있습니다. 유감스럽게도, 저희는 우편으로 수표나 현금을 받을 수 없습니다. 질문이 더 있으시거나 기부하는 것에 대한 더 많은 정보가 필요하시면, www.duluth.edu를 방문하세요!

03. Q. Which department will be making French food?

(a) The English Department
(b) The Design Department
(c) The Medical Department
(d) The Law Department

04. Q. How can people donate to the Bennett Charity Center?

(a) bank transfer
(b) cash
(c) check
(d) post

03. Q. 어느 학과가 프랑스 음식을 만들 것인가?

(a) 영문과
(b) 디자인학과
(c) 의학과
(d) 법학과

04. Q. 사람들은 Bennett 자선 센터에 어떻게 기부할 수 있는가?

(a) 은행 계좌 이체
(b) 현금
(c) 수표
(d) 우편

해설 | 03. 어느 학과가 프랑스 음식을 만들 것인지 묻는 문제이다. the Medical Department ~ French cuisine에서 의학과가 프랑스 요리를 제공할 것이라고 했으므로 (c)가 정답이다.

Paraphrase된 문장
cuisine(요리) → food(음식)

04. 사람들이 Bennett 자선 센터에 어떻게 기부할 수 있는지 묻는 문제이다. For those ~ by September 7에서 기부를 원하는 사람들은 대학교 은행 계좌로 직접 송금할 수 있다고 했으므로 (a)가 정답이다.

Paraphrase된 문장
transferred directly to the ~ bank account(은행 계좌로 직접 송금되다) → bank transfer(은행 계좌 이체)

어휘 | auditorium[ɔ̀:ditɔ́:riəm] 강당   department[dipá:rtmənt] 학과   contribution[kàntrəbjú:ʃən] 기여, 기부
transfer[trænsfə́:r] 송금하다

Part 4

05

And now for your News Six mid-week weather forecast. Wednesday will begin with a high pressure system developing over **the entire Mediterranean region, providing sunny days and comfortable temperatures for travelers visiting the coastal regions of Spain, France, and Italy.** ⊙

News Six의 주중 일기 예보입니다. 수요일은 지중해의 전 지역에서 발생하는 고기압으로 시작되어, 스페인, 프랑스, 그리고 이탈리아의 해안 지역을 방문하는 여행자들에게 맑은 날씨와 쾌적한 온도를 제공할 것입니다.

Less stable air will predominate over the British Isles and most of western Europe, and an approaching front will produce cloudy conditions and much needed showers throughout the entire region north of the Alps.

Q. Which region will have clear weather conditions according to the weather report?

(a) The British Isles
(b) The area north of the Alps
(c) The Mediterranean coast
(d) The bulk of western Europe

영국 제도와 서유럽의 대부분은 불안정한 대기 상태가 우세할 것이고, 다가오는 전선 때문에 알프스 북쪽 전 지역에 걸쳐 흐리고 그동안 절실했던 소나기가 내릴 것입니다.

Q. 일기 예보에 따르면 어느 지역의 날씨가 맑을 것인가?

(a) 영국 제도
(b) 알프스 산의 북쪽 지역
(c) **지중해 연안**
(d) 서유럽의 대부분

해설 | 어느 지역의 날씨가 맑을 것인지 묻는 문제이다. the entire Mediterranean ~ and Italy에서 스페인, 프랑스, 이탈리아의 해안 지역을 포함한 지중해의 전 지역이 날씨가 맑고 온도가 쾌적할 것이라고 했으므로 (c)가 정답이다.

Paraphrase된 문장
sunny days and comfortable temperatures(맑은 날씨와 쾌적한 온도) → clear weather conditions(맑은 날씨)

어휘 | high pressure system 고기압   Mediterranean[mèditəréiniən] 지중해   predominate[pridámənèit] 우세하다   British Isles 영국 제도
front[frʌnt] 전선

06

In the past, families hoping to purchase their first homes needed substantial down payments. They had to try to save while paying rent and raising kids. But now the procedure for getting a mortgage loan is easier than ever. With the government's new first-time buyer program, **young families can qualify for home loans of up to 7 times their yearly incomes with no money down.** Since funds are limited, applicants are encouraged to visit a lending counselor in January for early registration.

Q. How has the home loan procedure changed?

(a) Most families are now covered under the program.
(b) Requirements for loan approval have been minimized.
(c) Interest rates for mortgage loans have been lowered.
(d) Qualified applicants no longer need a down payment.

과거에는, 처음으로 집을 구매하려는 가족은 상당한 계약금이 필요했습니다. 그들은 임대료를 지불하고 아이들을 키우는 와중에도 저축하기 위해 노력해야 했습니다. 그렇지만 이제 장기주택자금 대출을 받는 절차가 그 어느 때 보다 더 쉬워졌습니다. 처음으로 구매하는 사람을 위한 정부의 새로운 프로그램에서는, 아이들이 아직 어린 가정은 계약금 없이도 연 수입의 7배까지 주택자금융자를 받을 자격이 있습니다. 자금이 제한되어 있기 때문에, 지원자들은 조기 등록을 위해 1월에 대출 상담원을 방문하는 것이 좋습니다.

Q. 주택자금융자 절차가 어떻게 바뀌었는가?

(a) 프로그램은 이제 대다수의 가정을 포함한다.
(b) 대출 승인을 위한 필요조건들이 최소화되었다.
(c) 장기주택자금 대출을 위한 이자율이 낮아졌다.
(d) 자격이 되는 지원자들은 더 이상 계약금이 필요 없다.

해설 | 주택자금융자 절차가 어떻게 바뀌었는지 묻는 문제이다. 장기주택자금 대출을 받는 절차가 더 쉬워졌다며 young families ~ with no money down에서 아이들이 아직 어린 가정은 계약금 없이도 주택자금융자를 받을 수 있다고 했으므로 (d)가 정답이다.

Paraphrase된 문장
with no money down(계약금 없이) → no longer need a down payment(더 이상 계약금이 필요 없다)

어휘 | substantial[səbstǽnʃəl] 상당한   down payment 계약금   mortgage loan 장기주택자금 대출 (모기지론)   home loan 주택자금융자
yearly income 연 수입   lending counselor 대출 상담원

07

Good morning. Here is the traffic report for you morning commuters. It's already bumper-to-bumper along Interstate 40, where a tractor-trailer turned over on its side, leading to major delays. **North of the city conditions are hardly better, as cars continue to inch along Interstate 24 due to lane closures.** It's smooth sailing along other major routes in the metro area, and no delays have been reported.

Q. What traffic conditions can commuters expect along Interstate 24?

좋은 아침입니다. 아침 통근자들을 위한 교통 방송입니다. 40번 주간 고속도로를 따라서는 벌써 차가 꽉 막혀 있는데요, 이곳에서는 대형 화물 트럭이 전복되어 주요 정체를 일으키고 있습니다. 차선 폐쇄 때문에 24번 주간 고속도로를 따라 차들이 계속 느리게 움직이고 있어서, 시의 북쪽 상황도 그다지 좋지 않습니다. 도시의 다른 주요 경로는 운행이 순조롭고, 이제까지 보고된 정체는 없습니다

Q. 통근자들은 24번 주간 고속도로의 교통상황에 대해 어떤 예상을 할 수 있는가?

(a) **Heavy congestion**
(b) Stalled due to an accident
(c) Clear in all lanes
(d) Few significant delays

(a) 극심한 정체
(b) 사고로 인해 정체됨
(c) 모든 차선이 막히지 않음
(d) 심한 정체가 별로 없음

해설 | 24번 주간 고속도로의 교통 상황이 어떤지 묻는 문제이다. North of ~ due to lane closures에서 차선 폐쇄 때문에 24번 주간 고속도로를 따라 차들이 느리게 움직이고 있어서 상황이 좋지 않다고 했으므로 (a)가 정답이다.

Paraphrase된 문장
cars continue to inch(차들이 계속 느리게 움직이다) → Heavy congestion(극심한 정체)

어휘 | commuter[kəmjúːtər] 통근자　bumper-to-bumper 차가 꽉 막힌　interstate[ìntərstéit] 주간 고속도로　inch[intʃ] 느리게 움직이다
lane closure 차선 폐쇄　congestion[kəndʒéstʃən] 정체, 교통 혼잡　stalled[stɔːld] 정체된

Part 5

08
~
09

Katherine Chan's essay has been profoundly important in discussions of migration, especially with regard to the figure of the refugee in contemporary debates. ⁰⁸**However, there are gaps in her treatment of some issues, particularly involuntary and voluntary migration.** First, let's look at how Chan deals with involuntary, or forced, migration. ⁰⁹**By emphasizing the role of military conflicts in refugee displacement, she focuses entirely on forced migration resulting from war.** However, she fails to comment on labor migration. Exploiting people for economic gain, a practice often referred to as human trafficking, is also a key element in forced migration. By leaving this out, the author ignores a large part of the problem concerning forced migration. On the other hand, her discussion of voluntary migration focuses too much on economic concerns. She neglects to mention the cultural factors that can influence the decision to move to a new country. ⁰⁸**Therefore, the essay paints an incomplete picture of the issue of migration by omitting several key factors.**

08. Q. What is the main topic of the talk?

(a) Katherine Chan's influence on debates about migration
(b) Gaps in theories about the influence of migration
(c) Katherine Chan's treatment of involuntary refugees
(d) **Issues with Katherine Chan's essay on population movements**

09. Q. How has the phrase "forced migration" been used by Katherine Chan?

(a) To describe the economics of forced labor
(b) **As a term for the displacement of war refugees**
(c) To indicate military movement from one country to another
(d) In reference to the practice of human trafficking

Katherine Chan의 에세이는 이주에 대한 논의에 있어 대단히 중요한데, 특히 현시대에서 논의되는 난민의 모습에 관련해서 그렇습니다. ⁰⁸그렇지만, 몇몇 문제들, 특히 비자발적 이주와 자발적 이주에 대한 그녀의 취급에는 간극이 있습니다. 첫째로, Chan이 비자발적인 즉, 강제 이주를 어떻게 다루었는지 살펴봅시다. ⁰⁹피난민 이동에 있어서 군사적 충돌의 역할을 강조함으로써, 그녀는 전쟁으로 인해 발생하는 강제 이주에만 전적으로 초점을 맞춥니다. 하지만, 그녀는 노동 이주에 대해서는 언급하지 않습니다. 흔히 인신 매매라 불리는 관행인, 경제적 이득을 위해 사람들을 착취하는 것 또한 강제 이주의 핵심적인 요소입니다. 이를 배제함으로써, 작가는 강제 이주와 관련된 문제의 많은 부분을 무시합니다. 다른 한편으로, 자발적 이주에 대한 그녀의 논의는 경제적 관점에 너무 집중합니다. 그녀는 새로운 나라로 이주하려는 결정에 영향을 줄 수 있는 문화적 요소에 대해서는 언급하지 않습니다. ⁰⁸그러므로, 이 에세이는 여러 주요 요인을 누락함으로써 이주 문제에 대한 불완전한 그림을 그립니다.

08. Q. 담화의 주제는 무엇인가?

(a) 이주에 대한 논의에 Katherin Chan이 끼친 영향
(b) 이주의 영향에 관한 이론들의 간극
(c) Katherine Chan의 비자발적 난민에 대한 취급
(d) 인구 이동에 대한 Katherine Chan의 에세이에 대한 쟁점들

09. Q. '강제 이주'라는 말은 Katherine Chan에 의해 어떻게 사용되었는가?

(a) 강제 노동의 경제적 측면을 설명하기 위해
(b) 전쟁 피난민의 이동을 가리키는 용어로서
(c) 한 나라에서 다른 나라로의 군사적 이동을 나타내기 위해
(d) 인신 매매의 관행과 관련해서

해설 | 08. 담화의 주제를 묻는 문제이다. However가 이끄는 중심 문장인 However, there are gaps ~ voluntary migration에서 비자발적 이주와 자발적 이주 문제에 대한 Katherine Chan의 취급에는 간극이 있다고 말한 후, 각각의 간극에 대한 설명이 이어졌다. 그리고 Therefore가 이끄는 마지막 문장인 Therefore ~ key factors에서 에세이가 여러 주요 요인을 누락함으로써 이주 문제에 대한 불완전한 그림을

그린다고 중심 내용을 다시 정리해 주었다. 따라서 담화의 주제로 적절한 것은 (d)이다.

09. 강제 이주란 말이 Katherine Chan에 의해 어떻게 사용되었는지 묻는 문제이다. By emphasizing ~ resulting from war에서 그녀가 피난민 이동에 있어서 전쟁으로 인해 발생하는 강제 이주에만 전적으로 초점을 맞춘다고 했으므로 (b)가 정답이다.

Paraphrase된 문장
refugee displacement ~ resulting from war(전쟁으로 인한 피난민 이동) → the displacement of war refugees(전쟁 피난민의 이동)

어휘 | **profoundly**[prəfáundli] 대단히, 완전히　**migration**[maigréiʃən] 이주　**refugee**[rèfjudʒíː] 난민, 피난민
involuntary[inváləntèri] 비자발적인　**displacement**[displéismənt] 이동　**exploit**[iksplɔ́it] 착취하다　**human trafficking** 인신 매매
in reference to ~와 관련하여

Hackers TEST p.246

01 (c)　**02** (b)　**03** (c)　**04** (c)　**05** (b)　**06** (d)　**07** (d)　**08** (c)　**09** (d)　**10** (c)

Part 4

01

Riverside Railways welcomes you to Union Station. For passengers traveling to Albany and Buffalo, please proceed to Terminal A. For express service to New York City, please continue to Terminal B. **If you are traveling to another state, use Terminal C.** If you need assistance or wish to purchase tickets, go to any service window on the main floor. Thanks for choosing Riverside Railways.

Q. Where should travelers go for out-of-state destinations?

(a) Terminal A
(b) Terminal B
(c) Terminal C
(d) The main floor

Riverside 열차가 Union Station에 도착하였습니다. 알바니나 버팔로로 가시는 승객들께서는 터미널 A로 가주시기 바랍니다. 뉴욕 시티로 가는 급행 열차를 타실 분들께서는 터미널 B로 가주시기 바랍니다. **다른 주로 가시는 분들은, 터미널 C를 이용해 주십시오.** 도움이 필요하시거나 표를 구매하고 싶으시면, 1층의 안내창구로 가시면 됩니다. Riverside 열차를 이용해주셔서 감사합니다.

Q. 다른 주가 목적지인 여행객들은 어디로 가야 하는가?

(a) 터미널 A
(b) 터미널 B
(c) 터미널 C
(d) 1층

해설 | 다른 주가 목적지인 여행객들은 어디로 가야 하는지 묻는 문제이다. If you ~ Terminal C에서 다른 주로 가는 경우에는 터미널 C로 가라고 했으므로 (c)가 정답이다.

Paraphrase된 문장
traveling to another state(다른 주로 가다) → out-of-state destination(다른 주의 목적지)

어휘 | **express**[iksprés] 급행 열차　**out-of-state** 다른 주의　**destination**[dèstənéiʃən] 목적지, 행선지

02

The Advisory Board has listed Tianying, China as one of the world's most polluted cities. **One advisor said that the lead content in the air and soil was more than 10 times the amount considered safe by health officials.** Many of the city's 160,000 inhabitants suffer from birth defects, as well as skin and lung cancer. Tianying's problem is no mystery: it is the largest lead producer in China and consistently pumps large amounts of toxic chemicals into the air. Despite the hazards, Tianying continues to produce more than 100,000 tons of lead each year.

Q. Which is correct according to the report?

(a) Tianying's factories produce more than 100,000 lead products.

(b) Lead pollution in Tianying exceeds tenfold the acceptable level.

자문 위원회는 중국의 톈잉을 세계에서 가장 오염된 도시 중 한 곳으로 지정했습니다. 한 고문은 대기와 토양 속의 납 성분이 보건 관계자들이 안전하다고 생각하는 양의 10배를 넘는다고 말했습니다. 그 도시의 16만 거주자들 중 다수가 피부암과 폐암뿐 아니라 기형아 출산으로 고통 받고 있습니다. 톈잉의 문제는 설명할 수 없는 일이 아닙니다. 이 지역은 중국 최대의 납 생산지이며 끊임없이 독성 화학 물질을 대기로 내뿜고 있습니다. 그러한 위험에도 불구하고, 톈잉은 매년 10만 톤이 넘는 납을 계속해서 생산하고 있습니다.

Q. 보도에 따르면 맞는 것은 무엇인가?

(a) 톈잉의 공장들은 10만 개가 넘는 납 제품들을 생산한다.
(b) 톈잉의 납 오염은 허용치의 10배가 넘는다.

180　받아쓰기&쉐도잉 프로그램　HackersIngang.com

(c) Tianying has 160,000 people working in the lead industry.

(d) In Tianying, air pollution is the leading cause of cancer.

(c) 텐잉에는 16만의 사람들이 납 산업에 종사하고 있다.

(d) 텐잉에서는 대기 오염이 암의 주된 원인이다.

해설 | 보도의 내용과 일치하는 것을 묻는 문제이다. One advisor ~ by health officials에서 텐잉의 대기와 토양 속의 납 성분이 안전하다고 생각되는 양의 10배를 넘는다고 했으므로 (b)가 정답이다.

Paraphrase된 문장
lead content(납 성분) → Lead pollution(납 오염)
more than 10 times(10배를 넘는) → exceeds tenfold(10배가 넘는다)
the amount considered safe(안전하다고 생각되는 양) → the acceptable level(허용치)

어휘 | Tianying 텐잉(중국 안휘성의 소도시) advisor[ədváizər] 고문 inhabitant[inhǽbitənt] 거주자 birth defect 기형아 출산 pump[pʌmp] 내뿜다 hazard[hǽzərd] 위험 tenfold[ténfòuld] 10배로

03

And now for breaking news. The wildfire that swept through parts of the southwestern U.S. is now largely under control. Firefighters have confined the blaze to a few sparsely inhabited areas in Arizona and Utah. **Firefighters at the scene credited their success to a break in the wind earlier in the week.** Without the break, they claim the blaze would have spread despite their use of water and fire retardant chemicals. Thankfully, most of the evacuees have already returned to their homes, and forecast rain is expected to help with extinguishing the fire.

Q. How did the firefighters manage to contain the wildfire?

(a) They spread fireproof chemicals on the ground.

(b) They diverted water from reservoirs in the area.

(c) **They attacked the blaze during tranquil weather conditions.**

(d) They used chemicals and water in conjunction with the rain.

뉴스 속보입니다. 미국 남서부 지역을 휩쓴 산불이 이제 거의 진압되었습니다. 소방관들은 애리조나와 유타의 거주하는 사람이 드문 지역으로 불길을 제한했습니다. 현장의 소방관들은 그들의 성공을 이번 주 초에 바람이 멎은 덕분으로 돌렸습니다. 바람이 멈추지 않았다면, 물과 방화 화학물질의 사용에도 불구하고 불길은 계속 퍼져나갔을 것이라고 소방관들은 말합니다. 다행히도, 대부분의 대피주민들은 이미 집으로 돌아갔고, 진화 작업을 도와줄 비 소식 예보가 있습니다.

Q. 소방관들은 어떻게 산불을 잡을 수 있었는가?

(a) 내연성의 화학물질을 땅에 뿌렸다.

(b) 지역에 있는 저수지로부터 물을 가져왔다.

(c) 기상 조건이 안정되어 있는 동안에 불길을 막았다.

(d) 그들은 비와 함께 화학물질과 물을 사용했다.

해설 | 소방관들이 어떻게 산불을 잡을 수 있었는지 묻는 문제이다. 소방관들이 불길을 거주하는 사람이 드문 지역으로 제한했다고 보도한 후, Firefighters at the scene ~ in the week에서 현장의 소방관들이 불길을 잡을 수 있었던 것을 바람이 멎은 덕분으로 돌렸다고 했으므로 (c)가 정답이다.

Paraphrase된 문장
a break in the wind(바람이 멈춘 것) → tranquil weather conditions(안정된 기상 조건)

어휘 | breaking news 뉴스 속보 wildfire[wáildfàiər] 산불 blaze[bleiz] 불길 sparsely[spáːrsli] 드물게 credit[krédit] (공적 · 명예 따위를) ~덕분으로 돌리다 fire retardant 방화제 evacuee[ivæ̀kjuːíː] 대피주민 extinguish[ikstíŋgwiʃ] (불 따위를) 끄다 fireproof[fáiərprùːf] 내연성의 reservoir[rézərvwàːr] 저수지 tranquil[trǽŋkwil] 안정된 in conjunction with ~과 함께

04

The African weaver is the most numerous bird species on Earth. Single nesting colonies can cover hundreds of acres and contain millions of birds. The birds can severely damage agricultural crops, and **despite desperate farmers' continual attempts to control them, African weaver populations always rebound.** When migrating, flocks appear like a dark cloud in the sky and create one of the greatest spectacles in nature.

아프리카 산까치는 지구상에서 가장 많은 새입니다. 하나의 집단 서식지가 수백 에이커를 차지하며 수백만 마리의 새를 포함할 수 있습니다. 이 새들은 농작물에 심각한 손상을 줄 수 있으며, 절박한 농부들이 그들의 개체 수를 조절하려고 계속 시도함에도 불구하고, 아프리카 산까치의 개체 수는 항상 제자리로 되돌아옵니다. 이동할 때, 무리는 하늘의 어두운 구름처럼 보이며 자연에서 가장 멋진 장관 중 하나를 연출합니다.

Our next video captures this incredible display.

다음의 비디오 영상이 이 멋진 장면을 포착했습니다.

Q. Which is correct about the African weaver according to the talk?

(a) They are among the most widespread of all bird species.

(b) They nest in extensive colonies on African farmland.

(c) **Their numbers have not been largely affected by farmers.**

(d) Their regular migration paths cover hundreds of acres.

Q. 담화에 따르면 아프리카 산까치에 대해 맞는 것은 무엇인가?

(a) 모든 조류 중에서 가장 널리 퍼져있는 새 중 하나이다.

(b) 아프리카의 농경지의 광범위한 집단 서식지에 둥지를 튼다.

(c) 그들의 수는 농부들에 의해 크게 영향을 받지 않았다.

(d) 그들의 정기적인 이동 경로는 수백 에이커에 이른다.

해설 | 담화의 내용과 일치하는 것을 묻는 문제이다. despite ~ always rebound에서 절박한 농부들이 그들의 개체 수를 조절하려고 계속 시도함에도 불구하고 아프리카 산까치의 개체 수는 항상 제자리로 돌아온다고 했으므로 (c)가 정답이다. (a)는 the most widespread(가장 널리 퍼져있는)가 아니라 the most numerous(가장 많은)가 되어야 옳다.

Paraphrase된 문장

African weaver populations(아프리카 산까치의 개체 수) → Their numbers(그들의 수)

always rebound(항상 제자리로 되돌아온다) → have not been largely affected(크게 영향 받지 않았다)

어휘 | weaver[wíːvər] 산까치 colony[káləni] 집단 서식지 agricultural crop 농작물 desperate[déspərət] 절박한 rebound[ribáund] 되돌아오다 spectacle[spéktəkl] 장관 extensive[iksténsiv] 광범위한

05

Hello and welcome to the Michigan Mortgage Hotline, providing high-quality financial services to entrepreneurs. Please be informed that our main office will be closed from Saturday to Friday due to renovations. **Also, our telephone counseling service will be temporarily unavailable from 8 a.m. to 1 p.m. tomorrow for a quarterly systems inspection.** If you need immediate assistance between those times, call the branch office nearest you instead. We apologize for any inconvenience this may cause.

안녕하세요, 기업가에게 양질의 재정 서비스를 제공하는 미시간 대출 상담 서비스로 전화해주셔서 감사합니다. 저희 본사는 수리로 인해 토요일부터 금요일까지 휴업한다는 것을 알아두시기 바랍니다. 또한, 저희의 전화 상담 서비스는 분기 시스템 검사로 인해 내일 오전 8시부터 오후 1시까지 일시적으로 이용이 불가능합니다. 만약 그 시간대에 즉각적인 도움이 필요하시다면, 본사 대신에 고객님과 가장 가까이 있는 지점으로 전화해주십시오. 이로 인해 야기되는 모든 불편에 대해 사과드립니다.

Q. Which is correct according to the message?

(a) Callers with urgent concerns are advised to visit the main office.

(b) **The hotline undergoes maintenance checks periodically.**

(c) The telephone counseling service will be terminated permanently.

(d) The agency's branches are located outside of the country.

Q. 메시지에 따르면 맞는 것은 무엇인가?

(a) 긴급한 문제가 있는 전화 발신자들은 본사로 방문하는 것이 권장된다.

(b) 전화 상담 서비스는 정기적으로 정비 점검을 받는다.

(c) 전화 상담 서비스는 영구적으로 종료될 것이다.

(d) 이 회사의 지점은 국외에 위치해 있다.

해설 | 메시지의 내용과 일치하는 것을 묻는 문제이다. Also, our telephone counseling service ~ systems inspection에서 분기마다 시스템 검사를 받는다고 했으므로 (b)가 정답이다. (c)는 전화 상담 서비스가 일시적으로 중단되는 것이지 영구적으로 종료되는 것이 아니므로 틀리다.

Paraphrase된 문장

quarterly(분기별로) → periodically(정기적으로)

어휘 | mortgage[mɔ́ːrgidʒ] 대출, 저당 hotline[hátlàin] 전화 상담 서비스 entrepreneur[àːntrəprənə́ːr] 기업가 temporarily[tèmpərérəli] 일시적으로 urgent[ə́ːrdʒənt] 긴급한 periodically[pìəriádikəli] 정기적으로 terminate[táːrmənèit] 종료하다

06

Ferruccio Lamborghini first achieved success after World War II when he made tractors out of military hardware scrap. By the mid-1950s, he had become one of Italy's leading manufacturers of agricultural equipment. His wealth allowed him to pursue his childhood dream

페루치오 람보르기니는 폐품이 된 군사 장비로 트랙터를 만들었던 제2차 세계 대전 이후 처음으로 성공을 거뒀습니다. 1950년대 중반에 들어 그는 이탈리아의 선두적인 농기계 제조업자 중 한 명이 되었습니다. 그의 부는 그로 하여금 고급 승용차를 만들겠다는 어린 시절의 꿈을 추구할 수 있도록 해주었습니다.

of building luxury cars. In the early 60s, he produced his first high-performance luxury sports car to rival the then top manufacturer, Ferrari. **Before the decade was over, Automobili Lamborghini would establish a reputation for bold design, refined interiors, and engineering perfection.**

Q. Which is correct about Lamborghini according to the lecture?

(a) He supplied vehicles to the Italian army during wartime.

(b) He built his first equipment factory in the mid-1950s.

(c) He modeled his cars after those of rival company Ferrari.

(d) He established a reputation in the car industry before 1970.

60년대 초, 그는 처음으로 당대 최고의 제조사인 페라리에 필적하는 고성능 고급 스포츠카를 생산했습니다. 60년대가 지나가기 전에, 오토모빌리 람보르기니는 대담한 디자인, 정교한 내부, 그리고 공학적 완벽함으로 명성을 쌓았습니다.

Q. 강의에 따르면 람보르기니에 대해 맞는 것은 무엇인가?

(a) 전쟁 동안 이탈리아 군대를 위해 차량을 공급했다.

(b) 1950년대 중반에 처음으로 기계 공장을 지었다.

(c) 경쟁사인 페라리의 자동차를 본떠 그의 자동차들을 설계했다.

(d) 1970년 이전에 자동차 산업에서 명성을 얻었다.

해설 | 강의의 내용과 일치하는 것을 묻는 문제이다. Before the decade ~ engineering perfection에서 60년대가 지나기 전에, 오토모빌리 람보르기니는 대담한 디자인, 정교한 내부, 그리고 공학적 완벽함으로 명성을 쌓았다고 했으므로 (d)가 정답이다. (b)는 50년대 중반에 선두적인 농업기계 제조업자가 된 것이지 처음으로 기계 공장을 지은 것이 아니므로 틀리다.

Paraphrase된 문장

Before the decade is over(60년대가 지나가기 전에) → before 1970(1970년 이전에)

어휘 | **military hardware** 군사 장비 **scrap**[skræp] 폐품 **agricultural**[æ̀grikʌ́ltʃərəl] 농업의 **establish a reputation** 명성을 얻다
bold[bould] 대담한 **refined**[riːfáind] 정교한, 정제된

Part 5

07
~
08

Highway officials were baffled on Tuesday evening after the Stafford Bridge collapsed, stranding more than 80 people. Rescue workers were on the scene in minutes, and a police helicopter was called in. Although there were no fatalities, many people with injuries were sent to the emergency room at South Beach Hospital. [07]**Those with minor injuries were immediately transferred to Westway Hospital because South Beach Hospital could not accommodate everyone needing medical assistance.** In addition to the injuries, the bridge collapse has had repercussions for Johnson and Sons, the construction company that built the bridge. Suspicions that the bridge fell down because it was poorly constructed led to a protest forming outside the offices of the company. Furthermore, traffic conditions on the surrounding roads have been severely affected, and [08]**the M34 highway that crosses the bridge has been shut down.** It is estimated that the cleanup will take at least 2 to 3 weeks, followed by several months of reconstruction. Drivers are advised to use either the M45 or M64 highways as alternative routes.

07. Q. Why was South Beach Hospital unable to accept some patients?

(a) Its medical equipment is for major injuries.

(b) It is a long distance from the scene of the accident. ◐

화요일 저녁에 Stafford 다리가 무너져 80명 이상의 사람들이 오도가도 못하게 되어, 고속도로 관계자들이 당황했습니다. 구조 대원들이 몇 분 후에 현장에 도착했고, 경찰 헬리콥터가 불려왔습니다. 사망자는 없었지만, 부상을 입은 많은 사람들이 South Beach 병원 응급실에 보내졌습니다. [07]경미한 부상을 입은 사람들은 South Beach 병원이 의료 도움을 필요로 하는 모든 사람을 수용할 수 없어, Westway 병원으로 즉시 이송되었습니다. 부상 이외에도, 다리의 붕괴는 다리를 지었던 건설 회사인 Johnson and Sons에 영향을 미쳤습니다. 다리가 부실하게 건설되어서 무너졌다는 의혹은 회사 사무소 밖에 형성된 시위로 이어졌습니다. 뿐만 아니라, 주변 도로의 교통 상황이 심각하게 영향을 받았으며, [08]다리와 교차하는 M34 고속도로가 폐쇄되었습니다. 정리하는 데 최소 2주에서 3주가 걸리며, 수개월간의 재건축이 따를 것으로 예상됩니다. 운전자들은 우회로로 M45나 M64 고속도로 중 하나를 이용하도록 권장됩니다.

07. Q. South Beach 병원은 왜 일부 환자들을 받지 못했는가?

(a) 의료 장비가 심한 부상을 위한 것이다.

(b) 사고의 현장에서 먼 거리에 있다.

(c) Its helicopter could not accommodate everyone.

(d) It did not have the capacity to treat all the casualties.

08. Q. Which location is currently inaccessible to the public?

(a) The M45 highway

(b) Westway Hospital

(c) The M34 highway

(d) The Johnson and Sons building

(c) 헬리콥터가 모든 사람을 수용할 수 없었다.

(d) 모든 사상자를 치료할 수용력이 없었다.

08. Q. 현재 어느 장소가 대중이 이용할 수 없는가?

(a) M45 고속도로

(b) Westway 병원

(c) M34 고속도로

(d) Johnson and Sons 건물

해설 | 07. South Beach 병원이 일부 환자들을 받지 못한 이유를 묻는 문제이다. Those with minor injuries ~ medical assistance에서 South Beach 병원이 의료 도움을 필요로 하는 모든 사람을 수용할 수 없어서 경미한 부상을 입은 사람들은 Westway 병원으로 이송되었다고 했으므로 (d)가 정답이다.

Paraphrase된 문장

could not accommodate(수용할 수 없었다) → did not have the capacity(수용력이 없었다)

08. 현재 어느 장소가 대중이 이용할 수 없는지 묻는 문제이다. the M34 highway ~ shut down에서 다리와 교차하는 M34 고속도로가 폐쇄되었다고 했으므로 (c)가 정답이다.

Paraphrase된 문장

has been shut down(폐쇄되었다) → inaccessible(이용할 수 없는)

어휘 | **baffle**[bǽfl] 당황하게 하다 **collapse**[kəlǽps] 무너지다 **strand**[strænd] 오도가도 못하게 하다 **accommodate**[əkάmədèit] 수용하다 **repercussion**[rìːpərkʌ́ʃən] 영향 **suspicion**[səspíʃən] 의혹 **alternative route** 우회로 **scene of the accident** 사고 현장 **inaccessible**[ìnəksésəbl] 이용할 수 없는, 접근이 어려운

09
~
10

Let's discuss the widespread misconception that lactic acid causes muscle soreness. Many people believe that the presence of this compound in the bloodstream is the reason they feel pain after exercise. But this is not true. Lactic acid is a necessary and beneficial byproduct of exercising, and [10]**the aches and pains that occur after rigorous physical activity are actually a result of muscle damage and inflammation**. When people work out, their bodies convert glucose to lactic acid. [09]**The primary role of lactic acid is to energize the muscles,** allowing them to continue functioning even when fatigued. Furthermore, lactic acid helps our bodies benefit from exercise by increasing the concentration of mitochondria inside muscle cells, which aids in the production of extra energy when we need it. [09]**Therefore, rather than hindering our muscle capacity, as most people assume, lactic acid actually boosts it in crucial ways.**

09. Q. What is mainly being said about lactic acid?

(a) It is a byproduct of exercising.

(b) It results in more than muscle soreness.

(c) It helps the body repair muscle damage.

(d) It increases the capability of muscles.

10. Q. What causes soreness after exercising according to the speaker?

(a) Insufficient rest between workouts

(b) Excess production of lactic acid

(c) Injury to muscles being overworked

(d) A lack of glucose in the body

젖산이 근육통을 발생시킨다는 일반적인 오해에 대해 논의해 봅시다. 많은 사람들이 혈류 속의 이 화합물의 존재가 운동 후에 그들이 느끼는 고통의 원인이라고 생각합니다. 그러나 이것은 사실이 아닙니다. 젖산은 운동의 필수적이고 유익한 부산물이며, [10]힘든 운동 후에 발생하는 아픔과 고통은 사실 근육의 손상과 염증의 결과입니다. 사람들이 운동할 때, 그들의 신체는 포도당을 젖산으로 전환합니다. [09]젖산의 주요 역할은 근육을 활성화시키는 것으로, 지쳤을 때도 기능을 계속할 수 있게 하는 것입니다. 나아가, 젖산은 근육세포 내 미토콘드리아 농도를 높임으로써 우리 몸이 운동으로부터 도움을 받는 데 기여하는데, 미토콘드리아는 우리가 더 많은 에너지를 필요로 할 때 그것의 생산에 도움을 줍니다. [09]그러므로, 젖산은 대부분의 사람들이 생각하는 것처럼 근육의 기능을 저해하는 것이 아니라, 사실은 그것을 핵심적인 방면에서 향상시킵니다.

09. Q. 젖산에 대해 주로 이야기되고 있는 것은 무엇인가?

(a) 운동의 부산물이다.

(b) 근육통보다 많은 것을 야기한다.

(c) 신체가 근육 손상을 회복하는 것을 돕는다.

(d) 근육의 기능을 증진시킨다.

10. Q. 화자에 따르면 운동 후에 아픔을 발생시키는 것은 무엇인가?

(a) 운동 사이의 부족한 휴식

(b) 젖산의 과잉 생성

(c) 무리하게 사용된 근육의 부상

(d) 체내의 포도당 부족

담화의 주제를 묻는 문제이다. 젖산에 대한 오해가 사실이 아님을 밝힌 후, The primary role ~ muscles에서 젖산의 주요 역할은 근육을 활성화시키는 것이라고 했다. 그리고 Therefore가 이끄는 마지막 문장인 Therefore, ~ crucial ways에서 젖산은 대부분의 사람들이 생각하는 것처럼 근육의 기능을 저해하는 것이 아니라 핵심적인 방면에서 향상시킨다고 했다. 따라서 담화의 주제로 적절한 것은 (d)이다.

Paraphrase된 문장

boosts(향상시킨다) → increases(증진시킨다)

10. 운동 후 아픔을 발생시키는 것이 무엇인지 묻는 문제이다. the aches ~ damage and inflammation에서 힘든 운동 후에 발생하는 아픔과 고통은 근육의 손상과 염증의 결과라고 했으므로 (c)가 정답이다.

어휘 | **widespread**[wáidspred] 일반적인, 널리 퍼진 **misconception**[mìskənsépʃən] 오해 **lactic acid** 젖산 **bloodstream**[blʌ́dstrì:m] 혈류 **beneficial**[bènəfíʃəl] 유익한 **byproduct**[báiprʌ̀dəkt] 부산물 **inflammation**[ìnfləméiʃən] 염증 **convert**[kənvə́:rt] 전환하다 **glucose**[glú:kous] 포도당 **fatigued**[fətí:gd] 지친 **capacity**[kəpǽsəti] 기능, 능력 **crucial**[krú:ʃəl] 핵심적인, 중요한 **insufficient**[ìnsəfíʃənt] 부족한 **excess**[iksés] 과잉

Course 3 추론 문제

1. Infer 문제

전략 적용

p.249

The insurance company was charged with fraud 2 months ago, but it has made no effort to publicly defend itself. Its silence has only served to raise further questions concerning its reputation. So far, it has refused to reveal any insurance claims filed by its customers. **It is both unreasonable and irresponsible for the company to believe that ignoring the issue will make the allegations disappear.**

Q. What can be inferred about the insurance company from the talk?

(a) It has been accused of fraud on several occasions.
(b) It will try to alleviate its customer's concerns.
(c) Its customers will consider cancelling their contracts.
(d) Its neglectful approach will not solve the problem.

그 보험 회사는 두 달 전에 사기 혐의로 고발되었지만, 공식적으로 자신들을 변호하기 위해 노력하지 않았습니다. 회사의 침묵으로 회사의 평판에 대한 더 많은 의심이 제기되었을 뿐입니다. 지금까지, 그 회사는 고객들이 신청한 보험 지불 청구 내역을 밝히는 것을 거부해 왔습니다. 문제를 무시하는 것이 혐의 사실을 사라지게 할 것이라 믿는 것은 비합리적이고 무책임입니다.

Q. 담화로부터 보험 회사에 대해 추론할 수 있는 것은 무엇인가?

(a) 사기로 고소당한 적이 몇 차례 있었다.
(b) 고객들의 걱정을 덜기 위해 노력할 것이다.
(c) 보험 회사의 고객들은 계약을 취소하는 것을 고려할 것이다.
(d) 보험 회사의 무관심한 태도는 문제를 해결하지 못할 것이다.

어휘 | **be charged with** ~의 혐의로 고발되다 **fraud**[frɔ:d] 사기 **insurance claim** (보험금) 지불 청구 **file**[fail] 신청하다 **allegation**[æ̀ləgéiʃən] 혐의 사실 **on several occasions** 몇 차례 **alleviate**[əlí:vièit] 덜다, 완화시키다 **neglectful**[nigléktfəl] 무관심한

Hackers Practice

p.250

01 Step 1. (a) 02 Step 1. (b) 03~04 Step 1. (b) 05 (b) 06 (d) 07 (c) 08 (c) 09 (d)
Step 4. (c) Step 4. (a) Step 4. 03. (c) 04. (b)

Part 4

01

This concludes our final episode on the Galapagos Islands, one of the most unique spots in the western hemisphere. For more information on this fascinating place, <u>please browse our website where you can order the entire series on DVD</u>. If you prefer not to purchase a DVD at this time, **the program will be rebroadcast right here next month.** Let me express thanks on behalf of the entire crew who worked to bring you this program over the past several weeks. Thanks for joining us on *Wild Adventures*.

Q. What can be <u>inferred</u> from the broadcast?

  (a) *Wild Adventures* is broadcast each month.
  (b) The Galapagos Islands are protected natural areas.
  (c) The station will play reruns of the whole series.
  (d) The television series *Wild Adventures* received high ratings.

서반구에서 가장 독특한 장소 중 하나인 갈라파고스 군도에 대한 마지막 회는 이것으로 마치겠습니다. 이 매혹적인 장소에 대한 더 많은 정보를 원하시면 전체 시리즈 DVD를 주문하실 수 있는 저희 웹 사이트를 검색해 주세요. 이번에 DVD 구매를 원치 않으신다면, 다음 달에 바로 여기에서 프로그램이 새방송될 것입니다. 지난 몇 주간 이 프로그램을 시청사들께 보여 드리기 위해 애쓴 모든 직원들을 대신해서 감사드리고 싶습니다. 'Wild Adventures'와 함께 해주셔서 감사합니다.

Q. 방송으로부터 추론할 수 있는 것은 무엇인가?

  (a) 'Wild Adventures'는 매달 방송된다.
  (b) 갈라파고스 군도는 자연 보호 구역이다.
  (c) 그 채널은 전체 시리즈를 재방송할 것이다.
  (d) 텔레비전 시리즈인 'Wild Adventures'는 높은 평가를 받았다.

해설 | 방송을 통해 추론할 수 있는 내용을 묻는 문제이다. 프로그램의 마지막 회 방송을 마치면서 the program will ~ next month에서 바로 여기에서 프로그램이 재방송될 것이라고 했다. 따라서 방송을 통해 추론할 수 있는 것은 (c)이다.

Paraphrase된 문장
be rebroadcast(재방송되다) → play reruns(재방송하다)

어휘 | **western hemisphere** 서반구 **browse**[brauz] 검색하다 **rebroadcast**[ri:brɔ́:dkæst] 재방송하다 **on behalf of** ~를 대신해서 **crew**[kru:] 직원 **rerun**[ri:rʌ́n] 재방송

02

Most of you are aware of Plato's writings in political philosophy, particularly his dialogues involving Socrates. **But today I want to look at Plato's role in the history of physical science.** His main contribution was his theory of the structure of microscopic bits of matter, which he regarded as having distinctive shapes and configurations. In particular, he believed that <u>mathematical relations held the key to understanding nature</u>. This is a view that is <u>still pervasive in contemporary particle physics and string theory.</u>

Q. What can be <u>inferred</u> from the lecture?

  (a) Plato's influence went beyond political philosophy.
  (b) Plato's theory provided the grounds for modern physics.
  (c) Plato's views on particle physics were innovative.
  (d) Plato used mathematical theories in his Socratic dialogues.

여러분 대부분은 플라톤의 정치 철학에 대한 글, 특히 그와 소크라테스가 나눈 대화에 대해 알고 있을 겁니다. 그러나 오늘은 물리학의 역사에 있어서 플라톤의 역할에 대해 알아보고 싶습니다. 그의 주된 공헌은 그가 뚜렷이 구별되는 모양과 배열이 있다고 여겼던 미세한 물질의 구조에 대한 이론입니다. 특히, 그는 수학적 연관성이 자연을 이해하는 핵심이라고 믿었습니다. 이것은 현대의 소립자 물리학과 끈이론에 있어서 여전히 일반적인 관점입니다.

Q. 강의로부터 추론할 수 있는 것은 무엇인가?

  (a) 플라톤의 영향력은 정치 철학을 넘어섰다.
  (b) 플라톤의 이론은 현대 물리학의 토대를 마련했다.
  (c) 소립자 물리학에 대한 플라톤의 관점은 창의적이었다.
  (d) 플라톤은 그의 소크라테스식 대화에서 수학 이론을 사용했다.

해설 | 강의를 통해 추론할 수 있는 내용을 묻는 문제이다. Most of you ~ political philosophy에서 플라톤의 정치 철학에 대한 글에 대해 언급한 후, But today ~ physical science에서 오늘은 물리학의 역사에 있어서 플라톤의 역할에 대해 알아보고 싶다고 했으므로, 플라톤이 정치 철학뿐만 아니라 물리학에서도 업적을 남겼음을 알 수 있다. 따라서 강의를 통해 추론할 수 있는 것은 (a)이다. (b)는 Plato's theory provided (플라톤의 이론은 ~을 마련했다)가 정답처럼 들려 혼동을 준 오답으로, 플라톤의 이론이 전반적인 현대 물리학의 토대를 마련한 것이 아니라 소립자 물리학과 끈이론에 공헌을 한 것이므로 틀리다.

어휘 | **microscopic**[màikrəskápik] 미세한 **distinctive**[distíŋktiv] 뚜렷이 구별되는 **configuration**[kənfìgjəréiʃən] 배열

Part 5

03
~
04

According to current projections, Earth's temperature will rise by 2 to 3 degrees Celsius in the next few decades, which will have a devastating impact on plant and animal life around the world. With this environmental crisis fast approaching, immediate action is needed to limit the damage. ⁰³**However, most governments have merely feigned support for measures that could address climate change.** The use of fossil fuels is the main reason for the rising temperatures, but none of the policies that have been enacted so far target this directly. Switching from heavily polluting power sources to clean coal and attempting to induce companies to reduce their carbon footprints through incentive programs have been ineffective. ⁰⁴**Instead of such voluntary plans, governments should force companies that emit excessive amounts of carbon dioxide to pay steep financial penalties.** In addition, the number of thermal power plants should be reduced. In their place, alternative energy sources should be developed and utilized. These concrete measures will produce real results, unlike the policies that have been pursued up to this point.

03. Q. What is mainly being said about climate change?

(a) It is impossible to mitigate its negative effects.

(b) It requires cooperation between governments to be resolved.

(c) It is currently being dealt with inadequately.

(d) It will lead to toxic levels of pollution in the atmosphere.

04. Q. What can be inferred about governments from the talk?

(a) They have spent too much time enforcing environmental policies.

(b) Their plans for cutting carbon use have been optional.

(c) Their proposed regulations have not come into effect yet.

(d) They have collaborated to create educational campaigns.

현재 예측에 따르면, 지구의 기온은 향후 몇십 년간 2도에서 3도까지 상승할 것이며, 이는 전 세계의 식물과 동물의 생태에 치명적인 영향을 줄 것입니다. 이러한 환경 위기가 빠르게 다가옴에 따라, 피해를 제한하기 위한 즉각적인 조치가 필요합니다. ⁰³그러나, 대부분의 정부는 기후 변화 문제를 다룰 수 있는 조치를 지원하는 척만 하고 있습니다. 화석 연료의 사용은 기온 상승의 주된 요인이지만, 지금까지 제정된 어떠한 정책들도 이를 직접 목표로 삼지는 않았습니다. 심각한 오염을 일으키는 동력원에서 청정 석탄으로 전환하는 것과 보상 제도를 통해 기업들이 탄소배출량을 줄이도록 유도하는 시도는 효과가 없었습니다. ⁰⁴이처럼 자발적으로 행하는 방안 대신, 정부들은 과도한 양의 이산화탄소를 방출하는 기업들이 비싼 벌금을 지불하게 만들어야 합니다. 또한, 화력 발전소의 수는 감소되어야 합니다. 그 대신에, 대체 에너지원이 개발 및 활용되어야 합니다. 이러한 구체적인 대책들은 지금까지 추진했던 정책들과 달리, 실질적인 결과를 만들어 낼 것입니다.

03. Q. 기후 변화에 대해 주로 이야기되고 있는 것은 무엇인가?

(a) 이것의 부정적인 영향을 완화하는 것은 불가능하다.

(b) 해결되기 위해서는 정부들 간의 협력이 필요하다.

(c) 현재 부적당하게 처리되고 있다.

(d) 대기 중 유해한 수준의 오염까지 이르게 할 것이다.

04. Q. 담화로부터 정부들에 대해 추론할 수 있는 것은 무엇인가?

(a) 환경 정책을 시행하는 데 너무 많은 시간을 소비했다.

(b) 탄소 사용을 줄이기 위한 그들의 정책은 선택적이었다.

(c) 그들이 건의한 규제는 아직 시행되지 않았다.

(d) 교육 캠페인을 만들기 위해 협력했다.

해설 | 03. 담화의 주제를 묻는 문제이다. However가 이끄는 중심 문장인 However, most governments ~ address climate change에서 대부분의 정부는 기후 변화 문제를 다룰 수 있는 조치를 지원하는 척만 하고 있다고 말한 후, 정부의 부적당한 기후 변화 문제 처리 방법에 대한 내용이 이어졌다. 따라서 담화의 주제로 적절한 것은 (c)이다.

04. 담화를 통해 추론할 수 있는 내용을 묻는 문제이다. Instead of such voluntary plans ~ steep financial penalties에서 정부는 자발적으로 행하는 방안 대신 과도한 양의 이산화탄소를 방출하는 기업들이 비싼 벌금을 지불하게 만들어야 한다고 했으므로, 정부들의 정책은 기업들이 선택적으로 이산화탄소량을 줄이도록 했다는 것을 알 수 있다. 따라서 담화를 통해 추론할 수 있는 것은 (b)이다.

어휘 | projection[prədʒékʃən] 예측, 예상 devastating[dévəstèitiŋ] 치명적인, 엄청난 손상을 가하는 feign[fein] ~인 척하다, 가장하다

enact[inǽkt] 제정하다, 규정하다 **clean coal** 청정 석탄 **carbon footprints** 탄소 발자국 **emit**[imít] 방출하다, 내뿜다
steep[sti:p] 너무 비싼, 가파른 **thermal power plant** 화력 발전소 **in one's place** ~ 대신에 **concrete**[kánkri:t] 구체적인
pursue[pərsú:] 추진하다, 추구하다 **inadequately**[inǽdikwətli] 부적당하게, 불충분하게 **come into effect** 시행되다

Part 4

05

Andrea Conte, well-known for her contribution to AIDS research, passed away last night in an area hospital. **Conte founded the Center for AIDS Research in Chapel Hill, the only publicly funded AIDS research institution in the state** and one of the leading think tanks in the field. She also routinely arranged educational tours to countries like Zambia and Zimbabwe, where rates of HIV infection are highest. According to sources close to her, Conte died peacefully in her sleep after a long battle with leukemia.

Q. What can be inferred about Andrea Conte?

(a) Her vaccine helped control the spread of AIDS.

(b) Her research center receives government support.

(c) Her research expanded to the field of leukemia.

(d) Her death was a shock to those who knew her.

에이즈 연구에 대한 공헌으로 잘 알려져 있는 Andrea Conte 가 어젯밤 지방 병원에서 사망했습니다. Conte는 Chapel Hill 에 에이즈 연구 센터를 설립했는데, 그것은 그 주에서 정부로 부터 재정 지원을 받는 단 하나의 에이즈 연구 기관이고 그 분야의 선두적인 두뇌 집단 중 하나입니다. 그녀는 또한 에이즈 감염률이 가장 높은 잠비아나 짐바브웨 같은 국가에 정기적으로 가서 순회 교육을 했습니다. 그녀의 지인에 따르면, Conte는 백혈병과의 오랜 투병 끝에 잠이 든 채로 평화롭게 숨을 거뒀습니다.

Q. Andrea Conte에 대해 추론할 수 있는 것은 무엇인가?

(a) 그녀의 백신이 에이즈 확산의 억제를 도왔다.

(b) 그녀의 연구 센터는 정부의 지원을 받는다.

(c) 그녀의 연구는 백혈병 분야까지 확대되었다.

(d) 그녀의 죽음은 그녀를 알았던 사람들에게 충격이었다.

해설 | 담화를 통해 추론할 수 있는 내용을 묻는 문제이다. Conte founded ~ in the state에서 Conte가 세운 에이즈 연구 센터는 주에서 정부로 부터 재정 지원을 받는 단 하나의 에이즈 연구 기관이라고 했다. 따라서 담화를 통해 추론할 수 있는 것은 (b)이다. (a)는 Conte가 에이즈 연구 센터를 설립했다는 내용을 고려하면 그럴 듯 하지만, 그녀가 만든 백신이 에이즈 확산의 억제를 도왔다는 내용은 담화에 언급되지 않았으므로 틀리다.

Paraphrase된 문장

publicly funded(정부로부터 재정 지원을 받는) → receives government support(정부의 지원을 받는다)

어휘 | **think tank** 두뇌 집단 **routinely**[ru:tí:nli] 정기적으로 **HIV** 에이즈 바이러스 **leukemia**[lju:kí:miə] 백혈병

06

Some of you have attended this aerobics class before and are aware of how demanding it can be on the heart and muscles. So, for those of you who are new, try not to overexert yourselves during our introductory sessions. **If you want a thin waist and tight thighs, you must gradually increase your aerobic activity to shed those pounds.** If at any time you have questions or concerns during a workout, please feel free to speak up and one of our experts will gladly attend to your needs.

Q. What can be inferred from the talk?

(a) Aerobic exercise is the most effective way to lose weight.

(b) People with health problems should abstain from aerobics.

(c) Students should consult with an expert to start exercising more.

(d) Toning the body isn't easily achieved in a short time.

어떤 분들은 전에 이 에어로빅 수업을 들어보셨을 것이고, 이 것이 심장과 근육에 얼마나 무리를 주는지 아실 겁니다. 그러 니까, 새로 오신 분들은 입문반 동안에 무리하게 노력하지 마 십시오. 가는 허리와 탄탄한 허벅지를 원하신다면, 그 몸무게 를 빼기 위해 점진적으로 에어로빅 활동을 늘려가셔야만 합니 다. 운동하시는 동안, 질문이나 염려되는 것이 있으신 경우에 는 언제든지, 주저하지 마시고 말씀해 주시면 저희 전문가 중 한 명이 기꺼이 당신의 필요에 응해 드릴 것입니다.

Q. 담화로부터 추론할 수 있는 것은 무엇인가?

(a) 에어로빅 운동은 체중을 감량하는 가장 효과적인 방법이다.

(b) 건강에 문제가 있는 사람들은 에어로빅을 삼가야 한다.

(c) 학생들은 더 많은 운동을 시작하려면 전문가와 상의해야 한다.

(d) 몸매를 가꾸는 것은 단시간에 쉽게 성취되지 않는다.

해설 | 담화를 통해 추론할 수 있는 내용을 묻는 문제이다. If you want ~ those pounds에서 원하는 몸매를 갖기 위해서는 점진적으로 운동을 늘 려가야 한다고 했으므로, 짧은 시간 내에 원하는 몸매를 만드는 것이 쉽지 않다는 것을 알 수 있다. 따라서 담화를 통해 추론할 수 있는 것 은 (d)이다.

어휘 | demanding[diméndiŋ] 무리를 주는, 힘든 overexert oneself 무리한 노력을 하다 gradually[grǽdʒuəli] 점진적으로 shed[ʃed] 빼다, 없애다 abstain[əbstéin] 삼가다 tone[toun] (신체를) 가꾸다

07

As a surrealist painter with a passion for the subconscious imagination, I have no interest in exact reproductions of subjects as they appear in everyday life. **Although I was trained in realist painting techniques, I abandoned such worthless methods years ago.** My goal is to explore the relationship between the external world and the inner workings of the human psyche, not to produce carbon copies of things like those found in photographs.

Q. What can be inferred about the speaker from the speech?

(a) He is deeply influenced by realist painters.

(b) He believes art should replicate what is found in nature.

(c) He no longer has respect for realism in art.

(d) He sees an inevitable link between art and photography.

잠재의식적 상상에 대한 열정을 가진 초현실주의 화가로서, 저는 사물들을 일상 생활에서 보이는 대로 정확히 재현하는 것에는 관심을 갖지 않습니다. 비록 저는 현실주의 화법으로 훈련을 받았지만, 그런 가치 없는 방법들은 수년 전에 버렸습니다. 제 목표는 외부 세계와 인간 심리의 내적 작용 사이의 관련성을 탐구하는 것이지, 사진에서 찾아볼 수 있는 것처럼 사물의 복사본을 만들어내는 것이 아닙니다.

Q. 연설로부터 화자에 대해 추론할 수 있는 것은 무엇인가?

(a) 현실주의 화가들로부터 깊이 영향을 받았다.

(b) 예술이 현실에서 보이는 것을 복제해야 한다고 믿는다.

(c) 더 이상 예술의 현실주의를 중요시하지 않는다.

(d) 예술과 사진 사이의 필연적인 관련성을 이해한다.

해설 | 연설을 통해 추론할 수 있는 내용을 묻는 문제이다. 자신이 초현실주의 화가임을 밝힌 후, Although I was ~ years ago에서 비록 현실주의 화법으로 훈련을 받았지만, 그런 가치 없는 방법들은 수년 전에 버렸다고 했으므로, 화자는 더 이상 현실주의를 중요시하지 않는다는 것을 알 수 있다. 따라서 담화를 통해 추론할 수 있는 것은 (c)이다.

어휘 | surrealist[səríːəlist] 초현실주의자 subconscious[sʌbkánʃəs] 잠재의식의 abandon[əbǽndən] 버리다 psyche[sáiki] 심리, 정신 carbon copy 복사본 replicate[réplikèit] 복제하다 inevitable[inévitəbl] 필연적인, 불가피한

Part 5

08~09

Let's look at T.S. Eliot's "The Love Song of J. Alfred Prufrock," a poem full of masterful literary devices. It makes use of dramatic monologue, a technique whereby the poet speaks directly to a reader through an assumed voice. Through Prufrock's subjective commentary on the modern world, the audience becomes absorbed in his dilemma. As the poem progresses, it becomes apparent that **although Prufrock lives amidst the many sights and sounds of the city, he feels a sense of isolation and despair among crowds of people**. As well as dramatic monologue, the protagonist's feelings are dramatized throughout the poem by the use of rhetorical questions, ellipses, and repetition. We can see that these embellishments emphasize the sense of doubt and world-weariness that Prufrock embodies in the poem.

08. Q. What is the main topic of the lecture?

(a) The representation of individual subjectivity in Eliot's poetry

(b) The dramatic monologue in "The Love Song of J. Alfred Prufrock"

(c) Eliot's use of literary techniques to express the theme of a poem

T.S. 엘리엇의 'The Love Song of J. Alfred Prufrock'이라는 훌륭한 문학적 장치들로 가득한 시를 살펴봅시다. 이것은 극적 독백을 활용하는데, 이는 시인이 하나의 가정된 목소리를 통해 독자에게 직접적으로 말을 하는 기법입니다. 현대 세계에 대한 Prufrock의 주관적인 비평을 통해서, 독자들은 그의 딜레마에 열중하게 됩니다. 시가 진행됨에 따라, Prufrock이 도시의 많은 광경과 소리 속에서 살지만, 그가 군중 속에서 고립감과 절망을 느낀다는 것은 명확해집니다. 극적 독백에 더하여, 주인공의 감정들은 수사적 질문, 생략, 반복의 사용으로 시 전체에 걸쳐 극적으로 표현됩니다. 우리는 이러한 수식들이 Prufrock이 시에서 구현하는 의구심과 염세를 강조하는 것을 볼 수 있습니다.

08. Q. 강의의 주제는 무엇인가?

(a) 엘리엇의 시에서의 독특한 주관성 표현

(b) 'The Love Song of J. Alfred Prufrock'에서의 극적 독백

(c) 시의 주제를 표현하기 위한 엘리엇의 문학적 기법 사용

(d) Eliot's depiction of Prufrock's feeling of failure while in a crowd

(d) 군중 속에서 Prufrock의 실패감에 대한 엘리엇의 묘사

09. Q. What can be inferred about "The Love Song of J. Alfred Prufrock"?

(a) It suggests that many people do not adjust to city life.

(b) It criticizes recent changes in modern society.

(c) It shows Eliot's excessive use of poetic rhythm.

(d) It reveals the irony of urban life through a personal dilemma.

09. Q. 'The Love Song of J. Alfred Prufrock'에 대해 추론할 수 있는 것은 무엇인가?

(a) 많은 사람들이 도시 생활에 적응하지 못한다는 것을 시사한다.

(b) 현대 사회의 최근 변화들을 비판한다.

(c) 엘리엇의 지나친 시적 리듬의 사용을 보여준다.

(d) 개인의 딜레마를 통해 도시 생활의 모순을 드러낸다.

해설 | 08. 강의의 주제를 묻는 문제이다. Let's look at ~ literary devices에서 T.S. 엘리엇의 'The Love Song of J. Alfred Prufrock'이 훌륭한 문학적 장치들로 가득한 시라고 했고, 극적 독백, 수사적 질문, 생략, 반복 등 시의 주제를 표현하는 문학적 기법에 대한 내용이 이어졌다. 따라서 강의의 주제로 적절한 것은 (c)이다.

Paraphrase된 문장
literary devices(문학적 장치) → literary techniques(문학적 기법)

09. 담화를 통해 추론할 수 있는 내용을 묻는 문제이다. T.S. 엘리엇의 작품에 등장하는 화자의 딜레마를 언급한 후, although Prufrock lives ~ among crowds of people에서 도시의 많은 광경과 소리 속에서 살면서도 고립감과 절망을 느끼는 Prufrock을 그 예로 들었으므로, Prufrock의 딜레마를 통해서 도시 생활의 모순이 드러난다는 것을 알 수 있다. 따라서 담화를 통해 추론할 수 있는 것은 (d)이다.

어휘 | **masterful**[mǽstərfəl] 훌륭한 **make use of** ~을 활용하다 **dramatic monologue** 극적 독백 **assumed**[əsúːmd] 가정된 **subjective**[səbdʒéktiv] 주관적인 **commentary**[kάməntèri] 비평 **amidst**[əmídst] ~의 속에서 **sense of isolation** 고립감 **rhetorical question** 수사적 질문 **ellipsis**[ilípsis] 생략 **repetition**[rèpətíʃən] 반복 **embellishment**[imbéliʃmənt] 수식, 꾸밈 **world-weariness** 염세 **embody**[imbάdi] 구현하다, 상징하다 **individual**[ìndəvídʒuəl] 독특한, 개인의

2. Do-next · Opinion 문제

전략 적용

p.253

In our last meeting, we mentioned some recent communication issues. As each of you know, there are professional standards to consider when conveying your ideas to peers and superiors within the company. Yet in several cases, **people have reported hearing offensive and threatening remarks while on duty. Today I'd like to go over some of the policies we've come up with to fix this problem.**

지난 회의에서는, 최근에 있었던 의사소통 문제에 대해 언급했습니다. 여러분 모두 아시다시피, 회사 내에서 동료나 상사에게 자신의 의견을 전달할 때에는 고려해야 할 직업상의 규범이 있습니다. 그러나 몇몇 경우에, 사람들이 일하고 있는 동안 불쾌하고 위협적인 말을 들었다고 보고했습니다. 오늘은 이 문제를 바로잡기 위해 우리가 생각해낸 정책들에 대해 검토하고 싶습니다.

Q. What will the speaker most likely do next?

(a) Introduce procedures for reporting misconduct

(b) Discuss measures to correct verbal abuse

(c) Identify people who behaved unprofessionally

(d) Offer suggestions for efficient communication

Q. 화자가 다음에 무엇을 할 것 같은가?

(a) 위법 행위를 신고하는 절차를 소개한다.

(b) 언어적 학대를 바로잡기 위한 조치들에 대해 논의한다.

(c) 직업 윤리에 어긋나게 행동한 사람들의 신원을 확인한다.

(d) 효율적인 의사소통을 위해 제안을 한다.

어휘 | **convey**[kənvéi] 전달하다 **superior**[sjuːpíəriər] 상사 **offensive**[əfénsiv] 불쾌한 **remark**[rimάːrk] 말, 발언 **on duty** 일하고 있는 **come up with** ~을 생각해내다 **misconduct**[mìskάndəkt] 위법 행위 **verbal abuse** 언어적 학대 **unprofessionally**[ʌnprəféʃənəli] 직업 윤리에 어긋나게

Part 4

01

In a previous session, we talked about shifts in customer attitudes. You may recall that consumers expect to be informed, not persuaded; yet many corporations persist with a conventional sales pitch, ignoring the needs of an increasingly sophisticated customer base. Last time we looked at the drawbacks of such an approach. Now I'd like to pick up where we left off. **I requested that each of you consider what sort of business language is needed to reach customers.**

Q. What will the speaker most likely do next?

(a) Take examples of neglectful behavior by companies

(b) Explain how companies continue to use conventional sales strategies

(c) Have people suggest ways companies can communicate with customers

(d) Offer instructions for expanding a company's customer base

지난 시간에는, 소비자 태도의 변화에 대해 이야기했어요. 소비자들은 설득당하는 것이 아니라 정보를 제공받길 기대하지만, 많은 기업이 점점 더 세련되어지는 소비자 층의 요구를 무시하면서, 기존의 판매 방식을 지속하고 있다는 것을 여러분은 기억할 거예요. 지난 시간에 우리는 그러한 접근의 결점들에 대해 알아보았죠. 이제 지난 시간에 중단했던 부분을 이어가도록 하겠습니다. 제가 여러분 모두에게 고객에게 다가가기 위해 어떤 종류의 비즈니스 언어가 필요한지에 대해 생각해보라고 했었죠.

Q. 화자가 다음에 무엇을 할 것 같은가?

(a) 기업들의 부주의한 행동에 대한 예를 든다.

(b) 어떻게 기업들이 계속해서 기존의 판매 전략을 사용하는지에 대해 설명한다.

(c) 사람들에게 기업이 고객과 의사소통할 수 있는 방법을 제안하도록 시킨다.

(d) 기업의 고객층 확대를 위한 교육을 제공한다.

해설 | 화자가 다음에 할 일을 묻는 문제이다. 담화 마지막의 I requested ~ to reach customers에서 고객에게 다가가기 위해 필요한 비즈니스 언어에 대해 생각해보라고 했다고 했으므로, 그에 대한 사람들의 의견을 들어볼 것임을 알 수 있다. 따라서 화자가 다음에 할 일은 (c)이다.

어휘 | corporation[kɔ̀ːrpəréiʃən] 기업   persist[pərsíst] 지속하다   conventional[kənvénʃənəl] 기존의   sophisticated[səfístəkèitid] 세련된   customer base 고객층   drawback[drɔ́ːbæ̀k] 결점   leave off 중단하다   neglectful[niɡléktfəl] 부주의한   sales strategy 판매 전략

02

Joining us today is Professor Robert Drummond, one of Europe's leading experts on genetically engineered foods. **Professor Drummond believes that genetic engineering can generate harmful substances that consumers might ingest at the expense of their own health.** He claims that modified foods could lead to new allergens as well as the introduction of genes that are toxic to humans. He also cautions people on blindly accepting media reports, which sometimes skew data at the request of interest groups.

Q. Which is most likely to be Professor Drummond's opinion?

(a) Media reports about modified foods should be censored.

(b) People should question the safety of genetically altered foods.

(c) Factual research on modified foods should be available to the public.

오늘 저희와 함께 하실 분은 유럽의 유전자 조작 식품의 뛰어난 전문가 중 한 사람인 Robert Drummond 교수입니다. Drummond 교수는 유전자 조작으로 소비자들이 그들의 건강을 해치며 섭취할지도 모르는 해로운 물질이 만들어질 수 있다고 생각합니다. 그는 유전자 조작 식품이 인간에게 유독한 유전자를 발생시킬 뿐 아니라 새로운 알레르기를 일으키는 물질을 발생시킬 수 있다고 주장합니다. 그는 또한 이익 단체의 요구에 의해 때로는 자료를 왜곡하는 대중 매체의 보도를 맹목적으로 받아들이는 사람에게 경고합니다.

Q. Drummond 교수의 의견에 가장 가까운 것은 어느 것인가?

(a) 유전자 조작 식품에 대한 매체의 보도는 검열되어야 한다.

(b) 사람들은 유전자 조작 식품의 안전성을 의심해야 한다.

(c) 유전자 조작 식품에 대한 사실에 근거한 연구는 대중이 이용할 수 있어야 한다.

(d) The government should make laws against genetic engineering.

(d) 정부는 유전자 조작에 반대하는 법을 제정해야 한다.

해설 | Drummond 교수의 의견을 묻는 문제이다. Professor Drummond believes ~ their own health에서 교수는 유전자 조작으로 소비자들의 건강을 해치는 해로운 물질이 만들어질 수 있다고 생각한다고 했으므로, 유전자 조작 식품이 안전하지 않다고 생각한다는 것을 알 수 있다. 따라서 교수의 의견은 (b)이다.

어휘 | genetically engineered food 유전자 조작 식품 substance[sʌ́bstəns] 물질 ingest[indʒést] 섭취하다 at the expense of ~을 훼손시키며 allergen[ǽlərdʒən] 알레르기를 일으키는 물질 gene[dʒiːn] 유전자 toxic[tɑ́ksik] 유독한 skew[skjuː] 왜곡하다 censor[sénsər] 검열하다

Part 5

03 ~ 04

As for the bird-reptile debate, [04]it's time to dispel the notion that reptiles and birds evolved along different evolutionary lines. During the first half of the 20th century, scientists examining the skeletal remains of theropods emphasized that the meat-eating dinosaurs showed anatomical differences from birds. [03]According to them, the two species had differently structured collarbones and joints. Therefore, they rejected the theory that feathered dinosaurs once existed. [04]However, a vast amount of recent fossil evidence clearly dismisses these assumptions. The crucial piece of evidence came from a massive excavation in northwest China, where fossils of dinosaurs with feathers were discovered for the first time. These fossils were from dinosaurs that lived around 145 million years ago and closely resembled turkeys. Paleontologists were particularly interested in one species as it appeared to have miniature wings in place of forearms. Experts believe that this specimen may represent a missing link in the evolutionary chain.

새–파충류 논쟁에서, [04]파충류와 새가 다르게 진화했다는 의견은 없어져야 할 때입니다. 20세기 초반, 수각아목의 공룡의 골격 잔해를 연구하는 과학자들은 이 육식 공룡들이 새와 해부학적 차이를 보인다고 강조했습니다. [03]그들에 따르면, 두 종은 서로 다르게 구조화된 쇄골과 관절을 가지고 있었습니다. 따라서, 그들은 깃털이 있는 공룡이 한때 존재했다는 이론을 인정하지 않았습니다. [04]그러나, 최근의 많은 화석 증거가 이러한 가정을 분명하게 일축합니다. 그 결정적인 증거는 중국 북서부의 대규모 발굴지에서 나왔는데, 이곳에서 깃털이 있는 공룡의 화석들이 처음으로 발견되었습니다. 이 화석들은 약 1억 4천 5백만 년 전에 살았으며 칠면조와 밀접하게 닮았던 공룡들의 것이었습니다. 고생물학자들은 특히 한 종에 관심이 있었는데, 그것은 팔뚝 대신에 소형 날개가 있는 것처럼 보였기 때문입니다. 전문가들은 이 표본이 진화의 사슬에서 잃어버린 고리를 나타낼지도 모른다고 믿습니다.

03. Q. Why did some scientists reject the existence of feathered dinosaurs?

(a) Dinosaurs first appeared much earlier than birds did.
(b) The wings belonging to some dinosaurs were undeveloped.
(c) The evidence suggested that birds and dinosaurs had different bone structure.
(d) The collarbones and joints of dinosaurs were larger than those of birds.

03. Q. 일부 과학자들은 왜 깃털이 있는 공룡의 존재를 인정하지 않았는가?

(a) 공룡은 새보다 훨씬 이전에 처음 생겨났다.
(b) 몇몇 공룡의 날개가 발달되지 않았다.
(c) 증거는 새와 공룡이 다른 뼈 구조를 가졌다고 시사했다.
(d) 공룡의 쇄골과 관절은 새의 것보다 컸다.

04. Q. Which statement would the speaker most likely agree with?

(a) Skeletal remains provide few clues about evolution.
(b) Reptiles and birds are closely related biologically.
(c) Birds evolved during the same period as dinosaurs.
(d) Scientists previously neglected available fossil evidence.

04. Q. 화자는 어느 진술에 가장 동의할 것 같은가?

(a) 골격 잔해는 진화에 대한 단서를 거의 제공하지 않는다.
(b) 파충류와 새는 생물학적으로 밀접하게 연관되어 있다.
(c) 새는 공룡과 같은 시기에 진화했다.
(d) 과학자들은 이전에 쓸모 있는 화석 증거를 간과했다.

해설 | 03. 일부 과학자들이 깃털이 있는 공룡의 존재를 인정하지 않은 이유를 묻는 문제이다. According to ~ collarbones and joints에서 과학자들에 따르면 공룡과 새가 서로 다르게 구조화된 쇄골과 관절을 가지고 있었다고 말한 후, Therefore, ~ once existed에서 따라서 그들은 깃털이 있는 공룡이 한때 존재했다는 이론을 인정하지 않았다고 했으므로 (c)가 정답이다.

Paraphrase된 문장

differently structured collarbones and joints(다르게 구조화된 쇄골과 관절) → different bone structure(다른 뼈 구조)

04. 화자의 의견을 묻는 문제이다. it's time to ~ evolutionary lines에서 화자는 파충류와 새가 다르게 진화했다는 의견이 없어져야 한다고 했고, However, ~ these assumptions에서 파충류와 새가 다르게 진화했다는 과학자들의 의견이 잘못된 것임을 최근의 화석 증거를 통해 분명히 알 수 있다고 했으므로, 화자는 파충류와 새가 생물학적으로 연관되어 있다고 생각한다는 것을 알 수 있다. 따라서 화자가 가장 동의할 것 같은 진술은 (b)이다.

어휘 | **reptile**[réptil] 파충류 **dispel**[dispél] 없애다 **evolve**[iválv] 진화하다, 변하다 **skeletal**[skélitl] 골격의 **theropod**[θíərəpàd] 수각아목(獸脚亞目)의 공룡(육식성으로 뒷다리로 보행했음) **anatomical**[æ̀nətámikəl] 해부학적인 **collarbone**[kálərbòun] 쇄골 **dismiss**[dismís] 일축하다, 토론 따위를 종결 짓다 **excavation**[èkskəvéiʃən] 발굴지, 발굴 **paleontologist**[pèiliəntálədʒist] 고생물학자 **specimen**[spésəmən] 표본, 견본 **missing link** 잃어버린 고리(전체를 이해하거나 완성하는 데 필요한 정보 같은 것)

Part 4

05.

In reference to exploration in the 15th century, it's inconceivable that Columbus was the first explorer to discover the New World. Traditionally, textbooks have maintained that Columbus discovered the New World in 1492, making him the most famous explorer in the eyes of the American public. Along the same lines, annual Columbus Day celebrations contribute to the disregard for pre-Columbian expeditions in mainstream culture. **The continued praise of Columbus as the discoverer of the New World is absurd to modern scholars.**

Q. What will the lecturer agree with most?

(a) Pre-Columbian America should be academically studied.
(b) New World explorers were expert navigators.
(c) Columbus receives undeserved credit for his expeditions.
(d) Textbooks confused the dates of Columbus's journeys.

15세기의 탐험에 관해서, 콜럼버스가 신대륙을 발견한 최초의 탐험가라는 것은 믿을 수 없습니다. 전통적으로, 교과서에서는 콜럼버스가 1492년에 신대륙을 발견했다는 입장을 고수해 왔는데, 이는 미국 대중의 눈에 그를 가장 유명한 탐험가로 만들었습니다. 같은 맥락으로, 매년 콜럼버스의 날을 기념하는 것은 주류 문화에서 콜럼버스 이전의 원정에 무관심하도록 만들었습니다. 신대륙의 발견자로서 콜럼버스에게 계속되는 찬사는 현대 학자들이 보기에는 불합리합니다.

Q. 강의하는 사람은 무엇에 가장 동의할 것 같은가?

(a) 콜럼버스 이전의 아메리카는 학문적으로 연구되어야 한다.
(b) 신대륙 탐험가들은 전문 항해사들이었다.
(c) 콜럼버스는 그의 원정에 대해 부당한 명성을 누리고 있다.
(d) 교과서는 콜럼버스 여정의 날짜를 혼동했다.

해설 | 화자의 의견을 묻는 문제이다. In reference to ~ the New World에서 콜럼버스가 신대륙을 발견한 최초의 탐험가라는 것은 믿을 수 없다고 말한 후, The continued praise ~ to modern scholars에서 신대륙의 발견자로서 콜럼버스에게 계속되는 찬사는 현대 학자들이 보기에는 불합리하다고 했으므로, 화자는 콜럼버스가 누리고 있는 원정에 대한 명성이 부당하다고 생각한다는 것을 알 수 있다. 따라서 화자가 가장 동의할 것 같은 내용은 (c)이다.

Paraphrase된 문장
absurd(불합리한) → undeserved(부당한)
praise(찬사) → credit(명성)

어휘 | **inconceivable**[ìnkənsí:vəbl] 믿을 수 없는 **New World** 신대륙(아메리카) **disregard**[dìsrigá:rd] 무관심 **expedition**[èkspidíʃən] 원정 **mainstream culture** 주류 문화 **absurd**[əbsə́:rd] 불합리한, 모순된 **undeserved**[ʌ̀ndizə́:rvd] 부당한

06.

In the last meeting, we discussed whether we should change **the current benefit plan**. Some of you have requested flexible options, such as voluntary pensions and health insurance. We suggested 2 alternatives that management is willing to consider: making health insurance entirely optional or exchanging pension credit for stock options. Today we need to adopt 1 of the 2 options. You're all aware of the details of the newly proposed plans, so **please be prepared to cast your decisive votes.**

지난 회의에서는, **현재의 복리 후생 제도를 변경해야 할지**에 대해서 논의했습니다. 몇몇 사람들은 연금이나 의료 보험과 같이 융통성 있는 선택사항을 원합니다. 우리는 경영진이 기꺼이 고려할 만한 2가지 대안을 제안했습니다. 의료 보험을 완전히 선택 사항으로 만들거나 연금 혜택을 스톡 옵션으로 교환하는 것입니다. 오늘 우리는 2가지 중 하나를 채택해야 합니다. 여러분 모두 새롭게 제안된 계획의 세부 사항에 대해 알고 계실 테니, **여러분의 결정적인 한 표를 던질 준비**를 하시기 바랍니다.

Q. What will the speaker most likely do next?

(a) Persuade the employees to make health insurance optional

(b) Ask the employees to choose a benefit package

(c) Explain how to trade pension credit for stock options

(d) Detail the pros and cons of the proposed benefit plans

Q. 화자가 다음에 무엇을 할 것 같은가?

(a) 의료 보험을 선택 사항으로 만들도록 직원들을 설득한다.

(b) 직원들에게 한 가지 복리 후생 제도를 선택하게 한다.

(c) 연금 혜택을 스톡 옵션으로 바꾸는 방법을 설명한다.

(d) 제안된 복리 후생 제도의 장단점에 대해 열거한다.

해설 | 화자가 다음에 할 일을 묻는 문제이다. 복리 후생 제도를 변경하는 것에 대한 2가지 제안 중 하나를 선택해야 한다고 말한 후 please be ~ decisive votes에서 그에 대한 투표할 준비를 해달라고 직원들에게 부탁했다. 따라서 화자가 다음에 할 일은 (b)이다.

Paraphrase된 문장

cast ~ decisive votes(결정적인 한 표를 던지다) → choose(선택하다)

benefit plan(복리 후생 제도) → benefit package(복리 후생 제도)

어휘 | **benefit plan** 복리 후생 제도(= benefit package) **flexible**[fléksəbl] 융통성 있는 **pension**[pénʃən] 연금 **stock option** 스톡 옵션(주식 매입 선택권) **pros and cons** 장단점

07

Another factory is closing its doors in the face of mounting energy costs and weakening demand, putting further pressure on an already challenged employment sector. These manufacturing job losses led the unemployed to eat out less and cut back on entertainment spending, adversely affecting the service industry. Unfortunately, officials continue to turn a blind eye to the crisis, as if market forces will be able to correct the problem. **It is irresponsible of bureaucrats to say conditions will improve while neglecting the immediate suffering of jobless families.**

Q. Which statement would the speaker most likely agree with?

(a) Manufacturers should try to provide more jobs.

(b) Officials are mistaken about the economic outlook.

(c) Manufacturers have not taken steps to increase efficiency.

(d) Official intervention is necessary to curb job losses.

상승하는 에너지 비용과 감소하는 수요에 직면하여 또 다른 공장이 문을 닫았고, 이것은 이미 어려움을 겪고 있는 고용 부문에 더 많은 압력을 가하고 있습니다. 이러한 제조업에서의 실업은 실직자들로 하여금 외식과 여가비를 줄이게 하여, 서비스 산업에 불리하게 영향을 끼치고 있습니다. 불행히도, 관료들은 시장의 힘이 이 문제를 바로잡을 수 있을 것처럼, 계속해서 위기를 못 본 체하고 있습니다. **관료들이 실업 가정의 당면한 고통을 등한시하며 상황이 좋아질 것이라고 말하는 것은 무책임한 일입니다.**

Q. 화자는 어느 진술에 가장 동의할 것 같은가?

(a) 제조업자들은 더 많은 일자리 창출을 위해 노력해야 한다.

(b) 관료들은 경제 전망에 대해 오해하고 있다.

(c) 제조업자들은 효율성 증대를 위한 조치를 취하지 않았다.

(d) 실업을 억제하기 위해 관료들의 개입이 필요하다.

해설 | 화자의 의견을 묻는 문제이다. 관료들이 계속해서 경제 위기를 못 본 체하고 있다고 말한 후, It is irresponsible ~ jobless families에서 관료들이 실업 가정의 고통을 등한시하며 상황이 좋아질 것이라고 말하는 것은 무책임한 일이라고 했으므로, 화자는 관료들이 나서서 실업 문제를 해결해야 한다고 생각한다는 것을 알 수 있다. 따라서 화자가 가장 동의할 것 같은 진술은 (d)이다.

어휘 | **in the face of** ~에 직면하여 **cut back on** ~을 줄이다 **adversely**[ædvə́:rsli] 불리하게, 역으로 **turn a blind eye to** ~을 못 본 체하다 **as if** 마치 ~인 것처럼 **bureaucrat**[bjúərəkræt] 관료 **manufacturer**[mænjəfǽktʃərər] 제조업자 **take steps** 조치를 취하다 **intervention**[intərvénʃən] 개입, 중재 **curb**[kə:rb] 억제하다

Part 5

08 ~ 09

Some parents do not allow their children to take part in sports because of safety concerns. Although it is true that children can get hurt when they engage in exercise, researchers have found that active children perform better in school than their sedentary counterparts. [09]**This is because strenuous physical activity actually increases children's cognitive abilities.** So, despite the fact that it poses some risks for children, pediatricians still

일부 부모들은 안전상의 우려 때문에 자녀가 스포츠에 참여하는 것을 허락하지 않습니다. 운동에 참여할 때 아이들이 다칠 수도 있는 것은 사실이지만, 연구자들은 활동적인 아이들이 늘 앉아만 있는 아이들보다 학교 생활을 더 잘한다는 것을 발견했습니다. [09]이는 활발한 신체 활동이 사실 아이들의 인지 능력을 향상시키기 때문입니다. 따라서, 그것이 아이들에게 약간의 위험을 끼칠 수 있다는 사실에도 불구하고, 여전히 소아과 의사들

recommend that parents allow their children to participate in physical activity. Indeed, studies have shown that children who exercise more not only perform better in cognitive tests but can also concentrate for longer. [08]**This increased focus and improved cognitive ability is due to exercise's role in stimulating the growth of new brain cells and neurons.** In the long-term, exercising more as a child can even improve a person's memory later in life. Therefore, it's clear that both the short- and long-term benefits for the mind, not to mention the body, are more than enough reason to introduce sports and play into a child's daily routine.

08. Q. How does exercise improve children's cognitive ability?

(a) It makes them concentrate on getting fit.
(b) It increases the development of additional cells.
(c) It encourages children to socialize with their peers.
(d) It stimulates the growth of their muscles.

09. Q. Which statement would the speaker most likely agree with?

(a) Children should engage in physical activity to get better at sports.
(b) There is a correlation between physical activity and academic performance.
(c) Parents need not require their children to take part in extracurricular activities.
(d) Children's physical activity levels do not affect their cognitive abilities.

은 부모들이 자녀가 신체 활동에 참여하는 것을 허락하기를 권장합니다. 실제로, 연구들은 더 운동을 많이 하는 아이들이 인지 검사를 더 잘 수행할 뿐만 아니라, 더 오래 집중할 수도 있다는 것을 보여주었습니다. [08]이 늘어난 집중과 향상된 인지 능력은 새로운 뇌세포와 신경 세포의 성장을 촉진하는 운동의 기능 때문입니다. 장기적으로, 어릴 때 더 많이 운동하는 것은 심지어 노년에 기억력을 증진시킬 수도 있습니다. 따라서, 신체는 말할 것도 없고, 두뇌에 주는 장단기적 이점들은 스포츠와 놀이를 아이들의 일상에 끌어들이기에 충분하고도 남는 이유임이 분명합니다.

08. Q. 운동은 어떻게 아이들의 인지 능력을 향상시키는가?

(a) 그들이 건강해지는 데 전념하도록 한다.
(b) 추가된 세포의 발달을 증진시킨다.
(c) 아이들이 또래들과 어울리도록 한다.
(d) 그들의 근육 성장을 촉진시킨다.

09. Q. 화자는 어느 진술에 가장 동의할 것 같은가?

(a) 아이들은 스포츠를 더 잘하기 위해 신체 활동에 참여해야 한다.
(b) 신체 활동과 학업 성취 사이에는 상관관계가 있다.
(c) 부모들은 자녀들이 정규 교과 이외의 활동에 참여하게 할 필요가 없다.
(d) 아이들의 신체 활동 수준은 그들의 인지 능력에 영향을 미치지 않는다.

해설 | 08. 운동이 아이들의 인지 능력을 어떻게 향상시키는지 묻는 문제이다. This increased focus ~ neurons에서 늘어난 집중과 향상된 인지 능력이 새로운 뇌세포와 신경 세포의 성장을 촉진하는 운동의 기능 때문이라고 했으므로 (b)가 정답이다.

Paraphrase된 문장
stimulating the growth of new brain cells and neurons(새로운 뇌세포와 신경 세포의 성장을 촉진하는 것)
→ increases the development of additional cells(추가된 세포의 발달을 증진시킨다)

09. 화자의 의견을 묻는 문제이다. 연구자들은 활동적인 아이들이 그렇지 않은 아이들보다 학교 생활을 더 잘한다는 것을 발견했다고 밝힌 후, This is because ~ cognitive abilities에서 신체 활동이 아이들의 인지 능력을 향상시킨다고 설명했다. 따라서 화자가 가장 동의할 것 같은 진술은 (b)이다. (a)는 아이들이 신체 활동에 참여해야 한다는 담화의 내용을 고려하면 그럴듯하지만, 스포츠를 더 잘하기 위해서라는 내용은 담화에서 언급된 적이 없으므로 틀리다.

어휘 | concern[kənsə́:rn] 우려, 걱정 engage in ~에 참여하다 sedentary[sédntèri] 앉아 있는 strenuous[strénjuəs] 활발한, 격렬한 cognitive ability 인지 능력 pose a risk 위험을 끼치다 pediatrician[pì:diətríʃən] 소아과 의사 daily routine 일상

01 (b) **02** (d) **03** (c) **04** (d) **05** (d) **06** (b) **07** (a) **08** (b) **09** (b) **10** (c)

Part 4

01

The 12th Annual Future World Leaders Summit will take place April 11 through April 13 at Moscow's Crocus Expo. **This year's summit features several finance ministers who will discuss the role of globalization in economic development. Some heads of major transatlantic companies will also give presentations** on the challenges and opportunities in international capital investment. Please download the schedule below and reserve your spot for this exciting event.

Q. What can be inferred from the summit notice?

(a) Government leaders from Moscow will be in attendance.

(b) Speakers will include corporate and government representatives.

(c) The general public is not allowed to attend the summit.

(d) The summit will attract capital investment.

제12회 미래 세계 지도자 연례 징상 회담이 4월 11일에서 4월 13일까지 모스크바의 Crocus Expo에서 열립니다. 올해 정상 회담에는 경제 발전에 있어서 세계화의 역할에 대해 논의할 재정 장관 몇 분께서 참석하십니다. 유럽의 대기업 대표 몇 분께서도 국제적인 자본 투자의 과제와 기회에 대한 발표를 하실 것입니다. 아래의 일정표를 다운로드하시고 이 멋진 행사에 자리를 예약하시기 바랍니다.

Q. 정상 회담 안내로부터 추론할 수 있는 것은 무엇인가?

(a) 모스크바에서 온 정부 지도자들이 참석할 것이다.

(b) 연설자에는 기업과 정부 대표들이 포함되어 있다.

(c) 일반 시민은 정상 회담에 참석할 수 없다.

(d) 정상 회담은 자본 투자를 유치할 것이다.

해설 | 안내를 통해 추론할 수 있는 내용을 묻는 문제이다. This year's ~ economic development에서 정상 회담에 재정 장관들이 논의를 위해 참석한다고 했고, Some heads ~ give presentations에서 대기업 대표들도 발표를 할 것이라고 했으므로, 정상 회담에 정부와 기업의 대표들이 연설할 것임을 알 수 있다. 따라서 담화를 통해 추론할 수 있는 것은 (b)이다.

Paraphrase된 문장

finance ministers(재정 장관) → government representatives(정부 대표)

heads of major transatlantic companies(유럽의 대기업 대표) → corporate representatives(기업 대표)

어휘 | **summit**[sʌ́mit] 정상 회담 **minister**[mínistər] 장관 **transatlantic**[trænsətlǽntik] 유럽의, (미국에서 보아) 대서양 저편의 **corporate**[kɔ́ːrpərit] 기업의 **representative**[rèprizéntətiv] 대표

02

I want to take this opportunity to express the uneasiness I feel about the new development proposal we received from Roper & Price Industries. Although their bid was less than that of some other companies, I suggest that we take a close look at their recent construction activities. **Many of you are aware that the company has been involved in several controversial projects.** To put it simply, they don't have the best track record. **I'm hesitant to associate our name with them given their history.**

Q. What can be inferred about the speaker?

(a) The speaker has worked on a project with Roper & Price.

(b) The speaker is concerned about the feasibility of the project.

(c) The speaker found a serious fault with the proposal.

Roper & Price 산업으로부터 받은 새 개발 제안서에 대해 느꼈던 불안감을 표명할 기회를 갖고 싶습니다. 입찰 가격이 다른 회사들보다 낮긴 했지만, 저는 그들의 최근 건설 활동들을 면밀히 살펴볼 것을 제안합니다. 그 회사가 논란이 되는 여러 프로젝트에 관련되어 왔다는 것을 많은 분들께서 알고 계실 겁니다. 간단히 말하자면, 그들은 실적이 그리 좋지 않습니다. 그들의 전적을 고려하면 저는 그들과 우리의 이름을 연관 짓는 것이 망설여집니다.

Q. 화자에 대해서 추론할 수 있는 것은 무엇인가?

(a) 화자는 Roper & Price와 함께 프로젝트를 진행한 적이 있다.

(b) 화자는 그 프로젝트의 실행 가능성에 대해 염려한다.

(c) 화자는 제안서에서 심각한 실책을 발견했다.

(d) The speaker is apprehensive about Roper & Price's reputation.

(d) 화자는 Roper & Price의 평판에 대해 염려한다.

해설 | 담화를 통해 추론할 수 있는 내용을 묻는 문제이다. Many of you ~ controversial projects에서 Roper & Price라는 회사가 논란이 되는 여러 프로젝트에 관여해 왔다고 했고, I'm hesitant ~ their history에서 그러한 전적을 고려했을 때 그들과 자신들의 이름을 연관짓는 것이 망설여진다고 했으므로, 화자가 그 회사의 평판에 대해 걱정한다는 것을 알 수 있다. 따라서 담화를 통해 추론할 수 있는 것은 (d)이다.

어휘 | uneasiness[ʌníːzinis] 불안 bid[bid] 입찰 가격 take a closer look at ~을 면밀히 살펴보다 controversial[kɑ̀ntrəvə́ːrʃəl] 논란이 되는 to put it simply 간단히 말하자면 track record 실적 hesitant[hézətənt] 망설여지다 associate[əsóuʃieit] 연관 짓다 feasibility[fìːzəbíləti] 실행 가능성 apprehensive[æ̀prihénsiv] 염려하는

03

I understand the potential benefits of nuclear energy, but its drawbacks are equally as significant. Even if energy can be produced inexpensively and without polluting the air, is it possible to ignore that extremely hazardous waste is produced in the process? What's worse, the radioactive waste lasts for hundreds, even thousands of years. **If we cannot guarantee the safety of current and future generations, then any immediate positive benefits of nuclear energy are overshadowed by its potentially serious consequences.**

핵에너지의 잠재적인 이점에 대해서는 이해하지만, 그것의 결점도 똑같이 주목할 만합니다. 대기 오염 없이 값싸게 에너지가 생산될 수 있다고 하더라도, 그 과정에서 매우 해로운 폐기물이 생산된다는 것을 무시할 수 있을까요? 더 나쁜 것은, 방사능 폐기물은 수백 년, 심지어 수천 년 동안 남는다는 것입니다. 현세대와 미래 세대의 안전을 보장할 수 없다면, 어떤 즉각적이고 긍정적인 이점도 잠재적으로 위험한 핵에너지의 결과 앞에서는 무색해집니다.

Q. What can be inferred from the talk?

(a) The speaker believes radioactive waste laws should be reinforced.
(b) The speaker thinks nuclear energy needs more research.
(c) The speaker feels nuclear energy is not worth the risks.
(d) The speaker wants radioactive waste to be disposed of differently.

Q. 담화로부터 추론할 수 있는 것은 무엇인가?

(a) 화자는 방사능 폐기물에 대한 법이 강화되어야 한다고 믿는다.
(b) 화자는 핵에너지에 대한 연구가 더 필요하다고 생각한다.
(c) 화자는 핵에너지가 그 위험을 감수할 만큼의 가치가 없다고 생각한다.
(d) 화자는 방사능 폐기물이 다르게 처리되길 원한다.

해설 | 담화를 통해 추론할 수 있는 내용을 묻는 문제이다. 핵에너지 방사능 폐기물의 결점에 대해 언급한 후, If we cannot ~ serious consequences에서 어떤 이점도 잠재적으로 위험한 결과 앞에서는 무색해진다고 했으므로, 화자가 핵에너지는 위험을 감수할 만큼의 가치가 없다고 생각한다는 것을 알 수 있다. 따라서 담화를 통해 추론할 수 있는 것은 (c)이다.

Paraphrase된 문장

potentially serious consequences(잠재적으로 위험한 결과) → the risks(위험)

어휘 | nuclear energy 핵에너지 drawback[drɔ́ːbæk] 결점 hazardous[hǽzərdəs] 해로운 radioactive waste 방사능 폐기물 guarantee[gæ̀rəntíː] 보장하다 overshadow[òuvərʃǽdou] 무색하게 하다, 가리다 reinforce[rìːinfɔ́ːrs] 강화하다

04

Today we'll talk about the term "serendipity." Serendipity refers to the unintended event that leads to a meaningful discovery. It often occurs when a planned experiment or task creates an accidental result that is unrelated to the original objective. One example of an accidental situation is when a scientific experiment designed to solve one problem reveals a solution to an unrelated problem. **Many chemical products on the market today were the result of serendipitous experiments.**

오늘은 '세렌디피티'라는 용어에 대해 이야기해 보겠습니다. 세렌디피티란 의미 있는 발견에 이르게 되는 의도하지 않은 일을 의미합니다. 그것은 흔히 계획된 실험이나 일이 원래의 목표와 관계없는 우연한 결과를 만들었을 때 일어납니다. 우연한 상황의 한 가지 예는 어떤 한 문제를 해결하기 위해 계획된 과학 실험이 관계없는 문제에 대한 해결책을 찾아낼 때입니다. 오늘날 시중에 있는 많은 화학 제품은 뜻밖의 발견을 한 실험의 결과였습니다.

Q. What will the speaker most likely talk about next?

(a) Why serendipity was applied to the chemical sciences

Q. 화자는 다음에 무엇에 대해 말할 것 같은가?

(a) 세렌디피티가 왜 화학에 적용되었는지

(b) How serendipitous experiments have changed science

(c) The first serendipitous experiment conducted by chemists

(d) Examples of chemicals that can be attributed to serendipity

(b) 뜻밖의 발견을 한 실험이 어떻게 과학을 바꾸었는지

(c) 처음으로 뜻밖의 발견을 한 화학자들의 실험

(d) 세렌디피티 덕분에 생긴 것으로 여겨지는 화학 제품의 예

해설 | 화자가 다음에 이야기할 내용을 묻는 문제이다. 세렌디피티라는 용어의 의미에 대해 설명한 후, Many chemical ~ serendipitous experiments 에서 오늘날 시중에 있는 많은 화학 제품은 뜻밖의 발견을 한 실험의 결과, 즉 세렌디피티 덕분이었다고 했으므로, 그러한 화학 제품의 예에 대한 내용이 이어질 것임을 알 수 있다. 따라서 화자가 다음에 말할 내용은 (d)이다.

어휘 | **serendipity**[sèrəndípəti] 세렌디피티(완전한 우연으로부터 중대한 발견이나 발명이 이루어지는 것) **serendipitous**[sèrəndípitəs] 뜻밖의 발견을 한 **be attributed to** ~의 덕분으로 여겨지다

05

Today I will examine our country's social welfare programs. The welfare of the indigent members of our population has improved dramatically over the past 20 years, mainly because of the increased funding we've received. We have been able to create job training programs and provide educational grants. We have also provided need-based health care services. **Now we face a new set of hurdles, namely, how to transform our beneficiaries into self-supporting individuals so they no longer need to rely on our assistance.**

Q. Which statement would the speaker most likely agree with?

(a) Social welfare programs will suffer from lack of funding.

(b) Job training programs will reduce school dropout rates.

(c) Education programs need to be extended to the poor.

(d) People on welfare should learn to support themselves.

오늘은 우리나라의 사회 복지 제도에 대해서 알아보겠습니다. 우리나라 인구 중 궁핍한 사람들에 대한 복지는 지난 20년 간 놀라울 정도로 개선되었는데, 이것은 주로 우리가 지원받는 자금이 늘어났기 때문입니다. 우리는 직업 훈련 프로그램을 개설할 수 있었고 교육 장학금을 제공할 수 있었습니다. 또한 필요에 근거한 건강 관리 서비스도 제공해 왔습니다. 이제 우리는 새로운 장애물에 직면하게 되었는데, 즉, 어떻게 우리에게 수혜를 받는 사람들을 자립한 개인으로 변모시켜서 그들이 더 이상 우리의 도움에 의존하지 않게 할 수 있는지입니다.

Q. 화자는 무엇에 가장 동의할 것 같은가?

(a) 사회 복지 제도는 자금 부족을 겪게 될 것이다.

(b) 직업 훈련 프로그램은 학교 중퇴자의 비율을 감소시킬 것이다.

(c) 교육 프로그램은 가난한 사람들에게도 제공되어야 한다.

(d) 복지 혜택을 받는 사람들은 독립하는 것을 배워야 한다.

해설 | 화자의 의견을 묻는 문제이다. Now we face ~ our assistance에서 사회 복지 제도가 직면한 새로운 장애물은 수혜를 받는 사람들을 더 이상 도움에 의존하지 않는 자립한 개인으로 변모시키는 것이라고 했다. 따라서 화자가 가장 동의할 것 같은 내용은 (d)이다.

Paraphrase된 문장
beneficiaries(수혜를 받는 사람들) → People on welfare(복지 혜택을 받는 사람들)

어휘 | **welfare**[wélfὲər] 복지 **indigent**[índidʒənt] 궁핍한 **grant**[grænt] 장학금, 보조금 **need-based** 필요에 근거한 **hurdle**[hə:rdl] 장애물 **transform**[trænsfɔ́:rm] 변모시키다 **beneficiary**[bènəfíʃièri] 수혜를 받는 사람들 **self-supporting** 자립한 **dropout**[drάpàut] 중퇴자 **support oneself** 독립하다

06

Ladies and gentlemen of the General Assembly, as you know, our legislature unanimously approved the Franklin Express commuter train, and initial projections were that it would find a ridership of 1,500 passengers within 2 years. Well, now we're in year 3 and **we still have less than half the expected number of commuters** despite the aggressive ad campaign launched early last year. If this project fails, it will not be feasible to approve funding for the next phase of our rail project.

Q. What can be inferred from the talk?

(a) The Assembly will vote on railway funding next year. ◯

주의회의 신사 숙녀 여러분. 여러분께서도 아시다시피, 저희 입법부는 만장일치로 Franklin Express 통근 열차를 승인했고, 초기의 예상은 2년 내에 1,500명 승객의 승차율을 기록하는 것이었습니다. 네, 지금이 3년째이고 작년 초에 시작된 적극적인 광고 캠페인에도 불구하고 여전히 예상했던 통근자 수의 절반에도 미치지 못하고 있습니다. 만약 이 프로젝트가 실패한다면, 철도 프로젝트의 다음 단계를 위한 자금을 승인하는 것은 불가능할 것입니다.

Q. 담화로부터 추론할 수 있는 것은 무엇인가?

(a) 의회는 내년 철도 자금에 대해 투표할 것이다.

(b) The commuter train's capacity exceeds its ridership.

(c) The Franklin Express is expected to be closed down.

(d) The Assembly will investigate the ridership issue.

(b) 통근 열차의 승객 수용력이 승차율보다 높다.

(c) Franklin Express는 폐쇄될 것으로 예상된다.

(d) 의회는 승차율 문제를 조사할 것이다.

해설 | 담화를 통해 추론할 수 있는 내용을 묻는 문제이다. 통근 열차의 초기 예상 승객 수에 대해 언급한 후, we still have ~ number of commuters 에서 이용자 수가 예상했던 것의 절반에도 미치지 못하고 있다고 했으므로, 열차에 태울 수 있는 승객의 수보다 열차를 타는 승객 수가 훨씬 적다는 것을 알 수 있다. 따라서 담화를 통해 추론할 수 있는 것은 (b)이다. (c)는 통근 열차를 이용하는 승객이 예상보다 적다는 담화의 문맥을 고려하면 그럴듯하지만, 열차를 폐쇄할 것이라는 내용은 담화에 언급되지 않았으므로 틀리다.

어휘 | **General Assembly** (미국의) 주의회 **legislature**[lédʒisleitʃər] 입법부 **unanimously**[juːnǽnəməsli] 만장일치로 **projection**[prədʒékʃən] 예상 **ridership**[ráidərʃip] 승차율 **aggressive**[əgrésiv] 적극적인 **feasible**[fíːzəbl] 가능한 **phase**[feiz] 단계 **capacity**[kəpǽsəti] 수용력 **exceed**[iksíːd] 넘다. 초과하다

Part 5

07~08

[07]**Let's begin today's meeting with the issue of sales commission. Several of you have raised questions regarding how commission is calculated and what exactly influences sales commission.** As most of you are aware, our firm takes six percent of the selling price of the property. That is then split between our team and any broker involved in setting up the deal. After the deductions for the broker have been made, your sales commission will be calculated. This will take into account your level of seniority in the company. Now on a related note, I would like to remind you that your contracts only provide for commission after payment has been received from the customer. Closing a sale, therefore, does not entitle you to a commission in and of itself. In order to make sure everyone is on the same page, [08]**we will hold a second session in which our accountant will provide more details about working out what you are owed.**

[07]판매 수수료 문제에 대한 오늘의 회의를 시작하겠습니다. 여러분 중 몇몇 분들이 수수료가 어떻게 계산되고 판매 수수료에 영향을 끼치는 것이 정확히 무엇인지에 대해 의문을 제기했습니다. 여러분 대부분이 아시다시피, 우리 회사는 부동산 판매 가격의 6퍼센트를 가져갑니다. 그 다음에 그것은 우리 팀과 거래를 마련하는 데 관여한 중개인 간에 나누어집니다. 중개인에 대한 공제가 이루어지고 나면, 여러분의 판매 수수료가 계산될 것입니다. 여기에는 여러분의 회사에서의 근속 연수 정도가 고려될 것입니다. 관련된 맥락에서, 여러분의 계약은 고객으로부터 대금을 받은 후에야 수수료를 지급한다는 것을 상기시켜 드리고 싶습니다. 그러므로, 계약을 체결하는 것 자체로는 수수료를 받을 자격을 주지 않습니다. 모든 분이 이해하고 있는 내용이 같도록 확실히 하기 위해, [08]저희의 회계사가 여러분이 받아야 할 것을 계산하는 방법에 대한 더 많은 세부 사항들을 알려드리는 두 번째 시간을 가질 것입니다.

07. Q. What is the main topic of the talk?

(a) How the company determines sales commission

(b) The reason a commission is split between brokers

(c) The importance of completing a sale quickly

(d) What factors influence an employee's salary

07. Q. 담화의 주제는 무엇인가?

(a) 회사가 판매 수수료를 어떻게 결정하는지

(b) 수수료가 중개인들 간에 나누어지는 이유

(c) 판매를 빠르게 완료하는 것의 중요성

(d) 직원의 급여에 영향을 주는 요소들이 무엇인지

08. Q. What can be inferred about the company?

(a) It will pay out higher commission to its salespeople.

(b) It plans to clarify the commission system further.

(c) Its clients have asked questions about sales commission.

(d) Its adjusted commission rates will be announced.

08. Q. 회사에 대해 추론할 수 있는 것은 무엇인가?

(a) 판매 사원들에게 더 높은 수수료를 지급할 것이다.

(b) 수수료 체계를 더 분명하게 설명할 계획이다.

(c) 고객들이 판매 수수료에 관해 질문했다.

(d) 조정된 수수료 비율이 공지될 것이다.

해설 | 07. 담화의 주제를 묻는 문제이다. Let's begin ~ influences sales commission에서 수수료 계산 방법과 판매 수수료에 영향을 끼치는 것이 무엇인지에 대한 회의를 시작한다고 말한 후, 회사에서 판매 수수료를 결정하는 요소와 조건에 대한 설명이 이어졌다. 따라서 담화의 주제로 적절한 것은 (a)이다.

08. 담화를 통해 추론할 수 있는 내용을 묻는 문제이다. 판매 수수료가 어떻게 지급되는지에 대해 설명한 후, we will hold ~ what you are owed에서 직원들이 받아야 할 것을 계산하는 방법에 대한 세부 사항들을 알려줄 것이라고 했으므로, 회사가 직원들이 받는 수수료가 어떻게 정해지는지에 대한 수수료 체계를 더 분명하게 설명할 것임을 알 수 있다. 따라서 담화를 통해 추론할 수 있는 것은 (b)이다.

어휘 | **commission**[kəmíʃən] 수수료 **set up** ~을 마련하다, 수립하다 **deduction**[didʌ́kʃən] 공제 **take into account** ~을 고려하다, 참작하다

seniority[siːnjɔ́ːrəti] 근속연수, 선임 순위 **entitle**[intáitl] ～할 자격을 주다, 권한을 부여하다 **in and of itself** 그것 자체는
be on the same page 이해하고 있는 내용이 같다 **work out** ～을 계산하다

09
~
10

Chocolate as we know it today differs considerably from previous iterations. For nearly 4,000 years, it was consumed as a bitter beverage, similar to coffee. Mesoamerican civilizations were the first to cultivate the cacao plant to make a form of chocolate. They fermented it, roasted it, and ground it into paste before they mixed it with water, vanilla, and other spices. It spread throughout Central America, and the Mayans of the 14th century even worshipped a cacao god. ¹⁰**It was so important to their culture that it was only reserved for the elite—warriors, rulers, nobles, and priests.** ⁰⁹**It wasn't until the 16th century that this cacao-based concoction began to taste like the chocolate we know today. The Spanish, who had brought chocolate back from the Americas, accomplished this by adding cinnamon and cane sugar to it.** While the sugary treat was kept a secret for a long time, it reached France around the 17th century and then quickly spread through Europe. A British company finally made the first chocolate bar in the mid-19th century, giving rise to the global chocolate business, and allowing us to enjoy chocolate everywhere.

09. Q. When did sweetened chocolate first appear?

(a) During the 14th century
(b) During the 16th century
(c) During the 17th century
(d) During the 19th century

10. Q. What can be inferred from the talk?

(a) Chocolate and coffee were discovered at the same time.
(b) Spanish explorers went to Central America to find chocolate.
(c) Lower-class Mayans were not allowed to eat chocolate.
(d) British companies made the best type of chocolate bars.

오늘날 우리가 아는 초콜릿은 이전의 형태들과는 상당히 다릅니다. 거의 4천 년 동안, 초콜릿은 커피와 비슷하게, 쓴맛 나는 음료로 섭취되었습니다. 중앙 아메리카 문명들은 최초로 초콜릿 형태를 만들기 위해 카카오 식물을 재배했습니다. 그들은 그것을 물, 바닐라, 그리고 다른 향신료와 섞기 전에 발효하고, 볶고, 갈아서 반죽으로 만들었습니다. 이는 중앙 아메리카 전체에 확산되었으며, 14세기의 마야인들은 심지어 카카오 신을 섬기기도 했습니다. ¹⁰그것은 그들의 문화에서 매우 중요해서 전사, 통치자, 귀족, 성직자 등 권력 집단을 위해서만 따로 비축되었습니다. ⁰⁹16세기가 되어서야 비로소 이 카카오 기반의 혼합물이 우리가 오늘날 알고 있는 초콜릿과 같은 맛이 나기 시작했습니다. 아메리카에서 초콜릿을 가지고 돌아갔던 스페인인은 초콜릿에 계피와 설탕수를 더해 이를 이루어냈습니다. 이 달콤한 간식은 오랫동안 비밀로 지켜졌지만, 17세기경에 프랑스로 퍼져나간 후 유럽 전역으로 빠르게 확산되었습니다. 영국 회사가 19세기 중반에 마침내 첫 초콜릿 바를 만들었고, 이는 세계적인 초콜릿 사업이 생겨나게 했으며 우리가 어디서나 초콜릿을 즐길 수 있게 했습니다.

09. Q. 단 맛을 낸 초콜릿은 언제 처음 나타났는가?

(a) 14세기에
(b) 16세기에
(c) 17세기에
(d) 19세기에

10. Q. 담화로부터 추론할 수 있는 것은 무엇인가?

(a) 초콜릿과 커피는 같은 시기에 발견되었다.
(b) 스페인 탐험가들은 초콜릿을 찾기 위해 중앙 아메리카로 갔다.
(c) 하층 계급의 마야인들은 초콜릿을 먹을 수 없었다.
(d) 영국 회사들이 최고의 초콜릿 바 형태를 만들었다.

해설 | 09. 단 맛을 낸 초콜릿이 언제 처음 나타났는지 묻는 문제이다. It wasn't until ～ know today에서 16세기가 되어서야 비로소 우리가 오늘날 알고 있는 초콜릿과 같은 맛이 나기 시작했다고 했고, The Spanish ～ sugar to it에서 이때 계피와 설탕수를 더했다고 했으므로 (b)가 정답이다.

10. 담화를 통해 추론할 수 있는 내용을 묻는 문제이다. It was so important ～ priests에서 마야인들의 문화에서는 초콜릿이 권력 집단을 위해서만 따로 비축되었다고 했으므로, 하층 계급의 마야인들은 초콜릿을 먹을 수 없었다는 것을 알 수 있다. 따라서 담화를 통해 추론할 수 있는 것은 (c)이다.

어휘 | **iteration**[itəréiʃən] 형태 **cultivate**[kʌ́ltəvèit] 재배하다 **ferment**[fə́ːrment] 발효하다 **spice**[spais] 양념 **concoction**[kankákʃən] 혼합물

01 (a) **02** (d) **03** (d) **04** (b) **05** (c) **06** (d) **07** (d) **08** (c) **09** (a) **10** (d)

Part 4

01

Much of what we discuss in anatomy today can be credited to the work of Renaissance physicians. For example, William Harvey, an English doctor and scholar who trained in Italy during the 17th century, was the first to accurately describe the human circulatory system in detail. He discovered that the heart pumps blood in a closed system and also that blood is transported to different areas of the body through vessels. In one experiment, he demonstrated how blood flows through the veins and arteries in opposite directions.

Q. What is the main topic of the lecture?

(a) **The contribution of Renaissance physicians to anatomy**

(b) The personal life and professional career of William Harvey

(c) The foundations of experimental Renaissance medicine

(d) The anatomy of the human heart and circulatory system

오늘날 우리가 해부학에서 논의하는 것의 대부분은 르네상스 의사들의 업적 덕분이라 할 수 있습니다. 예를 들면, 17세기에 이탈리아에서 교육받은 영국의 의사이자 학자인 William Harvey는 처음으로 상세하게 사람의 순환계에 대해 정확히 서술했습니다. 그는 심장이 폐쇄계에서 혈액을 뿜어내고 그 혈액이 혈관을 통해서 몸의 다른 부분들로 이동된다는 것도 발견했습니다. 한 실험에서, 그는 어떻게 혈액이 정맥과 동맥에서 반대 방향으로 흐르는지를 설명했습니다.

Q. 강의의 주제는 무엇인가?

(a) 해부학에 대한 르네상스 의사들의 기여

(b) William Harvey의 삶과 경력

(c) 실험적인 르네상스 의학의 토대

(d) 인간의 심장과 순환계의 해부학적 구조

해설 | 강의의 주제를 묻는 문제이다. Much of what ~ Renaissance physicians에서 오늘날 해부학에서 논의하는 것의 대부분은 르네상스 의사들의 업적 덕분이라 할 수 있다고 말한 후, 그에 대한 예가 이어졌다. 따라서 강의의 주제로 적절한 것은 (a)이다.

Paraphrase된 문장

can be credited to(~ 덕분이라 할 수 있다) → contribution(기여)

어휘 | anatomy[ənǽtəmi] 해부학, 해부 be credited to ~ 덕분이다 circulatory system 순환계 in detail 상세하게 closed system 폐쇄계 vessel[vésəl] 혈관 vein[vein] 정맥 artery[ɑ́ːrtəri] 동맥

02

Today I'd like to discuss the importance of financial support for youth leadership programs in our urban communities. Before these programs began, most kids were spending far more time engaged in illegal activities than in socially responsible tasks. Consequently, urban youth were ending up in detention centers, not colleges. **Unless legislators adopt measures for further funding, I'm afraid the fate of our inner city youth will be far from promising.**

Q. What is the main idea of the talk?

(a) Legislators have ignored the need for youth education programs.

(b) Youth leadership programs contributed to solving youth problems.

(c) Recent cuts to funding threaten the futures of urban youth.

오늘은 저희 도시의 청소년 리더십 프로그램에 대한 재정 지원의 중요성에 대해 이야기하고 싶습니다. 이러한 프로그램이 시작하기 전에는, 대부분의 아이들이 사회적으로 책임감이 있는 일보다는 불법적인 일에 연루되는 데 훨씬 더 많은 시간을 보내고 있었습니다. 결과적으로, 도시의 청소년들은 대학이 아닌 구치소에 가게 되었습니다. 법률 제정자들이 더 많은 자금 조성을 위한 조치를 취하지 않는다면, 도시 청소년들의 장래가 유망하지 않을 것 같아 걱정됩니다.

Q. 담화의 요지는 무엇인가?

(a) 법률 제정자들은 청소년 교육 프로그램의 필요성을 무시해왔다.

(b) 청소년 리더십 프로그램은 청소년 문제를 해결하는 데 기여했다.

(c) 최근에 있었던 재정 지원 삭감은 도시 청소년의 미래를 위협한다.

(d) Youth education programs are at risk due to funding concerns.

(d) 청소년 교육 프로그램은 자금 문제 때문에 위험에 처해 있다.

해설 | 담화의 요지를 묻는 문제이다. 청소년 리더십 프로그램에 대한 재정 지원의 중요성에 대해 이야기 할 것임을 밝힌 후, Unless legislators ~ far from promising에서 더 많은 자금 조성이 없으면 도시 청소년들의 미래가 유망하지 않을 것 같다는 내용으로 마무리 지었다. 따라서 담화의 요지로 적절한 것은 (d)이다.

어휘 | **engage in** ~에 연루되다 **detention center** 구치소 **legislator**[lédʒislèitər] 법률 제정자 **promising**[prámisiŋ] 유망한 **at risk** 위험에 처한

03

Next we'll visit the Pantheon, Rome's most well-preserved ancient building. The current structure was completed around 126 A.D. during the reign of Hadrian, **though its architect is still unknown.** Its concrete dome spans 142 feet and is one of the world's greatest engineering marvels. The building has been in continual use since ancient times, which explains its immaculate condition. It is one of Rome's most visited attractions, and a lasting monument to the Roman Empire.

Q. What has not been discovered about the Pantheon?

(a) The date of completion
(b) The original use
(c) The method of construction
(d) The architect

다음으로는 로마에서 가장 잘 보존되어 있는 고대 건물인 판테온을 방문할 것입니다. 현재 남아 있는 건축물은 기원 후 126년경 하드리아누스의 통치 기간 동안에 완성되었지만, 건축가는 여전히 알려지지 않았습니다. 콘크리트로 된 둥근 천장은 142피트에 이르며 세계에서 가장 뛰어난 공학 기술의 불가사의 중 하나입니다. 그 건물은 고대 이래로 계속해서 사용되어 왔고, 이것이 그 건물의 완전한 상태를 설명해줍니다. 이것은 로마에서 관광객들이 가장 많이 방문하는 관광지 중 하나이며, 로마 제국의 영원한 유물입니다.

Q. 판테온에 대해 알아내지 못한 것은 무엇인가?

(a) 완공 시기
(b) 원래 용도
(c) 건축 기법
(d) 건축가

해설 | 판테온에 대해 알아내지 못한 것이 무엇인지 묻는 문제이다. Though ~ unknown에서 건축가는 여전히 알려지지 않았다고 했으므로 (d)가 정답이다.

어휘 | **Pantheon**[pǽnθiàn] 판테온(로마의 신들을 모시기 위해 세운 신전) **reign**[rein] 통치 **Hadrian**[héidriən] 하드리아누스(로마 황제) **dome**[doum] 둥근 천장 **span**[spæn] 이르다 **marvel**[máːrvəl] 불가사의 **immaculate**[imǽkjulət] 완전한 **attraction**[ətrǽkʃən] 관광지 **lasting**[lǽstiŋ] 영원한 **monument**[mánjumənt] 유물

04

Osteoporosis typically affects older women after the onset of menopause and has been linked to reduced estrogen production. It is characterized by insufficient bone density, which can lead to fractures or breaks. **While vitamin D and calcium supplements are often supplied to patients with osteoporosis**, the beneficial effects of vitamins and minerals are still debated in the scientific community. Complicating the issue is that osteoporosis often occurs with no associated symptoms, which makes it nearly impossible to detect without medical tests.

Q. Which is correct about osteoporosis according to the lecture?

(a) It is caused by vitamin D deficiencies.
(b) It is treated with dietary supplements.
(c) Its side effects are debated by scientists.
(d) Its symptoms appear only when it's impossible to cure.

골다공증은 전형적으로 폐경기가 시작된 이후의 나이든 여성에게 영향을 끼치며 에스트로겐 생성의 감소와 연관되어 왔습니다. 골다공증은 부족한 골밀도를 특징으로 하는데, 이는 골절을 야기할 수 있습니다. 골다공증 환자에게는 주로 비타민 D와 칼슘 보충제를 주긴 하지만, 과학계에서는 비타민과 미네랄의 효능에 대해 아직 논쟁 중입니다. 문제를 복잡하게 만드는 것은 골다공증은 대개 관련 증상이 없이 나타나서, 의료 검진 없이는 발견이 거의 불가능하다는 것입니다.

Q. 강의에 따르면 골다공증에 대해 맞는 것은 무엇인가?

(a) 비타민 D 부족 때문에 일어난다.
(b) 식이 보충제가 처방된다.
(c) 과학자들은 그 부작용에 대해 논쟁하고 있다.
(d) 증상은 치료가 불가능할 때만 나타난다.

해설 | 강의와 일치하는 것을 묻는 문제이다. While vitamin D ~ with osteoporosis에서 골다공증 환자에게는 주로 비타민 D와 칼슘 보충제와 같은 식이 보충제를 준다고 했으므로 (b)가 정답이다.

어휘 | **osteoporosis**[àstioupəróusis] 골다공증 **menopause**[ménəpɔ̀ːz] 폐경기 **supplement**[sʌ́pləmənt] 보충제 **dietary**[dáiətèri] 음식의

05

A presidential library is a repository of documents, materials, and items relating to a particular national president. Many former presidents have established libraries whose collections provide a thorough record of events. For instance, President Bill Clinton's library includes 80 million pages of documents and 21 million e-mail messages spanning his eight-year presidency. **Notably, however, it plays down the various scandals that occurred, like the Monica Lewinsky affair and his impeachment.**

Q. Which is correct according to the speaker?

(a) Some of the records in Clinton's library were lost.

(b) Only former presidents have access to presidential libraries.

(c) Clinton's library presents a biased account of his career.

(d) Of all the presidential libraries, Clinton's is the largest.

대통령 기념 도서관이란 한 특정 국가의 대통령과 관련된 서류, 자료 및 물품들의 보관소입니다. 많은 전직 대통령들이 도서관들을 설립하였는데, 그들의 소장품은 사건들의 상세한 기록을 제공합니다. 예를 들어, 빌 클린턴 대통령 기념 도서관은 8년의 재임 기간에 걸친 8천만 페이지의 서류와 2천1백만 개의 이메일 메시지를 소장하고 있습니다. 그러나, 모니카 르윈스키 불륜 사건 및 탄핵 사건과 같은 여러 스캔들은 명백히도 작게 다루어지고 있습니다.

Q. 화자에 따르면 맞는 것은 무엇인가?

(a) 클린턴 기념 도서관의 일부 기록이 소실되었다.

(b) 전직 대통령들만이 대통령 기념 도서관에 출입할 수 있다.

(c) 클린턴 기념 도서관은 그의 업적에 대한 편향된 설명을 제시한다.

(d) 모든 대통령 기념 도서관 중에서 클린턴 기념 도서관이 가장 크다.

해설 | 담화의 내용과 일치하는 것을 묻는 문제이다. Notably, however, ~ his impeachment에서 모니카 르윈스키 불륜 사건 및 탄핵 사건과 같은 여러 스캔들은 명백히 작게 다루고 있다고 했으므로 (c)가 정답이다

어휘 | **repository**[ripázətɔ̀:ri] 보관소   **thorough**[θə́:rou] 상세한, 완전한   **span**[spæn] 걸치다   **presidency**[prézədənsi] (대통령의) 재임 기간   **notably**[nóutəbli] 명백히   **play down** (중요성 등을) 작게 다루다   **impeachment**[impí:tʃmənt] 탄핵

06

And now for national news. A recently published report reveals that many doctors practicing as specialists in rural areas are grossly underqualified. Estimates indicate that, of all doctors who registered as specialists after 2003, as many as one-fourth are ill-prepared to handle their duties. The report cited earlier legislation that eased restrictions on registration procedures as the primary culprit. The Department of Health defended the bill, saying that **less-populated areas had an acute shortage of medical specialists.**

Q. What can be inferred about the health system in rural areas?

(a) Its members will take a critical look at hiring procedures.

(b) Its unqualified doctors will have their licenses revoked.

(c) It had doctor shortages because of insufficient funding.

(d) It had difficulty attracting highly skilled doctors.

이제 국내 뉴스입니다. 최근 출간된 보고서는 시골 지역에서 전문의로서 일하고 있는 많은 의사들이 심각하게 자격 미달이라고 밝혔습니다. 2003년 이후에 전문의로 등록한 모든 의사들 중 4분의 1 정도가 의사의 본분을 다하기에는 준비가 부족하다고 추정됩니다. 그 보고서는 등록 절차 제한을 완화한 과거의 법을 주요 원인으로 지목했습니다. 보건 사회 복지부는 인구가 적은 지역에 의학 전문의가 심각하게 부족하다면서 그 법안을 옹호했습니다.

Q. 시골 지역의 의료 제도에 대해 추론할 수 있는 것은 무엇인가?

(a) 구성원들이 고용 절차를 비판적으로 살펴볼 것이다.

(b) 부적당한 의사들의 면허는 취소될 것이다.

(c) 불충분한 자금 때문에 의사들이 부족했다.

(d) 고도로 숙련된 의사들을 불러오는 데 어려움을 겪었다.

해설 | 담화를 통해 추론할 수 있는 내용을 묻는 문제이다. 많은 시골 지역 의사들이 자격 미달인 이유가 등록 절차 제한을 완화한 과거의 법 때문이라고 하면서, less-populated areas ~ medical specialists에서 인구가 적은 지역은 의학 전문의가 심하게 부족했었다고 했으므로, 시골 지역에서는 고도로 숙련된 의사들을 불러오는 것이 어려웠다는 것을 알 수 있다. 따라서 담화를 통해 추론할 수 있는 것은 (d)이다.

어휘 | **grossly**[gróusli] 심각하게   **underqualified**[ʌ̀ndərkwáləfaid] 자격 미달의   **estimate**[éstəmèit] 추정   **ill-prepared** 준비가 부족한   **legislation**[lèdʒisléiʃən] 법, 법률   **ease**[i:z] 완화하다   **restriction**[ristríkʃən] 제한   **culprit**[kʌ́lprit] (문제의) 원인(이 되는 것)   **bill**[bil] 법안

Part 5

[07]**As we announced last month, the company will be providing all employees with influenza vaccinations next Wednesday.** There will be a team of nurses in the staff cafeteria administering the shots. The vaccine will cost $15, which is half the price of a standard influenza shot at a public hospital. If you would like to reschedule, please let your line manager know before the end of the day this Thursday. To minimize delays, we have prepared a schedule and ask that each team stick to its allotted time. The finance team will be the first at 9:30 a.m., followed by the human resources team at 10:30. The marketing team can take their shots at 11:30 before lunch. [08]**The data analysis team will go as the first team after lunch at 1:30 p.m.** Finally, the customer relations team will be the last to go, at 2:30.

07. Q. What is the announcement mainly about?

(a) The implementation of a new health policy

(b) A schedule for influenza checkups

(c) The discounted cost of a flu vaccine

(d) A company-wide vaccination

08. Q. Which team will have their injections right after lunch?

(a) Human resources team

(b) Marketing team

(c) Data analysis team

(d) Customer relations team

[07]지난달에 알려드린 것과 같이, 회사는 다음 주 수요일에 모든 직원에게 독감 예방 접종을 제공할 것입니다. 직원 구내식당에 주사를 놓는 간호사 팀이 있을 것입니다. 백신은 15달러가 들 것인데, 이는 공공병원의 표준형 독감 수사 가격의 설반입니다. 만약 일정을 변경하고 싶으시다면, 이번 주 목요일 일과가 끝나기 전까지 직속 상사에게 알려주시기 바랍니다. 지연을 최소화하기 위해, 저희는 일정을 세워두었으며 각 팀은 할당된 시간을 지켜주시기를 요청합니다. 재무팀이 오전 9시 30분에 첫 번째 순서일 것이며, 뒤이어 인사팀이 10시 30분일 것입니다. 마케팅팀은 점심시간 전 11시 30분에 주사를 맞으면 됩니다. [08]데이터 분석팀은 점심시간 이후 첫 번째 팀으로 오후 1시 30분에 갈 것입니다. 최종적으로, 고객관리팀이 2시 30분에 마지막 순서로 갈 것입니다.

07. Q. 안내는 주로 무엇에 대한 것인가?

(a) 새로운 보건 정책의 시행

(b) 독감 검진 일정

(c) 독감 백신의 할인된 가격

(d) 회사 전반의 예방 접종

08. Q. 어느 팀이 점심시간 직후에 주사를 맞을 것인가?

(a) 인사팀

(b) 마케팅팀

(c) 데이터 분석팀

(d) 고객관리팀

해설 | 07. 안내의 주제를 묻는 문제이다. As we announced ~ next Wednesday에서 회사가 모든 직원에게 독감 예방 접종을 제공할 것이라고 말한 후, 전사적 예방 접종에 대한 안내에 대한 내용이 이어졌다. 따라서 안내의 주제로 적절한 것은 (d)이다.

Paraphrase된 문장

the company will be providing all employees with influenza vaccinations(회사는 모든 직원에게 독감 예방 접종을 제공할 것이다)

→ A company-wide vaccination(회사 전반의 예방 접종)

08. 어느 팀이 점심시간 직후에 주사를 맞을 것인지 묻는 문제이다. The data analysis team ~ at 1:30 p.m.에서 데이터 분석팀이 점심시간 이후 첫 번째 팀으로 갈 것이라고 했으므로 (c)가 정답이다.

어휘 | **influenza**[ìnfluénzə] 독감, 유행성 감기   **vaccination**[væksənéiʃən] 예방 접종   **administer a shot** 주사를 놓다
reschedule[rìːskédʒuːl] 일정을 변경하다, 재조정하다   **stick to** ~을 지키다, 고수하다   **allotted**[əlátid] 할당된
implementation[ìmpləməntéiʃən] 시행, 이행   **checkup**[tʃékʌp] (건강) 검진

Today I'll talk about the mystery of the *Mary Celeste*. [09]**The *Mary Celeste* was an American cargo ship on a voyage to carry 1,700 barrels of alcohol across the Atlantic in 1872.** However, it never reached its destination. **In December of the same year, it was sighted near Europe by Captain David Morehouse,** who described it as moving erratically through the water. When Morehouse boarded the ship, he found it abandoned by the crew. Morehouse managed to salvage the ship and tow it to Gibraltar, but the fate of those who were on board remained unknown. [10]**This led to a number of greatly embellished tales about what happened to the crew of the *Mary Celeste*, including a short story by Arthur Conan Doyle.** In 1874, the *Mary Celeste* was sold and returned to service as a cargo ship. However, it met its end in 1885 when it was wrecked off the coast of Haiti. Clive Cussler, a marine archaeologist, claimed to have found the wreck in 2001, but later analysis revealed that the ship Cussler found was made of wood grown after the *Mary Celeste* sank.

09. Q. When was the *Mary Celeste* found?

(a) **In 1872**
(b) In 1874
(c) In 1885
(d) In 2001

10. Q. What can be inferred from the talk?

(a) The crew of the *Mary Celeste* was inexperienced at crossing the Atlantic.
(b) The *Mary Celeste* returned to the Atlantic shipping route after it was sold.
(c) A group of marine archaeologists claimed that they found the *Mary Celeste*.
(d) **Conan Doyle's depiction of the *Mary Celeste's* abandonment was not accurate.**

오늘은 Mary Celeste 호의 미스터리에 대해 이야기할 것입니다. [09]Mary Celeste 호는 1872년에 1,700개의 술통을 싣고 대서양을 가로질러 항해 중이던 미국 화물선이었습니다. 그러나, 그것은 목적지에 결코 도달하지 못했습니다. [09]같은 해 12월에, Mary Celeste 호는 유럽 근처에서 David Morehouse 선장에 의해 발견되었는데, 그는 그것이 물을 가르며 괴상하게 움직이고 있었다고 설명했습니다. Morehouse가 배에 올랐을 때, 그는 이 배가 선원들에 의해 버려졌다는 것을 알게 되었습니다. Morehouse는 배를 가까스로 인양해서 지브롤터까지 끌고 갔지만, 배에 탔던 사람들의 운명은 알려지지 않았습니다. [10]이는 Mary Celeste 호 선원들에게 무슨 일이 일어났는지에 대해 아서 코난 도일의 단편 소설을 포함하여, 매우 각색된 수많은 이야기들로 이어졌습니다. 1874년에, Mary Celeste 호는 판매되어 화물선으로서의 임무를 다시 시작했습니다. 그러나, 아이티 해안에 난파된 1885년에 최후를 맞았습니다. 해양 고고학자인 Clive Cussler는 2001년에 이 난파선을 발견했다고 주장했지만, 이후의 분석이 Cussler가 발견한 배는 Mary Celeste 호가 가라앉은 이후에 자라난 나무로 만들어진 것임을 밝혔습니다.

09. Q. Mary Celeste 호가 발견된 것은 언제인가?

(a) 1872년에
(b) 1874년에
(c) 1885년에
(d) 2001년에

10. Q. 담화로부터 추론할 수 있는 것은 무엇인가?

(a) Mary Celeste 호의 선원은 대서양을 건너는 것에 미숙했다.
(b) Mary Celeste 호는 판매된 후 대서양 수송 경로로 돌아갔다.
(c) 한 무리의 해양 고고학자들은 Mary Celeste 호를 발견했다고 주장했다.
(d) Mary Celeste 호의 유기에 대한 코난 도일의 묘사는 정확하지 않았다.

해설 | 09. Mary Celeste 호가 발견된 것이 언제인지 묻는 문제이다. The *Mary Celeste* ~ Atlantic in 1872에서 Mary Celeste 호는 1872년에 대서양을 항해하던 미국 화물선이었다고 언급한 후, In December ~ by Captain David Morehouse에서 같은 해에 David Morehouse 선장에 의해 발견되었다고 했으므로 (a)가 정답이다.

10. 담화를 통해 추론할 수 있는 내용을 묻는 문제이다. This led to ~ by Arthur Conan Doyle에서 Mary Celeste 호 선원들에게 무슨 일이 일어났는지에 대해 아서 코난 도일의 단편 소설을 포함하여 매우 각색된 이야기들로 이어졌다고 했다. 따라서 담화를 통해 추론할 수 있는 것은 (d)이다.

Paraphrase된 문장
greatly embellished(매우 각색된) → not accurate(정확하지 않은)

어휘 | **on a voyage** 항해 중인   **erratically** [irǽtikəli] 괴상하게, 불규칙적으로   **salvage** [sǽlvidʒ] 인양하다, 구조하다
embellish [imbéliʃ] 각색하다, 부풀리다   **meet an end** 최후를 맞이하다   **inexperienced** [ìnikspíəriənst] 미숙한   **depiction** [dipíkʃən] 묘사, 서술
accurate [ǽkjurət] 정확한, 정밀한

Course 1 인사 / 전화 / 약속 및 계획

01 (c)　**02** (c)　**03** (c)　**04** (b)　**05** (c)　**06** (a)　**07** (a)　**08** (d)　**09** (b)　**10** (c)

01

Haven't we met somewhere before?	우리 전에 어딘가에서 만난 적 있지 않아요?
(a) I don't recall meeting him.	(a) 전 그를 만난 기억이 안 나는데요.
(b) You probably wouldn't remember.	(b) 당신은 아마 기억 못 할 거에요.
(c) You do look very familiar.	(c) 당신 정말 낯이 익네요.
(d) I have been there before.	(d) 전에 거기에 가본 적이 있어요.

해설 | Haven't we를 사용하여 과거에 만난 적이 있는지 묻는 말에 '당신은 정말 낯이 익다'라는 말로 만난 적이 있는 것 같다는 의미를 전달한 (c)가 정답이다.

오답분석
(a) 질문의 met(만났다)과 비슷한 meeting(만난 것)을 사용한 오답이다.
(b) I don't recall seeing you before(전 당신을 이전에 본 기억이 나지 않네요)와 같은 말에 적절한 응답이다.
(d) 질문의 before를 반복해서 사용한 오답이다.

어휘 | recall[rikɔ́ːl] 기억하다

02

Hello, I'm calling to speak to Susan Taylor. **Is she in?**	여보세요, Susan Taylor와 통화하고 싶습니다. 계신가요?
(a) Yes, you can call back later.	(a) 네, 나중에 다시 전화 주세요.
(b) She can't be reached there.	(b) 그녀는 그곳에서 전화를 받을 수 없어요.
(c) Please hold while I transfer you.	(c) 전화를 바꿔 드릴 동안 기다려 주세요.
(d) I'll give her the message.	(d) 메시지를 전해 드리겠습니다.

해설 | Is ~ in을 사용하여 통화하려는 사람이 그곳에 있는지 묻는 말에 '전화를 바꿔줄 동안 기다려 달라'는 말로 그 사람이 있다는 의미를 전달한 (c)가 정답이다.

오답분석
(a) 질문의 calling(전화하는)과 비슷한 call(전화하다)을 반복해서 사용한 오답이다.
(b) 질문의 전화하는 상황과 관련된 어휘인 reached(전화로 연락되는)를 사용한 오답이다.
(d) 질문의 전화하는 상황과 관련된 어휘인 message(메시지)를 사용한 오답이다.

어휘 | transfer[trænsfɔ́ːr] ~에게 전화를 바꿔주다

03

I'm not sure if I can make it on time.	내가 제시간에 갈 수 있을지 모르겠어.
(a) See, it's only a matter of time.	(a) 봤지, 그건 단지 시간 문제야.
(b) Sure, I can meet you there.	(b) 물론이지, 거기에서 만날 수 있어.
(c) Well, just get here when you can.	(c) 음, 그냥 내가 올 수 있을 때 와.
(d) Then make whatever you want.	(d) 그러면 뭐든 네가 원하는 걸 만들어.

해설 | 제시간에 갈 수 있을지 모르겠다고 걱정하는 말에 '그냥 올 수 있을 때 오라'는 말로 늦어도 괜찮다는 의미를 전달한 (c)가 정답이다.

오답분석
(a) 질문의 time을 반복해서 사용한 오답이다.
(b) How about meeting in front of the library?(도서관 앞에서 만나는 게 어때?)와 같은 질문에 적절한 응답이다.
(d) 질문의 make를 반복해서 사용한 오답이다.

04

Could you put me through to Sean Michaels, please?

(a) I'm returning your call.
(b) I'm sorry, but he's currently tied up.
(c) Sure, Sean. I'll put you through.
(d) I haven't heard from him either.

Sean Michaels 씨를 연결해주시겠습니까?

(a) 전화하셨다고 해서 다시 연락드립니다.
(b) 죄송하지만, 지금 바쁘십니다.
(c) 물론이죠, Sean. 연결해드릴게요.
(d) 저도 그에게서 소식을 듣지 못했습니다.

해설 | Could you를 사용하여 전화 연결을 요청하는 말에 '죄송하지만, 지금 바쁘십니다'라는 말로 전화를 연결할 수 없다는 의미를 전달한 (b)가 정답이다.

오답분석
(a) 질문의 전화하는 상황과 관련된 어휘인 returning ~ call(~의 전화에 다시 연락하다)을 사용한 오답이다.
(c) 전화를 건 사람이 Sean이 아니므로, Sure, I'll put you through가 되어야 응답으로 적절하다.
(d) Sean hasn't answered my calls lately(Sean이 최근에 제 전화를 받지 않아요)와 같은 말에 적절한 응답이다.

어휘 | put through ~를 연결하다 tied up 바쁜

05

Fancy meeting you here, Rebecca!

(a) I agree. This place is fantastic.
(b) It was a pleasure meeting you too.
(c) Hi, Tom. What a nice surprise.
(d) I didn't even see you standing there.

여기서 널 만나다니 놀라운걸, Rebecca!

(a) 맞아. 이곳은 정말 환상적이다.
(b) 나도 만나서 반가웠어.
(c) 안녕, Tom. 정말 반가운걸.
(d) 난 네가 거기 서 있는 것조차 못 봤어.

해설 | 우연히 만난 것에 대해 놀라며 반가움을 표현하는 말에 '정말 반갑다'라며 함께 반가움을 표시한 (c)가 정답이다.

오답분석
(a) 질문의 Fancy(놀라운)와 비슷한 fantastic(환상적인)을 사용한 오답이다.
(b) 질문의 meeting을 반복해서 사용한 오답이다.
(d) Aren't you going to say hello to me?(넌 나에게 인사도 하지 않을 거니?)와 같은 질문에 적절한 응답이다.

06

M: Doris, I can barely hear you now.
W: Why? Did the connection go bad?
M: I guess so. **You'll need to** speak up a bit.

(a) I'll just hang up and ring you right back.
(b) I can speak up if it would help.
(c) OK, I'll try to listen more carefully.
(d) Sorry about that. I got distracted.

M: Doris, 지금 네 목소리가 거의 안 들려.
W: 왜? 연결이 이상해졌어?
M: 그런 것 같아. 조금 큰 소리로 말해줘야겠다.

(a) 그냥 전화 끊고 바로 다시 전화할게.
(b) 도움이 된다면 큰 소리로 말할 수 있어.
(c) 그래, 더 주의 깊게 듣도록 할게.
(d) 미안해. 주의가 산만해졌어.

해설 | You'll need to ~라며 전화 연결이 좋지 않아 잘 안 들리니 조금 더 큰 소리로 말해달라고 요청하는 말에, '그냥 전화 끊고 바로 다시 전화하겠다'라고 답한 (a)가 정답이다. (b)는 남자가 처음에 한 말인 I can barely hear you now(지금 네 목소리가 거의 안 들려)와 같은 말에 적절한 응답이다.

어휘 | barely[béərli] 거의 ~ 않게 speak up 큰 소리로 말하다 hang up 전화를 끊다 distracted[distræktid] 주의가 산만해진

07

W: Can you work for me next Friday?
M: Sorry, but I have a prior commitment.
W: **Can't you** reschedule it?

(a) Maybe, but you're going to owe me big time.
(b) You should check your schedule and find out.
(c) I'm sorry. It completely slipped my mind.
(d) I'm not quite as busy as you are.

W: 다음 주 금요일에 저 대신 일해 줄 수 있나요?
M: 미안하지만, 선약이 있어요.
W: 그 약속을 변경할 수는 없나요?

(a) 아마도 그럴 수 있겠지만, 저에게 큰 신세를 지시는 거예요.
(b) 당신 일정을 확인해서 알아보세요.
(c) 미안해요. 완전히 잊고 있었어요.
(d) 전 당신만큼 바쁘진 않아요.

해설 | Can't you를 사용하여 약속을 변경하고 일을 대신 해달라고 요청하는 말에, '아마도 그럴 수 있겠지만, 저에게 큰 신세를 지시는 겁니다'라

는 말로 요청을 수락한 (a)가 정답이다.

어휘 | **prior commitment** 선약   **owe ~ big time** ~에게 큰 신세를 지다

08

M: Hello, operator? I'm trying to reach the Pasadena Hotel in Los Angeles.

W: Well, there are two listings. One on Wilshire and one on Oak Street.

M: Oh, the one on Wilshire, please.

(a) Yes, that's the one near the Pasadena Hotel.
(b) I'm sorry, but those are the only two listed.
(c) OK, I'll see what I can find.
(d) **Wait one moment please while I connect you.**

M: 여보세요, 교환원이시죠? 로스앤젤레스에 있는 Pasadena 호텔에 연락하고 싶습니다.

W: 음, 두 곳이 리스트에 올라와 있네요. Wilshire 가에 한 곳과 Oak 가에 한 곳이요.

M: 아, Wilshire 가에 있는 곳으로 부탁드려요.

(a) 네, 그게 Pasadena 호텔 근처에 있는 곳입니다.
(b) 죄송하지만, 리스트에 올라와 있는 것은 그 두 곳뿐이네요.
(c) 네, 찾아보겠습니다.
(d) 연결해드릴 동안 잠시만 기다려주세요.

해설 | Wilshire 가에 있는 Pasadena 호텔에 연락하고 싶다고 요청하는 말에, '연결할 동안 잠시만 기다려달라'는 말로 요청을 수락한 (d)가 정답이다.

어휘 | **operator**[ápərèitər] (전화국의) 교환원

09

Listen to a conversation between two friends.

W: Steve, it's been such a long time. How have you been?

M: Great. How about you? I heard you're going to have a baby next month.

W: Yes, but how did you know?

M: Actually, I bumped into Stan last week and he told me.

W: Oh, yeah. He mentioned that he saw you at the mall.

M: Well, **let me be the first to say that I'm extremely happy for both of you**.

W: Thanks, Steve. We are very excited.

Q. What is the man mainly doing in the conversation?

(a) Telling the woman that his wife is pregnant
(b) **Congratulating the woman on the good news**
(c) Shopping for a present to give the woman
(d) Informing the woman of his meeting with Stan

두 친구 간의 대화를 들으시오.

W: Steve, 정말 오랜만이구나. 어떻게 지냈니?

M: 아주 잘 지냈어. 너는? 다음 달에 아이를 낳을 거라고 들었어.

W: 응, 그런데 어떻게 알았어?

M: 사실, 지난주에 Stan을 우연히 만났는데 그가 말해줬어.

W: 오, 그렇지. 그가 쇼핑몰에서 널 봤다고 했어.

M: 음, 누구보다 먼저 정말 축하한다고 말해주고 싶구나.

W: 고마워, Steve. 우린 매우 기뻐하고 있어.

Q. 대화에서 남자는 주로 무엇을 하고 있는가?

(a) 여자에게 자신의 부인이 임신했다고 말하기
(b) **여자의 좋은 소식을 축하하기**
(c) 여자에게 줄 선물을 사기 위해 쇼핑하기
(d) 여자에게 자신이 Stan을 만났던 것을 알려주기

해설 | 대화에서 남자가 무엇을 하고 있는지 묻는 문제이다. 다음 달에 아이를 낳을 거라는 여자의 소식에 남자가 let me be ~ both of you(누구보다 먼저 정말 축하한다고 말해주고 싶구나)라며 축하했다. 따라서 남자가 하고 있는 일은 (b)이다.

어휘 | **bump into** ~를 우연히 만나다   **pregnant**[prégnənt] 임신한

10

Listen to two friends discuss their plan for the weekend.

W: Larry, do you have any special plans for the weekend?

M: Not really, but I do need to paint the exterior of my house.

W: How long will that take?

M: The house is huge, so it will probably take all weekend.

W: **I have an electric spray gun you could use.** You could finish it in no time.

M: Wow! That's just what the doctor ordered.

Q. Which is correct according to the conversation?

두 친구가 주말 계획에 관해 이야기하는 것을 들으시오.

W: Larry, 주말에 무슨 특별한 계획이라도 있니?

M: 별로, 그렇지만 우리 집 외관에 페인트 칠을 꼭 해야 해.

W: 그거 얼마나 걸릴까?

M: 집이 커서 아마 주말 내내 해야 할 거야.

W: 네가 쓸 만한 전기 스프레이 건이 내게 있어. 순식간에 끝낼 수 있을 거야.

M: 와! 마침 필요한 것이구나.

Q. 대화에 따르면 맞는 것은 무엇인가?

(a) The man is undecided about what kind of paint to use.
(b) The man and the woman live together.
(c) The woman offers to lend the man her paint sprayer.
(d) The woman is thinking about painting her house.

(a) 남자는 어떤 종류의 페인트를 사용할지 결정하지 않았다.
(b) 남자와 여자는 함께 산다.
(c) 여자는 남자에게 자신의 페인트 스프레이를 빌려줄 것을 제안한다.
(d) 여자는 자신의 집을 페인트 칠하는 것에 대해 생각 중이다.

해설 | 대화의 내용과 일치하는 것을 묻는 문제이다. 집에 페인트 칠을 하려고 한다는 남자에게 여자가 I have ~ you could use(네가 쓸 만한 전기 스프레이 건이 내게 있어)라며 남자에게 자신의 페인트 스프레이를 빌려주려고 했으므로 (c)가 정답이다. (d)는 집에 페인트 칠을 해야 한다고 한 사람은 남자가 아니라 여자이므로, 남자와 여자를 바꾸어 쓴 오답이다.

어휘 | just what the doctor ordered 마침 필요한 것   undecided[ʌ̀ndisáidid] 결정하지 않은

Course 2 교통 / 여행

Hackers TEST

p.271

01 (c) 02 (b) 03 (b) 04 (b) 05 (a) 06 (c) 07 (c) 08 (d) 09 (d) 10 (d)

01

Could you drop me off at home after work?

(a) I could take it there for you.
(b) Yes, I'll meet you at home.
(c) Sure, it's no trouble at all.
(d) I didn't intend to drop it.

퇴근 후에 저를 집 앞에 내려주실 수 있나요?

(a) 제가 그걸 거기로 가져다 드릴 수 있어요.
(b) 네, 집에서 만나요.
(c) 물론이죠, 문제없어요.
(d) 그걸 떨어뜨릴 생각은 없었어요.

해설 | Could you를 사용하여 퇴근 후에 집 앞에 내려달라고 요청하는 말에 '문제없다'라는 말로 요청을 수락한 (c)가 정답이다.

오답분석
(a) I forgot to take my briefcase to work with me(직장에 서류 가방을 가지고 오는 것을 깜박했어요)와 같은 말에 적절한 응답이다.
(b) Yes, I'll ~(네, ~할게요)이 정답처럼 들려 혼동을 준 오답으로, 집에서 만나자는 말은 집 앞에 내려달라는 여자의 말과 맞지 않으므로 틀리다.
(d) 질문의 drop off(내려주다)와 비슷한 drop(떨어뜨리다)을 사용한 오답이다.

02

How long do we have to sit in this traffic?

(a) I didn't think of that.
(b) It seems to be moving up ahead.
(c) I'll speed up a little.
(d) We can't sit in this traffic.

이 교통 체증 속에서 얼마나 있어야 하죠?

(a) 그건 미처 생각하지 못했어요.
(b) 앞쪽에선 움직이고 있는 것 같은데요.
(c) 조금 더 속도를 낼게요.
(d) 이 교통 체증 속에서 있을 순 없어요.

해설 | How long을 사용하여 교통 체증 속에서 얼마나 있어야 하는지 물으며 불평하는 말에 '앞쪽에선 움직이고 있는 것 같다'며 상대방을 달래는 (b)가 정답이다.

오답분석
(a) What if we take that shortcut?(저 지름길로 가면 어떨까요?)과 같은 질문에 적절한 응답이다.
(c) 교통 체증 상황에서 속도를 더 내는 것은 불가능할 것이므로 틀리다.
(d) 질문의 sit in this traffic을 반복해서 사용한 오답이다.

03

Do you have your boarding pass?

(a) No, it's time to board the plane.
(b) Wait, it was here a moment ago.
(c) No, I already bought my ticket.
(d) Sure, right this way.

탑승권을 가지고 계신가요?

(a) 아니요, 비행기에 탑승할 시간이에요.
(b) 잠깐만요, 조금 전에 여기 있었는데.
(c) 아니요, 전 이미 비행기표를 샀어요.
(d) 물론이죠, 바로 이쪽입니다.

해설 | Do 의문문으로 탑승권을 가지고 있는지 확인하는 말에 '조금 전에 여기 있었다'라는 말로 탑승권을 찾아보겠다는 의미를 전달한 (b)가 정답이다.

오답분석
(a) 질문의 boarding(탑승)과 비슷한 board(탑승하다)를 사용한 오답이다.
(c) 질문의 boarding pass(탑승권)와 관련된 ticket(비행기표)을 사용한 오답이다.
(d) Can you help me find my seat?(제 자리를 찾는 것 좀 도와주시겠어요?)과 같은 질문에 적절한 응답이다.

04

Excuse me, but I missed my connecting flight.

(a) Sorry sir, but that one's booked up.
(b) All right. Please show me your ticket.
(c) Hurry or you'll miss it.
(d) That's OK. It should arrive soon.

실례지만, 제가 갈아타야 할 비행기를 놓쳤어요.

(a) 손님 죄송하지만, 그건 모두 예약되어 있습니다.
(b) 알겠습니다. 표 좀 보여주세요.
(c) 서두르지 않으면 놓칠 겁니다.
(d) 괜찮습니다. 그 비행기는 곧 도착할 겁니다.

해설 | 갈아타야 할 비행기를 놓쳤다는 문제점을 전하는 말에 '표를 좀 보여달라'는 말로 문제를 해결하기 위해 도움을 제공하겠다는 의미를 전달한 (b)가 정답이다.

오답분석
(a) 질문의 flight(비행기)과 관련된 booked(예약된)를 사용한 오답이다.
(c) 이미 비행기를 놓친 상황인데 서두르지 않으면 놓칠 거라고 했으므로 틀리다.
(d) 질문의 flight(비행기)과 관련된 arrive(도착하다)를 사용한 오답이다.

05

Someone backed into my car.

(a) I hope they had insurance.
(b) Sounds like you had a narrow miss.
(c) Thankfully no one was hurt.
(d) You shouldn't drive so fast.

여기 오는 길에 누가 내 차를 후진해서 들이받았어.

(a) 그 사람들이 보험에 들었어야 할 텐데.
(b) 정말 아슬아슬했던 것 같네.
(c) 다행히 아무도 안 다쳤어.
(d) 운전을 너무 빨리하면 안 돼.

해설 | 누군가가 차를 후진해서 들이받았다며 나쁜 소식을 전하는 말에 '그 사람들이 보험에 들었어야 할 텐데'라는 말로 걱정한 (a)가 정답이다.

오답분석
(b) I almost got hit while parking in the lot(주차장에서 주차하다가 차를 거의 받을 뻔했어)과 같은 말에 적절한 응답이다.
(c) 차 사고 소식을 전하는 사람이 이어서 할 만한 말을 보기로 제시하여 혼동을 준 오답이다.
(d) 다른 사람이 상대방의 차를 들이받은 상황인데 운전을 너무 빨리하면 안 된다고 했으므로 틀리다.

어휘 | insurance[inʃúərens] 보험

06

W: Can I help you with something?
M: Yes. I need to have my car repaired.
W: What seems to be the problem?

(a) Let me check your car.
(b) Here are the car keys.
(c) The lights won't come on.
(d) Gas is too expensive.

W: 무엇을 도와드릴까요?
M: 네, 제 차를 수리해야 합니다.
W: 무엇이 문제인 거 같나요?

(a) 한번 차를 보도록 하죠.
(b) 차 키가 여기 있습니다.
(c) 라이트가 안 들어와요.
(d) 휘발유 값이 너무 비싸요.

해설 | What을 사용하여 차에 무슨 문제가 있는지 물었으므로 '라이트가 안 들어온다'는 문제점을 말한 (c)가 정답이다.

07

W: Have you packed all of your bags?	W: 짐은 다 쌌니?
M: No, I'm having trouble with this suitcase.	M: 아니, 이 여행 가방이 말썽이야.
W: Well, **is there** anything I can help you with?	W: 음, 내가 도와줄 만한 게 있니?
(a) I think you should take it out of the bag.	(a) 네 가방에서 그걸 꺼내야 할 것 같아.
(b) Don't panic. I won't leave without you.	(b) 당황하지 마. 너 없이는 떠나지 않을 거야.
(c) I could use a hand getting it open.	**(c) 가방 여는 것을 도와줘.**
(d) I bought some new luggage, but it was stolen.	(d) 새 여행 가방을 샀는데, 누가 훔쳐갔어.

해설 | is there를 사용하여 여행 가방에 생긴 문제에 대해 도와줄 만한 것이 있는지 묻는 말에, '가방 여는 것을 도와달라'는 말로 도움을 요청한 (c)가 정답이다.

08

M: Are you lost?	M: 길을 잃은 거야?
W: I'm not sure. I think we took a wrong turn.	W: 잘 모르겠어. 길을 잘못 들어선 것 같아.
M: Maybe **we should** stop and ask someone for directions.	M: 아마도 멈추고 길을 물어**봐야** 할 것 같은데.
(a) No problem. I've got it right here.	(a) 문제없어. 바로 여기 있어.
(b) Sure, I think I know the way.	(b) 물론이지, 내가 길을 아는 것 같아.
(c) We've gone in the wrong direction.	(c) 우리는 틀린 방향으로 왔어.
(d) I'd rather figure it out on my own.	**(d) 내 혼자 힘으로 알아보는 게 나을 것 같아.**

해설 | we should ~라며 차를 멈추고 길을 물어봐야 할 것 같다고 제안하는 말에, '혼자 힘으로 알아보는 게 나을 것 같다'라는 말로 제안을 받아들이지 않은 (d)가 정답이다.

09

Listen to a conversation between a couple.	커플 간의 대화를 들으시오.
M: **What do you think we should do about lodging?**	M: 우리 숙박은 어떻게 해야 할 것 같아?
W: It's your choice. I'm pretty flexible.	W: 네가 선택해. 난 어디든 상관없어.
M: There's a fancy resort right across from the casino.	M: 카지노 건너편에 멋진 리조트가 있던데.
W: That sounds good. I heard it has an all-inclusive package.	W: 좋을 것 같은데. 그곳엔 모든 것이 가격에 포함된 패키지가 있다고 들었어.
M: How much is it?	M: 얼만데?
W: I'm not sure. But it beats staying in a hotel and paying to eat out every day.	W: 잘 모르겠어. 그렇지만 호텔에서 지내면서 매일 외식에 돈을 쓰는 것보다는 나아.
M: Yeah, that's a good point.	M: 응, 맞는 말이야.
Q. What are the man and woman mainly discussing?	Q. 남자와 여자는 주로 무엇을 논의하고 있는가?
(a) Reservations for a hotel near a casino	(a) 카지노 근처에 있는 호텔 예약
(b) Which travel package to choose	(b) 어떤 여행 패키지를 선택할지
(c) All-inclusive resort packages	(c) 모든 것이 가격에 포함된 리조트 패키지
(d) Where to stay on the trip	**(d) 여행 중 어디에서 머무를지**

해설 | 대화의 주제를 묻는 문제이다. 남자가 What do you ~ about lodging?(우리 숙박은 어떻게 해야 할 것 같아?)이라고 물은 후, 여행 중에 어디에서 묵을지 상의하는 대화가 이어졌다. 따라서 대화의 주제로 적절한 것은 (d)이다. (c)의 All-inclusive resort packages(모든 것이 가격에 포함된 리조트 패키지)는 대화에서 언급되긴 했지만, 일부 내용만을 다루고 있으므로 주제가 될 수 없다.

어휘 | lodging[ládʒiŋ] 숙박　all-inclusive resort package (식사·음료·운동 시설 등 리조트 시설 사용료 등의) 모든 것이 가격에 포함된 패키지
beat[biːt] ~보다 낫다　eat out 외식하다

10

Listen to a conversation at an airport.	공항에서의 대화를 들으시오.
M: Unfortunately, today's flight has been overbooked.	M: 안타깝게도, 오늘 비행편은 예약이 초과되었습니다.
W: What does that mean?	W: 그게 무슨 말씀이시죠?
M: Well, you may be asked to take a later flight.	M: 음, 아마도 다음 비행기를 타셔야 할 것 같습니다.

W: Is there any sort of compensation?

M: Yes, bumped passengers are entitled to a free one-way fare.

W: Oh, **I wouldn't mind that at all**.

Q. What will the woman probably do next?

(a) She will demand a full refund.

(b) She will look for a cheaper fare.

(c) She will refuse to be bumped.

(d) She will accept a later flight.

W: 무슨 보상이라도 있나요?

M: 네, 예약이 뒤로 밀려나신 손님은 무료로 한 번의 편도 여행을 하실 수 있습니다.

W: 오, **그렇다면 괜찮네요.**

Q. 여자는 다음에 무엇을 할 것 같은가?

(a) 전액 환불을 요구할 것이다.

(b) 더 저렴한 요금을 알아볼 것이다.

(c) 뒤로 밀리는 것을 거부할 것이다.

(d) 다음 비행기를 타는 것에 동의할 것이다.

해설 | 여자가 다음에 할 일을 묻는 문제이다. 비행편 예약이 초과되어 다음 비행기를 타야 하지만 예약이 뒤로 밀려난 손님은 무료로 한 번의 편도 여행을 할 수 있다고 하자, 여자가 I wouldn't mind that at all(그렇다면 괜찮네요)이라고 했다. 따라서 여자가 다음에 할 일은 (d)이다.

어휘 | overbooked [ðuvərbúkt] 예약이 초과된 compensation [kàmpənséiʃən] 보상
bumped passenger 예약이 뒤로 밀려난 승객(항공사에서 탑승 가능한 승객의 수보다 예약을 많이 받아서 예약이 되어 있음에도 불구하고 좌석이 없는 승객)

Course 3 쇼핑 / 서비스

01 (a)   02 (b)   03 (b)   04 (c)   05 (b)   06 (b)   07 (c)   08 (c)   09 (c)   10 (b)

01

That new yacht you picked out is a real eye-catcher.

(a) I should hope so. It cost me a fortune.

(b) Thanks, but I'd like to hold onto it.

(c) Of course you can come aboard.

(d) I hope I can afford one like it one day.

네가 고른 그 새 요트는 정말 눈길을 끄는구나.

(a) 그랬으면 좋겠어. 큰돈이 들었거든.

(b) 고마워. 그렇지만 난 그것을 팔고 싶지 않아.

(c) 물론 너도 탈 수 있어.

(d) 나도 언젠가 그런 걸 살 여유가 있으면 좋겠다.

해설 | 새 요트가 정말 눈길을 끈다고 칭찬하는 말에 '그랬으면 좋겠다. 큰돈이 들었다'라고 요트에 대해 말한 (a)가 정답이다.

오답분석

(b) You could sell that yacht for millions(넌 그 요트를 비싼 가격에 팔 수 있겠다)와 같은 말에 적절한 응답이다.

(c) 질문의 yacht(요트)와 관련된 come aboard(타다)를 사용한 오답이다.

(d) 요트를 칭찬한 후에 이어서 할 만한 말을 보기로 제시하여 혼동을 준 오답이다.

어휘 | eye-catcher 눈길을 끄는 것 hold onto ~을 팔지 않다

02

Do you think I should make reservations beforehand?

(a) Yes, I'll order for you.

(b) Sure, that would be the safe thing.

(c) Sorry, but you should have reserved it.

(d) Yeah, I tried that too.

내가 미리 예약해야 할 것 같니?

(a) 응, 내가 주문해줄게.

(b) 물론이지, 그게 안전할 거야.

(c) 미안하지만, 넌 예약을 했어야 했어.

(d) 응, 나도 그거 먹어봤어.

해설 | Do you think를 사용하여 미리 예약을 해야 할지에 대한 의견을 물었으므로 '그게 안전할 것이다'라는 말로 예약을 해야 한다는 의견을 말한 (b)가 정답이다.

(a) If the waiter comes, tell him I want the steak(웨이터가 오면, 난 스테이크를 원한다고 말해줘)와 같은 말에 적절한 응답이다.

(c) 질문의 make reservations(예약하다)와 비슷한 reserved(예약했다)를 사용한 오답이다.

(d) I tried the new potato pizza last time(지난번에 새로 나온 포테이토 피자를 먹어봤어)과 같은 말에 적절한 응답이다.

03

Does this resort have a presidential suite?	이 리조트에 귀빈실이 있습니까?
(a) OK, that one will be just fine.	(a) 네, 그게 딱 좋겠습니다.
(b) Yes, it's our most luxurious accommodation.	(b) 네, 저희의 가장 고급스러운 숙소입니다.
(c) Our vacancies are currently limited.	(c) 지금은 빈 방이 없습니다.
(d) You're welcome to book a room in advance.	(d) 방을 미리 예약하셔도 좋습니다.

해설 | Do 의문문으로 리조트에 귀빈실이 있는지 묻는 말에, '네, 저희의 가장 고급스러운 숙소입니다'라는 말로 귀빈실이 있다는 의미를 전달한 (b)가 정답이다.

오답분석

(a) A room with twin beds is available(트윈 베드가 있는 방을 이용하실 수 있습니다)과 같은 말에 적절한 응답이다.

(c) 질문의 resort(리조트)와 관련된 vacancies(빈 방)를 사용한 오답이다.

(d) 질문의 resort(리조트)와 관련된 book a room(방을 예약하다)을 사용한 오답이다.

어휘 | **presidential suite** (호텔의) 귀빈실, 특별실   **in advance** 미리

04

I bought this dress with you in mind.	널 생각하며 이 드레스를 샀어.
(a) You should have bought it.	(a) 넌 그걸 샀어야 했어.
(b) The skirt is the wrong color.	(b) 그 치마는 색이 이상해.
(c) Thanks. I can't wait to try it on.	(c) 고마워. 어서 입어보고 싶은걸.
(d) I was hoping you'd like it.	(d) 네가 좋아하길 바라고 있었어.

해설 | 널 생각하며 이 옷을 샀다는 말에 '어서 입어보고 싶다'는 말로 감사를 표한 (c)가 정답이다.

오답분석

(a) 질문의 bought를 반복해서 사용한 오답이다.

(b) 질문에서 드레스를 산 상황인데 치마 색이 이상하다고 했으므로 틀리다.

(d) 상대방에게 줄 옷을 샀다고 말한 후에 이어서 할 만한 말을 보기로 제시하여 혼동을 준 오답이다.

05

W: Do you take personal checks?	W: 가계 수표도 받으시나요?
M: Sorry, but we've had a problem with bounced checks recently.	M: 죄송하지만, 최근에 부도 수표 때문에 문제가 있었습니다.
W: But I've never bounced a check in my life.	W: 그렇지만 전 한 번도 수표를 부도낸 적이 없어요.
(a) I'm sorry, but it was returned by the bank.	(a) 죄송하지만, 그것은 은행에서 거부되었습니다.
(b) Well, let me speak to the manager about it.	(b) 음, 그것에 대해 지배인님과 이야기를 해보겠습니다.
(c) It's because of your credit history.	(c) 그것은 당신의 신용 기록 때문입니다.
(d) Not without a photo ID.	(d) 사진이 있는 신분증 없이는 안됩니다.

해설 | 부도 수표 문제 때문에 가계 수표를 받지 않는다는 남자의 말에 여자가 자신은 한 번도 수표를 부도낸 적이 없다고 말했다. 이에 대해 '그것에 대해 지배인과 이야기를 해보겠다'는 말로 가계 수표를 받는 것에 대해 확인해보겠다는 의미를 전달한 (b)가 정답이다.

어휘 | **personal check** 가계 수표   **bounced check** 부도 수표   **bounce**[bauns] (수표를) 부도내다

06

W: Sam, should I buy this skirt?	W: Sam, 나 이 치마를 사야 할까?
M: It looks gorgeous. You could wear it to the dance.	M: 멋진데. 댄스 파티에 입고 가면 되겠네.
W: Well, it's a little expensive. **Let's** try another store.	W: 음, 이거 조금 비싸다. 다른 가게에 가보자.
(a) Sure. It seems like a bargain.	(a) 물론이지. 싼 것 같은데.

(b) OK. Whatever you say.
(c) You could have gotten it.
(d) I think it's already closed.

(b) 좋아. 네 말대로 할게.
(c) 넌 그것을 살 수도 있었을 텐데.
(d) 이미 문을 닫은 것 같아

해설 | Let's ~라며 다른 가게의 옷도 둘러보자고 제안하는 말에 '네 말대로 하겠다'는 말로 제안을 받아들인 (b)가 정답이다.

어휘 | bargain[báːrgin] 싼 물건   Whatever you say. 네 말대로 할게.

07

W: I'd like to book a table for 7 o'clock.
M: I'm sorry, but there's nothing available at that time.
W: Well, **how about** something later on then?

(a) That time's not available either.
(b) You'll have to make a reservation.
(c) We have an open slot for 8:30.
(d) Dinner starts promptly at 7 o'clock.

W: 7시에 식사할 자리를 예약하고 싶습니다.
M: 죄송하지만, 그 시간엔 가능한 자리가 없습니다.
W: 음. 그러면 그 이후는 어떤가요?

(a) 그 시간도 불가능합니다.
(b) 예약을 하셔야 할 겁니다.
(c) 8시 30분엔 빈 자리가 있습니다.
(d) 저녁 식사는 7시 정각에 시작합니다.

해설 | how about을 사용하여 7시 이후에는 식사 예약이 가능한지 묻는 말에 '8시 30분엔 빈 자리가 있다'라는 말로 8시 30분에는 예약할 수 있다는 의미를 전달한 (c)가 정답이다. (a)는 Well, how about 8 o'clock then?(음, 그려면 8시는 어떤가요?)과 같은 질문에 적절한 응답이다.

어휘 | open slot 빈 자리   promptly[prámptli] 정각에, 정확히

08

Listen to a conversation between two friends.

M: When I got home last night, I realized my CD player was broken.
W: Well, can you take it back for a refund?
M: No, I wanted to save money so I bought it used.
W: Actually, I know a decent repair shop near here that specializes in electronics.
M: Really? **Do you think it's a reputable place?**
W: Yeah, **I took my stereo there last week, and it's working fine now.**

Q. Which is correct according to the conversation?

(a) The man expects to get a full refund.
(b) The man wants to replace his CD player.
(c) The woman thinks the repair shop is reliable.
(d) The woman got her CD player from a discount shop.

두 친구 간의 대화를 들으시오.

M: 어젯밤에 집에 왔을 때, 내 CD플레이어가 고장 났다는 걸 알았어.
W: 음, 다시 가져가서 환불받을 수 있니?
M: 안 돼, 돈을 아끼고 싶어서 중고품을 샀거든.
W: 사실, 내가 여기서 가까운 전자 제품을 전문으로 하는 괜찮은 수리점을 알아.
M: 정말? 거기 평판이 좋은 곳이야?
W: 응, 난 지난주에 그곳에 스테레오를 맡겼는데, 이젠 작동이 잘 돼.

Q. 대화에 따르면 맞는 것은 무엇인가?

(a) 남자는 전액 환불을 기대한다.
(b) 남자는 CD 플레이어를 바꾸고 싶어한다.
(c) 여자는 그 수리점이 믿을 만하다고 생각한다.
(d) 여자는 할인점에서 CD 플레이어를 샀다.

해설 | 대화의 내용과 일치하는 것을 묻는 문제이다. 여자가 말한 수리점에 대해 남자가 Do you think it's a reputable place?(거기 평판이 좋은 곳이야?)라고 묻자 여자가 Yeah, I took ~ working fine now(응, 난 지난주에 그곳에 스테레오를 맡겼는데, 이젠 작동이 잘 돼)라고 했으므로 (c)가 정답이다.

어휘 | broken[bróukən] 고장 난   repair shop 수리점   reputable[répjutəbl] 평판이 좋은   reliable[riláiəbl] 믿을 만한

09

Listen to a conversation about kitchen cabinets.

M: Hello. May I speak to Betty Lewis?
W: This is she.
M: Hi Betty. I'm calling from Central Hardware.
W: Oh, have my kitchen cabinets arrived?
M: Unfortunately, **the supplier no longer carries the style you had selected.**

주방 수납장에 관한 대화를 들으시오.

M: 여보세요, Betty Lewis씨와 통화할 수 있을까요?
W: 전데요.
M: 안녕하세요 Betty. Central 철물점 입니다.
W: 아, 제 부엌 찬장이 도착했나요?
M: 안타깝게도, 공급업자가 손님이 고르신 스타일은 더 이상 취급하지 않습니다.

W: Well, I'll just have to come down there and choose a different kind.

M: That would be great. I'm sorry if it delays your renovation project.

W: It's no problem. The construction crew still hasn't finished laying the tile.

Q. Why didn't the woman's kitchen cabinets arrive?

   (a) The contractor ordered the wrong cabinet style.

   (b) She did not fill out the necessary paperwork.

   (c) The supplier has stopped selling the cabinet style she had chosen.

   (d) She canceled the order because of construction delays.

W: 음, 제가 거기에 가서 다른 종류를 골라야겠군요.

M: 그게 좋겠습니다. 이것 때문에 보수공사가 연기된다면 죄송합니다.

W: 괜찮아요. 공사 인부가 타일 시공을 아직 끝내지 않았거든요.

Q. 여자의 부엌 찬장이 왜 도착하지 않았는가?

   (a) 계약자가 잘못된 스타일의 찬장을 주문했다.

   (b) 그녀가 필요한 서류를 작성하지 않았다.

   (c) 공급업자가 그녀가 고른 스타일의 찬장 판매를 중지했다.

   (d) 그녀는 건축 지연 때문에 주문을 취소했다.

해설 | 여자의 부엌 찬장이 도착하지 않은 이유를 묻는 문제이다. 여자가 자신이 주문한 부엌 찬장이 도착했냐고 묻자 남자가 the supplier ~ you had selected(공급업자가 손님이 고르신 스타일은 더 이상 취급하지 않습니다)라고 찬장이 도착하지 않은 이유를 설명했으므로 (c)가 정답이다.

어휘 | **kitchen cabinet** 부엌 찬장 **renovation**[rènəvéiʃən] 보수 공사 **fill out** (서류 등을) 작성하다

10

Listen to two friends discuss a man's car.

W: How do you like your new car?

M: So far so good. I wish it was a little quicker on the highway though.

W: But **it gets great gas mileage**, right? That could save you a bundle down the road.

M: **Yeah, that's the main reason I bought it.**

W: You mean you didn't want a bigger or faster car?

M: No, a gas-guzzler isn't what I need right now.

Q. Which is correct about the man according to the conversation?

   (a) He hasn't driven his new car on the highway.

   (b) He purchased a fuel-efficient vehicle.

   (c) He received a good deal on his new car.

   (d) He considered size and speed when buying his car.

두 친구가 남자의 차에 관해 이야기하는 것을 들으시오.

W: 네 새 차 어때?

M: 지금까진 좋아. 그래도 고속도로에서 좀 더 빠르면 좋을 텐데.

W: 그렇지만 연비가 훌륭하잖아, 그렇지? 장기간으로 보면 거금을 절약하게 해줄 수도 있어.

M: 응, 그게 내가 이 차를 산 주된 이유야.

W: 더 크거나 더 빠른 차를 원하지 않았단 말이야?

M: 응, 연료 소비가 많은 대형차는 지금 내가 필요한 게 아니거든.

Q. 대화에 따르면 남자에 대해 맞는 것은 무엇인가?

   (a) 고속도로에서는 새 차를 몰아보지 않았다.

   (b) 연비 효율이 좋은 차를 샀다.

   (c) 새 차를 만족스러운 가격에 샀다.

   (d) 차를 살 때 차의 크기나 속도를 고려했다.

해설 | 대화에서 남자에 대한 내용과 일치하는 것을 묻는 문제이다. 남자의 새 차에 대해 여자가 it gets great gas mileage(연비가 훌륭하잖아)라고 하자 남자가 Yeah, that's ~ I bought it(응, 그게 내가 이 차를 산 주된 이유야)이라며 이에 동의했으므로 (b)가 정답이다.

어휘 | **gas mileage** 연비 **bundle**[bʌ́ndl] 거금 **down the road** 장기간으로 보면, 장래에 **gas-guzzler** 연료 소비가 많은 대형차 **fuel-efficient** 연비 효율이 좋은 **good deal** 만족스러운 가격

Course 4 직장

01 (b) **02** (c) **03** (a) **04** (a) **05** (d) **06** (b) **07** (c) **08** (d) **09** (a) **10** (c)

01

Can you believe it? I just found out the meeting's been postponed.	믿을 수 있나요? 방금 회의가 연기되었다는 걸 알았어요.
(a) Well, you could've told me earlier.	(a) 음, 더 일찍 말해줄 수도 있었잖아요.
(b) Really? That might work out better anyway.	(b) 정말이요? 어쨌든 그게 더 좋을 것 같네요.
(c) It'll be nice to get it over with.	(c) 그걸 끝내는 것이 좋을 거예요.
(d) We should reconsider the timing.	(d) 적당한 시간을 다시 생각해야 해요.

해설 | 방금 회의가 연기되었다는 사실을 전하는 말에 '어쨌든 그게 더 좋을 것 같다'라는 말로 회의가 연기된 것에 대한 의견을 말한 (b)가 정답이다.

오답분석
(a) 회의가 연기된 것을 방금 안 상황인데 더 일찍 말해줄 수도 있었다고 했으므로 틀리다.
(c) Should we postpone the meeting?(회의를 미룰까요?)과 같은 질문에 적절한 응답이다.
(d) 질문의 postponed(연기된)와 관련된 reconsider the timing(적당한 시간을 다시 생각하다)을 사용한 오답이다.

어휘 | postpone[poustpóun] 연기하다 get over with ~을 끝내다 reconsider[rì:kənsídər] 다시 생각하다

02

I was wondering if you have any openings for entry-level cooks.	견습 요리사로 일할 수 있는 자리가 있는지 궁금합니다.
(a) OK, I'll whip something up for you.	(a) 네, 무언가 잽싸게 만들어 줄게요.
(b) Yes, we hired our last one yesterday.	(b) 네, 어제 마지막 사람을 고용했습니다.
(c) Well, tell me a little bit about your background.	(c) 음, 당신의 이력에 대해 조금 말씀해 주세요.
(d) Sorry, but I'm afraid I can't open it for you.	(d) 죄송하지만, 그걸 열어 드릴 수는 없을 것 같아요.

해설 | I was wondering if ~라며 견습 요리사로 일할 수 있는 자리가 있는지 궁금하다고 문의하는 말에 '당신의 이력에 대해 조금 말해 달라'고 답한 (c)가 정답이다.

오답분석
(a) 질문의 cooks(요리사)와 관련된 whip up(잽싸게 만들다)을 사용한 오답이다.
(b) Yes가 정답처럼 들려 혼동을 준 오답으로, 마지막 사람을 고용했다는 말은 일자리가 있다는 말과 맞지 않으므로 틀리다.
(d) 질문의 openings(일할 수 있는 자리)와 비슷한 open(열다)을 사용한 오답이다.

어휘 | entry-level 견습생의, 초보의 whip up (요리 · 작품 등을) 잽싸게 만들다 background[bǽkgràund] 이력, 경력

03

I can't believe I blew such an important interview.	내가 그렇게 중요한 면접을 망치다니 믿을 수가 없어.
(a) It's all water under the bridge now.	(a) 이제 다 지나간 일이잖니.
(b) Yeah, I didn't mean to blow up like that.	(b) 그래, 그렇게 화내려고 했던 건 아니야.
(c) We should go out and celebrate soon.	(c) 가까운 시일 내에 나가서 축하해야겠구나.
(d) They could have granted you the interview.	(d) 네게 면접 볼 기회를 줄 수 있었을텐데.

해설 | I can't believe ~라며 중요한 면접을 망쳐 실망하는 말에 '이제 다 지나간 일이다'라는 말로 상대방을 위로한 (a)가 정답이다.

오답분석
(b) 질문의 blew(망쳤다)와 비슷한 blow up(화내다)을 사용한 오답이다.
(c) The interview went well and I got the job(면접이 잘 되어서 그 일자리를 얻게 됐어)과 같은 말에 적절한 응답이다.
(d) 질문의 interview를 반복해서 사용한 오답이다.

어휘 | blow[blou] 망치다 water under the bridge 지나간 일 blow up 화내다 grant[grænt] 주다

04

Are you sure Tracy's cut out for this line of work?

(a) Yes, she's perfect for it.
(b) Right. I agree with you.
(c) No, she wouldn't cut it out.
(d) Actually, she's out at the moment.

당신은 Tracy가 이 일에 적임이라고 확신하시나요?

(a) 네, 그녀는 그 일에 안성맞춤이에요.
(b) 맞아요. 당신에게 동의해요.
(c) 아니요, 그녀는 그만두지 않을 거예요.
(d) 사실, 그녀는 지금 외출 중이에요.

해설 | Be동사 의문문으로 Tracy가 이 일에 적임이라고 확신하는지 묻는 말에 '그녀는 그 일에 안성맞춤이다'라는 말로 확신한다는 의미를 전달한 (a)가 정답이다.

오답분석
(b) Tracy ought to consider changing her job(Tracy는 이직을 고려해야 해요)과 같은 말에 적절한 응답이다.
(c) 질문의 cut out for(~에 적임인)와 비슷한 cut out(그만두다)을 사용한 오답이다.
(d) I'm calling to speak to Tracy. Is she in?(Tracy와 통화하고 싶습니다. 계신가요?)과 같은 질문에 적절한 응답이다.

어휘 | be cut out for ~에 적임이다   cut out ~을 그만두다

05

It looks like I'm going to be laid off from my job.

(a) You should consider applying for it.
(b) Try to keep up with the pace.
(c) You must have flattered the boss.
(d) That's a bitter pill to swallow.

나 직장에서 해고될 것 같아.

(a) 그곳에 지원하는 걸 고려해봐.
(b) 뒤처지지 않도록 노력해봐.
(c) 너 상사에게 아첨한 게 틀림없구나.
(d) 쓰라린 경험이네.

해설 | 자신이 직장에서 해고될 것 같다는 나쁜 소식을 전하는 말에 '쓰라린 경험이다'라는 말로 상대방을 위로한 (d)가 정답이다.

오답분석
(a) 질문의 job(직장)과 관련된 applying for(~에 지원하는 것)를 사용한 오답이다.
(b) I've been falling behind on my work lately(요즘 내 일이 뒤처지고 있어)와 같은 말에 적절한 응답이다.
(c) 질문의 job(직장)과 관련된 boss(상사)를 사용한 오답이다.

어휘 | lay off ~를 해고하다   keep up with ~에 뒤처지지 않다   flatter [flǽtər] 아첨하다   a bitter pill to swallow (참고 견뎌야 할) 쓰라린 경험

06

M: I've been offered a position in our field office.
W: That would mean relocating, wouldn't it?
M: Yeah, I'm still unclear about what to do.

(a) Hopefully you'll get the position.
(b) You'll need to weigh all the pros and cons.
(c) At least you wouldn't have to move.
(d) I'm glad you've reconsidered.

M: 지사의 한 자리를 제의받았어요.
W: 그건 전근을 의미하는 거죠, 아닌가요?
M: 그래요, 아직 어떻게 해야 할지 잘 모르겠어요.

(a) 그 자리를 얻길 바라요.
(b) 모든 장단점에 대해 심사숙고해야 해요.
(c) 최소한 이사는 안 해도 되잖아요.
(d) 당신이 다시 생각했다니 기쁘군요.

해설 | 전근에 대해서 어떻게 해야 할지 잘 모르겠다는 말에 '모든 장단점에 대해 심사숙고해야 한다'라는 말로 충고한 (b)가 정답이다.

어휘 | field office 지사   relocate [riloukéit] 전근하다   weigh [wei] 심사숙고하다   pros and cons 장단점

07

M: I'm going to hand in my resignation next week.
W: Really? Have you told anyone?
M: No, so **make sure** you keep it under your hat.

(a) We can keep it from going under.
(b) You didn't have to do that.
(c) Don't worry. You can count on me.
(d) Sure. I'll make my decision soon.

M: 전 다음 주에 사표를 제출하려고 해요.
W: 정말이요? 누군가에게 말한 적 있어요?
M: 아니요, 그러니까 반드시 비밀로 해주세요.

(a) 우린 그것이 실패하지 않도록 할 수 있어요.
(b) 당신이 그렇게 할 필요는 없었어요.
(c) 걱정마세요. 저를 믿으셔도 돼요.
(d) 물론이죠. 곧 결정할게요.

해설 | make sure ~라며 자신이 사표를 제출하려고 한다는 것을 비밀로 해달라고 요청하는 말에 '나를 믿어도 된다'라는 말로 비밀을 지키겠다는 의미를 전달한 (c)가 정답이다.

어휘 | **hand in one's resignation** 사표를 제출하다 **keep ~ under one's hat** ~을 비밀로 해두다 **go under** 실패하다 **count on** ~를 믿다

08

M: How's the job search coming along?	M: 일자리 찾는 건 잘되고 있니?
W: I haven't had much luck so far.	W: 지금까진 별로 운이 없었어.
M: The market's really tough these days.	M: 요즘 고용 시장이 어려움을 겪고 있잖니.
(a) Well, I've had plenty of good prospects.	(a) 음, 난 성공할 가능성이 높았어.
(b) I'm not really interested in marketing.	(b) 난 마케팅에 별로 관심 없어.
(c) I'm confident you'll find something.	(c) 난 네가 뭔가를 찾을 거라고 믿어.
(d) Yeah, but I'm trying to keep my chin up.	(d) 그래, 그렇지만 용기를 잃지 않으려고 노력 중이야.

해설 | 구직 활동이 잘 안된다는 여자의 말에 남자가 요즘 고용 시장이 어렵다고 하자, '그렇지만 용기를 잃지 않으려고 노력 중이다'라고 답한 (d)가 정답이다. (a)의 성공할 가능성이 높았다는 말은 운이 없었다고 한 대화의 문맥에 맞지 않으므로 틀리다.

어휘 | **come along** (원하는 대로) 되어가다 **prospect**[práspekt] (성공할) 가능성 **keep one's chin up** 용기를 잃지 않다

09

Listen to a conversation between two co-workers.	두 동료 간의 대화를 들으시오.
W: I was really impressed by your presentation.	W: 당신의 발표에 정말 감명받았어요.
M: Thanks. It's always nice to receive positive feedback.	M: 고마워요. 긍정적인 의견을 듣는 것은 언제나 좋네요.
W: It was so detailed. You must know a lot about the trade business.	W: 정말 상세했어요. 무역업에 대해 많이 알고 계시는군요.
M: Not really. **Most of the data about exports came from one source.**	M: 그렇지 않아요. 수출에 대한 대부분의 자료는 하나의 출처에서 나온 거예요.
W: What source is that? I may want to consult it sometime myself.	W: 무슨 출처인가요? 저도 언젠가 참고하고 싶네요.
M: The Census Bureau's *Survey of Business Owners*.	M: 국세 조사국의 '기업주에 대한 조사'예요.
W: Either way, it was a hit with the managers.	W: 어쨌든, 경영자들에게 호평을 받았어요.
M: That's good to hear. I wasn't exactly sure how it went over.	M: 잘됐네요. 저는 그게 어떻게 받아들여졌는지 확신이 안 서더라고요.
Q. Which is correct about the man according to the conversation?	Q. 대화에 따르면 남자에 대해 맞는 것은 무엇인가?
(a) He covered the topic of exporting in his presentation.	(a) 발표에서 수출에 대한 주제를 다루었다.
(b) He knows a great deal about the trade industry.	(b) 무역 산업에 대해 많이 알고 있다.
(c) He provides consulting services to trade companies.	(c) 무역 회사에 컨설팅을 해준다.
(d) He gave a presentation at the Census Bureau.	(d) 국세 조사국에서 발표를 했다.

해설 | 대화에서 남자에 대한 내용과 일치하는 것을 묻는 문제이다. 남자가 자신의 발표에 대해 Most of the data ~ from one source(수출에 대한 대부분의 자료는 하나의 출처에서 나온 거예요)라고 했으므로 (a)가 정답이다.

어휘 | **detailed**[ditéild] 상세한 **consult**[kənsʌ́lt] 참고하다 **Census Bureau** 국세 조사국 **either way** 어쨌든 **hit**[hit] 호평, 성공 **go over** (생각 등이) 받아들여지다

10

Listen to a conversation between two friends.	두 친구 간의 대화를 들으시오.
W: I've been really struggling since I lost my job.	W: 직장을 잃은 후로 정말 고군분투하고 있어.
M: What do you think is the toughest part?	M: 뭐가 제일 힘든 부분인 것 같아?
W: **It's just hard to make ends meet.**	W: 수입 내에서 생활을 꾸려가는 게 힘들어.
M: Yeah, **I've been there before myself.**	M: 응, 나도 전에 겪어봐서 잘 알고 있어.
W: I just don't know what to do.	W: 뭘 해야 할지 모르겠어.
M: Have you thought about applying at the temporary agency downtown?	M: 시내의 임시 인력 센터에 지원하는 것에 대해 생각해봤어?
W: I'd rather get a full-time position somewhere.	W: 차라리 어딘가에서 정규직으로 일하는 편이 나을 것 같아.
M: Still, you need to do something in the meantime.	M: 그래도, 그 사이에 뭔가를 해야 하잖아.

Q. What can be inferred from the conversation?

(a) The man has worked at a temporary agency in the past.
(b) The woman has been unemployed for a long time.
(c) The man has experienced financial difficulties before.
(d) The woman has heard negative reports about the temporary agency.

Q. 대화로부터 추론할 수 있는 것은 무엇인가?

(a) 남자는 과거에 임시 인력 센터에서 일해본 적이 있다.
(b) 여자는 오랫동안 실직한 상태로 있어왔다.
(c) 남자는 전에 재정적인 어려움을 겪은 적이 있다.
(d) 여자는 임시 인력 센터에 대해 좋지 않은 소문을 들었다.

해설 | 대화를 통해 추론할 수 있는 내용을 묻는 문제이다. 여자가 It's just ~ ends meet(수입 내에서 생활을 꾸려가는 게 힘들어)이라고 하자 남자가 I've been there before myself(나도 전에 겪어봐서 잘 알고 있어)라고 했으므로, 남자도 재정적인 어려움을 겪은 적이 있다는 것을 알 수 있다. 따라서 이를 통해 추론할 수 있는 것은 (c)이다

어휘 | **struggling** [strʌ́gliŋ] 고군분투하는 **make ends meet** 수입 내에서 생활을 꾸려가다 **have been there before** 실제로 겪어봐서 잘 알고 있다
temporary agency 임시 인력 센터 **in the meantime** 그 사이에

Course 5 병원 / 학교

Hackers TEST

01 (c)   02 (c)   03 (d)   04 (d)   05 (b)   06 (c)   07 (c)   08 (d)   09 (d)   10 (b)

01

I think I might be coming down with a fever.

(a) What did the doctor say?
(b) Don't worry. I'll be fine.
(c) You should get some rest then.
(d) It's not a problem.

나 열이 나는 것 같아.

(a) 의사가 뭐라고 했어?
(b) 걱정 마. 난 괜찮을 거야.
(c) 그럼 너 좀 쉬어야겠다.
(d) 문제없어.

해설 | 열이 나는 것 같다는 말에 '그럼 너 좀 쉬어야겠다'는 말로 조언한 (c)가 정답이다.

오답분석
(a) I went to the hospital yesterday because of my sore throat(인두염 때문에 어제 병원에 갔었어)과 같은 말에 적절한 응답이다.
(b) You look a little under the weather(너 몸이 안 좋아 보인다)와 같은 말에 적절한 응답이다.
(d) Are you still going camping despite your high fever?(열이 높은데도 여전히 캠핑 갈 거니?)와 같은 질문에 적절한 응답이다.

어휘 | **come down with a fever** 열이 나다

02

How come you didn't attend the study session last week?

(a) I'll still have to take the exam regardless.
(b) It wasn't as difficult as you made it out.
(c) I had to take care of a personal matter.
(d) You could've tried studying harder.

너 왜 지난주 스터디에 참석하지 않았니?

(a) 난 그것과는 관계없이 여전히 시험을 봐야 해.
(b) 네가 주장한 것처럼 어렵진 않았어.
(c) 개인적인 일을 처리해야 했어.
(d) 넌 더 열심히 공부할 수 있었잖아.

해설 | How come을 사용하여 지난주 스터디에 참석하지 않은 이유를 물었으므로 '개인적인 일을 처리해야 했다'고 이유를 말한 (c)가 정답이다.

오답분석
(a) 질문의 study(스터디)와 관련된 exam(시험)을 사용한 오답이다.
(b) Wasn't the driver's license test difficult?(운전면허 시험 어렵지 않았니?)와 같은 질문에 적절한 응답이다.
(d) 질문의 study(스터디)와 비슷한 studying(공부하는)을 사용한 오답이다.

어휘 | **study session** 스터디(공부 모임) **regardless** [rigɑ́ːrdlis] ~에 관계없이 **make out** ~을 주장하다

2부 | 대화 주제별 공략 (Part 1~3) 219

03

I just heard that Jill had surgery last week. **Is she doing OK?**

(a) We'll know more when the surgery's complete.
(b) No, I can't visit her at the hospital.
(c) It's been a long road to recovery.
(d) She'll be released before the weekend.

방금 Jill이 지난주에 수술했다고 들었어. 그녀는 괜찮니?

(a) 수술이 끝나면 더 알 수 있을 거야.
(b) 아니, 난 그녀의 병문안을 갈 수 없어.
(c) 회복하기까지 오래 걸렸어.
(d) 그녀는 주말이 되기 전에 퇴원할 거야.

해설 | Be동사 의문문으로 수술 받은 사람의 상태를 묻는 말에 '주말이 되기 전에 퇴원할 것'이라는 말로 Jill의 상태가 괜찮다는 의미를 전달한 (d) 가 정답이다.

오답분석
(a) 질문의 surgery를 반복해서 사용한 오답이다.
(b) 질문의 surgery(수술)와 관련된 hospital(병원)을 사용한 오답이다.
(c) 질문의 surgery(수술)와 관련된 recovery(회복)를 사용한 오답이다.

어휘 | surgery[sə́:rdʒəri] 수술   recovery[rikʌ́vəri] 회복

04

My allergies have been acting up again lately.

(a) Well, I'm allergic to that myself.
(b) I know. Pollen counts have been low recently.
(c) It seems the medicine is working then.
(d) Maybe you should consult your physician.

알레르기가 요즘 재발하고 있어.

(a) 음, 나도 그것에 알레르기가 있어.
(b) 알아. 최근에 꽃가루 수가 줄었어.
(c) 그렇다면 약이 효과가 있는 것 같구나.
(d) 아무래도 너 의사에게 진찰을 받아야겠다.

해설 | 알레르기가 재발하고 있다는 문제점을 전하는 말에 '의사에게 진찰을 받아야겠다'고 조언한 (d)가 정답이다.

오답분석
(a) 질문의 allergies(알레르기)와 비슷한 allergic(알레르기가 있는)을 사용한 오답이다.
(b) 질문의 allergies(알레르기)와 관련된 Pollen(꽃가루)을 사용한 오답이다.
(c) I haven't had any problems with my allergies this week(이번 주에는 알레르기 문제가 없었어)와 같은 말에 적절한 응답이다.

어휘 | act up (병이) 재발하다   pollen count (공기 중의) 꽃가루 수   consult[kənsʌ́lt] (의사에게) 진찰받다

05

W: Phillip, your grades have really fallen off recently.
M: Well, I've had some personal problems to deal with.
W: Still, that's no excuse for this poor of a performance.

(a) My grades are better than ever.
(b) I'll do my best to turn things around.
(c) I'm sorry for excusing myself early.
(d) Good point. I've turned in worse performances.

W: Phillip, 너 요즘 성적이 정말 떨어지고 있구나.
M: 음, 처리해야 할 개인적인 문제들이 좀 있어서요.
W: 그래도, 그건 이렇게 나쁜 성적에 대한 변명이 될 수는 없어.

(a) 제 성적은 그 어느 때보다 좋아요.
(b) 상황을 바꾸기 위해서 최선을 다할게요.
(c) 아까 변명한 것은 죄송해요.
(d) 맞는 말이에요. 전 성적이 더 나빠졌어요.

해설 | 개인적인 문제들은 나쁜 성적에 대한 변명이 될 수 없다고 충고하는 말에 '상황을 바꾸기 위해서 최선을 다하겠다'라는 말로 충고를 받아들 인 (b)가 정답이다. (d)는 Good point(맞는 말이에요)가 정답처럼 들려 혼동을 준 오답으로, 개인적인 문제들이 나쁜 성적에 대한 변명이 될 수는 없다는 말에 성적이 더 나빠졌다는 응답은 적절하지 않으므로 틀리다.

어휘 | deal with (문제·사건 따위를) 처리하다   turn ~ around ~을 바꾸다   excuse[ikskjú:z] n. 변명 v. 변명하다

06

W: I didn't see you at practice this morning. What happened?
M: I cut my hand and had to get stitches.
W: That's too bad. **Are you all right?**

(a) I'll have it looked at by a physician.
(b) The doctor said I'll need stitches.
(c) It should heal within a week.
(d) It hurt a lot during practice.

W: 오늘 아침 연습에 네가 없더라. 무슨 일이니?
M: 손을 베여서 꿰매야 했어.
W: 그것 참 안됐구나. 괜찮니?

(a) 의사에게 상처를 치료받을 거야.
(b) 의사가 말하기를 꿰매야 할 거래.
(c) 일주일 내에 나을 거야.
(d) 연습하는 동안 너무 아팠어.

해설 | Be동사 의문문으로 손을 꿰맨 것이 괜찮은지 묻는 말에 '일주일 내에 나을 것이다'라는 말로 괜찮아질 것이라는 의미를 전달한 (c)가 정답이다. (d)의 연습하는 동안 너무 아팠다는 말은 연습에 없었다고 한 대화의 문맥에 맞지 않으므로 틀리다.

어휘 | stitch[stitʃ] (상처를 꿰매는) 한 바늘   heal[hi:l] 낫다

07

W: You look down. Is anything wrong? M: Yeah, I flunked the Spanish final. W: **Didn't** you tell me it was going to be easy? (a) I didn't know it was that easy. (b) I'll know the results soon. **(c) Yeah, I guess I was overconfident.** (d) I thought I had enough time to prepare.	W: 너 우울해 보인다. 뭐가 잘못됐니? M: 응, 스페인어 기말고사를 망쳤어. W: 네가 그거 쉬울 거라고 말하지 않았어? (a) 난 그게 그렇게 쉬울 줄 몰랐어. (b) 곧 결과를 알게 될 거야. (c) 응, 내가 자만했던 것 같아. (d) 준비일 시간이 충분히 있는 줄 알았어.

해설 | Didn't를 사용하여 시험이 쉬울 거라고 말하지 않았냐고 묻는 말에 '내가 자만했던 것 같다'라는 말로 자신의 생각이 틀렸다는 의미를 전달한 (c)가 정답이다. (d)는 시험 준비할 시간이 충분하다고 해서 시험이 쉬워지는 것은 아니므로 틀리다.

어휘 | flunk[flʌŋk] 망치다, 낙제하다   overconfident[ðuvərkánfidənt] 자만한

08

W: So, how is Jake doing? M: His headaches have improved. W: **What about** his blurred vision? (a) He needs to watch what he's doing. (b) It's more painful than before. (c) They are related to his headaches. **(d) His eyesight is back to normal.**	W: 그래서, Jake는 어때? M: 두통은 나아졌어. W: 시야가 흐릿한 건 어때? (a) 그는 행동을 주의해야 해. (b) 전보다 더 아파. (c) 그것들이 그의 두통과 연관되어 있어. (d) 그의 시력이 정상으로 돌아왔어.

해설 | What about을 사용하여 Jake의 시야가 흐릿한 건 어떤지 상태를 물었으므로 '시력이 정상으로 돌아왔다'는 상태를 말한 (d)가 정답이다. (b)는 It's more ~ than before(전보다 더 ~하다)가 정답처럼 들려 혼동을 준 오답으로, 시야가 흐릿한 것에 대해 물었는데 더 아프다는 응답은 적절하지 않으므로 틀리다.

어휘 | blurred[bləːrd] 흐릿한   vision[víʒən] 시야, 시력

09

Listen to a conversation on a college campus. W: You look perturbed. Did something bad happen? M: Well, **I've run into a few stumbling blocks with my registration.** W: Have you met with your advisor to discuss it? M: That was the first thing I did. But two of the classes I need are already full. W: Maybe you should get one of your upper-level requirements out of the way. M: I tried, but they were already closed too. Q. What is the conversation mainly about? (a) Registering for a required upper-level course (b) Solving the problem of conflicting course schedules (c) Asking an advisor about what courses to take **(d) Sorting out issues with course registration**	대학 캠퍼스에서의 대화를 들으시오. W: 너 불안해 보여. 뭔가 안 좋은 일이 있었니? M: 음, 등록하는 데 몇 가지 장애물에 부딪혔어. W: 지도 교수님을 만나서 논의해봤니? M: 제일 먼저 그렇게 했지. 하지만 내가 들어야 할 수업 중에 두 개가 이미 정원이 찼어. W: 아마도 먼저 상위 필수 과목들 중 하나를 해치워야겠다. M: 그러려고 했지만, 그것들도 이미 마감됐어. Q. 주로 무엇에 관한 대화인가? (a) 필수 상위 과목에 등록하는 것 (b) 시간이 겹치는 수강 스케줄 문제를 해결하는 것 (c) 지도 교수에게 어떤 과목을 들어야 할지 물어보는 것 (d) 수강 등록 문제를 해결하는 것

해설 | 대화의 주제를 묻는 문제이다. 남자가 I've run ~ my registration(등록하는 데 몇 가지 장애물에 부딪혔어)이라고 말한 후, 지도 교수님과 상의하는 것이나 상위 필수 과목을 수강하는 것과 같이 수강 등록 문제를 해결하는 것에 대한 대화가 이어졌다. 따라서 대화의 주제로 적절한 것은 (d)이다.

어휘 | perturbed[pərtə́:rbd] 불안한 run into ~에 부딪히다 stumbling block 장애물 advisor[ədváizər] 지도 교수
get ~ out of the way ~을 먼저 해치우다 sort out ~을 해결하다

10

Listen to a conversation between a doctor and a patient.

M: Overall you're very healthy, but there's something that we need to keep an eye on.

W: What? Is something wrong?

M: It's just that your blood pressure is a bit higher than it should be.

W: Oh no! Is it something that I need to be worried about?

M: Not at the moment, but **you might want to watch your sodium and fat intake.**

W: I can handle that, and maybe I'll throw some exercise in the mix as well.

Q. Which is correct according to the conversation?

(a) The woman maintains a regular exercise program.
(b) The woman should consider altering her diet.
(c) The man is trying to eat more low-sodium foods.
(d) The man has a history of high blood pressure.

의사와 환자 간의 대화를 들으시오.

M: 전반적으로 매우 건강하시지만, 유의할 필요가 있는 것이 있습니다.

W: 뭐죠? 뭐가 잘못되었나요?

M: 혈압이 정상보다 조금 높으신 것뿐입니다.

W: 오 이런! 걱정해야 할 일인가요?

M: 지금은 아니지만, **염분과 지방 섭취에 주의하셔야** 할 것입니다.

W: 그건 조절할 수 있어요, 그리고 아마 운동도 좀 할 수 있을 거예요.

Q. 대화에 따르면 맞는 것은 무엇인가?

(a) 여자는 규칙적인 운동 프로그램을 유지한다.
(b) 여자는 식습관을 바꿀 것을 고려해야 한다.
(c) 남자는 저염분의 음식을 더 먹기 위해 노력하고 있다.
(d) 남자는 고혈압 병력이 있다.

해설 | 대화의 내용과 일치하는 것을 묻는 문제이다. 남자가 여자에게 you might ~ fat intake(염분과 지방 섭취에 주의하셔야 할 것입니다)라고 했으므로 (b)가 정답이다.

어휘 | overall[ðuvərɔ́:l] 전반적으로 keep an eye on ~에 유의하다 blood pressure 혈압 sodium[sóudiəm] 염분 intake[íntèik] 섭취
maintain[meintéin] 유지하다 alter[ɔ́:ltər] 바꾸다 low-sodium 저염분의

2부 담화 유형별 공략 (Part 4~5)

Course 1 방송

1. 광고
p.288

Wondering where to spend the holidays without breaking the bank? At Palm Islands, **we provide exciting family getaways that are affordable**. Our motto is to keep you coming back by offering fun entertainment for all ages and comfortable lodging designed for budget travelers. For more information about our travel packages, call 1-888-Islands today!

Q. What is mainly being advertised about Palm Islands?
A. Its enjoyable, reasonably priced vacations

돈을 많이 쓰지 않고 휴가를 어디에서 보내면 좋을지 고민하고 계신가요? Palm Islands에서는, **적당한 가격의 신나는 가족 휴양지를 제공해 드립니다**. 모든 연령층을 위한 재미있는 오락거리와 저예산 여행자들을 위해 실세련 편안한 숙박을 제공함으로써 고객님들께서 계속해서 찾아 오시도록 하는 것이 저희의 신조입니다. 저희 여행 패키지에 대한 더 많은 정보를 원하신다면, 1-888-Islands로 오늘 전화 주세요!

Q. Palm Islands에 대해 주로 광고되고 있는 것은 무엇인가?
A. 즐겁고 합리적인 가격의 휴가

어휘 | **break the bank** 돈을 많이 쓰다, 무일푼이 되게 하다　**getaway**[gétəwèi] 휴양지　**affordable**[əfɔ́ːrdəbl] 적당한 가격의　**motto**[mátou] 신조, 표어　**budget traveler** 저예산 여행자　**enjoyable**[indʒɔ́iəbl] 즐거운, 재미있는　**reasonably**[ríːzənəbli] 합리적으로

2. 뉴스
p.289

Authorities intercepted a package at customs containing 200 rare turtles from Vietnam. The turtles have an estimated value of half a million US dollars on the black market. Animal protection officials were notified after postal workers discovered that **the package had originated from a phony address**. None of the turtles were harmed, and all have been returned to the wild.

Q. Which is correct according to the report?
A. The package was sent from a false address.

조사 당국은 베트남에서 온 희귀한 거북이 200마리를 담고 있는 소포를 세관에서 압수했습니다. 그 거북이들은 암시장에서 미화 50만 달러의 가치가 있는 것으로 추정됩니다. 동물 보호 관리자는 우편 직원이 **그 소포가 가짜 주소로부터 왔다는 것**을 발견한 후에 신고를 받았습니다. 거북이는 모두 상처입지 않았으며, 야생으로 돌려 보내졌습니다.

Q. 보도에 따르면 맞는 것은 무엇인가?
A. 그 소포는 가짜 주소로부터 발송되었다.

어휘 | **intercept**[ìntərsépt] 압수하다, 빼앗다　**customs**[kʌ́stəmz] 세관　**black market** 암시장　**notify**[nóutəfài] 신고하다　**phony**[fóuni] 가짜의

3. 프로그램
p.290

On today's show we'll be sharing some tips about **ways to keep your youthful appearance**. Keeping the face firm is of utmost importance, but how? One way is through a combination of facial exercises and massages, which help tone and loosen muscles. Another is to apply moisturizers, chemical agents designed to keep skin more pliant. Staying hydrated also helps to forestall the onset of wrinkles. **Now let's discuss a few other preventive measures you can take.**

Q. What is the speaker most likely to talk about next?
A. Additional ways to combat the effects of aging

오늘 쇼에서는 여러분의 **젊은 외모를 유지하는 방법**에 대한 비결을 공유해 보도록 하겠습니다. 얼굴을 탄력 있게 유지하는 것이 가장 중요한데요, 그렇지만 어떻게 해야 할까요? 한 가지 방법은 얼굴 운동과 마사지를 결합시키는 것인데요, 이것은 근육을 다듬고 풀어주는 데 도움이 됩니다. 또 다른 방법은 피부를 더욱 유연하게 유지시키도록 만들어진 화학 제품인 보습제를 바르는 것입니다. 수분을 유지하는 것도 주름이 생기는 것을 미리 막아줍니다. 이제 **여러분께서 취하실 수 있는 다른 몇 가지 예방책에 대해서 이야기해 보도록 하겠습니다.**

Q. 화자는 다음에 무엇에 대해 말할 것 같은가?
A. 노화를 방지하는 다른 방법들

어휘 | **combination**[kàmbənéiʃən] 결합　**tone**[toun] 다듬다　**loosen**[lúːsən] 풀다, 느슨하게 하다　**chemical agent** 화학 제품　**pliant**[pláiənt] 유연한, 유순한　**hydrated**[háidreitid] 수분을 가진　**forestall**[fɔːrstɔ́ːl] 미리 막다　**preventive**[privéntiv] 예방적인

Part 4

01

Target Mobile can help you reach multiple audiences quickly and directly. **If you're looking to steer potential customers to your product with maximum impact, there is no better way than with mobile billboards.** These signs will reach more people than any other form of outdoor media, ensuring the success of any ad campaign. Our trucks use streaming images and colorful graphics to grab the attention of any passerby. Don't delay! Let us work for you.

Q. What is mainly being advertised about Target Mobile?

(a) Its colorful business brochures
(b) Its attractive mobile ads
(c) Its graphic design services
(d) Its ad campaign posters

Target Mobile은 당신이 여러 고객에게 빠르고 직접적으로 다가갈 수 있도록 도와드립니다. **최대의 효과로 잠재 고객들을 당신의 상품으로 이끌고 싶다면, 이동 광고 게시판보다 더 좋은 방법은 없습니다.** 이러한 광고들은 다른 어떤 옥외 매체보다도 더 많은 사람들에게 다가갈 수 있으며, 어떠한 광고 캠페인의 성공도 보증합니다. 저희 트럭은 지나가는 모든 사람들의 주목을 끌기 위해 연속적인 이미지와 화려한 그래픽을 사용합니다. 지체하지 마세요! 저희가 여러분을 위해 일하게 해주세요.

Q. Target Mobile에 대해 주로 광고되고 있는 것은 무엇인가?

(a) 화려한 회사 광고 전단지
(b) 매력적인 이동 광고
(c) 그래픽 디자인 서비스
(d) 광고 캠페인 포스터

해설 │ 광고되고 있는 것을 묻는 중심 내용 문제이므로, 중간의 광고 대상 및 장점과 광고 내용이 구체화되는 부분을 잘 듣는다. If you're ~ with mobile billboards에서 이동 광고 게시판이 상품을 광고하는 제일 좋은 방법이라고 말한 후, 이동 광고의 장점에 대한 더 구체적인 내용이 이어졌다. 따라서 광고되고 있는 것은 (b)이다.

Paraphrase된 문장
mobile billboards(이동 광고 게시판) → mobile ads(이동 광고)

어휘 │ **steer**[stiər] (손님을) 이끌다 **potential**[pəténʃəl] 잠재적인 **billboard**[bílbɔ̀:rd] 광고 게시판 **outdoor media** 옥외 매체
ensure[inʃúər] 보증하다 **stream**[stri:m] 연이어 나오다 **passerby**[pǽsərbái] 지나가는 사람

02

Are error messages and system crashes causing your computer to be slower than it used to be? Let us help you speed up your system with Registry Wizard. Our software uses the most advanced technology **to thoroughly scan your system's registry for errors and invalid entries.** With one click you can scan, locate, and fix the registry problems that impair your computer's ability to function efficiently. Download the trial version today for a free diagnostic scan.

Q. Which is correct about the Registry Wizard software?

(a) It is distributed under a free software license.
(b) It can scan your computer for viruses.
(c) It can detect errors in your computer.
(d) It helps you access the system registry faster.

오류 메시지와 시스템 충돌이 컴퓨터를 전보다 더 느려지게 하고 있습니까? 저희가 Registry Wizard로 여러분의 시스템 속도를 높이는 것을 도와드리겠습니다. 저희 소프트웨어는 **오류와 인식할 수 없는 항목들이 있는지 시스템 레지스트리를 정밀하게 검사하기 위해** 최첨단 기술을 사용합니다. 한 번의 클릭으로 컴퓨터가 효율적으로 기능하는 능력을 손상시키는 레지스트리 문제를 검사하고, 발견해서 고칠 수 있습니다. 무료 진단 검사를 위해 오늘 견본을 다운로드 하세요.

Q. Registry Wizard 소프트웨어에 대해 맞는 것은 무엇인가?

(a) 무료 소프트웨어로 배포된다.
(b) 컴퓨터 바이러스를 검사할 수 있다.
(c) 컴퓨터의 오류를 탐지할 수 있다.
(d) 시스템 레지스트리를 더 빨리 이용할 수 있도록 도와준다.

해설 │ 광고와 일치하는 내용을 묻는 세부 정보 문제이므로, 중간의 광고 내용이 구체화되는 부분을 꼼꼼히 기억해둔다. to thoroughly scan ~ invalid entries에서 오류와 인식할 수 없는 항목들을 정밀하게 검사한다고 했으므로 (c)가 정답이다.

어휘 │ **registry**[rédʒistri] 레지스트리(컴퓨터에서 모든 프로그램의 시스템 정보를 담고 있는 데이터베이스) **invalid**[invǽlid] 인식할 수 없는 **entry**[éntri] 항목
impair[impéər] 손상시키다 **diagnostic**[dàiəgnάstik] 진단의 **detect**[ditékt] 탐지하다

03

On today's show we'll discuss the recent turmoil surrounding athlete conduct. It is true that several professional athletes have engaged in irresponsible off-the-field behavior in the last few months. Some athletes have even spoken out against the behavior of their own teammates, labeling it an embarrassment to the team. Such incidents involving a few individuals have dominated the national press. Even loyal fans have begun to question the integrity of athletes. **But not all sports stars act disgracefully. Let's take a look at a few exemplary cases.**

Q. What will the speaker most likely talk about next?

(a) Athletes who embarrass their teams with their behavior
(b) How the media shapes the public's view of athletes
(c) Athletes who behave in socially acceptable ways
(d) How star athletes have behaved off the field

오늘 쇼에서는 운동선수의 행실을 둘러싼 최근 논란에 대해 이야기해 보겠습니다. 지난 몇 개월 동안 몇몇 프로 운동선수들이 경기장 밖에서 무책임한 행동에 연루되었다는 것은 사실입니다. 운동선수들은 같은 팀 동료의 행동에 반대하여 큰 소리를 냈고, 그런 행실은 팀의 수치라고 했습니다. 그러한 소수의 개인과 관련된 사건들이 국가 언론을 장악해 왔습니다. 충성스런 팬들조차 운동선수들의 진정성에 의문을 가지기 시작했습니다. 그렇지만 모든 스포츠 스타들이 불명예스럽게 행동하는 것은 아닙니다. 몇 가지의 모범적인 사례들을 살펴보도록 합시다.

Q. 화자는 다음에 무엇에 대해 말할 것 같은가?

(a) 자신의 행동으로 팀을 곤란하게 하는 운동선수들
(b) 어떻게 미디어가 운동선수들에 대한 대중의 인식을 만들어내는지
(c) 사회적으로 바람직한 행동을 하는 운동선수들
(d) 스타 운동선수들이 경기장 밖에서 어떻게 행동해 왔는지

해설 | 프로그램에서 다음에 이야기할 내용을 묻는 추론 문제이므로, 앞부분의 논의 주제 소개와 마지막의 다음 내용 소개를 잘 듣는다. 최근 운동선수의 행실을 둘러싼 논란에 대해 논의할 것이라며 주제를 말한 후, 마지막 부분인 But not all ~ exemplary cases에서 모든 스포츠 스타들이 불명예스럽게 행동하는 것은 아니라며, 모범적인 사례들을 살펴보겠다고 다음 내용을 소개했다. 이를 통해 바람직하게 행동하는 선수들의 예가 이어질 것임을 알 수 있다. 따라서 화자가 다음에 이야기할 내용은 (c)이다.

Paraphrase된 문장

not ~ act disgracefully(불명예스럽게 행동하지 않다) → behave in socially acceptable ways(사회적으로 바람직한 행동을 하다)
sports stars(스포츠 스타) → Athletes(운동선수)

어휘 | turmoil[tə́ːrmɔil] 논란, 소동 conduct[kándʌkt] 행실 engage in ~에 연루하다 speak out against ~에 반대하여 큰 소리를 내다
embarrassment[imbǽrəsmənt] 수치 dominate[dámənèit] 장악하다 integrity[intégrəti] 진정성, 정직성
disgracefully[disgréisfəli] 불명예스럽게 acceptable[əkséptəbl] 바람직한, 훌륭한

04

Local residents are recovering from a series of major summer floods. 4 more major floods occurred in July, taking the yearly total to 8. The intensity of the floods has also been notable, with 2 "floods of record" so far this summer. **Since the Federal Emergency Management Agency began documenting flood data, no single year has produced more than 9 major floods. But it looks very likely that we will surpass that number in the next couple of months.**

Q. What can be inferred from the report?

(a) The local region will be declared a federal disaster area.
(b) This year may set a record for major floods.
(c) The area was not prepared for the severe floods.
(d) The federal agency was to blame for the recent floods.

지역 주민들이 일련의 여름 대홍수로부터 회복하고 있습니다. 7월에 4번의 대홍수가 더 발생하면서, 연간 총 홍수 발생 횟수가 8번이 되었습니다. 올 여름에 지금까지 있었던 2번의 '기록적인 홍수'와 함께 홍수의 강도 역시 주목할 만합니다. 연방 재난 관리국에서 홍수 자료를 기록하기 시작한 이래로, 한 해에 9번 이상의 대홍수가 일어난 적은 없었습니다. 그렇지만 앞으로 몇 개월 내에 그 숫자를 넘을 가능성이 높은 것으로 보입니다.

Q. 보도로부터 추론할 수 있는 것은 무엇인가?

(a) 그 지역은 연방 재난 지역으로 공표될 것이다.
(b) 올해 대홍수 발생 기록이 세워질 수도 있다.
(c) 그 지역은 심각한 홍수에 대비되어 있지 않다.
(d) 연방 기관이 최근의 홍수에 대한 책임이 있었다.

해설 | 뉴스를 통해 추론할 수 있는 내용을 묻는 추론 문제이므로, 중간의 뉴스 내용이 구체화되는 부분부터 뉴스 마지막까지 꼼꼼히 기억해둔다. Since the Federal ~ couple of months에서 홍수 자료를 기록한 후로 한 해에 9번 이상의 대홍수가 일어난 적이 없었는데, 몇 개월 내로 그 숫자를 넘을 가능성이 높은 것 같다고 했다. 이를 통해 기록상에 있는 어느 해보다도 많은 홍수가 올해 발생할 가능성이 있다는 것을 알 수 있다. 따라서 담화를 통해 추론할 수 있는 것은 (b)이다.

어휘 | intensity[inténsəti] 강도 notable[nóutəbl] 주목할 만한 federal[fédərəl] 연방의 document[dákjumènt] 기록하다
surpass[sərpǽs] 넘다

05
~
06

⁰⁵**A magnitude 6.5 earthquake rattled the Philippines yesterday evening, leaving substantial damage in its wake.** The quake's epicenter was near the southern city of Zamboanga, but the earthquake was also felt as far away as Manila, over 1,000 kilometers away. Several structures in Zamboanga collapsed, including a bridge and a four-story department store. Moreover, a fire broke out at a thermal power plant, causing a widespread blackout throughout the city, much of which remains without power today. Fortunately, only minor injuries were reported, with no fatalities at all. ⁰⁶**The central government has sent a team to investigate the destruction in the city.** The army will begin delivering supplies to those in need tonight. Meanwhile, several overseas disaster relief agencies along with the Red Cross have offered assistance. Small aftershocks are predicted to continue for a number of days.

⁰⁵규모 6.5의 지진이 어젯밤 필리핀을 흔들었으며, 그것이 지나간 자리에 상당한 피해를 남겼습니다. 지진의 진앙은 남부 도시 Zamboanga 근처였으나, 천 킬로미터 이상 떨어진 마닐라에서도 느껴졌습니다. 다리와 4층짜리 백화점을 포함하여, Zamboanga의 여러 건물들이 무너졌습니다. 게다가, 화력 발전소에서 화재가 일어나 도시 전체에 광범위한 정전을 야기하여, 오늘 도시 대부분에 전력이 끊긴 상태입니다. 다행히도, 사망자는 전혀 없이 가벼운 부상만 보고되었습니다. ⁰⁶중앙 정부는 도시의 파괴 상태를 조사하기 위한 팀을 파견했습니다. 군대는 오늘 밤에 도움이 필요한 이들에게 물자를 전달하기 시작할 것입니다. 한편, 적십자를 비롯한 해외의 몇몇 재난 구호 단체들이 도움을 제공했습니다. 작은 여진은 며칠간 계속될 것으로 예상됩니다.

05. Q. What is the news story mainly about?

(a) Damages resulting from a natural disaster
(b) The impact of a fire at a power plant
(c) An aftershock affecting an entire country
(d) The role of international assistance

06. Q. Who has sent a group to check the damage?

(a) The local authorities
(b) The central government
(c) The army
(d) The Red Cross

05. Q. 뉴스는 주로 무엇에 대한 것인가?

(a) 자연 재해로 인한 피해
(b) 발전소 화재의 영향
(c) 전국에 영향을 주는 여진
(d) 국제적인 도움의 역할

06. Q. 피해를 조사하기 위한 단체를 파견한 것은 누구인가?

(a) 지방 당국
(b) 중앙 정부
(c) 군대
(d) 적십자

해설 | 05. 뉴스의 주제를 묻는 중심 내용 문제이므로, 앞부분의 뉴스 소개를 중점적으로 듣는다. A magnitude ~ in its wake에서 지진이 지나간 자리에 상당한 피해를 남겼다는 뉴스를 소개한 후, 지진이 지역에 남긴 여러 피해에 대한 내용이 이어졌다. 따라서 뉴스의 주제로 적절한 것은 (a)이다.

Paraphrase된 문장

earthquake(지진) → a natural disaster(자연 재해)

06. 뉴스의 특정 정보를 묻는 세부 정보 문제이므로, 중간의 뉴스 내용이 구체화되는 부분을 잘 기억해둔다. The central government ~ in the city에서 중앙 정부가 도시의 파괴 상태를 조사하기 위해 팀을 파견했다고 했으므로 (b)가 정답이다.

Paraphrase된 문장

has sent a team to investigate the destruction(파괴 상태를 조사하기 위한 팀을 파견했다) → has sent a group to check the damage (피해를 조사하기 위한 단체를 파견했다)

어휘 | **magnitude**[mǽɡnətjùːd] 규모 **rattle**[rǽtl] 흔들다, 덜컹거리다 **substantial**[səbstǽnʃəl] 상당한 **epicenter**[épəsèntər] 진앙 **thermal power plant** 화력 발전소 **blackout**[blǽkɑuːt] 정전 **fatality**[feitǽləti] 사망자 **disaster relief agency** 재난 구호 단체 **aftershock**[ǽftərʃɑ̀k] 여진

Good evening, and welcome to this week's book discussion. I'm sure that many of our viewers have already finished reading **07Ms. MacKinnon's latest novel,** *House on the North Sea*, which has won a regional literary prize in the short fiction category. Aside from selling over 50,000 copies, **07it has become the talk of the town due to its controversial ending, so we'll be talking about that today.** The fate of the main character is unclear, with some readers believing he has died and others saying he survived. Many point to the fact that the story makes it possible for Ms. MacKinnon to write a sequel to *House on the North Sea*. Our audience will be able to share their own ideas and interpretations on the ambiguous conclusion of the book. At the end of the show, **08we'll be welcoming a special guest who will clear up the matter in person. Members of our studio audience will even have a chance to get their books signed by her.** I bet you can guess who'll be joining us, can't you?

07. Q. What is the topic of the program?

(a) An increase in an award-winning book's sales
(b) Viewers' opinions on the program
(c) An author's most recent publication
(d) The controversy surrounding an author

08. Q. What can be inferred from the program?

(a) A surprise guest will appear on the program's next episode.
(b) *House on the North Sea* is a collection of short stories.
(c) Ms. MacKinnon was awarded a prize in a contest last year.
(d) Ms. MacKinnon will appear at tonight's discussion.

안녕하세요, 금주의 독서 토론에 오신 것을 환영합니다. 많은 시청자 여러분께서 단편 소설 분야에서 지역 문학상을 수상한 **07**Ms. MacKinnon의 신간 소설 「House on the North Sea」를 이미 다 읽으셨으리라 생각합니다. 5만 부가 넘게 팔린 것 외에도, **07**이 책은 논란의 여지가 있는 결말로 인해 장안의 화제가 되었으니, 오늘은 그에 대한 이야기를 나눌 것입니다. 주인공의 운명은 불분명한데, 어떤 독자들은 그가 죽었다고 믿고 다른 분들은 그가 살아남았다고 이야기합니다. 많은 사람들이 이 이야기가 Ms. MacKinnon이 「House on the North Sea」의 속편을 쓸 수 있게 해준다는 사실에 주의를 돌리게 합니다. 청중들께서는 여러 가지로 해석될 수 있는 이 책의 결말에 대한 각자의 생각과 해석을 공유할 수 있을 것입니다. 쇼의 마지막에는, **08**이 내용을 직접 설명해주실 특별한 손님을 모실 겁니다. 우리 스튜디오의 청중들께서는 그녀로부터 책에 사인을 받으실 기회도 있을 것입니다. 누가 저희와 함께하실지 여러분께서 예상하실 수 있을 거라 믿습니다. 그렇지 않나요?

07. Q. 프로그램의 주제는 무엇인가?

(a) 상을 받은 책 판매량의 증가
(b) 프로그램에 대한 시청자의 의견
(c) 작가의 최신 출판물
(d) 작가를 둘러싼 논란

08. Q. 프로그램으로부터 추론할 수 있는 것은 무엇인가?

(a) 깜짝 손님이 프로그램의 다음 회에 나올 것이다.
(b) 「House on the North Sea」는 단편 소설 모음집이다.
(c) Ms. MacKinnon은 작년에 대회에서 상을 받았다.
(d) Ms. MacKinnon은 오늘 밤 토론에 등장할 것이다.

해설 | 07. 프로그램의 주제를 묻는 중심 내용 문제이므로, 앞부분의 프로그램의 논의 주제가 소개되는 부분과 중간의 내용이 구체화되는 부분을 중점적으로 듣는다. Ms. MacKinnon's latest novel, *House on the North Sea*에서 이 소설이 작가의 신간 소설이라고 했고, it has become ~ today에서 책의 논란의 여지가 있는 결말에 대한 이야기를 나눌 것이라고 말한 후, 이에 대한 구체적인 내용이 이어졌다. 따라서 프로그램의 주제로 적절한 것은 (c)이다.

Paraphrase된 문장
latest novel(신간 소설) → most recent publication(최신 출판물)

08. 프로그램을 통해 추론할 수 있는 내용을 묻는 추론 문제이므로 중간의 논의가 구체화되는 부분부터 마지막까지 꼼꼼히 듣는다. we'll be welcoming ~ matter in person에서 내용을 직접 설명할 특별한 손님을 모실것이라고 한 후, Members of ~ by her에서 스튜디오의 청중들이 책에 사인을 받을 기회도 있다고 했으므로, 책의 작가인 Ms. MacKinnon이 프로그램에 등장할 것임을 알 수 있다. 따라서 담화를 통해 추론할 수 있는 것은 (d)이다. (c)는 Ms. MacKinnon was awarded(Ms. MacKinnon이 상을 받았다)가 정답처럼 들려 혼동을 준 오답으로, 상을 받은 것이 '작년 대회'인지는 담화에 언급되지 않았으므로 틀리다.

Paraphrase된 문장
we'll be welcoming(우리는 모실 것이다) → will appear(등장할 것이다)

어휘 | **aside from** ~외에도   **talk of the town** 장안의 화제   **controversial** [kàntrəvə́ːrʃəl] 논란의 여지가 있는   **sequel** [síːkwəl] 속편
ambiguous [æmbíɡjuəs] 여러 가지로 해석될 수 있는, 모호한   **clear up** ~을 설명하다   **publication** [pʌ̀bləkéiʃən] 출판물

Course 2 안내 / 메시지

1. 안내 및 공지
p.292

Every Tuesday, **the community center gymnasium will sponsor a bingo night for senior citizens in the area.** We expect a large turnout, so plan to arrive early to ensure you get a seat. The cost for entry is $2, which will go toward prizes and refreshments. Whether you're an experienced player or a complete novice, **come enjoy the excitement of bingo and meet other senior citizens in the community.**

Q. What is the main purpose of the announcement?
A. To invite elderly members of the community to bingo night

매주 화요일에, 시민 회관 체육관은 이 지역에 사시는 어르신들을 위해 빙고의 밤을 후원할 것입니다. 많은 분들께서 오실 것으로 예상되오니, 자리를 잡으시려면 일찍 도착하실 수 있도록 하십시오. 입장료는 2달러이고, 이것은 상품과 다과에 충당될 것입니다. 경험이 많으신 분이든 완전한 초보자이시든, 빙고의 재미를 즐기시고 우리 지역의 다른 어르신들을 만나러 오시기 바랍니다.

Q. 안내의 주된 목적은 무엇인가?
A. 그 지역의 어르신들을 빙고의 밤에 초대하기 위해

어휘 | community center 시민 회관　sponsor[spánsər] 후원하다　senior citizen 어르신, 노인　turnout[tə́ːrnàut] (구경·행렬 등에) 나온 사람들
ensure[inʃúər] 확보하다　entry[éntri] 입장　go toward ~에 충당되다, ~에 도움이 되다　refreshments[rifréʃmənts] 다과　novice[návis] 초보자

2. 자동 음성 메시지
p.293

Thank you for using Top Bank's automated banking system. To check your account balance, please press 1. For questions concerning check and credit cards, please press 2. **To apply for a home or business loan, please press 3.** For all other services, please remain on the line and our first available customer service representative will take your call. Thank you for calling Top Bank.

Q. What should a caller do to apply for a business loan?
A. Press 3

Top 은행의 자동 은행 시스템을 이용해 주셔서 감사합니다. 계좌 잔액을 확인하시려면, 1번을 눌러 주십시오. 수표나 신용 카드에 관련된 문의는, 2번을 눌러 주십시오. 주택 자금 융자나 사업 자금 융자를 신청하시려면, 3번을 눌러 주십시오. 다른 모든 업무는, 끊지 말고 기다려 주시면 저희 고객 상담원이 도와 드리겠습니다. Top 은행에 전화 주셔서 감사합니다.

Q. 사업 자금 융자를 신청하려면 무엇을 해야 하는가?
A. 3번을 누른다.

어휘 | automated[ɔ́ːtəmèitid] 자동의　account balance 계좌 잔액　home loan 주택 자금 융자　business loan 사업 자금 융자

3. 전화한 사람이 남긴 메시지
p.294

Hi Mrs. Brown. This is Sally's homeroom teacher. I'm calling to remind you of tomorrow's parent-teacher conference. We hope to have a high attendance as we will be going over some new policies. You're slotted for 5:30, but **we'll be serving refreshments at 5 o'clock** and you're welcome to arrive early. I'll be here at school today until 3:45, but if you need to reach me after that you can try me at home. Hope to hear from you soon.

Q. Which is correct according to the telephone message?
A. Snacks will be provided at 5 o'clock.

안녕하세요 Mrs. Brown. 저는 Sally의 담임 선생님입니다. 내일 있을 선생님과 학부모 회의에 대해 다시 한 번 알려 드리고자 전화 드렸습니다. 몇 가지 새로운 정책들에 대해 검토를 할 예정이어서 많은 분들께서 참석하셨으면 합니다. 어머님께서는 5시 30분에 오시는 것으로 스케줄이 잡혀 있지만, 5시에 다과를 준비할 것이니 일찍 오셔도 좋습니다. 저는 오늘 3시 45분까지 학교에 있을 거지만, 그 후에 저에게 연락할 필요가 있으면 집으로 전화 주셔도 괜찮습니다. 그럼 연락 기다리고 있겠습니다.

Q. 전화 메시지에 따르면 맞는 것은 무엇인가?
A. 5시에 간식이 제공될 것이다.

어휘 | homeroom teacher 담임 선생님　go over ~을 검토하다　slot[slɑt] 스케줄에 넣다

Part 4

01

The first half of the year proved to be fruitful for us at Fletcher Corporation, **as both the company's revenue and global market share expanded** during this period. We saw a 27-percent rise in income, driven in particular by sales of our energy-saving compact cars and minivans. In addition, we are now the top automobile manufacturer in Europe in terms of sales. This has enlarged our share of the global market to 31 percent.

Q. What is the announcement mainly about?

(a) The current automobile manufacturer rankings in Europe

(b) The growing demand for environment-friendly vehicles

(c) A new approach to business management and marketing

(d) The improved performance of Fletcher Corporation

우리 회사의 수익과 세계 시장 점유율이 모두 확대된 것으로 보아, Fletcher 사의 상반기는 많은 성과가 있었음을 알 수 있었습니다. 특히 에너지 절감형 소형차와 미니밴 판매로 인해 우리는 27퍼센트의 수익 증가를 경험했습니다. 게다가, 우리는 이제 매출 측면에서 유럽의 선두 자동차 제조업체가 되었습니다. 이것은 우리의 세계 시장 점유율을 31퍼센트까지 확대시켰습니다.

Q. 안내는 주로 무엇에 대한 것인가?

(a) 현재 유럽의 자동차 제조업체 순위

(b) 환경친화적인 차량에 대한 수요 증가

(c) 경영 관리와 마케팅에 대한 새로운 접근법

(d) Fletcher 사의 향상된 실적

해설 | 안내의 주제를 묻는 중심 내용 문제이므로, 앞부분의 안내 주제가 제시되는 부분을 잘 듣는다. as both ~ expanded에서 회사의 수익과 세계 시장 점유율이 모두 확대되었다고 말한 후, 수익 증가 요인과 회사의 세계 시장 점유율 상승에 관한 내용이 이어졌다. 따라서 안내의 주제로 적절한 것은 (d)이다. (a)는 담화의 we are now ~ in terms of sales(우리는 매출 측면에서 유럽의 선두 자동차 제조업체가 되었습니다)에서 언급되긴 했지만, 일부 내용만을 다루고 있으므로 안내의 주제가 될 수 없다.

Paraphrase된 문장

both the ~ expanded(우리 회사의 수익과 세계 시장 점유율이 모두 확대되었다) → improved performance(향상된 실적)

어휘 | fruitful[frú:tfəl] 성과가 많은 revenue[révənju:] 수익 market share 시장 점유율 compact car 소형차 in terms of ~의 면에서 performance[pərfɔ́ːrməns] 실적, 성과

02

Hello, Jamie. This is Mike from down the street. We're having a neighborhood get-together this afternoon and are hoping you can attend. We'll start grilling burgers around 3 p.m., but **we'll be having a few games with prizes around 2 once all the guests arrive**. Also, you're welcome to come early and take a dip in the pool if you like. We'll be here from noon, so just come on over if you get this message. Hope to see you soon. Bye.

Q. Which is correct according to the telephone message?

(a) Mike plans to go swimming at noon.

(b) The games will start around 2 p.m.

(c) The guests will arrive around 3 p.m.

(d) Jamie should inform Mike if she plans to attend.

안녕하세요, Jamie. 길 아래 쪽에 사는 Mike예요. 오늘 오후에 주민들끼리 사교 모임을 가지려고 하는데 참석해 주셨으면 해서요. 3시쯤에 버거를 굽기 시작할 거지만, 2시쯤에 모든 손님들이 도착하면 상품이 걸린 몇 가지 게임을 할 거예요. 또, 원하신다면 일찍 오셔서 수영장에서 수영을 하셔도 좋고요. 저희는 정오부터 이곳에 있을 테니, 이 메시지를 들으시면 바로 오세요. 곧 뵐 수 있으면 좋겠네요. 안녕히 계세요.

Q. 전화 메시지에 따르면 맞는 것은 무엇인가?

(a) Mike는 정오에 수영하러 갈 계획이다.

(b) 게임은 2시쯤에 시작될 것이다.

(c) 손님들은 3시쯤에 도착할 것이다.

(d) Jamie는 참석할 계획이라면 Mike에게 알려야 한다.

해설 | 전화한 사람이 남긴 메시지와 일치하는 내용을 묻는 세부 정보 문제이므로, 중간의 메시지의 세부 내용이 나오는 부분을 꼼꼼히 기억해 둔다. we'll be having ~ the guests arrive에서 2시쯤에 모든 손님들이 도착하면 몇 가지 게임을 할 것이라고 했으므로 (b)가 정답이다.

어휘 | get-together 사교 모임   take a dip in ~에서 수영하다

03

You have reached the law office of Strickland and Barrett, specialists in the fields of intellectual property and consumer law. Our office hours are between 9 a.m. and 6 p.m., Monday through Friday, and from 9 to 1 on Saturdays. **If you would like us to return your call, please leave your name, number, and the reason for your inquiry.** In case of an urgent legal matter or other emergency, please contact Ms. Robinson directly at (912) 555-4723.

Q. Which is correct according to the message?

(a) The main line connects to Ms. Robinson.
(b) Only legal matters count as emergencies.
(c) People can leave a message after hours.
(d) The office closes at 6 p.m., Monday through Saturday.

지적 재산권과 소비자 법 분야의 전문가인 Strickland와 Barrett의 법률 사무소입니다. 사무실 영업시간은 월요일에 시 금요일까지 오전 9시부터 오후 6시까지이며, 토요일은 오전 9시부터 오후 1시까지입니다. 저희가 고객님께 다시 연락 드리길 원하신다면, 성함과 전화번호, 문의하시는 이유를 남겨주시기 바랍니다. 긴급한 법적 문제나 다른 긴급 상황의 경우에는, (912) 555-4723으로 직접 Ms. Robinson에게 연락하시기 바랍니다.

Q. 메시지에 따르면 맞는 것은 무엇인가?

(a) 대표 전화는 Ms. Robinson에게로 연결된다.
(b) 법적인 문제만이 긴급 상황으로 여겨진다.
(c) 영업시간 외에 메시지를 남길 수 있다.
(d) 사무실은 월요일부터 토요일까지 오후 6시에 닫는다.

해설 | 자동 음성 메시지와 일치하는 내용을 묻는 세부 정보 문제이므로, 중간의 안내의 세부 정보가 나오는 부분을 잘 기억해둔다. If you would ~ for your inquiry에서 영업시간에 다시 연락주길 원한다면 이름과 전화번호, 문의하는 이유를 남겨달라고 했으므로 (c)가 정답이다.

어휘 | intellectual property 지적 재산권   consumer law 소비자 법   inquiry[ínkwəri] 문의   urgent[ə́ːrdʒənt] 긴급한

04

It's understandable that some of you are disappointed after waiting so long, but Dr. Bradley developed a headache during the morning session and will have to cancel his speaking engagement this afternoon. Those of you who would like a refund for the workshop fee may request one by filling out the form at the service desk. **Alternatively, you can hear him speak during the evening seminar.** We appreciate your understanding in this matter.

Q. What can be inferred from the talk?

(a) Dr. Bradley cancelled all the workshops for today.
(b) Dr. Bradley is scheduled to give a lecture tonight.
(c) All attendants will receive a voucher for a future workshop.
(d) Most of the attendants are likely to get a refund for the fee.

오래 기다리신 분들께서 실망하시는 것은 이해할 수 있지만, Dr. Bradley께서 오전 수업 동안에 심한 두통이 생겨 오후 강연 계획은 취소하셔야 할 것 같습니다. 워크숍 수업료를 환불받기 원하시는 분들께서는 안내 데스크에서 양식을 작성하시면 됩니다. 그 대신에, 저녁 세미나에서 강연하시는 것을 들으실 수도 있습니다. 이 상황을 이해해 주셔서 감사합니다.

Q. 담화로부터 추론할 수 있는 것은 무엇인가?

(a) Dr. Bradley가 오늘 모든 워크숍을 취소했다.
(b) Dr. Bradley는 오늘 밤에 강연을 할 예정이다.
(c) 모든 참석자들은 다음 워크숍에 참가할 수 있는 쿠폰을 받을 것이다.
(d) 대부분의 참가자들은 수업료를 환불받을 것이다.

해설 | 공지를 통해 추론할 수 있는 것을 묻는 추론 문제이므로, 중간의 공지의 세부 내용이 나오는 부분을 잘 기억해둔다. Dr. Bradley가 오후 워크숍에서 강연할 수 없음을 알린 후, Alternatively, you can ~ evening seminar에서 대신 저녁 세미나에서 강연하는 것을 들을 수 있다고 했다. 이를 통해 Dr. Bradley가 저녁에는 강연을 할 것임을 알 수 있다. 따라서 담화를 통해 추론할 수 있는 것은 (b)이다.

어휘 | understandable[ʌ̀ndərstǽndəbl] 이해할 수 있는   refund[ríːfʌnd] 환불   fill out ~을 작성하다, ~을 기입하다   appreciate[əpríːʃièit] ~에 대해 감사하다   voucher[váutʃər] 쿠폰, 상품권

05 ~ 06

[05]The Young Voter Assistance Program is hoping to attract 20,000 people between the ages of 18 and 24 to a concert this Friday night to kick off its summer campaign. Don't miss your chance to witness a star-studded performance at Riverfront Park. The event will feature more than a dozen of the area's hottest young bands, including the Pigeons, Random Girls, and many more. Prior to the concert, the leader of Young Labor, Michelle Painter, will deliver a speech on the lack of job opportunities after college. [06]The keynote speaker will be Michael Dennis, the head of Students for Change. Mr. Dennis will be discussing the importance of elections in a democratic society, the upcoming election, and how to register as a voter. Let all your friends know about this free event. And don't forget to vote! For more information about this event, call 1-800-555-VOTE.

05. Q. What is the main purpose of the announcement?

(a) To emphasize the importance of local elections
(b) To promote the campaign of a local politician
(c) To inform young people about a concert's lineup
(d) To draw young potential voters to a concert

06. Q. Which group does Michael Dennis lead?

(a) Young Labor
(b) Students for Change
(c) The Pigeons
(d) The Young Voter Assistance Program

[05]청년 유권자 지원 프로그램이 이번 주 금요일 밤에 여름 캠페인을 시작하면서 18세에서 24세 사이의 사람들 2만 명을 콘서트에 유치할 것으로 기대하고 있습니다. Riverfront 공원에서 스타들이 대거 출연하는 공연을 볼 기회를 놓치지 마세요. 이 행사에는 Pigeons, Random Girls, 그리고 더 많은 밴드를 포함하여, 지역에서 가장 인기 있는 열두 개 이상의 젊은 밴드들이 출연할 것입니다. 콘서트에 앞서, Young Labor의 지도자인 Michelle Painter가 대학 이후의 취업 기회 부족에 대해 연설한 것입니다. [06]기조 연설자는 Students for Change의 회장인 Michael Dennis일 것입니다. Mr. Dennis는 민주주의 사회에서 선거의 중요성, 다가오는 선거, 그리고 어떻게 유권자로 등록하는지에 대해 이야기할 것입니다. 모든 친구들에게 이 무료 행사에 대해 알려주세요. 그리고 투표하는 것 잊지 마세요! 이 이벤트에 대한 더 많은 정보를 원하신다면, 1-800-555-VOTE로 전화해 주세요.

05. Q. 안내의 주된 목적은 무엇인가?

(a) 지역 선거의 중요성을 강조하기 위해
(b) 지역 정치가의 유세 활동을 홍보하기 위해
(c) 청년들에게 콘서트의 출연진을 알려주기 위해
(d) 젊은 잠재 유권자들을 콘서트로 끌어들이기 위해

06. Q. Michael Dennis는 어느 그룹을 이끄는가?

(a) Young Labor
(b) Students for Change
(c) The Pigeons
(d) 청년 유권자 지원 프로그램

해설 | 05. 안내의 목적을 묻는 중심 내용 문제이므로, 앞부분의 안내 대상 및 목적을 중점적으로 듣는다. The Young Voter ~ its summer campaign에서 청년 유권자 지원 프로그램은 여름 캠페인을 시작하면서 18세에서 24세 사이의 사람들을 유치할 것으로 기대하고 있다고 말한 후, Don't miss ~ performance에서 이 프로그램이 주최하는 공연을 볼 기회를 놓치지 말라며 안내의 목적을 밝혔다. 따라서 안내의 목적으로 적절한 것은 (d)이다.

Paraphrase된 문장
attract(유치하다) → draw(끌어들이다)

06. 안내의 특정 정보를 묻는 세부 정보 문제이므로, 질문에서 묻는 부분을 기억해 두었다가 중간의 안내 세부 정보가 나오는 부분을 듣고 답을 찾는다. 질문에서 Michael Dennis가 어느 그룹을 이끄는지 물었고, The keynote ~ Students for Change에서 Michael Dennis가 Students for Change의 회장이라고 했으므로 (b)가 정답이다.

어휘 | **kick off** ~을 시작하다   **witness**[wítnis] 보다   **star-studded** 스타들이 대거 출연하는   **deliever a speech** 연설하다
keynote speaker 기조 연설자   **democratic**[dèməkrǽtik] 민주주의의   **lineup**[láinʌ̀p] 출연진, 구성   **potential**[pəténʃəl] 잠재적인

[07]**The Exton Film Association is proud to announce the return of its popular lecture series entitled "Great Films, Past and Present."** All the movies featured in the series, including *Winter's Children* and *Cause and Effect*, will be screened at the Exton Cinema, so make sure to watch them beforehand if you want to join us. We have already organized an intriguing schedule of speakers for the first few months. Well-known director Jane Fellowes and film critic Clark Hutchins are just two of our scheduled speakers. Additional names will be announced on our website next week. The series will begin on Monday, March 18, at 1 p.m. and continue every third Monday until the end of August. Guests are welcome to bring snacks or buy them at the cinema's food kiosk. [08]**Parking at the nearby lot is free**, but you must have your tickets validated at one of the customer services desks. For additional details, visit www.extoncinema.com now.

[07]Exton 영화 협회는 '위대한 영화들, 과거 그리고 현재'라는 제목의 인기 있는 강연 시리즈가 다시 시작됨을 자랑스럽게 알려드립니다. '겨울의 아이들'과 '원인과 결과'를 포함하여, 강연 시리즈에 나오는 모든 영화가 Exton 영화관에서 상영될 예정이니, 저희와 함께 하고 싶으시다면 그것들을 꼭 미리 관람하시기를 바랍니다. 저희는 이미 첫 몇 개월간의 아주 흥미로운 연사들의 일정을 준비해 두었습니다. 유명한 감독 Jane Fellowes와 영화 비평가 Clark Hutchins는 저희의 예정된 연사들 중 단 두 명에 불과합니다. 그 밖의 이름들은 다음 주에 저희 웹사이트에서 안내될 예정입니다. 이 시리즈는 3월 18일 오후 1시 월요일에 시작해서 8월 말까지 매주 세 번째 월요일마다 이어집니다. 손님들께서 간식을 가져오시거나 영화관의 매점에서 구매하시는 것을 환영합니다. [08]**근처 주차장의 주차**는 **무료이나**, 고객 서비스 데스크 중 한 곳에서 주차증을 확인받으셔야 합니다. 추가적인 사항을 원하신다면, 지금 www.extoncinema.com에 방문하십시오.

07. Q. What is the speaker mainly doing?

(a) Announcing the speakers of a new lecture series
(b) Providing information about newly releasing films at a cinema
(c) Recommending that the public watch Ms. Fellowes' film
(d) Informing people about the revival of a beloved event

07. Q. 화자가 주로 하고 있는 일은 무엇인가?

(a) 새로운 강연 시리즈의 연사를 알린다.
(b) 영화관에서 새로 개봉할 영화에 대한 정보를 제공한다.
(c) 대중에게 Ms. Fellowes의 영화를 볼 것을 추천한다.
(d) 사람들에게 사랑받는 행사의 부활을 알린다.

08. Q. Which is correct about the Film Association's lecture series?

(a) Its guests will not be required to pay for parking.
(b) It will provide participants with free snacks.
(c) It will focus mostly on contemporary filmmakers.
(d) Its first activity will be held in August.

08. Q. 영화 협회의 강연 시리즈에 대해 맞는 것은 무엇인가?

(a) 손님들은 주차 비용을 내도록 요구되지 않는다.
(b) 참가자에게 무료 간식을 제공한다.
(c) 주로 현대 영화 감독에 초점을 맞출 것이다.
(d) 첫 번째 활동은 8월에 열릴 것이다.

해설 | 07. 화자가 하고 있는 일을 묻는 중심 내용 문제이므로, 앞부분의 화자가 안내하는 대상 및 목적을 중점적으로 듣는다. The Exton Film Association ~ "Great Films, Past and Present."에서 인기 있는 강연 시리즈가 다시 시작됨을 알린다고 했다. 따라서 화자가 하고 있는 일은 (d)이다.

Paraphrase된 문장
return of its popular lecture series(인기 있는 강연 시리즈가 다시 시작됨) → revival of a beloved event(사랑받는 행사의 부활)

08. 안내와 일치하는 내용을 묻는 세부 정보 문제이므로, 안내의 세부 내용이 나오는 부분을 꼼꼼히 기억해둔다. Parking ~ is free에서 근처 주차장의 주차가 무료라고 했으므로 (a)가 정답이다.

Paraphrase된 문장
Parking ~ is free(주차는 무료이다) → not be required to pay for parking(주차 비용을 내도록 요구 되지 않는다)

어휘 | **entitle**[intáitl] ~라고 제목을 붙이다 **feature**[fí:tʃər] 포함하다 **beforehand**[bifɔ́:rhænd] 미리, 사전에 **intriguing**[intrí:giŋ] 흥미로운 **food kiosk** 매점 **validate**[vǽlədèit] 확인하다 **beloved**[bilʌ́vid] 사랑받는 **contemporary**[kəntémpərèri] 현대의, 당대의

Course 3 주장 / 비판 / 연구 결과

1. 주장

p.296

When choosing which career path to pursue, there are several things that you should consider other than salary. **Of primary importance is enjoyment.** Consider whether the daily routines of the job would suit you. For example, an accounting position entails crunching numbers at a desk for long hours. Unless you really enjoy accounting, it would be very difficult to stay with the job, even with a high salary. **While financial concerns are significant, be sure to think about which profession would give you the most pleasure.**

Q. What is the speaker's main point?
A. Monetary goals should not overshadow professional happiness.

어떤 진로를 추구할지 결정할 때, 보수 외에도 고려해야 할 몇 가지 사항들이 있습니다. 가장 중요한 것은 즐거움입니다. 직장에서 날마다 되풀이되는 일상 업무가 당신에게 맞을지 생각해 보십시오. 예를 들어, 회계 업무는 오랜 시간 동안 책상 앞에 앉아 대량의 수치를 계산하는 것을 의미합니다. 정말로 회계를 좋아하지 않는다면, 고액의 월급을 받는다 해도 그 직업을 유지하기 매우 어려울 것입니다. 재정적인 문제도 중요하지만, 어떤 직업이 여러분에게 가장 기쁨을 줄지 반드시 생각해 보십시오.

Q. 화자의 요점은 무엇인가?
A. 금전적인 목표가 일에서 얻는 행복을 막아서는 안 된다.

어휘 | **career path** 진로 **daily routine** 날마다 되풀이되는 일상 업무 **accounting**[əkáuntiŋ] 회계 **entail**[intéil] 의미하다, 수반하다 **crunch**[krʌntʃ] 대량의 수치를 계산하다 **profession**[prəféʃən] 직업 **monetary**[mánitèri] 금전적인 **overshadow**[òuvərʃǽdou] 막다, 무색하게 하다

2. 비판

p.297

I've come here today not to blast the shipping industry, but to voice concerns over the pollution it generates. How can we continue to only focus on automobiles when a huge percentage of acid rain and global warming results from international shipping? It seems that nations are keen to overlook pollution by barges and other seabound vessels in the interest of economic progress. **If the emissions of ships continue to go unchecked, we will be facing a huge environmental crisis.**

Q. What can be inferred from the talk?
A. The speaker thinks the emissions of ships should be regulated.

저는 오늘 해운업을 비난하기 위해서가 아니라, 해운이 발생시키고 있는 오염에 대한 문제를 말하기 위해 이곳에 왔습니다. 산성비와 지구 온난화의 많은 부분이 국제 해운업으로부터 일어나고 있는데 어떻게 계속해서 자동차에만 초점을 맞출 수 있겠습니까? 국가들은 경제적 성장을 위해서 화물 운반선이나 바다로 가는 다른 배들에 의한 오염을 간과하고 싶어하는 것처럼 보입니다. 만약 배에서 나오는 배출물이 계속해서 저지되지 않는다면, 우리는 엄청난 환경 위기를 맞게 될 것입니다.

Q. 담화로부터 추론할 수 있는 것은 무엇인가?
A. 화자는 배의 배출물이 규제를 받아야 한다고 생각한다.

어휘 | **blast**[blæst] 비난하다 **shipping industry** 해운업 **generate**[dʒénərèit] 발생시키다 **result from** ~으로부터 일어나다 **keen**[ki:n] ~하고 싶어하는 **barge**[bɑ:rdʒ] 화물 운반선 **seabound**[sí:baund] 바다로 가는 **in the interest of** ~을 위해서 **emission**[imíʃən] 배출물, 배출 **unchecked**[ʌntʃékt] 지지되지 않은 **regulate**[régjulèit] 규제하다, 통제하다

3. 연구 결과

p.298

Recent findings released by the American Medical Association, or AMA, suggest that nearly 1 out of 3 adults living in urban areas has high blood pressure, leaving them at risk for coronary failure or stroke. Polls conducted at medical facilities revealed that two-thirds of those with high blood pressure have levels of 140/90 or higher, while one-third have levels over 160/100, far beyond **the recommended level of 120/80.** The AMA also reported that high blood pressure is rising among the nation's youth.

미국 의학 협회, 즉 AMA에서 발표한 최근 연구 결과는 도시 지역에 사는 성인의 거의 3명 중 1명이 고혈압이어서, 심장 쇠약이나 뇌졸중의 위험이 있다는 것을 시사합니다. 의료 시설에서 실시된 설문 조사는 고혈압이 있는 사람들의 3분의 2가 140/90 이상의 수치이고, 3분의 1은 160/100 이상이라는 것을 밝혔는데, 이것은 권장되는 혈압 수치인 120/80을 훨씬 넘는 것입니다. AMA는 또한 국내 젊은층에서도 고혈압이 증가하고 있다고 보고했습니다.

어휘 | **finding**[fáindiŋ] 연구 결과, 발견 **release**[rilíːs] 발표하다 **high blood pressure** 고혈압 **coronary**[kɔ́ːrənèri] 심장의 **stroke**[strouk] 뇌졸중 **medical facilities** 의료 시설

Hackers TEST
p.299

01 (d) **02** (c) **03** (b) **04** (a) **05** (d) **06** (a) **07** (b) **08** (c)

Part 4

01

Though my fellow associate has raised some interesting questions regarding my conclusions, his critique of my methods is unfounded. **At no point during the excavation of the Neolithic site did I sacrifice archaeological integrity.** I used standard archaeological protocols, approaching the site with the utmost care while digging and during the collection and analysis phases of the project. **The site was completely secure throughout the entire process, and no tampering with the artifacts ever occurred.**

Q. What is the speaker's main point?

(a) He disagrees with his associate's archeological approach.

(b) The site was too fragile to be excavated without caution.

(c) The preservation of rare artifacts is his primary goal.

(d) He wants to defend the procedures he used at the site.

저의 결론에 대해 제 동료가 몇 가지 흥미로운 의문을 제기했지만, 저의 방법론에 대한 그의 비판은 근거가 없습니다. 신석기 시대의 유적지 발굴을 하는 동안 저는 고고학적으로 보전된 모습을 희생시킨 적이 없었습니다. 표준적인 고고학 규칙을 따랐으며, 발굴할 때와 프로젝트의 수집과 분석 단계 동안 극도의 주의를 기울여 유적지에 접근했습니다. 그 유적지는 전 과정 동안 완전히 안전했으며, 유물의 변조는 전혀 일어나지 않았습니다.

Q. 화자의 요점은 무엇인가?

(a) 그는 그의 동료의 고고학적인 접근법에 동의하지 않는다.

(b) 유적지는 너무 약해서 조심하지 않고는 발굴될 수 없었다.

(c) 희귀한 유물의 보존이 그의 주된 목표이다.

(d) 그는 그가 유적지에서 행한 절차를 변호하려 한다.

해설 | 주장의 요점을 묻는 중심 내용 문제이므로, 앞부분의 주장이 제시되는 부분을 중점적으로 듣되, 끝에 다시 한 번 주장을 강조하는 경우도 있으니 마지막 부분도 잘 듣도록 한다. At no point ~ archaeological integrity에서 자신은 유적지 발굴 동안에 고고학적으로 보전된 모습을 희생시킨 적이 없었다고 주장한 후, The site was ~ ever occurred에서 자신의 발굴 과정이 안전했다고 마무리 했다. 따라서 화자의 요점으로 적절한 것은 (d)이다.

어휘 | **associate**[əsóuʃièit] 동료 **unfounded**[ʌnfáundid] 근거 없는 **excavation**[èkskəvéiʃən] 발굴 **Neolithic**[nìːəlíθik] 신석기 시대의 **site**[sait] 유적지 **sacrifice**[sǽkrəfàis] 희생시키다 **archaeological**[àːrkiəládʒikəl] 고고학의 **integrity**[intégrəti] 보전된 모습, 본래의 모습 **protocol**[próutəkɔ̀ːl] 규칙 **utmost**[ʌ́tmòust] 극도의 **phase**[feiz] 단계 **tamper**[tǽmpər] 변조하다 **artifact**[áːrtəfæ̀kt] 유물 **fragile**[frǽdʒəl] 약한 **procedure**[prəsíːdʒər] 절차

02

I know popular opinion holds that orphans are often mistreated, but I don't believe the majority of them grow up in difficult situations. Adoption laws have changed over the years, and adoption agencies are now very careful when selecting adoptive families for orphaned children. In fact, **some studies suggest that adopted people end up achieving more than those who grow up with their biological family.** They make more money and have a higher graduation rate than people who were never orphaned.

고아들이 자주 학대를 받는다는 것이 일반적인 생각이라는 것을 알지만, 저는 그들의 대다수가 힘든 상황에서 성장한다고 생각하지 않습니다. 시간이 지나면서 입양법은 바뀌었고, 입양 기관들은 이제 고아들을 위한 입양 가정을 선택하는 데 많은 주의를 기울입니다. 사실, 몇몇 연구들은 입양된 사람들이 친가족과 성장한 사람들보다 결국 더 성공한다는 것을 시사합니다. 그들은 고아였던 적이 없는 사람들보다 더 많은 돈을 벌고 더 높은 졸업률을 보입니다.

Q. Which is correct about adopted children?

(a) They usually grow up in tough situations.

(b) They can appeal to the law if abused.

(c) They often grow up to be successful.

(d) They are usually adopted by rich families.

Q. 입양아에 대해 맞는 것은 무엇인가?

(a) 대체로 힘든 상황에서 성장한다.

(b) 학대를 당하면 법에 호소할 수 있다.

(c) 많은 경우에 커서 성공한다.

(d) 보통 부유한 가족에게 입양된다.

해설 | 주장과 일치하는 것을 묻는 세부 정보 문제이므로, 중간의 주장에 대한 근거가 나오는 부분을 잘 기억해둔다. 고아들의 대다수가 힘든 상황에서 성장하지 않는다는 주장의 근거로 some studies suggest ~ their biological family에서 입양된 사람들이 친가족과 성장한 사람들보다 더 성공한다는 연구 결과를 언급했으므로 (c)가 정답이다. (a)는 orphans are often mistreated(고아들이 자주 학대를 받는다)에서 언급되긴 했지만, 화자는 이 의견에 동의하지 않고, 몇 년에 걸쳐 입양법이 바뀌었으며 입양 기관들도 입양 가정을 선택하는 데 많은 주의를 기울인다고 했으므로 틀리다.

Paraphrase된 문장

end up achieving(결국 성공한다) → grow up to be successful(커서 성공한다)

어휘 | **orphan**[ɔ́ːrfən] 고아 **mistreat**[mistríːt] 학대하다 **adoption**[ədɑ́pʃən] 입양 **adoptive**[ədɑ́ptiv] 입양의 **appeal**[əpíːl] 호소하다

03

I don't really think we are addressing the main problem here. Let's look at the facts: migrant workers have increased by 50 percent during the past decade, but unemployment rates have fallen. It seems that the widespread distrust of migrant workers is based on unreliable reports. In this day and age, it is important to embrace change and the challenges it poses. I think that if we view the issue objectively, **we must admit that migrant workers not only contribute to local culture but also stimulate the economy.**

Q. What can be inferred from the talk?

(a) The speaker is questioning the reliability of migrant workers.

(b) The speaker believes that migrant workers enhance society.

(c) The speaker wants the difficulties of migrants to be acknowledged.

(d) The speaker thinks the strict migration laws have been successful.

저는 우리가 지금 주된 문제에 대해 다루고 있다고 생각하지 않습니다. 현실을 들여다 봅시다. 이주 노동자는 지난 십 년간 50퍼센트 증가했지만, 실업률은 감소했습니다. 널리 퍼져 있는 이주 노동자에 대한 불신은 신뢰할 수 없는 소문을 기반으로 하고 있는 것 같습니다. 오늘날에는 변화와 그것이 가져오는 도전을 받아들이는 것이 중요합니다. 우리가 문제를 객관적으로 본다면, 이주 노동자는 지역 문화에 기여할 뿐만 아니라 경제를 활성화시킨다는 것도 인정해야 한다고 생각합니다.

Q. 담화로부터 추론할 수 있는 것은 무엇인가?

(a) 화자는 이주 노동자의 신뢰성에 대해 의심하고 있다.

(b) 화자는 이주 노동자가 사회를 향상시킨다고 믿는다.

(c) 화자는 이민자의 어려움이 알려지길 원한다.

(d) 화자는 엄격한 이민법이 성공적이었다고 생각한다.

해설 | 비판을 통해 추론할 수 있는 내용을 묻는 추론 문제이므로, 마지막 부분의 문제점이 강조되거나 제안이 나오는 부분을 잘 듣는다. 이주 노동자에 대한 불신은 근거가 없다며 문제점을 구체화한 후, 마지막 부분인 we must admit ~ stimulate the economy에서 이주 노동자들은 지역 문화에 기여할 뿐만 아니라 경제를 활성화시킨다는 것도 인정해야 한다며 자신의 생각을 강조했다. 이를 통해 화자는 이주 노동자들이 사회에 도움이 된다고 생각한다는 것을 알 수 있다. 따라서 담화를 통해 추론할 수 있는 것은 (b)이다.

Paraphrase된 문장

contribute to local culture ~ stimulate the economy(지역 문화에 기여한다 ~ 경제를 활성화시킨다) → enhance society(사회를 향상시킨다)

어휘 | **address**[ədrés] 다루다 **decade**[dékeid] 십 년 **distrust**[distrʌ́st] 불신 **in this day and age** 오늘날에는 **embrace**[imbréis] 받아들이다 **objectively**[əbdʒéktivli] 객관적으로 **stimulate**[stímjuleit] 활성화시키다, 자극하다 **reliability**[rilàiəbíləti] 신뢰성 **enhance**[inhǽns] 향상시키다 **acknowledge**[əknɑ́lidʒ] 알리다, 인정하다

04

Another attempt is being made to rezone a large piece of land under the pretense of smart development. But isn't this a smokescreen to try to persuade the community to accept the new regional airport proposal? A new shopping center, restaurants, and a green space will negatively impact the community, increasing traffic and noise

현명한 개발을 가장하여 큰 구획의 땅을 재편성하려는 또 다른 시도가 일어나고 있습니다. 그렇지만 이것은 그 지역 사회가 새로운 지방 공항 제안을 받아들이도록 설득하기 위한 연막이 아닐까요? 새로운 쇼핑 센터, 레스토랑, 그리고 녹지 공간은 이미 심하게 혼잡한 것으로 알려져 있는 주거 지역에 교통량과 소음 공해를 증가시키면서, 지역 사회에 부정적인 영

pollution in a residential area already known for its heavy congestion. **This so-called smart development clouds the issue and conceals the plan's flaws.**

Q. Which statement would the speaker most likely agree with?

(a) The negative aspects of the plan have been ignored.
(b) Plans for the new facilities will not be carried out.
(c) Developers are unaware of the flaws in their plan.
(d) The plan will create opportunities for sustainable growth.

향을 미칠 것입니다. 이러한 소위 현명한 개발은 문제를 모호하게 하고 계획의 결점을 숨기고 있습니다.

Q. 화자는 어느 진술에 가장 동의할 것 같은가?

(a) 계획의 부정적인 측면이 간과되어 왔다.
(b) 새로운 편의 시설을 위한 계획은 실행되지 않을 것이다.
(c) 개발자들은 자신들의 계획의 문제점을 깨닫지 못한다.
(d) 그 계획은 지속 가능한 성장의 기회를 만들 것이다.

해설 | 비판하는 화자의 의견을 묻는 추론 문제이므로, 마지막 부분의 문제점이 강조되거나 제안이 나오는 부분을 잘 듣는다. 개발이 가져올 수 있는 부정적인 결과들에 대해 언급한 후, 마지막 부분인 This so-called ~ the plan's flaws에서 소위 현명한 개발은 계획의 결점을 숨기고 있다고 했다. 이를 통해 화자가 계획의 부정적인 측면이 간과되었다고 생각한다는 것을 알 수 있다. 따라서 화자가 가장 동의할 만한 진술은 (a)이다.

어휘 | **rezone** [rìːzóun] (지역 등을) 재편성하다 **under the pretense of** ~을 가장하여, 핑계삼아 **smokescreen** [smóukskrìːn] 연막
residential [rèzədénʃəl] 주거의 **congestion** [kəndʒéstʃən] 혼잡, 밀집 **so-called** 소위 **cloud** [klaud] 모호하게 하다 **conceal** [kənsíːl] 숨기다
flaw [flɔː] 결점 **facility** [fəsíləti] 편의 시설 **sustainable** [səstéinəbl] 지속 가능한

Part 5

05
~
06

Recently, a sugar tax was proposed by national legislators. Opponents claim that it would directly affect low-income families who cannot afford healthier alternatives. However, I believe the legislation needs to be passed to protect our citizens. Numerous diseases are linked to refined sugar in food and beverage products. Citizens have been consuming sugary items without being aware of the harm that sugar can cause, especially obesity, which is becoming a significant problem for our country. ⁰⁶**In addition, healthcare for those with diseases and conditions related to high sugar intake is very expensive.** Such unexpected costs can place many families under financial burden. ⁰⁵**If the sugar tax legislation is approved, it would not only improve the overall health of the public but would also save them from paying extra for healthcare.**

최근에, 국회 의원들에 의해 설탕세가 발의되었습니다. 반대자들은 그것이 더 건강에 좋은 대안을 살 형편이 안 되는 저소득 가정에 직접적인 영향을 미칠 것이라고 주장합니다. 그러나, 저는 우리 국민들을 보호하기 위해 이 법안이 통과되어야 한다고 생각합니다. 수많은 질병은 식음료 제품에 들어있는 정제된 설탕과 연관되어 있습니다. 국민들은 설탕이 야기할 수 있는 위험에 대해 인식하지 못한 채로 설탕이 든 물품들을 소비해왔는데, 특히 우리나라의 중대한 문제가 되고 있는 비만에 대해서 그렇습니다. ⁰⁶게다가, 높은 설탕 섭취량과 관련된 질병이나 질환이 있는 사람들을 위한 의료 서비스는 매우 비쌉니다. 이러한 예상치 못한 비용은 많은 가정에 재정적 부담을 지울 수 있습니다. ⁰⁵만약 설탕세 법안이 통과된다면, 그것은 전반적인 대중의 건강을 증진시킬 수 있을 뿐만 아니라, 그들이 의료 서비스를 위해 추가 비용을 내지 않아도 되게 할 수 있을 것입니다.

05. Q. What is the speaker's main point?

(a) Healthy food is becoming affordable for some social groups.
(b) A proposed law would have a negative impact on the poor.
(c) Further legislation on ingredients in food products is needed.
(d) A taxation of sugary products would have various benefits.

06. Q. What can be inferred from the talk?

(a) Consuming sugary products could increase the cost of medical care.
(b) Food producers purposely sell unhealthy food to low-income families.

05. Q. 화자의 요점은 무엇인가?

(a) 건강에 좋은 음식은 일부 사회 집단이 사기에 알맞은 가격이 되고 있다.
(b) 발의된 법은 가난한 사람들에게 부정적인 영향을 줄 것이다.
(c) 식품의 성분에 관한 추가적인 입법이 필요하다.
(d) 설탕이 든 제품에 대한 과세는 여러 이점을 가져올 것이다.

06. Q. 담화로부터 추론할 수 있는 것은 무엇인가?

(a) 설탕이 든 제품의 소비는 의료 비용을 늘릴 수 있다.
(b) 음식 제조업자들은 일부러 저소득 가정에 건강하지 않은 음식을 판매한다.

(c) Drinking sugary beverages is the leading cause of obesity in the nation.

(d) A sugar tax would provide additional finance for public services.

(c) 설탕이 든 음료를 마시는 것은 국가에서 비만의 주된 원인이다.

(d) 설탕세는 공공 서비스에 추가적인 재정을 제공할 것이다.

해설 | 05. 비판의 요점을 묻는 중심 내용 문제이므로, 마지막 부분의 문제점이 강조되거나 제안이 나오는 부분을 중점적으로 듣는다. 설탕세가 필요한 이유들에 대해 언급한 후, 마지막 부분인 If the sugar ~ for healthcare에서 설탕세 법안이 통과된다면, 전반적인 대중의 건강을 증진시킬 수 있을 뿐만 아니라, 그들이 의료 서비스를 위해 추가 비용을 내지 않아도 되게 할 수 있다며 자신의 생각을 강조했다. 따라서 화자의 요점으로 적절한 것은 (d)이다.

06. 비판을 통해 추론할 수 있는 내용을 묻는 추론 문제이므로, 담화 내용 전반을 잘 기억해둔다. In addition, ~ very expensive에서 높은 설탕 섭취량과 관련된 실병이나 질환이 있는 사람들을 위한 의료 서비스가 매우 비싸다고 했으므로, 설탕이 든 제품의 소비는 의료 비용을 늘릴 수 있음을 알 수 있다. 따라서 담화를 통해 추론할 수 있는 것은 (a)이다.

어휘 | propose[prəpóuz] 제안하다 legislator[lédʒislèitər] 국회의원 alternative[ɔːltə́ːrnətiv] 대안 aware[əwέər] 인식하다 obesity[oubíːsəti] 비만 intake[íntèik] 섭취량

07 ~ 08

While its recent economic growth has been impressive, India must improve its Internet network to develop further. **07A recent press release indicated that only 26 in 100 people in India have Internet access,** and that fewer than 18 million have high-speed Internet. The IT sector is now vital to India's economy, but India's lack of internet connectivity has hindered its development. The first issue stems from the nation's endemic poverty. Many of India's nearly 1.3 billion citizens live below the poverty level and therefore view access to the Web as a luxury. However, the biggest obstacle is the country's dearth of infrastructure. **08India has not invested enough in the basic framework needed to expand access beyond its most populous areas.** In fact, the necessary infrastructure required to establish an Internet connection is practically nonexistent in smaller towns and cities. This deficiency must be dealt with in order to expand the Internet throughout the country.

최근 경제 성장은 놀랍지만, 인도는 더 발전하기 위해 인터넷 네트워크를 향상시켜야 합니다. 07최근 보도 자료는 인도에서 100명 중 26명만이 인터넷을 사용하며, 1800만 명이 안되는 사람들이 초고속 인터넷을 사용한다고 밝혔습니다. IT 분야는 현재 인도의 경제에 있어 매우 중요하지만, 인도의 인터넷 연결 부족이 그것의 발전을 저해해왔습니다. 첫 번째 문제는 국가의 고질적인 빈곤에서 기인합니다. 거의 13억에 달하는 인도의 시민들 중 다수가 빈곤선에 미치지 못하는 생활을 하고 있기에 인터넷 이용을 사치로 여깁니다. 그러나, 가장 큰 장애물은 이 국가의 기반 시설의 부족입니다. 08인도는 가장 인구가 많은 지역들 외에는 접속을 확장하기 위해 필요한 기초적인 기반에 충분히 투자하지 않았습니다. 사실, 인터넷 연결을 설치하는 데 필요한 기반 시설은 소규모의 마을과 도시들에는 거의 존재하지 않습니다. 국가 전체에 인터넷을 확장하기 위해서는 이 결핍이 반드시 처리되어야만 합니다.

07. Q. Which is correct according to the talk?

(a) India has only 18 million Internet users.

(b) Internet access in India is limited to 26 out of 100 people.

(c) India has nearly 1.3 billion people living in poverty.

(d) A lack of Internet is India's second biggest problem after poverty.

07. Q. 담화에 따르면 맞는 것은 무엇인가?

(a) 인도에는 1800만 명의 인터넷 사용자밖에 없다.

(b) 인도의 인터넷 사용률은 100명 중 26명으로 한정되어 있다.

(c) 인도에는 약 13억의 사람들이 가난하게 살고 있다.

(d) 인터넷의 부재는 인도에서 빈곤 다음으로 두 번째로 큰 문제이다.

08. Q. What can be inferred from the talk?

(a) The Indian government is committed to expanding high-speed internet.

(b) India's small towns lack basic electricity services.

(c) The Internet framework in India is mainly confined to major cities.

(d) Geographical obstacles hamper the installation of infrastructure.

08. Q. 담화로부터 추론할 수 있는 것은 무엇인가?

(a) 인도 정부는 초고속 인터넷을 확장하는 데 전념하고 있다.

(b) 인도의 작은 마을들은 기본적인 전력 서비스가 부족하다.

(c) 인도의 인터넷 기반은 주로 대도시에 한정되어 있다.

(d) 지리적 장애가 기반 시설의 설치를 방해한다.

해설 | 07. 주장과 일치하는 내용을 묻는 세부 정보 문제이므로, 중간의 주장에 대한 근거가 나오는 부분을 기억해둔다. A recent press ~ have

Internet access에서 최근 보도 자료가 인도에서 100명 중 26명만이 인터넷을 사용한다고 했으므로 (b)가 정답이다.

Paraphrase된 문장

only 26 in 100 people ~ have(100명 중 26명만이 가진다) → is limited to 26 out of 100 people(100명 중 26명으로 한정되어 있다)

08. 주장을 통해 추론할 수 있는 내용을 묻는 추론 문제이므로, 담화 내용 전반을 잘 기억해둔다. India has not invested ~ most populous areas에서 인도가 가장 인구가 많은 지역들 외에는 인터넷 접속을 확장하기 위해 필요한 기초적인 기반에 충분히 투자하지 않았다고 했다. 이를 통해 인도의 인터넷 기반이 주로 대도시에 한정되어 있음을 알 수 있다. 따라서 주장으로부터 추론할 수 있는 것은 (c)이다.

어휘 | **sector**[séktər] 분야 **connectivity**[kànɛktívəti] (컴퓨터) 연결, 접속 가능성 **hinder**[híndər] 저해하다, 막다 **stem from** ~에 기인하다 **endemic**[endémik] 고질적인, 고유의 **poverty level** 빈곤선(최저 한도의 생활을 유지하는 데 필요한 수입 수준) **dearth**[dəːrθ] 부족, 결핍 **infrastructure**[ínfrəstrʌ̀ktʃər] 기반 시설 **framework**[fréimwə̀ːrk] 기반 **populous**[pàpjuləs] 인구가 많은 **deficiency**[difíʃənsi] 결함, 부족 **deal with** ~을 처리하다, 다루다 **be committed to** ~에 전념하다 **confined**[kənfáind] 한정된 **geographical**[dʒìːəgrǽfikəl] 지리적인 **hamper**[hǽmpər] 방해하다

Course 4 인문·사회과학 강의

예제 p.300

We'll now turn to **Efraim Karsh's historiographical study of the Arab-Israeli conflict**, entitled *Fabricating Israeli History*. Although Karsh breathes new life into the scholarly debate surrounding the Middle East, the critical methods used in the book leave much to be desired. The author's insight and rhetorical skills are admirable; however, Karsh worsens the issue rather than improving it by **distorting historical facts for his own political agenda**.

Q. What can be inferred from the lecture?

A. Karsh interpreted the Arab-Israeli conflict with a biased perspective.

이제 Efraim Karsh의 『Fabricating Israeli History』라는 제목의 아랍과 이스라엘의 대립에 대한 역사 편찬 연구로 넘어가도록 하겠습니다. Karsh가 중동을 둘러싼 학문적인 논쟁에 새 생명을 불어넣기는 하지만, 책 속에서 사용된 비평 방법은 아쉬운 점이 많습니다. 작가의 통찰력과 수사적 기교는 감탄할 만합니다. 그러나, Karsh는 **자신만의 정치적 계획을 위해 역사적 사실을 왜곡함으로써** 문제를 개선하기보다는 악화시켰습니다.

Q. 강의로부터 추론할 수 있는 것은 무엇인가?

A. Karsh는 아랍과 이스라엘의 대립을 편향된 관점으로 분석했다.

어휘 | **historiographical**[histɔ̀ːriəgrǽfikəl] 역사 편찬의 **fabricate**[fǽbrəkèit] 만들다, 조작하다 **breathe new life into** ~에 새 생명을 불어넣다 **scholarly**[skálərli] 학문적인 **leave much to be desired** 아쉬운 점이 많다 **rhetorical**[ritɔ́ːrikəl] 수사적인 **biased**[báiəst] 편향된 **perspective**[pərspéktiv] 관점

Hackers TEST p.301

01 (c) **02** (a) **03** (c) **04** (a) **05** (a) **06** (a) **07** (b) **08** (a)

Part 4

01

In today's linguistics class, we'll be looking at how fundamental elements, such as sounds and grammar, are altered in response to social factors. Since prestige and community acceptance are powerful components of communication, language is not simply a matter of mutual intelligibility. **Rather, speakers often adjust their speech** ○

오늘 언어학 수업에서 우리는 소리나 문법과 같은 기본 요소가 사회적 요인들에 반응하여 어떻게 변하는지를 알아볼 것입니다. 위신과 사회적 용인이 의사소통의 강력한 구성 요소이기 때문에, 언어는 단순히 서로 이해할 수 있는지의 문제가 아닙니다. 오히려, 화자는 청중에 따라 자신의 말투를 조정합니다.

according to their audience. An example of this is when an individual speaks in his or her local dialect with family members but implements a standard dialect with colleagues or when engaged in professional networking.

Q. What is the main idea of the lecture?

(a) It is important to speak in a socially acceptable way.
(b) Good speech is an important factor in social success.
(c) Language patterns are modified according to the listener.
(d) Conveying information appropriately is the main goal of speech.

이러한 예로는 한 사람이 가족과는 자신의 지역 방언으로 말하지만 동료와 대화하거나 직업적 만남에서 대화를 할 때에는 표준어를 사용하는 경우가 있습니다.

Q. 강의의 요지는 무엇인가?

(a) 사회적으로 용인되는 방식으로 말하는 것이 중요하다.
(b) 훌륭한 언어 능력은 사회적 성공의 중요한 요인이다.
(c) 말하는 방식은 청자에 따라 변한다.
(d) 정보를 적절히 전달하는 것이 말하기의 주된 목표이다.

해설 | 강의의 요지를 묻는 중심 내용 문제이다. 대체로 앞부분에서 강의 주제가 제시되지만 Rather나 However 같은 표시어 다음에 요지가 나오는 경우가 많으므로 이를 주의해서 듣는다. Rather, speakers often ~ to their audience에서 화자는 청중에 따라 자신의 말투를 조정한다고 말한 후, 대화 상대에 따라서 지역 방언이나 표준어를 선택적으로 사용하는 예를 들었다. 따라서 강의의 요지로 적절한 것은 (c)이다.

Paraphrase된 문장
speakers ~ adjust their speech(화자는 ~ 자신의 말투를 조정한다) → Language patterns are modified(말하는 방식은 변한다)
audience(청중) → listener(청자)

어휘 | linguistics[liŋgwístiks] 언어학   prestige[prestí:dʒ] 명성   component[kəmpóunənt] 구성 요소   intelligibility[intèlidʒəbíləti] 이해할 수 있음
dialect[dáiəlèkt] 방언   appropriately[əpróupriətli] 적절하게, 알맞게

02

Today, I will discuss the diverse architectural styles found throughout Havana, Cuba. **Since the city was a major transshipment point for goods during the colonial period, its residents were exposed to American and European cultures.** Aside from reflecting the influence of its colonial master, Spain, Havana's edifices also exhibit qualities seen in the architecture of France, Italy, and Greece. After Cuba gained independence in the early 20th century, Havana's landscape became home to an eclectic mix of Art Deco structures and modern skyscrapers.

Q. Which is correct according to the lecture?

(a) Being a vital port in colonial times impacted the buildings of Havana.
(b) The most common architectural designs in Havana are American.
(c) Cuba's architecture became more European after the country gained independence.
(d) The Art Deco structures and skyscrapers were influenced by Spain.

오늘, 저는 쿠바의 하바나 전역에서 발견되는 다양한 건축 양식에 대해 논의하고자 합니다. 이 도시는 식민지 시대의 주요한 상품 환적지였기 때문에, 이곳의 주민들은 미국과 유럽의 문화에 노출되었습니다. 하바나의 건물들은 식민지 지배자였던 스페인의 영향을 나타내는 것 외에도, 프랑스, 이탈리아, 그리스의 건축물에서 보이는 특징들을 드러내기도 합니다. 쿠바가 20세기 초에 독립한 뒤, 하바나의 풍경은 아르 데코 건축물과 현대식 고층 건물들의 절충적인 조합의 발상지가 되었습니다.

Q. 강의에 따르면 맞는 것은 무엇인가?

(a) 식민지 시대의 주요 항구였던 것이 하바나의 건물들에 영향을 미쳤다.
(b) 하바나의 가장 일반적인 건축 디자인은 미국의 것이다.
(c) 쿠바의 건축물은 독립 이후 더욱 유럽식이 되었다.
(d) 아르 데코 건축물과 고층 건물들은 스페인의 영향을 받았다.

해설 | 강의의 내용과 일치하는 것을 묻는 세부 정보 문제이므로, 구체적인 설명이 나오는 부분을 잘 기억해둔다. Since the city ~ European cultures에서 이 도시가 식민지 시대의 주요한 상품 환적지였기 때문에 주민들이 미국과 유럽의 문화에 노출되었다고 했으므로 (a)가 정답이다.

Paraphrase된 문장
the city was a ~ the colonial period(이 도시는 식민지 시대의 주요한 상품 환적지였다) → being a vital port ~ buildings of Havana(식민지 시대의 주요 항구였던 것이 하바나의 건물들에 영향을 미쳤다)

어휘 | transshipment[trænʃípmənt] 환적, 옮겨 싣는 것   colonial[kəlóuniəl] 식민지의   edifice[édəfis] 건물   eclectic[ikléktik] 절충적인
Art Deco 아르 데코(1920~30년대의 디자인 운동)   skyscraper[skáiskrèipər] 고층 건물

03

Based in Zurich, Switzerland, the art movement known as Dadaism developed after the outbreak of the First World War and centered around 3 basic tenets: **a dislike for traditional aesthetic concepts**, distrust for capitalist ideals, and a strong opposition to the war. These revolutionary sentiments often were discussed in private but also in cafés and other public establishments. Adherents of the new art movement even made public statements denouncing the very foundations of society and its bourgeois institutions.

Q. Which is correct about Dadaism?

(a) It was suppressed by military forces.
(b) It shook the foundation of the Swiss society.
(c) Its proponents rejected prevailing views on aesthetics.
(d) It was an anti-capitalist movement by the revolutionists.

스위스의 취리히에 기반을 둔, 다다이즘이라 알려져 있는 예술 운동은 제1차 세계 대전의 발발 이후에 발전했고 3가지의 기본 신조를 중심으로 했어요. **전통적인 미학 개념에 대한 반감**, 자본주의 이상에 대한 불신, 그리고 전쟁에 대한 강한 반대였죠. 이 혁명적인 정서는 주로 사적인 자리에서 논의되었지만 카페나 다른 공공장소에서도 논의되었어요. 이 새로운 예술 운동의 지지자들은 심지어 사회의 토대와 부르주아적 제도를 비난하는 공개 선언을 했습니다.

Q. 다다이즘에 대해 맞는 것은 무엇인가?

(a) 군대에 의해 억압당했다.
(b) 스위스 사회의 토대를 흔들었다.
(c) 지지자들은 미학에 대해 널리 퍼져있던 관점을 거부했다.
(d) 혁명가들에 의한 반자본주의 운동이었다.

해설 | 강의와 일치하는 내용을 묻는 세부 정보 문제이므로, 중간 이후의 구체적인 설명이 나오는 부분을 잘 기억해둔다. a dislike for traditional aesthetic concepts에서 다다이즘의 세 가지의 기본 신조 중 한 가지가 전통적인 미학 개념에 대한 반감이었음이 언급되었으므로 (c)가 정답이다.

Paraphrase된 문장

a dislike for(~에 대한 반감) → rejected(거부했다)

traditional aesthetic concepts(전통적인 미학 개념) → prevailing views on aesthetics(미학에 대해 널리 퍼져 있던 관점)

어휘 | **outbreak**[áutbrèik] (전쟁 · 질병 등의) 발발　**tenet**[ténit] 신조, 주의　**aesthetic**[esθétik] 미학적인　**revolutionary**[rèvəljúːʃənèri] 혁명적인 **sentiment**[séntəmənt] 정서　**adherent**[ædhíːərənt] 지지자　**denounce**[dináuns] 비난하다　**bourgeois**[búərʒwɑː] 부르주아적인; 부르주아 **proponent**[prəpóunənt] 지지자　**prevailing**[privéiliŋ] 널리 퍼져있는

04

The idea of Manifest Destiny was originally used to justify the acquisition of Texas by the United States. However, it also reflected a general philosophy that America should unite the continent into a single nation, not merely a loose aggregate of regional communities. This theoretical justification was also employed to discourage the public from accepting European influence in North America. The growing acceptance of the doctrine by the American people **contributed to American expansion both on the continent and abroad**.

Q. What can be inferred from the lecture?

(a) Manifest Destiny was utilized to defend America's expansion.
(b) Texas was the first territory acquired by the United States.
(c) Manifest Destiny created a sense of concern among Europeans.
(d) American people voluntarily spread the idea of Manifest Destiny.

명백한 사명설이라는 개념은 원래 미국이 텍사스를 합병하는 것을 정당화하기 위해 사용되었습니다. 그렇지만, 그것은 또한 미국이 대륙을 단지 지역 공동체의 자유로운 집합이 아닌, 하나의 국가로 통일해야 한다는 일반적인 철학을 반영합니다. 또한 이런 이론적인 정당화는 북미에서 대중이 유럽의 영향을 수용하는 것을 막기 위해 사용되기도 했습니다. 미국인들이 그 이론을 더 많이 받아들이게 된 것은 **미국이 대륙과 해외로 영토를 확장하는 데 기여했습니다**.

Q. 강의로부터 추론할 수 있는 것은 무엇인가?

(a) 명백한 사명설은 미국의 확장을 옹호하기 위해 사용되었다.
(b) 텍사스는 미국이 획득한 첫 번째 영토였다.
(c) 명백한 사명설은 유럽인들을 걱정하게 만들었다.
(d) 미국인들은 자발적으로 명백한 사명설이라는 사상을 퍼뜨렸다.

해설 | 강의를 통해 추론할 수 있는 내용을 묻는 추론 문제이므로, 강의 내용 전반을 잘 기억해둔다. The idea of ~ the United States에서 명백한 사명설은 텍사스를 미국으로 합병하는 것을 정당화하기 위해 사용되었다고 했고, contributed to ~ on the continent and abroad에서 이 이론은 미국이 영토를 확장하는 데 기여했음이 반복해서 언급되었다. 이를 통해 미국이 자국의 영토 확장을 정당화하기 위해 명백한 사명설을 사용했음을 알 수 있다. 따라서 강의를 통해 추론할 수 있는 것은 (a)이다.

Paraphrase된 문장
was ~ used to justify(정당화하기 위해 사용되었다) → was utilized to defend(옹호하기 위해 사용되었다)

어휘 | **Manifest Destiny** 명백한 사명설(미국이 북미 전체를 지배할 운명을 갖고 있다는 주장) **loose**[luːs] 자유로운 **aggregate**[ǽɡriɡət] 집합
doctrine[dɑ́ktrin] 이론, 원칙

Part 5

05
~
06

OK, [05]**the topic of today's lecture is the market economy.** Basically, economists divide market economies into two types: free market economies and mixed market economies. [05]**The ideal is the free market, of course, but the mixed market has the upper hand.** In the free market system, government does not interfere with the activities of buyers and sellers. The only factors that determine prices are the forces of supply and demand. Prices are therefore in a constant state of flux. However, [06]**a completely free market is a system that is only found in economic textbooks. In reality, what is feasible and more common is the mixed market economy.** This monetary structure combines the advantageous traits of a free market economy and a command economy in which the government determines production and prices. So the properties of individuals are protected and the government's role is partial in a mixed market. Furthermore, a mixed market allows governments to invest in areas that may not be in high demand but are necessary for national progress, such as national defense and aerospace.

05. Q. What is the lecture mainly about?

   (a) **Superiority of mixed market over free market**
   (b) Limitations on market economies
   (c) Government's role in markets
   (d) Advantages of free market economies

06. Q. What can be inferred from the lecture?

   (a) **The free market economy is not practical in real life.**
   (b) A mixed market is mainly marked by government interference.
   (c) The mixed market economy is less profitable.
   (d) A completely free economy should be a nation's goal.

네. [05]오늘 강의의 주제는 시장 경제입니다. 기본적으로, 경제학자들은 시장 경제를 2가지 종류로 나눠요. 자유 시장 경제와 혼합 시장 경제죠. [05]이상적인 것은 당연히 자유 시장입니다만, 혼합 시장이 우위를 점합니다. 자유 시장 체제에서, 정부는 구매자와 판매자의 활동에 간섭하지 않습니다. 가격을 결정하는 유일한 요소는 공급과 수요의 힘뿐이에요. 그러므로 가격은 끊임없이 변화합니다. 그러나, [06]완전한 자유 시장은 경제학 교과서에만 찾을 수 있는 체제에요. 현실적으로, 실현 가능하고 더 흔한 것은 혼합 시장 경제입니다. 이 금융 구조는 자유 시장 경제와, 정부가 생산과 가격을 결정하는 중앙 통제 경제의 이점을 함께 지닙니다. 그래서 혼합 경제에서 개인의 재산은 보호받고, 정부의 역할은 부분적입니다. 또한, 혼합 경제는 국방이나 항공 우주 산업 같이, 수요가 많지는 않지만 국가적인 발전을 위해 필요한 곳에 정부가 투자할 수 있게 해줍니다.

05. Q. 강의는 주로 무엇에 대한 것인가?

   (a) 자유 시장을 뛰어넘는 혼합 시장의 우월성
   (b) 시장 경제의 제약
   (c) 시장에서 정부의 역할
   (d) 자유 시장 경제의 이점

06. Q. 강의로부터 추론할 수 있는 것은 무엇인가?

   (a) 자유 시장 경제는 현실에서 실현 가능하지 않다.
   (b) 혼합 경제는 정부의 간섭을 주된 특징으로 한다.
   (c) 혼합 시장 경제는 수익성이 덜하다.
   (d) 완전한 자유 경제가 국가의 목표여야 한다.

해설 | 05. 강의의 주제를 묻는 중심 내용 문제이므로, 앞부분의 강의 주제가 제시되는 부분을 잘 듣는다. the topic ~ the market economy에서 강의의 주제는 시장 경제라고 했고, The ideal ~ the upper hand에서 혼합 시장이 자유 시장보다 우위를 점한다는 주제를 제시한 후, 혼합 시장이 자유 시장을 뛰어넘는 우월성에 대한 설명이 이어졌다. 따라서 강의의 주제로 적절한 것은 (a)이다.

06. 강의를 통해 추론할 수 있는 내용을 묻는 추론 문제이므로, 강의 내용 전반을 잘 기억해둔다. a completely free market ~ in economic textbooks에서 완전한 자유 시장은 경제학 교과서에서만 찾을 수 있는 체제라고 했고, In reality, ~ the mixed market economy에서 현실적으로 실현 가능하고 더 흔한 것은 혼합 시장 경제라고 했다. 이를 통해 자유 시장 경제는 현실에서 실현 가능하지 않음을 알 수 있다. 따라서 강의를 통해 추론할 수 있는 것은 (a)이다.

어휘 | **market economy** 시장 경제 **free market economy** 자유 시장 경제 **mixed market economy** 혼합 시장 경제 **ideal**[aidíːəl] 이상
have the upper hand 우위를 점하다, 이기다 **be in a state of flux** 변화하다, 유동적이다 **feasible**[fíːzəbl] 실현 가능한
command economy 중앙 통제 경제 **national defense** 국방 **in high demand** 수요가 많다 **aerospace**[ɛ̀rouspeiːs] 항공 우주 산업

In 1920, Great Britain accepted responsibility to oversee the territory of Palestine. By the 1940s, the British began to lament their decision, as tension between Jews and Arabs resulted in violent attacks against their European occupiers. Moreover, [07]**Jewish immigration into the territory soared, as more and more Jews sought asylum from persecution in other countries**. Meanwhile, Arab demands for independence provoked rebellion and continued violence from both Jews and Arabs. Seeing that their earlier decision had come back to haunt them, the British gave up control of Palestine and handed over the responsibility of governing to the United Nations in 1947. [08]**The UN recommended that Palestine be divided into two states—one Jewish and the other Arab.** The resolution satisfied the Jews, and Israel became an official state in May of 1948. [08]**Arabs, on the other hand, never fully accepted the decision, and this has led to unrest in the region ever since.**

07. Q. Why did Jewish immigration to Palestine increase?

(a) Conflicts among Jews and Arabs were increasing.
(b) They wanted refuge from oppression abroad.
(c) Great Britain did not create strict entry requirements.
(d) They wanted independence from Great Britain.

08. Q. What caused regional unrest in Palestine after the British rule ended?

(a) The Arabs' opposition to a UN decision
(b) A lack of land for all Jewish immigrants
(c) The violent attacks against European occupiers
(d) The new laws in Israel

1920년에, 영국은 팔레스타인 영토를 감독할 책임을 받아들였습니다. 1940년대에 이르러, 유대인과 아랍인 사이의 갈등이 유럽 점령군에 대한 폭력적인 공격을 초래하자, 영국인들은 자신들의 결정에 대해 후회하기 시작했습니다. 게다가, [07]점점 더 많은 유대인들이 다른 국가에서의 박해로부터 도피처를 찾으면서 이 지역으로의 유대인 이주가 급증했습니다. 한편, 아랍의 독립에 대한 요구는 유대인과 아랍인 양쪽의 폭동과 계속되는 분쟁을 유발했습니다. 그들이 과거에 내린 결정이 되돌아와 자신들을 괴롭히는 것을 보고, 영국인들은 팔레스타인에 대한 지배를 포기하고 통치의 책임을 1947년에 국제 연합에 넘겨주었습니다. [08]UN은 팔레스타인을 하나는 유대인, 다른 하나는 아랍인 두 국가로 나뉘도록 권고했습니다. 이 결의안은 유대인을 만족시켰고, 이스라엘은 1948년 5월에 공식 국가가 되었습니다. [08]반면에, 아랍인은 이 결정을 완전히 납득하지 못했고, 이는 그 이후로 이 지역의 불안 상태를 불러일으켜 왔습니다.

07. Q. 팔레스타인으로의 유대인 이주는 왜 증가했는가?

(a) 유대인과 아랍인 사이의 갈등이 늘어나고 있었다.
(b) 해외의 탄압으로부터 도피처를 원했다.
(c) 영국이 엄격한 입국 요구 사항을 만들지 않았다.
(d) 영국으로부터 독립을 원했다.

08. Q. 영국의 통치가 끝난 후 무엇이 팔레스타인에서 지역적 불안 상태를 초래했는가?

(a) UN 결정에 대한 아랍인의 반대
(b) 모든 유대인 이민자를 위한 영토의 부족
(c) 유럽 점령군에 대한 폭력적인 공격
(d) 이스라엘의 새로운 법안

해설 | 07. 강의의 특정 정보를 묻는 문제이므로, 중간 이후의 구체적인 설명이 나오는 부분을 잘 기억해둔다. Jewish immigration ~ in other countries에서 유대인들이 다른 국가에서의 박해로부터 도피처를 찾으면서 팔레스타인으로의 유대인 이주가 급증했다고 했으므로 (b)가 정답이다.

Paraphrase된 문장
soared(급증했다) → increase(증가했다)
sought asylum from persecution in other countries(다른 국가에서의 박해로부터 도피처를 찾았다) → wanted refuge from oppression abroad(해외의 탄압으로부터 도피처를 원했다)

08. 강의의 특정 정보를 묻는 문제이므로, 중간 이후의 구체적인 설명이 나오는 부분을 잘 기억해둔다. The UN recommended ~ and the other Arab에서 UN이 팔레스타인이 두 국가로 나뉘도록 권고했다고 했고, Arabs, on the other hand, ~ ever since에서 아랍인이 이 결정을 완전히 납득하지 못하여 그 지역의 불안 상태를 불러일으켜 왔다고 했으므로 (a)가 정답이다.

Paraphrase된 문장
never fully accepted the decision(결정을 완전히 납득하지 못했다) → opposition to a ~ decesion(결정에 대한 반대)

어휘 | **lament**[ləmént] 후회하다 **tension** [ténʃən] 갈등, 긴장 상태 **occupier**[ɔ́kjupàiər] 점령군 **asylum**[əsáiləm] 도피처 **persecution**[pə̀ːrsikjúːʃən] 박해 **rebellion**[ribéljən] 폭동 **hand over** 넘겨주다 **unrest**[ʌnrést] (사회·정치적인) 불안 상태 **oppression**[əpréʃən] 탄압

예제 p.302

Though scientists have known that glaciers were melting at increasing rates, they were shocked to discover just how rapidly thawing has occurred during the past decade. **Due to recent global climate patterns, glaciers are diminishing faster than ever before.** New Zealand's largest glacier, for instance, is expected to disappear completely within 50 years at current temperature levels. If the problem is not reversed soon, glacial regions across the planet could be permanently affected.

Q. Which is correct according to the lecture?
A. Global temperatures are reducing glaciers at unprecedented rates.

과학자들은 빙하가 점점 더 빠른 속도로 녹고 있다는 것을 알고는 있었지만, 지난 10년간 얼마나 빨리 녹았는지를 발견하고는 매우 놀랐습니다. 최근 지구의 기후 양상 때문에, 빙하가 그 어느 때보다도 빠르게 줄어들고 있습니다. 예를 들면, 뉴질랜드의 가장 큰 빙하가 현재의 기온이라면 50년 이내에 완전히 사라질 것으로 예상됩니다. 문제가 빠른 시일 내에 해결되지 않는다면, 지구 상의 빙하 지역이 영구적으로 영향을 받게 될 수도 있습니다.

Q. 강의에 따르면 맞는 것은 무엇인가?
A. 지구의 기온 때문에 빙하가 전례 없는 속도로 줄어들고 있다.

어휘 | rapidly[rǽpidli] 빨리 thaw[θɔː] 녹다 reverse[rivə́ːrs] 바꾸어 놓다 unprecedented[ʌnprésidèntid] 전례 없는

01 (c)　　02 (d)　　03 (a)　　04 (d)　　05 (c)　　06 (d)　　07 (d)　　08 (a)

Part 4

01

Most people view human parasites negatively, but **some parasites actually promote health.** Some intestinal parasites, for instance, are known to help with inflammation and pain related to Crohn's disease and colonic ulcers. And recently, more doctors are using maggots to clear serious wounds of dead tissue. Some studies even indicate that conditions like asthma can be cured by the presence of parasites in the body. Despite these potential benefits, most people have yet to embrace the idea of using living organisms in treatment programs.

Q. What is the main idea of the lecture?

(a) Doctors are seeking new medical uses for parasites.
(b) Parasites offer safe treatment options for several diseases.
(c) Some parasites can be used to improve health.
(d) Most people's perceptions of parasites remain unchanged.

대부분의 사람들은 인체 내 기생충을 부정적으로 보지만, 사실 어떤 기생충은 건강을 증진시키기도 합니다. 예를 들어 장에 기생하는 몇몇 기생충은 크론병과 결장 궤양에 관련된 염증이나 통증에 도움이 된다고 알려져 있습니다. 그리고 최근에는 더 많은 의사들이 심한 상처에서 죽은 조직을 제거하기 위해 구더기를 사용하고 있습니다. 심지어 어떤 연구는 천식과 같은 병이 체내 기생충에 의해 치료될 수 있다는 것을 보여줍니다. 이러한 잠재적인 이점에도 불구하고, 대부분의 사람들은 살아있는 미생물을 치료에 사용한다는 생각을 아직 받아들이지 않고 있습니다.

Q. 강의의 요지는 무엇인가?

(a) 의사들은 기생충의 새로운 의학적 용도를 찾고 있다.
(b) 기생충은 여러 가지 병에 대한 안전한 치료법이 되고 있다.
(c) 어떤 기생충은 건강을 증진하기 위해 사용될 수 있다.
(d) 대부분의 사람들의 기생충에 대한 인식은 변하지 않았다.

해설 | 강의의 요지를 묻는 중심 내용 문제이므로, 강의 주제가 제시되는 앞부분을 잘 듣는다. some parasites actually promote health에서 사실 어떤 기생충은 건강을 증진시키기도 한다고 말한 후, 기생충이 질병을 치료하는 데 도움이 되는 예가 주어졌다. 따라서 강의의 요지로 적절한 것은 (c)이다.

어휘 | **parasite**[pǽrəsàit] 기생충 **intestinal**[intéstənəl] 장에 기생하는, 장의 **inflammation**[ìnfləméiʃən] 염증
Crohn's disease 크론병, 국한성 회장염 **colonic**[kòulánik] 결장의 **ulcer**[ʌ́lsər] 궤양 **maggot**[mǽɡət] 구더기 **tissue**[tíʃu:] 조직
asthma[ǽzmə] 천식 **have yet to** 아직 ~하지 않고 있다

02

Scientists from Perth's Western Australian Museum recently excavated well-preserved examples of numerous marsupial mammals in a cave some 50 feet below the surface. Among the most exciting discoveries was a full skeleton of a marsupial "lion." **The discovery marks the largest predatory marsupial ever discovered in Australia.** Most marsupials do not hunt and kill other animals for food, so the discovery of a predator so large is an important finding for science.

Q. Which is correct according to the lecture?

(a) The marsupial lion is an ancestor of the modern lion.
(b) The marsupial is the largest predator ever found in Australia.
(c) It is the first time the full skeleton of a marsupial was excavated.
(d) The marsupial lion preyed on other creatures.

Perth의 서호주 박물관의 과학자들은 최근에 지표면으로부터 50피트 정도 아래에 있는 동굴 속에서, 잘 보존되어 있던 수많은 유대류 포유 동물 표본을 발굴했습니다. 가장 흥미로운 발견 중 하나는 유대류 '사자'의 전신 골격이었습니다. 이 발견은 호주에서 이제까지 발견된 가장 큰 육식 유대류 동물로 기록됩니다. 대부분의 유대류 동물은 먹잇감으로 다른 동물을 사냥하고 죽이지 않기 때문에, 그렇게 큰 육식 동물의 발견은 과학에 있어서 중요한 발견입니다.

Q. 강의에 따르면 맞는 것은 무엇인가?

(a) 유대류 사자는 오늘날 사자의 조상이다.
(b) 유대류는 호주에서 발견된 가장 큰 육식 동물이다.
(c) 유대류의 전신 골격이 발굴된 것은 이번이 처음이다.
(d) 유대류 사자는 다른 동물들을 먹이로 했다.

해설 | 강의와 일치하는 내용을 묻는 세부 정보 문제이므로, 중간 이후의 구체적인 설명이나 근거가 나오는 부분을 잘 기억해둔다. 호주에서 발견된 유대류 사자의 골격을 언급하면서, The discovery ~ in Australia에서 유대류 사자는 이제까지 호주에서 발견된 가장 큰 육식 유대류 동물이라고 했으므로 (d)가 정답이다. (b)는 marsupial(유대류)이 아닌 marsupial lion(유대류 사자)이 되어야 옳다.

Paraphrase된 문장
predatory(육식의) → preyed on other creatures(다른 동물들을 먹이로 했다)

어휘 | **marsupial**[mɑːrsjúːpiəl] 유대류의(유대류: 코알라, 캥거루 같이 주머니에서 새끼를 기르는 포유 동물) **predatory**[prédətɔ̀ːri] 육식의
predator[prédətər] 육식 동물 **prey on** ~을 먹이로 하다

03

In today's lecture, we'll discuss how smog continues to be a major problem in many areas despite government regulations. **During the 1970s, regulation of air pollution led to an initial decrease in nitrogen and sulfur oxide levels. However, the improvement in air quality did not last.** Air pollution from factories and automobiles continues to afflict cities across the nation, and it is obvious that the situation will not improve if new measures are not implemented.

Q. Which is correct according to the lecture?

(a) Previous measures were only temporarily effective.
(b) Smog is mostly caused by automobile pollution.
(c) The lowest levels of pollution were seen during the 1970s.
(d) Pollution levels have been inaccurately measured.

오늘 강의에서는 정부의 규제에도 불구하고 어떻게 스모그가 많은 지역에서 계속해서 주요한 문제가 되고 있는지를 논의할 것입니다. 1970년대에 대기 오염 규제로 처음에는 질소와 산화황의 수치가 감소했습니다. 그렇지만, 공기의 질 개선은 지속되지 않았습니다. 공장과 자동차로 인한 대기 오염은 나라 전역의 도시를 계속해서 괴롭히고 있고, 새로운 조치를 실행하지 않는다면 이 상황이 개선되지 않을 것이라는 점은 명백합니다.

Q. 강의에 따르면 맞는 것은 무엇인가?

(a) 이전의 조치는 단지 일시적으로만 효과가 있었다.
(b) 스모그는 대체로 자동차 오염에 의해 발생된다.
(c) 1970년대에 오염 수치가 가장 낮았다.
(d) 오염 수준이 부정확하게 측정되어 왔다.

해설 | 강의와 일치하는 내용을 묻는 세부 정보 문제이므로, 중간 이후의 구체적인 설명이나 근거가 나오는 부분을 잘 기억해둔다. During the 1970s ~ did not last에서 대기 오염 규제로 처음에는 오염 수치가 감소했지만 공기의 질 개선은 지속되지 않았다고 했으므로 (a)가 정답이다.

어휘 | **nitrogen**[náitrədʒən] 질소 **sulfur oxide** 산화황 **afflict**[əflíːkt] 괴롭히다 **measure**[méʒər] 조치; 측정하다

04

A recent study by researchers at Tufts University suggests that a proper diet can help minimize the risk of health problems in people with a family history of vascular disease. Damage to arteries can be caused not only by hypertension, but also by cholesterol deposited on the artery walls. Therefore, **one of the simplest ways to protect your body from vascular disease is to increase the intake of high-fiber foods,** such as beans, whole grains, and fruits. **Such foods, which help lower bad cholesterol, are essential for those genetically predisposed to vascular disease.**

Q. What can be inferred from the lecture?

(a) Eating a healthy diet cancels out any genetic health risks.

(b) Vascular disease usually results from genetic disorders.

(c) The effects of a proper diet on hypertension have long been predicted.

(d) Vascular disease can be alleviated with a low-cholesterol diet.

Tufts 대학의 연구원들에 의한 최근의 한 연구는 적절한 식이 요법이 혈관성 질환의 가계 병력이 있는 사람들의 건강 문제 위험을 최소화하는 데 도움이 된다는 것을 보여줍니다. 동맥의 손상은 고혈압에 의해서 뿐만이 아니라, 동맥벽에 쌓인 콜레스테롤에 의해서도 일어납니다. 그러므로, 혈관성 질환으로부터 자신의 몸을 보호하는 가장 간단한 방법 중 한 가지는 콩, 정백하지 않은 곡물, 과일 같은 고섬유질 음식의 섭취를 늘리는 것입니다. 나쁜 콜레스테롤을 감소시키는 데 도움이 되는 이러한 음식들은, 유전적으로 혈관성 질환에 걸리기 쉬운 사람들에게 필수적입니다.

Q. 강의로부터 추론할 수 있는 것은 무엇인가?

(a) 건강에 좋은 음식을 먹는 것은 모든 유전적인 건강 위험을 없애준다.

(b) 혈관성 질환은 보통 유전병으로 야기된다.

(c) 적절한 식이 요법의 고혈압에 대한 효과는 오랫동안 예견되어 왔다.

(d) 혈관성 질환은 저콜레스테롤 식이 요법으로 완화될 수 있다.

해설 | 강의를 통해 추론할 수 있는 내용을 묻는 추론 문제이므로, 강의 내용 전반을 잘 기억해둔다. one of the ~ high-fiber foods에서 고섬유질 음식의 섭취를 늘림으로써 혈관성 질환을 막을 수 있다고 했고, Such foods ~ to vascular disease에서 고섬유질의 음식은 나쁜 콜레스테롤을 감소시켜준다고 했다. 이를 통해 콜레스테롤을 감소시켜주는 음식을 먹는 것이 혈관성 질환에 걸릴 위험을 줄여준다는 것을 알 수 있다. 따라서 강의를 통해 추론할 수 있는 것은 (d)이다.

어휘 | vascular[vǽskjulər] 혈관의   artery[áːrtəri] 동맥   hypertension[hàipərténʃən] 고혈압   deposit[dipázit] 쌓이다   intake[íntèik] 섭취   high-fiber 고섬유질의   predispose[prìːdispóuz] (병에) 걸리기 쉽게 하다   cancel out ~을 없애다, ~을 상쇄하다   alleviate[əlíːvièit] 완화하다

Part 5

05
~
06

Although orchids contain more species than any other family of flowering plant, many of them are extremely rare. **05Since they have adapted to very specific environments, these rare orchids often depend on unique conditions for their survival.** Let's look at two examples of this phenomenon. First, five-leaf orchids will not grow without fungi that are only found in areas where oak or beech trees are abundant. Another species, **06the ghost orchid, requires a hot and humid environment to survive**. That is why this flower is only found in tropical regions such as Florida and Cuba. Given these strict requirements for growth, it is easy to see how the disruption of an orchid species' habitat can threaten its survival. If an effort is not made to protect these ecosystems, many of these distinctive plants will be at risk of extinction.

05. Q. What is the speaker's main point about orchids?

(a) Rare orchids need help adapting to habitats.

(b) Certain plant species depend on trees for survival.

난초에는 다른 꽃 식물군보다 더 많은 종이 있지만, 그들 중 다수는 매우 희귀합니다. 05매우 특정한 환경에 적응해 왔기 때문에, 이 희귀한 난초들은 흔히 생존을 위해 독특한 조건에 의존합니다. 이 현상의 두 가지 예를 봅시다. 먼저, 오엽 난초는 참나무나 너도밤나무들이 많은 장소에서만 발견되는 균류가 없이는 자라지 않습니다. 다른 종인 06유령 난초는 생존하기 위해 덥고 습한 환경을 필요로 합니다. 이것이 이 꽃이 플로리다나 쿠바와 같은 열대 지역에서만 발견되는 이유입니다. 성장을 위한 이 엄격한 필요 조건들을 고려해볼 때, 난초 종의 서식지 파괴가 어떻게 그것의 생존을 위협할 수 있는지 알기 쉽습니다. 만약 이 생태계를 보호하려는 노력을 하지 않는다면, 이 독특한 식물들의 다수가 멸종 위기에 처할 것입니다.

05. Q. 난초에 대한 화자의 요점은 무엇인가?

(a) 희귀한 난초는 서식지에 적응하는 데 도움이 필요하다.

(b) 특정 식물 종은 생존을 위해 나무에 의존한다.

2부
대화
(Part 1~3)
담화
(Part 4~5)
해커스 텝스 Listening

(c) Some orchids species require special conditions.

(d) Rare species are gradually becoming extinct.

06. Q. Which is correct according to the lecture?

    (a) Beech trees rely on orchids as a source of nutrients.

    (b) Fungi led to the extinction of the five-leaf orchid.

    (c) Orchids have fewer species than other flowering plants.

    (d) The ghost orchid thrives in warm and damp weather.

(c) 일부 난초종은 특수한 조건을 필요로 한다.

(d) 희귀한 종은 점차 멸종되고 있다.

06. Q. 강의에 따르면 맞는 것은 무엇인가?

    (a) 너도밤나무는 영양 공급원으로 난초에 의존한다.

    (b) 균류는 오잎 난초의 멸종을 초래했다.

    (c) 난초는 다른 꽃 식물보다 더 적은 종을 깆고 있나.

    (d) 유령 난초는 따뜻하고 습한 날씨에서 잘 자란다.

해설 | 05. 강의의 요점을 묻는 중심 내용 문제이므로, 앞부분의 강의 주제가 제시되는 부분을 잘 듣는다. Since they have adapted ~ for their survival에서 희귀한 난초들은 특정한 환경에 적응해 왔기 때문에 생존을 위해 독특한 조건에 의존한다고 한 후, 독특한 조건을 필요로 하는 종에 대한 구체적인 설명과 예가 이어졌다. 따라서 강의의 주제로 적절한 것은 (c)이다. (a)는 Rare orchids need(희귀한 난초는 ~ 을 필요로 한다)가 정답처럼 들려 혼동을 준 오답으로, help(도움)가 아닌 unique conditions(독특한 조건)가 되어야 옳다.

    Paraphrase된 문장

    depend on unique conditions(독특한 조건에 의존한다) → require special conditions(특수한 조건을 필요로 한다)

06. 강의와 일치하는 내용을 묻는 세부 정보 문제이므로, 중간 이후의 구체적인 설명이나 근거가 나오는 부분을 잘 기억해둔다. the ghost orchid ~ to survive에서 유령 난초는 생존하기 위해 덥고 습한 환경을 필요로 한다고 했으므로 (d)가 정답이다.

    Paraphrase된 문장

    requires a hot and humid environment(덥고 습한 환경을 필요로 한다) → thrives in warm and damp weather(따뜻하고 습한 날씨에서 잘 자란다)

어휘 | fungi[fʌ́ndʒai] 균류, 곰팡이　beech tree 너도밤나무　requirement[rikwáierment] (필요) 조건　disruption[disrʌ́pʃən] 파괴
habitat[hǽbitæt] 서식지, 생태　thrive[θraiv] 잘 자라다, 번성하다

07
~
08

Let's talk about migraines, and why this debilitating type of pain afflicts certain people. Migraines can come in many forms, but they are usually characterized by an extreme headache, accompanied by vision problems, nausea, and sensitivity to light, sound, and smell. Sufferers can experience these symptoms for between 4 and 72 hours, which will often render them unable to move from their bed. [07]**But what causes migraines is still largely uncertain.** Although doctors believe that genetic factors are important, migraines aren't strictly traceable to inheritance as hormones may also play a part. For instance, [08]**boys who have not yet reached puberty are more likely to experience migraines than young girls,** whereas after puberty women are twice as likely as men to have them. In addition, depending on the person in question, various experiences can prompt migraines. These include fatigue, stress, and certain types of weather, while many people cite specific foods as causes of migraines, such as MSG. In general, migraine victims each have slightly different triggers, making diagnosis and treatment even more challenging for doctors.

편두통에 대해, 그리고 왜 이 심신을 쇠약하게 만드는 유형의 통증이 특정 사람들을 괴롭히는지 이야기해봅시다. 편두통은 다양한 형태로 나타날 수 있는데, 보통 시력 문제, 메스꺼움, 그리고 빛, 소리, 냄새에 대한 신경 과민을 동반한 극심한 두통이 특징으로 나타납니다. 환자들은 이 증상들을 4시간에서 72시간 사이로 겪을 수 있는데, 이는 흔히 그들이 침대에서 움직일 수 없게 만듭니다. [07]그러나 편두통을 유발하는 것이 무엇인지는 여전히 대부분 불확실합니다. 의사들은 유전적 요인이 주요하다고 여기지만, 호르몬도 관여할 수 있기 때문에 편두통이 전적으로 유전에서 기인하는 것은 아닙니다. 예를 들어, [08]사춘기에 이르지 않은 소년은 어린 소녀보다 편두통을 겪을 가능성이 더 높고, 반면에 사춘기 이후 여성은 남성보다 편두통에 걸릴 가능성이 두 배 높습니다. 게다가, 당사자에 따라 다양한 경험들이 편두통을 유발할 수 있습니다. 이는 피로, 스트레스, 특정 유형의 날씨를 포함하는 한편, 많은 사람들은 MSG와 같은 특정 음식을 편두통의 원인으로 듭니다. 전반적으로, 편두통 환자는 각각 조금 다른 유발 요인들을 가지고 있어, 의사들이 진단과 치료하는 것을 더욱 어렵게 만듭니다.

07. Q. What is mainly being said about migraines?

    (a) Their symptoms can come in many forms.

    (b) They are often inherited genetically.

    (c) They are not treatable with medicine.

07. Q. 편두통에 대해 주로 이야기되고 있는 것은 무엇인가?

    (a) 증상은 다양한 형태로 나타날 수 있다.

    (b) 보통 유전적으로 물려받는다.

    (c) 약으로 치료될 수 없다.

(d) Their causes are not fully understood.

08. Q. What can be inferred from the lecture?

(a) Girls have fewer migraines than boys of the same age before puberty.

(b) Migraine sufferers have at least one migraine per month.

(c) Adult men are more likely to get migraines than women.

(d) Each individual has only one trigger for their migraines.

(d) 원인들이 불확실하다.

08. Q. 강의로부터 추론할 수 있는 것은 무엇인가?

(a) 사춘기 이전에 소녀는 같은 나이의 소년보다 편두통을 적게 겪는다.

(b) 편두통 환자들은 적어도 한 달에 한 번 편두통을 겪는다.

(c) 성인 남성은 여성보다 더 편두통에 걸릴 가능성이 높다.

(d) 개개인은 그들의 편두통에 단 하나의 유발 요인을 가진다.

해설 | 07. 강의의 주제를 묻는 중심 내용 문제이므로, 대체로 앞부분에서 강의 주제가 제시되지만 Rather나 But 같은 표시어 다음에 주제가 나오는 경우가 많으므로 이를 주의해서 듣는다. But what causes ~ uncertain에서 편두통을 유발하는 것이 무엇인지는 여전히 대부분 불확실하다고 말한 후, 현재로서 편두통을 유발할 수 있다고 여겨지는 여러 가지 요인들에 대한 내용이 이어졌다. 따라서 강의의 주제로 적절한 것은 (d)이다.

Paraphrase된 문장

uncertain(불확실하다) → not fully understood(불확실하다)

08. 강의를 통해 추론할 수 있는 내용을 묻는 추론 문제이므로, 강의 내용 전반을 잘 기억해둔다. boys who have not reached ~ than young girls에서 사춘기에 이르지 않은 소년은 어린 소녀보다 편두통을 겪을 가능성이 좀 더 높다고 했다. 이를 통해 사춘기 이전에 소녀는 같은 나이의 소년보다 적게 편두통을 겪음을 알 수 있다. 따라서 강의를 통해 추론할 수 있는 것은 (a)이다.

어휘 | migraine[máigrein] 편두통   debilitating[dibílətèitiŋ] (심신을) 쇠약하게 만드는   afflict[əflíkt] 괴롭히다   nausea[nɔ́ːziə] 메스꺼움   sensitivity[sènsətívəti] 신경 과민, 민감성   render[réndər] ~을 만들다   traceable[tréisəbl] 기인하는   inheritance[inhérətəns] 유전, 유전적 성질   play a part ~에 관여하다   puberty[pjúːbərti] 사춘기   the person in question 당사자   fatigue[fətíːg] 피로   prompt[prɑmpt] 유발하다, 촉발하다   diagnosis[dáiəgnósis] 진단

p.306

01 (d)	02 (b)	03 (a)	04 (c)	05 (d)	06 (c)	07 (d)	08 (d)	09 (b)	10 (a)	11 (a)	12 (a)	13 (d)	14 (d)
15 (d)	16 (a)	17 (d)	18 (a)	19 (d)	20 (b)	21 (c)	22 (b)	23 (b)	24 (a)	25 (c)	26 (c)	27 (d)	28 (b)
29 (b)	30 (d)	31 (b)	32 (b)	33 (a)	34 (b)	35 (b)	36 (c)	37 (b)	38 (d)	39 (c)	40 (c)		

01

Have you ever been to Disneyland?

(a) I hope it's still available.
(b) Yeah, after summer.
(c) Maybe on my next visit.
(d) No, I've yet to go.

디즈니랜드에 가본 적 있어요?

(a) 아직 이용 가능하길 바라요.
(b) 네, 여름이 지나면요.
(c) 아마 다음에 방문할 때요.
(d) 아니요, 아직 안 가봤어요.

해설 | Have you를 사용하여 디즈니랜드에 가본 경험이 있는지를 묻는 말에 '아직 안 가봤다'는 말로 경험이 없다는 의미를 전달한 (d)가 정답이다.

오답분석
(a) Can we still book for this Disneyland offer?(우리가 아직 이 디즈니랜드 할인 행사를 예약할 수 있을까요?)와 같은 질문에 적절한 응답이다.
(b) Yeah가 정답처럼 들려 혼동을 준 오답으로, 디즈니랜드에 가본 경험을 물었는데 '여름이 지나면요'라고 시기를 답했으므로 틀리다.
(c) 디즈니랜드에 가본 경험을 물었는데 '다음에 방문할 때요'라고 예정을 답했으므로 틀리다.

어휘 | **have yet to** 아직 ~하지 않았다

02

What is the **minimum down payment** for buying a home?

(a) It's added onto the mortgage.
(b) Most lenders require at least 20 percent.
(c) You need to consider the interest charges.
(d) It has to be paid by the borrower.

주택을 구매하기 위한 최저 계약금은 어느 정도입니까?

(a) 주택 담보 대출에 포함되어 있어요.
(b) 대부분의 대출 기관은 최소 20퍼센트는 요구하죠.
(c) 이자 부담을 염두에 둘 필요가 있어요.
(d) 그건 임차인이 지불해야 해요.

해설 | What ~ minimum down payment를 사용하여 최저 계약금이 어느 정도인지 물었으므로 '최소 20퍼센트'라는 최저 계약금을 말한 (b)가 정답이다.

오답분석
(a) 질문의 buying a home(주택을 구매하는 것)과 관련된 mortgage(주택 담보 대출)를 사용한 오답이다.
(c) I'm amazed I can get a loan so easily!(이렇게 쉽게 대출을 받을 수 있다니 놀랍네요!)와 같은 말에 적절한 응답이다.
(d) 질문의 payment(지불)와 비슷한 be paid(지불된)를 사용한 오답이다.

어휘 | **down payment** 계약금 **mortgage**[mɔ́ːrgidʒ] 주택 담보 대출, 모기지 **lender**[léndər] 대출 기관, 임대인 **interest charge** 이자 부담 **borrower**[bárouər] 임차인

03

It's not like Rachel to leave her room so untidy.

(a) Maybe she had to take off in a hurry.
(b) Yeah, she's always leaving a mess behind.
(c) I try to keep it as clean as possible.
(d) Don't worry, I'll take it out later.

방을 이렇게 어수선하게 해놓다니 Rachel답지 않네.

(a) 아마 그녀는 급히 나가야 했나 봐.
(b) 맞아, 그녀는 항상 어질러 놓고 다녀.
(c) 나는 가능한 한 그것을 깨끗하게 유지하려 해.
(d) 걱정 마, 나중에 내다 놓을게.

해설 | 방을 어지럽혀 놓은 것이 Rachel답지 않다는 말에 '아마 그녀는 급히 나가야 했나 보다'라고 추측한 (a)가 정답이다.

오답분석
(b) Yeah가 정답처럼 들려 혼동을 준 오답으로, 어수선한 것이 Rachel답지 않다고 했는데 그녀는 항상 어지른다고 했으므로 틀리다.
(c) 질문의 untidy(어수선한)와 관련된 clean(깨끗한)을 사용한 오답이다.
(d) There's garbage piling up in this room(방에 쓰레기가 쌓이고 있어)과 같은 말에 적절한 응답이다.

04

Do you know the requirements for permanent residency?

(a) I can recommend a travel agent.
(b) But it's only a temporary solution.
(c) **Try calling the immigration hotline.**
(d) That's not the correct form to fill out.

영주권을 얻기 위한 필요 조건을 알고 있어?

(a) 내가 여행사를 추천해줄 수 있어.
(b) 하지만 그건 단지 일시적인 해결책일 뿐이야.
(c) 이민국 직통 번호로 전화해 봐.
(d) 그건 작성해야 할 올바른 신청서가 아니야.

해설 | Do 의문문으로 영주권을 얻기 위한 필요 조건을 아는지 묻는 말에 '이민국 직통 번호로 전화해 보라'는 말로 영주권 획득의 필요 조건을 모른다는 의미를 전달한 (c)가 정답이다.

오답분석
(a) 영주권을 얻기 위한 필요 조건을 아는지 물었는데 여행사를 추천해줄 수 있다고 했으므로 틀리다.
(b) 질문의 permanent(영구적인)와 관련된 temporary(일시적인)를 사용한 오답이다.
(d) Do I need to complete this application for permanent residency?(영주권을 얻으려면 이 신청서를 작성해야 하니?)와 같은 질문에 적절한 응답이다.

어휘 | permanent residency 영주권 temporary[témpərèri] 일시적인 immigration[ìməgréiʃən] 이민

05

I doubt I'll get picked if I try out for the school play.

(a) The tickets aren't very expensive.
(b) I know how difficult it is to produce one.
(c) You can certainly take my word for it.
(d) **You should at least give it a shot.**

내가 학교 연극에 지원하면 뽑힐지 모르겠어.

(a) 입장권이 그리 비싸진 않아.
(b) 연극을 연출하는 것이 얼마나 힘든지 나도 알아.
(c) 정말 내 말을 믿어도 돼.
(d) 최소한 시도는 해 봐.

해설 | 학교 연극에 지원할지 망설이는 말에 '최소한 시도는 해 보라'며 상대방을 격려한 (d)가 정답이다.

오답분석
(a) 질문의 play(연극)와 관련된 tickets(입장권)를 사용한 오답이다.
(b) 학교 연극에 지원할지 망설이는 상황인데 연극을 연출하는 것이 얼마나 힘든지 안다고 했으므로 틀리다.
(c) 학교 연극에 지원할지 망설이는 상황인데 자신의 말을 믿어도 된다고 했으므로 틀리다.

어휘 | try out for ~에 지원하다 take one's word ~의 말을 믿다 give ~ a shot ~을 시도해 보다

06

I was taken aback by Pam's rude remark about my article.

(a) But it was just your opinion.
(b) You should've been straightforward.
(c) **She was definitely out of line.**
(d) Just try to be more polite next time.

내 기사에 대한 Pam의 무례한 비평에 깜짝 놀랐어.

(a) 하지만 그건 단지 너의 의견일 뿐이야.
(b) 너는 정직해야 했어.
(c) 그녀는 완전히 선을 넘었어.
(d) 그냥 다음엔 좀 더 예의 바르게 굴어 봐.

해설 | I was taken aback ~이라며 Pam의 무례한 비평에 대한 놀라움을 나타내는 말에 '그녀는 완전히 선을 넘었다'는 말로 상대방의 말에 동조한 (c)가 정답이다.

오답분석
(a) your가 아닌 her가 되어야 응답으로 적절하다.
(b) Pam의 무례한 비평에 놀랐다고 말하는 상황인데 너는 정직해야 했다고 말했으므로 틀리다.
(d) 질문의 rude(무례한)와 관련된 polite(예의 바른)을 사용한 오답이다.

어휘 | be taken aback 깜짝 놀라다 remark[rimά:rk] 비평 straightforward[strèitfɔ́:rwərd] 정직한

07

Hello, **could you** connect me to Mr. Lee's office?

(a) I couldn't get through at first.
(b) Please tell him it's an emergency.
(c) I suggest you inform him in person.
(d) **I'm afraid he just stepped out.**

여보세요, Mr. Lee의 사무실로 연결해주시겠습니까?

(a) 처음에는 연락이 되지 않았어요.
(b) 그에게 긴급 상황이라고 전해주세요.
(c) 그에게 직접 알리시길 권합니다.
(d) 유감스럽게도 그는 방금 나가셨습니다.

해설 | could you를 사용하여 Mr. Lee의 사무실로 전화를 연결해달라는 요청에 '그는 방금 나갔다'는 말로 요청을 들어줄 수 없다는 의미를 전달한 (d)가 정답이다.

오답분석
(a) 질문의 connect(연결하다)와 관련된 get through(~와 연락이 닿다)를 사용한 오답이다.
(b) 요청한 사람이 이어서 할 만한 말을 보기로 제시하여 혼동을 준 오답이다.
(c) Mr. Lee의 사무실로 연결해줄 수 있는지 물었는데 직접 알리기를 권한다고 했으므로 틀리다.

어휘 | get through (전화로) ~와 연락이 닿다   in person 직접   step out 나가다

08

Hi, **I'd like to report** a blaze at 15 Main Street.	여보세요, 15번 대로의 화재를 신고하려고요.
(a) I think you'll have to reset the alarm.	(a) 경보기를 다시 맞추셔야 할 것 같아요.
(b) You need to store enough water for it.	(b) 그것에 대비해서 물을 충분히 받아두셔야 해요.
(c) No, I don't see that happening anytime soon.	(c) 아니요, 그런 일이 금방 발생할 것 같진 않네요.
(d) A fire truck has already been dispatched.	(d) 이미 소방차 한 대를 보냈습니다.

해설 | I'd like to report ~라며 화재를 신고하는 말에 '이미 소방차를 보냈다'고 말한 (d)가 정답이다.

오답분석
(a) 질문의 blaze(화재)와 관련된 alarm(경보기)을 사용한 오답이다.
(b) 이미 화재가 발생한 상황인데 그것에 대비해 물을 받아두어야 한다고 했으므로 틀리다.
(c) 이미 화재가 발생한 상황인데 그런 일이 발생할 것 같지는 않다고 했으므로 틀리다.

어휘 | blaze[bleiz] 화재   anytime soon 금방, 곧   dispatch[dispǽtʃ] 보내다, 파견하다

09

I still can't get over my breakup with Mark.	나는 아직 Mark와의 이별을 극복하지 못했어.
(a) At least you've gotten it off your chest.	(a) 최소한 마음의 짐을 털어놓긴 했잖아.
(b) I think it's about time you moved on.	(b) 이제는 네가 새 출발을 할 때라고 생각해.
(c) I know. You should ask him out first.	(c) 알아. 네가 먼저 그에게 데이트 신청을 해야 해.
(d) I hope I made the right decision.	(d) 내가 옳은 결정을 했기를 바라.

해설 | 아직 Mark와의 이별을 극복하지 못했다는 말에 '이제는 너도 새 출발을 할 때라고 생각한다'는 말로 상대방을 격려한 (b)가 정답이다.

오답분석
(a) I got counseling to overcome my breakup with Mark, but it's still hard(Mark와의 이별을 극복하려고 상담을 받았지만 여전히 힘들어)와 같은 말에 적절한 응답이다.
(c) 화자가 Mark와 이미 헤어진 상황인데 먼저 그에게 데이트 신청을 해야 한다고 했으므로 틀리다.
(d) 아직 이별을 극복하지 못했다는 말에 이어서 할 만한 말을 보기로 제시하여 혼동을 준 오답이다.

어휘 | breakup[bréikʌ̀p] 이별   get ~ off one's chest (~에 대한) 마음의 짐을 털어 놓다   ask ~ out ~에게 데이트를 신청하다

10

Is it true that Penny is getting let go by the company?	Penny가 회사에서 해고당한다는 게 정말이야?
(a) That's hearsay. She's just being transferred.	(a) 그건 소문이야. 그녀는 단지 전근을 가는 것일 뿐이야.
(b) Yes, if she wants to get hired again.	(b) 응, 만일 그녀가 다시 고용되기를 원한다면 말이야.
(c) No, it's not up to them to decide.	(c) 아니, 그건 그들이 결정할 일이 아니야.
(d) I believe it's about time she returned to work.	(d) 나는 그녀가 복직할 때라고 생각해.

해설 | Be동사 의문문으로 Penny가 해고당하는 것이 사실인지 묻는 말에 '그것은 소문이고, 그녀는 단지 전근을 가는 것일 뿐이다'라고 Penny가 해고당하는 것이 아니라는 의미를 전달한 (a)가 정답이다.

오답분석
(b) 질문의 let go(해고하다)와 관련된 get hired(고용되다)를 사용한 오답이다.
(c) No가 정답처럼 들려 혼동을 준 오답으로, Penny가 해고당하는 것이 사실인지 물었는데 그건 그들이 결정할 일이 아니라고 했으므로 틀리다.
(d) 질문의 let go(해고하다)와 관련된 return to work(복직하다)를 사용한 오답이다.

어휘 | hearsay[híərsèi] 소문   transfer[trænsfə́r] 전근 가다, 이동하다

11

W: Can I still catch the last bus?

M: Sorry, you just missed it.

W: **Is there** any other way I can get to Seattle tonight?

(a) The train is your best shot.

(b) It cost me a lot more than that.

(c) But I'll need to see your ticket first.

(d) Our schedule recently changed.

W: 아직 마지막 버스를 탈 수 있을까요?

M: 안타깝네요, 방금 놓치셨어요.

W: 오늘 밤에 시애틀로 갈 수 있는 다른 방법이 있나요?

(a) 기차가 최선일 거예요.

(b) 그것보다는 훨씬 비쌌어요.

(c) 하지만 제가 당신의 티켓을 먼저 봐야 할 거예요.

(d) 저희 배차 스케줄이 최근에 바뀌었어요.

해설 | Is there ~를 사용하여 시애틀로 가는 다른 방법을 묻는 말에 '기차'라는 방법을 말한 (a)가 정답이다.

어휘 | best shot 최선을 다하기, 최대로 노력하기

12

M: I bought us tickets to the game on Monday.

W: I can go if you really want me to.

M: You don't sound so excited.

(a) I'm just not that into basketball.

(b) It was so loud back there.

(c) Don't worry. You'll do great.

(d) Sure, I'll pay for our snacks.

M: 월요일 경기의 우리 입장권을 샀어.

W: 만약 네가 정말로 내가 가길 바란다면 갈게.

M: 별로 신난 것 같지 않네.

(a) 난 그저 농구를 그렇게 좋아하지는 않아.

(b) 저 뒤쪽은 너무 시끄러웠어.

(c) 걱정 마. 너는 잘 해낼 거야.

(d) 당연하지, 내가 우리가 먹을 간식 값을 낼게.

해설 | 농구 경기를 보러 가는 것에 대해 별로 신난 것 같지 않다며 서운함을 표현하는 말에 '농구를 그렇게 좋아하지는 않는다'고 이유를 말한 (a)
가 정답이다.

어휘 | be into ~을 좋아하다, ~에 관심이 있다

13

W: I haven't had my breakfast yet.

M: Why'd you get here so early?

W: I thought I was going to be late for the meeting.

(a) It might take you longer.

(b) We had to start without you.

(c) I had two eggs and some toast.

(d) It won't begin for another hour.

W: 나 아직 아침을 못 먹었어.

M: 왜 이렇게 일찍 온 거야?

W: 회의에 늦을 거라고 생각했거든.

(a) 넌 아마 더 오래 걸릴 거야.

(b) 우리는 너 없이 시작해야 했어.

(c) 나는 계란 두 개랑 토스트를 조금 먹었어.

(d) 한 시간 뒤에나 회의가 시작될 거야.

해설 | 회의에 늦지 않으려고 일찍 왔다는 말에 '한 시간 뒤에나 회의가 시작될 것이다'라고 말한 (d)가 정답이다.

14

M: Any idea how much it'd cost to have a tuxedo?

W: So, you're finally getting married?

M: It's for my brother. I'm helping with his wedding arrangements.

(a) That's a reasonable price.

(b) It's about time you settled down.

(c) I'll refer you to a beautiful venue.

(d) Well, it depends on the design.

M: 턱시도를 사는 데 얼마나 드는지 알아?

W: 그러니까, 너 드디어 결혼하는 거야?

M: 내 남동생을 위한 거야. 내가 그의 결혼식 준비를 돕고 있거든.

(a) 그건 합리적인 가격이야.

(b) 이제는 네가 정착할 때구나.

(c) 너에게 멋진 결혼식장을 알려줄게.

(d) 글쎄, 디자인에 따라 다르지.

해설 | 문장 앞에 Do you have가 생략된 형태로, 턱시도의 가격을 묻는 말에 '디자인에 따라 다르다'라는 말로 가격대가 다양하다는 의미를 전달한
(d)가 정답이다. (b)는 남동생의 결혼 준비를 위해 턱시도의 가격을 묻는 말에 상대방이 정착할 때라고 했으므로 틀리다.

어휘 | it's about time ~해야 할 때이다   settle down 정착하다   venue[vénju:] 장소

15

W: My son Matthew is moving to Dallas.

M: Oh. Has he grown tired of small-town living?

W: Yes. He dreams of an exciting life in the big city.

(a) You'll get your chance to meet him.

(b) That's not the Matthew I was referring to.

(c) He's coming for a visit next week.

(d) That's hardly surprising for a boy his age.

W: 제 아들 Matthew가 댈러스로 이사를 가요.

M: 오, 그가 소도시 생활에 싫증이 났나요?

W: 네. 그는 대도시에서의 흥미진진한 삶을 꿈꿔요.

(a) 당신은 그를 만날 기회를 얻을 거예요.

(b) 저 사람은 내가 말했던 Matthew가 아니에요.

(c) 그가 다음 주에 방문할 거예요.

(d) 그 나이 또래의 남자아이에겐 놀라운 일도 아니죠.

해설 | 여자의 아들이 대도시에서의 흥미진진한 삶을 꿈꾼다는 말에 '그 나이 또래의 남자아이에겐 놀라운 일도 아니다'라는 말로 그 나이대의 남자아이가 대도시를 동경하는 것이 당연하다는 의미를 전달한 (d)가 정답이다.

어휘 | grow tired of ~에 싫증나다 refer to ~에 대해 말하다

16

W: How was the anniversary dinner with your wife, Brandon?

M: Great. She loved the place you suggested.

W: **Was** the food as good as expected?

(a) It was even better than I thought.

(b) Thank you. I guess I should take your advice.

(c) Not at all. They said it wasn't on their menu.

(d) I hope so. It's what the ad on TV said.

W: Brandon, 아내와의 기념일 저녁 식사는 어땠어요?

M: 좋았어요. 그녀는 당신이 추천한 곳을 대단히 좋아했어요.

W: 음식은 기대했던 것만큼 좋던가요?

(a) 제가 생각했던 것보다 훨씬 좋았어요.

(b) 고마워요. 당신의 충고를 들어야 할 것 같네요.

(c) 전혀요. 그들은 그것이 메뉴에 없다고 말했어요.

(d) 그러길 바라요. TV 광고에 그렇게 나왔어요.

해설 | Be동사 의문문으로 기대했던 것만큼 음식이 좋았는지 묻는 말에 '생각했던 것보다 훨씬 좋았다'는 말로 매우 만족했다는 의미를 전달한 (a)가 정답이다.

어휘 | anniversary [æ̀nəvə́ːrsəri] 기념일 take one's advice ~의 충고를 듣다

17

M: Have you read Stan Hill's new novel?

W: It was below par. He could've done better.

M: I beg to differ. **What** exactly didn't you like about it?

(a) I'm happy someone shares my opinion.

(b) That's the same type of story I enjoy.

(c) I'll skim it and decide for myself.

(d) The plot didn't seem fully developed.

M: Stan Hill의 새 소설 읽어봤어요?

W: 기대 이하였어요. 그는 더 잘 쓸 수도 있었어요.

M: 제 생각은 좀 달라요. 그 소설에서 정확히 무엇이 마음에 안 들었나요?

(a) 누군가가 저와 의견을 공유해주니 기쁘네요.

(b) 그것은 제가 좋아하는 것과 같은 종류의 이야기예요.

(c) 훑어보고 스스로 결정할게요.

(d) 줄거리가 충분히 전개된 것 같지 않았어요.

해설 | What을 사용하여 소설에서 마음에 들지 않았던 부분을 묻는 말에 '줄거리가 충분히 전개된 것 같지 않았다'라고 의견을 말한 (d)가 정답이다.

어휘 | below par 기대 이하의 I beg to differ. 제 생각은 좀 다릅니다. skim [skim] 훑어보다

18

M: Why so glum? Christmas is around the corner.

W: I know, but that usually means there's a lot of work to do.

M: **Aren't** you taking any time off?

(a) Yes, but it's just less time to finish my work.

(b) Thanks. I could use some help right now.

(c) That was my only time off.

(d) I guess I have a few hours to spare.

M: 왜 그렇게 시무룩해 하니? 크리스마스가 코앞인데.

W: 알아, 하지만 그 말은 보통 할 일이 많아진다는 거잖아.

M: 너는 휴가를 전혀 내지 않을 거니?

(a) 낼 거야, 하지만 일을 마칠 시간만 더 적어질 뿐이야.

(b) 고마워. 나는 지금 도움이 좀 필요해.

(c) 그것은 내 유일한 휴가였어.

(d) 몇 시간 남는 시간이 있을 것 같네.

해설 | Be동사 의문문으로 휴가를 내지 않을 것인지 묻는 말에 '휴가를 낼 것이지만, 일을 마칠 시간만 더 적어질 뿐이다'라는 말로 불만을 표현한 (a)가 정답이다. (d)의 남는 시간이 있을 것 같다는 말은 할 일이 많아 바빠질 것이라는 대화의 문맥에 맞지 않으므로 틀리다.

어휘 | glum [glʌm] 시무룩한 around the corner 코앞에 와 있는 take time off 휴가를 내다 could use ~이 필요하다

19

W: Hello, John. Good job on your set design for the winter musical.
M: Thank you for coming to watch.
W: You must've worked hard to make it.

(a) Well, there's no use crying over spilt milk.
(b) Even better than any I've ever seen.
(c) That was a near miss if you ask me.
(d) Sure, but it was worth it.

W: 안녕, John. 겨울 뮤지컬의 무대 디자인을 참 잘했어.
M: 보러 와줘서 고마워.
W: 그걸 만드느라 분명히 힘들었겠구나.

(a) 음, 엎지른 물은 도로 담을 수 없어.
(b) 내가 본 그 어떤 것보다도 좋아.
(c) 개인적으로는 아주 아깝게 놓쳤다고 생각해.
(d) 응, 하지만 그럴 만한 가치가 있었어.

해설 | 뮤지컬 무대를 만드느라 분명히 힘들었을 것이라는 말에 '힘들었지만 가치가 있었다'라고 말한 (d)가 정답이다.

어휘 | There's no use crying over spilt milk. 엎지른 물은 도로 담을 수 없다.   near miss 아주 아까운 실패

20

M: Airing a TV commercial will cost us a fortune.
W: I know, but the exposure would help boost our revenues.
M: You don't think it's something we're going to lose money on?

(a) No, you can't conceptualize it on your own.
(b) No, we'll recoup the cost in the long run.
(c) We have to be more frugal at these times.
(d) Let's just ignore our competitors for now.

M: TV 광고를 방송하는 것은 엄청나게 비쌀 거예요.
W: 맞아요, 그렇지만 광고하는 것은 우리의 수익을 높이는 데 도움이 될 거예요.
M: 그걸로 인해 우리가 돈을 잃게 될 거라고는 생각하지 않나요?

(a) 아니요, 당신이 혼자서 그것을 개념화할 순 없어요.
(b) 아니요, 장기적으로는 비용을 회수하게 될 거예요.
(c) 이런 때에는 더 절약해야 해요.
(d) 우선은 그냥 경쟁자들을 신경 쓰지 맙시다.

해설 | 평서문 형태이지만 끝을 올려 읽는 의문문으로 TV 광고로 인해 돈을 잃게 될 거라고 생각하지는 않는지 의견을 묻는 말에 '장기적으로는 비용을 회수하게 될 것이다'라고 의견을 말한 (b)가 정답이다.

어휘 | cost a fortune 엄청나게 비싸다   exposure[ikspóuʒər] 광고하기   revenue[révənjù:] 수익   conceptualize[kənséptʃuəlàiz] 개념화하다   recoup[rikú:p] 회수하다, 되찾다   frugal[frú:gəl] 절약하는

21

Listen to a conversation between a couple.

W: I got a gift certificate from the department store.
M: Wow! How did you get it?
W: After I complained to a manager about poor service, he gave it to me as a token of apology.
M: He wanted to keep you loyal by giving you a gift.
W: I know. And he assured me he would resolve the situation.
M: Let's hope he keeps his promise.

Q. What is the woman mainly doing in the conversation?
(a) Informing the man of a loyalty program
(b) Expressing thanks to the man for a gift
(c) Telling the man about a recent compensation
(d) Describing a return policy to the man

커플 간의 대화를 들으시오.

W: 나 백화점에서 상품권을 받았어.
M: 와! 어떻게 받았어?
W: 관리자에게 형편없는 서비스에 대해 항의했더니, 그가 내게 사과의 표시로 줬어.
M: 그는 너에게 선물을 줘서 백화점에 계속 오게 하고 싶었던 거야.
W: 알아. 그리고 그는 불만 상황을 해결해주겠다고 장담했어.
M: 그가 약속을 지키기를 바라자.

Q. 대화에서 여자는 주로 무엇을 하고 있는가?
(a) 남자에게 고객 보상 프로그램을 알려주기
(b) 선물에 대해 남자에게 감사 표현하기
(c) 최근의 보상에 대해 남자에게 말하기
(d) 남자에게 환불 정책에 대해 설명하기

해설 | 대화에서 여자가 무엇을 하고 있는지 묻는 문제이다. 여자가 남자에게 I got ~ the department store(나 백화점에서 상품권을 받았어)라고 한 뒤, 어떻게 받았는지 이유를 묻는 남자의 말에 After I complained ~ a token of apology(형편없는 서비스에 대해 항의했더니, 그가 내게 사과의 표시로 줬어)라고 말했다. 따라서 여자가 주로 하고 있는 일은 (c)이다.

어휘 | gift certificate 상품권   as a token of apology 사과의 표시로   loyal[lɔ́iəl] (제품이나 가게를) 계속 이용하는   resolve[rizálv] 해결하다

22

Listen to a conversation between two friends.

W: Is that garden salad all you're having for dinner?

M: Yes, **I'm trying to watch my caloric intake.**

W: But you've had a long day at work. You must be feeling hungry.

M: No, I'm fine. Besides, I can't go to bed with a full stomach.

W: Why's that?

M: **I get indigestion whenever I eat too much at night.**

Q. What are the man and woman mainly discussing?

(a) The stomach pain induced by consuming large amounts of food

(b) The reason the man prefers not to indulge in a heavy meal

(c) Why the woman believes that the man should go on a diet

(d) Why many people like to enjoy a salad with their dinners

두 친구 간의 대화를 들으시오.

W: 저녁으로 먹는 것이 가든 샐러드뿐이야?

M: 응, 나는 칼로리 섭취량에 주의하려고 하거든.

W: 하지만 너는 회사에서 힘든 하루를 보냈잖아. 분명히 배가 고플 텐데.

M: 아니야, 괜찮아. 게다가, 나는 배가 부른 채로는 잘 수가 없어.

W: 왜 그런 거야?

M: 밤에 너무 많이 먹으면 항상 소화 불량에 걸리거든.

Q. 남자와 여자는 주로 무엇에 대해 논의하고 있는가?

(a) 과식으로 인한 복통

(b) 남자가 과식을 즐기지 않는 이유

(c) 여자가 남자는 다이어트를 해야 한다고 생각하는 이유

(d) 많은 사람들이 저녁 식사와 함께 샐러드를 즐기는 이유

해설 | 대화의 주제를 묻는 문제이다. 남자가 I'm trying to ~ intake(나는 칼로리 섭취량에 주의하려고 하거든)라며 저녁으로 가든 샐러드만을 먹는 이유를 설명했고, 배가 부른 채로 잘 수 없는 이유를 묻는 여자의 말에 I get indigestion ~ at night(밤에 너무 많이 먹으면 항상 소화 불량에 걸리거든)이라고 답했다. 따라서 대화의 주제로 적절한 것은 (b)이다.

어휘 | **caloric intake** 칼로리 섭취량 **have a long day** 힘든 하루를 보내다 **indigestion** [ìndidʒéstʃən] 소화 불량 **induce** [indjúːs] 유발하다 **indulge in** ~에 탐닉하다 **heavy meal** 과식, 부담스러운 식사

23

Listen to a conversation between two students.

M: It's going to be another difficult year for me, financially.

W: Me too. My expenses were high enough without the recent increase in tuition fees.

M: Can you believe **tuition has gone up 40 percent since we started school two years ago?**

W: I know. And **my family's income has barely kept pace with inflation.**

M: Mine, too. We should have applied for aid.

W: That would have definitely eased our burden.

Q. What are the man and woman mainly doing in the conversation?

(a) Arguing over the best way to budget their annual personal expenses

(b) Bemoaning their inability to keep up with the rising cost of school

(c) Examining the possibility of moving to a different university

(d) Computing the return on income from a long-term investment

두 학생 간의 대화를 들으시오.

M: 올해도 내게 재정적으로 힘든 한 해가 될 거야.

W: 나도야. 최근의 등록금 인상이 아니더라도 난 지출이 충분히 많았는데 말이지.

M: 2년 전 우리가 입학한 이후로 등록금이 40퍼센트나 올랐다는 걸 믿을 수 있니?

W: 그러게. 그리고 우리 가족의 수입은 물가 상승률을 간신히 따라가고 있어.

M: 우리 가족도 그래. 우리는 학자금 지원을 신청했어야 했어.

W: 그건 틀림없이 우리의 부담을 덜어주었을 거야.

Q. 대화에서 남자와 여자는 주로 무엇을 하고 있는가?

(a) 개인 지출에 대한 연례 예산을 짜는 최선의 방법에 대해 논쟁하기

(b) 상승하는 학비를 따라잡을 수 없음을 한탄하기

(c) 다른 대학으로 옮길 수 있는 가능성을 검토하기

(d) 장기 투자로 발생한 소득의 수익을 계산하기

해설 | 대화에서 남자와 여자가 무엇을 하고 있는지 묻는 문제이다. 남자가 tuition has gone up ~ two years ago(2년 전 우리가 입학한 이후로 등록금이 40퍼센트나 올랐다)라고 하자, 여자가 my family's income ~ with inflation(우리 가족의 수입은 물가 상승률을 간신히 따라가고 있어)이라며 학비를 포함한 물가 상승에 대해 한탄하고 있다. 따라서 남자와 여자가 하고 있는 일은 (b)이다.

어휘 | **financially**[finǽnʃəli] 재정적으로 **tuition fee** 등록금 **keep pace with** ~을 따라가다, ~와 보조를 맞추다 **inflation**[infléiʃən] 물가 상승률 **bemoan**[bimóun] 한탄하다 **return**[ritə́ːrn] 수익

24

Listen to two friends discuss their plans. M: When did you say you'd be visiting your grandparents in Cleveland? W: I leave with my family on the 13th. M: That's this Friday, isn't it? W: Yes. We'll be there for two nights. M: I guess that means we won't be seeing that new movie on Saturday. W: Yeah, I'll have to take a rain check on that. Q. Which is correct about the woman according to the conversation? **(a) She needs to postpone a previous engagement.** (b) She is traveling to Cleveland after the weekend. (c) She will be seeing a movie with her family. (d) She is not sure when to visit her grandparents.	두 친구가 그들의 계획에 관해 이야기하는 것을 들으시오. M: 너는 클리블랜드에 있는 조부모님을 언제 방문할 거라고 했지? W: 13일에 우리 가족과 함께 떠나. M: 이번 주 금요일이네, 맞지? W: 응. 거기에 이틀 밤 동안 있을 거야. M: 그럼 우리는 새로 개봉한 영화를 토요일에 못 보겠구나. W: 응, 다음을 기약해야겠어. Q. 대화에 따르면 여자에 대해 맞는 것은 무엇인가? (a) 선약을 연기해야 한다. (b) 주말 이후에 클리블랜드로 간다. (c) 가족과 함께 영화를 볼 것이다. (d) 언제 조부모를 방문할지 모른다.

해설 | 대화에서 여자에 대한 내용과 일치하는 것을 묻는 문제이다. 남자가 I guess ~ on Saturday(그럼 우리는 새로 개봉한 영화를 토요일에 못 보겠구나)라고 하자 여자가 Yeah, I'll have to take a rain check on that(응, 다음을 기약해야겠어)이라고 했으므로 (a)가 정답이다. (b)는 주말 이후에 클리블랜드에 가는 것이 아니라 금요일에 가는 것이므로 틀리다.

어휘 | **take a rain check** 다음을 기약하다 **previous engagement** 선약

25

Listen to a conversation between two friends. W: The costume party you organized for Jenna's birthday turned out great. M: You think so? I must say that I had a hard time pulling it together without any help. W: I can't believe you did the whole thing alone. M: Yeah, I took care of everything, from the invitations to the menu. W: Wow. Next time, you should get an assistant. M: No need. I probably won't be doing something like this again. Q. Which is correct about the man according to the conversation? (a) He enjoyed organizing the event by himself. (b) He is a professional organizer of events. **(c) He thinks he won't organize similar events in the future.** (d) He plans on finding an assistant for the next party.	두 친구 간의 대화를 들으시오. W: 네가 Jenna의 생일을 위해 준비한 코스튬 파티는 훌륭했어. M: 그렇게 생각해? 사실 아무런 도움도 없이 파티를 준비하느라 힘든 시간을 보냈어. W: 그걸 전부 너 혼자 했다니 믿을 수 없어. M: 응, 초대부터 메뉴 정하는 것까지 전부 내가 처리했어. W: 와, 다음에는 보조를 구해 봐. M: 그럴 필요 없어. 아마도 이런 일을 다시는 하지 않을 것 같아. Q. 대화에 따르면 남자에 대해 맞는 것은 무엇인가? (a) 혼자서 행사를 준비하는 것을 즐겼다. (b) 전문적인 이벤트 기획자이다. (c) 앞으로 비슷한 행사를 준비하지 않을 거라고 생각한다. (d) 다음 파티에는 보조를 구할 계획이다.

해설 | 대화에서 남자에 대한 내용과 일치하는 것을 묻는 문제이다. 남자가 I probably ~ this again(아마도 이런 일을 다시는 하지 않을 것 같아)이라고 했으므로 (c)가 정답이다.

어휘 | **organize**[ɔ́ːrgənàiz] 준비하다, 조직하다 **pull ~ together** ~을 준비하다 **take care of** ~을 처리하다 **assistant**[əsístənt] 보조, 조수 **professional**[prəféʃənl] 전문적인

26

Listen to two acquaintances discuss a woman's work.

M: Pardon me for asking, but what do you do for a living, Tina?

W: I guess you could say I'm sort of a jack of all trades.

M: **So I take it you're not on any single-minded career path then?**

W: **Right.** I would be bored in a typical 9 to 5, so I take on odd jobs.

M: You must have developed a wide range of skills compared to most of your peers, huh?

W: That's one way to look at it, but I don't have a particular specialty to speak of.

Q. Which is correct about the woman according to the conversation?

    (a) She specializes in a particular field.

    (b) She decided to quit her 9 to 5 job.

    (c) She is engaged in various occupations.

    (d) She has trouble finding employment.

두 지인이 여자의 일에 관해 이야기하는 것을 들으시오.

M: 여쭤봐도 될지 모르겠지만, 무슨 일을 하시나요, Tina?

W: 이것저것 조금씩 다 한다고 하면 될 것 같네요.

M: 그럼 한 가지 일에만 전념하고 계시지 않다는 말씀이신 가요?

W: 맞아요. 일반적인 9시에서 5시까지의 근무는 지루할 것 같 아서, 임시적인 일들을 합니다.

M: 동료들에 비해서 다양한 범위의 기술을 개발하셨겠네요, 그렇죠?

W: 그렇게 볼 수도 있겠지만, 이렇다 할 만한 특별한 전문 성은 없어요.

Q. 대화에 따르면 여자에 대해 맞는 것은 무엇인가?

    (a) 특정 분야를 전문으로 한다.

    (b) 9시에서 5시까지 근무하는 직업을 그만두기로 했다.

    (c) 다양한 직업에 종사하고 있다.

    (d) 직장을 찾는 데 어려움을 겪고 있다.

해설 | 대화에서 여자에 대한 내용과 일치하는 것을 묻는 문제이다. 여자의 직업에 대해 남자가 So I take it ~ path then?(그럼 한 가지 일에만 전념 하고 계시지 않다는 말씀이신가요?)이라고 묻자 여자가 Right(맞아요)이라고 했으므로, 여자는 여러 가지 일을 하고 있음을 알 수 있다. 따라서 (c)가 정답이다. (a)는 여자가 I don't ~ speak of(이렇다 할 만한 특별한 전문성은 없어요)라고 했으므로, 대화와 반대되는 내용의 오답이다.

어휘 | **jack of all trades** 이것저것 조금씩 다 하는 사람, 팔방미인   **single-minded** 한 가지에만 전념하는   **odd job** 임시적인 일   **specialty** [spéʃəlti] 전문성   **to speak of** 이렇다 할 만한   **be engaged in** ~에 종사하다

27

Listen to two friends discuss a man's injury.

M: Oh no. I think my ankle sprain is getting worse.

W: I didn't know you were injured. What happened?

M: I sprained my left ankle during football practice last weekend.

W: Were you prescribed any medicine to relieve the pain?

M: **I was, but I don't think it's doing much.** I might need to have my ankle checked again.

W: Yes, you should. I hope you get better soon.

Q. Which is correct according to the conversation?

    (a) The man is successfully recovering from his football injury.

    (b) The woman was informed about the man's ankle sprain.

    (c) The woman is advising the man to get a second opinion.

    (d) The man suspects the prescribed medicine is not effective.

두 친구가 남자의 부상에 관해 이야기하는 것을 들으시오.

M: 이런. 발목 삔 것이 점점 심해지는 것 같아.

W: 난 네가 다친 줄 몰랐어. 어떻게 된 거야?

M: 지난 주말에 축구 연습을 하다가 왼쪽 발목을 삐었어.

W: 통증을 가라앉힐 약을 좀 처방받았어?

M: 받았어, 하지만 별로 도움이 되는 것 같지는 않아. 발목을 다시 한 번 검사받아야 될 지도 모르겠어.

W: 응, 그래야 해. 얼른 좋아지길 바라.

Q. 대화에 따르면 맞는 것은 무엇인가?

    (a) 남자는 축구를 하다가 입은 부상을 잘 회복하고 있다.

    (b) 여자는 남자의 발목 부상에 대해 알고 있었다.

    (c) 여자는 남자에게 다른 의사의 진찰도 받아보라고 조 언하고 있다.

    (d) 남자는 처방받은 약이 효과가 없다고 의심하고 있다.

해설 | 대화의 내용과 일치하는 것을 묻는 문제이다. 약을 처방받았는지 묻는 말에 남자가 I was, but ~ doing much(받았어, 하지만 별로 도움이 되는 것 같지는 않아)라고 했으므로 (d)가 정답이다. (b)는 여자가 I didn't ~ injured(난 네가 다친 줄 몰랐어)라고 했으므로, 대화와 반대되는 내용의 오답이다.

어휘 | **sprain** [sprein] 염좌; 삐다   **injured** [índʒərd] 다친   **prescribe** [priskráib] 처방하다   **do much** 크게 기여하다   **second opinion** 다른 의사의 진찰, 진단

28

Listen to a conversation between a customer and a cashier.

M: Excuse me, there's a problem with my receipt.

W: What seems to be the problem, sir?

M: **It seems I was charged for three packs of detergent.**

W: How many did you buy?

M: **I bought two. And I didn't buy any bags of sugar or packs of tea.**

W: I see. Sorry about that. Let me get those refunded now.

Q. What kind of problem did the man have?

    (a) The man hasn't paid enough for his groceries.

    (b) The man's receipt shows products he didn't buy.

    (c) The man's two packs of sugar aren't on the receipt.

    (d) The man's request was denied by the cashier.

손님과 계산원 간의 대화를 들으시오.

M: 실례합니다. 제 영수증에 문제가 있어요.

W: 무슨 문제인가요, 손님?

M: 제게 세 팩의 세제가 청구된 것 같아 보여요.

W: 몇 개를 사셨나요?

M: 저는 두 팩을 샀어요. 그리고 설탕 봉지나 차 팩도 사지 않았어요.

W: 그렇군요. 죄송합니다. 지금 환불해 드리도록 하겠습니다.

Q. 남자에게 무슨 문제가 있었는가?

    (a) 남자는 그의 식료품에 대해 충분히 지불하지 않았다.

    (b) 남자의 영수증은 그가 사지 않은 제품을 보여준다.

    (c) 남자의 설탕 두 봉지는 영수증에 없다.

    (d) 남자의 요청이 계산원에 의해 거부되었다.

해설 | 남자에게 무슨 문제가 있었는지 묻는 문제이다. 남자가 It seems ~ three packs of detergent(제게 세 팩의 세제가 청구된 것 같아 보여요)라고 하자 여자가 몇 개를 샀냐고 물었다. 이에 대해 남자가 I bought ~ packs of tea(저는 두 팩을 샀어요. 그리고 설탕 봉지나 차 팩도 사지 않았어요)라고 했으므로 (b)가 정답이다. (d)는 대화에서 여자가 Let me get that refunded now(지금 환불해 드리도록 하겠습니다)라고 했으므로, 대화와 반대되는 내용의 오답이다.

어휘 | receipt[risíːst] 영수증 detergent [ditɔ́ːrdʒənt] 세제

29

Listen to a conversation about a radio station.

M: It's such a shame Patrick resigned.

W: So, is the radio station looking for a new DJ?

M: Yeah, but **it'll be hard to find someone who is as good as he was on the air.**

W: Are you going to ask people to send in some demos?

M: That's what we had in mind. But we'd also like to see how they work live.

W: You should set up an audition at the station, then.

Q. What can be inferred about the radio station from the conversation?

    (a) Patrick quit due to a misunderstanding with the man.

    (b) Patrick was one of its most talented disc jockeys.

    (c) The woman used to be one of its employees.

    (d) The man and woman are in charge of promoting it.

라디오 방송국에 관한 대화를 들으시오.

M: Patrick이 사임하다니 정말 유감이에요.

W: 그래서, 라디오 방송국은 새 DJ를 찾고 있어요?

M: 네. 하지만 그가 했던 것만큼 방송을 잘하는 사람을 찾기는 힘들 거예요.

W: 사람들에게 데모 테이프를 보내달라고 할 예정인가요?

M: 그게 우리가 생각하고 있는 거예요. 하지만 그들이 생방송에서 어떻게 하는지도 보고 싶어요.

W: 그러면 방송국에서 오디션을 열어야겠네요.

Q. 대화로부터 라디오 방송국에 대해 추론할 수 있는 것은 무엇인가?

    (a) Patrick은 남자와의 오해 때문에 그만뒀다.

    (b) Patrick은 그 라디오 방송국의 가장 재능 있는 DJ 중 한 명이었다.

    (c) 여자는 그 방송국의 직원이었다.

    (d) 남자와 여자는 그 방송국의 홍보를 담당하고 있다.

해설 | 대화를 통해 라디오 방송국에 대해 추론할 수 있는 내용을 묻는 문제이다. 남자가 Patrick이 사임한 것에 대해 유감을 표한 후, it'll be ~ on the air(그가 했던 것만큼 방송을 잘하는 사람을 찾기는 힘들 거예요)라고 했으므로 Patrick이 이 라디오 방송국의 가장 재능 있는 DJ 중 한 명이었음을 알 수 있다. 따라서 대화를 통해 라디오 방송국에 대해 추론할 수 있는 것은 (b)이다.

어휘 | station[stéiʃən] 방송국 resign[rizáin] 사임하다, 사퇴하다 on the air 방송 중에 have in mind ~에 대해 생각하고 있다
set up ~을 마련하다 be in charge of ~을 담당하다

30

Listen to a conversation between two co-workers.

W: I hope no one was offended by my speech yesterday.

M: It's OK. You were only trying to point out some issues.

두 동료 간의 대화를 들으시오.

W: 어제 제가 한 연설로 아무도 감정이 상하지 않았으면 좋겠어요.

M: 괜찮아요. 당신은 단지 몇 가지 문제를 지적하려고 했을 뿐이잖아요.

W: I've noticed some people have been starting to slack off and it's not a good thing.

M: You're right. Everyone should be reminded of that.

W: I wanted to emphasize the importance of meeting our deadlines.

M: You were clear in explaining that as well.

W: **No one should have felt singled out**, if I explained myself well.

Q. What can be inferred about the woman from the conversation?

(a) She is confiding with the man about a problem with coworkers.

(b) Her subordinates do not respect her leadership abilities.

(c) She has been known for her lenient attitude towards other employees.

(d) Her speech was not addressed to any particular person.

W: 저는 일부 사람들이 태만해지기 시작했다는 것을 알아챘고, 그건 좋은 일이 아니에요.

M: 맞아요. 우리 모두는 그것을 상기해야 해요.

W: 저는 마감 기한을 지키는 것의 중요성을 강조하고 싶었어요.

M: 당신은 그것에 대한 설명도 아주 확실하게 했어요.

W: 제가 잘 설명했다면, 아무도 지목당했다고 느끼지 않았겠지요.

Q. 대화로부터 여자에 대해 추론할 수 있는 것은 무엇인가?

(a) 그녀는 남자에게 동료들과의 문제를 털어놓고 있다.

(b) 부하 직원들은 그녀의 리더십을 존중하지 않는다.

(c) 그녀는 다른 직원들에 대한 관대한 태도로 알려져 있다.

(d) 그녀의 연설은 특정인을 대상으로 한 것은 아니었다.

해설 | 대화를 통해 여자에 대해 추론할 수 있는 내용을 묻는 문제이다. 남자와 여자가 어제의 연설에 대해 대화를 나눈 뒤, 여자가 No one should have felt singled out(아무도 지목당했다고 느끼지 않았겠지요)이라고 했으므로, 여자의 연설이 특정인을 대상으로 한 것은 아님을 알 수 있다. 따라서 대화를 통해 여자에 대해 추론할 수 있는 것은 (d)이다.

어휘 | offend[əfénd] 감정을 상하게 하다 slack off 태만하다 single ~ out ~를 지목하다 confide[kənfáid] 털어놓다
subordinate[səbɔ́:rdənət] 부하, 하급자 lenient[líːniənt] 관대한

31

When picking out a credit card, consider how you plan to use it in order to make the optimal decision. For instance, some card companies offer attractive perks such as airline miles or hotel-stay points. But these rewards often come at the price of a higher interest rate and annual fees, not to mention a greater incentive to spend. Unless you plan on using the rewards, you may just end up with costly debt and a mountain of expenses. Choose wisely and take a step toward managing your future debt.

Q. What is the talk mainly about?

(a) The best time to take advantage of credit card rewards

(b) The importance of choosing an appropriate credit card

(c) The necessity of managing credit card expenses

(d) The benefits of owning more than one credit card

신용 카드를 선택할 때, 최선의 결정을 내리기 위해서 당신이 그 카드를 어떻게 사용할 계획인지를 고려하세요. 예를 들어, 일부 카드 회사들은 항공 마일리지나 호텔 숙박 포인트 같은 매력적인 혜택을 제공합니다. 그러나 이러한 혜택이 소비를 하는 더 큰 동기라는 것은 말할 것도 없고, 종종 더 높은 이자율과 연회비를 대가로 얻어집니다. 그 혜택을 이용할 계획이 아니면, 결국 어마어마한 빚과 엄청난 지출 비용만 남게 될 것입니다. 현명하게 선택하여 미래의 부채 관리를 향해 한 걸음을 내디디세요.

Q. 담화는 주로 무엇에 대한 것인가?

(a) 신용 카드의 혜택을 이용하는 최선의 시기

(b) 적절한 신용 카드를 선택하는 것의 중요성

(c) 신용 카드 지출을 관리하는 것의 필요성

(d) 한 장보다 더 많은 신용 카드를 소유하는 것의 이점

해설 | 담화의 주제를 묻는 문제이다. 첫 문장인 When picking out ~ the optimal decision에서 신용 카드를 선택할 때 어떻게 사용할 계획인지를 고려하여 최선의 결정을 내리라고 한 후, 그러지 않을 경우의 부작용에 대한 언급이 이어졌다. 따라서 담화의 주제로 적절한 것은 (b)이다.

어휘 | pick out ~을 선택하다 optimal[áptəməl] 최선의, 최적의 perk[pəːrk] (비금전적) 혜택, 특전 at the price of ~의 대가로 interest rate 이자율
end up with 결국 ~하게 되다 take a step toward ~을 향해 한 걸음 내디디다

32

Among today's college graduates, the competition for jobs may be tough, as experienced workers snatch up what ⏵

경력이 많은 근로자가 얼마 되지 않는 일자리를 낚아채가기 때문에 오늘날 대학 졸업생들 사이에서 일자리를 향한

few jobs are available. But rather than griping about the conditions or sitting idly by, out-of-work graduates should try volunteering. Unemployment provides the perfect opportunity for those who have smaller income needs to apply their knowledge in a volunteer role. **Such jobs offer real-world experience and the chance to hone skills that are highly regarded in the workplace, such as leadership, communication, and organization.**

Q. What is the speaker's main point?

(a) The government should create more jobs for entry-level workers.

(b) Jobless graduates can still acquire marketable skills.

(c) Employers favor young candidates when hiring new workers.

(d) Many experienced workers are overqualified for vacant positions.

경쟁은 치열할 수 있습니다. 그러나, 일자리가 없는 졸업생들은 이런 상황에 대해 불평하거나 한가하게 앉아서 구경만 하고 있기보다는 자원봉사를 해봐야 합니다. 실업 상태는 소득이 적어도 상관없는 사람들에게 그들의 지식을 자원봉사 직무에 적용할 수 있는 완벽한 기회를 제공합니다. 이러한 일자리는 현실 사회의 경험과 리더십, 의사소통 및 조직화 능력과 같이 직장에서 높이 평가되는 기술을 연마할 수 있는 기회를 제공합니다.

Q. 화자의 요점은 무엇인가?

(a) 정부는 신입 근로자를 위해서 더 많은 일자리를 창출해야 한다.

(b) 일자리가 없는 졸업생들도 시장성 있는 기술을 습득할 수 있다.

(c) 고용주들은 새 직원을 고용할 때 젊은 지원자들을 선호한다.

(d) 많은 경력직 근로자들은 공석인 일자리에 대해 필요 이상의 자격을 갖추고 있다.

해설 | 화자의 요점을 묻는 문제이다. 일자리가 없는 졸업생들은 가만히 있는 것보다 자원봉사를 하는 게 좋다고 말한 후, Such jobs ~ and organization에서 자원봉사를 통해 현실 사회의 경험과 직장에서 높이 평가되는 기술을 연마할 수 있는 기회를 얻을 수 있다고 언급했다. 따라서 화자의 요점으로 적절한 것은 (b)이다.

Paraphrase된 문장
skills that are highly regarded in the workplace(직장에서 높이 평가되는 기술) → marketable skills(시장성 있는 기술)

어휘 | snatch up ~을 낚아채다   gripe[graip] 불평하다   sit by 앉아서 구경만 하다   idly[áidli] 한가하게, 하릴없이   hone[houn] 연마하다
be highly regarded in ~에서 높이 평가되다   overqualified[òuvərkwáləfàid] 필요 이상의 자격을 갖춘   vacant[véikənt] 공석인

33

American musician George Gershwin died at the very young age of 38, but his legacy in the music industry lives on. **"Summertime", a song he composed two years before he died of a brain tumor in 1937, is one of the most covered songs in history.** There are more than 30,000 recorded versions of the tune, which was originally intended for the opera *Porgy and Bess*. More than seven decades after Gershwin's death, it remains a favorite standard among today's artists, who have popularized their own versions.

Q. Which is correct about the song "Summertime" according to the talk?

(a) It was composed some time before Gershwin succumbed to illness.

(b) It never made the final version of the opera *Porgy and Bess*.

(c) Contemporary musicians have forgotten its composer.

(d) It is the simplest George Gershwin song to play.

미국 음악가 조지 거슈윈은 38세라는 매우 젊은 나이에 사망했지만, 음악 산업에 남긴 그의 유산은 계속 남아있습니다. 그가 1937년에 뇌종양으로 사망하기 2년 전에 작곡한 'Summertime'은 역사상 가장 많이 리메이크된 곡들 중 하나입니다. 30,000가지 이상의 녹음된 버전이 존재하는 이 곡은 원래 오페라 '포기와 베스'를 위해 작곡된 곡이었습니다. 거슈윈이 사망한 지 70여 년이 지난 후에도 이 곡은 오늘날의 음악가들 사이에서 변함없이 인기 있는 곡이며, 그들은 자신들의 버전을 대중화했습니다.

Q. 담화에 따르면 'Summertime'이라는 곡에 대해 맞는 것은 무엇인가?

(a) 거슈윈이 병으로 사망하기 얼마 전에 작곡되었다.

(b) 오페라 '포기와 베스'의 최종 버전을 만들지 않았다.

(c) 현대의 음악가들은 이 곡의 작곡가를 잊었다.

(d) 조지 거슈윈의 곡 중 연주하기 가장 쉬운 곡이다.

해설 | 담화의 내용과 일치하는 것을 묻는 문제이다. "Summertime" ~ in history에서 'Summertime'은 그가 뇌종양으로 사망하기 2년 전에 작곡되었다고 했으므로 (a)가 정답이다.

Paraphrase된 문장
two years before(~하기 2년 전에) → some time before(~하기 얼마 전에)

died of a brain tumor(뇌종양으로 사망했다) → succumbed to illness(병으로 사망했다)

어휘 | **legacy**[légəsi] 유산 **live on** 계속 살아가다 **compose**[kəmpóuz] 작곡하다 **brain tumor** 뇌종양 **cover**[kávər] 리메이크하다 **tune**[tjú:n] 곡 **standard**[stǽndərd] 인기 곡목 **popularize**[pápjuləràiz] 대중화하다 **succumb to** ~으로 죽다 **contemporary**[kəntémpərèri] 현대의

34

Spokesperson for BTBS Mark Chang confirmed reports that the company's headquarters is being moved from Mexico City to Beijing. According to Chang, "This is part of our strategy to ensure our competency in adapting our operations to the business environment." **He added that the company would be increasing its focus on Asia, so the headquarters needs to be moved closer to the suppliers.** Chang also stated that BTBS would offer a comprehensive relocation package, including a housing allowance, to affected employees. Those who opt not to move to Beijing will receive generous severance packages.

Q. Which is correct according to the news report?

(a) Mr. Chang denied speculation about BTBS' relocation.

(b) The suppliers of BTBS are located in or near Beijing.

(c) BTBS has shifted its focus from Asia to Europe.

(d) BTBS will require its employees in Mexico to relocate.

BTBS의 대변인인 Mark Chang은 회사의 본사가 멕시코 시티에서 베이징으로 이전된다는 보도를 확인해주었습니다. Chang은 '이것은 기업 활동을 경영 환경에 적응시키는 능력을 보장하기 위한 전략의 일부'라고 말했습니다. 그는 회사가 아시아에 집중을 강화할 것이므로, 본사가 부품 제조업자에 더 가까이 이전될 필요가 있다고 덧붙였습니다. 또한 Chang은 BTBS가 주택 수당을 포함한 포괄적인 이전 프로그램을 해당 직원들에게 제공할 것이라고 언급했습니다. 베이징으로 이전하지 않기로 선택하는 직원들은 많은 퇴직금을 받을 것입니다.

Q. 뉴스 보도에 따르면 맞는 것은 무엇인가?

(a) Mr. Chang은 BTBS의 이전에 대한 억측을 부인했다.

(b) BTBS의 부품 제조업자들은 베이징이나 베이징 인근에 위치해 있다.

(c) BTBS는 기업의 관심사를 아시아에서 유럽으로 바꿨다.

(d) BTBS는 멕시코에 있는 직원들이 이전하도록 요청할 것이다.

해설 | 뉴스 보도의 내용과 일치하는 것을 묻는 문제이다. BTBS의 본사가 베이징으로 이전될 것이라고 말한 후, He added ~ to the suppliers에서 본사가 부품 제조업자에게 더 가까이 이전될 필요가 있다고 언급했으므로 (b)가 정답이다. (d)는 이전하지 않는 직원들에게 많은 퇴직금을 제공할 것이지 반드시 이전하도록 요청하는 것은 아니므로 틀리다.

어휘 | **spokesperson**[spóukspə̀:rsn] 대변인 **headquarters**[hédkwɔ̀:rtərz] 본사, 본부 **strategy**[strǽtədʒi] 전략 **competency**[kámpətənsi] 능력 **adapt A to B** A를 B에 적응시키다 **operation**[ɑ̀pəréiʃən] 기업 활동 **supplier**[səpláiər] 부품 제조업자 **comprehensive**[kàmprihénsiv] 포괄적인 **relocation**[rì:loukéiʃən] 이전 **opt to** ~하기로 선택하다 **severance package** 퇴직금 **speculation**[spèkjuléiʃən] 억측

35

Do people trust the information they read on the Internet? **This was the question researchers from the University of Southern California sought to answer when they surveyed more than 2,000 Americans last year.** The results showed that most respondents felt online content in general is not trustworthy. However, this mistrust was not true for government websites, which 79 percent of respondents deemed reliable. This means that when it comes to information on the web, people trust the government more than private entities.

Q. Which is correct about the survey according to the speech?

(a) Americans generally believe what they read online.

(b) It does not reflect views outside a US setting.

(c) Government websites were found to be highly inefficient.

(d) It was rendered inconclusive due to unreliable data.

사람들은 인터넷에서 읽는 정보를 신뢰할까요? 이것은 지난해 Southern California 대학교의 연구원들이 2,000명 이상의 미국인을 조사했을 때 답을 얻고자 했던 질문입니다. 연구 결과는 대부분의 응답자들이 전반적으로 온라인 정보는 신뢰할 수 없다고 느낀다는 것을 보여주었습니다. 그러나, 이러한 불신은 정부 웹사이트에 대해서는 사실이 아니었으며, 79퍼센트의 응답자가 정부 웹 사이트는 신뢰할 수 있다고 생각했습니다. 이는 인터넷의 정보에 관한 한 사람들은 민간 기업보다는 정부를 더 신뢰한다는 것을 의미합니다.

Q. 연설에 따르면 조사에 대해 맞는 것은 무엇인가?

(a) 미국인들은 대체적으로 온라인에서 읽은 것을 믿는다.

(b) 미국 이외 국가들의 관점은 반영하지 않는다.

(c) 정부 웹 사이트들은 매우 비효율적인 것으로 판명되었다.

(d) 신뢰할 수 없는 자료로 인해 결론에 이르지 못하게 되었다.

해설 | 연설의 내용과 일치하는 것을 묻는 문제이다. This was ~ last year에서 연구자들이 2,000명 이상의 미국인을 조사했다고 했으므로 (b)

가 정답이다. (a)는 연설에서 대부분의 응답자들이 전반적으로 온라인 정보는 신뢰할 수 없다고 느낀다는 것을 보여주었다고 했으므로 연설과 반대되는 내용의 오답이다.

어휘 | respondent[rispándənt] 응답자　trustworthy[trʌ́stwər:ði] 신뢰할 수 있는　deem[di:m] 생각하다, 여기다　reliable[riláiəbl] 신뢰할 수 있는
private entity 민간 기업　inefficient[ìnifíʃənt] 비효율적인　inconclusive[ìnkənklú:siv] 결론에 이르지 못한

36

Recently, scientists discovered that there are four separate species of giraffe. Previously, it was believed that a single species encompassed nine related subspecies. However, recent DNA analysis has uncovered genetic variation to suggest that an evolutionary split occurred about two million years ago. With this understanding, **giraffes can be grouped into four classifications, each having unique physical traits. The Masai giraffe, for example, has a distinctive dark pigmentation absent from the others.** All of the species do not appear to interbreed despite some of them sharing habitats, which could explain how they have remained distinct.

Q. What can be inferred from the lecture?

(a) Giraffes evolved into nine separate species in the past.
(b) Interbreeding affected the classification of giraffe species.
(c) Giraffes can be categorized by appearance.
(d) Each giraffe species occupies a vast habitat of its own.

최근에, 과학자들은 네 개의 개별적인 기린의 종이 있다는 것을 밝혀냈습니다. 지금까지는, 하나의 종이 아홉 개의 동족 아종들을 아우른다고 여겨졌습니다. 그러나, 최근의 DNA 분석이 약 이백만 년 전에 진화적 분리가 발생했음을 암시하는 유전적 변이를 밝혀냈습니다. 이러한 식별로, 기린은 각각 고유한 신체적 특징을 가진 네 가지 유형으로 분류될 수 있습니다. 예를 들어, 마사이 기린은 다른 종에는 없는 특유의 이두운 피부색을 가지고 있습니다. 몇몇 종이 서식지를 공유함에도 불구하고, 모든 종은 이종 교배하는 것으로 나타나지 않는데, 이것으로 그들이 어떻게 별개로 남아있는지를 설명할 수 있습니다.

Q. 강의로부터 추론할 수 있는 것은 무엇인가?

(a) 기린은 과거에 아홉 개의 개별적인 종으로 진화했다.
(b) 이종 교배가 기린 종의 분류에 영향을 미쳤다.
(c) 기린은 외관으로 분류될 수 있다.
(d) 각각의 기린 종은 자신들만의 광대한 서식지를 점유한다.

해설 | 강의를 통해 추론할 수 있는 내용을 묻는 문제이다. giraffes can ~ physical traits에서 기린은 각각 고유한 신체의 특징을 가진 네 가지 유형으로 분류될 수 있다고 했으며, The Masai giraffe ~ the others에서 마사이 기린은 다른 종에는 없는 특유의 어두운 피부색을 가지고 있다고 했으므로, 기린이 외관으로 분류될 수 있음을 알 수 있다. 따라서 강의를 통해 추론할 수 있는 것은 (c)이다.

Paraphrase된 문장
can be grouped into(분류될 수 있다) → can be categorized(분류될 수 있다)

어휘 | encompass[inkʌ́mpəs] 아우르다, 망라하다　subspecies[sʌ́bspì:iʃi:z] 아종, 변종　analysis[ənǽləsis] 분석
evolutionary[èvəlú:ʃənèri] 진화(학)적인　classification[klæ̀səfikéiʃən] 분류　trait[treit] 특징, 특색
pigmentation[pìgməntéiʃən] (특히 피부의) 색, 착색

**37
~
38**

[37]**Thank you for joining our tour of Ella Castle**, one of the most historic medieval castles. [37]**We will start the tour in the castle's tower**, which was completed in the 9th century in the Romanesque style. Most of the surrounding structures, however, were constructed in the 13th and 14th centuries and are Gothic in style. As we will see, the combination of these diverse styles makes Ella Castle unique among remaining medieval structures in our country. [38]**And thanks to excellent restoration work in the mid-19th century, it looks much as it would have back when it was a private residence.** After visiting the tower, we'll look around the more recent Gothic additions and then head to the weaponry suite in the Lower Hall. Throughout the tour, we will be examining some of the features that make this castle such an exemplary piece of architecture. Also, I'll discuss the use of each room and point out items of historical interest, ◯

가장 역사적인 중세 시대 성 중 하나인 [37]Ella 성 투어에 참가해 주셔서 감사합니다. [37]저희는 성의 타워에서부터 투어를 시작할 것인데, 이는 9세기에 로마네스크 양식으로 완공되었습니다. 하지만, 주변의 건물 대부분은 13세기와 14세기에 건축되었으며 고딕 양식으로 되어 있습니다. 오늘 보시겠지만, 이렇게 다양한 양식의 조합은 우리나라에 남아있는 중세 건축물 중에서 Ella 성을 특별하게 만듭니다. [38]그리고 19세기 중반의 훌륭한 복구 작업 덕분에, 이것은 개인 거주지였던 시절과 매우 흡사하게 보입니다. 타워를 방문한 이후에는, 더 최근에 추가된 고딕 건축물을 둘러보고 그 다음에 Lower Hall의 무기고로 향할 것입니다. 투어 내내, 저희는 이 성을 이렇게 훌륭한 건축물로 만든 특징들의 일부를 살펴볼 것입니다. 또한, 저는 각 방의 쓰임에 대해 이야기하고 양탄자와 희귀한 도자기 장식을 포함한 역사적으로 중요한 물품들을 알려드릴 것입니다. 이제, 모두 타워로 이동하겠습니다.

including tapestries and rare porcelain ornaments. Now, let's all proceed to the tower.

37. Q. What is the main topic of the talk?

(a) The updated schedule for a castle visit
(b) The main features of a castle tour
(c) The process of restoring Ella Castle
(d) The importance of Ella Castle

38. Q. When was the castle renovated?

(a) In the 9th century
(b) In the 13th century
(c) In the 14th century
(d) In the 19th century

---

37. Q. 담화의 주제는 무엇인가?

(a) 성 방문의 업데이트된 일정
(b) 성 투어의 주요 볼거리
(c) Ella 성의 복원 과정
(d) Ella 성의 중요성

38. Q. 성은 언제 보수되었는가?

(a) 9세기에
(b) 13세기에
(c) 14세기에
(d) 19세기에

해설 | 37. 담화의 주제를 묻는 문제이다. Thank you for joining our tour of Ella Castle에서 화자가 Ella 성 투어 참여를 환영하고 있고 We will start the tour in the castle's tower에서 성의 타워에서부터 투어를 시작할 것이라고 말한 후, 이어서 투어에서 살펴볼 주요 볼거리에 대한 설명이 이어졌다. 따라서 담화의 주제로 적절한 것은 (b)이다.

38. 성이 언제 보수되었는지 묻는 문제이다. And thanks to ~ a private residence에서 19세기 중반의 복구 작업 덕분에 개인 거주지였던 시절과 흡사하게 보인다고 했으므로 (d)가 정답이다.

Paraphrase된 문장

restoration work(복구 작업) → was ~ renovated(보수되었다)

어휘 | medieval[mìdíːvəl] 중세의 diverse[diváːrs] 다양한 restoration[rèstəréiʃən] 복구 residence[rézədəns] 거주지 weaponry[wépənri] 무기류 exemplary[igzémpləri] 훌륭한, 전형적인 tapestry[tǽpəstri] 양탄자 porcelain[pɔ́ːrsəlin] 도자기 ornament[ɔ́ːrnəmənt] 장식품

---

39 ~ 40

Hand, foot, and mouth disease, or HFMD, is a syndrome that causes rashes on the hands, feet, and mouth, hence its name. It is a fairly mild disease, with only a small minority of sufferers requiring hospital admission. [39]**The HFMD virus is highly contagious and can spread through personal contact with those who are infected or by breathing the same air as them.** Feces from a diaper or blister fluid can also carry the virus. But the main form of transmission is contact with surfaces that have been contaminated by a sufferer of HFMD, making schools and homes breeding grounds for germs. This also makes it more common in urban areas, [40]**since a high population density increases the rate of contagion.** There is no vaccination or cure for HFMD, but some prescription medications are known to provide symptomatic relief.

39. Q. What is mainly being discussed about HFMD?

(a) Its patients need intense medical care.
(b) It appears in a certain group of people.
(c) It has various means of contraction.
(d) Its prevention is possible through vaccination.

40. Q. What can be inferred about HFMD from the talk?

(a) It is often caught by children.
(b) It takes a long time for symptoms to show up.
(c) It can be prevented by avoiding crowded areas.

수족구병 또는 HFMD는 손, 발, 구강에 발진을 일으키는 증후군이며, 여기에서 그 이름이 유래되었습니다. 이것은 꽤 가벼운 질환으로, 소수의 환자들만이 입원을 필요로 합니다. [39]HFMD 바이러스는 매우 전염성이 높으며 감염된 사람들과의 개인적인 접촉이나 그들과 같은 공기를 마시는 것을 통해 퍼질 수 있습니다. 기저귀의 배설물이나 물집의 진물 또한 바이러스를 옮길 수 있습니다. 그러나 주요 감염 경로는 HFMD 환자에 의해 오염된 표면과의 접촉으로, 이는 학교나 가정을 세균의 번식지로 만듭니다. 이것은 또한 [40]높은 인구 밀도가 감염의 비율을 높이기 때문에, 도시 지역에서 이를 더 흔하게 만듭니다. HFMD에 대한 예방 접종이나 치료법은 없으나, 일부 처방약은 증상 완화를 해주는 것으로 알려져 있습니다.

39. Q. HFMD에 대해 주로 논의되고 있는 것은 무엇인가?

(a) 환자는 집중적인 건강 관리가 필요하다.
(b) 특정 집단의 사람들에게서 나타난다.
(c) 다양한 방법으로 걸린다.
(d) 예방 접종을 통해 예방이 가능하다.

40. Q. 담화로부터 HFMD에 대해 추론할 수 있는 것은 무엇인가?

(a) 흔히 아이들에 의해 걸린다.
(b) 증상이 나타나는 데 오랜 시간이 걸린다.
(c) 붐비는 지역을 피함으로써 예방할 수 있다.

(d) It is more commonly found in suburbs than in cities.

(d) 도시보다 교외 지역에서 더 흔히 발견된다.

해설 | 39. 담화의 주제를 묻는 문제이다. The HFMD virus ~ air as them에서 HFMD 바이러스는 매우 전염성이 높으며 감염된 사람들과 개인적인 접촉을 하거나 같은 공기를 마시는 것을 통해 퍼질 수 있다고 말한 후, 다른 여러 감염 경로에 대한 내용이 이어졌다. 따라서 담화의 주제로 적절한 것은 (c)이다.

40. 담화를 통해 추론할 수 있는 내용을 묻는 문제이다. since a high population density ~ contagion에서 높은 인구 밀도가 감염 비율을 높인다고 했으므로, 붐비는 지역을 피함으로써 HFMD를 예방할 수 있다는 것을 알 수 있다. 따라서 담화를 통해 추론할 수 있는 것은 (c)이다.

Paraphrase된 문장

high population density(높은 인구 밀도) → crowded(붐비는)

어휘 | rash[ræʃ] 발진　hence[hens] 이 사실에서 ~이 유래하다　minority[minɔ́:rəti] 소수의　feces[fí:si:z] 배설물　blister[blístər] 물집 transmission[trænsmíʃən] 감염, 전염　breeding ground 번식지　symptomatic[sìmptəmǽtik] 증상이　relief[rilí:f] 완화 intense[inténs] 집중적인　contraction[kəntrǽkʃən] (병에) 걸림, 수축

해커스텝스 **HackersTEPS.com**

스타강사의
무료 적중예상특강

무료 매일 실전
텝스 문제

무료 텝스 단어시험지
자동생성기

해커스인강 **HackersIngang.com**

본 교재
인강

교재
무료 MP3

텝스 온라인
실전모의고사

받아쓰기&쉐도잉
워크북 및 프로그램

무료
단어암기자료